Steirische Landesausstellung 1989 Judenburg

Menschen & Münzen & Märkte

29. April—19. Oktober 1989

Katalog

herausgegeben von Gerald Schöpfer

Kulturreferat der Steiermärkischen Landesregierung

Impressum:
Herausgeber: Gerald Schöpfer
Bildbeschaffung und Bildredaktion: Ileane Schwarzkogler
Grafische Gestaltung:
Idee und Konzeption: Adolf Kelz
Entwurf und Ausführung: Robert Gaar
Mitarbeit: Günter Pichler

Den Inhalt der einzelnen Beiträge vertritt jeder Autor persönlich.

Gedruckt auf Magno matt 100 Gramm der Leykam-Mürztaler AG.
Geliefert durch »Grazer Papier«-Großhandlung

© by Verlag Ing. K. Podmenik, Fohnsdorf/Stmk.
Hersteller: »PWS« Fotosatz-Ges.m.b.H., Fohnsdorf/Stmk., Tel. 03573/2081
Repros: Repro Schlick KG, Graz

ISBN-Nr. 3-900-662-16-9

Inhalt

Planung und Durchführung der Ausstellung

Veranstalter:
Kulturreferat der Steiermärkischen Landesregierung, Landeshauptmann-stellvertreter Prof. Kurt Jungwirth
Koordination: Dr. Dieter Cwienk

Durchführung:
Rechtsabteilung 6,
Wirkl. Hofrat Dr. Hans Dattinger

Gesamtkonzept und wissenschaftliche Leitung:
Univ.-Prof. DDr. Gerald Schöpfer

Wissenschaftliche Assistenz:
Wiss. Oberrat Dr. Ileane Schwarzkogler

Mitarbeiter:
Beatrice Birkner, Sabine Arras

Wissenschaftliche Mitarbeiter:
Univ.-Prof. Dr. Johann Andritsch, Judenburg
Univ.-Ass. Dr. Siegfried Beer, Graz
Wiss. Oberrat Dr. Gottfried Biedermann, Graz
Wiss. Oberrat Dr. Odo Burböck, Graz
Univ.-Doz. Dr. Günther Burkert, Graz
Univ.-Prof. Dr. Günther Cerwinka, Graz
Univ.-Ass. Mag. Anton Cuber, Graz
Dr. Gerhard Michael Dienes, Graz
Dr. Werner Filek-Wittinghausen, Wien
Dipl.-Ing. Dr. Eberhard Franz, St. Peter ob Judenburg
OR Dr. Manfred Hainzmann, Graz
Hofrat Dr. Rudolf Hofer, Graz
Univ.-Prof. Dr. Edith Hörandner, Graz
Univ.-Lektor Dr. Erich Hudeczek, Graz
Archivar Dr. Ferdinand Hutz, Vorau
Univ.-Ass. Dr. Hubert Isak, Graz
Univ.-Doz. Dr. Günther Jontes, Leoben
Univ.-Ass. Mag. Susanne Karner, Graz
Univ.-Doz. Dr. Stefan Karner, Graz
Univ.-Prof. Dr. Gernot Kocher, Graz
Dr. Johannes Koren, Graz
Univ.-Ass. Dr. Klaus Krainz, Graz
Dr. Diether Kramer, Graz
Univ.-Prof. Dipl.-Kfm. Dr. Hans-Peter Liebmann, Graz
Dr. Klaus Lohrmann, St. Pölten
Univ.-Prof. Dr. Hanns-Thuri Lorenz, Graz
Stud.-Ass. Beate Machazek, Graz
Univ.-Ass. Mag. Dr. Peter Panitschek, Graz
Hofrat Dr. Franz Pichler, Graz
Univ.-Prof. Dr. Othmar Pickl, Graz
Univ.-Prof. Dr. Walter Pieringer, Graz
Univ.-Doz. Dr. Erwin Pochmarski, Graz
Univ.-Doz. DDr. Karlheinz Probst, Graz
Christian Promitzer, Graz
Oberarchivrat i. R. Dr. Reiner Puschnig, Graz
Univ.-Ass. Mag. Dr. Marlies Raffler, Graz

Privatdozent Dr. Gerhard Rösch, Kiel
Univ.-Prof. Dr. Roman Sandgruber, Wien
Dipl.-Ing. Marina Schoeller, Graz
Mag. Dr. Hansjörg Schreyer, Graz
Univ.-Doz. Dr. Gerda Schwarz, Graz
Dr. Peter Teibenbacher, Graz
Univ.-Prof. Dr. Helfried Valentinitsch, Graz
Univ.-Prof. Dr. Sergij Vilfan, Ljubljana
Univ.-Ass. Dr. Stefan Weidinger, Graz
Univ.-Prof. Dr. Ingomar Weiler, Graz
Univ.-Ass. Dr. Markus Wenninger, Klagenfurt

Weiters arbeiteten an der Ausstellung mit:
Wiss. Oberrat Dr. Peter Cordes, Graz
Stud.-Ass. Ursula Ebner, Mautstatt
Dr. Markus Jaroschka, Graz
Tit. a. o. Hon.-Prof. Dr. Peter Krenn, Graz
Sabine List, Graz
Mag. Dr. Brigitte Messner, Graz
Stud.-Ass. Christian Miteregger, Kirchbach b. Graz
Felicitas Sauer, Graz
Dr. Harald Vetter, Graz

Ausstellungsorganisation, Werbung, Administration:
Hannes Lammer

Mitarbeiter:
Alois Stadler
Gottfried Mayerhofer
Johann Pall
Mag. Daniela Kager
Brigitte Wuntschek

EDV-Betreuung:
Helfried Ortner
Dr. Patricia Rucker

Finanzen:
Helmut Erkinger

Mitarbeiter:
Rudolf Hotter
Marianne Zarfl

Ausstellungsgestaltung:
Planung:
Arch. Dipl.-Ing. Ernst Giselbrecht

Mitarbeiter bei der Planung:
Dipl.-Ing. Werner Kircher, Graz
Jeremy T. Heyes, London
Udo Huber, Graz
Kuno Kelih, Graz
Dipl.-Ing. Randolf Riesner, Graz
Dipl.-Ing. Alois Juschitz, Graz

Mitarbeiter bei der Gestaltung, Inszenierung und Ausführung:
Carmen Auer, Graz
Mag. Hermann Schapek, Söding
Mag. Heinz Schubert, Graz
Mag. Martin Zehetgruber, Graz

Planung Eingangssituation und
Adaptierungen:
Arch. Dipl.-Ing. Ernst Giselbrecht,
Graz
Dipl.-Ing. Werner Kircher, Graz

Graphik:
Robert Gaar
Günter Pichler
Mag. Heinz Schubert
Mag. Martin Zehetgruber

Titelbild:
Adolf Kelz

Fotos und Reproduktionen:
Stefan Amsüss, Graz
Adolf Michael Begsteiger, Gleisdorf
Daisy Bene-Kastner, Graz
Günther Cerwinka, Graz
Chorherrenstift Vorau
Eberhard Franz, Graz
Werner Filek-Wittinghausen, Wien
Fremdenverkehrsverband Graz und
Judenburg
Herbert Fritz, Graz
Galerie des Fürstentums Liechtenstein,
Vaduz
Neue Galerie, Linz
Hans Gross, Kriminalmuseum, Graz
Rudolf Hofer, Graz
Stefan Karner, Graz
Gernot Kocher, Graz
Konsum Österreich, reg.Gen.m.b.H.,
Region Steiermark
Reinhold Lick, Ranten
Prinz Friedrich von und zu Liechten-
stein, Riegersburg
Klaus Lohrmann, St. Pölten
Gerhard Mayr
Merkur Wechselseitige Versicherungs-
anstalt, Graz
Nixdorf Computer Ges.m.b.H., Graz
Othmar Pickl, Graz
Siemens AG, München
Stadtmuseum Graz
Stadtmuseum Nördlingen, BRD
Steiermärkisches Landesmuseum Joan-
neum, Graz
Universität Graz, Institut für Alte Ge-
schichte

Fotografische Betreuung:
Bild- und Tonarchiv am Landes-
museum Joanneum,
Dr. Armgard Schiffer-Ekhart, Beatrix
Schliber, Irmgard Kellner
Reprogr. Betrieb P. u. H. Bauer, Graz
Bernhard Hohengasser, Graz
Michael Schuster, Graz

Bauausführung:
Landesbaudirektion, Fachabteilung IVb
W. Hofrat Dipl.-Ing. Franz Josel
Dipl.-Ing. Hans-Peter Schleich
Thomas Goldberger
Dipl.-Ing. Johann Kofler, Baubezirkslei-
tung
Dipl.-Ing. Friedrich Mixner, Stadtbau-
direktion, Judenburg

Architektenwettbewerb:
Rechtsabteilung 6, gemeinsam mit
Landesbaudirektion, Fachabteilung IVa,
W. Hofrat Dipl.-Ing. Dr. Wolfdieter
Dreibholz, Dipl.-Ing. Jörg Krasser

Presse:
Mag. Dr. Heinz M. Fischer

Landesfremdenverkehrswerbung:
Joseph Schnedlitz
Dr. Christina Schubert

Informationsbüro Judenburg:
Friedrich Trafler
Christine Fritz
Evelyne Führer
Ingeborg Hirsch

Schüler- und Lehrerinformation:
OSt.-Rat Prof. Dr. Harald Sammer und
Mitarbeiter

Handelskammer-Aktivitäten:
Dr. Johannes Koren
Dr. Hans Jaklitsch
Fritz Kofler

Landesarbeitsamt:
Hofrat Dr. Peter Dimai
Mag. Dr. Heinz Riedl
Mag. Robert Knapp
Ing. Werner Kosmus
Günther Kaltenbacher

Wirtschaft im Bild:
Dr. Burghard Kaltenbeck,
Büro LR Klasnic
Dr. Franz Bekerle,
FA f. Wirtschaftsförderung
Hofrat Walter Ebner, BEA
Dipl.-Kfm. Dr. Ulf Lindner, WIFI
Mag. Peter Perkonig, WIFI
Dr. Leopold Schaar, BEA

Vision 2000:
Fotoatelier Reinhard Petek
Dr. Ekkehard Schönwiese

Regionales Landesausstellungskomitee
Judenburg:
Hans-Georg Ainerdinger
Dr. Franz Bachmann
Dr. Hans Jaklitsch
Bgm. OSR Johann Lammer
Komm.-Rat Erich Lemler
Bernhard Preininger
Ing. Johann Reiter
Vizebgm. Peter Schlacher
HR Dr. Dieter Schwarzbeck
Komm.-Rat Bernhard Stiegler
Friedrich Trafler
Dir. Erwin Trattnig
Stadtamtsdirektor Dr. Peter Weineis

**Hauptsponsoren der
Landesausstellung:**

Creditanstalt-Bankverein
Fa. Dun & Brandstreet International
Grazer Messe International
Grazer Wechselseitige Versicherung
Handelskammer Steiermark
Intercom-Intercomputing Zeltweg
Merkur-Versicherung Steiermark
Nixdorf Österreich
Philips Data Österreich
PREFA Aluminiumprodukte, Marktl
Pyhrn-Autobahn AG
SPAR Österreich

**Wir danken den nachstehend
angeführten Unternehmen
für die Förderung der
Landesausstellung
„Menschen & Münzen
& Märkte"**

Austria Email EHT-AG, Knittelfeld
Austria Tabakwerke AG, Fürstenfeld
AT & Austria Technologie & System-
technik Ges.m.b.H.
AVI Alpenländische Veredelungs-
industrie Ges.m.b.H., Graz
Böhler Ges.m.b.H., Kapfenberg
C & A-Mode-Ges.m.b.H., Graz
Elektrizitätswerk Gösting,
V.-Franz-KG, Graz
Elin-Union AG, Weiz
Bauunternehmung Granit Ges.m.b.H.,
Graz
Erste Obermurtaler Brauerei
reg. Gen.m.b.H., Murau
Kapsch AG, Graz
MAG Maschinen- u. Apparatebau
Ges.m.b.H., Graz
Karl Maier Ges.m.b.H., Gußwerk
Napiag Packmittel-Industrie
Ges.m.b.H., Zeltweg
RKW Kunststofftechnik Ges.m.b.H.,
Fohnsdorf
Schmidt & Co. Ges.m.b.H., Wollsdorf
Skiparadies Dachstein-Tauern-Region,
Schladming
Styria-Federn-Ges.m.b.H., Judenburg
Verdichter Oe. Ges.m.b.H., Fürstenfeld
VOEST-Alpine Maschinenbau, Zeltweg
VOEST-Alpine Stahl, Donawitz
VOEST-Alpine Stahl-Ges.m.b.H.,
Judenburg
VOEST-Alpine Stahlrohr Kindberg,
Ges.m.b.H., Kindberg
Watzke Verkehrsbetriebe-KG,
St. Marein bei Graz
Wietersdorfer & Peggauer
Zementwerke Knoch,
Kern & Co., Peggau

Verzeichnis der Leihgeber:

Admont:
Stift Admont

Altaussee:
Literatur- und Heimatmuseum

Ardagger:
Verein für europäische Heereskunde,
Wehrmachtsmuseum

Arzberg:
Heimatmuseum

Bad Aussee:
Heimatmuseum „Ausseerland"
Hist. Sammlung Steirisches Salz

Bad Radkersburg:
Heimatmuseum der Stadt Radkersburg

Bludenz:
Suchard-Mirabell

Coburg, Bundesrepublik Deutschland:
Kunstsammlungen der Veste Coburg

Deutschfeistritz:
Kulturverein Sensenwerk

Deutschlandsberg:
Karl Tücher

Eisenerz:
Stadtmuseum
VOEST-Alpine AG, Bergbau Eisenerz

Fürstenfeld:
Austria Tabakwerke AG

Graz:
Austrian Airlines
Bundeshandelsakademie und Bundes-
handelsschule Graz
Bundespolizeidirektion
Caritas der Diözese Graz-Seckau
Daisy Bene-Kastner
Elektrizitätswerk Gösting V. Franz,
Graz-Gösting
Finanzlandesdirektion
Dr. Meinhard Heschl
Dipl.-Ing. Anton Hofstätter
Konsul Johannes Hornig
Hypothekenbank
Kammer der gewerbl. Wirtschaft für
Steiermark
Doz. Dr. Stefan Karner
Kastner & Öhler
Konsum Österreich/Region Stmk.
Dr. Alexander Kramer
Kriminalmuseum
Hans Kübeck
Franz Mandl
Gernot Matzka
Motor-Veteranen-Club Süd-Ost,
Gert Dubois
Norbert Nestler
Post- und Telegraphendirektion Graz
Christian Promitzer
Reformhaus Schlögl
Fa. Naim Reyhani
Dr. Patricia Rucker
Prof. DDr. Gerald Schöpfer
Sewera
Stadtmuseum Graz, Garnisonsmuseum
Grazer Stadtwerke AG

Direktion der Steiermärkischen Lan-
desbahnen
Steiermärkische Landesbibliothek
Steiermärkische Sparkasse
Steiermärkisches Landesarchiv
Steiermärkisches Landesmuseum
Joanneum
Abt. Alte Galerie
Abt. für Kunstgewerbe
Abt. Landeszeughaus
Abt. Mineralogie
Abt. Neue Galerie
Abt. Numismatik
Abt. Schloß Eggenberg
Abt. Schloß Stainz
Abt. Volkskundemuseum
Abt. für Vor- und Frühgeschichte
Steirerbrau,
Steirische Brauindustrie AG
Steir. Wasserkraft- und Elektrizitäts-AG
Fernheizkraftwerk Graz
Steyr-Daimler-Puch
Lukas Stolberg
Universitätsbibliothek
Universität, Institut f. Wirtschafts- u.
Sozialgeschichte
Universität, Historisches Institut

Judenburg:
Pfarramt St. Magdalena
Stadtmuseum
Stadtpfarrkirche St. Nikolaus
Stadtwerke Judenburg

Kindberg:
Gisbert Graf Spiegelfeld
Attem'sche Forst- u. Gutsverwaltung

Klagenfurt:
Landesmuseum f. Kärnten

Knittelfeld:
Eisenbahn-, Museums- und Nostalgie-
club

Leibnitz:
Karl Kappaun
Oliver Michl

Leoben:
Univ.-Doz. Dr. Günther Jontes
Museum der Stadt Leoben

Linz:
Oberösterreichisches Landesmuseum
Neue Galerie der Stadt Linz

Losenstein:
Heimatmuseum Losenstein

Murau:
Heimatmuseum

Mürzzuschlag:
Wintersport- und Heimatmuseum der
Stadt Mürzzuschlag

Niklasdorf:
Max Zotter

Oberwölz:
Heinz Graggober
Bäckerei Kraxner, Oberwölz
Stadtgemeinde Oberwölz

Pöls:
Fritz Siebenbäck

Rein:
Zisterzienserstift Rein-Hohenfurt

Riegersburg:
Prinzessin Annemarie von und zu
Liechtenstein

Salzburg:
Melitta Vertriebsges. Bentz & Sohn KG
Salzburger Museum
Carolino Augusteum
Teekanne Ges.m.b.H.

St. Lambrecht:
Benediktinerstift St. Lambrecht

Scheifling:
Fam. Helmut Springer

Steinberg, Bgld.:
Josef Koo

Stübing:
Österr. Freilichtmuseum

Pürgg-Trautenfels:
DI Fahringer
Steiermärkisches Landesmuseum
Joanneum, Abt. Schloß Trautenfels

Triest, Italien:
Dr. Ervino Curtis

Vorau:
Chorherrenstift Vorau, Stiftsbibliothek

Wattens:
Fa. Swarovski

Wien:
Bundesdenkmalamt Wien
Kunsthistorisches Museum,
Münzkabinett
Museen der Stadt Wien
Niederösterreichisches Landesmuseum
Österr. Maggi-Néstle-Ges.m.b.H.
Österr. Museum für angewandte Kunst
Österr. Nationalbank
Österr. Nationalbibliothek
Österr. Tabakmuseum
Persil Vertriebsges.m.b.H.
Glockensammlung Pfundner
Technisches Museum für Industrie u.
Gewerbe
Wiener Stadt- u. Landesarchiv

Wr. Neustadt:
Stadtarchiv Wiener Neustadt

Zagreb, Jugoslawien:
Muzej za umjetnost obrt

Zum Geleit

Mit dem Generalthema „Menschen & Münzen & Märkte" werden von der Steirischen Landesausstellung 1989 in Judenburg die vielfältigen Aspekte des steirischen Handels von den Anfängen bis zur Gegenwart vorgestellt. Diese so komplexe Aufgabe gewinnt heute, an der Schwelle zum dritten Jahrtausend, zusätzliche Bedeutung angesichts eines wirtschaftlich zusammenwachsenden Europas und eines intensiven und rasch expandierenden Welthandels. Der Handel hat nicht allein wirtschaftliche Folgen. Immer ist es eine Wechselwirkung unterschiedlicher Aspekte, die in seinem Umfeld aktiv oder passiv auftreten. Um Handel und Geldwert rankt sich selbst in unserer säkularisierten Zeit noch so mancher Mythos.

Auch bei dieser Landesausstellung ist jenes unverwechselbare Spannungsverhältnis zu spüren, das eine wesentliche Komponente steirischen Wesens und unserer Eigenart ausmacht: einerseits das Beharren auf dem Überkommenen, während schon das Neue stürmisch anpocht, andererseits der fruchtbare Zusammenprall von Tradition und Innovation, die dynamische Konfrontation mit Fremdartigem und dessen Assimilation durch Bodenständiges.

Judenburg ist für diese Ausstellung hervorragend geeignet. Als Handelsstadt hat es eine große Tradition: aufgrund der günstigen verkehrsgeographischen Lage blühte diese älteste urkundlich belegbare Handelsniederlassung der Steiermark auf und war lange Zeit das Zentrum unseres Nah- und Fernhandels.

Hier wurde die erste Goldmünze des Alpenraumes geschlagen. Die weitreichenden Handelsbeziehungen werden unter anderem durch die Niederlassung im Fondaco dei Tedeschi im damaligen Welthandelszentrum Venedig dokumentiert.

Mit der Veränderung der großen Fernhandelswege und dem Abwandern der Kaufleute hat auch Judenburg eine Zäsur miterlebt, der im 19./20. Jh. eine völlig neue Phase der Entwicklung aufgrund der Industrialisierung in der Mur-Mürz-Furche folgte.

Diese Landesausstellung 1989 steht daher in einem größeren Kontext. Mit „Erz und Eisen" im Jahre 1984, der Ausstellung 1986 auf Schloß Herberstein „Steiermark — Brücke und Bollwerk" und der vorjährigen Ausstellung in Bärnbach „Glas und Kohle" wird einer interessierten und stets größer werdenden Öffentlichkeit unsere steirische Heimat in ihren vielfältigen historischen Aspekten vorgestellt.

Landeshauptmannstellvertreter *Prof. Kurt Jungwirth,* dem wissenschaftlichen Leiter der Ausstellung, Dekan *Univ.-Prof. DDr. Gerald Schöpfer,* und dem Architekten *Dipl.-Ing. Ernst Giselbrecht* sowie allen, die an der Ausstellung oder an diesem Katalog mitgearbeitet haben, danke ich aufrichtig.

Landeshauptmann
Dr. Josef Krainer

Menschen & Münzen & Märkte in Judenburg

Menschen arbeiten seit Urzeiten, um zu überleben. Sie schaffen Produkte und Leistungen für sich und für Mitmenschen. Wo ihre Erzeugnisse von Hand zu Hand gehen, entsteht Handel. Erzeugungen und Dienstleistungen ergeben ein System verflochtener Wirtschaft. Wirtschaften heißt, die materiellen Seiten des Daseins aktiv in die Hand nehmen und nicht passiv sich in ein Schicksal ergeben. Je mehr der Mensch im Lauf seiner Geschichte versucht, sich selbst zu bestimmen, umso mehr wirtschaftet er auch. Speziell in Europa entstehen politische und ökonomische Theorien, die zu ergründen und zu verkünden suchen, wie denn das materielle Glück des Menschen und der Gesellschaft auf Erden durch richtiges Wirtschaften und gerechte Verteilung zu sichern sei. Solche Theorien haben halbe und ganze Revolutionen ausgelöst. In der Überflußgesellschaft, die sich inzwischen da und dort eingestellt hat, werden die Verteilungskämpfe schwieriger als je zuvor. Der Mensch will umso mehr haben, je mehr er hat. *Münzen* werden geprägt, wo Handel floriert. Ganz frühe österreichische Goldmünzen stammen aus Judenburg, von wo aus unternehmerische Menschen im Mittelalter darangingen, nach Tauerngold zu schürfen. *Märkte* sind Orte, in denen Menschen, Münzen, Waren zusammenströmen. 1103, also sehr, sehr früh, wird Judenburg schon als „Mercatum", als Markt, in einer Urkunde erwähnt. Etwas mehr als hundert Jahre nachher ist es bereits Stadt. Die Stadt des Mittelalters birgt in ihren Mauern Bewohner, die von Gewerbe und Handel leben. Später, ab dem 19. Jh., hat der neue Erwerbszweig Industrie mit unruhigen Fieberkurven die Stadt und die Region stark geprägt. Über Jahrhunderte hinweg ist Judenburg Ort von Produktion und Güterumschlag geblieben. Nicht zuletzt deswegen, weil sich dort das Murtal mit alten Handelswegen schneidet, die in Urzeiten Oberitalien mit der Donau,

später, genauer, Venedig und die Adria mit Wien, Böhmen und Süddeutschland verbanden. Zwei beredte Symbole für diese Brücken nach dem Süden sind der Strettweger Wagen, die bedeutendste Kostbarkeit aus unserer steirischen Vorzeit, und der Judenburger Stadtturm, dieser klassische Campanile italienischen Zuschnitts. Wo Wirtschaften festen Grund hat und Werte schöpft, steigen auch Ansprüche auf Bildung und Künste. Rund um den hinter Schleiern der Vergangenheit verborgenen Künstler Hans von Judenburg lagert sich lange Zeit eine bedeutende Judenburger Werkstätte, die sakrale Kunst schafft: Bilder, Skulpturen, Glasfenster. Auch als Schulstadt hat Judenburg früh die Nase vorne. In unserem Ausstellungshaus führten Jesuiten eine Lateinschule, bevor später Benediktiner eines der ersten Gymnasien der Steiermark außerhalb von Graz gründeten und staatliche Schulen eingerichtet wurden. Viele Gründe gab es, mit einer Landesausstellung nach Judenburg zu gehen. Vor allem war es auch der Unternehmungsgeist von Judenburgern selber, der das Kulturreferat der Steiermärkischen Landesregierung auf den Plan rief. Ein Thema, das mit Wirtschaft zu tun hat, ist sicherlich nicht einfach herzuzeigen. Es hat aber seine besondere Wichtigkeit in einer Zeit, in der Teile Österreichs, besonders auch die Steiermark, herausgefordert sind, neu unternehmerisch zu handeln. Wo an der Basis einer Gesellschaft Wirtschaft nicht stimmt, ist menschliches Leben und Zusammenleben in allen seinen Ausformungen gefährdet. Von der Deckung einfachster Lebensbedürfnisse bis zu hohen Formen von Kultur: im letzten hängt ihr Gedeihen von Ökonomie ab und diese wiederum davon, wie unternehmungslustig Menschen leben. Milch kommt nicht — wie manche Kinder der Überflußgesellschaft glauben — aus dem Kühlschrank, auch nicht Strom aus der Steckdose und nicht Geld aus der Bank. Es ist der erste Sinn und Zweck einer solchen Ausstellung, zu informieren, zu bilden, aufzuklären. Möge sie auch Menschen ermuntern, sich nicht in Selbstmitleid bequem einzurichten, sondern wach, initiativ, mutig zu leben.

Wie immer bei einem so großen Unternehmen habe ich wieder nach vielen Seiten zu danken. In erster Linie den Steuerzahlern. Jeder Schilling, den wir mit „öffentlicher Hand" ausgeben, kommt im letzten von Wertschöpfung, von Produktion und Dienstleistung, also von tätigen Menschen. Das vergessen sehr leicht manche, die jeden Tag neue Forderungen an öffentliche Budgets herantragen, aber zugleich über zu hohe Steuern und Abgaben klagen. Was im steirischen Landesbudget als „Kunst und Kultur" firmiert, macht dort 1989 1,74 Prozent des ordentlichen Ausgabenrahmens aus, ist im Verhältnis also sehr bescheiden. Ich hoffe, der Einsatz der Mittel rund um diese Ausstellung, die selbst recht viel Beschäftigung schafft, wird sich am Ende als gerechtfertigt erweisen.

Ich danke Herrn Landeshauptmann Dr. Josef Krainer für sein Interesse, für sein klares Bekenntnis zu unseren steirischen Landesausstellungen. Ich danke für die gute Zusammenarbeit mit dem Fremdenverkehrsreferat unserer Landesregierung und Landesrätin Waltraud Klasnic. Das Team der Wissenschafter sei lobend zitiert mit Univ.-Prof. DDr. Gerald Schöpfer an der Spitze, einem Mann von Wissen und Witz (nicht alle kennen seine kabarettistische Vorbelastung). Architekt Dipl.-Ing. Ernst Giselbrecht hat mit seinen Leuten einfühlsam die schwierige Aufgabe gelöst, in alten Mauern neu zu bauen und neu zu gestalten. Allen Bauleuten mit Hofrat Dipl.-Ing Franz Josel, Oberbaurat Dipl.-Ing. Hans-Peter Schleich und Thomas Goldberger sowie in Judenburg Dipl.-Ing. Johann Kofler mit allen ihren Helfern gebührt großer Dank. Das Bundesdenkmalamt in Wien und der Landeskonservator für die Steiermark haben in einer schwierigen Phase, als unvermittelt historische Mauerreste zutage traten, rasch mit Rat und Tat geholfen. Die Wogen der Organisation schlugen in unserem Ausstellungsbüro bei Dr. Dieter Cwienk sowie in der Rechtsabteilung 6 bei Hofrat Dr. Hans Dattinger, Hannes Lammer und Dr. Ileane Schwarzkogler und ihren Mit-

arbeitern zusammen, ohne sie aber verschlingen zu können. In der Ausstellungsregion hat es viel erfreuliche Bewegung gegeben. Die Stadtgemeinde Judenburg hat sich von Anfang an voll und ganz hinter das Projekt gestellt und selbst große Leistungen erbracht. Ich danke dafür ausdrücklich Bürgermeister Oberschulrat Johann Lammer und den Damen und Herren im Stadt- und Gemeinderat sowie Stadtamtsdirektor Dr. Wolfgang Weineiss und Stadtbaudirektor Hofrat Dipl.-Ing. Fritz Mixner. Univ.-Doz. Dr. Johann Andritsch baute wertvolle Brücken zur Stadtgeschichte von Judenburg. Die örtliche Wirtschaft hat unter dem Vizepräsidenten der Handelskammer Steiermark, Kommerzialrat Erich Lemler, hervorragend mitgetan. Für weitere Kooperationen ist Fritz Trafler, Dr. Hans Jaklitsch und den Bezirkshauptmännern Dr. Erwin Vollmann und Dr. Dieter Schwarzbeck sehr zu danken. Alle Genannten und noch viel mehr Ungenannte haben zusammengeholfen, damit ein gutes Werk für Judenburg, für das ganze obere Murtal, ja für die ganze Steiermark gedeihen konnte.

Merkur, bei den Alten Römern Gott der Händler, war zugleich der Agilste der Himmlischen und ihr weitgereister Botschafter, der, ob seiner Beweglichkeit, seinen Namen in verschiedenen Sprachen dem quirligen Element Quecksilber lieh. Ebenso quick, so hoffen wir, mögen viele, viele Besucher ins obere Murtal pilgern. Es ist immer eine Reise wert und dieses Jahr eben in besonderer Weise.

Ich wünsche der Stadt Judenburg und ihrem Umland eine glückliche Ausstellungssaison und frischen Mut für die Zukunft!

Landeshauptmannstellvertreter
Prof. Kurt Jungwirth

Der Handel — Spiegelbild menschlicher Bedürfnisse

Das Thema „Menschen & Münzen & Märkte" ist spannend, denn es berührt zentrale Fragen unserer Existenz. Was wäre unser Dasein ohne Geld und die Fähigkeit des Handels, uns die für ein angenehmes Leben als notwendig erachteten Güter zu beschaffen?

Zwar ist es immer wichtig, darauf hinzuweisen, daß es neben dem Materiellen auch noch andere wesentliche Werte gibt. Doch bei aller „Konsumkritik" etc. sollte niemals übersehen werden, daß wir alle von den Leistungen der Wirtschaft leben.

„Glück kann man nicht kaufen", aber ohne daß es etwas zu kaufen gibt, kann man auch nicht glücklich sein. Mich fasziniert nach wie vor das Bonmot Nestroys, welches einen gesunden Realismus widerspiegelt: „Geld macht nicht glücklich, sagte jener Philosoph, der froh gewesen wäre, wenn ihm wer eines geliehen hätte."

Der Bogen dieser Landesausstellung, die nicht von ungefähr in der einst überaus bedeutsamen Handelsstadt Judenburg stattfindet, ist weit gespannt: Er führt von der Frühgeschichte des Handels bis in die unmittelbare Gegenwart und versucht auch, einen Ausblick auf zukünftige Tendenzen zu bieten.

Viele Philosophen und frühe Ökonomen, wie Francois Quesnay, haben die Bedeutung des Handels unterschätzt. Doch gemessen an den unedlen Methoden des Gütererwerbes, wie Krieg, Raub, Diebstahl, erscheint der Handel als eine überaus beachtliche, humane Aktivität, welche dazu beiträgt, Völker und Kulturen auf friedliche Weise miteinander zu verbinden.

Nicht umsonst hat der große englische Nationalökonom Adam Smith darauf hingewiesen, daß der Handel eine für den Menschen typische Tätigkeit sei, die wir beispielsweise in der Tierwelt nicht fänden. Zumindest ist Adam Smith keinen zwei Hunden begegnet, die bereit gewesen wären, ihre Knochen miteinander zu tauschen.

Mit zunehmender Arbeitsteilung und Spezialisierung nimmt der Handel in der Wirtschaftsgeschichte eine immer bedeutendere Rolle ein. Am Handel liegt es, die lokale und zeitliche Kluft zwischen Angebot und Nachfrage zu schließen, Produktions- und Qualitätsvergleiche zu ermöglichen, sofortige Lieferung vorzusehen, Preisunterschiede auszugleichen, den Markt zu beobachten und auf eine sinnvolle Lenkung der Produktivkräfte einzuwirken.

Mit der Wandlung der traditionellen Agrargesellschaft zur modernen Industrie- bzw. postindustriellen Gesellschaft hat sich auch die Funktion des Handels grundlegend gewandelt. Während durch viele Jahrhunderte aufgrund der kärglichen Produktionsmöglichkeiten das „Beschaffungsproblem" im Vordergrund stand, verlagerte sich diese Problematik aufgrund des Produktionsüberflusses in Richtung „Absatzproblematik".

Wenn nun im Rahmen der Ausstellung aufgezeigt wird, wie sich in den verschiedenen Epochen die Handelsgüter wandelten, so wird diese Palette zu einem wichtigen Spiegelbild der sich ändernden menschlichen Bedürfnisse.

Trotz der grenzüberschreitenden Tendenz des Handels wird natürlich die steirische Handelsgeschichte in den Vordergrund gestellt.

Es sei nicht verschwiegen, daß bislang eine umfassende wirtschaftsgeschichtliche Darstellung der Steiermark fehlt. Diese Landesausstellung könnte ein Anlaß sein, diesbezügliche Aktivitäten in den kommenden Jahren weiter zu verfolgen.

Das Thema „Menschen & Münzen & Märkte" ist überaus vielschichtig und kann deshalb niemals vollständig ausgelotet werden.

Der Vielfalt des Themas entsprechend hat sich ein sehr unterschiedlich zusammengesetztes Team mit der Vorbereitung dieser Schau befaßt: Neben Historikern waren auch Vertreter der Psychologie, Rechtswissenschaft, Volkskunde, Wirtschaftswissenschaft und Praktiker dabei. Diese Landesausstellung will aber nicht nur interessante Fakten in einer übersichtlichen Anordnung anbieten, sondern darüber hinaus zu eigenständigen Überlegungen anregen.

Der Besucher sollte sich selbst als Konsument und damit als einen Ausstellungsgegenstand begreifen, über den es sich Gedanken zu machen lohnt. Dabei könnten sich kritische Fragen ergeben, wie z. B.: Welchen Gütern laufen wir nach? Wie sieht es mit den Stellenwerten in unserem Bedürfnissystem aus? Jagen wir stets den wesentlichen Werten nach, oder sind wir nicht selten versucht, um das legendäre „Goldene Kalb" zu tanzen?

Wir müssen erkennen, daß das menschliche Bedürfnissystem offenbar ein Faß ohne Boden ist. Der heute zur Verfügung stehende Gütervorrat ist größer als jemals zuvor. Es ist keine Übertreibung, wenn wir festhalten, daß der Durchschnittsbürger von heute weitaus mehr Möglichkeiten zum Konsumieren hat, als die Vertreter privilegierter Schichten vergangener Jahrhunderte.

Dennoch ist die allgemeine Zufriedenheit keineswegs im Steigen begriffen. Hier sind wir bei einem seltsamen Phänomen der menschlichen Psyche angelangt. Es wäre ein schöner Erfolg dieser Ausstellung, wenn mancher Besucher „nachdenklich" gestimmt wird.

Gerald Schöpfer

Gedanken zur architektonischen Situation und zur Ausstellungsgestaltung

Ein Thema für eine Landesausstellung, an dem heute — mehr denn je — niemand mehr vorbei kommt. Dies aber nicht nur in einer musischen Betrachtung — vielmehr ist es ein Thema, das das Leben jedes Menschen heute diametral durchzieht.

In diesem Sinne wird als dominantes Zeichen im Eingangsbereich eine gleißende, verspiegelte Keilplastik mit 4 Stelen errichtet.

Der Keil als Zeichen dafür, wie direkt Geld bzw. Münzen unser Dasein durchschneiden — und wie präzise im heutigen Leben „Soll und Haben" getrennt werden.

Die 4 Stelen sind spiegelnde Monumente der verschiedenen Grundfesten des Geldes und des Handels. Sie symbolisieren die Macht, die religiöse, die mythische, die erotische Facette des Geldes. Die Botschaft ist nur gespiegelt zu lesen, sowie sich Reichtum, Sicherheit, Macht etc. in der Anhäufung von Geld spiegeln.

Die Keilplastik im Innenhof des ehemaligen Jesuitenklosters ist so plaziert, daß sie die Eingangssituation im Innenhof markiert, von wo aus man über den neu geschaffenen Eingang in das Untergeschoß des Klosters gelangt.

In diesem beginnt die Ausstellung mit den Exponaten der Frühgeschichte, und im Gang durch die Raumeinheiten wird die Geschichte des Handels und der Münzen gezeigt bis hin zu einem Ausblick auf die nahe Zukunft, die gerade heute mit den Diskussionen über den Beitritt zur EG große Bedeutung erhält.

Der Handel als Spiegelbild der Bedürfnisse des Menschen wird dem Besucher als Querschnitt durch die Zeit vorgeführt; ein Weg durch 26 Raumeinheiten, beginnend mit dem Anfang der Menschheit am Lagerfeuer — dort, wo die ganze Arbeit des Lebens notwendig war, um die einfachsten Bedürfnisse zu decken — bis hin zum Spielvergnügen im Casino, wo mit Geld als Einsatz gespielt wird. Die einzelnen Raumeinheiten sind den markanten Punkten dieses Themas bzw. der Entwicklung im Laufe der Geschichte gewidmet.

Die architektonische Gestaltung soll die Mitteilung dieser Ausstellung unterstützen und erleichtern. Sie soll so vielschichtig angelegt sein, daß ein Eindringen in die Materie für die verschiedensten Besucher und Betrachter möglich ist.

Die Dramaturgie des Ablaufes der Ausstellung schafft Höhepunkte in den verschiedenen sensitiven Bereichen und erleichtert so den Einstieg.

Sicher fragmentarisch in diesem allumfassenden Thema sollen die Inszenierung, die Präsentation, die Verknüpfung der Exponate dem Betrachter eine Ausstellung zeigen, welche nicht im letzten Raum ihr Ende findet, sondern vielmehr dort zu einer eigenen Betrachtung und eigenen Interpretation — abgestimmt auf das eigene Leben — anregt.

Das Fragment — als Anregung für die eigene Interpretation — ist Ziel für die Gestaltung dieser Ausstellung.

Ernst Giselbrecht

Raum 1:
Auf der Suche nach dem
Lebensglück
Raum 2:
Seit es Menschen gibt, gibt es
Handel
Raum 3:
Geld und Handel Noricums
Raum 4:
Völkerwanderung und frühes
Mittelalter
Raum 5:
Handel im Mittelalter
Raum 6:
Juden als Geldgeber und Händler
Raum 7:
Judenburg: Ein früher steirischer
Handelsplatz
Raum 8:
Die Regelung des mittelalterlichen
Handels
Raum 9:
Die Welt wird größer
Raum 10:
Handel, Krieg und Macht
Raum 11:
„Das rechte Maß haben"
Raum 12:
Handel braucht Sicherheit und
Vertrauen

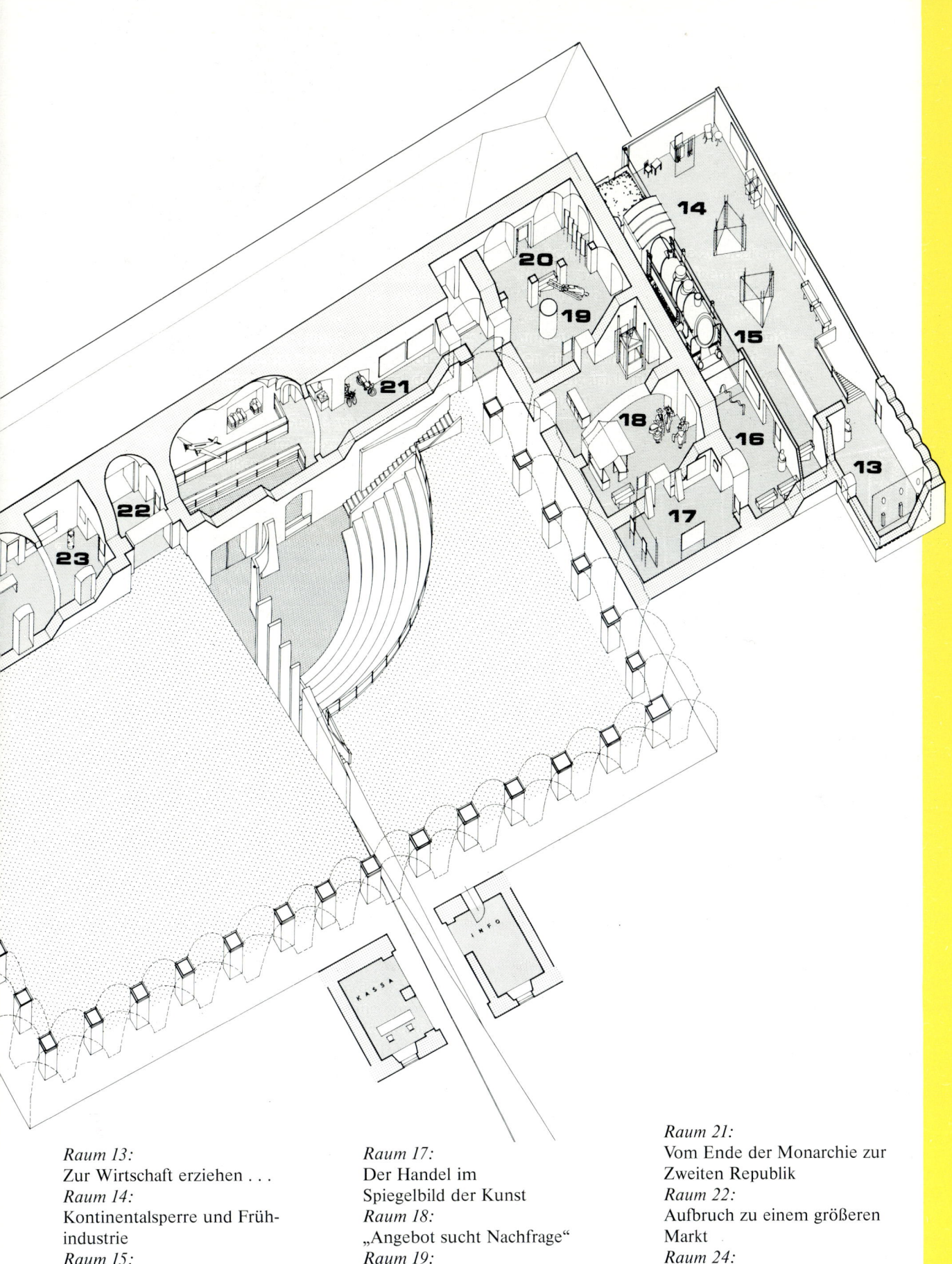

Raum 13:
Zur Wirtschaft erziehen . . .
Raum 14:
Kontinentalsperre und Früh-
industrie
Raum 15:
Verkehrsrevolution und Gründerzeit
Raum 16:
„Man organisiert sich . . .“

Raum 17:
Der Handel im
Spiegelbild der Kunst
Raum 18:
„Angebot sucht Nachfrage“
Raum 19:
Neue Bedürfnisse entstehen
Raum 20:
Wirtschaftskriminalität

Raum 21:
Vom Ende der Monarchie zur
Zweiten Republik
Raum 22:
Aufbruch zu einem größeren
Markt
Raum 24:
Handel heute
Raum 25:
Die Zukunft des Handels

Merkur,
Ausschnitt eines Deckengemäldes
im Schloß Eggenberg (Planetensaal)
von Hans Adam Weißenkircher

Walter Pieringer

Der Mensch auf der Suche nach dem Lebensglück

„Ein steirisches Glück auf"

Der Traum vom großen Glück erscheint uns heute selbstverständlich und ist in unserem Kulturkreis allgemein verbreitet. Man wünscht sich gegenseitig zu allen möglichen Anlässen „viel Glück" und sucht selbst eifrig danach.

Das Glückskind, jenes mit einer Glückshaube – das sind die das Kind noch umhüllenden Eihäute – geborene Menschenkind vermag das Glück beim Schopfe zu packen. Dieser Schopf bezieht sich auf den griechischen Halbgott der Zeit „Kairos", der nur eine Stirnlocke bei sonst geschorenem Haupte besaß. Ihn beim Schopfe ergreifen bzw. mit dem „die Zeit in den Griff bekommen" erhoffte man sich berechtigterweise, ein Stück der sonst nur den Göttern vorbehaltenen Anteilhabe an der Unendlichkeit zu erhalten. Wer über der Zeit steht, dem lacht das Glück und den überhäuft Fortuna mit ihren Gaben. Die Gaben Fortunas, der Göttin des Glücks, haben etwas von der göttlichen Allmacht und Unendlichkeit, sind aber auf Erden nicht allgemein und objektiv bestimmbar, sie bleiben subjektiv. Die Jahrhunderte übliche Grußformel der städtischen Zünfte lautete „Glück zu" und wurde erst zu Beginn der Neuzeit durch das „Glück auf" der Bergleute ergänzt (Röhrich). **Fortunas Gaben sind subjektiv**

Die Suche nach dem Lebensglück ist vom Kulturkreis abhängig und letztlich von der Person selbst bestimmt. Für den einen sind Fortunas Gaben, ist das große Glück viel Geld, der große Reichtum, für den anderen ist es der Ruhm und für den dritten langes Leben.

Die klassischen Leitbilder für diese Suche nach dem Lebensglück finden wir mit unterschiedlicher Tendenz in den Tugendlehren der griechischen Antike. Bei Platon war die Idee des Guten, das Gute selbst Ausgangspunkt für alle Moral und damit für das Glück auf Erden. Aristoteles sah in der tätigen Hingabe für den Stadtstaat die sittliche Pflicht, die den Menschen das höchste Gut, nämlich das Glück, eröffne. Demgegenüber galt für Epikur die Lust als Ursprung und Ziel des Glückes. Die Lust, aus unerschütterlicher Seelenruhe geboren, ermögliche nach Epikur aber ein „Leben im Verborgenen", in gelassener Zurückgezogenheit und im Freisein von Furcht vor den Göttern und dem Schicksal. Die vierte klassische Glückspforte ist unter der Bezeichnung Stoa bekannt. Für den Stoiker ist das Glück das Leben in Übereinstimmung mit der Natur. Nicht Lust zu erstreben, sondern die Entfaltung des eigenen ausgewogenen Wesens sei der Weg des Glücklichen. **Antike Leitbilder**

Diese antiken Leitbilder für die Suche nach dem Lebensglück erfuhren durch das Christentum eine spezifische Ausrichtung auf einen personalen Gott der Liebe. Die Vielfalt der Götter, die über Glück und Unglück bestimmen konnten, sind einer dreifaltigen Einheit gewichen. Im Unbewußten des heutigen Menschen regieren aber nach wie vor viele Vergötzungen des Glücks und damit viele Visionen (Pforten) zur Teilhabe an der Ewigkeit. **Christentum**

Der Mammon, die Lust, der Fortschritt und die Sicherheit sind nur einige aktuelle Abbilder, die mit Qualitäten des Glaubens heute verbunden sind. Wir glauben an die Allmacht des Geldes – Geld regiert die Welt –, an die Allmacht der Lust und der Sicherheit – Versicherungen bestimmen das öffentliche Treiben in der westlichen Welt – und wir glauben an die Allmacht des Fortschrittes – der Fortschritt ist weit verbreitet Selbstzweck geworden und vermittelt Heilserwartung. Auch die Arbeit und die Wirtschaft erfahren gottähnliche Verehrung. Arbeitsplatzsicherung und Wirtschaftswachstum sind heilige Kühe der meisten Sozialstaaten der Erde geworden. Diese Kritik ist nicht als Verurteilung dieser Orientierung und Glücksstrebungen anzusehen und schon gar nicht als Hinweis, daß sie vielleicht unmoralisch seien. Erst eine einseitige oder ausschließliche Verherrlichung eines dieser Prinzipien wäre als Abweichung von einer Mitte des Lebens zu erachten.

So sehr das Streben nach Glück kulturerwünscht und uns allen gemeinsam, so sehr ist auch allen die gewisse Paradoxie bekannt: „Wer direkt nach dem Glücke sucht, der hat es schon verloren." Der Tiefenpsychologe und Familientherapeut Paul Watzlawick zeigt dazu vortreffliche Beispiele in seiner „Anleitung zum Unglücklichsein". **Wer das Glück erzwingen will, verliert es**

Diese paradoxe Situation „mit dem Glück", daß man es so schwer irdisch für längere Zeit fassen kann, ist auch in der sprachgeschichtlichen Herkunft des Wortes angedeutet. Glück, aus dem mittelhochdeutschen „gelücke" (Duden), hat Verbindung zu Geschick, Geschicke, Schicksal, „Geschicke der Götter". Verständlich ist aus dieser Sicht, daß im Islam das Versicherungswesen als verbotenes Glücksspiel angesehen wird, welches dort Ausdruck eines Widerstrebens gegen göttliche Ordnung bedeutet.

Nach dem bislang Angeführten können wir folgern, daß die Suche nach dem Glück wohl einem archaischen Streben der Menschheit entspringt, welches zeitgeistbedingt unterschiedliche Inhalte und unterschiedliche Wege kennt.

In jedem Falle hat „Glücklichsein" etwas mit Überwindung von allzu irdischer Kleinlichkeit und Abhängigkeit zu tun und vermittelt eine Teilhabe an der Unendlichkeit bzw. einen Hauch von Ewigkeit: „Ein göttliches Gefühl".

Wenn „Glücklichsein" etwas mit Überwindung, Aufhebung und Transzendierung aktueller Abhängigkeiten zu tun hat, so vermag die Analyse der jeweils vorherrschenden Glücksinhalte eine Aussage über innere Wertorientierung und Werthaltung des Kulturkreises bzw. der einzelnen Person vermitteln.

Die leitende Glücksorientierung entspringt der inneren, unbewußten Ideologie des Kulturkreises. Diese unbewußten Motive etwas zu erhellen, kann somit beitragen, Verantwortlichkeit, Unabhängigkeit und Freiheit zu entwickeln. Die tiefenpsychologischen Schulen in Nachfolge zu S. Freud, A. Adler und C. G. Jung sehen darin auch ihren ethischen und kulturellen Auftrag.

Maslow

Bevor wir uns aber der Motivationsanalyse aus Sicht der Tiefenpsychologie zuwenden, soll das weit verbreitete Motivationsmodell von Abraham Maslow, einem Vertreter der sog. humanistischen Psychologie, kurz vorgestellt werden. Dieses Modell basiert auf der Annahme einer bestimmten Hierarchie menschlicher Glücksorientierung.

Sein Motivationsmodell in der Version von 1968 umfaßt fünf aufeinander aufbauende Stufen.

Grafik 1: **Bedürfnispyramide nach Abraham Maslow**

In diesem Motivationsmodell vertritt Maslow die Ansicht, daß die tieferen, die basalen Motive jeweils eingeschlossen und somit gültig bleiben.

Nach diesem Konzept von Maslow ist der Mensch zunächst und vor allem von *physiologischen Trieben* — Bedürfnissen nach Sauerstoff, Flüssigkeit, Zucker u. ä. geleitet. Diese Triebe beherrschen den Menschen nach seiner Geburt und er ist darauf bedacht, immer den jeweils aktuellen Bedarf zu befriedigen. Sekundär sind:

> *Die Sicherheitsbedürfnisse*
> Sicherheitsbedürfnisse treten erst auf, wenn aktuelle physiologische Triebe befriedigt sind. Das hungrige Kind — so der Autor — nimmt Speisen wahllos zu sich. Das stärker gesättigte Kind prüft etwa, ob eine Speise ihm Leibschmerzen verursachen könnte. Es sorgt sich um die Anwesenheit der Eltern, weil es von ihnen Schutz erwartet. Analog zum Kind verhält sich immer wieder auch der erwachsene Mensch.

> *Soziale Bedürfnisse*
> Sind die Bedürfnisse nach körperlicher Befriedigung und persönlicher Sicherheit gegeben, so entstehe nach Maslow der Wunsch nach sozialem Austausch, der Wunsch nach Liebe, Liebe zu empfangen und Liebe zu geben.

Ich-Bedürfnisse

Nach Erfüllung dieser sozialen Bedürfnisse entfaltet sich nach Maslow erst die Motivation sogenannter Ich-Bedürfnisse, die Motivation nach Anerkennung und Leistung. Es ist dies das Bedürfnis nach Bewährung in Aufgaben, die man sich selbst stellt und das Bedürfnis nach adäquater Anerkennung dieser Leistungen. Diese Bedürfnisse stellen sich nach Maslow aber erst ein, wenn die Liebesbedürfnisse erfüllt sind.

Bedürfnis nach Selbstverwirklichung

Das Bedürfnis nach Selbstverwirklichung entspricht in der Fassung von 1954 der höchsten Wachstumsstufe. Maslow schrieb damals: „Ein Musiker muß einfach Musik machen, ein Maler muß malen, ein Dichter muß schreiben, um letztlich seinen Frieden zu finden. Was ein Mensch sein kann, muß er auch sein."

Dieser höchsten Stufe des Zu-sich-selbst-Kommens fügt Maslow 1968 eine weitere Stufe hinzu:

Das Bedürfnis nach Transzendenz

Damit ist ein Bedürfnis, über sich selbst hinauszugelangen und einzugehen in eine höhere Welt des Kosmischen und des Göttlichen gemeint.

Der Ideologie Maslows folgend würde die Suche des Menschen nach Lebensglück lauten, zunächst die physiologischen Bedürfnisse zu befriedigen, dann nach Sicherheit zu trachten, erst wenn dies erfüllt, Zugehörigkeits- und Liebesbedürfnisse zu entwickeln, um erst bereit zu werden, eigene Aufgaben zu übernehmen, in dem das Bedürfnis nach Leistung und Anerkennung erstanden ist. Habe der Mensch auch dieses erfahren, wende er sich den Bedürfnissen nach Selbstverwirklichung und schließlich dem Bedürfnis nach Transzendenz zu.

Dieses Konzept von Maslow erscheint für unseren Kulturkreis allgemein verständlich, ja selbstverständlich. Viele gebräuchliche Redewendungen bestätigen diese Hierarchie: „Zuerst Fressen und dann die Moral" (Bertolt Brecht) oder „Religion ist Opium für das Volk" (Karl Marx). Dieses Motivationskonzept des US-Amerikaners Maslow erweist sich bei kritischer Hinterfragung als vielleicht zu einseitige Perspektive. Aus tiefenpsychologischer Sicht sind die sog. physiologischen Bedürfnisse, wie z. B. Hunger, nicht nur ein leibliches, sondern auch ein seelisches und geistiges Phänomen. Hier stimmen tiefenpsychologische Analysen mit religiösen Grundaussagen überein: „Der Mensch lebt nicht vom Brot allein." Eine tiefenpsychologische Grunderfahrung ist ja, daß das Bedürfnis Hunger letztlich einem Harmoniebedürfnis bzw. einem Bedürfnis nach Liebe entspringt. Freilich sind wir auf Erden abhängig von Speise und Trank, doch ist der Hunger sehr oft in unserem Kulturkreis weit stärker vom sozialen Bedürfnis nach Kommunikation und Zuwendung geprägt. Bekanntlich stellte „Konsumation" in unserem Kulturkreis weit verbreitet eine Ersatzbefriedigung tieferer Sehnsüchte dar.

Aus einer Zusammenschau der Erkenntnisse der tiefenpsychologischen Schulen von Freud, Adler und Jung zeigt sich, daß die von Maslow angeführten höchsten und tiefsten Motive zusammenfallen. Das Bedürfnis nach Transzendenz ist eigentlich mit den fundamentalen physiologischen Bedürfnissen ident. Die basale menschliche Motivation ist nach den Erfahrungen der Tiefenpsychologie irdisch und das Irdische transzendierend. Die sozialen Bedürfnisse wiederum sind nach tiefenpsychologischen Erfahrungen ident mit den Ich-Bedürfnissen. Echte Ich-Verwirklichung ist gleichzeitig Sozialisation.

Im folgenden soll nun der Versuch einer Zusammenschau zum Thema „der Mensch auf der Suche nach dem Lebensglück" gewagt werden.

Den tiefenpsychologischen Schulen ist die Annahme einer entwicklungsgeschichtlich bedingten Hierarchie menschlicher Werte gemeinsam. Wenn wir die zueinander komplementären Ergebnisse der tiefenpsychologischen Schulen auf einen gemeinsamen Nenner bringen, läßt sich folgende Hierarchie menschlicher Werte bzw. Gliederung von Zugängen des Menschen zum Glück anführen:

1. Der Wert des „Schönen" und der Weg zum existentiellen Glück,
2. der Wert des „Guten" und der Weg zum sozialen Glück,
3. der Wert der „Selbständigkeit" und der Weg zum materiellen Glück,
4. der Wert des „Spiels" und der Weg zum personalen Glück.

Diese hierarchische Ordnung ist entwicklungsgeschichtlich gegeben, wobei die einzelnen Wege einander gegenseitig bedingen.

Kritik an Maslow

Eine neue Ordnung menschlicher Werte

1. Der Wert des „Schönen" und der Weg zum existentiellen Glück

Die ältesten Beweggründe der Menschheit und die tiefsten Sehnsüchte des Menschen trachten nach dem „Schönen". Das „Schöne" ist aus tiefenpsychologischer Sicht die aktuelle Erscheinung der Urform des Lebens, die irdische Gestalt der Unendlichkeit.

Aus einer Zusammenschau der tiefenpsychologischen Erkenntnisse ist die tiefste und älteste Dimension des menschlichen Lebens, ist das existentielle Sein, ein Erlebniszustand jenseits von gut und böse. Er ist jenseits der Spaltung in Objekt und Subjekt, jenseits einer Trennung von bewußt und unbewußt, wie auch jenseits einer Aufspaltung in Raum und Zeit. Diese Erlebnisdimension entspricht harmonischen Seins-Zuständen des Menschen im Mutterleib und bald nach der Geburt. In diesem „paradiesischen Sein" erlebt und erfährt sich der neugeborene Mensch eins mit der Mutter und eins mit der Welt. Die tiefsten Sehnsüchte des Menschen und der Menschheit streben immer wieder in Richtung zu diesem Sein, in welchem wir „das Licht der Welt erblicken", d. h. einen Funken der Unendlichkeit sehen.

Die Eigenschaft dieser Erlebnisdimension wurde — so die These der Tiefenpsychologie — mit dem Begriff „schön" bedacht. Wo wir uns, jeder auf seine Weise echt, dem ewig Gültigen in und um uns nähern, erleben wir das Leben „schön" und befinden uns am Weg zum existentiellen Glück.

Existentielles Glück, jenes tiefste ekstatische Sein, kann nur in Zuständen erfahren werden, wo wir uns umfassend eins mit der Welt, mit dem Kosmos (mit Gott) erleben. Dieser Zustand ist paradiesisch schön.

Alle religiösen Riten und Kulte streben letztlich nach diesem Sein, streben nach Medialisierung und Einswerden mit dem Unendlichen. Welcher Mensch diesen Zustand je erreicht hat, wäre aus den Erfahrungen der Tiefenpsychologie überhaupt nicht zu bestimmen; wer echt dort ist, befindet sich ja in einem präobjektiven Sein, für welches es keine Worte und somit auch keine Worte der Verständigung gibt — hier fehlen uns die Worte. Potentielle Annäherung an existentielles Glück finden wir vor allem dort, wo das irdische Leben „schwach" an irdischer Macht Transzendenzerfahrung zuläßt: kurz nach der Geburt, kurz vor dem Tode, im Zustand schwerster Erkrankungen, in existentiellen Krisen und in geglückter persönlicher Transzendierung des Lebens.

In der psychoanalytischen Diskussion werden diese Inhalte bekanntlich unter dem Begriff „narzißtisches Thema" erörtert. Narziß ist jener junge Mensch in der griechischen Mythologie, der sich im Spiegel des Wassers erblickt und damit in das irdische Dilemma der Konflikthaftigkeit zwischen Ich-Liebe und Selbsterkenntnis eintritt. In der Individualpsychologie Alfred Adlers wird dieses Thema mit dem Opferprinzip in Beziehung gebracht, bei C. G. Jung sind es mehrere Archetypen, die diesem Thema entsprechen, z. B. der „Alte Weise", der nichts mehr wissen muß, um die Welt zu erkennen.

Symbole und Zeichen für existentielles Glück:

Alle Zeichen, die bewußt oder unbewußt dem „Schönen" dienen, erweisen sich als Symbole und mögliche Wegbereiter zum existentiellen Glück. Die ältesten Kulturgegenstände unserer Welt, gleichzeitig die schönsten Objekte der Welt, sind alle Sakralgegenstände, die diesem Prinzip dienen. Kultstätten, Gotteshäuser, Grabmäler, Taufgeschenke und Weihegaben sind einige Beispiele dafür. Besonders deutlich wird die Paradoxie dieses Themas, die Unendlichkeit in der Endlichkeit zu erfahren, mit der Monstranz symbolisiert: Das „Allerheiligste", die göttliche Nahrung wird in schönster irdischer Aufmachung in Gold und feinster Ausstattung zur Anbetung, d. h. zur Kontaktaufnahme, zur Wegbereitung dargestellt.

Die schönsten und gewaltigsten Bauten dieser Erde (z. B. die sieben Weltwunder) entsprangen dieser Sehnsucht nach existentiellem Glück.

Aber auch manche profane Bauten (Regierungspaläste) und profane Objekte (z. B. Atomwaffen), von Menschen geschaffen, die Macht über Leben und Tod verwirklichen wollen, versuchen dem gleichen Prinzip zu entsprechen.

Wenn wir hier die Urform des Lebens, die sich jeweils neu zeigende Form des Lebendigen, mit „schön" bedachten, so wird nachvollziehbar, daß letztlich jede Nahrung (materielle wie geistige) der Erhaltung des Schönen dient; anders wäre der gewaltige und liebevolle Aufwand, der mit der Eßkultur verbunden ist, auch nicht zu verstehen.

Zusammenfassung

Die tiefsten Sehnsüchte des Menschen, so unsere These aus der Sicht der Tiefenpsychologie — streben nach dem, was wir „schön" nennen. Schön ist die sich stets neu formierende, ewig gültige Ordnung in irdischer Gestalt. Jene Menschen, die uns in Musik, Literatur oder darstellender Kunst „unendlich Schönes" vermitteln, werden auch „die Göttlichen" genannt. Das „Schöne" verbindet das Gute mit dem Wahren, beschränkt sich aber nicht auf das Gute. „Schön" sind Blumen, Gärten, Menschen, aber auch Autos, Raketen und Waffen.

2. Der Wert des „Guten" und der Weg zum sozialen Glück

Die zweitältesten Beweggründe der Menschheit und die zweittiefsten Sehnsüchte des Menschen trachten nach dem „Guten". Das „Gute" ist aus tiefenpsychologischer Sicht die aktuelle Erscheinungsform des Lebens, welches die irdische Polarität von „Gut" und „Böse" bewältigt hat.

Als zweite basale Erlebnisdimension bildet sich auf dem ästhetischen Thema aufbauend das ethische Thema des Menschen. Das ethische Thema ist das der Wertbestimmung, der Ausrichtung auf Polaritäten sowie der Auseinandersetzung zwischen Ich und Du zur Bildung und Entwicklung der Gemeinschaft.
Den Erkenntnissen der Tiefenpsychologie folgend bildet sich Gemeinschaft und damit die Grundlage zum sozialen Glück dort, wo liebende Auseinandersetzung, d. h. wo Abgrenzung und Begegnung zugleich stattfinden. Die liebende und nährende Sorge der Mutter ist und bleibt Leitbild für die Entfaltung von Urvertrauen, für die Entwicklung dessen, was wir soziales Glück nennen. Soziales Glück als Leben in geliebter, lebendiger Gemeinschaft ist an stetig wertende und wertbildende Auseinandersetzung gebunden — an stetige Neubildung von „Gutem".

Abb. 1:
Geiz und Habgier als Irrwege auf der Suche nach dem materiellen Glück. Kupferstich von Daniel Hopfer.

Lebendige Gemeinschaft verwirklicht sich immer unter dem Aspekt der Unendlichkeit — sub specie aeternitatis — und ist hier gleichzeitig optimale Personalisation wie Sozialisation (Ich-Verwirklichung wie Wir-Verwirklichung).
Bedingungen, die die Entfaltung sozialen Glücks begünstigen, sind Gemeinschaftsformationen, sind soziale Organisationen, welche die Ich-Du-Bezogenheit konkret zum Gegenstand haben: die Familie, die Ehe oder soziale Staatsformen.
Ein Optimum an sozialem Glück kann der Mensch dort erreichen, wo er eine kritisch wertende Balance zwischen Ich-Interessen und sozialen Interessen gefunden hat und wo die Ich-Liebe gleichzeitig Selbst- und Nächstenliebe ist.

Symbole und Zeichen für das soziale Glück

Typische Zeichen, die als Symbole für das soziale Glück dienen, sind der Ehering, das gemeinsame Festmahl, aber auch Fahne und Bundeshymne. Diese Objekte bzw. sozialen Einrichtungen symbolisieren den Weg der Ich-Verwirklichung über den der Gemeinschaft.

Zusammenfassung

Die zweittiefste Sehnsucht des Menschen ist die Sehnsucht nach sozialem Glück. Soziales Glück gründet sich in der kritisch wertenden liebenden Auseinandersetzung mit dem Du.

3. Der Wert der „Selbständigkeit" und der Weg zu materiellem Glück

Die drittältesten Beweggründe der Menschheit und die dritt-tiefsten Sehnsüchte des Menschen trachten nach „Selbständigkeit". Die „Selbständigkeit" ist aus tiefenpsychologischer Sicht die Erscheinungsform des Lebens, welche mittels „Wirtschaft" eigene Macht zur Selbstbehauptung geschaffen hat. Die Ökonomie und die Arbeit erweisen sich aus dieser Sicht als natürliches Thema des Lebens.

War das ethische Thema als wertende Auseinandersetzung zur Herausbildung einer Individualität, einer Persönlichkeit in der Gemeinschaft erkannt, so ist der Wert des ökonomischen Themas der der Erhaltung, Absicherung und Behauptung der Person bzw. des Ichs auf der Erde und in der Gemeinschaft.

Dieses Thema wird von der Psychoanalyse „anales Thema" genannt, weil es sich hier für die zur Entwicklung und Erhaltung der Selbständigkeit des Individuums notwendige Trennung, Lösung, Ausscheidung von „gebrauchten Wirtschaftsgütern" (im konkreten Fall verdaute Nahrung) handelt.

Handel

Während das „ethische Thema", welches für die Gemeinschaftsbildung zuständig, von der Aufnahme, der Einverleibung (in der Diktion der Psychoanalyse heißt dies das „orale Thema") bestimmt war, ist das ökonomische Thema von Aufnahme und Ausscheidung, von Geben und Nehmen, von „Handel" geprägt. Der lebendige Handel ist der Stoffwechsel in der Person (z. B. Eiweiß, Kohlehydrat- und Fettstoffwechsel) bzw. der Stoffwechsel zwischen Person und Umwelt durch Aufnahme und Ausscheidung von Flüssigkeit und festen Stoffen. Der Handel und die Wirtschaft sind somit keine Erfindungen der Menschheit, sondern Eigenschaften des sich behauptenden Lebens. Der ökonomische Wert findet sich dort, wo eine Balance zwischen äußerem und innerem Stoffwechsel im Dienste der optimalen Wahrung der Selbständigkeit der Person besteht.

Geld und Gold

Die typische Illusion, die mit dem Begriff „materielles Glück" verbunden ist, ist die der ewigen Unabhängigkeit infolge übergroßen Besitzes von Wirtschaftsgütern, von Reichtum, von Geld und Gold in Hülle und Fülle. Nach Erkenntnissen der Psychoanalyse hat Geld und Gold dementsprechend auch mit der einverleibten, gespeicherten („auf die Sparkassa gelegten") Nahrung zu tun. Die verdaute und ausscheidbare Nahrung, „der Stuhl", behält dabei seinen ökonomischen Wert, wenngleich er in der Kultur mit Ekel besetzt wird. Der Stuhl, für den Bauern noch immer der Dünger, der den Ertragreichtum der Felder steigert, wird in vielen Märchen auch mit Geld und Gold gleichgesetzt (z. B.: „Der Dukatenscheißer").

Daß die ersehnte Überhäufung mit Geld — das große Glück — sehr selten wirklich zum materiellen Glück, zur sozialen Freiheit und echten Autonomie führt, ist zwar allgemeine Erfahrung, aber gleichzeitig allgemein verdrängtes Prinzip. Fast jeder Mensch träumt weiter vom Toto-Zwölfer oder vom Lotto-Sechser.

Optimales materielles Glück verwirklicht sich dort, wo der glückliche Gewinn auf herzliche Selbstdisziplin, auf Fleiß, Leistungswille und positive Einstellung zur Arbeit trifft — denn das Gewonnene muß, um glücklich zu machen, auch „verarbeitet, verdaut und ausgeschieden, in den Stoffwechsel der Welt zurückgegeben werden."

Die günstigsten Bedingungen für das Erleben von materiellem Glück finden sich dort, wo materielle Güter selbst als Sachwerte „sachlich" erkannt werden und als Wirtschaftsgüter, die den inneren und äußeren Stoffwechsel verbinden, gehandelt werden.

Symbole und Zeichen für materielles Glück

Die bekannten Objekte und Symbole für materielles Glück sind Geld, Gold, Gut, Besitz, aber auch Macht, Fertigkeit und Fleiß. Daß der ersehnte „große Haufen Geld" wieder an sein anales Pendant, den Misthaufen, erinnert, wird überwiegend verdrängt (Strotzka: „Zur Tiefenpsychologie der Macht"). Daß der Geizige, der sein Geld hortet, auch meist unter chronischer Stuhlverstopfung leidet, hat schon S. Freud beschrieben.

Abb. 2:
Mit dem
Geldscheißer" *karikierte*
Hieronymus Bosch die
Sehnsucht nach unbegrenztem Reichtum.

Zusammenfassung

Materielles Glück wird hier aus der Sicht der Tiefenpsychologie als gelungene Balance zwischen dem äußeren Stoffwechsel (Stoffwechsel der Natur, aber auch Stoffwechsel der Wirtschaft und des Handels) und „inneren" Stoffwechsel des Menschen beschrieben. Lebbares, erlebbares materielles Glück verwirklicht sich dort, wo eine Ausgewogenheit zwischen Aufnahme und Ausscheidung, zwischen Geben und Nehmen besteht. Echtes materielles Glück ist dort zu erwarten, wo umsetzbarer (verwertbarer) Besitz vorliegt, florierender Handel besteht, bzw. herzhafter Fleiß mit „verdientem" Verdienst. Eine Gefährdung der persönlichen

Autonomie wäre aus dieser Sicht dort gegeben, wo sowohl zuwenig als auch zuviel an materiellen Gütern bzw. an Verdienst vorliegt.

4. Der Wert des „Spiels" und der Weg zum personalen Glück

Die viertältesten Beweggründe der Menschheit, die des „homo ludens", trachten nach „Spiel". Das Spiel ist aus tiefenpsychologischer Sicht Transzendierung aller vorangegangenen Themen und deren Darstellung in persönlicher Komposition. Alle Kinder dieser Erde (und das Kind in uns) spielen immer wieder neu ihre Sicht der Aufgaben, Pflichten und Werte der Eltern. **„Homo ludens"**

Das vierte basale Thema des Lebens und damit die vierte basale Sehnsucht des Menschen ist das, was wir Kultus oder Kulturspiel nennen. Das Kulturspiel, der Kultus, ist vor allem und zunächst vom Geschlechtsrollenspiel, vom Balzspiel her gefärbt. Was in der Natur bei Pflanze und Tier als „Farbenspiel" (die Geschlechtsmerkmale bei Pflanzen als bunte Blüten, die Färbung und Änderung der Färbung im Balzspiel bei Männchen) bzw. an Tanz, Gesang und Bewegung (z. B. balzender Auerhahn oder werbende Fische) vorliegt, wird beim Menschen zum Kulturspiel. Das Rollenspiel des Mannes und das der Frau, das werbende lockende Verhalten beider, die Kleidung im Wandel der Mode, die äußere Aufmachung durch Schminke und Haarpracht, aber auch die äußere Aufmachung und Fassade von Gebäuden entsprechen diesem Thema (Illich). **Das „Rollenspiel"**

Dem bewußten Rollenspiel steht dabei stets eine noch vorbewußte und unbewußte Gestalt an innerer Spannung gegenüber. So wandelt sich die soziale Rolle der Frau und die des Mannes: Es verändert sich, Prinzipien des Unbewußten folgend, das Erscheinungsbild und Verhalten dessen, was wir typisch „weiblich" oder typisch „männlich" nennen.

Nach den Erkenntnissen der Tiefenpsychologie konstituiert sich dieses sogenannte früh-genitale Thema (ödipales Thema) aus der Immanenz der Spannung im Konflikt der Geschlechter und der Generationen. Die glückende Verwirklichung beider Spannungsbereiche ist nur im Spiele möglich. Das Spiel, das sich auf seine spielerische Weise jeglicher Definition entzieht (Erikson), das aber den Mensch auch erst Mensch werden läßt (Der Mensch ist nur da ganz Mensch, wo er spielt, F. Schiller), läßt unsere erotische Beziehung zum Du des anderen Geschlechtes und darüberhinaus zur ganzen Welt lebendig werden. Das Spiel im Glück, oder das spielerische Glück, oder das glückliche Spiel ermöglicht gleichzeitig aber auch — so paradox es erscheint — die Übernahme sozialer Verantwortung. Soziale Verantwortung ist immer auch an das Spiel, an ein Tun „so als ob" wir wüßten was richtig und notwendig wäre, gebunden. **Soziale Verantwortung**

Die Verliebtheit, die so tut, als wäre sie Liebe und die „Grisetten", die so tun, als wären sie Geliebte, sind typische erotische Varianten des Spiels.

Optimale Verwirklichung des „spielerischen Glücks" ergibt sich dort, wo der Mensch sich selbst die Freiheit zum Spiele, zum Rollenspiele erteilt. Dies ist dort möglich, wo der Mensch fähig und willens ist, seine persönliche Rolle zu transzendieren. In der Verfügbarkeit und Verantwortungsbereitschaft mehrerer, einander auch widersprechender Rollen in der Gesellschaft, liegt das spielerische Glück bzw. das geglückte Spiel und gesundes Rollenverhalten. **Freiheit zum Spiel**

Männlich hart und weiblich zart spielen können, sind kulturelle Standardrollen, die jeder, der auf der Bühne des Lebens eine Rolle spielen will, zu beherrschen hat.

Der kultische Wert als geschlechtsspezifisches Prinzip des Lebens schafft auch die letztlich für das menschliche Leben typische Paradoxie: Je ernster jemand eine Rolle spielt, desto ungewisser müssen wir werden, wie ernst er sie wirklich nimmt.

Die Komplementarität von „bewußt" und „unbewußt" als typische Eigenschaft der Spieldimension läßt viele Menschen unbewußt mit sich selbst ein Spiel spielen. Manch einer denkt ganz ernst, empört und entrüstet zu sein und weiß nicht, daß er gerade in diesem Moment seine eigene Scheinheiligkeit karikiert: Eine seriöse ältere Frau regt sich über die neuerlich modern gewordene Minimode auf und rafft ihren Rock weit über die Knie und bewegt sich trippelnd, ihre bewußte Verachtung (und unbewußte Verliebtheit) über diese Mode ausdrückend.

Ein Optimum an Glück im echten kulturellen Spiel ermöglicht sich dort, wo Verständnis und Humor gegenüber jeder geglückten und mißglückten Rolle besteht.

Viel Geld und gewaltiger Aufwand wird betrieben (denkt man z. B. an die Mode-, Schmuck- und Schminkindustrie) um ein Stück dieses Glücks zu erhaschen. Das Charmante und Gefährliche dieses Glücks und dieser Sehnsucht kann es sein, daß man sich selbst verspielt: Wer sich verliebt und sich so glücklich frei fühlt, wie jeder Verliebte, hat in Wirklichkeit nur die Freiheit über sein Rollenspiel verloren.

Symbole und Zeichen für kultisches Glück

Die typischen Objekte und Symbole für diese Dimension des Glücks finden wir in der erotischen Kleidung, in Modeschmuck und Schminke, aber auch in allen Attributen, die die männliche oder weibliche Rolle stärken können. Das sportliche Auto soll dem Mann „Männlichkeit" und der Frau „Rasse", die bunte Kleidung dem Mann Verwegenheit und der Frau Undurchschaubarkeit verleihen. Ein Strauß roter Rosen, als Symbol der liebenden Zuwendung, ist „blühende vegetative Geschlechtlichkeit", die übertragen werden will.

Zusammenfassung

Personales Glück gründet sich in Transzendierung aller basalen Themen des Lebens und deren persönlicher geschlechtsspezifischer Darstellung im Spiel. Das Spiel verbindet dabei die schon in der pflanzlichen Natur vorgegebene Geschlechtsbestimmung mit der stets neu aus dem Unbewußten des Menschen auftauchenden Variation des Lebendigen.
Obwohl es uns meist unbewußt bleibt, versehen wir jede Handlung und jedes Objekt mit einer Geschlechtsbestimmung (der Spielball, die Mode, der Handel und die Arbeit). Die immanente Spannung unter den Geschlechtern und unter den Generationen läßt dieses Thema zur typisch menschlichen Paradoxie werden. Wer eine Rolle spielt, spielt eine Rolle, auch wenn er es selbst nicht weiß.

Schluß

Diese aus der Diskussion der Tiefenpsychologie sich erstellende Orientierung für die Suche des Menschen nach dem Glück bleibt stets im Spannungsfeld zwischen „bewußt" und „unbewußt". Den Erkenntnissen der Tiefenpsychologie folgend wird jedes Thema und erst recht das Thema „Glück" so bald wir seiner voll bewußt werden, gleichzeitig schon wieder verloren:
„Das Glück is a Vogerl."

Glück läßt sich nicht fassen

„Wer das Glück zu ernst sucht, hat es schon wieder verloren."
„Das Glück leitet zur Ewigkeit hin, die Geschwindigkeit des Weges liegt zum Teil in unserer Hand."
Es gibt viele Wege zum Glück — hier haben wir den Weg des „Schönen und Wahren", den Weg des „Guten", den Weg der „Selbständigkeit" (über Besitz, Wirtschaft und Arbeit) und den Weg des „Spiels" angeführt — glücklich sein aber ist an die gleichwertige Beachtung aller Wege zugleich gebunden.

„Glück zu!"

Der Geltnarr.

Ein Geltnarr so werd ich genannt/
On ruh ist mein hertz/mund vnd hand/
Wie ich nur groß Gelt vnd Reichthumb
Vnverschempt listig vberkumb/

Abb. 3:
Aus dem Ständebuch
von Jost Amman, 1568.

Literatur:

Adler, A.: Praxis und Theorie der Individualpsychologie, Fischer, Frankfurt 1974
Duden: Das Herkunftswörterbuch, Dudenverlag, Mannheim 1963
Freud, S.: Das Unbehagen in der Kultur, Studienausgabe, Band IX, Fischer, Frankfurt 1974
Freud, S.: Totem und Tabu, Gesammelte Werke, Imago, London 1940
Illich, I.: Genus, Rowohlt, Hamburg 1983
Jung, C. G.: Bewußtes und Unbewußtes, Fischer-Verlag, Köln 1967
Maslow, A.: Motivation und Persönlichkeit, Walter-Verlag, Olten 1977
Röhrich, L.: Lexikon der sprichwörtlichen Redensarten, Herder, Freiburg 1973
Strotzka, H.: Fairness, Verantwortung, Fantasie. Eine psychoanalytische Alltagsethik, Deuticke, Wien 1983
Watzlawick, P.: Vom Schlechten des Guten, Piper, München 1986

Johann Andritsch

Judenburg — der erste urkundlich genannte Markt der Steiermark

Judenburg als Verkehrsknotenpunkt

Dem Römerreich bereitete die Verbindung zwischen Aquileia und dem Donaulimes große Sorgen. Die unwirtlichen Gebirgswege führten vor allem durch die geologischen Furchen der Alpen, doch mußten dazwischen liegende Hochgebirgsketten überwunden werden. Die Ausgangspunkte zu diesen Paßstraßen wurden zu markanten Stationen im römischen Straßennetz. Ein solcher Knotenpunkt war auch im Raume Judenburg gegeben. Es gab hier eine Gebirgsstraße, die, von Virunum über Noreia ziehend, bei Judenburg ins Pölstal abbog und dann über den Pyhrnpaß weiter nach Ovilava (Wels) führte. Diese Straße findet ihre skizzenhafte Darstellung in der „Tabula Peutingeriana", auch „Weltkarte des Castorius" genannt, aus dem 4. Jh. n. Chr. Verfolgt man die „Tabula", so kommt man über die Poststationen Virunum (Maria Saal) — Matucaio (Zwischenwässern) — Noreia I (Einöd) — Noreia II (Neumarkt oder Scheifling) nach Ad Pontem (Scheifling bei Lind oder Nußdorf bei St. Georgen). Danach zweigt die Straße vom Murtal ab und führt ins Pölstal nach Viscellis (Möderbrugg), weiter über Tartursanis (Hohentauern) — Surontio (Trieben) — Stiriate (Liezen) und Gabromagis (Windischgarsten) nach Ovilava (Wels). Die hier angeführten Poststationen sind uns zum Teil auch aus einer anderen Quelle bekannt, der „Itinerarium Antonini", einem Verzeichnis für Handelsreisende, das aus dem 3. Jh. stammt und von einem römischen Kaufmann aufgezeichnet wurde. Hier wird die Route zwischen Virunum und Gabromagis so beschrieben, daß, über das Pölstal kommend, die Straße bei Judenburg (wahrscheinlich bei Monate) in Richtung Lavanttal abzweigt und dann weiter über Hüttenberg und Candalicas (St. Johann am Pressen) nach Virunum (Maria Saal) führt. Folgende Poststationen werden hier angeführt: Gabromagis (Windischgarsten) — Stiriate (Liezen) — Surontio (Trieben) — Tartursanis (Hohentauern) — Viscellis (Möderbrugg) — Sabatinca — Monate (höchstwahrscheinlich eine Wegkreuzung, etwa ein Murübergang, im Judenburger Raum) — Candalicas (St. Johann am Pressen) und Virunum.

Günstige Verkehrslage

Die Lokalisierung der Stadt „Monate" im Judenburger Raum ist schon dadurch bedingt, daß, vom Lavanttal kommend, hier der gegebene Übergang zum Pölstal besteht. Bestätigt wird dies auch dadurch, daß man in Strettweg, neben dem vorrömerzeitlichen Fund des Kultwagens, 1976 3.000 römische Münzen fand und stets neue Funde ans Tageslicht kommen.

Abb. 4:
Postkutsche
(bzw. Reisewagen) von Maria Saal.

Diese römerzeitliche Straße, allerdings in Spuren bereits in der Keltenzeit zu entdecken, blieb bis weit ins Mittelalter hinein der wichtigste Alpenübergang im östlichen Gebirgsland. Judenburg verdankt daher seine Bedeutung im Handelsleben seiner günstigen Verkehrslage. Es lag an der „Italienstraße", die von Venedig über Villach, St. Veit an der Glan und Friesach in die Steiermark und weiter über Leoben, Bruck an der Mur und den Semmering nach Wien führte. Von dieser Straße zweigten in Judenburg alte Verkehrswege einerseits nach dem Südosten (Lavanttal) und Osten über das Gaberl nach Voitsberg und Graz ab und andererseits über Pöls und den Rottenmanner Tauern nach Rottenmann und weiter über den Pyhrnpaß in den Norden, nach Wels und Linz. Zur Zeit der Eppensteiner war Judenburg bereits ein wichtiger Verkehrsknotenpunkt, aber auch ein bedeutender Herrschaftssitz. Erste Nennung: 1074 (Judinburg) und Bewacher des reibungslosen Verkehrs. So entstanden entlang dieser Handelsstraße einige wichtige Klöster, wie Admont (1074), St. Paul (1091), St. Lambrecht (1096) und Spital am Pyhrn (1190) als Stützen des Handels. Die Traungauerpolitik, d. h. Schutz der Klöster und der Handelswege, übernahmen dann sowohl die Babenberger als auch die Habsburger, vor allem nach dem habsburgischen Erwerb Kärntens 1335, um weiterhin mit Krain, Friaul und Venedig Handelsbeziehungen aufrecht zu erhalten. Bis zum Erwerb Kärntens war Judenburg Grenzstadt (seit 1192).

1074

Dies wurde auch bei der Hochzeit von Friedrich dem Schönen mit Isabella von Aragon im Jahre 1314 deutlich. Friedrich erwartete seine spanische Braut in der ersten Stadt seiner Hausmacht, beim „Tor des Habsburgerbesitzes". Die Grenzstadtfunktion hatte auch für den Handel größte Bedeutung in bezug auf das Niederlagsrecht, die Prägung von Münzen und die Niederlassung von jüdischen Geldverleihern.

Judenburg auf alten Landkarten

Über das römische Straßennetz sind wir hauptsächlich durch zwei kartographische Quellen unterrichtet, die bereits erwähnte „Tabula Peutingeriana" und durch das „Itinerarium Antonini".

Im 15. Jh. wurden dann, durch die Erfindung des Buchdruckes angeregt, immer mehr Landkarten angefertigt. In der Nürnberger Chronik des Hartmann Schedl (1493) finden wir die erste deutsch beschriftete Karte, in der als Handelsstationen der Alpen nur Villach, Judenburg, Wiener Neustadt und Wien eingezeichnet sind. Auch in der Straßenkarte Deutschland — Italien vom Nürnberger Glockendon aus dem Jahre 1533 wird die Venedigerstraße besonders hervorgehoben: Wien — Wiener Neustadt — Semmering — Bruck — Leoben — Judenburg — Neumarkt — Friesach — St. Veit — Villach — Venedig.

Judenburg wird auch auf der Wegkarte des Venezianers Castaldo 1569 durch eine veränderte Schreibweise hervorgehoben. Ebenso scheint Judenburg im Ausschnitt auf der Planissphäre Neckers 1574 besonders auf, weil es hier als Abschluß der Ostalpen entlang des Meridians zwischen dem 47. und 48. Breitengrad hervorgehoben wird. Summa Sumarum können auch diese wenigen Beispiele den Beweis für die Wichtigkeit unserer Stadt im Fernhandel liefern.

Mercatus Judenpurch

1103

Der „mercatus Judenpurch" erscheint 1103 in einer Stiftungsurkunde für St. Lambrecht. Der letzte Eppensteiner, Herzog Heinrich III., bestiftete darin das Kloster mit Kirche, Gütern und Rechten und auch mit den Markt- und Zollrechten von Judenburg „preterea mercatum Judenpurch cum usu, qui muta dicitur, thelono et pretereuntium merce". Dies bedeutet also, daß neben der Burg auch schon eine Kaufmannssiedlung existierte.

Eppensteiner

Die erwähnte Burg bezieht sich auf die Burg des Eppensteiners Jutho (Judo), die nach ihrem Erbauer Burg des Jutho (Jud-i-n-burg) genannt wurde und von dem Judenburg seinen Namen hat. Herzog Heinrich erwähnte in der Stiftungsurkunde das Handelsrecht seiner Vorfahren = „pretereunitium merce", die auf ihrem Allodialbesitz von Händlern bereits Maut und Zoll eingehoben hatten. Die Urkunde weist auch darauf hin, daß Judenburg damals bereits ein lebhafter Fernhandelsplatz war.

Traungauer

Die Nachfolger der Eppensteiner, die Traungauer, betrieben eine reine Machtpolitik. Sie benutzten die Vogteirechte über Klöster, vor allem über das von St. Lambrecht, um allmählich wieder zu den Einnahmequellen zu gelangen, die aus Maut- und Handelsgepflogenheit dem Landesfürsten zustanden.

Unter dem Kloster St. Lambrecht entstand in der Nähe der Kaufmannssiedlung eine eigene Kirche, die dem Heiligen Nikolaus geweiht wurde und auch heute noch geweiht ist. Der Heilige Nikolaus galt als Schutzpatron der Kaufleute und Seefahrer. 1087 wurden die Reliquien des Heiligen in das Bistum Bari überführt, wodurch diese Stadt einen ungeheuren Aufschwung nahm. Die Venezianer, in Konkurrenz zu Bari, ließen 1116 ebenso einige Reliquien des Heiligen in ihre Stadt überführen und verteidigten seine Echtheit gegenüber Bari. Venezianische Kaufleute, aber auch andere Fernhändler, fanden also inmitten ihrer schweren Alpenrouten in Judenburg einen Schutzpatron. Fast parallel zum Bau der Judenburger Stadtpfarrkirche gab es Nennungen von Nikolaus — Patrozinien in Niklasdorf und St. Nikolai im Sausal. Die Errichtung einer Nikolauskirche ist aber auch ein sichtlicher Beweis, daß den Fernhandel wie den kleinen Markt nicht Juden betrieben hatten, sondern wagemutige Untertanen der Judenburger Herren. Die Händler, die unter dem Schutz der Fürsten standen, benützten auf ihrem Weg von Italien Richtung Süddeutschland oder Alpenvorland die Burg als Raststation, oft waren sie aber auch Lieferanten für die Burg- und Klosterbewohner. Auf alle Fälle nützten sie immer die Gelegenheit, in der Judenburger Kirche um den Schutz des Heiligen Nikolaus zu bitten.

Eine markante Heiligendarstellung ist das Fresko des Heiligen Christophorus an der Südwand der Magdalenenkirche. Diese Darstellung liegt murseitig und diente dem mittelalterlichen Floßverkehr auf der Mur als eine Stelle für Dank bei Ankunft und für Bitte bei Abfahrt.

Eisen

Begehrteste Ware für den Handel mit fernen Ländern war das Eisen, wobei die Judenburger bald das Handelsmonopol hatten. Es handelte sich hier um zwei Abbaugebiete, den kärntnerischen Hüttenberg und den Erzberg, damals wurde das Eisen vom Erzberg noch als „Eisen von Trofaiach" bezeichnet. Vorerst aber pflegten die Judenburger den Handel mit dem kärntnerischen Eisen, da sie durch die Schenkung Otakars des Dritten 1164 in Besitz der Almen im Seetalergebiet gelangt waren, wo der Weg nach Hüttenberg zwar mühselig, aber ungefährdet vor sich ging. Erst bei der Bestätigung der Stadtrechte durch Rudolf von Habsburg 1277 wurden dann konkrete Angaben auch über das Monopol des Roheisenhandels mit Trofaiacher Eisen gemacht, das nun nur mehr nach Judenburg verkauft werden durfte.

Die Stadterhebung

Die Stadterhebung wird mit dem 24. April 1224 durch Herzog Leopold den Sechsten angenommen, weitere Stadtprivilegien verlieh 1240 Friedrich II., der Streitbare. Das „Große Privileg" allerdings erhielt die Stadt erst 1277 durch Rudolf I. von Habsburg, der damit die Judenburger für sich gewinnen wollte. Die beiden ersten Privilegien sind übrigens auch nur im „Großen Privileg" überliefert und bestätigt.

1224

Die Freiheiten, die Judenburg dadurch erhielt, geben beredtes Zeugnis über die strategisch und wirtschaftliche Stellung der Stadt als Handels- und Grenzstadt. Bereits im ersten Punkt wird über Münzer und Wechsler gesprochen. Wenn nämlich die Münzer neue Denarien (Pfennige) schlagen, dann dürfen sechs Wochen lang nur die Wechsler der Stadt wechseln, sonst aber niemand. Erst nach Ablauf der sechs Wochen dürfen auch die anderen Bürger der Stadt Wechsel treiben. Den eventuellen Streit zwischen den Münzern und Wechslern schlichtete als herzoglicher Beauftragter der Stadtrichter.

Münzer und Wechsler

Mit dem Fernhandel beschäftigte sich jener Punkt, der Kaufleute aus Italien (Latini et Lombardi) die Verpflichtung auferlegt, ihre Waren ausschließlich Judenburger Kaufleuten anzubieten, denen dann das Recht des Handels mit diesen Waren im Alpenbereich bis Wien zusteht. Auch mußten die Judenburger Kaufleute in Zukunft bis Wien keine Zölle mehr bezahlen, erst dort wurden die Waren verzollt.

Fernhandel

Diese Vorschrift machte Judenburg zu einem der wichtigsten Stapelplätze zwischen Venedig und Wien, sowohl für den einheimischen Eisenhandel und später den Speikhandel einerseits, wie für die Waren aus Italien andererseits. Verstärkt wird das Privileg durch einen weiteren Punkt, und zwar durch die Einrichtung eines Judenburger Geleitzwanges. Festgehalten wird auch noch, daß für Judenburg weiterhin die alten Maße, wie Getreidemaß (mensura frumenti) und Ellenmaß (ulna), und Gewichte (pensa) galten.

Durch die Stadterhebung der alten Handelssiedlung bei der Burg kam zur günstigen Verkehrslage ein weiterer Faktor hinzu. Judenburg stand unter landesfürstlichem Schutz und verfügte über eine geregelte Stadtverwaltung. So wurde Judenburg im Laufe der Jahrhunderte nicht nur Handelszentrum, sondern auch Verwaltungszentrum (Viertel- und Kreishauptstadt), und es gehörte stets zu den wichtigsten Städten der Steiermark. Im Mittelalter aber erlangte es seine größte Bedeutung.

Abb. 5.:
*Der **Judenburger Goldgulden** aus dem 14. Jh.*

Judenburger Gulden und jüdische Geldverleiher

Wie erwähnt, erteilte Rudolf I. bereits 1277 das Münzrecht an die Stadt Judenburg. Dieses Münzregal dürfte wohl einen „Judenburger Pfennig" hervorgebracht haben, obwohl darüber die Literatur bisher schweigt. Man spricht immer nur von einem „Zeiringer Pfennig" der Admonter. Eine entsprechend breite literarische Anerkennung findet aber der „Judenburger Gulden".

Judenburg wurde unter den Herzögen Albrecht II., dem Weisen (1330–1358), und seinen Söhnen Rudolf IV., dem Stifter (1358–1365), und Albrecht III. (1365–1395) zur Wiege der österreichischen Goldausmünzung. 1344 übertrug nämlich der Salzburger Erzbischof seine Bergregalien der reichen Goldvorkommen im Rauristal und in Gastein einer Gesellschaft Judenburger Bürger. Die Teilhaber dieser Gesellschaft waren Nyclas der Weniger, Heinrich der Värber, Heinrich der Echelzain, Hermann Räntlein und Christoph Chroph. 1354 übernahm eine andere Juden-

burger Gesellschaft die Rechte in Gastein und Rauris, dies waren Hans der Poym, Andree der Schrot und andere. 1378 bildete sich eine dritte Judenburger Gesellschaft, der Hans der Göldlein und sein Schwiegersohn Konrad Decker angehörten. Alle erwähnten Münzpräger gelangten zu großem Reichtum. Wichtigster Beleg für die Prägung von Goldmünzen in Judenburg ist ein Schuldschein von 1368 der Herzogsbrüder Albrecht des Dritten und Leopold des Dritten für den Juden David Steurz, einen Wiener Finanzmann, worin auch die in den Alpenländern kursierenden Goldmünzarten aufgezählt sind: ungarische, böhmische und venezianische Goldmünzen neben dem Judenburger Gulden, der von den anderen aber bald verdrängt wurde. Um 1400 endete die Blütezeit der Judenburger Münzstätte.

Judenburger Gulden

Der „Judenburger" hatte verschiedene Gattungen. Die Gulden Albrechts des Zweiten und Rudolfs des Vierten haben auf einer Seite den Florentiner Schutzpatron, Johannes den Täufer, und auf der Rückseite die florentinische Lilie mit dem jeweiligen Namen, also entweder Dux Albertus oder Dux Rudolfus. Eine andere Guldenart trägt das Bild Johannes des Täufers mit zierlichen Ausschmückungen, statt der Lilie aber den Bindenschild und den steirischen Panther mit der Rundschrift „Albertus D. G. Dux Austriae" (Gulden Albrechts des Dritten). Mit dem Münzregal hing auch die Bedeutung der jüdischen Geldverleiher zusammen. Nicht als Hersteller der Münzen, sondern als Verleiher verstanden sie es, in die Gunst der Landesfürsten zu gelangen. Kaiser Friedrich Barbarossa (†1190) bestellte sie zu seinen „Kammerknechten", die späten Babenberger und auch dann die Habsburger nahmen sie gerne als „Münzmeister" auf.

Juden

Im Laufe des 13. Jhs. siedelten sich in der Steiermark immer mehr Juden in landesfürstlichen Städten an. Die erste urkundliche Nachricht über „iudeos in Judenburg" stammt — laut Popelka — aus der Zeit um 1290. Ab 1305 haben wir für Judenburg durchlaufend Belege für jüdische Ansiedler und ihre Geschäfte als Geldverleiher. In den folgenden zwei Jahrhunderten hatten sie in der „Judengasse" am Gehag ihr ständiges Wohnviertel. Sie unterhielten eine Judenschule (Synagoge), hatten ihren Judenmeister, der für die Ordnung in der Gemeinde verantwortlich war und Judenrichter, von denen wir für die Zeit zwischen 1305 und 1495 eine fast lückenlose Namensliste besitzen. Der Judenrichter mußte unbedingt ein Christ sein und hatte die Aufgabe, Streitigkeiten zwischen Juden und Nichtjuden zu schlichten. Da zwischen Juden und Christen besonders Geldgeschäfte Anlaß zum Einschreiten boten, sind uns v. a. Schuldbriefe und ihr Einlösen überliefert. Es scheinen sowohl das Stift Admont wie auch das Stift St. Lambrecht als Kreditnehmer auf. Von 1329 ist in Judenburg eine jüdische Gesellschaft bekannt, an deren Spitze Höschel der Jud stand, dessen „Aktionäre" Merchlein in Murau, und Mayer sowie Friedlein in Villach waren. Sie übten Geldgeschäfte mit Admont und den Stubenbergern aus. 1358 wurde der Judenburger Häslein großzügiger Gläubiger des Grafen Meinhard von Görz. Auch das Stift Admont schuldete ihm nahezu 5.000 Gulden. 1362 starb er, und man nimmt an, daß er einer der ersten Beigesetzten am Judenfriedhof war, der bereits 1368 urkundlich erwähnt wurde und wahrscheinlich in der Nähe des später errichteten Weyerschlosses lag. Die Anlegung eines eigenen Friedhofes ist ein deutlicher Beweis, daß hier eine größere Judensiedlung bestand.

1496: Ausweisung der Juden

Die letzten bedeutenden Geldverleiher im 15. Jahrhundert waren: 1451 Kefer, Vater von Feiertag und Nachmann sowie sein Schwiegersohn Jakob, der zwischen 1452 und 1479 zum wichtigsten Geldverleiher im Lande wurde. Der Klientelkreis erweiterte sich von den anfänglich kirchlichen Schuldnern und dem Adel bald auf Bürger und Bauern. Verschuldungen führten zu Streitigkeiten, Prozessen und schließlich zu einer Welle von Judenverfolgungen. Kaiser Maximilian gab letztendlich den Forderungen der steirischen Stände nach und verordnete 1496 die Ausweisung der Juden. Bis zum josefinischen Toleranzedikt 1782 durften sich Juden im Lande nur auf Durchreise befinden, jedoch nicht ansiedeln. Erst Mitte des 19. Jahrhunderts gab es in Graz wieder eine jüdische Gemeinde. Auch in Judenburg nahmen sie ab ca. 1870 bis zum Zweiten Weltkrieg wieder ständigen Wohnsitz.

Der Handel mit Italien

Der eigentliche Reichtum der Stadt Judenburg lag im Fernhandel und bei den Großkaufleuten. Dies lag hauptsächlich daran, daß Judenburg an der Italienstraße zwischen Wien und Venedig lag. Schon die ersten bekannten Bürgernamen weisen auf den Handel mit Italien hin. Da war zum Beispiel Conradus Laegler „ain purger zu judenburg" (1252–1285), der, nach dem Namen zu schließen, mit dem fernen Süden Weinhandel trieb. Dietmarus Insitor (1259–1267) war Krämer. Die bedeutendsten Rollen in der Geschichte nach dem Interregnum sollten aber der Eisenhändler Hermannus de Jehenna und Rudegerus Dens spielen, vor allem aber auch der reiche Kaufmann und Geldwechsler Jacobus Claustralis (Klostermann), der urkundlich um 1264–1290 erwähnt wird. Der letztere konnte 225 Mark Silber „Wiener Pfennige" als Darlehen für den Bamberger Bischof aufbringen, die dieser dann dem Habsburger Rudolf zum Kampf gegen Ottokar von Böhmen überließ.

Wie bereits erwähnt, mußten Kaufleute aus Norditalien den Judenburger Kaufleuten ihre Waren anbieten, die dann bis Wien und Linz mautfrei Handel trieben. 1372 verordnete Herzog Albrecht III., daß Kaufleute aus Linz und Steyr nur über die Stadt Judenburg Handel treiben durften. Ein weiterer Vorteil für Judenburg war, daß auch die Pettauer Kaufleute ihre Geschäfte mit Venedig auf dem Umweg über das Lavanttal, also auch über Judenburg, abwickeln mußten, ebenso ging der Handel nach Wien über Judenburg. Der Grund dafür war, daß dies nach einem Streit zwischen Wien und Pettau wegen des Handels mit Ungarn vom Landesfürsten 1368 angeordnet wurde. Aufgrund der großzügigen Handelsbeziehungen mit Venedig ist es auch nicht verwunderlich, daß zu dieser Zeit der „Judenburger Gulden" geprägt wurde. Seit Ende des 14. Jhs. gab es im Fondaco dei Tedeschi in Venedig für die Judenburger ein eigenes Kontor, Kammer (bis 1484).

Schwerpunkt des Judenburger Handels war die Belieferung des Südens mit Eisen und Eisenwaren. Als 1406 die „Eisenniederlage" an St. Veit an der Glan überging, durften die Judenburger mit Roheisen („rauheisen") keinen Handel mehr treiben, sie verlagerten sich nun auf das geschmiedete (geschlagene) Eisen. 1460 erhielten die Judenburger ein besonderes Privileg, das Monopol des Speikhandels. Diese wohlriechende Pflanze wurde als Zauber- und Heilmittel sowie als Parfumartikel in entfernte Länder geliefert: bis Antwerpen und über Venedig sogar bis in den Orient. Für rund 50 Gulden Pacht an die kaiserliche Kanzlei durften die Judenburger allein den lukrativen Handel betreiben. Der Stadtrichter vergab das Recht des Handels an reiche Bürger der Stadt, so an Thomas Trittenprein, Hanns Prauch und die Brüder Körbler. Für ein Pfund Speik zahlte man, rechnet man es in den heutigen Wert um, rund 2.000 bis 3.000 Schilling. 1542/43 sammelten die Judenburger Bürger und Bauern über 9.000 Pfund Speik. Dieser wurde dann getrocknet und in Fässer verladen. „Lieferanten" des Speiks waren die umliegenden Almen, z. B. hat der „Speikkogel" daher seinen Namen. Aber auch in weiter entfernten Gebieten, wie z. B. im Lungau, sammelte man für die Judenburger. Das Monopol der Judenburger dauerte bis 1560, dann traten Händler aus Kärnten als Konkurrenten auf und verdrängten die Judenburger vom Markt.

Abb. 6:
Das älteste Siegel (13. Jh.) von Judenburg.

Der Handel mit Venedig erreichte also im 15. Jh. seinen Höhepunkt, wodurch Judenburg auf den Landkarten von Hieronymus Münzer (1493) und Nicolaus Cusanus (1439) aufscheint. Durch das Privileg Friedrichs III. 1458 verlor Judenburg seine Vormachtstellung im Italienhandel, weil nun das Niederlagsrecht venezianischer Waren auf Friesach übertragen wurde. Erst im 16. Jahrhundert sollte der Italienhandel, durch die Kaufmannsbrüder Clemens und Nikolaus Körbler, in Judenburg neu belebt werden.

Kunstzentrum Judenburg

Neben der bedeutenden Wirtschafts- und Handelsgeschichte sollte man aber das Kunstschaffen und Handel mit Kunstwaren im Judenburg des 15. Jhs. nicht ganz vergessen. Zu erwähnen wäre hier der Sakralkünstler Hans von Judenburg, der mit dem Meister von Großlobming identisch sein könnte. Er belieferte mit seinen sakralen Kunstwerken, wie Silber- und Goldschmiedearbeiten und Plastiken aus Stein und Holz, die Kirchen weit über unser Land hinaus. Eines seiner bedeutendsten Werke ist die Marienkrönung am ehemaligen Hochaltar in Bozen, ein Meisterwerk der Gotik.

Ein weiterer bekannter Künstler war der Glockengießer Hans Mitter (Mitte 15. Jh.). Zwischen 1438 und 1460 sind Lieferungen Judenburger Glocken für die verschiedensten Kirchen Österreichs nachzuweisen. Seine Glocken tragen das Firmenzeichen „Löwe und Einhorn" bzw. „Hase und Hund". Wegen ihres kunsthistorischen Wertes blieben aus dieser Werkstatt, trotz ständiger Ablieferungsverpflichtungen bei Kriegsfällen, immerhin 21 Originale erhalten.

Jahrmärkte

Wochenmärkte hielt man seit frühen Zeiten ab, Jahrmärkte gab es in Judenburg erst ab dem 15. Jh. Am 20. Jänner 1449 verlieh Kaiser Friedrich III. den Judenburgern das Recht, zweimal im Jahr Märkte abhalten zu dürfen. Der erste Markt fand am 24. April, dem Georgitag, statt, der zweite am Festtage der Heiligen Ursula, am 21. Oktober, auch Tag der Elftausend Jungfrauen genannt. Die „Freiung" bot vierzehn Tage vor und nach den genannten Tagen Schutz vor Raufhändel und Überfällen, solange die festgesetzten Mauten und Zölle bezahlt wurden. Jeweils einen Monat dauerte dieser Markt, der vorwiegend am Hauptplatz abgehalten wurde. Da aus vielen fremden Märkten und Städten Händler anreisten, wurden überall in der Stadt Hütten, Läden und Jahrmarktbuden errichtet. 1526 standen allein am Hauptplatz 33 solcher Hütten. Diese Jahrmärkte brachten der Stadt auch immer wieder gutes Geld. So nahm die Stadt im Frühjahr 1591 25 Gulden, im Herbst 19 Gulden an Standgeldern ein.

In den Kreisen der Lohnarbeiter kam es zur Zeit der Jahrmärkte zu Unzufriedenheiten, weswegen der Stadtrichter Paul Kneußl 1449 eine Verordnung zur Festlegung der Löhne erließ, sowohl für die „Heber", die beim Auf- und Abladen beschäftigt waren, als auch für die „Faßzieher".

Zu dieser Zeit stand Judenburg, wie schon mehrfach erwähnt, auf der Höhe wirtschaftlichen und künstlerischen Wohlstandes. Ein äußeres Symbol dieses Wohlstandes setzte man mit dem Bau des mächtigen Stadtturmes, der 1449 begonnen wurde, und der bis heute diesen einstigen Wohlstand stolz verkündet.

Die Brüder Körbler

Von den zahlreichen, namentlich bekannten Großkaufleuten unserer Stadt, wie Harrer, Kneußl, Voit, Ambring usw., nahmen die drei Söhne des Lienhard Körbler, wohnhaft am Hauptplatz (= heutige Landschaftsapotheke), eine besondere Stellung ein. Es sind dies Augustin Körbler, der spätere Pfleger auf der liechtensteinischen Frauenburg, Claus, der Waffenlieferant Kaiser Karls V. im Italienfeldzug, und schlußendlich Clemens Körbler, der uns durch sein „Handelsbuch" der Jahre 1526 bis 1548 sehr gut bekannt ist. Dieses Handelsbuch ist eine Fundgrube für wirtschaftliche Verbindungen mit dem deutschen Raum und weiter bis Antwerpen und mit dem norditalienischen Raum bzw. mit Südtirol. Neben Eisenwaren und Speikwaren waren Stoffe, Weine, Delikatessen und Bücher beliebte Handelswaren. Wir finden sie in den Mautbüchern der Stadt genau angeführt.

Abb. 6a:
Bildnis des **Nikolaus Körbler** *von Paris Bordone*
1532. (Sammlungen des regierenden
Fürsten von Liechtenstein, Vaduz.)

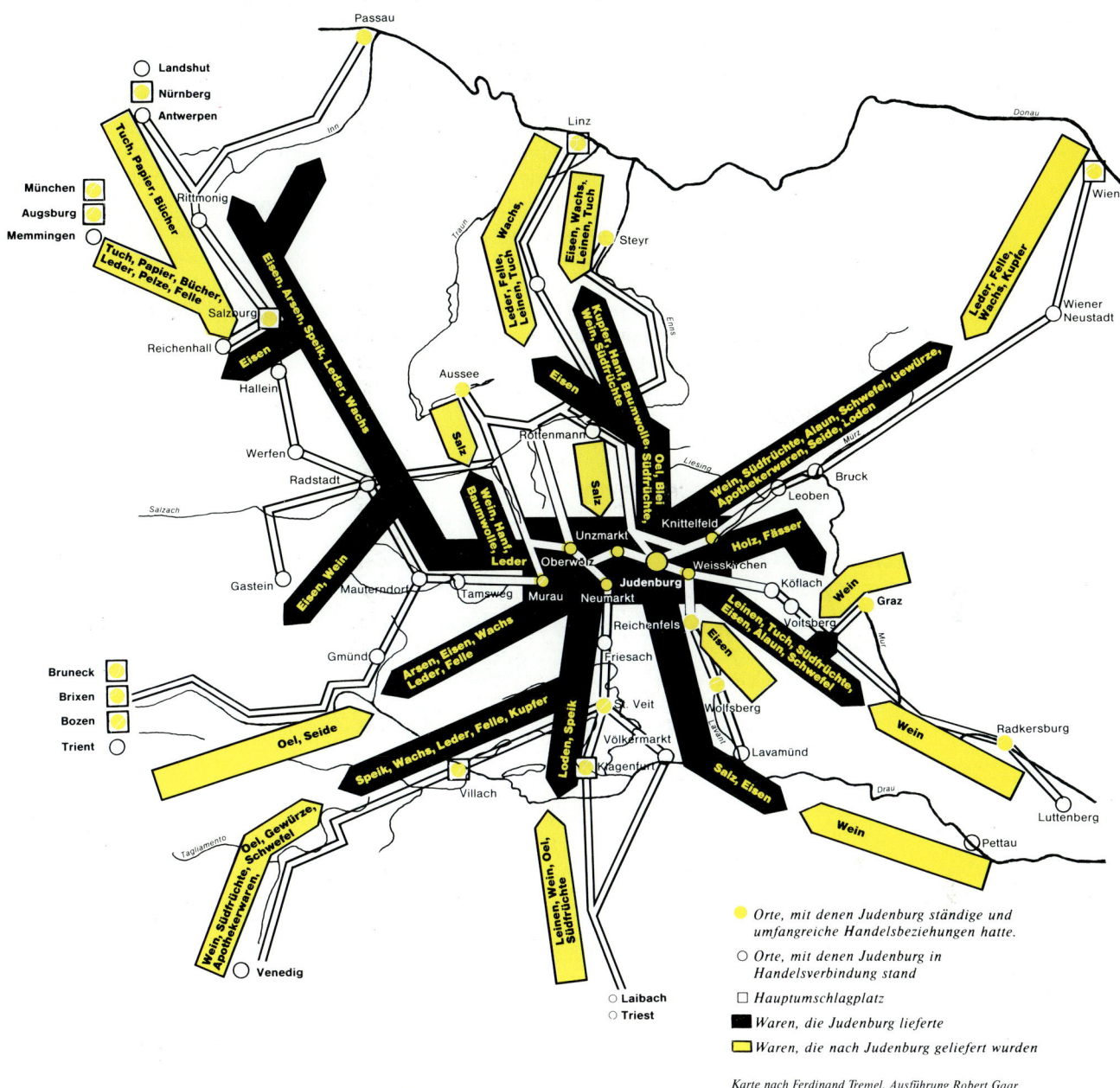

Grafik 2: **Die Handelsbeziehungen Judenburgs im 16. Jh.**

Karte nach Ferdinand Tremel, Ausführung Robert Gaar.

Legend:
- ● Orte, mit denen Judenburg ständige und umfangreiche Handelsbeziehungen hatte.
- ○ Orte, mit denen Judenburg in Handelsverbindung stand
- □ Hauptumschlagplatz
- ■ Waren, die Judenburg lieferte
- □ Waren, die nach Judenburg geliefert wurden

Das älteste Mautbuch (1542)

Mit der Entdeckung Amerikas und dem gleichzeitigen Vordrängen der Türken bis zu den Grenzen des Heiligen Römischen Reiches begann die große Wende im Handelsleben Europas. Der Hauptstrom des europäischen Fernhandels führte ab dem 16. Jh. zu den Ländern am Atlantik. Der Handel mit den Kolonialländern wurde belebt. Von dort kamen billige Massenwaren auf Europas Märkte, der Handel mit Italien wurde immer mehr verdrängt, für Judenburg behielt er aber trotzdem eine gewisse Bedeutung.

Deutliche Zeugnisse von dieser wirtschaftlichen Umstellung Europas liefern unsere Mautbücher, die besonders der verdienstvolle Wirtschaftshistoriker Ferdinand Tremel untersuchte. In der Jahresbilanz des ältesten Mautbuches von 1542 weist die Judenburger Maut 485 Pfund, 3 Schilling und 25 Pfennig als Einnahme aus. Es handelt sich hier um Früchte aus Italien, die sogenannten „welschen" Früchte. Auch Wein war ein wichtiges Gut, hier vor allem der Süßwein aus der Peloponnes, der „Malveser", und der „Raifal" aus Görz-Istrien. Außerdem brauchte man Schwefel aus Istrien für Schießpulver und Alaun aus dem Kirchenstaat für die

Importwaren

Tuchfärberei und Lederverarbeitung. Beliebt waren auch Spielkarten und Glas aus Venezien. Schlösser und Kirchen gaben nämlich dem schönen Glas aus Venedig gegenüber unserem „Waldglas" den Vorzug. Aus Deutschland, v. a. dem Nordseeraum, kamen gesalzene Fische und auch Papier. Tuche und Loden wurden aus Augsburg geliefert, allein 1542 verkaufte man auf dem Judenburger Markt 825 Filzhüte.

Exportgüter

Zu den Ausfuhrartikeln, die durch die Judenburger Maut gingen, zählte man Wachs aus Böhmen und Mähren sowie Messer und Degen aus Steyr. Aus der Umgebung lieferte man für die Ausfuhr Loriet (= Lärchenpech) und Hüttrauch, auch Arsenik genannt, für medizinische Zwecke und zur Schädlingsbekämpfung. Die wichtigsten Ausfuhrgüter blieben aber weiterhin das Eisen und die Eisenwaren, wie Nägel, Drähte, Armbrüste, Bleche usw.

Jährlich fuhren zwischen Wien und Venedig 145 Kaufleute durch Judenburg, und zwar 42 in den Wintermonaten, 26 im Frühjahr, 30 im Sommer und 47 im Herbst. Augsburger Kaufleute wurden 117mal in Judenburg vermerkt, im Winter 40, im Frühjahr 29, im Sommer 22 und im Herbst 26. Auffallend ist dabei die Bevorzugung der Winterszeit, da zu dieser Zeit die Bauern „arbeitslos" waren und sich als Fuhrleute einiges dazuverdienen konnten.

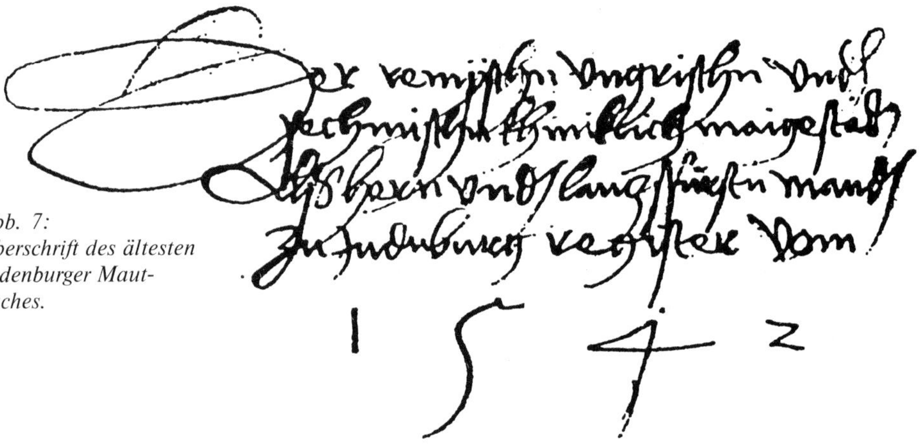

Abb. 7:
Überschrift des ältesten Judenburger Mautbuches.

Türkenabwehr und Waffenlieferung

Waffenlieferanten

Nachdem das osmanische Reich bis Kroatien und zur Plattenseelinie vorgedrungen war, war der Grenzschutz der „windischen und kroatischen Militärgrenze" ein vordringliches Problem des Landes. Besonders wichtig war die Versorgung der Söldner mit Waffen. In Judenburg bekam dadurch das Handwerk der Eisenschmiede Auftrieb, man errichtete mehrere Werkstätten in dieser Gegend. In den naheliegenden Seitentälern der Mur entstanden Hammerwerke, die den Schmieden das nötige Material lieferten.

Drei Bürger der Stadt, Hermann Schießlinger, der „Haubenschmied", Jörg Reich, der „Schwertfeger", und Jörg Lindl, der „Klingenschmied", erhielten 1577 den Auftrag, der „Landschaft" 500 „Wehren" (= Klingen für den gemeinen Mann), Scheiden und Besteck zu liefern. Der Klingenschmied Lindl mußte innerhalb eines Jahres insgesamt 1.600 Klingen herstellen. Lindl wurde als der bekannteste „Zweihänderschmied" der Steiermark bezeichnet.

Die Bürgerliste Judenburgs führt zahlreiche Personen und Berufe an, die mit Waffenlieferungen in dieser Notzeit zusammenhängen. So waren dies Schwertschmiede, Klingenschmiede, Messerer, Plattner, Haubenschmiede und andere. Damit kann man die Bedeutung der „Eisenstadt" zu Kriegszeiten voll erkennen.

Der Handel im 17. und 18. Jahrhundert

Niedergang des Handels

Der Handel mit entfernten Städten ließ im ausgehenden 16. Jh. mehr und mehr nach, man vermerkte einen Niedergang des Handels mit dem süddeutschen Raum, v. a. mit Augsburg. Der Verkehr mit dem türkischen Osten blieb zuerst auch in den Friedenszeiten aus. Ferdinand Tremel erblickt im Rückgang des Handels einen sozialstrukturellen Wandel. Seiner Meinung nach gaben die führenden Händlerfamilien wie Körbler, Ambring, Gabelkhoven u. a., da sie nicht geadelt wurden, ihr Gewerbe auf und legten ihren Reichtum in Grundbesitz an. Erfreulich sah dafür die Tätigkeit der Hammerschmieden in der nächsten Umgebung aus. Viele dieser Hammerherren wurden in den Adelsstand erhoben, wodurch sie als „Hammer- oder Eisenadel" bezeichnet wurden. Die seit dem 16. Jh. bestehenden Eisenhämmer in den Seitentälern der Mur blühten in der zweiten Hälfte des 16. Jhs. auf und hoben den Reichtum des Judenburger Kreises. Der Holzreichtum als Grundlage für Holzkohlenerzeugung bildete diesbezüglich eine weitere wichtige Voraussetzung. Die Tagesleistung betrug etwa 180 bis 200 Sensen, die ein begehrter Handelsartikel für viele Länder waren, besonders im Osten und Süden Europas, in Ungarn, der Türkei, ja sogar in Sibirien. Die Produktion verlegte sich nämlich im 17. und 18. Jh. von der früheren Waffenschmiede auf die Herstellung von Ackergeräten, darunter v. a. Sensen, die ab 1680 der wichtigste Exportartikel waren. Hinzu kamen später noch Hacken und Sicheln.

Zum Schutz gegen Markenfälscher verordnete Maria Theresia 1748 den Beschlag von Innungszeichen. Das „J" wurde das Judenburger Markenzeichen, Fabrikszeichen waren Sterne, Kreuze, Halbmonde, Rössl usw. Diese positive Entwicklung hielt bis ins 19. Jh. an, sie wurde erst durch die napoleonischen Kriege gestört.

Venedig war auch im 17. und 18. Jh. noch ein wichtiger Handelspartner Judenburgs. Zeugnis darüber geben uns die Mautbücher jener Zeit. In der folgenden Aufstellung ist der Handel des Jahres 1621 mit Venedig ersichtlich.

Venedig

Importe 1621 aus Venedig: Südfrüchte, Olivenöl, Wein, Austern, Gewürze, Weihrauch, Rosenkränze, Glaswaren, venezianische Seide, Bücher, Papier, Tücher, Wolle, Pantoffelholz, Farbstoffe.

Exporte 1621 nach Venedig: Tierhäute, Wachs aus Polen, Kupfer aus der Slowakei, englische Tücher, schlesische Leinwand und Messer (da unsere Hammerwerke ja erst in der zweiten Hälfte des 17. Jhs. dies zu produzieren begannen).

Als 1642 schwedische Truppen den Handel Wiens mit dem Osten sperrten, nahm der Handel von Italien über Judenburg nach Wien wieder zu. So stieg zum Beispiel der Import von Gewürzen auf 7,5 t gegenüber 2,8 t früher. Allerdings änderte sich das nach dem Dreißigjährigen Krieg wieder schlagartig. Verstärkt wurde dies dann auch noch durch die Siege des Prinzen Eugen über die Türken (1697, 1716/18), da dadurch die osmanische Bedrohung der Erbländer gebannt war. Für den Handel eröffneten sich nun neue Gebiete wie Ungarn, der Südosten und die Levante. Die Handelsverbindungen mit dem Vorderen Orient wickelten sich über Triest und Venedig ab. Triest, seit 1719 Freihafen, war die Verbindung der Händler mit Graz, die Venezianer bevorzugten als Station aber nach wie vor Judenburg. So geben uns die aus 1766 erhaltenen Aus- und Einfuhrverzeichnisse der Stiftsmaut von Göß noch immer ein beredtes Zeugnis über den Italienhandel Judenburgs, auch wenn er an Bedeutung hinter dem von Graz lag. Den Ausfuhrprodukten von Holz und Eisen standen die bisher üblichen Einfuhrprodukte wie Südfrüchte, Kirchenbücher, Carrara-Marmor usw. gegenüber. Anhand der Namensliste Judenburger Kaufleute kann man auch ersehen, daß sehr viele Italiener (Rudolphi Liscutin) unter den Händlern waren. So stellte z. B. der Kaufmann Johann Liscutin immer wieder norditalienische Kaufleute als Gesellen an. Einer dieser Gesellen, Peter Oberhauser, Italiener, trotz des deutschen Namens, wurde dann später auch sein Nachfolger.

Neue Märkte

1724 gab es in Judenburg wieder vier Großhändler, die sogar eine eigene „Kaufmannsbruderschaft" gründeten. Die bedeutendsten Judenburger Kaufleute des 18. Jhs. waren Sautner, Benedikter, Steinhuber, Barbolan, Forsthuber, Franzoni, Köllerer, Divall, Strohhammer.

Das 19. Jahrhundert

Nach den über 20 Jahren dauernden Franzosenkriegen entstand eine Epoche der scheinbaren Ruhe. Staatskanzler Metternich wünschte keine Verbindung mit ausländischen Kreisen, um keine liberalen und nationalen Strömungen aufkommen zu lassen. Daher nahm der Fernhandel bedeutend ab, der lokale Güteraustausch wurde gefördert, dessen häufigste Form der Wochenmarkt blieb. Auch in Judenburg fanden solche Märkte statt. Die „Kurrende" vom Kreisamt Graz stellte für den Kreis Judenburg eine Marktordnung auf, die auszugsweise im folgenden angeführt wird:

Marktordnung

> „Die Wochenmärkte werden alle Donnerstage abgehalten, bei Feiertagen am darauffolgenden Freitag. Zum Wochenmarkt auf dem Judenburger Platze stehet jedem Erzeuger frei, seine Erzeugnisse zum Verkaufe zu bringen. Angeführt werden: Hornvieh, Pferde, Getreide, Holz, Eier, Lämmer, Ziegen, Kälber, Hühner, Gänse, Enten, Wildpreth, Fische

etc. und Brod in verschiedenen Gattungen.

Der Stadtwachtmeister stellte einen (amtlichen) Getreidemesser (Maß) auf und versieht den Dienst eines ‚Platzaufsehers'. Er schlichtet kleine Händel und Streite.

Sicherheit und Reinlichkeit der Käufer und Verkäufer wird nach der bestehenden Polizeiordnung geregelt.

Bei Strafe der Konfiscation ist es verboten, außerhalb der Bannmeile Geschäfte zu machen."

Händlervielfalt
Der Anteil der Händler innerhalb der Bürgerschaft Judenburgs war auch 1892 beachtlich, wie die nachfolgende Aufstellung zeigt. So gab es fünf Branntweinhändler, eine Buchhandlung, ein Konfektionsgeschäft für Damen, zwei Delikatessenhändler, einen Eisenhändler, eine Farben- und Pinselhandlung, zwei Fell- und Wollhändler, sechs Galanteriewarenhändler, fünfzehn Gemischtwarenhandlungen, einen Geschirrhändler, einen Händler mit Grabkreuzen, sechs Holzhändler, einen „Hutverschleiß", einen Händler mit Kücheneinrichtungsgegenständen, zwei Leder- und Schuhwarenhändler, einen Loriettsammler, zwölf Marktlieferanten, zwei Mehl- und Vikutalienhändler, einen Möbelhändler, acht Markthändler (Obst, Gemüse, Geflügel, Eier, Butter, Schmalz, Kastanien), einen Optiker, einen Papier- und Schreibrequisitenhändler, zwei Produktenhändler, einen Salzverschleiß, einen Samenhändler, ein Schuhgeschäft, einen Schweinehändler, einen Trödler, 25 Viktualienhändler, sieben Wäsche- und Kleiderhändler und 10 Weinhändler, wovon sechs auch mit Flaschenbier handelten.

Pferdemärkte
Um die Jahrhundertwende wurden am Marktplatz Pferdemärkte mit festlichem Gepräge abgehalten. Aus der Tradition früherer Viehmärkte machte nämlich der Judenburger Kaufmann und Züchter von Rassepferden, Josef Postl d. Ä., eine Attraktion vorwiegend für Offiziere des Militärs, aber auch für „zivile" Pferdeliebhaber. Stattgefunden haben diese Pferdeschauen beim Holzapfelwirt am Viehplatz, bei der heutigen Postautozentrale Judenburgs. Seit 1908 fanden auf diesem Platz auch Rindermärkte statt. Die „Murbodner Zuchtviehschau" im Jahre 1913 stellte 235 Zuchttiere zur Schau, die von Genossenschaftsmitgliedern aus der Umgebung Judenburgs gezüchtet worden waren. Man rühmte damals die Milchleistung einer Kuh der Murbodnerrasse mit jährlich 2.881 l Milch.

Zeitgeschehen

Nachkriegs-probleme
„Inter arma silent musae", doch nicht nur die Muse ruhte während der schweren Zeiten der beiden Weltkriege und in der Notzeit der Zwischen- und Nachkriegszeit, sondern auch der Handel, dafür blühte der Schleichhandel. Durch den Zusammenbruch der Habsburgermonarchie traf die allgemeine Inflation unsere Alpenrepublik wohl am schwersten, wodurch sich ein günstiger Boden für den Schleichhandel bot. Die Zeitungen berichteten ständig über die katastrophale Ernährungslage und über neue Mißstände. Fast ironisch klingt da ein neuer Werbeslogan in der Zeitung vom 10. Februar 1923: „Jeder kauft gut und billig!", doch wenn man die folgenden Preise liest, kann man das nicht mehr so recht glauben: „1 kg Weizenmehl 7.400 Kronen, Herren- und Damenschuhe von 130.000 bis 165.000 Kr., Arbeitslose allerdings erhalten Rabatt."

Nach der Genfer Sanierung und der Einführung des „Alpendollars", sprich „Schilling", durch Bundeskanzler Seipel änderte sich die schlechte Wirtschaftslage ein wenig. Zumindest wurde eine Stabilisierung versucht. Die Entwicklung der Preise besserte sich, dennoch war kaum jemand in der Lage, mehr als das Notwendigste zu kaufen. So erfährt man aus der „Murtaler Zeitung" vom Jänner 1930, daß Damen- und Herrenschuhe 5,90 bis 17 Schilling kosten, Kinderschuhe sogar nur 1,50 bis 3 Schilling, Damenkleider 2,50 Schilling, ein Herrenhemd 3,50 Schilling. Im Jahre 1936 hielt der Kaufmann Kiesel „Weiße Wochen" ab. Die Angebote waren Seidenlinnen zu 0,82 bis 1,20 Schilling, ein Bettuch zu 1,10 bis 1,90 Schilling. Damals achtete man noch auf die Groschen . . .

Dennoch bahnte sich zu jener Zeit eine neue Entwicklung der Handelsgeschichte an, die Konkurrenz zwischen dem Kleinhandel und dem Großverkauf wurde immer stärker. Die „Kleinen" wurden mehr und mehr verdrängt, indem die „Großen" sie durch billigere Preise zur Kapitulation zwangen. Das Sterben der Kleinbetriebe setzte ein, dieser Prozeß ist heute **Sterben der Kleinbetriebe** noch nicht abgeschlossen, die „Kleinen" kämpfen mehr denn je ums Überleben.

Zum Schutz des Gewerbes wurde daher am 21. November 1926 eine „Kollektiv-Gesellschaft" gegründet, die FEKI (= Freie Einkaufsvereinigung der Kaufleute Judenburgs). Die Initiatoren dieser Vereinigung waren Gregor Gutnik und Hans Mittoni. Ihr Ziel war es, die Kleinkaufleute gegenüber der großkaufmännischen Konzentration (Konsum, Meinl) leistungsfähig und konkurrenzfähig zu machen. 1932 wurde diese Organisation zur KEVI (Kaufmännische Einkaufsvereinigung Judenburgs), 1934 traten auch Kaufleute von St. Peter und Fohnsdorf bei.

Man tätigte gemeinsame Großeinkäufe und versorgte damit die Kleinhändler. 1939 übernahm die NS-Organisatin „EDEKA" die Vereinigung, 1943 wurde sie stillgelegt. Im Oktober 1945 war es wieder Gregor Gutnik, der die „alte KEVI" ins Leben rief. 1946 zählte sie bereits 66 Kaufleute aus Judenburg und Umgebung, daher wurde in der Bahnhofstraße ein eigenes Lagerhaus gebaut. 1950 ging die KEVI in die überregionale kaufmännische Großeinkaufsvereinigung ADEG über. Derzeit versorgt diese Genossenschaft einen Supermarkt am Westrand der Stadt. Judenburg wurde in den letzten Jahren, v. a. seit 1970, zu „der" Einkaufsstadt der Region Aichfeld-Murboden. Auch deshalb, weil sich sehr viele Großbetriebe hier ansiedelten. So befinden sich in Judenburg auch Filialen der Großkaufhäuser Moden-Müller, Hofer, Billa, Kastner & Öhler, Leiner, Quester, Schöps und Hartlauer. Aber auch die Judenburger Händler setzten selber einige Aktivitäten, wie die Lokalmesse der Vorweihnachtszeit oder die Fachmesse der städtischen Elektrizitätswerke. Damit tragen die Judenburger Händler auch heute wieder entscheidend dazu bei, daß ihre Stadt ein Wirtschaftszentrum bleibt.

Einkaufszentrum

Abb. 8:
Für die **Sondermarke** *der österreichischen Post zur Landesausstellung 1989 in Judenburg wurde der Kupferstich von G. M. Vischer (um 1680) als Motiv verwendet.*

Abb. 9:
Das Judenburger Wahrzeichen:
der Stadtturm,
welcher zwischen 1449 und 1509 errichtet wurde.

Abb. 10:
Anläßlich der Landesausstellung wurde die Altstadt von Judenburg einer gewissenhaften Renovierung unterzogen.

Literatur:
Andritsch, Johann: Judenburg, eine Stadtchronik. Manuskript in Arbeit.
Popelka, Fritz: Geschichte der Stadt Graz. 2 Bde., Graz-Wien-Köln ²1959.
Tremel, Ferdinand: Der Handel der Stadt Judenburg im 16. Jh. in ZdHV f. Stmk., Bd. 38. Graz 1947. S. 95—165.
Ders., Das Handelsbuch des Judenburger Kaufmannes Clemens Körbler 1526—1548, in: Beitr. z. Erforschung steir. Geschichtsquellen. Neue Folge XV. Heft. Graz 1960.
Ders., Der Frühkapitalismus in Innerösterreich. Graz 1954.
Ders., Aus dem ältesten Mautbuch der Stadt Judenburg 1542. In Scripta Mercaturae II. München 1968.
Ders. Der Venezianer-Handel Wiens in der ersten Hälfte des 17. Jhs. In: Histoire économique du monde méditerranée. 1450—1650. FS Ferdinand Braudel. Toulouse 1973. S. 621—631.
Probszt, Günter: Judenburg in der Münz- und Geldgeschichte vergangener Jahrhunderte. Judenburger Museumsschriften II. 1958.
Rosenberg, Artur: Beiträge zur Geschichte der Juden in Steiermark. Wien-Leipzig 1914.
Lackner, Helmut: Geschichte der Juden in Judenburg. Manuskr. in Museumsverein Judenburg.
Baravalle, Robert: Zur Geschichte des Judenburger Maßes. In: ZdHV f. Stmk., Bd. 26. Graz 1931. S. 190—199.
Mensi, Franz: Steuerwesen im alten Judenburg. ZdHV f. Stmk., Bd. 27. Graz 1933. S. 87—119.
Forcher v., Ainbach Franz: Die alten Handelsbeziehungen des Murbodens mit dem Auslande. Werden und Vergehen der Hammer- und Sensenwerke und Genealogie der alten Murbodner Gewerkenfamilien. ZdHV f. Stmk., Bd. 5, 1907.
Murtaler Zeitung, Jahrgänge 1912ff.

Zur Entwicklung von Wirtschaft, Handel und Verkehr:

Abb. 11:
Strettweger Kultwagen
aus einem Fürstengrab des frühen 6. Jhs. v. Chr.

Dieter Kramer

Entwicklung des urgeschichtlichen Handels

Bereits in der Alt- und Mittelsteinzeit war es nötig, besonders qualitätvolles Steinmaterial für Geräte und Waffen unter Umständen aus großen Entfernungen zu beschaffen. Wahrscheinlich spielten dabei, wie beim Auftreten von Muscheln in weit vom Meer abgelegenen Landschaften[1], frühe Formen des Güteraustausches zwischen den einzelnen Gemeinschaften eine Rolle. Diese Stücke können freilich von Hand zu Hand gegangen sein, ohne daß man ihre Wege als Handelswege bezeichnen dürfte.

Alt- und Mittelsteinzeit

In der Jungsteinzeit hat sich der Tauschhandel bereits wesentlich weiterentwickelt. Tauschobjekte waren qualitativ wertvolle Gesteinsarten, die bereits teils bergmännisch gewonnen als Rohmaterial (Platten- und Knollenhornstein), seltener als Halbfertigfabrikate gehandelt wurden[2]. Einen Hinweis auf die Existenz von Fernbeziehungen im Gütertausch bieten die in Mitteleuropa gefundenen Spondylusmuscheln aus dem östlichen Mittelmeer[3]. Diese Muscheln sind über den Balkan und entlang des Donautales bis nach Frankreich gelangt. Sie dienten als beliebter Rohstoff für die Herstellung von Schmuck.

Jungsteinzeit

In der Kupferzeit setzte die Erschließung schwer zugänglicher Rohstofflagerstätten ein[4]. Ein Ziel war, das begehrte Kupfer zu gewinnen, aber nach wie vor wurde nun in großem Maßstab Feuerstein abgebaut. Meist befanden sich in der Nähe der Bergwerke größere Werkstätten, die Roh- und Halbfabrikate herstellten. Es gibt kaum Zweifel, daß man nicht allein für den Eigenbedarf produzierte, sondern auch weit entfernte Absatzgebiete belieferte[5]. Über die Form des Handels und die für die jeweiligen Produkte erhaltenen Gegenwerte lassen sich im Detail keine Aussagen machen. Bezeugt ist der Tauschhandel mit Gold, Kupfer, Feuerstein und Bernstein, der möglicherweise in Form von Perlen eine geldähnliche Rolle spielte. Der Handel mit dem baltischen Bernstein (Baltic amber oder Succinit) führte zur Entstehung der „Bernsteinstraßen" in Europa[6].

Kupferzeit

Seit der Bronzezeit ist mit dem Entstehen einer urtümlichen Warenproduktion zu rechnen, die in Zusammenhang mit der immer stärker werdenden Abhängigkeit von Rohstoffen und einer Spezialisierung des Handwerkes zu sehen ist. Die Funktion des Gegenwertes im Handel übernahmen Barren, Halsringe, Sicheln, Beile u. a. m.[7] Diese Gegenstände waren gleichsam eine Art „Metallgeld". Später erfüllten auch Brucherz und Gußklumpen diese Funktion.

Bronzezeit

„Metallgeld"

Abb. 12: **Depotfund** *um 1.000 v. Chr.*
Die Zusammensetzung aus Beilen, Sicheln, Schwertfragmenten, Lanzenspitzen, Meiseln und anderen Bronzestücken läßt auf Handels-beziehungen schließen, da die Gegenstände oft unterschiedlicher Herkunft sind. Auch die zerbrochenen Gegenstände besaßen einen hohen materiellen Wert als Tauschobjekte.

Voraussetzung für den zunehmenden Fernhandel waren Verkehrswege, die den großen europäischen Strömen wie der Rhone, dem Rhein, der Donau, der Oder und der Elbe folgten. Flußschiffahrt ist seit der Jungsteinzeit mit einiger Gewißheit anzunehmen. Durch die weit vorgeschrittene Erschließung der Alpen[8] und die Benützung von Pässen verstärkten sich die Verbindungen des nördlichen Alpenvorlandes und der alpinen Gebiete zum Mittelmeerraum. Der südostalpine Kupferbergbau hat dabei gewiß eine große Rolle gespielt. Produkte aus alpinem Kupfer gelangten bis nach Italien und Südfrankreich, nach Böhmen, Mähren, Schlesien und Sachsen. Das für die Bronzeherstellung nötige Zinn wurde aus dem heutigen Cornwall, der Bretagne und vermutlich auch aus Spanien geliefert[9]. Denkbar, aber bisher keinesfalls erwiesen, ist der Abbau von Zinn im Erzgebirge und im Harz.

Als Folge des Handels mit Gold, Silber, Kupfer, Zinn, Bronze, Bernstein, Salz und Fertigprodukten wurden die Verbindungen zwischen den Stammesgruppen und Stämmen in Europa immer enger. Selbst so entfernte Gebiete wie das heutige Südengland, die Bretagne und das Baltikum standen etwa mit Griechenland in Verbindung.

Urnenfelderzeit

Die Produktionsziffern stiegen in der Urnenfelderzeit, als Resultat einer systematischen Planung, Lenkung und Durchführung der Arbeit in den großen Zentren der Bronzemetallurgie in den Alpen, in Böhmen und im Karpatenraum enorm an. Auf den größten alpinen Bergbau- und Verhüttungsplätzen ist nach ersten groben Berechnungen mit Betriebsgemeinschaften bis zu 500 Menschen zu rechnen[10]. Um welche Größenordnungen es hier, wenn auch innerhalb eines langen Zeitraumes, ging, mögen die folgenden Zahlen veranschaulichen. Für das gesamte Salzburger und Tiroler Bergbaugebiet, ohne Berücksichtigung der Steiermark[11], wird eine Gesamtproduktion von 45.000—50.000 Tonnen Kupfer angenommen[12]. Nach einer seinerzeitigen Berechnung von Bergbaufachleuten hat allein das Mitterberger Revier mindestens 20.000 Tonnen geliefert[13]. Das hieße bei einer ungefähr tausend Jahre währenden Abbauzeit und wenn man eine fiktiv gleichbleibende Jahresproduktion voraussetzen würde, daß ungefähr 20 Tonnen jährlich an die Bronzegießereien weitergegeben wurden. Innerhalb des fraglichen Zeitraumes müssen die belieferten Werkstätten jährlich annähernd 2.000 Tonnen Zinn importiert haben. Die Bronzehandwerker wären in der Lage gewesen, pro Jahr an die 48.000 Beile zu produzieren. Würde man diese Zahlenspielerei fortsetzen, hieße das, daß aus dem Mitterbergkupfer 48.400.000 Beile hätten erzeugt werden können.

Von diesem großen Angebot an Metall profitierten die zahlreichen Werkstätten und Wanderhandwerker. Sie stellten in Folge der stetig steigenden Nachfrage immer größere Mengen an Waffen, Geräten und Schmuck her.

Spätestens seit der Mittelbronzezeit beherrschten Handwerker alle Methoden der Bronzeverarbeitung, also Gießen, Schmieden, Treiben, Punzen, Ziselieren, Gravieren und Löten[14].

Fernverbindungen

Vom Metallgewerbe wurden vorwiegend, der Fundverbreitung nach zu schließen, eingrenzbare größere Gebiete beliefert, doch lassen sich auch Fernverbindungen nachweisen. Die einzelnen Werkstattkreise standen miteinander in Verbindung; sicherlich kam es, wie man heute sagen würde, zu einem Technologietransfer zwischen ihnen.

Das entwickelte Wegenetz der Zeit läßt sich durch die damals übliche Sitte der Wegopfer, besonders im Gebirge, genauer erfassen. Es handelt sich dabei um Votivgaben für bestandene Mühsal und Gefahr, verbunden mit der Bitte um erfolgreiche Rückkehr[15].

Die Handelsbeziehungen in der Urnenfelderzeit reichten von der Ägäis im Südosten und Italien im Süden, nach Skandinavien und England im Norden, bis zum Ural im Osten und Frankreich im Westen. Noch differenziertere Aussagen lassen sich für die folgende Ältere Eisenzeit oder Hallstattzeit machen[16].

Hallstattzeit

In der Hallstattzeit erlaubt der Zusammenhang von „Fürstensitzen" und Verkehrswegen einerseits und die genauere Kenntnis von Fundorten wie Hallstatt andererseits, Rückschlüsse auf die Organisation und die unterschiedlichen Wege des Handels.

In dieser Periode spielte im Fernhandel bald in Teilbereichen die politische und wirtschaftliche Expansion der Etrusker eine wesentliche Rolle, die durch die Eroberung Oberitaliens in unmittelbaren Kontakt mit alpinen Völkern kamen. Eine Fülle etruskischer Importe, vorwiegend Luxusgüter, gelangten nach Mitteleuropa. Ferner stieg, wie eine Reihe instruktiver Funde eindrucksvoll zeigt, das Ausmaß der Verbindungen zum großgriechischen Gebiet. Für Mittel- und Westeuropa von entscheidender Bedeutung war z. B. die Gründung von Massalia, dem heutigen Marseille, durch die Phokaier um 600. Verkehrstechnisch lag die Stadt denkbar günstig. Die Rhone und weiter die Saone aufwärts erreichte man auf kurzen Landwegen die wichtigen Wasserwege von Loire, Seine, Maas, Marne, Mosel und über das Tal der Doubs den Rhein. Andererseits konnten griechische Kaufleute mit ihren Schiffen bis an die Küsten Istriens fahren und von dort den Ostalpenraum erreichen. Ein weiteres Gebiet, zu dem Beziehungen bestanden, war das pontische, konkreter zu den Kimmerern und Skythen. Der Handel mit den Ostseeländern erlebte damals seinen zweiten Höhepunkt.

Das für die gesamte Zeit und Kultur in Mitteleuropa namengebende Gräberfeld von Hallstatt mit seinen ungemein reichen Funden spiegelt die weiträumigen Handelsverbindungen wider, die auf der Ergiebigkeit des Salzbergbaues basierten. Verbindungen, die zumindest seit der Urnenfelderzeit über heute steirisches Gebiet führten. **Salz**

Neben dem Salz waren weitere großräumig gehandelte Produkte Gold, Silber, Kupfer, Zinn, Eisen, Bernstein, Koralle, Lignit, Gagat und Wein. Erstmals tritt in Europa chinesische Seide[17] auf, ein deutlicher Hinweis auf den Handel mit exquisiten Textilien.

Was damals im Mittelmeerraum, aber auch darüber hinaus gehandelt wurde und teilweise keinen archäologischen Niederschlag gefunden hat, mag ein Blick in die Bibel zeigen[18]. Dort berichtet der Prophet Ezechiel über die Phönizier: „Alle Schiffe des Meeres kamen zu dir, um mit dir Handel zu treiben . . . wegen der Größe deines gesamten Reichtums; Silber, Eisen, Zinn und Blei gaben sie dir zum Austausch. Jawan, Tubal und Meschesch trieben mit dir Handel: Sklaven und eherne Geräte tauschten sie bei dir ein. Aus Bet-Togarma (vermutlich Armenien) lieferte man dir Rosse und Reittiere und Maultiere zum Tausch. Die Söhne Dedans (wohl Arabien) trieben mit dir Handel und zahlreiche Inseln gehörten zu deiner Kundschaft. Elfenbein und Ebenholz gaben sie dir als Zahlung. Edom (in Syrien) machte mit dir Geschäfte wegen der Menge deiner Erzeugnisse: Edelsteine, roter Purpur, bunte Stoffe, Byssus, Korallen und Rubine gaben sie gegen deine Waren. Juda und das Land Israel kauften bei dir ein, Weizen von Minnit, Wachs und Honig und Öl und Balsam brachten sie dir zum Tausch. Damaskus trieb mit dir Handel wegen der Menge deiner Erzeugnisse und der Menge deines gesamten Reichtums: Wein von Hebron und Wolle von Zachar gab man dir zum Tausch. Von Dan und Jawan dann Usal gab man dir geformtes Eisen, Zimt und Kalmusöl als Tauschware. Dedan (Arabien) machte mit dir Geschäfte in Satteldecken zum Reiten und alle die Fürsten von Kedar (wohl auch in Arabien) handelten mit dir in Lämmern, Widdern und Böcken, darin waren sie deine Lieferanten. Die Kaufleute von Saba und Rama (Jemen) machten mit dir Geschäfte, den besten Balsam und allerlei Edelsteine und Gold gaben sie dir gegen deine Waren. Haran und Kanne und Eden (vermutlich in Mesopotamien) trieben Handel mit dir, Assur (Irak) und ganz Medien (Persien) machten Geschäfte mit dir in Prachtgewändern, in Mänteln von blauem Purpur, in bunten Stoffen und buntgewirkten Teppichen, in geflochtenen, festen Tauen. Damit trieben sie Handel mit dir."

Abb. 13:
Strettweger Kultwagen
aus einem Fürstengrab des frühen 6. Jhs. v. Chr. Die Funde aus diesem Grab belegen die weitreichenden Fernbeziehungen eines steirischen Hallstattfürsten nach Italien, Frankreich, Süddeutschland und in den Osten aufgrund der anderen Grabbeigaben. Auf welche Weise all diese Gegenstände in den Bereich des heutigen Judenburgs gelangt sind, läßt vielfache Vermutungen zu.

La-Tène-Zeit

Kelten

Auch in der jüngeren Eisenzeit, der La-Tène-Zeit, blieben die Verbindungen zum Süden weiterhin unvermindert eng[19]. Man kann durchaus sagen, daß sich der kulturelle Wandel von der Späthallstatt- zur La-Tène-Kultur am Beginn des 5. Jhs. v. Chr. unter dem Einfluß der antiken Welt vollzog. Als Träger der La-Tène-Kultur sind die Kelten überliefert. Importe aus dem Mittelmeerraum wurden nachgeahmt und neue Technologien übernommen (Glasherstellung, Töpferscheibe). Die keltischen Gebiete lieferten in den Süden vorwiegend Eisen, Wolle und Fleisch und importierten Wein und Erzeugnisse des Kunsthandwerkes. Der binnenkeltische Handel selbst ist in der auffälligen Nivellierung und formalen Angleichung in vielen handwerklichen Bereichen erkennbar. Es liegt auf der Hand, daß diese Angleichung ohne intensiven Verkehr, der ein entsprechendes Wegenetz voraussetzt, gar nicht möglich war. Zentren des Handels, aber auch des Handwerkes und Gewerbes, wurden große befestigte Siedlungen städtischen Charakters, die sogenannten oppida[20]. Auf periodisch abgehaltenen Märkten in diesen Orten fand der Warenumschlag statt. In manchen Fällen wird man auch die Existenz von Faktoreien annehmen müssen. Die Entwicklung des Handwerkes führte zur serienmäßigen Herstellung von Gebrauchsgegenständen, Waffen und Schmuck und damit zum weiteren Anwachsen des Warenaustausches. An die Stelle der bisherigen Gegenwerte trat bei den Kelten Europas seit dem 2. Jh. nach mediterranen Vorbildern die geprägte Münze als Zahlungsmittel auf[21].

Münzen

Mit der Besetzung der keltischen Gebiete Mitteleuropas durch Rom endet für diese die Urgeschichte und ein neues Kapitel ist aufzuschlagen.

Anmerkungen:

1) J. Sedlmeier, Jungpaläolithischer Molluskenschalen-Schmuck aus nordwestschweizerischen Fundstellen als Nachweis für Fernverbindungen. Archäologisches Korrespondenzblatt 18, 1988, 1, S. 1ff.
2) Ch. Willms, Zwei Fundplätze der Michelsberger Kultur aus dem westlichen Münsterland, gleichzeitig ein Beitrag zum neolithischen Silexhandel in Mitteleuropa. Münstersche Beiträge 12 (1982); W. Pape, Importfeuerstein an Hoch- und Oberrhein. Arch. Nachrichten aus Baden 29, 1982, S. 17ff. (Verbreitungskarte des Grand-Pressigny-Feuersteins in Europa, Abb. 1).
3) W. Butler, Beiträge zur Frage des jungsteinzeitlichen Handels. In: E. Sprockhoff (Hg.) Marburger Studien, 1938, S. 27ff.
4) N. E. Cernych, Aibunar – a Balkan copper mine of the forth millenium B. C: Proceedings of the Prehistoric Society 44, 1978, S. 203ff.; B. Jovanovic, Rudna Glava (1982).
5) E. Ruttkay, Fernbeziehungen im neolithischen Europa, Mitt. d. Anthropologischen Gesellschaft in Wien 115, 1985, S. 149ff.
6) Ein Fülle von Beiträgen zur Frage der europäischen Bernsteinstraßen findet sich in Savaria 16, S. 182. Der Band enthält die Referate, die anläßlich eines internationalen Kolloquiums mit dem Titel: „Nord-Süd-Beziehungen. Historische und kulturelle Zusammenhänge und Handelsbeziehungen entlang der europäischen Bernsteinstraßen vom 1. Jahrtausend v. u. Z. bis zum Ende der römischen Kaiserzeit" gehalten wurden und spiegelt den aktuellen Stand der Forschung wider.
7) L. Pauli, Die Alpen in Frühzeit und Mittelalter (1980), S. 288.
8) E. F. Mayer, Bronzezeitliche Paßfunde im Alpenraum. Jahresbericht des Institutes für Vorgeschichte der Universität Frankfurt a. M. 1978—79 (1980), S. 179ff.
9) Die antiken schriftlichen Quellen über den Zinnhandel übersichtlich zusammengestellt bei: F. Villard, La ceramicque grecque de Marseille. Bibl. Ecoles Franc. d'Athenes et de Rome 195 (1960), S. 143ff.
10) R. Pittioni, Bergbau B. Kupfererz. In: J. Hoops (Hg.), Reallexikon der germanischen Altertumskunde (1976), S. 251ff.
11) Forschungen zum steirischen urgeschichtlichen Kupferbergbau haben in letzter Zeit hervorragende Ergebnisse gebracht. Siehe u. a. H. Preßlinger, C. Eibner, G. Walach und G. Sperl, Ergebnisse der Erforschung urnenfelderzeitlicher Kupfermetallurgie im Paltental. Berg- und Hüttenmännische Monatshefte Jg. 125, 3, 1980, S. 131ff.; H. Preßlinger und A. Gruber, Blühende Kupferindustrie in der Steiermark. Da schau her 1984, 2, S. 16.
12) R. Pittioni, Urgeschichte des österreichischen Raumes (1954), S. 529.
13) K. Zschokke — E. Preuschen, Das urzeitliche Bergbaugebiet von Mühlbach-Bischofshofen (1932), S. 128f.
14) R. Wyss, Bronzezeitliche Gußtechnik. Aus dem Schweizer Landesmuseum 19 (1967).
15) Vgl. L. Pauli, Einheimische Götter- und Opferbräuche im Alpenraum. ANRW II 18/1 (1986), S. 816ff.
16) W. Kimmig, Der Handel in der Hallstattzeit. In: K. Düwel, H. Jankuhn, H. Siems, D. Timpe (Hg.), Untersuchungen zu Handel und Verkehr der vor- und frühgeschichtlichen Zeit in Mittel- und Nordeuropa. Teil I: Methodische Grundlagen und Darstellungen zum Handel in vorgeschichtlicher Zeit und in der Antike. Bericht über die Kolloquien der Kommission für die Altertumskunde Mittel- und Nordeuropas in den Jahren 1980 bis 1983. Abhandlungen der Akademie der Wissenschaften in Göttingen. Philologisch-Historische Klasse 3. F., 143, 1985, S. 214ff. In der Folge als Abhandlungen Göttingen 3, 143, 1985 zitiert.
17) G. Riek — H. J. Hundt, Der Homichele (1962) Taf. S. 35ff.; H. J. Hundt, Über vorgeschichtliche Seidenfunde. Jahrbuch RGZM 16, 1969 (1971), S. 59ff.
18) AT Ezechiel 27, S. 1—25.
19) Zum folgenden Abschnitt: O. H. Frey, Zum Handel und Verkehr während der Frühlatènezeit in Mitteleuropa. In: Abhandlungen Göttingen 3, 143, S. 231ff.; F. Fischer, Der Handel der Mittel- und Spät-Latène-Zeit in Mitteleuropa aufgrund archäologischer Zeugnisse; a.a.O., S. 285ff.
20) J. Bren, The present state of research into the problems of Celtic oppida in Central Europe, Bull. Inst. Arch. London 10, 1971 (1972), S. 13ff., H. Vetters, Zur Frage der keltischen Oppida. Ein Beitrag zur Siedlungsweise der Kelten, Carinthia I 141, 1951, S. 677ff.
21) K. Pink, Einführung in die keltische Münzkunde. S. 3. Durchgesehene und erweiterte Auflage, bearbeitet von R. Göbl (1974); K. Christ, Ergebnisse und Probleme der keltischen Numismatik und Geldgeschichte. Historia 6, 1958, S. 221f.

Peter Panitschek

Geld und Handel Noricums

Der Begriff des Handels, wie er heutzutage verstanden und auch für die Erforschung antiker Wirtschaftsstrukturen mit Erfolg angewendet wird, bezeichnet die zwar historisch bedeutsamste, nicht aber einzige Form, in der eine Weitergabe von Gegenständen oder Verbrauchsgütern erfolgen kann.

Auch heute noch sind in wenig entwickelten Gesellschaften all jene Ausformungen des Tausches präsent, die im modernen Kommerz ihre höchste Organisationsform erreicht haben.

a) *Geschenk:* Unter dem Begriff „Geschenk" ist in diesem Zusammenhang eine Nebenform des Handels zu verstehen, wenn Geber und Nehmer durch gesellschaftliche Konvention oder einen besonderen Ehrenkodex darin übereinstimmen, daß die Annahme desselben die Verpflichtung zu einer Gegengabe erzeugt. Dies ist, wie die Homerischen Epen belegen, in der griechischen Archaik der Fall[1], wo legitimerweise von „Geschenkhandel" gesprochen werden kann. Dem Geschenk haftet jedoch stets der Aspekt der freundlichen Zuwendung an den Bedachten an, so daß der Gedanke des Gewinns nicht offen in den Vordergrund tritt und die Berechnung des adäquaten Gegenwertes dem Ermessen desjenigen überlassen werden muß, der sich nicht durch ein unangemessenes Gegengeschenk desavouieren will. Dem Prinzip des „do ut des" zufolge, dem die selbstlose Gabe fremd ist, kann das Geschenk in der Antike — besonders beim religiösen Opfer — als Akt angesehen werden, der den Empfänger in Zugzwang setzt. Im diplomatischen Verkehr ist der Begriff des Geschenks auch geeignet, die Bestechung[2] und die Tributleistung[3] zu kaschieren.

b) *Tausch:* Als direkte Vorform des Handels ist der Vorgang des Austausches von Gütern anzusehen, die beide Partner benötigen, so daß eine wechselseitige Bedarfsdeckung eintritt. Wenn gewisse Personengruppen ihren Unterhalt teilweise oder hauptsächlich dadurch bestreiten, daß sie an einem bestimmten Ort Güter eintauschen, die sie an einem anderen mit Gewinn absetzen, d. h. gegen Waren verhandeln, deren Wert den der herbeigebrachten übersteigt, ist das Stadium des *Tauschhandels* erreicht. Bis zum Auftreten der keltischen Münzprägung im 2. Jh. v. Chr. stellt dieser die allgemein geübte Form des Kommerzes in Europa außerhalb der mediterranen Oikumene dar.

c) *Handel:* Im modernen Verständnis[4] ist dieser mit dem Geldbegriff eng verbunden. Vor dem Aufkommen des antiken Geldwesens, das durch eine unübersehbare Flut von Münzen dokumentiert ist, steht jedoch eine Phase, in der diverse „Vorgeldformen" verwendet wurden, die noch nicht Münzcharakter hatten. Mit dem später auftretenden Münzgeld verbindet diese Formen immerhin die Tatsache, daß sie durch eine Übereinkunft gewisse Werte im Austausch gegen alle übrigen Waren und Dienstleistungen zu akzeptieren, bereits die Rolle von Geld spielten.

So z. B. Kleinvieh[5], Eisenspieße[6] oder im Alten Orient Gold und Silber in abgewogenen Quantitäten (Der Schekel — urspr. das „Gewogene"[7]) und vieles mehr.

Der Fortschritt, den das Entstehen der Münze darstellt, besteht daher nur noch in der Normierung des allerorts geltenden Zahlungsmittels hinsichtlich seines Feingehaltes und Gewichtes durch den Emittenten (Ausgeber eine Münzserie). Ausgehend vom Münzfuß[8], dem Normgewicht, durch dessen Multiplikation bzw. Division sämtliche Nominale desselben Münzsystems rechnerisch ausgedrückt werden können, eröffnet sich die Möglichkeit, die Konvertierbarkeit von einer „Währung" in eine andere herzustellen. Der antike Handelsverkehr ist allerdings weithin dadurch gekennzeichnet, daß die Nominale eines, zumeist des politisch dominierenden Teiles auch von seinen Geschäftspartnern anerkannt werden[9]. Die Grenzen, die in der Entwicklung des antiken Geldwesens nicht überschritten wurden, sind dadurch erkennbar, daß z. B. Kreditmünzen, deren Metallwert nicht mit dem Kurswert übereinstimmt, lediglich als Phänomen inflationärer Entartungserscheinungen bekannt waren, wodurch das antike Geld stets ein Tauschmittel blieb (Zum antiken Geldwesen vgl. Beitrag Burböck).

Als Münzmetalle bediente man sich in der Antike hauptsächlich des Silbers, des Kupfers (Bronze) und des Goldes; in der griechischen Archaik auch des Elektrons (eine Legierung Gold-Silber in schwankendem Verhältnis von 40:70% beider Komponenten), wobei das Silber quantitativ überwog und Goldemissionen durch ihren hohen Wert für den Alltagsgebrauch ungeeignet waren. Scheidemünzen legte man in Kupfer (so das römische As der späten Republik) auf. Die Ag:Au-Parität von 1:10—15 setzte sich bis ins Mittelalter fort, wie auch das karolingische Münzsystem antiken Vorbildern folgte[10].

Wesentlichen Schwierigkeiten sah sich der Handel über Land bis in römische Zeit durch den Mangel an befestigten Straßen gegenüber, der nur dort gemildert wurde, wo vielbefahrene

Geschenk

Tausch

Handel

„Vorgeldformen"

Münzen

Münzmetalle

Verkehrswege

Trassen entstanden waren. Die römischen Straßenbauten schufen hier jahrhundertelang gedeihlichere Bedingungen, die aber durch die Vernachlässigung des Verkehrssystems im frühen Mittelalter europaweit wieder in Verfall gerieten. Besonders in vor- und frühgeschichtlicher Zeit zwangen die Verhältnisse zur Verwendung von Saumtierkarawanen und Trägerkolonnen, Methoden, die den Handel zu einem nicht weniger mühseligen als gefährlichen Erwerbszweig machten. Infolgedessen kam der Flußschiffahrt überall dort, wo schiffbare Wasserstraßen zur Verfügung standen, größte Bedeutung zu, wodurch sich auch die umfangreiche Importtätigkeit im westlichen Hallstattkreis erklärt, da hier Rhone, Saone und Genfersee sowie andere Wasserwege den Transport erleichterten, so daß sämtliche Abnehmer nicht mehr als 50 km von der nächsten Anlegestelle entfernt lagen[11]. Auch wurde durch Beförderung auf dem Wasser die Proportion von Transportkosten und Warenmenge sehr lukrativ gehalten.

Wie nachteilig sich das Fehlen von Wasserstraßen auf den Handel in unserem Raum ausgewirkt hat, kann daran ersehen werden, daß man in der griechisch-römischen Antike den Seehandel bevorzugte, wo immer die Gegebenheiten dies zuließen, weswegen der Verkehr über Land

Abb. 14:
Tabula Peutingeriana *(Segment IV).*

eher den Charakter einer Notlösung trug[12]. Kontinentale Fernhandelsstraßen, wie die sagen

Bernsteinstraße

umwobene Bernsteinstraße, dürften daher nicht als „Straßen" im technischen Sinne verstanden werden, vielmehr als ungefähre Richtung, in die man ein Produkt beförderte, wiewohl sich gewisse Fixpunkte auf diesem Wege greifen lassen[13].

In der Spätantike, als die Bedeutung der binneneuropäisch orientierten Provinzen (tres Galliae; Balkanraum) nicht nur politisch sondern auch ökonomisch zunahm, büßte der mediterrane Seehandel im westlichen Mittelmeer viel von seiner Bedeutung ein, die er allerdings im Osten infolge des Fortbestehens des Oströmischen bzw. Byzantinischen Reiches und seiner vitalen Seeverbindungen nach Ägypten, in die Levante und nach Afrika behielt.

Die Entstehung des Frankenreiches, die eine Schwerpunktverlagerung in Europa zur Folge hatte, bewirkte eine entscheidende Aufwertung der europäischen Nord-Süd-Verbindungen.

„Ferrum Noricum"

Das vielgerühmte ferrum Noricum erwarb seinen Ruf schon in vorrömischer Zeit. Selbstversorgung mit Eisenerz ist für das frühe Mittelmetallikum (so für Leoben-Hinterberg) zu vermuten[14]. In der La-Tène-Zeit (ab ca. 400 v. Chr.), die stets mit einer Dominanz des keltischen Elements in Verbindung gebracht wird[15], so daß nunmehr zumindest die Oberschicht ihrer völkischen Zugehörigkeit nach zugeordnet werden kann, wurde die Erzgewinnung aus Eisengruben mittels Rennöfen betrieben, die archäologisch vielfach nachzuweisen sind[16]. So nordöstlich des Ossiachersees an der „Carinthischen Eisenstraße"[17], nahe Tiffen, Feldkirchen, Hohenstein, Friesach, Neumarkt und das Zentrum Hüttenberg sowie das Gebiet um Lölling, auf steirischem und Kärntner Gebiet[18]. Schwierig ist oftmals die Feststellung des Beginns der Abbautätigkeit, wenn der Betrieb der Grube in römischer Zeit fortgesetzt wurde. Das Interesse der Römer am norischen Gebiet, das 15. v. Chr. zur Okkupation des regnum Noricum führte, geht gewiß großteils auf das Bestreben, dieses erzreiche Land mit seinen auch nicht unbeträchtlichen Goldvorkommen zu kontrollieren, zurück[19]. Dies läßt vor allem die zahlrei

Magdalensberg

che Anwesenheit römischer Händler auf dem Magdalensberg erkennen, der ab ca. 50 v. Chr. ein Umschlagplatz von Eisen gewesen ist[20]. Die näheren Umstände der Handelstätigkeit können zumindest für die Zeit ab 100 v. Chr. deutlich erkannt werden, besonders betreffend die Richtung der Kontakte. Diese verliefen ausgehend von Aquileia durch das Tal des Tagliamento über den Saifnitzer Sattel nach Noricum[21]. Der wohl älteste Beleg zur Anwesenheit römischer Kaufleute auf norischem Boden stammt allerdings aus Matrei/Osttirol, wo man die um 100 v. Chr. zu datierende Stele des Popaius Senator (wahrscheinlich Senator in Aquileia[22]) fand. In dieses Gebiet gelangte man über den Plöckenpaß, ebenfalls nach anfänglicher Benutzung des Tagliamentotales.

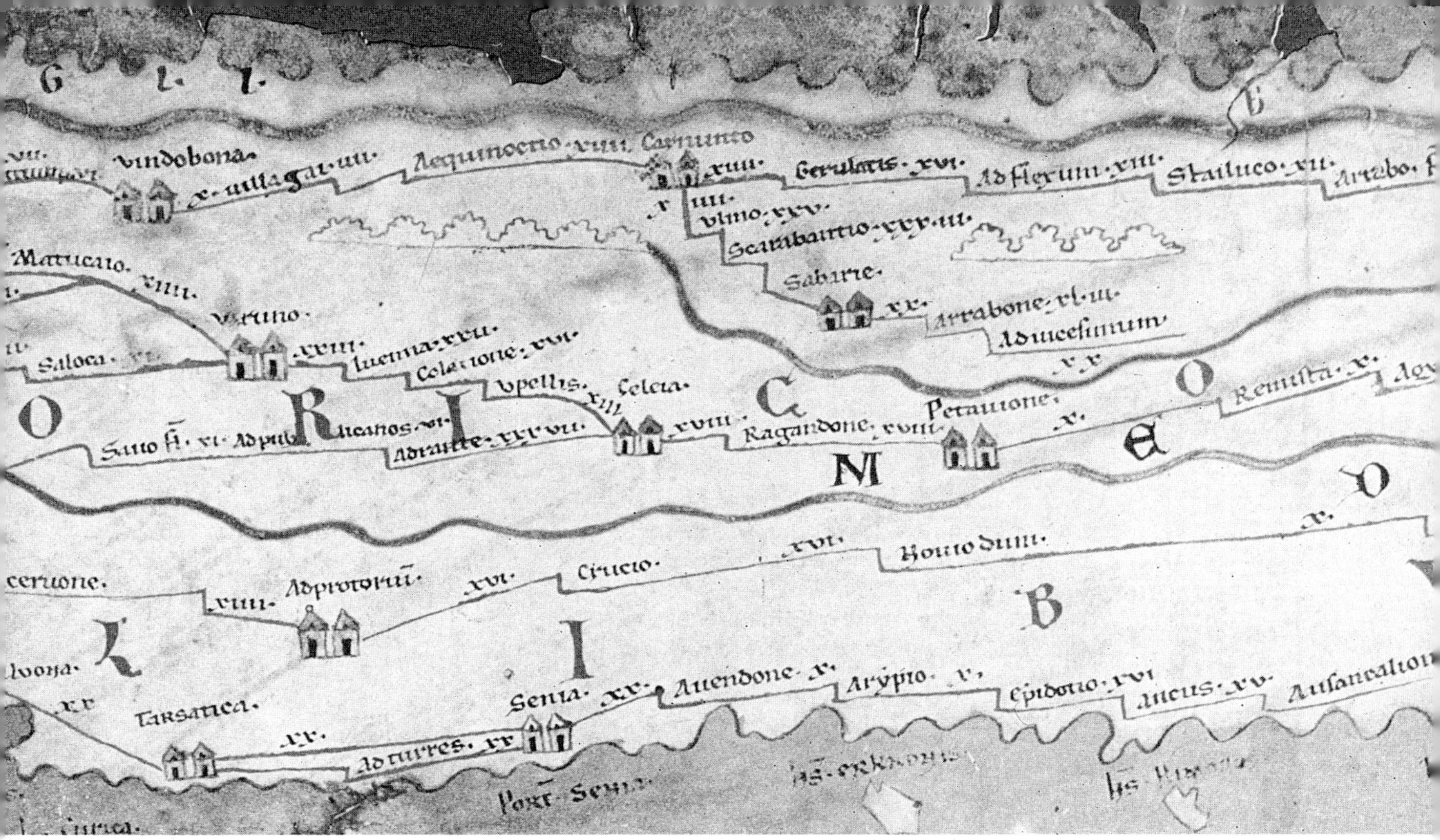

Map — Tabula Peutingeriana (with place names and distance figures):

vindobona · Aequinoctio · xviii · Carnunto · xiiii · Gerulatis · xvi · Ad flexum · xiii · Stailuco · xii · Arrabo·

Matucaio · xiiii · vlmo · xxv · Scarbantio · xxxiiii · Sabarie

Veruno · xviii · luema xxvi · Colatione · xvi · Arrabone · vl iii · Admuresimum · x·v

Saloca · Sutto fl · xi · Ad pub · Ruenos · vi · Adraute · xxvii · xviii · Ragandone · cviii · Celeia · Petautone · x · Remista · x·

Adprotoru · xvi · Crucio · xvi · Romodium·

ceruone · viii · loona · xx · Tarsatica · xx · Ad turres · xx · Senia · xx · Auendone · x · Arypio · v · Epidotio · xvi · Ancus · xv · Ausancaltion

Port Senia

O R I C M E O B I

Die Tabula Peutingeriana beinhaltet ein Straßen- und Ortsverzeichnis des Römischen Reiches mit Entfernungsangaben. Sie ist nach dem Augsburger Humanisten Konrad Peutinger (1465–1547) benannt, entstand aber in der Zeit Caracallas (211–217 n. Chr.), wobei offenbar bis zum Jahre 350/60 Ergänzungen durchgeführt wurden.

Durch weite Verbreitung La-Tène-zeitlicher Fundtypen ist der Schluß auf generell sehr ausgeprägte Handelsbeziehungen dieser Zeit zulässig[23]. Als epochale Neuerungen treten im ostkeltischen Bereich seit dem 2. Jh. Münzprägungen in Silber und Kupfer auf[24]. Norische Sorten lassen sich ab ca. 60 v. Chr. nachweisen[25], wobei die Stadt auf dem Magdalensberg Prägestätte für diverse Fürsten gewesen sein dürfte. Das Erscheinungsbild der Münzen schließt an griechische, nicht an römische Vorbilder an und folgt besonders an der unteren Donau dem Vorbild der Tetradrachme[26]. Die Umschriften, die nur die Emittenten nennen[27], sind daher für eine exakte zeitliche Fixierung nicht geeignet. Einflüsse westkeltischer Prägeusancen zeigen Goldmünzen, die im Bereich der heutigen bayrisch-oberösterreichischen Grenze gefunden wurden[28]. Nicht aus dem Auge verloren werden darf die Tatsache, daß keltische Sorten außerhalb des politisch-wirtschaftlichen Wirkungsbereiches des emittierenden Potentaten nicht akzeptiert wurden[29].

Vor dem Hintergrund des entstehenden Münzwesens und angesichts der Aktivitäten römischer Händler auf dem Magdalensberg kann von einer Einbeziehung des norischen Raumes in die mediterrane Wirtschaft gesprochen werden. In diesem Handel trat die Eisenförderung durch doppelkonische Barren und Halbfertigprodukte[30] aus Rasenerz und Limonit sowie Handelsformen in Scheiben- und Amboßform seit dem 2. Jh. hervor. Dafür gelangten Öl und Wein, Werkzeuge und Lampen[31] sowie Gefäße, z. B. die sg. „Schwarze Sigillata"[32] nach Noricum[33].

Wie in den vorangegangenen Perioden scheint der Handel auch jetzt keine Massenartikel bzw. Verbrauchsgüter für breite Käuferschichten geliefert zu haben, was vornehmlich auf die noch nicht entwickelte Urbanisierung und fehlende Infrastruktur zurückzuführen sein wird. Fast gänzlich auf Rückschlüsse aus römischer Zeit ist man für die Darstellung des Verkehrsnetzes angewiesen[34], wobei davon ausgegangen wird, daß vorrömische Verbindungen den späteren Anlagen die Richtung gewiesen hätten. Dieses Denkmodell kann bezüglich der La-Tène-zeitlichen Straßen Wahrscheinlichkeit beanspruchen, nicht jedoch, wie W. Kimmig ausführt[35], für die davor liegenden Zeiträume. Es wäre demnach mit fast vollständiger späterer Überbauung der La-Tène-zeitlichen Verkehrswege in römischer Zeit zu rechnen (vgl. oben zur Straße durch das Tagliamentotal). Der Weg über den Plöckenpaß in Richtung Gurina sei, so Alföldy[36],

Abb. 15:
Terra-Sigillata-
Tafelgeschirr. Schüssel, Schalen und Trinkkelche: Herkunft: Gallien. 1. Jh. n. Chr.

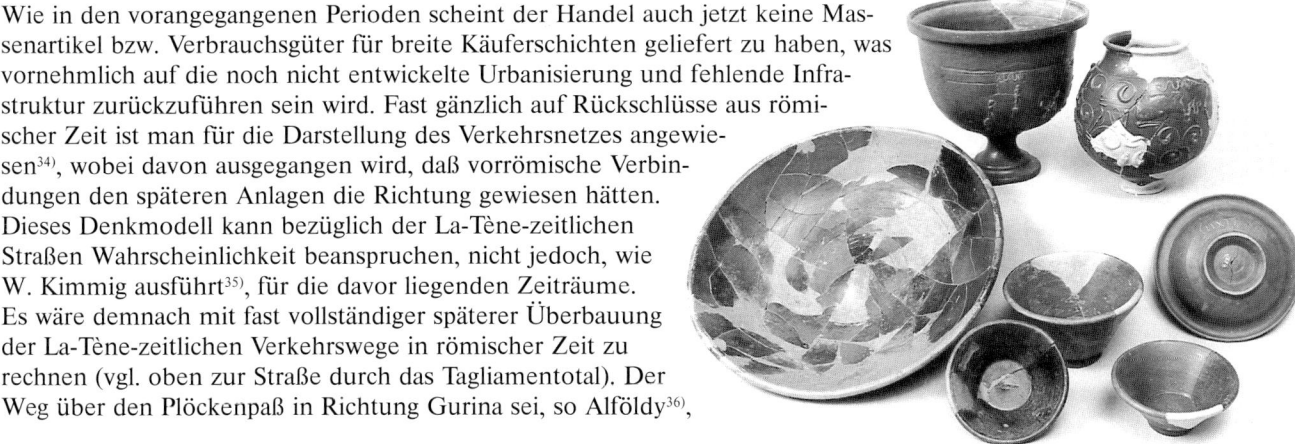

für den Wagenverkehr geeignet gewesen. Für den Handel von Hallstatt in östlicher Richtung vermutet Kromer Wege über die oberösterreichische Seenplatte bzw. das Ennstal nach SO und S. Im Westen sei Hallstatt vom süddeutschen Raum her leicht zu erreichen gewesen. Die abgelegeneren Teile der Alpen waren verkehrsmäßig wohl bis in römische Zeit und weit darüber hinaus kaum erschlossen.

Für die Zeiträume vor der Einbeziehung Noricums in den römischen Handel weist Paschinger darauf hin, daß infolge der Abwesenheit phönikischer und griechischer Kolonien in der nördlichen Adria stimuli zu kommerzieller Betätigung und somit zum Entstehen von festen Handelswegen fehlten[37]. Dementsprechend zeigt auch der Kenntnisstand der griechischen Geographen, die sich mit Illyrien und Dalmatien befaßten, eine durchgehende Unkenntnis des ostalpinen Raumes[38]. Durch Übernahme eines auf Theophrast zurückgehenden Irrtums, der in der Namensähnlichkeit von „Istria" und „Ister" ein Indiz für eine auch geographische Affinität der Regionen sehen wollte, waren die Vorstellungen von den nördlich der dalmatinischen Küste gelegenen Ländern höchst unzutreffend. Von dort können nur äußerst periphere Informationen zu den Griechen gedrungen sein[39], die, so Herodot[40], wohl von Phokäern stammen dürften, von denen als erste Erkundungsfahrten größeren Stils ins westliche Mittelmeer unternommen worden waren. Mit dem griechischen Mythos werden von Pseudo-Skymnos die 15 Städte der hyllikischen Halbinsel in Verbindung gebracht, die von Hyllos, dem Sohn des Herakles und der Deianeira[41], gegründet worden sein sollen[42].

Die Römerzeit

Der Okkupation Noricums durch Rom geht, wie im vorigen Abschnitt deutlich gemacht wurde, ein zunehmendes Interesse beider Seiten an gedeihlichen Handelsbeziehungen unter besonderer Berücksichtigung der norischen Eisen- und Stahlerzeugung voraus.

Im Licht dessen ist das hospitium publicum zu beurteilen, durch das die Kontakte Roms mit Noricum bis 15 v. Chr. geregelt wurden[43]. Römischem Rechtsbrauch entsprechend, stellte die Zulassung zu Handel und anderen Geschäften[44] ein ius dar, das, wie das ius commercii vor der Verleihung der römischen Civität an die Bundesgenossen 89 v. Chr., nach Maßgabe des Nahverhältnisses eines Partners zum römischen Staate verliehen oder verweigert werden

„Hospitium publicum"

konnte. Das hospitium publicum, das dem heutigen Forschungsstand nach nicht ganz eindeutig zu definieren ist, läßt sich dennoch in einigen wesentlichen Punkten charakterisieren. Es stellt eine unverbindliche, aus dem privaten Gastrecht abgeleitete Form der amicitia dar, die nicht zur Waffenhilfe verpflichtet[45], wohl aber zur Aufnahme, rechtlichen Vertretung und zum Schutz des Angehörigen des jeweils anderen Gemeinwesens. Obgleich ein Vertragsschluß formellen Charakters nicht erforderlich war, konnte das hospitium publicum nur durch Widerruf gelöst werden[46], was einen unfreundlichen Akt darstellte. Vornehmlich die Schutzverpflichtung, die wohl der norische König wahrzunehmen hatte, zeigt, daß das hospitium publicum in besonderem Maße geeignet war, dem Interesse an florierenden Handelsbeziehungen entgegenzukommen. G. Dobesch zufolge dürfte das Abkommen im Jahre 170 v. Chr., anläßlich der Beschwerdedelegation des Cincibilus[47] nach Rom, geschlossen und sodann mit jedem König Noricums bis 15. v. Chr. erneuert worden sein[48], der bei dieser Gelegenheit ein festgesetztes Ehrengeschenk ex formula, wohl zur Sicherstellung seines Wohlwollens, empfing[49].

Durch die Anteilnahme des Senats am Geschehen in Noricum erfuhren die Geschäftsinteressen jener Handelsunternehmungen Aquileias, die unmittelbar nach der Deduction der Kolonie 183/1 mit den Kelten im Ostalpenraum in Fühlung traten, lebhafte Unterstützung[50]. Eine gleichzeitige Abnahme der Erträge der italienischen Eisengruben mag als zusätzliches Movens gewirkt haben[51].

Magdalensberg

Die Anwesenheit italienischer Händler ist bereits, infolge der besonderen Bedeutung des Magdalensberges[52] als Umschlagplatz, durch dort gefundene römische Münzen (die für sich allein noch kein ausreichendes Indiz wären) der Zeit von 172–151 v. Chr. belegt[53].

Nach der Okkupation Noricums erlebte die Stadt auf dem Magdalensberg als vorläufiger Sitz der römischen Verwaltung den Höhepunkt ihrer Prosperität, wurde jedoch nicht in den Rang eines Municipiums erhoben. Die archäologische Forschung förderte Spuren mannigfacher wirtschaftlicher Betätigung zutage. Neben den schon besprochenen Eisenschmelzen finden sich Keramikerzeugung[54] und Walkereien[55]. An italienischen Produkten, die von den römischen Händlern auf den nun stark belebten Südverbindungen herbeigebracht wurden[56], lassen sich Massenartikel wir arretinische Ware, Terra sigillata aus den Manufakturen der Poebene, Lampen und Haushaltsartikel, neben Glas[57] und Amphoren, die Wein[58], Öl und Fischsauce[59] enthielten, nachweisen. Keltische Händler transportierten die begehrten Eisenerzeugnisse,

z. B. anuli (Ringe), unci (Haken), incudes (Ambosse), secures (Beile) sowie Kupferwaren zu den Läden der italienischen Händler, von wo sie in die italienischen Städte gelangten[60]. Die keltischen Zubringer wurden in Bargeld (röm. Sorten) und Gold bezahlt. Wie oben bereits ausgeführt, spielte Aquileia im Handel der Römer mit Noricum die führende Rolle, die in ihrer Bedeutung nur mit Massilia verglichen werden kann, von wo aus die Stämme des südlichen Gallien stärksten merkantilen und kulturellen Einflüssen ausgesetzt waren.

In den Jahren zwischen 41 und 50 n. Chr.[61] wurde der Magdalensberg aufgegeben, die Verwaltung nahm ihren Sitz in Virunum, wobei ein großer Teil der Einwohnerschaft folgte. An der Spitze der Administration stand ein procurator Augusti in Norico[62], der später auch p. A. Norici[63] oder p. A. provinciae Noricae[64] benannt wurde.

Virunum

Das römische Straßenbauprogramm (dessen Entwicklung in späterer Zeit anhand der gesetzten Meilensteine verfolgt werden kann[65]), wurde zur selben Zeit voll in Angriff genommen. Vornehmlich 47 n. Chr. die via Claudia Augusta, die von Altinum aus den Brenner zur rätischen Donaugrenze[66] mit Zweigen nach SW-Noricum, dem Sextener Kreuzberg, dem Pustertal sowie an den Inn führte, wodurch der Handel mit der westnorischen Limeszone stark belebt wurde. Bereits unter Claudius' Vorgängern stellte man die Verbindung Italien-Donaugrenze über den Saifnitzer Sattel nach Virunum und Lauriacum[67] her.

Straßenbau

Entsprechend dem nun stark erhöhten Geschäftsvolumen stieg auch der Münzumlauf quantitativ merklich an[68]. Bis zu den Markomannenkriegen erfreute sich Noricum einer ungebrochenen Konjunktur auf allen Gebieten, wobei die qualitative Verbesserung der Wohnverhältnisse gerade der zahlungskräftigen Schichten[69], Luxusartikel wie Feinkeramik und Glas ins Land strömen ließ. Der norischen „Industrie"-Tradition entsprechend war die Provinz imstande, ihren Bedarf an Metallwaren, Textilien und Grobkeramik (unter Fortsetzung eisenzeitlicher Typen) selbst zu decken. Weiters wurden Lampen in Massenproduktion erzeugt, womit Noricum in den Export eintrat[70]. Hinzu kam eine eigenständige Ziegelproduktion, die die bisherigen Importe aus Aquileia teilweise ersetzte[71]. Die Textilerzeugung Noricums ist im Lande selbst durch Bleimarken, die der Markierung und Benennung der Waren dienten, dokumentiert. Eine Vielzahl dieser Kennzeichnungen fand sich auf dem Magdalensberg (frühe Kaiserzeit)[72].

Abb. 16:
Fliegender Merkur.
Diese Bronzestatue des Handelsgottes wurde 1564 von Giovanni da Bologna (Giambologna) geschaffen.

Die in Noricum erzeugte Bekleidung diente vorwiegend dem Schutz vor Witterungsunbill, so z. B. die gausapa, ein dicker, wetterfester Mantel, oder loytei m(antus), ein ähnliches, gefärbtes Kleidungsstück mit Kapuze, und die paenula, ein ärmelloser Mantel[73], der auf Reisen geschätzt wurde. Die expositio totius mundi, von einem Anonymus des 4. Jhs. nach einer verlorenen griechischen Vorlage verfaßt, erwähnt für Noricum allgemein den Handel mit Textilien[74]. Im Höchstpreisedikt Diokletians finden sich unter Kleidung: *banata Norike* sowie *bedox Norikos*[75]. Die *banata* (Mantel) wird mit 2.000 Denaren veranschlagt, kann demnach als Qualitätsprodukt bezeichnet werden. Zum Vergleich nennt der Maximaltarif für den Sextar (0,547 l) picenischen oder tiburtinischen Weines 30 Denare[76], für ein Paar Hühner[77] 60 Denare. Hier ist man versucht, einen Vergleich der Lebenshaltungskosten eines „Durchschnittsrömers" zu geben, wie dies z. B. Heichelheim für Athen im 5. Jh. tut[78]. Dabei ist jedoch zu berücksichtigen, daß die Quellenlage für Athen im 5. Jh. exceptionell günstig und der Geltungsbereich der Berechnung nicht über die Stadt hinaus verallgemeinerbar ist. Für Noricum kann eine derartige Darstellung nicht geboten werden. Es kann jedoch versucht werden, unter Zugrundelegung der von G. Glotz für das Altertum erstellten Liste der existentiellen Grundbedürfnisse: (pro Jahr) Getreide $7^{1}/_{2}$ Medimnen Weizen, bzw. 15 Medimnen Gerste; „Zukost" aus Fischen und Pökelfleisch sowie Gemüse und Hülsenfrüchten. Die Zukost wird preislich dem Getreide gleichgerechnet, die Aufwendung für Kleidung mit dem halben Betrag angesetzt. Was über diesen Grundbedarf hinausging, war frei variabel und bestimmte die „Lebensqualität". Nach Maßgabe des Höchstpreisedikts sind diese Posten (abgesehen vom ungebundenen Überschuß) wie folgt anzusetzen: I. 1 frumenti k.mo[79] = centum[80]

                hordei k.mo   = sexaginta

Der modius castrensis Getreide (Weizen), ca. 13,10 l (=150% des normalen Modius von 8,75 l), stellt ungefähr $^{1}/_{3}$ eines attischen Medimnos dar.

Nach diesem Ansatz wäre zu rechnen: $7^{1}/_{2}$ Medimnen = 22 k.mo = 2.200 Denare. Demnach würde der Preis für einen norischen Mantel beinahe die Jahreskosten zur Deckung des durchschnittlichen Getreidebedarfes kosten. Es ist jedoch festzuhalten, daß der Maximaltarif nur die Höchstpreise festlegt. In der Praxis dürfte sich die Preisrelation günstiger gestaltet haben. Die Rechnung mit den von Glotz gelieferten Daten ist für die späte Kaiserzeit mit äußerster Vorsicht anzuwenden. Ein Vergleich mit dem Ansatz: $7^1/_2$ Med. Weizen — 15 Med. Gerste zeigt, daß auch diese grundsätzlichen Relationen bei Diokletian verschoben waren: 1 k.mo hordei (Gerste) entspricht (60 den.) nicht mehr der Hälfte eines k.mo frumenti. Ein Vergleich auf der Einkommensseite: Ein Tagelöhner auf dem Lande erhält pro Tag 25 den. (mit Verpflegung). Zimmermann, Schmied und Bäcker erhalten 50 den. und Verpflegung, so daß die Einkünfte nicht glatt mit den Lebenshaltungskosten verrechnet werden können. Dies wäre bei Lehrern möglich, die pro Monat für einen Schüler zwischen 50 und 75 den. erhalten[81], lägen genauere Informationen über durchschnittliche Klassenstärken vor. Der Ansatz von 12—15 Kindern scheint aber realistisch. Unter Ansatz von 12 hätte der Lehrer bei 50 den. à Kind jährlich 7.200 den. verdient, womit seine Einkommenslage so zu beschreiben wäre: 2.200 den. für Getreide, 2.200 den. für Zukost, 1.100 den. für Kleidung — 5.500 den. bei 7.200 den. — 5.500 — blieben also 1.700 den. zur freien Verfügung. Dies gilt für eine Lehrperson im Elementarschulbereich. Ein Sophist[82] (250 den. à Schüler) stand sich da wesentlich besser.

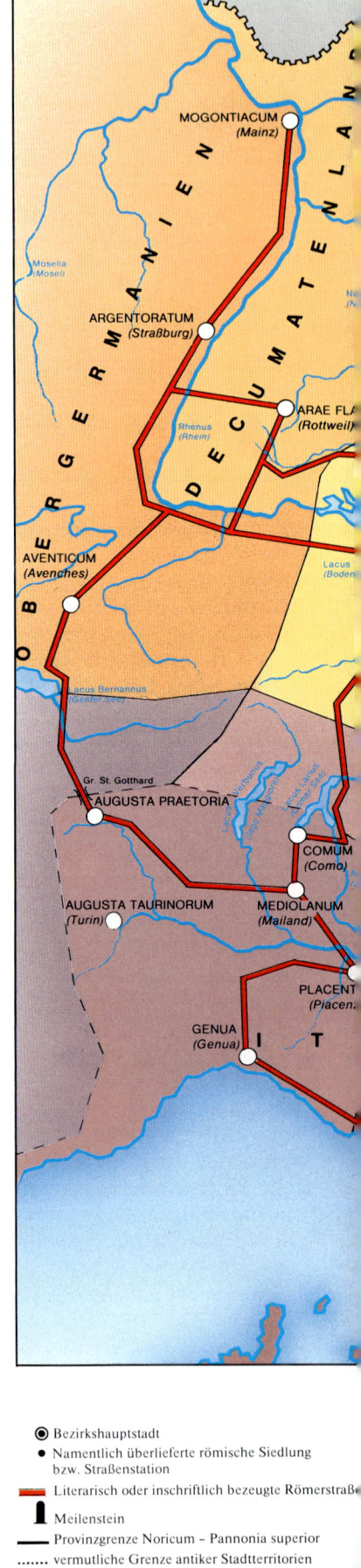

● Bezirkshauptstadt
● Namentlich überlieferte römische Siedlung bzw. Straßenstation
━━ Literarisch oder inschriftlich bezeugte Römerstraße
▐ Meilenstein
— Provinzgrenze Noricum – Pannonia superior
...... vermutliche Grenze antiker Stadtterritorien

Grafik 3: **Das römerzeitliche Straßennetz in Mitteleuropa**

(Entwurf: M. Hainzmann, Ausführung: R. Gaar)

Norisches Eisen

Auf dem Gebiet der Metallgewinnung und -verarbeitung werden in römischer Zeit die technischen Verfahren des vor- und frühgeschichtlichen Bergbaubetriebes nicht wesentlich verändert. Die norische Art der Metallverarbeitung findet aber nunmehr Nachahmung in anderen Gebieten, so daß man von ferrum Noricum hinsichtlich der Technologie auch andernorts sprechen kann (man vergleiche das Linz-Donawitz-Verfahren[83]). Der Bekanntheitsgrad des ferrum Noricum ist zufolge literarischer[84] und numismatischer[85] Quellen recht hoch zu veranschlagen. Der Betrieb der Eisengruben erfolgte bis zur Mitte des 2. Jhs. n. Chr. so, daß diese organisatorisch kaiserlichen Gütern, die von italienischen Staatspächtern gepachtet[86] wurden, zugehörten. Seit hadrianischer Zeit gelangten die Minen vielfach zur Verpachtung. Die Pächter der norischen Eisenminen[87] verfügten über eigenes Wirtschaftspersonal[88] und trugen auch die Verantwortung für den Eisentransport nach Italien[89]. Die Nord- und Südgrenzen der kaiserlichen Güter, an denen der Export der conductores durch die kaiserliche Finanzprocuratur bzw. die Zollaufsicht (beide mit Hauptsitz in Virunum) überwacht wurde, waren durch Binnenzollstationen, im Norden statio Esc(ensis)[90], wohl nahe Bad Ischl, im Süden im Bereich des Lamprechtskogels nahe Völkermarkt, deren Lokalisierung bisher noch nicht eindeutig gelungen ist, markiert[91]. Die kaiserliche Behörde für den Betrieb der Bergwerksgesellschaften befand sich bei Virunum[92].

Zölle

Zollstationen an den norischen Provinzgrenzen, die als Amtsplätze des illyrischen Zolldistrikts (portorium publicum Illyrici, der Noricum, Dalmatia, utramque Pannoniam, Moesiam superiorem umfaßte) anzusehen sind, waren: Gegen Raetia Boiodurum und Pons Aeni; nach Italien Loncium, Larix und ein nicht identifizierter Posten bei Brixen; nach Pannonien Atrans. Die eigentlichen Zollgrenzen waren demnach nicht mit denen der Provinzen identisch, die in diesem Zusammenhang lediglich Zwischenlinien darstellten. Da Zölle im Altertum noch nicht zum Mittel protektionistischer Wirtschaftslenkung eingehoben worden waren, handelte es sich dabei nur um eine fixe Einnahmequelle des Staates, so daß dem Handel durch die Zölle keine Hemmnisse erwuchsen. In flavisch-antoninischer Zeit erreichte die Prosperität ihren Höhepunkt[93]. So gelangte Keramik aus der Gegend um Rheinzabern sowie Westerndorf-Ware nach Noricum (von Mitte 2. bis Mitte 3. Jh.). Im letzteren Falle könnten norische Händler eine Vermittlerfunktion nach Pannonien wahrgenommen haben[94]. Deutlich wird jedoch im 2. Jh. die Verdrängung der vordem dominanten Kaufleute aus Italien durch gallische Konkurrenten[95].

Fernhandel

Fernhandelskontakte sind im späten 2. und 3. Jh. durch inschriftlich belegte Händler feststellbar: so ein afrikanischer negotiator aus Celeia[96], weiters Händler aus Asia Minor, Thracia, Syria. Andererseits besuchen norische Händler italische emporia: So ein Tausconius Optatus mit seinem Sohn aus Aguntum, die in Tergeste inschriftlich bezeugt sind[97], und ein libertus aus Ovilava, der möglicherweise auf Geschäftsreise in Rom verstarb[98]. Sogar nach Nordafrika lassen sich Beziehungen wahrscheinlich machen[99].

**Markomannen-
kriege**

Durch die Markomannenkriege war Noricum zwar in Mitleidenschaft gezogen[100], irreparable Schäden[101] wurden der Provinz jedoch nicht zugefügt, so daß auch auf kommerziellem Sektor das florierende Leben bis zur Mitte des 3. Jhs. andauerte, als Noricum von der allgemeinen Krise des Reiches erfaßt wurde[102]. Da schriftliche Quellen für die Auswirkungen des umfassenden wirtschaftlichen Einbruches in Noricum nicht zur Verfügung stehen, müssen die Vorgänge aus Indizien erschlossen werden.

**Münzhortfunde als
Symptom
unruhiger Zeiten**

Hinsichtlich des Handels stellen Beobachtungen des Münzumlaufes ein bedeutsames Kriterium dar. So kann aus einer Häufung von Münzhortfunden zu gewissen Zeiten auf unruhige politische und soziale Gegebenheiten geschlossen werden, wie dies für Italien, Korsika, Sardinien und Sizilien zeigbar ist, wo zwischen 218 und 206, 91 bis 71, 51 bis 31 v. Chr. Münzen in außerordentlich großer Zahl vergraben wurden[103]. In die genannten Zeiträume fallen: Hannibals Anwesenheit in Italien; der Bundesgenossenkrieg, die Herrschaft Marius, Cinnas und Sullas sowie der Spartacusaufstand; die Errichtung der Diktatur Cäsars und die unruhigen Verhältnisse von 44 v. Chr. bis zur Schlacht von Actium.

In Noricum wurden Horte seit dem Beginn des 3. Jhs. n. Chr. angelegt[104]. Die Zahl der immer noch in die Provinz strömenden Münzen konnte den Bedarf, der einerseits durch die durch Zirkulation entzogenen Hortmünzen, andererseits durch die merklich steigenden Preise entstanden war, nicht mehr decken[105]. Nur im Limesgebiet, wo die Garnisonen ungeachtet der allgemeinen Mißstände nach wie vor mit fixen Soldzahlungen versorgt wurden, blieben Geldvolumen und Preise in ungefährem Gleichgewicht. Die dort gefundenen Münzen entstammen vorwiegend den Regierungen des Gallienus, Claudius II. Gothicus und Aurelian. In Lauriacum gehören die zutagegekommenen Münzen in etwa gleicher zahlenmäßiger Verteilung der Zeit von ca. 150 n. Chr. bis Ende des 4. Jhs. an (etwa 10.000 Stück). Dieser Befund spricht für kontinuierliche Verhältnisse (vgl. den Beitrag von Burböck).

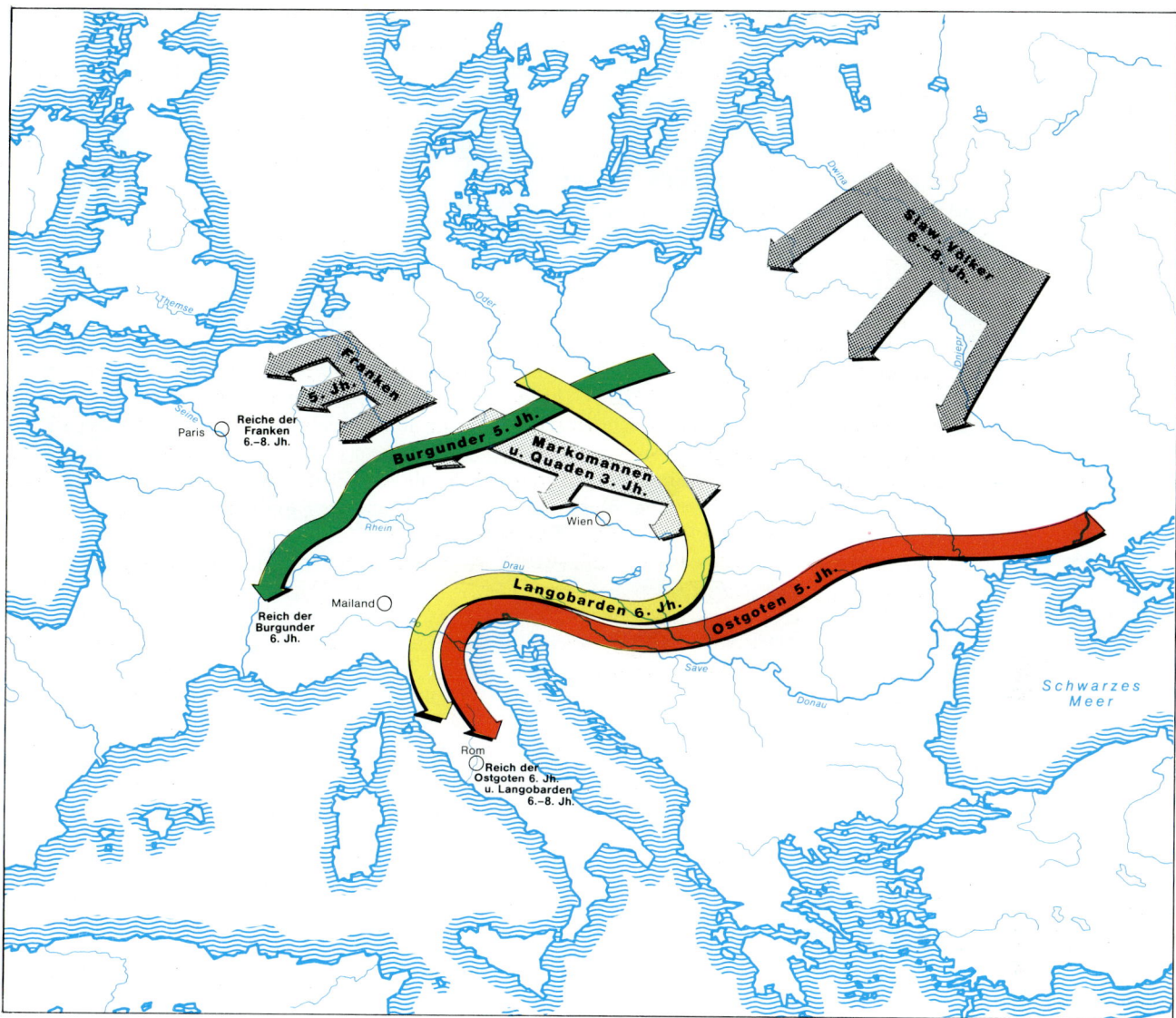

Grafik 4: **Die wichtigsten Züge und Reichsbildungen (3.–8. Jh.)**

Entwurf: Cerwinka. Ausführung: R. Gaar

Ebenfalls ein indirektes Zeugnis für den Verfall des Handels infolge wirtschaftlicher Zersetzungserscheinungen ist die Krise, in der sich die kaufkräftigen Schichten der Gesellschaft befanden.

Krise

War es noch im 2. Jh. n. Chr. eine vielbegehrte Ehre, dem Stande des landstädtischen Regionaladels anzugehören und eine entsprechende Rolle in der Municipalverwaltung zu spielen, so zeigt bereits das Rescript Caracallas an die Feuerwehr von Solva (205 n. Chr.), daß die Mitglieder von Collegien zu diesem frühen Zeitpunkt bereits die ihnen auferlegten Pflichten, hauptsächlich finanzieller Natur, als Lasten zu empfinden begannen[106], womit der sogenannte „Spätantike Zwangsstaat" mit seinen Zwangsmitgliedschaften in Berufsvereinigungen bzw. der Bodenbindung seine Schatten vorauswarf.

Die Reformmaßnahmen Diokletians (denen auch das besprochene Höchstpreisedikt zuzuordnen ist) bewirkten einen letzten Aufschwung der Wirtschaft Noricums, der bis zum Ende des 4. Jhs. andauerte. Abseits aller ökonomischen Schwierigkeiten stellte jedoch die Eisenverhüttung einen Faktor unverminderter Konjunktur dar, so daß zu keinem Zeitpunkt von einer Verelendung in Noricum gesprochen werden kann. Die Geldsituation normalisierte sich im 4. Jh. successive und erreichte unter Constantin I. wieder ein zufriedenstellendes Volumen. Ebenfalls im 4. Jh. tritt in Noricum eine einheimische Glasindustrie auf; auch für die Erzeugnisse der Ziegeleien (Lauriacum; nahe Ybbs Andiesen-Holzleiten) finden sich Abnehmer in Gestalt öffentlicher Bauherren, die — so z. B. bei der Errichtung eines Victoriaaltars in Bedaium[107] oder eines Mithraeums[108] — die Stelle der erschöpften privaten Munifizenz einnehmen.

Konjunktur der Eisenbranche

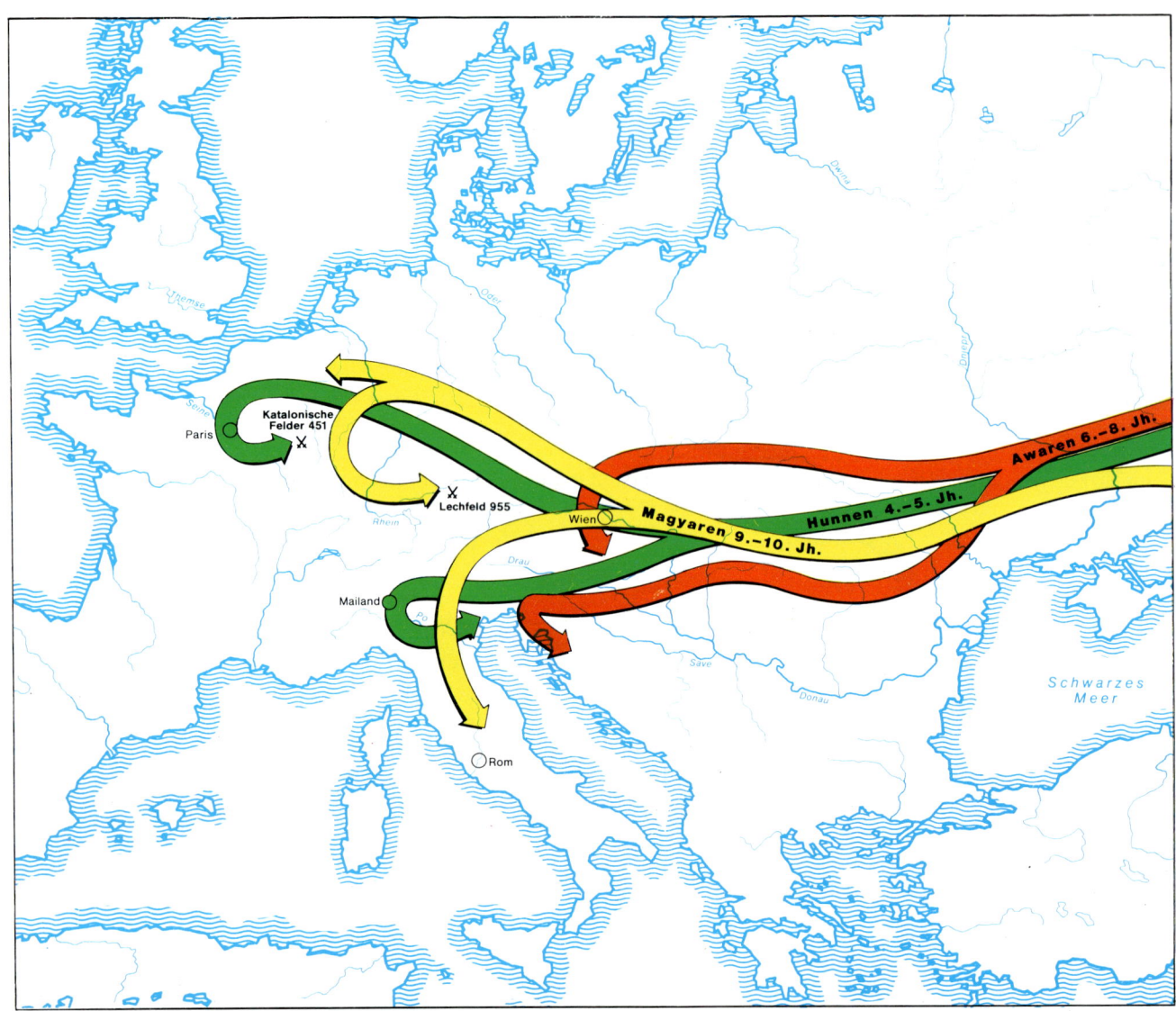

Grafik 5: **Einbrüche der Steppenvölker in Europa (5.—10. Jh.)**

Zerfall der Römer-herrschaft

Ab dem Beginn des 5. Jhs. setzt die letzte und für die Römerherrschaft auf österreichischem Boden letale Krise ein. So erhalten ab 400 die römischen Truppen am Donaulimes keinen regelmäßigen Sold mehr, ein Zustand, der nicht einmal während der Problemphase des 3. Jhs. eintrat. Barbarenheere fielen in rascher Folge in Noricum ein. So 405 Radagais (Zerstörung von Solva); 407 Alarich (Zerstörung von Aguntum). 431 schlug Aetius einen Aufstand in Nori-cum nieder; 451 zog Attila in Richtung Gallien durch norisches Gebiet. Handel und Gewerbe waren infolgedessen bald gänzlich herabgekommen und hielten sich nur mehr in den bedroh-ten Städten sowie abgelegenen Gebieten.

Noricum ripense wurde um 488 vom römischen Staat aufgegeben; in mediterraneum hielten sich römische Magistrate noch längere Zeit.

Für die moribunden Lebensverhältnisse in Noricum ripense in der Endphase der Römerherr-schaft verfügt die Forschung in der Vita Sancti Severini des Eugippius[109], die um 511 entstand, über ein einzigartiges Zeugnis. Daß Virunum, die alte Hauptstadt der Provinz und seit 304/5 von Noricum mediterraneum[110], aufgegeben und nunmehr Teurnia zum Vorort wurde[111], macht deutlich, daß die Bewohner Virunums ihre durch Natur ungenügend geschützte Stadt als zu unsicher empfanden. Noricum ripense hing in seiner Nahrungsmittelversorgung nun weitgehend von Getreideimporten ab. Als solche, die auf Inn und Donau aus Raetia herange-**Hungersnot** führt wurden, nicht rechtzeitig eintrafen, entstand Hungersnot[112]. Die Donau scheint ihren Charakter als Grenzfluß in gewissem Maße eingebüßt zu haben. So standen nundinae (Wochenmärkte) im Gebiet der Rugier, also jenseits des Stromes, auch den Provinzialen offen[113]. An anderer Stelle soll Severin von Fewa, dem Fürsten der Rugier, eine derartige

Erlaubnis für die Bewohner von Boiotrum erwirken. Fewa antwortet, daß es angesichts der Verödung der oppida und castella am Oberlauf der Donau sinnlos sei, Waren bereitzustellen, da doch bald keine Händler mehr in diese Orte gehen könnten[114]. Besonders diese Äußerung wirft ein bezeichnendes Licht auf den Verfall der Provinz.

Der Zehent für die Kirche wird, deutliches Zeichen der Rückkehr zu naturalwirtschaftlichen Geschäftsformen, in Feldfrüchten erlegt[115], was unter der stets schwebenden Drohung von Lebensmittelengpässen doppelt schwer wiegt. Anscheinend war Geld für die Provinzialen nicht mehr greifbar. Für das Ausbleiben von Soldzahlungen an die Truppen[116] findet sich in der vita ein expliziter Beleg[117]. Daß sich einige Soldaten zur persönlichen Einholung des Soldes nach Italien aufmachten und auf dem Wege von Barbaren getötet wurden, läßt erkennen, daß auch der hochgezüchtete römische Militärapparat in Auflösung begriffen war. Kontakte zu Italien sind durch Öllieferungen erkennbar, die von dort eintrafen und auch an Bedürftige in Lauriacum ausgegeben wurden, wohin sich die Restbevölkerung zurückgezogen hatte, nachdem die Städte in Noricum ripense größtteils verfallen waren. Diese Importe sahen sich jedoch größten Widrigkeiten gegenüber[118]. Verkehrskontakte zu Oberitalien waren noch möglich, wie die Ankunft eines Leprösen aus Mediolanum bei Severin zeigt[119].

Ausbleiben des Soldes

Die Aussagen, die die vita Sancti Severini zu wirtschaftlichen Fragen enthält, werden dadurch doppelt wertvoll, daß der Zweck des Werkes in der Darstellung der charismatischen Persönlichkeit des Heiligen liegt. Anders als in Salvians de gubernatione Dei, die die Paralyse des römischen Staates in Gallien im 5. Jh. beschreibt und durch scharfe Ablehnung des als korrupt empfundenen Reiches sehr tendenziös gehalten ist, dient der Hinweis auf prekäre Situationen bei Eugippius nur dem Aufbau einer Kulisse, vor der sich das segensreiche Wirken Severins entfaltet. Da somit die Notizen zum Leben der Provinzialen anders als bei Salvian nicht mit der Intention der vita in Verbindung stehen, können sie als unverfälschte Aussagen akzeptiert werden.

Durch die Völkerbewegungen des 6. und 7. Jhs. wurden die romanischen Traditionen auf österreichischem Boden fast gänzlich ausgelöscht. Romanische Gruppen blieben nahe Salzburg bis ins 8. Jh. nachweisbar. Handelsbeziehungen existierten zwar auch in dieser Zeit; wie das Beispiel Samos zeigt, waren sie aber Unternehmungen höchst abenteuerlicher Natur.

Völkerwanderung

Abb. 17: **Mosaikaugenperlen:**
Glasperlen, die um 800 n. Chr. in Alexandria (zur Zeit Karls des Großen) hergestellt wurden, konnten kurze Zeit später in ganz Europa erworben werden. Das Stück hatte einen Handelswert von ca. 3 g Silber. Später wurde diese Qualität auch im Raum Venedig erzeugt. Ihre Herstellung ist nach wie vor ein streng gehütetes Betriebsgeheimnis.

Anmerkungen:

1) M. I. Finley, Die Welt des Odysseus, Darmstadt 1968, S. 56, 59–61. Nach B. Malinowski, Crime and Custom in Savage Society, London 1926, S. 40, sei davon auszugehen, daß „die meisten, wenn nicht alle wirtschaftlichen Akte (bei vielen primitiven Völkern) Glieder einer Kette wechselseitiger Geschenke und Gegengeschenke sind".
2) Vgl. S. 13 Die Geschenke des Senats ex formula an Cincibilus.
3) Als „Geschenke" bezeichneten die Oströmer ihre Zahlungen an diverse Barbarenvölker. Vgl. O. J. Maenchen-Helfen, Die Welt der Hunnen, Wien 1978, S. 137f.
4) B. Stjernquist, Methodische Überlegungen zum Nachweis von Handel aufgrund archäologischer Quellen, in: Untersuchungen zu Handel und Verkehr der vor- und frühgeschichtlichen Zeit in Mittel- und Nordeuropa I (= Untersuchungen), Göttingen 1985, Abhandl. d. Akad. d. Wiss./Göttingen, phil.-hist. Kl. 3 F. Nr. 143, S. 56–83.
5) Lat. pecunia = Geld (aus: pecus, Kleinvieh).
6) Der Obolos, Scheidemünze zur Drachme, aus Obelos = Spieß, deren mehrere im archaischen Argos gefunden wurden.
7) Akkadisch šaqālu = zahlen, wiegen. Im Cod. Hamm. passim Wertangaben in gewogenem Edelmetall. Vgl. auch lat. pendere für Zahlen; Pfund (£) von pondus abzuleiten.
8) So der äginet. Fuß zu 0,73, der attische zu 1,04 g.
9) Infolgedessen verdrängen die athenischen „Eulen"-Münzen die Prägungen der Bündner. Vgl. auch die römischen Münzen vom Magdalensberg.
10) P. Riché, Die Welt der Karolinger, Stuttgart 1981, S. 146–150.
11) K. Spindler, Die frühen Kelten, Stuttgart 1983, S. 322.
12) M. P. Charlesworth, Trade Routes and Commerce of the Roman Empire, Chicago 1974, Karte der Handelsstraßen:
Seeweg: Rom — Tarraco 6 Tage — Gades 10 Tage — Karthago 4 Tage — Alexandria 20 Tage
Landweg: Rom — Byzanz (mit Passage der Straße von Otranto) 24 Tage — Byzanz — Alexandria 30 Tage

13) W. Kimmig, Der Handel in der Hallstattzeit, in: Untersuchungen, 223. O. Schlippschuh, Die Händler im römischen Kaiserreich in Gallien, Germanien und in den Donauprovinzen Raetien, Noricum und Pannonien, Amsterdam 1974, S. 101.
14) R. Pittioni, Propyläen-Weltgeschichte (= PWG), I/1, S. 50f.
15) G. Alföldy, Noricum, London 1974, S. 14.
16) J. Reitinger, OÖ in ur- und frühgeschichtlicher Zeit, Linz 1969, S. 165f.; A. Alföldy, S. 113; K. Kaus, Eisengewinnung und -verarbeitung in der Frühzeit, Leoben 1977, S. 78—86.
17) P. Leber, Ein Zeugnis für den Kärntner Eisenbergbau, Car. 144 (1954), S. 110—113.
18) D. Schlinke, Kelten in Österreich, Wien 1987, S. 190—195.
19) R. Pittioni, I, S. 313.
20) F. Moosleitner, Handel und Handwerk, in: Die Kelten in Mitteleuropa, Slzb. Landesausstellung 1980/Hallein, S. 99.
21) G. Alföldy, S. 44.
22) G. Alföldy, S. 44. Zweifel an der Echtheit der Steine wurden zwar vorgebracht, diese sind jedoch nicht so eindeutig begründet worden, daß die Stele des Popaius Senator als Fälschung bezeichnet werden könnte.
23 J. Reitinger, S. 206.
24) P. Kos, Keltische Münzen Sloveniens, Laibach 1977, S. 57—73.
25) D. Schlinke, S. 125.
26) G. Dembski, Die keltischen Fundmünzen Österreichs, NZ 87/8 (1972), S. 44—49.
27) R. Göbl, Typologie und Chronologie der keltischen Münzprägung in Noricum, Wien 1973, Taff. 2,6, 7ff; S. 10—13, 15f., 17f.
28) G. Dembski, NZ 87/8 (1972), S. 70f.
29) H. Graßl, Zur Problematik des ferrum Noricum, eine Kritik neuerer Forschung, in: Beiträge zum 17. Österr. Historikertag/Eisenstadt 1987 (im Druck).
30) Die Kelten in Mitteleuropa, S. 225—227, 300.
31) Ch. Farka, Die römischen Lampen vom Magdalensberg, Archäolog. Forsch. MB 4, KMS S. 61 (1977).
32) M. Schindler, Die „Schwarze Sigillata" des Magdalensberges. Archäolog. Forsch. MB 1, KMS S. 43 (1967). Dies., Die „Schwarze Sigillata" des Magdalensberges, 2 Neufunde seit 1965, in: Magdalensberg-Grabungsbericht, 15 (1986), S. 345ff.
33) G. Alföldy, S. 47.
34) B. Saria, Noricum und Pannonien, Historia 1 (1950), S. 460.
35) W. Kimmig, S. 216. Lediglich gewisse verkehrstechnisch nicht umgehbare Punkte, namentlich Pässe, seien auch in früherer Zeit mit Sicherheit frequentiert worden.
36) G. Alföldy, S. 12. Massenfunde von Bronzegegenständen bei Obervintel im Pustertal illustrierten die Bedeutung dieser Straße als Verkehrsweg, vgl. V. Paschinger, Grundzüge der Verkehrsgeschichte Kärntens, Car. 143 (1953), S. 364.
37) Ebd. S. 365.
38) J. J. Wikles, Dalmatia, Cambridge/Mass. 1969, S. 1f.
39) Ps.-Skymnos, z. 369—71 (GGM 1,221); Ps.-Skylax, c20 (GGM I, 26).
40) Hdt I, S. 163.
41) W. H. Roscher, Lex. d. gr. u. röm. Myth. I, 2, s. v. „Hyllos", S. 2798f.
42) Ps.-Skymnos, z. 408f. (GGM I, 213).
43) App. Kelt. 13 „Gastfreunde der Römer".
44) Ulp. XIX, 5: commercium est emendi vendendique invicem ius. Th. Mommsen definiert das commercium als Ausdruck wesentlicher Rechtsgleichheit zwischen Rom und Peregrinen.
45) App. Kelt. Die Römer machten sie zu (staatsrechtlich) „Gastfreunden", es bestand aber kein Zwang, ihnen wie Freunden zu helfen.
46) G. Dobesch, Die Kelten in Österreich, Wien 1980, S. 286—293.
47) Liv. XLIII 5.
48) G. Dobesch, S. 310—312.
49) G. Alföldy, S. 33.
50) G. Dobesch, S. 80—90, 89. Aquileia e l'arco Alpino orientale, Antichità Altoadriatiche IX, Udine 1976. Beiträge von: J. Sašel, S. Panciera.
51) G. Dobesch, S. 235.
52) R. Egger, Die Stadt auf dem Magdalensberg, ein Großhandelsplatz, Denkschrift OAW phil.-hist. Kl. 79, Wien 1961. R. Pittioni, Die Stadt auf dem Magdalensberg, ein spätkeltisches und frührömisches Zentrum im südlichen Noricum, ANRW II, 6, S. 263ff.
53) Zu diesen und weiteren Funden: G. Alföldy, S. 33, Anm. 38.
54) H. Kenner, Ausgrabungen auf dem Magdalensberg 1954/5, Car. 148 (1958), S. 124.
55) A. Obermayer, Kelten und Römer am Magdalensberg, Wien 1971, S. 135—139.
56) H. Vetters, Zur ältesten Geschichte der Ostalpenländer, Jahreshefte ÖAI 46 (1961—63), S. 206, Anm. 28.
57) H. Kenner, Ausgrabungen auf dem Magdalensberg 1950 Car. 142 (1952), S. 145f. Ders., Ausgrabungen auf dem Magdalensberg 1949, Car. 140 (1950), S. 467.
58) M. Gerstmayer, Das tägl. Leben in Stadt und Land, in: Ausstellungskatalog: OÖ Grenzland d. röm. Reiches, Sonderausstellung d. oö. Landesmuseums 12. IX 86—11. I 87, S. 107.
59) R. Egger, Der Lebensmittelimport auf dem Magdalensberg, Car. 159 (1969), S. 410—416.
60) G. Alföldy, S. 73.
61) Ders. XXII.
62) CIL V 1838.
63) G. Alföldy, S. 244.
64) CIL IX 4753.
65) G. Winkler, Die römischen Straßen und Meilensteine in Noricum-Österreich, Stuttgart 1985.
66) CIL V 8002.
67) H. Deringer, Die römischen Meilensteine der Provinz Noricum, Car. 143 (1953), S. 748.
68) G. Alföldy, S. 179, Zur Verteilung römischer Münzfunde aus SO-Bayern und Linz:

	rep.	Augustus	Tiberius	Caligula	Claudius
SO-Bayern	5	11	20	4	19
Linz	6	6	4		12

69) Ders., S. 108f. S. 13. ad. 11: B. Churda-Ruth, Die röm. Gläser v. Magdalensberg, Arch. For. MB 6, KMS 65 (1979).
70) F. DeMartino, Wirtschaftsgeschichte des Alten Rom, München 1985, S. 51.
71) G. Alföldy, S. 109. K. Genser, Ziegelhandel zwischen luvavum und Carnuntum? Mitt. Ges. f. Slzb. Landeskunde 122 (1982), S. 57ff.
72) A. Obermayer, op. cit. 135—139. E. Weber, Die Beschrifteten Bleitäfelchen, in: Bericht vom 1. Österr. Althistorikertreffen/Retzhof, Graz 1983. Zur Bedeutung dieser Funde für die Romanisierung der norischen Bevölkerung: Ders. in: Actes du VIIᵉ Congrés international d'epigraphie greque et latine 1977, Bukarest-Paris 1979, S. 489f.
73) Im Höchstpreisedikt XIX 51: Hg. H. Blümner, Der Maximaltarif Berlin 1958, S. 43f. S. Lauffer, Diokletians Preisedikt, Berlin 1971, XIX 63, S. 159, 267.
74) cap. 57.
75) Was unter banata und bedox zu verstehen ist, kann nicht eindeutig entschieden werden. H. Blümner, op. cit. 154, Anm. 1. S. Lauffer, S. 267.
76 S. Lauffer, II, 1—2.
77) Ebd. IV, S. 23.
78) F. M. Heichelheim, Wirtschaftsgeschichte des Altertums I, Leiden 1938, S. 318f.
79) S. Lauffer, S. 54: Demnach wäre der modius castrensis mit zwei gewöhnlichen Scheffeln anzusetzen (ca. 17,5 l), wodurch sich die Berechnung wesentlich verändern würde. Daran kann erkannt werden, wie problematisch derartige Aufstellungen in methodischer Hinsicht sind.
80) Die Preisangaben erfolgen in Denaren.
81) S. Lauffer, VII, S. 66—69.
82) Ebd. VII, S. 71.
83) G. Alföldy, S. 113.
84) Hor. carm. I 16,3: Noricus deterrere ensis; epod. XVII 71: . . . ense pectus Norico recludere. Ov. met. XVI 712: durior ferro, quod Noricus excoquit ignis. Petr. sat. 71, c: cultros . . . Norico ferro. Plin. nat. XXXIV 145: in nostro orbe aliubi vena bonitatem hanc praestat, it in Noricis. Mart. IV 55,11: saevo Bilbilin optimam metallo, quae vincit Chalybosque Noricosque . . .
85) Cohen, Hadrian 962: Met(alla) Nor(ica). P. L. Strack, Untersuchungen zur römischen Reichsprägung des 2. Jhs. II, Stuttgart 1933, no. 432a.
86) M. Rostovtzeff, Geschichte der Staatspacht in der römischen Kaiserzeit bis Diokletian, Leipzig 1902, S. 83ff., 119ff.
87) G. Alföldy, S. 115. H. Graßl, S. 4: Die conductores hätten die Pachtsummen von den eigentlichen Betreibern eingehoben.
88) CIL III 4809.
89) So nach CIL V 870 ein T. Claudius Macro.
90) P. Scherrer, Zur Lage der statio Esc(ensis) in Noricum. Lebendige Altertumswissenschaft, FS H. Vetters, Wien 1985, S. 255ff.
91) G. Alföldy, Appendix IX, S. 255f.
92) CIL III 4788.
93) G. Alföldy, S. 179 (vgl. S. 14, Anm. 9):

	Vespasian	Titus	Domitian	Nerva	Traian	Hadrian	Anton. Pius	Marc Aurel
SO-Bayern	49	2	43	17	54	65	53	24
Linz	13	3	12	7	19	16	18	15

94) G. Alföldy, S. 177.
95) F. DeMartino, S. 517.
96) CIL III 5230.
97) CIL V 708.
98) CIL IV 12 304.
99) E. M. Ruprechtsberger, Verbindungen zwischen Nordafrika und dem nördlichen Grenzgebiet von Pannonien, Mltt. d. Ges. d. Freunde Carnuntums, 1981, Heft 1 und 2.
100) Die Chronologie der Ereignisse ist in der Forschung umstritten: B. Birley, M. Aurel, München 1977², S. 427f.
101) G. Alföldy, S. 152, 171.
102) F. DeMartino, S. 391—445.
103) M. Crawford, Die Römische Republik, München 1984, S. 185.
104) G. Dembski, Die antiken Münzschatzfunde aus Österreich, NZ 91 (1977), S. 3ff.
105) G. Alföldy, S. 179 (vgl. S. 14, Anm. 9; S. 18, Anm. 1).
106) Ebda Appendix XIII, S. 296: . . . et ii, quos dicis diviti(i)sius sine onere (uti, publica subire m)unera compellantur.
107) CIL III 5565: Senecio dux (Norici ripensis) loco fieri iussit.
108) CIL III 4796: DIM templum . . . Aur. Hermodorus . . . p(raeses) p(rovinciae) N(orici) m(editerranei) a novo restitui fecit.
109) Eugippius, Vita Sct. Severini, Lat.-Deu., ed. R. Noll, Berlin 1963 = Schriften und Quellen der Alten Welt 11. Rajko Bratoz, Severinus von Noricum und seine Zeit, Denkschriften ÖAW 165, phil.-hist. Kl., Wien 1983.
110) G. Alföldy, S. 198f.
111) vit. Sev. 21,2.
112 vit. Sev. 3,3.
113) vit. Sev. 6,4.
114) vit. Sev. 22,4.
115) vit. Sev. 17,2.18,1.
116) G. Alföldy, S. 213.
117) vit. Sev. 20,1.
118) vit. Sev. 28,2.
119) vit. Sev. 26,1.

Günter Cerwinka

Die steirischen Handelsprivilegien zur Zeit der Habsburger

Die Geschichte des mittelalterlichen Handels steht in enger Verbindung mit der Entwicklung der Städte und Märkte. Dies trifft selbstverständlich auch auf die Steiermark zu, deren Städtewesen zu Beginn der habsburgischen Herrschaft im Lande bereits ausgebildet war. Für die Entstehung der steirischen Städte ist eine Vielfalt von Faktoren und deren individuelle Wirksamkeit festzustellen, in mehreren Fällen ist ein Zusammenhang landesfürstlicher Städte des 13. Jhs. mit Burgplätzen des 9. bis 11. Jhs. erkennbar, das heißt, Mittelpunkte frühmittelalterlicher Hoheitsbezirke wurden später zu Städten (z. B. Judenburg, Marburg/Maribor).

Städte und Märkte

Im Gegensatz zum benachbarten Kärnten erfaßte die unmittelbare Herrschaft des steirischen Markgrafen bzw. Herzogs den weitaus überwiegenden Teil des Territoriums und ebenso — mit wenigen Ausnahmen — die Städte und bedeutenderen Märkte.

Wir dürfen bei einer Beurteilung des steirischen Städtewesens nicht von einer Stadtvorstellung ausgehen, die Köln, Regensburg oder Lübeck als Maßstab vor Augen hat. Während dort eine Überschätzung verordnender Maßnahmen des Stadtherrn mit Recht zurückgewiesen wurde und die Initiative der Bürgerschaft dominiert, ist in den österreichischen Ländern bei aller Beachtung autonomer Entwicklungen die herrschaftliche Komponente immer in starker Weise vorhanden. Aus einer Synthese von stadtherrlichem Schutz und von Geldbedürfnis, von Wahrung der Friedens- und Rechtsordnung und gleichzeitigem Interesse an einer Steigerung der Einkünfte, entspringen die wirtschaftspolitischen Maßnahmen des Landesfürsten, die in den Privilegien sichtbar werden.

Landesfürstliche Wirtschaftspolitik

Es stellt sich die Frage, inwiefern Versorgungsprobleme, die durch Bevölkerungswachstum und Siedlungsverdichtung entstanden, sowie die Interessensgegensätze des großräumigen Fern- und Transithandels mit jenen der Nahversorgung und dem ausgeprägten Wirtschaftsegoismus jeder einzelnen Stadt, durch ein planvolles Vorgehen des Landesfürsten ausgeglichen und gelenkt werden konnten. Gab es ein System, eine gezielte Marktpolitik des Landesfürsten im Mittelalter?

Da die usprünglichen Ordnungen des wirtschaftlichen Lebens in einem bestimmten Raum nicht mehr ausreichten, bedurfte es ihrer Ergänzung oder auch Durchbrechung mit Hilfe des Privilegs. So finden wir kontinuitätskonforme Verleihungen von Niederlags- oder Marktrechten an alte Zentralorte, aber auch gezielte Schwerpunktverlagerungen des Handels. Im ganzen können wir in den habsburgischen Territorien des Mittelalters nur bei Rudolf IV. ein umfassendes wirtschaftspolitisches Konzept erkennen; er bleibt die Ausnahme. In der Regel sind die Privilegien Ausdruck eines kurzsichtigen Fiskalismus, bloße Notverordnungen, und nur ansatzweise finden sich aufeinander abgestimmte Eingriffe in das Wirtschaftsleben.

Rudolf IV.

In der Privilegienpolitik der Landesfürsten ist eine Bevorzugung des Binnenhandels merkbar. Jede Stadt trachtete danach, ihren Nahmarkt zu sichern, indem sie sich vom Landesfürsten Privilegien verleihen ließ. Fremde Händler, „Gäste", wie sie in den zeitgenössischen Quellen genannt werden, sollten nach Möglichkeit ausgeschaltet oder zumindest in ihrer Bewegungsfreiheit behindert werden.

Binnenhandel

Das Ausmaß der Privilegien, das einer Stadt zuteil wurde, hing wesentlich von den Leistungen ab, die sie erbringen bzw. die man von ihr aufgrund der Förderung erwarten konnte, insbesondere von ihren finanziellen Leistungen an den Stadtherrn.

Während ursprünglich Privilegien immer nur für die Bürgerschaften einzelner Städte erteilt worden waren, begann in der Mitte des 14. Jhs. ein Angleichungsprozeß der verschiedenen städtischen Sonderrechte. Es wurden an alle landesfürstlichen Städte eines Landes die gleichen Rechte übertragen; die Vereinheitlichung führte von punktuellen Maßnahmen zu einer stärker territorial bezogenen Wirtschaftspolitik im ausgehenden 14. und 15. Jahrhundert. 1372 verfügte Albrecht III. von Graz aus, daß in allen seinen Ländern „khain Gasst auf den Khirchtägen noch auf den offnen Märckhten . . . kain Gewanndt mit der Elln verkhauffen . . . soll". Der Detailhandel mit Stoffen blieb ausschließlich den in der betreffenden Stadt seßhaften Bürgern vorbehalten. Im selben Jahr erfolgte auch ein allgemeines Verbot des „Gäuhandels", d. h. des Handels außerhalb der Stadt. Weitere Maßnahmen, die die Tendenz zur Vereinheitlichung deutlich machen, waren das 1373 erlassene Verbot der Ausübung des Lederergewerbes und -handels außerhalb der Städte (Märkte) Judenburg, Knittelfeld, Leoben, Bruck an der Mur, Kindberg und Mürzzuschlag, sowie das Verbot der Einfuhr von „Laglwein" und des Weinschanks innerhalb einer Meile um die Städte und Märkte der Steiermark (1377).

Vereinheitlichung der Privilegien

1393 privilegierte der Landesfürst neun steirische Städte und Märkte in gleichlautenden Ausfertigungen unter dem selben Datum mit dem Besteuerungsrecht für alle innerhalb des Burgfrieds liegenden Güter und dem Recht, daß niemand ohne ihren Willen in der Stadt Handel oder Gewerbe treiben dürfe.

Schon vor dieser Spätphase landesfürstlicher Städtepolitik im Mittelalter finden wir häufig bei Privilegienverleihungen den Verweis des Ausstellers auf Orte, die ein solches Privileg bereits besitzen und ausüben. Man kann hier von keinem Oberhofsystem, wie es sich bei den nordostdeutschen Kolonisationsstädten ausbildete, sprechen; diese Rechtsübertragungen sind offenbar unter verschiedenen Gesichtspunkten vorgenommen worden. So spielte die geographische — vielleicht auch konkurrierende Nähe für die Vorortwahl eine Rolle: 1360 und 1362 nehmen die allgemeinen Privilegienbestätigungen für Wernsee, Windischfeistritz/Slovenska Bistrica und Feldbach Bezug auf Radkersburg; Knittelfeld erhielt 1302 die Rechte, die Judenburg besaß. Schon 1298 hatte das Liechtensteinische Städtchen Murau Judenburger Recht erhalten, das offenbar eine ähnlich vorbildhafte Wirksamkeit besaß wie das Grazer Recht. Die Mautbefreiung der Voitsberger Bürger von 1307 verweist auf Graz. Es scheint so, daß auch der spezifische Inhalt eines Einzelprivilegs die Wahl des Rechtsvorbildes beeinflußte: Als Rottenmann 1320 ein Niederlagsrecht erhält, soll dieses so wie von anderen Städten der Steiermark, insbesondere Graz, Judenburg und Bruck an der Mur, gehandhabt werden. Die Mautbefreiung für die Radkersburger (1320) verweist auf das Fürstenfelder Privileg und die Jahrmarktsverleihung an Bruck an der Mur auf Graz und Leoben.

Wenn wir die einzelnen Privilegien, die Städten und Märkten im Mittelalter gewährt wurden, betrachten, sind wechselseitige Bedingungen und Voraussetzungen erkennbar. Niederlags- oder Stapelrechte werden erst dann wirksam, wenn die Einhaltung der „rechtmäßigen" Straße durch Maßnahmen des Straßenzwanges gewährleistet ist. Es ist auch einleuchtend, daß Stapelrechte und Jahrmärkte in einem sich ergänzenden Zusammenhang stehen.

Die durch Privilegien maßgeblich beeinflußte Bindung des Handelsverkehrs an bestimmte Straßen und Marktorte ist, was nicht vergessen werden darf, auch von verkehrsgeographischen Determinanten bestimmt. Das Wiener Stapelmonopol übte allerdings im ganzen österreichischen und steirischen Raum eine solche Wirkung auf die routenmäßige Fixierung des Handels aus, daß es entweder unwirtschaftliche Umwege oder eben das Risiko der Warenbeschlagnahme erzwang. Zugunsten Wiens sollte der direkte Handel zwischen Venedig und Ungarn gesperrt werden, was einer Ausschaltung Pettaus/Ptuj aus dem Transithandel gleichkam. 1367 verbietet Albrecht III. auch den Bürgern von Marburg, Radkersburg, Windischfeistritz und Luttenberg/Ljutomer, aus Venedig kommende Waren nach Pettau und weiter nach Ungarn zu führen. Die Erwerbung Triests 1382 führte aber zur Belebung des Italienhandels auf der Karststraße, was 1386 neuerliche Beschwerden der Wiener Kaufleute zur Folge hatte. Sie beharrten darauf, daß der allein zugelassene Handelsweg nach Italien die Semmeringstraße sei und nur die oberösterreichischen landesfürstlichen Städte die Zeiringstraße (Pyhrn — Triebener Tauern) benützen dürften. Schließlich kam es 1389 zu einer Lockerung des Benützungsverbotes, freilich mit beträchtlichen Einschränkungen für Pettau und die übrigen betroffenen steirischen Städte. Als Graz 1393 ein allgemeines Niederlagsrecht auf sieben Jahre erhält, hält die Urkunde mit Nachdruck fest, daß dieses „der Niederlegung unser Stat hie zu Wienn und der Strahs gein Venedig an allen iren Rechten gentzlich unschedlich" sein soll.

Die Grazer Bürger werden verpflichtet, die „verpoten Stras über den Karst und die Strassen über den Hardperg gen Petaw und in die Marckh" zu überwachen, sowie während der sieben Jahre „kainen Gast von Hungern, der mit seiner Kauffmanschafft gen Wienn und wider von da gen Hungern wolt varn, gen Graitz nicht noten".

Die ältesten Niederlagsrechte unter den steirischen Städten besaßen Judenburg, Bruck an der Mur und Graz, denen König Rudolf I. ihr noch von den Babenberger Herzogen verliehenes, aber nicht überliefertes Privileg bestätigt. Judenburg war die erste steirische Stadt, für die der Habsburger urkundet (1277). Dies dokumentiert ihre hervorragende Stellung als Handelszentrum und ihre Einschätzung durch den sich eben erst nach dem ottokarischen Regiment in den beiden Herzogtümern festsetzenden Herrscher. Das Vorkaufsrecht für alle Waren, die die mercatores de terra Latina (italienische Kaufleute) durchführen, kommt einem Stapelrecht gleich, ebenso der Zwang, Trofaiacher

(Vordernberger) Eisen ausschließlich nach Judenburg zu bringen und dort zum Verkauf anzubieten. Ein vergleichbares Spezial-Stapelrecht, Gönnenwein nennt sie monopolistische, erhielt Bruck an der Mur für Salz bestätigt: „... quod vulgariter dicitur niderleg".

Der Grazer Niederlage (1281) mißt Gönnenwein keine große wirtschaftliche Bedeutung bei. Sie wurde schon 1302 nur mehr mit eingeschränktem Umfang (eine Nacht) erneuert und scheint während der zweiten Hälfte des 14. Jhs. überhaupt außer Gebrauch gewesen zu sein.

Da das Brucker Privileg Rottenmann als Grenzort seines Salzstapelrechts nennt, ist für diese Stadt ein ebensolches Recht schon für das 13. Jh. zu erschließen, wenn auch erst Friedrich der Schöne im Zuge einer Quasi-Stadtrechtsverleihung ein allgemeines Niederlagsrecht gewährt (1320) und dieses um 1350 präzisiert wird: Zwischen Rottenmann, Aussee und Schladming soll nur in Rottenmann Getreide und Salz niedergelegt werden dürfen. In ähnlicher Weise erfährt auch das Brucker Stapelrecht eine genaue Umschreibung, wenn 1360 alle „oberen" Säumer, die den Salzhandelsweg aufwärts seßhaft sind, ihr Salz nur in Bruck niederlegen und verkaufen, und die „niederen" Säumer, die südlich von Bruck ansässig sind, mit ihrem Getreide nicht über die privilegierte Stadt hinausgehen dürfen.

Das neben dem Brucker Salzstapel zweite, langfristig und nachhaltig wirksame Niederlagsrecht für eine steirische Stadt betrifft **Leoben**. In der Form eines Mandates verbietet der Landesfürst 1314 der „villa" (Dorf) Trofaiach die Abhaltung eines Marktes; das Vordernberger Eisen darf nirgendwo anders als in „oppido nostro" (in unserer Stadt) Leoben verkauft werden. Damit war auch Judenburg als alter Eisenniederlagsort ausgeschaltet. Ein erster Schritt in dieser konsequent zu Ende geführten Bevorzugung Leobens war schon 1305 getan worden, als den Trofaiachern nur mehr je zwei Wirte, Fleischer und Bäcker gestattet wurden. Übrigens mußte auch Bruck an der Mur zugunsten Leobens Einschränkungen seines Stapelrechtes hinnehmen: Die Salz und andere Waren führenden Leobener Bürger brauchten diese seit 1305 nur mehr einen Tag in Bruck niederlegen; 1343 sicherte Herzog Albrecht II. den Leobnern völlige Maut- und Zollfreiheit in Bruck zu, die sie dem Landesfürsten als altes Recht dargestellt hatten. Das gesamte spätmittelalterlich-frühneuzeitliche Eisenwesen der Steiermark baut grundlegend auf dem Leobener Niederlagsrecht auf.

Zu erwähnen ist in diesem Zusammenhang noch das dem Markt **Mürzzuschlag** 1360 erteilte ausschließliche Recht der Eisenverarbeitung zwischen Leoben und dem Semmering. Die Bürger von Mürzzuschlag erklärten Herzog Rudolf dem Stifter, daß dies schon alte Gewohnheit sei und begründeten ihre Bitte um Erneuerung der Gnade damit, daß sie „in dem Markt daselbs andrer Betragnuzze und Arbaitt nicht hieten".

Als Versuch des habsburgischen Landesfürsten, die seiner unbeschränkten Territorialhoheit entgegenstehenden Salzburger Rechte im Lande zu treffen, ist das 1339 dem untersteirischen Städtchen Windischfeistritz verliehene **Wein**niederlagsrecht zu verstehen. Aller Wein, der aus dem Salzburgischen Pettau und aus der Windischen Mark kam, mußte fortan in Windischfeistritz umgeladen und durfte nur von den Bürgern dieser Stadt weiterbefördert werden. Dagegen lief Pettau Sturm — und es war wohl auch für Windischfeistritz als einem kaum ernsthaften Konkurrenten eine Nummer zu groß. 1342 kam es zum Ausgleich: Die Pettauer sollten mit ihren Weinfuhren in Windischfeistritz zukünftig nicht mehr behindert werden. Dafür erhalten die Windischfeistritzer das Recht, in Pettau Detailhandel zu treiben. Wenn dies vice versa auch den Pettauern zugestanden wurde, war es für sie gewiß von weitaus geringerem Interesse.

Die Zahl der Jahrmarktsverleihungen nimmt von Friedrich dem Schönen (1308–1330) — hier sind sie noch Schwerpunkt der Stadt- und Marktprivilegien — bis zu Rudolf IV. (1358–1365) ab. Während unter Friedrich die Angabe der Freiungsdauer erst in wenigen Urkunden aufscheint, ist sie seit Albrecht II. (1330–1358) Bestandteil dieser Privilegien. Ihr Umfang schwankt zwischen einer Woche und vier Wochen. Ein großer Teil der Jahrmärkte geht auf Kirchtage (Kirchweihfest am Tag des Kirchenheiligen) zurück. Es fehlte ihnen allerdings die erwähnte landesfürstliche Freiung, d. h. die besondere Unter-Schutz-Stellung des Marktes mit

Wochen- und Jahrmärkte

Strafandrohung durch den Herzog, der sich mit ihrer Verleihung Einnahmen zu verschaffen wußte.

Bei den Wochenmarktverleihungen Rudolfs IV. fällt der hohe Anteil nichtlandesfürstlicher Orte bzw. ihrer Grundherren als Empfänger auf.

Überregionale Bedeutung besaßen in der Steiermark insbesondere die Brucker und Grazer Jahrmärkte, während die Judenburger, am Sonntag nach Christi-Himmelfahrt und am Elftausend-Jungfrauen-Tag, nicht deren Bedeutung erlangen konnten. Es ist jedenfalls bezeichnend, daß wir hier jene Städte in erster Linie vorfinden, die auch Stapelrechte genossen.

Brucker Jahrmärkte

Grazer Ägydimärkte

Die Brucker Jahrmärkte zu Pfingsten und zu Martini wurden von oberdeutschen und Salzburger Kaufleuten besucht. 1626 wurde der international renommierte Linzer Bartholomä-Markt wegen des oberösterreichischen Bauernkrieges nach Bruck verlegt. Der älteste Grazer Jahrmarkt, der Ägydimarkt, hängt offensichtlich mit dem Patrozinium der heutigen Domkirche zusammen, wird aber erst am Ende des 13. Jhs. urkundlich faßbar, als Rudolf I. dem Ort Kindberg einen Jahrmarkt mit vierwöchiger Dauer verleiht und diesen mit denselben Rechten ausstattet, wie sie der Grazer Markt besitzt. Bis zur Regierung Friedrichs III. spielten die Grazer Ägydimärkte keine herausragende Rolle, mit der allgemeinen Förderung seiner zeitweiligen Residenz änderte sich dies und die Stadt erfreute sich der Erteilung neuer und Erweiterung alter Privilegien. 1441 verleiht er der Stadt einen zweiten Jahrmarkt am St.-Philipp- und Jakobstag, der wegen Kollision mit dem Leibnitzer Jahrmarkt vermutlich auf Mittfasten verlegt wurde. Dieser und auch der dritte Jahrmarkt zu Andrä wurden erst im 16. Jahrhundert genannt; heute sind sie und ein vierter zu Portiunkula als *„Fetzenmärkte"* ein beliebtes und neuerdings von ausländischen (Wiener) Händlern befahrenes Eldorado für Antiquitätensammler.

Unter Friedrich III. erfolgte in geradezu inflationärer Weise eine Unzahl von Wochen- und Jahrmarktverleihungen (Judenburg erhielt 1449 gleichzeitig zwei Jahrmärkte, Hartberg einen zweiten, nach jenem von 1310, am Kolomanstag) sowohl an Orte mit bereits bestehenden Marktrechten als auch an kleinere Siedlungen, wie beispielsweise an das untersteirische Maria Rast/Ruše, das zwar nun einen Jahrmarkt besaß, aber nicht Markt im Rechtssinne wurde.

Unter den von Friedrich II. mit Wochen- bzw. Jahrmarktsrechten ausgestatteten Orten finden sich u. a. folgende Märkte geistlicher Grundherrschaften: Admont, Aflenz, St. Lambrecht, Studenitz und Stainz (Jahrmarkt). Schon 1344 hatte Mariazell einen Markt zugestanden bekommen (das Privileg verweist auf Kindberg) und 1362 dürfen auch die Trofaiacher wenigstens wieder einen Wochenmarkt abhalten, wofür sie sich gegenüber dem Herzog zur Lieferung von zehn Käselaiben jährlich an dessen „Hofgeistliche", das Kapitel zu St. Stephan in Wien, verpflichten müssen.

Zu den wichtigsten Einnahmequellen der Landesherren zählten Zölle und Mauten. Früh finden wir Städte als Orte der Mauteinhebung, andererseits begünstigten die Landesherren ihre Städte, indem sie sie von der Zahlung der Maut in einzelnen (z. B. Leoben in Bruck, 1343) oder allen übrigen Städten ihres Hoheitsbereiches befreiten.

Mautprivilegien

Das älteste Mautprivileg für eine steirische Stadt ist — allerdings nur in einer Bestätigung des 14. Jhs. — für die Stadt Fürstenfeld überliefert. 1277 bestätigt Rudolf von Habsburg, „daz sy mügen varen mit iren Guetern und an ygliche vordrung Zolls und Maut als sy Gewonhait habent gehabt". Das Privileg beruft sich auf die babenbergischen Herzoge und besitzt Geltung für deren beide Herzogtümer Österreich und Steier.

Radkersburg erhielt fünfzig Jahre später mit dem Hinweis auf Fürstenfeld ebenfalls Mautfreiheit, deren Geltungsbereich 1342 auf die 1335 erworbenen Länder Kärnten, Krain und die Windische Mark — nicht ohne Widerstand der Kärntner — erweitert wurde.

Die Variationsbreite der Geltung dieses Privilegs unterstreicht die den Bürgern von Bruck an der Mur 1277 gewährte Mautfreiheit im Umkreis von drei Rasten um die Stadt (die gleiche Förderung erfährt Knittelfeld 1344), und für Graz auf Gegenseitigkeit.

Im 14. Jh. wurde Mautfreiheit häufig auf Widerruf (Bruck 1361, Graz 1373) oder zweckgebunden gewährt, wie beispielsweise zum Ausbau der Stadtbefestigung (Radkersburg 1320). Mautprivilegien sollten der Instandsetzung zerstörter Brücken (Bruck 1364) dienen. 1385 löste eine Hochwasserkatastrophe eine Serie von Mauteinhebungs-Berechtigungen aus, deren Erträge der Wiederherstellung der Brücken und Straßen von Graz, Frohnleiten, Radkersburg, Judenburg und Voitsberg gewidmet waren.

Repressalien- und Pfändungsrechte

In geringerer Zahl sind uns für steirische Städte und Märkte Repressalien- und Pfändungsrechte (z. B. 1362 für Leoben) überliefert. Sie berechtigten die mit dem Privileg versehene Stadt, auswärtige Schuldner festzuhalten und ihre Waren zu beschlagnahmen, oder es konnten sogar Mitbürger des Schuldners haftbar gemacht werden. Indirekt kamen dem Handel der Städte und Märkte auch die immer wieder erbetenen landesfürstlichen Steuergebote für adeli-

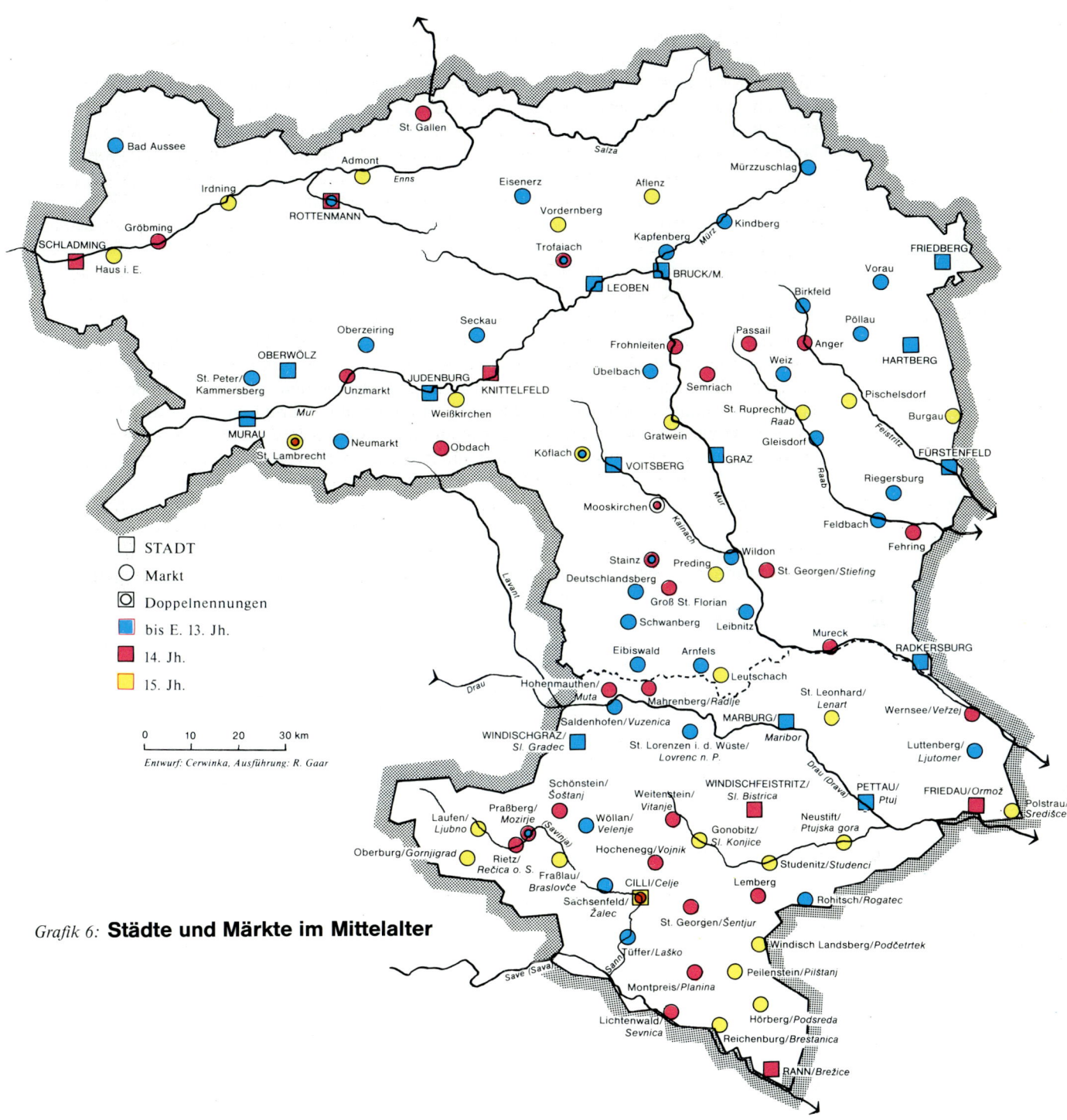

STADT
Markt
Doppelnennungen
bis E. 13. Jh.
14. Jh.
15. Jh.

0   10   20   30 km

Entwurf: Cerwinka, Ausführung: R. Gaar

Grafik 6: **Städte und Märkte im Mittelalter**

gen und geistlichen Grundbesitz innerhalb des Burgfrieds zugute („Mitleiden"). Die beiden
massiven Eingriffe Rudolfs IV. in das Rechts- und Wirtschaftsleben der Städte, 1360 Ablösung
und Abschaffung fremder Grundgerichtsbarkeit, 1361 Verbot der Annahme von Grundschen-
kungen an geistliche Institutionen, waren in erster Linie auf Wien zugeschnitten; es fehlen
mit Ausnahme von Marburg Belege für steirische und Kärntner Städte.

Der Existenzsicherung des städtischen vor der Konkurrenz des ländlichen Gewerbes, das als
„Gäu"- oder „Stör"handwerk von den städtischen Handwerkern gefürchtet und gehaßt war,
diente die Bannmeile.

Bannmeile

Das Verbot der Ausübung eines Gewerbes im Umkreis von einer Meile (es kommen auch
halbe Meilen vor, wie z. B. für Radkersburg 1355, Birkfeld 1330) um die Stadt, hat sich möglicherweise ursprünglich auf die Gast- und Schankhäuser bezogen, bei denen Warenumschlag-
plätze entstanden. Dadurch wurde nicht nur das städtische Gastgewerbe geschädigt, sondern
durch „Fürkauf" auch städtische Stapelrechte umgangen und Mauteinnahmen empfindlich

Verbot des Fürkaufs

geschmälert. „Fürkauf" heißt Vorwegkauf der Ware, bevor sie auf den rechtmäßigen Markt kam. Fürkaufs- und Gäuhandelsverbote stehen in engem Konnex mit der Bannmeile und sind Teil jenes Katalogs von anscheinend vielfältigen Maßnahmen, die doch in ihrer Grundtendenz gleich sind: Schutz des bürgerlichen Handels und fiskalische Interessen.

Die Städte und Märkte konnten das für sie so wichtige Bannmeilenrecht nie in vollem Umfang durchsetzen, wofür mächtige Grundherren, deren Besitz die Städte umgab, Sorge trugen.

In der Steiermark finden wir erstmals eine Bannmeilenverordnung 1302 für Knittelfeld, „daz . . . nieman nich sol veilhaben einer Maeile lang, noch Fleischer, noch Ledrer sein . . .". Derselbe Herzog Rudolf III. verbietet 1305 — diesmal in einer noch lateinisch verfaßten Urkunde —, daß „infra unum miliare a civitate Leubnensi caupones, carnifices, pistores seu cuiuslibet operis artifices non debeant aliquatenus residere" (innerhalb einer Meile um die Stadt Leoben sollen weder Wirte, noch Fleischer, Bäcker oder irgendwelche anderen Handwerker ihr Gewerbe ausüben). Trofaiach, wie schon erwähnt, und dem Stift Göß wurde eine Ausnahmeregelung zugebilligt. Dies läßt den Schluß zu, daß die Details der Bannmeilenprivilegien durchaus nicht formelhaft aufzufassen sind, sondern ursprünglich den konkreten Bedürfnissen und Wünschen der einzelnen Städte angepaßt wurden. Bannmeilenbestimmungen für Radkersburg (1355) richten sich ausschließlich gegen neu errichtete Gasthäuser und sind weitgehend identisch mit einem älteren Verbot des Weinausschanks außerhalb der Stadtmauern (1307), das zwei „Gastgeben" ausnimmt, „der ainer (auf) unsern Gueten; aber der ander sitze auf den Gueten anderr Herren". Auch Voitsberg legte auf die schriftliche Fixierung seines Meilenrechtes wert, das 1307 Teil der Übertragung Grazer Stadtrechtes ist und sich ebenso wie die Bestätigung von 1363 vor allem gegen den Weinausschank richtet. Seit 1445 beanspruchten alle steirischen Städte und Märkte ein gemildertes Bannmeilenrecht.

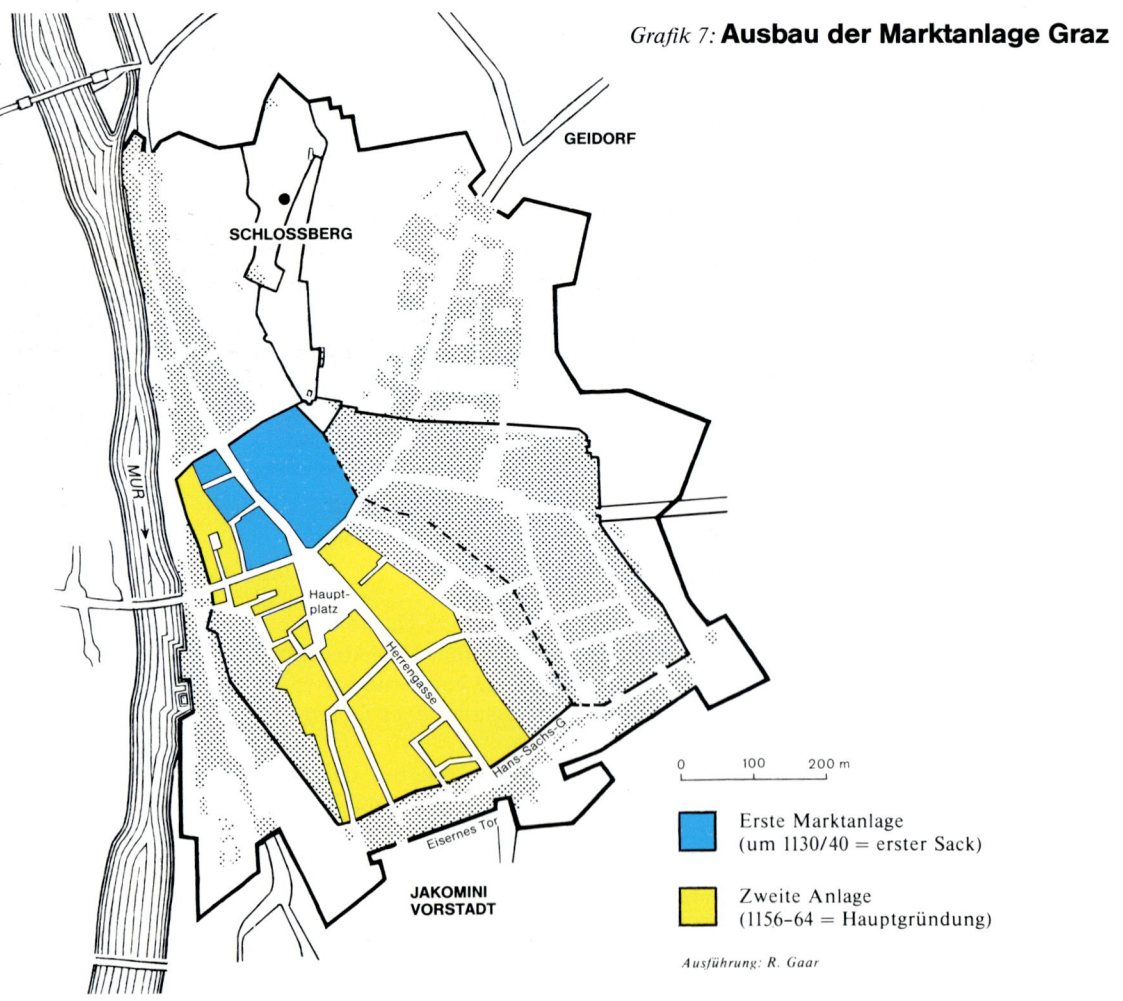

Grafik 7: **Ausbau der Marktanlage Graz**

GEIDORF

SCHLOSSBERG

MUR

Hauptplatz

Herrengasse

Hans-Sachs-G.

Eisernes Tor

JAKOMINI VORSTADT

0   100   200 m

🟦 Erste Marktanlage (um 1130/40 = erster Sack)

🟨 Zweite Anlage (1156–64 = Hauptgründung)

Ausführung: R. Gaar

Die Fürkaufsverbote finden sich besonders früh in der näheren und weiteren Umgebung der Bergbaudistrikte (zuerst 1400 für Aussee), um Teuerungen und Lebensmittelknappheit in diesen sensiblen Bereichen zu verhindern. Unter Friedrich III. wurde mit einer umfassenden Proviantordnung für die steirischen Bergwerke der Grundstein für das Widmungssystem des

österreichischen Bergwesens im Zeitalter des Merkantilismus gelegt. Die „Verstaatlichung" des Salzwesens und die Unterstellung des Erzberges unter die Aufsicht landesfürstlicher Beamter, 1449, sind entscheidende Marksteine in der Entwicklung des Wirtschaftssystems hin zur Kammergutsverwaltung, von der schließlich im 16. Jh. auch die Städte und Märkte voll erfaßt wurden.

1497 befahl König Maximilian dem Wiener Regiment (Regierung), eine Beratung aller Beamten, die mit dem Eisen- und Salzwesen zu tun haben, einzuberufen, die Mängel abzustellen und mit ihnen eine „Ordnung" zu verfassen. Eine Kommission von „Umreitern" soll im selben Jahr in der Steiermark eine Revision der Urbare und Pachtverträge, eine Reform der Ämter und Begleichung der Schulden vornehmen. In diesen neuen „Behördenstaat" sollte auch der städtische Verwaltungsapparat eingebaut werden. Wir stehen am Übergang von der mittelalterlich autonomen zur frühneuzeitlich beauftragten Selbstverwaltung der Stadt.

Es ist symptomatisch für die allmähliche Veränderung im Verhältnis des Landesfürsten und Stadtherrn zu seinen Städten, daß seit dem Beginn des 16. Jhs. die Bestätigung der Stadtprivilegien durch den jeweiligen neuen Landesfürsten zu einem formelhaften Verwaltungsakt zu erstarren scheint. Der neuzeitliche Verwaltungsstaat konnte nur funktionieren, wenn

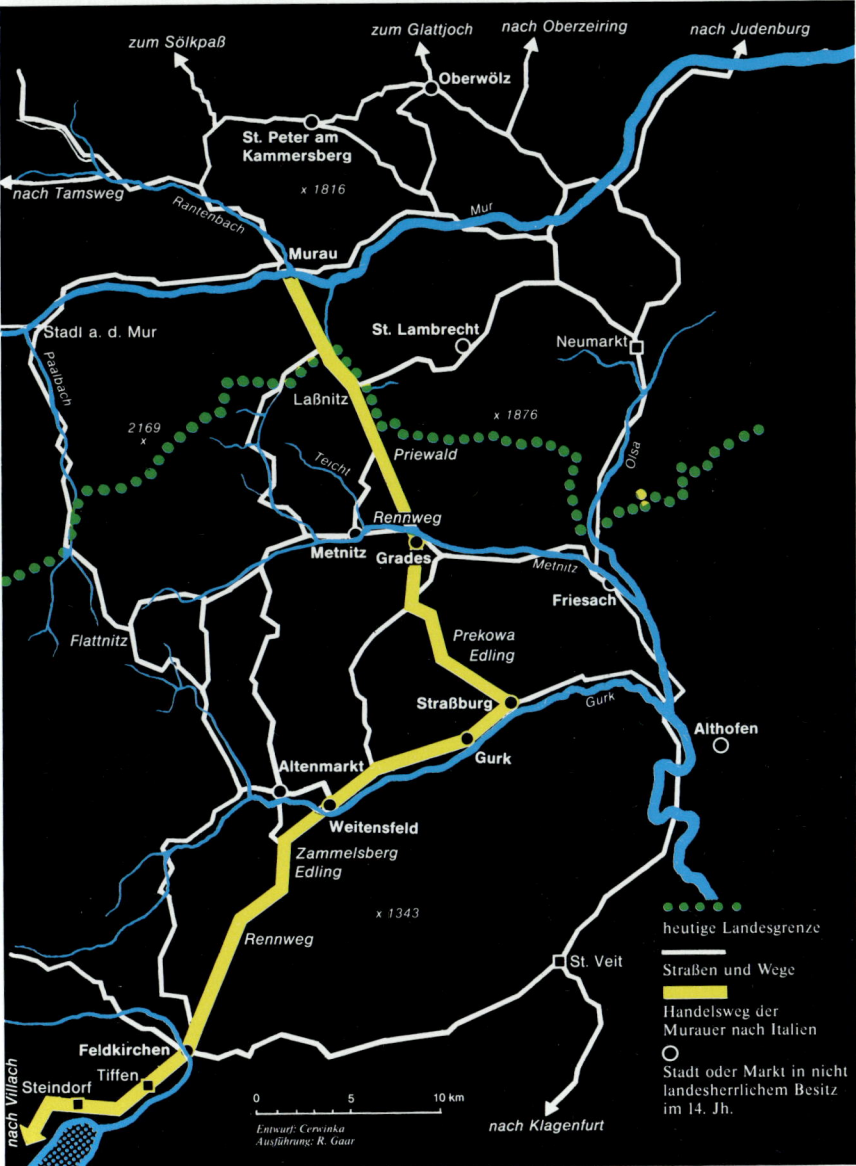

Grafik 8: **Kampf gegen den Straßenzwang — Murauer Kaufleute umgehen die St. Veiter Maut**

die individuelle Rechtsstellung der einzelnen Städte aufgrund von Privilegierung möglichst ausgeschaltet und eine Vereinheitlichung ihres Status herbeigeführt wurde. Dies sollte durch Städteordnungen besorgt werden, mit denen die innerösterreichischen Städte in den Jahren 1599 und 1600 nahezu vollständig versehen wurden.

Das Schicksal der privilegierten Stadt im 16. Jh. erhellt am besten das Beispiel der Stadt Bruck an der Mur: 1541 verlor es im Zuge der Maßnahmen König Ferdinands I. gegen die Salzhandelsmonopole, die ohne Rücksicht auf die privilegierte Stellung der Niederlagsorte durchgesetzt wurden, sein Niederlagsrecht. 1575 wurde, nach heftigem Widerstand der Betroffenen, die völlige Freiheit des Salzhandels dekretiert.

Quellen und Literatur:

J. v. Zahn, Privilegien steiermärkischer Städte und Märkte, in: Steiermärkische Geschichtsblätter 1/1880 – 6/1885.

J. Wartinger, Privilegien der Kreisstadt Bruk. Graz 1837.

J. Wartinger, Privilegien der Hauptstadt Graz. Graz 1836.

G. Cerwinka, Untersuchungen zur Städtepolitik der österreichischen Landesfürsten von der Mitte des 13. bis zum Ende des 14. Jahrhunderts. Masch. Habil.-Schrift Graz 1979.

G. Cerwinka, Mittelalterliches Privileg und neuzeitliche Überlieferung. Innerösterreichische Stadt- und Marktprivilegien im Landschaftlichen Privilegienbuch 2 des Steiermärkischen Landesarchivs, in: Geschichte und ihre Quellen. FS für F. Hausmann z. 70. Geburtstag. Hrsg. v. R. Härtel. Graz 1987, S. 497–510.

U. Dirlmeier, Mittelalterliche Hoheitsträger im wirtschaftlichen Wettbewerb. Bh. 51 der VSWG, 1966.

H. Ebner, Das Städtewesen in der Steiermark am Ausgang des Mittelalters, in: Die Stadt am Ausgang des Mittelalters. Beiträge zur Geschichte der Städte Mitteleuropas 3/1974, S. 313–359.

O. Gönnenwein, Das Stapel- und Niederlagsrecht. Quellen und Darstellungen zur Hansischen Geschichte NF 11, 1939.

W. Küchler, Das Bannmeilenrecht. Ein Beitrag der mittelalterlichen Ostsiedlung zur wirtschaftlichen und rechtlichen Verschränkung von Stadt und Land. Marburger Ostforschungen 24, 1964.

M. Mitterauer, Die Wirtschaftspolitik der österreichischen Landesfürsten im Spätmittelalter und ihre Auswirkungen auf den Arbeitsmarkt, in: H. Kellenbenz (Hrsg.), Wirtschaftspolitik und Arbeitsmarkt. Sozial- und wirtschaftshistorische Studien. Wien-München 1974, S. 15–46.

O. Pickl, Zur Handelspolitik der frühen Habsburger in Innerösterreich, in: Der Unternehmer und die Geschichte. FS A. Brusatti. Wien 1979, S. 82–103.

F. Popelka, Geschichte der Grazer Messen. Graz 1921.

F. Tremel, Studien zur Wirtschaftspolitik Friedrichs III. 1435–1453, in: Carinthia I 146/1956, S. 549–580.

F. Tremel, Wirtschafts- und Sozialgeschichte Österreichs. Wien 1969.

Othmar Pickl

Handel und Verkehr in der Steiermark im Mittelalter und am Beginn der Neuzeit

Dank ihrer geographischen Lage zwischen Mittel- und Westeuropa mit einem schon früh hoch entwickelten Export-Gewerbe und den Ländern Ost-, Mittel- und Südeuropas mit vorwiegend agrarischer und Rohstoff-Produktion war die Steiermark schon im Hochmittelalter zu einem wichtigen Durchgangsland für den Fernhandel geworden. Die wichtigsten Fernhandelswege unseres Raumes verliefen dementsprechend in West-Ost-Richtung entlang der Flüsse Enns, Mur und Drau. Erst zu Beginn des 12. Jhs. gewannen die transalpinen Verkehrswege, die den nördlichen Adriaraum mit dem Donauraum und Pannonien verbanden, größere Bedeutung.

Wichtigste Fernhandelswege

Dementsprechend beschäftigen wir uns zunächst mit den Verkehrswegen des West-Ost-Handels und in einem zweiten Abschnitt mit den Fernhandelswegen von Oberitalien in den Donauraum.

A) Der West-Ost-Handel

1. Die *DONAULINIE*

Am frühesten und ausführlichsten berichten uns die Quellen über die Haupthandelsstraße, die entlang der Donau nach dem Osten verlief. Hier entwickelte sich seit dem 10. Jh. nahe der Ennsburg der Markt Enns, für den der letzte Traungauer, Herzog Otakar I., 1191 eine Marktordnung erließ, die, zusammen mit dem 1192 durch Herzog Leopold V. erlassenen Privileg für die Regensburger Kaufleute, in Wien zu den wichtigsten handelsgeschichtlichen Quellen Österreichs aus dem Hochmittelalter zählt[1]. Die Satzungen für die Ennser Jahrmärkte aus dem Jahre 1191 zeigen jedenfalls deutlich, welche Bedeutung die Traungauer dem Handel und all seinen Belangen zumaßen[2]. Da die Donaustraße zwar den Herrschaftsbereich der Traungauer berührte, nicht aber das Herzogtum Steiermark, kann in diesem Zusammenhang allerdings nicht näher auf diesen Hauptverkehrsweg eingegangen werden.

Haupthandelsstraßen entlang der Donau

Entwicklung des Marktes Enns

2. Die *DRAUSTRASSE*

Von den Handelswegen, die das Territorium des späteren Herzogtums Steiermark kreuzten, hatte zweifellos jener entlang der Draulinie die größte Bedeutung. Diese „Königsstraße" (1278 via regia) verlief über Völkermarkt (1105/1126 forum judeorum)[3] und Hohenmauten/Muta — wo seit dem Frühmittelalter der „Grenzzoll der Grafschaft Jaun bzw. Karantaniens gegen Osten" eingehoben wurde — nach Marburg/Maribor (Ende des 12. Jhs. Markt) und Pettau/Ptuj. In Feistritz/Bistrica (10 km westlich Marburgs) lag der 1093 bezeugte Binnengrenzzoll der Pettauer Mark, wie die „Mark hinter dem Drauwald" nach ihrem zentralen Ort Pettau genannt wurde.

Königsstraße

Die einstige Römerstadt Poetovio/Pettau war nämlich offenbar im Frühmittelalter noch immer von Romanen bevölkert und im 9. Jh. schon wieder ein Verkehrs- und Handelszentrum ersten Ranges. Das übrigens nicht zuletzt deshalb, weil hier die uralte „Bernsteinstraße" die Draulinie kreuzte und weil bis um 1300 nach wie vor die unter Kaiser Hadrian erbaute Steinbrücke[4] die Drau überspannte. Sie war bis zur Erbauung der Brücke in Völkermarkt um 1200 die einzige Draubrücke zwischen Villach und der Draumündung bei Esseg/Osijek, woraus sich die Bedeutung des Brückenortes Pettau für Handel und Verkehr sehr leicht ablesen läßt[5].

Pettau — Verkehrs- und Handelszentrum

Als Kaiser Otto II. 977 dem Erzbistum Salzburg dessen althergebrachte Rechte erneuerte, bestätigte er dem Erzbistum auch den Besitz der „civitas" Pettau samt dem Gericht, den Zöllen und der Brücke „cum bannis theloneis et ponte". Offensichtlich bestand also hier, wo in der Antike die Zollverwaltung für Illyrien ihren Sitz hatte[6], auch im 9./10. Jh. bereits wieder eine stadtähnliche Siedlung, in der sowohl Markt- als auch Passierzoll eingehoben wurde.

Die Urkunde beweist, daß Pettau damals im gesamten Ostalpenraum ein Platz erster Ordnung mit einer zentralen Bedeutung für den Handel war. Diese Vermittlerfunktion Pettaus erstreckte sich nicht bloß auf die Straße entlang der Drau, sondern auch schon auf den Handel zwischen Oberitalien und dem pannonischen Raum. Folgte doch der Handel aus dem oberen Adriaraum nach Ungarn und Kroatien zweifellos schon seit dem Frühmittelalter wieder dem Weg der alten Römerstraße, die von Aquileia über Görz/Goritia — Emona/Laibach/Ljubljana und Celeia/Cilli/Celje nach Poetovio/Pettau/Ptuj verlief. Im Hochmittelalter wurde dieser wichtige Verkehrsweg „Karst-" bzw. „Laibacher-Straße" genannt.

Karst- bzw. Laibacherstraße

Die Bedeutung der Draulinie für den Fernhandel des 11/12. Jhs. von Villach über Pettau ins untere Draugebiet bzw. nach Ungarn läßt sich aus ungarischen Münzfunden erschließen, in denen die Friesacher Denare absolut dominieren. Ebenso zählt ein aus dem Jahr 1103 stammender jüdischer Grabstein aus Pettau nicht nur zu den ältesten Zeugnissen über die Niederlassung von Juden im Ostalpenraum[7], sondern darf auch als Beweis für die wirtschaftliche Bedeutung Pettaus gelten, dessen Judenschaft offenbar eine entscheidende Rolle in der Münzausfuhr und damit auch für den Handel nach Ungarn spielte[8].

Pettau als „Platz 1. Ordnung"

Pettau war im 11./12. Jh. zweifellos der wichtigste Handelsplatz der Steiermark und konnte seine Stellung als „Platz erster Ordnung" durch das gesamte Mittelalter bis ins 16. Jh. behaupten[9]. Unter anderem verlegte Herzog Leopold VI. um 1220/22 seine Münzstätte von Graz nach Pettau und ließ dort bis etwa 1232 gemeinsam mit dem Erzbischof von Salzburg Münzen prägen[10], die bezeichnenderweise in Ungarn und Kroatien weiteste Verbreitung fanden[11].

Wie die urkundliche Nennung eines Drauhafens in Varaždin im Jahre 1209 zeigt, diente die Drau damals offenbar schon seit längerer Zeit zum Warentransport in Richtung Südosten[12]. Daß Pettau als Handelsplatz an der nach Ungarn führenden Handelsstraße eine überragende Rolle besaß, ergibt sich auch aus der Tatsache, daß der im 13. Jh. geschaffene ungarische Außenhandelszoll, der sogenannte „Dreißigst"[13], sein Haupt-Dreißigst-Amt knapp östlich von Pettau in Nedelišće hatte[14].

Diese Fakten waren bis vor kurzem weitgehend übersehen worden und erst jüngste Forschungen haben aufgezeigt, welche hervorragende Stellung Pettau als internationaler Handelsplatz sowohl im Mittelalter als auch am Beginn der Neuzeit besaß[15].

Wichtigster Zugang vom Reich zur Mark an der mittleren Mur

3. Die *STRASSE VOM ENNSTAL* in die Mark an der mittleren Mur

Von den anderen steirischen Verkehrswegen, die dem West-Ost-Handel dienten, erreichte im Hochmittelalter keiner auch nur annähernd die Bedeutung der Draulinie. Das galt auch für die Straße, die durch das Enns- und Paltental über den Schoberpaß und durch das Liesingtal zur Mur und diese abwärts über Bruck „in die Mark", das heißt, in den Raum Graz führte. Diese Straße durch die Längstalfurche des Enns- und Palten-Liesing-Tales war der wichtigste Zugang vom Reich zur Mark an der mittleren Mur, worauf noch alte Mautorte („Mauterndorf", „Mautern") und alte „Judendörfer" verweisen.

Ungarnstraße

Im Raume Graz teilte sich dieser Handelsweg und leitete den Verkehr einerseits über die (4.) Ungarnstraße nach Gleisdorf — Hartberg und andererseits (5.) über die entlang der Mur über Leibnitz — Radkersburg nach Ungarn führende Straße weiter.

Im Vergleich zur internationalen Bedeutung der Draulinie und des Handelsweges über Pettau/Ptuj hatten die beiden letztgenannten Handelswege allerdings nur regionale Bedeutung.

B) Die Handelswege von Oberitalien in den Donauraum

Unter den transalpinen Fernhandelswegen des Ostalpenraumes hatten jene des Tiroler Paßsystems — über den Brenner und das Reschen-Scheideck — und jene über die Tauern, insbesondere die sogenannte „untere Straße" über Katschberg und Radstätter Tauern nach Salzburg, die größte Bedeutung. Im Vergleich dazu treten die durch das Herzogtum Steiermark ziehenden Nord-Süd-Handelswege deutlich zurück[16]. Die wichtigsten Nord-Süd-Verbindungen waren:

Wichtigste Nord-Süd-Handelswege

1. „Die Tauern-Pyhrn-Straße", die von St. Veit in Kärnten über Friesach — Neumarkt — Pölshals — Triebener Tauern — Pyhrnpaß — Wels bis Linz größtenteils der Trasse einer alten Römerstraße folgte.
2. Die erst seit dem Ende des 12. Jhs. für den Italienhandel durchgehend benutzbare „Semmeringstraße"[17]. Sie zweigte westlich Judenburgs von der Tauernstraße ab und führte durch das Mur- und Mürztal, d. h. durch den sogenannten „schrägen Durchgang", über den Semmering nach Wien.
3. Die sogenannte „Karst-" oder „Laibacher-Straße", die von Görz/Gorizia über Laibach/Ljubljana — Cilli/Celje — Pettau/Ptuj nach Ungarn führte.
4. Von der „Laibacher-Straße" zweigte bei Windisch-Feistritz/Slovensca-Bistrica ein Verkehrsweg ab, der über Marburg/Maribor den Platsch und Leibnitz nach Graz und von dort durch das Murtal nach Bruck führte, wo er auf die Semmeringstraße stieß.
5. Ist schließlich die von Graz über Gleisdorf nach Hartberg und über den Wechsel ins Wiener Becken führende Hartberger-Straße als ein regionaler Süd-Nord-Handelsweg zu nennen.

Zu den Süd-Nord-Handelswegen durch die Steiermark ist folgendes zu bemerken:

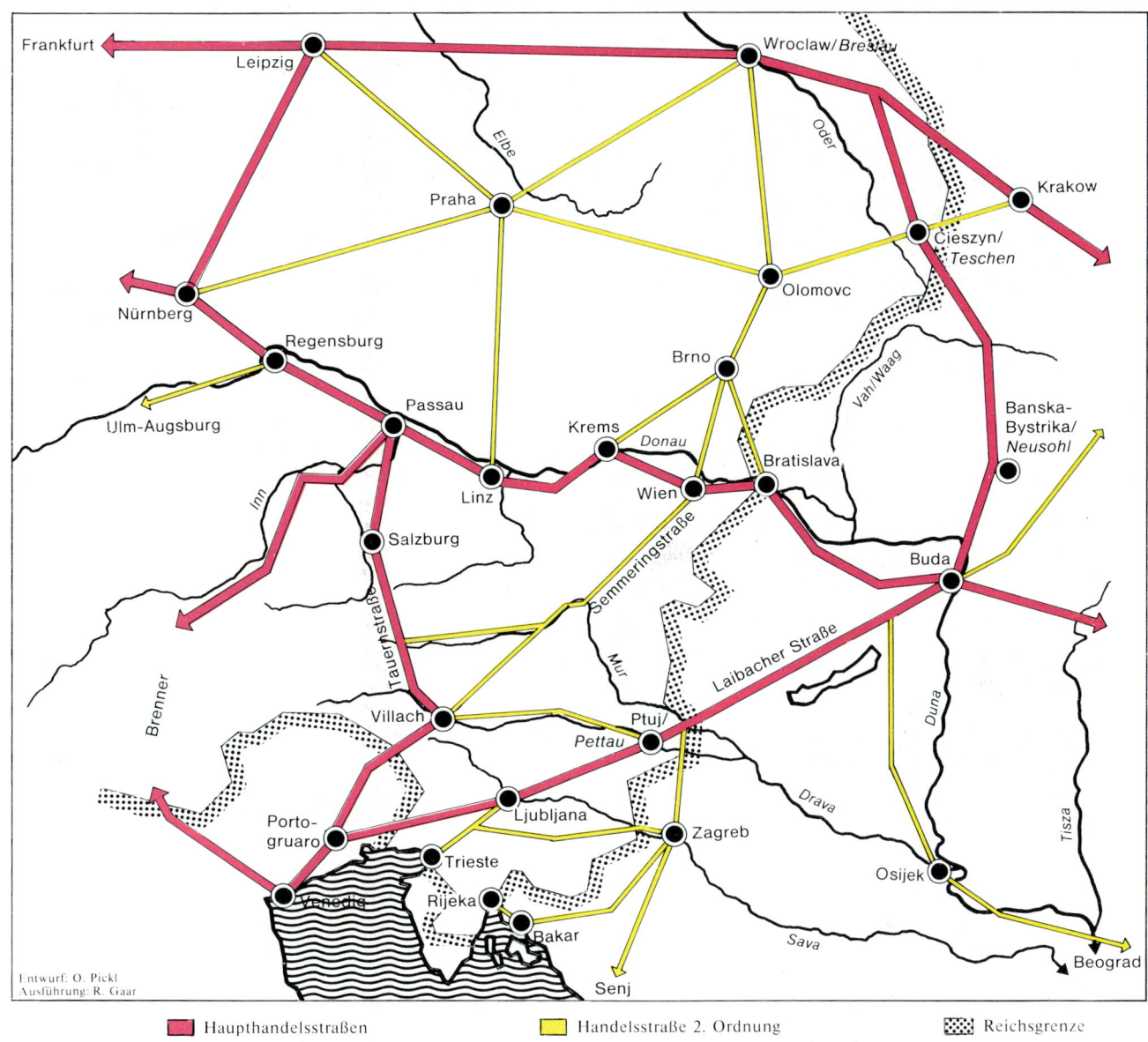

| Haupthandelsstraßen | Handelsstraße 2. Ordnung | Reichsgrenze |

Grafik 9: **Hauptverkehrswege im Bereich der Habsburgischen Erblande (15.–17. Jh.)**

1. Die *PYHRNSTRASSE*

Sie folgt einer alten römischen Reichsstraße und wird bereits 1128 als „via regia", d. h. Königsstraße erwähnt. Doch konnte sich die Pyhrnstraße im Mittelalter nie mit der Bedeutung der Salzburger Tauernübergänge messen. Immerhin hatte der Verkehr auf der Pyhrnstraße um die Mitte des 12. Jhs. einen so großen Aufschwung genommen, daß südlich von Windischgarsten eine Unterkunft für Pilger geschaffen wurde und schließlich 1190 von Bamberg das Spital am Pyhrn gegründet wurde[18].

Ein stärkerer Aufschwung des Fernhandels mit Venedigwaren auf der Pyhrnstraße folgte wohl erst im 13. Jh. durch das Aufblühen der Wirtschaft Böhmens[19]. Im 14. Jh. war dann der Fernhandel mit Italien auf dieser Straße für Wien bereits eine so gefährliche Konkurrenz, daß Herzog Albrecht II. über Betreiben der Stadt Wien 1351 nur noch den fünf landesfürstlichen Städten ob der Enns den Handel mit Italienwaren auf der Tauern-Pyhrn-Straße gestattete[20].

2. Die *SEMMERING-* oder *VENEDIG-STRASSE*

Die Straße von Venedig nach Wien über den Semmering wurde zwischen 1060 und 1160 in verschiedenen Etappen ausgebaut und war erst gegen Ende des 12. Jhs. für den durchgehenden Handel befahrbar. Da Venedig für seine Münze (Zeccha) große Mengen Silber aus den Revieren um Friesach und aus Ungarn (Rodna in Siebenbürgen) bezog, mußte es für die Eppensteiner als Herzöge von Kärnten und mächtige Grundherren im Gebiet um Judenburg

Der Kauffmann.

Ich aber bin ein Handelsmann/
Hab mancherley Wahr bey mir stan/
Würtz/Arlas/Thuch/Wolln vñ Flachß.
Sammat/Seiden/Honig vnd Wachß/
Vnd ander Wahr hie vngenannt/
Die führ ich eyn vnd auß dem Land/
Mit grosser sorg vnd gfehrlichkeit
Wann mich auch offt das vnglück reit.

Abb. 21:
Aus Jost Ammans
Ständebuch (1568).

eine vordringliche Aufgabe sein, ihren großen Herrschaften rund um das Aichfeld den Weg nach und von Italien zu erschließen.

Der wichtigste Handelsplatz der gesamten Obersteiermark war vom 11. bis ins 15. Jh. Judenburg. Fritz Popelka hat wahrscheinlich gemacht, daß die Anfänge dieser Siedlung mit der Entwicklung im Raume Friesach zusammenhängen, doch wir meinen, daß sie noch weiter zurückreichen. Das erstmals 1074/88 erwähnte *„Judinburch"* tritt uns 1103 als *„mercatus Judenpurch cum usu qui muta dicitur, theloneo et pretereuntium merce"* entgegen, d. h. es gab hier neben der „Burg" eine Kaufmannssiedlung mit dem Recht zur Abhaltung von Märkten und dem Niederlags- oder Stapelrecht. Außerdem wurde hier Maut- und Passierzoll eingehoben. All das deutet auf lebhaften Handel — insbesondere Fernhandel — hin, der hier schon seit längerer Zeit geübt wurde. Zudem handelt es sich nach Popelka um „das älteste Beispiel eines Stapelrechts oder Niederlagsrechts in Österreich"[21].

Die ersten Nennungen des Handelsplatzes Judenburg um 1074/1103 lassen uns vermuten, daß der Ausbau der von Villach über Feldkirchen — St. Veit — Friesach verlaufenden Straße am Ende des 11. Jhs. bereits bis Judenburg fortgeschritten war. Über das folgende Straßenstück von Judenburg über Knittelfeld bis zur Einmündung der aus dem Ennstal und über den Schoberpaß kommenden Straße bei St. Michael sind die Nachrichten im 12. Jh. nur sehr spärlich. Die Strecke St. Michael — Leoben — Bruck wies — wie schon erwähnt — die stärkste Verkehrsdichte auf. Von der Murtalstraße zweigt in Bruck ein Verkehrsweg ins Mürztal ab, der sicherlich bis in die Römerzeit zurückreicht, aber damals noch keine Staatsstraße war[22], und auch nicht über den Semmering, sondern über das Preiner Gscheid in das Wiener Becken führte[23].

Als die Traungauer 1158 die Formbacher Besitzungen nördlich und südlich des Semmerings erbten, machte dies den Ausbau der Verkehrsverbindungen ins Wiener Becken notwendig. Dazu gründete Markgraf Otakar III. 1160 das Hospital am Semmering mit dem ausdrücklichen Auftrag, den Saumpfad über den Semmering zu einer Straße auszubauen[24]. Erst dadurch wurde die Verbindung Venedig — Wien dem durchgehenden Handel geöffnet, wenn die Straße auch erst im Laufe des 13. Jhs. für größere Wagen durchgehend befahrbar wurde[25].

Der Fernhandel auf der Semmeringstraße nahm dann im ersten Drittel des 13. Jhs. einen raschen Aufschwung, was sich in der Entstehung zahlreicher Märkte entlang dieser Straße widerspiegelt. Die „Wechselstraße", die vor 1160 für die Verbindung zwischen der östlichen Steiermark und dem Wiener Becken eine größere Bedeutung besessen hatte, trat fortan deutlich hinter die Semmeringstraße zurück, weil auf dieser der Fernhandel mit Italienwaren rasch an Bedeutung gewann[26].

Um der Wiener Kaufmannschaft und den Bürgern der an der „Semmeringstraße" gelegenen Städte ein Handelsmonopol auf diesem wichtigen Fernhandelsweg zu sichern, wurden alle fremden, besonders die oberdeutschen und italienischen Kaufleute von der Benützung der „Semmeringstraße" ausgeschlossen. Das bewirkte zunächst im 14. und in der ersten Hälfte des 15. Jhs. eine Blütezeit des Handels auf diesem Verkehrsweg, wovon vor allem die Wiener Kaufmannschaft profitierte. Seit der Mitte des 15. Jhs. aber trug gerade diese Bestimmung dann entscheidend zum Niedergang des Handels auf diesem einstmals so bedeutenden Handelsweg bei. Die von der „Semmeringstraße" ausgesperrten oberdeutschen Handelsherren und die Kaufleute aus Salzburg und Steyr beherrschten nämlich den Handel mit den teuren Venedigwaren (das waren vor allem die wertvollen Gewürze Ingwer, Muskatnuß, Zimt, Pfeffer und alle anderen Spezereien), deren Ankauf beträchtliches Kapital voraussetzte, in einem solchen Maße, daß sich daraus in der Praxis eine Verlegung des Handelsweges auf die sog.

Tauernstraße

„Tauernstraße" ergab, die von Spittal an der Drau über den Katschberg und den Hohen Tauern nach Salzburg führte[27]. Der Semmeringstraße verblieben fortan hauptsächlich nur die billigeren Venedigwaren (Südfrüchte, Weine, Glas, Seife, Schwefel, Alaun etc.), weil den Wiener und anderen österreichischen Kaufleuten das Kapital zum Handel mit den teuren Spezereien fehlte. Die jährliche Menge der auf der Semmeringstraße in Richtung Wien beförderten Italienwaren betrug am Beginn des 17. Jhs. nur noch etwa 15.000 Pfundzentner (= 840 t), was bloß einem Drittel jener Gütermenge entsprach (= 40.000 Pfundzentner oder 2.240 t), die damals auf der Tauernstraße nach Norden befördert wurde. Diese Zahlen zeigen mit aller wünschenswerten Deutlichkeit, wie relativ gering die Bedeutung der „Semmeringstraße" für den Italienhandel damals bereits war[28].

3. Die KARST- oder LAIBACHERSTRASSE

Verlauf der Karst- oder Laibacher- straße

Der Verlauf dieser Straße entspricht weitgehend der uralten „Bernsteinstraße", die in der Römerzeit eine Staatsstraße erster Ordnung war. Sie führte von Aquileia über Emona/Laibach — Celeia/Cilli — Poetovio/Pettau — Savaria/Steinamanger — Scarabantia/Ödenburg nach Carnuntum und folgte nördlich der Donau den Flüssen March und Oder weiter zur Ostsee[29]. Obwohl in den „dunklen Jahrhunderten" des Frühmittelalters auch die meisten römischen Städte an dieser Straße veröden, steht doch fest, daß die Namen Cilli und Pettau sowohl von den Slowenen als auch von den ersten deutschen Siedlern noch aus romanischem Munde übernommen worden sind, das heißt, daß hier im 7./8. Jh. noch eine romanische Restbevölkerung lebte[30]. Wie schon oben angedeutet, sind wir über die Entwicklung in den folgenden Jahrhunderten am besten durch Pettau informiert. Der Handel folgte wohl auch schon im 9./ 10. Jh. wiederum der alten Bernsteinstraße; ihr entlang waren im 10. Jh. auch die Vorstöße der Magyaren nach Oberitalien erfolgt.

Waren doch für die venetianische Münzprägung die Silber- und später auch Goldimporte aus Ungarn unerläßlich, und auch für die von Aquileia — wo Patriarch Peregrin (1130—1164) die Prägung nach Friesacher Muster aufgenommen hatte, wurde Silber teilweise wohl aus Ungarn bezogen[31]. Daher haben italienische Kaufleute zweifellos schon im 12. Jh. den unmittelbaren Verkehr von der oberen Adria in den pannonischen Raum gepflegt. Der Handel aber lief im 12. Jh. offenbar nur zum geringsten Teil über Wien, sondern zum überwiegenden Teil auf der „Laibacherstraße" direkt nach Ungarn; dafür spricht auch die Tatsache, daß Friesacher Pfennige der verschiedensten Prägestätten von Südwesten her weit nach Ungarn vordrangen. Zahlreiche Funde beweisen, daß *vor* dem katastrophalen Mongoleneinfall von 1240 die durch Krain und die ehemalige Untersteiermark laufenden Handelsbeziehungen von Italien bis weit nach Oberungarn und Siebenbürgen hineingereicht hatten. Sie wurden erst durch die Mongolenkatastrophe zeitweilig völlig unterbrochen. Als dann wieder friedlichere Zeiten anbrachen, kam dies den Wiener Kaufleuten zugute, denen es mit Hilfe der Habsburger gelang, den bis dahin fast ausschließlich über Pettau laufenden Handel zwischen Italien und Ungarn stärker über Wien zu lenken.

Handelspolitik der Habsburger

Die Habsburger versuchten nämlich im 14. Jh. ihrer Residenzstadt Wien eine Monopolstellung im Handel mit Ungarn einzuräumen. Zu diesem Zweck versuchten sie, den Handel von Venedig nach Ungarn auf die „Semmeringstraße" zu konzentrieren. Herzog Rudolf der IV.

(†1365) duldete den direkten und althergebrachten Handel auf der sog. „Karst-" bzw. „Laibacher-Straße" von Venedig nach Ungarn allerdings noch, doch versuchte er, durch eine zusätzliche Maut in Laibach/Ljubljana diesen direkten Handelsweg von Italien nach Ungarn unter seine Kontrolle zu bringen. Seine Nachfolger, die Herzöge Albrecht III. und Leopold III., wollten jedoch ab 1366 diesen direkten Handel zwischen Ungarn und Venedig, der größtenteils über Pettau lief, gänzlich unterbinden, weil sie den gesamten Handel über Wien lenken wollten[32].

Abb. 22:
Kaufleute mit bewaff-
neter Begleitung bei
ihrer Handelsreise.
Stich aus dem 16. Jh.

Diese Handelspolitik der Habsburger gefährdete die Bedeutung der „Laibacher-Straße" und vor allem die Handelsfunktion der erzbischöflich-salzburgischen Stadt Pettau in ihren Grundfesten. Die Bürger von Pettau hatten in ihrem erzbischöflichen Stadtherrn nämlich keinen so tatkräftigen Verfechter ihrer Interessen, wie Wien in seinem habsburgischen Landesfürsten. Im übrigen dürften die von Herzog Albrecht III. um 1368 getroffenen handelspolitischen Verfügungen doch auch im Zusammenhang mit jenem großen Verkehrsprojekt Kaiser Karl VI. zu

sehen sein, auf das Wolfgang von Stromer aufmerksam gemacht hat. Der Kaiser plante nämlich, den Venezianerhandel über Prag und die Elbe nach Hamburg bzw. Brügge zu leiten.
Wolfgang von Stromer hat dazu treffend festgestellt, daß die von Karl IV. erschlossene transkontinentale Handelsroute zwischen Venedig, den östlichen Alpenpässen, Böhmen, Ost- und
Mitteldeutschland und dem Hanseraum die wirtschaftliche Landkarte nachhaltig verändert
hat[33]. Wir dürfen hinzufügen, daß die luxemburgisch-habsburgische Handelspolitik dies wohl
auch im pannonischen Raum erreicht hätte, wenn sich nicht 1382 Triest der Herrschaft der
Habsburger unterstellt hätte. Dies zwang die Habsburger in den folgenden Jahren, das Verbot
des Venedighandels auf der „Karst-" bzw. „Laibacher-Straße" aufzuheben und diese wieder für
den Italienhandel zu öffnen. Letztere Maßnahme führte natürlich zu einer Belebung des
direkten Handels von Italien nach Ungarn über Pettau, wodurch die Laibacher-Straße um 1400
ihre alte, hervorragende Bedeutung im Handel zwischen Oberitalien und Ungarn wiederge-
winnen konnte[34].

Aufwertung der Karst- oder Laibacherstraße um 1400

Den größten Vorteil aus dieser Entwicklung zog die Stadt Pettau, deren Bürger am Beginn des
15. Jhs. ein Niederlags- bzw. Stapelrecht im Handel von und nach Ungarn praktizierten. Kaiser
Maximilian I. bestätigte 1503 der Stadt Pettau, die damals in seinem Besitz war, ihr Niederlagsrecht in aller Form. Es bestimmte, daß alle ausländischen Kaufleute, die Häute und
andere Waren aus Ungarn nach Pettau brachten, diese dort niederlegen und sie erst am nächsten freien Jahrmarkt, d. h. zu Pfingsten oder um den St.-Oswalds-Tag (5. August) frei an
andere Gäste verkaufen durften. In der Praxis durften allerdings „Gäste" (d. h. Nicht-Bürger)
in Pettau auch an jedem Dienstag, als dem Tag des Wochenmarktes, miteinander Geschäfte
abschließen. Dieser Umstand ließ Pettau noch in der ersten Hälfte des 15. Jhs. zu einem Handelsplatz von internationaler Bedeutung aufsteigen und einzelne ihrer Bürger zu Multimillionären ihrer Zeit werden[35].

1503: Niederlagsrecht für Pettau bestätigt

Als 1479 der Ungarnkönig Matthias Corvinus die Stadt Pettau eroberte, führte dies sogar zu
einem weiteren Aufschwung des Handels auf der Laibacher-Straße zwischen Ungarn und
Oberitalien. Dies nicht zuletzt deshalb, weil die übrigen von Ungarn durch Kroatien zur Adria
(u. a. nach Senj/Zengg bzw. Bakar) führenden Handelswege inzwischen durch die ständigen
Türkeneinfälle so gefährdet waren, daß sich der Handel von diesen Verkehrswegen auf die
weiter westlich gelegene und daher sicherere „Laibacher-Straße" verlagerte.

Um in den Genuß der Pettauer Handelsprivilegien zu gelangen, ließen sich nunmehr die Mitglieder großer und finanzkräftiger italienischer Kaufmannsfamilien (wie z. B. die Moscon, die
de Lantheri, Martinengo, Mofett und Defend de Leidi) in Pettau nieder. Diese Pettauer Handelsherren beherrschten bis um 1560/70 den transkontinentalen Schlachtviehhandel und den
Handel mit ungarischen Ochsenhäuten, der auf der Laibacher-Straße in Richtung Italien lief;
in der Gegenrichtung verhandelten sie italienische und westeuropäische Tuchente sowie sonstige Italienwaren nach Ungarn[36].

Italienische Kauf- leute siedeln sich in Pettau an

Diese Hochblüte des Handels auf der „Laibacher-Straße" erlitt um 1560 durch eine Verlagerung des Handels mit ungarischen Ochsenhäuten auf türkisches Gebiet einen ersten Rückschlag. Die Ursache dafür war eine drastische Erhöhung der Maut- bzw. Aufschlagsgebühren
für dieses leicht transportable Handelsgut. Da zu jener Zeit im Handel das Prinzip des Gegen-
verkehrs von entscheidender Bedeutung war, verlagerte sich auch der Handel mit den Importgütern aus Italien, d. h. mit Tuch, Seide, Samt und sonstigen Kaufmannswaren von der Laibacher-Straße in immer stärkerem Maße auf den Seeweg nach Ragusa und Makarska. Der Handel auf der Laibacher-Straße erlitt dadurch eine schwere Einbuße.

Für den transkontinentalen Schlachtviehhandel von Ungarn Richtung Italien jedoch spielte
die „Laibacher-Straße" auch in den folgenden Jahrzehnten bis 1597 noch eine führende Rolle.
Wurden doch in diesem Zeitraum alljährlich rund 20.000–22.000 ungarische Schlachtrinder
auf der „Laibacher-Straße" Richtung Italien, d. h. vor allem nach Venedig, getrieben. Die führende Rolle spielte dabei die venezianische Fleischbänke-Gesellschaft, welche die Fleischversorgung der Lagunenstadt zu sichern hatte. Ihre Viehaufkäufer Lucas Bazin und Nicolin Mar-
tinon de Riva nahmen das Bürgerrecht von Pettau an, um in den Genuß der Privilegien dieser
Stadt zu gelangen. Ihre Geschäftsbeziehungen reichten bis weit in die unter türkischer Herrschaft stehende Ungarische Tiefebene und bis nach Siebenbürgen hinein. Als Kaiser Rudolf
II. 1597 der venezianischen Fleischbänke-Gesellschaft den freien Viehkauf in Ungarn verbot,
führte dies nunmehr auch zu einer Verlagerung der Viehhandelswege von Ungarn nach Oberitalien auf türkisches bzw. kroatisches Territorium. Durch diese Verlagerung des Handels auf
östlichere Routen verlor die „Laibacher-Straße" um 1600 ihre bisherige hervorragende Funktion als Fernhandelsweg und Pettau seine Funktion als internationaler Handelsplatz[38].

Pettau und Laibacherstraße verlieren um 1600 ihre bedeutende Funktion

Die Bedeutung der „Laibacher-Straße" beruhte fortan hauptsächlich auf den Handel mit Mas-
senverbrauchsgütern (Salz, Getreide und Wein), die bloß über mittlere Entfernungen (von der

Adriaküste bis in die ehemalige Untersteiermark bzw. in die Gegenrichtung) befördert wurden[38a].

4. Die *PLATSCH*- bzw. die *MURTALSTRASSE*

Von der alten Bernsteinstraße zweigte bei Windischfeistritz/Slovensca Bistrica ein Verkehrsweg nach Norden ab, der unter der „Markburg" (= Ober-Marburg) die Drau überquerte. Hier entstand nach 1180 auf grünem Wasen der Markt Marburg/Maribor[39]. Von Marburg zog die Straße über den Platsch – Ehrenhausen – Leibnitz und Wildon nach Norden, wobei sie auf weiten Strecken der alten Römerstraße folgte. Die Murtalstraße verlief daher ursprünglich westlich der Mur, das heißt auf dem rechten Murufer nach Bruck, wo sie den Anschluß an die „Semmering"- bzw. „Venedigstraße" fand.

Die Verleihung des Niederlagsrechts an Graz durch die letzten Babenberger (um 1230) zwang die Kaufleute, auf ihrer Reise nach Nor-

Abb. 23:
Das älteste Geschäfts-
buch Österreichs:
die Gewölberegister der
Wiener Neustädter
Firma **Alexius Funck**
(1516–ca. 1538).
Die fünf erhaltenen
Debitorenregister.

den das auf dem linken Murufer gelegene Graz zu berühren und hier ihre Waren anzubieten[40]. Durch diese Bestimmung wurde das auf dem linken Murufer liegende Graz zum wichtigsten Handelsplatz der Mittelsteiermark. Im Zuge dieser Entwicklung verlor der alte Handelsweg auf der anderen Seite der Mur allmählich seine Bedeutung, während der Handelsweg links der Mur von Graz nach Norden immer stärker benutzt wurde. Da aber auch dieser neue Verkehrsweg beim heutigen Ort Frohnleiten auf die andere Murseite hinüberwechselte, erbauten die Pfannberger an diesem wichtigen Flußübergang eine Brücke und gründeten zu deren Schutz und als Rastort für die Reisenden um 1280 den Markt Frohnleiten[41].

In den folgenden Jahrhunderten zählte die Murtalstraße zu den Handelswegen zweiter Ordnung, die vor allem den Verkehr mittlerer Reichweite und den Transport von Massenhandelsgütern (Salz, Wein, Getreide, Eisen) dienten. Fernhandelsgüter wurden auf der Platsch- bzw. Murtalstraße nur in verhältnismäßig geringen Quantitäten verhandelt. Es handelte sich hiebei in erster Linie um sogenannte „Italienwaren" (italienische Weine, Öl, Südfrüchte), die auf der „Laibacher-Straße" und über den Platsch in größeren Mengen in die Residenzstadt Graz transportiert wurden. Auf der Murtalstraße gingen davon nur verhältnismäßig geringe Quantitäten nach Norden in Richtung Bruck, wo die Murtalstraße in die von Italien kommende „Semmeringstraße" einmündete. **Italienwaren**

Von Norden kamen an Fernhandelsgütern Heringe aus dem Ostseeraum bzw. Wachs aus Osteuropa. Zu den Gütern mittlerer Reichweite gehörten u. a. auch Wein und Honig. Beide Waren wurden größerer Menge aus der ehemaligen Untersteiermark und von den Radkersburger Jahrmärkten (vor allem Honig) in Richtung Salzburg befördert.

In der Gegenrichtung gingen die meisten Massenhandelsgüter (wie z. B. Salz und Eisen) auf dem Wasserweg der Mur von Leoben in Richtung Süden.

Der Zustand der Murtalstraße war am Beginn des 17. Jhs. so schlecht, daß man sich gezwungen sah, zur Instandsetzung der beinahe grundlosen Straße eine Wegmaut einzuführen, die vom Magistrat Frohnleiten eingehoben wurde. Damit war die Reparatur der Straße von Frohnleiten bis Röthelstein zu finanzieren. Seither befand sich die Straße in leidlich gutem Zustand.

Ein großzügiger Ausbau der „Kommerzialstraße" setzte erst unter Kaiser Karl VI. ein, nachdem Triest und Rijeka/Fiume zu Freihäfen erklärt worden waren. Nach dem großzügigen Ausbau galt die nunmehr „Triesterstraße" genannte Verbindung von Wien nach Triest im Jahre 1725 den Zeitgenossen „als ein wahrhaft kaiserliches Werk". Die Erhaltung dieser „Post- und Kommerzialstraße" erfolgte in Aufgabe des öffentlichen Straßenfonds[42]. **Kommerzialstraße**

5. Die *HARTBERG*- oder *WECHSELSTRASSE*

Von den Straßen, die aus dem Wiener Becken nach Süden führten, hatte im Hochmittelalter die der Trasse der römischen Nebenstraße folgende Verkehrslinie die größte Bedeutung, die von Neunkirchen durch das Pittental und über den Wechsel (= Hartberg) über Dechantskirchen, Hartberg und Kaindorf in Richtung Gleisdorf und Graz verlief. Als nach der Rückgewinnung der Oststeiermark im 12. Jh. das große Siedlungswerk einsetzte, kamen die Kolonisten aus dem Gebiet nördlich des Wechsels, vor allem aus der Grafschaft Pitten, auf dieser „Wechselstraße" in die Oststeiermark. Der Johanniterorden gründete am Südfuß des Wechsels in Spital am Hartberg (östlich Tauchen) ein Hospiz, das vermutlich in die Zeit von 1125/30 zurückreicht[43]. Zur gleichen Zeit entstand in Hartberg der älteste Gassenmarkt, der sich jedoch sehr bald als zu klein erwies, weshalb noch v o r 1147 die Gründung der planmäßigen Marktanlage um den Hauptplatz von Hartberg erfolgte[44].

Planmäßige Marktanlage Hartbergs

Dies war offenbar auch eine Folge des zunehmenden Verkehrs mittlerer Reichweite, denn wir hören 1146, daß die steirischen Kreuzfahrer auf der „Hartbergstraße" zur Donau zogen. Nach dem Ausbau der Semmeringstraße verlor die Hartbergstraße stark an Bedeutung, weil der Fernhandel nun der Semmeringstraße bzw. der Murtalstraße folgte. Die Hartberg- oder Wechselstraße war fortan nur mehr ein Handelsweg dritter Ordnung, der dem Verkehr mittlerer Reichweite diente. Der Handelsverkehr zwischen Graz, der Oststeiermark und Wiener Neustadt vollzog sich auch im 16. und 17. Jh. noch weitgehend auf der Wechselstraße. Den Warentransport auf dieser Route besorgten hauptsächlich Frächter aus Gleisdorf, denen offenbar eine führende Stellung im Transportwesen auf der Wechselstraße zukam[45].

Abb. 24:
Kaufmannsgewölbe mit
Abakus (Rechentisch)
und Warenlager aus
dem 16. Jh. (Holz-
schnitt aus „Petrarca's
Trostspiegel, Augsburg
1539).

Anmerkungen:

1) A. Loehr, Beiträge zur Geschichte des Donauhandels, in: Oberbayerisches Archiv 60, 1916, S. 237f., und R. Perger, Herzog Leopold VI. von Österreich und die Stadt Wien, in: Wiener Geschichtsblätter 26, 1971, Sonderheft, S. 271–285.
2) A. Zauner, Oberösterreich zur Babenbergerzeit, MOÖLA 7, 1960, S. 207–251, bes. S. 241f.
3) Vgl. dazu K. Dinklage, Völkermarkt zwischen Abt und Herzog, in: MIÖG 67, 1959, S. 278f.
4) B. Saria, Pettau, ZHVSt. Sonderband 16, 1965, S. 10f. und S. 15. Die Reste der von der Drau weggerissenen Brücke liegen seit der Verschiebung des Draubettes zur Gänze auf dem rechten (!) Drauufer.
5) Saria, S. 18. Anm. 49 bringt Saria einen Beleg dafür, daß die antike Draubrücke noch 1322 bestanden haben dürfte.
6) Saria, S. 12.
7) D. Herzog, Jüdische Grabsteine und Urkunden aus der Steiermark in: Monatsschrift für Geschichte und Wissenschaft des Judentums, Breslau 1936, S. 59–79; über den zum 22. November 1103 datierten jüdischen Grabstein aus Pettau. Ebd. S. 63; das Bruchstück eines weiteren Grabsteines aus Pettau, das im Stadtturm eingemauert war, ist zum Jahr 1286 datiert. Ebd. S. 65f. Der durch den Grabstein von 1103 erwiesene jüdische Friedhof zu Pettau ist ein wichtiger Beweis für das hohe Alter dieser jüdischen Gemeinde. Für W. Neumann ist die „Existenz der Judenfriedhöfe von Friesach und Villach (und wir dürfen ergänzen Völkermarkt und Pettau, Anm. d. Verf.) ein gewichtiger Hinweis auf das hohe Alter und den Vorrang dieser ostalpinen Gemeinden gegenüber den anderen". Vgl. zur Rolle der Juden im Sklavenhandel zuletzt Ch. Verlinden, Ist mittelalterliche Sklaverei ein bedeutsamer demographischer Faktor gewesen?, in: VSWG 66, 1979, S. 153–173, bes. 101. Dieser Aufsatz bringt zum Teil eine wörtliche Übersetzung von Ch. v. Erlinden, Traite des esclaves et cols Alpins au Haut Moyen Age, in: Tiroler Wirtschaftsstudien 33, 1977, Hassinger-Festschrift, S. 377–389. Der von Verlinden vermutete Zusammenhang der ostalpinen Judensiedlungen mit dem Sklavenhandel des 10. Jhs. (S. 157ff.) besteht wohl nicht. Wichtig hingegen ist der Hinweis auf die Verlagerung des Sklavenhandelswege im 10. Jh. auf nördlichere Routen, die von der Elbe nach Koblenz und weiter entlang der Mosel und Maas nach Verdun, dessen jüdische Kaufleute im Sklavenhandel nach dem islamischen Spanien führend waren, verliefen (ebd., S. 159ff.).
Auf die Judendörfer in den östlichen Alpenländern und ihre handelsgeschichtliche Bedeutung machte zuerst 1935 F. Popelka aufmerksam. Er sah in ihnen vormärktische Handelsniederlassungen. Die von K. Dinklage, Völkermarkt zwischen Abt und Herzog, in: MIÖG 67, 1959, S. 282f., vertretene Auffassung, daß die Judensiedlungen des Ostalpenraums erst von den 1096 aus dem Rheinland vertriebenen Juden angelegt worden seien, wurde von W. Neumann widerlegt (Zur frühen Geschichte der Juden in Kärnten, in: Carinthia I 152, 1962, Festschrift Moro, S. 92–104). Ihm ist „das frühe und zahlreiche Auftreten von Juden . . . Maßstab für eine intensive, rasch entwickelnde Wirtschaft" (ebd. S. 92).
8) E. Baumgartner, Die Blütezeit der Friesacher Pfennige II, in: Numismat. Zeitschrift 73, 1959, S. 15. Die jüdische Gemeinde zu Pettau bestand offenbar ununterbrochen bis zum Ausgang des 14. Jhs. Als sich die Stadt 1397 weigerte, die Juden auszutreiben, wurde sie angeblich verbrannt. Saria, S. 23, Anm. 61.
9) Vgl. dazu O. Pickl, Pettau, ein internationaler Handelsplatz des 15. und 16. Jahrhunderts, in: ZHVSt. 62, 1971, S. 87–109.
10) Baumgartner, S. 20–25, über die Münzstätte Pettau und ihre Prägungen. H. Hassinger of 1965 meinte, die geplante Verlegung der herzoglichen Münze von Graz nach Pettau sei nicht verwirklicht worden (über die Zollstellen und mittelalterlichen Straßen der Steiermark berichtete erstmals kurz F. v. Krones in: Verfassung und Verwaltung der Mark und des Herzogtums Steier von ihren Anfängen bis zur Herrschaft der Habsburger FVVGSt. I, 1897, S. 354, Anm. 321), hatte sich offenbar auf überholte Literatur gestützt.
11) Baumgartner, S. 24f.
12) O. Pickl, Die Verkehrswege nach dem Südosten vom Ausgang des Mittelalters bis ins 18. Jh., in: Südostdt. Archiv, 15/16, 1972/73, S. 106.
13) Über die Herkunft des Dreißigst vgl. S. Domanovsky, Die Herkunft des Dreißigstzolls. Akadem. Abhandlungen aus dem Gebiet der Geschichtswissenschaft 24, Budapest 1918.
14) O. Pickl, Der Dreißigst im Windischland. Organisation und Ertrag des ungarischen Außenhandelszolls in Oberslawonien In: ZHVSt. Sonderband 18, 1971. S. 155–176, in Nedelišće mündete auch der von Zagreb über Varaždin laufende Handelsweg in die über Pettau nach Ungarn ziehende Straße.
15) R. Klier, Beziehungen Nürnbergs zu Pettau im 15. Jh., in: Südostdt. Archiv 10, 1967, S. 83–101; O. Pickl, Die Memminger Handelsgesellschaft Funck mit dem Südosten, in: Südostdt. Archiv 1967, S. 120, sowie ders., Zur Handelspolitik der frühen Habsburger in Innerösterreich, in: Der Unternehmer und die Geschichte (Festschrift für A. Brusatti), 1979, S. 82–103. F. Gestrin, Contribut alla storia economica di Ptuj nella prima meta del secolo XVI.: in: Casopis za zagodivino in narodopisje 1969, S. 228ff.
16) H. Hassinger, Zollwesen und Verkehr in den österreichischen Alpenländern bis um 1300, in: MIÖG 72, 1965, S. 307ff.; und jüngst ders., Handels- und Verkehrsstellung Villachs, S. 21ff.
17) E. Klebel, Die Städte und Märkte des baierischen Stammesgebietes in der Siedlungsgeschichte, in: Zeitschrift f. bayer. Landesgeschichte 12, 1939, S. 83ff.
18) P. Gradauer, Spital am Pyhrn in OÖ. Diss. Linz 1957, S. 15f.
19) Dazu jüngst: J. Jancek, Cesky stat a Europa ve 13. stoleti, in: Ceskoslov. Casopis Historicky 27, 1979, S. 415ff. Um die Mitte des 13. Jhs. betrugen die Zolleinnahmen zu Rottenmann ca. 1.000 Mark und waren die höchsten unter den steirischen Zöllen (bzw. der Grafschaft), vgl. auch Hassinger, S. 438.
20) Pickl, Handelspolitik . . . S. 82–103.
21) F. Popelka, Die Judenburger Ritterstadt und das Karolingische Wehrsystem in Karantanien, in: MIÖG 62, 1954, S. 299–316. Zu den Anfängen Judenburgs vgl. J. Sydow, Die Anfänge des Städtewesens in Bayern und Österreich, in: Beiträge zur Geschichte der Städte Mitteleuropas I, 1963, S. 66f.; vgl. auch Hassinger, S. 328.
22) W. Schmidt, Bruck a. d. Mur in der Vorgeschichte, in: BIHKSt. 15. 1937, S. 41f., nimmt an, daß der Weg über den Semmering führte. Das ist jedoch unwahrscheinlich. Vgl. Anm. 23!
23) Hinweise dafür sind:
1. Römische Münzfunde in Mürzzuschlag (Vergrabungszeit ca. 245/50) und in Neuberg an der Mürz (Vergrabungszeit nach 350).
2. Das Margarethenpatrozinium der Kirche zu Kapellen a.d. Mürz.
3. Der aus dem Altslawischen stammende Ortsnamen „Stojen" im Raxengraben, der nach Simon Pirchegger mit „stoj" = halten, halt, zusammenhängt.
4. Zahlreiche vorgeschichtliche Funde im Gebiet Prein-Reichenau. Vgl. dazu O. Pickl, Geschichte des Ortes und Klosters Neuberg a. d. Mürz, 1966, S. 19ff. Auch der Formbacher Herrenhof „ad Muorzze" (= Mürzzuschlag), dessen Kirche um 1100 genannt wird (UBLOE I, S. 780) lag nicht an der späteren Semmeringstraße, sondern an der Straße nach Kapellen! (O. Pickl in: Handbuch der historischen Stätten. Österreich II, 1978, S. 119f.)
24) Vgl. dazu H. Pirchegger, Beiträge zur älteren Besitz- und Rechtsgeschichte steirischer Klöster, in: ZHVSt 38, 1947, S. 31ff.; H. Appelt, Die Anfänge des Spitals am Semmering, in: ZHVSt 43, 1952, S. 3–13. Vgl. dazu StUB II, Nr. 172, S. 255: „. . . et ex semita publica via fieret."
25) Klebel, S. 84f.; Hassinger, S. 308, Anm. 53.
26) So nennt die Maut- und Zollordnung Herzog Friedrichs des Streitbaren von 1244 für Wiener Neustadt (BUB II, Nr. 427) u. a. Kaufleute von Venedig, Friesach, Judenburg und Graz. Vgl. dazu: J. Mayer, Geschichte von Wiener Neustadt, I. Bd., 1924, S. 114ff.
27) O. Pickl, Das älteste Geschäftsbuch Österreichs. Die Gewölberegister der Wiener Neustädter Firma Alexius Funck (1516–1538) und verwandtes Material zur Geschichte des steirischen Handels im 15./16. Jh., Graz 1966, in: Forschungen zur geschichtlichen Landeskunde der Steiermark. Hg. Historische Landeskommission für Steiermark. Bd. 23, S. 113ff.
28) Vgl. Pickl, Geschäftsbuch, S. 113ff. und O. Pickl, Die Rolle der habsburgischen Ostalpenländern im West-Ost-Handel von der Mitte des 15. bis zur Mitte des 17. Jhs., in Domus Austriae, FS Hermann Wiesflecker zum 70. Geburtstag, Hg. W. Höflechner, H. Mezler-Andelberg u. O. Pickl, Graz 1983, S. 310 und H. Hassinger, Die Handels- und Verkehrsstellung Villachs bis zur Mitte des 19. Jhs., in: Carinthia I 166/1976, S. 211–292 und F. Tremel, Der Venezianerhandel Wiens in den 1. Hälfte des 17. Jhs., in: Histoire économique du monde méditerranée 1450–1650. Mélanges en L'honneur de Fernand Braudel, Toulouse 1973, S. 621–631.
29) V. W. v. Hagen, Alle Straßen führen nach Rom, 1968, S. 166ff.: Noricum und Germania. Dort auch weitere Literaturhinweise.
30) H. Pirchegger, Die Untersteiermark in der Geschichte ihrer Herrschaften und Gülten, Städte und Märkte, Buchreihe der Südostdt. Histor. Komm. 10, 1962, S. 2, 58 und 178. Vgl. auch E. Oehlmann, Die Alpenpässe im Mittelalter, in: Jb. für Schweizerische Geschichte 4, 1879, S. 165–289: Kap. VI: Die Ostalpen (Kärnten), S. 258–282).
31) G. Probszt, Österreichische Münz- und Geldgeschichte, 1973, zu Aquileia, S. 250ff. und zur Silberversorgung S. 248: „Es ist recht wahrscheinlich, daß auf den gleichen Wegen, auf denen die Exportgüter ostwärts befördert wurden, als Rückfracht ungarisches Silber mitgenommen wurde, da sich anders die große Zahl der Friesacher Gepräge (in den verschiedenen Prägestätten, Anm. d. Verf.) nicht erklären läßt. Die erzstiftlichen Bergwerke in Kärnten lieferten keineswegs soviel Silber, als man zur Prägung benötigte". Bei Silber erreichte Ungarn damals etwa 15 Prozent der europäischen Gesamtproduktion, während ein Drittel der Gesamten Goldausbeute der ganzen Welt damals aus Ungarn kam, der Rest aus Afrika. Deshalb nannten die Italiener für die afrikanischen Goldhändler den Goldgulden nicht „fiorino d'oro", sondern „Ungaro". B. Hóman schätzt die ungarische Goldproduktion um 1200 auf 1.000 kg, die Silberproduktion auf 10.000 kg pro Jahr. (G. Probszt. Einleitung in „Corpus Nummorum Hungariae" von L. Réthy, 1958. S. 20ff.) – Zur Silberversorgung Venedigs vgl. W. v. Stromer, Bernardus Teotonicus und die Geschäftsbeziehungen zwischen den deutschen Ostalpen und Venedig vor Gründung des Fondaco dei Tedeschi, in: Grazer Forschungen zur Wirtschafts- und Sozialgeschichte 3, 1978, S. 6.
32) Die Bürger Pettaus erklärten 1369, ihre Italienwaren seit jeher nicht nur über den Karst, sondern auch zu Wasser „bei der Tra" (d. h. auf der Drau) nach Ungarn verhandelt zu haben. Vgl. Pickl. Handelspolitik. S. 82–103, besonders S. 90f.
33) W. v. Stromer, Der kaiserliche Kaufmann – Wirtschaftspolitik unter Kaiser Karl IV. Hg. F. Seibt, München 1978, S. 67ff.
34) Pickl, Handelspolitik. S. 93ff.
35) O. Pickl, Geadelte Kaufherren, in: BIHKSt 44 (vlg. Anm. 22!) 1970, S. 21ff.
36) O. Pickl, Die Auswirkungen der Türkenkriege auf den Handel zwischen Ungarn und Italien im 16. Jh., in: Grazer Forschungen zur Wirtschafts- und Sozialgeschichte, Bd. 1/1971, S. 86ff.

37) Ebd. S. 93ff.
38) Ebd. S. 119ff. und O. Pickl, Der Funktionswandel der Stadt Pettau/Ptuj am Handelsweg zwischen Ungarn und Oberitalien vom Frühmittelalter bis zur Gegenwart, in: Stadtstrukturen an alten Handelswegen bis zur Gegenwart. Schriftenreihe des Zentralinstituts für
fränkische Landeskunde 25/1984, S. 64ff.
38a) Vgl. dazu O. Pickl, Das Mautbuch von Vransko/Franz von 1584/85 (wie Anm. 42).
39) H. Pirchegger, Die Untersteiermark, S. 17f.
40) F. Popelka, Geschichte der Stadt Graz, Bd. 2, 1959, S. 214f.
41) O. Pickl, Geschichte des Marktes Frohnleiten, 1956, S. 12.
42) F. Tremel, Der Verkehr über den Platsch in der frühen Neuzeit, in: ZHVSt 48/1957, S. 108—144, und Pickl, Geschichte des Marktes
Frohnleiten, S. 175ff. sowie Pickl, Mautbuch S. 326ff., in: Erzeugung, Verkehr und Handel in der Geschichte der Alpenländer, Her-
bert-Hassinger-Festschrift, Tiroler Wirtschaftsstudien, 33. Folge, Innsbruck 1977, S. 326ff.
43) F. Posch, Geschichte des Verwaltungsbezirkes Hartberg, 1978, S. 49f.
44) Ebd. S. 51f.
45) Vgl. dazu Pickl, Geschäftsbuch, S. 116f.

Gerhard Rösch

Der Handel der Steiermark mit Venedig und Italien

Die antike Welt, besonders das römische Kaiserreich, war ein Wirtschafts- und Kulturraum, der sich um das Mittelmeer konzentrierte. Durch die Angliederung des Noricum an das Römische Reich um 15 v. Chr. gelangte auch die heutige Steiermark in engsten Zusammenhang mit dieser Welt. In wirtschaftlicher Hinsicht hatte besonders das Eisen grundlegende Bedeutung, dessen Güte bereits von Plinius gerühmt wurde. Das in den Ostalpen geförderte Eisen wurde dann in die spätantike Großstadt Aquileia gebracht, wo sich ein Zentrum der Verarbeitung und des Weitertransports befand. Bereits hier wird ein Wirtschaftsweg sichtbar, der für Jahrhunderte von grundlegender Bedeutung bleiben sollte. **Norisches Eisen**

Mit dem 6. Jh. löste sich dieser Zusammenhalt zunehmend. Allerdings schweigen die Quellen für Jahrhunderte, so daß wir nicht wissen, wie im frühen Mittelalter die Bindung an die internationalen Handelswege erhalten geblieben ist. Im Mittelmeerbereich waren es fast ausschließlich Syrer und Juden, die den Handel weiterbetrieben. Es kann nicht bezweifelt werden, daß Byzanz und die Levante weiterhin die Gewürze und Kostbarkeiten Asiens, wie etwa Seide, lieferten, während das wichtigste Handelsgut in die Gegenrichtung Sklaven gewesen sind. Nach dem Untergang der Antike verfiel im gesamten Abendland für Jahrhunderte die Metallproduktion, so daß die Lieferungen Asiens nicht mehr mit Bergbauprodukten ausgeglichen werden konnten. Nach einer Vermutung gehen nun die meisten Ortsnamen, wie Judenburg, auf Siedlungen jüdischer Kaufleute zurück, die wegen des Sklavenhandels vom Mittelmeerbereich her entlang der alten Handelsstraßen in den Ostalpenbereich gezogen waren. Prominentes Zeugnis des frühmittelalterlichen Sklavenhandels im heutigen Österreich ist das Zollweistum von Raffelstetten aus dem 10. Jh., sonst fehlen die Quellenbelege. Das 10. bis 12. Jh. sind Jahrhunderte, aus denen wir über den Handel nach Süden kaum etwas erfahren. **Zollweistum von Raffelstetten**
Gerade in dieser Zeit aber hat sich im Mittelmeerbereich ein grundlegender Wandel vollzogen, der das gesamte Handelsleben in neue Bahnen lenken sollte. Der Anstieg der Bevölkerung in Europa, die Entstehung des mittelalterlichen Städtewesens, die Textilverarbeitung als erste städtische Industrie in Flandern und Italien, dies alles und zahlreiche andere Faktoren führten zum Beginn einer stärkeren Arbeitsteilung und zu einem Anstieg der Nachfrage nach orientalischen Luxusgütern und gehobenen Konsumgütern, die durch die Expansion des internationalen Handels ausgeglichen wurde.

Dazu kam, daß die Abendländer durch die Kreuzzüge viele der fremden Luxusgüter kennen- und schätzengelernt hatten. Erstmals seit der Antike wuchs wieder ein größerer Wirtschaftsraum zusammen, der zahlreiche Länder eng miteinander verband. Gleichzeitig nahm man im Abendland wieder allenthalben die Metallproduktion auf. Dies erlaubte in steigendem Maße, gegen Lieferung von Metallen Gewürze und Arzneien zu beziehen. Die moderne Forschung bezeichnet diese Epoche geradezu als die „kommerzielle Revolution" des Mittelalters. Von neuem wurde ein intensiver Handel über das „mare nostrum" der Antike gepflegt, wobei freilich nur ganz wenige große Zentren Europa beliefert haben. In Italien waren dies zunächst Venedig und Amalfi; doch mit dem Abstieg der süditalienischen Stadt traten Genua und Pisa als internationale Handelsplätze auf. Die Italiener beherrschten das Geschäft bis ins 13. Jh., dann stiegen auch Marseille und Küstenstädte Südfrankreichs sowie die Katalanen mit ihrer Metropole Barcelona in dieses Geschäft über das Mittelmeer hinweg ein. **Kommerzielle Revolution**

Für die Steiermark kam von diesen großen Handelszentren über das Mittelmeer aus geographischen Gründen nur Venedig als Handelspartner in Betracht. Was in der Antike Aquileia für das Noricum gewesen war, wurde die Stadt in der Lagune für die Ostalpengebiete im Mittelalter. Dabei war die große internationale Handelsstraße über Villach und das Kanaltal bei weitem am wichtigsten, die seit dem 13. Jh. auch für große Lastentransporte ausgebaut worden war. In Villach trafen sich die Straßen aus Wien über den Semmering, Leoben und Judenburg und die Straßen über die Tauern, die die oberdeutschen Kaufleute auf dem Weg nach Venedig benutzten. Weiter nach Süden führte der Weg über das Kanaltal, das wegen seiner Bedeutung für die Eisenlieferungen allgemein „Eisenstraße" („strada del ferro") genannt wurde. Im Mittelalter übertraf die Straße durch das Kanaltal die älteren Verbindungen über den Plöcken- und Predilpaß an Bedeutung. Allerdings gab es für den mittelalterlichen Handel der Steiermark mit Venedig noch eine zweite wichtige Route: Für die Untersteiermark hatte vor allem die Straße von Pettau über den Birnbaumerwald nach Italien die größte Bedeutung. Alle diese Handelsstraßen waren auf den Marktplatz Venedig ausgerichtet, wo die Güter von Ost und West ausgetauscht wurden. Bereits um die Mitte des 12. Jhs. soll der Handel mit den deutschsprachigen Ländern geblüht haben. **Eisenstraße**

Ab 1192, seit die Babenberger auch Herzöge der Steiermark waren, nahm der Handel seinen Aufschwung. Sichtbares Zeichen des Interesses für die Wege nach Süden war die Gründung von Wiener Neustadt als Etappenstation. Erstmals 1225 ist dann in Venedig vom „Fondaco dei Tedeschi" die Rede, dem Kaufhaus der Deutschen. In Anlehnung an den „Funduk" der arabischen Welt, wo fremde Kaufleute Wohnung nehmen mußten und ihre Geschäfte tätigen durften, wurde der Fondaco errichtet. Bis zum Ende der Republik Venedig unter Napoleon mußte jeder deutsche Kaufmann seine Geschäfte im Fondaco, direkt neben der Rialtobrücke, erledigen. Zunächst lebten noch alle Kaufleute im Fondaco selbst, später wohnte ein Teil von ihnen

Abb. 25: Heute ist der ehemalige Fondaco dei Tedeschi Sitz der Hauptpost von Venedig.

auch in der Stadt. Im Mittelalter war der Fondaco eine staatliche Behörde, seit dem 15. Jh. lassen sich deutsche Konsule als Vertreter der Kaufleute nachweisen. Allerdings blieb der Fondaco auch damals eine venezianische Behörde, die unter mehreren staatlichen „vicedomini" verwaltet wurde. Diese ließen die Abgaben von den Geschäften einheben. Da jedes Handelsgeschäft vor einem staatlichen Vermittler stattzufinden hatte, war es schwer, der Kontrolle zu entgehen. Keinem deutschen Kaufmann war es erlaubt, über Venedig hinaus mit dem Schiff Handel zu betreiben. Dadurch hatte Venedig das Stapelrecht für die gesamten Gebiete des Imperiums gewonnen. Ein Kaufmann konnte seine Waren nach Venedig bringen und dort im Fondaco zum Verkauf anbieten. Es war ihm ebenfalls erlaubt, dort unter Aufsicht des venezianischen Staates Gewürze und Arzneien aus Asien und der Levante einzukaufen. Venedig behielt den Seehandel seinen eigenen Kaufleuten vor, allerdings handelte auch kein Venezianer mit dem Imperium. Die Aufgaben in diesem Sektor des Handels waren genau verteilt. Die Kammern des Fondaco waren unter den wichtigsten Handelsorten und wichtigsten Handelsfürsten des deutschsprachigen Raums verteilt. Es spricht für die Bedeutung Judenburgs im Mittelalter, daß es zeitweise eine eigene Kammer für Kaufleute im Fondaco innehatte. Allerdings gibt es auch einen Nachweis dafür, daß die Bedeutung Judenburgs im späten 15. Jh. im Sinken war: Weil die Kammer volle sieben Jahre leergestanden hätte, beschloß Venedig 1484, daß die Räumlichkeiten den Fuggern aus Augsburg zu übergeben seien. Immerhin kann nicht bezweifelt werden, daß Judenburg im internationalen Handel des Mittelalters mit Venedig eine Rolle gespielt hatte.

Dabei ist völlig klar, welches Handelsgut die Steiermark liefern konnte: Der gesamte Mittelmeerraum war arm an Metallvorkommen, wobei vor allem Ägypten, aus dessen Hafen Alexandria die meisten der orientalischen Gewürze und in erster Linie der gesamte Pfeffer nach Europa geliefert wurden, ein dankbarer Abnehmer für Metalle war. Das Eisen der Steiermark wurde so zu einem wichtigen Handelsartikel der venezianischen Kaufleute. Nicht umsonst wurde im Mittelalter der Weg durch das Kanaltal allgemein als „Eisenstraße" bezeichnet. Dieser Handel war es auch, der Judenburg Aufstieg und Ansehen im Handel mit

Italien brachte. Bereits 1277 besaß Judenburg das Niederlagsrecht für das Vordernberger Eisen, das die Stadt jedoch 1396 aus unbekannten Gründen wieder verlor. Immerhin blieb Judenburg aber einer der zentralen Handelsorte, im Mittelalter der bedeutendste Handelsplatz der Steiermark überhaupt. Im 13. Jh. war es in Venedig üblich, Eisen und Kupfer zum Ballastieren der Schiffe in die Levante zu verwenden. Die beträchtlichen Mengen an Eisen, die dieses Verfahren voraussetzt, kamen entweder aus den italienischen Eisenrevieren bei Brescia und Bergamo oder eben aus den Ostalpen. Eine Schwierigkeit machte diesem Handel freilich zu schaffen: Die Muslime waren die Hauptabnehmer des Metalls, und Metalle waren strategische Güter zur Waffenproduktion. Deshalb wurde dieser Handel von der Kirche offiziell verboten. Vor allem im 14. Jh. kam es zu Stockungen, bis der Papst begann, die Exportlizenzen über das Mittelmeer an die Seestädte zu verkaufen.

Was auf dem Weg von Süden nach Norden in die Steiermark kam und teilweise von dort weiter nach Wien und in die Donauländer gebracht wurde, war eine schier unübersehbare Zahl von Waren. Alle Orientwaren kamen im Mittelalter über das Mittelmeer, wobei vor allem die Gewürze eine große Rolle spielten: Das Buch der „Handelsbräuche des Florentiners Pegolotti" aus dem 14. Jh. zählt nicht weniger als 188 verschiedene davon auf. Gewürze hatten Bedeutung bei der Haltbarmachung von Speisen, sie dienten als Heilmittel in einer Zeit, deren ärztliche Kunst beschränkt war, und hatten nicht zuletzt einen hohen Stellenwert als Statussymbol der Oberschicht. All dies führte zu einem Verbrauch, der weit über dem der heutigen Zeit lag. Daß gerade dieser Bereich stark vom Süden her beeinflußt war, zeigt die Tatsache, daß zahlreiche Ausdrücke in der Steiermark, die mit Essen und Kochkunst zu tun hatten, italienischen Ursprungs waren. Aber auch bereits die venezianischen Seestatuten des 13. Jhs. nennen eine große Zahl von Handelsgütern: unbearbeitete Baumwolle und Baumwollfäden, Rohwolle und Tuche, Leinen und Steifleinwand, Seide und Seidentücher, Kamelott, Zucker in Töpfen, Zuckerfäden und Staubzucker in Säcken, Pfeffer, Kubeben und langer Pfeffer, Lavendel, Indigo, Ingwer, Zitwerwurzel, Myrrhe, Zimt, Kümmel, Gummi, Gummiarabikum, Aloe, Muskatnuß und Muskatblüte, Gewürznelken, Kardamom, Pariskorn, Kampfer, Sandelholz, Anis, Auripigment, Mirobalanen, Ammoniak, Wachs, Alaun in den verschiedenen Qualitäten für die Textilindustrie, Glas, Vitriol, Schmirgel, Brasilholz und Blei. Dazu kommen Südfrüchte, Wein aus Griechenland und andere exotische Zutaten für die Küche des Abendlandes. Mit all diesen Waren, mit denen die Abendländer teilweise durch die Kreuzzüge bekannt gemacht waren, konnte der venezianische Kaufmann dienen. Dabei expandierte dieser Handel zwischen den deutschsprachigen Ländern und Venedig wohl fast im gesamten

Abb. 26: Der **Fondaco dei Tedeschi** *(Deutscher Kaufhof) unweit der Rialto-Brücke in Venedig (Stich von Carlo Zucchi).*

Zeitraum zwischen dem 12. und dem frühen 16. Jh. Selbst die Pest, die um die Mitte des 14. Jhs. fast überall einen Rückschlag brachte, konnte den Handel nicht hemmen. Auch Italien selbst steuerte zum Handel nach Norden ein wichtiges Handelsgut bei: Seit dem 12. Jh. hatte die Textilproduktion und Stoffveredelung in Italien einen hohen Stellenwert. Seide aus Lucca und anderen toskanischen Städten, golddurchwirkte Tuche, aber auch einfachere Baumwollzeuge wurden von hier nach Norden exportiert. Die italienische Textilproduktion galt im Mittelalter neben der berühmten Tucherzeugung von Flandern als die führende in Europa.
Die seit Jahrhunderten stabilen Handelsstrukturen änderten sich, als Vasco da Gama in den Jahren 1497–1499 den Seeweg um das Kap der Guten Hoffnung nach Indien entdeckte. Nun waren es die Portugiesen, die direkt auf dem Seeweg Europa mit Gewürzen beliefern konnten. Vor allem Antwerpen wurde zum Zentrum dieses neuen Handels. Trotz der langen Seereise rund um Afrika gelangte der Pfeffer von dort billiger in den Handel als über Alexandria, was natürlich die Warenströme umleitete. Grund dieser Differenz waren der muslimische

Zwischenhandel und die Zölle in Ägypten, aus deren Einhebung die Mamluken-Sultane ihre Ausgaben bestritten. Auch die Osmanen, die seit Beginn des 16. Jhs. Ägypten besetzt hielten, verdienten an den Zolleinnahmen prächtig. Orientwaren konnte man nun auch von Nordeuropa beziehen. Venedigs Weltgeltung war bedroht, doch konnte sich die Stadt noch über ein Jahrhundert behaupten. Gerade für die Länder in den Ostalpen läßt sich deutlich erkennen, daß die vorgegebenen geographischen Verhältnisse weiterhin den Weg nach Italien wiesen. Zwar wird im Handelsbuch des Clemens Körbler aus Judenburg auch Antwerpen öfters genannt, dennoch blieb Venedig ein Zentrum des Handels von europäischer Bedeutung. Es hatte immer noch alle Waren zu bieten, weitaus mehr als den Pfeffer, den die Portugiesen aus Indien fast allein anzubieten imstande waren. Zudem blieb das Eisen eines der wichtigsten Handelsgüter des mediterranen Bereichs. Neben dem Roheisen hatten auch Fertigprodukte aus Eisen ihren Markt. Abgesehen von der Metallgewinnung und -verarbeitung wurde der Speik, der auf den Bergen wuchs, im späten Mittelalter und in der frühen Neuzeit zu einem bedeutenden Handelsprodukt. Zudem waren auch Vitriol, Loden sowie Felle und Leder als wichtige Handelswaren bezeugt.

Bozener Messen

Neben Venedig, dessen Bedeutung insgesamt im Schwinden begriffen war, hatten die Messen von Bozen für die Steiermark größere Bedeutung. Hier war der große Umschlagplatz für die Produkte der italienischen Textilindustrie, die auch das Ostalpengebiet belieferte, wobei Kammgarnstoffe höherer Qualität besonders hervorzuheben wären. Die Untersteiermark lieferte Wein, Getreide und Vieh zum Export nach Süden.

Einen völlig anderen Schwerpunkt der Wirtschaftsbeziehungen bildete seit dem 16. Jh. der Innerösterreichische Hof in Graz, der zwischen 1564 und 1619 eine selbständige Hofhaltung aufwies. Der Verbrauch des Hofes zog zahlreiche italienische Geschäftsleute an, aber auch Hofämter sowie Kunst und Kultur waren mit Italienern durchsetzt. Allerdings wurden diese italienischen Einwanderer bald assimiliert und gingen in der heimischen Bevölkerung auf.

Niedergang des Handels mit Italien

Der Handel Italiens, insbesondere Venedigs, mit den deutschsprachigen Ländern geriet schließlich zu Beginn des 17. Jhs. in eine allgemeine Krise. Zuerst war es die Kipper- und Wipperzeit in Deutschland, die zum Verlust von Kaufkraft und Einkommen führte, danach der Dreißigjährige Krieg, der diese über Jahrhunderte stabilen Beziehungen durchbrach. Von diesem Schlag hat sich der Handel nie mehr erholt. Zudem wurde im 18. Jh. von der aufsteigenden österreichischen Macht Triest bewußt als Konkurrentin Venedigs bevorzugt. Der Merkantilismus, als eine dem Außenhandel feindliche Wirtschaftstheorie, tat ein übriges. Davor allerdings hatte sich der Tausch von Orientwaren gegen steirisches Eisen als stabiler Faktor im europäischen Handelssystem erwiesen.

Literatur:

Gerhard Rösch, Venedig und das Reich. Handels- und verkehrspolitische Beziehungen in der deutschen Kaiserzeit, Tübingen 1982.
Aloys Schulte, Geschichte des mittelalterlichen Handels und Verkehrs zwischen Westdeutschland und Italien mit Ausschluß von Venedig 1–2, Leipzig 1900.
Henri Simonsfeld, Der Fondaco dei Tedeschi und die deutsch-venezianischen Wirtschaftsbeziehungen 1–2, Stuttgart 1887.
Wolfgang von Stromer, Bernardus Teotonicus und die Geschäftsbeziehungen zwischen den deutschen Ostalpen und Venedig vor der Gründung des Fondaco dei Tedeschi, in: Beiträge zur Handels- und Verkehrsgeschichte (Grazer Forschungen zur Wirtschafts- und Sozialgeschichte 3), Graz 1978, S. 1–15.
Helfried Valentinitsch, Italienische Unternehmer im Wirtschaftsleben der innerösterreichischen Länder 1550–1650, in: Wirtschaftskräfte und Wirtschaftswege. FS für Hermann Kellenbenz I, Stuttgart 1978, S. 695–708.

Franz Pichler

Die steirischen Hebalmen

Es mag zunächst überraschen, wenn hier von Hebalmen, also einer Mehrzahl, die Rede ist. Ist doch heute die Hebalm geradezu ein Begriff, zu dem es kein Gegenstück gibt. Sie verbindet die südliche Weststeiermark mit der Packstraße und damit dem Lavanttal in Kärnten, ist aber auch selbst ein vielbesuchtes Ausflugs- und Wintersportgebiet.

Der Historiker jedoch sieht sich vor die auffallende Tatsache gestellt, daß es früher im weiten Gebirgsbogen von der Gleinalpe bis zur Koralpe mehrere Hebalmen gegeben hat.

Dieses gehäufte Vorkommen enthält einen wichtigen Hinweis auf alte Verkehrs- und Transportverhältnisse. Hebalmen oder Hebstätten, wie sie fast noch häufiger in den Quellen genannt werden, finden sich in der Steiermark bezeichnenderweise auf den wichtigen Paßübergängen, die aus den Becken der westlichen Mittel- und Südsteiermark über die Glein-, Stub- und Koralpe in das obere Mur- und Lavanttal führen.

Hebalmen oder Hebstätten

Am besten dokumentiert finden wir sie in jenen Quellen, in denen festgefügte Ordnungen verzeichnet sind, also in den Landgerichtsbeschreibungen und in den Urbaren, Aufzeichnungen über Grenzen und Rechtstitel, die festhalten und wiederholen, was über Jahrhunderte hinweg Gültigkeit haben soll.

So findet sich eine Hebalm für das 16. und 17. Jh. im Bereich des Gleinalpesattels ausgewiesen, wo die naturgegebenen Auffahrten aus dem Übelbachtal vom Osten und dem Kainachtal von Südosten herauf zusammentrafen.

Auch auf dem wichtigen Paßübergang über die Stubalpe – die alte „Piberalm" bzw. das Gaberl erscheint bereits vor 1437 eine alte Hebstatt belegt.

Die heutige Hebalpe am nördlichen Ausläufer der Koralpe wird in alten Nennungen, zur Unterscheidung gegenüber den vorgenannten, auch als Freiländer Hebstatt bezeichnet.

Alle genannten Paßhöhen waren mit ihren Straßen und Fahrwegen wichtige Vermittler des Warenaustausches zwischen der Mittel- und Südsteiermark und ihren jenseits des Gebirgszuges gelegenen Nachbargebieten. Im besonderen Maße dienten sie den Weintransporten und trugen daher nicht selten – vor allem im südlichen Bereich – den Namen „Weinstraßen". Es waren jährlich hunderte von Weinfuhren, die hier ihren Weg nahmen.

„Weinstraßen"

Über die Gleinalpe führten in erster Linie die Weintransporte, die in den Knittelfelder Raum gingen. Hier war das Domstift Seckau der Hauptauftraggeber; zumindest bietet uns sein Archiv ein besonders instruktives, reichhaltiges Belegmaterial. Es gab aber sicher auch andere Interessenten. So finden sich schon 1623 Klagen der Judenburger, daß die Zeiringer ihre Weine über die Gleinalm führten und damit die Niederlagsgebühr in Judenburg umgingen. Die Paßhöhe wurde nach den Seckauer Ausweisen über drei Routen erreicht: Sowohl über den Übelbach- und Neuhofgraben wie auch von Gratwein aus über den Pleschwirt und den Wirt an der Wegscheiden, aber auch von Weitendorf aus über das Kainachtal über Voitsberg und Gallmannsegg auf die „Paiersbachalm". Alle Routen führten im Bereich des Gleinalmsattels zusammen.

Über die Stubalpe führte schon Jahrhunderte hindurch die Haupthandelsstraße, die Graz mit Judenburg und dem oberen Murtal verband. Seit altersher bestanden enge wirtschafts- und besitzgeschichtliche Verbindungen diesseits und jenseits der Alpe. Von der einstigen Bedeutung dieser Städte vermag man sich heute kaum mehr die richtige Vorstellung zu machen. In einer Judenburger „Beschwärschrift" aus 1609 wird beklagt, daß ehemals ein Judenburger allein über 1.000 Startin Wein über die Alm geführt habe, während sie jetzt alle zusammen auf kaum mehr als 600 Startin kämen. Die heutige Gaberlstraße durch den Sallagraben erreicht die Paßhöhe allerdings etwas weiter nördlich. In alter Zeit wurde die Stubalpe sowohl von Lankowitz über Kemetberg wie von Edelschrott über die Gößnitz her angefahren.

Haupthandels- straße über Stubalpe

Im Koralpengebiet stoßen wir geradezu auf ein Weinstraßennetz. Nicht weniger als acht Routen, alle Richtung Lavanttal, konnten hier von der Forschung ermittelt werden. Ausgangspunkte waren Eibiswald, Schwanberg, Rettenbach-Hollenegg und Deutschlandsberg, dieses gleich mit zwei wichtigen Straßen, eine über Trahütten, Glashütten und die Weinebene, die andere über die Freiländer Straße und die Hebalpe nach Preitenegg und der Pack. Lange Zeit war auch eine Verbindung, die von Stainz über den Absetzwirt und den Herzogberg auf die Pack führte, stärker befahren.

Weinstraßennetz im Koralpengebiet

Es stellt sich nun die Frage nach der Bedeutung all der Hebalmen auf diesen Paßübergängen. In der Rektifikationsfassion der Herrschaft Schwanberg aus ca. 1750 ist darauf verwiesen, daß um Schwanberg und Eibiswald bereits uralter Weinbau nachzuweisen und dementsprechend auch alte Weinstraßen anzusetzen seien. Solche seien an mehreren Orten des umliegenden

Gebirges eröffnet, benützt und nach Erfordernis auch verschiedentlich verlegt worden. An den höchsten Orten seien unweit der Landesgrenzen „unterschiedlich eigene Heb- und Leg-Stätte errichtet worden, bis dahin die steyerischen Fuhrleute, von dort aber die kärntnerischen die Fuhren versehen haben". Hier ist auch im weiten Koralpenbereich von der Soboth über die Weinebene bis zur Hebalm die Existenz verschiedentlicher Hebstätten und deren Funktion als Umladestätten im Warenverkehr von der Steiermark nach Kärnten angesprochen. Damit ist aber auch schon eine Antwort auf die Frage der Bedeutung dieser Hebalmen gegeben.

Organisation des Transportwesens

In der näheren Erläuterung sind nun zwei Aspekte zu beachten. Der eine hängt mit der Organisation des Transportwesens zusammen. Dieses war nun sehr effizient aufgebaut. Es lag meist in der Hand von Fuhrherren, die Lieferverträge mit ihren Auftraggebern schlossen und von sich aus die notwendigen Fuhrleute und Fahrzeuge verpflichteten (vgl. dazu den Abschnitt „Fuhrherren").

Für den Fahrbereich der Verpflichteten bildeten nun die Paßübergänge an den Landesgrenzen eine deutliche Marke. Denn für die Talfahrt stand die andere Seite mit ihrem Fuhrwerk zur Verfügung, sei es durch die Robotverpflichtungen gegenüber ihrer Herrschaft, sei es durch freie Verträge mit Fuhrherren, die diese ins Gedinge genommen hatte. So kam es, daß in der Regel auf den Paßhöhen umgeladen und das Fuhrwerk gewechselt wurde. Damit wurde die Paßhöhe zur Hebstatt, zur Umladestätte, die Alm von dieser Funktion her zur Hebalm.

In diesem Sinnzusammenhang von „heben" und „umladen" ist auch auf den Berufsstand der „Heber" zu verweisen, denen im alten Handelsgetriebe eine sehr gewichtige Funktion zukam und denen wir daher auch in allen Städten mit einem regen und schweren Wagenverkehr — wie Graz, Bruck an der Mur, Leoben, Judenburg und Voitsberg, um nur die wichtigsten herauszugreifen — begegnen.

Judenburger Heberordnung vom 24. Mai 1449

Schon die Judenburger Heberordnung vom 24. Mai 1449 erweist in aller Deutlichkeit die gestellte Aufgabe. Diese Stadt spielte ja im Venedighandel des 15. Jhs. eine führende Rolle. Den zünftisch organisierten Hebern oblag „Heben an Venedischer Hab, an Eysen, Wein, Plech, Vas und Eckhelvas und annder Kauffmannschafft". Da sich nun eingebürgert hatte, die Waren in größeren Mengen und damit wesentlich schwerer zu verpacken, forderten auch die Heber, denen die Ladetätigkeit oblag, ein entsprechendes Anheben ihrer Tarife.

Demnach erforderten Städte mit Niederlagsrecht zum Ab- und Aufladen der Waren die notwendigen Heber, magistratlich bezahlte Transportarbeiter, denen für ihre Arbeit das tarifmäßig festgelegte Hebergeld — es finden sich dafür auch die Synonyma „Niederschieß-, Abschieß-, Abschuß- und Ableg- bzw. Aufgebgeld" — zustand. Deshalb findet sich für die „Niederlage" gelegentlich auch der Ausdruck „Hebstatt".

Damit ist von der Grundbedeutung „heben" her einmal die transporttechnische Funktion der Hebstatt geklärt. Beachtenswert ist, daß wir eine analoge Wortbedeutung z. B. auch im Paßgebiet des Wechsels an der Grenze gegen Niederösterreich finden. Dort heißen solche Stätten „Abschuß- oder Umziehstatt", womit ebenfalls auf das Abschießen und Umziehen, das Ab- und Umladen der Weinfässer und Steine Bezug genommen ist. Auch die Ortsnamen „Absetz" und zugehörige Zusammensetzungen wie „Absetzwirt" fallen in diese Kategorie; sie bezeichnen, wenn schon nicht immer Umlade-, so doch Raststationen beim Warentransport.

Da nun solche Hebstätten naturgemäß auch Raststationen waren, sind sie meist mit einer Unterkunft verbunden. Besonders schön ist das noch in der Wortbedeutung „Stubalpe" erhalten, an deren Hängen schon im 15. Jh. drei solcher Stuben — mit dem Hausnamen „Stübler" — bezeugt sind. Das heutige Stüblergut unterhalb des Gaberlhauses erscheint schon damals mit Herbergs- und Niederlagsrecht ausgestattet. Der Ausdruck Stube bedeutet in jenen Zeiten den mit einer Feuerstätte versehenen Raum, also eine heizbare Unterkunft, dasselbe übrigens wie die mittelalterliche Kemenate, der das östlich gegen Maria Lankowitz hinabziehende Kemetberg seinen Namen verdankt. Man darf sich ja nicht vorstellen, daß in früherer Zeit Transporte über die Almen den Winter über eingestellt werden mußten. Im Gegenteil, gerade die Weinfuhren liefen vom Spätherbst bis in das Frühjahr hinein, und es war nicht selten notwendig, daß die Schneewächten auf den Bergstraßen mit großem Aufwand ausgeschaufelt werden mußten. Gerade die gefrorenen Böden waren für die schweren Fuhren von Vorteil.

Nun finden sich in den Quellen aber auch Hinweise, die noch eine zweite Funktion der Hebstatt belegen, und zwar dort, wo Mauttarife oder sonstige Abgaben, die dort eingehoben wur-

Abb. 27: Wandernde Händler. Holzschnitt von Johann Zainer, 1476/77.

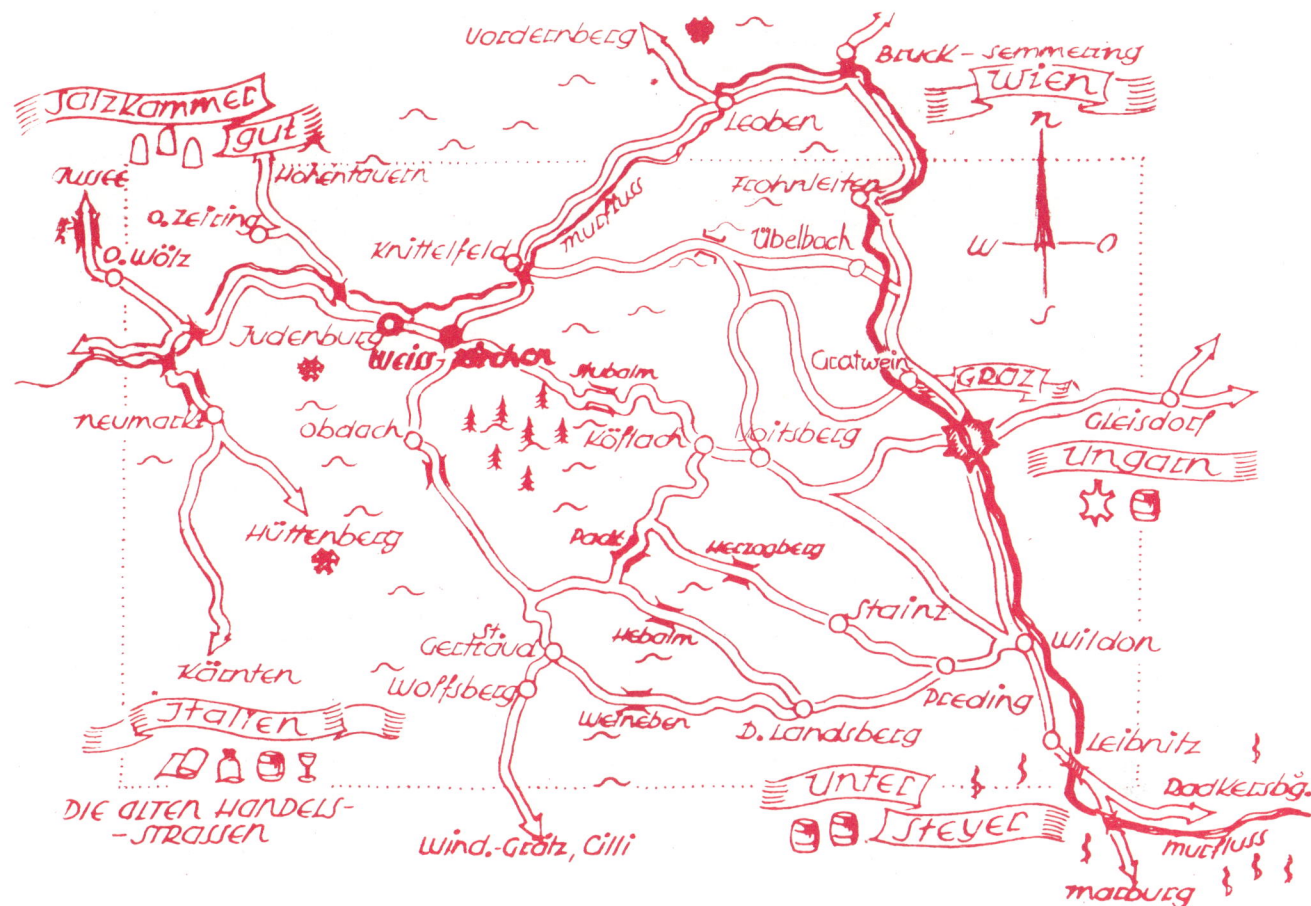

Grafik 10: Kartenskizze der steirischen Hebalmen.

den, bezeugt sind. Das wäre neben der transporttechnischen die rechtlich-finanzielle Seite der Hebstatt, die sekundär im Sinne des Einhebens einer Gebühr in der Namengebung mitanklingen könnte.

Am deutlichsten tritt uns das auf der Stubalpe entgegen, der durch ihre alten und wichtigen Handelsstraßen der Vorrang zukommt, so daß sie auch quellenmäßig besser faßbar wird. Einschlägige Urbare und Mautordnungen bieten genügend Hinweise auf dort bestehende Mautgerechtigkeiten. Dabei bestand gar keine unmittelbare Notwendigkeit, die Hebalmen selbst auch zu Mautstationen zu machen; schon der Verwaltungsaufwand sprach dagegen. Es war ja auch möglich und praktikabler, Mauten schon in den Örtlichkeiten am Fuß der Paßstraßen oder in den Filialmauten an ihren Zufahrtswegen einzukassieren.

Eine Situationsskizze des Alten Almhauses auf der Stubalpe aus 1718 läßt in ihren Zeichen für die alte und neue „Hebstatt" die Möglichkeit offen, dabei nicht nur an eine Umladerampe, sondern vor allem bei letzterem, quer über die Straße gestellten auch an einen Mautschranken zu denken.

So ist in der „Hebalm" oder „Hebstatt" das Schwergewicht ihrer Funktion zweifellos transporttechnischer Art, ein rechtlich-finanzieller Aspekt ist dabei wohl von möglicher, aber doch untergeordneter Bedeutung.

Der Name der „Hebalm" wird also zu einem Schlüssel, der uns einen weiten Blick in das Wirtschaftsleben vergangener Jahrhunderte öffnet. Mit dem technischen Fortschritt ist über die Funktion dieser Hebstätten längst das Vergessen der Zeit gewachsen. Die Verkehrslinien der Gegenwart sind aus Schienen, Asphalt und Beton. Die alten Hebalmen, dem Straßennetz der Ebenen entrückt, es aber doch über das Gebirge hinweg funktionell miteinander verbindend, gehören einer Zeit an, in der das Getriebe des Transportes noch mit natürlichen Pferdekräften in Gang gehalten werden mußte. Maschine und Motor machten sie überflüssig.

Literatur:

Franz Pichler, Die steirischen Hebalmen. In Siedlung, Macht und Wirtschaft. FS Fritz Posch zum 70. Geburtstag. Veröffentlichungen des Steiermärkischen Landesarchivs Bd. 12, Graz 1981, S. 165–173.
Mit allen Quellenbelegen und weiterer Literatur.

GRÜSS GOTT.

Die Philosophie von Minolta ist,
Kopierer und die Betreuung
seiner Kunden in einem zu
sehen.
Es ist leicht, höchste Ansprüche
an den Erfindergeist und an die
Fertigung eines großen
Unternehmens zu stellen, aber es
setzt mehr voraus, wenn ein
Kunde es als selbstverständlich
nehmen kann – die beste
Betreuung zu bekommen,
die es gibt.
Das ist ein Grund, warum
Kopierer, Laserprinter, Telefax
und Textsysteme immer öfter von
Minolta sind. Grüß Gott.

MINOLTA AUSTRIA Bürosysteme, 1131 Wien, Minolta-Haus, Amalienstraße 59–61, Telefon 826 921, Graz 915 666, Linz 669 666, Salzburg 78 6 76, Innsbruck 491 266, Dornbirn 63 666, Klagenfurt 5

Reiner Puschnig

Die Maut in Obdach

Zwei Straßen, die von Judenburg ausgehen, verlassen die Steiermark in Richtung Süden. Die eine Straße ersteigt den Neumarkter Sattel (850 m), zieht weiter in die alte Kärntner Herzogstadt St. Veit an der Glan, nach Villach, über die Höhe von Tarvis nach Friaul, Venedig und in die Lombardei. Die andere Straße wendet sich in das Tal von Obdach, überwindet die Obdacher Höhe (962 m) und führt weiter durch das Lavanttal nach Wolfsberg, Völkermarkt, Klagenfurt, Windischgraz, Cilli, Laibach und über den Trojana-Paß nach Triest. Man ist versucht, diese Straße als die „innerösterreichische" zu bezeichnen, durchmißt sie doch durchwegs innerösterreichisches Gebiet, bevor sie Triest erreicht, das ja seit 1382 zu Innerösterreich gehört. Noch 1882 wird diese Straße ausdrücklich als die Verbindung zwischen Judenburg und Cilli genannt. Die Wichtigkeit dieser Verkehrsverbindung erkennt man daran, daß 1900 über die Obdacher Höhe eine Eisenbahnlinie erbaut wurde, welche die Kronprinz-Rudolf-Bahn von Zeltweg aus mit der Südbahn in Cilli verband.

„Inner-österreichische" Straße

Der Verkehrsweg über die Paßhöhe zwischen dem Zirbitzkogel und dem Zug des Amering- und Größenberges war schon zur Römerzeit frequentiert, wie zahlreiche Römersteinfunde im Lavanttal und — steirischerseits — in Eppenstein und Weißkirchen erweisen. Die mittelalterlichen Burgen, welche diese Straße säumen, zeugen von der fortdauernden Bedeutung dieses Weges.

Römersteinfunde

Die Straße über die Obdacher Höhe war allerdings weit stärker durch Wetterunbilden und vom rauhen Klima, das hier herrscht, gefährdet als die Paßstraße von Neumarkt. Auf diesem, östlich des Zirbitzkogels gelegenen Gebirgsübergang gab es Stürme, Regengüsse, viel Schnee und Unwetter. Dies war auch die Ursache, daß ein Hospiz entstand, das „Obdach" für die Wandernden und Fahrenden.

„Obdach" für die Wandernden und Fahrenden

Aus diesem Obdach, vergleichbar dem Spital am Semmering, dem Spital am Pyhrn und anderen, entwickelte sich ein Ort, der in der ersten Hälfte des 14. Jhs. das Marktrecht erhalten hat. Dieser landesfürstliche Markt Obdach besaß für die Instandhaltung der Straße, der Wege und Brücken auf der Paßhöhe das Mautrecht auf alle ein- und durchgeführten Waren und Güter, Tiere und Fuhrwerke. Genaue Mauttarifordnungen sind von 1530, 1613 und 1713 erhalten, welche die einzelnen Warenposten präzisieren.

Mautrecht

Im 16. Jh. versuchte der Markt Obdach immer wieder, bei Unwetterschäden an den Verkehrseinrichtungen die hohen Wiederherstellungskosten an die landesfürstliche Hofkammer in Graz abzuschieben. Diese aber wies den Markt ständig ab mit dem Hinweis, Obdach habe gerade für diese Kosten die Maut zugesprochen erhalten. Die Hofkammer drohte einmal sogar, die Mautrechte dem Markt zu entziehen.

Obdach hat bei verschiedenen Katastrophen ein Gutteil seines Archivs verloren. Auch die Markterhebungsurkunde König Friedrichs des Schönen besteht nicht mehr. Glücklicherweise sind gerade über die Maut einige Akten erhalten geblieben, so daß man einen ziemlich genauen Einblick in den Handelsverkehr gewinnen kann. Dieser war anscheinend recht umfangreich. Im 17. Jh. wird von jährlich 17.000 Fuhren Salz und Eisen berichtet, die aus der Steiermark an die Verleger nach Wolfsberg und Windischgraz gingen, was einem Durchschnitt von rund 50 Fuhren pro Tag entspricht. Und als zu Pestzeiten, wie etwa bei der schweren Epidemie von 1713, durch das Militär ein dichter Kordon von Judenburg über Obdach gezogen wurde, waren es nicht die Obdacher, die sich am eindringlichsten beklagten, sondern die Eisenobmänner in Trofaiach und Leoben und der „Salzversilberer" in Windischgraz.

Mautgebühren

Die Mautgebühren nahm der Marktrichter von Obdach ein. Er hatte für die Maut eine Pauschalgebühr von 41 Gulden an die landesfürstliche Herrschaft Eppenstein zu entrichten, der Rest blieb ihm, d. h. dem Markt für die Instandhaltungsarbeiten der Wege und Brücken. Obgleich die Mautabgaben nur Pfennigwerte — durchwegs unter 20 Pfennig — betrugen, waren die Einnahmen doch recht beachtlich, was wieder auf starken Warenverkehr schließen läßt. Die Monatseinnahmen beliefen sich winters auf 61 Gulden, sommers auf etwas über 20 Gulden. Im Winter wurde also viel mehr Ware verfrachtet als im Sommer, was wiederum ein Licht wirft auf die Wegeverhältnisse: Auf der glatten Schnee- und Eisbahn konnten mehr Lasten auf Schlitten transportiert werden als im Sommer auf Wagen und Karren über die vielfach zerrissenen, aufgeweichten Straßen; konnten die gefrorenen Wasserläufe leichter überquert werden als die Wildbäche mit teilweise abgebrochenen Ufern. Für Mensch und Tier waren offenbar Winterkälte und Schneestürme kaum Hindernisse, wobei allerdings bedacht werden muß, daß die Tagesetappen damals ja ziemlich kurz waren.

Warentransporte bedienten sich der Wagen, zuweilen der „Doppelwagen", der Karren, deren

Warentransport

Tragfähigkeit 1.000 bis 1.500 kg betrug; sie waren mit zwei oder vier Pferden bespannt. Mehr als vier Zugtiere waren wegen der Enge der Straßen und einiger enger Kehren nicht verwendbar. Winters und sommers fanden auch Schlitten Verwendung: Unempfindliche Güter wurden auch in der wärmeren Jahreszeit auf Kufen statt auf Rädern gezogen, wobei meist Ochsen vorgespannt wurden. Die Hauptmasse des Warentransportes leisteten aber die Saumtiere, Pferde und wohl auch Esel. Diese konnten 100 bis 150 kg tragen, wobei die Last meist auf beide Seiten verteilt wurde: zwei Körbe, zwei Säcke, zwei „Lageln" (Fäßchen) standen in Verwendung. Und schließlich war es der Mensch, der „Kraxentrager", der im Transport eine bedeutende Rolle einnahm. Das Normalgewicht für den Kraxentrager waren 100 Pfund (56 kg). Empfindliche Güter wurden auf dem Rücken getragen: Flachglas aus Venedig, Glaswaren überhaupt, „Kramware", Papier, Bücher, Bilder u. a.

Wein

An der Spitze der Mauttarifordnungen standen stets die Weine; zunächst die Edelweine: In der Tarifordnung von 1530 führt der „Rainfol", sonst auch Raifal oder Raffal genannt. Das war ein schwerer, gelblich gefärbter, süßer Wein von würzigem Aroma, dessen Name sich vom italienischen „rivoglio" herleitet, denn er kam aus der Lombardei von den Ufern (rive) des Flusses Oglio. Gegen Ende des 16. Jhs. wurde dieser beliebte Edelwein schon in Friaul und im Görzischen, zwischen Triest und Aurisina (heute Nabresina) angebaut. Viel importiert wurde auch der „Malvasier", ein griechischer süßer Rotwein, der seinen Namen von der Stadt Monemvasia an der Ostküste des Peloponnes hatte und über Venedig bezogen wurde. In den Türkenkriegen versiegte diese Bezugsquelle gänzlich. Gegen Ende des 16. Jhs. wurden diese beiden Weine durch den „Muskateller" ersetzt, der, ursprünglich spanisches Gewächs, bald auch in Friaul gezogen wurde.

Groß war ferner die Weineinfuhr aus Krain. Diese Sorten hießen „Marweine" (auch Marchweine), weil sie aus der Mark Krain kamen. Sie waren selbstverständlich wohlfeiler als die genannten Edelweine.

Salz

In der Tarifliste folgte sogleich darauf das Salz, das hauptsächlich von Saumtieren, Kraxentragern, aber gelegentlich auch auf Wagen transportiert wurde. 1530 findet sich die Bestimmung: Wenn ein Frächter das Salz nicht durch den Markt, sondern auf einem Umweg am Markt vorbeiführe, müsse er bei der Gegenfuhr seine Weine mit dem doppelten Satz vermauten. 1613 findet sich die Bestimmung, daß ein Salzfrächter, der sein Salz nicht auf dem Marktplatz von Obdach ablege, dieses mit doppeltem Tarif vermauten müsse. Das sind die einzigen Hinweise, daß der Markt Obdach sowohl das „Fürfahrtrecht" als auch das Niederlagsrecht hatte: ein Großteil des Marktarchives ist ja leider verloren gegangen.

Transport von Fischen

Die Ein- und Durchfuhr von Fischen spielte eine besondere Rolle. Die Transporte dieser Fastenspeise gingen zwar mit dem Eindringen der Reformation zurück, doch scheinen Fische stets ein beliebtes Volksnahrungsmittel gewesen zu sein. Zu Beginn des 16. Jhs. kamen die Fische fast ausschließlich aus der Nordsee: Heringe, „Platei" (Scholle), Stockfisch usw., wobei die süddeutschen Handelsstädte, voran Augsburg, eingeschaltet waren. Nach der Mitte dieses Jhs. vollzog sich auch hier ein Wandel, indem nun zunehmend der „Hausen", ein Adriafisch, eingeführt wurde. Die höchste Mautgebühr wurde für „grünen" Fisch (lebende Fische) verlangt, ein Mehrfaches der übrigen Sätze.

Eisen

Daß die Eisentransporte eine wichtige Position darstellten, versteht sich von selbst. Roheisen, Stahl, gezogenes Eisen, wurden auf Wagen verfrachtet, ebenso Zinn- und Schwarzbleche, 1713 dazu noch Blei, Kupfer, Zinn. Faßweise oder zu je Tausend vermautet, passierten Nägel aller Art den Markt. Messer und Klingen wurden hier zugerechnet, Sensen, Hacken und Hauen bildeten eine eigene Sparte, entsprechend der damaligen Handwerksorganisation.

Nach Italien gingen Startinfässer (525 Liter) mit Honig, dem einzigen Süßstoff jener Zeiten. Er kam, soweit man sieht, vorwiegend aus Ungarn. Nach der Eroberung Ungarns durch die Türken mußten die Transporte auf die Semmeringroute umschwenken; sie erreichten von Judenburg aus die Straßen nach dem Süden. Wachs, ebenfalls in ziemlich bedeutenden Mengen, faßweise auf Tragtieren gesäumt, kam ebenfalls meist aus Ungarn und Polen. Das Wachs war ein unentbehrlicher Grundstoff für Medikamente und Kosmetika, für deren Erzeugung Venedig bekanntlich eine Metropole war. Nicht angeführt wird der Speik, jene aromatische Wurzel von den Höhen des Gleinalmzuges, wofür im nahegelegenen Weißkirchen ein großes Depot bestand. Da Judenburg ein Monopol auf den Speikhandel nach Venedig besaß, scheint diese Droge, ebenso wie das Arsen aus dem Kothgraben bei Weißkirchen, ausschließlich über Neumarkt transportiert worden zu sein.

„Venedigische Waren"

Als Gegenfuhren kamen neben den schon erwähnten Weinen die sogenannten „venedigischen Waren" über Obdach in unser Land. „Venedigisch" ist dabei nicht allzu wörtlich zu verstehen, da im 17. Jh. auch „savoische" Seide hier inbegriffen war. Zunächst werden die Südfrüchte aufgezählt: Weinbeeren (Rosinen, 1713 auch Zibeben), Mandeln, Feigen, Pomeranzen

(Pommes d'Orange), Granatäpfel, ferner saumweise Lorbeerblätter; außerhalb der Mautlisten erscheinen in den Rechnungen auch Bockshörndln (Johannisbrot) und Limonen. Von Venedig wurde jedoch auch Glas – Fensterglas nur durch Kraxentrager – und Glaswaren, wie Schüsseln und Trinkgläser, ferner Seidenware und die venezianische Seife, die als Luxusware beliebt war, eingeführt. Eigens angeführt wird „Wällischarbeit", also italienische Handwerkserzeugnisse: Schüsseln, Gläser, Becher. Sie wurden überwiegend auf Wagen transportiert. „Wällischarbeit"

„Fettlgut" verzeichnen alle Mautregister. „Fedeln" bedeutet „mit Hab und Gut übersiedeln". Es ist immerhin bevölkerungspolitisch auffallend, daß für solche Fälle ein eigener Posten festgesetzt ist. Der Mauttarif blieb für dieses Umzugsgut durch 200 Jahre völlig unverändert. 1613 hieß es ausdrücklich: „Fettlgut, das einer führt – es sei viel oder wenig – und weil es meistens arme Leute betrifft, nach dem alten Tarifa" (nämlich 18 Pfennig per Fuhre).

Krämerware erscheint in den alten Listen nicht spezifiziert; 1723 jedoch wird erstmals Schießpulver ausdrücklich genannt: Der Zentner (56 kg) Scheibenpulver, bestimmt für die bürgerliche Schießstätte, mußte mit 16 Pfennig, das Hakenpulver für die Hakenbüchsen der Marktverteidigung und die Raubtierjagden mit 12 Pfennig vermautet werden.

Die Hausierware wurde in „Tragln" transportiert. Nürnberger und Augsburger Ware, teils aus Silber, leider nicht näher aufgegliedert, kostete, wie auch feine weiße Spitzen, 8 Pfennig Maut, 1 Trage Bilder und Bücher 4 Pfennig. Bei „Häfen" (Tongeschirr) und Sechtern und Eimern (Bindererzeugnisse) gab es Unterschiede: Von Einheimischen mußte die Saumlast mit 6, aus Kärnten die Trage mit 2 Pfennig vermautet werden. Für eine Fuhre Lehm wurden 2 Pfennig Gebühr verlangt.

Textilien wurden reichlich durchgeführt: vor allem Loden und „Kotzen" – Dinge, die für den Fuhrwerksverkehr und die Wanderer von Wichtigkeit waren. „Wällische" Wolle je Zentner war doppelt so hoch zu verzollen als deutsche; Tuche, Schneiderware (fertige Wämse und Hosen), Leinen je Elle (77 cm) gingen wohl hauptsächlich in die nähere Umgebung des Marktes; an feineren Textilien werden der „Arras", der damals teuerste Seidenstoff, ferner Atlas, Taft und Samt genannt. Textilien

Kürschnerware gehörte damals nicht zu den Luxusdingen, sondern war für die winterlichen Fahrenden und Wandernden bittere Notwendigkeit; dementsprechend war der Mautsatz nicht sehr hoch. Lederwaren gehörten zu den meist verführten Dingen: Riemenzeug für Pferde und Wagen, für die Tragtiere der Säumer, Gürtel für Männer und (teurere) für Frauen. 1713 wird erstmals das feine „Corduanleder" („Cartaban-Häutl") genannt.

Von rohem und ausgezogenem Flachs, von Hanf und Garn wurden durchschnittlich je Saum 12 Pfennig genommen. Bäuerliches Gerät: Eimer, Sechter, Tröge, Dreschflegel und Schleifsteine wurden verhältnismäßig niedrig vermautet – obgleich mehrmals der Zusatz beigefügt wird, „was für Arbeit ist", d. h. je nach Qualität.

An Lebensmitteln werden verzeichnet: Getreide, gebackenes Fleisch (geringe Mengen), Speck, Schmalz (Butterschmalz), „Schmer" (Schweinefett) und Unschlitt; alle wurden zentner- Lebensmittel

Abb. 28: Überschrift der Obdacher Mautordnung von 1530.

weise vermautet. Am Schlusse der Mautliste steht das einheimische Obst: ein Schlitten Obst 2 Pfennig Maut, ein Saum Äpfel, Birnen, Nüsse sowie ein Saum Kletzen (gedörrte Birnen und Zwetschken) gaben je einen Pfennig. „Grünes", also frisches Obst, wird nur 1613 erwähnt.

Viehmärkte

Beträchtliche Einnahmen erbrachte das nach und durch Obdach getriebene Vieh, namentlich anläßlich der drei Viehmärkte, die im Markt stattfanden: Pferde, bei denen zwischen „Fahrpferden" und gekauften Pferden tariflich unterschieden wurde, Ochsen, Kühe, Schweine, Kälber und Frischlinge (Ferkel) werden genannt; die Käufer kamen vielfach aus Kärnten.

Mautbefreiung

Für die Bauern in der Umgebung Obdachs gab es Mautbefreiungen. Das Weistum sagt aus: „Es ist von alter Herkommen, daß in der ganzen Pfarre Obdach ein jeder angesessene Bauer — deren bei 260 sind — jährlich zwei Achtl Hafer (Judenburger Stadtmaß) gehäuft geben soll dem Marktrichter zu Obdach. Der Richter muß aber jährlich danach schicken und (selbst) einsammeln lassen. Dafür ist jeder Bauer, der den Hafer gibt, ein ganzes Jahr mautfrei bei Dingen, die er für seinen Hausgebrauch kauft oder verkauft." Die wenigen erhaltenen Ablieferungsverzeichnisse zeigen eine nicht immer gute Ablieferungsmoral.

So hat ein Blick in einige Mautakten des Marktes Obdach dargetan, daß auch eine Nebenstraße, nämlich die Straße von Weißkirchen durch das Granitzental und Obdach in das kärntnerische Lavanttal und weiter bis zum Adriatischen Meer, im Südhandel nicht unbedeutende Funktionen erfüllte und neben der offiziellen „Italienerstraße" über Neumarkt durchaus eigene, besondere Aufgaben zu erfüllen hatte.

Abb. 29:
Der heute noch stehende
mittelalterliche Torturm des
Marktes Obdach
(Erika Metzger).

Anmerkungen:

Der genaue Text der Mautordnung Obdachs von 1530 wird in der 1990 erscheinenden „Geschichte des Marktes Obdach" abgedruckt werden.

Joseph v. Zahn hat in seinen Steirischen Geschichtsblättern IV/1883, S. 207ff., die Mauttarifordnungen von Sölk (1480), Hohenmauthen (1489), Eisenerz (ca. 1500), Dürnstein (1575) und Windischgraz (1576) publiziert.
Othmar Pickl, Das Mautbuch von Vransko/Franz von 1584/85; in: Herbert Hassinger, FS, Wirtschaftsstudien 33. Folge, 1977, S. 307—329.
Ferdinand TREMEL, Aus dem ältesten Mautbuch der Stadt Judenburg 1542, in: Scripta Mercaturae II, München 1968, S. 26—36.

Helfried Valentinitsch

Die Verpachtung von Handelsmonopolen durch den Landesfürsten in Innerösterreich

Von der Mitte des 15. Jhs. bis zum Ende des 18. Jhs.

1. Einleitung

Der Begriff Monopol[1] ist seit jeher mit zahlreichen negativen Bewertungen behaftet, die das wirtschaftliche Handeln des Monopolinhabers von einem moralischen Standpunkt aus in Frage zu stellen suchen. Zu den gegen Monopole erhobenen Vorwürfen zählen — um nur einige anzuführen — die hemmungslose Ausnutzung einer beherrschenden Marktposition, die Verhinderung des freien Wettbewerbs, die Verdrängung von wirtschaftlich Schwächeren oder die absichtliche Herbeiführung von Verknappungserscheinungen, um dann umso höhere Gewinne zu erzielen. Auf die verschiedenen Erscheinungsformen von Monopolen kann nicht näher eingegangen werden, da wir uns hier auf die Handelsmonopole beschränken. Monopole, oder zumindest monopolistische Tendenzen, sind keineswegs eine Erscheinung des ausgehenden Mittelalters und der frühen Neuzeit, sondern lassen sich bis in die Antike zurückverfolgen. Im Mittelalter sind die privilegierten „Kollektivmonopole" der Zünfte besonders hervorzuheben, die den Zutritt zu den Gewerben zugunsten bestimmter Gruppen beschränkten. Im Handel wieder waren die Städte und Märkte bestrebt, ihren Bürgern durch das Niederlagsrecht und den Markt- und Straßenzwang zumindest im lokalen Bereich eine monopolartige Stellung zu sichern und den Fremdhandel auszuschalten. Bei allen diesen monopolistischen Tendenzen gingen jedoch die spätmittelalterlichen Auffassungen vom wirtschaftlichen Handeln von den Prinzipien des gerechten Preises und der Gleichheit innerhalb einer bestimmten Gruppe sowie von der damit verbundenen Sicherung des standesgemäßen Unterhalts aus, wodurch dem freien Gewinnstreben eines einzelnen Schranken gesetzt wurden.

Monopolistische Tendenzen

Diese Vorstellungen gerieten allerdings durch die von Italien ausgehende neue Wirtschaftsgesinnung des Frühkapitalismus ins Wanken[2]. Der Frühkapitalismus beruhte — wie es Werner Sombart[3] treffend formuliert hat — auf der konsequenten Anwendung des Erwerbsprinzips und des ökonomischen Rationalismus. Der teils von besonders erfolgreichen Einzelunternehmen, teils von großen Handelsgesellschaften getragene Frühkapitalismus setzte sich zuerst im Geldgeschäft, im Montanwesen sowie im Fernhandel durch und fand über das Verlagssystem auch im Gewerbe Eingang. Zu den wichtigsten Organisationsformen des Frühkapitalismus zählten Monopole und Kartelle[4]. Seit dem 15. Jh. errichteten die westeuropäischen Nationalstaaten, die Republik Venedig und schließlich die meisten anderen europäischen Staaten Handelsmonopole, um diese dann zu verpachten. Eine Gegenbewegung setzte sich zuerst in England durch. Ein Gerichtsurteil schaffte hier 1602 das verhaßte Spielkartenmonopol ab und formulierte gleichzeitig neben der Handels- und Gewerbefreiheit auch die Rechtswidrigkeit der Monopole[5]. Diese Grundsätze erhielten 1624 vom englischen Parlament Gesetzeskraft, nahmen aber Patente für Erfindungen und Privilegien für Überseehandelsgesellschaften davon aus. In den übrigen europäischen Staaten brachten erst die Ideen des Merkantilismus eine differenzierte Haltung gegenüber den Monopolen. Die Verpachtung von Handelsmonopolen stieß nun zunehmend auf Ablehnung, während Monopole unter staatlicher Regie gefördert wurden.

Frühkapitalismus

Monopole und Kartelle

Ideen des Merkantilismus

Im vorliegenden Beitrag wird nun — gestützt auf umfangreiche archivalische Studien — die Monopolpolitik des Landesfürsten in Innerösterreich von der Mitte des 15. bis zum Ausgang des 18. Jhs. dargestellt, wobei der Schwerpunkt auf der Errichtung und Verpachtung von Handelsmonopolen liegt. Die seit den habsburgischen Länderteilungen des 14. Jhs. gebräuchliche Bezeichnung „Innerösterreich" umfaßte in der frühen Neuzeit die historischen Herzogtümer Steiermark, Kärnten und Krain, die Grafschaft Görz, die beiden Seehäfen Triest und Fiume/Rijeka sowie das habsburgische Küstenland. Nachdem die innerösterreichische Ländergruppe zwischen 1564 und 1619 sogar ein nahezu selbständiges Staatswesen gebildet hatte, blieb sie bis zu den Reformen der Kaiserin Maria Theresia eine große Verwaltungseinheit mit eigenen Zentralbehörden in Graz. Im hier behandelten Zeitraum nahm die Wirtschaft der innerösterreichischen Ländergruppe gegenüber den anderen habsburgischen Territorien eine gewisse Sonderstellung ein, die in erster Linie von den reichen Bodenschätzen und den jahrhundertelang auf Venedig ausgerichteten Verkehrslinien bestimmt wurde[6]. Die wichtigsten Ausfuhrgüter und damit auch Gegenstand eines oft weit gespannten Fernhandels waren Eisen und Stahl[7], verschiedene andere Bergbauprodukte sowie Schlachtvieh, Honig und Speik. Für den

„Innerösterreich"

Export bestimmte Fertigwaren wurden praktisch nur vom eisenverarbeitenden Gewerbe hergestellt[8]. Von der innerösterreichischen Wein- und Getreideproduktion kam der größte Teil auf den Inlandsmarkt, weshalb nur der Rest ausgeführt wurde. Das in Aussee erzeugte Salz war lange kein Exportartikel, wurde aber im 17. Jh. zeitweilig auch nach Westungarn und Kroatien ausgeführt. Im Gegenhandel kamen hauptsächlich hochwertige Textilien und andere Fertigwaren sowie Gewürze, südländischer Wein und Meersalz nach Innerösterreich. Eine große Rolle spielte schließlich der Transithandel mit verschiedenen Waren aus Ungarn und Südosteuropa, unter denen der Handel mit Schlachtvieh, Häuten, Honig und Wachs besonders hervorzuheben ist[9].

2. Die Anfänge der landesfürstlichen Handelsmonopole 1460–1564

Im Spätmittelalter war die Beteiligung der innerösterreichischen Kaufleute an den verschiedenen Zweigen des Exporthandels von mehreren Faktoren abhängig. Dazu zählten Kapitalkraft und unternehmerisches Geschick sowie die Entfernung ihres Standortes vom jeweiligen Produktionsgebiet und von den Hauptverkehrslinien nach Italien, Süddeutschland, Ungarn und Südosteuropa. Noch im 15. Jh. setzte im innerösterreichischen Exporthandel eine Entwicklung ein, in deren Verlauf einzelne Kaufleute allmählich ihre Mitkonkurrenten überflügelten. Dieser vom Frühkapitalismus mitbestimmte „Konzentrationsprozeß" wurde nun — zunächst nur in einigen Bereichen — durch die Pacht eines vom Landesfürsten errichteten Handelsmonopols zusätzlich verstärkt. Die Grundlagen dafür gehen in Innerösterreich auf Kaiser Friedrich III. zurück. Er schuf nicht nur die Anfänge eines Grenzzollsystems, sondern behielt sich auch anläßlich der 1453 erfolgten Bestätigung der habsburgischen Hausprivilegien das Recht vor, zur Aufbesserung seiner Finanzen neue Abgaben und Zölle einzuführen[10]. Der erste Schritt in die oben genannte Richtung erfolgte 1460 beim Speikhandel, als Kaiser Friedrich III. der Stadt Judenburg gegen eine jährliche Zahlung das Privileg verlieh, den gesamten in der Steiermark gegrabenen Speik nach Italien und in die anderen habsburgischen Länder ausführen zu dürfen[11]. Besonders bemerkenswert ist hier, daß dieses Monopol noch nicht an einzelne Unternehmer, sondern der Stadt Judenburg verpachtet wurde, weshalb letztlich die ganze Stadtgemeinde davon profitierte. (Vgl. dazu im Detail den Beitrag von Johann Andritsch, Judenburg — der erste urkundlich genannte Markt der Steiermark.)

Die Verpachtung des Speikhandelsmonopols blieb zunächst für zwei Jahrzehnte eine Ausnahme. Erst 1481 entschloß sich Kaiser Friedrich III. erneut zur Schaffung und Verpachtung eines Monopols, als er dem Bürger zu St. Veit a. d. Glan, Hans Kaltenhauser, den Vitriolhandel nach Venedig einräumte[12]. Auch während der Regierungszeit Kaiser Maximilians I. wurden nur zwei Exporthandelsmonopole errichtet und verpachtet.

1512 überließ der Kaiser dem Handelsmann Leopold Murer zu Bruck a. d. Mur das Monopol für die Hüttrauchausfuhr (= Arsen) nach Venedig[13]. Die auch in Knittelfeld ansässige Kaufmannsfamilie Murer behielt nun fast ein halbes Jahrhundert lang das Monopol für den Italienhandel mit Hüttrauch, während die Ausfuhr nach Süddeutschland und in die Donauländer weiterhin den übrigen innerösterreichischen Kaufleuten überlassen blieb. Das zweite unter Kaiser Maximilian errichtete Handelsmonopol betraf den innerösterreichischen Ochsenhandel nach Venedig, an dem neben drei Villacher Bürgern auch der Günstling des Kaisers und spätere steirische Landeshauptmann Siegmund von Dietrichstein beteiligt waren[14]. Wann die Viehausfuhr erstmals monopolisiert wurde, läßt sich nicht genau feststellen. Sicher ist aber, daß Kaiser Maximilian im Jahr 1512 Dietrichstein auf sechs Jahre den Handel mit ungarischen und innerösterreichischen Schlachtochsen gegen eine jährliche Abgabe von 2.000 fl überließ. Dietrichstein und die

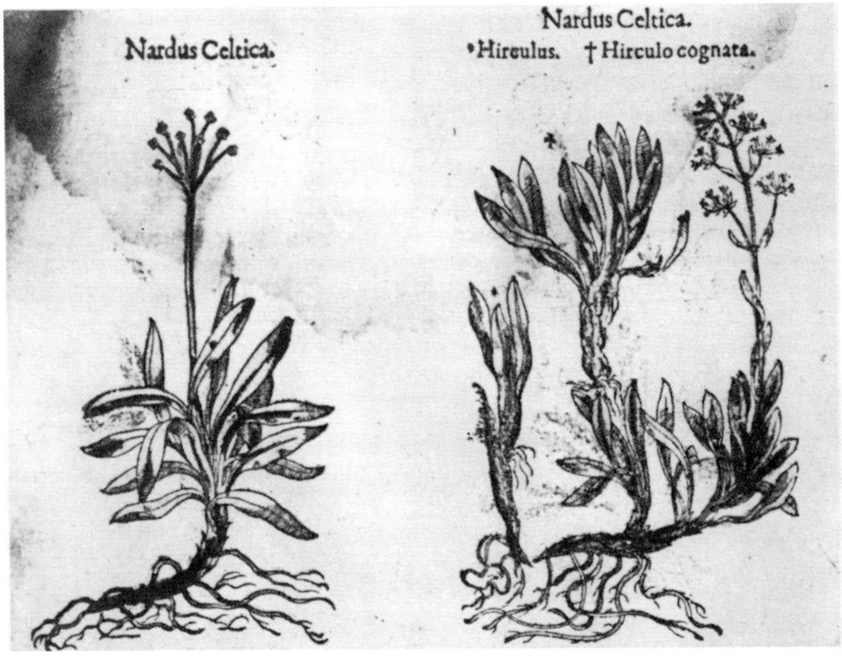

Grundlagen gehen auf Kaiser Friedrich III. zurück

Speikhandelsmonopol

Abb. 30: **Speik** *(Nardus Celtica). Diese Pflanze zählt einst zu den wichtigsten Exportgütern.*

von ihm als Strohmänner vorgeschobenen Bürger begnügten sich aber nicht mit dem Viehhandel, sondern strebten auch für andere Handelszweige ein umfassendes Monopol an. Diese Pläne stießen aber auf so großen Widerstand der Stände, daß Kaiser Maximilian I. 1517 lediglich das Ochsenhandelsmonopol Dietrichsteins halten konnte.

Die einseitige Bevorzugung Dietrichsteins fand unter Ferdinand I. keine Fortsetzung. Im Gegenteil, der Landesfürst war nun sogar bestrebt, in seinen Ländern die Monopolstellung eines einheimischen Unternehmers zu verhindern und bevorzugte stattdessen bei der Vergabe von wichtigen Handelsmonopolen die großen süddeutschen Handelshäuser. Die Motive für diese Politik lagen zunächst zweifellos einmal darin, daß die Habsburger auf die enorme Kapitalkraft und auf die internationalen Verbindungen der süddeutschen Hochfinanz angewiesen waren. Daneben spielten vermutlich auch innenpolitische Überlegungen eine Rolle, wobei die Auseinandersetzung zwischen dem Landesfürsten und den Ständen im Hintergrund stand. Da die reichen innerösterreichischen Kaufleute im Laufe der Zeit den Adelsstand erlangten und damit auch ein größeres politisches Mitspracherecht einfordern konnten, war der Landesfürst nicht daran interessiert, die Macht der Stände zusätzlich zu stärken. Am deutlichsten wird diese Entwicklung beim Handel mit dem in Idria erzeugten Quecksilber und Zinnober. Ende 1524/Anfang 1525, also zur selben Zeit, als die Antimonopolbewegung[15] im Reich einen Höhepunkt erreichte, erklärte Ferdinand I. den idrianischen Quecksilber- und Zinnoberhandel zum Monopol und übertrug dieses dem Augsburger Handelshaus Höchstätter[16]. Als Gegenleistung verpflichteten sich die Höchstätter, innerhalb von vier Jahren Quecksilber im Gesamtwert von 300.000 fl. abzunehmen und die Verkaufssumme dem Landesfürsten als Darlehen vorzustrecken. Gleichzeitig beschränkte der Landesfürst die von dem Villacher Bürger Wilhelm Neumann geführten idrianischen Gewerken auf die Betriebsführung und die Versorgung des Bergwerks. Für die innerösterreichischen Kaufleute bedeutete der Vertrag mit den Höchstättern einen außerordentlich schweren Schlag, da nun das idrianische Quecksilberhandelsmonopol bis 1659 in die Hände von verschiedenen ausländischen Großunternehmern geriet.

Quecksilber-monopol

3. Ausbau und erster Höhepunkt der Verpachtung von Handelsmonopolen 1564—1656

Durch die 1564 erfolgte Länderteilung der österreichischen Habsburger übernahm Erzherzog Karl II. die innerösterreichische Ländergruppe, die nun bis zur Kaiserwahl Ferdinands II. 1619 ein nahezu selbständiges Staatswesen darstellte. Der neue Landesfürst errichtete in seiner Residenzstadt Graz eigene Zentral- und Mittelbehörden, unter denen die Hofkammer für die landesfürstliche Wirtschaftspolitik zuständig war. Während der Regierung Erzherzog Karls II. (1564—1590), aber auch in den ersten Regierungsjahren seines Sohnes Ferdinand — des späteren Kaisers Ferdinand II. — erfolgte in der Frage der Handelsmonopole keine grundsätzliche Änderung. Die Verpachtung von landesfürstlichen Monopolen beschränkte sich daher in Innerösterreich bis in das erste Jahrzehnt des 17. Jhs. weiterhin auf nur wenige, aber recht gewinnbringende Handelszweige. An erster Stelle stand hier der Quecksilber- und Zinnoberhandel, der nach der 1575 erfolgten „Verstaatlichung" Idrias von süddeutschen und dann von venezianischen Unternehmern kontrolliert wurde[17].

Bevorzugung großer süd-deutscher Handels-häuser bei Monopol-vergabe

Das Handelsmonopol für Hüttrauch lag zunächst in den Händen des Salzburger Kaufmanns Thomas Steinhauser[18]. 1569 gab die Grazer Hofkammer den Handel mit Arsenik frei, übertrug ihn aber bereits im folgenden Jahr den beiden Kaufleuten Wolf Windisch aus Salzburg und Wolf Christallnig aus Murau. 1592 pachtete der Villacher Bürger Christoph Schwaiger die steirische und Kärntner Arsenikausfuhr und 1599 überließ ihm die Hofkammer auch noch den über Kärnten führenden Transithandel mit ausländischem Hüttrauch. Die 1599/1600 in Innerösterreich durchgeführte zwangsweise Rekatholisierung der Bürger veranlaßte aber Schwaiger, seine Heimat zu verlassen und nach Nürnberg zu übersiedeln, weshalb der Salzburger Großhändler Wolf Bauernfeind für fast zwei Jahrzehnte seine Nachfolge antrat. Neu war allerdings die in den siebziger Jahren des 16. Jhs. erfolgte Monopolisierung der Ausfuhr von Eibenholz, die an einen Nürnberger Kaufmann verpachtet wurde[19]. Um dieselbe Zeit bahnte sich auch im Handel mit innerösterreichischen und ungarischen Schlachtochsen nach Venedig eine neue Entwicklung an, als es den Aufkäufern venezianischer Gesellschaften nicht zuletzt auch durch großzügige Mautvorauszahlungen an den Kaiser und Erzherzog Karl von Innerösterreich gelang, die in Pettau und Laibach ansässigen Großhändler zu verdrängen[20].

Hofkammer

In den beiden ersten Jahrzehnten des 17. Jhs. geriet der innerösterreichische Landesfürst durch den langen Türkenkrieg (1593—1606) und den Uskoken- oder Gradiskanerkrieg (1615—1617/18)[21] gegen Venedig in eine derartige finanzielle Bedrängnis, daß nun die Verpachtung

Monopol-verpachtung wird zum System

von Exporthandelsmonopolen geradezu zum System erhoben wurde. Zur gleichen Zeit kam in Innerösterreich für die Pacht von landesfürstlichen Handelsmonopolen sowie von anderen Kameraleinnahmen der Begriff „Appalt" auf. Die ersten massiven Eingriffe Erzherzog Ferdinands in den Exporthandel erfolgten beim Handel mit Schlachtochsen, Honig und Wachs. Nachdem der italienische Großunternehmer Carlo Albertinelli 1607 den Quecksilber- und Zinnoberhandel gepachtet hatte, übernahm er 1611 auch noch den vom Landesfürsten zum Monopol erklärten Handel mit ungarischen und innerösterreichischen Schlachtochsen nach Italien[22]. Damit gelang es Albertinelli — wenn man vom Eisenhandel absieht — die beiden einträglichsten Zweige des Exporthandels jahrelang in einer Hand zu vereinen! Hingegen verlief die Entwicklung bei der Monopolisierung der Honig- und Wachsausfuhr weniger spektakulär. 1606 erhielt der Grazer Lebzelter Adam Passat nur das Recht, in der Steiermark und Kärnten Wachs und Honig aufkaufen und exportieren zu dürfen[23]. Erst 1615 ging Erzherzog Ferdinand einen wesentlichen Schritt weiter, als er sowohl den Transithandel mit ausländischem Honig und Wachs als auch den Export der einheimischen Produktion monopolisierte und zwei italienischen Unternehmern übertrug. Obwohl sich der Appalt sofort auf den innerösterreichischen Handel äußerst nachteilig auswirkte, verpachtete der Landesfürst 1618 auch noch die Ausfuhr von Leinwand und Eisennägeln sowie die Einfuhr von venezianischem Meersalz. Von diesen Maßnahmen waren aber besonders in Kärnten und Krain so große Teile der Bevölkerung betroffen, daß die neuen Appalte sofort auf den erbitterten Widerstand der Stände stießen. Angesichts des böhmischen Aufstandes und der akuten Nachfolgefrage im Reich mußte Ferdinand II. seine Erbländer nahezu um jeden Preis ruhig halten. Er hob deshalb im Frühjahr 1619 die neuen Monopole wieder auf, hielt aber weiterhin an der Verpachtung des Quecksilber- und Ochsenhandels fest.

1620 übernahm der aus Köln stammende Geschäftspartner Albertinellis, Friedrich Overholz, den Quecksilber- und Ochsenappalt[24]. Overholz gelang es, den Quecksilberhandel nach Spanien und Südamerika zu intensivieren. Dabei überspannte er jedoch seine Kräfte so sehr, daß er schließlich 1629 den Bankrott erklären mußte. Das genuesische Bankhaus Balbi ergriff die günstige Gelegenheit und brachte nun für rund drei Jahrzehnte den Quecksilberappalt unter seine Kontrolle. Der mit dem Quecksilbermonopol gekoppelte Ochsenappalt war bereits 1626 aus dieser Verbindung gelöst worden, als der Pettauer Kaufmann Matthias Qualandro den

Landochsenexport und den gesamten über Innerösterreich verlaufenden Tranisthandel mit ungarischem Schlachtvieh an sich riß! Allerdings mußte sich Qualandro ab 1631 mit dem Monopol für steirische und ungarische Ochsen begnügen, da der Kaiser den Kärntner Ständen als Gegenleistung für die Übernahme seiner Hof- und Kriegsschulden den Landochsenaustrieb überlassen hatte[25]. Die Kärntner Stände verpachteten nun für ihr Gebiet den Viehhandel nach Venedig für rund drei Jahrzehnte dem Mailänder Unternehmer Carlo Miglo. Nachdem Qualandro 1636 gestorben war, übernahm eine Gesellschaft, an der auch Miglo beteiligt war, sein Schlachtviehmonopol. Der wachsende Widerstand der ungarischen und türkischen Gegner des Ochsenappalts und die Verlagerung des ungarischen Transithandels nach Kroatien, führten aber bereits 1642 zum Zusammenbruch der Gesellschaft und damit des Handels auf der sogenannten „Laibacher Straße". Als Miglo 1645 erneut das Monopol für steirische und ungarische Schlachtochsen pachtete, gelang es ihm zwar, den Export wieder zu beleben, doch war die Blütezeit des schon seit Jahren rückläufigen Handels auf der „Laibacher Straße" endgültig vorbei.

Während des Dreißigjährigen Krieges war die Grazer Hofkammer bei der Verpachtung von anderen Handelsmonopolen jedoch bestrebt, einer offenen Konfrontation mit den Ständen möglichst aus dem Weg zu gehen. Zwischen 1618 und 1648 wurde deshalb nur mehr der Handel mit jenen Gütern monopolisiert, von denen die Interessen der adeligen Grundherren nicht unmittelbar betroffen waren. Als z. B. 1625 eine italienische Gesellschaft in Graz erneut die Monopolisierung der Meersalzeinfuhr ventilierte und außerdem auch noch den Getreideexport nach Venedig pachten wollte, lehnte die Hofkammer den Plan wegen des zu erwartenden Widerstands der Stände ab[26]. Unter den Monopolen, die nicht realisiert wurden, ist der 1620 dem englischen Seeräuber und Diplomaten Robert Elliot verliehene Seifenappalt besonders hervorzuheben. Elliot erhielt als Dank für den Aufbau einer Kriegsflotte während des Gradiskaner Krieges das Recht, 20 Jahre lang in Innerösterreich Luxusseife herstellen und ausführen zu dürfen, machte aber davon keinen Gebrauch[27].

Einige Handelsmonopole gelangten nun jahrzehntelang in die Hand eines einzelnen Unternehmers. 1621 übertrug die Hofkammer dem landesfürstlichen Beamten Hans Kaspar Dornberger auf 15 Jahre den Vitriolappalt[28]. Im folgenden Jahr pachtete der Wiener Kaufmann Hieronimo Bonacino den Exporthandel mit Speik und Lärchenpech[29]. Dieser Appalt wurde dann von 1630 bis 1664 vom Kaiserlichen Hofzahlmeister Thomas Eder und dessen Erben kontrolliert[30]. Im dritten und vierten Jahrzehnt des 17. Jhs. besaß der Kaufmann Andreas Meixner den Antimon- oder Spießglasappalt[31]. Hingegen wurde der zwischen 1602 und 1628 von der Salzburger Kaufmannsfamilie Bauernfeind beherrschte Arsenikhandel wieder für rund zwei Jahrzehnte freigegeben[32]. Andere Handelsmonopole vergab die Hofkammer nur für einige Jahre. 1632 pachtete der Bürger zu Hermagor Georg Möderdorf die Ausfuhr von Lärchenschwämmen[33]. Im nächsten Jahr erhielten der Görzer Kaufmann Franz Moscon und sein Kompagnon Marco Antonio Pizzinon das Recht, in Friaul Holz für Galeerenruder schlagen und ausführen zu dürfen[34]. 1643 erwarb der Bürger zu Oberwölz Hans Schittner das Ausfuhrmonopol für Ochsenhörner, Lärchenschwämme und Schweinsborsten[35]. Die Geschäfte des Appaltators verliefen aber so schlecht, daß Schittner in den völligen finanziellen Ruin stürzte. Die Hofkammer übertrug deshalb 1649 den Appalt auf vier Jahre dem Judenburger Kaufmann Zacharias Lechner und beschränkte das Monopol von vornherein auf die nordwestliche Steiermark. Nach Ablauf des Vertrags verzichtete jedoch die Hofkammer wegen der zu geringen Einnahmen darauf, einen neuen Pächter zu suchen und gab den Export von Ochsenhörnern, Lärchenschwämmen und Sauborsten wieder frei.

4. Das Appaltsystem unter Kaiser Leopold I. (1656–1705)

Merkantilismus

Die lange Regierungszeit Kaiser Leopold I. ist eng mit dem Merkantilismus, dem ersten wirtschaftspolitischen System der Neuzeit, verbunden. In den habsburgischen Erbländern wurde diese Periode maßgeblich von den drei Theoretikern Johann Joachim Becher, Wilhelm von Schröder und Philipp von Hörnigk mitbestimmt, die sich in den sechziger und siebziger Jahren des 17. Jhs. am Wiener Hof aufhielten[36]. (Vgl. dazu den Beitrag von Gerald Schöpfer, Zu den „Commercien" erziehen.)

Becher wandte sich besonders gegen die von privaten Unternehmern kontrollierten Monopole und verlangte stattdessen die Einrichtung von Staatsunternehmen[37].

Aufhebung des Quecksilberappalts

Im innerösterreichischen Exporthandel trat noch vor dem Auftreten der Merkantilisten insofern eine bedeutsame Änderung ein, als Kaiser Leopold I. 1659 auf Vorschlag des innerösterreichischen Hofkammerrates Abondio Inzaghi den jahrzehntelang von der Familie Balbi kontrollierten Quecksilberappalt aufhob und den Handel in Eigenregie übernahm[38]. Der zunächst von Inzaghi und dann von Hans Ludwig Mittermayr organisierte staatliche Quecksilberhandel verlief so günstig, daß daraus zeitweilig allein ein Fünfundzwanzigstel der gesamten Staatseinnahmen erzielt werden konnte! Bezeichnenderweise hatten Inzaghi und Mittermayer, als sie in den Dienst des Kaisers traten, bereits eine erfolgreiche Karriere als Privatunternehmer hinter sich gebracht und waren allein schon deshalb den im internationalen Handel völlig unerfahrenen Beamten der landesfürstlichen Finanzbehörden weit überlegen.

Trotz der günstigen Erfahrungen, die man bei der Aufhebung des Quecksilberappalts gemacht hatte, konnte sich die Grazer Hofkammer nicht dazu entschließen, auch bei den anderen monopolisierten Handelsgütern das Appaltsystem abzuschaffen. Zwischen 1656 und 1705 wurde vielmehr die staatliche Wirtschaftspolitik in Innerösterreich davon bestimmt, daß nun noch häufiger als früher Adelige und Angehörige der Hochbürokratie Handelsmonopole pachteten. Diese Entwicklung erreichte in den siebziger Jahren einen Höhepunkt und ging natürlich zu Lasten der einheimischen bürgerlichen Unternehmer. Sie erfuhr eine zusätzliche Verschärfung dadurch, daß im gleichen Zeitraum die Ausfuhr nach Venedig immer deutlicher zurückging, während der Handel nach Süddeutschland jahrzehntelang unter den Folgen des Dreißigjährigen Krieges zu leiden hatte.

Nach 1656 lag der Handel mit Schlachtochsen nach Venedig in den Händen Carlo Miglos (gest. 1664) und seines Partners Pietro Martyr Curti[39]. Der letztere mußte jedoch sein Monopol 1671 auf Druck des kaiserlichen Hofes der von Becher in Wien gegründeten Orientalischen Handelskompagnie überlassen[40]. Die vom Staat kontrollierte Gesellschaft erfüllte aber nicht die in sie gesetzten Erwartungen, weshalb zwischen 1674 und 1684 der Obereinnehmer zu St. Veit a. d. Glan, Lelio de Lucca, den Ochsenappalt übernahm. Zwischen 1676 und 1696 räumte allerdings die Grazer Hofkammer den Fürsten Eggenberg in ihrer Grafschaft Gradiska ein eigenes Monopol für den Handel mit innerösterreichischen Schlachtochsen ein, bis schließlich die aus Bergamo stammende Familie Millesi den gesamten Viehaustrieb nach Venedig pachtete[41].

Abb. 31:
Hofkammerrat
Abondio Inzaghi.

Der jahrzehntelang von Thomas Eder von Kainbach beherrschte Speik- und Lärchenpechappalt gelangte 1663 an den in Kärnten begüterten Grafen von Ortenburg. Sowohl Eder als auch der Graf Ortenburg betätigten sich nicht selbst im Handel, sondern verpachteten ihr Monopol an bürgerliche Unternehmer weiter. Einer dieser Pächter war der Villacher Apotheker Blasius Glantschnigg, der ab 1655 in Kärnten auch den Hüttrauchappalt besaß[42]. Nachdem Glantschnigg 1671 gestorben war, übernahm sein ebenfalls in Villach ansässiger Schwager Oswald Roßbacher für rund zwei Jahrzehnte den Hüttrauchexport[43]. 1690 erhielt der Villacher Kaufmann Georg Allesch das Ausfuhrmonopol für Arsenik, konnte sich aber erst 1704 endgültig gegen seinen venezianischen Konkurrenten Jakob Miller durchsetzen[44]. 1665 trennte der Graf von Ortenburg den Speik- und Lärchenpechhandel vom Arsenikmonopol und verpachtete ihn an Christoph Freisauf von Neudegg. 1672 trat neuerlich eine Änderung ein, als die Freiherrn von Dietrichstein für mehr als ein halbes Jahrhundert den Speik- und Lorietappalt an sich brachten[45].

Unter Kaiser Leopold I. wurden in Innerösterreich auch mehrere andere Handelsgüter monopolisiert und verpachtet. 1661 erhielt der Ochsenappaltator Carlo Miglio, der bereits 1655 aus Friaul Holz für 2.000 Galeerenruder ausgeführt hatte, einen neuen Holzappalt[46]. 1666 bewilligte die Hofkammer Franz Ignaz Freiherrn von Formentini für die Grafschaft Görz einen Ziegelappalt, bei dem es sich zugleich um ein Erzeugungs- und um ein Vertriebsmonopol handelte[47]. Vier Jahre später folgte Anton Graf Lantheri in Görz mit einem ähnlichen Monopol für Papier, das 1674 auch für die Stadt Triest ausgedehnt wurde[48]. 1675 verschaffte die Wiener Hofkammer unter Umgehung der innerösterreichischen Behörden den Administrator des staatlichen Quecksilberhandels, Hans Ludwig Mittermayr, das Ausfuhrmonopol für Kärntner Blei, das bis zum Ende des 17. Jhs. im Besitz seiner Familie verblieb[49]. Bei der Vergabe des Sensenappalts setzte sich der Wiener Hof ebenfalls über die innerösterreichischen Interessen hinweg. 1661 hatte Kaiser Leopold I. seinem ersten Minister, Albrecht Graf Zinzendorf, das ausschließliche Recht verliehen, die in Nieder- und Oberösterreich erzeugten Sensen, Sicheln und Strohmesser nach Polen auszuführen[50]. Die steirischen Sensenschmiede waren davon zwar nicht unmittelbar betroffen, doch führten die Geschäftspraktiken des Grafen dazu, daß 1677 die Innerberger Hauptgewerkschaft, die einen beträchtlichen Teil der steirischen Eisen- und Stahlerzeugung kontrollierte, an den Rand des Ruins geriet. Eine Besserung trat erst 1681 ein, als der Wiener Hof den Appalt Zinzendorfs nicht mehr erneuerte, sondern Hans Ludwig Mittermayr mit der Administration des Sensenappalts betraute.

Am meisten wurde jedoch die Bevölkerung der innerösterreichischen Länder von der Verpachtung des Tabakhandels betroffen. Das Rauchen, Schnupfen und Kauen von Tabak hatte noch während des Dreißigjährigen Krieges in Innerösterreich Eingang gefunden und verbreitete sich hier rasch[51]. Die reichen Gewinnmöglichkeiten, die der Tabakhandel den einheimischen Kaufleuten und Produzenten eröffnete, blieben aber den landesfürstlichen Finanzbehörden nicht lange verborgen. Wegen der großen Verbreitung des neuen Genußmittels zögerte jedoch die Regierung jahrelang mit der Einführung eines Monopols. 1664 wurde deshalb zunächst nur für die Grafschaft Görz ein Tabakhandelsmonopol errichtet und dem venezianischen Juden David Elias Israel übertragen, dem 1675 Isak Marpurgo als Appaltator folgte[52]. Erst 1678 führte die Grazer Hofkammer auch in der Steiermark, Kärnten und Krain

einen „Trink- und Schnupftabakappalt" ein, als dessen Pächter, der Grazer Großhändler Hans Christoph Liscutin und dessen venezianischer Partner Domenico Donadoni fungierten[53]. Die beiden Appaltatoren versuchten, sofort alle anderen Kaufleute am Tabakhandel zu hindern und erreichten zeitweilig auch eine Einstellung des heimischen Tabakanbaus. In der Steiermark traf das neue Monopol besonders die in Wildon und Mureck ansässigen Kaufleute, die sich vom Tabakhandel einen wirtschaftlichen Aufschwung erhofft hatten[54]. Der Tabakappalt Liscutins hatte bis 1700 bzw. 1704 Bestand. Im Jahr 1701 erklärte Kaiser Leopold I. die gesamte Produktion und den Verschleiß von Tabak offiziell zu einem Staatsmonopol, wobei aber sowohl die Eigenregie als auch die Verpachtung für staatliche Rechnung möglich war. Bereits 1704 wurde das Tabakmonopol wieder aufgehoben und durch eine als „Tabakaufschlag" bezeichnete Besteuerung ersetzt[55].

Zwischen 1656 und 1705 forderten wiederholt in- und ausländische Unternehmer die Grazer Hofkammer auf, auch bei anderen Handelsgütern das Appaltsystem einzuführen[56]. Die meisten Pläne betrafen den Handel mit Honig, Wachs, Meersalz und Spielkarten sowie mit dem als „Aqua vita", also als Lebenswasser bezeichneten Branntwein. Die Einführung dieser Monopole hätte aber so große Teile der innerösterreichischen Bevölkerung betroffen, daß die Hofkammerräte auf eine Realisierung verzichteten.

5. Der Ausklang des Appaltsystems im 18. Jahrhundert

Unter Kaiser Joseph I. (1705–1711), besonders aber unter Kaiser Karl VI. (1711–1740) wurde auch in den innerösterreichischen Ländern die staatliche Wirtschaftspolitik auf eine neue Basis gestellt, wobei jedoch die Interessen der Gesamtmonarchie im Vordergrund standen. Eine der ersten Maßnahmen Joseph I. war es deshalb, die Grazer Hofkammer, die rund 140 Jahre die Wirtschaft der innerösterreichischen Länder wesentlich mitbestimmt hatte, der Hofkammer in Wien unterzuordnen[57]! Die schon unter Leopold I. sichtbare und von den Ideen des Merkantilismus beherrschte staatliche Wirtschaftslenkung wurde nun unter seinen beiden Nachfolgern intensiviert. Der staatlichen Förderung von exportorientierten Gewerbezweigen war aber nur wenig Erfolg beschieden. Gleichzeitig verloren viele Handelsgüter, die in den letzten drei Jahrhunderten zu den wichtigsten Exportartikeln der innerösterreichischen Länder gezählt hatten, stark an Bedeutung. Der Exporthandel profitierte jedoch von der längst überfälligen Verbesserung der Infrastruktur und dem damit verbundenen Ausbau des Straßennetzes. Unter Karl IV. verlagerte sich schließlich auch die jahrhundertelang vor allem auf Venedig ausgerichtete innerösterreichische Ausfuhr auf die beiden 1719 errichteten Freihäfen Triest und Fiume/Rijeka. In der Frage der Verpachtung von Handelsmonopolen hatte sich bereits unter Joseph I. die Erkenntnis über die gravierenden Nachteile des Appaltsystems durchgesetzt. Die Regierung lehnte deshalb noch im ersten Jahrzehnt des 18. Jhs. verschiedene Vorschläge ab, in Innerösterreich für den Handel mit Olivenöl, Spielkarten, Kerzen und Talg neue Appalte zu errichten[58]. Dennoch konnte und wollte der Staat aber weiterhin nicht ganz auf das Appaltsystem verzichten[59]. In Innerösterreich beschränkte sich aber während des ganzen 18. Jhs. die Vergabe von Appalten nur mehr auf den Handel mit Tabak und Schlachtochsen sowie auf die ohnehin stark rückläufige Ausfuhr von Arsenik, Speik und Terpentin.

Maßnahmen Josephs I.

Beim Tabakmonopol verfolgte allerdings der Staat keine einheitliche Linie. 1723 richtete Karl IV. in Wien eine staatliche Tabakdirektion ein, vergab aber bereits zwei Jahre später den Tabakhandel an „Generalappaltatoren"[60]. 1758 übertrug die Regierung den Ständen der innerösterreichischen Länder gegen eine jährliche Pachtgebühr die Verwaltung des Tabakhandels. Für die Stände erwies sich aber die Übernahme des Tabakgefälls als so großes Verlustgeschäft, daß sie 1763 auf die Pacht verzichteten. Der Staat kehrte nun beim Tabakhandel erneut zum vielgeschmähten Appaltsystem zurück, bis schließlich 1784 Kaiser Joseph II. das Tabakmonopol wieder in staatliche Regie überführte.

Beschränkung des Monopolsystems

Beim Export bzw. Transit von Schlachtochsen nach Venedig hielt man jedoch jahrzehntelang weiter am Appaltsystem fest[61]. Ab 1709 mußte die inzwischen in Kärnten heimisch gewordene Familie Millesi den Appalt mit den Brüdern Antonius und Johannes Buquoy teilen, bis sie schließlich 1724 für mehr als vier Jahrzehnte die alleinige Kontrolle über die Schlachtochsenausfuhr wieder an sich reißen konnte. 1760 hob die Regierung wegen der wiederholten Proteste der Kärntner Stände das Monopol für den Austrieb der Kärtner Landochsen auf, beließ aber der Familie Millesi weiterhin die Ausfuhr für das steirische Schlachtvieh und den Transithandel mit Ochsen aus Ungarn, der Moldau und der Walachei. Erst als sich Kaiserin Maria Theresia 1767 zur vollständigen Freigabe des Viehhandels nach Oberitalien entschloß, konnte sich auch in den anderen innerösterreichischen Ländern der Schlachtviehexport im Wege des freien Handels entwickeln.

Im Gegensatz zum Ochsenhandel stellte die Regierung die Verpachtung des Exportmonopols für Arsenik bereits in den ersten Jahrzehnten des 18. Jhs. ein. Die Ursachen dafür liegen einerseits darin, daß schon um 1700 die Arsenkieslager der kleinen ostalpinen Hüttrauchbergwerke weitgehend erschöpft waren[62]. Andererseits stieß der aus der Steiermark und Kärnten ausgeführte Arsenik auf den internationalen Absatzmärkten zunehmend auf die Konkurrenz der sächsischen und böhmischen Produktion. Die Regierung verlieh zwar noch 1705 dem Villacher Gewerken Georg Allesch den Hüttrauchappalt, verzichtete aber bald auf eine neuerliche Verpachtung und hob schließlich das Monopol auf.

Am längsten hielt sich das Appaltsystem beim Handel mit Speik, also gerade bei jenem Exportartikel, mit dessen Monopolisierung im 15. Jh. — wenn man von der Reglementierung des Eisenhandels absieht — die ersten massiven Eingriffe des Landesfürsten in den innerösterreichischen Exporthandel erfolgt waren. Obwohl die Ausfuhr von Speik durch den jahrhundertelang betriebenen Raubbau rückläufig war, wurde 1714 der seit dem letzten Viertel des 17. Jhs. im Besitz der Familie Dietrichstein befindliche Speik- und Terpentinappalt für Steiermark und Kärnten gleich um 30 Jahre verlängert und von seinen Inhabern an den Bürger zu Radstadt, Abraham Seefeldner, weiter verpachtet[63]. Der letzte Appaltator war schließlich der Leobner Handelsmann Franz Jordan, der 1770 das Speik- und Terpentinmonopol übernahm. Erst 1787 erfolgte auch hier eine Verordnung, daß sie das Sammeln von Speik und Lärchenpech nicht länger als „Aerialgefälle" betrachten würde und gab damit das mehr als drei Jahrhunderte lang vom Landesfürsten beanspruchte Speikmonopol zugunsten des freien Handels auf[64].

6. Die Auswirkungen der Verpachtung von Handelsmonopolen auf die innerösterreichische Wirtschaft

Seit der zweiten Hälfte des 15. Jhs. errichtete der Landesfürst in den innerösterreichischen Ländern zahlreiche Handelsmonopole und verpachtete diese an kapitalkräftige Unternehmer. Diese zunächst nur vereinzelt angewandte Praxis wurde schließlich im 17. Jh. geradezu zum System erhoben. Der erste Höhepunkt wurde um 1615 erreicht, ein zweiter um 1670/80. Dem frühmodernen Staat bot die Verpachtung von Monopolen eine willkommene Gelegenheit, um sich neue und vor allem vom Steuerbewilligungsrecht der Stände unabhängige Einnahmen zu erschließen. Hinter diesen finanzpolitischen Maßnahmen standen allerdings keine langfristigen Überlegungen. Sie beruhten vielmehr auf einer Kette von Verlegenheitslösungen, die zumindest kurzfristig den dringendsten Finanzbedarf des Landesfürsten decken sollten. Seit dem Beginn des 17. Jhs. verwendeten die landesfürstlichen Finanzbehörden für die Verpachtung der als Kameraleinnahmen betrachteten Handelsmonopole den aus dem Spanischen und Italienischen übernommenen Begriff „Appalt". Als Grundlage seiner Monopolpolitik diente dem Landesfürsten die konsequente Anwendung seines Maut- und Zollregals, das seit dem 15. Jh. erweitert und schließlich im Sinn des Absolutismus neu interpretiert wurde. Im 17. Jh. versuchten außerdem die landesfürstlichen Finanzbehörden, das Appaltsystem auch durch den Hinweis auf Vorbilder in Frankreich, Spanien und Venedig zu rechtfertigen.

Die von den adeligen Grundherren dominierten Stände der innerösterreichischen Länder wehrten sich zwar, wie z. B. beim Viehhandel, wiederholt massiv gegen einzelne Handelsmonopole, die ihre wirtschaftlichen Interessen berührten, ließen aber bei den übrigen Appalten die einheimischen bürgerlichen Unternehmer im Stich. Die landesfürstlichen Beamten waren daher bestrebt, einer Auseinandersetzung mit den Ständen möglichst aus dem Weg zu gehen und beschränkten sich deshalb bei der Schaffung und Verpachtung von Handelsmonopolen in der Regel auf jene Güter des innerösterreichischen Export- und Transithandels, von denen die Grundherren nicht unmittelbar betroffen wurden. Zwischen dem 15. und 18. Jh. monopolisierte und verpachtete der Landesfürst in Innerösterreich den Exporthandel mit Quecksilber, Zinnober, Arsenik oder Hüttrauch, Antimon, Vitriol, Lärchenpech oder Terpentin, Holz für die Herstellung von Schiffsrudern und Armbrustbögen, Ochsenhörnern, Lärchenschwämmen, Schweinsborsten, Speik, Honig, Wachs, Schlachtochsen, Papier, Eisennägeln und Sensen. Bei den Importwaren beschränkte er sich im wesentlichen auf die Monopolisierung des Tabakhandels. Auffällig ist nun, daß so zentrale Bereiche der innerösterreichischen Wirtschaft, wie das Eisen- und Salzwesen, nie zum Gegenstand eines Appalts wurden. Die Ursachen für diese Haltung lagen nicht nur in den organisatorischen Schwierigkeiten, die bei der Durchführung eines solchen Projektes zu erwarten waren, sondern in der Einsicht, daß eine Preisgabe dieser Bereiche die Wirtschaft des Landes schwer erschüttert hätte[65].

Der wichtigste Vorteil des Appaltsystems lag für den Landesfürsten darin, daß er vom Pächter des Monopols sofort Bargeld erhielt, das dann aus den Mautgebühren oder, wie z. B. beim Quecksilberappalt, mit Hilfe von Sachlieferungen zurückerstattet wurde. Im 16. und 17. Jh. stammten die größten Geldmittel aus dem Quecksilberappalt. So erlegte z. B. 1607 Carlo Albertinelli bei der Übernahme dieses Monopols die für innerösterreichische Verhältnisse gigantische Summe von 180.000 fl.[66] Auch beim Ochsen- und Honigappalt waren beträchtliche Mittel im Spiel. Zwischen 1611 und 1622 zahlten die Viehappaltatoren für den Austrieb von etwa 52.000 Rindern Gebühren in der Höhe von rund 125.000 fl.[67] Der Honigappaltator Johann Peter Soldan verpflichtete sich 1615, jährlich eine Pachtgebühr von 3.000 fl. zu entrichten und außerdem ein zinsenloses Darlehen von 15.000 fl. vorzustrecken[68]. Bei den übrigen Monopolen bewegten sich die Zahlungen der Appaltatoren in einem wesentlich geringeren Umfang. Bei manchen Appalten waren die Einnahmen des Landesfürsten geradezu lächerlich. Der 1649 für den Handel mit Ochsenhörnern, Lärchenschwämmen und Schweinsborsten abgeschlossene Appalt brachte jährlich nur 20 fl.[69] Aus dem Antimonappalt kamen um 1630 sogar nur 6 fl. pro Jahr herein[70]! Die mit Hilfe der Appalte aufgebrachten Geldmittel flossen nur zum geringeren Teil in die Kassen des Landesfürsten. Um 1600 diente der Quecksilberappalt hauptsächlich zur Finanzierung der Heiratspolitik und der Repräsentationsbedürfnisse des Grazer Hofes. Nach der Kaiserkrönung Ferdinands II. verwendete man die Einnahmen aus dem Quecksilbermonopol für den Unterhalt des kaiserlichen Gesandten in Madrid, der während des Dreißigjährigen Krieges in der Diplomatie der österreichischen Habsburger eine

Schlüsselposition einnahm. Die Einnahmen aus den übrigen Appalten wurden jedoch verschiedenen, dem Landesfürsten nahestehenden Personen oder einzelnen Beamten der innerösterreichischen Zentralverwaltung als Gnadengeld überlassen. Beim Festhalten der landesfürstlichen Finanzbehörden am Appaltsystem spielten aber nicht nur fiskalische Motive und das Versorgungsstreben der Beamten und Adeligen, sondern auch organisatorische Überlegungen eine Rolle. Der frühmoderne Staat mit seinem noch relativ kleinen Behördenapparat war nämlich im unteren Bereich nicht vertreten und konnte deshalb die von ihm errichteten Handelsmonopole weder durchsetzen noch kontrollieren. Der Landesfürst delegierte daher gleichsam seine Hoheitsrechte an den Appaltator, der den Markt am besten kannte.

Die eigentlichen Nutznießer des Appaltsystems waren in der Regel die Appaltatoren. Im 16. Jh. befanden sich die einzelnen vom Landesfürsten vergebenen Handelsmonopole in der Hand von süddeutschen, italienischen und einigen einheimischen Unternehmern. Bald nach 1600 trat aber eine tiefgreifende Änderung ein, als vom Landesfürsten auch aus politischen und konfessionellen Gründen massiv geförderte italienische Kaufleute mit Hilfe der Appalte wichtige Zweige des innerösterreichischen Exporthandels an sich rissen[71]. Außerdem bemühten sich nun auch einflußreiche Angehörige des innerösterreichischen Adels und der landesfürstlichen Hochbürokratie um die Verleihung von Handelsmonopolen. Den meisten Appaltatoren bürgerlicher Herkunft gelang es, innerhalb kurzer Zeit ein beträchtliches Vermögen anzuhäufen, großen Grundbesitz zu erwerben und schließlich sogar in den Adelsstand aufzusteigen.

Nutznießer

Für die Volkswirtschaft brachte die Schaffung und Verpachtung von landesfürstlichen Handelsmonopolen zahlreiche Nachteile mit sich. Die von einem Appalt ausgeschlossenen in- und ausländischen Unternehmer versuchten nämlich sofort, das Monopol durch Schmuggel oder durch Umgehung der innerösterreichischen Länder zu durchbrechen und schmälerten damit letztlich auch die Einnahmen der landesfürstlichen Mautämter.

Nachteile für Volkswirtschaft

Abb. 32: **„Die Tabakmacherin“,** *Allegorie auf die Tabakproduktion.*

Besonders schwerwiegend wirkte sich die Umgehung der Transitrouten beim Ochsen- und Honighandel aus. Die von den ungarischen und kroatischen Magnaten unterstützten Konkurrenten der Viehappaltatoren versuchten wiederholt, auf kroatisches Gebiet auszuweichen, wodurch schließlich die an der sogenannten Laibacher Straße gelegenen Städte an Bedeutung verloren[72]. Eine ähnliche Entwicklung vollzog sich nach der 1615 erfolgten Errichtung des Honig- und Wachshandelsmonopols, als sich die davon ausgeschlossenen Radkersburger Kaufleute aus dem Honighandel zurückziehen mußten. Einige ungarische Unternehmer benutzten nun die Gelegenheit, um den bis dahin über Radkersburg verlaufenden Honigfernhandel nach Norden auf türkisches Gebiet umzuleiten. Diese Verlagerung löste eine Kettenreaktion aus, die sich sofort auf den steirischen Wein- und Salzhandel auswirkte. Da der Honig als Gegenfracht wegfiel, reduzierten die Salzfuhrleute ihre Fahrten nach Radkersburg, weshalb der Absatz der landesfürstlichen Saline Aussee in der Untersteiermark, Westungarn und Kroatien jahrzehntelang stagnierte[73].

Schwarzhandel

Mit dem Appaltsystem stellte sich automatisch der Schwarzhandel ein. Bei Quecksilber war die Ausschaltung des Schmuggels noch relativ einfach, da sich hier die Produktion auf einen einzigen Standort beschränkte. Beim Schlachtvieh wieder wurde der Schwarzhandel durch das unterschiedliche Aussehen der Landochsen und der ungarischen Rinder erschwert. Trotzdem gelang es während der ganzen Appaltzeit nicht, den Schmuggel mit einheimischen Ochsen abzustellen. Ein Zentrum des Schwarzhandels lag in Oberkärnten, wo z. B. um 1630 mit Hilfe von bewaffneten italienischen Banditen bis zu 1.000 Haupt Vieh illegal nach Venedig gebracht wurden[74]. Besonders originell gingen die Schmuggler beim Honig vor. So versuchte der Salzburger Großhändler Bauernfeind die Mautbeamten dadurch zu täuschen, daß er den Honig teils in Fässern mit doppeltem Boden versteckte, teils mit Flachs zudeckte. Den größten Umfang erreichte der Schwarzhandel jedoch beim Tabak, an dem sich im 18. Jh. nicht nur die einfache Bevölkerung, sondern auch die weltlichen und geistlichen Grundherren beteiligten. Die rigorose Verfolgung der Tabakschmuggler führte dazu, daß nun zahlreiche, sonst völlig unbescholtene Personen plötzlich als kriminelle Elemente abgestempelt und entsprechend hart bestraft wurden! Bei vielen Appalten erhielt die jeweilige Grundherrschaft, in deren Bereich ein Schmuggler gefaßt worden war, als Anreiz ein Drittel der eingehobenen Strafgelder, während die beiden anderen Drittel auf den Appaltator und den Denunzianten, der den Schwarzhändler angezeigt hatte, entfielen. Es war daher kein Wunder, daß das von der Regierung auch in anderen Bereichen geförderte Denunziantenunwesen noch mehr blühte und auf diese Weise manche private Rechnung beglichen wurde. Die von den Appaltatoren bestellten und bezahlten Aufsichtsorgane oder Überreiter waren bei ihrer Tätigkeit auf die meist nur unzureichende Unterstützung der landesfürstlichen Behörden und der lokalen Gerichtsinhaber angewiesen, weshalb sie häufig zur Selbsthilfe griffen und ihre Kompetenzen weit überschritten. Außerdem kam es immer wieder vor, daß die Überreiter versuchten, ihre Einkünfte durch Erpressungen und fingierte Anschuldigungen aufzubessern. Die meisten Beschwerden traten gegen die Tabaküberreiter auf, die gelegentlich sogar Aufstände der von ihnen terrorisierten Bevölkerung auslösten[75].

Benachteiligung der Konsumenten

Die Appaltatoren verstanden es in der Regel, ihre vom Landesfürsten bestätigte Monopolstellung zu ihrem Vorteil auszunutzen, wobei die Angehörigen der unteren Bevölkerungsschichten als Konsumenten oft genug auf der Strecke blieben. In Innerösterreich kam es besonders durch den Ochsenappalt und den damit verbundenen übermäßigen Viehaustrieb wiederholt zu einem Anstieg der Fleischpreise und zu Engpässen bei der Fleischversorgung. 1621 schritten im Kärntner Eisenbergwerk Hüttenberg die Knappen sogar zum offenen Aufstand, als ihre Fleischrationen durch die Geschäfte der Viehappaltatoren beeinträchtigt wurden. Die Produzenten von monopolisierten Handelsgütern zählten ebenfalls zu den Leidtragenden des Appaltsystems, da dies die Abnahmepreise drückte.

Am meisten hatten aber unter dem Appaltsystem die wirtschaftlich ohnehin schwachen einheimischen Händler zu leiden. Sie wurden zum größten Teil durch die Schaffung und Verpachtung der landesfürstlichen Handelsmonopole vom Fernhandel ausgeschlossen und verloren damit wichtige Einnahmequellen, oder sie durften bestenfalls gegen eine entsprechende Zahlung als von den Appaltatoren abhängige Unterpächter agieren. Diese Entwicklung verminderte drastisch die Kapitalbildung und führte schließlich im 17. Jh. — zusammen mit dem hohen Steuerdruck, mit Konjunkturschwankungen und den Veränderungen im internationalen Verkehrsnetz — zu einer Verarmung von vielen in Innerösterreich lebenden Bürgern[76].

Anmerkungen:

Verwendete Quellen und Abkürzungen: HK — Repertorien und Akten der innerösterr. Hofkammer 1564–1749, Stmk. Landesarchiv Graz.

1) F. Machlup, Art. Monopol, in: Handwörterbuch der Sozialwissenschaften, 7. Bd., Stuttgart-Tübingen-Göttingen 1961, S. 427ff.; H. Bartling, Art. Monopolistische Konkurrenz, in: Handbuch der Wirtschaftswissenschaft, 5. Bd., Stuttgart-New York 1980, S. 280ff.; W. Müller, Art. Monopol, in: Handwörterbuch der Betriebswirtschaft, 3. Bd., Stuttgart 1980, Sp. 4019ff. und U. Fehl, Art. Markt, in: Staatslexikon (Hg. Görres-Gesellschaft), 3. Bd., Freiburg-Basel-Wien 1987, 2. Aufl., Sp. 1006.
2) Vgl. dazu H. Kellenbenz, Wirtschaft und Gesellschaft Europas 1350–1650, in: H. Kellenbenz (Hg.), Europäische Wirtschafts- und Sozialgeschichte vom ausgehenden Mittelalter bis zur Mitte des 17. Jhs. (= Handbuch der europäischen Wirtschafts- und Sozialgeschichte, 3. Bd.), Stuttgart 1986, S. 24ff.
3) W. Sombart, Der moderne Kapitalismus, Bd. I/1, München 1924, 6. Aufl., S. 320.
4) Vgl. dazu J. Strieder, Studien zur Geschichte kapitalistischer Organisationsformen, München-Leipzig 1925, 2. Aufl.
5) Machlup, S. 433.
6) F. Tremel, Der Frühkapitalismus in Innerösterreich, Graz 1954, S. 9f.
7) O. Pickl, Der Eisenhandel und seine Wege, in: P. W. Roth (Hg.), Erz und Eisen in der Grünen Mark, Graz 1984, S. 345ff.
8) H. Valentinitsch, Das eisenverarbeitende Gewerbe im Umkreis des steirischen Erzbergs, in P. W. Roth (Hg.), Erz und Eisen in der Grünen Mark, Graz 1984, S. 207ff. Zum steirischen Salzexport siehe H. Valentinitsch, Die staatliche Wirtschaftspolitik und der Salzhandel im Viertel Cilli vom 16. Jh. bis zum Beginn des 18. Jhs., in: Casopis za zgodovino in narodopisje 48, 1977, S. 131ff.
9) O. Pickl, Der Viehhandel von Ungarn nach Oberitalien vom 14. bis zum 17. Jh., in: E. Westermann (Hg.), Internationaler Ochsenhandel 1350–1750, 1979, S. 39ff.
10) H. Hassinger, Politische Kräfte und Wirtschaft 1350–1800, in: H. Aubin und W. Zorn (Hrsg.), Handbuch der deutschen Wirtschafts- und Sozialgeschichte, 1. Bd., Stuttgart 1971, S. 622f.
11) F. Tremel, S. 127, und F. Leskoschek, Der steirische Kaufmann, in: Die Steiermark (red. v. B. Sutter), Graz 1971, 2. Aufl., S. 925.
12) R. M. Allesch, Arsenik: Archiv für vaterländische Geschichte und Topographie 54, Klagenfurt 1959, S. 176.
13) Ebd., S. 175.
14) K. v. Moltke, Siegmund von Dietrichstein, Veröffentlichungen des Max-Planck-Instituts für Geschichte 29, Göttingen 1970, S. 42ff., und J. Zontar, Villach und der Südosten, in: 900 Jahre Villach, Villach 1960, S. 475.
15) Vgl. dazu F. Blaich, Die Reichsmonopolgesetzgebung im Zeitalter Karls V., Stuttgart 1967.
16) H. Valentinitsch, Das landesfürstliche Quecksilbergwerk Idria 1575–1659. Forschungen zur geschichtl. Landeskunde der Steiermark 32, Graz 1981, S. 287ff.
17) Ebd., S. 297ff.
18) R. M. Allesch, S. 183ff.
19) HK 1579-VIII-2.
20) O. Pickl, Die Auswirkungen der Türkenkriege auf den Handel zwischen Ungarn und Italien im 16. Jh., in: Die wirtschaftlichen Auswirkungen der Türkenkriege. Grazer Forschungen zur Wirtschafts- und Sozialgeschichte 1, Graz 1971, S. 71ff.
21) Vgl. dazu H. Valentinitsch, Ferdinand II., die innerösterreichischen Länder und der Gradiskanerkrieg, in: Johannes Kepler 1571–1971. Gedenkschrift der Universität Graz, Graz 1975, S. 497ff.
22) Wie Anmerkung 16, S. 321ff., und H. Valentinitsch, Der ungarische und innerösterreichische Viehhandel nach Venedig in der ersten Hälfte des 17. Jhs., in: Carinthia I, 163, 1973, S. 213ff.
23) H. Valentinitsch, Die Bedeutung der Grazer Hofhandelsleute Rocco Giambello und Johann Peter Soldan für den innerösterreichischen Honigfernhandel, in: Histor. Jahrbuch der Stadt Graz 5/6, 1973, S. 33ff.
24) Wie Anmerkung 16, S. 331–350.
25) Valentinitsch, Viehhandel, S. 229ff., und H. Valentinitsch, Die Familie Qualandro in Pettau, in: Südostdeutsches Archiv 15/16, 1972/73, S. 66ff.
26) HK 1625-II-20, HK 1625-IX-39.
27) H. Valentinitsch, Der englische Seeräuber und Diplomat Robert Elliot und die Anfänge einer österreichischen Kriegsmarine 1616–1624, in: W. Höflechner u. a. (Hg.), Domus Austriae. Eine Festgabe Hermann Wiesflecker zum 70. Geburtstag, Graz 1983, S. 412ff.
28) HK 1621-III-76.
29) HK 1630-I-190.
30) HK 1632-VI-150, HK 1633-III-18, HK 1635-IV-43, HK 1635-V-102.
31) HK 1629-IX-41, HK 1629-IX-72, HK 1630-I-3, HK 1630-III-112.
32) R. M. Allesch, a.a.O., S. 191.
33) HK 1632-III-3.
34) HK 1633-VII-105, HK 1633-VIII-134.
35) H. Valentinitsch, Der Ochsenhorn-, Lärchenschwamm- und Saufedernappalt in der Steiermark, in: Blätter für Heimatkunde 62, 1988, S. 124ff.
36) Vgl. dazu E. Dittrich, Die deutschen und österreichischen Kameralisten, Darmstadt 1974; L. Sommer, Die österreichischen Kameralisten in dogmengeschichtlicher Betrachtung. Studien zur Sozial-, Wirtschafts- und Verwaltungsgeschichte 12/13, Aalen 1967 (Nachdruck); F. Blaich, Die Epoche des Merkantilismus, Wiesbaden 1973, und H. von Srbik, Der staatliche Exporthandel Österreichs von Leopold I. bis Maria Theresia, Wien-Leipzig 1907, S. 66ff.
37) E. Dittrich, S. 60ff., und Srbik, S. 163ff.
38) Wie Anmerkung 16, S. 349f., und Srbik, S. 19ff.
39) A. v. Pantz, Der Ochsenappalto im Handel nach Venedig, in: Carinthia I, 1943, S. 64ff.
40) HK 1671-III-51.
41) HK 1674-XII-39, HK 1676-IV-47.
42) HK 1655-I-48, HK 1658-IV-65, HK 1663-II-75, HK 1663-X-48.
43) HK 1655-VI-11, HK 1658-VI-2, HK 1659-III-17, HK 1660-V-21.
44) HK 1674-III-35.
45) HK 1672-VIII-68.
46) HK 1655-VIII-20, HK 1661-I-48. Zu Carlo Miglio vgl. auch H. Valentinitsch, Großunternehmer und Heereslieferanten in der Steiermark und an der Windischen Grenze, in: Zeitschrift d. Histor. Vereines für Steiermark 66, 1975, S. 141ff.
47) HK 1666-II-22.
48) HK 1670-III-56, HK 1674-IV-56.
49) HK 1675-VIII-3, HK 1676-I-63. Zu Hans Ludwig Mittermayr siehe auch H. v. Srbik, S. 77f. und S. 180ff.
50) F. Tremel, Zur Geschichte des Sensenappalts, in: Oberösterreichische Heimatblätter 6, 1952, S. 361ff.
51) Vgl. dazu den Beitrag von Roman Sandgruber, Genußmittel und Kolonialwaren.
52) HK 1664-II-57, HK 1664-III-96, HK 1675-III-91.
53) HK 1678-I-43, HK 1678-I-165.
54) HK 1678-VIII-3.
55) F. Posch, Der Kampf um den Tabak, in: Blätter f. Heimatkunde 48, 1974, S. 105ff.
56) HK 1663-V-9, HK 1664-V-31, HK 1677-X-74, HK 1684-VIII-14, HK 1685-VII-52.
57) V. Thiel, Die innerösterreichische Zentralverwaltung 1564–1749, II. Teil, in: Archiv f. österr. Geschichte 111/2, Wien-Leipzig 1930, S. 573ff.
58) HK 1705-X-63, HK 1707-I-119, HK 1707-III-96, HK 1707-VII-65.
59) So sprach sich z. B. der Nationalökonom Johann Heinrich von Justi scharf gegen die Verpachtung von Kameraleinnahmen aus (A. Tautscher, Staatswirtschaftslehre des Kameralismus, Bern 1947, S. 76f.).
60) Wie Anmerkung 55.
61) A. v. Pantz, a.a.O., S. 70ff.
62) R. M. Allesch, a.a.O., S. 195ff.
63) HK 1708-IX-16, HK 1721-X-29.
64) F. Leskoschek, a.a.O., S. 926.
65) Vgl. dazu F. Tremel, Frühkapitalismus, S. 147f.
66) Wie Anmerkung 16, S. 322.
67) H. Valentinitsch, Viehhandel, S. 230.
68) Wie Anmerkung 23, S. 40.
69) Wie Anmerkung 35, S. 133.
70) HK 1630-III-112.
71) Vgl. dazu H. Valentinitsch, Italienische Unternehmer im Wirtschaftsleben der innerösterreichischen Länder 1550–1650, in: J. Schneider (Hrsg.), Wirtschaftskräfte und Wirtschaftszweige, 1. Bd. (= FS Hermann Kellenbenz), Nürnberg 1978, S. 695ff.
72) Vgl. dazu die grundlegenden Darstellungen von O. Pickl (Anmerkung 9 und 20).
73) Wie Anmerkung 23, S. 40f.
74) Wie Anmerkung 25, S. 232.
75) Wie Anmerkung 55.
76) Vgl. dazu O. Pickl, Die bürgerlichen Vermögen steirischer Städte und Märkte im 16. Jh., in: Innerösterreich 1564–1619 (= Joannea 3), Graz 1968, S. 371ff.; H. Valentinitsch, Die innerösterreichischen Städte und die Türkenabwehr im 17. Jh., in: K. Krüger (Hrsg.), Europäische Städte im Zeitalter des Barock, Köln-Wien 1988, S. 169ff. und ders., Die bürgerliche Sachkultur in der Steiermark und in der frühen Neuzeit im Sog der europäischen Entwicklung (im Druck).

Peter Teibenbacher

Steiermark und die europäische Expansion von 1500 bis 1800

Das Mittelalter über war der steirische Handel zuerst von den Ost-West-Linien (Donau, Drau, Enns, Mur), ab dem 12. Jh. von den Nord-Süd-Linien, von den Städten an der oberen Adria, vorab von Venedig, dominiert; im Laufe des 15. Jhs. traten vermehrt oberdeutsche Kaufleute in der Steiermark auf und die Handelsbeziehungen des Landes reichten (vor allem wegen des Eisens) zum Teil über diese Kaufleute aus Süddeutschland zeitweise bis nach Antwerpen.

Seit dem Beginn des 16. Jhs. verschlechterte sich die wirtschaftliche Lage der steirischen Kaufleute. Das Vordringen der Türken erschwerte den Export nach dem Osten (vor allem so wesentlicher Produkte wie dem Holz und dem Eisen; zum Teil wurden dadurch kurzfristig andere steirische Produkte wie der Wein in seinem Vertrieb nach dem Westen und Süden durch den Ausfall übermächtiger ungarischer Konkurrenz bevorteilt) und vor allem bedeutete die Finanzierung der Abwehr eine merkliche Verringerung der Kapitalkräfte der bürgerlichen Kaufleute besonders der Grenzstädte. Dies machte eine erfolgreiche Konkurrenz der kapitalkräftigen oberdeutschen Kaufmannschaft immer schwieriger. Venedig, Zentrum des Mittelmeerhandels und Tor der Steiermark nach dem Orient und weiter nach Asien wich seit der Entdeckung des Seeweges um Afrika nach Indien immer mehr vor den westeuropäischen (See)Handelsstaaten zurück. Die Verlagerung der europäischen Handelswege nach dem Westen (infolge der Entdeckungen und der europäischen Expansion bzw. ersten Phase der überseeischen Kolonisation) wirkte sich noch in anderer Weise nachteilig aus: die durch den spanischen Silberimport aus Iberoamerika primär verursachte schwere Inflation traf die ganze europäische Wirtschaft seit ca. 1560 schwer und löste eine permanente Inflation aus, von der auch die Steiermark betroffen war. Zahlreiche oberdeutsche Kaufhäuser, die vorher einen großen Teil des steirischen Fernhandels getragen hatten, gingen in dieser Phase zugrunde. Steirische Kaufleute konnten vor allem aus Kapitalmangel nicht an ihre Stelle treten. Dazu traten innere Umstände, die den Niedergang der steirischen, bürgerlichen Kaufhäuser bedingten: die Favorisierung des katholischen Adels und der Grundherrschaft als solcher sowie der katholischen Kirche vor allem seit der Gegenreformation. Der Salzhandel und der Quecksilberhandel wurden „verstaatlicht" und damit als Erwerbsquelle der bürgerlichen Kaufmannschaft entzogen. In Reaktion darauf versuchten bürgerliche Kaufleute nun ihrerseits, vermehrt sich als Grundherren einzukaufen oder als Beamte in herrschaftliche Dienste zu treten, wobei sie vor allem ihre Tätigkeit im Fernhandel aufgaben.

Der Adel kaufte in zahlreichen Fällen die Häuser verarmter bürgerlicher (Fern-)Händler in steirischen Städten auf und unterstützte im Binnenhandel seine bäuerlichen Untertanen. In diesem Prozeß verlor vor allem das bis dahin (besonders im Venedighandel dominierende) Judenburg seine handelspolitische Vorrangstellung, die es nie mehr erreichen sollte.

Der steirische Warenverkehr bzw. seine Wege aus der und in die Steiermark waren seit ca. 1500 (unter dem Einfluß der Türkenkriege) etwa folgender: Steirischer Wein ging von Radkersburg, Marburg und auch Graz nach der Obersteiermark, Kärnten und manchmal auch über oberdeutsche Kaufleute in deren Herkunftsregionen. Beliebt waren besonders italienische Importe, vor allem bei Weißweinen. Der Import ungarischer Weine wurde zum Schutze des heimischen Weines wiederholt verboten.

Salz aus (Bad) Aussee gelangte über die Lagerstädte Rottenmann, Bruck/Mur und Judenburg nach Kärnten, in die Mittel- und Südsteiermark sowie das westliche Ungarn; die Drau bildete etwa die Grenze zum Einzugsbereich des Meersalzes von der Adria. Nahrungsmittel wie Getreide oder Fleisch wurden kaum exportiert, das zu einem großen Teil gebirgige und zum Teil mit früher Schwerindustrie ausgestattete Land konnte nicht so viel Nahrungsmittel selbst produzieren bzw. benötigte diese zum Eigenverbrauch. Export war nur in guten Erntejahren möglich. Aufgrund des starken Bedarfes der frühen Eisenindustrie im Oberland mußten in schlechten Erntejahren Getreide, stets aber vor allem Schlachtvieh eingeführt werden. Diese Produkte kamen vorwiegend aus Ungarn, entweder über die Oststeiermark oder auch über die Untersteiermark die Drau aufwärts und von Kärnten in die Obersteiermark. Die Ausfuhr von Schlachtochsen aus Ungarn erfuhr während des 16. Jhs. wegen der teilweisen Besetzung Ungarns (Zentral- und Südungarn) keine größeren Einbußen, so daß die Nachfrage der steirischen Bergbaue gedeckt war[1]. An tierischen Produkten waren steirische Häute und Felle (Kalbfelle, Fuchsfelle, Marderbälge etc.) in Deutschland und Italien gefragt.

Weiters war der steirische Loden vornehmlich in Italien sehr beliebt und für zwei „exotische"

einheimische Produkte war die Steiermark vorrangiges Exportland: Speik und Arsenik[2].
Hauptexportartikel waren das Eisen und Eisenwaren sowie das Holz. Letzteres wurde in großen Mengen auf den Flüssen Mur, Enns und Salza zur Versorgung der frühen Montanindustrie der Obersteiermark als Brenn- und Baumaterial geflößt und wurde über die Mur und die Drau vor allem in das holzarme Südungarn geführt oder gelangte über Land nach Venedig, dessen Holzbedarf im Schiffs- und Stadtbau groß war. Außerdem wurden Unmengen von Holz für die Befestigungsanlagen an der Grenze zu den türkisch besetzten Gebieten im Osten und Südosten des Reiches benötigt. Knittelfeld und Bruck/Mur waren die dominierenden Einkaufsorte für das obersteirische Holz; Radkersburg, Marburg und Pettau/Ptuj zentrale Verhandlungsorte über die Grenzen des Landes. An Eisenwaren[3] waren bis ins 16. Jh. hinein vor allem (Armbrust)Bogen, Harnischbleche, Klingen, Nägel und Drähte als Handelsware bedeutend; im Laufe des 16. Jhs. wurden aufgrund des Aufkommens der Feuerwaffen die Harnische, Armbrüste etc. immer weniger nachgefragt und an ihrer Stelle wurden von den innerösterreichischen Gewerken vermehrt Werkzeuge, vor allem Sicheln, Sensen und Messer hergestellt. Diese Produkte gingen praktisch nach ganz Europa: über Salzburg nach Deutschland, über Böhmen und Schlesien nach Polen und Rußland, über Kärnten nach Italien. Der stets starke Export nach und Transit durch Ungarn litt seit der teilweisen Eroberung dieses Landes durch die Türken, ja es wurde der Export in türkisch besetzte Gebiete schließlich sogar verboten, um dem Feind nicht potentielle Waffen zu verschaffen. Seit der Rückeroberung ganz Ungarns durch habsburgische Truppen (seit ca. 1700) stieg der Export dieser Artikel nach Ungarn und der gesamten Balkanhalbinsel sprunghaft an. Die steirischen Eisenwaren wurden über das Verlagswesen (Vertragsabschlüsse zwischen dem Erzeuger-Radmeister oder Gewerke einerseits und dem Verleger/Händler andererseits zur Sicherung des Absatzes der Erzeuger und der Nachfrage des Händlers) verhandelt. Öfters jedoch kam es zu Vertragsbrüchen, indem Erzeuger ad hoc an Mehrbieter verkauften oder Verleger bei momentan auftretenden Billigbietern einkauften. Bedeutende Verlegorte waren Leoben und Murau. Das steirische Eisen und sein Verlag war streng zwischen den Bereichen des Innerberger Eisens und des Vordernberger Eisens getrennt; letzteres durfte nicht unmittelbar nach dem Norden, der Domäne des Verlagsortes Steyr, verhandelt werden. Beide, Vordernberger und Innerberger Eisen, gelangten aber als Konkurrenten einesteils über den Semmering, anderenteils über die Donau nach Niederösterreich und Wien. Aber auch der Export von Geschützen („Büchsen", „Feldschlangen") war seit dem Ende des 15. Jhs. stark angestiegen und die Waffenschmieden Kaiser Maximilians I., deren Zentrale sich in Tirol befand, sowie die damals vielleicht größte Waffenschmiede Mitteleuropas, jene des Sebald Pögl in Thörl bei Aflenz, befriedigten nicht nur den habsburgischen Bedarf, sondern ihre Produkte wurden öfters auch von anderen Mächten Europas nachgefragt.
Die eingeführten Waren waren von geringerer Menge aber größerem Wert.
Es handelte sich um die bekannten Luxuswaren auf dem Nahrungsmittelsektor (besonders Zucker und Reis sowie diverse Gewürze), auf dem Textilsektor (Tuche, Seide etc.) und um die exotischen Produkte überhaupt.
Während Tuchwaren, vor allem englischer Herkunft, über oberdeutsche Händler in die Steiermark kamen, wurden exotische und luxuriöse Nahrungsmittel lange Zeit hauptsächlich über Venedig bezogen und insgesamt als „welsche" Waren bezeichnet. Auch oberdeutsche Kaufleute, die Gewürze, Zucker und Reis (ausgesprochene Luxuswaren!) über die atlantischen Seehäfen (vor allem Antwerpen oder auch Lissabon) bezogen, bezeichneten ihre „calicutische" (nach der indischen Stadt Kalkutta) Ware als „venezianisch", um den Qualitätsbonus venezianischer Waren in Innerösterreich zu nutzen[4]. Nicht nur bei diesen (exotischen) Luxusgütern, sondern auch bei den „welschen" Früchten (Südfrüchte) mußte Venedig Exportverluste hinnehmen: die „Gartseefrüchte" vom Gardasee kamen nunmehr (seit ca. 1550) vermehrt über Tirol und Kärnten in die Steiermark. Die Exportverluste Venedigs in unserem Raum durch die neue Konkurrenz der atlantischen Seehäfen infolge der Entdeckungen in Übersee im Verlaufe der ersten Hälfte des 16. Jhs. wurde seit ca. 1580 vom Seehandelszentrum der „alten", mittelalterlichen Welt wieder eingeholt; eine bedeutende Rolle spielten dabei sicher laufende Handelsverträge Venedigs mit der osmanischen Macht und das Ausscheiden der oberdeutschen Kaufleute aus dem Handel im südösterreichischen Raum seit ca. 1560 aufgrund ihrer Kapitalschwäche infolge der allgemeinen Wirtschaftskrise. Damals verdrängte übrigens auch der adriatische „Hausen" den Hering und die Scholle aus der Nordsee, die zuvor durch oberdeutsche Kaufleute in großen Mengen nach Österreich und Steiermark geliefert worden waren.
Ein wichtiger Importartikel war seit der bürokratischen Entwicklung der Verwaltung an den habsburgischen Höfen das Papier, das während des 15. Jhs. vorwiegend aus Italien, im 16. Jh.

dann aus Schwaben geliefert wurde.

Der Transport der Waren führte über die Flüsse (Floß-, weniger Schiffahrt), mit vierrädrigen Wagen über Straßen und auf zweirädrigen Karren sowie Pferden über Wege und Saumpfade. Die häufigste Verpackungsart für Lebensmittel, aber auch für Sensen oder Bücher waren Fässer in verschiedener Form und Größe. Weiche Waren, die nicht verdrückt werden durften, vor allem Textilien (Tuche) wurden in Stoffe eingeschlagen und galten bei der Verzollung als „beschlagene" und damit automatisch wertvolle Güter; andere Bezeichnungen beim Zoll waren dafür auch „Ganzgut" oder bei entsprechender Verpackung „Saum in Stricken". Demgegenüber gab es weniger sorgfältig verpackte Waren unter der Bezeichnung „Halbgut" oder „unbeschlagenes" Gut. Einige Waren wie Körner oder Mandeln etc. wurden in Säcken befördert.

Transport

Den Transport zu Wasser regelten die Zünfte der Schiffleute und Flößer. Zu Lande waren vor allem die Genossenschaften der Frächter, Fuhrleute und Landkutscher für die ordnungsgemäße Warenverfrachtung verantwortlich und zuständig. Waren die genannten Personenkreise vorwiegend bürgerlicher, so dominierten im Saumhandel vor allem Personen bäuerlicher Herkunft, die oft richtige Saumunternehmen mit 30 und mehr Pferden und entsprechend vielen Knechten unterhielten, während andere als Bauern im Nebenerwerb mit 1 oder 2 Pferden säumten oder gar die Last auf dem eigenen Rücken transportierten, was sicherlich nur über kurze Distanzen, mit geringen Mengen und (oder) über ausgesetzte Wege und Pfade möglich bzw. notwendig war.

Dies war im groben die Situation des Warenverkehrs der Steiermark nach innen und außen von ca. 1500 bis um die Mitte des 17. Jhs. Der Dreißigjährige Krieg hatte selbstverständlich Auswirkungen in den Mengen der Importe wie Exporte und Verlagerungen von Handelswegen zur Folge, doch bewegten sich diese Einflüsse im Rahmen des im 16. Jhs. stattgehabten Handelswesens der Steiermark. Der Eisen- und Stahlexport nach Deutschland war schon seit der Krise um 1560 zurückgegangen (allerdings wurde damals Südtirol als neuer Abnehmer steirischer Waren gewonnen) und erlebte durch den Dreißigjährigen Krieg sogar wieder einen Aufschwung, doch waren es jetzt nicht mehr die oberdeutschen Kaufleute, sondern die heimischen Hammerherren, die den Export besorgten.

Zur europäischen Expansion von 1500–1700

In der frühen Neuzeit setzt eine langsame Zunahme der Bevölkerung ein; Hauptursachen dafür waren das Abflauen der spätmittelalterlichen Seuchenepidemien sowie allgemeine Produktionssteigerungen in Landwirtschaft (vor allem die Expansion der osteuropäischen Gutswirtschaft als Exporteur in den Westen ist zu nennen), Gewerbe (das Verlagssystem drängt, besonders in Westeuropa, das Zunftwesen zurück) und Handel, gefördert vor allem durch den Überseehandel.

In einer ersten Phase der Entdeckungsfahrten (ca. 1490 bis 1522) dominieren die iberischen Nationen, Spanien und Portugal. Die Vorstellung von der Kugelgestalt der Erde hat sich als wichtige Voraussetzung dieser Entdeckungsfahrten durchgesetzt; Mittel- und Südamerika werden entdeckt, die Karibischen Inseln, Afrika (das Kap der Guten Hoffnung) wird umsegelt und Indien erreicht. 1522 gelingt die erste Weltumsegelung. Das Traumziel all dieser Fahrten war der indische Subkontinent mit seinen Gewürzen und Luxusgütern sowie von den Europäern erwartete riesige Gold- und Edelmetallmengen. Letztere Güter sollten die Europäer aber, für sie völlig unerwartet, in Südamerika finden.

Edelmetalle, Gewürze, Luxusware aus Übersee

Abb. 33: Die Darstellung der Einwohner der **„Neuen Welt"** *übte auf die Europäer einen exotischen Reiz aus.*

  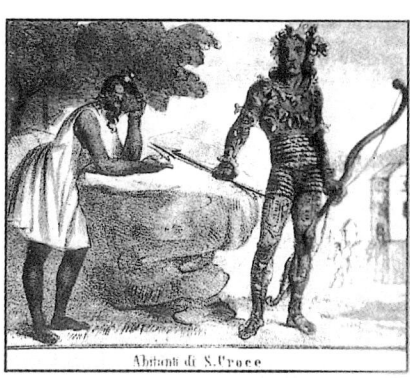

Abitanti delle Marianne   Abitanti delle Nuove Ebridi   Abitanti di S. Croce

Mit der Entdeckung geht die Gründung von Stützpunkten, oft militärischer, oft nur handels-politischer Art bis zur militärischen Eroberung und Besetzung der Territorien einher. Spanien sichert sich die „Neue Welt" (Süd- und Mittelamerika außer dem portugiesischen Brasilien), Portugal den indischen und hinterindisch-südostasiatischen Raum als Einflußsphäre). Die unmittelbarsten Auswirkungen auf Wirtschaft und Handel waren das Entstehen neuer Han-delsrouten, die aber bereits bestehende, so die Route Indien — Arabien — Mittelmeer — Ita-lien (Venedig und Genua) und die Ostseeroute Baltikum/Polen — Westeuropa und Skandina-vien noch nicht verdrängen können. Lissabon (Indienhandel, vor allem Pfeffer), Sevilla (Gold und Silber aus Amerika), Antwerpen (später Amsterdam) und auch London profitierten von diesen neuen Handelswegen. Der Überseehandel wurde anfänglich mit den exotischen Luxus-gütern betrieben (Gewürze, Perlen, Seide, Duftstoffe, Elfenbein, Edelhölzer etc.), im Laufe des 16. Jhs. kamen immer mehr, wenn auch noch teure Verbrauchsgüter hinzu (Rohrzucker, Kakao, Kaffee etc.). Aber erst im 17./18. Jh. werden die Handelsflotten nach und von Übersee groß genug, um vergleichbar große Mengen wie die innereuropäischen Schiffahrtslinien trans-portieren zu können.

Der enorme Zufluß an Edelmetall (vor allem Silber) aus Amerika nach Spanien bewirkte eine als permanent bezeichnete Preissteigerung.

Im 17./18. Jh. stand auch die europäische Expansion im Zeichen des Merkantilismus und des absolutistischen Herrschaftssystems und brachte die erste Phase der eigentlichen Kolonisie-rung der entdeckten Gebiete. Die ersten Kolonialmächte waren westeuropäische Nationen: Spanien, Portugal, Holland, England und Frankreich.

Der Handel der Steiermark im 18. Jh.

Für Österreich und die Steiermark bedeutete die Zeit um 1700 die entscheidende Wende, wel-che gänzlich binnenpolitisch und -militärisch hervorgerufen wurde: durch die Offensive Habs-burgs gegen die Türken in Ungarn und auf der Balkanhalbinsel: der steirische Handel richtete sich vor allem in seinen Exporten seit dieser Zeit nach dem Osten und Südosten und wurde insgesamt wieder in starkem Maße Transitraum im europäischen Ost-West-Handel, eine Rolle, die der österreichische Raum bis zum Vordringen der Türken auf der Balkanhalbinsel und nach Ungarn innegehabt hatte. Die Durchsetzung der neuen Wirtschaftspolitik des Merkanti-lismus in der zweiten Hälfte des 17. Jhs. mit seiner Maxime der Exportsteigerung und Import-verminderung sowie der straffen Organisation des Handels im Sinne eines absolutistischen Staates wirkte parallel.

Steirischer Handel nach Osten und Südosten

Zwei Komponenten wirkten prägend: die Konzentration des Außenhandels auf Fertigwaren, was auch die primäre Orientierung nach dem Osten Mitteleuropas und nach Südosteuropa mitbestimmte, und die Erleichterung der Bedingungen des Innenhandels durch territorialisie-rende Maßnahmen. Die vermehrte Erzeugung von Fertigwaren innerhalb des Landes bedeu-tete die Errichtung von immer mehr Fertigungsstätten (Manufakturen) und teilweise erhöhten Import von Rohstoffen (wie etwa der Baumwolle) und die notwendige Erschließung von immer mehr Absatzmärkten, welche nicht nur auf kaufmännische Weise, sondern oft mit Unterstützung der politischen Diplomatie und schließlich auch militärischer Aktionen gewon-nen wurden.

Warenverkehr im 18. Jh.

Zu den Hauptexportartikeln der Steiermark gehörten nach wie vor Metallwaren, die über Graz und Radkersburg und die schiffbaren Flüsse Drau, Mur und weiter die Donau nach Ungarn, auf die Balkanhalbinsel und nach Rußland gebracht wurden. Der Sichel- und Sensen-handel ging etwa so den Weg nach Temesvar und von hier aus nach Kiew und über einen zweiten Weg zu Lande nach Wien und von hier quer durch Ungarn nach Rußland. Umge-kehrt wurden auf diesem Weg Pelze, Felle und Leder aus Rußland bezogen und oft nach Deutschland weiterverkauft.

Nach dem Norden (Polen und Baltikum) gingen die steirischen Sensen und Sicheln ebenfalls über Wien und Böhmen nach Schlesien, wo Breslau der größte Umschlagplatz war; seit dem Verlust Schlesiens an Preußen (1742) verlor Breslau diese Stellung an das sächsische Leipzig, da Maria Theresia den Handel mit Schlesien mit hohen Zollaufschlägen belegte. Über Graz nahmen die Sensen und Sicheln auch ihren Weg nach Triest und von hier nach dem Orient, vor allem nach Ägypten. Im Jahre 1718 wurde im Frieden von Passarowitz zwischen Öster-reich und der Türkei auch ein Handelsvertrag geschlossen, der jedoch fast ausschließlich von griechischen und serbischen Kaufleuten als türkischen Untertanen im Handel zwischen den beiden Mächten genutzt werden konnte. Die Türkei stellte insgesamt einen nur bescheidenen Handelspartner Österreichs dar, auch wenn Österreich die Rohstoffe für seine Textil-Manufak-turen (Baumwolle, Schafwolle) hauptsächlich aus der Türkei bezog. Seit der Mitte des 18. Jhs.

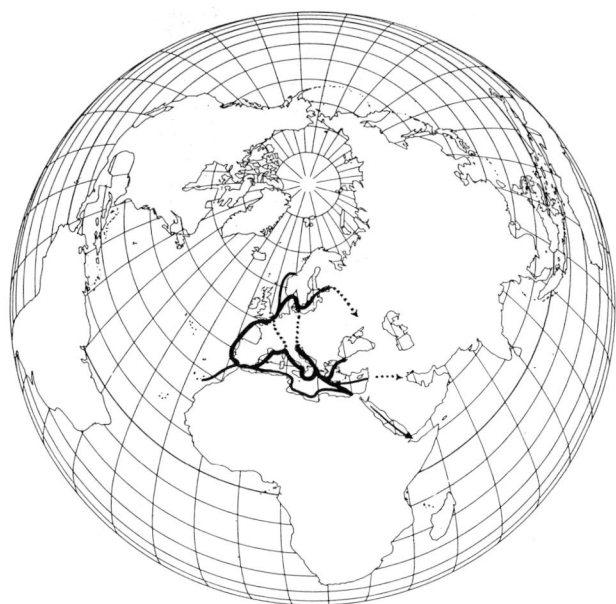 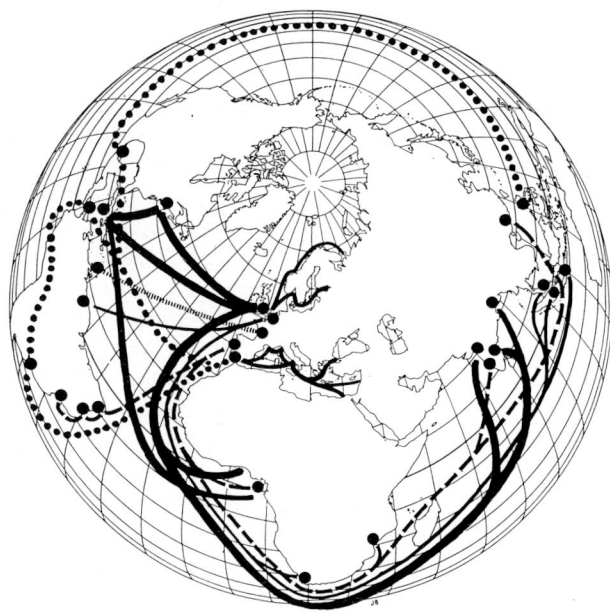

Um 1500 *werden von Venedig aus vor allem der Mittelmeerraum und Westeuropa in die Handelsstränge eingebunden. Es gibt auch Verbindungen zum Ostseeraum, nach Norwegen und über die Levante in Richtung Indischer Ozean.*

Um 1775 *gelingt es Europa, sein Handelsnetz gleichsam um den gesamten Erdball zu spannen. Zu den Seemächten, welche den Welthandel beherrschen, zählen vor allem England, die Niederlande, Spanien, Portugal und Frankreich. Wenngleich es auch vereinzelte österreichische „Kolonialversuche" gab, konnte Österreich im Welthandel keine bedeutsame Stellung einnehmen.*

wurde Österreich auf dem Textilmarkt sogar exportfähig, während es noch in der ersten Hälfte des Jahrhunderts Textilien weitgehend aus Westeuropa über Oberdeutschland importieren hatte müssen. Tuche und feine Gewebe wurden aber weiterhin aus englischen oder holländischen und französischen Manufakturen bezogen. Der steirische Anteil an der österreichischen Textilproduktion kam aus der Oststeiermark, aus Manufakturen in der Region Fürstenfeld-Feldbach-Hartberg und wurde direkt über Venedig nach dem Orient, vor allem wieder nach Ägypten exportiert. Den zum Färben der Stoffe nötigen Indigo bezog auch die Steiermark aus dem expansiven Überseehandel Hollands und der europäischen Staaten am Atlantik. Steirischer Speik wurde in der Zeit Maria Theresias bis nach Alexandrien verkauft und galt als ausgesprochene Luxusware. Weiterhin galten auch Holz und Holzwaren als traditionelle Exportartikel der steirischen Wirtschaft. Zu den permanenten Importartikeln gehörten weiterhin die „welschen" Früchte, die man über Venedig bezog, und Luxusartikel aus dem Kolonialwarenhandel, die aus den seehandelnden Ländern Westeuropas, aber auch aus Venedig in die Steiermark kamen. Der von den westindischen Inseln kommende Rohrzucker wurde seit 1750 in Fiume/Rijeka raffiniert, blieb aber in der Steiermark und ganz Österreich bis ins 19. Jh. Luxusware. Transitland war die Steiermark weiterhin für den Transport von osteuropäischem Getreide und Vieh, das (oft von noch weiter, etwa der Walachei kommend) über Ungarn und vor allem die Untersteiermark nach Italien und Westeuropa ging, wobei ein Teil dieser Ware auch zur Versorgung der steirischen Bergbaue diente; diese Importe an Nahrungsmitteln waren insbesondere in Jahren schlechter Ernte oder aufgetretener Viehkrankheiten von großer Bedeutung zur Aufrechterhaltung des Bergbaubetriebes und damit verbundener (Früh-)Industrie.

Die Verlagerung des Schwergewichtes des österreichischen und steirischen Handels nach dem Osten und Südosten seit ca. 1700 wurde von herrschaftlicher Stelle unterstützt bzw. mitbedingt: 1719 erklärte Kaiser Karl VI. die Häfen von Triest und Fiume/Rijeka zu Freihäfen, um der Konkurrenz Venedigs zu begegnen. Triest wurde sogar seit dem Frieden von Hubertusburg (1763) von österreichischen Ländern als Exporthafen nach Hamburg(!) benutzt, nur um Preußen umgehen zu können. Durch den Aufschwung Triests erfuhr vor allem die Hauptstadt Innerösterreichs, Graz eine größere Beteiligung am Handel der Steiermark nach und von Italien; hierin löste sie endgültig Judenburg ab.

Zum europäischen Überseehandel und dem österreichischen Anteil im 18. Jh.

Die Handelskompagnien

Seit dem Ende des 16. Jhs. wurden von den Überseehandel treibenden Staaten Westeuropas kapitalkräftige und staatlich unterstützte Kompagnien gegründet, die diesen Handel abwickelten, Niederlassungen gründeten, Verträge mit einheimischen Fürsten und Häuptlingen schlossen, oft auch solche Niederlassungen und ihre Plätze von den Einheimischen oder anderen, konkurrierenden Nationen militärisch eroberten, Schiffe bauen ließen etc. 1594 wird in Amsterdam die erste Kompagnie „Van Verre" (= der Ferne) gegründet und 1602 bilden viele dieser „Prä-Kompagnien" die berühmte holländische „Vereenigde Oostindische Compagnie". 1600 hatten die Engländer ihre Ostindische Kompagnie gegründet, 1604 taten es ihnen die Franzosen gleich. Die Portugiesen, die seit dem Beginn des 17. Jhs. ihre Dominanz im Ost-Indienhandel verlieren, wo Stützpunkte von den Engländern oder Holländern erobert werden, gründen 1648 die Allgemeine Handelskompagnie für Brasilien und kompensieren dadurch ihre Verluste im indischen Raum.

Im Jahre 1722 gründete Kaiser Karl VI. unter der Patronanz des Staates mit einem Aktienkapital von sechs Millionen Gulden die „Ostendische Handelskampagnie" mit Sitz im belgischen Ostende; Belgien hatte Österreich im Frieden von Rastatt (1714), der den Spanischen Erbfolgekrieg endgültig beendete, erworben. Diese Gesellschaft wurde mit dem Privileg (= Monopol) des ausschließlichen Handels nach Ost- (= Indien) und Westindien (= Karibik) sowie nach China und den afrikanischen Küsten ausgestattet. Sie durfte autonom Verträge mit indischen Fürsten zur Gründung von Faktoreien (= Niederlassungen) abschließen. In der Folge wurden zwei Faktoreien in Bengalen gegründet und die Gesellschaft konnte bald ein Vielfaches der staatlichen Garantie an Dividende ausschütten. Um die Anerkennung der Pragmatischen Sanktion durch England und Holland, direkten Konkurrenten der „Ostendischen Kompagnie", zu erreichen, löste Kaiser Karl VI. im Jahre 1731 diese Gesellschaft wieder auf; die Faktoreien wurden zwar nicht aufgelöst, fielen aber bald anderen Besitzern in die Hände.

Eine andere österreichische Übersee-Handelsgesellschaft war die im Jahre 1775 von Wilhelm Bolt (geb. in Amsterdam, in Diensten der Englisch-Ostindischen Handelskompagnie reich geworden und in österreichische Dienste übergetreten) gegründete österreichisch-ostindische Handelskompagnie. Er erhielt das Recht, von Triest aus direkten Handel mit China und Ostindien zu betreiben. Bolt fuhr 1776 mit einem Schiff voller österreichischer Waren um die Südspitze Afrikas, kaufte eingeborenen Häuptlingen an der Südostküste Afrikas eine Bucht ab und errichtete dort eine Faktorei; auf dem Weiterweg nahm er die Inselgruppe der Nikobaren im Indischen Ozean für den Kaiser in Besitz. Es kehrte jedoch nur ein Schiff, beladen mit exotischen Luxusartikeln, zurück und diese konnten bei dem niedrigen mittleren Lebensstandard im damaligen Österreich nicht abgesetzt werden. In den Jahren 1781 und 1783 ging auch die Faktorei der Südostküste Afrikas (Delagoa-Bucht) an die konkurrierenden Portugiesen verloren und die Niederlassungen auf den Nikobaren verwaisten, da offensichtlich zu wenig Kapital oder einfach auch letztlich ein zu geringes Interesse des Staates an kostspieligen Aktionen, wie der Aussendung und Haltung von militärischen Schutzkorps, vorhanden war. Das Interesse des österreichischen Herrscherhauses (freie Kaufherrn mit genügendem Kapital gab es in Österreich fast keine), das im Sinne des Merkantilismus die Wirtschaft und den Handel staatlichen Regelungen unterstellte, war ganz offensichtlich nicht auf überseeische Gebiete gerichtet. 1785 lief die Geltungsdauer für die Gesellschaft aus und sie wurde (arg verschuldet) liquidiert.

Literatur:

Borries Bodo (von), Kolonialgeschichte und Weltwirtschaftssystem, Düsseldorf 1986.
Mauro Frederic, Die europäische Expansion, Stuttgart 1984.
Srbik Heinrich (Ritter von), Der staatliche Exporthandel Österreichs von Leopold I. bis Maria Theresia, Wien 1907.
Tremel Ferdinand, Der Frühkapitalismus in Innerösterreich, Graz 1954.
Zahlreiche Arbeiten von F. Tremel, H. Ibler, O. Pickl, P. W. Roth.

Anmerkungen:

1) Die Route über die Untersteiermark war sehr frequentiert, weil über sie der ungarische Ochsenhandel mit Venedig lief, vgl. O. Pickl, Die Auswirkungen der Türkenkriege auf den Handel zwischen Ungarn und Italien im 16. Jh., in: Hg. O. Pickl, Die wirtschaftlichen Auswirkungen der Türkenkriege (= Grazer Forschungen zur Wirtschafts- und Sozialgeschichte, 1. Bd.), Graz 1971, S. 71–130; aber auch herrschaftliche Zollpolitik beeinträchtigte den Handel von Ochsen aus Ungarn über (unter)steirisches Gebiet, vgl. O. Pickl, wie oben.
2) Vgl. dazu die Beiträge von J. Andritsch, Judenburg – der erste urkundlich genannte Markt der Steiermark, sowie R. Sandgruber, Genußmittel und Kolonialwaren.
3) Vgl. K. Kaser, Eisenverarbeitung und Eisenhandel. Die staatlichen und wirtschaftlichen Grundlagen des innerösterreichischen Eisenwesens. Beiträge zur Geschichte des österreichischen Eisenwesens II, 1., Wien 1932; weiters die zahlreichen Arbeiten von F. Tremel und H. Pirchegger.
4) Vgl. F. Tremel, Wirtschafts- und Sozialgeschichte Österreichs, Wien 1969, S. 214.

Roman Sandgruber

Genußmittel und Kolonialwaren

Die Zeit der Entdeckungen

Die europäischen Abenteurer und Entdecker, die sich vom 15. Jh. an anschickten, die Welt zu erobern, träumten von paradiesischen Ländern voll von Gold und Genüssen, die sie gegen den mühseligen europäischen Alltag einzutauschen hofften. Auch wenn es diese Paradiese nicht gab, fand man doch vieles, was geeignet war, Teile dieser Träume in Erfüllung gehen zu lassen. Die exotischen Naturprodukte, für die Europa schon seit der Antike und über Vermittlung des Orients ein unstillbares Interesse entwickelt hatte, waren nun in erschwingliche Dimensionen gerückt. Die Kolonialgeschichte ist auch die Geschichte der Kolonialwaren, der dem Mittelalter bereits bekannten und vieler neuer und bis dahin unbekannter, die zur Ausbildung neuer Formen des europäischen Geschmacks, neuer Bedürfnisse und neuer Konsumgewohnheiten führten: Der Pfeffer, der Kaffee, der Kakao, der Tee, der Tabak, der Zucker und eine Reihe weiterer tropischer und subtropischer Produkte wurden zu den wichtigsten Fernhandelsgütern der frühen Neuzeit und haben wesentlich zur Ingangsetzung der kapitalistischen Akkumulation beigetragen[1].

Pfeffersäcke und Gewürzkrämer

Die Speisenzubereitung des mittelalterlichen Europa würde man heutzutage von Geschmack und Aussehen her der arabisch-indischen Küche zuschreiben. Durch reiche Verwendung von Gewürzen wurden der Eigengeschmack und der nicht so selten bereits üble Geruch von Fleisch und Fisch zu überdecken versucht. Gleiches ist für den Wein zu sagen. Der Naturwein war häufig ungenießbar. Man behalf sich durch Versetzen mit verschiedenen Kräutern und Gewürzen. Die mittelalterliche Alltagsküche war wenig abwechslungsreich und sehr stark auf Getreidebreie ausgerichtet, deren eintönige Abfolge durch verschiedene Würzung abwechslungsreicher und bekömmlicher wurde. **Reiche Verwendung von Gewürzen**

Die Spannweite, was Geschmack, Herkunft und Preis betraf, war groß. Was den Preis anging, war das Nonplusultra der Safran, jener auch in Europa auf der Iberischen Halbinsel, am Balkan und auch in österreichischen Anbaugebieten aus den Narben des gelben Krokus gewonnene Würz- und Farbstoff, der wegen seiner arbeitsaufwendigen Gewinnungsart als teuerstes Gewürz überhaupt bezeichnet wurde. Man behauptete, daß ein Pfund davon soviel wie ein Pferd kostete. Der Bogen der verwendeten Gewürze reichte von zahlreichen heimischen, heute manchmal längst vergessenen Kräutern, Wurzeln und Samen (Minze, Raute, Anis, alle Arten von Lauch und Zwiebeln, Knoblauch, Petersilie, Fenchel, Dill, Kümmel, Liebstöckel, Senf, Brunnenkresse, Wacholderbeeren, Sellerie, Meerrettich, Majoran und Salbei) über verschiedene südeuropäische Würzstoffe bis zur teuren orientalischen Importware, Ingwer aus Arabien, Pfeffer aus Hinterindien, Zimt aus Ceylon, Gewürznelken, Muskatnuß und Muskatblüte von den Molukken. **Safran als „Kostbarkeit"**

Fremdländische Gewürze hatten wegen der hohen Preise, wegen des exotischen Flairs und der mit heimischen Würzstoffen oft nicht erreichbaren geschmacklichen Wirkung einen entsprechend hohen Prestigewert. Die hauptsächlichen Ausgaben für Gewürze in den spätmittelalterlichen Rechnungsbüchern betrafen Pfeffer, dahinter Gewürznelken, Muskatnuß, Muskatblüte, Zimtrinde und Zimt, Ingwer und grünen Ingwer. Ein Pfund Pfeffer kostete im Jahre 1420 in Klosterneuburg 26 Kreuzer, Muskat 48 Kreuzer. Ein Pfund Zucker kam auf 16 Kreuzer. Dafür konnte man 6 Metzen Hafer kaufen. „Teuer wie Pfeffer" wurde zum geflügelten Wort. Die Kaufleute bezeichnete man als Pfeffersäcke. **„Teuer wie Pfeffer"**

Als sich im 16. Jh. der Pfeffer verbilligte, nahm der Konsum vorerst stark zu. Im 17. Jh. kam es allerdings zu einem Rückgang des Pfefferverbrauchs, da sich einerseits die Vorliebe für scharfe Würzung in Europa erheblich abschwächte und andererseits mit Paradieskörnern, dem sogenannten langen Pfeffer aus dem westlichen Afrika, und vor allem dem aus Amerika nach Europa verpflanzten Paprika wesentlich billigere Ersatzgüter verfügbar wurden.

Gewürze spielten sowohl im Fernhandel durch Österreich, wie sich den verschiedenen Mautrechnungen und Zolltarifen entnehmen läßt, wie auch im Detailhandel bei den Krämern und Hausierern des Spätmittelalters und der Frühneuzeit eine wesentliche Rolle. Zu den ältesten Abarten von Wanderkrämern gehörten die Spezerei-, Gewürz- und Pulverkrämer, die nebstbei auch verschiedene Arzneimittel mit sich führten und feilboten[2].

Die sogenannten „Pfeffer- und Lorbeerträger" handelten mit vielerlei südländischen und exotischen Produkten, Gewürzen, Spezialitäten, Zaubermitteln und Drogen, unter denen vor **„Pfeffer- und Lorbeerträger"** allem der geheimnissvolle, aus „hundert" Bestandteilen zusammengesetzte, aber vornehmlich durch den Opiumgehalt seine Wirkung erlangende Theriak anzuführen ist; daneben geheimnisvolle, oft recht fragwürdige Medikamente, diverse Hexensalben und andere Gifte, insbesondere das Arsen, das „Gift der Gifte" der frühneuzeitlichen Politikgeschichte, das „Erbschaftspulver" der Bürger und „Ahnenvertilgungsmittel" der Bauern, dessen Verwendung als

„Hüttrach"

Droge in den frühneuzeitlichen Alpenländern unter dem Namen „Hüttrach" weit verbreitet war. Die fast augenblicklich tödliche Wirkung dieses gefährlichen Mittels konte bäuerliche Unterschichten, aber auch Prostituierte und sonstige Leute, die sich kurzfristig aufputschen wollten, nicht davon abhalten, es in kleinen Dosierungen, wo der Grat zur Lebensbedrohung allerdings hauchdünn war, zu sich zu nehmen: „Ein Weizenkorngroß macht rot — ein Erbsengroß macht tot", hieß es im Sprichwort. Auch als Abtreibungshilfe, Kontrazeptivum, Verjüngungsmittel und Aphrodisiakum fand Arsen Verwendung. Kleine, in kurzen Abständen eingenommene Quantitäten dieses sehr starken und ätzenden metallischen Giftes konnten tatsächlich eine kräftigende Wirkung und ein blühendes Aussehen vortäuschen.
Bergknappen, Hüttenleute, Hammerarbeiter, Holzknechte, Waldhüter, Jäger, Fuhrleute, Roßknechte gehörten in erster Linie zu den Käufern dieses Giftes, das gerade in den Alpenländern reichlich vorkam und vornehmlich von Wanderhändlern vertrieben wurde. Erst im 19. Jh. konnte die gefährliche Unsitte des Arsenkauens immer mehr zurückgedrängt werden und verschwand[3].

Abb. 34: „Gewürze".

Kaffee

Seit dem späten 18. Jh. versorgten die Krämer ihre Kunden neben Gewürzen und den Gegenständen des täglichen Gebrauchs auch mit Tee, Kaffee, Schokolade und Zucker, wobei Zucker
quantitätsmäßig noch in ähnlich geringen Mengen wie die Kolonialwaren und Gewürze
umgesetzt wurde. So betrug der Jahresumsatz eines steirischen Landkrämers in Weißkirchen
1788 bei Zucker etwas über 40 kg, mengenmäßig nicht viel mehr als der von Kaffee.

Kaffee wird sprachgeschichtlich vom türkisch-arabischen Wort *kahwe/qahwa* für Wein her-
geleitet, mit dessen stimulierender, berauschender Wirkung der Kaffee auch verglichen
wurde. So wundert es nicht, daß der Kaffeekonsum in den Anfängen so umstritten war wie
heutzutage manche Rauschdrogen: Nicht nur, daß der Kaffee um teures Geld importiert werden müsse, wurde von den Kaffeegegnern ins Treffen geführt, sondern auch, daß er ent-
hemme und zum Aufruhr reize, oder daß er impotent mache, was ihn andererseits wieder für
die Geistlichkeit besonders empfehlenswert erscheinen ließ.

„Kahwe/qahwa"

Die Nachrichten über Kaffee in Österreich beginnen mit der mehrmonatigen Anwesenheit
einer osmanischen Gesandtschaft in Wien im Jahre 1665, die mit allem erdenklichen orientalischen Gepränge aufwartete: Des Großbotschafters Kaffeeköche hießen Mehmed und Ibra-
him, und der Wiener Spesierungskommissar fand nicht wenige Klageworte über den unnatür-
lich hohen Holzverbrauch der Türken, die den ganzen Tag über Feuer unterhielten, um Kaffee zu kochen[4]. Ab 1665 gibt es in den Wiener Archiven immer wieder Hinweise, daß in Pri-
vatkreisen Kaffee getrunken wurde, und 1685, nach erfolgreicher Abwehr der türkischen Bela-
gerung, schlug auch, zumindest offiziell, die Geburtsstunde des Wiener Kaffeehauses.

Geburtsstunde des Wiener Kaffeehauses

Um die Mitte des 18. Jhs. war der Kaffee allerdings erst wenig über die Oberschichten von
Wien oder Graz hinausgekommen. Das mag auch das Fehlen von Kaffeeverboten in Österreich erklären. Sie waren nicht notwendig, weil der Kaffeeverbrauch zu dieser Zeit in Österreich noch keine ernsthafte Belastung der Handelsbilanz darstellte. Diese wurden erst erörtert,
als zu Ende des 18. Jhs. der Verbrauch sprunghaft zunahm, und wurden nur zwischen 1810
und 1813 wirklich eingeführt, als durch die Kontinentalsperre eine solche Maßnahme erzwun-
gen wurde.

Daß um 1800 der Kaffeekonsum beim Wiener Bürgertum weit verbreitet war, wird von vielen
zeitgenössischen Berichten bestätigt. Um sieben oder halb acht Uhr abends wurde Kaffee
getrunken und Obst, Milch, Früchte, leichtes Backwerk oder auch wohl kalte Küche serviert.
Die bürgerliche Küche kannte zahlreiche Kaffeemahlzeiten, wie den Frühstückskaffee, die
Kaffeejause oder den Mocca als Abschluß der Mahlzeit.

Die Heim- und Industriearbeiter übernahmen die bürgerliche Mode des Kaffeetrinkens früh,
nicht nur aus dem Bestreben, bürgerliche Vorbilder nachzuahmen, sondern auch wegen der
Eigenschaft des Kaffees, neben der belebenden Wirkung auch ein gewisses Sättigungsgefühl
zu vermitteln. An die Stelle des Bohnenkaffees und Kaffeehausbesuches waren allerdings billige Ersatzstoffe und „fliegende Kaffeestände" getreten. In dieser Form wurde das Luxusge-
tränk zu einem Hauptbestandteil der Haushaltsführung der Unterschichten des 19. Jhs.

Wie sehr Kaffee zum wichtigsten Getränk und mit viel Zucker versetzt auch Nahrungsmittel
der Arbeiter und vor allem auch Arbeiterinnen im 19. Jh. geworden war, wird aus vielen Quellen deutlich. Kaffee war rasch zuzubereiten, konnte in den Fabriken und bei der Heimarbeit
schnell zwischendurch getrunken werden, unterdrückte Hunger und Müdigkeit und war
bestimmt noch besser als die in den Städten oft verdorbene und verfälschte Milch und
bekömmlicher als das aus schlechten Brunnen gepumpte Wasser. Warm und stimulierend,
konnte Kaffee die Vorstellung einer Hauptmahlzeit vermitteln und war darüber hinaus mit
dem Prestigewert der bürgerlichen Besuchsmahlzeit ausgestattet.

Kaffee als Nahrungsmittel für Arbeiter

Auch in den Sehnsüchten der bäuerlichen Bevölkerung spielte Kaffee als Ausdruck vorneh-
mer Lebensart eine wichtige Rolle: „Drum lob' ich mir die Stadt, wo man Freuden nur hat!"
ruft entzückt der Bauer Wurzel in Raimunds „Bauer als Millionär" bei Kaffee und Kipferln.
Aus allen Schilderungen und Erinnerungen wird die Wertschätzung des Kaffees in der bäuerlichen Bevölkerung deutlich. Dessen Zubereitung war auf die traditionelle bäuerliche Eßkultur
abgestimmt: „Nicht etwa Schwarzer — den kennt man in der Bauernschaft nur als Medizin —
sondern Milchkaffee, in welchen ein halbes Dutzend Semmeln geschnitten wurden" (Rosegger, Handwerkerleben).

Bäuerlicher Milchkaffee

Will Peter Rosegger eine bäuerliche Festmahlzeit beschreiben, so darf der Kaffee als besonderer Höhepunkt nicht fehlen: „Nun kommt die Hausfrau selbst mit einer großen Schüssel, aus
welcher würziger, fast betäubender Wohlgeruch emporsteigt. Das ist die Krone des Mahles,
das Vornehmste, was man in einem wohlbestellten Bauernhause nur immer finden kann —
das ist der Kaffee. Die Leute beugen sich hin gegen die Schüssel und essen schweigend — fast

mit Ehrfurcht." Rosegger charakterisiert den Guldeisner, den Großbauern in seinem Roman „Jakob der Letzte" damit, daß er eine Kaffeeschüssel hat: „Wenn dort die Sonne aufging, war es ihr erstes, daß sie dem Guldeisner zu den Fenstern hineinleuchtete in sein Bett oder in die Kaffeeschüssel, wenn diese schon auf dem Tische stand . . . So gut hatten es die tiefer unten liegenden Häuser wieder nicht; der Reuthof hatte gar keine Kaffeeschüssel, und ihre saure Milch mußten die Leute dort des Morgens im Schatten essen." Eine Art Zeitrechnung datiert davon (Erdsegen): „Dazumal, wie wir den Kaffee gegessen haben! Im selbigen Jahr, wie der Kaffee ist gewesen." Knechte gaben die Milchsuppe statt des Kaffees als Motiv ihres Weggehens vom Land an. Eine „unermeßliche Schüssel mit Kaffee" trägt bei den Dienstboten der Rosegger'schen Bauernwelt zur Bewertung des sozialen Prestiges des jeweiligen Dienstgebers bei. So oder so, Kaffee wurde für den Niedergang der Bauernschaft mitverantwortlich gemacht, sei es, weil wegen seines Fehlens die Dienstboten davonliefen, sei es, weil bei seiner Verwendung die finanzielle Gebarung des Hauses völlig aus dem Gleichgewicht geriet.

Daß anders als in Nord- und Mitteldeutschland in Österreich außerhalb des Einzugsbereiches der Städte Wien und Graz der Kaffee erst nach dem Zweiten Weltkrieg sich als Alltagsgetränk der Bauern durchsetzen konnte, müßte wohl mit den spezifischen autarken Strategien zu erklären sein, die von der Landwirtschaft in der Abwehr der Agrarkrise hier eingeschlagen wurde. In stadtnahen Gebieten, wo die Milchwirtschaft im späten 19. Jh. eine kommerzielle Ausrichtung erfuhr, setzte sich der Kaffee zuerst als Frühstücksgetränk in Substitution der nun vermarkteten Milch durch.

Tee

Um 1640 war das Teetrinken in Holland ein modischer, wenn auch teurer Zeitvertreib. Der Anstieg des Teeverbrauchs in England und Europa begann zwischen 1720 und 1730, als direkte Handelsbeziehungen der Britischen Ost-Indien-Kompanie mit China einsetzten. Die Tee-Exporte aus China nahmen nach 1750 stark zu. Tee setzte sich einerseits zuerst in ökonomisch fortschrittlichen Ländern durch, in England, Holland, Friesland, andererseits auch in rückständigen und geographisch so unterschiedlichen Regionen wie Rußland oder Marokko. Allerdings verbrauchte Rußland zu Ende des 18. Jhs. weniger als 500 Tonnen Tee jährlich, gegenüber etwa 7.000 Tonnen in Westeuropa, in England und Holland.

Das „Kraut, das die Chineser Tee nennen", blieb auch in Österreich im 18. Jh. nicht unbekannt. Beim niederösterreichischen Adel soll bereits in der ersten Hälfte des 18. Jhs. der Frühstückstee bekannt gewesen sein. Dennoch konnte sich dieses Getränk in Wien und Österreich nicht so recht durchsetzen und blieb etwas für kranke Tage. Die Wienbesucher berichteten von der geringen Beliebtheit des Tees und entrüsteten sich über die Rückständigkeit und Unkultiviertheit der Wiener Teesitten, daß dieser, wenn man überhaupt welchen bekomme, mit Zitronenschalen und Zucker verdorben sei und aus Kaffeeschalen eingeschenkt werde.

Tee als neues Modegetränke

Die Teerunden, welche einige Damen um der englischen Mode willen einzuführen versuchten, konnten vorerst nicht viele Anhängerinnen finden.

Als im frühen 19. Jh. der Kaffee immer mehr zum Volksgetränk wurde, avancierte der Tee zum neuen Modegetränk der Oberschichten, auch wenn es ihm nicht gelang, sich auf breiter Basis durchzusetzen. Exquisite Teerunden gehörten zu den beliebten Gesellschaftsanlässen der Biedermeierzeit: „So saßen denn unsere Damen . . . in dichtgedrängter Reihe um den Teetisch, jede mit einem Strickstrumpf bewaffnet", liest man in den „Denkwürdigkeiten" der Caroline Pichler.

Tee, der wesentlich teurer als Kaffee war, hat eine Geschichte als Oberschichtengetränk. Tee ließ sich wesentlich leichter als Kaffee, der ja damals ungemahlen und meist auch ungeröstet in den Handel kam, strecken und verfälschen und erbrachte ein heißes Getränk, das mit entsprechend viel Zucker und Branntwein genossen wurde. Das war zum Beispiel im Unterinntal

„Branntweinpest"

der Fall, wo die „Branntweinpest" im 19. Jh. weit um sich gegriffen und auch der Tee viele Anhänger gefunden hatte, der gleich direkt in den Krämereien, reich versetzt mit Rum, richtiger gesagt, gefärbtem und parfümiertem Spiritus, getrunken wurde.

Meist war für Bauern der Tee ein Stadtgetränk. Peter Rosegger amüsierte sich über die Stadtleute, die mit Eisenbahn oder Einspänner angereist kamen; die Stadt macht sie so krank, daß sie in die Natur müssen, wo sie dann die Natur krank machen: „Die dürren Heublumen kaufen sie ums teure Geld und nennen sie russischen Tee. Dort trinken nicht die Kranken Tee, sondern die Gesunden, und zwar mit viel Zucker, so lang, bis sie krank werden. Sind sie krank, dann trinken sie ihn ohne Zucker . . ."

Schokolade

Die Schokolade ist altmexikanischen Ursprungs. Ab etwa 1520 wurde sie in Spanien bekannt und gelangte von dort nach Frankreich, in die Niederlande und nach England[5]. Am Wiener Hof dürfte die Schokolade spätestens mit Karl VI. 1711 ihren Einzug gehalten haben, auch wenn sie schon vorher, besonders bei der Geistlichkeit, Anklang gefunden hatte. Pietro Buonaventura Metastasio schuf am Hof Karls VI. seine „Schokoladenkantate". Abraham a Sancta Clara tadelte die feinen Damen, die erst um elf Uhr morgens aufstanden; alsdann müsse schon eine „Schoccolata bey Handen seyn".

Der Schokolade, die in flüssiger Form genossen wurde, wurde immer wieder eine entsprechende Wirkung als Aphrodisiakum nachgesagt: In der Schokoladegeschichtsschreibung ist jene Dissertationsschrift berühmt, die zu Beginn des 18. Jhs an der Medizinischen Fakultät der Universität Wien eingereicht worden war, und in der die Schokolade als „Venus-Speise" (Veneris pabulum) bezeichnet und ihr Verbot zumindest für die im Zölibat lebende Geistlichkeit gefordert wurde. Darüber hinaus wurde ihr Genuß auch als fastenbrechend erklärt. Der Zorn der empörten Wiener Geistlichkeit war dem jungen Doktoranden gewiß und soll zur Verbrennung der ganze 32 Seiten umfassenden Dissertationsschrift sowie zur Amtsenthebung des Dissertationsvaters Johann Franz Rauch geführt haben, der als Lehrer und Präses bei der Verteidigung dieser Doktorarbeit für den Skandal verantwortlich gemacht wurde. **„Venus-Speise"**

In der Zeit Maria Theresias wurden bei Hof jeweils Kaffee, Tee und Schokolade gereicht. Maria Theresia selbst allerdings trank nie Schokolade, wie sie 1775 in einem Brief an die Gräfin Enzenberg schrieb, vielleicht weil sie ohnehin schon viel zu dick war. Ihr Gemahl Franz Stephan verzehrte sie dafür in umso größeren Mengen, vielleicht aus dem kostbaren Gold- und Porzellangeschirr, das heute im Kunsthistorischen Museum zu bewundern ist.

Die Schokolade wird häufig mit der Galanterie des Rokokozeitalters und der Frivolität des Lebens an den absolutistischen Höfen assoziiert: Die Dame im losen Negligé auf der Ottomane, das Stubenmädchen, vom bellenden Bologneserhündchen empfangen, bringt das sehnlichst erwartete „billet-doux" und die noch ersehntere Schokolade. Casanova führte stets eine Schokoladenkanne mit sich. Auch der Hofrat von Greiner hatte seinen Vorrat spanischer Schokolade, erinnerte sich seine Tochter, die bekannte Caroline Pichler: Das Stubenmädchen servierte sie mit „zwei Schokoladebechern in silbernen Gestellen auf kleinen Untertassen von Schildpatt". Man denkt an Liotards Bildnis der „belle Chocolatière", des Wiener Stubenmädchens Nandl Baldauf, das im 20. Jh. jahrzehntelang als Reklamebild einer großen holländischen Kakaofirma herhalten mußte.

In einer der Komödienszenen Philipp Hafners aus den 1760er Jahren mit dem sprechenden Titel „Die bürgerliche Dame oder die bezähmten Ausschweifungen eines zügellosen Eheweibes" dreht sich die Handlung um eine bürgerliche Dame, die der Schokolade sehr zugetan ist, dem Dienstmädchen aber, das sie bereiten soll, viel weniger: „Lerne Du lieber besser Chokolade machen! Hat mir nicht der Rammel heut früh eine Chokolade in das Bett gebracht, wie eine Zwetschgen-Suppe!" − „Kaffee und Schokolade zu machen, ein Hemd zu nähen, einen Tisch zu wischen, das Bett zu machen, ein Halstuch zu plätten: dies sind die Künste der wienerischen Stubenmädchen", schrieb Johann Pezzl in seiner „Skizze von Wien". **Schokolade in der Literatur**

In den Wiener Volkskomödien, den Singspielen des späten 18. Jhs., aber auch in Mozarts Opern, in „Cosi fan tutte", im „Don Giovanni", wird immer wieder die Schokolade erwähnt. Wenn der „Hafner'sche Hanswurst" einmal träumt, eine Schokoladentasse zu sein, so kann er von den erotischen Schauern an den Lippen einer schönen Dame bis zum Verspüren der Vergänglichkeit alles Seins, angesichts der zerbrochenen Scherben auf dem Müllhaufen, alle Empfindungen des Glücksgefühls durchlaufen.

Die Schokolade, das exklusive Getränk barocken Hoflebens, die galante Näscherei des Rokoko, der eine leicht erotische Aura anhaftete, erlebte den Siegeszug als Milchschokolade, Bonbonniere und Kindergetränk. Bonbonnieren und Pralinen haben bis heute einen Rest barocken Aussehens bewahrt. **Siegeszug der Schokolade**

Zucker

Essen ohne Zucker ist heute nicht mehr vorstellbar. Vor dreihundert Jahren war „süß" ein selten erfahrener Geschmack, der den Reichen vorbehalten war. Auch der einzige heimische Süßstoff, der Honig, war für die meisten Menschen zu teuer, während der Zucker, der aus dem indisch-arabischen Raum importiert werden mußte, ein ausgesprochenes Luxusprodukt darstellte, das in Apotheken verkauft und wortwörtlich mit der Apothekerwaage abgewogen wurde.

Zucker trat in seiner Rezeptionsgeschichte in vielen Funktionen auf, die sich überlappen: als

Medizin, Gewürz, Tafeldekoration und Statussymbol, als Süßstoff, Konservierungsmittel und zuletzt Grundnahrungsmittel.

Die Zuckerkönige des 15. Jhs., die venezianische Familie der Cornaro, konnten mit dem Umsatz weniger Zentner Vermögen machen. Die Abnehmer waren die europäischen Fürsten- und Adelshäuser. Auch die Habsburger liebten den Zucker. Kaiser Maximilian I. hatte sich Zuckermacher aus den Niederlanden an seinen Hof nach Innsbruck kommen lassen. Seit unter Ferdinand I. eine eigene Hofkompostrei eingerichtet worden war, gehörten Torten und Marmeladen zum kunstvollsten und wichtigsten Repertoire der habsburgischen Hofköche. Das über 600 Seiten dicke Kochbuch, das Erzherzog Max zu Beginn des 17. Jhs. in Graz anlegen ließ, macht die besondere Vorliebe bei Hofe für Torten und allerlei Zuckersüßes deutlich.

Zuckerbäcker-stiege Die Zuckerbäckerstiege der Wiener Hofburg läßt noch etwas von der wichtigen Rolle erahnen, die Zuckerbäcker im Hofleben und in der Küchenhierarchie einnahmen. So ist es nicht verwunderlich, daß Leopold I. mit seinem Gegenspieler Ludwig XIV. die dauernden Probleme mit dem Zahnweh gemeinsam hatte. Noch um 1800 nahm Zucker den ersten Platz unter den Ausgaben der kaiserlichen Hofküche ein.

Für die gewöhnlichen Menschen der frühen Neuzeit war Zucker ein Stoff aus dem Schlaraffenland, wo die Fenster von hellem Zucker waren und Zuckerzapfen statt der Eiszapfen von den Dächern hingen. Süßspeisen, „die verzuckerten Trachten, die krystallenen Sulzen, die schleckerigen Possen und Bissen", gegen die Abraham a Sancta Clara in vielerlei Variationen wetterte, gehörten zu den hervorragendsten Statussymbolen des 17. und frühen 18. Jhs. Man zuckerte nicht nur Kuchen, sondern auch Fisch, Eier, Fleisch und setzte Zuckerguß in großen Mengen zur Tafeldekoration ein. An der Süße der Speisen konnte die Finanzkraft des Gastgebers abgelesen werden: Zucker pfundweise täglich zu verbrauchen, wenn der Durchschnittskonsument kaum ein halbes Pfund im Jahr sich leisten konnte. Die Eigenschaft des Zuckers, in Form von Marzipan auch künstlerisch formbar und doch eßbar zu sein, prädestinierte ihn auch zur demonstrativ aufwendigen Tafeldekoration.

Zuckerverbrauch Man muß annehmen, daß vor 1800 der größte Teil der Einwohnerschaft Österreichs Zucker noch überhaupt nicht gebrauchte. Um 1770 betrug der Zuckerverbrauch in Österreich pro Jahr und Kopf nicht mehr als 0,25 kg, in Ungarn und im Banat sogar weniger als 0,1 kg. Der Verbrauch in Wien hingegen lag schon bei etwa 2 kg pro Kopf. Damit entfiel damals auf Wien fast ein Fünftel und auf Ober- und Niederösterreich inklusive Wien fast die Hälfte des Zuckerverbrauchs der ganzen Monarchie. 1783 wurde der Wiener Verbrauch bereits auf etwa 4,5 bis 5 kg pro Kopf geschätzt, während in Nieder- und Oberösterreich etwa ein halbes Kilogramm und in der Steiermark und in Kärnten nur ein Viertelkilo pro Einwohner konsumiert wurden.

Volksnahrungs-mittel Zucker Der Zuckerverbrauch in den deutschen Erbländern verdoppelte sich von 1780 bis 1800 von 0,2 kg auf etwa 0,4 kg pro Kopf. Auch wenn in der kritischen Endphase der Napoleonischen Kriege und der Kontinentalsperre die Zuckereinfuhr wieder auf weniger als 0,2 kg pro Kopf absank, war 1818 bereits wieder das Vorkriegsniveau, 1836 etwa 1,1 kg pro Kopf und 1850 etwa 2,5 kg erreicht. Der Zucker verlor an Exklusivität, als die Zuckerrübe in Konkurrenz zum Kolonialzucker trat und das Angebot damit entscheidend ausgeweitet und verbilligt wurde. Die fünfziger Jahre des 19. Jhs. waren die Zeit des raschen Machtzuwachses der österreichischen Rübenzuckerindustrie. Der Konkurrenzkampf zwischen Kolonial- und Rübenzucker endete 1862, als die letzte Kolonialzuckerraffinerie des Landes in Wiener Neustadt ihre Pforten schloß.

Erst im Biedermeier erfolgte der Aufschwung der Konditoreien und der süßen Mehlspeisen, die mit der Wiener Küche so häufig assoziiert werden. Bis zum Ende des Jhs. wurde Zucker zum Volksnahrungsmittel. Mit einem Durchschnittsverbrauch von 18 kg pro Einwohner und Jahr war Zucker 1910 auch in Österreich-Ungarn zu einem wichtigen Massenkonsumgut geworden. Die regionalen Unterschiede im Konsumniveau waren allerdings immer noch beträchtlich. Während in Wien und Niederösterreich 1912/13 bereits 25,3 kg pro Kopf und Jahr verbraucht wurden, in der Steiermark etwa 15 kg (um 1900 etwa 9 kg), entfielen auf Galizien und die Bukowina pro Einwohner nur etwa 6,5 kg. Im Gebiet des heutigen Österreich betrug der Verbrauch vor dem Ersten Weltkrieg im Durchschnitt etwa 20 kg pro Kopf.

Während für das Bürgertum im beginnenden 19. Jh. der Zucker allmählich ein alltägliches Gut zu werden begann, konnten sich ihn die Bauern auch in kleinen Mengen noch lange nicht leisten. Eine Weihnachtsmahlzeit mochte man sich um die Mitte des 19. Jhs., aber auch in abgelegenen Gebieten nicht mehr ohne Zucker vorstellen, wie Peter Rosegger aus seinen Kindheitstagen zu erzählen wußte: „‚Mit dem Geld gehst nachher zum Kaufmann Doppelreiter und kaufst zwei Maß Semmelmehl und zwei Pfund Rindschmalz und um zwei Groschen Salz, und das tragst heim.' Die Mutter, die redete drein, wie folgt: ‚Mit Mehl und Schmalz und Salz allein kann ich kein Christtagessen richten. Ich brauch dazu noch Germ um zwei Groschen, Weinbeerln um fünf Kreuzer, Zucker um fünf Groschen, Safran zu zwei Groschen und Neugewürz um zwei Kreuzer. Etliche Semmeln werden auch müssen sein.'" (Rosegger, Waldheimat.) Nicht nur die Speisen wollte man süß haben, sondern auch die Getränke. Einige Stücke Zucker zum Most zu geben, konnte einer steirischen Bäuerin weit in der Umgebung zu Ansehen verhelfen, so daß dem Haus die Dienstboten und Störhandwerker von allen Seiten zuströmten. Auch der fesche Knecht wollte seiner Dirn am Sonntage gern ein Glas Wein zahlen und Zucker hinein (Rosegger, Alpensommer).

Während Zucker im bäuerlichen Haushalt noch lange ein sparsam verwendetes Gut blieb, gewann er für die Arbeiterhaushalte zu Beginn des 20. Jhs. in mehrfacher Hinsicht Bedeutung: als Nahrungsmittel, als Statussymbol, wenn auch innerhalb eines höchst beschränkten Warenkorbes, und als stimulierendes Genußmittel, das im langen, monotonen Arbeitsalltag willkommene Unterbrechung brachte: Das Zuckernaschen, von Außenstehenden vielfach als Verschwendung mißverstanden, wurde zur zeittötenden Droge des Industriealltags.

Zucker im Arbeiterhaushalt

Tabak

Das Tabakrauchen erfuhr nach der Entdeckung Amerikas ungewöhnlich rasch eine weltweite Verbreitung: In Portugal und Spanien scheint es schon im frühen 16. Jh. bekannt geworden zu sein und wurde in der zweiten Hälfte des Jhs. in Frankreich, Holland und England eingeführt. Noch im 16. Jh. erreichte es auch die Philippinen, war um 1600 in Japan und China anzutref-

1644: Frühester Beleg für Rauchen in Österreich

fen, um 1620 in Korea, Neuguinea und Afrika und gelangte noch im Lauf des 17. Jhs. in die Mongolei, nach Tibet, Turkestan, Sibirien, Alaska und zu den Eskimos. Solche Schnelligkeit der Verbreitung illustriert deutlich die damals bereits bestehende enge Verknüpfung der Weltwirtschaft, während es andererseits erstaunlich ist, daß in Österreich der früheste schriftliche Beleg für das Rauchen erst aus dem Jahre 1644 stammt.

Hernach ging es aber auch in Österreich Schlag auf Schlag, so schnell, daß bereits 1677 die Innerösterreichische Hofkammer von einer Tabakbesteuerung wegen des dabei zu befürchtenden allgemeinen Unmuts abraten zu müssen glaubte, da viele Leute sich einbildeten, leichter auf Brot als auf Tabak verzichten zu können. 1677 wurde der Tabakverbrauch in Innerösterreich pro Kopf auf ca. 0,2 kg pro Jahr geschätzt, im nächsten Jahrzehnt bereits auf doppelt so viel. Hundert Jahre später, 1783, wurden in Steiermark und Kärnten bereits ca. 0,8 kg Tabak pro Kopf und Jahr verkauft und um 1880 1,6 kg.

Die Tabakpflanze zeichnet sich durch große Flexibilität aus: Sie kann fast überall angebaut werden, in Virginia ebenso wie im Mühlviertel. Die Möglichkeit des Eigenanbaus auch im gemäßigten Klima Mitteleuropas unterschied sie von Kolonialwaren, wie Kaffee, Tee oder Pfeffer. Das war auch der Grund, weshalb eine Besteuerung des Tabaks und eine Monopolisierung ungleich mehr Aversionen bei den Bauern erregte, als bei anderen Produkten, weil man nicht einsehen wollte, ein Gut, das man selbst anpflanzen hätte können, stattdessen teuer kaufen zu müssen.

Mit anderen Genußmitteln und Drogen teilte der Tabak die anfänglich zwiespältige Einschätzung, einerseits als hochgelobte Medizin, als Allheilmittel für diverse Krank-

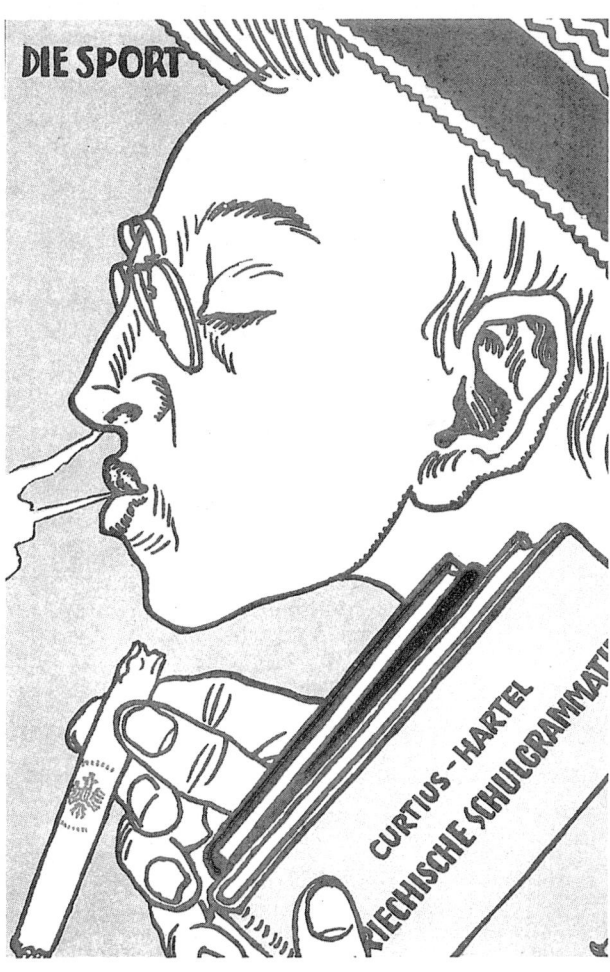

Abb. 34a: **„Die Sport"** *von Moriz Jung. Postkarte der „Wiener Werkstätte".*

heiten, andererseits als verwerfliche und gefährliche Unsitte, allerdings weniger aus gesundheitlichen als aus anstands- und feuerpolizeilichen Gründen, die in den frühen Tabakverboten, etwa in Salzburg 1652 oder Tirol 1667, als das entscheidende Motiv der Bekämpfung angeführt wurden.

Tabak wurde anfänglich aus Tonpfeifen geraucht, daneben gekaut und geschnupft. Das Kauen galt dabei als billigste Art des Tabakgenusses und Merkmal der armen Leute. Nicht bloß am Hals, sondern auch an der Wange konnte Peter Rosegger bei seinen steirischen Älplern verunstaltende Ausbuchtungen ausmachen, für die aber nicht die bekannten steirischen Kröpfe die Ursache waren, sondern die fast Hühnerei-großen Tabakknäuel, die den ganzen Tag über im Mund behalten und hin und her gerollt wurden. Im späten 19. Jh. war das Kauen auf ländliche Randgruppen beschränkt, wie Zigeuner, Bettelleute und alte Einleger. Da es aber billiger war als das Rauchen, konnte man es nicht nur auf dem Lande, sondern auch in Städten und Märkten im Subproletariat antreffen.

Die Oberschichten des 18. Jhs. bevorzugten das Schnupfen. Nur dieses war hof- und gesellschaftsfähig. In Österreich erreichte der Schnupftabakverbrauch um 1780 anteilsmäßig den Höhepunkt. 1789 stammten 85% der Erlöse der österreichischen Tabakregie vom Schnupftabakverkauf und nur 15% vom Rauchtabak. 1802 wurde das Jahr mit dem absolut höchsten Schnupftabakabsatz. In Wien, das natürlich von adeligen Gewohnheiten am intensivsten beeinflußt war, wurde doch im späten 18. Jh. fast ausschließlich geschnupft. Auf dem Lande waren zwar die Pfeifen nicht verdrängt worden, auch wenn das Schnupfen weit über die höfische Gesellschaft ausgegriffen hatte. Ländliche Honoratioren, Geistliche, Lehrer und Großbauern schnupften; die Kirchenmänner, wie man bei Peter Rosegger an verschiedenen Stellen nachlesen kann, selbst in der Kirche. Ab 1824 ging der Schnupftabakverbrauch sehr rasch zurück. Um 1900 war das Schnupfen auch auf dem Land fast ganz verschwunden.

Pfeifenrauchen

Das Schnupfen wurde vom Pfeifenrauchen abgelöst und verdrängt. Wirklich streitig war auf dem Land der Pfeife die Herrschaft ohnehin nie gemacht worden. Die Hauptform ländlichen Rauchgenusses war und blieb das Pfeifenrauchen. 1837 schrieb ein reisender Engländer, daß die Tabakpfeife in der Steiermark wie „ein angeborenes Zubehör des männlichen Mundes" ständig in Benutzung stehe und sogar beim Tanz nicht weggelegt werde. „Im Munde sein kurzes Pfeifchen — damit ist er's nun ganz, ein Steirer, wie er sein soll."

Aber auch in den Städten setzte sich im beginnenden 19. Jh. die Pfeife gegenüber dem Schnupfen immer mehr durch. Die Englandbegeisterung des ausgehenden 18. Jhs. und die revolutionäre Opposition zu Gepflogenheiten des „Ancien régime" hatten zur neuen Popularität des Pfeifenrauchens entscheidend beigetragen. Von der Jugend wurde die neue Mode begeistert aufgegriffen und schnell gesellschaftsfähig gemacht und ebenso schnell von einer weiteren Mode, dem Zigarrenrauchen, abgelöst.

Zigarren werden „in"

Zu Ende des Vormärz galt in Wien Pfeifenrauchen als Genuß der Kleinbürger, subalterner Beamter und Arbeiter. Wer sich besser dünkte, die jungen Dandies und vermögenden Neureichen, hatte sich inzwischen der Zigarre zugewendet. Der revolutionär gesinnte Honoratiorensohn oder der junge Adelige rauchten teure Zigarren, die in der Napoleonischen Zeit erstmals bekannt geworden waren. 1848 enthielt der Verschleißtarif der österreichischen Tabakregie bereits 13 einheimische und 11 importierte Havanna-Manila-Zigarren. 1846 wurden in Österreich erstmals auch die heute noch bekannten „Virginierzigarren" produziert und verkauft. Zigarren waren teuer. Sie hatten im Vormärz den Nimbus fortschrittlicher, liberaler, ja revolutionärer Gesinnung. In der zweiten Hälfte des 19. Jhs. war die Zigarre zum Zeichen der Behäbigkeit, Zufriedenheit und Saturiertheit des aufsteigenden Bürgertums geworden. Ein „Sonntagszigarrl" gehörte nunmehr auch zu den Freuden des kleinen Mannes.

Für Bauern waren Zigarren Ausdruck städtischer Lebensart. Der Knatschel, der in Roseggers bekannter Auseinandersetzung mit der Landflucht, dem Roman „Jakob der Letzte", als erster der Versuchung erliegt und sein Gut verkauft, raucht Zigarren. Kumpelhaft hält er dem Jakob Steinreuter noch vom Karren herab, mit dem er Altenmoos verläßt, seine neue feinjuchtene Zigarrentasche hin: „Bedien' dich, Steinreuter! . . . Na, nimm eine, sind amerikanische[6]." Der Kampelherr öffnet, als er dem Guldeisner den Hof abkauft, gönnerhaft die feine Zigarrentasche. Sein Unterläufel, der Waldmeister, lockt ebenfalls mit den Zigarren. Den Burschen bot er Zigarren und spottete über das Rauchen aus den Pfeifentiegeln. Den Weiberleuten ließ er Zucker in den Wein tun und Kaffee kochen. Der Knecht raucht sonst Pfeife, aber an den hohen Feiertagen steckt er sich eine Zigarre an, kann's aber nicht recht. Wenn der Dörfler erstmals Eisenbahn fährt, so glaubt er, erst mit einer angesteckten Zigarre sein damit gewonnenes Ansehen richtig vollenden zu können. So formulierte es jedenfalls Rosegger. Auch der Landtagsabgeordnete Kulmbock, der nicht sehr schmeichelhaft gezeichnete Bauernvertreter im „Erdsegen", raucht „Regalitas". Er sagt, der Bauer dürfe sich nicht lumpen lassen.

Siegeszug der Zigarette

In den Städten hatte inzwischen bereits der Siegeszug der Zigaretten begonnen. Sie wurden zum Symbol der Moderne: Zuerst und zuvorderst gehörte die Zigarette in die Lebewelt der Literaten, Künstler und Schauspieler des „Fin de Siècle", eines Schnitzler, Hofmannsthal und Paul von Schönthan. Die dickbauchige Zigarre konnte man stolz rauchen, als man auch einen „Embonpoint" noch ebenso stolz zur Schau stellen durfte. Die schlanke Zigarette wurde geradezu zum Symbol eines neuen Körperideals der Leichtigkeit und Schlankheit.

Wie die Zigarren waren Zigaretten zuerst ein Produkt für die Stadt und die Oberschichten.

Für Arbeiter und Bauern waren sie zunächst kaum erreichbar, im ausgehenden 19. Jh. bestenfalls für städtische Facharbeiter. Kriege, Maschinisierung der Zigarettenproduktion, neue Lebensweise, Modeströmungen etc. trugen dazu bei, daß im Lauf des 20. Jhs. Zigarettenrauchen zur fast 97% des Gesamtkonsums ausmachenden Form des Tabakkonsums wurde.

An den Rauchusancen der Familie Trotta beschreibt Joseph Roth den Wandel der Zeit: Der alte Hauptmann, der bei Solferino dem Kaiser das Leben gerettet hatte, hielt sich an die lange Pfeife aus weißem, leicht gelblichem Ton. Ihre Färbung paßte zu dem mächtigen weißen Schnurrbart des Vaters. Der Sohn, der es zum Bezirkshauptmann gebracht hatte, nahm wie sein Kaiser nach dem Tafelspitz die Virginier. Für Carl Joseph, den Enkel und Offiziersschüler, gehört die Zigarette zum nervösen Rendezvous mit der Frau des Gendarmeriewachtmeisters Slama.

Autarkie und Kommerz — Die Genußmittel und die Entstehung des Marktes

Taschenmesser, silberne Uhren, Kaffee und Kalbsbraten, eine Zigarre, gar ein Steirerwägelchen, das sind die Wunschbilder der armen Gebirgsbauern, die sie aus der autarken Wirtschaftsweise herauslocken. Semmeln und Kaffee alle Tage, Zigarrenrauchen und Zeitunglesen, das gilt als Herrenleben. Die Genußmittel, der Kaffee, der Zucker, der Tabak, stehen nicht nur in den Rosegger'schen Geschichten stellvertretend für die alles zugrunde richtende Kommerzialisierung, das Nichtrauchen für die autarken Überlebensstrategien, die aber letztlich nicht gangbar waren[7]. „Diese Leute machen ihre Wirtschaftsplanung, als ob es keine Tabakspfeifen, keinen Kaffee und keine Steuern gäbe, oder zum wenigsten, als ob sie ohne die zwei ersten tun und den letzten entkommen könnten." Jakob Steinreuter, der aufrechte Bauer aus seinem wohl bekanntesten Roman „Jakob der Letzte", rauchte nicht, auch nicht sein Sohn, der Friedel . . . der kaute lieber an einem abgepflückten Steinnelkenstiel. Einer autarken, selbstgenügsamen, damit auch gegenüber den Gefahren einer kapitalistisch kommerzialisierten Wirtschaftsführung immunisierten Wirtschaftsweise war der Tabak der ärgste Feind: „Der echte altmodische Landmann zerbeißt vor Zorn sein Pfeifenröhrchen, wenn er nur daran denkt." In Roseggers Darstellung besticht die Subtilität, mit der er die Ohnmacht gegenüber der Geldwirtschaft, in seinen Worten der Ruin der alten Bauernwirtschaft, zum Ausdruck zu bringen vermag. Widerstehen und entgehen kann man ihr nicht mehr: „Das verfluchte Geld . . . Sie hätten doch ohnehin fast alles am Hof, was sie brauchen. Die Milch, Eier, das Mehl, das Brot, das Fleisch, die Leinwand für Wäsche und Kleider, womöglich auch den Loden, das Leder . . . Und das Salz, den Tabak und das Steuergeld haben sie vom Erlös ihres Rindviehs." Kein Geld für Tabak, Bier oder Spielleute zu haben, war ein entscheidendes Motiv, das Stadtleben zu suchen. „Drum bleib' i's ka Bauernknecht mehr", heißt es in einem Volkslied. „Hast 'leicht gar nicht einmal ein Tabakgeld?" — „Der gottverblitzte Tabak", sagte Rosegger.

Anmerkungen:
1) Vgl. Roman Sandgruber, Bittersüße Genüsse. Kulturgeschichte der Genußmittel, Wien-Graz, 1986; ders., Die Anfänge der Konsumgesellschaft, Wien 1982.
2) Franz Leskoschek, Der steirische Kaufmann. Das Entwicklungsbild eines Standes von der Frühzeit bis zum Merkantilismus, in: Die Steiermark. Land, Leute, Leistung, Graz 1971, S. 901ff.; Herbert Hassinger, Geschichte des Zollwesens, Handels und Verkehrs in den östlichen Alpenländern vom Spätmittelalter bis in die zweite Hälfte des 18. Jhs., Bd. 1, Regionaler Teil, Erste Hälfte, Westkärnten-Salzburg, Stuttgart 1987.
3) Sandgruber, Bittersüße Genüsse, S. 99ff.
4) Ulla Heise, Kaffee und Kaffeehaus, Hildesheim 1987, S. 16.
5) Wolf Mueller, Seltsame Frucht Kakao. Geschichte des Kakaos und der Schokolade, 1957.
6) Jakob der Letzte, S. 34f., S. 187f.
7) Der steirische Musterbauer Paul Adler, der Freund Erzherzog Johanns, philosophierte in seinem Tagebuch um 1830 über Kaffee: „Wer unter dem Bauernvolk wußte von Zucker, Kaffee, Schokolade, Rosolio etc. und doch was sagt jetzt oft ein Bauer, ja, wenn ich in der Frühe ein paar Schalen Kaffee habe, hungere ich den ganzen Tag nicht mehr, und der Fuhrmann, der früher zum Frühstück eine halbe Bier oder ein Seidl Wein getrunken hat, sagt auch so, und trinkt 2–3 Schalen Kaffee, und indem der Bauer für seine alte, gute, gesunde, einfache Schottsuppen, und der Fuhrmann für seine halbe Bier oder Seidl Wein und Brot Kaffee trinkt, spazieren nicht allein Tausende, ja Millionen Gulden Münz aus unserem lieben Vaterland und kehren nicht mehr zurück, und so entsteht Geldmangel, wenn man den Kaffee und Zucker, feine Baumwolle, Seide und Gewürze bedenket."

Gerald Schöpfer

Zu den „Commercien" erziehen . . .

Allgemein wird das Entstehen der Wirtschaftswissenschaft als eigenständige Disziplin erst mit dem 18. Jh. datiert. Aber bereits seit der Antike finden wir interessante literarische Auseinandersetzungen mit ökonomischen Phänomenen.

Doch bei diesen Ansätzen ökonomischen Denkens von der Antike über die Kirchenväter bis zu den Schriftstellern der Reformationszeit war man weitgehend von moralischen bzw. ethischen Fragestellungen ausgegangen und hatte sich — von Aristoteles beeinflußt — meist mit Fragen der Gerechtigkeit beschäftigt und diskutierte den „gerechten" Preis, den „gerechten" Lohn, die Zulässigkeit des Zinsennehmens etc. Die in der Regel von der Philosophie oder Theologie kommende Betrachtungsweise erschwerte zwar die Ausbildung systematischer wirtschaftstheoretischer Analysen. Sie darf aber in ihren Auswirkungen auf die Realität keineswegs unterschätzt werden, man denke z. B. an die bedeutenden wirtschaftshistorischen Auswirkungen des „kanonischen Zinsverbotes"[1]. **Ansätze ökonomischen Denkens**
„Gerechter" Preis

Neben den mitunter recht hochtrabenden wirtschaftsethischen Abhandlungen fanden sich auch schon früh handfeste Anleitungen für die wirtschaftliche Praxis, welche meist keine großen theoretischen Ansprüche erhoben, sondern Hilfestellungen für den Alltag des Gutsherren, des Handelsherren etc. anboten. So entstanden Werke zur Buchführung; als ein berühmtes Beispiel sei das Werk des Fra Luca Pacioli „Summa de Arithmetica, Geometria, Proportioni et Proportionalità" erwähnt, welches in Venedig 1494 erstmals erschien und die Prinzipien der doppelten Buchhaltung vermittelte, wie sie von tüchtigen oberitalienischen Unternehmern bereits seit über einem Jahrhundert angewandt worden waren. **Doppelte Buchhaltung**

Allmählich sollten diese Erkenntnisse, welche die Verläßlichkeit der Buchführung erleichterten, auch im deutschen Sprachraum Eingang finden. So hielt sich der Nürnberger Wolfgang Schweicker Senior nach eigenen Angaben in Venedig auf, als er 1549 seine Abhandlung „Zwifach Buchhalten, sampt seine Giornal" in Nürnberg publizierte. Schweickers Werk, welches für Kaufleute aber auch für Grundherrschaften als Anleitung zu besserer Rechnungsführung diente, sollte auch in der Steiermark Verbreitung finden, wobei das Kloster St. Lambrecht zu den Käufern dieses vermutlich ersten Lehrbuches der doppelten Buchhaltung in deutscher Sprache zählte[2].

Doch nicht nur die Buchführung erschien als verbesserungswürdig. Auch für die Kunst des Rechnens entstanden schon früh grundlegende Werke. Im Gegensatz zu Italien, wo bereits zu Beginn des 13. Jhs. mit dem „Liber abbaci" des Leonardo von Pisa Beispiele für kaufmännische Fragestellungen in mathematischen Abhandlungen vorkamen, sollte ähnliches in Deutschland erst seit Mitte des 15. Jhs. zu verzeichnen sein. In diesem Zusammenhang sei auf das „Bamberger Blockbuch" aus 1471–1482 (im Neudruck München 1980 erschienen), verwiesen.

Zu den frühen deutschen Rechenbüchern, welche für Kaufleute bestimmt waren, zählte das 1489 in Leipzig erstmals erscheinende Werk des Johann Widmann „behend vnd hüpsch Rechnung vff allen kauffmanschafften".

Zahlreiche Anleitungen befaßten sich mit dem Rechnen auf den Linien des sogenannten „Abakus", einer auf einem Tisch angebrachten Rechenplatte, die in unzähligen zeitgenössischen Darstellungen über kaufmännisches Leben aufscheint.

Schon lange vor dem 1550 in Leipzig publizierten Buch „Rechnung nach der lenge auff den linihen vnd Feder" des legendären Rechenmeisters Adam Riese waren vergleichbare Anleitungen erschienen. So z. B. das Werk von Gregor Reisch (Margarita philosophica, Straßburg 1504), oder das 1514 in Augsburg erschienene und überaus anschauliche Werk „Ain New geordnet Rechen biechlin auf der linien mit Rechenpfeningen", welches Jakob Köbel drucken ließ.

Auch für kaufmännische Probleme, wie man beispielsweise den Inhalt eines Fasses bestimmen könne, wurden entsprechende Lösungen vorgelegt. So konnte sich der Rechenmeister Ulrich Kern von Freysing brüsten, mit seinem „Visierbuch" die erste deutsche Publikation (Straßburg 1531) vorzulegen, welche den Kaufleuten Berechnungsmethoden

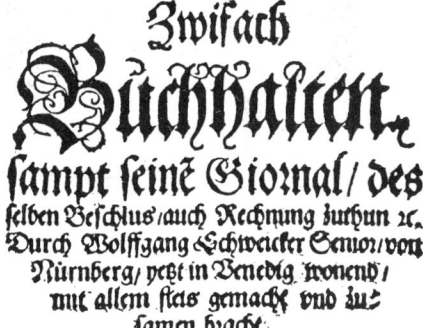

Abb. 34b: Titelblatt des Lehrbuches der doppelten Buchhaltung von Wolfgang Schweickert.

eröffnete, wie man mit Hilfe eines Stabes einen Faßinhalt ermitteln könne.

Daneben sei vor allem auf die zahlreichen Abhandlungen verwiesen, welche beabsichtigten, das für einen Kaufmann als notwendig erachtete Wissen zur Unternehmensführung zusammenzufassen. Diese kaufmännische Erziehungslehre wurde mit dem Begriff „Handlungswissenschaft" bedacht und setzte sich meist das Ziel, praktische Verhaltensmaßregeln zu formulieren und diese an junge Kaufleute zur Belehrung weiterzugeben.

So entstand bereits im 14. Jh. (um 1340) das Werk „La Practica della Mercatura" des Francesco di Balduccio Pegolotti.

Als ein bedeutender Vertreter dieser Literaturgattung kann Benedetto Cotrugli Raugeo angesehen werden, dessen Werk „Della Mercatura et del Mercante perfetto" 1458 verfaßt und 1573 in Venedig erstmals publiziert wurde.

Zu besonderer Bekanntheit gelangte auch das Buch über den „vollkommenen Handelsmann" von Jacques Savary, welches erstmals 1675 in Paris erschienen war; dieses Werk sollte immer wieder neu aufgelegt werden und durch Savarys Sohn Jacques Savary de Bruslons Ergänzungen erfahren[3].

Jacques Savary verfaßte auch ein Kaufmannslexikon, welches im deutschen Sprachraum viele Nachfolger finden sollte. So zählt z. B. Paul Jacob Marperger, Carl Günther Ludovici, Johann Carl May und Johann Michael Leuchs zu jenen Schriftstellern, welche ihr encyklopädisches Wissen in zahlreichen und umfangreichen Schriften für interessierte Kaufleute anboten. Dabei wuchs der Ehrgeiz der Schriftsteller, umfassendere und originellere Darstellungen anzubieten als die Vorgänger. Dies führte bei Johann Georg Büsch sogar zu dem skurrilen Hinweis, daß er, „so viele Anleitungen zur Handlungswissenschaft auch seit etwa zwanzig Jahren in Deutschland gedruckt sind . . . keine derselben seit langer Zeit gelesen" habe, um sich bei der Abfassung seines Werkes nicht dem Vorwurf des Plagiates auszusetzen[4].

Immer wieder wird das Ziel genannt, die kaufmännische Erziehung verbessern zu wollen, wobei neben der reinen Wissensvermittlung auch häufig die kaufmännischen Tugenden beschworen werden.

Während die frühen handlungswissenschaftlichen Schriften in einem Umfeld erschienen, welches den Handelsaktivitäten zum Teil noch sehr skeptisch gegenüberstand, sollte sich die generelle Einstellung gegenüber ökonomischen Fragen mit dem Aufkommen der merkantilistischen Gesinnung ändern. Im Zeitalter des Merkantilismus — damit wird die Wissenschaftspolitik des fürstlichen Absolutismus des 16. bis 18. Jhs. bezeichnet — wurde deutlicher als in den vorangegangenen Jahrhunderten erkannt, daß die politische und militärische Macht eines Staates von einer florierenden Wirtschaft abhängt. So heißt es in einem Bonmot, welches dem großen Feldherrn Graf Raimund Montecuccoli zugeschrieben wird, dessen Namen mit der Türkenschlacht von Mogersdorf (1664) untrennbar verbunden ist:

Abb. 34c:
Lehrbuch des
Benedetto Cotrugli

„Zum Kriegsführen braucht man dreierlei Dinge, nämlich Geld, Geld und wieder Geld!"

Geld und Handel rückten in den Mittelpunkt des öffentlichen Interesses und der merkantilistischen Wirtschaftspolitik, welche verschiedenste nationale Prägungen aufwies. So bemühten sich beispielsweise die führenden seefahrenden Nationen Europas mittels einer überaus aggressiven Außenpolitk um eine Vermehrung ihres ökonomischen Einflußbereiches durch die Erwerbung von Kolonialgebieten. Im Gegensatz zu dieser Spielart eines sogenannten „küstenländischen" Merkantilismus waren die Vertreter des „binnenländischen" Merkantilismus

Merkantilismus

bestrebt, die Produktivkräfte im eigenen Land zu fördern und den Wohlstand und damit die Steuerkraft zu heben.

Die deutschsprachigen Vertreter des Merkantilismus, die sogenannten Kameralisten, entfalteten eine reiche literarische Tätigkeit und setzten sich nicht nur — wie ihnen oft später vorgeworfen wurde — mit rein fiskalischen Fragen auseinander, sondern entwickelten interessante sozialwirtschaftliche Konzepte zur Belebung der wirtschaftlichen Aktivitäten.

Ab 1727 wurden die ersten kameralistischen Lehrstühle eingerichtet und damit war der Durchbruch der Wirtschaftswissenschaften zu einem universitären Lehrfach gelungen und die systematische Sammlung und Weitergabe wirtschaftswissenschaftlicher Erkenntnisse gesichert.

Kameralismus

Es entsprach durchaus dem kameralistischen Denken, daß der Landesfürst durch eine entsprechende Wirtschaftspolitik „seinen unterthanen erst zu einer guten nahrung helffen" müsse, „wann er von ihnen etwas nehmen will"[5].

In den unterschiedlichen merkantilistischen Strömungen in Europa gibt es einen gemeinsamen Nenner: Der Staat beginnt, in bevormundender Weise in die Wirtschaft einzugreifen. Zu den Eigentümlichkeiten einer merkantilistischen Handelspolitik zählte das Streben nach einer aktiven Zahlungsbilanz. Der Staat versuchte, mit zahlreichen Reglementierungen das Wirtschaftsgeschehen zu beeinflußen und beispielsweise nur jene Importe zuzulassen, welche für das Gedeihen der eigenen Wirtschaft als unerläßlich angesehen wurden, und zugleich sollten Exporte heimischer Produkte gefördert werden.

Die Entwicklungslinie des Kameralismus führt über frühe Vertreter, wie etwa Melchior von Osse, Georg Obrecht, Christoph Besold, Jakob Bornitz, Kaspar Klock, zu jener Phase, in welcher sich im 17. Jh. eine erste Blüte österreichischer Nationalökonomie abzeichnete[67].

Zu den bedeutendsten Vertretern des österreichischen Kameralismus des 17. Jhs., die auch großen Einfluß auf die wirtschaftliche Realität gewonnen haben, können Johann Joachim Becher, Wilhelm von Schröder und Philipp Wilhelm von Hörnigk gerechnet werden. Alle drei Ökonomen waren keine gebürtigen Österreicher, sondern konvertierte Protestanten aus verschiedenen deutschen Ländern, welche von der Metropole Wien angezogen wurden und dann zeitweilig in österreichische Dienste traten.

Viele ihrer ökonomischen Ideen wurden im österreichischen „Heldenzeitalter" von den zeitgenössischen Politikern umgesetzt — schießlich ging es unter dem Druck der Türkenkriege darum, die Wirtschaft möglichst leistungsfähig zu machen.

Johann Joachim Becher war ein vielseitiger Schriftsteller, welcher sich neben seinen politisch-ökonomischen Interessen auch zahlreichen weiteren Problemstellungen widmete, welche von der Physik, Chemie, Medizin, Philologie und Mathematik bis zur Theologie reichten.

Daß sich Becher auch mit der Alchemie befaßte, war keineswegs verwunderlich, denn dem Zeitgeist des Barock entsprechend, war man am Wiener Hof für skurrilste Projekte überaus empfänglich. So fügte auch Wilhelm von Schröder seiner achtenswerten kameralistischen Abhandlung über die „Fürstliche Schatz- und Rentkammer", welche erstmals 1686 erschienen war, einen Anhang bei, welcher „nothwendigen Unterricht vom Goldmachen" gab.

Das kameralistische Hauptwerk von J.J. Becher trug den Titel „Politischer Discurs Von den eigentlichen Ursachen/deß Auf- und Abnehmens/der Städt/Länder und Republicken ..." und erschien in erster Auflage 1668.

In diesem Werk setzte sich Becher auch mit der „Wissenschafft deß Kauff-Handels" auseinander. An die frühe handlungswissenschaftliche Literatur anschließend, geizte er nicht mit gutgemeinten Ratschlägen, wie z. B.: Der angehende Handelsmann hätte zu bedenken, „was er vor ein Capital in Händen habe/wie viel Mittel ihm sein Standt zulässet/dann mit läerer Faust einen Handel anzugreiffen/ist Thorheit/ und mit frembder Leuthen Gelt zu trafigiren gefährlich/nicht weniger muß er auch in acht nehmen/ob er einige Freunde/Gönner und Beförderer habe/ welche entweder Handels-Leuth/oder Liebhaber deß Handels seynd/und welche ihn recommendiren, bey andern Handels-Leuthen in Kundtschafft und credit bringen/ und ihm auffhelfen können/item/ob er in der Jugend lesen/schreiben/rechnen/ und Buchhalten gelernet/ob er in Contoren gedienet/bey Handlungen gewesen/gereyset/und zu der Handelschafft noch mehr andere gehörige Dinge habe/dann mit einem Sammeten Mantel auff die Börse gehen/macht allein keinen Kauffmann/es gehöret noch mehr dazu".

Ferner sollte ein Kaufmann bei guter Gesundheit sein, denn „kräncklich seyn/ dienet wenig zur Handlung".

Besondere Anforderungen stellt J.J. Becher aber an den Charakter und das Gemüt des zukünftigen Kaufmannes. Er sollte „probieren/ob er dem Weibs-Volck/Spielen/Sauffen und Pancketieren zugethan/ob er falsch/mißtrauisch/betrieglich/leichtgläubig/ faul/verdrossen/verzagt/und unglückselig seye/oder sonsten Mangel an sich habe/dann dergleichen Gemüth dienet nicht zur Handlung/dann ein Handelsmann muß seyn nicht zu geitzig/ noch zu freygebig/kein Schabhals/und kein Verthuner/nicht zu leicht glaubend/noch zu mißtraurig ... nicht zu sorgsam/noch

Abb. 35: **Johann Joachim Becher** *(1635—1682).*

zu sorgloß/nicht zu offenhertzig/noch zu hinderhältisch/allezeit hoffend/nie verzweiffelnt/ bescheiden/doch nicht zu gemein/nicht zu bedachtsam/noch zu unbedachtsam/from/aber mehr im contor, als in dem Beichtstuel/mehr bey seinem cassirer und Buchhalter als bey den Mönchen/so lang auf der Börß als in den Kirchen/mit dem Leib in einer Stadt/mit der Feder in der Welt/mehr Allmussen geben/als Häuser bauen/Herr über sein Weib/und Gesind/nicht zu tief im Handel/noch zu weit darvon seyn/mit einem Wort ein Kaufmann ist ein subjectum, wo vor . . . alle Tugenden hervor leuchten können/und auch müssen . . ."[7].

Marktformenlehre

In diesem Werk bringt Becher in seiner Betrachtung über „Propolium, Polypolium und Mono-polium" einen der frühesten Ansätze zu einer modernen Marktformenlehre. Er kämpfte mit einigem Erfolg gegen die Einfuhr ausländischer — besonders französischer — Waren und regte die Gründung von Manufakturen an, um die inländische Produktion zu steigern.

Zahlreiche Anregungen fielen auf fruchtbaren Boden. So ist beispielsweise die Errichtung der „Wiener Seidenkompagnie" auf sein Betreiben zurückzuführen. Zu besonderer Bekanntheit gelangte das Projekt zur Errichtung einer Musterwerkstätte, des Kunst- und Werkhauses in Wien, welches — später von Wilhelm von Schröder weiterbetrieben — nur von kurzer Lebens-dauer war. Nachdem das Gebäude bei der Türkenbelagerung abgebrannt war, sollte eine Wie-derbelebung dieser vielbeachteten Einrichtung nicht mehr gelingen. Dieses Projekt entsprach durchaus dem kameralistischen Grundanliegen, zur wirtschaftlichen Betriebsamkeit anzure-gen. So deckte es sich mit dem damaligen Zeitgeist, neben Zucht- auch Waisenhäuser ökono-misch zu nutzen und mit Produktionseinrichtungen zu verbinden, welche solcherart von billi-gen Arbeitskräften Vorteile zogen.

Kaufhäuser

Becher regte ferner die Errichtung von Kaufhäusern an, welche unter staatlichem Einfluß auch preispolitische Aufgaben zugedacht bekamen. Er zählte zu den Proponenten österreichi-scher Kolonialprojekte und belebte die Ansätze zu wirtschaftsstatistischen Erhebungen, wel-che nicht zuletzt zu Steuerreformen dienen sollten, für welche er zahlreiche Vorschläge lie-ferte.

In seinem „Politischen Discurs" befaßte er sich eingehend mit allen Formen des Handels, wobei sich in seinen Darstellungen eine hohe Praxisnähe feststellen läßt.

Sein Wirken in Österreich sollte nicht allzu lange dauern, und er sah sich gezwungen, auf Grund von Zerwürfnissen und der gegen ihn erhobenen Anschuldigungen ins Ausland zu gehen. 1682 starb er in London, während sein „kameralistisches Erbe" von Schröder und Hör-nigk in Österreich weitergepflegt wurde[8].

Wilhelm von Schröder

So regte Wilhelm von Schröder an, anhand der „Manufactur-Inventarien" und der Mautbü-cher festzustellen, wie die Wirtschaftskraft des Landes aussieht und welche für den Konsum notwendigen Waren derzeit importiert werden müßten. Darauf aufbauend, sollte gezielt die Wirtschaftsförderung einsetzen.

Philipp Wilhelm von Hörnigk

Am markantesten sollten jedoch die wirtschaftspolitischen Überlegungen des Philipp Wilhelm von Hörnigk den kameralistischen Geist dieser Epoche zum Ausdruck bringen. Sein 1684 in erster Auflage erschienenes Werk trug den pathetischen Titel „Österreich über alles, wann es nur will", dieses Buch sollte in der Folge unzählige Neuauflagen erfahren.

Als Schwager Bechers hatte er in seiner ersten Entwicklungsphase durch ihn wichtige Förde-rung und kameralistische Ausbildung erfahren. Er distanzierte sich aber von Becher, nachdem dieser unter den skizzierten mißlichen Umständen Österreich verlassen hatte. Um sich von jenen „Projektemachern" abzugrenzen, welche er sarkastisch als „Schreier und Commercien-Prediger" und „Reichmacher des Kaisers" bezeichnete, formulierte er in recht deutlicher Anspielung auf seinen Schwager, daß diese nur „einen leeren Becher" gebracht hätten[9].

Für Hörnigks Werdegang war der Kontakt zum einflußreichen Christoph de Royas y Spinola wesentlich, welcher immer wieder vom Kaiser für diplomatische Missionen eingesetzt worden war. Hörnigk konnte im Dienste de Royas wertvolle Erfahrungen sammeln und ihn als Sekre-tär auf Auslandsreisen begleiten. De Royas stieg in der Folge zu hohen kirchlichen Würden auf und erhielt aber auch die landesfürstliche Pfarre Hartberg übertragen.

Hartberg

Als ein recht weltmännisch anmutender Diplomat und Ratgeber von Kaiser Leopold I. war er zwar bereit, die Einkommen aus den Hartberger Pfründen zu beziehen, hatte aber keineswegs im Sinn, seiner Residenzpflicht in der Oststeiermark nachzukommen. Während er Kleriker mit der Übernahme der geistlichen Agenden in Hartberg beauftragte, bedachte er seinen Pri-vatsekretär Philipp Wilhelm von Hörnigk damit, die Verwaltung der Wirtschaftsführung der Herrschaft und des Stadtpfarrhofes von Hartberg in seiner Vertretung zu leiten[10]. In Hartberg sollte Hörnigk — sehr zum Unbehagen der dortigen Bevölkerung — seine ökonomischen Fähigkeiten unter Beweis stellen. Er legte ein exaktes Pfarrarchiv an und versuchte, sehr genau die Rechte und Einnahmen der Herrschaft festzuhalten, woraus sich naturgemäß zwi-schen ihm und der Pfarrgemeinde Spannungen ergaben.

Doch Hörnigks Wirtschaftsführung in Hartberg sollte die Zustimmung seines Vorgesetzten de Royas finden, welcher zum Ausdruck brachte, daß man Hörnigk ruhig ganze Erzbistümer anvertrauen könnte.

Es ist kein Zufall, daß Hörnigks Hauptwerk „Österreich über alles, wann es nur will" ein Jahr nach der großen Türkenbelagerung von Wien erschien, also in einer Epoche, wo nach Hörnigks Worten „von Waffen alles bebet und krachet"! Gerade die existenzielle Bedrohung motivierte dazu, alle denkbaren ökonomischen Anstrengungen zu treffen, und Hörnigk vertrat offen die These, daß die Türken gar nicht bis Wien vordringen hätten können, wenn man rechtzeitig eine bessere Ökonomie betrieben hätte.

Abb. 36:
Luca Pacioli
*in Mönchskutte.
Gemälde von
J. dé Barbari, 1495.*

Zugleich wetterte er dagegen, daß durch unnötige Importe für Luxuswaren „unser gutes Gold und Silber millionenweis unsern Erz- und Erbfeinden zurinnet" und meinte, daß man versuchen sollte „den Hoffart mit [. . .] unser schlesischen, oberösterreichischen und anderer inländischen Leinwand eine Zeitlang zu büßen, hingegen die seidene und härine Zeug, die fremde Laken, das indianische Bombasin-Gewebe, die pestilentialische französische Modewaren dafür in ihrer Heimat zu lassen und uns ihrer, wann sie ja endlich so unentbehrlich, nur so lang zu müßigen, bis wir sie zu Hause selbsten in Genüge nachzumachen werden gelernt haben"!

In typisch merkantilistischer Manier sieht er Maßnahmen eines Wirtschaftskrieges bzw. Handelsbeschränkungen und Protektionismus vor. Um Importe einzubremsen, benötige man keine Armee, sondern es genügten entsprechende Anordnungen, welche nur etwas „Papier, Federn und Dinte" kosteten, aber dem Staat in wenigen Jahren ein Vermögen einbrächten.

Das Kernstück seines Buches waren die sogenannten neun „Landes-Oeconomischen Hauptregeln".

**9 ökonomische
Hauptregeln**

Die erste Regel verlangte eine genaue Beobachtung des Landes auf seine ökonomische Nutzbarkeit. „Nichts nutzbares von Plantagien unter der Sonnen soll unversucht bleiben . . . was Gold und Silber betrifft, daran ist keiner Mühseligkeit noch Kostens zu schonen, es über die Erde zu bringen."

In der zweiten Regel verwies Hörnigk auf die hohe Wertschöpfung, die bei der Verarbeitung der Rohstoffe auftritt. Folglich sei darauf zu achten, diese noch im eigenen Land weiterzuverarbeiten. Darauf zu verzichten sei bei „verständigen Haushältern ein Greuel".

Die dritte Regel befaßte sich mit dem Arbeitskräftepotential. Die Menschen „seind . . . aus Müßigang in eine nahrhafte Profession zu bringen, zu allerhand Inventionen, Künsten und Handarbeiten zu unterrichten und aufzumuntern". Man solle auch, wenn notwendig, Lehrmeister aus dem Ausland anwerben.

Die vierte Regel forderte ein Exportverbot für die Währungsmetalle Gold und Silber; diese sollten aber keinesfalls „in Kisten oder Kasten vergraben" werden, „sondern immerzu in Zirkulation" bleiben.

Die fünfte Maßregel wies die Menschen an, sich mit „ihren einheimischen Gütern" zu begnügen.

**Mit einheimischen
Gütern begnügen**

Laut sechster Regel sollte man jene Importe, die unumgänglich sind, ohne Zwischenhandel, also aus „erster Hand" und nicht gegen „Gold und Silber", sondern im Austausch mit anderen inländischen Gütern in das Land holen.

Die siebente Regel schrieb vor, bei den genannten unumgänglichen Importen nur die Rohmaterialien einzuführen, damit die Verarbeitungskosten im Inland anfallen.

Hingegen schlug die achte Regel vor, die im Überfluß erzeugten Güter „in verarbeiteter Gestalt" zu exportieren und deshalb die „Consumption . . . bis an das äußerste Ende der Welt zu suchen und selbige in alle Weise und Wege zu befördern".

Schließlich verlangte die neunte Regel, „außer wichtigen Bedenkens in keinerlei Weise noch Wege zu gestatten, daß Güter, deren Art inner Landes zur Genüge und in erträglicher Güte fällig," importiert werden; dabei sei „mit denen Auswärtigen weder Mitleiden noch Barmherzigkeit zu tragen, sie seien gleich Freunde, Verwandte, Alliierte oder Feinde. Dann da hat alle Feundschaft ein Ende, wo solche zu meiner Schwächung und Verderbung angesehen. Und solches behält Platz, wann gleich die inländische Waren schlechter an Güte oder auch höher an Wert sein sollten. Dann besser wäre . . . für eine Ware zwei Taler geben, die im Lande bleiben, als nur einen, der aber hinaus gehet".

Diese ökonomischen Regeln, welche keineswegs neuartig waren und unverkennbar Bechers Ideen beinhalteten[11], sollten für viele Jahrzehnte die österreichische Wirtschaftspolitik prägen.

Wirtschafts-statistische Erhebungen

Bereits unter Bechers Einfluß waren konkrete Versuche initiiert worden, wirtschaftsstatistische Daten über die Leistungskraft der Monarchie zu gewinnen. So erteilte das kaiserliche Kommerzkolleg schon 1673 an Hörnigk Anweisungen zu derartigen Erhebungen. Die Erkenntnisse, die er bei seiner Informationsreise gewann, welche ihn in Mähren sogar dem Spionageverdacht aussetzte, bieten interessantes wirtschaftshistorisches Material.

Hörnigk recherchierte natürlich auch in Innerösterreich und besuchte deshalb Bischoflack, Cilli, Friesach, Gleisdorf, Gonobitz, Graz, Hartberg, Judenburg, Klagenfurt, Knittelfeld, Krainburg, Laibach, Leibnitz, Leoben, Marburg, Murau, Mureck, Neumarkt in Krain, Neumarkt in der Steiermark, Pettau, Rottenmann, Straßburg, St. Veit, Villach, Wildon und Windischfeistritz.

In Abwägung der von ihm für Innerösterreich festgestellten Handwerkerzahlen (2593 Meister und 2138 Gesellen), gelangte er zum Schluß, daß hier noch keine Überbesetzung zu verzeichnen sei und es sogar einen Mangel an Gesellen gäbe[12]. Er konstatierte einerseits einen „Abgang" der Städte, welcher mit dem Aufblühen der obersteirischen Eisenindustrie in Zusammenhang stünde. Tatsächlich verkörperte die 1625 gegründete Innerberger Hauptgewerkschaft im 17. und 18. Jh. eines der weltgrößten Eisenwerke.

Er bemängelte, daß neben dem Eisenexport viele ungenutzte Möglichkeiten bestünden: So sei die Weinausfuhr aus der Untersteiermark gering, und es werde sogar ungarisches Vieh importiert. Und es fehlte nicht an Ideen Hörnigks, wie man die wirtschaftliche Situation Innerösterreichs, z. B. durch eine stärkere Hinwendung zur Adria und einer Stärkung des Zwischenhandelsgeschäftes mit ungarischen Waren, verbessern könnte.

Auch die österreichischen Kameralisten des 18. Jhs., als deren wichtigste Exponenten Johann Heinrich Gottlob von Justi und Joseph von Sonnenfels zu erwähnen sind, wandten empirischen Untersuchungen über die Wirtschafts- und Handelsstruktur großes Augenmerk zu, um darauf aufbauend ihre wirtschaftspolitischen Vorschläge zu entwerfen.

Als ein für die Steiermark überaus interessantes Beispiel sei die in einer Kurrende vom 7. 4. 1760 von Maria Theresia angekündigte Untersuchungstätigkeit über „Publica, Politica und Judicialia" durch den „k.k. bevollmächtigten Commissarius", Hofkriegsrat Graf Raimund von Vilana-Perlas, Marquis de Rialp, erwähnt, welcher, ausgehend von seiner von Triest nach Wien führenden Inspektionsreise, wertvolle Informationen sammelte[13].

Im Gegensatz zur seinerzeit von Hörnigk durchgeführten Erhebung hatte er einen überaus detaillierten, 47 Einzelfragen umfassenden Fragebogen ausgearbeitet, welcher nicht nur ökonomische Problemstellungen beinhaltete. Er

Abb. 37:
Das kaufmännische Rechnen am Abakus (Rechentisch) zeigt dieser Stich aus „Margarita philosophica . . ." (1508).

interessierte sich unter anderem für sämtliche wirtschaftliche Aktivitäten innerhalb der Städte, für Sicherheits- und Sanitätsfragen, Justizangelegenheiten, Beschaffenheit der Zünfte und Verwendung der Zunftgelder, Handels- und Fabriksangelegenheiten, Marktpreise, Wirtschaftsvergehen, Wochen- und Jahrmärkte usw.

Graf Perlas hatte über seine Erhebungen regelmäßig Bericht zu erstatten und kümmerte sich auch um Einzelschicksale, wie nicht eingelöste Eheversprechen, Erbschaftsstreitigkeiten etc.

Die von den steirischen Städten beantworteten Fragen sind ein wertvolles wirtschaftshistorisches Dokument über die Situation der heimischen Wirtschaft dieser Periode.

Die Bürgermeister, aber auch Kaufleute verschiedenster Sparten, nutzten die Gelegenheit, um über ihre Lage zu klagen und um Abhilfe zu bitten.

So ging beispielsweise die Bürgerschaft von Neumarkt gar nicht auf den Fragebogen ein, sondern antwortete mit Beschwerden über die Unmöglichkeit, die „allzuhohen Contributionen" aufzubringen, usw[14].

Judenburger Klagen

Der Judenburger Bürgermeister berichtete unter anderem, „das bürgerliche Gewerbe und traffique" sei „allhier so schlecht, daß der Bürgersmann darbei nicht bestehen, oder seine

Wolgemeinte Erinnerungs Regeln
Für einen Jungen Kauff-und Handelsmann /darnach er sich zu richten/ wann er nicht verderben will.

Abb. 38:
Regeln für einen
jungen Kaufmann.
Fliegendes Blatt aus
dem 17. Jh.

Steuer und gaaben mehr abreichen kann, sondern notwendigerweis einer nach dem anderen zugrund gehen muß, indem die bürgerlichen Gewerbe, besonders der Salz- und Weinhandel meistenteils von der Stadt hinweg und auf die Dorffschaften hinausgezochen und von denen Bauern exerciert werden, ja sogar viele Bürger und Bauern aus dem Salzburger Land in das Unter-Steier reisen, Wein einkaufen . . ."[15].

Weiters wurde darauf hingewiesen, daß man nicht mehr imstande sei, die Renovierungskosten für die zerfallende Stadtmauer und das „kostbare Wehrgebäu" an der Mur zu tragen. Abschließend wurde an die Mildtätigkeit Maria Theresias appelliert, welcher sich die bedrängte Stadt Judenburg zu Füßen werfe.

Die aus Graz nach Judenburg abgesandten Antworten waren nur zum Teil befriedigend, denn unter anderem wurde in einem Schreiben vom 10. Juli 1761 der sinnige Rat gegeben, „bessere Zeiten abzuwarten".

Der Mürzzuschlager Apotheker Agustinus Steininger beklagte sich hingegen über die Konkurrenz der „herumreisenden und fast allwöchentlich hier . . . einfindenden Wanderhändler". Er hatte mit seiner Klage Erfolg, und es wurde letzteren bei Strafe verboten, die genannten Medikamente und Chemikalien zu verkaufen[16].

In der Grazer Stellungnahme hieß es unter anderem, daß es zu Preissenkungen führen dürfte, „wenn der freie Handl und Wandl wenigstens mit nachstehenden Victualien als Schmalz, Mel, Fisch und gedörrtes Obst, Eyr und gefliegelwerch verstattet werde, denn da es der weit entlegenen Bauerschaft oft nicht conveniert, ihre eigenen oft geringen Erzeugnisse allher nacher Gräz zu bringen, somit selbe von der alhiesigen Bürgerschaft in loco wolfeil aufgekauft und sodann um theuren Werth allhier versilbert werden[17]".

Die skizzierte Untersuchung des Grafen Perlas brachte folglich neben den von den kameralistischen Theoretikern geforderten wirtschaftsstatistischen Informationen auch die vielleicht ursprünglich gar nicht beabsichtigte Möglichkeit, sich mit den gegebenen sozialen und wirtschaftlichen Zuständen kritisch auseinanderzusetzen.

Der Generallinie des österreichischen Kameralismus entsprechend, welche möglichst wenig dem freien Spiel der Marktkräfte überlassen wollte, versuchte man, den aufgezeigten Mißständen durch staatliche Eingriffe zu begegnen. Allerdings darf nicht übersehen werden, daß zur selben Zeit in Frankreich mit der Physiokratie und in England mit der Klassischen Nationalökonomie bereits liberalökonomische Konzeptionen entwickelt wurden, welche den Freihandel und eine vom Staat weitgehend unbeeinflußte Marktwirtschaft forderten.

Staatliche Eingriffe

Abb. 39:
Adam Smith
(1723—1790).

Für Adam Smith erschien der freie Welthandel als eine unerläßliche Voraussetzung für die Steigerung des Wohlstandes. Merkantilistische Handelsschranken wurden von ihm mit Vehemenz bekämpft, das Streben nach Autarkie abgelehnt. So hieß es beispielsweise: „Kann ein fremdes Land uns eine Ware billiger liefern als wir selbst sie herstellen können, so ist es besser, sie mit einem Teile des Produktes unseres eigenen Gewerbefleißes zu erkaufen . . .[18]" Wenngleich in Österreich der Kameralismus noch bis zur Mitte des 19. Jhs. die offizielle wirtschaftspolitische Doktrin bleiben sollte, machten sich bei Joseph II. bereits Sympathien für die liberalökonomischen Ideen bemerkbar, und Leopold II. hatte aus seiner Regierungszeit in der Toskana beachtliche Erfahrungen mit einem vorsichtigen Wirtschaftsliberalismus gemacht. All dies mag gegen Ende des 18. Jhs. zu einer gewissen „Aufweichung" der starren kameralistischen Positionen beigetragen haben.

Zwar hatte die kameralistische Fürsorge des Staates für die Wirtschaft in Österreich gewisse Früchte getragen, man denke etwa an die Initiativen im Ausbau der für die Wirtschaft wichtigen Infrastruktur, wie Verkehrswege, Postwesen etc.

Dennoch kann nicht übersehen werden, daß noch zu einem Zeitpunkt, als bereits in Großbritannien im Zeichen des Liberalismus das Eintauchen in das industrielle Zeitalter begann, man in Österreich noch immer voll landesfürstlicher Sorge in bevormundender Weise durch unzählige Verordnungen und Regulative bemüht war, die Bürger zu den „Commercien" zu erziehen.

Gerade diese Haltung mag zur Rückständigkeit der österreichischen Wirtschaft beigetragen haben.

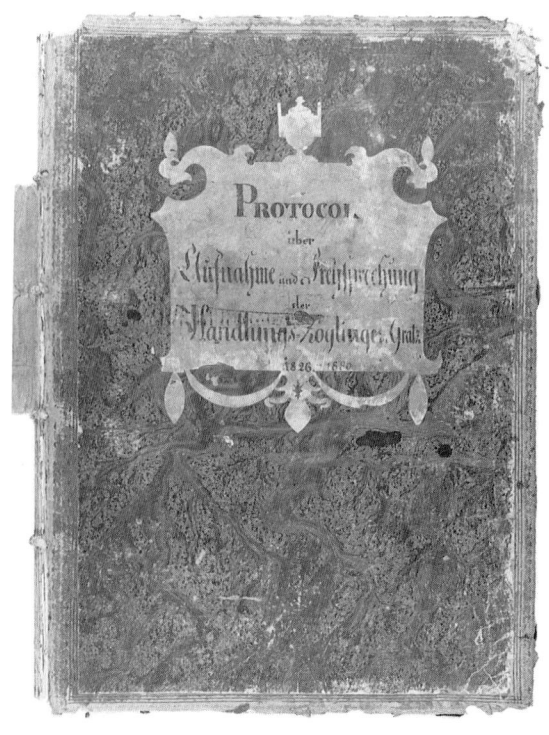

Abb. 40: Register der Handelslehrlinge, Graz 1826—1880.

Abb. 41: Spielzeugkaufmannsladen.

Anmerkungen:

1) Vgl. dazu im Detail z. B. Walter Bräuer, Urahnen der Ökonomie. München 1981.
2) Herrn Dr. Zotter, dem Hüter wertvollster Schätze in der Handschriften- und Rara-Sammlung der Grazer Universitätsbibliothek möchte ich an dieser Stelle für seine liebenswürdige Unterstützung herzlichen Dank sagen.
3) Vgl. z. B. Dieter Schneider, Allgemeine Betriebswirtschaftslehre, 2. Aufl. München 1985.
4) Johann Georg Büsch, Theoretisch-praktische Darstellung der Handlung in ihren mannichfaltigen Geschäften,. 3. Aufl., Hamburg 1808, 1. Band, S. 8 f.
5) Wilhelm von Schröder, Vorrede in: Fürstliche Schatz- und Rentkammer, Frankfurt 1704
6) Siehe z. B.: Anton Tautscher, Staatswirtschaftslehre des Kameralismus, Bern 1947; Franzesca Schinzinger, Ansätze ökonomischen Denkens von der Antike bis zur Reformationszeit, Darmstadt 1977; Erhard Dittrich, Die deutschen und österreichischen Kameralisten, Darmstadt 1974.
7) Johann Joachim Becher, Politischer Discurs Von den eigentlichen Ursachen deß Auf- und Abnehmens/der Städt/Länder und Republicken . . ., Frankfurt 1668, S. 127 ff.
8) Über Bechers Wirken siehe Herbert Hassinger, Johann Joachim Becher, Veröffentlichungen der Kommission für Neuere Geschichte Österreichs, Band 38, Wien 1951.
9) Philipp Wilhelm von Hörnigk, Österreich über alles, wann es nur will. Nachdruck in der Schriftenreihe des Verbandes österreichischer Banken und Bankiers, Band I, Wien 1983, S. 32.
10) Es ist das Verdienst von Fritz Posch, die „steirischen" Jahre im Leben Hörnigks erhellt zu haben. Fritz Posch, Philipp Wilhelm von Hörnigk, Werdejahre und österreichisch-steirische Beziehungen, in: Mitteilungen des Instituts für österreichische Geschichtsforschung, Band 61, Wien 1953, S. 335 ff.
11) Nachdem die Erstauflage des Werkes „Österreich über alles . . ." anonym erschienen war und sich Hörnigk erst später als Autor zu erkennen gab, waren zeitweilig sogar Zweifel an seiner Urheberschaft geäußert worden. Siehe dazu Horst Knapp, Einleitung zu Hörnigk, Österreich, S. 12.
12) Hassinger, S. 183 ff.
13) Steiermärkisches Landesarchiv (=StLA), Akten des Directoriums in publicis et cameralibis.
14) StLA, R+K Sach, Fasz. 181/1 (1761-VII-107), p. 269.
15) StLA, R+K Sach, Fasz. 181/1 (1760) 75; Pro gratiosissima Memoria, Hauptbeschwerden von der landesfürstlichen Stadt Judenburg in Ober-Steier, Punkt 4.
16) StLA, R+K Sach, Fasz. 181/2 (1761-VII-107), p. 328.
17) StLA, R+K Sach, Fasz. 181/1 (1761-VII-107), p. 39 v.
18) Adam Smith, Natur und Ursachen des Volkswohlstandes, Übersetzung der Erstausgabe 1776 von Wilhelm Löwenthal, 1. Band, 2. Aufl., Berlin 1882, S. 467.

Im Casino Graz:

Ich spürte sofort – etwas Besonderes lag in der Luft

War es die Stimmung am Baccaratisch? Oder mein Glück bei Black Jack? Nach einem kleinen Imbiß im Restaurant setzte ich bei Roulette auf meine Glückszahl. Und gewann! Jetzt, nach einem Gläschen Sekt an der Pianobar (3), vielleicht eine Entdeckungsreise in die glitzernde Welt der Spielautomaten (1). Im Casino Graz (2) im Grazer Congress. Täglich ab 15 Uhr. Für den Eintritt von S 170.– erhalten Sie bereits Ihren ersten Gewinn. 4 Jetons im Wert von S 200.–. Und für alle Autofahrer stehen kostenlose Parkplätze in der Andreas-Hofer-Garage zur Verfügung. Wir wünschen viel Glück und gute Unterhaltung.

CASINOS AUSTRIA
Ein Abend voller Charme und Chancen
Baden · Badgastein · Bregenz · Graz · Kitzbühel
Kleinwalsertal · Linz · Salzburg · Seefeld · Velden · Wien

Othmar Pickl

Die Zeit der großen Kanalprojekte (1765–1780) und der Flußverkehr im 18./19. Jh.

Die Pioniere des modernen Straßenbaus in Europa waren bekanntlich die Franzosen. Auch der erste wirklich bedeutende Kanalbau Europas in der Neuzeit wurde 1681 in Frankreich vollendet. Er verband die Garonne bei Toulouse mit der Aude bei Carcassone und stellte damit die Verbindung zwischen dem Mittelmeer und der Biskaya her. 1754 wurde dieser Kanal von Francis Egerton, dem späteren Herzog von Bridgewater, besichtigt. Er beauftragte daraufhin James Brindley mit dem Bau des ersten englischen Kanals. Dieser stellte einen Wasserweg zwischen den Kohlengruben in Worsley und Manchester her. Der 1761 eröffnete Kanal wurde nach dem Auftraggeber „Bridgewaterkanal" genannt und gilt nicht zuletzt durch den aus Gußeisen errichten Aquädukt über den Irrwell-Fluß bis heute als eine Sehenswürdigkeit ersten Ranges[1].

In diesem Zusammenhang muß bemerkt werden, daß in England der Kanalbau mit dem Schlagwort „navigation" bezeichnet wurde. Dieser Ausdruck wurde von den kontinentaleuropäischen Staaten übernommen, so daß man auch in der Habsburgermonarchie im 18. Jh. alle Arbeiten zur Schiffbarmachung von Strömen und Flüssen mit dem Schlagwort „Navigation" bezeichnete[2]. Die großen französischen bzw. englischen Kanalbauten erregten internationales Aufsehen und man suchte sie nachzuahmen. Auch in Österreich begann man kurz nach 1760 damit, große Projekte auszuarbeiten, wie man den Warentransport durch die Benutzung von Wasserwegen verbilligen und die Ströme und Flüsse zu Handelswegen machen könnte. 1765 legte die Landeshauptmannschaft Kärntens dem Commerzien-Hofrat in Wien einen Plan vor, die von Tirol und Salzburg nach Triest bestimmten Kaufmannsgüter einige Strecken weit auf der Drau, Save und Kupa zu befördern (vgl. Grafik 12). Man hoffte, auf diese Weise den Handel nach Triest zu intensivieren[3]. Offenbar hielt man diesen Plan für durchaus realisierbar, denn seit 1772 hören wir davon, daß an der Kupa und Save Arbeiten zur Verbesserung der Schiffahrt durchgeführt wurden.

Beginn in Österreich

Kaiserin Maria Theresia hatte dazu eine Navigationsdirektion eingesetzt, die aus zwei Navigations-Divisionen bestand. Zum „Directeur de la Navigation" an der Kupa und Save wurde 1772 der Jesuit Abbé Gabriel Grueber ernannt, der am Lyzeum in Ljubljana/Laibach wirkte und schon erfolgreich mit der Entwässerung des Laibacher Moores begonnen hatte. Grueber suchte die Schiffahrt auf der Kupa von Brod (nördlich von Delnice) bis Sisak zu verbessern. Wir hören vom Bau eines hölzernen Kanals bei Ožalj nach dem Muster eines Kanals an der Traun in Oberösterreich; wir erfahren von Felssprengungen im Flußbett der Kupa bei Karlovac und Sredisco, wodurch die Schiffahrt wesentlich erleichtert wurde. Gleichzeitig nahm Grueber 1772 die Navigationsarbeiten an der Save auf und zwar von Sisak über Brežice/Rann, Krško/Gurkfeld und Zidanimost/Steinbrück bis Zalog östlich von Ljubljana/Laibach. Bei Zidanimost/Steinbrück wurde auf dem südlichen Ufer der Save ein Kanal gebaut, durch den die Schiffe die gefährlichen Klippen im Flußbett sicher umfahren konnten.

Navigations-arbeiten an Kupa und Save

Die Arbeiten der 1. Division der Navigationskommission unter Abbé Grueber, die sich auf die Flüsse Save, Kupa, Drau und Mur, aber auch auf Maros und Theiß erstreckten, genossen damals offenbar Vorrang vor den Arbeiten der 2. Division, welche die Donauschiffahrt überhatte. Das ergibt sich aus den Kosten für die Navigationsarbeiten 1774: Die 1. Division hatte für die Arbeiten an Save, Kupa, Drau und Mur 17.500 Gulden ausgegeben; die 2. Division für die Arbeiten an der Donau dagegen bloß 11.500 Gulden, d. h. um rund ein Drittel weniger[4].

In welchem Maße durch diese Navigations-Arbeiten die Schiffahrt auf der Save und Kupa gefördert wurde, ist u. a. aus den Publikationen von Ferdo Hauptmann und Miroslava Despot bekannt[5]. Hier sei nur darauf hingewiesen, daß alle diese Bemühungen um die Verbesserung der Schiffahrt auf Kupa und Save nicht bloß im regionalen Rahmen, sondern in ihren großen Zusammenhängen gesehen werden müssen. Es ging um die Förderung des Handels von Böhmen und Siebenbürgen zur Adria[6], d. h. nach Triest und auch nach Rijeka/Fiume, das nach seiner Vereinigung mit dem Königreich Ungarn (1779) alsbald ein gefährlicher Konkurrent für Triest wurde[7].

Förderung der Schiffahrt

Tatsächlich wurden die Arbeiten zur Regulierung der Mur von Wildon bis Radkersburg 1775 unter der Oberleitung von Abbé Grueber aufgenommen, dem Ingenieur Ignaz Kunsti und zwei weitere Ingenieure beigegeben waren. Die Navigationsarbeiten an der Mur wurden sowohl 1775 als auch bis 1781 mit Eifer und gutem Erfolg durchgeführt[8].

Ein weiteres, für unsere Begriffe utopisches, Kanalprojekt legte 1776 Oberst von Brequin vor,

Kanalprojekt von 1776

der sich um die Gründung vom Theresienfeld bei Wiener Neustadt verdient gemacht hatte und ein ausgezeichneter Kartograph war. Er wollte die Drau von ihrem Ursprung in Tirol bis zur Mündung in die Donau ab Vukovar durch einen Kanal mit Szegedin verbinden. Zu diesem Zweck schlug er vor, südlich der Drau einen Kanal anlegen zu lassen, der von Sveti Petar westlich von Maribor bis Ankenstein/Borl (d. h. über 50 km) und von Sauritsch/Zavrč bis Vukovar (d. h. über 200 km Luftlinie!) führen sollte. Von Vukovar aber sollte ein schnurgerader Kanal von der Donau bis Szegedin, d. h. über weitere 135 km Luftlinie, angelegt werden[9].

Grafik 12: **Große Navigationsprojekte an Mur, Drau und zwischen Donau und Theiß (um 1765–1775)**

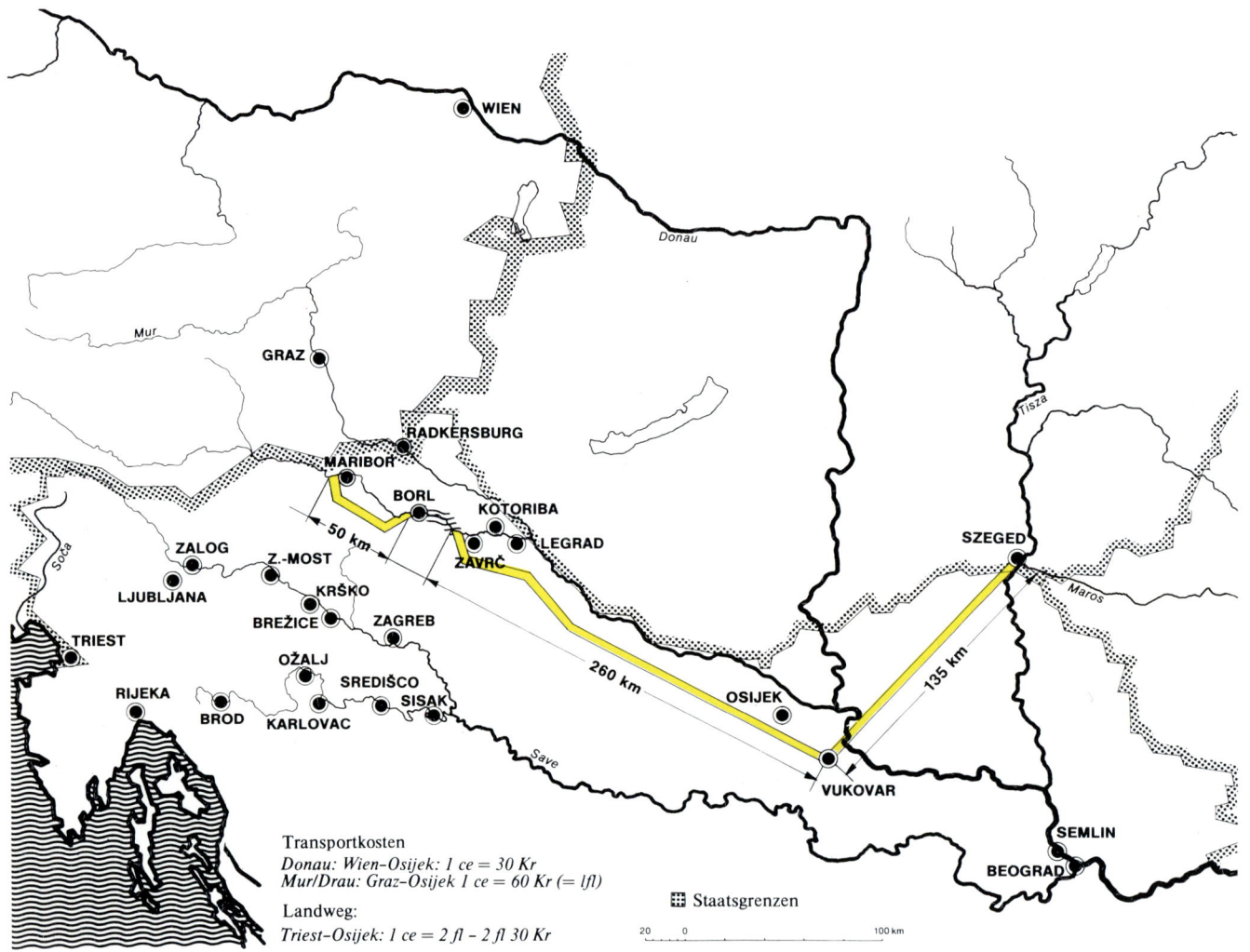

Das Projekt des Oberst von Brequin hätte somit einen Kanal von Maribor bis Szegedin, d. h. über die gigantische Entfernung von fast 450 km Luftlinie, erfordert. Die Errichtung eines solchen Kanals wäre sogar heute trotz aller technischen Hilfsmittel kaum realisierbar; für das 18. Jh. aber war er einfach utopisch (vgl. Grafik 13).

Bei den Versuchen, Mur und Drau zu Verkehrswegen auszubauen, ergaben sich jedoch für die Schiffahrt auf der Mur unter Radkersburg und auf der Drau unter Pettau/Ptuj die größten Schwierigkeiten. Im Juli 1766 beschwerten sich z. B. die Radkersburger Floßmeister darüber, daß ihnen von den Schiffleuten zu Kotoriba entgegen ihren uralten Privilegien plötzlich nicht mehr erlaubt werde, mit ihren Plätten die Mur weiter abwärts in die Drau zu fahren. Von Kotoriba bzw. Legrad an wollten die kroatischen Schiffleute den Transport der Plätten übernehmen und beriefen sich dabei auf ein Privilegium, das dem Dorf Kotoriba gewährt worden sei. Kaiserin Maria Theresia wies jedoch in einem Schreiben vom 3. Februar 1767 an die Bewohner von Kotoriba darauf hin, daß die Radkersburger Schiffmeister das Recht hätten, die

1780: Navigationspatent für Steiermark

124

Schiffahrt auf der Mur und auf der Drau nicht nur bis Legrad, sondern darüber hinaus bis Belgrad zu betreiben[10].

Am 25. Juli 1780 wurde das große Navigationspatent für die Steiermark publiziert. Es ist das erste Gesetz, das den gesamten Lauf der Mur unter die staatliche Aufsicht der Navigationsdirektion unter Abbé Grueber stellte. Hauptaufgabe der Navigationsdirektion sollte es sein, die im 17. Jh. abgekommene Schiffahrt mauraufwärts wieder in Gang zu bringen[11].

Gleichzeitig bemühte man sich auch um die Förderung der Schiffahrt auf den anderen Flüssen der Steiermark. So wurde zum Beispiel im September 1780 festgesetzt, daß auf der Save jedermann das Recht zum freien Güterverkehr sowohl flußaufwärts als auch flußabwärts und zwar sowohl mit eigenen als auch mit fremden Gütern besitzen solle. Den landesfürstlichen Ämtern und Spediteuren wurde verboten, sich in die privaten Güter- und Warentransporte einzumischen. Die Kaufleute sollten mit den Schiffleuten freie Vereinbarungen und Kontrakte über den Warentransport abschließen dürfen. Interessant ist noch die Bestimmung, daß Schiffknechte, die mindestens ein Jahr bei der Schiffahrt auf der Save tätig gewesen waren, von der Rekrutierung freigestellt wurden.

Diese Nachrichten zeigen deutlich, welch großen Vorsprung in verkehrsmäßiger Hinsicht Save und Mur vor der Drau besaßen. Insbesondere scheint die Schiffahrt drauabwärts unter Legrad große Schwierigkeiten bereitet zu haben. Im Dezember 1779 war die Ungarische Hofkanzlei von der Österreichisch-Böhmischen Hofkanzlei aufgefordert worden, einen Ingenieur zu nominieren, damit dieser gemeinsam mit einem Vertreter der innerösterreichischen Navigationskommission den Draufluß inspiziere und seine Schiffbarmachung in die Wege leite. Bis zum Sommer 1780 hatte die Ungarische Hofkammer diesen Ingenieur noch immer nicht nominiert. Deshalb erhielt im September 1780 der ungarische Hofkanzler, Graf Eszterhazy, von den Wiener Hofstellen den dringenden Befehl, raschest die Räumung der Drau von Schiffahrtshindernissen anzuordnen[12].

Nun endlich reagierte die Ungarische Hofkammer und nominierte Ingenieur Krieger für die an der Drau vorgesehene Lokalkommission. Gleichzeitigen Nachrichten ist zu entnehmen, daß die Ungarische Hofkanzlei jedoch versuchte, die Schiffahrts-Verbesserung im Königreich Ungarn — und daher auch an der Drau — in eigener Verantwortlichkeit und ohne Zusammenarbeit mit den zuständigen Wiener Zentralstellen durchzuführen[13].

Aus diesen Umständen und den schwierigen Navigations-Verhältnissen unter Legrad erklärt sich offenbar auch die Tatsache, daß der Warentransport auf der Drau wesentlich teurer war als auf der Donau. So hören wir 1786 davon, daß die insgesamt 28 Kaufleute, die in der Oberstadt (8) und in der Unterstadt (20) von Osijek/Esseg ansässig waren (davon waren die 8 in der Oberstadt römisch-katholisch und die 20 in der Unterstadt griechisch-orthodox), sowohl Waren aus Wien und Pest als auch aus Graz, d. h. auf dem Was-

Vorrang des Mur- und Save-Ausbaus

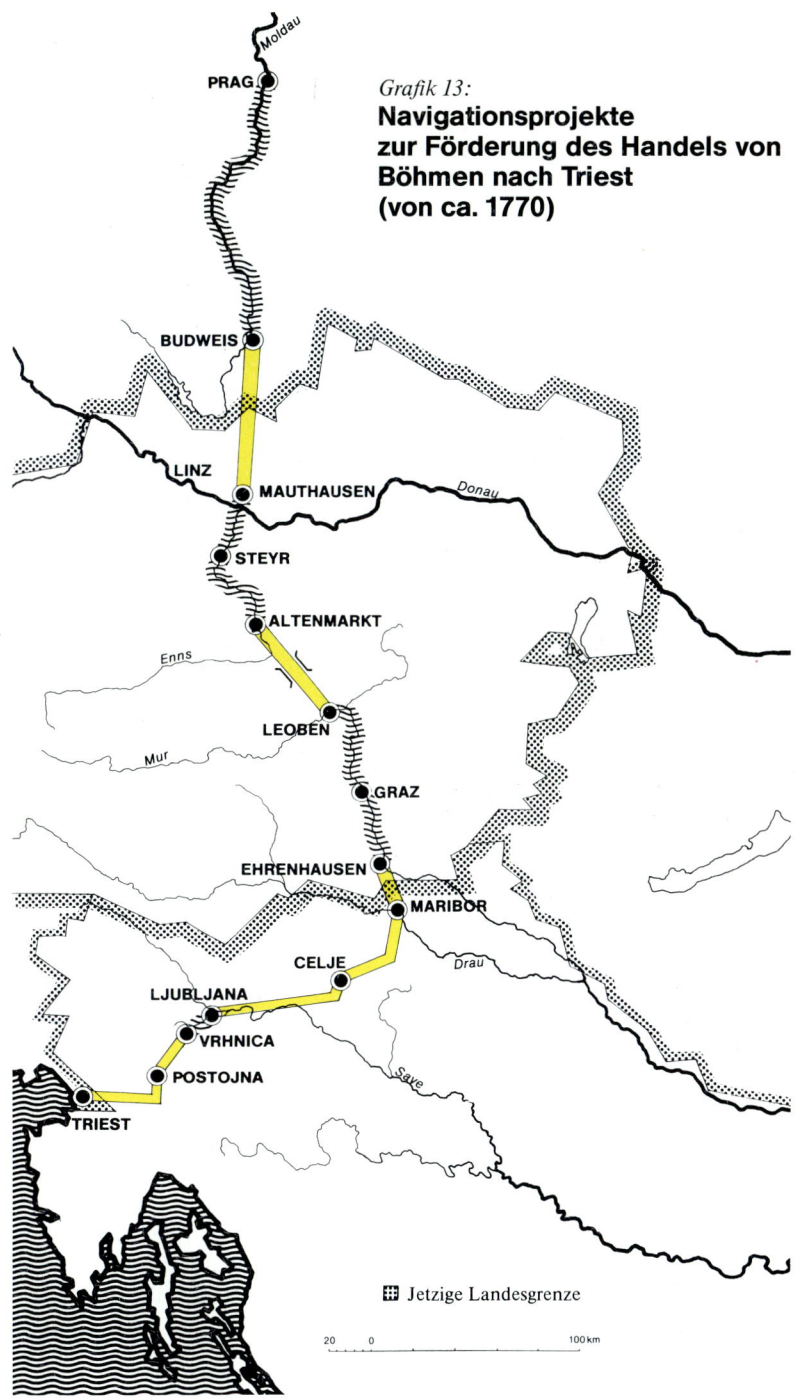

Grafik 13:
Navigationsprojekte zur Förderung des Handels von Böhmen nach Triest (von ca. 1770)

⊞ Jetzige Landesgrenze

serweg der Donau bzw. auf dem Wasserweg der Mur und Drau, bezogen[14]. Die Transportkosten beliefen sich für je einen Zentner (= 56 kg) auf der Donau von Wien bis Osijek/Esseg
auf 30 Kreuzer, von Graz nach Osijek hingegen auf dem Wasserweg von Mur und Drau auf
60 Kreuzer oder einen Gulden[15]. Das erklärt sich unter anderem aus dem Umstand, daß die
Mur- bzw. Drau-Plätten wegen des geringeren Wasserstandes der Mur bzw. der schwierigen
Schiffahrtbedingungen auf der unteren Drau nicht soviel Fracht befördern konnten wie die
großen auf der Donau verwendeten Plätten. Trotzdem war die Zahl der auf den Mur-Flößen
und Mur-Plätten notwendigen Ruderknechte kaum geringer als auf der Donau. Das bewirkte,
daß hier auf einen Knecht bloß 40 bis 50 Zentner (= 2,24 bis 2,8 t) Ladung entfielen, während
auf der Donau ein Knecht für 160 bis 170 Zentner (= 8,96 bis 9,5 t) Ladung genügte. Das
wirkte sich natürlich auch in den Frachtsätzen aus. Der Schifflohn von Graz bis Zemun/Sem-
lin bei Belgrad betrug daher 3$^{1}/_{2}$ Gulden, während er auf der Donau für die gleiche Warenmenge bloß 2 Gulden ausmachte[16].

Dennoch wurden vor allem im 18. Jh. große Mengen von Eisenwaren auf der Mur nach
Ungarn verfrachtet. 1785 sollen von Graz monatlich 65.000 Sensen murabwärts nach Munkacz
befördert und von dort weiter nach Rußland verhandelt worden sein[17].

Damals war die Floß- und Plättenfahrt auf der Mur bereits für jedermann frei, weil Kaiser
Joseph II. 1784 alle bestehenden Privilegien aufgehoben hatte. Er hoffte, daß der Flußverkehr
einen neuen Aufschwung nehmen würde. Seitdem jedoch 1781 die Arbeiten zur Murregulie-
rung eingestellt und die Wasserbauingenieure entlassen worden waren, verfiel das bisher
Geleistete in wenigen Jahren. Bei geringem Wasserstand mußte in manchen Jahren die Plättenfahrt an besonders gefährdeten Flußstrecken der Mur ganz eingestellt werden.

Zusammenfassend ist festzustellen, daß in der Steiermark keines der großen Navigationsprojekte verwirklicht worden ist, daß aber durch die Schiffbarmachung der Flüsse vorübergehend
ein bedeutender Aufschwung des Verkehrs auf den Wasserwegen erfolgte. Infolge des Aus-
baus der Straßen nahm seit dem Anfang des 19. Jhs. dann jedoch der Überlandverkehr einen
bemerkenswerten Aufschwung.

Der Verkehr auf der Mur nahm seit der Verbesserung der Straßen und der gesteigerten Leistungsfähigkeit des Fuhrgewerbes nach 1810 immer mehr ab.

Die Ursachen dieses Niederganges waren:
1. die um etwa ein Drittel gesteigerte Transportfähigkeit der Pferdefuhrwerke;
2. die laufende Verschlechterung des Flußlaufes der Mur;
3. die enorme Steigerung der Gestehungskosten für das Holz, so daß dessen Verwendung zur
   Plättenmacherei unrentabel wurde[18].

So kam die Floß- und Plättenfahrt auf der Mur von Graz abwärts noch vor dem Bau der
Eisenbahn Graz — Celje/Cilli (1846) weitgehend zum Erliegen.

Wenden wir uns abschließend dem Wasserweg der Drau/Drava zu. Im Gegensatz zur Mur
konnte die Drau im Bereich des einstigen Herzogtums Steiermark nicht mit Schiffen, d. h.
nicht flußaufwärts befahren werden. Alle seit der Zeit Kaiser Josephs II. (1780—90) bis zur
Mitte des 19. Jhs. unternommenen Versuche, eine Drauschiffahrt flußaufwärts einzurichten,
scheiterten an den unüberwindlichen Schwierigkeiten[19].

Auch die Fahrt mit den Plätten oder Scheiken (von türkisch: „kaik") konnte auf der steirischen Drau erst viel später aufgenommen werden als auf der Mur[20].

Erst im 18. Jh. wurde auch die gefährliche Draustrecke zwischen Dravograd/Unterdrauburg
und Maribor/Marburg mit Plätten bzw. Scheiken befahren; weil an den Klippen bei Wölka,
Unterfeising/Spodna Vižinga und Fischering immer wieder Flöße und Plätten zerschellten,
wurden diese Klippen 1818/19 unter der Leitung des Marburger Maurers Marek gesprengt.
Das gab der Plättenfahrt auf dieser Draustrecke einen starken Auftrieb. Schon um 1812 waren
allein im Bezirk, d. h. in der Umgebung von Faal/Fala 200 Flößer beschäftigt gewesen, und
der Handel mit Holz und Lohe erbrachte allein diesem Gebiet pro Jahr 120.000 Gulden. Die
Reise- und Transportkosten bis Belgrad wurden zu dieser Zeit mit einem Sechstel des Wertes
einer Plätte bzw. eines Holzfloßes berechnet. 1843 hören wir, daß in Wuchern/Vuhred alljährlich hundert Scheiken und Plätten gebaut und darauf Waren nach Ungarn und Siebenbürgen,
ja sogar bis in die „Türkei" verfrachtet wurden[21].

Exakte Zahlen haben wir für das Jahr 1836. Damals fuhren vom 1. März bis 31. Dezember
1836 — d. h. in 10 Monaten — 602 Scheiken und 1.369 Flöße von Marburg drauabwärts[22].
Daher ist es durchaus glaubhaft, daß um 1847 die Drau pro Jahr von 700 bis 800 Scheiken und
1.100 bis 1.200 Flößen befahren wurde[23]. Haupthandelsgut war das Holz aus den rund 400
Sägewerken des Bacherngebietes, daneben aber auch Glas-, Eisen- und Bleiwaren sowie Obst.
Allein von Kärnten fuhren um 1850 pro Jahr ca. 200 Plätten mit einer Ladung von je 250 bis
300 Zentner (= 14—16,8 t) Eisen- und Bleiwaren und 500—600 Flöße nach Maribor/Marburg,

von wo die Ladungen auf der Eisenbahn weiterbefördert wurden[24].

Wir ersehen daraus, daß die Inbetriebnahme der Südbahn dem Warenverkehr auf der Drau keineswegs einen vernichtenden Schlag versetzte, sondern ihn im Gegenteil zunächst sogar förderte.

Auch auf der Drau war der Wasserverkehr durch kaiserliche Privilegien geregelt. Anlegeplätze gab es im ehemals steirischen Draubereich nur in Maribor/Marburg, Ptuj/Pettau und Ormož/Friedau.

Zwischen Kärnten und Maribor/Marburg war um die Mitte des 19. Jhs. der Verkehr mit Flößen und Scheiken so rege, daß vom Handelsministerium die Schiffbarmachung der Drau auf dieser Strecke angeordnet wurde. Da jedoch 1856 eine Eisenbahn-Konzession für die Strecke Marbug — Klagenfurt — Villach erteilt wurde, sah man von der geplanten Einrichtung einer Dampfschiffahrt von Maribor nach Villach ab[25].

Mit der Eröffnung der Eisenbahnlinie Marburg — Klagenfurt (1864) hörte die Scheikenfahrt auf der Drau allmählich auf. Angeblich soll die letzte Scheike 1886 Pettau passiert haben[26].

Ende der Scheikenfahrt auf der Drau

Ein nach 1918 von Dravograder Unternehmern initiierter Versuch, die Scheikenfahrt ab Unterdrauburg, das der größte Floßhafen an der Drau war, wieder zu beleben, scheiterte jedoch sehr bald an der zu geringen Rentabilität[27].

Die Flößerei auf der Drau hingegen blühte auch im 20. Jh. weiter, ja sie erlebte in den dreißiger Jahren sogar einen neuen Höhepunkt. Um 1943 sollen alljährlich bis zu 2.000 Flöße Maribor und Ptuj passiert haben[28]. Von Maribor gingen 1937 1.065 und 1938 1.167 Flöße ab. 1939 waren es nur noch 757. Ziel dieser Flöße waren Novi Sad, Pancova und Belgrad, aber auch Orte an den Nebenflüssen der Donau, wie z. B. Stara Kaniza und Stari Becej an der Theiß oder Opovo an der Temesch und Groß-Betschkerek an der Bega. Endgültig ging die Flößerei auf der Drau erst nach 1945 zu Ende[29].

Flößerei

Anmerkungen:

1) Francis D. Klingender, Kunst und industrielle Revolution, Dresden 1974, S. 23f.
2) Vgl. dazu F. Illwof, Flußregulierungen und Wasserbauten 1772—1774, in: Archiv für österr. Geschichte 97. Bd./1909, S. 522—538.
3) Hofkammerarchiv Wien (= HKA Wien) Commerz rote Nr. 361.
4) Illwof, S. 525ff.
5) F. Hauptmann, Rijeka, Zagreb 1951, S. 83ff.
6) Vgl. dazu Illwof S. 534ff. Durch den Ausbau der Schiffahrt auf Moldau, Enns und Mur wollte man für den Handel von Böhmen nach Triest insgesamt 45 Meilen (= ca. 350 km) Wasserweg gewinnen.
7) A. v. Arneth, Geschichte Maria Theresias, 9. Bd., Wien 1879, S. 460ff.
8) Illwof, S. 533f., und F. Tremel, Schiffahrt und Flößerei auf der Mur, in: Jahresbereicht des Akademischen Gymnasiums in Graz, Graz 1946, S. 38ff.
9) HKA Wien Commerz rote Nr. 361 und ebd. rote Nr. 1004, sowie Stmk. LA wie Anm.10.
10) Stmk. Landesarchiv Graz, LRA Gubernium alt 15, Wassersachen 1765—1769, und LRA Miszellen Karton 418.
11) Tremel, S. 38ff., Originalakten im HKA Wien, Nö. Commerz, Navigationsakte 1780, rote Nr. 1004.
12) HKA Wien, Nö. Commerz, Navigationsakte 1780, rote Nr. 1004 fol. 768—773 und 857ff.
13) Wie Anm. 12, fol. 860 bzw. fol. 776ff.
14) Szechenyi Nationalbibliothek, Manuscript Collection, Budapest, Fol. Lat. 1083. Ich habe Herrn Kollegen Eric Fügedi, der mich auf diese Quelle aufmerksam gemacht und mir davon Xerokopien zur Verfügung gestellt hat, hiefür auch an dieser Stelle herzlichst zu danken.
15) Wie Anm. 14, fol. 23ff.
16) Tremel, S. 43.
17) Tremel, S. 20.
18) Tremel, S. 42ff.
19) F. Leskoschek, Schiffahrt und Flößerei auf der Drau, in: ZdHV f. Stmk. 63, Jg./1972, S. 137f.
20) Vgl. dazu die Aussage der Floßmeister von Sv. Lorenzen n. P. von 1684!
21) Leskoschek, S. 131f. und S. 142.
22) Stmk. LA Graz, LRA Miszellen 418.
23) R. Puff, Marburg in Steiermark, Graz 1847, Bd. 1, S. 253f.
24) Leskoschek, S. 130 und S. 133f.
25) Ebd., S. 139 und S. 150.
26) Fr. Misic, V zaru in caru sumovitega Pohorja (Im Glanz und Zauber des Bachernwaldes), Maribor 1934, S. 176.
27) Fr. Pahernik, Sajke in splavi na Dravi (Scheiken und Flöße auf der Drau), Manus im Drz. Arhiv LRS Maribor 1962, S. 14.
28) Misic, S. 175.
29) Leskoschek, S. 140.

Abb. 42:
Der **Goldwäger** *von*
Rembrandt von Rijn
(1639).

Abb. 43:
Die Wildbrethändlerin.
Vlämische Schule,
Adriaen van Utrecht
(1599—1653) zuge-
schrieben.

*Der Handel
im Spiegelbild der Kunst:*

Geld und Handel haben seit jeher
in unzähligen künstlerischen Darstellungen ihren Niederschlag gefunden.

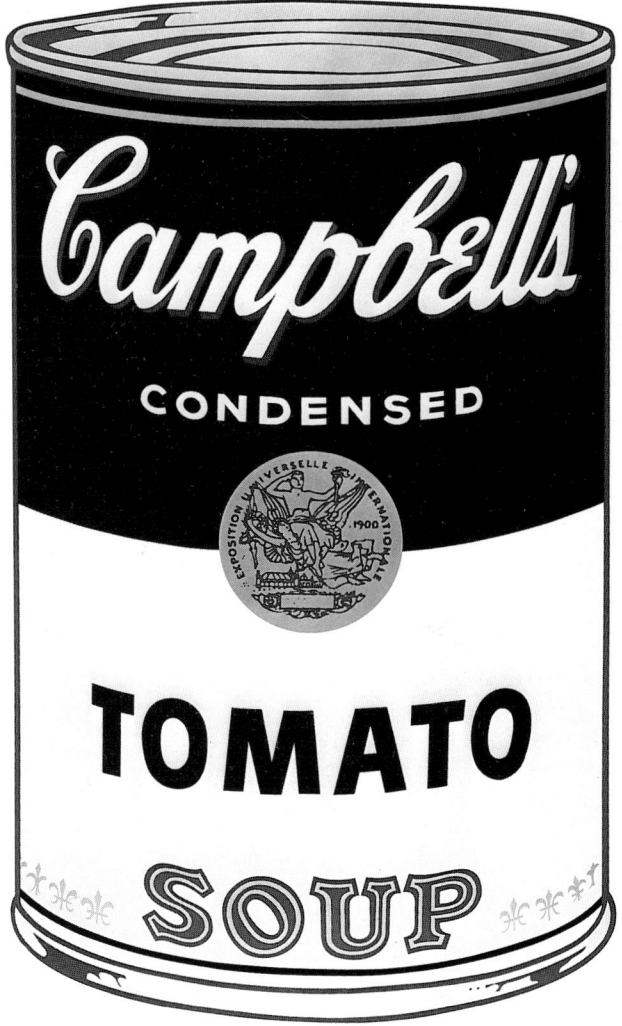

Abb. 44:
Andy Warhol,
Cambells Tomato Soup.

Erfolg durch Qualität

Marlies Raffler

Wirtschaft, Handel und Verkehr in der ersten Hälfte des 19. Jahrhunderts

Der hier behandelte Zeitabschnitt zwischen den Franzosenkriegen und der Revolution von 1848 stellt weder in politischer noch in wirtschaftlicher, sozialer oder kultureller Hinsicht eine in sich geschlossene Phase in der Entwicklung der Habsburger Monarchie – und im speziellen der Steiermark – dar. Deshalb können hier nur einige Aspekte der Verknüpfung wirtschaftlicher Phänomene (z. B. Inflation, Frühindustrialisierung) mit politischen (Franzosenkriege, Vormärz/Metternichsches System, Revolution von 1848) und gesellschaftlichen Veränderungen (Zurückdrängung der Zünfte, neues Unternehmertum, organisierte Zusammenschlüsse wie Landwirtschaftsgesellschaft, Gewerbe- und Industrieverein, Handelskammer) aufgezeigt werden. An dieser Stelle muß darauf verwiesen werden, daß – abgesehen von Spezialstudien Othmar Pickls und Paul W. Roths und dem Überblick in Ferdinand Tremels „Land an der Grenze" – keine wirtschaftsgeschichtliche Arbeit der jüngeren Zeit die wirtschaftliche Entwicklung der Steiermark in der ersten Hälfte des 19. Jhs. ausführlich behandelt[1]. Der Leser muß noch immer auf die 1922(!) erschienene Dissertation von Johanna Kraft zurückgreifen, speziell dann, wenn er auf listenmäßig aufgearbeitetes Zahlenmaterial Wert legt[2]. Daneben geben die handbuchartig gestalteten großen Übersichten zur Wirtschaftsgeschichte der Gesamtmonarchie eingehende Darstellungen der hier vorzustellenden Problematik, so daß daraus auf die Zustände im Herzogtum Steiermark Rückschlüsse gezogen werden können[3].

Die Franzosenkriege und ihre Folgen

Der mehrfache Durchmarsch bzw. die teilweise Besetzung der Steiermark durch französische Truppen in den Jahren 1797, 1801, 1805 und im „Befreiungskrieg" 1809, verbunden mit hohen Kontributionszahlungen, dem Verlust an Menschen, Pferden, Nahrungsmitteln und Kleidung, hatten die Steiermark wirtschaftlich stark geschwächt. 1806 verhängte Napoleon über England die Kontinentalsperre, ein Handelsverbot, das durch eine lückenlose Absperrung durch die französische Flotte England wirtschaftlich bezwingen sollte. Durch diese Maßnahme war auch die Versorgung Österreichs mit Nahrungs- und Genußmitteln sowie Rohstoffen beeinträchtigt. So brach z. B.die Belieferung der Raffinerien mit ausländischem Rohzucker ab, die Knappheit regte zur Suche nach Surrogaten (Ersatzstoffe wie Honig, Mais, Trauben) an. Zahlreiche Unternehmer stellten auf die Zuckergewinnung aus Rüben um, mußten dies aber nach Aufhebung der Handelsblockade und infolge der wirtschaftlichen Depression der nachnapoleonischen Zeit meist aufgeben. Von dieser Krise gleichermaßen erfaßt wurden auch die Textil- und Eisenverarbeitung. Einerseits war durch den Frieden wieder die Sicherheit des Verkehrs gegeben, andererseits waren gerade unter dem Schutz der Verkehrsunterbrechung zahlreiche Industrien für den lokalen Bedarf hochgekommen, die nun der internationalen Konkurrenz (irisches und schottisches Leinen, billige Baumwollwaren; französische, schwedische, belgische, deutsche und vor allem englische Eisenwaren) nicht gewachsen waren.

Kontinentalsperre

Das Geldwesen

Neben der unter Maria Theresia eingeführten Conventionsmünze (CM), genannt nach der zwischen Bayern und Österreich 1753 geschlossenen und bis 1857 gültigen Münzkonvention, mußte aufgrund der Verschlechterung der Staatsfinanzen auch Papiergeld, sogenannte Bankozettel, ausgegeben werden. Durch die hohen Kriegsentschädigungszahlungen (ca. 85 Mill. Francs) und das Rückströmen von Bankozetteln aus den 1809 im Frieden von Schönbrunn von der Habsburger Monarchie abgetrennten Gebieten kam es zu einem Kurssturz der Bankozettel, deren Wertverhältnis zur Conventionsmünze im Jänner 1810 469:100 betrug[4]. Die hohe Zahl der zum Großteil ungedeckten Bankozettel führte mit zum Staatsbankrott von 1811. Die Bankozettel mußten im Verhältnis 5:1 in „Einlösungsscheine" Wiener Währung (WW) umgewandelt werden. Zur Finanzierung der Befreiungskriege gegen Frankreich wurde eine neuerliche Ausgabe großer Mengen von Papiergeld erforderlich. Ab 1813 wurden „Anticipationsscheine" ausgegeben, die eine Vorwegnahme künftiger Staatseinnahmen aus Grundsteuern deutscher, böhmischer und galizischer Provinzen darstellten. Mit der Gründung der Österreichischen Nationalbank 1816 konnte allmählich eine Stabilisierung der Währung[5] eingeleitet werden, doch durch die großen Militärausgaben und die unzureichende Besteuerung blieb die finanzielle Lage des Staatshaushaltes im Vormärz kritisch. Die schlechte Ernte von

Gründung der Österreichischen Nationalbank

1846 trug, in Verbindung mit Preissteigerungen und einem Rückgang des Lebensstandards, zum Ausbruch der Revolution von 1848 bei.

Grundzüge der österreichischen Zollpolitik im Vormärz

Grundlage für die Zollpolitik in der ersten Hälfte des 19. Jhs. stellte das josephinische Zollpatent vom 2. 1. 1788 dar, das den Abschluß der Reformbewegungen des 18. Jhs. bildete und die Einigung sämtlicher Reichsteile zum Ziele hatte. Der innere Verkehr zwischen den deutsch-böhmischen und galizischen Erbländern mit Anschluß von Tirol und den Vorlanden war frei; zu Ungarn wurden die Zollschranken niedrig gehalten. Spätere Verfügungen lagen im Interesse der Kriegsführung; so wurde 1801 ein Ausfuhrverbot für die wichtigsten Lebensmittel (Getreide und Schlachtvieh) erlassen, 1803 wurden Kolonialwaren (Kakao, Kaffee, Zucker) mit hohen Zollzuschlägen belegt. Der Zusammenbruch Österreichs 1809 brachte auch eine Änderung in der Zollpolitik. Artikel XVI des Wiener Friedens zwang zum Anschluß an die Kontinentalsperre. Neue Spezialtarife für Getränke, Honig, Tabakwaren[6], für Bergwerksprodukte[7] und Rohstoffe aus der Textilindustrie, wie Flachs, Hanf, Baumwolle, Schafwolle, Seide und Garne[8], wurden festgesetzt. Nach den Franzosenkriegen machten die geänderten Bedingungen eine Reform der Zollgesetzgebung notwendig. Die Tarife mußten mehrmals an die Inflation angepaßt und Zölle künftig in Conventionsmünze (Gold, Silber, Banknoten) entrichtet werden.

Abb. 45: „Bancozettel".

Schaffung einer Zolleinheit

Großes Ziel der merkantilistischen Handelspolitik war die Schaffung einer Zolleinheit unter allen habsburgischen Ländern. 1819 fiel der Zwischenkordon mit Salzburg, somit grenzte die Steiermark im eigentlichen Sinn nicht an das Ausland, Zollgrenzen hatte sie nur mehr gegen Ungarn. Wieweit die Einfuhr österreichischer Produkte nach Ungarn durch die neuen Zolltarife, die 1830 erlassen wurden, begünstigt war, läßt sich zahlenmäßig schwer feststellen, denn nicht alle in der Steiermark verzollten Waren stammten aus der Steiermark bzw. waren dafür bestimmt.

Konsequent wurde im Vormärz am bestehenden Prohibitiv-Zollsystem zum Schutze der österreichischen Industrie festgehalten. Erst durch die neoabsolutistischen Wirtschaftsreformen unter Handelsminister Karl von Bruck konnte die Wirtschaft durch die Gründung einer vollständigen Zollunion 1851 und eine Liberalisierung des Außenhandels angeregt werden[9].

Verkehrswege

Gütertransporte

O. Pickl weist darauf hin, daß die revolutionierenden Maßnahmen auf dem Gebiet des Verkehrswesens, wie Dampfkraft für Schiffe und Lokomotiven, in erster Linie dem Warentransport, nicht dem Reisenden zugute kamen[10]. Zur Beförderung von Reisenden und Frachtstücken dienten die Kutschen der k. k. Postanstalten — in der Steiermark geleitet von der k. k. Oberpost-Verwaltung in Graz —, die zweimal täglich von Graz nach Wien, zweimal wöchentlich nach Laibach und Triest abgingen. Der Gütertransport spielte sich zu Beginn des Jahrhunderts hauptsächlich auf den wenigen schiffbaren Flüssen, wie Salzach, Enns, Mur und Drau, ab, verlagerte sich aber in den dreißiger Jahren zusehend auf die Straße. G. Schreiner zeigt diese Tendenz am Beispiel von zwei Floßmeistereien in Bruck a. d. Mur, die ausschließlich das aus dem Mürztal und Thörlgraben kommende Streckeisen im Ausmaß von jährlich etwa hundert Plätten nach Graz und Radkersburg geliefert hatten[11]. Ab den dreißiger Jahren wurden Plätten und Flöße durch die kostengünstiger zu betreibenden Pferdefuhren abgelöst, die zudem auf den ausgebauten Straßen um ein Drittel mehr Ladung befördern konnten. Die Mur, auf der hauptsächlich Eisen, Dachlatten, Weinstöcke, Fässer, Schindeln, Steinkohle und Salz verfrachtet wurden, war in der Steiermark zwischen Judenburg und der ungarischen Grenze schiffbar, die Drau auf etwa 16,5 Meilen, die Save auf 9,5 und die Sann auf 7,5 Meilen[12].

Bei seinen zahlreichen Reisen hatte sich Erzherzog Johann zwar um die Regulierung von Enns, Palten und Drau bemüht, ein Ausbau der Mur war jedoch verabsäumt worden. Die zunehmende Versandung sowie querliegende Baumstämme und die damit verbundene Verengung der Fahrrinne wurden für die Flößer zu gefährlichen Hindernissen. Zudem wirkte sich nachteilig aus, daß die steirischen Flüsse nur flußabwärts befahren werden konnten (die Fahrzeuge mußten also am Bestimmungsort verkauft werden); auch die hohen Fracht- und Anlegegebühren, Mauten und Zölle[13]. Trotz der gebirgigen Landschaft kam der Transport auf dem Land billiger, bedurfte aber eines ausgebauten Straßennetzes und einer entsprechenden gewerblichen Infrastruktur von Frachtfuhrleuten, Wagnern, Schmieden und auch Gastwirten. In den zwanziger Jahren wurden u. a. durch den Einsatz Erzherzog Johanns als Direktor des

Grafik 14: **Straßenkarte des Herzogtums Steiermark 1839**

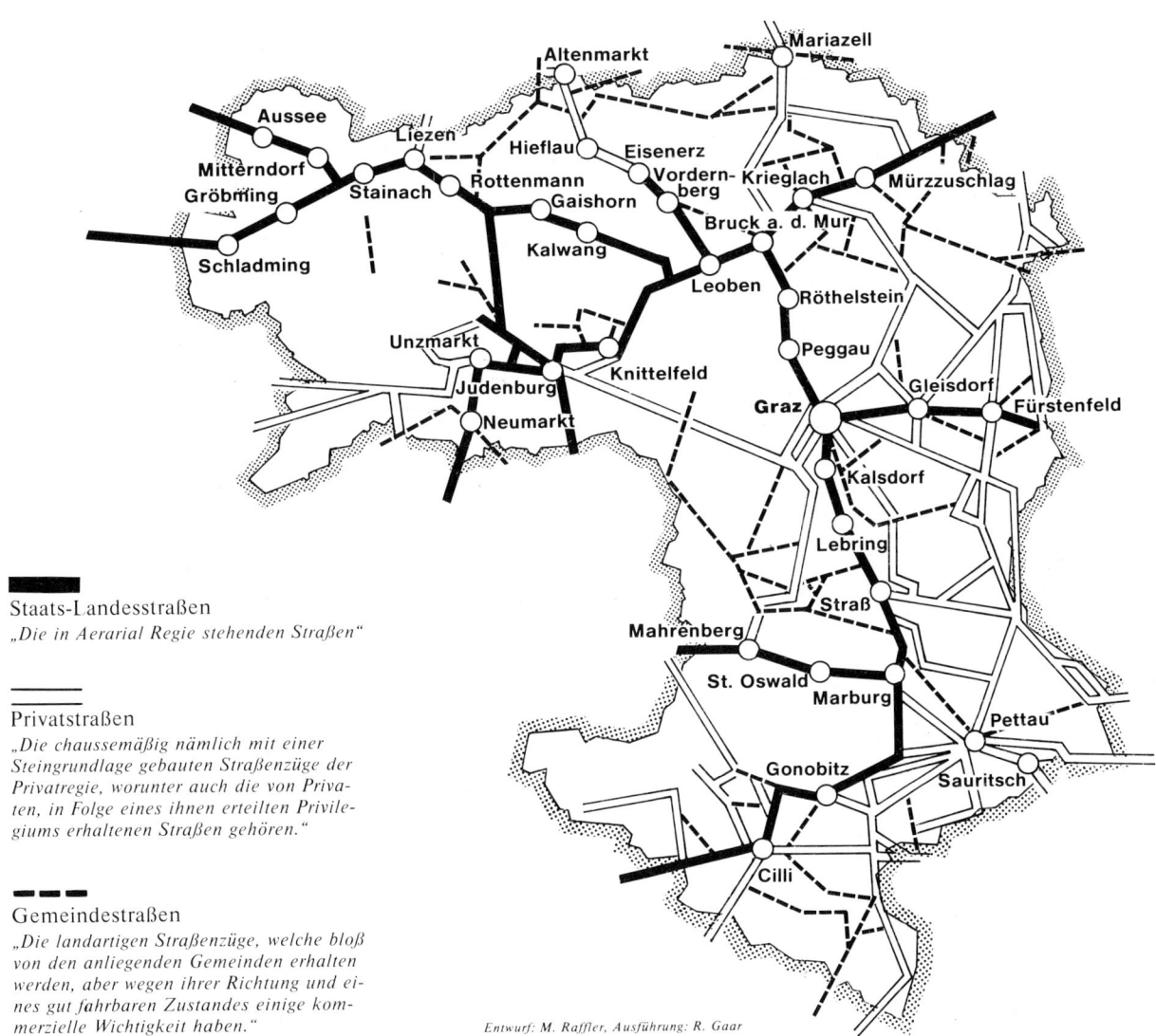

Staats-Landesstraßen
„Die in Aerarial Regie stehenden Straßen"

Privatstraßen
„Die chaussemäßig nämlich mit einer Steingrundlage gebauten Straßenzüge der Privatregie, worunter auch die von Privaten, in Folge eines ihnen erteilten Privilegiums erhaltenen Straßen gehören."

Gemeindestraßen
„Die landartigen Straßenzüge, welche bloß von den anliegenden Gemeinden erhalten werden, aber wegen ihrer Richtung und eines gut fahrbaren Zustandes einige kommerzielle Wichtigkeit haben."

Entwurf: M. Raffler, Ausführung: R. Gaar

Geniewesens folgende Bauvorhaben von Verbindungsstraßen realisiert: Die Straße von (Bad) Mitterndorf über den Paß Stein nach Lengdorf im Ennstal, die Straße zwischen Radkersburg und Pettau/Ptuj, die Straße durch die Hudna Luka-Schlucht von Windisch-Gratz/Slow. Gradec nach Wöllau/Velenje, die Straße durch den Helfenbergertunnel, die das Schall- mit dem Sanntal verbindet, die Straße von Cilli/Celje nach Sauerbrunn und von Tüffer/Laško über Liechtenwald nach Rann/Brežice seien fertig, konnte Erzherzog Johann bei der Zehnjahresfeier der Landwirtschaftsgesellschaft (1829) in seinem Erfolgsbericht verkünden[14].

Ausbau von Verbindungsstraßen

Die Hauptdurchzugsstraße von Wien über den Semmering nach Triest, dem in der Folge wichtigsten Hafen der Habsburger Monarchie, wurde 1837 bis 1841 neu ausgebaut. Bei der Trassenführung plante man bereits eine zur Straße parallele Eisenbahn[15]. Erzherzog Johann hatte auf seiner Englandreise 1815/16 dampfbetriebene Maschinen, Schiffe und Lokomotiven kennengelernt und regte unter diesem Eindruck den Bau einer Verkehrsverbindung von den böhmischen Industriezentren über die Steiermark nach Triest an. Die Verbindung Wien — Triest, die Südbahnlinie, die über Gloggnitz, Graz und Cilli führte, war erst 1857 vollständig ausgebaut[16].

Semmeringbahn

Die Lage der Landwirtschaft

Die Verbreitung neuer Frucht- und Getreidesorten führte zu einer Veränderung der jahrhundertelang ähnlich betriebenen Landwirtschaft, bei der in den südlichen und östlichen Teilen der Steiermark die Dreifelderwirtschaft (Wintergetreide, Sommergetreide und Brache) dominierte, in den gebirgigen Regionen Brandwirtschaft und Egartenwirtschaft. Erst zu Beginn des 19. Jhs. setzte sich auch in der Steiermark Fruchtwechselwirtschaft durch. Neue Ackergeräte, wie der eiserne Pflug und landwirtschaftliche Maschinen (Häcksel-, Sä- und Dreschmaschine nach englischem Vorbild), kamen erst vereinzelt zum Einsatz. Hier zeigten sich ebenso wie in der Verringerung des Viehbestandes die Auswirkungen des Mangels an Bargeld in bäuerlichen Betrieben, ohne welches auch die notwendigsten Investitionen ausbleiben mußten.

Fruchtwechsel-wirtschaft

Die Beschreibung von Bauernwirtschaften sowie Auseinandersetzungen mit Problemen der bäuerlichen Arbeitswelt nehmen in Erzherzog Johanns Tagebüchern einen breiten Raum ein[17]. Neben zahlreichen Faktoren, die sich aus der politischen Zurückdrängung Erzherzog Johanns nach den Franzosenkriegen ergaben, war es vor allem der damalige Gouverneur von Innerösterreich, Joseph Graf von Saurau (1760–1832), der Johanns Aktivitäten auf die Steiermark zu lenken wußte und sich so Verdienste um das Zustandekommen des Joanneums erwarb. In enger inhaltlicher und personeller Bindung zu diesem Bildungsinstitut entstanden im Vormärz Sozietäten, Vereinigungen, die sich um die Hebung von Kultur und Wohlstand bemühten. Im Zuge der Förderung von Bauerntum, Handel und Gewerbe ging es vor allem um die rasche Verbreitung von Innovationen zur Bewältigung von Krisensituationen in der Nahrungsmittelversorgung und in der industriellen Entwicklung.

Als Fortsetzung der ersten Ackerbaugesellschaft in der Steiermark, der Agrikultur-Sozietät (1764–1787), und in Anlehnung an Vorbilder, wie das vom Landwirtschaftsfachmann Graf Georg Festetics gegründete Georgikon in Keszthely, das ein Gestüt, eine Baufach- und Forstschule sowie landwirtschaftliche Musterbetriebe betreute und zudem Lehrkurse für Veterinärmedizin abhielt, wurde 1819 die „k. k. Landwirthschaftsgesellschaft in Steyermark" gegründet.

1819: Gründung der steirischen Landwirtschafts-gesellschaft

Zu ihrem vielfältigen Tätigkeitsbereich gehörte die Förderung aller Zweige der Landwirtschaft, „die der Steyermark frommen können"[18], wie z. B. die Kartoffelunterstützungsanstalt, gegründet als Maßnahme in der durch die Mißernten von 1816/17 bedingten Hungerszeit. Durch gezielte Kartoffelverteilung und Anpflanzung verschiedener Sorten auch in einschichtigen Gegenden, durch Überwachung der Pflanzen und Wartung der Frucht, vor allem aber durch Aufklärung der mißtrauischen Bevölkerung, die im Erdapfel nur das Schweinefutter sah, sollte die neue Feldfrucht rasch verbreitet werden[19]. Über die örtlichen Filialen der Landwirtschaftsgenossenschaft wurden Bauern über die Anwendung verschiedener Düngearten für die unterschiedlichen Böden beraten; sie bekamen Samen und Setzlinge für Anbauversuche zur Verfügung gestellt. Die Landwirtschaftsgesellschaft beschäftigte sich auch intensiv mit dem Verhältnis von Industrie und Landwirtschaft zur Forstwirtschaft und bemühte sich um eine planvolle Bewirtschaftung der Wälder, die damals sowohl durch die Holzkohlengewinnung für die steirische Eisenindustrie als auch durch die Holzstreugewinnung geschädigt wurden. Bei der Förderung der Viehzucht bemühte sich die Landwirtschaftsgenossenschaft vor allem um die Verbesserung der Rinderrassen, eine Ausweitung der Schaf- und Ziegenzucht und den Melkviehexport nach Italien. Nach einer Bereisung der Lombardei (1825) regte Kaiser Franz I. den Handel mit steirischen Kühen an, die trotz der hohen Transportkosten günstiger angeboten werden konnten als die in die Lombardei importierten Schweizer Kühe.

Aufhebung der Grundherrschaft

Eine auffallende Veränderung in der Struktur der Landwirtschaft ergab sich aus der Aufhebung der Grundherrschaft. Die Abschaffung der Robot war ein zentrales Anliegen der fortschrittlichen Ökonomen des 18. und 19. Jhs., die die Robot „als Schule der Unredlichkeit und Trägheit und als Hindernis technischen Fortschritts" ansahen[20]. Die generelle Aufhebung der grundherrschaftlichen Bindungen 1848/49 sah die Ablöse in Geld vor, was zwar den Bauern den landwirtschaftlichen Besitzstand erhielt, ihnen aber durch die anteilsmäßigen Abzahlungen ihrer Höfe eine große finanzielle Last aufbürdete. Die Verschuldung von „freien" Bauern führte häufig zum Verkauf des Besitzes, die „abgewirtschafteten" Bauern gingen in die Industrie. Der Entfall der Robot zwang die Grundherren ihrerseits, für den Wegfall der — unentgeltlichen — menschlichen Arbeitskraft Ersatz zu suchen. Die Ablösesummen wurden zur Modernisierung der Betriebe, zur Umstellung auf einträgliche Produktionsformen oder für den Aufbau landwirtschaftlicher Industrie (Mühlen, Zuckerfabriken) verwendet. Die Mobilisierung des Arbeitskräftepotentials sowie die Entfaltung unternehmerischer Initiativen sind als langfristige Auswirkungen der Grundentlastung zu sehen[21]. Die erwartete stärkere Integration der Bauern — und dies gilt vor allem für die Bauern der alpinen Regionen — konnte auch nicht durch die Verbesserung der Transportmöglichkeiten erreicht werden.

Industrie und Gewerbe

Obwohl Graz in einer verkehrsgünstigen Lage, an einem schiffbaren Fluß und auf der Linie Wien — Triest lag, war es keine bedeutende Handels- oder Fabriksstadt. G. Schreiner nennt acht Großwerke („k. k. priv. Landesfabriken"), nämlich die Zuckerraffinerie des Großhandlungshauses Arnstein und Eskeles (1826 errichtet) mit über hundert Beschäftigten, die Eisenschnallen-, Ringe-, Ketten-, Geschmeidewaren-Fabrik von Körösi und Michalky, die Weiß- und Steingut-Geschirrfabrik Halbärth, die Steingut-Geschirrfabrik Dietrich und Reinholz, die „ordinäres und feines Töpfergeschirr [erzeugte], womit ein ausgebreiteter Handel getrieben wurde"[22], die Rosoglio- und Liqueur-Fabrik Haack, die Fabrik der optischen und mathematischen Instrumente der Gebrüder Rospini, die Papierfabrik Lenk und die Wagenfabrik Morandini. Zudem gab es vier Fabriken mit einfachen Fabriksbefugnissen, u. a. die Großuhren-Fabrik Jäckle, die über sechzig Arbeiter beschäftigte und ganz Europa, die Levante und Amerika belieferte, weiters die Holzpertrifications-Fabrik Witham, deren Produkte (in Firniß gesottene Holzklötze) zur Straßenpflasterung verwendet wurden, sich aber angeblich äußerst schlecht bewährt haben[23].

„K.k. priv. Landesfabriken"

Neben diesen Fabriken verdienen die Büchsenmachereien, Gerbereien und Schlosser Erwähnung. Handel trieben auch die Krämer mit persönlichen Verschleißrechten, die in eigenen Gewölben oder Ständen auf Plätzen verkauften. G. Schreiner nennt 509 Viktualienhändler, dazu Verschleißer von Früchten, Branntwein, Käse, Wildbret, Mehl, Milch etc.[24] Außerhalb dieser Geschäfte wurden Waren vor allem auf den beiden Jahrmärkten, dem Fastenmarkt und dem Aegydimarkt, die jeweils bis zu 14 Tage lang dauerten, umgesetzt. Zusätzlich gab es Vieh- und Fetzenmärkte, zwei Wochenmärkte für Lebensmittel, einen Markt für Kinderspielzeug am Nikolaustag und einen Andreasmarkt in der Murvorstadt. Die Grazer Märkte wurden kaum von Ausländern besucht; so meldet die Polizeidirektion 1821 nur drei Händler aus Nürnberg bzw. Berchtesgaden. Beim Herbstmarkt 1835 hielten sich 406 jüdische Händler in Graz auf, eine Seßhaftwerdung war ihnen allerdings untersagt[25].

Der bürgerliche Handelsstand, bestehend aus rund 80 Warenhandlungen (von Schnittwaren bis zu Möbeln wurde in Graz alles gehandelt), war organisiert und wurde von einem Gremium aus neun Personen vertreten, dessen Sitzungen ein magistratlicher Sekretär zur Überwachung beiwohnte. Durch eine Verordnung der Allgemeinen Hofkammer wurde am 19. 11. 1831 eine „Provincial-Handelskommission" geschaffen. Dieser Vereinigung gehörten Kaufleute, Inhaber von Manufakturen, Industrielle sowie Wirtschaftssachverständige an. Als erste Mitglieder in Graz traten Ferdinand von Thinfeld (ständ. Verordneter und ehemaliger Eisengewerke), der Gutsbesitzer Oswald von Kodolitsch, der Buchhalter Anton Mayer, der Gutsbesitzer Ferdinand Rößler, der k. k. priv. Großhändler Joseph Grießler, der Buchhändler und Papierfabrikant Joseph Kienreich, der bürgerliche Lederermeister Michael Purgleitner, der bürgerliche Handelsmann Anton Sueß, der k. k. Professor für Statistik Gustav Schreiner, und der Professor für Chemie am Joanneum, Anton Schrötter, bei. Ziel der Kommission war eine gründliche Erhebung über die Erzeugung und den Verbrauch von Getreide, Vieh, Bergwerksprodukten und Industrieerzeugnissen in der Steiermark. Als Unterlagen wurden Ausweise der Zoll- und Steuerbehörden, Polizeiakten über die Grazer Märkte und Auskünfte des Zentralausschusses der Landwirtschaftsgesellschaft herangezogen. Gescheitert ist diese Bedarfserhebung am Mißtrauen und Konkurrenzneid gewisser Mitglieder, die das Zahlenmaterial über ihren Betrieb nicht preisgeben wollten, und am Fehlen eines, die diversen Angaben auswertenden Koordinators. Die Kommission tagte bis 1839, wurde aber erst 1849 offiziell aufgehoben. Die dringlichen Anliegen einer neuen Unternehmerschicht, die sich aus einer Umwälzung der technologischen Grundlagen und einer Ausweitung des Handels ergaben — darunter vorrangig die Schaffung eines Bankinstituts —, führten zur Gründung des „Vereins zur Beförderung und Unterstützung der Industrie und des Gewerbes in Innerösterreich und dem Lande ob der Enns mit Salzburg"[26]. Dem ausländischen Konkurrenzdruck konnte nur mit einer Rationalisierung der Produktion und der Erschließung des technischen Fortschritts begegnet werden. Dies setzte allerdings eine entsprechende Bildungsinfrastruktur sowie ein dichtes Netz von Verkehrsverbindungen voraus, die in der Steiermark erst geschaffen werden mußten. Obwohl der Gewerbeverein nur eine private Interessensvertretung war, engagierte er sich vor allem in der Kontaktaufnahme zu anderen ausländischen Handelsorganisationen und organisierte Industrieausstellungen in den Provinzhauptstädten, wo die ausgestellten Waren und Erfindungen auch prämiert wurden[27].

„Provincial-Handelskommission" von 1831

Gründung des Gewerbevereines

Sowohl der Gewerbeverein als auch die Provincial-Handelskommission fanden eine Fortsetzung in den Handelskammern, denen sich durch gesetzliche Maßnahmen (Handelskammerorganisationsgesetz vom 26. März 1850) erweiterte Aufgabenstellungen eröffneten.

Die bedeutendste Rolle unter allen Industriezweigen in der Steiermark kommt zweifellos der Eisenindustrie zu, die zwei Fünftel der Produktion der gesamten Habsburger Monarchie ausmachte. Da dem steirischen Eisen eine eigene Landesausstellung gewidmet war, sollen hier nur einige Krisenfälle bei der Vermarktung dieses Rohstoffes angeschnitten werden[28].

Der Rückgang dieses Industriezweiges begann bereits mit der Aufhebung der Kontinentalsperre, als England das europäische Festland mit billigem englischen Eisen überschwemmte. Auf seiner Englandreise hatte Erzherzog Johann die Marktstrategien der englischen Industrie kennengelernt. Durch Kontakte zu Triestiner Handelsherren und zum Konsul in Alexandrien hoffte er, dem steirischen Eisen neue Absatzmärkte erschließen zu können. Der Handel nach Osten wurde vor allem nach der Bildung des Deutschen Zollvereins 1834 (der die deutsche Industrie durch hohe Zölle schützte und dem steirischen Eisen den Westen als Absatzmarkt verschloß) von entscheidender Bedeutung. Bei Besuchen Rußlands, der Türkei und Griechenlands führte Erzherzog Johann stets Musterstücke innerösterreichischer Stahl- und Eisenwaren mit und warb auf diese Weise für steirische Industrieprodukte. Eine Schwerpunktverlagerung in die Levante und den Orient hätte den Ausbau des Seeweges über Triest notwendig gemacht; aber es mangelte am Mut zu entsprechenden Investitionen seitens der steirischen Gewerke, die in den zentralen Hafenstädten hätten Handelsniederlassungen errichten müssen. 1837 schien der Eisenexport zu versiegen, England hatte auch den Markt von Konstantinopel erobert. Selbst in Nordamerika mußten die steirischen Dengelsensen der englischen Schleifsense weichen. Wie O. Pickl bemerkt, war in den zwanziger und dreißiger Jahren lediglich der Export steirischer Sensen nach Deutschland, in die Schweiz, nach Frankreich und in die Agrarstaaten des Ostens noch zufriedenstellend[29].

Negativ für den steirischen Eisenhandel wirkten sich auch die schlechten Verkehrsverbindungen bzw. die Entfernung von Eisenvorkommen und Verarbeitungsstätten zu den Kohlevorkommen aus. Wenn auch der Zusammenschluß der Vordernberger Radmeister zu einer Kommunität durch den gemeinsamen Abbau des Erzes und den Ankauf großer Waldungen zur Sicherung der Holzkohle die Produktionskosten etwas senken konnte, so wäre die Konkurrenzfähigkeit des steirischen Eisens dennoch nur durch den Anschluß an das europäische Eisenbahnnetz gegeben. Die erste Eisenbahnlinie in der Steiermark von Mürzzuschlag nach Graz wurde aber erst 1844 eröffnet.

Anmerkungen:

1) Othmar PICKL, Verkehr und Handel. In: Erzherzog Johann von Österreich. Beiträge zur Geschichte seiner Zeit. Hg. Grete Klingenstein (Graz 1982), S. 343–353.
Ders., Der Eisenhandel und seine Wege. In: Erz und Eisen in der Grünen Mark. Beiträge zum steirischen Eisenwesen. Hg. Paul W. Roth (Graz 1984), S. 345–365.
Paul W. ROTH, Zur frühen Nutzung der Dampfkraft in der Steiermark. In: ZHVSt 64 (1973), S. 243–252.
Ders., Industriespionage im Zeitalter der Industriellen Revolution. In: BITg 38 (1976), S. 40–54.
Ders., Betriebsgeschichten von 23 Grazer Betrieben. In: Grazer Industrie hat Tradition. Ausstellung im Stadtmuseum Graz (Graz 1981), S. 21–59.
2) Johanna KRAFT, Untersuchungen zur Wirtschaftsgeschichte Steiermarks vom Ausgange der napoleonischen Kriege bis zum Tode des Kaisers Franz I. (phil. Diss. masch., Graz 1922).
3) Stephan Edler von KEESS, Darstellung des Fabriks- und Gewerbewesens im österreichischen Kaiserstaate (Wien 1823).
Johann SLOKAR, Geschichte der österreichischen Industrie und ihrer Förderung unter Kaiser Franz I. (Wien 1914).
Adolf BEER, Österreichische Handelspolitik im 19. Jh. (Wien 1972).
Karl HUDECZEK, Österreichische Handelspolitik im Vormärz 1815–1848 (= Studien zur Sozial-, Wirtschafts- und Verwaltungsgeschichte XI, Wien 1918).
4) Vgl. Adelbert SCHUSSER, Münzwesen und Geldwirtschaft. In: Die Ära Metternich. Katalog zur 90. Sonderausstellung des historischen Museums der Stadt Wien (Wien 1984), S. 65–70.
5) Zur Umrechnung:
1 fl. CM =   2 fl. 50 kr. WW =   1 fl. 05 kr. ÖW
4 kr. CM =   10 kr. WW =   7 kr. ÖW
6) Vgl. Politische Gesetzsammlung Bd. XXXVIII (1812), S. 299.
7) Vgl. Politische Gesetzsammlung Bd. XXXIX (1812), S. 183.
8) Ebd., S. 275.
9) Weiterführende Literatur bei David F. GOOD, Der wirtschaftliche Aufstieg des Habsburgerreiches 1750–1914 (= Forschungen zur Geschichte des Donauraumes 7, Wien-Köln-Graz 1986).
10) Vgl. PICKL, Verkehr, S. 343.
11) Gustav Franz SCHREINER, Grätz. Ein naturhistorisch-statistisch-topographisches Gemählde dieser Stadt und ihrer Umgebung (Grätz 1843), S. 403.
12) Entfernungsangaben nach KRAFT, S. 76.
13) Gegen diese Aussage würden aber die Reste von Treppel- oder Treidelwegen entlang der Mur sprechen.
14) Vgl. Ferdinand TREMEL, Erzherzog Johann in Wirtschaft und Industrie. In: ZHVSt, Sonderheft 4 (1959), S. 43.
15) Vgl. PICKL, Verkehr. S. 344.
16) Eine detaillierte Zusammenstellung aller Reichsstraßen mit ihrer Postnummer, genauen Benennung sowie Straßenlänge in Meilen und Kilometern bei Franz X. HLUBEK, Ein treues Bild des Herzogthumes Steiermark (Graz 1860), S. 361ff.
17) Vgl. u. a. Franz ILWOF, Aus Erzherzog Johanns Tagebuch. Eine Reise in die Obersteiermark im Jahr 1810 (Graz 1882).
18) Statuten der Landwirtschaftsgesellschaft am Joanneum § 2, StLA Joannea 14, S. 1106.
19) Vgl. Anna BARTH, Agrarpolitik im Vormärz. Die Steirische Landwirtschaftsgesellschaft unter Erzherzog Johann (= Grazer Rechts- und Staatswissenschaftliche Studien 37, Graz 1980), S. 72–76.
20) Roman SANDGRUBER, Die Agrarrevolution. In: Erzherzog Johann von Österreich. Beiträge zur Geschichte seiner Zeit. Hg. Grete Klingenstein (Graz 1982), S. 119.
21) Zur zeitgenössischen Beurteilung der Grundentlastung siehe Franz X. Hlubeks Kommentar zum Gesetz vom 7. Sept. 1848, dem Patent vom 4. März 1849 und der Ministerial-Verordnung vom 12. Sept. 1849, HLUBEK, Treues Bild, S. 119–125.
22) SCHREINER, S. 315.
23) Vgl. SCHREINER, S. 396.
24) Vgl. SCHREINER, S. 120f.
25) Wegen der herrschenden Cholera-Epidemie wurde der Herbstmarkt 1831 abgesagt, weil eine Übertragung durch Handelsleute aus dem verseuchten Polen und Ungarn befürchtet wurde. Vgl. Erhard WISSHAUPT, Die wirtschaftliche und soziale Lage in Österreich von 1830–1839 (phil. Diss. masch., Wien 1952), S. 37.
26) Zur Geschichte dieses Vereines siehe Otto HWALETZ, Organisationsformen der frühliberalen Wirtschaft. In: Erzherzog Johann von Österreich. Beiträge zur Geschichte seiner Zeit. Hg. Grete Klingenstein (Graz 1982), S. 211–215.
27) Am Joanneum ließ Erzherzog Johann eine Mustersammlung heimischer Fabriks- und Gewerbeerzeugnisse einrichten, aus der 1832 erstmals eine Gewerbeausstellung entstand.
28) Vgl. Erz und Eisen in der Grünen Mark. Beiträge zum steirischen Eisenwesen. Hg. Paul W. ROTH (Graz 1984).
29) PICKL, Eisenhandel, S. 360.

Edith Hörandner

Bedarfsdeckung und Kommunikation

Zur Funktion der Märkte aus volkskundlicher Sicht

Der Markt diente, neben der Existenzsicherung für die Marktfahrer, der Bedarfsdeckung der Marktkunden sowie der Kommunikation zwischen beiden. Zum mündlichen Austausch von Informationen zwischen Verkäufer und Käufer tritt der Informationsgewinn über Marktgüter, da vor allem der Jahrmarkt immer auch Umschlagplatz von Literatur (Flugblätter, Gebetbücher, Trivialromane usf.) und Bildern (Kupferstiche etc., später Öldrucke) war (und dies auch geblieben ist: mit dem aktuellen Stand von „MusiCasetten", Compact-Discs und Videokassetten im Angebot). Der Markt war also auch kulturelle Drehscheibe weit über die üblichen Sachgüter hinaus.

Der Wochenmarkt, täglich („Tagesmarkt"), mehrmals oder nur einmal wöchentlich abgehalten, diente (und dient nach wie vor) vor allem der Deckung des täglichen Nahrungsbedarfs (weshalb die Abgabe der marktfahrenden Bewohner der Vorstädte und Vororte Wiens, die beim Passieren der „Lina", des Linienwalls, zu entrichten war, „Verzehrsteuer" genannt wurde). Die Versorgung der Städte durch die bäuerliche Bevölkerung der Umgebung war ein allgemeines Charakteristikum europäischer Städte. Ebenfalls allgemein scheint der Einsatz bestimmter Kleidung (meist die traditionelle, oft auch schon historische Regionaltracht) bei diesen bäuerlichen Marktfahrern gewesen zu sein, die als „Verkaufstracht" Signalwirkung hatte und zum Signet für bestimmte Produkte (für Art, Herkunft und angepriesene Qualität) werden konnte[1].

Die malerischen Gestalten und Szenen des Straßenhandels und der Märkte erfreuten sich des besonderen Interesses der Künstler bzw. Gebrauchsgraphiker und erlangten vor allem in den sog. „Kaufruf"-Serien große Popularität. Der wissenschaftliche Quellenwert dieser Abbildungen ist jedoch in bezug auf Datierung und Farbigkeit schwankend, da vor allem bei späteren Serien die Kolorierung auch willkürlich erfolgte (was die unterschiedliche Farbgebung bei mehreren Abzügen einer Platte beweist), und im übrigen die Zeichner z. T. weniger nach der Natur als nach alten Vorlagen arbeiteten.

Die Stadt bildete mit den umliegenden Dörfern ein wirtschaftliches Ganzes. Beide lebten in entscheidender Weise vom Markt. Die marktfahrenden Dörfler tätigten aus dem Erlös ihrer landwirtschaftlichen Produkte (Milch, Butter, Topfen etc., Eier, Geflügel, Gemüse, Obst und dergl.) zumeist am Ort ihren eigenen Einkauf, und die städtischen Handwerker und Kaufleute hatten zumeist auch ihren eigenen Marktstand wie die „Kräutler" resp. „Grünzeugtandler" (was auch heute noch zu beobachten ist) oder die Lebzelter und Wachszieher[2], die auch Met ausschenkten, u. v. a. m. Deren Stände befanden sich gerne in der Nähe ihres ständigen Verkaufsgewölbes, was für eventuell benötigten Nachschub besonders günstig war.

Wochenmärkte gab es in kleinen ebenso wie in großen Städten, auch in den Provinzialhauptstädten sowie der Haupt- und Residenzstadt Wien. Sie haben sich vielfach wegen ihrer unverändert hohen Funktionalität bis heute gehalten (was gerade auch in Graz gut zu beobachten ist) und werden in den letzten Jahren durch die sog. „Bauernmärkte" (diese Bezeichnung ist im Zusammenhang mit Nostalgiebewegung, Biowelle, „small is beautiful"-Strategie u. ä. zu sehen) ergänzt oder werden in dieser Form wiederbelebt. (Nicht selten stehen Medien wie Tageszeitungen hinter ihnen und verschaffen durch ihre Werbung Bekanntheit und Erfolg, so z. B. im Fall des „Kurier"-Bauernmarkts[3] in Wien, der samstäglich auf dem Naschmarkt-Areal abgehalten wird.)

Von überregionaler Bedeutung waren die Jahrmärkte, die viermal im Jahr — zu traditionellen, im Laufe der Jahrhunderte jedoch nicht unbedingt gleichbleibenden Terminen — abgehalten wurden (und werden) und mehrere Tage dauerten. Ihr Einzugsgebiet war oft sehr groß, da es auch weiter anreisenden Handwerkern erlaubt war teilzunehmen. Die ausgedehntesten Handelskontakte unterhielten die Städte, von denen viele bedeutende und regelmäßige Auslandsbeziehungen pflegten, was sich sowohl im Import als auch im Export auswirkte. Die Jahrmärkte als internationale Umschlagplätze hatten häufig eine ins Mittelalter zurückreichende Tradition.

Das mittelalterliche Handelsleben spielte sich zu einem Großteil auf den Märkten ab. Zu den ersten Trägern der Marktprivilegien gehörte die Geistlichkeit, was erklärt, weshalb sich viele Marktorte aus dem Sitz einer alten Mutterpfarre entwickelten. Die Verbindung von kirchlicher Handlung und Markt hat sich in der Doppelbedeutung des Wortes „Messe" niedergeschlagen und tritt auch im „Kirtag", der Feier des Kirchenpatroziniums in Verbindung mit Markt und

Wochenmarkt

Bauernmärkte

Jahrmärkte

„Messe"/„Kirtag"

weltlichem Fest, in Erscheinung.

Die Jahrmärkte wurden mit Glockengeläute und Gottesdienst eingeleitet, dann folgte der feierliche weltliche Teil mit Verlesung des Marktprivilegiums und Verkünden der Freyung oder Freiheit (Marktfreiheit), als deren sichtbares Zeichen u. a. eine Fahne am Pranger oder der Schwertarm (Arm, in der Faust das Richtschwert) ebenda oder an einer Säule angebracht wurde, die während des Markthaltens als Symbol des Marktfriedens aufgerichtet blieben.

Dieses „Austragen der (Markt-)Freyung" wird heute noch da und dort als historisches Ritual

Graz, Hauptplatz.

Abb. 46:
Ansicht des Grazer
Hauptplatzes.

gepflegt, so auch in der Steiermark beim „Maxlan"- (auch: „Maxlaun"- oder „Max-lon"-, für Maximilian) Markt in Nieder-wölz[4].

Auf vielen Jahrmärkten, nicht zuletzt im ländlichen Bereich, wurde kein spektakuläres und internationales Gut umgeschlagen; das Warenangebot konzentrierte sich vor allem auf das, was man für den Betrieb und für sich brauchte und nicht selbst produzieren bzw. herstellen konnte oder wollte, bzw. nachschaffen mußte. Beim Feilschen und Kaufabschluß hatten sich z. T. eigene Rituale, oft in Verbindung mit einer bestimmten Körpersprache, herausgebildet, in besonders augenfälliger Weise beim Viehhandel, was übrigens auch noch für die Gegenwart gilt.

Auf allen Jahrmärkten, auch den kleinen, gab es auch Unterhaltung und Vergnügen, für manche Besucher — und die Kinder — sogar die Hauptsache. Fast eine Selbstverständlichkeit war das Zukehren bei der Methütte bzw. beim Lebzelterstand. Für den Niedergang dieses Handwerks sind weniger der Zucker und die Konditoreiwaren verantwortlich als das sog. „Sonntagsverbot" und die Konkurrenz der „regiefahrenden" (und damit „Regie", d. h. Regiespesen = veraltet für Geschäftsunkosten, vermeidenden) und oft genug „schwarz" arbeitenden Marktfieranten[5].

Lebzelter

Der Lebzelter, gleichzeitig Metsieder, machte sein Hauptgeschäft auf den Märkten. Bei ihm kehrten alle zu, unabhängig von Alter und Geschlecht: Der Bursch kaufte für sein Mädchen ein Herz (was er ihm häufig als traditionelle Gegengabe für erwiesene Leistungen, nicht zuletzt bei Bräuchen, schuldete), der Ehemann lud seine Frau auf ein Gläschen süßen Mets, und die Eltern erstanden für ihre Kinder Schnittlebkuchen zum Naschen und gemodelte Ware für besondere Verwendung, so z. B. zum Spielen: für die Buben einen „Roßreiter" oder Husaren, für die Mädchen ein „Fatschenkindl" oder eine „Docke" (Puppe)[6]. Als es schließlich auch auf dem Land zu Weihnachten einen Christbaum gab, lieferte der Lebzelter mit seiner Ware auch den — spärlichen — Baumbehang.

Die Lebzelterei war fast immer als Doppelhandwerk bzw. -gewerbe mit der Wachszieherei verbunden. Auch die Wachswaren fanden sich im Marktangebot (Kerzen, Wachsstöcke in einfacher oder kunstvoller Form, Votivgaben u. ä.) und waren, wie übrigens auch die Lebzelten, beliebte Mitbringsel für diejenigen, die zu Hause bleiben mußten und nicht in den Genuß des Marktbesuchs kommen konnten.

Zu den klassischen Marktfahrern gehörten Töpfer und Blaudrucker (eigentlich Blaufärber[7]). War kein Töpfer im Ort, dann deckte man seinen Bedarf auf dem Markt (sofern nicht zufällig ein wandernder Geschirrhändler — „Hafentrager" — vorbeikam und das anbot, was man benötigte).

Töpfer

Die Töpfer verkauften direkt von ihrer Werkstatt weg (im wesentlichen an Großabnehmer oder — bei fehlerhafter Ware, die entsprechend billig war — an wandernde Einzelhändler), ihr Hauptgeschäft jedoch machten sie selbst, und zwar auf den Märkten, die sie regelmäßig befuhren. Das Laden der Wagen war eine Kunst, wollte man die zerbrechliche Ware heil zum Markt bringen. Wege von mehreren Tagen waren keine Seltenheit. Je nach Anzahl der Töpfe und Länge der Wegstrecke wurden die Waren entweder einfach ins Heu oder Stroh gelegt oder sorgfältig, sogar innen ausgestopft, in Körbe zwischen Heu und Stroh gegeben. Man konnte die Töpfe auch, in Reihen von neun bis elf Stück, aufeinanderschichten, aber wohlgeordnet:

> „Es gab eine Ordnung, und die war nicht ohne Grund. Man mußte darauf achten, daß am
> Wagen die walzenförmigen, stärkeren Töpfe nach unten kamen, die dünnwandigen, großen

und flachen Töpfe aber obenauf kommen, so daß nichts am langen holperigen Weg zerbrach. Es war auch wichtig, daß der Töpfer beim Verkaufen immer wußte, wo was zu suchen war, damit nichts durcheinander kam[8]."

Damit das zerbrechliche Geschirr länger hielt, ließ man es beim „Drahtlbinder" (häufig ein Zigeuner oder wandernder Slowake) mit einem gitterartigen Drahtgeflecht überziehen (was beim Kochen sicherlich auch der Wärmeleitung und gleichmäßigen Verteilung der Wärme förderlich war). Man ging sehr sorgsam auch mit diesen einfachen, billigen Geräten um und vermied eine Neuanschaffung solange es ging.

Auch bei der Anschaffung von Kleidung war man nicht verschwenderisch, und viele fanden mit einem besseren „Sonntagsg'wand" und „etwas für ålle Tåg" (nicht selten das abgelegte bessere G'wand) ihr Auslangen.

Die Kitteln und Schürzen nähte man sich selbst, manchmal leistete man sich — vor allem für Komplizierteres — den Störschneider. Gekauft wurde nur der Stoff, und das aufs Knappeste bemessen. (So berechnete man nur die tatsächliche Rocklänge; was man nach innen umschlug, wurde vom alten, völlig untragbar gewordenen Kittel genommen und angesetzt. Dies ist das in den Trachten der Gegenwart so geschätzte „Kittelblech", für das man heute bei einer Tracht extra und teuer bezahlt; allerdings: das Kittelblech der Gegenwart ist aus neuem Stoff und fein abgestimmt ausgewählt.) **„Kittelblech"**

Den Stoff kaufte man für sich und die Dienstboten — er war vielfacher fester Lohnbestandteil und wurde eine beliebte Weihnachtsgabe für die Mägde — beim Blaudrucker, deren es früher viele gab. Gefärbt wurde zuerst mit Waid, dann mit Indigo. Das Blaufärben — und die Handwerker bezeichnen sich selbst auch als Blaufärber, was dem Arbeitsvorgang auch entspricht — hat sich vereinzelt bis in die Gegenwart erhalten, so im burgenländischen Steinberg. **Blaufärber**

Die Ware wird generell als „Blaudruck" bezeichnet. Gedruckt wurde mit Modeln (händisch), dann mit Walzen (maschinell). Das Reservierte (durch den farbabweisenden „Papp" ausgesparte Muster) nimmt die Farbe nicht an und erscheint nach dem Auswaschen (früher einfach im Bach, an dem jede Blaufärberei gelegen war, heute aus Umweltschutzgründen ein Problem und anders zu lösen) weiß. Die „Evangelischen" (Protestanten) lehnten vielfach auch dies als

Abb. 47: „Standfrauen".

zu auffallend ab. Für diese Käuferschicht wurde wunschgemäß der Stoff nochmals durch die Färberküpe gezogen, so daß auch das Muster in Blau erscheint, allerdings in etwas hellerer Schattierung. Dies war schon erwünscht, denn „man wußte wenigstens, daß ein Muster da war."

Der Walzendruck ermöglichte das beidseitige Bedrucken der Stoffe, wofür fast immer zwei verschiedene Muster gewählt wurden. Der damit erzielte Vorteil war ein zweifacher: Beim Verlassen des Hauses drehte man die Arbeitsschürze einfach um und hatte dann eine saubere „Schauseite", und der auf der einen Seite schon abgetragene Kittel konnte gewendet werden und war wieder „so gut wie neu".

Einfach nur blau gefärbter Stoff wurde ebenfalls angeboten: für das blaue Arbeitsfürta (Fürtuch) der Männer und für die Kleidung der alten Frauen.

Der Blaudrucker/Blaufärber stellte sich im Laufe der Zeit ebenfalls um und paßte sich der Entwicklung an. Er nahm eingekaufte Ware in sein Angebot auf. Diese war billiger und farbiger. Heute ist indigogefärbter Blaudruck eine Besonderheit, wie vieles, was früher das Übliche war.

Nach wie vor lebt der burgenländische Blaufärber vom Markt; das Jahr über fährt er auf über hundert Märkte. Der Werkstattverkauf fällt kaum ins Gewicht.

Anmerkungen:

01) Vgl. dazu: Edith Hörandner, Tracht und Werbung: Signal und Signet. In: Franz C. Lipp u. a. (Hg.), Tracht in Österreich. Wien 1984, S. 235—238; sowie Ulrich Bauche, Die Kleidung der ländlichen Händler auf dem Markt. Materialien und Gedanken zu Funktionen der Tracht im 18. und 19. Jh. In: Stadt-Land-Beziehungen. Verhandlungen des 19. Deutschen Volkskundekongresses in Hamburg vom 1. bis 7. Oktober 1973, hg. von Gerhard Kaufmann. Göttingen 1975, S. 207—219.
2) Lebzelterei (einschließlich Metsiederei) und Wachszieherei waren fast immer ein Doppelhandwerk, -gewerbe.
3) Der „Kurier" ist eine österreichische Tageszeitung. Die Werbung für den genannten Bauernmarkt erfolgt(e) durch Artikel, Glossen und Ankündigung im Wochenkalender.
4) Der Markt findet am Samstag, Sonntag und Montag vor oder nach dem 12. Oktober (Maximilian) statt. Das Freyung-Austragen und die Verlesung der Marktbewilligungsurkunde erfolgt am Sonntag nach dem Hochamt.
5) Vgl. Edith Hörandner, Model, München 1982. Dort das Kapitel „Nicht (nur) der Zucker war schuld", S. 65—67. Besonders engagiert in dieser Sache, als „Kirchtagsfrage" bezeichnet, war der Lebzeltermeister Karl Ludikowsky, der auch publizistisch an die Öffentlichkeit trat (siehe Literaturverzeichnis ebda).
6) Vgl. zu Herz, Reiter und Fatschenkindl: Edith Hörandner, Model, München 1982, im besonderen das Kapitel „Die klassischen Leb-Kuchen: Herz, Kindl und Reiter", S. 22—27.
7) Gefärbt wird tatsächlich blau (früher mit Waid, dann mit Indigo). Gedruckt wird — mit Modeln oder Walzen — mit dem farbabweisenden sog. „Papp". Es handelt sich um eine Reservetechnik: das Muster wird „reserviert" (ausgespart).
8) Imre Grafik, Töpfer aus dem Tal von Velemér. In: László Lukács (Hg.), Märkte und Warenaustausch im pannonischen Raum, Szkesfehérvár 1988, S. 94—101. (Die angeführte Stelle ist ein Zitat von Dezsö Czugh.) Vgl. dazu auch noch Erzsébet Sergö, Handel mit der Dörer Keramik, ebd., S. 102—106, im besonderen S. 104—105.

Ferdinand Hutz

Der Vorauer Pflanzenkirtag

Der in der nördlichen Oststeiermark zwischen dem Wechselmassiv und seinen Ausläufern im Norden und dem Masenberg im Süden liegende Markt Vorau, dessen Marktrechtsverleihung nachweislich bereits um 1200 erfolgt ist, kann, begünstigt durch das gleichnamige, im Jahr 1163 gegründete Stift, auf ein reges Handels- und Marktwesen zurückblicken. Trotz seiner Abgeschiedenheit von allen Durchzugsstraßen kamen fremde Kaufleute oft von weither und befruchteten weitgehend den lokalen Handel, weil sie den Bedarf des Ortes und seiner Umgebung mit Gütern aus der Fremde, die am Ort nicht erzeugt wurden, deckten. Der Markt Vorau wies nach den beiden von Kaiser Maximilian I. 1511 und 1517 verliehenen jährlichen Jahrmärkten, die im 18. Jh. noch um zwei Viehmärkte erweitert wurden, ein für die nordoststeirische Landschaft wirklich reges Marktleben auf, wie der Schreiber dieser Zeilen bereits ausführlich aufgezeigt hat[1]. Zu diesen in der Steiermark durchwegs üblichen Jahr- und Viehmärkten kann jedoch der Markt Vorau als Besonderheit im steirischen, ja sogar ganzen österreichischen Marktwesen noch den „Vorauer Pflanzenkirtag" am Montag vor dem Veitstag (15. Juni) aufweisen, an dem die bäuerlichen Käufer aus der näheren und weiteren Umgebung zum Pflanzenkauf nach Vorau auf die Kring kamen. **Jahr- und Viehmärkte**

Wohl kaum einem Leser dieser Zeilen sind die Pflanzbeete auf der Kring bei Vorau ein Begriff, obwohl sie in ihrem ursprünglichen Sinn heute nicht mehr existent sind; sie wurden in den letzten Jahrzehnten ein Opfer sozialer Strukturwandlungen auf landwirtschaftlichem Boden. Die Befürchtung einer gänzlichen Auflösung dieser „in jahrhundertelanger Übung vertrauten Einrichtung im bäuerlichen Leben dieses oststeirischen Marktes" hat bereits Hermann Ibler, der sich als erster und bisher auch einziger näher mit dieser Thematik befaßt hat, schon vor 30 Jahren ausgesprochen[2]. **Pflanzbeete auf der Kring**

In den noch erhaltenen mittelalterlichen Zinsregistern des Stiftes Vorau aus den Jahren 1445, 1450 und 1497 ist von Pflanzbeeten auf der Kring noch keine Erwähnung. Die früheste Notiz bringt das im Jahr 1547 angelegte Urbar, nach dem der Marktbürger „Caspar Schlosser von ainem agkher auf der Khrin neben den pflantzpetten" 10 Pfennig zinste[3]. Mangels älterer **Urbar von 1547**

Abb. 48: Vorauer Pflanzenkirtag 1933.

Quellen mag daher der Schluß erlaubt sein, daß diese Art der Fluraufteilung in Pflanzbeetpar-
zellen spätestens im ausgehenden Mittelalter im Zuge der damaligen Wirtschaftsintensivie-
rung erfolgte. Erstmals ist dieser „Gemeindepflanzbeetacker der Vorauer Bürgerschaft" im
Josephinischen Kataster aus dem Jahr 1787 mit 3 Joch 1.243 Quadratklaftern und sodann im
Franziszeischen Kataster aus dem Jahr 1822 mit genauer Parzellierung verzeichnet. Auf diesem, außerhalb des Marktkernes auf der Kring gelegenen, sogenannten „Krautacker" sind der
Vorauer Bürgerschaft „seit unvordenklichen Zeiten" für den Anbau von Kraut-, Krautrüben-
und Burgunderrübenpflanzen bestimmte Beete zur Nutzung eingeräumt. Zu deren Verkauf
fand alljährlich am Montag vor dem Veitstag der Vorauer Pflanzenkirtag statt, an welchem die
auf den Beeten des Krautackers gebauten Pflanzen den aus nah und fern zusammenkommen-
den Bauern verhandelt wurden.

„Krautacker"

Die Pflanzbeete umfassen 2 ha 1.396 m² Ackerboden und bestehen aus 162 mehr oder weniger
schmalen Feldstreifen, die das Aussehen von Gartenbeeten haben. Die Größe der einzelnen
Beetparzellen schwankt zwischen 20 und 60 m². Das Recht der Nutznießung ist im Grund-
buch als untrennbar mit dem Besitz von 79 Häusern im Markt und 34 Bauernhöfen aus den
Umgebungsgemeinden verbunden eingetragen. Den Benützern der Pflanzbeete war die Verpflichtung auferlegt, daß auf den zugewiesenen Pflanzbeeten von den Besitzern derselben
nichts anderes als nur Pflanzen zu der von der Gemeinde von Fall zu Fall veröffentlichten
Zeit angepflanzt werden und der Verkauf der Pflanzen nicht eher als am Montag vor dem
15. Juni jeden Jahres stattfinden durften.

Wie liefen nun Anbau und Verkauf ab? Etwa neun Wochen vor dem Pflanzenkirtag wurde auf
Grund gemeindlicher Anordnung der Krautacker, mit welchem Namen die Pflanzbeete
bezeichnet werden, von allen Nutzungsberechtigten gleichzeitig umgebaut. Vorher wurde
noch die Düngung durchgeführt, wofür im allgemeinen jeder den Mist auf seine Beete
brachte oder sich diese Arbeit von einem Nachbarn besorgen ließ. Die Aussaat hatte innerhalb von drei Tagen zu erfolgen und zeigte auch insoweit Flurzwang, als zuerst mit den
Innenbeeten begonnen werden mußte, damit durch Einfahren kein Schaden an den anderen
Beeten entstand. Die Nachfrage am Pflanzenkirtag des jeweiligen Vorjahres bestimmte das
Ausmaß des Anbaus der verschiedenen Pflanzengattungen. Früher war es hauptsächlich Kraut
(auch Weißkraut oder Krautkohl genannt), das als wichtigstes Nahrungsmittel des steirischen
Bauern angebaut wurde; daraus erklärt sich wohl auch die allgemein übliche Bezeichnung
„Krautacker". Als jedoch mit der allmählichen Umstellung auf verschiedene andere Gemü-
searten der Bedarf an Kraut zurückging, wurden Krautrüben und Burgunderrüben, eine Form
der Steckrübe, als begehrte Futtermittel für Rinder und Schweine in größerer Menge angebaut.

Anbau

Die gemeinwirtschaftliche Bewirtschaftung des Krautackers fand auch in der Vorsorge für die
Bewachung des Feldes Ausdruck, die für die letzten vierzehn Tage vor dem Verkauf der Pflanzen von der Gemeinde eingerichtet wurde. Untertags wurde diese von Personen besorgt, die
die Gemeinde zu diesem Zweck aufnahm, die Nachtwachen mußten in der Nummernreihen-
folge der Pflanzenbeete von deren Inhabern oder Benützern gestellt werden; bei Nichterschei-
nen wurden entsprechende Strafen verhängt. Schließlich wurde durch Anschlag im Markte
und seiner weiteren Umgebung der Pflanzenkirtag zu seinem traditionellen Zeitpunkt aus-
geschrieben. Dabei wurde darauf hingewiesen, daß es sich um keine jahrmarktähnliche Veranstaltung handelt und daher die Aufstellung von Verkaufsbuden, abgesehen einiger Erfri-
schungsstände, untersagt war. Es brauchte aber erst gar nicht dieser Einladung, denn der Vorauer Pflanzenkirtag am Montag vor dem Veitstag war ein festes Datum in der Abfolge der
wirtschaftlichen Ereignisse des Jahres, an dem die bäuerlichen Käufer aus der nahen und weiteren Umgebung des Marktes zum Krautacker bei Vorau zusammengeströmt kamen. Es
waren immerhin Entfernungen von 20 bis 30 km, die die Bauern von Pöllau, aus Koglhof
oder von Fischbach zurückzulegen hatten; in manchen Jahren scheuten sie auch nicht den
noch weiteren Weg von Aspang in Niederösterreich über den Wechsel herüber. Kamen die
Käufer durch Jahrhunderte zu Fuß mit Buckelkörben oder mit Pferdegespannen, so waren es
nach dem Zweiten Weltkrieg Traktore oder andere motorisierte Fahrzeuge, auf denen man
schon in der Nacht aufbrach, um am frühen Morgen des Pflanzenkirtags rechtzeitig zur Stelle
zu sein. Wie in den Verkündbüchern des Stiftes Vorau zu lesen ist, leitete noch vor dreißig
Jahren eine Messe in der nahegelegenen Kreuzkirche den Tag ein.

Ausschreibung des Kirtags

Die Eröffnung des Pflanzenkirtages selbst und damit der Beginn des Pflanzenverkaufs wurde
unter Trommelschlag zugleich mit den vom Bürgermeister festgesetzten Richtpreisen
bekanntgegeben. Die Pflanzen wurden nach Laufmetern der Beete verkauft, so daß die Preise
je nach Breite des Beetes und der Güte der Pflanzen zwischen den verkündeten Mindest- und
Höchstsätzen schwankten. Für ein Durchschnittsbeet wurde im Jahre 1957 ein Verkaufspreis

Eröffnung

von 120 bis 150 Schillingen erzielt. Demgegenüber machten die Kosten für den Samen, für die Besorgung des Mistes und Anbaues für ein mittleres Beet mit Krautpflanzen ungefähr 80 Schilling, bei Rübenpflanzen etwa 50 Schilling aus, wozu noch eine kleine an die Gemeinde zu leistende Abgabe von 6 Schillingen zur Bezahlung der Grundsteuer und der wachhabenden Aufsicht kam. Bringt man noch die eigene Arbeit in Anschlag, kann wohl kaum von einer Rentabilität gesprochen werden, soweit die Pflanzen nicht für den Eigenbedarf gezogen wurden. Auf einem Quadratmeter standen viele Hundert verschieden große Pflänzchen, aus denen sich der Käufer auf der von ihm erstandenen Beetlänge die brauchbar erscheinenden auszog. Besondere Bestimmungen galten der Kontrolle des Verkaufs und sollten auftretende Unzukömmlichkeiten und mögliche Preistreiberei verhindern. So durften selbst die Inhaber des Nutzungsrechtes auch für den Eigenbedarf keine Pflanzen vor Beginn des Pflanzenkirtags ernten. Alle noch stehengebliebenen Pflanzen mußten sofort nach Schluß des Verkaufs abgemäht werden, wenn dieser wieder durch Trommelwirbel verlautbart wurde. Die Beete wurden dann umgepflügt und mit Kartoffeln oder Futterpflanzen bebaut.

In den letzten drei Jahrzehnten wurde es jedoch von Jahr zu Jahr deutlicher, daß infolge der geänderten wirtschaftlichen Verhältnisse viele an den Pflanzbeeten nutzungsberechtigte Vorauer an diesen kein Interesse mehr besaßen; 1957 war es von 79 Häusern im Markt nur noch die Hälfte und die reduzierte sich von Jahr zu Jahr. Die von Ibler vor 30 Jahren befürchtete gänzliche Auflösung dieser „in jahrhundertelanger Übung vertrauten Einrichtung im bäuerlichen Leben dieses oststeirischen Marktes" trat im Zuge der „modernen" Landwirtschaft recht bald ein und fand mit dem letzten abgehaltenen „Vorauer Pflanzenkirtag" im Jahr 1983 ihr Ende. Damit ist die steirische Agrargeschichte wiederum um einen Mosaikstein, den es österreichweit nur in Vorau gegeben hat, ärmer geworden.

Ende des traditionellen Kirtags

Anmerkungen:

1) Ferdinand HUTZ, Die Vorauer Jahrmärkte, in: Vorauer Heimatblätter 5 (1983), S. 23—25. Ferdinand HUTZ, Die Vorauer Viehmärkte, in: Vorauer Heimatblätter 7 (1985), S. 25f.
2) Hermann IBLER, Der Vorauer „Pflanzenkirta", in: Die Bodenkultur 11 (1958), S. 102—110.
3) Stiftsarchiv Vorau, Hs. 37, fol. 8v und 9r; Hs. 38, fol. 12r und 332v.

MERKUR: Tradition und Fortschritt

In den folgenden Zeilen möchten wir Ihnen, liebe Leser, eines der traditionsreichsten Unternehmen der Steiermark, die MERKUR Wechselseitige Versicherungsanstalt, etwas näher vorstellen. Die paar Minuten, die Sie zum Lesen brauchen, lohnen sich bestimmt - es sind auch Informationen dabei, die Sie betreffen!

Der Gedanke, Versicherungseinrichtungen für kaufmännische Bedienstete zu schaffen, wurde erstmals von dem Nürnberger Paul Jakob Marperger entwickelt. Die steirische Landeshauptstadt war es schließlich, die zum Geburtsort für die erste österreichische Versicherung wurde - eine bahnbrechende Entwicklung war in die Wege geleitet worden, als Joseph Benedict Huber (er lebte von 1772 bis 1805) das "Institut zur Unterstützung kranker, armer, dienstloser, Alters und Gebrechlichkeiten wegen zum Dienen unfähig gewordener Handlungsdiener in Grätz" gründete. Da ein reiner Geselligkeitsverein in jener Zeit von der Behörde nicht toleriert wurde, hatte man den Unterstützungsverein ins Leben gerufen.

Franz Winter verfaßte die Statuten, am 17. Juni 1798 konnte die erste Mitgliederversammlung ins Protokoll eingetragen werden. Im Gründungsjahr hatte der Verein 58 ehrenamtliche Mitglieder. Der "Kaufmännische Versorgungsverein" wurde zu einer revolutionären Einrichtung auf dem Gebiet des Sozialwesens: Lange vor Einführung der sozialen Krankenversicherung bemühten sich hier Menschen, in der Gemeinschaft Gutes zu tun und für schlechte Zeiten vorzubauen.

Erst im Laufe der Jahre bekam der Verein andere Namen: 1940 hieß er "Südmark Wechselseitige Versicherung" und später, ab 1945 "MERKUR Wechselseitige Versicherungsanstalt". Natürlich konnten und durften auch die Leistungen während dieser Zeit nicht die gleichen bleiben.

Die MERKUR baute ihre Angebotspalette so weit aus, daß sie heute jederzeit in der Lage ist, Versicherungsschutz in allen Lebensbereichen zu gewährleisten.

Individuelle Vorsorge bietet die MERKUR derzeit mit

* Privater Krankenversicherung
* Unfallversicherung
* Haftpflichtversicherung
* Landwirtschaftlicher Gesamtversicherung
* Pensionsvorsorge
* Lebensversicherung
* Rechtsschutzversicherung
* Gewerbeversicherung
* Eigenheim-Bündelversicherung
* Reisekrankenversicherung
* und noch mit vielen anderen Versicherungszweigen

Waren es ursprünglich nur die Steirer, denen der Name MERKUR etwas sagte, so genießt das Unternehmen heute in ganz Österreich besten Ruf: in knapp 50 Geschäftsstellen und in 9 Landesdirektionen sowie in der Generaldirektion sorgen heute über 900 Mitarbeiter dafür, daß der MERKUR-Slogan "Wir kümmern uns um den Menschen" täglich in die Tat umgesetzt wird. Auch Sie können "testen", ob das stimmt - rufen Sie einfach in der Generaldirektion (0 316/80 34-0) oder in einer der Geschäftsstellen an, wenn Sie Rat oder Hilfe brauchen, man hilft Ihnen gern weiter!

Wir freuen uns auf Ihren Anruf!

Werner Filek-Wittinghausen

Die „Ladenschlange" oder
Die Entmystifizierung eines merkantilen Requisits

Wohl einer der bekanntesten Volkskundler unserer Heimat, A. Haberlandt, hat die Ladenschlange durch ihre Aufnahme in sein „Taschenwörterbuch der Volkskunde Österreichs"
(1953) unsterblich gemacht. Seit dieser Veröffentlichung hat jedenfalls das zumeist hölzerne,
über den Ladentischen hängende Requisit alter Krämerläden seinen, nun auch durch wissenschaftliche Autorität untermauerten, definitiven Namen. Bis dahin mußte man sich an den
einzigen Versuch einer ersten Bestandsaufnahme halten, an den 1930 von Lily Weiser-Aall
(Oslo) verfaßten Aufsatz Die Ladenschlange[1], in dem die Autorin bescheiden vermerkte, daß
ihr der tatsächliche Name des Utensils nirgendwo genannt werden konnte und sie daher, in
Ermangelung einer besseren Bezeichnung, eben Ladenschlange als Terminus vorschlage.
Da außer den beiden genannten Publikationen bis heute keine weiteren vorliegen (von einer
14zeiligen Erwähnung in den Salzburger Museumsblättern abgesehen[2]), bleibt das Hypotheti-
sche und das Geheimnisvolle auch weiterhin hypothetisch und geheimnisvoll.

Die Steirische Landesausstellung 1989 in Judenburg ist mit ihrer umfassenden Dokumentation
der Geschichte des Handels nun ein besonderer Anlaß, sich auch der Ladenschlange wieder
zu entsinnen. Nicht zuletzt auch deshalb, weil in ihrem Rahmen ein besonders interessantes
Exemplar zu bewundern ist. Was aber symbolisiert die Ladenschlange? Was bedeutet das
Schlangenmotiv über den Budeln von Krämerläden? Haberlandt und Weiser-Aall haben dazu
Meinungen gesammelt und Ansichten gewonnen. Der Blick der Schlange banne die Kunden,
die Schlange an sich verführe insbesondere die weibliche Klientel zum Konsum — wie einst
Eva den Versuchungen des Reptils erlag. Haberlandt glaubte auch an eine verborgene, glück-
hafte Bedeutung und erwähnte des weiteren das Distanzierende zwischen Kaufmann und
Kundschaft als nicht unbedeutenden Zweck. Letztendlich wären Schlangen und Drachen auch
als Hüter und Bewacher von Geld und Besitz passende Motive über den Ladentischen der
Kaufmannschaft.

All diese Argumente mögen eine gewisse Logik enthalten. Dennoch ist eher anzunehmen,
daß sie erst nach dem Verschwinden der letzten Ladenschlange, also posthum, in diese Uten-
silien hineininterpretiert wurden. Denn es erscheint als ziemlich sicher, daß sie nur ein
reiner Nutzgegenstand, ein nützliches Requisit in zweifacher Hinsicht, war: Zum ersten diente
sie gewiß der Identifikation des jeweiligen Geschäftes und als Reklameschild, zum zweiten als
praktischer Halter (Träger) für die Zurschaustellung von Waren oder zur Befestigung (Aufhängung) von — beispielsweise — Tüten.

In Wien gab es zu Ende des 18. Jhs. — wie das „Zum allgemeinen Nutzen in kleinem Taschen-
format vom Verlag der Expedition des Wienerjournals herausgegebene Wiener Schildregister"
beweist — 11 Geschäfte, die goldene, silberne und andere Schlangen als Zeichen verwendeten.
Daß solche Geschäftszeichen ehemals große Bedeutung hatten, ergibt sich aus der Tatsache,
daß Hausnummern und Straßennamen noch keineswegs üblich waren und überdies die noch
zahlreichen Analphabeten sich nach bildlichen Darstellungen orientierten bzw. orientieren
mußten. Allerdings konnte im obgenannten Verzeichnis keine Branchendominanz unter den
Schlangengeschäften festgestellt werden. Von Lottocollecteuren über Hutstepperwarenhänd-
ler bis Specereywarenverschleisser bedienten sich Vertreter nahezu aller Handlungsklassen des
Schlangenmotivs.

Dienten diese Zeichen, die entweder die Gewölbetüren zierten oder aber in oft beachtlicher
Größe auf die Straße ragten (ein solches besonders attraktives Exemplar befindet sich im
Stadtmuseum Wiener Neustadt), der Identifikation, so sollten die Ladenschlangen i. e. S. —
also die über den Ladentischen angebrachten Figuren — vor allem die Aufmerksamkeit der
eingetretenen Kunden erregen.

Abb. 49: Ladenschlange aus Mürzzuschlag (Fa. Ronald Fuchs).

Abb. 50:
*Ladenschlange aus
Retz.*

Besonders bunte oder auffällige Darstellungen waren dazu besonders geeignet. Da Schaufenster noch nicht üblich waren, wurden die Ladenschlangen auch zur Schaustellung von Waren sinnvoll eingesetzt. Dort hingen — wie man heute sagen würde — die Sonderangebote des Tages. Da jedoch für diesen Zweck nur die den Kunden zugewandte Seite der Schlange geeignet war, dienten die Haken der Rückseite meist zur Aufhängung von Tüten, Spagatrollen und von Packpapier. Dieser Zusatzeffekt scheint auch durch die aus Bayern bekannt gewordene Bezeichnung der Ladenschlange als Stranitzen- (Stanitzel-)schlange[3] erwiesen zu sein.

Ursprung, Herkunft

Eine weitere Rätselfrage, die die Volkskundler bisher beschäftigte, ist die nach dem Ursprung, der Herkunft und nach Vorbildern der Ladenschlange. Vom heiligen Symbol aus der grauesten heidnischen Vorzeit reichen dabei die Vermutungen bis hinein in die Laboratorien und Magazine des Apothekerstandes. Vor allem die in alten Offizien früher häufig vom Plafond hängenden ausgestopften Krokodile weckten das Interesse auch der Ladenschlangen-Forscher. Obgleich auch Weiser-Aall eine Verbindung Apothekenkrokodil — Ladenschlange nicht ausschließt, ist nach Meinung des Verfassers ein direkter Zusammenhang nicht gegeben. Das (Nil-)Krokodil symbolisierte vielmehr die Urheimat der chemischen Künste, Ägypten, das Land, das in der Geheimsprache der Priester des Pharaonenreiches Chemia hieß[4]. Auch die in Materialwarenhandlungen (bei Materialisten) gelegentlich aufgehängt gewesenen Krokodile wiesen vor allem auf das Nilland hin. Von dort importierten die Materialisten auch die meisten der einst überaus geschätzten Schlangenpräparate. Bei ihnen wäre daher eine Laden-*schlange* gar nicht unpassend gewesen.

Harald Waitzbauer[5] beschrieb die Krokodile der Barockapotheken und kam zu dem Schluß, daß die baumelnden Exotica (nebst Krokodilen auch Straußeneier, Schildkröten, Basilisken etc.) rein als Aufmerksamkeit erregende Kuriositäten die Plafonds zierten. (Daraus ergibt sich doch eine gewisse Verwandtschaft mit der Ladenschlange, nämlich die des werblichen Einsatzes.)

Entmystifizierung

Um mehr Licht in die dunkle Geschichte der Ladenschlange zu bringen, wurde vom Verfasser eine österreichweite Erhebung bei Volkskunde- und Heimatmuseen sowie bei privaten Sammlern durchgeführt, eine aktuelle Bestandsaufnahme, die interessante Ergebnisse brachte. Vor allem zeigte sich, daß die noch existierenden Ladenschlangen keineswegs eine nur dem Reptilienreich zuordenbare Sippe darstellen. Von den über 20 georteten Ladenschlangen waren zwar die Mehrzahl echte Schlangen, andere Darstellungen aber zeigten Fische, Meerjungfrauen oder geflügelte Drachen.

Aufgrund der Umfrageergebnisse scheint jedenfalls eine Entmystifizierung der Ladenschlange als gerechtfertigt. Die Vielfalt der Darstellungen weist nämlich weitgehend auf die Dominanz der Nutzanwendung hin, die — wie schon erwähnt — von Identifikation und Werbung bis hin zur Displayfunktion reicht.

Die Motivwahl erfolgte dabei mit größter Wahrscheinlichkeit nach dem Werbewert des Dargestellten bzw. nach dem Bekanntheitsgrad der Motive und deren Wirkung auf die Kundschaft. Haberlandts Feststellung, daß der erste Einsatz von Ladenschlangen auf das 16. Jh. zurückgehe, ist nirgendwo nachgewiesen oder belegt. Die künstlerische Ausformung der Schlangenköpfe und Fabelwesen allerdings zeigt deutliche Parallelen zu den Darstellungen besagten Jahrhunderts, insbesondere zu den Illustrationen der weit verbreiteten Tierkunde K. Gesners und zu solchen in anderen Bestiarien der Zeit.

Die oft vertretene Meinung, daß Ladenschlangen allein auf das Angebot von Kolonialwaren, von überseeischen Spezialitäten, hinweisen sollten, scheint hingegen gewisse Berechtigung zu haben: Eine Vorliebe für nautische Symbole ist jedenfalls nicht zu übersehen. Nicht zuletzt besteht hier auch eine Verbindung zu der Bruderschaft der bürgerlichen Handelsleuth bzw. dem späteren Handelsstandsgremium. Die traditionsreiche Korporation der Handelsleuth und Kramer (1662 zu einer gemeinsamen Standesvertretung verschmolzen) führte in ihrem Wappenschild und Siegel ebenfalls Anker, Schiff und den (von Schlangen umwundenen) Hermesstab. Nicht zuletzt untermauern auch Ladenschlangen mit Zitrone oder roter Kugel (= Orange?) im Maul diese Hypothese.

Abb. 51:
Laden mit Laden-
schlange aus Haslach/
OÖ (Handels- und
Kaufmannsmuseum).

Beispiele für Standorte von Ladenschlangen in der Steiermark:
Der Autor ist jedoch für jedweden Hinweis auf weitere „Fundorte" überaus dankbar.
Admont: Heimatmuseum
Graz: Reformhaus Schlögl/Färberplatz
Hartberg: Textilhaus Josef Fürpass
Leoben: Museum der Stadt Leoben
Murau: Heimatmuseum der Stadt Murau
Mürzzuschlag: Fa. Ronald Fuchs
Oberwölz: Privatbesitz
Pöllau: Heimatmuseum Pöllau
St. Lambrecht: Volkskundliche Sammlung des Benediktinerstiftes St. Lambrecht

Anmerkungen:

1) WEISER-AALL, Lily, Die Ladenschlange, in: Wiener Zeitschrift für Volkskunde, 35. Jg. 1930, S. 1—6.
2) FIALA, Karl, Primitive Geräte von Bedeutung, in: Salzburger Museumsblätter, 1927/Nr. 2.
3) HÖRMANN, Walter, in: Ohne Staub und Spinnweben, in: Charivari, Heft 7, Miesbach 1984.
4) PETERS, Hermann, Die historisch-pharmazeuthische und chemische Sammlung des germanischen Nationalmuseums, Nürnberg 1913.
5) WAITZBAUER, Harald, Kellerwürmer und Krokodile, in: Die Presse/Magazin, 11. August 1988, S. 20.

Gerhard M. Dienes — Peter Teibenbacher

Die Verkehrsverhältnisse in der Steiermark seit ca. 1850

Seit der Mensch das Rad erfand, es in Paaren fügte, darüber einen Kasten fixierte und davor Pferde spannte, hatte es kein anderes erdgebundenes Transportmittel gegeben als den Wagen, den tierische Kraft fortbewegte. Verstärkt beschäftigten sich seit dem 16. Jh. professionelle und dilettierende Erfinder mit der Fortbewegung, mit der Entwicklung eines mechanischen Antriebes, der die Zugtiere überflüssig machen sollte. Einige trachteten, die in der Schiffahrt so erfolgreich eingesetzten Segel auf Straßenwagen zu montieren, um damit zu fahren — vergeblich. Erfolgreicher wurden die Versuche, die Kraft des Dampfes oder der komprimierten Luft zum Antrieb zu verwenden. Diese Versuche zeitigten Erfolg in jener Epoche, die als „Industrielle Revolution" bekannt ist und die auch eine Revolutionierung des Verkehrswesens brachte. England war dazu der geeignete Boden. Hier setzte die Periode der Mechanisierung zuerst ein. Es war 1765, als James Watt, basierend auf früheren Erfindungen, die erste direkt wirkende Niederdruckdampfmaschine mit Drehbewegung entwickelte.

Eisenbahnzeitalter

Die Watt'schen Maschinen waren geeignet, Transmissionen anzutreiben und Wasser aus den Schächten der Bergwerke zu pumpen. Auf Räder stellen konnte man sie wegen ihres Gewichtes nicht. Ein Anreiz jedoch zur Verwendung der Dampfmaschine als bewegliches Antriebsmittel zur Beförderung von Lasten auf Schienen war gegeben. Und 1829 schuf George Stephenson mit der „Rocket" die erste vorbildliche Bauform einer zugkräftig und schnell fahrenden Eisenbahn-Lokomotive. Die Dampflokomotive wurde, wie es hieß, zu Englands Vermächtnis an die Welt.
1832 fuhren die ersten Dampfzüge in Frankreich und Rußland, 1835 in Belgien und Deutschland.
Früh wurde in Österreich die Entwicklung von Eisenbahnen diskutiert, um dem schwerfälligen Agrarstaat neue Verkehrsadern zu geben. 1828 wurde das erste Teilstück der Pferdebahn Linz — Budweis eröffnet, und was wesentlich bedeutender war: 1837 verkehrte der erste Dampfzug auf dem Abschnitt Floridsdorf — Deutsch Wagram der Kaiser-Ferdinand-Nordbahn (Wien — Krakau). Der Konzeption des gebürtigen Grazers Franz Xaver Riepl folgend erhielt die noch im Bau befindliche Nordbahn eine Verlängerung nach dem Süden. Der Bankier Georg von Sina erteilte die Genehmigung, eine Schienentrasse von Wien nach Raab/Györ mit einem Ast Wiener Neustadt — Gloggnitz anzulegen. An eine Verlängerung in Richtung Adria war vorerst nicht gedacht.
In Triest hatte sich unter der Leitung des Karl Ludwig Freiherr von Bruck eine Gruppe von Handelsleuten und Versicherern zusammengefunden, um, nach dem Muster des „Lloyd's" in London, den österreichischen Lloyd zu gründen, ein Institut, das ursprünglich dem Zweck diente, Schiffahrts- und Handelsnachrichten aus allen Ländern zu sammeln, um sie im

Erfindung der Lokomotive

Erste Eisenbahnen in Österreich

Abb. 52.

149

Dienste des Verkehrs- und der Versicherungsgesellschaften zu verwerten. 1836 wurde die Schiffahrtsgesellschaft des österreichischen Lloyd's gegründet, die zur bedeutendsten des Mittelmeeres werden sollte. Zudem war Triest auch auf dem Gebiete der Dampfschiffahrt fortschrittlich, lief doch bereits 1818 das erste Dampfschiff in der Werft Panfilli vom Stapel. Triest wußte um die Wichtigkeit, den Hafen durch eine Eisenbahn mit dem Kernland der Monarchie zu verbinden und Erzherzog Johann unterstützte diese Forderung. Sina erklärte sich schließlich zu deren Bau bereit.

Idee der Südbahn

Vom Donauraum zur Adria

Bau der Südbahn

1842 stellte Sinas Gesellschaft die Strecke Wien — Gloggnitz fertig. Nun stand die weitere Trassenführung zur Debatte. Um seine Wirtschaft zu fördern und Märkte für sich zu erschließen, plädierte Ungarn vehement für eine Südbahnlinie durch die westungarische Tiefebene. Kontroversiell dazu waren die Ansichten Erzherzog Johanns, der für die Interessen der Steiermark eintrat. Ihm kam dabei eine wichtige bahnpolitische Entscheidung zugute.

Die Euphorie für die Privatbahnen war verebbt und 1841 beschloß man die Übernahme und den Bau bestimmter Strecken durch den Staat. Die Linie Wien — Gloggnitz wurde ein Teil der südlichen Staatsbahnen, die, da an eine Überschienung des Semmerings noch nicht zu denken war, erst in der Steiermark ihre Fortsetzung fand. Die 1844 fertiggestellte Verbindung Mürzzuschlag — Graz wurde als Inselbetrieb geführt, da am Beginn und am Ende Eisenbahnanschlüsse fehlten. Ein Stellwagenverkehr über die neue Semmering-Paßstraße und Fuhrwerke brachten Reisende und Frachten von Gloggnitz nach Mürzzuschlag und umgekehrt. Zwischen 1843 und 1846 folgte die Etappe Graz — Cilli, von 1845 bis 1849 jene von Cilli nach Laibach.

Im Revolutionsjahr 1848 begann, bedingt auch durch die politischen Ereignisse, der Bau der Bahn über den Semmering von Gloggnitz nach Mürzzuschlag. Aus Angst vor proletarischem Aufruhr wurden vor allem bis dahin Arbeitslose in einer Art Arbeitsbeschaffungsprogramm

zuerst im täglichen Pendelverkehr zum Trassenbau in Richtung Neunkirchen — Gloggnitz gebracht, später wurden am Semmering entlang der Baustrecke Barackensiedlungen für die Arbeiter und ihre Angehörigen errichtet. Der Dichter Ferdinand von Saar beschrieb in der Novelle „Die Steinklopfer" das schwere Los dieser Arbeiter und ihrer Familien beim Bau der Semmeringbahn. Die Semmeringstrecke ist, wie der Großteil der Südbahn Wien — Triest, untrennbar mit Carl Ritter von Ghega verbunden. „In populären Darstellungen" schreibt Wolfgang Kos, „wird Ghega als leidenschaftlicher Einzelkämpfer vorgeführt, der durch indivi-

Abb. 53:
Aufnahme der
Bauarbeiten am
Semmering
(Viadukt über die
Kalte Rinne).

duelle Begabung mentale und bürokratische Widerstände gegen seinen Schöpfergeist brechen konnte. In Wirklichkeit war Ghega als hochrangiger Planer und Manager Teil einer staatlichen Planungsmaschinerie, die mit großer Sorgfalt eine Ideallösung in einer unübersichtlichen Problemstellung erarbeiten mußte. Das Mühsame an der Semmeringplanung bestand im Gefühl, sich im Grenzbereich naturwissenschaftlicher Vorstellungskraft zu bewegen." (Kos 64.)

1854 wurde die Semmeringtrasse fertiggestellt und 1857 fand die Südbahn mit dem Karstabschnitt Laibach — Triest ihre Vollendung.

Die Kronprinz-Rudolf-Bahn

Zur zweiten für die Steiermark wichtigen Schienenstraße wurde die Kronprinz-Rudolf-Bahn. Die Initiative zum Bau setzte Dr. Gabriel Kompaß, Bürgermeister von Steyr, der durch die Bahn die Stagnation der Eisenindustrie in seiner Stadt zu beenden hoffte. Bald zeigten auch die Handelskammern von Oberösterreich, Steiermark und Kärnten sowie jene von Triest,

Görz und Udine lebhaftes Interesse an einer von der Kaiserin-Elisabeth-West-bahn abzweigenden und über die Steiermark als Nord-Süd-Transitroute zum Meer führenden Strecke. 1867 erfolgte die Konstituierung der Aktien-gesellschaft „K. k. priv. Kronprinz-Rudolf-Bahn" (der Bahnbau war inzwischen wieder Privatsache geworden, erst 1877 begann sukzessive die zweite Staatsbahnperiode, die lediglich die Südbahngesellschaft mit ihren Linien nicht betraf).

Folgende Trassenführung wurde gewählt: Die Bahn verließ an zwei Stellen, in Amstetten und St. Valentin, die Westbahn und die beiden Stränge trafen sich in Kastenreith. Enns-aufwärts

Abb. 54:
Bruck/Mur:
Eisenbahnbrücke mit Expreßzug der Südbahn.

verlief sie nach Selzthal, folgte dort dem Paltental bis zum Schoberpaß, um mit der Liesing abwärts St. Michael zu erreichen, zog durch das Murtal, den Neumarkter Sattel überquerend nach St. Veit an der Glan und von hier entlang des Ossiacher Sees nach Villach (Bauzeit 1868–1872). Dort fand sie Anschluß an die Südbahn, welche die „Kärntner-Bahn" als Flügel-linie ihres Hauptastes Marburg – Klagenfurt nach Villach seit 1866 betrieb. Die Linie wurde dann über Tarvis und Assling nach Laibach weitergeführt, wo sie auf die Hauptachse der Südbahn stieß.

In einer weiteren Ausbaustufe führte die Kronprinz-Rudolf-Bahn dann von Tarvis und über Pontafel/Pontebba nach Udine und erreichte damit den Anschluß an den norditalienischen Raum.

Vernetzung

Beide, Südbahn und Kronprinz-Rudolf-Bahn vernetzten einen weiten Landschaftsraum. Von beiden „Stämmen" führten zahlreiche „Äste" weg. In der Steiermark waren das von der Rudolfsbahn die Strecken Selzthal – Bischofshofen (1875), Selzthal – Linz (1906), Stainach-Irdning – Gmunden („Salzkammergutbahn", 1877), Zeltweg – Wolfsberg – Unterdrauburg (1900), Der Ast Zeltweg – Fohnsdorf und die Landesbahn Unzmarkt – Mauterndorf (1894), bei der Südbahn die Verbindung Mürzzuschlag – Neuberg an der Mürz (1879), Kapfenberg – Seelach – Turnau (1893), Mixnitz – St. Erhard in der Breitenau (1913), Peggau – Übelbach (1919) und Spielfeld – Radkersburg (1885), sowie Leibnitz – Pölfing Brunn („Sulmtalbahn", 1907).

Zum Eisenbahnknotenpunkt entwickelte sich Bruck an der Mur. Von hier führten die Schienen zum Kohlenrevier Seegraben nach Leoben (Hauptbahnhof), während die Kronprinz-Rudolf-Bahn die Station ihrer von St. Michael ausgehenden Linie in Leoben-Göss hatte. Mit den steigenden Abbaumengen am steirischen Erzberg ergab sich die Notwendigkeit verbesserter Transportmöglichkeiten und Anschlüsse an Eisenbahnhauptverbindungen. Bereits 1831/1835 entstand eine Förderbahn vom Erzberg zur Paßhöhe, die 1847 bis Vordernberg verlängert wurde. 1870 folgte die Bahnverbindung Leoben – Vordernberg. Vom Ennstal baute die Kronprinz-Rudolf-Bahn die Strecke Hieflau – Eisenerz (1873), 1892 war die Verbindung Eisenerz – Vordernberg („Erzbergbahn") fertig.

Graz wurde durch die Bahn zum mehrfachen Knotenpunkt. 1855 erhielt die „Voitsberg-Köflach-Lankowitzer Steinkohlengewerkschaft", eine Vereinigung von Kohlengewerken, die „Bewilligung zum Baue und Betriebe einer für den Personen- und Sachentransport bestimmten Lokomotiveisenbahn" und trug von nun an die Bezeichnung „Graz-Köflacher-Eisenbahn-und Bergbau Gesellschaft".

Vertrieb weststeirischer Kohle über ein weites Verkehrsgebiet, Versorgung wichtiger Städte, aber auch der Südbahn mit Kohle motivierten zum Bau dieser Bahnlinie, die 1860 eröffnet wurde. Achtzehn Jahre später ging der Betrieb auf der Strecke Graz — Köflach sowie auf den Nebenlinien an die Südbahngesellschaft über. Mit wechselndem Erfolg führte die Gesellschaft bis 1923 diese Strecken (ab 1928 gehörte die GKB zur Alpine Montangesellschaft und ist seit deren Verschmelzung mit der VOEST, 1973, eine Tochter der VOEST-Alpine-AG; schließlich gilt es in der Weststeiermark noch die Schmalspurbahn Stainz — Preding — Wieselsdorf, erbaut 1892, zu erwähnen.

Auch gegen Osten erhielt Graz einen Schienenstrang, die ungarische West- oder Raaber-Bahn, die 1873 durch die Eröffnung des Grazer Ostbahnhofes ihren Endpunkt fand und die östliche Steiermark vernetzte (1889 Gleisdorf — Weiz, 1885 Fehring — Fürstenfeld, 1891 Fürstenfeld — Hartberg, 1910 Hartberg — Aspang, 1925 Friedberg — Pinkafeld, 1911 Feistritztalbahn ab Weiz bis Birkfeld (1930 bis Ratten verlängert), 1931 Feldbach — Gleichenberg).

Eisenbahn und Industrie

In Graz verlagerten sich schon mit der Eröffnung des Südbahn-Teilstückes von Mürzzuschlag (1844) die Schwerpunkte des peripher gerichteten Verkehrs. Eine Aufwärtsentwicklung, insbesondere der Murvorstadt (Lend und Gries) begann, ein neuer Schwerpunkt für Industrieorte war gegeben. Bis zur Nutzung der Dampfkraft war in der Steiermark, abgesehen von Mensch und Tier, das Wasser die bedeutendste industriell genutzte Kraftquelle. In Graz boten die beiderseits der Mur verlaufenden Mühlgänge die bevorzugten Standorte frühen gewerblichen und industriellen Lebens.

Industrie entlang der Bahn

Nun bedienten sich die Betriebe allmählich der Dampfkraft. Demnach siedelten sie sich verstärkt nahe der Bahn an, wo die Kohlezulieferung, aber auch die Rohstoffversorgung einfach, sowie andererseits der Abtransport erzeugter Güter problemlos war.

Entlang der Bahnstrecke entstand eine Industriezone. Zudem verursachte die Eisenbahn und die damit verbundene Mechanisierung der Industrie einen raschen Ausbau der metallverarbeitenden und der Maschinenbauindustrie, die zum führenden Sektor der Grazer Wirtschaft wurde. In diesem Zusammenhang sind hier vor allem das Walzwerk der Südbahn, die Maschinenfabrik Körösi in Andritz, die Weitzer Waggonfabrik (heute SGP) und die Brückenbauanstalt (heute Waagner-Biro) zu nennen (wie noch ausgeführt werden wird, gestaltete sich das Verhältnis der Eisenbahn zur Industrie aber nicht immer problemlos). Entlang der Eisenbahnlinien entstand die Industriezone der Mur-Mürz-Furche.

Im Mürztal seien stellvertretend die Eisenwerke Krieglach genannt, in denen Viktor von Seßler schon 1842 Lokomotiven konstruieren ließ. Um den ungeheuren Holzbedarf seines Werkes zu decken, ging Seßler daran, die hochgelegenen Bauerngüter im Feistritzgraben und am Alpl aufzukaufen. Er ließ die Felder größtenteils aufforsten und die Häuser verfallen, so daß unter Mühen gerodetes Kulturland wieder zu Wald wurde. Peter Rosegger, der dieses „Bauernsterben" miterlebte, wurde durch diese Vorgänge zu seinem großen Roman „Jakob der Letzte" angeregt.

Absatzmärkte[1]

Verkürzte Transportzeiten

Bis zum Beginn des Eisenbahnzeitalters war der Frachtverkehr teuer und schwierig gewesen, da mit großem Aufwand nur kleine Mengen an Gütern befördert werden konnten. Zudem verkürzte die Bahn die Distanzen. Ein Beispiel: Die Postkutsche benötigte für die Strecke Wien — Graz 29 Stunden, die Fahrzeit des Zuges betrug 1854 9 Stunden, 15 Minuten. Trotz des vorangegangenen Höhepunktes im Straßenbau, um 1820—1850, war die Konkurrenz der Bahn zu stark. Das spürten die Frächter, die Gastwirte, die Wagner, die Schmiede, ebenso wie die Flößer.

Durch das ausgedehnte Eisenbahnnetz erweiterten sich die Absatzmärkte. Die Achse Nord- und Südbahn zogen Graz und die Steiermark in den „Weltverkehr" vom böhmisch-mährisch-schlesischen Industrieraum zur Adria ein. Wesentlich wirkte sich dabei die günstige Entwicklung des Hafens Triest aus, womit die Märkte der Levante durch die heimische Industrie erschlossen werden konnten.

Bevölkerungswachstum

Eisenbahnbau und Siedlung

Der Ausbau des Eisenbahnnetzes war wie auch die Industrialisierung Voraussetzung für das Bevölkerungswachstum in der Zeit nach ca. 1850. In der Landeshauptstadt Graz stieg zwischen 1850 und 1910 die Zivilbevölkerung von 56.220 auf 146.507 Einwohner an, ebenso stieg die Zahl in den nahegelegenen Industrieorten wie Eggenberg, Gösting und Andritz erheblich. In den letzten Jahrzehnten des 19. Jhs. sank in Graz der Anteil der in der Landwirtschaft Täti-

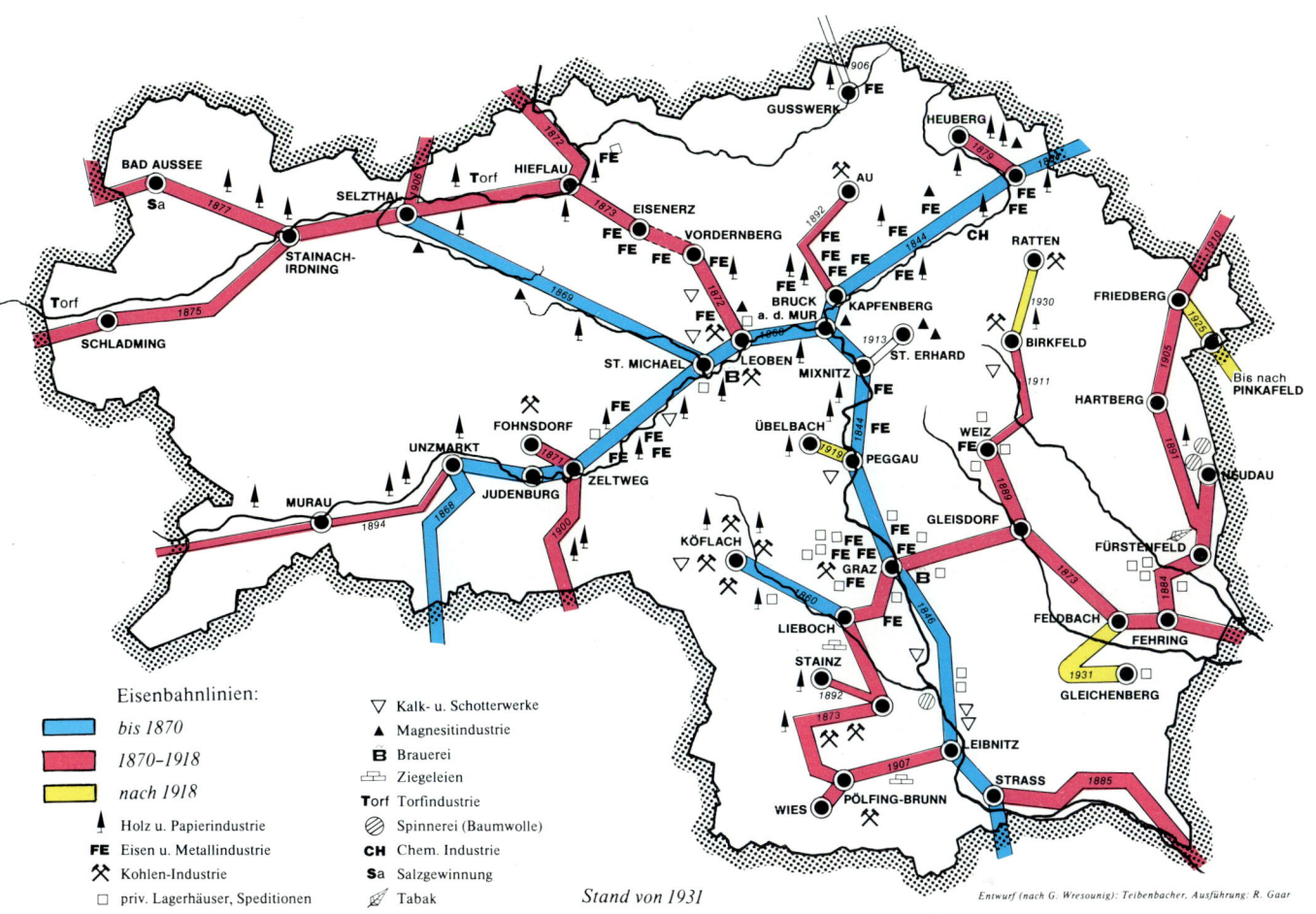

Eisenbahnlinien:
- bis 1870
- 1870–1918
- nach 1918

Holz u. Papierindustrie
FE Eisen u. Metallindustrie
Kohlen-Industrie
☐ priv. Lagerhäuser, Speditionen

▽ Kalk- u. Schotterwerke
▲ Magnesitindustrie
B Brauerei
Ziegeleien
Torf Torfindustrie
Spinnerei (Baumwolle)
CH Chem. Industrie
Sa Salzgewinnung
Tabak

Stand von 1931

Entwurf (nach G. Wresounig): Teibenbacher, Ausführung: R. Gaar

gen um zwei Drittel, während der der Berufsklasse Handel und Verkehr ständig stieg.
Wie kaum eine andere steirische Stadt hat Knittelfeld durch die Eisenbahn eine sprunghafte
Entwicklung genommen. Bis zur Mitte des 19. Jhs. war der Ort ziemlich unbedeutend und
stand im Schatten Judenburgs. Knittelfeld zählte damals 985 Einwohner, die in 160 Häusern,
denen zumeist eine Landwirtschaft angeschlossen war, lebten. Mit der Kronprinz-Rudolf-
Bahn entstanden in Knittelfeld Heizhäuser und eine Bahnwerkstätte. 1894 zählte die Stadt
bereits 4.000 Einwohner, darunter 430 Eisenbahner.
Bezeichnend ist, daß gerade 1868, als die Bahn Knittelfeld erreichte, Adolf Finze hier seine
Draht- und Drahtstiftefabrik begründete. Wenig später siedelte sich die Haardt'sche Metallwa-
renfabrik (heute Austria-Email) in der Nähe des Bahnhofes an.
In Zeltweg gab es, wegen des nahen Fohnsdorfer Bergbaues, schon vor dem Eisenbahnbau
bedeutsame Industriebetriebe, wie das Hüttenwerk des Grafen Hugo Henckel von Donners-
marck.
Doch war es erst die Eisenbahn, die dieser und anderen Eisenhütten der Gegend die Kon-
junktursteigerung brachte. Die Zeltweger Bevölkerung stieg von 310 um 1840 auf 2.400 im
Jahre 1870. Im Mürztal nahm Krieglach eine ähnliche Entwicklung.
Auch im Ennstal hängt der Wandel der Wirtschaft und die Bevölkerungszunahme eng mit der
Bahn zusammen.
Mit der Verödung von Straßen schrumpften abgelegene Orte, während die an der Bahn
wuchsen. In den Eisenbahnknotenpunkten Selzthal und Stainach betrug die Zunahme 259,
respektive 130 Prozent. Im Handelskammerbezirk Leoben, der die ganze Obersteiermark
umfaßte, wurden etwa zwischen 1896 und 1900 ganze 11 km(!) an Bezirksstraßen neu gebaut
(der Sättigungsgrad war natürlich bei weitem noch nicht erreicht).

Bezugspunkte

Die Eisenbahn veränderte auch das äußere Erscheinungsbild von Ortschaften, die durch den Bahnhof einen neuen Bezugspunkt erhielten. In Graz wurde das Gebiet zwischen Südbahnhof (Hauptbahnhof) durch die Anlage der Annenstraße als Bahnhofsstraße erschlossen. Sie ist das typische Beispiel einer „Geometerstraße", die auch hinsichtlich ihrer Länge neue Maßstäbe setzte. 1875 folgte die Keplerstraße als zweite Durchfahrtslinie zum Bahnhof. Auch im Bereich des Ostbahnhofes begann bald eine rege Bautätigkeit, die sich vorwiegend in der Richtung der als Zufahrtsstraße angelegten verlängerten Jakominigasse, heute Conrad-von-Hötzendorf-Straße vollzog.

In der Obersteiermark gehören als markante Beispiele verkehrsgebundener Siedlungstypen Selzthal und St. Michael erwähnt. Ebenso gab in Bruck an der Mur der Bahnhof der baulichen Entwicklung der Stadt im Zusammenhang mit der rasch wachsenden Industrie einen neuen Zielpunkt.

Graz, Annenstraße.

Bahnhofsstraßen hatten auch im innerstädtischen Verkehr eine wichtige Funktion. In Graz führte vom Bahnhof kommend die erste Straßenbahnlinie, die 1878 eröffnete Pferdetramway, durch die Annenstraße in die Stadt, während in Judenburg die weit außerhalb gelegene Bahnstation 1909 eine Trollybusverbindung bedingte. Schließlich war mit der Eisenbahn erstmals ein Massenverkehrsmittel vorhanden. Das Reisen wurde billiger und attraktiver. Die Mobilität des Menschen erfuhr eine gravierende Ausweitung. Unter diesen Voraussetzungen entwickelte sich auch der Tourismus,

Abb. 55:
Die Grazer „Annen-
straße" *wurde nach der Errichtung der Süd-bahnlinie zu einer fre-quentierten Geschäfts-straße, welche den Bahnhof mit der Innenstadt verbindet.*

dem wiederum manche Bahnen (z. B. die 1907 fertiggestellte Mariazellerbahn) zum Teil ihr Entstehen verdanken.

Geänderte Verhältnisse

Das in der Monarchie aufgebaute Eisenbahnnetz verlor viele seiner Funktionen durch die geänderte Situation nach 1918. Die Südbahn verlor ihre mitteleuropäische Aufgabe. Bisher frei von Grenzlinien war sie nun auf Österreich, Jugoslawien und Italien aufgeteilt. Wie die Raaber-Bahn wurde sie zu einer Nebenlinie. Ihr Name ging auf die Verbindung Wien — Bruck/ Mur — Leoben — Villach — Tarvis über. Fatal wirkte sich die neue Grenzziehung für Graz aus, war durch sie doch auch die günstige Route über Marburg nach Klagenfurt weggefallen. In der Landeshauptstadt plädierte man für den Bau einer Vollbahn über die Pack nach Kärnten. Doch blieb dieser Forderung wie anderen Versuchen, sich aus der verkehrspolitischen Isolierung zu befreien, kein Erfolg beschieden.

Nicht nur die politischen und wirtschaftlichen Verhältnisse hatten sich nach 1918 verändert, sondern auch die Situation des Verkehrs selbst. Die Eisenbahn verlor ihre Monopolstellung. 1922 begann in Österreich der Linienflugverkehr mit der Eröffnung der Strecke Paris — Wien. Ein Jahr später nahm die „Österreichische Luftverkehrs AG" (ÖLAG) ihren Betrieb auf. 1925 wurde der Flugplatz Graz-Thalerhof — entstanden als Militärflugfeld 1914 — mit der Linie Wien — Graz — Klagenfurt in den Luftverkehr einbezogen. Weitere Verbindungen folgten: die von der ÖLAG mit der Transadriatica Societa Anonima betriebene Linie Wien — Graz — Venedig, die im gemeinsamen Betrieb stehende Strecke Budapest — Graz — Klagenfurt, weiters Graz — Fiume/Rijeka und der Kurs Wien — Graz — Zagreb — Belgrad. Fliegen war noch ein Luxus, die Sitz- und Frachtkapazitäten minimal, so daß der Bahn dadurch noch keine essentiellen Einbußen erwuchsen. Umso stärker hingegen war der Aufstieg des Automobils.

Seine Zahl stieg in Österreich von 33.227 im Jahre 1925 auf 100.975 ein Jahrzehnt später. Der Frachtverkehr wechselte nunmehr von der Schiene auf die Straße und im Personenverkehr errang der Autobus laufend Anteile. So betreibt die Graz-Köflacher-Bahn seit 1935 parallel zu den von ihr geführten Eisenbahnlinien Graz — Köflach und Lieboch — Wies — Eibiswald einen Kraftwagen-Linienbetrieb. Schließlich wurde nicht der Ausbau der Bahn, sondern der des Straßennetzes (z. B. Packerstraße) in den dreißiger Jahren als „produktive Arbeitslosenfürsorge" forciert. Bereits zwischen den Weltkriegen und vor allem nach dem „Anschluß" des Jahres 1938 verlagerte sich der wirtschaftliche Schwerpunkt nach dem Westen, eine Tendenz, die sich nach 1945 verstärkte. Die außerordentliche Entwicklung auf der Westbahnstrecke brachte negative Auswirkungen auf den südlichen Hauptstrang der ÖBB, insbesondere dem Abschnitt Bruck — Graz — Spielfeld, dessen Teilstück Graz/Puntigam — Staatsgrenze in den fünfziger Jahren auf ein Gleis reduziert wurde. Auch kam es, sieht man vom Salzkammergut ab, erst relativ spät zur Elektrifizierung der wichtigsten steirischen Bahnstrecken.

Die kommerzielle Luftfahrt begann in der Steiermark nach dem Zweiten Weltkrieg 1951 mit dem JAT-Kurs Graz — Rijeka — Graz. Ein Jahr später folgte die Linie Belgrad — Zagreb — Graz — Frankfurt. Ab 1963 beflogen Austrian Airlines die Linie Wien — Graz — Klagenfurt und 1960 gliederte man Graz mit der AUA-Linie Graz — Linz — Frankfurt an das internationale Streckennetz an. Passagier- und Frachtaufkommen stiegen (1962: 1.000, 1965: 21.714, 1969: 50.000 Passagiere; 1963: 25 Tonnen, 1966: 132 Tonnen Fracht). 1969 wurde der neue Flughafen eröffnet und nach der Krise von 1970 (Einstellung der Inlandsflüge), kam 1971 die Austrian-Linie Graz — Salzburg — Zürich, 1974 die Tagesrandverbindung Graz — Frankfurt — Graz. 1977 wurde die 100.000-Passagier-Grenze überschritten und die Lufthansa brachte den Abendkurs Frankfurt — Graz — Frankfurt. 1980 folgten die Inlandskurse Graz — Wien und bald Graz — Innsbruck, 1985 wurde ein neues Frachtgebäude eröffnet, 1986 kam der Lufthansaflug München — Graz v.v., 1988 die Aufstockung der Frankfurtkurse (wenn auch vorübergehend mit kleinerem Fluggerät) und dem Swissair-Kurs Zürich — Graz v.v. (Aufkommen 1988: Passagieretransit 219.026 Personen, Fracht über 2.000 Tonnen).

Wie bei der Bahn vollzog sich der Straßenausbau nur zögernd. 1954 begann vergleichsweise der Bau der Westautobahn, 1958 jener der Inntal-Brenner-Autobahn, während 1970 in der Steiermark das Südautobahnteilstück Graz — Gleisdorf fertiggestellt war. Erst 1978 brachte der Gleinalmtunnel eine Teilentlastung der sogenannten Gastarbeiterroute, deren Vollausbau noch lange nicht abgeschlossen ist.

Die Motorisierung hat auch in der Steiermark rapide zugenommen und sowohl im Transit- als auch im Lokalverkehr in den Ballungszentren zum Teil zu unerträglichen Belastungen der Umwelt geführt. Aber auch hier hat die Ölkrise in den siebziger Jahren die Abhängigkeit des Kraftfahrzeugverkehrs von der Ölförderung gezeigt. Nicht nur die zeitliche Beschränkung der Ölvorräte, sondern auch die Abhängigkeit der Versorgung von den politischen Entwicklungen führten zur Besinnung auf das energiesparende System Eisenbahn. Abgesehen von der Einstellung von Nebenbahnen und die Diskussion um deren Erhaltung, stehen der Ausbau der Schoberpaß- und Pyhrnstrecke, der nicht unumstrittene Semmering-Basistunnel, technische Innovationen im Oberbau, Fuhrzeugpark, Fahrplanverbesserungen auch im Regionalverkehr, Autoreiseverkehr und „Rollende Landstraße" parallel zur Transitstraße nach Südosteuropa, aber auch Überlegungen zu Neutrassierungen (z. B. Koralpenbahn mit einer Stunde Fahrzeit Graz — Klagenfurt) etc. im Vordergrund.

Für die neue Fluß-Dampfschiffahrt war im Raum der heutigen Steiermark nur die Mur geeignet. Versuche, auf ihr einen Dampfschiffverkehr einzurichten, scheiterten jedoch. 1877 ließen Wiener und Grazer Unternehmer in Wien zwei Dampfer bauen, von denen sich einer über Donau, Drau und Mur schließlich bis nach Graz „durchdampfte"(!), der andere via Südbahn nach Graz gelangte, um hier im Personen- und Frachtverkehr Einsatz zu finden. Der „Kübeck" (später in „Styria" umbenannt) und der Graz war aber kein langes Leben beschert: die

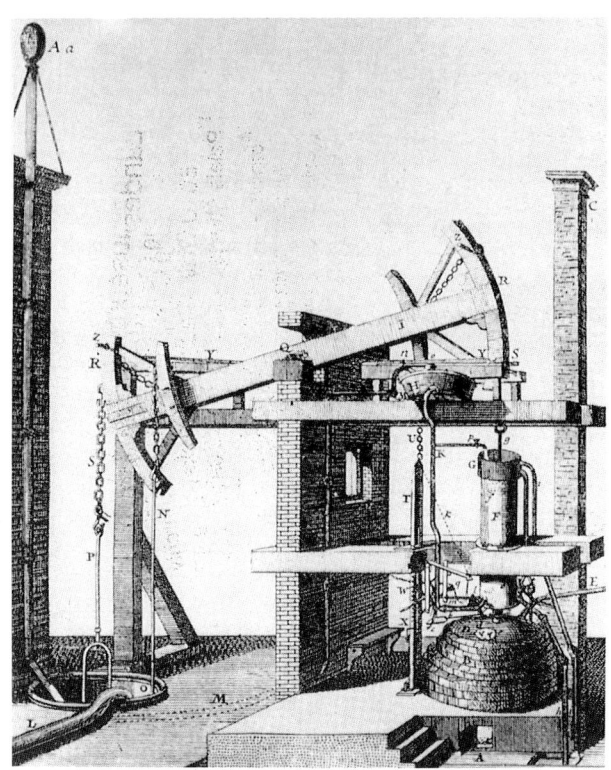

Abb. 56:
Die Dampfmaschine —
Das Symbol der Industriellen Revolution

„Styria" rammte 1869 einen Pfeiler der Radetzkybrücke und sank, die „Graz" strandete nach einem Sabotageakt und ihre Reste wurden verkauft. 1924 schließlich sank auch die „Anna", praktisch im Probeverkehr, noch bevor ihr Einsatz konzessioniert gewesen war; sie war für den Personenverkehr (Fassungsvermögen ca. 20 Personen) gedacht gewesen. Neben der Mur gab es und gibt es bis heute einen hauptsächlich touristischen Zwecken dienenden Dampf-Schiffsverkehr auf dem Grundlsee.

Flößerei

Der traditionale Floß- und Plättenverkehr auf Enns, Salza und Mur war auch im 19. Jh. trotz der starken Konkurrenz der Eisenbahn noch stark verbreitet; wegen ungünstiger Lagerbedingungen und hoher Frachttarife konnte die Eisenbahn diese Transportart noch nicht verdrängen. Auf der Eisenbahn wurde vor allem wertvolles Nutzholz verbracht, das bei der Flößerei, aber auch Plättnerei leicht zu Schaden gekommen bzw. beim „Abgang" von Flößen verloren gewesen wäre. Die ebenfalls sehr alte Methode der Trifterei war für die Verbringung von

Abb. 57:
Flößerei auf der Salza.

Nutzholz überhaupt ungeeignet, ja es ergab sich schon ein Verschleiß von wertvollem Holz (Lärche, Eiche etc.) in für die Trifterei notwendigen Aufbauten (Rechen, Klausen etc.). Neben dem Transport von schwimmfähigen Holz in Form von Flößen dienten die Flöße aber auch als Auflage für nicht schwimmfähiges Holz (Eiche, Buche) und andere „Oblasten" wie Baustoffe, Eisen, Salz, Lebensmittel etc. Die Flößerei hatte in der Steiermark streckenweise noch nach 1945 Bestand. In den ersten Jahren des 20. Jhs. befuhren im Mittel noch 2.300 Flöße jährlich die Mur bzw. ca. 600 die kurze Salza; zwischen 1919 und 1930 verkehrten auf der Mur im jährlichen Mittel immerhin noch 900 und auf der Salza 300 Flöße. Der deutliche Rückgang ist vor allem auf die Zunahme der Nutzung der Wasserenergie durch die Elektrizitätswirtschaft zurückzuführen (Elektrizität war die revolutionierende Energieform des 20. Jhs.). Bei der Errichtung von Flußkraftwerken kam es in der Folge immer wieder zu Spannungen und gerichtlich ausgefochtenen Konflikten zwischen dem Floß- und Plättengewerbe, der Forstwirtschaft und auch Holz nachfragender Industrie wie der Papierindustrie. Erst der verstärkte Ausbau von Waldbahnen und dann von Forstwegen für den Kraftwagenverkehr machte die Flößerei, Trifterei und Plättnerei für das Holz unnötig. Um 1950 scheint das Ende der Flößerei auf allen österreichischen Flüssen gekommen zu sein. Aber noch im Wasserrechtsbescheid für das Kraftwerk Krippau an der Einmündung der Salza in die Enns wird gefordert, daß der Bau die Flößerei nicht beeinträchtigen dürfe, obwohl schon jahrelang kein Floß mehr die Salza befahren hatte; erst 1969 wurde von den Staatsforsten um eine Löschung der Trift- und Flößereiberechtigung auf der Salza angesucht, womit auch das „juridische" Ende des Triftens und Flößens in der Steiermark eingetreten war.

Postwesen

Das Postwesen erfuhr im Laufe des 19. Jhs. durch technische Erfindungen (Telegraphie, Schreibmaschine, Telephon, Rohrpost, natürlich auch durch die Eisenbahn), durch organisatorische Einrichtungen (Weltpostverein) und die Erfindung postalischer Materialien (Korrespondenzkarte, Briefmarke, Postkarte) einen großen Aufschwung. Seit 1813 stand das Postwesen in Österreich unter staatlicher Verwaltung, 1829 wurde in Wien die Oberste Hofpostverwaltung errichtet. 1846 wurde der elektromagnetische Telegraf in Österreich eingeführt, und zwar als staatliche Einrichtung, die ausschließlich staatsdienliche Nachrichten übermitteln durfte; erst 1850 wird auch der private Gebrauch zugelassen. In den 1870er-Jahren wurde auch das Telephon in Österreich eingeführt, zuerst in privater Hand, ab 1887 wurde auch dieses dem Staat überantwortet, privater Gebrauch war jedoch erlaubt.

In der Steiermark befand sich 1910 auf 43,9 km² ein Telegraph und es entfielen auf 10.000 Einwohner 21 Fernsprechteilnehmer, es gab 232 Postämter mit Landbriefträgerdienst und 2.972 Briefkästen.

Die wirtschaftliche Bedeutung der steirischen Bahnen

Trotzdem die Erfindung der Dampfmaschine im Sinne der Produktivität der Eisenindustrie lag[2] und der Bau der Eisenbahnen vorrangig wirtschaftliche Interessen betraf[3], so darf man sich dennoch kein ungetrübtes Verhältnis zwischen Eisenbahnbetrieb und Industrie bzw. Handel vorstellen. Die Besitzer der Bahnlinien waren entweder private Gesellschaften oder der Staat; in beiden Fällen handelte es sich um eigene Wirtschaftskörper mit entsprechender betriebswirtschaftlicher Führung. Die Reibungsstellen waren Frachttarife und Lagerkosten, die von den Eisenbahngesellschaften bzw. vom Staat als Eigentümer angesetzt wurden. Diese konnten den Vertrieb und damit den Export bestimmter Produkte, bestimmter Regionen und bestimmter Unternehmer(gruppen) in bestimmte Richtungen fördern oder hemmen. Man kann daher zweifelsohne von einem Mangel an volkswirtschaftlichem Koordinationsdenken bei den Eisenbahngesellschaften sprechen, die entweder individuelle Vorteile bereitstellten und dadurch eine spiralförmige Entwicklung von Protest und Benachteiligung anderer Gruppen bzw. Unternehmen hervorriefen oder (wie die Staatsbahnen 1910) allgemeine Frachttariferhöhungen einführte, um ihr Defizit aus dem Personenverkehr abzudecken, was aber in erster Linie die Exportchancen der Industrie schwächte. Diese Situation traf sicherlich die Steiermark besonders hart. Einerseits konnten englische oder amerikanische Konkurrenten billig nach dem Freihafen Triest[4] liefern, andererseits war für steirische Produkte der Weg nach Westeuropa zu Lande und Eisenbahn zu kostspielig, um mit den dort von See einlangenden englischen oder amerikanischen Produkten ernsthaft konkurrieren zu können. Keiner der regelmäßigen Berichte der Handelskammern Leoben bzw. Graz entbehrte einesteils der Forderung nach einem Ausbau des Schienennetzes, anderenteils aber der Klage über ungerecht verteilte Frachttarife und Lagerkosten, durch die es zur Benachteiligung steirischer Produkte bzw. deren Vertriebes innerhalb der Monarchie und auf dem Weltmarkt kam.

Problem: Frachttarife und Lagerkosten

Zum zweiten waren es Streckenführungen, die nicht immer im Sinne der Wirtschaft lagen und das mangelnde Kapital des Staates, aber auch privater Gesellschaften, die effektivere Streckenführungen ermöglicht hätten. Die Vernetzung der Steiermark wies ganz zweifelsohne einige ganz grobe Lücken bzw. Fehler auf: die Kronprinz-Rudolf-Bahn erscheint von ihrer schlangenförmigen Streckenführung her auf den ersten Blick als „verplant"; sie hätte unbedingt den kürzesten Weg von Linz über Steyr nach Selzthal nehmen müssen, die Bahnen von Eisenerz nach Steyr bzw. nach Selzthal hätten als Anschlußbahnen geführt werden müssen. Weiters hätte die Kronprinz-Rudolf-Bahn unbedingt von Selzthal aus den kurzen Weg über den Triebener Tauern nach Unzmarkt und Klagenfurt einschlagen müssen. Die Bahn Leoben-Selzthal hätte als eigene Verbindung der Steiermark nach Salzburg gelten müssen. So aber mußte die Kronprinz-Rudolf-Bahn offensichtlich allen regionalen Anschlüssen mehr genügen als einer direkten und raschen Nord-Süd-Verbindung von Böhmen nach der Adria[5].

Der Eisenbahnbau im Kronlande Steiermark war schon vor 1914 praktisch beendet; nur mehr die Bahn von Peggau-Deutschfeistritz nach Übelbach (1919), die Verbindung von Friedberg nach Pinkafeld (1925), die Feistritztalbahn von Weiz nach Ratten (1930) und die Verbindung Feldbach-Gleichenberg (1931) wurden in der Ersten Republik gebaut.

Hauptziele des Eisenbahnbaues in Steiermark

Die von den beiden Handelskammern (Leoben und Graz) formulierten Bedürfnisse gingen dabei in zwei Richtungen:

1. *Aufschließung von Regionen mit Rohstoffen*
2. *Die Anschließung steirischer Wirtschaftsbereiche an Netze innerhalb der Monarchie und an europäische Netze*

Selbstverständlich erbrachten so zentrale Verbindungen wie die Südbahn oder die Kronprinz-Rudolf-Bahn beide Effekte.

ad 1.
Die Aufschließung rohstoffreicher Regionen verfolgte insbesondere den Zweck, diese Rohstoffe (vor allem Erze, Holz und Kohle) Verarbeitungsbetrieben zuzuführen. Bei diesen Bahnen handelte es sich um die Verbindungen Leoben — Eisenerz, Graz — Köflach, Graz — Wies, Murau — Scheifling, Neuberg — Mürzzuschlag, Gleisdorf — Weiz — Ratten, Mixnitz — St. Erhard, die Linien Kapfenberg — Au und Gußwerk — Mariazell — St. Pölten, Zeltweg — Fohnsdorf und Zeltweg — Wolfsberg i. Knt., Peggau — Übelbach, Sulmtalbahn, Salzkammergutbahn.

Steirische Eisenbahnen im Wirtschaftsraum

a) Leoben — Eisenerz
Die Verbindung über den Präbichl ins Innerberger Montanrevier war außerordentlich wichtig

für den Transport weststeirischer Kohle als Brennstoff im Verhüttungsprozeß in die Vordernberger und Innerberger Region und in der Gegenrichtung für die Versorgung der steirischen Industrien mit Erz und Roheisen zur Verarbeitung. Natürlich spielte diese Verbindung schon für die Metallindustrie im Ballungsraum Graz eine erhebliche Rolle. Schließlich partizipierten an diesem Austausch auch die Kohlenbergbaue der Untersteiermark. In die obersteirischen Industriezentren gelangten umgekehrt Lebensmittel aus dem Kammerbezirk Graz. Der Anschluß der Erzregion Erzberg an die Transitbahnen war natürlich von erheblicher Bedeutung für die Verbringung von Erz und Roheisen in die böhmischen Industriezentren und schließlich in den Binnenexport nach Ungarn und in den Außenexport.

1910 wurden auf der Strecke über 1 Mill. Tonnen Erze und über 700.000 Tonnen Kohlen und Koks sowie 400.000 Tonnen Eisen und Stahlwaren transportiert.

b) Graz − Köflach und Graz − Wies

Diese Bahnverbindungen zu den Industrierevieren der Graz-Köflacher Bergbaugesellschaft waren unmittelbar mit der Bedeutung der zuvor beschriebenen Linie verknüpft.

1910 wurden auf diesen Linien 700.000 Tonnen Kohlen und Koks verfrachtet.

c) Unzmarkt − Mauterndorf

Die „Murtalbahn" nutzte vor allem den Holzreichtum im Bezirk Murau als Rohstoff für die obersteirische Eisenindustrie, aber auch dem Waldeisenabbau und der bescheidenen Eisenindustrie auf dessen Basis im Raum Murau; aber auch landwirtschaftliche Produkte gelangten auf dieser Bahn in innersteirische Netze.

1910 wurden hier 75.000 Tonnen Holz, 4.000 Tonnen Kohlen und Koks, 3.000 Tonnen Mühlenprodukte und 1.500 Tonnen Eisen und Stahlwaren befördert.

d) Neuberg − Mürzzuschlag

Diese Verbindung des waldreichen Gebietes am Oberlauf der Mürz zur Südbahn und damit in die Industriefurche Mur-Mürz hatte den Zweck, Holz als Rohstoff für diese Industrie zu liefern, aber auch das Gebiet um Neuberg kannte Waldeisenabbau und Magnesitvorkommen.

e) Gleisdorf − Weiz − Ratten

Diese Bahn diente der Verbindung der Eisenwerke in Weiz und Rettenegg untereinander und beider mit dem Großraum Graz; außerdem gab es in kleinen Lagerstätten entlang der Strecke auch Kohlevorkommen, die die benachbarten Eisenwerke mit Brennstoff versorgten. Weiters wurden land- und forstwirtschaftliche Produkte wie Getreide und Holz in größeren Mengen befördert.

1910 wurden auf der Linie Gleisdorf − Weiz 7.000 Tonnen Eisen und Stahlwaren, 4.500 Tonnen Kohlen und Koks sowie 6.000 Tonnen Getreide und 25.000 Tonnen Holz verfrachtet.

f) Mixnitz − St. Erhard

Die Stichbahn von der Südbahn in die Breitenau hatte große Bedeutung für den Abtransport des in der Breitenau abgebauten Magnesites.

g) Die Salzkammergutbahn

In ihrem steirischen Teil hatte die Verbindung des Ennstales mit Oberösterreich einesteils den Zweck, das Ausseer Salz nach Oberösterreich und umgekehrt südwärts zu liefern, anderenteils das waldreiche Gebiet als Rohstofflieferant für die Eisenindustrie des Kammerbezirkes Leoben zu nutzen (Bad Mitterndorf war dabei ein zentraler Verladeort). Aber auch für den frühen Fremdenverkehr hatte diese Bahn Bedeutung.

h) Kapfenberg − Au

Diese Bahnlinie genügte dem Bedarf der (traditionalen) Hammerwerke des Aflenztales, Zufuhr des Roheisens (zum Teil aus eigenem Waldeisenabbau gewonnen) und von Brennstoff sowie Abtransport der Fertigprodukte und von Holz.

1910 verbrachte diese Linie 36.000 Tonnen Kohlen und Koks, 21.000 Tonnen Eisen und Stahlwaren und 23.000 Tonnen Holz.

i) Gußwerk − Mariazell − St. Pölten

Auch diese Linie diente (mit Ausnahme des Fremdenverkehrs nach Mariazell) vorrangig der Eisenindustrie im Gebiet um Gußwerk aufgrund von Waldeisenvorkommen sowie dem Holzexport.

j) Zeltweg − Wolfsberg und Zeltweg − Fohnsdorf

Diese Linien dienten der Verbindung der kohlereichen Gebiete um Fohnsdorf und Wolfsberg i. Ktn. mit der Kronprinz-Rudolf-Bahn, welche die Kohle nach den obersteirischen (Schwer)-Industriezentren beförderte. Diese Linie fand Anschluß an die Bahn von Klagenfurt nach Marburg und damit zur Südbahn.

Weiters war die Anbringung von Holz für die (Papier)industrie des Lavanttales von großer Bedeutung.

1900 betrugen die Transportleistungen der Linie Zeltweg − Wolfsberg 41.000 Tonnen Kohlen und Koks sowie 40.000 Tonnen Holz; auf der Linie Zeltweg — Fohnsdorf wurden 1910 365.000 Tonnen Kohlen und Koks und 7.500 Tonnen Holz (vorab als Bauholz für den Grubenbetrieb in Fohnsdorf) befördert.

k) Peggau — Übelbach

Sie diente der Aufschließung der Liechtenstein'schen Waldbesitzungen in der Herrschaft Waldstein.

l) Die Sulmtalbahn

Diese Linie brachte den Anschluß des Wieser Industriereviers an die Südbahn. Sie verfrachtete 1910 56,000 Tonnen Kohlen und Koks, 10.000 Tonnen Holz, 2.500 Tonnen Papier sowie 3.500 Tonnen Getreide und 3.200 Tonnen Vieh.

ad 2.

Die Aufschließung steirischer Wirtschaftsbereiche verfolgte den Zweck, deren Produkte in den Binnen-, vor allem aber auch in den europäischen und Weltexport zu bringen.

Bei diesen Bahnen handelte es sich um die Südbahn, die Verbindung Graz — Bruck — Salzburg, die Kronprinz-Rudolf-Bahn, die Raaber Bahn, die „Oststeirerbahn", die Verbindung Graz — Klagenfurt über die südliche Weststeiermark, die Ennstalbahn von Selzthal nach Salzburg und um die Flügelbahn Pettau/Ptuj — Marburg/Maribor.

a) Die Südbahn

Die Südbahn, deren rasche Vollendung von der Handelskammer Graz 1852 „gewünscht" wurde, hatte die vordringliche Aufgabe, der steirischen Wirtschaft den Exporthafen Triest zu eröffnen. Die Bedeutung dieser Bahn betraf die obersteirische Schwerindustrie genauso wie die mittelsteirische Fertigwarenindustrie bzw. Landwirtschaft, sowohl den innersteirischen Handel als auch den Export in andere Länder.

b) Die Verbindung Bruck/Mur — Salzburg

Von dieser Verbindung erwartete man sich den Anschluß der steirischen Wirtschaft an den „alten" Handelspartner Oberdeutschland. Besonders Rohstoffe (Erze und Holz), aber auch industrielle Fertigprodukte (z. B. Fahrräder) und Nahrungsmittel hatte die Steiermark einem sich intensiv industrialisierenden Deutschland zu bieten. Deutschland war der Haupthandelspartner der Monarchie.

c) Die Kronprinz-Rudolf-Bahn

Diese Nord-Süd-Verbindung von Linz nach Italien trug in ihrem nördlichen Teil (über die Stichbahn Hieflau — Eisenerz) den Transport von Roherzen oder Roheisen aus dem Innerberger Revier in das traditionelle Verarbeitungszentrum, dem oberösterreichischen Steyr; umgekehrt kamen auf dieser Bahn Konsumartikel aller Art in die Montanregion Innerberg.

In ihrem Mittelteil stellte sie die Verbindung von Bruck/Mur nach Salzburg und damit nach Oberdeutschland her und diente in der Gegenrichtung zusammen mit ihrem Südteil dem Export Steyrer Eisenwaren nach Italien.

d) Die Raaber Bahn

Sie diente vor allem den Import/Exportgeschäften zwischen Ungarn und Cisleithanien bzw. der Steiermark. Maschinen, Fertigwaren (vor allem Textilien und Holzwaren), Lederwaren, Eisenwaren und Holz gingen nach Ungarn und Getreide, Mehl und Vieh, aber auch Wein kamen auf der Raaber Bahn über die Oststeiermark in den Ballungsraum Graz und von hier aus über die Südbahn weiter in die obersteirischen Industriezentren und über die Linien der Graz-Köflacher Gesellschaft in die Industriereviere der Weststeiermark.

e) Die Verbindung Wies/Eibiswald — Klagenfurt

Die Einbindung des südweststeirischen Industriereviers um Wies in die Streckenführung der Südbahn einerseits und der Kronprinz-Rudolf-Bahn (Linz — Italien) andererseits hätte die Verbindung des südweststeirischen Raumes mit Kärnten und weiter nach Norditalien hergestellt. Diese Verbindung hätte vor allem den Rohstoffen der Südweststeiermark (besonders Kohle) sowie ihren Industrieprodukten (vor allem Glas) einen Absatzmarkt in Kärnten eröffnet. Diese Verbindung wurde jedoch nie realisiert, so daß der Handel den Weg über Marburg/Maribor nach Klagenfurt nehmen hätte müssen. In vielen Fällen war daher der traditionelle Fuhrverkehr über die Soboth günstiger, welche Straßenverbindung aber sehr schlecht ausgebaut war. Realisiert wurde lediglich die Sulmtalbahn von Leibnitz nach Pölfing-Brunn (s. ad 1, Pkt. 15). Gegen den Bau dieser Bahn hatten sich aus Konkurrenzgründen die Fuhrunternehmer der Region ausgesprochen.

f) Die Bahn Marburg/Maribor — Pettau/Ptuj

Diese „Flügelbahn" sollte den Anschluß an die „Orientbahn" bringen und man erhoffte sich in der Steiermark davon eine Intensivierung des Handels mit dem Balkan und der Türkei, um der vorwiegend angelsächsischen und auch deutschen Konkurrenz[6) in diesem Großraum als Absatzgebiet landwirtschaftlicher und vor allem industrieller Güter begegnen zu können.

g) Die Ennstalbahn

Als unmittelbare Fortsetzung des Mittelstücks der Kronprinz-Rudolf-Bahn diente sie der Verbindung Bruck/Mur — Salzburg und damit mit Deutschland. In einem abzweigenden Ast, der Phyrnbahn, wurde die wichtige Verbindung mit dem Linzer Industrieraum hergestellt.

h) Die „Oststeirer-Bahn" (in Anlehnung an den heute von der ÖBB geführten Zug
   „Der Oststeirer") mit dem Zweig Bierbaum — Burgau — Neudau

Sie diente der Verbindung der Oststeiermark mit dem Wiener Becken. Angeliefert wurde vor allem die Baumwolle, die in den Spinnereien der Region Fürstenfeld — Feldbach weiterverarbeitet wurde und vor allem Halbfertigprodukte aus diesen Betrieben gingen in die Webereien Niederösterreichs. Auch für den Großraum Graz war diese Verbindung wichtig. Weiters diente sie der im Raume Fürstenfeld — Feldbach ansässigen Tabakindustrie und schließlich wurden auch wichtige Nahrungsmittel aus der Oststeiermark in den Industrieraum Graz befördert.

Die Linie kreuzte die Raaber Bahn (Graz — Ungarn) und hätte ursprünglich weiter nach Süden (über Varasdin nach Zagreb) führen und zur Kronprinz-Rudolf-Bahn und der Südbahn eine dritte, durchgehende Nord-Süd-Verbindung in der cisleithanischen Hälfte der Monarchie darstellen sollen.

i) Spielfeld — Radkersburg

Die Stadt Radkersburg bildete schon lange vor dem 19. Jh. einen bedeutenden Waren-Umschlagplatz für Produkte aus und in die Steiermark in Richtung Ungarn und Südosteuropa. Diese Linie verbrachte den wichtigen Anschluß der Stadt an die Südbahn. Der Großteil der hier verbrachten Güter war landwirtschaftlicher Herkunft.

1910 beförderte diese Linie 12.000 Tonnen Kohlen und Koks, 5.000 Tonnen Getreide, 6.500 Tonnen Wein und 22.000 Tonnen Vieh.

Anmerkungen:

1) Vgl. den Beitrag Teibenbacher, Gründerzeit.
2) Die Dampfmaschine setzte sich aber anfangs nur dort durch, wo tatsächlich keine natürliche Energiequelle in ausreichendem Maße (in Menge und Preis) verfügbar war; erst die Produktionssteigerungen der ersten Verwender und deren Möglichkeit der Preisgestaltung zwang auch andere, die Dampfmaschine einzusetzen.
3) Eisenbahnen wurden auch aus militärischen Gründen (Aufmarschstrategien) gebaut.
4) Um 1860 schon forderte die Handelskammer Graz, die Freihafenpolitik bezüglich Triest aufzugeben, weil sie die ausländische Konkurrenz bevorteile, vgl. Bericht der Grazer Handels- und Gewerbekammer über den Zustande des Handels und der Gewerbe, Graz 1863, S. 53f.; tatsächlich waren die westeuropäischen Handelsmächte auch bereits zum sogenannten Entrepot-System übergegangen. Triest blieb jedoch Freihafen.
5) Diese Kritik wurde schon zu Zeiten des Baues der Kronprinz-Rudolfs-Bahn von deutscher Seite (die natürlich von einer schnellen und kurzen Verbindung von Böhmen nach der Adria ebenfalls profitiert hätte) heftig vorgebracht, vgl. Die österreichischen Eisenbahnen und die Dampf-Schiffahrt mit Bezug auf den Welthandel, Leipzig 1868, S. 39f.
6) Der Bau einer Verbindungsbahn nach der Türkei wurde vor allem von seiten der Deutschen Bank betrieben, um der deutschen Wirtschaft die Konkurrenz mit England in Südosteuropa und weiters im Orient zu ermöglichen. Diese Bahn verfolgte auch erhebliche politische Interessen, nämlich den Einfluß Deutschlands (durchaus auch gegen Österreich gerichtet) auf der Balkanhalbinsel zu stärken.

Literatur:

Dienes, Gerhard M. (Hg.), Die Südbahn. Vom Donauraum zur Adria (Wien — Graz — Marburg — Laibach — Triest), Graz-Wien 1987. FS des Flughafens Graz 1969, 1974, 1984, 1989.
Geschichte der Eisenbahnen der oesterreichisch-ungarischen Monarchie, 6 Bde., Wien-Teschen-Leipzig, 1897—1908.
Kos Wolfgang, Über den Semmering. Kulturgeschichte einer künstlichen Landschaft, Wien 1984.
Pengl Alois, Die Entwicklung des Verkehrswesens in der Steiermark, in: Das Joanneum 4 (1941), S. 117—152.
Puschnig Rainer, Zur Entstehungsgeschichte der Kronprinz-Rudolfs-Bahn, in: Siedlung, Wirtschaft und Kultur im Ostalpenraum, Festschrift zum 70. Geburtstag von Fritz Popelka (Veröffentlichungen des Steiermärkischen Landesarchives, hrsg. von Fritz Posch), Graz 1960, S. 10527.
Stekl Hannes, Verkehr und Kommunikationswesen, in: Das Zeitalter Kaiser Franz Josephs, Bd. 1, S. 154—162 (= Beitragsband der Nö. Landesausstellung 1984).
Wresounig Gerhard, Die Eisenbahnen der Steiermark. Ein Beitrag zur Verkehrsgeographie des Landes, phil. Diss. (masch.), Graz 1949.
Zahlreiche Arbeiten von F. Tremel, O. Pickl, P. W. Roth, H. Hassinger, W. Hafner.

Die Autoren danken für Informationen: dem Präsidenten der Bundesbahndirektion Villach, Herrn Hofrat Dr. Rudolf Reisp, der Bibliothek und dem Archiv der Generaldirektion der ÖBB in Wien sowie dem Vorstand des Insitutes für Eisenbahnwesen an der Technischen Universität Graz, Herrn Univ.-Prof. Dipl.-Ing. Dr. Klaus Rießberger.

Peter Teibenbacher

Der steirische Handel in der Gründerzeit
(ca. 1850–1914)

1. Zur Situation von Wirtschaft und Handel
in der österreichisch-ungarischen Monarchie

Die österreichisch-ungarische (Doppel)-Monarchie durfte wirtschaftlich als weitgehend autark gelten (am Welthandel hatte sie um 1900 einen Anteil von 3,5%, am Europahandel von 7,2%). Seit der Mitte des 19. Jhs. hatte die Regierung einen liberalen Kurs der Wirtschaftsführung eingeschlagen, der sich in bezug auf den Handel vor allem im Abgehen von der Hochschutzzollpolitik (als Erbe merkantilistisch-staatlicher Wirtschaftspolitik), im Abschluß eines Handelsvertrages mit den Staaten des 1834 gegründeten Deutschen Zollvereines (aus dem Österreich ja auf Initiative Preußens hin ausgeschlossen war) [1853] und im Ausräumen der Zwischenzollinie zwischen Österreich und Ungarn 1850 niederschlug. Der Fall dieser Zwischenzollinie hatte aber nicht direkt jene Bedeutung, die ihr in älterer Literatur zugesprochen wurde, da diese Linie aufgrund geringer Zölle sehr durchlässig gewesen war; indirekt wirkte er gewiß öffnend auf das wirtschaftliche Verhältnis zwischen Österreich und Ungarn, brachte jedoch (wie weiter unten noch ausgeführt wird) den Alpenländern nicht nur Vorteile.

Dominanz des Binnenhandels

Liberalisierung des Handels

In den sechziger Jahren schwenkte Österreich-Ungarn endgültig auf die Freihandelslinie ein und im Ausgleich zwischen den beiden Reichshälften 1867 wurde das Festhalten der Doppelmonarchie an einer liberalen Außenhandelspolitik als selbstverständlich angesehen. 1863 schon waren auch die dalmatinischen Küstenstriche in den gemeinsamen und zollfreien Binnenmarkt einbezogen worden. Damit waren nur noch kleine Randgebiete in Galizien und an der italienischen Adria nicht in den gemeinsamen Binnenmarkt integriert; diese sollten auch noch bis in die achtziger Jahre so verbleiben.

Nach dem Krach von 1873 und der vor allem in den achtziger Jahren sich durchsetzenden Gegenbewegung (mehr staatliche Eingriffe statt liberal-freien Wirtschaftens) wurde auch der Schutzzollgedanke wieder aufgegriffen und führte 1882 zur Schaffung eines neuen Außenhandelstarifes, der erhebliche Zollerhöhungen für Getreide, Mehl und Vieh sowie verschiedene Industrieprodukte vorsah. Diese Zölle gingen auf die Initiative eines Bundes zwischen österreichischen Industriellen und ungarischen Großagrariern zurück, die dadurch ihre Produkte innerhalb des Binnenmarktes der Monarchie vor ausländischer Konkurrenz schützen wollten. Diese Schutzzollpolitik erreichte im Zolltarif von 1906 ihren Höhepunkt, was zu erheblichen Spannungen mit vor allem südosteuropäischen Agrarlieferanten wie Rumänien, Bulgarien und Serbien führte, welche Länder sich durch die Politik der ungarischen Großagrarier um ihre Chancen auf dem Binnenmarkt der Monarchie gebracht sahen.

Staatliche Interventionen

Grafik 16: **Österreichisch-ungarischer Außenhandel (in laufenden Preisen)**

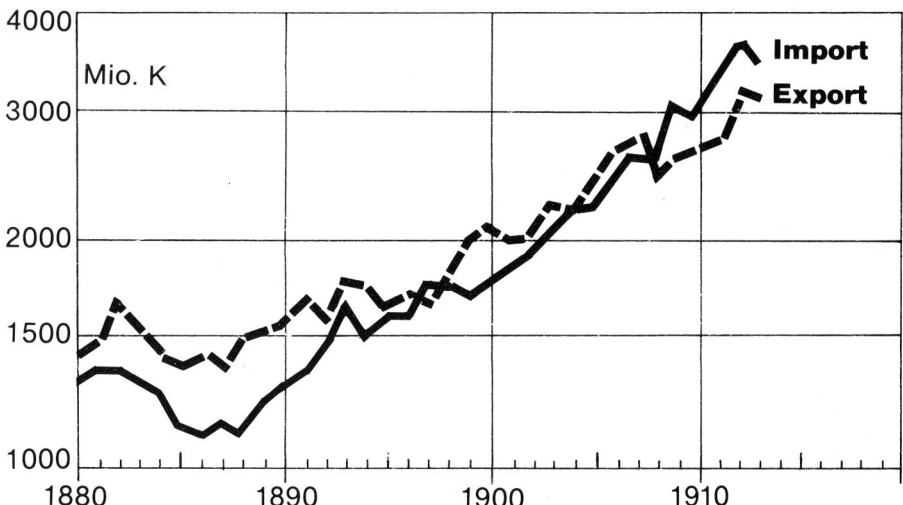

Quelle: R. L. Rudolph, Quantitative Aspekte der Industrialisierung in Cisleithanien, in: A. Brusatti (Hg.). Die wirtschaftliche Entwicklung, Wien 1973, S. 249.

Haupthandelspartner der Monarchie war Deutschland bzw. seit 1871 das Deutsche Reich mit rund 40% aller Importe und Exporte, gefolgt von Großbritannien, Italien, Rußland, den USA und Britisch-Ostindien. Die an sich naheliegenden Exportbeziehungen nach dem Südosten und der Levante waren geringer: die geringe Bevölkerungsdichte dieses Raumes und mit verbesserten Transportmöglichkeiten steigende Konkurrenz seitens britischer, französischer, aber auch deutscher Handelsleute waren die Gründe. Vorherrschend blieb Österreich-Ungarn im Exportgeschäft aber vor allem in den Donaufürstentümern (Rumänien).

**Haupthandels-
produkte der
Monarchie**

Österreich-Ungarn wies vor allem folgende Handelsartikel auf: exportiert wurden Holz, Zukker, Getreide und Mahlprodukte, Braunkohle, Mineralien und Halbfertigwaren; Fertigwaren, vor allem Glas, Lederwaren, Papier, Werkzeuge und Holzwaren zu nennen wären. Importiert wurden vor allem Fertigwaren der Industrie, besonders Maschinen für die industrielle Fertigung und den Eisenbahnbau, feinere Rohprodukte für die Textilindustrie wie Baumwolle oder Seide sowie Steinkohle und Koks.

Tabelle 1: **Österreich-Ungarns Anteil am Welt- und Europamarkt**

Anteil in %	am Europa-Handel			am Welthandel	
	1860	1870	1880	1885	1895
Österreich-Ungarn	5,4	6,0	7,2	3,7	3,7
Italien	4,8	5,4	4,8	3,5	2,7
Rußland	4,8	7,3	5,1	5,6	6,0
Deutsches Reich	16,8	15,4	15,4	10,3	11,1
Frankreich	17,5	16,5	17,6	10,4	8,6
Großbritannien	33,4	33,4	30,4	19,2	17,2

Quelle: Franz Baltzarek, Handel, Bankwesen und Währung, in: Das Zeitalter Kaiser Franz Josephs, 1. Teil – Von der Revolution zur Gründerzeit, 1848–1880, Katalog zur Niederösterreichischen Landesausstellung 1984, Wien 1984, S. 175.

Die relativ geringen Anteile der Monarchie am Welt- und Europahandel wurden durch den Zwischenverkehr beider Reichshälften kompensiert. Die Alpenländer bezogen vor allem agrarische Produkte aus Ungarn (Getreide, Vieh) und Rohstoffe (besonders Kohle) aus Böhmen und Mähren und lieferten Investitionsgüter und Halbfabrikate zum Aufbau einer eigenen Industrie bzw. zu industrieller Weiterverarbeitung nach Ungarn. Besonders ausgeprägt waren auch die Handelsbeziehungen vor allem Niederösterreichs zu den Sudetenländern in der Textilbranche. Niederösterreichische Spinnereien und die Webereien der Sudetenländer befanden sich in einem regen Austausch ihrer je für die andere Seite unentbehrlichen Produkte. Neben den neuen Transportmitteln (Eisenbahn, Dampfschiffahrt) und Transportorganisationen (Postverein) sowie den neuen Kommunikationsmitteln (Telegraph, Telephon, Zeitung, Schreibmaschine) und Normungs- wie Ausbildungsaktivitäten (metrisches Maßsystem, Allgemeines Handelsrecht, Handelsakademien) hatte als vierte Komponente die Neugestaltung des

Abb. 58:
Die **Wiener Börse.**
Dieser Ringstraßenbau von Theophil von Hansen fiel 1956 einem Brand zum Opfer, wurde aber in kurzer Bauzeit wiederum in äußerlich fast identer Form aufgebaut.

Marktes schlechthin erheblichen Anteil an der explosiven Ausweitung des Handels in der 2. Hälfte des 19. Jhs. Die traditionellen Jahrmärkte hatten schon seit der Mitte des 18. Jhs. aufgrund der Beseitigung der Vorrechte städtischer und märktischer Siedlungen im Sinne einer Territorialisierung der Herrschaftsbereiche zugunsten anderer Formen der Warenverhandlung an Boden verloren.

Nun führten die Wege einerseits zum rein städtisch verankerten Großhandel und andererseits zum auch ländlich orientierten Detailhandel.

Im Großhandel dominierten die neuen Warenverhandlungsformen der Börsen und Messen, die in älteren, im Fernhandel engagierten Nationen wie Holland, England oder Frankreich, z. T. auch Deutschland, schon seit der frühkapitalistischen Zeit (16. Jh.) entstanden waren. In Wien wurde die erste Börse 1771 am Kohlmarkt eröffnet und 1878 wurde der von Theophil Hansen entworfene Repräsentationsbau der Neuen Börse an der Wiener Ringstraße fertiggestellt. Das Messewesen fand mit der Weltausstellung im Wien des Krisenjahres 1873 einen etwas getrübten Höhepunkt; zuerst hatte die gerade wieder einmal wütende Cholera viele und vor allem potente Käufer von Wien ferngehalten und dann kam nach der Eröffnung am 1. Mai der „Schwarze Freitag" des 19. Jhs.: am 9. Mai 1873 kam es zum sogenannten „Krach", wie es ein Wiener Journalist in der Zeitung nannte und die Börse wurde noch am selben Tag geschlossen. Die „Luftgeschäfte", die Spekulationen um nicht vorhandene Warenwerte waren schließlich in sich zusammengebrochen und kosteten nicht nur vielen Spekulanten sondern auch vielen Firmen das wirtschaftliche und ihren Inhabern durch Selbstmord auch manchmal das physische Leben. Kritische Beobachter der Szene konnten sich eine spöttische Genugtuung nicht verkneifen und begrüßten, daß nun ein „Dieb wieder ein Dieb und nicht Baron" hieß und nicht mehr jeder „anständig arbeitende Mensch als Dummkopf angesehen wurde".

Neben den Warenbörsen, Produktenbörsen und Effektenbörsen dienten dem Großhandel auch die um 1880 in Westeuropa erstmals eröffneten Warenhäuser, die erst am Ende des 19. Jhs. auch in Österreich auftauchten.

Im Detailhandel entstanden die städtischen und ländlichen Krämereien (vermischte Warenhandlungen) und in zentralen Orten Spezialhandelsgeschäfte für bestimmte Waren. Dazu traten auch vermehrt Fabrikanten als Direktverkäufer ihrer Produkte ab Fabrik auf. Diese neuen Formen der Warenverhandlung im Detailhandel bzw. Direktverkauf boten erstmals eine perma-

Abb. 59: Die **„Wiener-Weltausstellungszeitung"** brachte am 10. Juni 1873 das „steirische Weinhaus" auf ihrer Titelseite. Doch der steirische Beitrag zur Weltausstellung bestand nicht nur in der Präsentation des steirischen Weines: Es wurde ein guter Überblick über die steirischen Industrieprodukte geboten. Es gab aber auch Hinweise auf das kulturelle Leben — zu den wertvollsten Exponaten zählte der Strettweger Kultwagen.

nente und verbesserte Nahversorgung, ersparten große Lagerhaltungen und auch teilweise aufwendige Suchkosten. Die modernen Verkehrsmittel garantierten auch eine rasche Nachlieferung.

In den größeren Städten kam es zur Einrichtung von Markthallen für den Detailverkauf, die gleichzeitig Objekte moderner (Ingeniers)-Architektur aus Glas- und Eisenkonstruktion mit entsprechenden hygienischen Einrichtungen darstellten. Eine ebenfalls völlig neue Form des Detailhandels bildeten die Konsumvereine, die seit 1873 auf der Basis des Genossenschaftsgesetzes entstanden und reine Verbrauchergenossenschaften waren. Schließlich erfüllten in Regionen geringer gewerblicher Dichte oder umgekehrt in Ballungszentren auch die altbekannten Hausierer ihre Funktion: Angehörige verschiedenster Völkerschaften der Monarchie mit vor allem sozial niedriger Herkunft befriedigten die Nachfrage nach Klein- und Kleinstgütern des alltäglichen Gebrauches und Verbrauches und die Nachfrage seitens Personen, die aus verschiedenen Gründen (Delokalisation, Gebrechlichkeit, Alter, Armut) nicht die Markthallen oder Krämereien aufsuchten oder sich auch geringe Güter nur in kleiner Menge oder gar nur in Einzelstücken leisten konnten.

2. Die Situation in der Steiermark

2.1. Die allgemeine Situation

Handels- und Gewerbekammern

Die Situation in der Steiermark unterschied sich nicht wesentlich von der oben geschilderten Gesamtlage, sodaß hier vor allem Platz für spezifische Daten zur Entwicklung der Handelsstruktur in der Steiermark geboten ist.

1837 wurde auf Initiative Erzherzog Johanns und der von ihm gegründeten Landwirtschaftsgesellschaft (spätere Landwirtschaftskammer) der Handels- und Gewerbeverein gegründet; 1850 gingen aus ihm die Handels- und Gewerbekammern hervor[2].

Die Handels- und Gewerbekammern bildeten eine Wahlkurie für die gesetzgebenden Körperschaften und waren richtungsweisend für die Gründung weiterer Kammern[3]. Großhandel und Detailhandel der Steiermark manifestiert sich in bestimmten Produkten, Hersteller- und Handelsfirmen, Herstellungsgebieten und Niederlassungen von Handelsfirmen sowie letztlich in den Export- und Importgebieten bestimmter Produkte außerhalb der Steiermark.

Die Handelsprodukte der Steiermark waren zum Großteil traditionelle (Eisen, Holz, Salz, Glas, Papier etc.), im geringeren Ausmaß neue industrielle Produkte (vor allem chemische) und sie bzw. ihre Herstellerfirmen sollten zum Großteil bis heute die steirische Exportwirtschaft dominieren.

Eisenhandel

Hervorragendstes Handelsgut der Steiermark war auch in der Gründerzeit das Eisen in allen Verarbeitungsstufen, vom Roheisen bis zum Werkzeug aus Stahl. Weltberühmt waren die steirischen Sensen und Sicheln, die in fast alle Großagrargebiete der Welt exportiert wurden: Ungarn war der Hauptabnehmer innerhalb der Monarchie, Rußland, die Balkanländer, Italien, aber auch das hochindustrialisierte Deutschland.

Klarerweise war der Verkauf an die jeweilige Erntesituation geknüpft: war etwa die Ernte in Rußland schlecht, verringerte sich der Absatz steirischer Sensen und Sicheln dorthin spürbar und alternative Märkte (z. B. Kleinasien) konnten nur selten erschlossen werden; vor allem seit ca. 1890 bekam die steirische Produktion die mächtige Konkurrenz amerikanischer Mähmaschinen und das Entstehen einer eigenen russichen Produktion, die über die eben fertiggestellte Transsibirische Eisenbahn transportiert wurde, zu spüren. Der Rückgang steirischer Exporte an Sensen und Sicheln nach Rußland war aber nicht nur naturbedingt (schlechte Witterung — schlechte Ernte) und von technisch-industriellen Entwicklungen verursacht (Eisenbahnbau, eigene Industrien, neue Maschinen), sondern die Schuld lastete auch auf den steirischen Erzeugern und Händlern selbst. Ein Bericht des, 1893 gegründeten Central-Verbandes der Sensen-, Sichel- und Strohmessergewerken in Österreich, gibt einen interessanten Einblick in einen offenbar wenig koordinierten, „freien" Handel:

„Einerseits suchten verschiedene Fabrikanten ihre Marken um jeden Preis in Rußland einzuführen, und drängten sie ihre Waren, wenn sie bei den großen Händlern keinen Absatz fanden, den kleineren Händlern auf, die sich durch Creditgewährung in einem Maße, wie er ihnen bisher nicht zu Teil wurde, leicht entschlossen. Andererseits wurden von gewissen Händlern die Landwirte direct mit Sensen versorgt, und so ist es gekommen, daß die großen Händler sich mit ihrem vermeintlichen Bedarf versorgten und hiebei auf Absatz bei den kleineren Händlern rechneten, die aber schon direct beim Fabrikanten oder dessen Vertreter eingekauft hatten, und auch diese kleinen Händler, welche auf Absatz an die Landwirte rechneten, haben sich verrechnet, weil viele Bauern schon direct von den gewissen Händlern oder dem Semstwos versorgt wurden, so blieben bei allen Händlern unverkaufte Lager. Es wurde auf diese Weise an vielen Orten die Ware anstatt an eine an drei Hände zugleich verkauft."

Der Central-Verband verstand seine Aufgabe gerade auch in einer besseren Koordinierung des Vertriebes und in der Schaffung günstiger Exportbedingungen, etwa durch Fracht- und Tarifermäßigungen.

Die Berichte der Handels- und Gewerbekammern verzeichneten für den Bezirk Graz um die Jahrhundertwende 11 Großbetriebe und im Bezirk Leoben 19 betriebene Sensenwerke, die sich alle in unmittelbarer Nähe zu Kohlenabbaustätten oder etwelcher Eisenindustrie befanden. An bedeutenden Exportartikeln der Eisenindustrie sind weiters die berühmten steirischen Fahr- und Motorräder aus der Produktion der Firmen Steyr und Puch in Graz (später

Steyr-Daimler-Puch) zu nennen, auf denen man auch noch in Südamerika fuhr. Aber auch die Maschinen aus der Maschinenfabrik Andritz und Waggons aus der Waggonfabrik Weitzer (später Simmering-Graz-Pauker), beide Firmen in Graz ansässig, exportierten einen Teil ihrer hochwertigen Produkte, vor allem in die agrarisch dominierten Regionen Ost- und Südosteuropas.

Bedeutende Exportartikel der steirischen Wirtschaft waren weiters das Holz (das vor allem aus der Obersteiermark kam) in allen Verarbeitungsstufen, vom Bloch bis zum Einrichtungsgegenstand sowie das traditionelle Salz aus dem Salzkammergut, Textilwaren und Lederwaren, Produkte der chemischen Industrie wie Farben oder Zündhölzer, die bis nach China und Südamerika geliefert wurden, das Glas, das Papier und nicht zuletzt das steirische Bier, das auch noch in Ägypten gerne getrunken wurde.

Steiermark und die „Ausgleichspolitik"

Die „Ausgleichspolitik" zwischen den beiden Reichshälften der Monarchie, die in Dezennienverträgen (von 1867 bis 1917) ihren wirtschaftspolitischen Niederschlag fand, brachte für die Steiermark insgesamt mehr Nachteile als Vorteile. Diese „Ausgleiche" erstrebten jeweils die Schaffung eines gemeinsamen Zoll- und Handelsgebietes und es ging vor allem darum, die Exportinteressen der ungarischen Agrarwirtschaft und der österreichischen Industrie innerhalb und außerhalb der Monarchie in Einklang zu bringen. Daß für die Steiermark dabei zum Teil erhebliche Probleme auftauchten, war nicht eigentlich eine Folge der Ausgleiche, der tiefere Grund lag in der Art der staatlichen Wirtschaftsförderung, die sich in den beiden Reichshälften deutlich unterschied. Das Königreich Ungarn betrieb im eigenen Land eine wesentlich protektionistischere Wirtschaftspolitik. In der cisleithanischen Reichshälfte galt nach dem Ende der liberalen Wirtschaftsepoche mit dem Krach von 1873 vielmehr ein interventionistischer Kurs zugunsten des Staates. Immer wieder tauchen in den Berichten der beiden steirischen Handelskammern Sorgen und Klagen um die Position der steirischen Wirtschaft gegenüber der nachbarlich ungarischen im Binnen- wie auch im Außenexport auf.

„Im Concurrenzkampfe mit ungarischen sind die heimischen Unternehmungen ohnehin schon dadurch im Nachteile, daß die positive Unterstützung der Industrie seitens der ungarischen Regierung jener die Kraft gibt, die Industrie und den Handel der im Reichsrathe vertretenen Königreiche und Länder aus ihren alten Absatzgebieten zu verdrängen. Damit ist auch die geradezu vorherrschend feindliche Strömung der interessierten, von der Kammer vertretenen Kreise gegen eine etwa unter den bisherigen Bedingungen erfolgende Erneuerung des Zoll- und Handelsbündnisses mit Ungarn erklärt" (Bericht der Handelskammer Graz 1896, S. XIII). Die Benachteiligung entstand vor allem durch großzügige Investitions- und Exportstützungen sowie bedeutende Tariferleichterungen für den Binnen- und Außenexport der ungarischen Wirtschaft im Königreiche.

Die Handelskammer Leoben forderte 1907 für die Staatsbahnen eine „Tarif-Reform", welche jedoch „unbedingt nur unter Beiseitesetzung aller fiskalischen Bestrebungen einzig und allein die Förderung unserer wirtschaftlichen Expansion, insbesondere auch die Erleichterung des Exportes im Auge behalten muß" (Bericht der Handelskammer Leoben 1906–1910, S. 12).

Abb. 60:
Triest: *Handelshafen der österreichischen Monarchie. Von hier gingen die österreichischen Exporte in alle Welt. Die Schiffe des 1832 gegründeten österreichischen Lloyd fuhren bis Japan.*

Und 1908 warnt die Handelskammer Leoben vor einer diskutierten Tariferhöhung auf den Staatsbahnen:

„Die verhältnismäßig geringe Rentabilität unserer Staatsbahnen hat auch ihren Grund durchaus nicht in allzu niedrigen Tarifen im Personen- und Güterverkehre, sondern vielmehr darin, daß zahlreiche Staatsbahnen zu strategischen Zwecken gebaut wurden oder Gebiete durchziehen, welche erst nach längerer Zeit eine zureichende Alimentierung sicherzustellen vermögen" (Bericht der Handelskammer Leoben 1906–1910, S. 15). Es muß wie Zynismus geklungen haben, als die Staatsbahnen 1910 vor allem ihre Frachttarife erhöhten, was eine Erhöhung der Einnahmen bei merklicher Abnahme der beförderten Frachtmengen bewirkte. Die ungarische Mühlenindustrie etwa konnte ihre Produkte ungleich billiger nach Triest zur Ausfuhr befördern, was sich natürlich auf den Preis der Produkte auswirkte und den Absatz der steirischen Mühlenprodukte stark beeinträchtigte. Die Exporte der ungarischen Landwirtschaft, die wie erwähnt für die steirische Industrie notwendig waren, waren aber dermaßen gestützt, daß die heimische Produktion im Verkaufspreis teurer kam. Ungarns Forstwirtschaft konnte wegen der günstigen Tarifbestimmungen auf den ungarischen Bahnen sogar Holz aus dem entfernten Siebenbürgen nach Triest bringen und von dort billiger exportieren als Holz aus der Steiermark angeboten werden konnte.

Die Industrie wiederum kam in ihren Absatzmöglichkeiten nach Ungarn verstärkt unter den Druck ausländischer Konkurrenz, die aufgrund der Tarife auf den ungarischen Bahnen über Triest verbilligt in Ungarn eingeführt werden konnte.

2.2. Der Kammerbezirk Graz am Ende des 19. Jhs.[4]

Problem: Frachttarife und Lagerkosten

Der Bezirk war, abgesehen von einzelnen, bedeutenden Industriebetrieben um die Kohlelagerstätten der Weststeiermark und der Untersteiermark sowie in Graz ein agrarisch dominierter. Dem entsprach auch die Einrichtung einer Frucht- und Mehlbörse in Graz.

Wie für den Bezirk Leoben gilt es auch für den Kammerbezirk Graz, daß die Rolle der Eisenbahn als Transporteur steirischer Exportgüter und damit Animator der Produktion differenziert betrachtet werden muß. Während nämlich beide Kammerbezirke laufend auf die Notwendigkeit des Ausbaues des Eisenbahnnetzes hinweisen, so deutlich ist auch ihre immer wiederkehrende Klage über zu hohe Frachttarife, die der heimischen Exportwirtschaft Nachteile gegenüber der ausländischen Konkurrenz bringen. Ja, innerhalb der Monarchie und innerhalb des Kronlandes Steiermark selbst bestanden auf verschiedenen Bahnen verschiedener Gesellschaften verschiedene Frachttarife, so daß etwa die Graz-Köflacher Gesellschaft für ihren Kohlenbergbau billigere Frachttarife bot als anderen Kohlelieferanten, oder die Südbahn dem Trifailer Kohlenbergbau günstigere Frachtbedingungen auf der Strecke über Tüffer und Cilli nach Graz bot als den benachbarten Sanntaler Bergbauen. Während 1896 der Handelskammerbericht Graz die höheren Frachtgebühren der Südbahn gegenüber den Staatsbahnen bemängelte, so kam es 1910 zu einer empfindlichen Erhöhung der Frachttarife auf den Staatsbahnen zur Verringerung deren Defizits. Diese Erhöhung führte zu einer allgemeinen Abnahme der Frachtaufkommen auf den steirischen Abschnitten der Staatsbahnen. Die Frachttarifgestaltung konnte auch die verschiedenen Produkte verschieden treffen: während auf Staatsbahnen gegen Ende des 19. Jhs. böhmisches Bier zuungunsten des steirischen billiger nach den Alpenländern geführt werden konnte, war die Frachtgebühr für Papier für steirische Händler aber zu hoch, um englische und deutsche Konkurrenz auf dem Fernmarkt (Australien) ausstechen zu können. Die Uneinheitlichkeit der Tarifgestaltung, die eine Folge von Interventionen seitens der Industrie und des Handels (verschiedener Personen und Gruppen, verschiedener Handelskammern) war, führte in einer Spirale zu immer weiteren Klagen jeweils benachteiligter Unternehmen und Händler. Dieser Umstand war für den Kammerbezirk Graz sicher umso bedeutender als durch die Nähe des Seehafens Triest die Konkurrenz von auf dem Seewege billigst nach Triest geschafften Waren englischer oder amerikanischer Herkunft stieg; umgekehrt waren die Frachtkosten von Graz oder gar von Cilli aus nach Deutschland und Westeuropa nicht konkurrenzfähig gegenüber dortselbst hergestellten oder aus England bzw. Amerika oder auch aus Rußland importierten Waren. Der ohnehin nicht als Spitzenwein zu bezeichnende steirische Wein etwa hatte in Niederösterreich und Wien keinerlei Absatzmöglichkeiten, da Wiener Händler italienischen Wein um dieselben Frachtkosten von Triest nach Wien befördern konnten, die für die Strecke Graz-Wien bezahlt werden mußten!

Der Hopfenanbau in der Ost- und Untersteiermark litt um 1900 unter amerikanischer und russischer Konkurrenz, sodaß er kaum verkauft werden konnte; böhmische Händler (das Gebiet um Saaz war das beste Anbaugebiet für Hopfen in der Monarchie) kauften noch die bessere

Ware auf. Die steirische Brauindustrie kaufte Gerste und Hopfen zum größten Teil außerhalb der Steiermark, vor allem in Ungarn und Böhmen ein. Die Produktionsmenge an Bier betrug 1900 etwa 800.000 hl, der Export nach Italien und in die Türkei war seit dem Ende der neunziger Jahre durch Steuererhöhungen bzw. Begünstigungen dortiger Brauereien sehr zurückgegangen, der Ausfall konnte aber zum Gutteil durch die Steigerung der Exporte nach Ägypten wettgemacht werden.

Das steirische Obst hätte bei größerer Qualität sicherlich mehr Absatz finden können und die Handelskammer betont wiederholt die Notwendigkeit der Aufklärung der Obstbauern bezüglich des Anbaues besserer Sorten. Zu diesem Zweck wurden im Verlauf der 2. Hälfte des 19. Jhs. der Obstbauverein und mehrere landwirtschaftliche Versuchsschulen (gleichzeitig Ausbildungsstätten und Musterbetriebe) gegründet.

Der steirische Wein wurde vor allem vom niederösterreichischen, ungarischen und südtirolischen Wein stark konkurriert. Dieser Konkurrenz glaubte man durch Tarifbestimmungen auf den Eisenbahnen (Erleichterungen für den steirischen, Erschwerungen für den auswärtigen Wein) begegnen zu können. 1896 klagte der Kammerbezirk auch über unreellen Handel, der schlechten, aber billigen Wein und sogar Kunstwein aus Tirol und aus dem Gebiet um Triest und Fiume (Rijeka) in die Steiermark brachte.

Der eingeführte italienische Wein wurde vor allem zum Verschnitt verwendet. Bedeutend war der steirische Export an Geflügeleiern, der aber am Ende des 19. Jhs. unter italienischer und russischer Konkurrenz litt: russische Eier waren in Deutschland wegen der Frachttarife billiger zu haben als steirische und italienische Ware kam, da sie in Italien an Personenzüge angehängt werden durfte, schneller nach Deutschland, wodurch das Risiko des Verderbens der Ware erheblich gesenkt wurde. Auch kroatische und ungarische Eierhändler waren durch billigere Tarife auf den ungarische Staatsbahnen bevorzugt.

Der Holztransport wurde noch zu einem Gutteil über die Flüsse (Mur, Donau, Sann) geführt, hohe Lagerzinsen, ungünstige Entladungsverpflichtungen und hohe Tarife für die Holzhändler auf der Südbahn wurden beklagt.

Die im Kammerbezirk reichlich produzierte Kohle (Voitsberg – Köflach, Wies – Eibiswald, Trifail, Schalltal, Sanntal) wurde vornehmlich in der steirischen oder auch österreichischen (Eisen)-Industrie verwertet.

Haupteinfuhrprodukte des Kammerbezirkes zwischen ca. 1850 und 1914:
Kolonialwaren und Südfrüchte, Tabak, Fische, Öle, Baumwolle, Maschinen

Haupthandelsprodukte des Bezirkes Graz

Hauptausfuhrprodukte des Kammerbezirkes zwischen ca. 1850 und 1914:
Getränke, Metallwaren, Leinen, Holz, Papier, Glas, Chemische Produkte

2.3. Der Kammerbezirk Leoben am Ende des 19. Jhs.[5]

Der Bezirk Leoben war um 1900 zu ziemlich gleichen Teilen agrarisch und industriell strukturiert. Der Bezirk umfaßte rd. 960.000 ha; von der Bevölkerung waren rd. 40% in der Landwirtschaft und rd. 38% in der Industrie sowie rd. 10% im Sektor Handel und Verkehr beschäftigt. Forstwirtschaft und Eisenindustrie dominierten diesen Kammerbezirk. 1900 machten Exporte des Kammerbezirkes im Bereich der Eisenwaren und -erze 65% und der Holzwaren 33%, zusammen also 98% der Gesamtexporte des Kammerbezirkes aus.

Das Holz wurde um 1890 noch überwiegend zur Erzeugung von Holzkohle für die Hochöfen verwendet, fand seitdem aber zunehmend Verwendung in der Papier- und Zelluloseproduktion sowie als Werk- und Nutzholz allgemein. Die Hauptumschlagplätze für das obersteirische Holz waren Bruck/Mur, Gröbming, Judenburg, Leoben, Liezen, Murau und Mürzzuschlag. Das steirische Holz ging vor allem nach dem Deutschen Reich (1900: rd. 49.000t) und nach Italien (1900: rd. 47.000t), der Exportanteil betrug insgesamt ca. 20% der Gesamtnutzung.

Obersteirisches Holz und Flößerei

Das Flößen von Holz war auf den Flüssen Enns, Mur und Salza noch bedeutend und konnte von der Eisenbahn (die Ennstallinie war 1875, die Murtallinie 1894 durchgehend fertiggestellt) wegen ihrer hohen Frachttarife, Lagerzinsen und ungünstigen Entladungsverpflichtungen noch nicht verdrängt werden.

Auf der Enns wurde zwischen 1896 und 1900 pro Jahr nach einer vorsichtigen Schätzung etwa ein Viertel der Menge verflößt, die an Holz an den Haltestellen der Ennstallinie verbracht wurde[6].

Die Murtalbahn wurde zwar 1894 fertiggestellt, aber erst als sich die Fürst Schwarzenberg'sche Administration 1896 entschloß, ihr Holz auf die Bahn zu bringen, lohnte sich deren Bau.

Tabelle 2: **Holzflößerei auf Mur und Salza 1895–1900 und Enns (1895–1899)**

	insgesamt	im Bezirk blieben	nach auswärts gingen
Mur	1.750.000q	900.000q	850.000q
Enns	419.322q	216.152q	203.170q
Salza	90.488q	54.682q	35.806q

Die Tabelle zeigt, daß auf Mur und Enns jeweils ca. die Hälfte des geflößten Holzes für die Industrie im Kammerbezirk blieb, während auf der Salza hauptsächlich Holz nach Ober- und Niederösterreich in dortige Industrien geliefert wurden. Die Holzflößerei hatte also sowohl Versorgungscharakter für die Industrie des Kammerbezirkes als auch Exportcharakter.

Rund 90% des Eisenerzes des Kammerbezirkes stammten um 1900 vom Innerberger Erzberg. 37% der Produktion des Innerberger Erzerges gingen in den Export, vor allem nach Niederösterreich (Hochöfen der Alpine-Montan-Gesellschaft in Schwechat), nach Mähren und Österr.-Schlesien und vor allem auch in die Schwerindustrie Preußisch-Schlesiens. 1872 wurde die Bahnlinie Leoben-Vordernberg, 1873 die Linie Hieflau-Eisenerz (als Nebenlinie der Kronprinz-Rudolf-Bahn von Linz nach Laibach), erst 1891 aber die Strecke über den Präbichl nach Eisenerz und damit die Verbindung des Innerberges mit der Südbahn hergestellt. Haupthandelspartner im Eisenwarenhandel waren (wie beim Holz) Italien und Deutschland, vor allem aber Rußland, das als Importeur steirischen Holzes (verständlicherweise) keine Rolle spielte, weiters wieder die Schweiz und besonders die Balkanstaaten bis zur Türkei. Steirisches Eisen war aber aufgrund seiner Verhüttung mit Holzkohle (bis 1870 ausschließlich mit dieser, während in England schon 1770 Koksöfen bestanden und 1776 die erste Dampfmaschine Verwendung fand) in seiner Produktion kostenintensiver und das Roherz im Durchschnitt von geringerer Qualität, sodaß es etwa mit englischer Ware kaum konkurrieren konnte.

Neben dem Eisenerz besaß der Kammerbezirk auch große Magnesit-Vorkommen, sodaß die Steiermark eine führende Rolle im Welthandel mit diesem Erz spielte.

Wie einseitig die Import-Export-Struktur an Orten der Schwerindustrie sein konnte, zeigt ein Blick auf die Warenverbringung am Bahnhof Vordernberg: die Kategorie der Frachtenaufgabe weist 1890 lediglich Eisenwaren auf, alle Güter des täglichen Lebens stehen auf der Seite der Frachtenabgabe *(s. Tabelle 4.)*

Obersteirische Sensen und Sicheln

Tabelle 3: Bedeutende, während der „Gründerzeit" in der Steiermark entstandene Großfirmen (nach F. Matis, Big Business in Österreich. Österreichische Großunternehmen in Kurzdarstellungen, München 1987)

Firma	Industriezweig	Gründungsort	Gründungsjahr
Alpine	Eisenerzeugung	Donawitz	1881
Andritz	Maschinen-Stahlbau	Graz-Andritz	1852
Austria-Email	Eisen-Metallwaren	Knittelfeld	um 1873
Bleckmann	Eisenerzeugung	Mürzzuschlag	1862
Elin	Elektrogeräte	Weiz	1897
GKB	Bergbau	Graz	1855
(Graz-Köflacher-Eisenbahn- und Bergbaugesellschaft)			
Weitzer	Maschinen-Stahlbau	Graz	1861
Humanic	Bekleidung	Graz	1870
Lankowitzer	Bergbau	Maria Lankowitz	1903
Lapp-Finze	Eisen-Metallwaren	Knittelfeld	1867
Puch	Fahrzeugbau	Graz	1899
Reinighaus	Nahrungsmittel	Graz	1855
Solo	chemische Produkte	Deutschlandsberg	1856
Steirische Gußstahlwerke	Eisenerzeugung	Judenburg	1906
Styria	Papier	Graz	1870
Veitscher Magnesit	Bergbau	Veitsch	1881

Haupteinfuhrprodukte des Kammerbezirkes zwischen ca. 1850 und 1914:
Lebensmittel, Textilien, Maschinen

Hauptausfuhrprodukte des Kammerbezirkes zwischen ca. 1850 und 1914:
Eisenerz, Holz, Vieh, Magnesit, Graphit, Kohle, Roheisen, Metallwaren, Papier

Tabelle 4: **Frachten-Verkehr der Station Vordernberg in Meter-Centner**

		Warengattung	Frachten-Aufgabe in den Jahren					Frachten-Abgabe in den Jahren				
			1886	1887	1888	1889	1890	1886	1887	1888	1889	1890
I	1	Equipagen .... Stücke	—	2	—	—	—	—	8	1	9	3
II	2	Pferde .... Stücke	—	—	—	—	—	—	—	7	17	2
	3	Hornvieh .... Stücke	—	—	—	—	—	—	91	131	216	395
	4	Schweine .... Stücke	—	—	—	—	—	—	—	23	61	11
	5	Verschiedene ...... Stücke	—	—	—	—	—	—	—	—	—	2
III	6	Weizen	—	—	—	—	—	541	546	905	956	1998
	7	Korn	—	—	—	—	—	755	641	785	807	756
	8	Gerste und Malz	—	—	—	—	—	100	278	35	39	132
	9	Hafer	—	—	—	—	—	6702	2493	4852	5012	6249
	10	Mais	—	—	—	—	—	805	1103	1160	2025	2559
	11	Hülsenfrüchte	—	—	—	—	—	54	27	126	169	301
	12	Sämereien	—	—	—	—	—	15	244	28	32	37
	13	Mahlproducte	—	—	—	—	—	4364	4100	3687	5219	5740
IV	14	Gemüse	—	—	—	—	—	57	39	39	133	407
	15	Obst	—	—	—	—	—	255	91	255	163	284
	16	Käse und Butter	—	—	—	—	—	25	167	711	1000	1231
	17	Fleischwaren	—	—	—	—	—	61	43	52	155	105
	18	Fische etc.	—	—	—	—	—	6	3	7	24	21
	19	Verschiedene Nahrungsmittel	—	—	—	—	—	61	155	63	117	262
V	20	Bier	—	—	—	—	—	460	254	382	1265	5572
	21	Wein und Most	—	—	—	—	—	1905	1766	2167	3088	2835
	22	Spiritus, Branntwein	—	—	—	—	—	269	175	247	335	555
	23	Verschiedene Getränke	—	—	—	—	—	176	94	164	200	196
VI	24	Zucker	—	—	—	—	—	486	464	525	756	1001
	25	Kaffee	—	—	—	—	—	185	167	208	274	332
	26	Reis	—	—	—	—	—	40	27	37	120	138
	27	Sonstige Spezereien	—	—	—	—	—	8	36	35	43	60
VII	28	Südfrüchte aller Art	—	—	—	—	—	13	30	31	27	48
VIII	29	Cement, Gips, Kalk	—	—	—	—	—	585	391	415	11078	52025
	30	Schotter und Sand	—	—	—	100	1900	—	306	—	—	299
	31	Ziegel	—	—	—	—	—	3374	1377	2723	2566	10821
	32	Steine aller Art	—	—	95	—	—	204	3	6	939	11682
IX	33	Brennholz	—	—	—	—	—	—	—	—	100	—
	34	Werkholz bis 6,32 Meter ...	—	—	—	420	200	1584	742	1453	6458	9040
	35	Werkholz über 6,32 Meter ..	—	—	100	1400	—	1701	300	—	614	770
	37	Verschiedene Hölzer	—	—	—	—	—	—	—	7	118	624 807
X	38	Mineralkohle und Coaks ...	—	—	—	—	—	26543	27021	22393	22797	23204
	39	Holzkohle	—	—	—	—	—	194995	167329	249896	304730	329150
XI	40	Roh- und Brucheisen	368794	462905	547070	545492	536081	124	5	1869	757	—
	41	Sonstige rohe Metalle	—	—	—	—	—	547	472	11	—	—
	42	Erze, auch Eisenerz	166716	205100	213100	177900	239500	—	—	—	—	—
XII	43	Salz	—	—	—	—	—	624	266	300	353	341
	44	Soda, Natron, Salpeter	—	—	—	—	—	33	20	100	122	139
	45	Schwefel	—	—	—	—	—	1	—	10	—	—
	46	Zündwaren	—	—	—	—	—	86	96	104	168	169
	47	Chemikalien	—	—	—	—	—	3	59	16	19	31
	48	Rohe Minerale	—	—	—	—	—	537	16	1	44	772
XIII	49	Runkel- und Zuckerrüben ..	—	—	—	—	—	—	4	—	10	—
	50	Verschiedene Vegetabilien ..	—	—	—	—	—	29	6	138	1076	365
XIV	51	Felle, Häute, Pelzwerk	—	—	21	27	28	—	1	—	1	—
	52	Verschiedene thierische Produkte	—	—	—	—	—	—	1	2	2	—
XV	53	Unschlitt	—	—	—	2	25	—	—	18	—	—
	54	Kerzen und Seife	—	—	—	—	—	174	57	136	167	215
	55	Öle, auch Olivenöle	—	—	—	—	—	442	137	244	235	423
	56	Sonstige Fette	—	—	—	—	—	587	438	5	96	17
	57	Petroleum	—	—	—	—	—	410	287	443	499	584

Quelle: Berichte der Handelskammer Leoben.

169

Waarenhaus Kastner & Öhler, Graz
Sackstrasse Nr. 7.

Abb. 60/61:
Fassade und Innenansicht des Kaufhauses
Kastner & Öhler.

Abb. 62:
Die Chefs des Warenhauses Kastner &
Öhler im Jahre 1913: Franz Öhler,
Hermann Öhler, Dr. Richard Kastner
und Albert Kastner.

Anmerkungen:

1) Vgl. dazu die Beiträge „Die Verkehrsrevolution" und „Man organisiert sich".
2) Vgl. dazu im Detail den Beitrag von J. Koren, Handelskammer: Flaggschiff der Wirtschaft.
3) Zu den Interessensvertretungen der Handelsangestellten vgl. den Beitrag „Man organisiert sich" in diesem Band.
4) Vgl. Bericht der Handels- und Gewerbekammer in Graz über die wirtschaftlichen Verhältnisse des Kammersprengels im Jahre 1896.
5) Vgl. Die wirtschaftlichen Verhältnisse Obersteiermarks 1896–1900. Bericht der Handels- und Gewerbekammer Leoben, Leoben 1904.
6) Auf den Flüssen Enns, Salza, Mur, Drau, Save und Sann hatte sich der Warenverkehr zwischen 1908 und 1911 kontinuierlich um insgesamt rd. 45% gesteigert, vgl.Statistische Rückblicke aus Österreich. Der XIV. Tagung des internationalen statistischen Institutes, Wien 1913, S. 52.

Literatur

Berichte der Handelskammern Leoben und Graz 1850–1910.
Brusatti, Alois (Hg.), Die Habsburgermonarchie, 1. Bd., Wien 1973.
Komlos, John, Die Habsburgermonarchie als Zollunion. Die Wirtschaftsentwicklung Österreich-Ungarns im 19. Jh., Priceton 1983.
Good, David F., Der wirtschaftliche Aufstieg des Habsburgerreiches 1750–1914, Wien 1986.
Gross, N.T., Die industrielle Revolution im Habsburgerreich 1750–1914, in: Hgg. Cipolla/Borchardt, Europäische Wirtschaftsgeschichte, Bd. 4: Die Entwicklung der industriellen Gesellschaften, Stuttgart 1985.
Zahlreiche Arbeiten von F. Tremel, H. Ibler, O. Pickl, P. W. Roth.

Eberhard Franz

„Nicht jede Ware bringt der Frächter"

Lieferung von Wirtschaftsgütern über Leitungsanlagen

Handelswaren werden im allgemeinen als Stück — lose oder verpackt — oder als Füllmenge — in Säcken, Flaschen oder sonstigen Behältern — geliefert und befördert. Die Warenbeförderung erfolgt auf vielerlei Weise, wobei die Möglichkeiten hierfür vom Menschen als Träger bis zu den verschiedenen Verkehrsmitteln für die Land-, Wasser- und Luftfracht reichen.

Im Zeitalter der Technik hat sich daneben eine grundsätzlich andere Form der Beförderung von Wirtschaftsgütern herausgebildet. Es ist dies die Beförderung beziehungsweise Übertragung von Flüssigkeiten, Gasen und Energie mittels Leitungsanlagen. Vorläufer waren die vereinzelt bereits im Altertum angelegten Wasserleitungen zur Versorgung von Städten und die seit dem Beginn der Neuzeit verwendeten Soleleitungen zwischen Salzbergwerken und Salzsudhütten. Das ab dem Ende des 18. Jhs. zunächst in den europäischen Ländern sich jäh beschleunigende Bevölkerungswachstum führte zu einem steigenden Allgemeinbedarf an Wasser und Energie. Die zunehmende Ballung von Siedlungsgebieten regte zur Entwicklung von Versorgungseinrichtungen an, welche diesen All-

Abb. 63:
Plakatwerbung 1899.

gemeinbedarf mit Hilfe von Leitungsnetzen zu decken vermögen. Zugleich boten Ballungsräume die Voraussetzung dafür, daß solche Versorgungseinrichtungen wirtschaftlich tragbar wurden. Zur steigenden Bevölkerungszahl kam als weitere Folge der Industrialisierung ein allmähliches Ansteigen des allgemeinen Wohlstandes. Dies regte die Nachfrage nach den für die Annehmlichkeit des täglichen Lebens so wesentlichen Wirtschaftsgütern Wasser und Energie weiter an.

Heute erfolgt die Deckung des Alltagsbedarfes der menschlichen Gesellschaft zu einem nicht geringen Teil über verschiedene Leitungsnetze. Dies trifft vor allem für die Versorgung mit Wasser und mit elektrischer Energie zu. Daneben gibt es gebietsweise die Versorgung mit Gas oder mit Fernwärme. Nicht der Allgemeinversorgung, sondern der Güterbeförderung im Erzeuger- und Großlieferbereich ist die Beförderung von Rohöl, flüssigen und gasförmigen Erdöl- und chemischen Produkten sowie Feststoffsuspensionen mittels Rohrleitungen zuzurechnen. Dem allgemeinen Gebrauch hingegen dienen auch die Leitungen und drahtlosen Übertragungseinrichtungen zur Nachrichtenübermittlung. Diese dem Fernmelde- und Rundfunkwesen zugehörigen Anlagen sollen hier außer Betracht bleiben, sie sind heute jedoch ein nicht unbedeutender Teil des Wirtschaftslebens.

Deckung des Alltagsbedarfes

Technische Merkmale von Leitungsanlagen

Grundsätzlich unterscheidet man Leitungen zur Beförderung von Stoffen und solche zur Übertragung von Energie. Die ersteren sind Rohrleitungen. Mit ihnen können flüssige oder gasförmige Stoffe befördert werden. Vereinzelt werden auf kurzen Strecken auch feste Stoffe, beispielsweise körnige Güter, unter Zuhilfenahme von Wasser oder Druckluft durch Rohre befördert. Leitungen zur Energieübertragung sind in erster Linie die metallischen Leiter für elektrischen Strom. Daneben gibt es beispielsweise die Lichtwellenleiter aus Glasfasern, die nur in der Nachrichtentechnik verwendet werden.

In der Energiewirtschaft werden beide eingangs erwähnten Arten von Leitungen verwendet. Entweder wird Energie als solche in Form von Elektrizität weitergeleitet oder es wird ein stofflicher Energieträger in Rohren befördert. Energieträger kann ein flüssiger oder gasförmiger Brennstoff, beispielsweise Erdgas, sein. Auch das heiße Wasser in Fernheiznetzen ist ein Energieträger. Es enthält Energie in Form von Wärme und überträgt diese durch Rohrleitungen zu Heizwärmeverbrauchern.

Besondere technische Aufgaben bei allen Lieferungen über Leitungen stellt die maßtechnische Erfassung der Liefermengen. Während man im sonstigen Handelsverkehr Waren nach

Leitungstypen

Erfassung der Liefermengen

171

Stückzahl, Gewicht, Länge oder Rauminhalt bemißt, muß man bei diesen Lieferungen die Durchflußmenge feststellen. Kann sich ein Kaufmann auf den Gebrauch der Waage, des Meterstabes und eines Meßgefäßes beschränken, so ist die durch eine Leitung fließende Stoff- oder Energiemenge nur mit oft komplizierten physikalischen Meßverfahren erfaßbar.

Diese Meßverfahren kommen in den sogenannten Zählern — Gas-, Wasser- und Elektrizitätszähler u. a. — zur Anwendung. Zähler bestehen aus einem Meßwerk und einem Zählwerk. Das Meßwerk erfaßt die durch den Zähler fließende Stoff- oder Energiemenge. Zugleich treibt es das Zählwerk an, welches die Anzahl der durchgeflossenen Mengeneinheiten in Ziffern anzeigt. Die Anzeige des Zählwerkes wird in bestimmten Zeitabständen abgelesen und danach die Liefermenge verrechnet. Alle Zähler, die der Verrechnung von Lieferungen an Kunden dienen, unterliegen den strengen Vorschriften des Maß- und Eichgesetzes. Dieses stellt hohe Anforderungen an die Meßgenauigkeit aller Verrechnungszähler und verlangt, daß nur amtlich geeichte und in regelmäßigen Zeitabständen nachgeeichte Zähler verwendet werden dürfen.

Wirtschaftliche Merkmale von Leitungsanlagen

Jede Allgemeinversorgung über Leitungsanlagen setzt voraus, daß zunächst ein Leitungsnetz geschaffen wird, das sich bis hin zu jedem einzelnen Abnehmer erstreckt. Ein Versorgungsunternehmen muß also neben den Anlagen zur Bereitstellung des zu liefernden Stoffes oder der zu liefernden Energie auch den gesamten Beförderungsweg bis zu den Kunden errichten. Dies bedeutet, daß nicht nur für Gewinnungs- beziehungsweise Erzeugungsanlagen, sondern auch für Verteilungsanlagen erhebliche Investitionen getätigt werden müssen.

Gewinnungs- oder Erzeugungsanlagen sind beispielsweise Quellfassungen, Grundwasserwerke, Erdgasbohrungen, Gaswerke, Kraftwerke und Fernheizwerke. Verteilungsanlagen sind die verschiedenen Rohrleitungsnetze samt Pumpen, Schiebern, Druckreduzierstationen und dergleichen sowie die elektrischen Leitungsnetze mit ihren Schalt- und Umspannanlagen.

Zu den wirtschaftlichen Merkmalen all dieser Anlagen gehört, daß sie für den höchsten zu erwartenden Bedarf bemessen werden müssen. Der tatsächliche Bedarf ist jedoch zeitlich schwankend und erreicht nur selten und kurzzeitig die technisch möglichen Höchstwerte. Wasser-, Gas-, Strom- und Fernwärmebedarf sind von der Tageszeit, der Jahreszeit, der Witterung und von sonstigen verbraucherseitigen Einflüssen, wie Wochenenden und Urlaubszeit abhängig.

Die auf den Höchstbedarf ausgerichtete Bemessung der Anlagen hat zur Folge, daß alle Lieferungen über Leitungen mit einem hohen Anteil an Festkosten belastet sind. Die Festkosten umfassen im wesentlichen die Anlagekosten und die Wartungs- und Instandhaltungskosten. Die beweglichen, also unmittelbar von der Liefermenge abhängigen Kosten, sind demgegenüber meist weniger erheblich als etwa in industriellen Fertigungsbetrieben. Bewegliche Kosten sind beispielsweise die Brennstoffkosten für den Betrieb von Dampfkraftwerken oder Fernheizwerken. Auch ein gewisser Teil der Wartungs- und Instandhaltungskosten ist von der Liefermenge abhängig und daher den beweglichen Kosten zuzurechnen.

Nachdem sich die Kosten aus verschiedenen festen und beweglichen Anteilen zusammensetzen, wird auch das Entgelt für Lieferungen über Leitungen meist in mehrere Preisbestandteile gegliedert. Bei der Herstellung des Kundenanschlusses an ein Leitungsnetz wird oft zur Finanzierung der Leitungsanlagen ein einmaliger Baukostenzuschuß eingehoben. Dieser ist als Preis für die Schaffung der Lieferbereitschaft anzusehen. Für die laufende Leistungsvorhaltung wird beispielsweise bei Gas- oder Elektrizitätslieferungen ein Grundpreis in Rechnung gestellt. Schließlich wird die vom Kunden bezogene Stoff- oder Energiemenge in Kubikmetern beziehungsweise Kilowattstunden verrechnet.

Mehrgliedrigkeit der Preise

Die Mehrgliedrigkeit der Preise, die von Versorgungsunternehmen verrechnet werden, ist den Kunden nicht immer verständlich. Es darf jedoch nicht übersehen werden, daß im Wirtschaftsleben für jede Leistungserbringung ein Preis zu entrichten ist, und daß die Gliederung der Preise bezweckt, die Kunden möglichst im Verhältnis der von ihnen verursachten Kosten zu belasten.

Rechtliche Merkmale von Leitungsanlagen

Bewilligungsverfahren

Die Errichtung und der Betrieb von Leitungsanlagen und von Gewinnungs- oder Erzeugungsanlagen für die über Leitungen zu liefernden Wirtschaftsgüter bedürfen in Österreich einer Reihe behördlicher Bewilligungsverfahren. Neben allgemeinen bau-, gewerbe-, wasser- und umweltrechtlichen Verfahren sind für Energieversorgungsunternehmen besondere energierechtliche Bewilligungsverfahren vorgeschrieben. Für Bau und Betrieb der Anlagen gelten auch zahlreiche sicherheitstechnische Vorschriften.

Leitungsnetze aller Art nehmen Grund und Boden in Anspruch. Rohrleitungen und Kabel werden in der Erde verlegt, elektrische Freileitungen durch den bodennahen Luftraum gespannt. Um jedermann die Anschlußmöglichkeit an ein Leitungsnetz zu geben und die Leitungen dabei ohne unnötige Umwege auszuführen, müssen Leitungen nicht nur über öffentlichen Grund, sondern auch über private Grundstücke geführt werden. Den Unternehmen, welche Leitungsnetze betreiben, müssen daher Rechte zur Errichtung und zum dauernden Betrieb von Leitungsanlagen auf fremden Grundstücken eingeräumt werden. Zu diesem Zwecke gibt es eigene gesetzliche Regelungen für Leitungs-Wegerechte.

Das gleichzeitige Bestehen mehrerer Leitungsnetze für gleichartige Versorgung in ein und demselben Gebiet ist wenig sinnvoll. Die Inanspruchnahme von Grund und Boden würde sich dadurch vervielfachen und die Wirtschaftlichkeit jedes der nebeneinander bestehenden Versorgungsnetze verringern. Um dies zu vermeiden, sorgen entweder gesetzliche Bestimmungen dafür, daß die Lieferrechte in einem bestimmten Gebiet nur einem einzigen Versorgungsunternehmen erteilt werden dürfen oder es vereinbaren benachbarte Versorgungsunternehmen gegenseitigen Gebietsschutz.

Angebotsmonopol

Aus den vorgenannten Gründen sind Versorgungsunternehmen in der Regel in ihrem Versorgungsgebiet alleinige Anbieter und nehmen damit eine wirtschaftliche Sonderstellung ein. Als Gegengewicht hierzu wird diesen Unternehmen durch Gesetze eine Reihe von Verpflichtungen und von Einschränkungen der wirtschaftlichen Handlungsfähigkeit auferlegt. Dazu gehören vor allem die Anschluß- und Versorgungspflicht und die staatliche Preisregelung.

Anschluß- und Versorgungspflicht

Die ausführlichsten in diese Richtung zielenden Gesetzesregelungen sind in Österreich für die Elektrizitätswirtschaft erlassen worden. Die Lieferbedingungen und Preise für elektrischen Strom sind weitgehend durch Gesetze und Verordnungen vorbestimmt und bedürfen der behördlichen Genehmigung. Die Anschluß- und Versorgungspflicht besteht darin, daß ein Versorgungsunternehmen innerhalb seines Versorgungsgebietes jedermann anschließen und zu allgemeinen Bedingungen und Tarifpreisen beliefern muß, auch wenn im Einzelfall die Wirtschaftlichkeit nicht gegeben ist. Die behördliche Festsetzung der Strompreise erfolgt nach den Bestimmungen des Preisgesetzes, welches für Energielieferungen aller Art und die damit zusammenhängenden Nebenleistungen ausdrücklich die Preisregelung vorschreibt. Ähnliche gesetzliche Bestimmungen gelten auch für die Gasversorgung.

Lieferverträge im Rahmen der Allgemeinversorgung mit Wasser, Gas, Strom oder Fernwärme sind sogenannte Dauerlieferungsverträge. Sie sind dadurch gekennzeichnet, daß die Liefermenge und der Lieferzeitpunkt nicht im voraus bestimmt sind. Zunächst wird nur eine dauernde Lieferbereitschaft des Versorgungsunternehmens zugesichert. Wieweit diese Lieferbereitschaft tatsächlich in Anspruch genommen wird, liegt in der freien Wahl des Kunden. Er kann, wann auch immer, den Wasser- oder Gashahn oder den Lichtschalter betätigen und damit selbst über seinen Verbrauch entscheiden. Die Abrechnung der Liefermenge erfolgt im nachhinein. Da der gelieferte Stoff oder die gelieferte Energie zum Zeitpunkt der Lieferung verbraucht wird, ist ein Eigentumsvorbehalt des Lieferers nicht möglich.

Abb. 64:
Die Elektrizität verhalf zu einer Reihe von neuen technischen Produkten, welche die Hausarbeit erleichtern. Mit der Waschmaschine kommt auch das „industrielle Design" in den Haushalt.

Wasserversorgung

Wasserversorgung ist die Belieferung mit Trink- und Brauchwasser, das aus Quellen oder Grundwasservorkommen stammt oder durch Aufbereitung von Oberflächenwasser gewonnen wird.

Anlagen zur Fortleitung und Verteilung von Wasser gibt es bereits seit dem Altertum. Ihre früheste Form waren offene Gerinne zu Bewässerungszwecken. Später entstanden Wasserleitungen aus Ton- oder Metallrohren. Im Römischen Reich gab es über neunzig Fernwasserleitungen, von deren baulichen Anlagen manches noch heute erhalten ist. Die Stadt Rom hatte bereits im dritten vorchristlichen Jahrhundert eine Wasserleitung.

Größere städtische Wasserleitungsnetze wurden erst wieder ab dem Beginn des 19. Jhs. geschaffen. Meist werden diese mit Grundwasser gespeist. Eine bemerkenswerte Ausnahme unter den großstädtischen Wasserversorgungen ist jene von Wien, die zu einem erheblichen Teil mit Quellwasser gespeist wird. Bereits 1873 ging die erste Wiener Hochquellenleitung aus dem Schneeberggebiet in Betrieb. Später kam eine weitere solche Leitung aus dem steirischen Hochschwabgebiet hinzu.

Grazer Wasserversorgung seit 16. Jh.	In Graz wurde im Jahre 1548 eine Wasserversorgungsanlage für die Burg auf dem Schloßberg geschaffen. Ein an der Mur gelegenes Pumpwerk mit Wasserradantrieb pumpte Wasser durch Eisenrohre auf den Schloßberg. Die Anlage bewährte sich nicht und wurde bald wieder stillgelegt. Für die Burg in der Stadt Graz wurde 1559 eine Wasserleitung angelegt, die Quellwasser vom Rosenberg in Holzrohren zur Burg führte. Diese Wasserleitung bestand bis 1880. Die allgemeine Wasserversorgung von Graz wurde zuerst von der privaten „Grazer Wasserversorgungsgesellschaft" betrieben. Diese im Jahre 1869 gegründete Gesellschaft nahm 1872 ein Grundwasserwerk an der Grazer Körösistraße in Betrieb. Später erwarb sie Grundflächen in Andritz und errichtete auf diesen ein zweites Wasserwerk. 1911 gingen die Anlagen der Gesellschaft an die Stadt Graz über. Heute ist das Grazer Wasserwerk, welches inzwischen weitere Grundwasserwerke besitzt, ein Teilbetrieb der Grazer Stadtwerke AG.
Judenburg	Judenburg erhielt als erste Stadt der Steiermark im Jahre 1869 eine Hochquellen-Wasserleitung.1874 wurde der aus dieser Wasserleitung gespeiste Stadtbrunnen auf dem Judenburger Hauptplatz errichtet.
	Da der Wasserbedarf ständig ansteigt und manche Grundwasservorkommen heute nicht mehr die erforderliche Reinheit besitzen, müssen zunehmend Fernwasserleitungen und großräumige Wasserversorgungsanlagen geschaffen werden. Grundwasserschutzgebiete, Bodenschutz und die Erhaltung der Wälder werden einen wesentlichen Beitrag dazu leisten müssen, daß auch in Zukunft Wasser in ausreichender Menge und Güte geliefert werden kann.

Gasversorgung

Gasversorgung ist die Belieferung mit brennbaren Gasen, die den Verbrauchern zur Erzeugung von Wärme oder Licht dienen. Für die allgemeine Gasversorgung werden Erdgas oder aus Kohle oder Erdöl gewonnene Gase herangezogen.

Gaswerk 1845 Gas aus Kohle wurde erstmals in England im Jahre 1785 zur Beleuchtung verwendet. Die erste öffentliche Gasbeleuchtung erhielt im Jahre 1814 ein Londoner Stadtviertel. In Wien wurde 1845 das erste Gaswerk errichtet. Im selben Jahre begann die „Germanische Gasgesellschaft" mit dem Bau eines Gaswerkes in Graz. 1884 entstand in Leoben, 1897 in Eggenberg ein Gaswerk. 1920 fiel das Grazer Gaswerk an die Stadt Graz. Heute ist es ein Teilbetrieb der Grazer Stadtwerke AG.

In den letzten Jahrzehnten ist die Erzeugung von Gas aus Kohle unwirtschaftlich geworden. Zugleich wurde in vielen Anwendungsbereichen das Gas durch die Elektrizität verdrängt. Der Gasabsatz schrumpfte und viele Gaswerke wurden stillgelegt. Mit der Umstellung auf Erdgas begann jedoch ein neuer Aufschwung der Gasversorgung. Diese Umstellung wurde durch die Anlage von Ferngasleitungen möglich, welche das Gas von den Erdgasvorkommen über oft große Entfernungen zu den Verbrauchsschwerpunkten liefern. Heute wird für die allgemeine Gasversorgung in Österreich nur mehr Erdgas verwendet. Dieses wird zum Teil im Inland gefördert, überwiegend jedoch über Ferngasleitungen aus der Sowjetunion eingeführt.

Steirische Ferngas-Gesellschaft Im Jahre 1956 wurde die Steirische Ferngas-Gesellschaft gegründet. Ihr erstes Ziel war es, die steirische Industrie mit Erdgas aus Niederösterreich zu beliefern. 1963 gründeten mehrere österreichische Landes-Gasgesellschaften die Austria Ferngas-Gesellschaft, deren Aufgabe die Erdgaseinfuhr und der Bau und Betrieb überregionaler Ferngasleitungen ist. Eine Gasleitung für Großlieferungen im Rahmen des internationalen Gasgeschäftes führt durch die südöstliche Steiermark. Es ist die Trans-Austria-Gasleitung, welche von der Tschechoslowakei über Österreich nach Italien führt und seit 1974 in Betrieb ist. Sie speist an vier Stellen das Leitungsnetz der Steirischen Ferngas-Gesellschaft. Außerdem zweigt von ihr bei Wildon eine Ferngasleitung nach Jugoslawien ab.

„Ortsgasversorgung Steiermark" Der Aufbau örtlicher Gasversorgungsnetze zur Allgemeinversorgung in zahlreichen steirischen Orten begann mit der Gründung der „Ortsgasversorgung Steiermark" im Jahre 1977. Die seither entstandenen Gasnetze werden laufend erweitert. 1986 wurde die Ortsgasversorgung mit der Steirischen Ferngas-Gesellschaft vereinigt.

Das Grazer Gaswerk wurde mit der Stillegung der Kohlegaserzeugung im Jahre 1967 zunächst auf Flüssiggas umgestellt. Seit 1975 wird Graz mit Erdgas versorgt, das sich als kostengünstiger und umweltfreundlicher Brennstoff erwiesen hat.

Erdgas wird eine weiterhin steigende Bedeutung für die Energieversorgung unseres Landes haben. Da die inländischen Erdgasvorkommen bald zur Neige gehen dürften, werden neben den Erdgaseinfuhren aus der Sowjetunion auch solche aus anderen ausländischen Erdgasvorkommen, etwa aus der Nordsee oder aus Nordafrika treten.

Elektrizitätsversorgung

Elektrizitätsversorgung ist die Belieferung mit elektrischer Energie in einer für den allgemeinen Gebrauch geeigneten Form und Spannung. In Mitteleuropa ist dies heute gewöhnlich Wechselstrom von 220 Volt beziehungsweise Drehstrom von 380 Volt. Die elektrische Energie wird in Wärme- oder Wasserkraftwerken durch Umwandlung der in der Natur vorkommenden Rohenergien — Brennstoffe, Wasserkraft, Kernenergie — erzeugt. Elektrizität ist eine Zwischenform der Energie, die je nach Bedarf beliebig in die vom Menschen benötigte Nutzform — Licht, Kraft, Wärme, chemisch gebundene Energie — umgewandelt werden kann. Neben dieser Mittlerrolle zwischen vorhandener Roh- und gewünschter Nutzenergie bietet die Elektrizität die Möglichkeit, Energie auf wirtschaftliche Weise über beliebige Entfernungen zu übertragen.

Rohenergie kann für viele Zwecke ohne den Umweg über die Elektrizität in Nutzenergie umgewandelt werden. Beispiele hierfür sind die Lichterzeugung durch Verbrennen von Petroleum in einer Petroleumlampe oder der Antrieb einer Mühle durch ein Wasserrad. Mehr als vier Fünftel des gegenwärtigen Energieumsatzes in Österreich erfolgen durch unmittelbare Umwandlung der Rohenergie ohne Verwendung der Elektrizität. Hierzu gehören vor allem die Deckung des Wärmebedarfes für Raumheizung und für industrielle Produktionszwecke sowie der Treibstoffverbrauch der Kraftfahrzeuge. Dennoch

gibt es Bereiche, in denen Elektrizität bevorzugt wird. Hierzu gehört vor allem die Beleuchtung. Daneben wird der Kraft- und Wärmebedarf einer Vielzahl von Maschinen und Geräten im industriell-gewerblichen und landwirtschaftlichen Bereich und im Haushalt durch elektrischen Strom gedeckt.

Die wirtschaftliche Nutzung der Elektrizität begann mit der Entdeckung des dynamoelektrischen Prinzips durch Werner v. Siemens im Jahre 1866. Dieses ist die theoretische Grundlage für den Bau von Kraftwerksgeneratoren und besagt, daß man mechanische Energie in elektrischen Strom umwandeln kann. Der daraufhin einsetzende Bau von Elektrizitätswerken und elektrischen Leitungen griff bald auf Österreich über. 1885 entstand in Hallein das erste private, 1886 in Scheibbs das erste gemeindeeigene Elektrizitätswerk.

Das 1889 gegründete und noch heute in Privatbesitz stehende „Elektrische Werk zu Bad Aussee" nahm als erstes Elektrizitätswerk der Steiermark im Jahre 1891 seinen Betrieb auf. Ein steirischer Pionier der Elektrotechnik war Ing. Franz Pichler, der in Weiz im Jahre 1892 das erste Mehrphasen-Kraftwerk Österreichs erbaute. Er gründete auch eine Elektromaschinenfabrik, aus der das heutige Werk Weiz der ELIN-AG hervorging. Bald entstanden in der Steiermark zahlreiche private und gemeindeeigene Elektrizitätswerke, die großteils heute noch bestehen. In Graz gab es seit 1894 ein privates Elektrizitätswerk, welches 1920 an die Stadt Graz fiel. Heute ist es ein Teilbetrieb der Grazer Stadtwerke AG. Ein Vorgängerunternehmen der heutigen Steiermärkischen Elektrizitäts-AG (STEG) erbaute 1902 in Lebring das erste **Murkraftwerk**. Der Strom aus diesem Werk wurde mittels der ersten Hochspannungs-Fernleitung in der Steiermark in den Raum Graz geliefert. Im Jahre 1904 wurde das Elektrizitätswerk der Stadtgemeinde Judenburg errichtet, welches ein Wasser- und ein Dampfkraftwerk umfaßte.

Im Jahre 1921 wurde unter maßgeblicher Mitwirkung des Landes Steiermark die Steirische Wasserkraft- und Elektrizitäts-AG (STEWEAG) gegründet. Ihre ursprüngliche Aufgabe war **STEWEAG** die Errichtung von Großkraftwerken und Hochspannungs-Verbundleitungen zur Belieferung der großen Industriebetriebe und der bereits bestehenden Elektrizitätswerke in der Steiermark sowie der Stromaustausch über die Landesgrenzen hinweg. 1925 ging als erstes Kraftwerk der STEWEAG das Speicherkraftwerk Arnstein in Betrieb. Mit der Inbetriebnahme einer 60.000-Volt-Hochspannungsleitung über den Semmering begann 1926 die Stromlieferung in den niederösterreichischen Industrieraum. Nach dem Zweiten Weltkrieg wurde die STEWEAG durch das II. Verstaatlichungsgesetz von 1947 zur steirischen Landeselektrizitätsgesellschaft erklärt und zur Gänze in öffentliches Eigentum übergeführt. Heute hat sie in einigen Teilen der Steiermark auch die Letztverbraucher-Versorgung übernommen und ist überdies an der Gas- und Fernwärmeversorgung beteiligt.

Der Bedarf an elektrischer Energie steigt weiter an. Die zunehmende Rationalisierung und Automatisierung in Industrie und Gewerbe und die mit wachsendem Wohlstand zunehmende Ausstattung der Haushalte mit Elektrogeräten bewirken, daß sich der Anteil der Elektrizität am gesamten Energieumsatz laufend erhöht. Daher wird auch in Zukunft die Errichtung neuer Kraftwerke und Leitungen unvermeidlich sein.

Fernwärmeversorgung

Fernwärmeversorgung ist die Belieferung mit Wärme zu Raumheizzwecken, die mittels Warmwasser in Rohrleitungen von einer Wärmequelle zu den Verbrauchern übertragen wird. Die Wärme wird entweder in einem Heizwerk erzeugt oder als Abwärme aus einem Kraftwerk oder einem Industriebetrieb gewonnen. Schließlich können auch heiße Quellen oder Grundwasservorkommen für die Fernwärmeversorgung genutzt werden.

In Graz wurde im Jahre 1963 ein von der steirischen Landeselektrizitätsgesellschaft STEWEAG errichtetes Heizkraftwerk in Betrieb genommen. Dieses Werk erzeugt sowohl elektrischen Strom als auch Warmwasser für die Fernwärmeversorgung. Anfangs wurde es nur mit Kohle befeuert, später teilweise auf Erdgasfeuerung umgebaut. Gleichzeitig mit dem Kraftwerksbau begann die Grazer Stadtwerke AG mit dem Bau eines Fernheiznetzes zur Verteilung der eingespeisten Wärme. Erst wurden vor allem öffentliche Gebäude angeschlossen, doch bald dehnte sich das Fernheiznetz auch in Wohngebiete aus.

Mellach/Wildon
Im Jahre 1979 begann die STEWEAG mit der Planung eines kohlegefeuerten Dampfkraftwerkes in Mellach bei Wildon, welches auch für die Fernwärmelieferung in den Raum Graz vorgesehen wurde. 1987 ist dieses Werk in Betrieb gegangen und speist seither über eine rund 18 km lange Rohrleitung das Grazer Fernheiznetz. Das alte Grazer Heizkraftwerk dient künftig nur mehr als Reserve. Das Kraftwerk Mellach wird erheblich zur Wärmebedarfsdeckung von Graz beitragen und zugleich die Luftgüte verbessern, da die Fernheizung Einzelheizungen ersetzt, welche wegen unvollkommener Verbrennung und fehlender Abgasreinigung größere Luftverschmutzer sind.

Voitsberg
Eine weitere Fernwärmeversorgung in der Steiermark besteht im Raume Voitsberg — Köflach. Sie nutzt Abwärme aus dem Dampfkraftwerk Voitsberg. Schließlich ging es in einigen steirischen Orten kleine Blockheizkraftwerke, welche örtlich eng begrenzte Fernwärmeversorgungen speisen.

Die Verbindung von Stromerzeugung und Fernwärmeerzeugung hat sich als wirtschaftlich, energiesparend und umweltfreundlich erwiesen. Fernheizkraftwerke werden daher in Zukunft von steigender Bedeutung für die Energieversorgung unseres Landes sein.

Rohöl-Rohrleitungen

Rohöl-Fernleitungen
Die Beförderung von Rohöl über Land erfolgt heute häufig und oft über erhebliche Entfernungen mittels Rohrleitungen. Österreich wird von zwei Rohöl-Fernleitungen durchzogen. Durch Kärnten, Salzburg und Tirol führt die Transalpine Pipeline (TAL), welche Rohöl vom Hafen Triest zu den Raffinerien des bayerischen Donauraumes befördert. Von dieser Leitung zweigt im Gailtal die Adria-Wien-Pipeline (AWP) ab, welche zur Raffinerie Schwechat führt. Diese im Jahre 1970 in Betrieb gegangene Rohrleitung durchzieht nahezu parallel zur Ferngasleitung der Austria Ferngas-Gesellschaft die südöstliche Steiermark.

Bei Wohlsdorf zweigt von der Adria-Wien-Pipeline eine Rohrleitung zum Erdöl-Großtanklager Lannach ab. Dieses Tanklager steht im Eigentum der Erdöl-Lagergesellschaft, an der die Österreichische Mineralölverwaltung sowie einige internationale Ölgesellschaften beteiligt sind. Es dient zur Lagerung von Notstandsvorräten an Rohöl für den Fall, daß Österreichs Öleinfuhr infolge irgendwelcher Ereignisse zeitweilig eingeschränkt oder unterbrochen wird.

Tanklager Lannach
Im Großtanklager Lannach kann Öl auch von oder in Tanklastkraftwagen und Eisenbahn-Kesselwagen umgeladen werden. Damit zeigt sich, daß Rohrleitungen Glieder in einer mehrteiligen Kette der Warenbeförderung sein können.

Schlußbemerkungen

Abschließend sei festgehalten, daß Lieferungen über Leitungen ein Teil des neuzeitlichen Handelsverkehrs und Leitungsanlagen eine neuzeitliche Form von Handelswegen sind. Die über Leitungen gelieferten Wirtschaftsgüter dienen überwiegend der Deckung von Grundbedürfnissen des Menschen. Daher besteht an den Wirtschaftszweigen der Allgemeinversorgung mit Wasser, Gas, Elektrizität und Fernwärme ein großes öffentliches Interesse. Viele Versorgungsunternehmen wurden von Gemeinden oder Gebietskörperschaften gegründet. Ursprünglich private Versorgungsunternehmen fielen oft nach Ablauf befristeter Konzessionen an Gemeinden. In manchen Ländern wurden Versorgungsunternehmen zwangsweise in öffentliches Eigentum übergeführt. Doch zeigt ein Vergleich zwischen Ländern mit und ohne Verstaatlichung von Versorgungsunternehmen, daß für die Güte und Wirtschaftlichkeit der Versorgung nicht die Eigentumsverhältnisse an diesen Unternehmen entscheidend sind. Wichtig sind lediglich klare gesetzliche Vorgaben und Rahmenbedingungen, welche eine sichere Versorgung der Allgemeinheit unter sowohl für die Abnehmer als auch für die Lieferer zumutbaren Bedingungen vorschreiben. Darüberhinaus soll es den Versorgungsunternehmen überlassen bleiben, nach den allgemeinen Grundsätzen und in den üblichen Formen des Wirtschaftslebens zu handeln. Nur dann können sie das für jede Art von Versorgung anzustrebende Ziel erreichen: ausreichend — sicher — billig.

FOHNSDORF

Mit seiner Südanlage am nördlichen Rand des Judenburger Beckens liegt Fohnsdorf mit einer Höhenlage von ca. 740 m. Von seiner ehemaligen Braunkohlenbergbau-Tradition zeugt noch ein mächtiger Förderturm mit einem angeschlossenen Bergbaumuseum, in dessen Mittelpunkt eine Original-Dampffördermaschine steht. Auch der Besuch des Schaustollens hinterläßt bleibende Eindrücke vom ehemaligen Braunkohlen-Untertage-abbau.

Heute ist Fohnsdorf ein sauberer, gepflegter Ausbildungsort mit verschiedenen Schulen und einer traditionellen Kultur (Bergkapelle, Knappschaftsverein, Gesangs-vereine, Faschingsgilde u. v. m.).

Trotz der über 10.000 Einwohner zählenden Gemeinde ist Fohnsdorf der Dorfcharakter weitgehend erhalten geblieben. Die umliegenden, von der Ansiedlung her getrennten Dörfer Sillweg, Rattenberg, Aichdorf, Hetzendorf, Wasendorf und Kumpitz haben zum Teil ländliche Strukturen.

Auskünfte:
Verkehrs- und Meldeamt
A-8753 Fohnsdorf
Hauptplatz 3
Tel. 03573/4221-

So haben wir insgesamt für unsere Gäste ein vielfältiges Angebot an Wanderwegen zu schönen Ausflugszielen wie bewirtschaftete Almhütten und Jausenstationen. Für den naturverbundenen Gast ist auch das Naturschutzgebiet Rattenberger Teich, an dem viele Zugvögel Rast halten, ein beliebtes Ziel. Gäste finden Unterkunft in preiswerten Gasthöfen und Frühstückspensionen. Dem Sportler und Aktivurlauber stehen auch Rodelbahn, Eisbahnen und Lang-laufloipen zur Verfügung. Nicht zufällig kommen aus dieser Gemeinde international bekannte Sportgrößen wie Alois Stadlober und die Rodlerinnen Irene und Renate Koch.

Günstige Verhältnisse ziehen auch Drachenflieger immer wieder an. Reiten, Squash, Tennis und Fischen werden zu günstigen Pauschalpreisen angeboten. Ein Hallenbad sowie ein neugestaltetes Freibad runden das Angebot ab.

Suchen Sie preiswerte Erholung – Fohnsdorf ist sicherlich der richtige Ort für Sie.

FOHNSDORF

Salzburg/BRD · Scheifling · Judenburg · Zeltweg · Knittelfeld · St. Michael · Salzburg · Klagenfurt/Italien · Weißkirchen · St. Wolfgang a. Zirbitz · Großlobming · Kleinlobming · Obdach · Graz · Klagenfurt · Wolfsberg · Jugoslawien

Günther R. Burkert

Geschichte des steirischen Fremdenverkehrs

Der Fremdenverkehr in der Monarchie

Der Fremdenverkehr vor der Epoche der Eisenbahn kann auf einen kleinen Kreis begüterter Personen beschränkt werden. Er wurde ursprünglich nur von den Bildungsreisen der oberen Stände, den sogenannten adeligen Kavalierstouren, von Wallfahrten und zum geringen Teil von Kur- und Badeaufenthalten geprägt. Dazu kamen Geschäftsreisen der Händler, Verwaltungsreisen von Beamten und Studienreisen von Wissenschaftern und Forschern.

1. Bäderfremdenverkehr

Die an Ort und Zeit gebundenen Wallfahrten und die in regelmäßigen Zeitabständen folgenden Getreide-, Jahr- und Viehmärkte sorgten zwar für eine gewisse Bevölkerungsbewegung, blieben jedoch nur temporär bedeutsame Fremdenverkehrseinrichtungen. Die früh erkannte Bedeutung des Besuches von Heilbädern hingegen entwickelte sich bald zu einem krisenfesteren und modisch wenig beeinflußten Fremdenverkehrsfaktor. Besondere Bedeutung erlangten die Badeorte im 19. Jh., als der Adel aufhörte, sich Lustschlösser für sommerliche Aufenthalte bauen zu lassen und es vorzog, seine Residenzen in wärmeren Jahreszeiten mit den Hotels der Bäder zu vertauschen. Für Leute, die etwas auf sich hielten, wurde es fast zur Verpflichtung, ins Bad zu gehen.

Darüber hinaus eröffneten die ersten Eisenbahnen für Badereisen und Kuraufenthalte neue Aspekte. Viele verborgene Kurorte und Heilbäder wurden nun nochmals entdeckt. Neben den immer günstiger werdenden Anreisezeiten senkten sich auch die Reisekosten. Allerdings ging parallel dazu auch die Aufenthaltsdauer im Bad während einer Kursaison von zwei bis drei Monaten auf vier bis sechs Wochen zurück.

Bäderaufenthalte werden „in"

Die Bedeutung des Kurbäderbesuchs schlug sich in zahlreichen Publikationen nieder. So veröffentlichte Rudolf Gustav Puff 1854 seinen „Wegweiser in sämtliche Gesundbrunnen und Bäder der Steiermark. Für Reisende und Curgäste" und Mathias Macher 1858 eine „Übersicht der Heilwässer und Naturmerkwürdigkeiten des Herzogthumes Steiermark". Zahlreiche Bäder fanden darin Aufnahme. Zu den bedeutendsten gehörte *Bad Gleichenberg,* das nach aufsehen-

Abb. 66: Der traditionsreiche steirische Kurort **Bad Gleichenberg.**

Heilbad Gleichenberg. Kurplatz

erregenden Heilungserfolgen ab 1819 mit einer Versendung des nach Erzherzog Johann benannten Johannisbrunnenwassers begann. Unter der Führung von Mathias Constantin Graf von Wickenburg übernahm der „Gleichenberger und Johannisbrunnen Actien-Verein" die Nutzungsrechte des Heilvorkommens. Trotz ständiger baulicher Erweiterungen war die Kuranstalt bis nach dem Zweiten Weltkrieg in ihren verschiedenen Abteilungen räumlich nicht zusammengefaßt. Erst ein umfangreiches Sanierungsprogramm vereinigte in langjähriger Bautätigkeit alle Teile unter einem Dach.

Ein Großteil der Gäste Gleichenbergs kam um die Jahrhundertwende aus dem ungarischen Teil der Monarchie. Diese Gäste blieben auch nach dem Ersten Weltkrieg Bad Gleichenberg treu, doch verhinderten die politischen Umwälzungen in Ungarn einen Fortbestand der Treue. Nicht unwesentlich war für die steigende Nächtigungszahl auch, daß viele berühmte Ärzte ihre Sommerpraxis in Gleichenberg hielten und so Kurgäste in ihrem Gefolge bis zum Ende der Ersten Republik in den Kurort kamen.

Quelle Heilbrunn/Grubegg

Etwas anders verlief die Entwicklung bei der Quelle von *Heilbrunn/Grubegg:* Nach mißlungenen Versuchen im 19. Jh. führte eine Wasseranalyse des Ackerbauministeriums 1895 zur Aufnahme Mitterndorfs und Heilbrunns in das Österreichische Bäderbuch, doch wurde der Aufwärtstrend durch den Ersten Weltkrieg vorerst unterbrochen. Auch während der Ersten Republik konnten sich zögernde Versuche für eine Neubelebung nicht durchsetzen, wobei die zu geringe Ergiebigkeit der Quelle für die Interesselosigkeit der Verantwortlichen ausschlaggebend war. Erst die jahrelange Suche durch einen Wünschelrutengeher führte zur Entdeckung einer ergiebigen Quelle, die den Ausbau Heilbrunns nach dem Zweiten Weltkrieg lohnte.

Thermalheilbad Wildbad Einöd

Auch in *Wildbad Einöd* wurde in der ersten Hälfte des 19. Jhs. der Ausbau der Kuranstalt des Thermalheilbades begonnen. Gutsbesitzer, Offiziere, Professoren, Advokaten und Bürger gehörten zu den zahlreichen Badegästen. Das klare, salzig schmeckende Wasser wies einen reichen Eisenoxydniederschlag auf und wurde zu Trinkkuren für Bleichsüchtige, Blutarme, bei Nierenleiden, Magenkatarrh und Halsleiden empfohlen. 1918 kam das Bad in die einstweilige Verwaltung der Steiermärkischen Landesregierung. Im Landesrat wurde 1919 ernstlich in Erwägung gezogen, die Übernahme des Bades in das Eigentum des Landes Steiermark vorzubereiten, da alle früheren landschaftlichen Bäder an den SHS-Staat (Serben, Kroaten, Slowenen) gefallen waren. Doch stieß man auf zu große rechtliche Schwierigkeiten, so daß nun der jeweils höchste militärische Funktionär der Steiermark die gesamte Verwaltung in die Hände bekam.

Kurorte der Untersteiermark

Große Bedeutung für den steirischen Fremdenverkehr in der Monarchie hatten auch die Kurorte in der damaligen Untersteiermark. *Bad Neuhaus/Doberna* wurde nach privatem Beginn 1858 von den steirischen Ständen erworben. Für das schon seit 1865 mit einem Wasserversand ausgestattete *Bad Radein/Radenci Slatina* wurde der 1890 erfolgte Anschluß an das Eisenbahnnetz zum belebenden Faktor. Im *Römerbad/Rimske Toplice* weilten zahlreiche hohe Gäste, wobei der ungarische Adel offenkundig dominierte. Das oft auch als „Steirisches Karlsbad" bezeichnete *Rohitsch-Sauerbrunn/Rogaška Slatina* verdankt die Begründung seines Rufes dem Leibarzt Kaiserin Eleonores, der Gattin Leopolds I. Die Besucher waren Aristokraten, vor allem aus Ungarn und Kroatien, reiche Triestiner und Fiumeser Kaufleute sowie höhere Beamte aus Graz. Auch hier konnte die Bahnverbindung die Gästezahl steigern. Das 1856 feierlich eröffnete „Kaiser-Franz-Josefsbad" in *Tüffer/Laško* galt als das größte seiner Art im Herzogtum Steiermark und wurde in der Folge zum beliebten Sommeraufenthalt der Grazer und Wiener Aristokratie. Aber auch das „Sannbad" in *Cilli/Celje* erfreute sich steigender Beliebtheit, was sich 1877 mit bereits 12.000 Besuchern zeigte.

Zahlreiche andere Kurorte müßten hier noch erwähnt werden. So erhielt die Fremdenverkehrseinrichtung im Ausseer Land einen entscheidenden Anstoß durch die Entdeckung der Heilkraft der Salzsole, die durch Auslaugung des „Haselgebirges" entstand und durch fünf Kilometer lange Rohrleitungen nach *Bad Aussee* gelangte. In *Wörschach* wurde 1835 eine „Schwefelbadeanstalt" errichtet, deren besonders gute Heilwirkung bei chronischen Gicht- und Rheumaerkrankungen bald erwiesen war. Weit über die Steiermark hinausgehende Bekanntheit besaß die im Landesbesitz befindliche Kuranstalt *Tobelbad,* die vor allem von Nervenleidenden sowie Lungen- und Magenkranken besucht wurde, denen nach Schweizer Art aus Kuh- und Ziegenmilch bereitete Molke verabreicht wurde. Diese Kurorte hatten neben ihrem Kurbetrieb meist auch einen Mineralwasserversand. Reine Mineralwasservorkommen gab es noch in *Bad Gams* mit seiner „Michelquelle", im *Zlattengraben* bei Pernegg mit seiner „Säuerlingquelle" und in *Thalheim,* das zu den besten Heilwässern der Monarchie zählte.

„Kaltwasser-Heilanstalten"

Dem neuen „Gesundheitsbewußtsein" entsprachen vor allem auch die „Kaltwasser-Heilanstalten". So verdankte *St. Radegund* dem Wirken Dr. Gustav Novys, der 1864 die „Kaltwasser-

Aussee
Halltal
Mitterndorf
(Heilbrunn)
Wolkenstein
Gams
Wörschach
Stanztal
Zlatten
Thalheim
Fentsch
Einöd
Tobelbad
Johannesquelle
Kalsdorf
Klausen
Hengsberg
Gleichenberg
Sulzegg
Johannisbrunn
Schwanberg
Stainztal
Thermalbad
Eibersdorf
Radein
Mineralquelle
Ob. Scheriafzen
Sulzdorf

Situation Ende des 19. Jhs.

Tobolschitz
Sulzbach
Neuhaus
Sternstein
Kostreinitz
Slatina
Kassase
Gabernigg
Rohitsch-Sauerbrunn
Tüffer
Welo
Arjavec
Römerbad
Pristova

Grafik 17: **Die wichtigsten Mineralquellen des Herzogtums Steiermark**

Heilanstalt" übernahm, sein Aufblühen. Seine beachtlichen Erfolge brachten Gäste aus Syrien, Ägypten, Griechenland, der Moldau und Walachei, aus Polen und Rußland nach St. Radegund, die oft sogar in der Anstalt überwinterten.

Da das Trinken von frischem Quellwasser eine wesentliche Rolle bei dieser Kur spielte, wurden von den etwa 60 im Quellgebiet der Rabnitz aus den südöstlichen Niederungen des Schöckls entspringenden Gebirgsquellen 28 in marmorne Rinnen gefaßt. Mit dem Tod Dr. Novys und dem Ableben seines berühmten Nachfolgers Dr. Gustav Ruprich war der Zeit des internationalen Aufstieges ein Ende gesetzt. Die Zwischenkriegszeit brachte eine vollkommene Änderung der Besucherstruktur. An die Stelle der glanzvollen Gesellschaftsschichten traten nun mit der sozialen Gesetzgebung die Mitglieder der Krankenkassen.

Weitere Heilanstalten befanden sich in *Bad Klöch, Eggenberg* bei Graz, *Frohnleiten, Steinerhof* bei Kapfenberg und in *St. Ruprecht an der Raab,* wo auch Fichtennadelbäder verabreicht wurden.

Luft als Heilfaktor

Die Luft als Heilfaktor bei Erkrankungen der Atmungsorgane, des Herzens und des Nervensystems wurde in einigen steirischen Orten zu einem wesentlichen Bestandteil bei der Anwerbung von Fremden. So wurde *Laßnitzhöhe* in den achtziger Jahren des 19. Jhs. wegen seiner sonnigen Lage und des milden Klimas zum Standort für eine der modernsten Heilanstalten der Steiermark dieser Zeit. Die Lage des Ortes ist für seine Bedeutung entscheidend. Vom

Süden aufsteigende Talwinde treffen auf die vom Schöckl abfallende kühlere und würzigere Luft, womit eine „Klimaschaukel" erzeugt wird. Kühleren Sommern stehen wärmere Winter gegenüber.

Auch in *Judendorf-Straßengel,* dem „steirischen Meran", machten sich Kuranstalten das außergewöhnlich milde Klima und die von allen Niederschlägen und Staub freie Luft zunutze, genauso wie *Aflenz,* das „steirische Davos", das 1890 zu einem „Wintercurort für Lungenkranke" umgewandelt werden sollte.

2. Der Beginn des organisierten Fremdenverkehrs

Gründung eines Fremdenverkehrskomitees

Hatten schon im Biedermeier bedeutende Kongresse in Graz stattgefunden — als Ergebnis dieser Tagungen wurden die ersten wissenschaftlichen Topographien der Stadt Graz (Gustav Schreiners „Grätz" 1843 und Ilwof-Peters „Graz-Geschichte und Topographie" 1875) herausgegeben — so war dies doch noch kein „Kongreßtourismus" im Sinne des 20. Jhs. Der „moderne" Fremdenverkehr begann am 17. März 1879, als in einem Klubzimmer des Hotels „Zur Sonne" in Graz der Grundstein für die weitere Entwicklung gelegt wurde. Im Rahmen des Steirischen Gebirgsvereins konstituierte sich ein Fremdenverkehrskomitee, das die Förderung des Fremdenverkehrs in der Steiermark betreiben sollte. Zur Durchführung dieses Programms bildeten sich Lokalkomitees in Wildon, Deutschlandsberg, Ehrenhausen, Eisenerz, St. Gallen, Hartberg, Judenburg, Leibnitz, Obdach und Liezen. Am 21. November 1881 wurde das Fremdenverkehrskomitee in den „Verein zur Beförderung des Fremdenverkehrs in Steiermark" umgewandelt. Nach seinem Vorbild wurden die meisten anderen Vereine in Österreich gegründet.

Entscheidend für die künftige Entwicklung des Fremdenverkehrs in Österreich war jedoch die Organisierung des ersten „Delegiertentages zur Förderung des Fremdenverkehrs in den österreichischen Alpenländern", den der Verein am 13. und 14. April 1884 in Graz veranstaltete. 160 Delegierte aus allen Alpenländern Österreichs fanden sich in Graz ein, um erstmals gemeinsam Grundsatzfragen für die Entwicklung des Fremdenverkehrs zu diskutieren. Die nun folgende Gründung eines „Verbandes zur Förderung des Fremdenverkehrs in den österreichischen Alpenländern" sah den steirischen Verein in der Leitung der Geschäfte. Die rege Tätigkeit dieses in Graz situierten Vereines wurde von den anderen Ländern allerdings nicht unterstützt, da die Länder zu unterschiedliche Interessen hatten. Die Bestrebungen mußten deshalb nach zweijähriger kostspieliger Tätigkeit als gescheitert angesehen werden. Auch die Substanz des vorher blühenden „Vereins zur Förderung des Fremdenverkehrs in Steiermark" wurde durch seine österreichweiten Aktivitäten aufgezehrt. Der Versuch des Gesundschrumpfens 1895 zu einem „Verein zur Förderung des Fremdenverkehrs in Graz und Umgebung" schien anfangs zu glücken, doch mußte der Verein 1897 seine Auflösung „wegen Mangels an Theilnahme" bekanntgeben.

Verschönerungsvereine

Den Grundstock für die Entwicklung des modernen Fremdenverkehrs im 20. Jh. legte allerdings die große Zahl ehrenamtlicher Mitarbeiter in den Verschönerungsvereinen. Diese ab 1880 ins Leben gerufenen Vereine beschäftigten sich zuerst mit der Verschönerung ihres Ortsbildes, schufen aber auch bald für die immer größere Zahl der eintreffenden Fremden Einrichtungen: Flußbäder, Parkanlagen, Lesehallen, Fremdenlisten und ungezählte Veranstaltungen taten das ihre, um immer mehr Gäste anzuziehen. Auf dieses dichte Netz von Verschönerungsvereinen konnte sich der am 14. April 1901 konstituierte „Landesverband für Fremdenverkehr in Steiermark" bei seiner umfassenden Tätigkeit stützen. Seine Verankerung im Grazer Kulturleben zeigen die von hervorragenden Fachleuten gestalteten Werbepublikationen:

Erster Reiseführer durch die Steiermark

Der Landeskonservator Dr. Walter v. Semetkowski bearbeitete 1910 den „Illustrierten Führer durch die steiermärkische Landeshauptstadt Graz", den ersten kunsthistorischen Führer von Graz. 1914 schuf Dr. Karl Gawalowski, der spätere Direktor der Landesbibliothek, ein Reisehandbuch für das ganze Land unter dem Titel „Steiermark — Hand- und Reisebuch".

3. Sport und Fremdenverkehr

Alpinsport

Schon in den dreißiger und vierziger Jahren des 19. Jhs. begann die durch die Romantik begünstigte Entwicklung des *Alpinsports* mit dem Hinausdrängen der Stadtbewohner in die Natur. Die Alpenländer — wenig berührt von der industriellen Entwicklung — boten ideale Voraussetzungen: Ruhe, Entspannung und Erholung. In den sechziger Jahren kam es zur Gründung der ersten Alpenvereine: In Österreich folgte dem 1862 gegründeten „Österreichischen Alpenverein" 1869 der „Deutsche Alpenverein". Die Mitglieder aller Alpinvereine haben mit viel Begeisterung geholfen, die Bergwelt für die Allgemeinheit zu erschließen. Die Touristen, die nun betreut von den Alpenvereinen in vorher kaum besuchten Alpentälern auftauchten, waren die eigentlichen Pioniere des Fremdenverkehrs. Sie waren es, die den Einheimischen eine neue Erwerbsquelle zeigten und auch zur Schaffung von Einrichtungen für die Betreuung von Fremden anregten.

Ende des 19. Jhs. gesellten sich zu den Bergsteigern Wintersportler. Bereits 1893 organisierte der „Verein steirischer Skiläufer" das „Erste internationale Skiwettlaufen" als erste derartige Veranstaltung in Mitteleuropa. Durch die Erweiterung des *Wintersports* auf die Wintererholung versuchte die Werbung den Interessentenkreis für einen Winterurlaub zu vergrößern. Typisch für diese besondere Art der Wintererholung war der moderne Winterkurort Semmering, dessen Gäste nur zum geringsten Teil aktive Sportler waren. Dafür erwartete sie eine große Zahl sportlicher Ereignisse, bei denen sie Zuschauer sein konnten. Drei Sprungschanzen, Eisschaulaufen, Eishockeywettspiele und „Curling competitions" boten Gelegenheit dazu. Daß die Vorbedingung für diesen Typ von Winterkurort höchststehender Hotelkomfort ist und daß Gaststätten sowie Bars und Kaffeehäuser gefordert wurden, ist nur verständlich. Kurmusik, mehrere Orchester, Teekonzerte, Soiréen, Bälle aller Art, Gartenfeste, Tennis- und Golfturniere sowie Schwimmveranstaltungen sorgten das ganze Jahr über für die Unterhaltung der Gäste.

Nach der Errichtung der Republik erlangten die Arbeiter nicht nur den Achtstundentag, sondern konnten mit dem nun freien Samstagnachmittag und dem Urlaub den Nahbereich der Städte verlassen. Damit begann der Massentourismus auch im Winter, wobei Mürzzuschlag dank seiner günstigen Lage zwischen zwei Großstädten Geburtsstätte der Arbeiter-Wintersportbewegung wurde.

Auch der *Radfahrsport* erfreute sich im 19. Jh. immer größerer Beliebtheit. Der im Frühjahr 1887 gegründete „Steirische Radfahrer-Gauverband" gab schon 1889 ein „Tourenbuch von Steiermark für Radfahrer" heraus. Das Fahren „in wenig bekannte schöne Gegenden und versteckte Winkel" sollte „der Hebung des Fremdenverkehrs" dienen. Schließlich spielten auch *Jagd und Fischerei* schon früh eine wesentliche Rolle für das Bekanntwerden der Steiermark über die Landesgrenzen hinaus. Gerade die Einladungen zu Jagden durch Erzherzog Johann, aber auch die Gäste Kaiser Franz Josephs I. trugen dazu bei, daß die ältesten Fremdenbücher eine imposante Parade österreichisch-ungarischer und reichsdeutscher Hochadelsfamilien boten.

4. Verkehrsmittel

Die Erfindung der *Eisenbahn* bedeutete für das Verkehrswesen eine totale Umwälzung. Erst jetzt konnte von einem Massenverkehr über größere Entfernungen gesprochen werden, der noch dazu sehr schnell war. In jeder Region war die Auswirkung einer neuen Eisenbahntrasse auf den Fremdenverkehr sofort erkennbar. So bedeutete die seit 1910 durchgehend bis Hartberg befahrbare Aspangbahn beispielsweise die Geburtsstunde des Fremdenverkehrs in der Oststeiermark. Eine besondere Stellung nahm auch die Mariazeller Bahn ein, die auf der Strecke St. Pölten – Mariazell – Gußwerk 1912 anläßlich einer Massenwallfahrt innerhalb von zwölf Stunden mit 25 Zügen 10.000 Pilger beförderte.

Doch nicht nur die bessere Verkehrserschließung durch die Bahn brachte den Tourismus ins Land. Es war der Generaldirektor der Südbahn, Friedrich Schüler, der aus Bahnstationen Fremdenverkehrsorte machte. So spielte die Semmeringhöhe vor der Eröffnung des Südbahnhotels 1882 kaum eine touristische Rolle. Zwei Jahre später hatte sich eine hübsche Villenkolonie gebildet und das „Südbahn-Hotel" wurde zum „Stephansplatz des Semmering".

Hatte man im 19. Jh. mit dem Bau großer Straßenmauern, bemerkenswerter Holzbrücken, der Ausführung von Straßentunneln und Galerien gegen Steinschlag und Schneelawinen zur Verbesserung des Straßenwesens begonnen, so hörten diese Aktivitäten mit dem Ausbau des Eisenbahnnetzes sofort auf. Der Eisenbahn war auf der Straße kein Konkurrenzverkehrsmittel gegenübergestanden. Die ersten *Automobilisten* mußten sich deshalb mit den Straßen des frühen 19. Jhs. zufriedengeben. Als Maximaltempo galt ab 1910 45 Kilometer pro Stunde, wobei in der Steiermark — im Gegensatz zu Kärnten — Linksfahren vorgeschrieben war. Trotzdem erlangte das Automobilreisen vor dem Ersten Weltkrieg doch schon eine so große Bedeutung, daß ein eigener Führer für die Steiermark und die angrenzenden Länder herausgegeben wurde.

5. Werbung

Während 1839 die „Ankündigungs-Tafeln", etwas später die ersten Annoncenbüros Österreich erreicht hatten, begann um 1880 ein neues Zeitalter des Werbewesens, das farbig lithografierte *Plakat* setzte sich, von Frankreich ausgehend, auch bei uns durch. Da es noch keine Werbegrafiker gab, schufen angesehene Künstler Entwürfe. Bahnen und Schiffahrt zählten zu den häufigsten Auftraggebern für Fremdenverkehrswerbung. Darüber hinaus warben die Hotels schon relativ intensiv, vor allem mit Inseraten, aber auch mit Plakaten und Prospekten. Kofferetiketten waren ebenso üblich wie begehrt.

Um die Jahrhundertwende erlebte die illustrierte *Postkarte* den Höhepunkt ihrer Entwicklung. Bevor es zum endgültigen Siegeszug der Fotografie kam, stand dem grafischen Gewerbe eine solche Vielfalt von Techniken zu Gebote, wie sie nach dem Ersten Weltkrieg aus wirtschaftlichen Gründen nicht mehr möglich war: Holzschnitt und -stich, die Radierung, die Lithographie kamen genauso zur Anwendung wie der Öldruck oder die Zinkographie. Das Ergebnis war eine unendliche inhaltliche und grafische Variationsbreite, die dem nun neu erblühenden Erwerbszweig Fremdenverkehr wunderschöne Ansichtskarten einbrachte und somit zum begehrten Sammelobjekt mit der Aufschrift „Gruß aus . . ." wurde.

6. Das abrupte Ende durch den Ersten Weltkrieg

Die Einstimmung der steirischen Bevölkerung auf den Massentourismus — für den sogar Peter Rosegger aufgeboten wurde — kam zu spät. Mit dem Beginn des Ersten Weltkriegs fand der Fremdenzuwachs in der Steiermark ein rasches Ende. Darüberhinaus führte die Zwangsbewirtschaftung durch den Schleichhandel zur Verteuerung der dem Gastgewerbe zugeführten Lebensmittel, staatlich festgelegte Höchst- und Richtpreise mußten zu Verlusten in den Betrieben führen. Außerdem hatte die Heeresverwaltung Kupfer- und Messinggegenstände während des Krieges zu Preisen requiriert, mit denen nach Kriegsende durch die Geldentwertung nur mehr ein Bruchteil davon beschafft werden konnte. Die Folge war die Schließung einer Reihe von Kleingewerbebetrieben. Die Fremdenverkehrswirtschaft lag schließlich am Ende des Krieges vollkommen zerstört darnieder.

Der Fremdenverkehr während der Ersten Republik

1. Der Beginn nach dem Krieg

Der in den Jahren 1919/20 einsetzende Fremdenstrom war auf den raschen Verfall der österreichischen Währung zurückzuführen. Neben den Sorgen, die das Gaststättenwesen mit der Verpflegung der Gäste und der Beheizung hatte, erwies sich durch die galoppierende Inflation jede Preiserstellung als vollkommen sinnlos. Trotzdem erkannten führende Wirtschaftspolitiker, daß sich durch den Ausbau des internationalen Tourismus ungeahnte Möglichkeiten für unser Land ergeben könnten. Deshalb begannen sie nun, den Fremdenverkehr systematisch zu intensivieren. In die ersten Jahre nach dem Ersten Weltkrieg fällt daher der eigentliche Beginn des modernen Fremdenverkehrs in unserem heutigen Verständnis, geboren aus der wirtschaftlichen Notwendigkeit der Nachkriegszeit.

In rascher Folge wurden Hotels gebaut, und Fremdenverkehrseinrichtungen schossen wie Pilze aus der Erde. Die relativ günstigen Angebote gegenüber den Konkurrenzländern waren durch die ungeheure Geldentwertung möglich: Besonders Ungarn, Gäste aus der Tschechoslowakei und dem SHS-Staat (Slowenen, Kroaten, Serben) nützten den günstigen Wechselkurs. Ab 1922 setzte die planmäßige österreichische Fremdenverkehrspolitik ein, der auf Landesebene die Gründung von Landesverkehrsämtern folgte. Diese sollten im Rahmen der einzelnen Länder das Verbindungsglied zwischen Fremdenverkehr und Landesregierung darstellen. 1925 wurden in Österreich 606 Gemeinden als „Fremdenorte" klassifiziert, wobei die Steiermark nach Niederösterreich und Tirol das Bundesland mit den meisten Fremdenorten und Gästebetten war.

*Abb. 67a:
Steirische* **Notgeld-
scheine** *aus 1920.*

2. Internationale Veranstaltungen

Die Steiermark versuchte in der Zwischenkriegszeit auch durch internationale Veranstaltungen möglichst attraktiv zu werden. Die seit 1921 veranstaltete Wiener Messe und die 1922 begonnenen Salzburger Festspiele dienten dabei als Vorbild. Gerade in den für den steirischen Fremdenverkehr so erfolgreichen Jahren 1922 bis 1929 spielten diese Veranstaltungen eine wesentliche Rolle.

Waren die erste Grazer Herbstmesse des Jahres 1906 und ihre Nachfolger bis zum Ersten Weltkrieg noch Ausstellungen mit Volksfestcharakter, so entwickelte sich die *Grazer Messe* ab 1921 zur vollwertigen internationalen Messe. Dabei übernahm Graz die Rolle des Verbindungsgliedes zwischen den nun zerrissenen Gebieten des Südostens der alten österreichisch-ungarischen Monarchie und den Balkanstaaten. **Grazer Messe**

Die kulturelle Seite wurde durch die vom steirischen Schriftstellerbund getragene „Grazer Festspielgemeinde" betreut. 1930 zum ersten Mal veranstaltet, sollten die Grazer Festspiele „eine ständige Einrichtung werden, die insbesondere nach dem Ausbau der Packstraße all jene Reisenden, die diese neue Straße benützen, in Graz zur Reisezeit einige Tage festhalten". **Grazer Festspiele**

Auch Schladming, „die steirische Skistadt", wie sie sich nun in der Werbung nannte, veranstaltete internationale Treffen. So fanden 1933 die „Schladminger Winterfestwochen" statt, die vor den Rennen der FIS in Innsbruck zahlreiches Publikum anlockten.

3. Kurorte und Heilstätten

Nach dem Ersten Weltkrieg waren die bekanntesten steirischen Heilbäder *Bad Aussee, Bad Gleichenberg, Bad Einöd* und das Schwefelbad *Wörschach* im Ennstal. Daneben bestand eine Reihe anderer Kurorte und Heilanstalten, die moderner Naturerkenntnis und Unternehmergeist ihre Entstehung verdankten. An vorderster Stelle muß dabei das obersteirische *Aflenz* mit seinen Höhe- und Liegekuren genannt werden, das weit über die Grenzen Österreichs hinaus einen guten Ruf genoß.

Weitere Heilanstalten bestanden während der Ersten Republik in *Graz* und *Graz-Umgebung,* wobei hier die Heilstätte Hörgas-Enzenbach bei Gratwein und die Kur- und Wasserheilanstalt „Austria" in Frohnleiten zu den bekanntesten zählten. Der Versuch

Abb. 68:
Um den Mangel an Münzen bzw. Kleingeld zu bekämpfen, wurden von zahlreichen Gemeinden und Firmen Notgeldscheine ausgegeben, welche bald zu einem beliebten Sammlerobjekt wurden.

des Landesarbeitsausschusses für Fremdenverkehr, den Säuerling in *Sauerbrunn* für Bäder und Trinkkuren nutzbar zu machen, schlug fehl. Damit scheiterte die Idee, für die an Jugoslawien gefallenen untersteirischen Bäder Ersatz zu schaffen.

In der Obersteiermark gab es neben Kur- und Wasserheilanstalten ein Erholungsheim für lungenkranke Mädchen in *Neumarkt* und die Sonnenheilstätte *Stolzalpe* bei Murau. Das außerordentliche Ausmaß der Besonnung, die geschützte Lage und die erwiesene Nebelfreiheit sollten die Stolzalpe den berühmtesten Schweizer Kurorten überlegen machen.

4. Veränderung in der Gästestruktur

Nach dem Ersten Weltkrieg änderte sich die Zusammensetzung der Fremden schlagartig. So kamen nun beispielsweise mehr Ausländer ins Ausseer Land. Damit wurde auch mit der Tradition gebrochen, daß die meisten Fremden ihr eigenes Haus in Altaussee hatten und dort auch jedes Jahr längere Zeit verbrachten. Vielmehr nahmen die Fremden nun in Gasthöfen und Pensionen Quartier und blieben nur verhältnismäßig kurze Zeit im Ort. An die Stelle der Aristokraten und Vertreter regierender Häuser traten die bürgerlichen Regierenden, wie Ignaz Seipel und Anton Rintelen. Die schon vor dem Ersten Weltkrieg anreisenden jüdischen Handelsleute kamen bis 1938 in immer größerer Zahl.

Veränderungen gab es aber auch in der Höchstaufenthaltsdauer. So begann diese etwa im Mürztal ab 1933/34 in fast allen Orten zu sinken. Dies hatte einerseits seinen Grund in der wirtschaftlichen Lage, andererseits in der Tatsache, daß für alle Gebiete, die als Ausflugsorte **Höchstaufenthaltsdauer der Gäste** mit dem Auto leicht erreicht werden konnten, die Gäste sich von Dauergästen zu Passanten wandelten. Durch die Rückreise am gleichen Tag konnte die Übernachtung eingespart werden. Damit wurde der minder konsumkräftige, dafür aber für längere Zeit Aufenthalt nehmende Besucher durch den rasch seinen Standort wechselnden Autoreisenden verdrängt. Allerdings begann nun im Zuge der „Sommerfrische"-Bewegung auch eine positive Entwicklung. Viele − vor allem kleinere obersteirische Sommerfrischen − wurden zum Großteil von Wiener Familien als Ferienaufenthalt gewählt. Diese hohen Aufenthaltstageszahlen fanden nun durch den regen Wochenendverkehr der berufstätigen Familienmitglieder noch eine starke Ergänzung.

Die Veränderung in der Gästestruktur kann auch bei einem anderen steirischen Ort nachgewiesen werden, der noch dazu gleichzeitig Wallfahrtsort und Wintersportplatz war: Mariazell. So waren die Jahre 1925 bis 1937 die glanzvollste Zeit Mariazells als internationaler Wintersportplatz. Neben dem Skilauf wurden in der allmählich zum Wintersportzentrum des östlichen Österreichs heranwachsenden Stadt auch bedeutende Rodel-, Bob-, Eislauf-, Skijöring- und Snörekjöringveranstaltungen durchgeführt, die unzählige Besucher − vor allem aus Wien − anlockten. Dazu kam der gute Ruf der Mariazeller Skischule, der ebenfalls zur Beliebtheit des Ortes als Winterfremdenverkehrsort beitrug. Mitverantwortlich für den Aufschwung war auch die 1928 eröffnete Seilbahn auf die Bürgeralpe, eine der ersten in ganz Österreich und bis 1951 die einzige in der Steiermark.

Das vor allem aus Wienern zusammengesetzte Publikum war bis zum Zweiten Weltkrieg treuer Gast in Mariazell, da die Skiorte des Westens teurer und weiter entfernt waren. Längere Urlaubszeit und „Wirtschaftswunder" ermöglichten es nach dem Zweiten Weltkrieg auch dem Wiener, in die westlichen Bundesländer zu fahren, die durch wirkungsvolle Propaganda verstärkt anlockten. Gleichzeitig blieben die Wiener auch als Wochenendbesucher immer mehr aus, da in Niederösterreich und auch in der Steiermark kleinere Wintersportorte beachtenswerte organisatorische Aktivitäten entwickelten, so daß diese Orte den beiden bis dahin beliebtesten Wiener Wochenendausflugsorten, Mariazell und Semmering, eine sehr große Konkurrenz geworden waren.

5. Verkehrsmittel

Für die österreichische Volkswirtschaft, besonders aber auch für den Fremdenverkehr, war der *Automobilismus* von allergrößter Bedeutung. Schon 1896 wurde der „Österreichische Touring-Club" und 1898 der „Österreichische Automobil-Club" gegründet. Kurz darauf fanden die ersten Automobilausstellungen und -rennen statt.

Eine wichtige Rolle im Fremdenverkehr spielten aber auch die Autolinien, Kraftdroschken (Autotaxis) und die Kraftmietwagen, die dem nicht motorisierten Gast zur Verfügung standen. Vor allem in Regionen ohne Eisenbahnverbindung brachte die Neuaufnahme eines Linienverkehrs eine starke Förderung des Fremdenverkehrs. So führte der neue Postkraftwagenkurs über die Packstraße als Verbindung von Graz und Klagenfurt zu einer bedeutenden Steigerung des Fremdenverkehrs im Bereich der Pack. 1928 erschien für diese „Privat-Autolinien" ein „Auto-Fahrplan von Steiermark", der auch der „Fremdenpropaganda" dienen sollte. Auch im Mürztal, Semmering, Mariazeller und Raxgebiet ist die touristische Erschließung vor allem durch die Kraftwagen der Post und der Österreichischen Bundesbahnen erfolgt. Darüber hinaus kam es in den dreißiger Jahren zu einem starken Aufblühen der Gesellschaftsfahrten im Autobus an Sonn- und Feiertagen − vor allem aus Wien −, wobei wegen der Wirtschaftskrise besonders auf niedrige Preise Wert gelegt wurde.

Den Autotouristen wurde ein Führer „Kreuz und quer durch Graz und Steiermark" (1933) in die Hände gegeben, in dem der 1899 gegründete „Steirische Automobilklub" seine Leistungen für den Fremdenverkehr hervorhob: Die erste allgemeine Automobilausstellung 1901 in Graz, die internationalen Riesrennen, die traditionellen Präbichlrennen und Motorradbergrennen hätten zum Kennenlernen der Steiermark beigetragen. Der Werbedienst durch die Grenzgeschäftsstellen in Radkersburg und Spielfeld, aber auch die Forderungen nach Instandhaltung und Ausbau des steirischen Straßennetzes trugen zur Förderung des Fremdenverkehrs bei. Für den Fremdenverkehr bedeutend wurde der sich in der Ersten Republik entwickelnde Flugverkehr. (Siehe dazu im Detail den Beitrag von Gerhard M. Dienes und Peter Teibenbacher, Die Verkehrsverhältnisse . . .)

6. Neustrukturierung der Organisation

Mit dem „Gesetz vom 12. März 1929 betreffend die Förderung des Fremdenverkehrs in Steiermark" wurde eine Landeskommission für Fremdenverkehr eingerichtet, in der Vertreter aller am Fremdenverkehr Interessierten über Förderungs- und Koordinierungsmaßnahmen der Fremdenverkehrspolitik verhandeln konnten. Der der Großdeutschen Volkspartei angehörende Landesrat Dr. Rudolf Hübler bezeichnete bei der konstituierenden Sitzung am 7. Dezember 1929 „den heutigen Tag als eine neue Epoche in der Entwicklung des Fremdenverkehrs in Steiermark". Der ebenfalls eingerichtete „Förderungsdienst für den Fremdenverkehr des Landes Steiermark" umfaßte die Tätigkeit des Fremdenverkehrsreferates der steiermärkischen Landesregierung, die Mitarbeit einer Landeskommission für den Fremdenverkehr und die Errichtung und Verwaltung des Fremdenverkehrsfonds.

Die Berichte über die Tätigkeit des Fremdenverkehrsreferates der Steiermärkischen Landesregierung spiegeln die wirtschaftliche Lage der Ersten Republik wider. So zeigt sich 1932 der verzweifelte Versuch, möglichst viele Fremde in die Steiermark zu bringen: Eine Hilfsaktion für das Hotelgewerbe, Einreiseerleichterungen für Kraftfahrer, Sicherung eines Teiles der wintersportlichen Veranstaltungen der FIS, ein steirisches Hörspiel in der RAVAG Wien, Werbung in ungarischen und deutschen Zeitungen, Erzbergpropaganda, Einbeziehung der Universität Graz in die Studentenreisen deutscher Hochschüler, Propaganda für die volkskundlichen Veranstaltungen der Steiermark und viele andere Ideen wurden vorgetragen, gelangten aber nicht mehr zur Durchführung. Die Schwierigkeiten wurden allerdings immer größer, da das steirische Fremdenverkehrsgesetz — im Gegensatz zu den Gesetzen der meisten anderen Länder — keinen Beitragszwang für Fremdenverkehrszwecke kannte. So betrugen die Beiträge für Fremdenverkehrsförderung in den anderen Bundesländern das Drei- bis Vierfache der Steiermark. Trotzdem lag die Steiermark in der Fremdenfrequenz der österreichischen Bundesländer an der dritten Stelle. Diese eher schlechte Ausgangslage führte zum Versuch einer neuen gesetzlichen Regelung für die Fremdenverkehrsförderung, die 1935 zur Auflösung des Landesverbandes für Fremdenverkehr führte. Am 24. Jänner 1935 wurde die „Landeshauptstelle für Fremdenverkehr" geschaffen, womit eine Vereinheitlichung des Werbeapparates erreicht und zur weiteren Intensivierung des Fremdenverkehrs beigetragen werden sollte. Der Anschluß verhinderte allerdings das Wirksamwerden der gesetzten Maßnahmen.

Ideen zur Besserung des Fremdenbesuches

Der Fremdenverkehr im „Großdeutschen Reich"

Der 1938 erfolgte Anschluß an Deutschland brachte auch für den Fremdenverkehr bedeutsame Folgen mit sich. In der Organisation unterstand ab diesem Zeitpunkt der steirische Landesverband dem Reichsfremdenverkehrsverband, der direkt Joseph Goebbels unterstellt blieb. Die völlige Ausschaltung des jüdischen Gastes brachte einen starken Wandel in der Struktur der Fremden.

Die erste Auswirkung war ein „Sommerführer durch die Sommerfrischen, Heilbäder und Kurorte in Steiermark. Deutsches Reich" (1938), worin die Steiermark als „ein Südland deutscher Sehnsucht" charakterisiert wurde. Noch im gleichen Jahr erschien ein Werbeprospekt „Winter in Steiermark. Deutsches Reich", gefolgt von Artikeln über die Steiermark in der Reisezeitung „Ostmark", die poetisch-deutsch die Schönheiten der Steiermark priesen.

Mit der deutschen Besetzung hörte allerdings der gesamte Auslandstourismus auf. Der so erfolgreiche Start als internationales Reiseland wurde plötzlich unterbrochen. Mit den kriegführenden Staaten war der Fremdenverkehr vollkommen eingestellt, während er mit den Neutralen auch in diesem Krieg auf ein Mindestmaß beschränkt blieb, geregelt durch strenge Paß- und Devisenbestimmungen sowie verschärfte Grenzkontrollen.

Der gesamte Fremdenverkehr wurde zu einem „Kraft-durch-Freude"-Ausflugsverkehr umgewandelt. Dieser brachte zwar eine starke Steigerung der Nächtigungszahlen. Durch die Kriegsereignisse wurde die Steiermark allerdings immer mehr zum Tummelplatz der aus vielen Großstädten evakuierten reichsdeutschen Bevölkerung, die durch viele Jahre nahezu alle Fremdenbetten belegte.

Hinzu kamen Fronturlauber, die ab 1943 bevorzugt zu behandeln waren, genauso wie Angehörige der Polizei, des Reichsarbeitsdienstes und des Wehrmachtsgefolges.

Abb. 69:
Der Volkswagen wurde 1938 zu einem Lieblingsgegenstand der Werbung. Allerdings wurde die Auslieferung für den privaten Gebrauch sehr bald wegen der militärischen Bedürfnisse zurückgestellt.

In Mariazell, Semmering, Spital, Krieglach, Kindberg und Neuberg nahm die Kinderlandverschickung, die Schulkinder aus fliegergefährdeten Gegenden hieher sandte, den weitesten Raum ein. In Altaussee fanden sich Mitglieder der nationalsozialistischen Regierung genauso wie Rüstungsarbeiter und schließlich im Frühjahr 1945 verschiedene Balkanexilregierungen. Die unmittelbaren Auswirkungen der Kampfhandlungen haben dann die steirische Fremdenverkehrswirtschaft restlos zu Boden gestreckt.

Der steirische Fremdenverkehr nach dem Zweiten Weltkrieg

1. Die Nachkriegsjahre

Marshall-Hilfe

Die wirtschaftliche und politische Lage der Steiermark nach dem Zweiten Weltkrieg war der nach 1918 sehr ähnlich. Neben den chaotischen Zuständen der ersten Jahre nach 1945 hemmten vor allem schwere Kriegszerstörungen sowie die Vierteilungspolitik der Siegermächte einen sichtbaren Aufschwung. Für ein Aufleben des Fremdenverkehrs bedeutete das Passieren der Zonengrenzen und die damit verbundenen Formalitäten ein Hemmnis, da die Besorgung eines Passierscheines viel Geduld erforderte.

Neben den Zerstörungen der Fremdenverkehrseinrichtungen, wie Fremdenbetten, der Inventare der Hotels und Gaststätten — der Semmering etwa war Kampfgebiet mit allen Folgeerscheinungen —, machte vor allem der Ausfall des Reisepublikums aus den östlichen Staaten dem steirischen Auslandsfremdenverkehr schwer zu schaffen.

Große Geldmittel flossen zwar aus der Marshall-Hilfe auch in den Wiederaufbau des Fremdenverkehrs, doch ging der größte Teil der amerikanischen Wirtschaftshilfe in den Westen Österreichs, um dort nach einem schnellen Wiederaufbau Deviseneinnahmen für Österreich aus dem Fremdenverkehr zu ermöglichen. Erst 1952/53 begann auch in der Steiermark die Förderung des Fremdenverkehrs im größeren Umfang.

1947: Einrichtung eines „Landesfremdenverkehrsamtes"

Kann man 1945 bis 1947 als Zeit der Rekonvaleszenz des steirischen Fremdenverkehrs bezeichnen — ausländische Feriengäste durften Österreich erst ab 1947 wieder betreten —, so begann er sich ab 1948 kräftig zu erholen. Dies dürfte nicht zuletzt auf das 1947 eingerichtete „Landesfremdenverkehrsamt" zurückzuführen sein.

2. Änderung in der Gästestruktur

Besucherstatistik

Die Steiermark profitierte bei ihren ständig steigenden Nächtigungsziffern vor allem vom Inländertourismus, dem sie in ihrer Preisgestaltung entgegenkam. Darüber hinaus brachte die 1947 durchgeführte Ausländeraktion zahlreiche Gäste in bereits renommierte Fremdenverkehrsorte.

Die Steiermark stand jedoch in dieser Zeit hinsichtlich des Ausländerbesuches in Österreich an siebenter Stelle der Bundesländer, während sie bei Gästen aus Wien an zweiter Stelle und beim Besuch der anderen Bundesländer an erster Stelle stand. Durch die politische Verfolgung der Personen jüdischer Abstammung blieb nach dem Krieg ein großer Teil der Gäste vor allem im Ausseer Land aus. Alte jüdische Familien kehrten auch nach der Rückerstattung ihres oft unter Druck verkauften Besitzes 1948 bis 1950 nicht mehr zurück, sondern gaben ihre Sommersitze weiter. Dies führte zu einer Umschichtung des ständig wiederkehrenden Publikums.

Im allgemeinen blieb die durchschnittliche Aufenthaltsdauer der Ausländer nach dem Zweiten Weltkrieg hinter der vor dem Krieg zurück. Besonders betraf dies jene Gebiete, wo die Besucher aus Deutschland die Mehrheit unter den Auslandsfremden stellten. In Gebieten, in denen die Italiener unter den Ausländern dominierten — vor allem Mariazell und Neumarkt —, lag die durchschnittliche Aufenthaltsdauer über dem Vorkriegsstand. Sie kamen vor allem zur Sommerfrische oder zur Kur, die naturgemäß an längere Aufenthalte gebunden war.

Neben den Besuchern aus Deutschland und Italien, die am Anfang der fünfziger Jahre den größten Prozentsatz unter den Gästen in der Obersteiermark erreichten, hatte sich gegenüber 1937 auch die Zahl der Besucher aus der Schweiz und den Benelux-Staaten erhöht.

3. Das Eingreifen des Landes

Auf Initiative des Fremdenverkehrsreferenten der steiermärkischen Landesregierung, Landesrat DDr. Udo Illig, schufen die Landesregierung und der Landtag zwei Gesetze, die im übrigen Österreich vergleichslose Förderungsmaßnahmen enthielten: Das Gesetz vom 8. Juni 1949 über die Mitwirkung des Landes Steiermark bei der vorläufigen Finanzierung des Wiederaufbaues der steirischen Fremdenverkehrswirtschaft und das Gesetz betreffend die Schaffung eines Fremdenverkehrs-Investitionsfonds zur Gewährung von Darlehen an das Gast- und Beherbergungsgewerbe in der Steiermark (1951).

Neben der Bestreitung von Werbekosten führte das Land auch Teilfinanzierungen neuer Anziehungspunkte für den Fremdenverkehr durch: Sessellifte, Skilifte und Seilbahnen wurden errichtet, die damals größte Sprungschanze Österreichs, die Skiflugschanze am Kulm bei Mitterndorf erbaut und Naturschönheiten durch Erschließung zugänglich gemacht. Neben der Förderung der steirischen Kurorte, dem Ausbau des Straßen- und Schienennetzes förderte das Land auch die Wiedereinschaltung der Steiermark in den internationalen Flugverkehr.

Teilfinanzierungen des Landes für Fremdenverkehrseinrichtungen

4. Der Fremdenverkehr im Zeichen des Wirtschaftswunders

Das „Wirtschaftswunder" ermöglichte völlig neuen Bevölkerungsgruppen Urlaubsreisen. Neben dem Hauptkontingent aus der oberen Mittelschicht stuften sich bereits ein Viertel der Gäste in die untere Mittelschicht ein. Die Steiermark gehörte gerade bei den inländischen Österreich-Urlaubern zu den beliebtesten Reisezielen, bei denen das Argument des preiswerten Aufenthaltes eine entscheidende Rolle spielte.

Gleichzeitig begann in den fünfziger Jahren auch das Auto seinen Siegeszug anzutreten. Hatten 1954 noch 41 Prozent der Reisenden die Bahn benützt, kamen 1957 bereits 77,8 Prozent mit dem Auto und 1960 über 83 Prozent. Neben der Bequemlichkeit, Unabhängigkeit und Beweglichkeit trug vor allem der Benzinpreis zur Beliebtheit dieses Verkehrsmittels bei: ein Liter Benzin kostete 1955 um S 3,45. Dieser Preis blieb bis zum Beginn der siebziger Jahre fast unverändert. Auf diese Autowelle wurde von seiten der Regierung mit dem Ausbau des Straßennetzes reagiert: 1954 begann der Ausbau der Westautobahn, 1959 erfolgte der Baubeginn der Südautobahn.

5. Fachliche Struktur

Während die Gesamtzahl der Gast- und Schankbetriebe während der Jahre 1954 — dem ersten Jahr eines größeren Fremdenverkehrs in der Steiermark — und 1962 beinahe unverändert geblieben ist, veränderte sich die Struktur der einzelnen Betriebsformen gewaltig. Vor allem die Abnahme der Auskochbetriebe — Gasthäuser und Restaurants — von 4.116 auf 3.681, die gleichzeitige Zunahme der Espressos, Barbetriebe, Kaffeehäuser, Milchtrinkstuben, Eissalons, Weinausschenken und eine Verdoppelung der Imbißstuben, Buffets und Jausenstationen im gleichen Zeitraum, müssen hervorgehoben werden.

Begründet kann diese Strukturänderung mehrfach werden: Geänderte Lebensgewohnheiten, zunehmende Motorisierung, aber auch Personalmangel infolge der Abwertung der Arbeit im Gastgewerbe und die Verlagerung des Konsums in die Haushaltssphäre infolge steigender Wohnkultur mögen hier genauso eine Rolle gespielt haben wie die mangelnde Rentabilität gastgewerblicher Universalbetriebe und der Einfluß gewerberechtlicher Bestimmungen, da für die neuen Formen kein Befähigungsnachweis notwendig war.

Bei den Beherbergungsbetrieben ergab sich in der Zeit von 1954 bis 1962 eine Zunahme der Betriebe um über 20 Prozent, die zweifellos mit der Vermehrung der Bettenkapazität infolge des zunehmenden Fremdenverkehrs zusammenhing. Die neuen Betriebsformen Rasthaus und Motel entstanden im Zuge einer stärkeren Motorisierung ab 1957. Die Steiermark besaß schließlich 1962 zwei Motels und 18 Rasthäuser. Einer leichten Abnahme der

Abb. 70: Plakat für Bademoden von Paul Aigner (1952).

Schutzhütten, für die sich infolge ihrer extremen Lage niemand zur Bewirtschaftung fand, stand eine enorme Zunahme der Heime und Herbergen gegenüber. Diese Betriebe hatten Studenten oder alleinstehende Personen als Dauermieter, wobei sich infolge der auf einen längeren Zeitraum aufgeteilten fixen Kosten solche Betriebsformen als ertragsintensiv erwiesen.

Der steirische Fremdenverkehr hatte somit einen Umfang erreicht, der mit Hilfe von Wirtschaftsfachleuten jährlich stieg. Nicht zuletzt der Bäderboom der letzten Jahre — allen voran die Therme Loipersdorf — läßt aber wieder an den Beginn des modernen Fremdenverkehrs zurückdenken.

Literatur

Franz Baltzarek, Fremdenverkehr und Sport. In: Das Zeitalter Kaiser Franz Josephs. 2. Teil 1880—1916: Glanz und Elend. Beiträge. Wien 1987 (= Katalog des NÖ Landesmuseums, N. F. 186), S. 163—174.
Paul Bernecker: Die Entwicklung des Fremdenverkehrs in Österreich. In: 1918—1968, Österreich — 50 Jahre Republik. Wien 1968, S. 233—250.
Alois Brusatti, 100 Jahre österreichischer Fremdenverkehr. Historische Entwicklung 1884—1984. Wien 1984.
Günther R. Burkert, Der Beginn des modernen Fremdenverkehrs in den österreichischen Kronländern. Föderalistische und nationale Elemente als bestimmende Faktoren. Graz 1981 (= Schriftenreihe der Arbeitsgemeinschaft für Wirtschafts- und Sozialgeschichte 2).
Ders., 100 Jahre moderner Fremdenverkehr in Österreich. Graz, die Gründungsstadt. In: Grazer Gastlichkeit, Graz 1985 (= Publikationsreihe des Grazer Stadtmuseums 4), S. 164—182.
Ders. — Nikolaus Herrmann, Der steirische Fremdenverkehr. Geschichte — Entwicklungen — Tendenzen. Graz 1988.
Theodor Hüttenegger — Max Pfliger, Steirische Skigeschichte. Graz 1968.
Robert Müller, Fremdenverkehrswerbung in Österreich. Historische Beispiele seit 1884. Wien 1984.
Josef Riegler, 150 Jahre Curort Bad Gleichenberg 1834—1984. Katalog. Bad Gleichenberg 1984.

Stefan Karner

Österreichs Handel 1913—1945

Die Wirtschaft der Österreichisch-Ungarischen Monarchie hatte bereits knapp vor Ausbruch des Ersten Weltkrieges nicht mehr jene steile konjunkturelle Aufwärtsentwicklung mitmachen können, die andere europäische Volkswirtschaften dieser Jahre charakterisiert. Schuld daran waren in erster Linie die politischen Wirren auf dem Balkan, die 1912/13 zu den zwei Balkankriegen geführt hatten. Sichtbares Zeichen des wirtschaftlichen Stillstandes in Österreich: Der Zinsfuß sank, selbst die Eisenproduktion in den Betrieben der Alpine Montan AG in der Obersteiermark stagnierte. Der Außenhandel der Monarchie — ohnehin in seinem Umfang unterentwickelt — ging zurück[1].

Der Außenhandel Österreich-Ungarns pro Kopf der Bevölkerung war dazu vor dem Ersten Weltkrieg geringer als in allen anderen industriell entwickelten europäischen Staaten. Um die Jahrhundertwende hatte Österreich-Ungarn am Weltmarkt einen Industriegüter-Exportanteil von bloß 4,5% und einen solchen an Rohstoffen und landwirtschaftlichen Erzeugnissen von bloß 4,1%[2].

Österreich-Ungarn ein Binnenhandelsstaat

Tabelle 1: **Der Außenhandel pro Kopf der Bevölkerung der europäischen Großmächte 1913 in Dollar**

Staat	Einfuhr	Ausfuhr
Großbritannien und Irland	69,8	55,5
Deutsches Reich	39,3	36,9
Frankreich	41,5	33,9
Österreich-Ungarn	13,8	11,8
Rußland	5,2	5,7

Quelle: Mitchell, 493ff.

Dementsprechend entwickelt war der Binnen- und Zwischenhandel zwischen den beiden Reichshälften, entfielen doch 41% der Ausfuhr aus der cisleithanischen auf den Handel mit der ungarischen Reichshälfte. Die ungarische Reichshälfte wies gegenüber der österreichischen im letzten Dezennium vor dem Ersten Weltkrieg wertmäßig stets ein Handelsbilanzdefizit auf *(siehe Grafik 18)*. Der Handel zwischen den Reichshälften war vor allem ein Tausch: Nahrungsmittel gegen Fertigwaren[3].

Der Warenverkehr mit Ungarn wurde etwa 1913 auf cisleithanischer Seite in insgesamt 4.659 Sammelstellen zu Wasser und zu Lande abgewickelt[4]. Davon entfielen u. a. 56,7% der insge-

Binnenhandelspassivum der ungarischen gegenüber der österreichischen Reichshälfte

Grafik 18: **Handel Österreichs mit Ungarn 1900—1915 im Wert von Millionen Kronen**

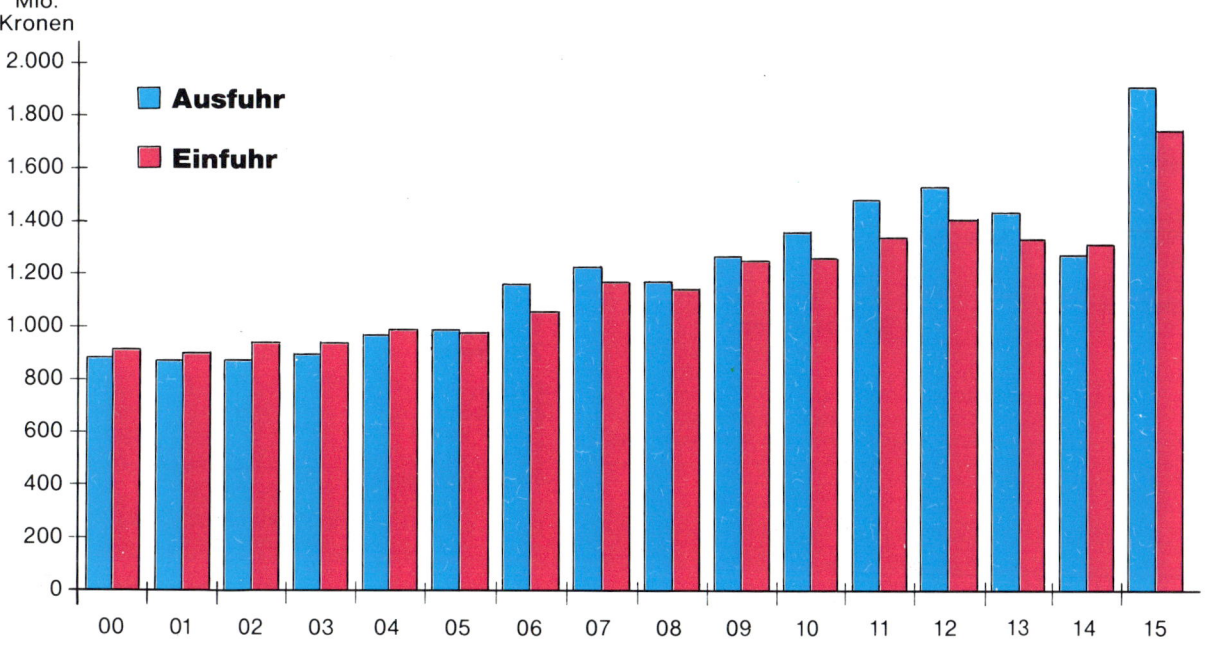

samt 9,7 Millionen Warenerklärungen auf den Postverkehr und 31,9% auf den Eisenbahnverkehr.

Unter den wichtigsten Umschlagplätzen für den Binnenhandel mit der ungarischen Reichshälfte findet sich vor dem Ersten Weltkrieg auch die Steiermark. Graz rangierte mit 76.578 Warenerklärungen nach Wien und Triest an dritter Stelle, noch vor Brünn/Brno und Prag/Praha. Marburg/Maribor fand sich 1913 mit 26.057 Warenerklärungen knapp hinter Lemberg/Lwow an zehnter Stelle, noch vor Wr. Neustadt oder Teschen/Cieszyn.

In diesem Zusammenhang zeigte sich auch in der Steiermark die ungeheure Bedeutung des schon weitgehend ausgebauten Eisenbahnnetzes, insbesondere der Südbahn, in das man Jahre zuvor große Investitionen getätigt hatte[5].

Getrennte Suche nach neuen Märkten

Trotz des nach wie vor hohen Zwischenhandels-Anteils begannen beide Reichshälften ökonomisch zunehmend auseinanderzugehen. Die österreichische Reichshälfte versuchte, für ihre Industrieprodukte neue Absatzmärkte in West- und Mitteleuropa zu finden (wovon man sich auch Auswirkungen auf den Technologietransfer versprach), konnte dies jedoch nur, wenn sie auch aus anderen Staaten Rohstoffe und Lebensmittel importierte. Ungarn hingegen versuchte, seine Industrialisierung voranzutreiben, dabei von Österreich unabhängiger zu werden und dafür vor allem deutsches Kapital ins Land zu bringen. Die Ausgleichsverhandlungen zwischen der österreichischen und der ungarischen Reichshälfte waren daher auch wegen der ökonomischen Abgrenzungen zunehmend ein Prüfstein für die politische Überlebenskraft der Monarchie geworden.

Der Handel der Monarchie war daher vor dem Ersten Weltkrieg nicht nur im Außenhandelssektor wenig entwickelt, er war auch als Zwischenhandel — obwohl quantitativ sehr bedeutend — am Scheideweg.

Der Erste Weltkrieg

Nicht nur aus diesen Gründen traf der Erste Weltkrieg 1914 die Österreich-Ungarische Wirtschaft gänzlich unvorbereitet, obwohl man schon 1912 ein Kriegsleistungsgesetz zur Versorgung der Rüstungsindustrie mit Rohstoffen und Arbeitskräften beschlossen hatte[6]. Zunächst hoffte man nämlich auf einen kurzen Krieg, so daß die aus dem Kriegsleistungsgesetz hervorgehende kriegswirtschaftliche Struktur gar nicht voll aufzubauen gewesen wäre. Die Kriegsbegeisterung in weiten Teilen der Bevölkerung bei Kriegsbeginn im Juli/August 1914 entsprach keineswegs der Stimmung in der Wirtschaft. Im Gegenteil: Es kam zur Kapitalflucht, Industriewerte wurden in Konsumartikel oder Bargeld umgewandelt, Betriebe eingestellt und Aufträge storniert. Die Regierung erließ gesetzliche oder vertragliche Zahlungsaufschübe (Moratorien), schloß die Wiener Börse und versuchte, gesetzliche Vorkehrungen zur Bereitstellung von Rohstoffen und Lebensmitteln zu treffen.

Grafik 19: **Kriegswirtschaft im 1. Weltkrieg in Österreich-Ungarn**
Organigramm der Österreichisch-ungarischen Kriegswirtschaft

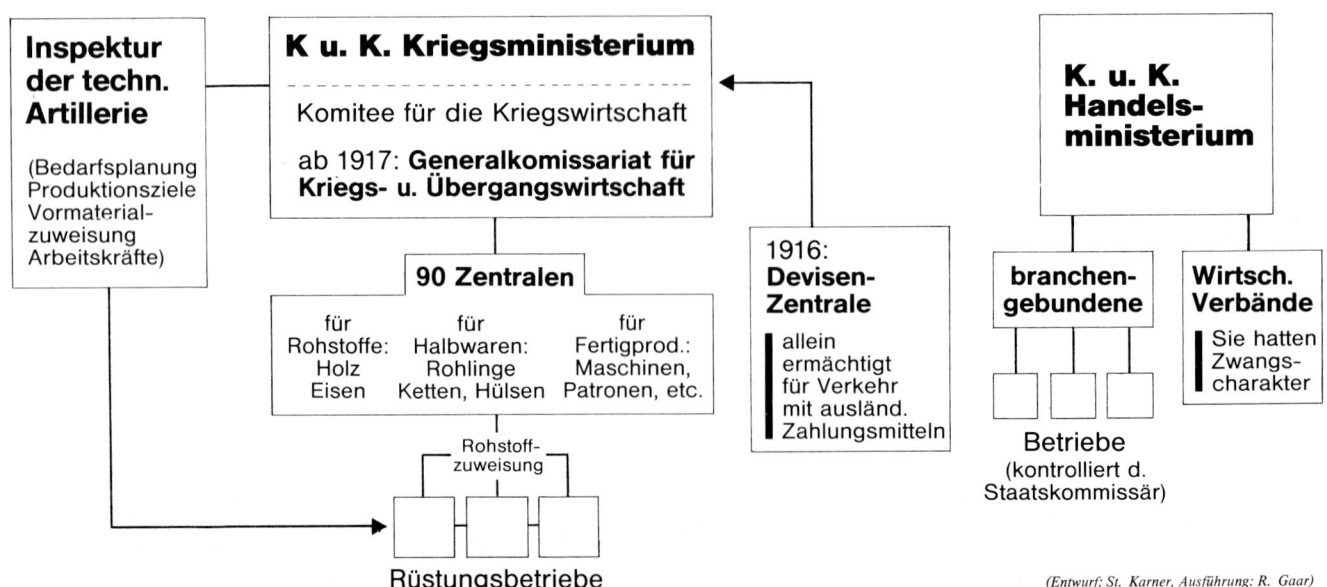

(Entwurf: St. Karner, Ausführung: R. Gaar)

192

Als sich jedoch bald zeigte, daß mit einem längeren Krieg zu rechnen war, mußte mit dem organisatorischen Aufbau einer Kriegswirtschaft — auch nach den Bestimmungen des Kriegsleistungsgesetzes[7] — begonnen werden. Die Kriegswirtschaft hatte in erster Linie den Bedarf an Lebensmitteln und Kleidung, also die Versorgung der Bevölkerung, den Bedarf des Heeres und der Marine, die Bewaffnung, Munition und Ausrüstung, den Medikamentenbedarf usw. zu sichern. Der zunehmende Ausfall von Arbeitskräften machte Rationierungen notwendig, Frauen mußten zunehmend die Plätze der einberufenen Männer in den Fabriken übernehmen. Die Produkte wurden kontingentiert und rationiert, nachdem am 10. Oktober 1914[8] eine kaiserliche Verordnung die Regierung ermächtigt hatte, alle Verfügungen zu treffen, um die Versorgung der Bevölkerung sicherzustellen und die Wirtschaft zu fördern *(siehe Grafik 19)*. Das Kriegswirtschaftliche Ermächtigungsgesetz vom Juli 1917[9] ermöglichte es der Regierung schließlich, eine zentralistisch geplante, nach planwirtschaftlichen Gesichtspunkten arbeitende Kriegswirtschaft einzurichten.

Kriegswirtschaft

Nach deutschem Muster waren zur Handhabung der Ziele der Kriegswirtschaft seit Ende 1914 über 90 sogenannte „Zentralen" (bald schon jeweils je eine österreichische und eine ungarische) für Bedarfsgüter wie Wolle, Metalle usw. entstanden, die die Bedarfsträger, wie die Rüstungsbetriebe, zu versorgen hatten.

„Zentralen"

In zunehmendem Maße wurde auch der Handel in die Ziele und Vorgaben der Kriegswirtschaft eingebunden und hatte sich teilweise nach den kriegspolitischen Vorgaben zu richten. So konnten zahlreiche Importartikel, wie der für die österreichische Landwirtschaft dringend benötigte Chile-Salpeter, wegen der Kriegslage nicht mehr eingeführt werden. In vielen Fällen behalf sich die Kriegswirtschaft durch die Propagierung der Verwendung von Ersatzstoffen. Wegen des Ausbleibens des Chile-Salpeters versuchte man etwa an der Drau bei Marburg/Maribor in Maria Rast/Ruše, ein Stickstoffwerk zur Erzeugung von Kunstdünger aus der Luft aufzubauen, das als Österreichische Stickstoffwerke tatsächlich noch vor Kriegsende in Betrieb ging[10].

Österreichische Stickstoffwerke

Der freie Güterverkehr wurde während des Krieges vor allem durch organisatorische und finanztechnische Maßnahmen eingeschränkt, so daß von einem freien Handel in der Kriegswirtschaft Österreich-Ungarns nicht gesprochen werden kann. Zu den Einschränkungen zählten insbesondere die Regelung der Erzeugung und des Gütertransportes, Ein- und Ausfuhrverbote bestimmter kriegswichtiger Waren (die mitunter auch umgangen wurden), Änderungen der Zollbestimmungen, Verpflichtungen zur Belieferung bestimmter Abnehmer, die nach Prioritäten geordnet waren, die sich zunehmend nach den Bedürfnissen der Front richteten, Rationierungen und Kartenwirtschaft ebenso wie die Festsetzung von Höchstpreisen, drakonische Strafsanktionen gegen Preistreiber, Warenschmuggler und Schleichhändler.

Einschränkungen des freien Güterverkehrs

Insgesamt näherte sich die Kriegswirtschaft Österreich-Ungarns mit der Fortdauer des Krieges zunehmend in ihren zoll- und handelspolitischen Maßnahmen dem deutschen Bündnispartner an. Ab Juli 1918 wurde schließlich in Salzburg in bilateralen Verhandlungen ein erster Schritt zur Verwirklichung des wirtschaftspolitischen Zieles einer starken Annäherung beider Volkswirtschaften gesetzt und am 11. Oktober 1918 ein Vertrag unterfertigt, der „für alle Waren teils beiderseitige, teils einseitige Zollfreiheit" vorsah und die „Zwischenzölle gleich der Differenz der Außenzölle" festsetzte[11]. Dies zu einem Zeitpunkt, da der Vielvölkerstaat der Monarchie längst an seinen Nationalitätenkonflikten zerbrochen war und sich die einzelnen Völker zu eigenen Staaten zu formieren begannen. Wenige Wochen später erfolgte auch der militärische Zusammenbruch des Reiches.

Annäherung an das Deutsche Reich

Die Steiermark verlor in diesen Wochen mit der Untersteiermark etwa ein Drittel ihrer Bevölkerung und ein Drittel ihres Territoriums an Jugoslawien[12]. Damit aber auch die durchgehende Südbahn, die Hauptverkehrs- und Handelsschiene von Wien nach der Adria, nach Kärnten und weiter nach Tirol; wichtige Rohstoffreserven, vor allem die Kohlengruben von Wöllan/Velenje und Trifail/Trbovlje, die mit ihrer Kohle wesentlich zum Betrieb der Lokomotiven und damit zum Funktionieren von Handelsverbindungen beigetragen hätten können. Zudem war das jahrhundertealte landwirtschaftliche Versorgungsgebiet für Graz und Teile der obersteirischen Industriegebiete plötzlich zum Ausland geworden. Die *Grafik 20, umseitig,* zeigt die Lebensmittellieferungen aus der Untersteiermark nach Norden vor 1913.

Abtrennung der Untersteiermark

Die Erste Republik

Unter den wirtschaftlichen Problemen, mit denen sich die junge Republik Deutsch-Österreich 1918/19 konfrontiert sah, stand der Wiederaufbau eines funktionierenden Handels an oberster Stelle. Einerseits, weil man lediglich über den Außenhandel die für die Versorgung der Bevölkerung wichtigen Lebensmittel und die für das Weiterlaufen der Industrie wichtigen Brenn-

Österreich — ein außenhandelsabhängiger Kleinstaat

Grafik 20: **Vieh- und Weinausfuhr aus der nördlichen Untersteiermark 1913**

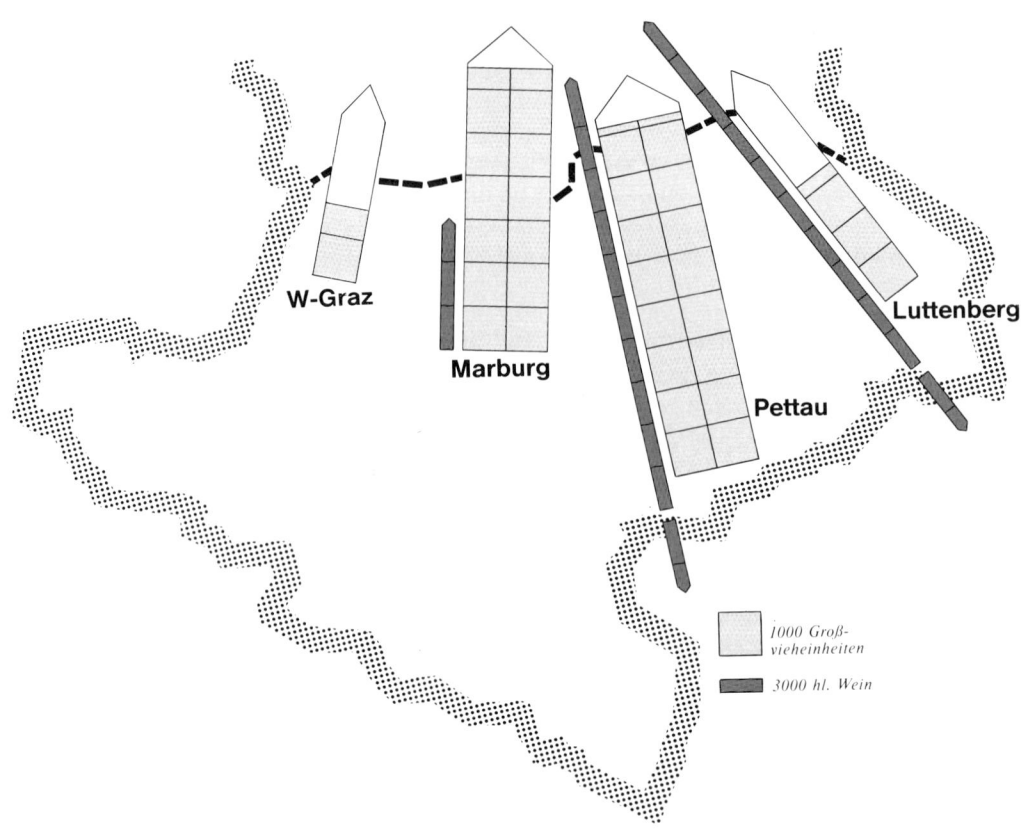

stoffe erhalten konnte. Andererseits, weil Österreich von einem relativ autarken Wirtschafts-körper auf einen importabhängigen Kleinstaat verringert worden war, außenhandelsabhängig wie traditionelle Handelsstaaten: England oder Belgien. Die Frage des Aufbaues eines funk-tionierenden Handels war daher zur Schicksalsfrage der Republik überhaupt geworden. Je län-ger das Handelsproblem nicht gelöst wurde, umso eher schwand das Vertrauen in die junge Republik und wurde ihre Lebensfähigkeit in Zweifel gezogen.

Dabei stellten sich dem Aufbau eines österreichischen Handels eine Reihe von Schwierigkei-ten entgegen:
— Wegfall der traditonellen Absatzgebiete im Südosten Europas durch die Errichtung von Hochschutzzöllen
— nahezu keine Erfahrung im Handel mit dem westlichen Ausland
— Randlage gegenüber dem mittel- und westeuropäischen Handelsraum
— Handelsbarrieren der Nachfolgestaaten und der Entente
— Orientierung an Weltmarktpreisen
— Importabhängigkeit bei Rohstoffen, vor allem Kohle und Lebensmitteln.

Hochschutzzölle

Zu den Hochschutzzöllen der Nachfolgestaaten versuchte die Entente, durch Ein- und Aus-fuhrverbote den Warenhandel zwischen den Nachfolgestaaten und der Republik Deutsch-Österreich zu reduzieren, also die alten Handelsströme versickern zu lassen. Auf einen einfa-chen Nenner gebracht, lautete die Parole der meisten Nachfolgestaaten zunächst: forcierte Steigerung der eigenen Produktion und der Ausfuhr; Beschränkung der Einfuhr auf die Arti-kel, die nicht im Inland selbst produziert werden konnten und damit also ein Schutz der eigenen Produktion; viel verkaufen, aber möglichst wenig kaufen![13]

Für Deutsch-Österreich waren 1918 vor allem die Zuschußgebiete für Lebensmittel und Gebrauchsgegenstände, aber auch für Kohle, ebenso wie die sicheren Absatzgebiete für Fer-tigwaren im maschinellen Bereich verlorengegangen. In den Ballungszentren Österreichs, in Wien und den Industriegebieten hungerten Menschen. Die alliierte Blockade gegen Öster-reich-Ungarn wurde von den Alliierten erst im März 1919 aufgehoben[14].

Bevölkerung hungert

Das erste handelspolitische Ziel der deutsch-österreichischen Regierung war es daher, bei der

Entente und bei den neutralen Staaten Lebensmittel für die hungernde Bevölkerung zu erhalten. Eine reguläre Ein- und Ausfuhr aus den Nachfolgestaaten auf der Basis von Handelsverträgen war für Österreich von den Entente-Staaten grundsätzlich verboten[15]. Welchen Ausweg gab es? Auch hier sahen viele einen solchen im Anschluß an Deutschland, zumindest im wirtschaftlichen Bereich.

Die Infragestellung der wirtschaftlichen Lebensfähigkeit Österreichs läßt sich jedenfalls auch am Beispiel des Außenhandels zeigen: Machte vor dem Ersten Weltkrieg der Import je Einwohner der Monarchie nur etwa ein Drittel dessen des Deutschen Reiches aus, so hatte Deutsch-Österreich einen Bedarf an Import je Einwohner, der um ein Drittel höher war als in Deutschland. Eine so schwierige Umstellung von Groß- auf Kleinstaat würde nicht nur auch heute unter weitaus besseren ökonomischen Randbedingungen zu großen Problemen führen, sie war damals für die meisten Zeitgenossen einfach nicht vorstellbar[16].

Lebensfähigkeit Österreichs

Kompensations- und Kontingentverträge

Die ersten Versuche, diese fast aussichtslose Situation zu verbessern, bildeten die sogenannten Kompensationsverträge; Österreich schloß die ersten schon im November und Dezember 1918 mit Ungarn, Polen, Jugoslawien und der Tschechoslowakei ab. Dieser Austausch mit dem Ausland bzw. mit den Nachfolgestaaten ging über Vermittlung sogenannter Warenverkehrsbüros vor sich, die als völlig private Einrichtungen kurzfristige Kompensationsverträge organisierten, aufgrund derer die Waren Zug um Zug getauscht wurden. Um die Valuta-Schwierigkeiten zu überwinden und zur gegenseitigen Rückversicherung, wurden die Kompensationslieferungen stets mit Waren bzw. mit Arbeitsleistungen bezahlt[17].

Die Hoffnung, nach Abschluß des Friedensvertrages von St. Germain eine Verbesserung der außenhandelspolitischen Lage für Österreich zu erreichen, erfüllte sich nicht. Im Gegenteil: Nach dem 16. Juli 1920, dem Inkrafttreten des Friedensvertrages von St. Germain, war nämlich Österreich zur einseitigen Mehrbegünstigung den Entente-Staaten gegenüber auf fünf Jahre verpflichtet worden[18]. Eine Ausnahme brachte lediglich das Verhältnis zur Tschechoslowakei und zu Ungarn. Diese schwerwiegende Benachteiligung Österreichs führte zu handelspolitischen Vereinbarungen im Rahmen von sogenannten Kontingentverträgen. Bei dieser Form standen sich nicht mehr private, sondern politische Einheiten gegenüber. Die beiden Vertragsstaaten sagten sich gegenseitig die Freigabe von gewissen Ausfuhrkontingenten zu und vereinbarten Freilisten von Waren. Der erste derartige Kontingentvertrag wurde schon im Juni 1919 mit Jugoslawien abgeschlossen[19].

St. Germain

Mit der Barzahlungsverpflichtung anstelle des Kompensationsprinzips war damit aber auch die Vorstufe zum regulären Handelsvertrag erreicht worden. Dem Kontingentvertrag mit Jugoslawien folgten solche mit Rumänien, Deutschland, der Tschechoslowakei und Ungarn im Jahre 1922[20].

Obwohl die Kontingentverträge zusammen mit den Lebensmittellieferungen der Entente und der neutralen Staaten der österreichischen Bevölkerung ein Überleben ermöglicht haben und als solche ihre Funktion erfüllt hatten, waren diese Verträge noch sehr unvollkommen. Sie wurden von mehreren Vertragspartnern auch immer wieder in mehr oder weniger offener Form umgangen, so daß es in Portorož zu einer Tagung aller Nachfolgestaaten und Großmächte über die verkehrs- und handelspolitischen Fragen Mitteleuropas kam[21]. Die Konferenz beseitigte zunächst die Ein- und Ausfuhrverbote zwischen den Nachfolgestaaten und verpflichtete alle Staaten, untereinander Handelsverträge auf der Grundlage des prinzipiell verbotfreien Verkehrs zu schließen. Der französische Plan für einen handelspolitischen Zusammenschluß der Donaustaaten in einer Föderation, die im wesentlichen den verhinderten Status quo wiedergeben sollte, stieß allerdings auf Widerstand, insbesondere von seiten der Tschechoslowakei und Ungarn (weil Ungarn von den im Friedensvertrag vorgesehenen Vorzugszöllen nichts wissen wollte)[22].

Sanierung der österreichischen Volkswirtschaft

Zwar waren nun über die Kontingentverträge zu den wichtigsten Handelspartnerstaaten Kontakte geknüpft worden, doch konnte dieses Vertragssystem nur mit einer starken Währung funktionieren. Erst nach der Genfer Sanierung 1922 wurde die österreichische Währung stabil und damit die „Münze" wiederum eine Basis für den Handel. Die Sanierung der österreichischen Währung stand aber noch aus einem anderen Grund in unmittelbarem Zusammenhang mit der österreichischen Handelspolitik. Nach dem Sanierungsplan sollten nämlich die Zölle jährlich 100 Millionen Goldkronen abwerfen, so daß dazu Zollerhöhungen österreichischerseits unerläßlich wurden. Die Handelspolitik der Nachbarstaaten, tendenziell immer noch der Hochschutzzollpolitik verhaftet, erleichterte die Ausführung dieser Notwendigkeit. Die Wirtschaft drängte selbst nach Zollerhöhungen zum Schutz ihrer eigenen Produktion[23].

Handelsverträge

Erst mit dem Auslaufen der alliierten Restriktionen und nach der Sanierung der österreichischen Währung, die mit der Einführung der „Schillingwährung" zu Neujahr 1925 auch einen sichtbaren Ausdruck gefunden hatte, konnte Österreich ab 1925 reguläre Handelsverträge abschließen. Der erste wurde am 3. September 1925 in Wien mit Jugoslawien abgeschlossen[24]. Er umfaßte — weil sich seit 1918 eine Reihe von bilateralen Problemen aufgestaut hatte — neben den rein handelspolitischen Fragen noch eine Reihe anderer, gleichzeitig im Paket vereinbarter Regelungen: u. a. ein Tierseuchenabkommen, ein Abkommen über den Weideverkehr an der Grenze, ein Grenzschutzabkommen sowie zwei Sonderabkommen über die Ausnützung der Wasserkräfte und der E-Werke in der Mur-Grenzzone zwischen der Steiermark und Slowenien.

Dem Handelsvertrag mit Jugoslawien kam innerhalb der Handelspolitik Österreichs entscheidende Bedeutung zu. Zum einen hatte Österreich gerade durch den erfolgreichen Vertragsabschluß die Zollmauern zu den Nachbarstaaten durchbrochen, zum anderen waren gerade dieser Handelsvertrag und die angelaufenen Verhandlungen mit anderen Nachbarstaaten (etwa mit Ungarn)[25] mitentscheidend für die Aufhebung der Völkerbund-Finanzkontrolle im Herbst 1925 gewesen. Und eine erfolgreiche Handelspolitik war für Österreich lebensnotwendig, weil der Inlandsmarkt für die österreichische Fertigwarenproduktion einfach zu klein war. Die von den Völkerbundexperten vorgeschlagene Handelspolitik, die auf dem Ideal des Zusammenwirkens aller Staaten beruhte, war undurchführbar, solange Österreich nur allein handelspolitisch aktiv war[26].

Weitere Handelsverträge Österreichs mit anderen Staaten folgten. Hier sei lediglich exemplarisch auf die Handelsverträge mit Ungarn hingewiesen, war doch gerade Ungarn nach 1918 in eine ähnliche Situation wie Österreich geraten, und hatte nicht seit Jahrhunderten gerade zwischen diesen beiden Territorien ein traditioneller Warenaustausch stattgefunden.

Das provisorische Handelsübereinkommen mit Ungarn vom 8. Februar 1922, das seinerzeit die ersten Kompensationsverträge abgelöst hatte, wurde am 9. April 1926 nach gut halbjährigen Verhandlungen in einen regulären Handelsvertrag umgeändert. Die Zolltarifsermäßigungen betrafen 550 Positionen und brachten gewisse Erleichterungen, die allerdings gegen wertvolle Zugeständnisse an die ungarische Mühlenindustrie und Landwirtschaft erkauft werden mußten[27].

Tabelle 2: **Warenstruktur des Handels zwischen Österreich und Ungarn 1925
(in %)**

von Ungarn nach Österreich		von Österreich nach Ungarn	
1. Getreide, Mehl	43,0	1. Baumwollwaren und -garne	25,1
2. Tiere, Fleisch, Eier	32,0	2. Eisen, Metalle, Maschinen, Fahrzeuge	15,0
3. Obst, Öle, Gemüse, Fette	4,5	3. Wollwaren, Seidenwaren	12,1
4. Sonstiges	20,5	4. Papier und Papierwaren	10,7
(davon Maschinen 0,8)		5. Holz	4,8
		6. Sonstiges	32,3
Summe	100,0	Summe	100,0

Quelle: Slavik, Tab. X

1928 wurde zum bestehenden Handelsvertrag noch ein Zusatz über Einkommen ratifiziert, in dem die gleitenden Getreidezölle beseitigt und die neuen, höheren Getreidezölle in Kraft gesetzt wurden. Im österreichischen Vertragstarif wurden folgende Positionen gestrichen: Mehl, Schlachtvieh, Kälber, Schweine, Margarine. Hinzugefügt wurden Vertragstarife für Getreide, Kunstseide, Herrenhüte. Ungarn dagegen strich die Vertragstarife für Baumwollgarne und Strickereien.

Tabelle 3: **Übersicht zur Außenhandelspolitik Österreichs 1918 bis 1925**

	Handelspolitische Entwicklung
1918	Entente-Verbot eines regulären Handels zwischen Österreich und den Nachfolge-staaten, insbesondere Ungarn
ab 1918	Kompensationsverträge
1920	Friedensvertrag von St. Germain — einseitige Mehrbegünstigung der Entente-Staaten für fünf Jahre — Verlust der gegenseitigen Meistbegünstigung zwischen Österreich und einigen Nachfolgestaaten
ab 1920	Kontingentverträge (Barzahlung) Jugoslawien, Rumänien, Deutschland, Tschechoslowakei, Ungarn — immer wieder umgangen — Währungsverfall
1922	Portorož: Aufhebung des Verbotes des regulären Handels zwischen den Nachfolge-staaten
1922	Währungssanierung Zollerhöhung
1925	Ende der einseitigen Mehrbegünstigung
ab 1925	reguläre Handelsverträge

1928, zum Zeitpunkt des am stärksten entwickelten Welthandels der Zwischenkriegszeit, wiesen Österreich, Ungarn, Jugoslawien und die Tschechoslowakei weltweit die zweithöchste relative Integrationsrate der wichtigsten Handelsstaaten auf. Sie wurden 1928 nur noch von der relativen Handelsintegration zwischen China und Japan überflügelt[28]. Es gab 1928 neben den Integrationsräumen im Baltikum und zwischen China, Japan, den USA und Kanada einen besonders starken Handelsintegrationsraum auf dem Gebiet der Nachfolgestaaten der Österreich-Ungarischen Monarchie; der Handel unter den Nachfolgestaaten, gemessen an den anderen untersuchten Staaten, war noch immer — und trotz großer Hemmnisse — weit stärker in den Raum der ehemaligen Monarchie, denn in den Welthandel integriert. Diese Länder hatten 1928 den Sprung in den Welthandel eigentlich noch nicht geschafft. Wie von Grazer Volkswirten in einer Untersuchung[29] gezeigt wurde, kann man gerade diese historischen Komponenten auch noch heute beobachten.

Starke Integration im Donauraum

Nachdem sich Österreich am 14. März 1930 auf der Genfer Zollwaffenstillstandskonferenz[30] gegen den Antrag der Westmächte, die Handelsverträge bis 1931 zu verlängern, vorbehalten hatte, seine Verträge mit den Nachbarstaaten zu ändern, machte es schon nach kurzer Zeit davon Gebrauch, denn die Agrarier verlangten immer hartnäckiger Schutz gegen die Agrarkrise. Um höhere Agrarzölle einführen zu können, mußten die bestehenden Handelsverträge gekündigt werden. Am 19. April 1930 geschah dies gegenüber Ungarn. Allerdings wurde der Vertrag schon zwei Monate später abermals auf unbestimmte Zeit verlängert, und es zeigte sich, daß auf diesem Wege der österreichischen Landwirtschaft nicht zu helfen war. Statt der Zollerhöhungen mußte der österreichische Staat der Landwirtschaft mit Hilfsmaßnahmen und Subventionen zu Hilfe kommen. Auch war die Außenhandelsbilanz zwischen Österreich und Ungarn nach dem Ersten Weltkrieg, in den Jahren von 1922 bis 1938 im Gegensatz zu den Jahren vor 1913 stets zu Ungunsten Österreichs ausgefallen.

Österreich versuchte im Laufe der Jahre nun wiederholt, Pläne zur wirtschaftlichen Annäherung an die Nachbarstaaten[31], insbesondere an Deutschland und die Nachfolgestaaten der Monarchie, vorwärts zu bringen. Die Bemühungen scheiterten allerdings an der Meistbegünstigungsklausel und an politischen Hindernissen. Am 22. März 1931 wurde der Plan einer österreichisch-deutschen Zollunion veröffentlicht und vom Haager Schiedsgericht daraufhin abgelehnt. Im Mai 1931 fanden in Rom Besprechungen über die Intensivierung des Handelsverkehrs zwischen Italien, Österreich und Ungarn statt. Dem gleichen Zweck diente die fünfte

Umorientierung des österreichischen Außenhandels nach Mittel- und Westeuropa

Zolltarifsnovelle, die 1931 beschlossen wurde und den Schutz agrarischer Interessen bedeutend verstärkte. Die für das Inkrafttreten der neuen Zölle erforderliche Neuregelung der Handelsverträge fand noch im selben Monat statt.
Die weitere handelspolitische Entwicklung Österreichs ist im groben bekannt:

■ Die Veröffentlichung des „Tardieu-Planes" im Frühjahr 1932, in welchem den Donaustaaten empfohlen wurde, einander Zollpräferenzen zu gewähren.

■ Die Stresa-Konferenz im September 1932. Auch sie konnte das „Donauproblem" nicht bereinigen. Sie empfahl lediglich den Abschluß von Präferenzverträgen zwischen den Nachfolgestaaten, was die österreichische Regierung auch ausnützte und etwa im neuen Vertrag mit Ungarn vom 1. Jänner 1933 auch berücksichtigte.

■ Dieser Handelsvertrag mit Ungarn wurde am 21. Dezember 1932 abgeschlossen und war bereits ein Bestandteil der späteren Römischen Protokolle. Er bedeutete eine Wiedereinsetzung des Vertrages von 1922 mit Änderungen der Vertragszölle für Mehl, Obst, Rindvieh, Schweine, Pferde, Geflügel, Wein seitens Österreichs und für Chemikalien, Papier, Baumwollgarn, Gewebe, Kammgarn, Wirk- und Strickwaren, Kürschnerwaren, Lederwaren, Schuhe und Eisenwaren seitens Ungarns. Das Verhältnis der Ausfuhr der beiden Staaten wurde mit 1:1,5 festgesetzt. Zur Kontrolle wurde eine Kommission eingesetzt. Für Weizen gestattete Österreich die Einfuhr eines Kontingents bei präferenzieller Zollbehandlung. Für andere Waren wurden Kreditbegünstigungen vorgesehen.

■ Hitlers „Tausend-Mark-Sperre" gegen Österreich 1933 und

■ Der Abschluß der Römischen Protokolle 1934, die eine Ausgestaltung des Dreiecksverkehrs Österreich-Italien-Ungarn (ganz im Sinne der Italienpolitik Bundeskanzler Dollfuß') bei gegenseitig weitgehenden Begünstigungen im Austauschverkehr vorsahen.

Juliabkommen mit Deutschland 1936

■ Dieses handelspolitische System wurde mit dem Abschluß des Juliabkommens von 1936 zwischen Österreich und dem Dritten Reich abgelöst, das neben der Aufhebung der „1.000-Mark-Sperre" eine noch stärkere Hinwendung der Handelspolitik Österreichs auf das Deutsche Reich brachte! In einem geheimen Zusatzabkommen mußte sich Österreich bereiterklären, sich an wirtschaftlichen Kooperationen im Donauraum nicht ohne vorherige Absprache mit dem Dritten Reich zu beteiligen[32]. Der politische „Anschluß" — zwei Jahre später — war im Handel damit praktisch schon vorweggenommen.
Insgesamt zeigt sich von der geographischen und quantitativen Ausrichtung des österreichi-

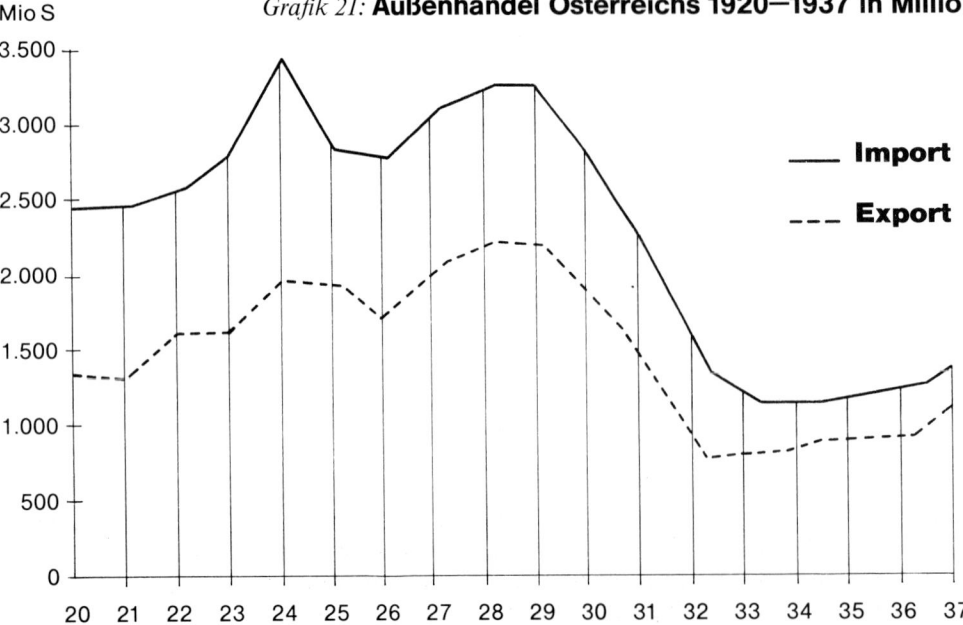

Grafik 21: **Außenhandel Österreichs 1920—1937 in Millionen Schilling**

Mio S

—— **Import**

- - - **Export**

(Entwurf: St. Karner, Ausführung: R. Gaar)

schen Außenhandels seit Beginn der dreißiger Jahre eine eindeutige Hinwendung nach Mitteleuropa, d. h. dem Deutschen Reich, und eine eindeutige Abwendung von ehemaligen Haupthandelspartnern, den südosteuropäischen Ländern.

Der „deutsche" Weg

Zusammenfassend kann gesagt werden, daß die Erste österreichische Republik von 1920 bis 1937 stets ein Außenhandelsdefizit aufgewiesen hatte und dieses auch nicht bereinigen konnte. Das Außenhandelspassivum selbst entsprach etwa exakt dem Import an Lebensmitteln zur Aufrechterhaltung der Versorgung der Bevölkerung. Der übrige Warengüteraustausch konnte in etwa ausgeglichen gehalten werden. Erst als sich die österreichische Landwirtschaft Anfang der dreißiger Jahre entsprechend umgestellt und reorganisiert hatte und dadurch der Importbedarf an Lebensmitteln verringert werden konnte, sank auch das Defizit im Außenhandel *(siehe Graphik 21)*, ohne jedoch gänzlich bereinigt werden zu können.

Handel im Dritten Reich

Der politische „Anschluß" an das Deutsche Reich hatte für die Handelsorientierung Österreichs zunächst keine wesentlichen Veränderungen gebracht. Seit 1936 hatte Schuschnigg auch im Außenhandel den „deutschen Weg" zu beschreiten gehabt, so daß 1938 mit dem „Anschluß" eher formal rund 15% des Außenhandels zum Binnenhandel[33] wurden. In den folgenden Monaten bis Herbst 1939 wurde dann durch die große Nachfrage aus dem Deutschen Reich der Binnenhandel stark ausgeweitet. Daneben ging der Export in andere traditionelle Handelspartner Österreichs ganz im Sinne der Wirtschaftspolitik Hitlers zurück, so daß unter dem Strich der Handel der österreichischen Gebiete keine entsprechende Ausweitung erfuhr. Dazu kam, daß die auf Volltouren laufende „Kriegswirtschaft im Frieden" des Dritten Reiches durch die nahezu ausschließliche Forcierung des Handels von Rohstoffen und Halbfabrikaten Österreich wirtschaftspolitisch einen halbkolonialen Status zuwies[34].

„Anschluß" im Handel

Der Umorientierung des Handels diente die „staatliche Einfuhrüberwachung", die während 1938 auch in der Ostmark eingeführt worden war. Die gesetzlichen Maßnahmen des NS-Staates galten vor allem der Devisenbewirtschaftung, der Einrichtung einer reichsdeutschen „Überwachungsstelle" in Wien und der Einbindung in das handelspolitische Vertragssystem des Deutschen Reiches[35]. Damit war der österreichische Handel vollends ein Teil des reichsdeutschen Handels geworden und hatte sich seinen Zielen unterzuordnen. Diese waren nicht nur von politischen, sondern vor allem von ökonomischen Gegebenheiten bestimmt, bedeuteten für Österreich jedoch:
— einen Rückgang der Ausfuhr um 24% (von 1937 bis 1938)
— die Umlenkung wichtiger Rohstoffexporte ins sogenannte „Altreich"
— die Beschneidung der österreichischen Fertigwarenausfuhr, insbesondere bei Maschinen, elektrotechnischen und chemischen Artikeln
— die Handelsausrichtung auf Südosteuropa.

Funktion der Steiermark im Handel des Dritten Reiches

Alle diese Veränderungen betrafen wesentlich auch die Steiermark, namentlich hinsichtlich der allgemeinen wirtschaftlichen Orientierung des Dritten Reiches in Richtung Südosteuropa. Als Grundlage für den einerseits zu intensivierenden Binnenhandel in Richtung Deutschland, andererseits für den Ausbau des an sich traditionellen Handels nach Südosteuropa wurde vor allem der Ausbau des Verkehrswesens — teilweise unter großem propagandistischen Aufwand — begonnen[36]:
— Der Autobahnbau *(siehe Graphik 22)* mit Anschlüssen von Graz nach Wien und Klagenfurt sowie nach Linz
— der Ausbau der Eisenbahnverbindungen in Richtung Salzburg und die Anbindung an die „Südbahn" sowie der „Aufwertung" der Strecke Wien — Bruck — Leibnitz als „Transportstraße 12b" für 72 Züge im Regelverkehr
— die Eröffnung einer ständigen Fluglinie Graz — Mitteldeutschland der Lufthansa war mehrfach geplant, letztlich aber nie verwirklicht worden
— die Steigerung der Motorisierung am Sektor Frachtverkehr.
Kammerorganisatorisch wurde der Handel in einer neuen Kammer, der Wirtschaftskammer „Südmark" (für Kärnten und Steiermark) integriert, wobei es nach der deutschen Organisation der gewerblichen Wirtschaft bis 1942 auf Landesebene eine Kammer für Handel und Industrie und eine für das Handwerk gab *(siehe Graphik 23)*.

Neu-Organisation der Handelskammer

Im Rahmen der Industrie- und Handelskammer Graz gab es je ein eigenes Referat für Fragen des Außenhandels, der Zoll- und Handelspolitik, der Devisenbewirtschaftung, des Reiseverkehrs, für Ausstellungen, Messen und das Zivilrecht sowie ein Referat für Preisbildung, Preisüberwachung und Marktordnung[37]. Für den Handel von Steiermark und Kärnten hatte die Wirtschaftskammer Südmark eine eigene Handelsabteilung eingerichtet, die sich als überfach-

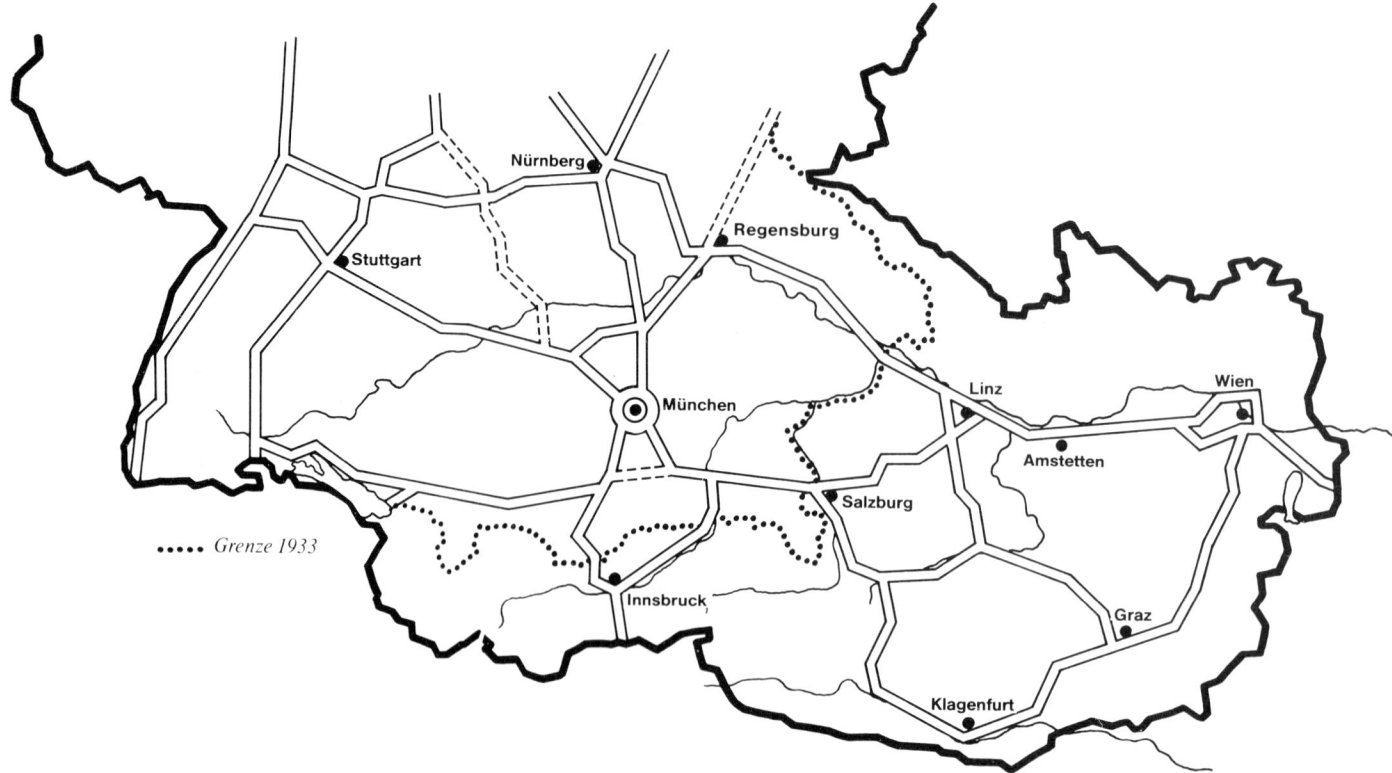

..... *Grenze 1933*

liche Zusammenfassung und Vertretung aller Handelsunternehmungen von Steiermark und Kärnten ohne Rücksicht auf ihre fachliche Zugehörigkeit verstand und der der Judenburger Kaufmann Rudolf Bauernberger vorstand. Die Handelsabteilung gliederte sich (wie auch die ihr fachlich vorgeschaltete Reichsgruppe Handel in Berlin) in vier Unterabteilungen:
— Groß-, Ein- und Ausfuhrhandel
— Einzelhandel
— Vermittlergewerbe und
— Ambulantes Gewerbe.

Die vier Unterabteilungen zerfielen in Fachgruppen (wie Großhandel, Tabak, Bekleidung, Kunstgewerbe, Optik und Chemie oder Maschinen), die sich ebenfalls auf Steiermark und Kärnten erstreckten, so daß zur besseren Betreuung der vielen Mitglieder, etwa im Einzelhandel, eine Reihe von Kreisgeschäftsstellen eingerichtet worden waren[38].

Im Braunschweiger Programm wurden Mitte Dezember 1940 u. a. die parteipolitischen Richtlinien für die Führung der Industrie- und Handelskammern des Dritten Reiches, also auch der Steirischen Kammer und der Wirtschaftskammer „Südmark" festgelegt. Darin wurde festgehalten, daß die Kammern als Teile der Organisation der gewerblichen Wirtschaft „engste Tuchfühlung mit der Partei" anzustreben hätten, die u. a. in der Gesinnung der in der Kammer Tätigen und in einer engen organisatorischen Fühlung mit der NSDAP zum Ausdruck gebracht werden sollte[39]. Die Mitgliedschaft in der zuständigen fachlichen und örtlichen Kammerorganisation war für jeden Gewerbetreibenden Pflicht. In regionaler Hinsicht gehörte damit jeder Handelsbetrieb zur Industrie- und Handelskammer, in fachlicher Hinsicht jedoch zur zuständigen Wirtschaftsgruppe.

Insgesamt gab es 1938 in der Steiermark rund 14.000 Handelsbetriebe. Dabei gehörten 66,3% der Handelsbetriebe zur Sparte Lebensmittel, die wiederum 51,8% der Handelsangestellten beschäftigte. Im Großhandel dominierten Landesprodukte (besonders Bohnen), Vieh, Geflügel, Eier, Wild und Wein. Eigens hervorgehoben werden muß der steirische Obstgroßhandel, dessen Hauptabsatzgebiete vor allem Wien und der Wiener Raum sowie Württemberg und der Raum Stuttgart waren[40]. Von der gesamten Bevölkerung der Steiermark war 1939 knapp ein Zehntel im Handel und Verkehrswesen tätig. Erster Exportartikel des Landes war das Holz, wobei die Steiermark 1937 einen Anteil am österreichischen Export bei Schleifholz

Abb. 70a:
Mit dem Deutschen
Arbeitsdienst *und der*
allgemeinen Wehrpflicht
wurden die Arbeits-
losenziffern
schnell gesenkt.

von 14,6%, bei Nadelrund-
holz von 10,3% und bei
Nadelschnittholz von 31,8%
erreichen konnte. An nächster Stelle und weltweit von
Bedeutung rangierte Magnesit, wo die Steiermark mit
den Veitscher Magnesitwer-
ken etwa die Hälfte des
österreichischen Exportes
stellte, der wiederum über
90% des Weltbedarfes

deckte. Dazu kamen seit altersher die Produkte der steirischen Eisen- und Stahlindustrie,
hochwertiger Stahl und Stahllegierungen der Alpine, von Böhler und von Schoeller-Bleck-
mann, die Produkte des Fahrzeugbaus bei Steyr-Daimler-Puch und der Grazer Waggonfabrik,
der Elektro-Großgeräte bei Elin in Weiz sowie von Papier der Leykam-Josefsthal-AG in Grat-
korn. Obwohl es keine Bundesländerstatistiken im Außenhandel für diese Zeit gibt, kann der
steirische Anteil am Anteil der österreichischen Länder des Dritten Reiches mit etwa einem
Fünftel geschätzt werden[41]. Die Eigentumsstruktur des steirischen Handels wurde nach 1938
durch die „Arisierung" des jüdischen Besitzes — allein in Graz waren von den über 300 arisier-
ten jüdischen Gewerbebetrieben mehr als die Hälfte dem Handel zuzuzählen — entscheidend
verändert[42].

Grafik 23: **Organisation der gewerblichen Wirtschaft in der „Südmark"**

Generell hatte der Handel in der Kriegswirtschaft des Dritten Reiches — wie schon im Ersten Weltkrieg — die Aufgabe, einerseits die Versorgung der Bevölkerung, andererseits die Versorgung der Kriegs- und Rüstungswirtschaft zu gewährleisten.
— Durch die starke, teils von der Autarkiepolitik des Dritten Reiches, teils von den anderen Staaten ausgehende Beschränkung des Außenhandels,
— durch die steigende, großteils kriegsbedingte Nachfrage im Inland und
— durch den Rückgang der landwirtschaftlichen Erträge (Arbeitskräfte- und Düngermangel)[43]
wurden Rohstoffe und Lebensmittel immer knapper.

Die steirische Bevölkerung erfuhr eine Umstellung von Friedens- auf Kriegswirtschaft am dritten Tage nach Kriegsbeginn, am 4. September 1939 ohne allzu große Vorbereitungen. Mit 4. September 1939 war in Österreich die Kriegswirtschaftsverordnung in Kraft getreten. Mit dem Hinweis, es sei „Pflicht jedes Volksgenossen in der Heimat, alle seine Kräfte und Mittel Volk und Reich zur Verfügung zu stellen und danach die Fortführung eines geregelten Wirtschaftslebens zu gewährleisten", wurden jene Gesetze und Verordnungen erlassen, die Lebenshaltung und Freiraum der Bevölkerung einschränkten[44]:
— Kriegszuschläge auf Bier- und Tabakwaren, Branntweinerzeugnisse, Schaumweine und die Einkommensteuer
— Kriegsbeiträge der Länder, Gemeinden und sonstiger Körperschaften des öffentlichen Rechts
— Lohn- und Preisstopp
— der Bau von Luftschutzräumen in und außerhalb von Gebäuden
— allmähliche Kontingentierung und staatliche Bewirtschaftung der Grundnahrungsmittel (Bezugsscheinpflicht).

Dazu kamen noch weitere einschneidende Maßnahmen, wie das Verbot des freien Arbeitsplatzwechsels, auf die hier nicht weiter eingegangen wird.

Abb. 72:
Nationalsozialistische
1.-Mai-Feier.

Abb. 79:
Aus der NS-
Wirtschaftspropaganda.

202

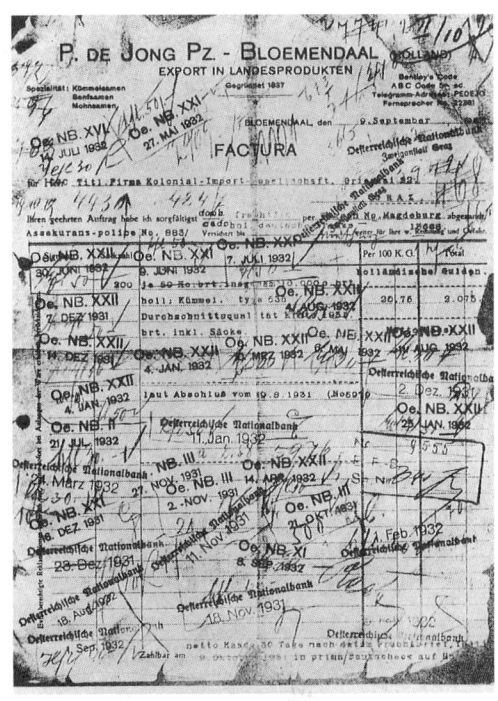
Insgesamt hatte sich in der Kriegswirtschaft der Handel den Plänen der wehr- und kriegswirtschaftlichen Organisation des Dritten Reiches unterzuordnen und hatte zunehmend nur noch reine Transportaufgaben wahrzunehmen. Diese wurden in der Steiermark, die ja bis zur Jahresmitte 1943 als Teil des „Luftschutzkellers" des Reiches zählte, ohne größere Probleme durchgeführt. Mit Zunahme des Luftkrieges auch über und gegen die Steiermark ab August 1943[45] und der zunehmenden Zerstörung der Transportlinien konnte auch diese Aufgabe nur noch unter schwersten Bedingungen durchgeführt werden, so daß die Produktionsleistungen der Rüstungsindustrie bereits wesentlich von der Anlieferung und dem Weitertransport der Güter abhängig wurden. Dazu kamen ab Herbst 1944 nicht wenige erfolgreich durchgeführte Anschläge von Widerstandsgruppen gegen Schienen, Stromleitungen und -masten[46].

Neben dem Gütertransport für die Industrie war in den letzten Kriegsjahren 1944 und 1945 die Sicherung der Ernährung der Bevölkerung, zunehmend auch tausender zugezogener, durchziehender und umgesiedelter Menschen, ein Hauptproblem des Handels geworden[47]. Denn die steirische Landwirtschaft war trotz Strukturverbesserungen bis dahin nicht in der Lage, das Land aus eigenem mit den wichtigsten Grundnahrungsmitteln zu versorgen. Die *Graphik 24, umseitig,* zeigt den Rückgang der Getreide- und Körnermaisernte in der Steiermark 1937–1944. Jährlich mußten in der Steiermark 90.000 Tonnen Brotgetreide (77% des Bedarfes der Nichtselbstversorger), 60.000 Tonnen Speisekartoffeln, rund die Hälfte des Bedarfs, sowie Nährmittel, Zucker, Margarine, Butter, Schmalz und Käse zugeführt werden. Die Einfuhren kamen zumeist aus den ostdeutschen Gebieten, so daß nach dem Verlust dieser Lieferanten die Versorgung der steirischen Bevölkerung im Frühjahr 1945 äußerst kritisch wurde. Um die Ernährung einigermaßen zu sichern, ergriff man 1945 auch in der Steiermark drastische Maßnahmen: Gerste wurde zu Brotgetreide erklärt (ihre Anbaufläche gesichert), Mais noch stärker als Alternative für Brotgetreide propagiert (die Steiermark verfügte über das zweitgrößte Maisgebiet des Deutschen Reiches) und der Kartoffelanbau erweitert.

Als im Frühjahr 1945 die Front immer näher rückte (am 29. März 1945 überschritten sowjetische Truppen bereits die burgenländische Grenze bei Klostermarienberg und besetzten in den folgenden Wochen das südliche Burgenland und Teile der Oststeiermark) und mit der alliierten Luft-

Abb. 75:
Begeisterung anläßlich
des **„Führerbesuchs"**
im Jahre 1938.

raumherrschaft auch die Tieffliegerangriffe stark zunahmen[48], bekamen auch der Handel und das Transportwesen den Krieg hautnah zu spüren. Die Beleuchtungsvorschriften an den Fahrzeugen wurden weiter verschärft, oft mußte bei Dunkelheit praktisch ohne Licht gefahren werden, Tieffliegerangriffe auf Lastkraftwagen und Zugsgarnituren standen auf der Tagesordnung.

Insgesamt konnte trotz größter Schwierigkeiten die Lebensmittelversorgung bis Kriegsende auf einem minimalen Stand aufrecht erhalten werden. Erst mit Kriegsende, den umfangreichen Requirierungen der durchziehenden Armeen und Flüchlinge sowie den disziplinlosen Plünderungen durch Teile der eigenen Bevölkerung brach die Versorgung streckenweise vollkommen zusammen[49].

1945 sah sich auch der Handel in der Steiermark — wie der in ganz Österreich[50] — vor einer seit 1938 erfolgten totalen Umorientierung hin nach Mitteleuropa. Das Deutsche Reich war der Haupthandelspartner, der Handel nach Südosteuropa im wesentlichen nur noch ein Transithandel für das „Altreich" oder bedeutungslos geworden.

Auch nach 1945 blieb Deutschland der dominierende Handelspartner, obwohl die ersten Warenlieferverträge, die die Steiermark nach 1945 schloß[51], mit Jugoslawien und sowjetisch besetzten Staaten abgeschlossen wurden. Spätestens in dem Moment, als die Bundesrepublik politisch und wirtschaftlich ein Bestandteil der westlichen Welt geworden war, war auch der steirische Handel mit der BRD zu einem Handel mit dem „Westen", mit den westlichen Industriestaaten, geworden.

Abb. 75a:
Die Begeisterung beim Einmarsch sollte nach Kriegsbeginn der Ernüchterung weichen. Einem kurzen Aufschwung folgte eine immer schlechter werdende **Versorgungslage.**

Grafik 24: **Ernterückgang in der Steiermark 1937—44**

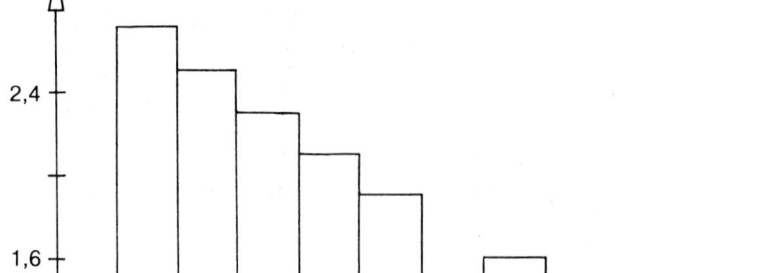

Monatsberichte des Österr. Institutes für Wirtschaftsforschung, 19. Jg., Heft 1/6–1946, S. 93

Für die Steiermark war diese Umorientierung eine große Herausforderung und Chance zugleich:

— Erstmals in seiner Geschichte konnte das Land Anschluß an den Weltmarkt finden; eine Chance, die nur unter wesentlichen Vorbedingungen realisiert werden konnte;
— Überbrückung des geographischen Standortnachteiles gegenüber dem europäischen Zentralraum und
— Ausbau der Handelswege nach Nordwesten in der Luft und zu Lande;
— gleichzeitig konnte die Steiermark die Grenzen durchlässiger machen zur Reaktivierung des jahrhundertealten Handels mit dem Südosten. Hierzu sind allerdings noch nicht alle Vorbedingungen gegeben, die
— vor allem im politischen Bereich liegen.

Abb. 76:
Damals war man noch euphorisch.
Gegen Kriegsende wurde aus dem
„Heim ins reich" der sarkastische Slogan,
„Heim, uns reicht's".

Anmerkungen:

1) Zur wirtschaftlichen Entwicklung der Monarchie in den letzten Jahren vor dem 1. Weltkrieg vgl. u. a.: David F. Ggood, The Economic Rise of the Habsburg Empire. Berley — Los Angeles — London 1984; Herbert Matis, Österreichs Wirtschaft 1848–1913; Felix Butschek, Österreichs Wirtschaft im 20. Jh., Wien 1985, und Ferdinand Tremel, Der Binnenhandel und seine Organisation. Der Fremdenverkehr, in: Die Habsburgermonarchie 1848–1918, Bd. 1: A. Brusatti (Hg.), Die wirtschaftliche Entwicklung. Wien 1973 (= Tremel, Binnenhandel).

2) Nach B. R. Mitchell, European Historical Statistics 1750–1970. London — Basingstoke 1975, S. 493ff., und Ferdinand Tremel, Wirtschafts- und Sozialgeschichte Österreichs. Wien 1969 (= Tremel), S. 372.

3) Tremel, Binnenhandel.

4) Dazu und zum folgenden vgl. Statistik des Zwischenverkehrs zwischen dem im Reichsrate vertretenen Königreichen und Ländern und den Ländern der heiligen ungarischen Krone im Jahre 1913. Wien 1915, S. XVIIff.

5) Ferdinand Tremel, Die wirtschaftliche Entwicklung in der Franz-Joseph-Zeit, vornehmlich in der Steiermark, in: ZHVSt 50, 1959, S. 206, und ders., Land an der Grenze. Eine Geschichte der Steiermark. Graz 1966, S. 248, sowie: Gerhard Dienes (Hg.), Die Südbahn. Vom Donauraum zur Adria. Graz 1987, darin vor allem die Beiträge von Franz Leitgeb, Gerhard Dienes und Tadej Braté, die sich thematisch mit dem Ausbau der Schiene in der Steiermark beschäftigen.

6) Vgl. dazu und zum folgenden: Tremel, S. 372ff.; Richard Riedl, Die Industrie Österreichs während des Krieges. Wien 1932, sowie die entsprechenden Passagen in: Heinrich Mejzlik, Die Eisenbewirtschaftung im Ersten Weltkrieg. Die Planwirtschaft des k. u. k. Kriegsministeriums. Wien 1977.

7) RGBl. 1912, Nr. 236.

8) RGBl. 1914, Nr. 274.

9) RGBl. 1917, Nr. 307.

10) Vgl. dazu die sich auf Maria Rast/Ruše beziehenden Passagen in: Stefan Karner, Das Jahr 1918 als Wendepunkt für die Energiewirtschaft der Steiermark und Sloweniens, in: BlHk. 4/1978, S. 107–121 und ders., Steirische Landwirtschaft vor und nach 1918, in: Neues Land, v. 19. 11. und 26. 11. 1978.

11) Josef Redlich, Österreichische Regierung und Verwaltung im Weltkriege. Wien 1925, S. 198ff., und Robert Wegs, Die österreichische Kriegswirtschaft 1914–1918, Wien 1979.

12) Vgl. Stefan Karner, Die Abtrennung der Untersteiermark von Österreich 1918/19. Ökonomische Aspekte und Relevanz für Kärnten und die Steiermark, in: H. Rumpler (Hg.), Kärntens Volksabstimmung 1920. Klagenfurt 1981, S. 254–296.

13) Vgl. dazu insbesondere: Peter-Robert Berger, Der Donauraum im wirtschaftlichen Umbruch nach dem Ersten Weltkrieg. Währung und Finanzen in den Nachfolgestaaten Österreich, Ungarn und Tschechoslowakei 1918–1929. Wiener WU-Diss., Wien 19 (= Berger), S. 590ff. — Monatsberichte des Österr. Inst. f. Konjunkturforschung, Heft 2, 1930, S. 36f., und Heft 6, 1933, S. 108f. — Alice Teichova, Kleinstaaten im Spannungsfeld der Großmächte. Wirtschaft und Politik in Mittel- und Südosteuropa in der Zwischenkriegszeit. Sozial- und wirtschaftshistor. Studien, Bd. 18, Wien 1988, bes. S. 129ff. und 174ff. — Gerhard Slavik, Der Außenhandel und die Handelspolitik Österreichs (1918 bis 1926). Klagenfurt 1928 (= Slavik), S. 45, und: Stefan Karner, Zum Außenhandel zwischen Österreich und Ungarn in den Jahren nach dem Ersten Weltkrieg, in: Histor. Jb. der Stadt Linz 1987 (= Karner, Außenhandel), S. 71f.

14) Slavik, S. 45.

15) Ebd., S. 45f., und: Berger, S. 197f.

16) Vgl. Dieter Stiefel, Außenhandel, in: Wirtschaft in der Praxis, Wien, Jg. 18, Nr. 52.

17) Monatsberichte des Österr. Inst. f. Konjunkturforschung, Heft 11, 1936, S. 247, und: Slavik, S. 45.

18) Vgl. Berger, S. 186f., und Slavik, S. 46f., sowie: Karner, Außenhandel, S. 74.

19) Monatsberichte, wie Anm. 17, S. 247.

20) Ebd. und Slavik, S. 47f.

21) Slavik, S. 49.

22) Monatsberichte, wie Anm. 17, S. 247.

23) Ebd. und Slavik, S. 53.

24) Vgl. dazu die auf den Handelsvertrag bezugnehmenden Passagen in: Stefan Karner, Zwei elektrizitätswirtschaftliche Sonderabkommen von 1925/26. Ein Beitrag zu den österreichisch-jugoslawischen Beziehungen in der Zwischenkriegszeit, in: ZHVSt 1981 (= Karner, Sonderabkommen), S. 190, und Wiener Zeitung, 5. 9 1925, Nr. 202.

25) So waren am 4. 9. 1925 die österreichisch-ungarischen Handelsvertragsverhandlungen angelaufen. — Tagespost, 5. 9. 1925, Nr. 244, und: Karner, Außenhandel, S. 75ff.

26) Karner, Sonderabkommen, S. 190.

27) Dazu und zum folgenden: Monatsberichte, wie Anm. 17, S. 248.

28) Vgl. Stefan Karner — Ingrid Kubin — Michael Steiner, Wie real war Mitteleuropa? Zur wirtschaftlichen Verflechtung des Donauraumes nach dem Ersten Weltkrieg, in: VSWG 1987, S. 153ff.

29) Ingrid Kubin — Michael Steiner, Die relative Integration der Alpen-Adria-Länder Italien, Jugoslawien, Österreich. Research Memorandum Nr. 8409 der nationalökonomischen Institute der Universität Graz, August 1984.

30) Monatsberichte, wie Anm. 17, S. 248f.

31) Dazu und zur weiteren Handelspolitik gegenüber Ungarn vgl. die Monatsberichte des Österr. Inst. f. Konjunkturforschung bis 1938 und: Ivan T. Berend — Georgy Ranki, Hungary. A Century of Economic Development. Newton Abbot 1974, S. 100ff.

32) Vgl. Norbert Schausberger, Ökonomisch-politische Interdependenzen im Sommer 1936, in: Das Juli-Abkommen von 1936. Wien 1977, S. 296.

33) Monatsberichte des Wr. Inst. f. Wirtschafts- u. Konjunkturforschung (= Monatsberichte), 13. Jg., Nr. 2/3, 1939, S. 91, und: Felix Butschek, Die österreichische Wirtschaft 1938 bis 1945. Wien 1978, S. 47.

34) Vgl. u. a. Tremel, S. 390.

35) Monatsberichte, wie Anm. 33, S. 84.

36) Vgl. dazu und zum folgenden: Stefan Karner, Die Steiermark im Dritten Reich. Graz 1986² (= Karner, Steiermark im Dritten Reich), S. 216ff., und: Grundlagen für den Ausbau des Eisenbahnnetzes v. 8. 11. 1940, OKH, Nr. 2497/40 g. Kdos.

37) Vgl. dazu und zum folgenden: Ebd. sowie: Mitteilungsblatt der Industrie- und Handelskammer Graz, 11. Jg., Nr. 12, 1. 12. 1940, S. 175ff.

38) Mitteilungsblatt der Industrie- und Handelskammer Graz, 10. Jg., Nr. 4, 15. 10. 1939.

39) Mitteilungsblatt der Industrie- und Handelskammer Graz, 12. Jg., Nr. 2, 1. 2. 1941.

40) Dazu und zum folgenden: Karner, Steiermark im Dritten Reich, S. 211ff.

41) Dies entspricht etwa auch den in den diversen Schätzungen angesprochenem wirtschaftlichen Potential des Landes in diesen Jahren.

42) Vgl. dazu: Gerhard W. Salzer-Eibenstein, Die Wohn- und Berufsstandorte der Grazer Juden 1938, in: Histor. Jb. der Stadt Graz, Bd. 10, 1978, S. 295ff. — Otto Rendi, Zur Geschichte der Juden in Graz und in der Steiermark, in: ZHVSt 1971, S. 157–177. — Gerald Schöpfer, Handel und Gewerbe in Graz in den dreißiger Jahren, in: Histor. Jb. d. Stadt Graz, Bd. 18/19, 1988, S. 248, und die im Stadtarchiv Graz verwahrten Arisierungslisten, die auch tw. während der Ausstellung der Stadt Graz 1988 „Illusionen — Ängste — Wirklichkeiten" zu sehen waren. — Herrn SR Dr. Gerhard Marauschek, Leiter des Grazer Stadtarchivs, habe ich für die Möglichkeit der Akteneinsicht besonders zu danken.

43) Karner, Steiermark im Dritten Reich, bes. S. 285ff.

44) Ebd., S. 237ff.

45) Dazu erscheint 1989: Siegfried Beer — Stefan Karner, Krieg aus der Luft. Das Werk wird den Luftkrieg gegen Südösterreich sowohl aus der Perspektive der Alliierten als auch aus der Perspektive der Abwehr auf dem Boden darstellen.

46) Vgl. Dokumentationsarchiv des Österreichischen Widerstandes, Wien (DÖW), Bestand Steiermark; Oral-History-Archiv des Instituts für Wirtschafts- und Sozialgeschichte d. Univ. Graz, Zahlreiche Interviews zum steirischen Widerstand und die Ergebnisse der Seminararbeiten des vom Verf. geleiteten Seminars „Alltag im 3. Reich" im WS 1988/89.

47) Karner, Steiermark im Dritten Reich, S. 290ff.

48) Wie Anm. 45.

49) Wie Anm. 47.

50) Vgl. Butschek, wie Anm. 33, S. 114.

51) Eine Arbeit darüber habe ich in Vorbereitung.

Siegfried Beer

Neubeginn und Wiederaufbau

Wirtschaft und Handel in der Steiermark nach dem Zweiten Weltkrieg, 1945–1951

Man kann die Entwicklung der österreichischen Wirtschaft im ersten Jahrzehnt nach dem Zweiten Weltkrieg in drei voneinander abgehobene Phasen einteilen: in die unmittelbare Nachkriegszeit 1945–1947, die durch Chaos, Hunger, Mangel und allgemeine Not gekennzeichnet war; in die zweite Phase, beginnend mit der Währungsreform zu Ende 1947 bis etwa Ende 1951, die von einem vehementen, allerdings stark inflationistisch gefährdeten Wiederaufbau getragen war, und in einen dritten Abschnitt der erfolgreichen Stabilisierung und einer etwa ab 1954/55 evidenten Hochkonjunktur.

Im folgenden kann lediglich ein impressionistisches Bild der beiden ersten Phasen gezeichnet werden, das wiederum nur den zentralen Elementen der Wirtschaftsentwicklung dieser Jahre , hauptsächlich an Hand der steirischen Erfahrung, gewidmet bleiben muß.

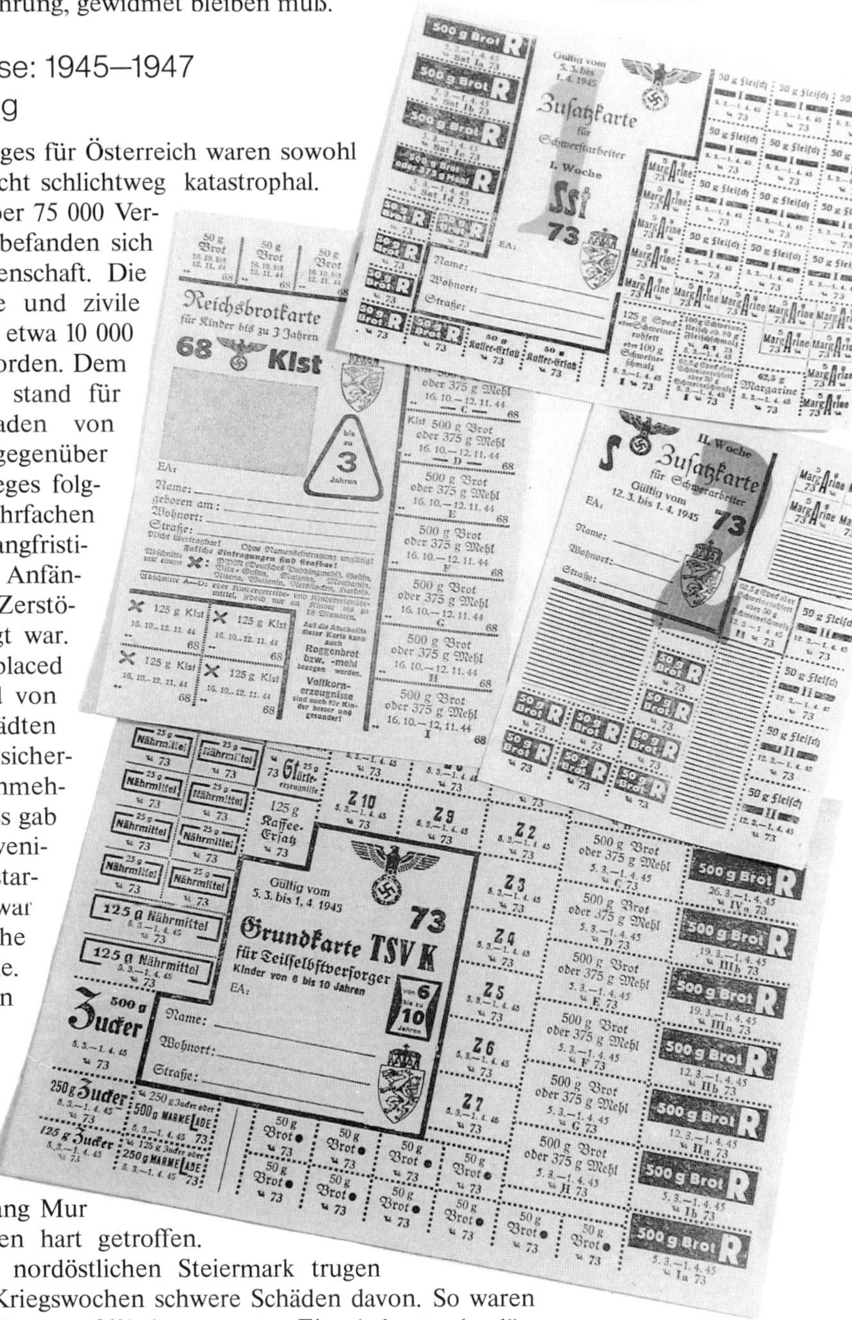

Abb. 77:
Brotkarten *aus dem Jahre 1946.*

1. Die unmittelbare Nachkriegsphase: 1945–1947
Die Folgen von Diktatur und Krieg

Die Folgewirkungen des Zweiten Weltkrieges für Österreich waren sowohl in menschlicher als auch materieller Hinsicht schlichtweg katastrophal. Es gab beinahe 200 000 Kriegstote und über 75 000 Vermißte zu beklagen; 200 000 Österreicher befanden sich Ende 1945 immer noch in Kriegsgefangenschaft. Die Steiermark hatte ca. 50 000 militärische und zivile Kriegsopfer zu verzeichnen; zudem waren etwa 10 000 Steirer Opfer des Nationalsozialismus geworden. Dem damit verbundenen, menschlichen Leid stand für Gesamtösterreich ein materieller Schaden von geschätzten 160 Milliarden Schilling gegenüber (Wert 1960). Auf die Leidenszeit des Krieges folgten bekanntlich die Belastungen einer mehrfachen und, wie sich bald herausstellen sollte, langfristigen militärischen Besetzung, die in ihren Anfängen, gerade auch in der Steiermark, von Zerstörung, Plünderung und Demontage geprägt war. Das Land war von Fremdarbeitern, Displaced Persons (= DPs, versetzte Personen) und von Flüchtlingen überschwemmt. In den Städten und Dörfern hatte sich ein Gefühl der Unsicherheit und Ohnmacht ausgebreitet. Der nunmehrige Friedensalltag war karg und trostlos. Es gab Hunger und Verzweiflung. Kinder und weniger widerstandskräftige alte Menschen starben, und die Selbstmordrate für 1945 war extrem hoch. Im Juni 1945 verstarb beinahe die Hälfte aller lebend geborenen Säuglinge. Die ersten Lebensmittelzuteilungen lagen zwischen 600 und 800 Kalorien pro Tag. Der Krieg hatte insbesondere auch in der Steiermark gewaltige Schäden verursacht. Graz und Knittelfeld gehörten zu den am stärksten zerbombten Städten Österreichs; auch die steirischen Industriegebiete und die Verkehrsanlagen entlang Mur und Mürz sowie südlich von Graz waren hart getroffen.

Weite Teile der Oststeiermark und der nordöstlichen Steiermark trugen durch die Kampfhandlungen der letzten Kriegswochen schwere Schäden davon. So waren bei Kriegsende infolge der Luftkriegszerstörungen 21% der gesamten Eisenbahnstreckenlänge,

207

das waren 110 Kilometer, unbefahrbar geworden.

Bilanz der Kriegs- und Nachkriegs- schäden

Eine Bilanz der Kriegs- und Nachkriegsschäden für die Steiermark ergibt eine aus Luftangrif- fen und direkten Kampfhandlungen resultierende Schadenssumme von ca. 100 000 Millionen Friedensmark (Basis 1937) sowie einer etwa dreifachen Schadenssumme aus Demontagen und Plünderungen. Somit waren weite Teile des Produktionsapparates und der industriellen Infra- struktur durch Kriegs- und Nachkriegswirkungen massiv betroffen. Dennoch lag die niedrige Industrieproduktion der ersten Nachkriegsjahre nicht primär in den Unzulänglichkeiten der Produktionsanlagen, sondern vielmehr im Mangel an Energie, Rohstoffen, Fachkräften und läßt sich mit mangelhaften Transportmöglichkeiten begründen.

Während die gesamtösterreichische Industrieproduktion des ersten Nachkriegsjahres nur etwa ein Viertel der Kapazität von 1937 ausmachte, konnte im steirischen Kohlebergbau bereits eine 80prozentige Kapazitätsauslastung erreicht und ab 1947 kontinuierlich ausgebaut werden.

Schwierige Ausgangsbedingungen

Hungerjahr 1946/47

Dem ausgesprochenen Katastrophenjahr 1945 folgte das durch eine schlechte Ernte und einen harten Winter gekennzeichnete Hungerjahr 1946/47, denn erst Ende 1946 konnte die als Exi- stenzminimum geltende Kalorienzahl von etwa 1600 erreicht werden. Im übrigen fehlte es lange so ziemlich an allem: an lebensnotwendigen Grundnahrungsmitteln, an menschenge- rechten Wohnungen, an Bekleidung und Schuhen, an Energiestoffen (Märzkatastrophe 1947) sowie an unzähligen Dingen des täglichen Bedarfs. Das Wenige, das man bekam, war qualita- tiv minderwertig. Nur wer es sich leisten konnte, hatte die — wenn auch ungesetzliche — Mög- lichkeit, die kargen Rationen auf dem Schwarzmarkt zu ergänzen, wo Nahrungsmittel, Genuß- und Gebrauchsgüter und Fremdwährungen zu oft horrenden Preisen angeboten wurden.

Schwarzmarkt- geschehen

Über die Preisentwicklung auf diesen schwarzen bzw. grauen Märkten liegen bisweilen höchst unterschiedliche Angaben vor. Immerhin stimmen die preislichen Hinweise der österreichi- schen Stellen für Ende 1945 im großen und ganzen mit den Schwarzmarktdaten einer briti- schen Geheimdienstquelle zum Schwarzmarktgeschehen im September 1945 überein:

Abb. 78:
*Der **Schwarzmarkt** blühte in den ersten Nachkriegsjahren. In Graz war der Bereich des Volksgartens ein beliebter Umschlag- platz.*

Tabelle 1: **Schwarzmarktpreise im Herbst 1945**

Ware:	Schwarzmarktpreis:		Normalpreis:	
1 kg Mehl	bis 170.—	RM	RM	0.64.—
1 kg Brot	40—50.—	RM	RM	0.56.—
1 kg Kaffee	1000—1200.—	RM	RM	10.—
1 kg Zucker	280—330.—	RM	RM	0.79.—
1 kg Schmalz	1000—1200.—	RM	RM	2.16
1 kg Rindfleisch	bis 230,—	RM	RM	2.50
1 m Stoff	2000.—	RM	RM	15.—40.—
1 Zigarre	10—12.—	RM		
1 Zündholzschachtel	50—100.—	RM		
1 Paar Männerschuhe	bis 4000.—	RM		
1 Paar Damenstrümpfe	bis 300.—	RM		
1 US-Dollar	300—340.—	RM		
1 British Pound	750—850.—	RM		

Quelle: Britischer Geheimdienstbericht, 14. 9. 1945. Ins.: PRO, FO 371/46651.

Die im November 1945 von einem amerikanischen Geheimdienst- agenten auf dem Grazer Schwarzmarkt erhobenen Preise weichen davon deutlich ab. Als Schwarzhändler indentifiziert dieser Geheim- bericht vor allem ungarische und jugoslawische DPs, während als hauptsächliche Kunden die Österreicher angeführt werden. Es soll hier nicht unerwähnt bleiben, daß nicht selten auch Besatzungssolda- ten in den illegalen Schwarzmarkt verwickelt waren.

Mit Einführung einer über Lebensmittelkarten und Bezugsscheine hinausgehenden, bundes- einheitlichen Bewirtschaftung durch das im Herbst 1946 in Kraft gesetzte Warenverkehrsge- setz sowie durch das Einsetzen einer ersten Auslandshilfe, vor allem durch die UNRRA- Lebensmittelimporte, gingen die Schwarzmarktpreise zurück, womit breiten Bevölkerungs- schichten der Zutritt zum schwarzen Markt eröffnet wurde. Im übrigen sollte die Realität, ja die Notwendigkeit der Lebensmittelbeschaffung am schwarzen Markt auch in den Lohnver- handlungen immer wieder eine Rolle spielen.

Von zentraler Wichtigkeit für den Wiederaufbau der österreichischen Wirtschaft mußte natürlich die Lösung des Währungs- und Inflationsproblems sein. Durch das Schaltergesetz vom 3. Juli 1945 wurde die Wiederaufnahme der Zahlungen der Kreditinstitute erreicht. Gleichzeitig wurde durch das Notenbanküberleitungsgesetz die Österreichische Nationalbank

Abb. 79:
Die Alliierten hatten bereits vor Kriegsende, im Jahre 1944, das **Besatzungsgeld** *gedruckt. Damit konnte nach Kriegsende ein rascher Übergang im Währungsbereich erfolgen.*

wiedererrichtet, die sofort die Devisenbewirtschaftung übernahm. Die Herauslösung aus dem Reichsmarkgebiet und die Rückdrängung der alliierten Militärwährung wurden durch das Schillinggesetz vom 30. November 1945 beschleunigt. Dadurch konnte zwar ein Teil des Geldüberhangs beseitigt werden, doch blieb insbesondere durch die drückenden Besatzungskosten die Inflationsgefahr akut. Die Besatzungskosten wurden übrigens Mitte 1946 auf ein erträgliches Maß beschränkt, das mit immer noch maximal 35% des österreichischen Jahresbudgets festgesetzt wurde.

Als sich ab Sommer 1946 der Preis- und Lohnauftrieb in Österreich zusehends beschleunigte, ergriffen die mittlerweile etablierten Interessensvertreter (die drei Kammern und der ÖGB) die Initiative bei der Inflationsbekämpfung. Die Sozialpartner versuchten, und das war eine wirtschaftspolitische Novität in Österreich, unter Einbindung des Staates, in ihrem jeweiligen Wirkungsbereich gegenseitige Vereinbarungen der Tarifpartner auf gesamtstaatlicher Ebene durchzusetzen. Bei den in der Folge abgeschlossenen Preis- und Lohnabkommen (es sollte deren fünf geben zwischen 1947 und 1951) wurden jeweils die zentralen Kosten der Lebenshaltung (70% der Ausgaben eines Arbeiterhaushaltes) fixiert und der Rest unter Preiskontrollen gestellt. Zugleich wurden die wichtigsten Löhne festgelegt und über die jeweils abgesprochenen Zeiträume eingefroren. Die dem 1. Lohn- und Preisabkommen folgende Wähungsreform vom Dezember 1947 reduzierte die umlaufende Geldmenge, sodaß die beiden letztgenannten Abkommen des Jahres 1947 insgesamt eine tragfähige Ausgangsbasis für weitere Sanierungsmaßnahmen legen konnten. Für Preise und Löhne brachten sie dennoch nur eine kurze Atempause, denn in den nächsten Jahren sollten die Preise und Löhne jährlich um durchschnittlich 35% ansteigen. Die folgende graphische Darstellung der Lebenshaltungskosten zeigt, daß lediglich die ersten Preis- und Lohnabkommen den erwünschten Effekt zeitigten.

Preis- und Lohnabkommen

Grafik 25: **Lebenshaltungskostenindex**
für eine 4köpfige Arbeiterfamilie in Steiermark (wöchentlich) Nach den Berechnungen der Arbeiterkammer

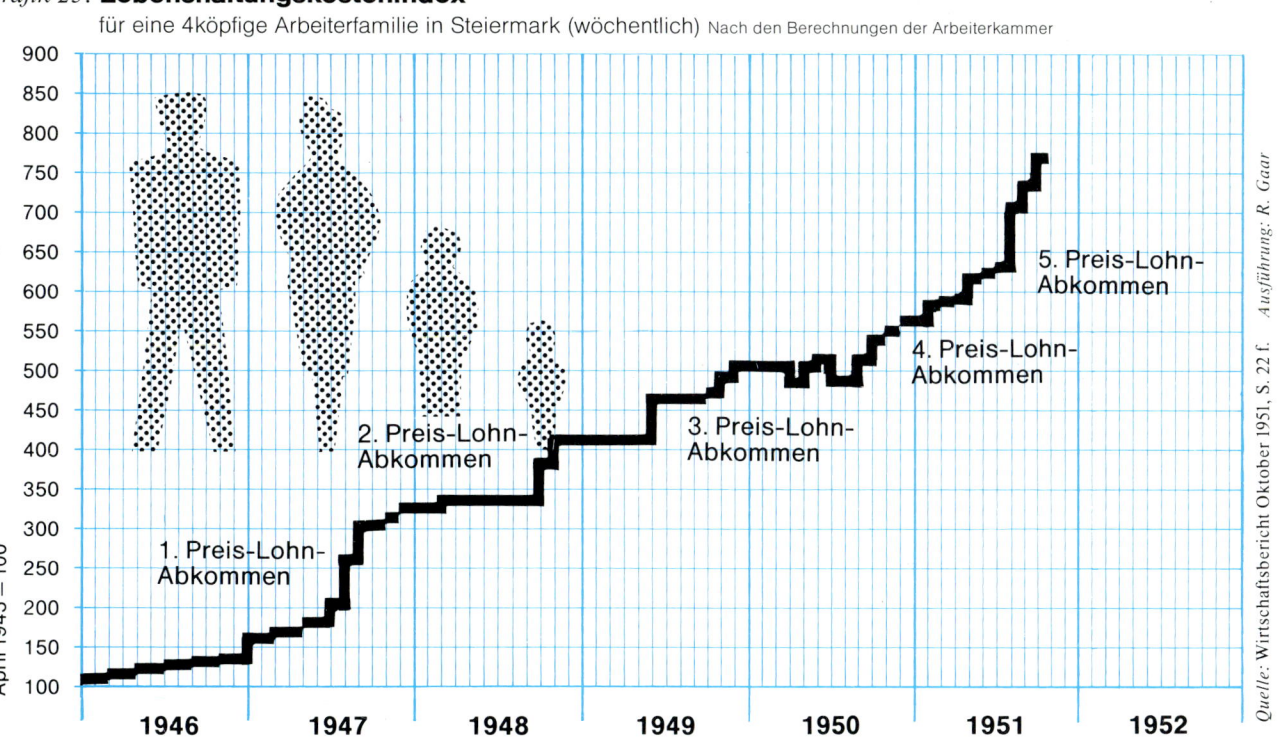

Erst die Stillhalteabkommen der Sozialpartner zu Anfang der fünfziger Jahre sollten dann von Erfolg gekrönt sein: Die Inflation wurde gestoppt, der Staatshaushalt saniert und das Vertrauen in die Währung wiederhergestellt. Der Zustand der Vollbeschäftigung konnte jedoch erst am Ende des ersten Nachkriegsjahrzehnts erreicht werden.

Zu den Anfängen von Güteraustausch und Handel

Handelskammer-überleitungs-gesetz

Noch während der russischen Besetzung der Steiermark, die bis Ende Juli 1945 andauerte, war es durch das von der Renner-Regierung am 9. Juni erlassene Handelskammerüberleitungsgesetz (StGBl. Nr. 15) möglich geworden, die Tätigkeit der Kammer für Handel, Gewerbe, Industrie, Geld und Kreditwesen zunächst in Verwaltung der ehemaligen Gauwirtschaftskammer gesetzlich auszubauen. Im August 1945 hat die nunmehrige britische Militärregierung eine von ihr kontrollierte Warenbewirtschaftung eingeführt, die erst ab November 1945 durch die britische Bekanntmachung Nr. 13 eine von österreichischen Dienststellen getragene Warenbewirtschaftung ermöglichte, welche wenigstens im Bereich der Roh- und Hilfsstoffe von der Handelskammer Steiermark übernommen wurde. Nachdem praktisch bis zum Zweiten Kontrollabkommen im Juni 1946 die vier Besatzungszonen Österreichs wirtschaftlich nahezu hermetisch voneinander abgeschlossen waren, wurde der Warenverkehr zwischen den Zonen bzw. wiedererrichteten Bundesländern in der Regel durch „Zwischenzonenkompensationsgeschäfte" abgewickelt, was die Integration Österreichs zu einer Wirtschaftseinheit auf das äußerste gefährden mußte. Daher war es das wirtschaftspolitische Ziel der Handelskammer Steiermark, den Kampf gegen den Zonenpartikularismus gerade in einer Zeit aufzunehmen, als es der Bundesregierung in Wien noch nicht möglich war, den Verselbständigungstendenzen der einzelnen Besatzungszonen wirkungsvoll entgegenzutreten. Nachdem es in regelmäßig stattgefundenen Gesprächen mit den Vertretern des Landes Kärnten gelungen war, innerhalb der britischen Besatzungszone Österreichs eine einheitliche Plattform für den innerösterreichischen Wirtschaftsverkehr zu erarbeiten, konnte über Einladung der Steiermark im

Besprechung aller österreichischen Bundesländer

Februar 1946 in Judenburg zum erstenmal eine Besprechung der Wirtschaftsstellen aller Bundesländer Österreichs in Gegenwart eines Vertreters des Bundesministeriums für Handel und Wiederaufbau stattfinden, bei der beschlossen wurde, daß grundsätzlich keine Einzelkompensationsgeschäfte mehr zum Abschluß kommen sollten, sondern nur mehr „Globalkontingente" ausgetauscht würden. Denn obwohl es 1945 keinen österreichischen Außenhandel gegeben hatte, waren gelegentlich zonale oder von einzelnen Bundesländern getätigte Tausch- bzw. Kompensationsgeschäfte eingegangen worden. So war es sogar zu Handelsabkommen der einzelnen Besatzungszonen oder Bundesländer mit Nachbarstaaten gekommen.

Tabelle 2: **Geographische Struktur des Außenhandels, 1946—1954**

Gebiet	1937	1946	1947	1948	1949	1950	1951	1952	1953	1954
				Einfuhr kommerziell in %						
OEEC-Staaten	39,7	70,0	63,5	55,1	58,1	65,2	72,0	68,1	71,1	78,5
Osteuropa[1]	32,0	23,2	22,7	26,2	20,2	15,5	12,2	11,6	11,0	8,5
Sonstiges Europa ..	8,2	1,3	2,2	5,2	4,7	4,5	5,1	6,3	4,9	4,6
Übersee	20,1	5,5	11,6	13,5	17,0	14,8	10,7	14,0	13,0	8,4
				Ausfuhr						
OEEC-Staaten	51,8	66,8	69,5	66,5	59,9	60,2	63,4	64,4	67,8	69,5
Osteuropa[1]	27,7	22,2	17,4	14,8	18,3	14,5	12,2	11,6	9,0	7,8
Sonstiges Europa ..	6,6	3,1	2,9	5,8	7,9	6,6	4,8	7,2	6,9	6,6
Übersee	13,9	7,9	10,2	12,9	13,9	18,7	19,6	16,8	16,3	16,1

1) Rußland, Bulgarien, Polen, Rumänien, ČSSR, Ungarn.
Quelle: Nemschak, 10 Jahre österreichische Wirtschaft, S. 61.

Judenburger System der Global-kontingente

Nun wurde durch das Judenburger System der Globalkontingente sichergestellt, daß jedes Bundesland den im eigenen Lande nicht benötigten Überschuß gegen Barzahlung oder Gutschrift für die anderen Bundesländer oder Zonen zur Verfügung stellen konnte, ohne eine Kompensationslieferung in Waren eingehen zu müssen. Damit war jedenfalls der erste Schritt in Richtung Abbau der die Wirtschaft Gesamtösterreichs hemmenden wirtschaftlichen Demarkationslinien und damit das zukunftsweisende Prinzip des einheitlichen Wirtschaftsraumes durchgesetzt.

Ein regelmäßiger, internationaler Handelsverkehr Österreichs konnte sich erst im Laufe des Jahres 1946, vor allem mit den vier Nachbarstaaten, entwickeln: insbesondere mit der

Schweiz, mit der Tschechoslowakei, mit Deutschland und mit Italien. In den folgenden Jahren konnte der österreichische Außenhandel auf eine breitere Grundlage gestellt werden. So stieg die Zahl der Handelsverträge von 5 im Jahre 1946 auf 22 im Jahre 1950, womit der Übergang vom Kompensations- zum Clearingverfahren und später zum internationalen Zahlungsausgleich im Rahmen der von der OEEC getragenen „Europäischen Zahlungsunion" (EZU) gewährleistet werden konnte.

Die infolge des Kalten Krieges bzw. der fortschreitenden Westintegration Österreichs bewirkte Änderung der geographischen Struktur des österreichischen Außenhandels, gerade auch in Relation zum letzten vollen Wirtschaftsjahr der Ersten Republik, wird durch die vorhergehende Tabelle illustriert. Sie dokumentiert eindrucksvoll die Orientierungs- und Richtungsänderung sowohl der Ein- als auch der Ausfuhren von Ost nach West *(siehe Tabelle 2).*

Während sich die Einfuhren noch 1946 nur auf dem Niveau einer Gesamthöhe von dreieinhalb Millionen Schilling bewegten, stiegen die Importe schon 1948/49 auf das Zehnfache. Die nachfolgende Tabelle belegt den Status Italiens als des weitaus wichtigsten Importherkunftslandes:

Tabelle 3: **Einfuhr nach Herkunftsländern, 1946—1949**

Herkunftsländer:	1946	1947	1948	I–VI/1949
	S	S	S	S
Italien	2,830.163,--	9,210.548,--	22,715.237,--	21,630.086,49
Triest-Übersee	-.-	352.500,--	808.342,30	725.210,--
Jugoslawien	-.-	-.-	7,038.000,--	857.186,--
Ungarn	10.000,--	237.621,--	1,858.000,--	1,623.350,--
Bulgarien	-.-	162.000,--	204.000,--	-.-
Griechenland	-.-	-.-	-.-	183.000,--
ČSSR	-.-	300.240,--	62.072,--	292.167,--
Polen	-.-	455.000,--	290.000,--	-.-
Schweiz	212.000,--	573.124,--	729.906,95	118.937,30
Deutschland	-.-	-.-	82.574,--	58.231,--
Holland inklusive Kolonien .	-.-	540.000,--	796.976,--	1,737.595,--
Belgien	-.-	265.743,--	102.645,69	78.774,95
Dänemark	-.-	110.553,--	120.000,--	368.000,--
Frankreich inklusive Kolonien	-.-	410.751,--	845.204,--	1,413.388,49
England	-.-	118.600,--	1,330.630,--	928.645,33
Schweden	-.-	-.-	4.850,--	-.-
Nordafrika	-.-	17.850,--	483.600,--	848.000,--
Ägypten	-.-	1,460.730,--	73.204,--	9.450,--
Persien	-.-	1,351.154,--	-.-	-.-
Indien	-.-	-.-	-.-	56.000,--
Portugiesische Kolonien . . .	-.-	-.-	-.-	325.000,--
USA	465.000,--	96.600,--	456.000,--	118.389,--
Argentinien	-.-	-.-	31.287,--	-.-
Brasilien	-.-	-.-	143.000,--	820.000,--
Insgesamt	3,517.163,--	15,663.014,--	38,175.529,94	32,191.910,56

Quelle: Die Steiermark. Land. Leute. Leistung, S. 471.

In dieser, wie auch in der folgenden Statistik spiegelt sich die besondere Rolle des Triester Hafens für den österreichischen und gerade auch steirischen Handelsverkehr in der Zeit der amerikanischen ERP-Lieferungen *(siehe Tabelle 4).*

Tabelle 4: **Der Anteil Österreichs am Triester Hafenverkehr, 1948—1954**

	Exporte nach Triest			Importe aus Triest		
	Insgesamt	davon Österreich	%	Insgesamt	davon Österreich	%
1948	1,326.794 t	1,035.276 t	77	335.421 t	165.745 t	49
1949	1,590.408 t	1,286.902 t	80	663.266 t	433.014 t	65
1950	1,225.471 t	992.698 t	80	915.078 t	727.675 t	79
1951	1,578.564 t	1,298.243 t	82	845.200 t	544.631 t	64
1952	1,949.748 t	1,519.663 t	80	871.222 t	506.180 t	58
1953	1,205.606 t	850.540 t	70	894.980 t	558.092 t	62
1954	1,450.317 t	1,045.685 t	72	818.323 t	440.340 t	54

Quelle: Die Steiermark, S. 487.

In Erkenntnis der Bedeutung Triests als Umschlagplatz für den österreichischen Handel, nicht nur im Mittelmeer, haben steirische Wirtschaftskreise die Gründung einer Österreichisch-Triestiner Handelskammer im Juni 1948 initiiert und durchgesetzt.

Zu den seit jeher wichtigsten Ausfuhrgütern Österreichs gehörten auch in diesen Jahren Eisen, Stahl, Holz und Papier, also vor allem Produkte der in der Steiermark zentrierten Exportindustrie.

Krisen-empfindlichkeit des Außenhandels

Gerade diese Exportprodukte, die ab 1949 von einer anhaltend günstigen Weltkonjunktur profitierten, sollten in weiterer Folge die Krisenempfindlichkeit des österreichischen Außenhandels augenscheinlich machen. Immerhin, insgesamt gesehen, verdoppelten sich die Exporte von 1948 bis 1950, während die Importe nur etwas mehr als nur ein Drittel anstiegen. Das Importvolumen übertraf dennoch bereits 1949, das Exportvolumen erst 1953 den Stand von 1937.

Ehe im folgenden auf die Bedeutung der Auslandshilfe für die Rekonstruktion der österreichischen Wirtschaft eingegangen werden muß, sei abschließend auf die besondere Rolle der ab Herbst 1948 wieder veranstalteten Grazer Messe hingewiesen, deren stetig wachsende Zahl an Ausstellern Zeugnis für eine zusehends sich erholende und modernisierende Industrie und eine expandierende Handelstätigkeit der Grünen Mark abgibt.

Tabelle 5: **Ausstellerentwicklung bei der Grazer Messe, 1948—1952**

Aussteller	1948	1949	1950	1951	1952
Frühjahrsmesse	—	634	692	791	1.143
Herbstmesse	736	759	719	891	1.165

Quelle: Zehn Jahre Steirische Wirtschaft, S. 26.

2. Vom Wiederaufbau zur Stabilisierung (1948—1951)

Die österreichische Regierung hatte bis Ende 1947 auf Grund struktureller Reformen, darunter die Währungsreform, die Verstaatlichung von Grundindustrien und Großbanken sowie erste Maßnahmen zur Preis- und Lohnregelung und frühe ausländische Hilfeleistungen, die Basis für den eigentlichen wirtschaftlichen Wiederaufbau Österreichs gelegt. Die nun folgende Phase der Rekonstruktion der österreichischen Wirtschaft wird auch heute unumstritten im Zeichen des amerikanischen Marshallplanes gesehen.

Zur Auslandshilfe insgesamt

1.585 Millionen Dollar Auslandshilfe

Österreich hat in den ersten zehn Nachkriegsjahren Auslandshilfe in der Höhe von 1585 Millionen Dollar (auf Wertbasis 1955 von 41 Milliarden Schilling) erhalten. 87% dieser Hilfestellung, rund 1.380 Millionen Dollar, leisteten allein die Vereinigten Staaten von Amerika. In relativer Analogie zur Genfer Anleihe 1922/23, die zur Basis der Rekonstruktion Österreichs nach dem Ersten Weltkrieg geworden war, bedeutete dies eine sechsfache Erhöhung der unter den Auspizien des Völkerbundes geleisteten Hilfe, die noch dazu nicht als Kredit, sondern zu weitaus überwiegendem Teil als Geschenk gewährt wurde.

Das massive Engagement der USA am wirtschaftlichen Wiederaufbau Europas brachte für das wiedererrichtete Österreich, ganz im Gegensatz zur Erfahrung 1918/19, zunächst einmal die volle Einbeziehung in ein primär von Washington getragenes, internationales Wirtschaftssystem, das, von der Vorstellung einer einheitlichen Welt ausgehend, die wesentlichen Bereiche internationaler Wirtschaftsbeziehungen (z. B. Währung, Außenhandel, Beschäftigungspolitik) **Konferenz von Bretton Woods** umschloß. Schon die bei der Konferenz von Bretton Woods (New Hampshire, USA) im Juli 1944 gegründeten Institutionen, Internationaler Währungsfonds (IMF) und Weltbank (IBRD), deuteten das für die neue Wirtschaftsordnung gültige Strukturmerkmal der gegenseitigen Hilfeleistung an. Die Konkretisierung dieses Prinzips erfolgte in Gestalt einer von den Vereinten Nationen getragenen Organisation, der United Nations Relief and Rehabilitation Administration (UNRRA) und eben in Form zahlreicher Kreditaktionen, wenn auch unterschiedlichen Ausmaßes.

Die ersten ausländischen Hilfsaktionen durch die Besatzungsmächte waren schon unmittelbar nach Kriegsende im Bereich der Nahrungsmittelversorgung erfolgt. Ab Herbst 1945 bzw. **UNRRA-Hilfe** Frühjahr 1946 übernahmen vor allem die schon erwähnte UNRRA-Hilfe und andere Hilfsaktionen (z. B. CARE, Quaker, Malteser, Schweizer Spende u. a. m.) die Versorgung der Bevölkerung mit Lebensmitteln, aber auch der Landwirtschaft mit Saatgut und Düngemittel. Es handelte sich dabei um verschiedenste internationale, mitunter private Hilfsorganisationen, vornehmlich aus den USA, Kanada, England, Schweden, Dänemark und der Schweiz. Insgesamt stellten die diversen Hilfesendungen vom 1. April 1946 bis Ende 1947 Güter im Wert von über 160 Millionen Dollar dar, wovon etwa 140 Millionen auf Lebensmittel entfielen.

Die Marshall-Hilfe für Österreich

ERP-Programm

Während die vor 1948 erfolgte Auslandshilfe hauptsächlich als karitative Unterstützung empfunden wurde, sollte das auf die Initiative des amerikanischen Außenministers George C. Marshall zurückgehende sog. European Recovery Program (ERP) für Europa allgemein und eben auch für Österreich in erster Linie auf die Rekonstruktion der Volkswirtschaft insgesamt gerichtet sein. Eine Aufstellung über die Österreich von 1945 bis 1951 gewährte Auslandshilfe vermag schon rein quantitativ den besonderen Stellenwert dieser ERP-Hilfe zu veranschaulichen:

Tabelle 6: **Auslandshilfe an Österreich, 1945—1952**

	Summe 1945—1955	1945—1946	1947	1948	1949	davon 1950 Mill. $	1951	1952
ERP — direkte Hilfe .	686,8	—	—	94,3	194,2	119,5	127,6	91,4
ERP — indirekte Hilfe	269,6	—	—	3,3	95,6	83,1	76,0	11,6
UNRRA	135,6	91,6	44,0	—	—	—	—	—
USA, War-Department	38,0[1)	—	38,0	—	—	—	—	—
Kongreß- und Interimshilfe	156,1[1)	—	54,6	101,5	—	—	—	—
Kanadahilfe	3,4	—	—	3,4	—	—	—	—
Beute- und Überschußgüter	86,9[1)	—	30,7	56,2	—	—	—	—
Liebesgaben	69,5[1)	—	29,9	19,6	9,3	4,1	2,4	2,4
Sonstige Hilfslieferungen	55,6	24,8[2)	28,2	1,5	1,0	0,1	—	—
Insgesamt	1.585,1	200,0[3	225,4	279,8	300,1	206,8	206,0	105,4

1) Ohne ev. Lieferungen 1945 und 1946; 2) Alliiertenhilfe; 3) Schätzung
Quelle: Nemschak, 10 Jahre österreichische Wirtschaft, S. 23.

Diese Tabelle soll nicht zuletzt auch die mannigfaltige, zu unrecht wenig bekannte Auslandshilfe in Form von Lieferungen und Krediten, die neben UNRRA und ERP gewährt wurde, dokumentieren. Dennoch muß zugleich die Bevorzugung Österreichs durch die Marshallplanhilfe betont werden, denn Österreich erhielt in Relation zu seiner Bevölkerungszahl nach Norwegen die zweithöchste Zuteilung. Es waren dies bei einer Netto-ERP-Hilfe von 909,1 Millionen Dollar immerhin 131,7 Dollar pro Kopf der Bevölkerung.

„Grants"

Das schon Anfang Juli 1947 zwischen Österreich und den USA vereinbarte ERP-Hilfepaket bestand zur Gänze aus sog. „grants" (Schenkungen). Die österreichische Regierung mußte gemäß dem, ein Jahr später, nämlich am 2. Juli 1948 abgeschlossenen, bilateralen Abkommen die ERP-Lieferungen an die einheimische Wirtschaft zu inländischen Marktpreisen verkaufen und den Erlös auf ein Sonderkonto (Counterpart-Fonds) einzahlen. Die derart angehäuften Beträge wurden in Form von Krediten oder Subventionen an österreichische Unternehmen zu einem sehr niedrigen Zinssatz weitergegeben. Wenn die ERP-Hilfe zunächst eben auch den Charakter einer Notstandshilfe trug, da sie im ersten Jahr immer noch zu 45% in Form von Lebensmitteln oder als Investitionen für die Landwirtschaft geleistet wurde, konnten schon ab 1949 die zur Verfügung stehenden Counterpartmittel zum Aufbau der kriegsgeschädigten Grundstoffindustrien und der Engergieversorgungsunternehmen verwendet werden. Erst ab 1952/53 wurden Mittel für die Fertigwaren- und Exportindustrie wie auch für Investitionen im Fremdenverkehrswesen freigestellt.

Insgesamt wurden bis Anfang 1954 unter dem Titel ERP nicht weniger als 7 Milliarden Schilling in die österreichische Wirtschaft gepumpt. Davon sollte die Steiermark immerhin 1,6 Milliarden Schilling erhalten. Das kräftige Wirtschaftswachstum der Marshallplan-Ära brachte für Österreich eine außerordentliche Beschleunigung in seiner Entwicklung zum Industriestaat, wie insbesondere die Expansion des österreichischen Außenhandels überzeugend belegt. Jedenfalls eröffnete die ERP-Hilfe für Österreich nicht nur den Weg zur erfolgreichen Stabilisierung seiner Wirtschaft, sondern sie bedeutete zugleich den entscheidenden wirtschaftlichen und psychologischen Schritt zur Westintegration, den es 1955 mit der Erreichung der vollen Souveränität im Staatsvertrag und durch seine am 26. Oktober 1955 sich selbst auferlegte und militärisch verstandene immerwährende Neutralität politisch abgesichert hat.

Quellen:

1. Archivalische Quellen:
Public Record Office (PRO), Kew (London):
FO 371 Foreign Office, General Correspondence
FO 1020 Allied Comission Austria, British Element (BE), Military Government, Styria
National Archives (NA), Washington D.C.:
Record Group (RG) 226, Archives of the Office of Strategic Services (OSS)
2. Edierte Quellen:
Statistische Mitteilungen des Landes Steiermark. Monatliche Wirtschaftsberichte, Graz 1947 ff.
Monatsberichte des österreichischen Instituts für Wirtschaftsforschung 18(1945)—25(1952), Wien 1945 ff.
Österreichisches Jahrbuch 1945/46 bis 1951/52, Wien 1945 ff.
Die Wirtschaft. Österreichs Industrie, Handel, Gewerbe und Finanzen, Wien 1946 ff.

Literatur:

Thomas Albrich, Exodus durch Österreich. Die jüdischen Flüchtlinge 1945—1948 (= Innsbrucker Forschungen zur Zeitgeschichte Bd.1), Innsbruck 1987.
Karl Bachinger, Herbert Matis, Der österreichische Schilling. Geschichte einer Währung, Graz 1974, S. 169—223.
Siegfried Beer, Von der russischen zur britischen Besetzung der Steiermark. Berichte des amerikanischen Geheimdienstes OSS aus dem Jahre 1945. In: Blätter für Heimatkunde 59 (1985), S. 103—120.
Günter Bischof, Foreign Aid and Austria's Economic Recovery After World War II. In: New Directions in Economic and Security Policy. US-West European Relations in a Period of Crisis and Indecision, ed. W. J. Felder, Boulder, CO 1985, S. 79—91.
Alois Brusatti, Entwicklung der Wirtschaft und Wirtschaftspolitik. In: Österreich. Die Zweite Republik, ed. E. Weinzierl, K. Skalnik, Bd. 1, Graz 1972, S. 417—494, S. 592—598.
Felix Butschek, Die österreichische Wirtschaft im 20. Jh., Stuttgart 1985.
Einhundert Jahre Handelskammer Steiermark, Graz 1950.
Arno Einwitschläger, Amerikanische Wirtschaftspolitk in Österreich 1945—1949, Wien 1986.
Wilfried Mähr, Von der UNRRA zum Marshallplan. Die amerikanische Finaz- und Wirtschaftshilfe an Österreich in den Jahren 1945—1950, geisteswiss. Diss. Wien 1985.
Herbert Matis, Das Jahr 1945. Die wirtschaftliche Ausgangsposition. In: ÖGL 5 (1975), S. 289—298.
Franz Nemschak, Zehn Jahre Österreichische Wirtschaft 1945—1955, Wien 1955.
Gustav Otruba, Österreichs Wirtschaft im 20. Jh., Wien 1968.
Österreichisches ERP-Handbuch, ed. Österreichisches Bundeskanzleramt, Wien 1950.
Die Steiermark. Land. Leute. Leistung, ed. Steiermärkische Landesregierung, Graz 1956.
Steirische Bewährung 1945—1955. Zehn Jahre Aufbau in der Steiermark, ed. Steiermärkische Landesregierung, Graz 1955.
Wilhelm Weber, Österreichische Finanzpolitik 1945 bis 1961, Wien 1969.
George Woodbridge, The History of UNRRA, Chapter IX: Austria, Vol. II, New York 1950, S. 295—320.
Zehn Jahre ERP in Österreich 1948—1958. Wirtschaftshilfe im Dienste der Völkerverständigung, Wien 1958.
Zehn Jahre steirische Wirtschaft, ed. Handelskammer Steiermark, Graz 1955.
Hannes Zimmermann, Wirtschaftsentwicklung in Österreich 1945—1951. Am Beispiel der Lohn-Preis-Abkommen und des Marshallplanes, geisteswiss. Diss. Wien 1983.

Hans-Jörg Schreyer

Vom Greißler zum Shopping-Center

Entwicklung und Struktur des steirischen Handels seit den fünziger Jahren

Anfang der fünfziger Jahre gab es in Österreich rund 71.000 Handelsbetriebe, 1971 waren es noch an die 57.000 und heute sind es knapp 54.000 – d. h. innerhalb von 35 Jahren sank die Zahl der Betriebe um ein Viertel. Besonders dramatisch verlief die Entwicklung im Lebensmittelhandel: Nach einer *Nielsen*-Studie ergab sich in den letzten 20 Jahren eine Reduktion der Lebensmittel-Einzelhändler um nahezu die Hälfte(!), wobei vor allem die kleinen Händler, die sog. „Greißler", von diesem Selektionsprozeß betroffen waren[1]. Allein 1987 mußten über 500 Kleinbetriebe zusperren, während sieben neue Verbrauchermärkte, 65 Supermärkte und 93 Märkte über 250 m² Verkaufsfläche eröffnet wurden[2]. Ähnlich, wenn auch weniger kraß, verlief die Entwicklung in der Steiermark: die Zahl der Handelsbetriebe sank hier von rund 8.600 (1954) auf knapp 7.000 im Jahre 1987 (minus 19%).

Die Gründe für diese tiefgreifenden Veränderungen im Handel sind vielfältig, zwei Fakten jedoch besonders augenscheinlich: Der Trend zu größeren Betriebsformen und die Nachfolgeprobleme bei kleineren Familienbetrieben. Der Trend zu größeren Betriebsformen ist auf deren wesentlich günstigere Kosten-Ertrags-Relation zurückzuführen, die Nachfolgeprobleme bei Familienbetrieben ergeben sich vor allem durch die rückläufige Ertragsentwicklung bei Kleinbetrieben, insbesondere im Vergleich zum geleisteten Arbeitseinsatz.

Gründe für Veränderungen

Obwohl sich die Umsätze im Handel (real) seit 1971 nahezu verdoppelten, hat sich die Lage gerade für den kleinen Greißler zunehmend verschlechtert. Schlechtere Einkaufskonditionen, Mangel an Eigenkapital und eine Reihe weiterer Wettbewerbsnachteile machen ihm zu schaffen. Allein wenn man bedenkt, daß etwa 70 Prozent der Gesamtkosten eines Handelsunternehmens auf den Wareneinsatz entfallen und mehr denn je der Grundsatz sinkender Stückkosten bei steigenden Einkaufsmengen gilt, erkennt man rasch die Probleme kleiner Betriebsformen[3]. Dazu kommt eine deutliche Benachteiligung bei den Personalkosten, bei der Informationsbeschaffung und vor allem ein eklatanter Mangel an modernem betriebswirtschaftlichen Know-how. Diesen Nachteilen stehen die vielfältigen Vorteile der Großbetriebsformen des Handels gegenüber: beim Wareneinkauf, bei der Finanzierung von Investitionen, bei der Organisation betrieblicher Abläufe und nicht zuletzt durch die Möglichkeiten der Mischkalkulation (Angebot von gewissen Lockpreis-Artikeln, während andere mit größeren Aufschlägen versehen werden).

Abb. 80:
In den letzten 20 Jahren halbierte sich die Zahl der Lebensmitteleinzelhändler in Österreich. Durch das **„Greißlersterben"** *ist in manchen Bereichen bereits die Nahversorgung gefährdet.*

Der steirische Handel — seine Entwicklung und Struktur

Noch bis in die fünfziger Jahre hinein arbeitete der überwiegende Teil der Einzelhändler nicht viel anders als die Krämer des 18. oder 19. Jhs. Der typische Einzelhändler beschäftigte außer seiner Ehegattin, wenn überhaupt, maximal zwei oder drei Mitarbeiter: Nahezu 60% aller Handelsbetriebe in der Steiermark waren kleine Familienbetriebe und wurden (abgesehen von mithelfenden Angehörigen) vom Inhaber allein geführt. Weitere mehr als 30% der Betriebe beschäftigten höchstens drei Arbeitnehmer, während es lediglich 16 Großbetriebe (0,2%) mit mehr als 100 Beschäftigten gab. Insgesamt waren 1954 im steirischen Handel einschließlich der Betriebsinhaber rund 31.000 Menschen beschäftigt[4].

Konzentrationsprozeß und sinkende Betriebszahlen

In der zweiten Hälfte der fünfziger Jahre setzte langsam jener Strukturwandel ein, der vor allem in den sechziger Jahren und auch heute noch den Handel kennzeichnet. Unter dem

Neue Wege

zunehmenden Wettbewerbsdruck der Großunternehmen des Handels (Warenhäuser, Massen-filialbetriebe, Konsumgenossenschaften) begann vor allem der klein- und mittelbetriebliche Einzelhandel neue Wege zu gehen. So entstanden zunächst im Lebensmittelhandel freiwillige Zusammenschlüsse in Form von Handelsketten. Daneben erhielt auch der Versandhandel neue Impulse, Diskontläden wurden eröffnet, der Automatenverkauf eingeführt und Super-märkte errichtet. Doch vor allem die Einführung einer neuen Verkaufsform, der Selbstbedie-nung, sollte den Handel revolutionieren. Gleichzeitig ging die Zahl der Betriebe drastisch zurück: Im Zeitraum 1964 bis 1971 schlossen allein in der Steiermark knapp 900 Betriebe (11%) ihre Läden, in den darauffolgenden fünf Jahren waren es mehr als 300[5]! Erst in den achtziger Jahren scheint sich diese Entwicklung langsam stabilisiert zu haben.

Konzentrationen, Kooperationen und Integrationen sollten nun im zunehmenden Maße das Erscheinungsbild des Handels prägen, wobei vor allem Massenfilialunternehmen — sowohl inländischer als auch ausländischer Herkunft — immer stärker an Bedeutung gewonnen haben. Hand in Hand damit ging ein zunehmender Trend zu Großformen des Handels, wie Verbrau-chermärkte, Fachdiskonter, Supermärkte.

Rationalisierungs-maßnahmen

Solange der Einzelhandel überwiegend den Kleinbetrieben überlassen war, bestand auf dem Preissektor wenig Konkurrenz. Die Kleinbetriebe konkurrierten vorwiegend mittels Sortiment (einschließlich Nebenleistungen) und Qualität der angebotenen Waren. Durch das Vordringen der Großbetriebsformen erhielt jedoch der Preiswettbewerb immer größere Bedeutung — und zwang damit zu weiteren Rationalisierungsmaßnahmen, was auch den Konzentrationsprozeß förderte. Weitere Impulse zur Rationalisierung erfolgten durch den zunehmenden Einsatz der EDV beim Bestellwesen, bei der Lagerkontrolle und der Abrechnung. Diese Entwicklung trifft sowohl auf den Einzel- als auch auf den Großhandel zu, doch ist sie im Einzelhandel besonders ausgeprägt.

Der Rückgang der Zahl der Handelsbetriebe war mit einer Erneuerung des Betriebsbestandes verbunden, der sich auch in einer deutlichen Verjüngung der Handelsunternehmer spiegelte: 1987 lag in Österreich das Durchschnittsalter der Unternehmer bei 43 Jahren, 1952 hingegen bei 52 Jahren, wobei jeder vierte Betriebsinhaber über sechzig Jahre alt war[6].

Heute gibt es in der Steiermark knapp 1.500 Betriebe des Großhandels und etwa 5.500 Einzel-handelsbetriebe. Als Mittler zwischen Großhandel und Einzelhandel bzw. Großhandel und Produzenten fungieren dabei über 700 Handelsvertreter und Kommissäre. Gleichzeitig tragen sie zur frühzeitigen Erkennung neuer Trends und Veränderungen am Markt bei und werden daher auf Grund ihrer intermediären Funktion oft auch als „Motor der Wirtschaft" bezeich-net[7].

Steigende Beschäftigung

Die Entwicklung der Beschäftigung im Handel war jener der Betriebe genau entgegengesetzt: Die Zahl der Beschäftigten hat sich kontinuierlich erhöht, wobei die Zunahme in den siebzi-ger Jahren noch ausgeprägter war als in den sechziger Jahren. Diese Tendenz beschränkt sich freilich auf die unselbständig Beschäftigten, da die Zahl der Selbständigen und der mithelfen-den Familienmitglieder mit dem Rückgang der Zahl der Unternehmen weiter sank.

60% Zuwachs an Arbeitsplätzen im Handel

Heute sind im steirischen Handel rund 51.000 Personen beschäftigt, davon mehr als zwei Drit-tel im Einzelhandel. Im Vergleich zu 1954 bedeutet das einen Zuwachs von über 60% und zeigt damit die Bedeutung des Handels als arbeitsplatzsichernden Sektor.

Vor allem der Einzelhandel sollte sich zum mit Abstand größten Arbeitgeber für weibliche Beschäftigte entwickeln, wobei der Handel auch den höchsten Stand an Unternehmerinnen im Vergleich mit den anderen Wirtschaftszweigen aufweist. Allerdings muß die Entwicklung im Licht einer relativ rasch steigenden Zahl von Teilzeitbeschäftigten gesehen werden. 1987 lag österreichweit der Anteil der Teilzeitbeschäftigten an der Gesamtzahl der Handelsange-stellten bei etwa 11%. Da es sich dabei fast ausschließlich um weibliche Arbeitnehmer handelt, läßt sich daraus schließen, daß etwa jeder fünfte weibliche Arbeitnehmer im Handel teilzeitbe-schäftigt ist.

Lehrlings-ausbildung rückläufig

Rückläufig entwickelte sich die Lehrlingsausbildung im Handel. Das ist zum Teil auf den all-gemeinen Geburtenrückgang, zum Teil aber auch auf die geringere Bereitschaft der Jugendli-chen, einen Lehrberuf zu ergreifen, zurückzuführen. Die Attraktivität einer Handelslehre scheint vor allem bei den im Handel dominierenden weiblichen Lehrlingen zurückgegangen zu sein. Dazu kommen noch andere Faktoren, wie der Wegfall von Ausbildungsbetrieben — und zwar nicht nur aus Gründen der Betriebsschließung, sondern auch wegen des steigenden Anteils von Betriebsformen, die keine Ausbildungsleistung erbringen[8].

Steigende Umsätze

Die gegenläufige Entwicklung von sinkenden Betriebszahlen und steigender Beschäftigung im Handel ist das Ergebnis ständig wachsender Betriebsgrößen. Diese Tendenz hat mit einer Steigerung der Produktivität dazu geführt, daß die Umsätze im Handel trotz sinkender Betriebszahlen kräftig zugenommen haben: Allein in der Steiermark vervielfachten sie sich (nominell) von knapp sieben Mrd. Schilling (1953) auf 105 Mrd. (1987). Das entsprach bis Anfang der achtziger Jahre weitgehend der gesamtösterreichischen Entwicklung. Von 1982 bis einschließlich 1985 lagen die Umsatzzuwächse im Einzelhandel (sowohl nominell als auch real) sogar über den entsprechenden österreichischen Durchschnittswerten. Dieser Wachstumsvorsprung ging in der Folge allerdings verloren. 1986 haben sich in der Steiermark erstmals die negativen Multiplikatorwirkungen des Abbaus der Industriebeschäftigten ausgewirkt[10].

Eine besondere Dynamik weist der Nahrungsmittel-Einzelhandel auf, der, gemessen am Umsatzanteil als auch an der Anzahl der Geschäfte, den wichtigsten Sektor im Einzelhandel darstellt.

Wandel der Betriebsformen

In den achtziger Jahren haben sich besonders Betriebsformen und Vertriebsarten gewandelt. Während sich der Marktanteil der Konsumgenossenschaften sowie der Warenhäuser nur geringfügig erhöht hat, ist die Bedeutung der Massenfilialbetriebe und der verschiedenen Kooperationsformen (Ketten) des Handels weiter stark gestiegen.

Auch der Anteil der Selbstbedienung ist weiter gewachsen und hat sich auf immer mehr Branchen ausgeweitet (Drogerie-, Bau-, Textil- und Möbelmärkte). Gab es 1963 in der Steiermark erst 185 Selbstbedienungsläden, sind es heute bereits gut zwei Drittel aller Geschäfte. Die Erfolge der Selbstbedienung bestehen insbesondere in einer höheren Personalleistung und im rascheren Warenumschlag. Die Übertragung einzelner Funktionen, wie etwa der Verpackung an vorgelagerte Stufen und die bessere Organisation der Arbeit ermöglichen es, mit gleichem Personalstand einen höheren Umsatz zu bewältigen. Gleichzeitig kommt es zu einer Steigerung des Umsatzes, weil der unmittelbare Kontakt mit der Ware zu nicht beabsichtigten „Impulskäufen" anregt. Damit wird durch die Umstellung auf Selbstbedienung kaum Personal freigesetzt und dennoch werden die relativen Personalkosten (gemessen am Umsatz) gesenkt. Allerdings scheint die weitere Ausweitung der Selbstbedienung heute bereits auf gewisse Grenzen zu stoßen (Wunsch nach vermehrter Beratung, mehr Serviceleistungen etc.).

Zwei Drittel Selbstbedienungsläden

Grafik 26: **Entwicklung der Selbstbedienung im Lebensmitteleinzelhandel in Österreich**

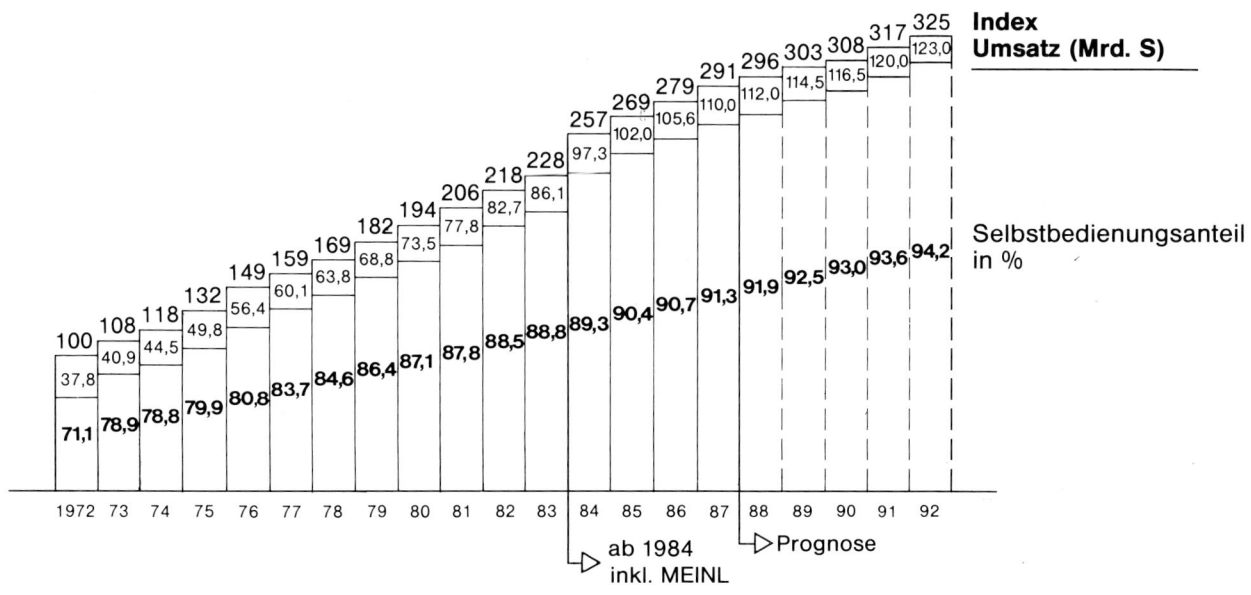

217

Entwicklung der Organisationsformen im Handel

Waren- und Versandhäuser

Ausgelöst wurde die Innovationswelle im Handel durch die Gründung von großen Warenhäusern. Durch Großeinkauf, einheitliche Leitung und ein breites Sortiment erzielte man Wettbewerbsvorteile gegenüber anderen Handelsformen. In diesen Großbetrieben des Einzelhandels, die vorwiegend in Siedlungszentren errichtet wurden, wird ein Sortiment angeboten, das dem Konsumenten die Möglichkeit geben soll, seinen gesamten Haushaltsbedarf in einem Geschäft zu decken (one-stop-shopping). Das Angebot eines breiten Warensortiments unter einem Dach und die Möglichkeit der Warenbesichtigung und -prüfung ohne Kaufverpflichtung bringen den Warenhäusern einen bedeutenden Werbevorteil. Dazu erhöhen verschiedene Kundendienste (Kreditgewährung u. ä.) und die Angliederung von Dienstleistungsbetrieben (Restaurants, Reisebüros etc.) die Attraktivität der Warenhäuser. Ein weiterer Vorteil dieser Betriebsform liegt in der Möglichkeit, Umsatzschwankungen zwischen den einzelnen Bedarfsgruppen besser ausgleichen zu können.

One-stop-shopping

Nachteile

Nachteile der Warenhäuser liegen im Standortrisiko, in einer gewissen Schwerfälligkeit der Verwaltung und auch in der zunehmenden Motorisierung der Bevölkerung, da die wachsende Parkraumnot, speziell in den Innenstädten, die Expansionschancen der Warenhäuser mindert. Ähnliche Vorteile wie die Warenhäuser bietet der Versandhandel. Periodische Umsatzschwankungen, die in den Ladengeschäften hohe Personalkosten verursachen, können hier weitgehend ausgeglichen oder mit billigen Hilfskräften bewältigt werden. Hier kommen auch durch die Möglichkeit der elektronischen Verarbeitung der Bestellungen die Vorteile der EDV voll zum Tragen.

Zu den großen Waren- und Versandhäusern zählen Kastner & Öhler (mit einem Umsatz von 3,5 Mrd. Schilling im Jahre 1987), die Quelle AG (3,1 Mrd.), der Universal-Versand (2,6 Mrd.) und Moden-Müller (1,4 Mrd.).

Filialbetriebe und Konsumgenossenschaften

Die Filialbetriebe lehnen sich weitgehend an die Organisation und die Betriebspolitik der Warenhäuser. Filialbetriebe sind Nahversorger mit Vollsortiment, wobei Groß- und Einzelhandel rechtlich in einer Hand sind. Allgemeine Verwaltung, Finanzierung, Einkauf und Werbung sind zentralisiert, um Kostenvorteile zu erreichen. Die Filialen konzentrieren sich auf den Verkauf und machen damit den traditionellen Nahversorgern, insbesondere im Handel mit Gütern des täglichen Bedarfs, starke Konkurrenz. Der Wettbewerb erstreckt sich dabei nicht nur auf die Preise, sondern auch auf Vertriebsform (vorwiegend Selbstbedienung) und Ladengestaltung. Und gerade hier ist der Massenfilialbetrieb durch günstigere Finanzierungsmöglichkeiten gegenüber dem kleinen Einzelhändler im Vorteil. So waren 1980 schon etwa drei Viertel aller Lebensmittelgeschäfte von Filialunternehmungen Selbstbedienungsläden, während es in der gesamten Branche erst rund 60% waren.

Vorteile

Ein weiterer Vorteil der Filialisten ist der raschere Warenumschlag, auch im Nicht-Lebensmittel (Non-food)-Bereich. Dank der modernen Elektronik sind die Spezialisierung auf bestimmte Waren und Beschränkung des Sortiments auf Waren mit raschem Umschlag in dieser Betriebsform besonders ausgereift. So wurden etwa Scanning und EAN-(Europäischer Artikelnummern-)Code zuerst in Filialbetrieben verwendet.

Ausgehend vom Nahrungs- und Genußmitteleinzelhandel, hat sich das Filialprinzip auch auf andere Branchen des Handels ausgeweitet und erreicht dort oft einen relativ hohen Anteil (etwa im Bücher-, Zeitungs- und Musikalienhandel, im Handel mit Sportgeräten, Schuhen, Heimtextilien etc.). So zählen zu den großen Filialunternehmungen die Wlaschek-Gruppe (BILLA, MONDO, MERKUR, BIPA, LIBRO, LITEGA, KLEPP, UP TO DATE), der Julius-Meinl-Konzern (MEINL, KUNZ, RENNER, PAMPAM), die HOFER-KG, die PALMERS-AG und die HUMANIC-GmbH.

Große Filialunternehmungen

Eng mit Filialbetrieben verwandt sind die modernen Konsumgenossenschaften. Gegründet als Selbsthilfeorganisation mit starker lokaler Verankerung haben die Konsumgenossenschaften insbesondere in den letzten Jahren ihre Organisationsform weitgehend dem Konzept des Massenfilialbetriebes angeglichen. Schrittweise wurden Einkauf und Produktion konzentriert. So erfolgte 1978 die Fusion der Konsumgenossenschaften zum „Konsum Österreich", 1981 wurde ein Zentrallager errichtet und das Filialnetz modernisiert und 1986 die ersten Diskontläden eröffnet.

„Konsum Österreich"

Das Zentrallager Hirschstetten (flächenmäßig das größte Verteilungszentrum Mitteleuropas) ermöglicht eine rationelle Distribution und Lagerhaltung. Das Filialnetz wurde durch Schließung kleiner und unrentabler Läden und Forcierung großer, leistungsfähiger Einheiten gestrafft. Dadurch nahm die Zahl der kleineren Filialen ab und jene der großen Selbstbedienungsläden zu. Zur Rationalisierung des Verkaufs wurde vor allem die Umstellung vorangetrieben. Auch das Sortiment wurde zunehmend auf Non-food-Artikel (hauptsächlich Textilien und Bekleidung, aber auch Haushaltsartikel, Hausrat und Möbel) ausgeweitet.

Heute umfaßt die Vertriebsorganisation des Konsums — Region Steiermark 163 Selbstbedienungsfilialen, zwei Konsum-Exklusivmärkte, 21 Konsum-Großmärkte (KGM), fünf coop-Diskontmärkte, 11 Forum-Warenhäuser, 1 Konsum-Einrichtungshaus (in Leoben), 13 Restaurants und 14 Sonderläden (Geschirr-, Geschenk- und Modeboutiquen) mit insgesamt über 116.000 m² Verkaufsfläche[11]. 1987 erwirtschaftete der Konsum einen Jahresumsatz von 4,7 Mrd. Schilling und ist damit das größte Einzelhandelsunternehmen in der Steiermark.

Steirischer Landwirteverband

Das bäuerliche Pendant zur Konsumgenossenschaft bildet der Steirische Landwirteverband. 1900 als Verband der landwirtschaftlichen Genossenschaften in der Steiermark gegründet, ist er seit 1927 der Landesverband für die Raiffeisen-Lagerhäuser in der Steiermark. Heute umfaßt der Steirische Landwirteverband 21 warenführende landwirtschaftliche Genossenschaften u. a. mit 185 Lagerhäusern, mehr als 260 Tankstellen, ein Großtanklager in Graz, 46 Landmaschinen- und Kfz-Werkstätten, zwei Mischfutterwerke und ein riesiges Zentrallager in Lannach. 53.000 Mitglieder als Träger der Genossenschaften kaufen hier Saatgut, Sämereien, Pflanzenschutzmittel sowie zum Großteil Landmaschinen, Baustoffe, aber auch Nahrungs- und Genußmittel[12]. 1987 wurde ein Gesamtumsatz von über 3,2 Mrd. Schilling erreicht und kommt damit jenem der Kastner & Öhler-Gruppe nahe.

Freiwillige Kooperationen

Um die Wettbewerbsvorteile der Großformen des Handels auszugleichen, ist der klein- und mittelständische Handel zum Teil in freiwillige Kooperationen in Form von Einkaufsvereinigungen und Ketten ausgewichen. Es handelt sich dabei um Zusammenschlüsse von wirtschaftlich und rechtlich selbständigen Groß- und Einzelhändlern, die unter freiwilligem Verzicht auf einen Teil ihrer Handlungsfreiheit Vorteile aus der gemeinsamen Abwicklung des Warengeschäftes erzielen.

Kooperation seit Mitte der fünfziger Jahre

Solche freiwilligen Kooperationen, die in den zwanziger Jahren dieses Jhs. in den USA entstanden und in den dreißiger Jahren über Holland nach Europa kamen, gibt es in Österreich erst seit Mitte der fünfziger Jahre. Ursprünglich versuchte man in diesen Kooperationen, vor allem durch gemeinsamen Einkauf, den Nachteil gegenüber den Großunternehmen auszugleichen. In der zweiten Phase wandte man sich immer mehr der Absatzförderung zu.

Grafik 27: **Die 10 größten Einzelhandels-Unternehmen und -Gruppen**

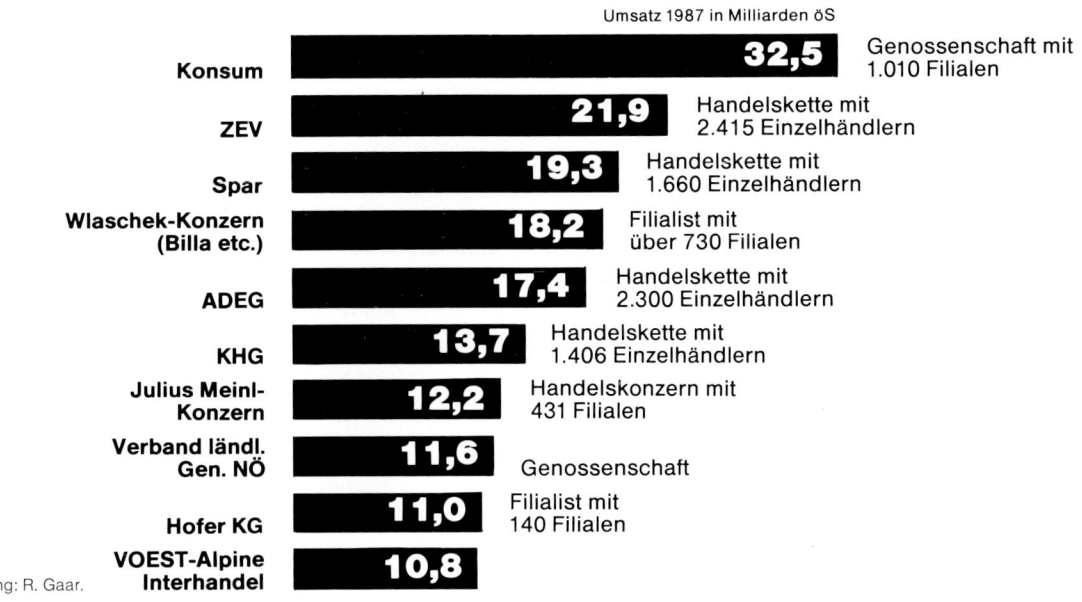

Umsatz 1987 in Milliarden öS

Unternehmen	Umsatz	Beschreibung
Konsum	32,5	Genossenschaft mit 1.010 Filialen
ZEV	21,9	Handelskette mit 2.415 Einzelhändlern
Spar	19,3	Handelskette mit 1.660 Einzelhändlern
Wlaschek-Konzern (Billa etc.)	18,2	Filialist mit über 730 Filialen
ADEG	17,4	Handelskette mit 2.300 Einzelhändlern
KHG	13,7	Handelskette mit 1.406 Einzelhändlern
Julius Meinl-Konzern	12,2	Handelskonzern mit 431 Filialen
Verband ländl. Gen. NÖ	11,6	Genossenschaft
Hofer KG	11,0	Filialist mit 140 Filialen
VOEST-Alpine Interhandel	10,8	

Entwurf: Schreyer; Ausführung: R. Gaar.

Neben Einkauf und allgemeinen Koordinierungsaufgaben werden meist Werbung, Beratung und Schulung gemeinsam wahrgenommen. Damit nähern sich die freiwilligen Kooperationen hinsichtlich ihrer Organisation zunehmend dem System der Filialbetriebe, d. h. der Verkauf ist dezentralisiert, während die meisten anderen Funktionen wie Einkauf, Werbung, Finanzierung, Preis- und Sortimentsgestaltung sowie Verwaltung zentralisiert sind.

Die Anpassung an geänderte Marktbedingungen erforderte weitere Änderungen in der Konzeption der Einkaufsvereinigungen. Vor allem durch organisatorische Straffungen wurden gewisse Wettbewerbsnachteile ausgeglichen und gleichzeitig Voraussetzungen für weitere Innovationen geschaffen.

Neben den ursprünglich horizontalen Zusammenschlüssen (bei denen zwei oder mehrere Unternehmen auf gleicher Ebene zusammenarbeiten) entwickelten sich immer mehr vertikale Kooperationen, d. h. die kooperierenden Firmen sind funktionsmäßig vor- und/oder nachgeschaltet. Häufig ist sogar ein dreistufiger Aufbau anzutreffen: horizontaler Zusammenschluß auf Einzelhandelsstufe, darüber regionale Genossenschaften, die wieder in einer Zentralorganisation zusammengefaßt sind.

Die wichtigsten Zusammenschlüsse

Die wichtigsten Zusammenschlüsse mit Geschäften in der Steiermark bilden die SPAR, die ADEG (Arbeitsgemeinschaft für Einkaufsgenossenschaften), die ZEV (Zentrale Einkaufsvereinigung) und die KHG (Kooperierende Handelsgesellschaft). Während die SPAR und die ADEG in sich geschlossene Organisationen sind, sind ZEV und KHG Zusammenschlüsse von Ketten. Die ZEV beliefert die Ifa, Teile der A & O, ff, KIG und die Maxi-Marktkette. Zur KHG sind eine Reihe weitgehend selbständiger Handelsunternehmen zusammengeschlossen. Gemessen an der Zahl der kooperierenden Einzelhändler im Lebensmittelhandel, hatte 1987 die SPAR einen Anteil von rund 16%, die ZEV von 17% und die ADEG von rund 12%.

Entwicklungstendenzen im Handel

Der Handel in der Steiermark ist nach wie vor durch eine kleinbetriebliche Struktur charakterisiert. Noch immer werden über 22% der Handelsbetriebe vom Inhaber praktisch allein geführt. Die Steiermark weist (neben Kärnten) im Vergleich mit den anderen Bundesländern auch die geringste Verbraucher- und Supermarktdichte auf. Das läßt den Schluß zu, daß der Konzentrationsprozeß analog zur gesamtösterreichischen Entwicklung noch weiter anhalten dürfte. Dabei zeichnen sich gewisse mittelfristige Tendenzen ab.

Grenzen verfließen

So werden die Grenzen zwischen den einzelnen Vertriebsformen des Handels immer fließender. Neben den herkömmlichen Konzepten werden laufend neue Systeme und Vertriebslinien geschaffen, um die vorhandenen Marktmöglichkeiten besser zu nützen: Filialunternehmen betreiben ebenso wie die Konsumgenossenschaften und die Mitglieder freiwilliger Kooperationen (etwa Spar) eigene Warenhäuser; Warenhäuser wiederum gründen Filialen (Kastner & Öhler) oder bringen Fachgeschäfte unter. Dadurch verwischen sich die Unterschiede zwischen Konsumgenossenschaften und Filialunternehmen. Auch einige Kooperationen (Spar, ADEG) entwickeln sich immer mehr in Richtung freiwilliger Filialsysteme. Dabei kommt dem Preiswettbewerb weiterhin große Bedeutung zu.

Auch das Wettbewerbsverhalten der Marktteilnehmer verändert sich als Folge neuer Kommunikations-, Logistik- und Marketingtechniken auf allen Stufen des Vertriebs. Die traditionellen Auffassungen über Funktion und Arbeitsweise des Handels treffen heute vielfach nicht mehr zu. Ein neuer Betrieb kann daher am Markt künftig nur überleben, wenn neben einer ausreichenden finanziellen Basis auch die erforderlichen fachlichen und insbesondere betriebswirtschaftlichen Kenntnisse vorhanden sind.

Abb. 81:
„Modern Shopping".

Durch den Auf- bzw. Ausbau eigener Diskont-Vertriebsnetze gewinnen die großen Filialunternehmen zunehmend Marktanteile zu Lasten der kleineren und mittleren Handelsbetriebe. Das Discounting dringt im Zuge dieser Expansionsbestrebungen nicht nur in immer mehr Branchen, sondern auch in kleinere Orte vor, wobei zweit- und teilweise auch drittklassige Standorte besetzt werden. Hier müssen sich auch die Filialisten auf längere Anlaufphasen einlassen, was nicht nur mit einem massiven Preiswettbewerb verbunden ist, sondern auch mit einer deutlichen qualitativen Anhebung des Leistungsniveaus, vor allem in Form der Ausweitung des Warenangebots. Dadurch erwächst den Klein- und Mittelbetrieben des Handels auch in jenen Bereichen eine scharfe Konkurrenz, in denen sie bisher erfolgreich tätig waren.

Weitere Wettbewerbs- und Marktanteilsverschiebungen sind durch die rasche Ausbreitung großflächiger Fachmärkte in immer mehr Branchen (insbesondere in die Bereiche Textil, Elektronik und Optik) zu erwarten. Ihre hohe Akzeptanz seitens der Konsumenten erklärt sich u. a. durch die größeren Auswahlmöglichkeiten, den als besser empfundenen Sortiments-Verbund sowie die Aktualität des Angebots und nicht zuletzt auch durch die gute Erreichbarkeit mit dem Auto.

Für die zunehmende Bedeutung des Faktors „Erreichbarkeit mit dem Auto" ist die Veränderung der Siedlungsgewohnheiten, Ausgliederung von Arbeitsstätten und starke Zunahme des Zweitwagens (u. a. als Folge der Mobilitätsemanzipation der Frau) verantwortlich. Die „Exklusivität der Nähe" als Wettbewerbsfaktor der kleinen und mittleren Handelsunternehmungen dürfte damit immer mehr an Bedeutung verlieren, auch wenn sich die Tendenz steigender Kaufkraftströme in

die Zentralorte verstärkt. Davon werden nämlich in erster Linie die großflächigen Anbieter an der städtischen Peripherie („auf der grünen Wiese") profitieren und weniger die klein- und mittelbetrieblich strukturierten Stadtzentren. Auch die Einrichtung von Fußgängerzonen wird kaum die ungenügenden Zufahrtsmöglichkeiten und mangelnden Parkräume wettmachen. Dazu kommen die Bemühungen der Kommunen, den innerstädtischen Verkehr weiter zu reduzieren und die Autofahrer zum Umsteigen auf öffentliche Verkehrsmittel zu bewegen. Dadurch dürfte dieses neue sekundäre Ladennetz mit seinen vornehmlich an motorisierten Kunden orientierten Standorten am Rande oder außerhalb von Siedlungsgebieten weiter wachsen und zu Umsatzverlusten bei den klassischen Fachgeschäften und Warenhäusern in den Innenstädten führen. Daneben werden auch der Versandhandel und Direktvertrieb sowie alle Formen des Direkt-Haus-Verkaufs aufgrund des wachsenden Einflusses der Medien weiter an Bedeutung gewinnen.

Hauptleidtragender dieser Entwicklung bleibt der traditionelle Nahversorger, d. h. der klein- und mittelständische Handelsbetrieb, sofern er nicht einer Handelskette angeschlossen ist. Seine Chancen werden häufig schon allein durch Preisforderungen der Vermieter von Geschäftslokalen geschmälert, die sich meist an den Angeboten der Großbetriebsformen orientieren und damit den Zugang zu guten Standorten bereits a priori erschweren bzw. überhaupt verhindern. Dazu kommt die Konditionenpolitik der Produzenten, die häufig nur Großabnehmer in den Genuß von Sonderaktionen kommen lassen. Daraus resultieren weitere Wettbewerbsverzerrungen, die durch Zuschüsse für Werbekosten bzw. -aktivitäten noch verschärft werden.

Schließlich sind auch die zunehmenden Kaufkraftabflüsse in den grenznahen Gebieten durch Einkaufsfahrten der Bevölkerung in das benachbarte Ausland (nach Jugoslawien, Ungarn, zum Teil auch nach Italien) zu erwähnen, die einen nicht zu unterschätzenden Umsatzausfall vor allem für den mittelständischen Nahversorger bedeuten[14].

Der Strukturwandel im Handel ist also nach wie vor in Fluß. Die Kooperationen werden weiter zunehmen, vor allem in Form von Franchising[15]. Auch die Konzentrationstendenzen dürften sich, wenn auch abgeschwächt, besonders im Non-food-Bereich fortsetzen. Zwar versucht man diese Entwicklung in der Steiermark durch eine restriktive Raumordnungspolitik bei den Handelsgroßformen zu unterbinden, doch entfaltet der auf Grund struktureller Marktveränderungen in Gang gekommene Konzentrations- und Wettbewerbsprozeß eine erhebliche Eigendynamik, die nur schwer in den Griff zu bekommen sein dürfte[16].

Innovatorische Chancen für den mittelständischen Nahversorger liegen im organisatorischen Bereich und im verstärkten Angebot von Serviceleistungen. Flankierend werden wohl auch langfristige gesamtwirtschaftliche Nutzenüberlegungen — vor allem im Hinblick auf die Sicherung der Nahversorgung — die Entwicklung im Handel beeinflussen.

Und nicht zuletzt wird auch die Lösung der Frage des Beitritts Österreichs zur EWG für den Handel eine tiefgreifende Zäsur bedeuten.

Anmerkungen:

1) NIELSEN, Marketing-Research. Statistisches Jahrbuch 1987/88.
2) „Aber 500 sperrten im Vorjahr zu!" In: Regal 5 (Mai) 1988.
3) Während die kleinen und mittleren Handelsbetriebe in der Regel zu Vollkostenpreisen beliefert werden, werden die Großabneh-mer im Handel nicht nur zu bereits deutlich günstigeren Normalpreisen beliefert, sondern kommen darüber hinaus noch massiv in den Genuß von Sonderaktionen.
4) Ergebnisse der nichtlandwirtschaftlichen Betriebszählung von 1954. Wien 1958.
5) Ergebnisse der jeweiligen Betriebs- bzw. Bereichszählung des Österreichischen Statistischen Zentralamts (siehe Quellenverzeich-nis).
6) Laut Auskunft der Handelskammer Steiermark.
7) Sowohl der selbständige Handelsvertreter als auch der Kommissionär sind Unternehmer, die für erbrachte Aufträge Provisionen erhalten. Sie benötigen zur Ausübung ihrer Tätigkeit einen Gewerbeschein, der eine entsprechende kaufmännische Ausbildung und eine mindestens zweijährige kaufmännische Praxis voraussetzt.
8) So sank in der Steiermark die Zahl der Ausbildungsbetriebe im Handel von 2.838 (1970) auf knapp 2.000 im Jahre 1987 (minus 30%).
9) Mittelstandsbericht 1987.
10) WIFO-Monatsberichte 5/1987.
11) Stand per 31. 12. 1988 (laut Auskunft der Konsum-Organisation Steiermark).
12) Grüner Bericht Steiermark 1987. Band 12. Graz 1988.
13) Siehe zu den folgenden Ausführungen vor allem den Mittelstandsbericht 1987.
14) Schätzungen des Instituts für Handelsforschung zufolge, fließen gut vier Prozent der gesamten österreichischen Kaufkraft ins Aus-land, ein Wert, der in grenznahen Gebieten noch wesentlich höher ist.
15) Unter „Franchising" versteht man eine vertraglich gesicherte Kooperation zwischen rechtlich selbständigen Unternehmen.
16) 1988 wurde von der Steiermärkischen Landesregierung ein eigenes Entwicklungsprogramm zur Versorgungs-Infrastruktur erlas-sen.

Literatur- und Quellenverzeichnis:

BM für Handel, Gewerbe und Industrie: Bericht über die Situation der kleineren und mittleren Unternehmungen der gewerblichen Wirt-schaft 1983. Wien 1984.
BM für Handel, Gewerbe und Industrie: Bericht über die Situation der kleineren und mittleren Unternehmungen der gewerblichen Wirt-schaft 1985. Wien 1986.
BM für wirtschaftliche Angelegenheiten (Mittelstandsbericht 1987): Bericht über die Situation der kleineren und mittleren Unternehmun-gen der gewerblichen Wirtschaft 1987. Wien 1987.
„Handel in Ketten. Österreichs Filialriesen". In: goldener trend, November 1988.
Jahresberichte der Handelskammer Steiermark. Graz.
Kohlhauser Grete: Rationalisierung und Konzentration im Handel. In: Beilage Nr. 76 zu den WIFO-Monatsberichten. Wien 1964.
Koren Stephan: Der Handel im Wandel der Wirtschaftsstruktur. In: Österreichs Wirtschaftsstruktur gestern — heute — morgen. Hg. von Wilhelm Weber. 1. Band. Berlin 1961.
Lehrlingsstatistiken der Kammer der gewerblichen Wirtschaft für Steiermark. Graz.
Mitgliederstatistiken der Handelskammer Steiermark. Graz.
Österreichisches Statistisches Zentralamt:
Ergebnisse der nichtlandwirtschaftlichen Betriebszählung 1964. 4. Teil: Analysen, Vergleiche, Gesamtüberblick. Beiträge zur österreichi-schen Statistik, Heft 174. Wien 1968.
Hauptergebnisse der Arbeitsstättenzählung 1981. Steiermark.
Beiträge zur österreichischen Statistik, Heft 650/6. Wien 1983.
Statistik der gewerblichen Wirtschaft. Hauptergebnisse der nichtlandwirtschaftlichen Bereichszählung 1976. Beiträge zur österreichi-schen Statistik, Heft 502. Wien 1979.
Statistik der gewerblichen Wirtschaft. Hauptergebnisse der nichtlandwirtschaftlichen Bereichszählung 1983. Beiträge zur österreichi-schen Statistik, Heft 790. Wien 1986.
Groß- und Einzelhandelsstatistik 1987.
Beiträge zur österreichischen Statistik, Heft 882. Wien 1988.
Wirtschaftsförderungsberichte 1981/82—1985/86 der Steiermärkischen Landesregierung gem. § 5 des Stmk. Mittelstandsförderungsge-setz. Graz.
Wüger M., Kohlhauser G.: Kooperation und Konzentration im Handel. In: WIFO-Monatsberichte 8/1982.

Mein besonderer Dank gilt Herrn Dr. Roland Klöckl und Herrn Dr. Heinz Rabussay von der Handelskammer Steiermark für ihre Aus-künfte und Hinweise.

Steirische Geldgeschichte

Der Müntzmeister.

In meiner Müntz schlag ich gericht/
Gute Müntz an kern vnd gewicht/
Gülden/Cron/Taler vnd Batzen/
Mit gutem preg / künstlich zu schatzen/
Halb Batzen/Creutzer vnd Weißpfennig/
Vnd gut alt Thurnis / aller mennig
Zu gut/in recht guter Landewerung/
Dardurch niemand geschicht gferung.

Abb. 83:
Vorderseite
Aus dem Ständebuch
von Jost Ammann, 1568

Odo Burböck

Münz- und Geldgeschichte der Steiermark

Einleitung

Geld in seinen verschiedenen Formen bedeutet Kaufkraft, bedeutet die Möglichkeit, Güter und Besitz zu erwerben oder sich Dienstleistungen nutzbar zu machen. In großen Mengen angehäuft, schafft Geld Abhängigkeiten der unterschiedlichsten Art. Es steht im Zentrum menschlichen Wirkens. Dies alles hat ihm auch außermonetär eine kaum abzuschätzende Bedeutung verliehen[1]. Es gibt kaum einen menschlichen Bereich, der nicht vom Geld beherrscht oder nachhaltig beeinflußt wird. Mit dem Geld sind wir von Kindesbeinen an durch seinen alltäglichen Gebrauch so vertraut, daß es uns kaum in den Sinn kommt, zu fragen, was es ist, was es bedeutet, woher es kommt, wie es entstanden ist und vieles mehr[2].

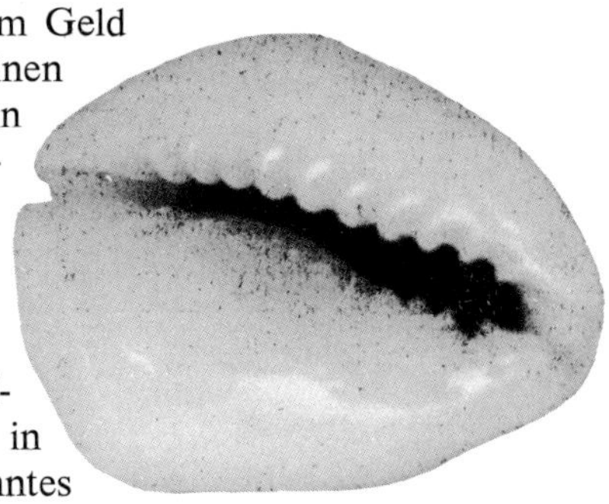

Jeder von uns glaubt zu wissen, was Geld ist. Aber dieses Phänomen der menschlichen Gesellschaft ist seiner Entstehung und seiner Wirkung nach so kompliziert und differenziert, daß dies schwer zu definieren ist.

Jede arbeitsteilige Wirtschafts- und Gesellschaftsform benötigt ein Verständigungsmittel, das wir mit dem Namen GELD bezeichnen. Geld ist also jedes, in einer bestimmten Kultur- und Zivilisationsgemeinschaft allgemein anerkanntes Tauschmittel[3]. Es dient, ähnlich der Sprache, als Verständigungsmittel zwischen den Menschen, wenn es sich um geschäftliche Beziehungen handelt. Es ist Wertmaß und Preismaß, es ist Hilfe für Aufbewahrung und Überbringung von Werten. Es ist Maß der Leistung. Ursprünglich lag der Wertgrund des Geldes in seiner Substanz, zum Beispiel des Metalles. Die Funktionen des Geldes als Wertmesser, Zahlungsmittel, Tauschmittel, Wertübertragungs- und Wertaufbewahrungsmittel können rückwirkend auf einer hohen Stufe der Entwicklung den Wertgrund des Geldes ausmachen und daher substanzbestimmend sein, wie wir es in unseren heutigen Geldformen sehen[4].

Die in der Geschichte häufigste Geldform ist die Form der Münze. Die Münze ist aber nur eine besondere Form des Geldes. Sie ist ein handliches Metallstück, das auf ein bestimmtes Gewicht und auf einen bestimmten Feingehalt ausgebracht ist. Für seinen Wert garantiert der Münzherr durch Bild und Schrift[5]. Vor der Einführung des Münzgeldes bediente sich der Tauschhandel des Naturalgeldes. Bezeichnungen und Namen, die wir auch heute noch für Geldformen und Gelderscheinungen verwenden, weisen darauf hin. Diese Tauschmittel waren bei den Völkern, soweit wir dies historisch fassen können, zunächst Produkte der Landwirtschaft, wie zum Beispiel Vieh. Der lateinische Ausdruck für Geld *„p e c u n i a"* hängt zusammen mit dem Ausdruck *„p e c u s"* Kleinvieh[6].

Schon sehr früh aber wurde von den Menschen nach einem Tauschmittel gesucht, das wertbeständig blieb, leicht teilbar und leicht transportabel ist. Mit der Ausbeutung der Erze und mit der Verarbeitung der Metalle, zuerst des Kupfers und des Eisens, ging diese Entwicklung Hand in Hand. Insbesondere die Kupferlegierung aus Kupfer und Zinn, die Bronze, eroberte die ganze damalige Welt[7].

Aus Bronze bestehen Gegenstände wie Armringe und Beile, wie wir sie auch in unseren Gebieten in Depotfunden finden und ans Tageslicht fördern. Wenn in größerer Menge gleiche Formen in einem Depot auftauchen, legen es wirtschaftliche Gesichtspunkte nahe, weniger an Gebrauchsgegenstände zu denken, als an eine Funktion des Wertmaßes, entsprechend dem späteren Geld[8].

Schon im 2. Jahrtausend v. Chr. verwendeten Kaufleute in Babylonien, in Ägypten und in Kleinasien eine natürlich vorkommende Gold-Silber-Legierung, das sogenannte Elektron, das sie mit Zeichen versahen. Diese Markierung war zunächst eine Gewichtskennzeichnung. Die Kennzeichnung von Metallstückchen wurde im 7. Jh. v. Chr. durch die lydischen Könige übernommen, als sie ihr staatliches Zeichen, nämlich den Löwen, das Symbol aller Königsmacht, auf die Metallklumpen prägten. Damit war nun die vollkommenste Form des Metallgeldes gefunden, nämlich die Münze. Nach der Erfindung des Münzgeldes wurde es durch die griechischen Kolonisten an der Westküste Kleinasiens sehr schnell über den ganzen Mittelmeerraum verbreitet. Die Münze ist im Verlauf der 2.600jährigen Geschichte zu einem kulturgeschichtlichen Objekt hohen Ranges geworden. Sie ist vielleicht sogar das umfassendste Zivilisationsprodukt der Menschheit.

Münze ist stets Geld, aber Geld ist nicht immer Münze, wie aus den vorhergehenden Ausführungen ersichtlich ist[9].

Abb. 84:
Naturalgeld,
Kaurischnecke.

Münze

Naturalgeld

Metallgeld

Antike Münzen in der Steiermark

Gebrauch und Herstellung von Münzen setzen eine fortgeschrittene Kulturstufe und ein gewisses Maß an Handelsbeziehungen zu Völkern voraus, die sich bereits des Münzgeldes bedienen.

Kelten

In unserem Gebiet haben dies als erste die Kelten getan, die sich auf ihren Wanderungen auch hier niedergelassen haben. Die Kelten kommen auf zwei Wegen zur Münzprägung, im Westen über das Einströmen makedonischen Beutegoldes durch den Handel der Römer mit Gallien, im Osten über die Soldzahlungen griechischer Staaten an die keltischen Söldner. Besonders im Dienst der makedonischen Könige hatten sie dort Gebrauch und Herstellung von Münzen kennengelernt und diese Kenntnisse in ihre Heimat mitgebracht[10].

Vorbilder

Die wichtigste Münze als Vorbild für die keltischen Prägungen in Südosteuropa war die Tetradrachme Philipps II. von Makedonien (359—336) mit dem Zeuskopf auf der Vorderseite und einem nackten Reiter auf der Rückseite. Sie wurde in Amphipolis, einer Stadt in Thrakien mit großer strategischer und merkantiler Bedeutung, immer wieder für die Soldzahlungen an die Kelten geprägt, auch nach dem Tode Philipps II.

Aber zu der immer mehr anwachsenden Beliebtheit dieser Münze mag außer dem Silberwert auch der Umstand beigetragen haben, daß das Pferd in der keltischen Religion eine große Rolle spielte. Es gab sogar eine eigene Pferdegöttin Epona.

Über den Geldverkehr der Kelten sind wir nur durch die Funde unterrichtet. Nach diesen ergeben sich für das heutige Österreich zwei scharf getrennte Gruppen: die ältere Nordgruppe und die jüngere im Süden, die aber ebenfalls wieder in zwei Gruppen geteilt werden kann. Diese, nach dem politischen Begriff Noricum als ost- und westnorische Münzen bezeichnet, sind auch jene Münzen, die in unserem Gebiet in den Funden vorkommen.

Über die Organisation des keltischen Münzwesens wissen wir im einzelnen nicht viel. Die Nennung nachweislicher Fürstennamen läßt darauf schließen, daß auch in Noricum Prägegemeinschaften nachzuweisen sind, das heißt, das Recht der Prägung lag bei den Gaufürsten, die sich in unserem Gebiet zu einem losen Staatsverband, dem Königreich Noricum, zusammengeschlossen hatten[11].

Magdalensberg Cilli

Innerhalb des norischen Gebietes sind zwei getrennte Umlaufgebiete festzustellen, ein ostnorisches und ein westnorisches. Das Zentrum der westnorischen Prägung lag am Magdalensberg in Kärnten, das Zentrum der ostnorischen Prägung in der Nähe von Cilli (Celje) in der ehemaligen Untersteiermark, heute Slowenien. Die einzelnen Typen, die im ostnorischen Bereich vor allem nach den Fundorten bezeichnet werden, im westnorischen nach den aufgeprägten Häuptlingsnamen, unterscheiden sich durch die Rückseite. Die ostnorischen Münzen haben als Kennzeichnung das Pferd, die westnorischen als Kennzeichnung Pferd mit Reiter.

Wie erwähnt, zeichnen sich die westnorischen Tetradrachmen dadurch aus, daß sie meist die Namen von Stammesfürsten tragen. In dieser Gruppe erscheinen die Namen *BOIO*, *TINCO*, *COPO*, und in einer weiteren *ECCAIO*, *SVICCA*, *CONGESA* und *CONGESTUS*. Die jüngsten und letzten norischen Prägungen enthalten die Namen *ATTA*, *NEMET* und *ADNAMAT*[12].

Die frühesten keltischen Münzen unseres Gebietes stammen aus dem Ende des 2. Jhs. v. Chr., in der Literatur als die ältere steirische Gruppe bezeichnet[13].

Im Verlauf des 1. Jhs. wurde bei den Kelten auch Kleinsilber geprägt. Aus Funden in Slowenien, hier vor allem aus den Flußfunden in der Save, ist nachzuweisen, daß die Kelten auch bei uns neben der Silberprägung eine Goldprägung kannten[14]. Keltische Goldmünzen, vor allem die berühmten Regenbogenschüsselchen, sind eigentlich sonst nur aus der österreichischen Nordgruppe bekannt, vindelikisches und boisches Goldgeld[15].

Um 15. v. Chr. wurde das keltische Königreich durch Annektion Teil des großen Römischen Reiches.

Römisches Geld

Um die politische und wirtschaftliche Entwicklung der nördlichen Nachbarn, der Alpenkelten, in seinem Sinn lenken zu können und gleichzeitig ihre Einbruchslinien nach Italien zu sperren, hatte Rom im Jahre 181 v. Chr. Aquileia gegründet. Mehr als ein halbes Jahrhundert später war dann ein Freundschaftsvertrag zwischen der Republik Rom und dem Königtum der Noriker zustandegekommen. Er diente vor allem dem Schutz der römischen Interessen in den Ostalpen und sollte die Noriker verpflichten, römischen Kaufleuten und Händlern auf ihrem Territorium Gastfreundschaft und Arbeitsmöglichkeit zu geben. Auf diesem Wege kam erstmals auch römisches Geld und Kapital in die Alpenländer. Nach den Münzfunden ist zu schließen, daß schon in republikanischer Zeit römische Münzen in den Geldverkehr der Ostalpen Eingang gefunden haben[16]. Mit der Annexion Noricums und vor allem mit der Umwandlung dieses Gebietes in eine römische Provinz unter Kaiser Claudius (41—54 n. Chr.) war unser Gebiet Währungsbereich der römischen Reichsmünze geworden[17].

Der monetäre Hauptverkehr spielte sich zur Römerzeit am österreichischen Donaulimes ab. Vor allem in den drei großen Lagerstädten Carnuntum, Vindobona und Lauriacum ergab sich während der fast viereinhalb Jh. ihres Bestandes ein höchst reges Leben. In der Nachfolge der Legionen kamen Händler verschiedener Kategorien, die es auf den Sold der Legionäre und auf die gewinnbringenden Heereslieferungen abgesehen hatten, ins Land. Daneben wurde nach der Erhebung des Landes in den Status einer Provinz auch die zivile Verwaltung aufgebaut. So wurde in der Steiermark die Stadt Flavia Solva unter Kaiser Vespasian (69–79 n. Chr.) als Mittelpunkt eines Verwaltungsgebietes eingerichtet. Diese Verwaltungstätigkeiten spiegelten sich auch im Hauptverkehr des römischen Geldes wider.

Flavia Solva

Die Funde aus den Ausgrabungen von Flavia Solva mehren sich ab etwa der Mitte des 1. Jhs. Die Münzverhältnisse unseres Raumes entsprechen während der Zeit der römischen Herrschaft im wesentlichen den Verhältnissen des allgemeinen Münzwesens der römischen Kaiserzeit[18].

Die Münzreformen des Augustus aus den Jahren 23 bis 16 v. Chr. regelten im wesentlichen das Wertverhältnis der verschiedenen Münzsorten: 1 Aureus (Gold) = 25 Denare (Silber) = 100 Sesterzen = 200 Dupondien = 400 Asse (Kupfer)[19].

Münzreform des Augustus

Alle Nominalien waren ausgebracht nach dem römischen Pfund zu 327,45 gr. Es ist hier nicht der Raum, die Einzelheiten der Entwicklung des römischen Geldwesens darzustellen. Die wichtigsten Nominale waren bis zu Beginn des 3. Jhs. der silberne Denar sowie die aus Bronze bzw. Messing hergestellten Sesterzen und Asse. Kaiser Nero setzte das Gewicht des Denars, das sich von den Zeiten der Republik bis in die Kaiserzeit unverändert erhalten hatte, empfindlich herab, ebenso das Gewicht des Aureus. Die Last der Geldentwertung fiel demnach in der Hauptsache auf die Schultern der Empfänger von Gold- und Silberzahlungen. Kaiser Septimius Severus (193–211) setzte auch den Feingehalt des Denars auf 50% herab. Kaiser Caracalla (211–217) führte eine neue Münzsorte ein, die wir wegen des Namens von Caracalla (Antonius III.) und der Unkenntnis ihres antiken Namens als Antoninian bezeichnen. Es war ein Doppelstück des Denars, ein zwar höheres aber minderwertigeres Nominal. Besonders das 3. Jh. wurde die große Zeit der Inflation des römischen Geldes. Bis zur Mitte des Jhs., etwa um 250, war der Silbergehalt des Antoninians praktisch auf 4% abgefallen. War bis zum 3. Jh. die Geldversorgung von der alleinigen Münzstätte in Rom ausgegangen, so entstanden vor allem durch die zahlreichen Kriegszüge der Kaiser allenthalben im Reich Münzstätten, die de iure unter Kaiser Diokletian als Reichsmünzstätten anerkannt wurden[20]. Die Versorgung unseres Gebietes übernahm damit hauptsächlich die am nächsten gelegene Münzstätte in Siscia (Sissek). Unter Valerian I. (253–259) und seinem Sohn und Mitregenten Gallienus (253–268) erreichte der Verfall des Münzwesens seinen Höhepunkt. Aus dieser Zeit der Einfälle der Germanen, der Pestepidemien und der Soldatenmeutereien stammt auch der bisher größte Depotfund von römischen Münzen in der Steiermark, aus Strettweg bei Judenburg[21].

Verfall des Münzwesens

Nach den Münzfunden zu schließen, war der Geldverkehr hauptsächlich entlang der Straßen. So gibt es Hort- bzw. Depotfunde am Kugelstein bei Frohnleiten, in Preg und an der Semmeringstraße bei Mürzzuschlag[22]. Das Durchdringen des Landes mit der wirtschaftlichen Art des Geldverkehrs ist auch an Hand von Untersuchungen über den Bestattungsbrauch der Münzbeigabe zu ersehen[23]. Nach diesen Untersuchungen gelangt römisches Geld fast in jeden Winkel des Gebietes, denn überall ist nachzuweisen, daß Münzen den Toten in die Gräber mitgegeben wurden.

Für das 1. Jh. ist in Flavia Solva eine noch geringere Zahl, die Mehrzahl der Fundmünzen aber aus dem 3. Jh. nachzuweisen. Ursache für die Fundhäufung mag allerdings auch die Inflation dieser Zeit sein[24].

Erst Kaiser Diokletian konnte mit seiner Münzreform 293/94 n. Chr. das römische Münzwesen endlich wieder auf eine feste Grundlage stellen. Die wichtigste Neuerung Anfang des 4. Jhs. war ein neues Goldnominale, der Solidus, der von nun an bestimmt war, die Grundlage und den Eckpfeiler der Münzordnung überhaupt zu bilden[25].

Münzreform des Diokletian

Gebräuchlichste Münze dieser Zeit wurde der Follis, eine Kupfermünze mit Silbersud, der allerdings ebenso wiederum der Gewichtsreduktion verfiel und bis in die Mitte des 4. Jhs. zu einer Kleinkupfermünze wurde. Nach dem Tod des Kaisers Valentinians I., der 375 während des Quadenkrieges einem Schlaganfall erlag, versiegte allmählich der bisherige Geldstrom nach Noricum.

Münzen späterer Regenten werden hier kaum mehr gefunden, was vielleicht mit der Einstellung der Prägung in der Münzstätte Siscia in den Jahren 388/89 in Zusammenhang zu bringen ist.

Durch mehrere Jahrhunderte ist ab dem 5. Jh. kein Münzgeldverkehr in unserem Gebiet nachzuweisen, ganz geringfügig auftretend sind byzantinische Kupfermünzen[26].

Aus den Gräbern des 9. und 10. Jhs., die schon der karolingisch-ottonischen Reichskultur angehören, kennen wir Glasperlen, die von Erzeugungsstätten aus dem östlichen Mittelmeergebiet importiert wurden. Aus einer arabischen Nachricht war der Wert einer solchen Glasperle in Dirhems, der arabischen Einheitsmünze, umzurechnen[27]. Ein endgültiger Beweis fehlt allerdings bisher, daß diese Glasperlen als Geldersatz gedient hätten.

Die germanischen Völkerscharen, die in der Zeit der Völkerwanderung unser Gebiet zum Teil besiedelten, zum Teil durchzogen, und ebenso die ab dem 6./7. Jh. einströmenden Alpenslawen hinterließen keine numismatischen Spuren. Die schon erwähnten geringfügigen Funde von byzantinischen Münzen und auch Funde von Zollmarken byzantinischer Herkunft[28] weisen allerdings darauf hin, daß im Fernhandel mit dem oströmischen Reich doch hin und wieder Münzen in Gebrauch waren[29].

Das steirische Münzwesen vom 12. bis zum 17. Jh.

Das steirische Geldwesen und die steirischen Münzstätten haben keine einheitliche Entwicklung. Ganz unzweifelhaft ist aber, daß mit der Errichtung der herzoglichen Münzstätten in Graz und Oberzeiring auch die Entwicklung zur unbestreitbaren Landeshoheit des Herzogtums Steiermark abgeschlossen war.

Wollen wir aber, die wir nur ein zentralgesteuertes Geld- und Währungssystem kennen, verstehen, warum die Zeit des sogenannten regionalen Pfennings allenthalben Münzstätten entstehen ließ, müssen wir einerseits ganz kurz, vielleicht nur in Stichworten, die Entwicklung des allgemeinen mittelalterlichen Münzwesens streifen, andererseits auch die politische Entwicklung der Steiermark, soweit sie in diesen Prozeß eingreift, etwas erwähnen[30].

Das Münzwesen des Mittelalters beginnt mit dem Zusammenbruch des gut funktionierenden und wohlorganisierten Münzwesens des Römischen Reiches. Die Germanen, die in der Zeit der Völkerwanderung den westlichen Teil des Imperiums vernichteten und auf dessen Trümmern neue Reiche errichteten, entwickelten allmählich aus der Berührung bzw. Verschmelzung germanischer und römischer Tradition Formen des staatlichen, wirtschaftlichen und gesellschaftlichen Lebens. Auch im Münz- und Geldwesen, das sie zunächst einfach übernahmen, war diese Entwicklung vorhanden. So prägten sie häufig den Solidus, die aus der konstantinischen Münzreform stammende Goldmünze, und sein Teilstück, den Triens, nach byzantinischem Vorbild. Westgoten, Langobarden und auch die Franken machten diese Entwicklung durch. Eine weitere Entwicklungsstufe war das merowingische Münzwesen im 7. Jh. mit der Aufteilung der königlichen Münzstätten über die Pfalzen. Neben dem königlichen Münzrecht bestand auch ein kirchliches[31].

Mit der Thronbesteigung Pippins, 752, beginnt eine neue Periode des abendländischen Geldwesens. Er schränkt das Münzrecht, das bisher von unzähligen kleineren und größeren Münzherren ausgeübt worden ist, auf den König allein als königliches Regal ein und führte statt der

Gold- eine reine Silberwährung ein. Der „denarius", wie der Pfennig in Anlehnung an die römische Silbermünze hieß, wurde von da an bis ins Hochmittelalter als alleinige Kurantmünze in ganz Mitteleuropa ausgeprägt. Die in Urkunden vorkommenden Schillinge (Solidi) und Pfunde (Talenta) sind nur Rechnungseinheiten.

Die grundlegende Änderung trat unter Karl dem Großen ein, als der Münzfuß mit 240 Pfennige auf das Pfund festgelegt wurde. 12 Pfennige galten 1 Schilling, 20 Schillinge 1 Pfund, also wurden 240 Pfennige aus 1 Pfund Silber geprägt. Die Prägestätten waren ausschließlich „in palatio nostro", das heißt in der königlichen Pfalz[32].

Vereinzelt behielten aber auch die alten Stammesherzogtümer, so auch Bayern, in ihren Hoheitsrechten auch das Münzrecht. Desgleichen nimmt zur Zeit der Ottonen und der Salier im 10. und 11. Jh. die Münzprägung der Kirche, vor allem der Bistümer, zu. So erhielt auch Salzburg von Kaiser Otto III. am 28. Mai 996 dieses Regal verliehen[33].

Neben den alten Stammesherzogtümern entstanden neue Verwaltungseinheiten, so z. B. das Herzogtum Kärnten, zu dem die Steiermark gehörte, im Jahre 976. Ab dem 11. Jh. entstanden hunderte andere Münzstätten außerhalb der Pfalzen, vor allem durch den Aufschwung von Handel und Verkehr. Bei den primitiven Transportverhältnissen und wegen des Fehlens bzw. der stetigen Verminderung einer starken Zentralgewalt blieb gar nichts anderes übrig, als in allen Orten, die einen größeren markt- und handelspolitischen Einfluß besaßen, aus wirtschaftlichen Notwendigkeiten Münzstätten zu errichten[34]. Dies waren zunächst die Sitze der Landesfürsten, ihre Märkte und Städte. Der Pfennig galt ursprünglich, ähnlich wie 1000 Jahre früher die römische Reichsmünze, im ganzen Reich. Durch die Übernahme der Münzprägung durch Weltliche und Geistliche war dies anders geworden. Es entstand eine immer größere

Differenziertheit der Münztypen und in der Folge auch eine Verschiedenheit des Gewichtes der einzelnen Pfennigsorten, wodurch dieselben noch mehr landschaftlich und regional gebunden waren. Der Pfennig galt nur mehr dort, wo er geprägt wurde. Auf diesem Hintergrund ist auch die Entstehung der österreichischen und der steirischen Münzstätten zu erklären und zu sehen.

Vielfalt der Münztypen

Für die Steiermark kommt dazu noch die spezifische politische Entwicklung, die zur Ausbildung der Landeshoheit geführt hatte[35]. Ähnlich wie die Babenberger ihre Mark Österreich immer mehr erweitern konnten, so gelang dies nach 1122 auch den Traungauern, die in diesem Jahr den großen Besitz der Eppensteiner nach deren Aussterben geerbt hatten. Die Traungauer hatten von den Wels-Lambachern die zum Herzogtum Kärnten gehörigen Marken an der Mur übernommen. Der Hauptsitz und Hauptbesitz lag im heutigen Oberösterreich, von ihrer Burg Steyr nannten sie sich „machiones de stire". Durch Erbschaft und Erwerbungen wuchs ihr Besitz und ihr Verwaltungsgebiet. Auch Güter an der Drau und im Santtal kamen auf dem Erbwege dazu, weiters 1158 die Grafschaft Pitten zwischen Semmering, Wechsel und Piesting, die sie von den Grafen von Formbach erbten.

Traungauer

Mit diesem letzteren Besitz kam auch eine Münzstätte dazu, nämlich jene von Fischau, wohin die Grafen von Formbach das Münzrecht von Neunkirchen übertragen hatten[36]. Als 1180 Markgraf Ottokar IV. den Herzogshut für seine Mark verliehen bekam, erhielt er auch das bayerische Besitztum zwischen Enns und Hausruck. In der Stadt Enns[37], einem aufblühenden Handelsplatz nahe am wichtigen Donauweg, besaßen die Herren von Steyr seit 1140 schon eine Münzstätte. Südlich des Semmerings fand man mit den erzbischöflich-salzburgischen Geprägen aus Friesach das Auslangen[38].

Herzog Ottokar war aber der letzte seines Geschlechtes. In der berühmten Georgenberger Handfeste vom Jahre 1186 übertrug er sein Erbe dem Babenberger Leopold V. von Österreich, der 1192 dieses Erbe antrat und damit das Herzogtum Steiermark mit dem Herzogtum Österreich verband. Unter den Traungauern hatte sich Graz zum jetzt unbestrittenen Zentrum des Landes an der Mur entwickelt. Im Münzwesen beließ es Leopold V. noch bei den alten Verhältnissen, erst Leopold VI. muß den Entschluß gefaßt haben, seit ca. 1215 in Graz herzogliche Pfennige zu prägen, da bis dato in diesem Umland die Friesacher Pfennige, hauptsächlich aus Friesach selbst oder aus den salzburgischen Nebenmünzstätten[39] in Kärnten, Krain und in der Untersteiermark, die wichtigsten Handelsmünzen waren. Das Währungsgebiet der Friesacher, die nach der Kölner Mark als Einheitsgewicht geprägt wurden, umfaßte weite Teile auch Südosteuropas[40].

Graz

Urkundlich erwähnt wird die Münzstätte Graz 1222, als sie allerdings schon wieder aufgelassen werden sollte. Am 12. Jänner 1222 beauftragt nämlich Papst Honorius III. den Abt von Heiligenkreuz und die Pröbste von St. Florian und Reichersberg, zu prüfen, ob es zu Nutzen der Salzburger Kirche sei, wenn Herzog Leopold seine Münzstätte, die er auf seiner Burg zu Graz betreibt, auf die Pettauer Burg zu übertragen gedenke, um dort gemeinsam mit dem Salzburger Erzbischof zu münzen. Ob diese Aktion durchgeführt wurde, ist weder aus Münzen noch urkundlich zu erkennen, verschiedene namhafte Numismatiker bezweifeln dies[41]. Die Münzen dieser ersten Periode kennen wir nicht, wahrscheinlich sind es Beischläge zu Friesacher Pfennigen, vor allem auch, um den Bekanntheitsgrad und die Beliebtheit einer schon eingeführten Münzsorte zu nutzen.

Die Zusammenarbeit mit dem Salzburger Erzbischof ist aber offensichtlich, wenn sie überhaupt zustande gekommen ist, nicht von allzu langer Dauer gewesen, denn schon 1232 wird in einer Urkunde der Grazer Pfennig als eigene Währung genannt. Die Nennung von Diensten in Grazer Pfennigen wird von da ab in den Urkunden häufiger, obwohl auch weiterhin der Friesacher Pfennig Leitwährung bleibt. Ein sehr wesentliches Element für die Nutzung der Einnahmen aus der Münzprägung war der häufige Münzverruf, d. h. die Einziehung der alten Gepräge und die Ausgabe von reduzierten neuen Münzen. Die steirischen Ministerialen, die schon in der Georgenberger Handfeste verschiedene Freiheitsrechte garantiert bekommen hatten, wehrten sich gegen dieses landesfürstliche Recht und es gelang ihnen, daß in der steirischen Landhandfeste des Jahres 1237, in jenem kaiserlichen Gnadenbrief Kaiser Friedrichs II. nach der Ächtung des Herzogs Friedrich, der Passus aufgenommen wurde, „daß der Münzverruf nur nach gemeinsamem Beschluß mit den Ministerialen des Landes und nur alle fünf Jahre gemacht werde". Ein steirisches Privileg also, das auch später Rudolf von Habsburg 1277 nochmals erneuerte[42].

Münzverruf

Die frühesten Grazer Münzen sind uns nur aus Münzfunden überliefert, auch aus der Zeit nach den Babenbergern[43]. 1246 starb dieses Geschlecht bekanntlich aus, als Herzog Friedrich II. fiel. Zunächst unter Reichsverwaltung gestellt, dann als Lehen an König Stefan von Ungarn, fiel die Steiermark 1260 an König Přemysl Ottokar von Böhmen als Reichslehen.

König Ottokar

Besonders aus der Zeit Ottokars erscheinen nun Grazer Gepräge in größerer Anzahl in den Funden. Offensichtlich gab es einen großen Aufschwung des Handels und die Münzstätte wurde für das Umland bedeutender. Dies mag mehrere Ursachen gehabt haben, einmal war der vorübergehende Anschluß an Ungarn für die Metallversorgung der Münzstätte, die in dieser Zeit hauptsächlich aus den ungarischen Silbergruben erfolgt war, maßgebend, zum anderen die allgemeine Landespolitik Ottokars, der besonders Städte und Märkte als landesfürstliches Gegengewicht zum ihm reserviert gegenüberstehenden Adel besonders förderte. Im großen landesfürstlichen Urbar der Zeit 1267/68 sind nicht nur die Einnahmen aus der Grazer Münzstätte erwähnt, sondern erstmals auch urkundlich die Einkünfte des „mons Zyrich" (= Zeiring). In der Mache haben sich die selbständigen Grazer Pfennige noch immer mehr an die Friesacher als an die österreichischen Wiener Pfennige gehalten. Wenn bisher aber die Münzen schriftlos waren, so gibt es gerade aus dieser Zeit auch „redende" Gepräge. Ein Pfennig mit direktem Hinweis auf die Münzstätte mit der Aufschrift *MVNE GRETZ* und der wohl berühmteste Pfennig dieser Periode mit *SCHILT VON STEIR* sind die ältesten Münzen, die als Beispiel für die Anwendung der Landessprache im gesamten süddeutschen Raum gelten[44]. Aber auch seinen Namen ließ der Landesherr mit OTAKARUS auf seine Münzen setzen, genauso wie Stefan V. von Ungarn, von dem ein Grazer Pfennig mit der Aufschrift *REX STEPHANUS* bekannt ist.

Diese Tradition setzte auch nach der Schlacht bei Dürnkrut und Jedenspeigen, in der Przemysl Ottokar den Tod fand, der erste Habsburger Rudolf I. fort. Er ließ in Graz Pfennige prägen mit der Aufschrift *DE GRETZ* und *RVDOLFVS*, oder auch jenen, auf den 1276 erlassenen Landfrieden hinweisenden Pfennig mit *IVDICARE*, beide mit der Adlerrückseite, die — und das sei schon hier vorweggenommen — das Kennzeichen der steirischen Pfennige aus der Grazer Münzstätte sind, zum Unterschied von jenen Pfennigen Grazer Schlages, die mit der Pantherrückseite in Oberzeiring geprägt wurden[45].

Neben der Grazer Münzstätte betrieb nämlich Rudolf sicher seit etwa 1277 — im Jahr 1279 ist ein Besuch des Königs in Oberzeiring nachweisbar[46] — auch eine Münzstätte im Silberbergwerksort Zeiring. Zeiring versorgte höchstwahrscheinlich auch die Grazer Münzstätte mit Edelmetall[47], und in dieser Zeit scheint der Gewinn aus dem Bergwerk und der Münze ein sehr beträchtlicher gewesen zu sein, denn Ottokar aus der Gaal erwähnt in seiner Reimchronik, daß der Abt Heinrich II. von Admont als Landschreiber, damit als oberster Finanzpächter der herzoglichen Einkünfte und als oberster Beamter, aus der Münze einen beträchtlichen Gewinn gezogen hätte. Die Einnahmen etwa Herzog Albrechts I., des Nachfolgers Rudolfs, aus der Münze beliefen sich auf 6.000 Mark.

Doch nun zurück zur Münzstätte Oberzeiring[48]. Es gibt sehr wenige urkundliche Nachrichten von dieser Münzstätte. „Mathe der Minczer" ist zweimal Zeuge in einer Urkunde 1317 und 1320. In der Münzordnung Herzog Albrechts II. für die Steiermark vom 10. Dezember 1339 wird dem Eisenhüter, d. h. dem Verwalter der Münzstempel von Graz ein Gehalt von 2 Pfennig von einer verprägten Mark Silbers zugesichert, jenem „auf der Zeyrick" ebenfalls 2 Pfennig und sein altes Recht „32 phennig von dem stock". Den „Versuechern" von Graz und Zeiring sichert diese Münzordnung jeweils auch 2 Pfennig von der Mark zu[49].

Mit gutem Grund kann man aber annehmen, daß der Münzhammer in Oberzeiring schon tätig war, als Rudolf I. das Privilegium für die Stadt Judenburg 1277 ausstellte, in dem Rechte der Judenburger Bürger am Münzwechsel nach Münzerneuerungen bestätigt wurden[50].

Eine andere Frage ist jene nach den Münzen aus dieser Münzstätte: Die Forschungen haben bisher erst 4 Typen von Pfennigen als nach Oberzeiring gehörig erkannt. Sicher ist die Herstellung nach den Vorschriften der landesfürstlichen Münze in Graz erfolgt. Ein Hinweis darauf könnte die Bergordnung von 1336 sein, in der bestimmt wurde, daß auf dem Berg Zeiring und allen Bergen nur mit Grazer Pfennigen allein verkehrt werden sollte.

Mayreder ist es nun gelungen, aus der großen Menge Friesacher und Grazer Pfennige jene auszusondern, die mit einiger Sicherheit nach Zeiring zu legen sind. Da fast alle Münzen dieser Zeit anepigraph[51] sind, gibt es auch kein Stück aus der Münzstätte Zeiring mit Schrift, wenn nicht jene Münzen des Grazer Münzmeisters WALCHUN, die aus dem Fund von Pöls 1941 bekannt sind, auch für die Münzstätte Zeiring eine Rolle spielen. Der Name dieses Grazer Bürgers und Münzpächters erscheint auch in Urkunden in Orten aus der unmittelbaren Nähe von Zeiring[52]. Fritsch nimmt mit gutem Grund an, daß Walchun auch für die Münzstätte Zeiring eine wesentliche Rolle gespielt hat[53]. Die Pfennige nach Friesacher Art, die in Zeiring geschlagen worden sind, tragen als Kennzeichen den Bindenschild[54].

Weiters jene Pfennige Grazer Schlages, die als Emissionszeichen einen Panther oder einen Damhirsch auf der Reversseite tragen[55]. Ein katastrophaler Wassereinbruch mit dem Untergang des Silberbergbaues hat auch der Zeiringer Münze ein Ende gesetzt[56]. Die Urkunde vom

16. 8. 1361 sichert den Zeiringer Bürgern den Weiterbestand ihrer Münzstätte zwar noch zu, aber es gab offenbar den Plan einer Übertragung der Münzstätte nach Judenburg. Nach neuesten Forschungen wird der Pfennig mit der Bergmannsdarstellung mit dem Willen der Zeiringer Bürger in Zusammenhang gebracht, die Münze weiter zu betreiben[57]. Gilt dieses Datum der Urkunde bei einigen Forschern als das Jahr des Wassereinbruches, so nehmen andere namhafte Historiker ein Datum um 1365 an. Tatsache ist, daß aus späterer Zeit keine Nachrichten einer Tätigkeit dieser Münzstätte mehr überliefert sind, sieht man von dem Umstand ab, daß ein Geschlecht mit dem Namen „Münzmeister" hier noch lange nachzuweisen ist und daß die Erinnerung an das Münzhaus in Aufzeichnungen der Kirche des hl. Oswald bis ins 16. Jh. weiterlebt.

Mit der Erwähnung dieser Urkunde von 1361 und mit dem Plan, die Münzung des Zeiringer Silbers nach Judenburg zu übertragen, sind wir schon bei jener Stadt, die im 14. Jh. ebenfalls im steirischen und darüber hinaus im gesamtösterreichischen Münzwesen eine wesentliche Rolle gespielt hat[58].

Die Kreuzzüge und die Ausweitung des Handels mit dem islamischen Orient brachten das Abendland, vor allem Italien, mit Goldmünzen in Berührung. Auch der westliche Kaufmann mußte sich mit Gold ausrüsten.

Umschlagplatz für Güter aus dem Italienhandel nach Wien war die alte Marktniederlassung Judenburg. Judenburger Bürger waren seit 1349 Pächter der erzbischöflich-salzburgischen Goldbergwerke in den Hohen Tauern. Der Landesherr hat ihnen das Privileg eingeräumt, dieses Gold auch zu vermünzen, es geschah nach dem Vorbild der Gulden aus Florenz.

Judenburger Goldgulden

In einer Urkunde Rudolfs IV., des Stifters, vom 2. Juni 1360 für Wiener Neustadt spricht der Aussteller ausdrücklich von seiner „moneta in Judenburch". In der schon erwähnten Urkunde für Oberzeiring 1361 wird klar, daß sich der Herzog mit dem Gedanken getragen haben muß, auch die Wiener Neustädter Münze und „die Münz Gräzer Pfennig auf der Zeiring" nach Judenburg zu übertragen. Judenburg war also vorgesehen, eine führende Stellung in der österreichischen Münzproduktion einzunehmen.

Mit der Lösung des Pachtvertrages durch Erzbischof Pilgrim von Salzburg im Jahre 1386 war den Judenburgern und damit der Münzstätte aber die weitere Grundlage entzogen. Die Goldmünzung dieser Stadt bleibt somit eine, wenn auch geldgeschichtlich bedeutsame Episode. Erst das 15. Jh. brachte wieder eine österreichische Goldprägung[59].

Das Ende der Judenburger Goldgulden war auch verbunden mit dem Auslaufen der Bedeutung eigenständiger steirischer Münzen. In das Umlaufgebiet des Grazer Pfennigs drang immer mehr der Wiener Pfennig ein[60]. Nicht nur das Versiegen der wichtigen Silberquelle von Oberzeiring, sondern schon viel früher das ungarische Silberausfuhrverbot von 1325 schränkte die Tätigkeit der herzoglichen Münze ein.

Eindringen der Wiener Pfennige

Nimmt man die für die Erforschung des Geldumlaufes wesentlichen Münzfunde als Grundlage, so ist deutlich zu ersehen, daß noch zu Ende des 13. Jhs. fast die gesamte Steiermark einschließlich der handelspolitisch wichtigen Zentren an der Drau mit Grazer Geprägen versorgt war, im 14. Jh. aber immer mehr Gebiete, vor allem in der Oststeiermark mit Wiener Geprägen und, zu Ende des 14. Jhs., interessanterweise auch mit Bayrischen Pfennigen versorgt wurden[61]. Sehr deutlich zeigt diese Tendenz ein bisher unveröffentlichter Schatzfund aus der Nähe der oststeirischen Burg Herberstein, der in der Hauptsache aus Wiener Böcklerpfennigen und Münchner Mönchspfennigen des 14. Jhs. besteht. Das Vordringen der Wiener Pfennige führte auch zu einer Anpassung des Grazer Pfennigs an den Wiener und auch die selbständige Grazer Währung sollte bald verschwinden. 1368 noch werden 20 alte Grazer Pfennige 30 neuen Wiener Pfennigen gleichgestellt[62].

Daß die Bedeutung der Grazer Münzstätte in dieser Zeit geringer wurde, war aber auch der grundlegenden Änderung im Münzwesen, nämlich dem Verschwinden des territorialen Pfennigs, zuzuschreiben. Auch in Kärnten, das seit 1335 habsburgisch war, verschwinden allmählich die Friesacher[63]. Herzog Ernst von Steiermark führte 1409 in Graz endgültig den Wiener Pfennig ein, als er den Probst Heinrich, „vormals Versucher (= Feingehaltsprüfer) in Wien", beauftragte, in Graz „nach Korn, Waag und Aufzahl wie zu Wien" zu prägen.

Die Bezeichnung Grazer Pfennig verschwindet ab nun in den Urkunden, dafür taucht der Begriff Steirische Münze auf. Herzog Ernsts Sohn Friedrich V. (III.) überließ 1436 nach dem Wiener Vorbild seine Grazer Münze dem Christoff Seydennatter und 10 weiteren namentlich Genannten, darunter einem Ulrich Eckenperger, als „Hausgenossen", und ordnete gleichzeitig an, daß die Ausprägung nach Wiener Münzfuß geschehen sollte. Die folgenden Jahre brachten mit dem Bruderkrieg zwischen Friedrich und Albrecht, zuerst um die Vormundschaft und nach Albrechts Tod um dessen Erbe, einen gesteigerten Geldbedarf, der nicht anders aufgetrieben werden konnte, als durch die verpönte Münzverschlechterung, den Münzverruf,

„Steirische Münze"

Schinderlinge

obwohl seit Rudolf IV., dem Stifter, der Herzog auf die jährliche Münzerneuerung verzichtet hatte, dafür aber die Tranksteuer, das sogenannte Ungeld, kassierte. Diese Zeit der Schinderlinge genannten kupfrigen Pfennige erreichte ihren Höhepunkt, als 1458 Friedrich III. dem Balthasar Eckenperger das Recht verlieh, hier in Graz Schwarzpfennige zu prägen[64].

Waren die Pfennige, die mit Bindenschild und FRI als Initialen geprägt waren, bisher noch sechslötig gewesen, so wurden sie nunmehr 4½lötig, bald überhaupt aber nur mehr aus Kupfer geprägt. Zudem sah sich der Kaiser gezwungen, auch den Söldnerführern, unter ihnen dem berühmten Andreas Baumkircher, der später am Grazer Schloßberg enthauptet wurde, eigene Gepräge zu erlauben[65]. Die Folge war, wie bei jeder Inflation, ein wirtschaftliches Chaos.

Inflation und Chaos

Anläßlich der Münzverpachtung an Balthasar Eckenperger hören wir erstmals für Graz von einer anderen Münzsorte als dem Pfennig, und zwar vom Kreuzer. Bisher waren nur Pfennige und das Halbstück, der Hälbling, geprägt worden. Der Kreuzer hatte seinen Ursprung in Tirol, wo er seit dem 13. Jahrhundert in Meran geprägt wurde. Deshalb ursprünglich Etsch-Kreuzer genannt, galt er 4 Pfennige und entstand aus der Notwendigkeit, für den Italienhandel ein größeres Nominal zu schaffen[66]. Der sehr beliebte Etschkreuzer verbreitete sich in Tirol und wurde nun auch in den österreichischen Landen nachgeahmt.

Kreuzer

Kaiser Friedrich III. versuchte nach dem Eklat mit den Schinderlingen das Münzwesen in Ordnung zu bringen, was ihm leidlich gelang, nicht zuletzt auch, weil er neben den Pfennigen in Graz, und später auch in Wiener Neustadt, Pfennig-Vielfache prägte. Sie hatten den Wert von 16 Pfennigen, daher 16er genannt, und auch das Halbstück wurde geprägt, der 8er.

Der 16er und der 8er paßten aber nicht mehr in das in den übrigen deutschen Ländern übliche Geldsystem, wonach ein Rheinischer Gulden 60 Kreuzer galt bzw. nach der alten Pfundrechnung von 240 Pfennigen ein Pfund. 1481 versuchte Friedrich III. durch eine Münzreform das Geldwesen zu verbessern. Eines gelang ihm, daß in seinen drei Münzstätten Wien, Wiener Neustadt und Graz einheitlich geprägt wurde. Der Pfennig allerdings wurde in dieser Münzreform als Währungsmünze abgeschafft, er war seither nur mehr Scheidemünze. Das am häufigsten geprägte Nominal war jetzt der Kreuzer, der bald vom Groschen, dem 3-Kreuzer-Stück, abgelöst wurde.

Münzreform Friedrich III.

In den Folgejahren kam der Grazer Münzstätte eine besondere Aufgabe zu, als die Ungarn unter Matthias Corvinus 1485 Wien und 1487 Wiener Neustadt eroberten. Graz war plötzlich die einzige Münzstätte, die Friedrichs Länder mit Geld versorgen konnte, wohl unter größten Schwierigkeiten, wie anzunehmen ist, denn das Problem der Rohmetall- und Pagamentbeschaffung[67] war sicher nicht geringer geworden, obwohl zahlreiche Silbergruben im Ennstal und Grazer Bergland aus dieser Zeit bekannt sind.

Grazer Münzstätten

Mit der Prägung von Vielfachen und auch mit der Wiederaufnahme der Goldprägung — sie hatte ja in der Steiermark in Judenburg eine alte schon erwähnte Tradition — war ein neuer Schritt zur Verbesserung des Münzwesens getan worden[68].

Die endgültige Neuordnung desselben ging aber von Tirol aus[69]. Dort hatte Erzherzog Sigmund seit der Mitte des 15. Jhs. große Silbermengen aus dem Falkensteiner Bergsegen zur Verfügung. Der Handel, vor allem auf der wichtigen Brennerstraße, war ungeahnt gestiegen, zur Bezahlung größerer Summen benötigte man Gold (Gulden oder Dukaten) oder große Mengen von geprägtem Kleinsilber. So ging die Überlegung hin zu einer größeren Silbermünze, da eine Goldprägung in Ermangelung einer entsprechenden Bergwerksausbeute in größerem Umfang nicht möglich war. Man begann zunächst mit der Prägung von Pfundnern im Werte von ⅕ des Rheinischen Goldguldens, d. h. 12 Kreuzer. Auch das Münzbild war bei dieser Münze völlig neu, denn nach dem Vorbild von Venedig und Mailand wurde das Bild des Landesherrn auf die Vorderseite geprägt. Zum Pfundner gab es noch das Halbstück, den 6er. Die Entwicklung ging aber dahin, den Gulden durch eine Silbermünze völlig zu ersetzen. So entstand in Tirol der Guldiner oder Guldengroschen, ein Nominal, das schnell beliebt wurde, später vor allem in der Nähe von ergiebigen Silbergruben geprägt wurde, wie etwa im sächsischen Erzgebirge und auch in der Münzstätte der Grafen Schlick in Joachimstal. Sie wurden nach dieser Münzstätte als Joachimstaler bezeichnet, später kurz als Taler; als Taler erobern sie die ganze Welt[70].

Neuordnung des Münzwesens

Taler

Diese Entwicklung war natürlich genauso wesentlich für die weitere Geschichte der Grazer Münzstätte. Von der Bedeutung der Grazer Münzstätte in den letzten Regierungsjahren Friedrich III. wurde schon gesprochen. Friedrichs Nachfolger Maximilian I. hat sich insbesondere seiner tirolischen Münzstätte in Hall bedient, über die anderen Münzstätten der nun wieder vereinigten Erbländer wissen wir wenig. Maximilian ließ alle Bergwerke der Erblande bereisen und wollte auch Oberzeiring wieder bewältigen[71]. Elf Bergwerke auf Silber fand er damals in der Steiermark in Blüte, deshalb befahl er 1510 dem steirischen Vizedom, nach den

Angaben des Haller Münzmeisters Bernhard Behaim, das Münzhaus in Graz wieder einzurichten. In der Tat gibt es aus den Jahren nach 1511 Groschen (3-Kreuzer) mit BB als Münzmeisterzeichen und dem steirischen Wappen auf der Rückseite[72].

Die Schwierigkeiten des Grazer Münzhauses blieben aber auch weiter in der Edelmetallbeschaffung[73]. Die Ausbeute der steirischen Gruben blieb zu bescheiden. 1513 drohten die Fugger, denen zu dieser Zeit wieder einmal die Tiroler Silberbergwerke verpfändet waren, die Lieferung der ausbedungenen je 100 Mark Silber an die Münzstätten Wien und Graz einzustellen. Dies könnte auch tatsächlich der Fall gewesen sein, obwohl es aus den Folgejahren einseitige Schwarzpfennige mit Bindenschild und Pantherschild gibt.

Abb. 85:
Münzwaage
v. Matthias Medtmann,
Köln, ca. 1650.

Mehr wissen wir über die Münze zur Zeit Ferdinands I.[74]

Bekanntlich hatte Ferdinand nach dem Brüsseler Vertrag 1522 die österreichischen Länder übernommen. Am 13. Dezember 1526 wird der Wiener Münzkämmerer Hans Weizelmann nach Graz beordert. Weizelmann war vorher gräflich Schlickscher Münzmeister in Joachimstal gewesen. Schon im Jänner 1527 erhielt er eine genaue Instruktion, mit dem Auftrage, gleich wie in Wien mit der Prägung zu beginnen. Als Unterscheidungsmerkmal sollte das Wappen des Herzogtums gelten.

Die Pfennige zeigen neben Bindenschild und Pantherschild die Jahreszahl, darunter die Initiale F. Neben Pfundnern wurden hauptsächlich diese Pfennige geschlagen, welche — wie die Nachricht besagt — Handwerker und Bauersleute zu ihren täglichen Ausgaben benötigen. Die Münzstätte war in diesen Jahren vollständig ausgelastet, mußte doch das Kirchenkleinod vermünzt werden, dessen Ablieferung im Angesicht der Türkengefahr und der notwendigen Abwehr derselben angeordnet worden war[75].

1529 wurde ein neuerlicher Anlauf genommen, um die Münzstätte anzukurbeln, in diesem Jahr bestätigt nämlich Ferdinand, daß er der steirischen Landschaft die dortige Münze für 10 Jahre überlassen habe. Gleichzeitig erging eine Anordnung an die steirischen Gewerke, daß sie alles Silber an die Münze in Graz abzuliefern hätten[76].

Die Übergabe der Münze an die steirischen Stände kommt auch in den Münzbildern zum Ausdruck. In den frühen Sechsern ist die Umschrift noch *PRINCEPS ET INFANS HISPANIAE* auf der Vorderseite und den Herzogstiteln mit den 4 Wappen in den Kreuzwinkeln auf der Rückseite. Die 4 Wappen sind Steiermark, Österreich, Burgund und Kastilien. Die neuen Münzen haben auf der Rückseite nur mehr den Pantherschild mit der Umschrift *MONETA NOVA DVCATVS STIRIE,* teils ohne, teils mit Jahreszahl.

In der Folgezeit wurden in Graz zwar laufend Münzserien geprägt, aber immer nur kleine Nominale, wir kennen aus Graz keine Talerprägung, auch die Goldprägung bleibt unbedeutend. Das letzte Jahr in der Regierungszeit Ferdinands, in dem ein Grazer Pfennig nachweisbar ist, ist das Jahr 1552, in den darauffolgenden Jahren ist das Grazer Münzhaus stillgelegt.

Stillegung des Grazer Münzhauses

Beherbergt hat die Münze zur Zeit Ferdinands das „Huebhaus unter der Steinwand" in der Sackstraße, nach Übernahme durch die Stände ein Haus im Badgassl, der heutigen Landhausgasse, auf dem Areal, wo später der Neubau des Landhauses aufgeführt wurde[77].

1564 starb Ferdinand I., seine österreichischen Erbländer wurden unter den drei Söhnen aufgeteilt. Steiermark kam als Bestandteil Innerösterreichs zum Herrschaftsbereich des Jüngsten, nämlich Erzherzog Karls. Das Herrschaftsgebiet umfaßte noch Kärnten, Krain, Görz und die Küstenlande. Haupt- und Residenzstadt wird Graz[78].

Pläne zur Wiedererrichtung der Grazer Münzstätte

Ob aus Prestigedenken oder aus anderwertigem Anstoß faßte Karl den Entschluß, die Münzstätte in Graz wieder zu errichten. Schon Anfang 1565 erging der erzherzogliche Befehl an das Regiment in Graz, mit den steirischen Ständen über die Aufbringung der notwendigen Verlagsgelder zu verhandeln und auch ein geeignetes Gebäude ausfindig zu machen. Die von den Grazer Regierungsstellen sofort eingeleiteten Verhandlungen zogen sich aber in die Länge, vielleicht auch aus religionspolitischen Gründen. Gleichzeitig mit diesen Verhandlungen wurde auch wegen eines geeigneten Münzmeisters Umschau gehalten. Erzherzog Karls Wahl fiel auf den Prager Münzwardein Tobias Gebhardt, der allerdings sein Amt in Graz nie antreten sollte. Bezüglich des Münzhauses schlug die Kammer das Haus des Vizedoms Bernhardin Rindscheit zu Schielleiten in der Nähe der Burg vor, was aber nicht die Zustimmung des Erzherzogs fand.

Mitte 1565 wurden, aus welchen Gründen ist unbekannt, die Verhandlungen bezüglich der

Abb. 86: **Ostnoricum,**
Gesichts-Typ, ca. 80 v. Chr., Vorderseite.

Abb. 86a: *Rückseite.*

Abb. 86b: **Rom, Denar,**
Augustus (27 v.–14 n. Chr.), Vorderseite.

Abb. 86c: *Rückseite.*

Münze eingestellt, offensichtlich aber im Zusammenhang mit dem Landtag desselben Jahres, in dem die Religionsfrage erstmals aufgerollt wurde. Eine zwingende Notwendigkeit zur Prägung in Graz aus monetären Gründen konnte es ja nicht geben, denn durch die reiche Ausbeute der Oberkärntnerischen Bergwerke war die Kärntner Münzstätte in Klagenfurt durchaus befähigt, ganz Innerösterreich mit Münzen zu versorgen[79]. Es können nur zwei Gründe gewesen sein, die dieses Projekt vorantreiben ließen. Zum Ersten ein gewisses Prestigedenken, zum Zweiten die Notwendigkeit, zu verhindern, daß das in steirischen Bergwerken abgebaute Silber ungemünzt in die Nachbarländer oder ins Ausland abfließe. Auch sollten die Einkünfte aus dem Schlagschatz dem landesfürstlichen Kammergut erhalten bleiben. Ebenso unvermittelt wie 8 Jahre zuvor die Einstellung der Verhandlungen erfolgte, wurden dieselben wieder **Mitwirkung** 1573 aufgenommen. In diesem Jahr gab es aber andere Voraussetzungen. Die leidige Reli-**der Stände** gionsfrage war im Brucker Libell ein Jahr zuvor einigermaßen gelöst, auch war der Erzherzog inzwischen bereit, die Mitwirkung der Stände bei der Aufrichtung der Münze nicht nur in finanziellen Zuschüssen sich bewenden zu lassen, sondern sie als Münzherren einzusetzen. Karl begab sich fast aller Rechte. Nur der Münzwardein sollte, obwohl von der Landschaft besoldet, auf den Landesfürsten vereidigt werden. Selbst die Ablieferung des Schlagschatzes wurde den Ständen erlassen. Außerdem brauchten sie nicht wie die Kärntner Stände dem Erzherzog für die Überlassung der Münze ein unverzinsliches Darlehen zu zahlen. Mit dem Hinweis auf die Soldzahlungen an der kroatischen Grenze forderten sie vom Erzherzog auch die Ausbringung der sogenannten groben Sorten, also Dukaten und Taler.

Wiederaufnahme Am 16. Juni 1574 gewährte Karl die Wünsche der Landschaft, bald darauf wurde der Münzbe-**des Münzbetriebes** trieb aufgenommen. Die Überlassung der Münzgerechtigkeit stellte wohl einen Höhepunkt des Ständestaates mit seinem Dualismus dar. Als Münzhaus hatten die Stände das Haus und die Hofstatt des Hans Friedrich Hoffmann zu Grünbühel und Strechau um 2.200 Gulden

Abb. 86d: **Rom, Sesterz,**
Maximinus Thrax (235–238 n. Chr.).

Abb. 86e: **Rom, Antoninian,**
Gordian III. (238–244).

Abb. 86f:
Judenburger Gold-gulden *Albrecht III. (1365–1395), Rückseite.*

Abb. 86g: **Innerösterreich,**
Karl II. (1564–1590), Dukaten, Graz 1583.

Abb. 86h: **Krönungsjeton,**
Ferdinand IV., 1653, Vorderseite.

Abb. 86i: Rückseite.

gekauft und vom Baumeister Francesco Marmoro durchgreifend umgestalten lassen. Es ist dies ein Haus in der Hofgasse nahe der landesfürstlichen Burg. Zudem wurde im anschließenden Krautgarten des Erzherzogs die Münzschmiede errichtet. Die Stände betrauten mit der Oberaufsicht Felizian Freiherrn von Herberstein und später Hans von Neuhaus. Münzmeister waren in den folgenden Jahren Walter Dolemann, Andrä Pelitzer und 1578–1598 Hans Lasanz, Stempelschneider seit 1577 der berühmte Hans Zwigot.
Die Münzstätte war in diesen Jahren voll in Betrieb, geprägt wurden alle Nominale[80].
Der Tod Erzherzog Karls 1590 änderte am Münzbetrieb noch nichts, es wurden noch posthum Münzen mit seinem Bild in der Zeit der Vormundschaft für seinen Erben geschlagen[81]. Erst als Erzherzog Ferdinand, 1595 großjährig geworden, die Regierung übernahm, dachte der neue Landesherr daran, den Ständen die Münzgerechtigkeit wieder abzunehmen. Aber der Hofpfennigmeister Joachim Türk und der Oberstbergmeister Hans Hubmayer rieten davon ab, da sie darin keine Vermehrung des landesfürstlichen Kammergutes sahen.
Bis 1605 ruhte diese Angelegenheit wieder. Erst in diesem Jahr forderte der Erzherzog von der Kammer eine entsprechende Stellungnahme. Ferdinand erhoffte sich eine Verbesserung seiner zerrütteten Finanzen und erwartete sich in Verkennung der realen Verhältnisse Einkünfte davon, wenn er die Münze wieder selbst übernehme. Seinen Plan setzte er nach verschiedenen mündlichen und schriftlichen Verhandlungen gegen den Widerstand der Stände durch. Er fiel aber gleich einem Finanzhochstapler zum Opfer. Mirimo Battitore wurde als oberster Münzkämmerer und Kommissär eingesetzt, obwohl gegen seine unüblichen Forderungen die Stände schärfstens Stellung nahmen. In der Stellungnahme wurde mit einem deutlichen Hinweis auf die schon nicht mehr ertragreichen innerösterreichischen Bergwerke auch bemerkt, daß die Münze schon zeitweilig stillgelegt worden war. Besonders aufgebracht war der Gutachter über das Ansinnen Battitores, das gemünzte Geld wieder frei exportieren zu

**Finanzhochstapler
Battitore**

können. Am 6. April 1607 wird Battitore trotz massiver Bedenken angelobt und ihm die Instruktion ausgehändigt.

In der Folge herrschte noch Streit über die Rechte am Münzhaus. Trotz völlig klaren Sachverhaltes behauptete man am Hofe, daß es Eigentum des Erzherzogs sei. Eine doch noch zustande gekommene Einigung wurde schließlich mit dem Vorbehalt abgeschlossen, daß die Landschaft das Münzwesen samt Behausung und allen Instrumenten abtrete und auf Ersatzansprüche verzichte, wenn der Erzherzog bei einer neuerlichen Veränderung im Münzwesen den Ständen alles ohne Gegenleistung wieder einräumen werde. Diese Vereinbarung spielte später bei der Liquidation der Münzstätte eine wesentliche Rolle.

Die hochfliegenden Pläne Battitores, der dem Erzherzog einen Münzgewinn von 12.000 Dukaten versprochen hatte, zerrannen in nichts, die Prägetätigkeit mußte fast ganz eingestellt werden. Battitore wurde entlassen und 1610 der frühere ständische Münzmeister Simon Balthasar in landesfürstliche Dienste genommen. Dies war die letzte größere rechtliche Veränderung des Münzwesens bis zur Auflösung, denn seit dieser Zeit befand sich die Münze im Besitze des Landesfürsten. Das Münzbild änderte sich nicht grundlegend. Die Vorderseite zeigt das Hüftbild des Erzherzogs mit dem Herzoghut, die Rückseite das U-förmige Wappen (Alt-Ungarn, Böhmen, Österreich, Burgund, Kärnten, Görz und Tirol) darüber den Pantherschild. Desgleichen auch die kleineren Nominale.

1619 wird Ferdinand römischer König und Kaiser, was sofort auch im Münzbild deutlich zum Ausdruck kommt. Die Vorderseite zeigt in Anlehnung an das antike Münzbild den Herrscher im Lorbeerkranz, die Rückseite das vermehrte vielfeldige Wappen.

Die Anfangsjahre Ferdinands als König und Kaiser waren auch die Zeit der großen Finanzkrise mit ihrem Höhepunkt 1623, als der Reichstaler statt 180 Kreuzer im Jahre 1620 auf 1000 Kreuzer gestiegen war[82].

Die sogenannten Kippermünzen wurden seit 1621 auch in Graz geschlagen[83]. Interessanterweise wurden aber neben diesem Inflationsgeld auch vollwertige Münzen geprägt, die aber sofort in die minderwertigen Münzstätten verschwanden. Nach dem 87%igen Staatsbankrott 1623 kam es trotz der schweren Kriegsbelastung zu einer Erneuerung und Beruhigung im Münzwesen.

Der Betrieb der Münzstätte ist in den folgenden Jahren auch unter Ferdinand III. regelmäßig. Wie aber aus den Münzfunden und schriftlichen Überlieferungen zu erkennen ist, ist die Hauptaufgabe die Prägung kleinerer Nominale, die für den Handel auf den Wochenmärkten und für die Entlohnung von Handwerkern eine wichtige Rolle spielten. Taler oder gar Vielfache bzw. Gold wären reines Handelsgeld.

Ferdinands III. Nachfolger Leopold I. vereinigte ab 1665 wieder alle österreichischen Erbländer.

Durch verschiedene Ursachen bedingt, stieg der Geldbedarf und damit die Münzprägung sehr stark an, auch die Grazer Münzstätte prägte in dieser Zeit zahlenmäßig am meisten. Beliebteste Münzorte war das seit 1659 eingeführte 15-Kreuzer-Stück. Auch die so seltenen Dukaten-Vielfachen wurden geprägt[84].

Zur Zeit Leopolds wurde, ohne jetzt auf die verschiedenen geldgeschichtlichen Probleme auch etwa der kleinen Kipper-Zeit einzugehen, eine große Entwicklung eingeleitet, nämlich die Auflösung des territorialen Ständestaates und dessen langsame Überführung in einen absolutistisch regierten und zentralistisch verwalteten Staat. Der Geist des aufkommenden Merkantilismus forderte auch eine Reduzierung der Münzstätten.

So gab auch die Münzstätte Kärntens allmählich ihre Bedeutung an die Grazer Institution ab, bis es unter Karl VI. zur Schließung kam. Am 25. Mai 1712 stellte die Grazer Kammer den Antrag zur gänzlichen Aufhebung der alten traditionsreichen St. Veiter Münzstätte und schlug vor, das aus Kärnten einlangende Silber in der Grazer Münze auszumünzen, was auch geschah.

Der Grazer Münzstätte blieb die Schließung noch eine Zeitlang erspart. Durch die Übernahme der neuen Verpflichtungen nach Schließung der Kärntner Münzstätte wurde es sogar notwendig, das zu eng gewordene Münzhaus zu wechseln. Ein Erweiterungsbau war nicht möglich, weshalb das Haus des Josef Sigmund Apostel, Edlen von Apostelen in der Sackstraße gekauft wurde (heute Nr. 22). Das alte Münzhaus in der Hofgasse wurde als Stempel- und Siegelamt weiter verwendet. Das neue Gebäude wurde um einen Betrag von 17.000 Gulden am 20. April 1756 gekauft und für die Notwendigkeiten adaptiert. Der Grazer Hofmaurermeister Josef Hueber, bekannter Baumeister etwa des Eggenberger Schloßturmes, besorgte dies um einen Betrag von 17.429 Gulden. Die Vorbereitungen der eigentlichen Prägung fanden im Münzhammer in Andritz statt. Dieser war wegen Nutzung der notwendigen Wasserkraft am Andritz-Bach schon 1675 von Johann Seyfried von Eggenberg gekauft worden, der

Entlassung Battitores (margin heading)

Finanzkrise und Staatsbankrott (margin heading)

Schließung der Kärntner Münzstätte (margin heading)

dort vorher eine Pulverstampfe betrieben hatte. Im Münzhammer wurden die Zaine[85] gestreckt und justiert. Die eigentliche Prägung erfolgte im Münzhaus mittels eines Sindelstoßwerkes. Das neue Münzhaus war damals ausschließlich mit aus Wien gekommenen Stoßwerken eingerichtet. Eine Einrichtung, die damals als fortschrittlich gelten konnte.

1749 und 1760 bis 1769 prägte die Grazer Münze auch für Görz und die Küstenlande Soldi, vor allem zur Zeit der aufkommenden Kupferprägung sogar in hoher Zahl, etwa von 1766 auf 1767 über 3,290.000 Stück. In diesen Jahren der Regierungszeit Maria Theresias griff ein allgemeines Umdenken zum Gebrauch der Scheidemünze und des Kreditgeldes auch in Österreich Platz. Die Ausgabe von „Bancozetteln" und Kupferprägung war die Folge.

„Bancozettel"

Mit den Stempeln der Kupfermünze, die für alle Münzstätten in Wien unter Mathäus Donner hergestellt wurden, wurde auch formal ein neuer Weg beschritten. Graz prägte, so wie die anderen Münzstätten Österreich auch für den römischen König u. Kaiser, d. h. Franz Stephan, und nach dessen Tod für Joseph II.

Den Zentralisierungsbestrebungen, vor allem unter dem Einfluß Josephs II., fiel auch die Grazer Münzstätte zum Opfer. Verbesserte Verkehrsbedingungen machten es nicht mehr notwendig, an vielen Stellen des Reiches zu münzen, eine Rationalisierung und Verbesserung des Münzbetriebes konnte nur durch Zentralisation zustande kommen. Für die alten Erblande genügten die Prägeanstalten in Wien und Hall. Dazu kamen noch die ungarische Münzstätte in Kremnitz und die für die Prägung des Levantetalers vorgesehene vorderösterreichische Münzstätte in Günzburg.

Zentralisierung des Münzwesens: Ende der Grazer Münzstätte

Am 6. Februar 1772 wurde in Graz der letzte Zwanziger geprägt. Münzmeister war Karl von Geramb, Wardein Johann Anton Kollmann. Die genaue Nachricht darüber und den Zeitpunkt 3 Uhr nachmittags hat Geramb selbst in seiner Verlassenschaft auf einem Umschlag hinterlassen[86]. Mit der Liquidation des Münzhauses, die noch etliche Jahre dauerte und die der Landschaft nach dem Vertrag mit Ferdinand II. 1605 endlich einen größeren Nutzen brachte, und mit der Versteigerung des Münzhammers war die Geschichte der Grazer Münzstätte beendet.

1772: Letzte Prägung

Die Geschichte des steirischen Münzwesens ist ein getreues Abbild der Geschichte des Landes: die Landwerdung, die Erringung der Landeshoheit, das Eintreten in die Reichsgeschichte, die habsburgische Länderpolitik, der Höhepunkt des territorialen Ständestaates und der allmähliche Übergang zum Absolutismus wird ebenso widergespiegelt, wie die Wirtschaftsentwicklung des Landes.

Auch wenn die Grazer Münzstätte nie die Bedeutung anderer Münzstätten Österreichs erreichte, war sie mit all den mitgelittenen Veränderungen im allgemeinen Münz- und Geldwesen doch Pegel des wirtschaftlichen Geschehens des südöstlichsten Reichsgebietes durch mehr als fünf Jahrhunderte.

Anmerkungen:

Die Anmerkungen im Rahmen dieser Übersicht können aus Platzgründen nur ausgewählte und allgemeine Literatur enthalten, in der die weiterführenden Publikationen wie Generalübersichten, Katalogwerke und Spezialuntersuchungen nachzuschlagen sind.
Zur allgemeinen bibliographischen Übersicht wird hingewiesen auf:
G. Probszt: Quellenkunde der Münz- und Geldgeschichte der ehemaligen Österreichisch-Ungarischen Monarchie. Graz 1953.
E. E. Clain-Stefanelli: Numismatic Bibliography. München-New York-London-Paris 1984.

1) H. MAUÉ und L. VEIT (Hg.): Münzen in Brauch und Aberglauben. — Ausstellungskatalog des germanischen Nationalmuseums Nürnberg, Mainz 1982, S. 8.
2) E. NAU: Seit Jahrtausenden begehrt — Die Geschichte des Geldes. Stuttgart 1959, S. 7f.
3) W. HAGEN: Münzprägung und Geldumlauf im Rheinland. Düsseldorf 1968, S. 13.
4) H. GEBHART: Numismatik und Geldgeschichte. Heidelberg 1949, S. 46f.
5) A. LUSCHIN v. EBENGREUTH: Allgemeine Münzkunde und Geldgeschichte. — Handbuch der mittelalterlichen und neueren Geschichte, Abteilung IV. München-Berlin 1926.
6) F. FRIEDENSBURG: Die Münze in der Kulturgeschichte. Berlin 1909.
   G. AUMANN: Primitives Geld — vormünzliche Zahlungsmittel. — Erläuterungen zu den Schausammlungen des Naturwissenschaftlichen Museums Coburg, Heft 19, Coburg o. J.
7) L. VEIT: Das liebe Geld — 2 Jahrtausende Geld- und Münzgeschichte. — Bibliothek des Germanischen Nationalmuseums Nürnberg zur deutschen Kunst- und Kulturgeschichte 30, München 1969.
8) R. REGLING: Geld. — Reallexikon der Vorgeschichte (ed. M. EBERT), 4. Bd., Berlin 1926, S. 204—239.
   W. GERLOFF: Die Entwicklung des Geldes und die Anfänge des Geldwesens. Frankfurt am Main 1947[3].
   E. NAU: Epochen der Geldgeschichte. Stuttgart 1972.
9) R. GÖBL: Numismatik — Grundriß und wissenschaftliches System. München 1987, S. 20.
10) K. PINK: Einführung in die keltische Münzkunde mit besonderer Berücksichtigung des österreichischen Raumes. Wien 1974[3] (bearb. R. GÖBL).
11) R. GÖBL: Typologie und Chronologie der keltischen Münzprägung in Noricum (TKN). Wien 1973 (Österreichische Akademie der Wissenschaften, Phil. hist. Klasse, Denkschriften 113).
12) R. GÖBL: Ostkeltischer Typenatlas (OTA). Braunschweig 1973.
13) P. KOS: Keltski novci Slovenije — Keltische Münzen Sloweniens. — Situla 18, Ljubljana 1977.
14) P. KOS: Keltische Münzen aus Slowenien. — Prähistorische Staatssammlung, Führer durch die Ausstellung. München 1984.
15) K. CASTELIN: Die Goldprägung der Kelten in den böhmischen Ländern. Graz 1965.
    R. PAULSEN: Die Münzprägung der Boier. Wien 1974[2].
16) G. ELMER: Der römische Geldverkehr in Carnuntum. — Wiener Numismatische Zeitschrift (WNZ) LXVI, 1933, S. 55ff.
17) G. GÖBL: Antike Numismatik, 2. Bd. München 1978.
18) E. HUDECZEK: Flavia Solva. — Aufstieg und Niedergang der römischen Welt, II. Prinzipat, Bd. 6, Berlin-New York 1977, S. 414—471.
    Ders.: Flavia Solva. — Leibnitz 75 Jahre Stadt. Leibnitz 1988, S. 21ff.
19) G. ELMER: Verzeichnis der römischen Reichsprägungen von Augustus bis Anastasius, Wien 1933 (Graz 1956[2]).
20) K. PINK und R. GÖBL: Der Aufbau der römischen Münzprägung in der Kaiserzeit. — WNZ 1933, S. 17ff/1934 S. 3ff./1935 S. 12ff./1936

S. 10ff./1949 S. 13ff./1951 S. 8ff./ 1953 S. 5ff./1961 S. 5ff. und 1963 S. 5ff.

21) O. BURBÖCK: Ein römerzeitlicher Schatzfund aus Judenburg-Strettweg – Schild von Steier, Beiträge zur steirischen Vor- und Frühgeschichte und Münzkunde, Beiheft 2, Graz 1984/85.
22) G. DEMBSKI: Die antiken Münzschatzfunde aus Österreich. – WNZ 91, 1977, S. 3–64.
    R. GÖBL (Hg.): FMRÖ (Fundmünzen der römischen Zeit in Österreich).
23) O. BURBÖCK: Münzen aus römerzeitlichen Bestattungen in der Steiermark. – Schild von Steier, Beiträge zur steirischen Vor- und Frühgeschichte und Münzkunde 15/16, Graz 1978/79 (FS Modrijan), S. 141–155.
    F. PICHLER: Repertorium der steirischen Münzkunde. Graz 1865–1875 (Grraz 1974²).
    G. FUCHS: Die römerzeitlichen Gräberfelder von Flavia Solva. Phil. Diss. Graz 1980.
24) A. ALFÖLDI: Studien zur Geschichte der Weltkrise des 3. Jhs. nach Christus. Darmstadt 1967.
25) K. CHRIST: Antike Numismatik – Einführung und Bibliographie. Darmstadt 1967.
26) Fundakten des LMJ, Abteilung für Vor- und Frühgeschichte und Abteilung Münzensammlung.
27) Für den Hinweis danke ich Herrn D. KRAMER.
28) Hinweis von E. HUDECZEK. S. a. Anm. 18/2.
29) F. STEFAN: Die germanische Landnahme im Ostalpenraum bis zum Ausgang der Völkerwanderung. – Das Joanneum 6, Graz 1943, S. 29ff.
30) G. PROBSZT: Geld und Münze in der Steiermark. – Zeitschrift des Historischen Vereins für Steiermark 56, 1965, S. 3ff.
    G. PROBSZT: Österreichische Münz- und Geldgeschichte von den Anfängen bis 1918. Wien-Köln-Graz 1973.
31) Ph. GRIERSON: Münzen des Mittelalters – Die Welt der Münzen 4, München 1976.
32) P. BERGHAUS: Das Münzwesen. – Karl der Große – Werk und Wirkung, Ausstellungskatalog, Aachen 1965, S. 149ff.
33) A. LUSCHIN v. EBENGREUTH: Umrisse einer Münzgeschichte der altösterreichischen Lande vor 1500. – WNZ 42, 1909, S. 137ff.
    G. PROBSZT: Die Münzen Salzburgs. – Publications de l'association internationale des numismates professionals 1, Basel-Graz 1959.
    W. JESSE: Quellenbuch zur Münz- und Geldgeschichte des Mittelalters. Halle-Saale 1924.
34) H. GEBHART: Die deutschen Münzen des Mittelalters und der Neuzeit. – Bibliothek für Kunst- und Antiquitätensammler 32, Berlin 1930.
35) G. PFERSCHY (Hg.): Das Werden der Steiermark – Die Zeit der Traungauer. Graz 1980.
    E. ZÖLLNER: Geschichte Österreichs von den Anfängen bis zur Gegenwart. München 1961.
36) Die Münzrechtsbestätigungsurkunde vom 14. Mai 1136, Merseburg, ist allerdings umstritten.
37) B. KOCH: Über die frühen Ennser Prägungen. – Mitteilungen der Österreichischen Numismatischen Gesellschaft Wien (Mit. d. ÖNG) 13, 1963, S. 43ff.
    B. KOCH: Der Wiener Pfennig. – WNZ 97, 1983.
38) A. LUSCHIN v. EBENGREUTH: Friesacher Pfennige – Beiträge zu ihrer Münzgeschichte und zur Kenntnis ihrer Gepräge. – WNZ 55, 1922, S. 89ff. und S. 56, 1923.
    E. BAUMGARTNER: Beiträge zum Friesacher Münzwesen. – WNZ 72, 1947, S. 12.ff.
    E. BAUMGARTNER: Die Blütezeit der Friesacher Pfennige I. – WNZ 73, 1949, S. 1ff.
39) E. BAUMGARTNER: Die Blütezeit der Friesacher Pfennige II: Die Friesacher Grenzmünzung. – WNZ 78, 1959, S. 14ff.
40) D. M. METCALF: Coinage in the Balkan 820–1355. – Institute for Balkan Studies 80, Thessaloniki 1965.
41) G. PROBSZT: Münzstätte Graz. – Historisches Jahrbuch der Stadt Graz 2, 1969, S. 39ff.
42) E. v. SCHWIND und A. DOPSCH (Hg.): Ausgewählte Urkunden zur Verfassungsgeschichte der deutsch-österreichischen Erblande im Mittelalter. Innsbruck 1885.
43) A. LUSCHIN v. EBENGREUTH: Steirische Münzfunde (Fundtabellen und Ergebnisse). – Sonderabdruck aus dem Jahrbuch für Altertumskunde 1906–1908, Wien 1909. – Reprint mit Ergänzungen und Berichtigungen (W. FRITSCH), Graz 1971.
44) K. DOMANIG: Über zwei österreichische Denkmünzen des XIII. Jhs. – WNZ 19, 1887, S. 242ff.
45) Der Panther erscheint erstmals um 1160 bei Markgraf Otakar III.
46) F. TREMEL: Land an der Grenze – eine Geschichte der Steiermark. Graz 1966.
47) G. PROBSZT: Die Metallversorgung der steirischen Münzstätten. – Schild von Steier, Beiträge zur steirischen Vor- und Frühge-schichte und Münzkunde 10, Graz 1962, S. 23ff.
48) F. MAYREDER: Zeiring. – WNZ 66, 1933, S. 68ff.
    W. FRITSCH: Die steirische Münzstätte Oberzeiring. – 1000 Jahre Silberort Oberzeiring, Judenburg 1956.
49) F. MAYREDER: Zum mittelalterlichen Münzwesen in der Steiermark. I: Zur Münzordnung zum 10. Dezember 1939. II: Zum bildli-chen Parallelismus der Grazer und Wiener Pfennige. – WNZ 62, 1934, S. 67ff.
50) J. SCHMUT: Oberzeiring. – Ein Beitrag zur Berg- und Münzgeschichte Steiermarks. – Berg- und Hüttenmännisches Jahrbuch 52, 1904, S. 251ff.
51) d. h. schriftlos.
52) Wichtige neue Erkenntnisse dazu: B. KOCH: Die steirischen Münzstätten Graz und Oberzeiring – Probleme über die Zuteilung der Gepräge. – Mitt. d. ÖNG 28, 1988, S. 40ff.
53) P. W. ROTH: Die Münzmeister aus Oberzeiring. – Geschichte und ihre Quellen, Festschrift für Friedrich Hausmann zum 70. Geburtstag, Graz 1987, S. 191ff.
54) F. MAYREDER: Siehe Anmerkung 49.
55) W. FRITSCH: Zur Frage der Münzstätte Zeiring. – Bericht über den sechsten österreichischen Historikertag in Salzburg 1960, Wien 1961, S. 179ff.
56) F. TREMEL: Das Ende des Silberbergbaues in Oberzeiring. – Blätter für Heimatkunde 27, Graz 1953, S. 1ff.
57) siehe Anmerkung 53.
58) G. PROBSZT: Judenburg in der Münz- und Geldgeschichte vergangener Jahrhunderte. – Judenburger Museumsschriften 2, 1958.
59) O. BRUNNER: Goldprägung und Goldbergbau in den Ostalpen. – WNZ 59, 1926, S. 81ff.
60) B. KOCH: Grundzüge einer mittelalterlichen Währungsgeographie Österreichs. – WNZ 78, 1959, S. 58ff.
61) O. BURBÖCK: Die Münzstätte Graz und ihre Gepräge in den Münzfunden der Steiermark. – 850 Jahre Graz, 1228–1978, Festschrift (W. STEINBÖCK), Graz 1978, S. 167ff.
62) A. LUSCHIN v. EBENGREUTH: Umrisse einer Münzgeschichte der altösterreichischen Lande vor 1500. – WNZ 42, 909, S. 137ff.
63) A. LUSCHIN v. EBENGREUTH: Das Ausklingen der Friesacher Währung. – WNZ 60, 1927, S. 1ff.
64) A. LUSCHIN v. EBENGREUTH: Volkswirtschaftliche Maßregeln in Österreich zur Beseitigung der Folgen der Schinderlinge. – Mitt. d. ÖNG 16, 1927, S. 51ff.
65) A. LUSCHIN v. EBENGREUTH: Das Münzwesen in Österreich ob und unter der Enns im ausgehenden Mittelalter. – FS. des Ver-eines für Landeskunde von Niederösterreich, Wien 1914, S. 252ff., 1916/17, S. 367ff.
66) H. RIZZOLLI: Die Tiroler Münzprägungen in Meran. – Sonderdruck aus: Beiträge zur Wirtschaftsgeschichte Südtirols, Bozen 1979.
67) Pagament hießen die zum Einschmelzen bestimmten verbotenen, fremden und eigenen Münzen.
68) W. FRITSCH: Geld- und Münzwesen in der Steiermark. – Land-Leute-Leistung, Graz 1956, S. 168ff.
69) H. MOSER und H. TURSKY: Die Münzstätte Hall in Tirol 1477–1665, Innsbruck 1977.
    Der Tiroler Taler: Die Münzstätte Hall in Tirol 1477–1809. – Ausstellungskatalog, Tiroler Landesmuseum Ferdinan-deum zur Feier der 600jährigen Zugehörigkeit Tirols zu Österreich, Innsbruck 1963.
70) K. CASTELIN: Die Entwicklung der ältesten „Joachimstaler". – WNZ 80, 1963, S. 72ff.
71) H. JUNGWIRTH: Beiträge zur Münzgeschichte Ferdinands III., Phil. Diss. Wien 1962.
    E. EGG: Die Münzen Kaiser Maximilians I., Innsbruck o. J.
72) F. WOLF: Die steirischen Münzstätten und ihre Angestellten. – Schild von Steier, Beiträge zur steirischen Vor- und Frühgeschichte und Münzkunde 4, Graz 1954.
73) G. PROBSZT: Die Edelmetallversorgung der steirischen Münzstätten. – Ausstellungskatalog Der Bergmann – der Hüttenmann, Graz 1969, S. 437ff.
74) V. MILLER z. AICHHOLZ, A. LOEHR u. E. HOLZMAIR: Österreichische Münzprägungen 1519–1938. Wien 1948².
75) H. PIRCHEGGER: Geschichte der Steiermark, 3 Bde., Graz-Wien-Leipzig 1931/36.
76) J. NEWALD: Das österreichische Münzwesen unter Ferdinand I. Wien 1882.
77) G. PROBSZT: Münzstätte Graz. – Historisches Jahrbuch der Stadt Graz 2, 1969, S. 39ff.
78) G. PROBSZT: Innerösterreichs Münzpolitik von 1564–1619. – WNZ 47, 1924, S. 19ff.
79) G. PROBSZT: Zur Geschichte der Kärntner Münzstätten seit Maximilian I. – Carinthia I, 117, 1927, S. 15ff.
    G. PROBSZT: Die St. Veiter Münzstätte in Mittelalter und Neuzeit (Hg. I. Rauber-Zimmer aus dem Nachlaß) – Kärntner Museums-schriften 67, Klagenfurt 1981.
80) G. PROBSZT: Der Münzbetrieb in Innerösterreich von 1564–1620. – WNZ 55, 1922, S. 17ff.
    P. CERWENKA und P. W. ROTH: Der Münzumlauf des 16. Jahrhunderts im Raume des östlichen Österreich. – Forschungen zur geschichtlichen Landeskunde der Steiermark 26, Graz 1972.
81) G. PROBSZT: Posthume Prägungen Karls von Innerösterreich. – WNZ 54, 1921, S. 54ff.
82) R. GAETTENS: Inflationen. Das Drama der Geldentwertungen vom Altertum bis zur Gegenwart. München 1955.
83) A. LUSCHIN v. EBENGREUTH: Das lange Geld oder die Kipperzeit in Steiermark. – Mitt. d. Hist. Vereins für Steiermark 38, Graz 1890, S. 26ff.
84) H. JUNGWIRTH: Corpus Nummorum Austriacorum (CNA). Bd. V, Leopold I. – Karl IV. (1857–1740). Wien 1975.
85) Zain ist der in der Sandform erkaltete Metallguß, der dann in Platten gestreckt wurde, bevor die Rohschrötlinge ausgeschnitten wurden.
86) G. PROBSZT: Das Grazer Münzhaus 1573–1782. – WNZ 54, 1921, S. 19ff.

Zu den „handelnden" Personen

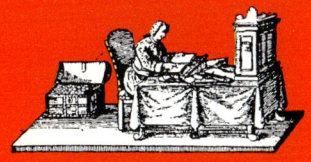

Berufsgliederungen im kaufmännischen Betrieb: „Cassierer, Gewölbediener, Contorist, Buchhalter, Bote, Complementarius. "

Abb. 86:
Vorderseite.
Dieser Kupferstich von
Martin Engelbrecht zeigt die
verschiedenen speziellen
Aufgabenstellungen im
kaufmännischen Betrieb.

Franz Pichler

Fuhrherren

Die Verkehrsgeschichte der Steiermark bedarf noch mancher Aufhellungen. So besitzen wir noch keineswegs ein Gesamtbild der Entwicklung des Transportwesens in unserem Lande. Es war vor allem der Wirtschaftshistoriker Ferdinand *Tremel,* der hier sehr viel zum Fortschritt unseres Wissen beigetragen hat. Neben den Säumern haben im besonderen Schiffahrt und Flößerei auf der Mur durch ihn eine grundlegende Darstellung gefunden. Damit ist bereits auf sehr wesentliche Teilaspekte hingewiesen. Für das Gesamtbild bleiben jedoch noch eine Reihe von Facetten sowie regionale und temporäre Besonderheiten zu klären, sollen wir uns über die Bewältigung von Verkehr und Transport auch für die Vergangenheit eine konkrete, wirklichkeitsgetreue Vorstellung machen.

Die Kenntnis von den Infrastrukturen des historischen Alltags ist sehr weitgehend von der Gunst der Quellenlage bestimmt. Vielfach muß hier Steinchen an Steinchen gefügt werden, ehe sich das Bild zum klar erkennbaren Mosaik zusammenschließt.

Als Beitrag zu dieser Aufgabe sei hier mit den Fuhrherren ein Verkehrsträger in das Blickfeld gerückt, dessen organisatorische Bedeutung für das Transportwesen besondere Beachtung verdient. Es konnte hiefür das umfangreiche Quellenmaterial verwertet werden, das sich in den Akten über die Seckauer Weinfuhr über die Gleinalpe erhalten hat; sein Schwergewicht liegt in der Zeit zwischen 1670 und 1730.

Das obersteirische Domstift Seckau hatte 1653 die Ämter St. Peter am Ottersbach – mit St. Peter, Perbersdorf bei St. Peter, Seibersdorf bei St. Veit und Mettersdorf am Saßbach- und Luttenberg mit den dazugehörigen Bergrechten gekauft. Zusammen mit den Erträgnissen seiner sonstigen süd- und untersteirischen Besitzungen – der alten Herrschaft Witschein, der Hofweingärten in Tottersdorf bei St. Anna am Kriechenberg, im Radkersburger und Luttenberger Weingebirge – und des stiftischen Zehentweines war nunmehr Jahr für Jahr der Heimtransport hunderter von Startin (à 524,8 l) nach Seckau zu bewerkstelligen. Er erfolgte teils durch die Fuhrrobot seiner Untertanen, teils auf Gedinge oder „um den Lohn", also gegen Bezahlung.

Mit dem Amte St. Peter am Ottersbach hatte sich das Stift eine Art „Fuhrpark" geschaffen. Die dortigen Untertanen waren verpflichtet, vom Ertrag des Stiftes an Eigenbau-, Bergrecht- und Zehentweinen eine bestimmte Anzahl robotweise – gegen geringfügiges Entgelt und Gebührenersatz (Maut-, Weg-, Brücken- und Niederlagsgeld) – bis Graz zu führen. Endete eine solche Fuhr früher oder führte sie über Graz hinaus, so wurde das Robotfuhrgeld entsprechend verringert oder erhöht. Das war auch meist der Fall, denn die üblichen Umladestätten für den Weitertransport über die Gleinalpe waren Weitendorf oder Gratwein.

Da die Weinfuhren durch die Robot allein aber bei weitem nicht bewältigt werden konnten, wurden sie den Untertanen zusätzlich auch gegen Bezahlung vergeben, was ihnen oft recht ansehnliche Nebenverdienste eintrug. Im ganzen waren die Dienstleistungen für die Untertanen des Amtes St. Peter aber auf die vorgenannten Strecken beschränkt, während die obersteirischen den Transport von der Höhe der Gleinalpe bis Seckau besorgten. Der in Eigenregie zu bewältigende Verkehrsraum war also begrenzt.

Im ganzen dazwischen liegenden Gebiet der Weststeiermark mußte der Transport an sogenannte *Fuhrherren* vergeben werden. Diese standen somit vor der Aufgabe, nicht nur den gesamten Anfall an Transportgut, sondern auch die schwierigsten Wegstrecken zu meistern. Schon dieser Auftrag läßt erkennen, daß sie über die entsprechenden Möglichkeiten verfügen mußten. Bei solchen Mengen genügte nicht ein rasches Improvisieren oder das fallweise Anwerben von Fuhrmann zu Fuhrmann. Hier mußte vielmehr vorbedachte Absprache und Organisation am Werke sein.

Der Fuhrherr dieser Zeit erscheint noch nicht als eigener Berufsstand; er ist *Herr* als Vertragspartner, der sich zur Übernahme eines Transportgeschäftes und zu seiner Durchführung durch Fuhrleute verpflichtet. Diese Tätigkeit wurde von ihm „nebenberuflich" erfüllt. Seiner sozialen Stellung nach kann es ebensogut der Abt eines Stiftes wie der Amtmann einer Herrschaft, der Bürger einer Stadt oder der Wirt eines Landgasthofes sein, der einen solchen Auftrag auf sich nimmt. Er mußte nur über das entsprechende und genügende Fuhrwerk verfügen, sei es, daß er es zum Teil von sich aus beistellte, sei es, daß er es in der erforderlichen Anzahl zu organisieren vermochte.

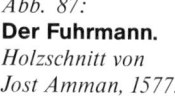

Abb. 87:
Der Fuhrmann.
Holzschnitt von Jost Amman, 1577.

Tätigkeit und soziale Stellung eines „Fuhrherren"

Der Fuhrherr ist also nicht der unmittelbar Ausführende — der Fuhrmann auf der Straße —, sondern der „Manager", der die Transporte organisiert und verbürgt. Er steht vermittelnd zwischen dem Auftraggeber und den Fuhrleuten. Da es sich in der Regel um Großaufträge und längerfristige Verpflichtungen handelte, lag es nahe, daß als Fuhrherren nur Vertragspartner in Betracht kamen, die über die notwendige Autorität und Zuverlässigkeit und über hinreichende Organisationskraft verfügten.

Oder konkret gesprochen: Selbst der Abt des Stiftes Rein schloß solche Fuhrherrenkontrakte ab. In Voitsberg, also im städtischen Bereich, kommen die Fuhrherren aus dem besser gestellten Bürgertum. In den Landbezirken überwiegen die herrschaftlichen Amtleute, auch sie waren durch ihre Position vertrauenswürdig und in organisatorischen Fragen bewandert.

Transportrouten

Um den Gesamtanfall klaglos zu bewältigen — die Transporte liefen ja meist den ganzen Winter über — bot sich für Seckau die Verteilung auf drei Transportrouten an. Stapelplatz und Ausgangspunkt für die erste war Weitendorf. Sie führte durch das Kainachtal über Voitsberg auf die „Pairsbachalm". Die zweite Route ging von Gratwein über den Pleschwirt und den Wirt an der Wegscheiden auf die Höhe der Gleinalpe. Dasselbe Ziel hatte auch die dritte mit dem Ausgangspunkt Übelbach. Alle drei Routen führten also auf der Gleinalm zusammen, von wo aus der Abtransport nach Seckau erfolgte, diesmal wieder auf dem Robotwege durch stiftische Untertanen der Ämter St. Margarethen bei Knittelfeld und in der Glein. So war es möglich, das Transportgut nach Maßgabe der abgeschlossenen Verträge zu verteilen und damit Überlastungen und Stauungen nach Tunlichkeit zu vermeiden.

Führte die Route durch mehr oder minder geschlossene Herrschaftsgebiete, so waren die Fuhrherren, mit denen die Kontrakte geschlossen wurden, in der Regel auch Amtleute dieser Herrschaften oder es schaltete sich überhaupt der Grundherr selbst ein. Auf jeden Fall waren die Grundherrschaften an solch zusätzlichen Einkommensverbesserungen ihrer Untertanen lebhaft interessiert. Das offene, herrschaftlich bunter gemischte Siedelland hingegen erscheint

Bürgerlicher Fuhrherr

als die Domäne des bürgerlichen, sozusagen mobileren Fuhrherrn. Er organisierte hier nötigenfalls auch mehrere Transportabschnitte, wie sich das an den Voitsberger Vertretern zeigt. Es sind die Etappen Ehrenhausen — Weitendorf, Weitendorf — Voitsberg und — hier im Zusammenwirken mit den zuständigen Amtleuten — Voitsberg — Kainach und Kainach — Gleinalm. Jeder Abschnitt wird aus dem eigenen Potential heraus bewältigt, die jeweiligen Fuhrleute also aus dem umliegenden Raume angeworben. Der Fuhrherr erscheint dabei als der Organisator, der das Räderwerk des Transportes in Gang hält.

Mittelsmänner

Auf einer so ausgedehnten Strecke hat der kontraktschließende Fuhrherr in den einzelnen Abschnitten seine Mittelsmänner — Amtleute oder sonstige zuverlässige Personen —, die nun ihrerseits die notwendigen Fuhrleute anwerben und verpflichten. Es müssen die beiderseitigen Bedingungen ausgehandelt und auf die lokalen Gegebenheiten abgestimmt werden. Die Bauern verpflichteten sich freiwillig nach Maßgabe ihrer Möglichkeiten und Erfordernisse. Es war daher oft keine leichte Aufgabe, auch genügend Fuhrleute zu organisieren, zumal wenn die Bauern sich bei Futtermangel oder schlechten Wegverhältnissen mit dem angebotenen Fuhrlohn nicht zufrieden gaben.

Der Vertrag mit dem Auftraggeber verpflichtete die Fuhrherren entweder ganz allgemein, die für ihren Abschnitt anfallenden Weine klaglos und auf eigenes Risiko zur Abfuhr zu bringen, oder es wurden detailliert genaue Termine sowie Transportmengen und Transportkosten vereinbart.

Lohn

Die Abrechnung mit den Fuhrleuten wurde, je nach der Abwicklung der Transporte, vom Fuhrherrn durchgeführt. Da es sich jedoch in der Regel um langfristige, über mehrere Monate laufende Aufträge handelte, begehrte er vom Auftraggeber schon zwischendurch Vorschüsse, um nicht die meist mit dem Lohne rechnenden Fuhrleute warten lassen zu müssen, da er ja, bei Hunderten von Gulden, kaum in der Lage oder willens war, seine eigenen Mittel vorzuschießen. Quittungen des Fuhrherrn belegen also nicht den eigenen Gewinn, sondern nur den Empfang von Lohngeldern, die er an die von ihm ins Gedinge genommenen Fuhrleute zu bezahlen hat. Dadurch konnte er auch allfällige, durch die Fuhrleute verursachte Schäden von ihrem Lohn in Abzug bringen.

Dem Fuhrherrn selbst stand für seine Bemühungen ein entsprechender Leihkauf zu; je mehr er durch die zuverlässige Durchführung des Vertrages auf sein Renommee bedacht war, umso sicherer konnte er damit rechnen, im Geschäft zu bleiben und auch auf seine Rechnung zu kommen.

Vorläufer der Fuhrherren

Es liegt die Frage nahe, ob ein so gut eingespieltes System, das durch die Gunst der Quellenlage hier in seiner ganzen Funktion für Jahrzehnte des 16./17. Jhs. faßbar wird, nicht auch schon ältere Vorläufer hatte. Und tatsächlich weist ein Urbar der Herrschaft Lankowitz aus 1577 drei Fuhrherren aus, die nach Auskunft späterer Quellen in Köflach zu lokalisieren sind.

Der Ort empfahl sich schon durch seine günstige Verkehrslage. Auch in der Herrschaft Piber erscheinen Fuhrherren belegt.

Diese Fuhrherren zeigen sich darüber informiert, wo und in welcher Menge es in ihrem Bezirke Weine — und wohl auch andere Naturalien — zu kaufen gibt. Sie geben Händlern und Fuhrleuten, die aus der Obersteiermark übers Gebirge herüber kommen, die entsprechenden Auskünfte, weisen sie zu den Verkäufern und führen die notwendigen Verhandlungen. Sie sind gegebenenfalls wohl auch von sich aus in der Lage, den Transport bestellter und angekaufter Güter zu bewerkstelligen.

Den Fuhrherren oblag also alles, was mit der Verfrachtung von Waren zusammenhängt. Dadurch bilden sie eine Art Meldestelle für jedermann, der daran interessiert war, seine

Der Fuhrherr als zentrale Stelle

Waren an den Mann zu bringen, aber auch eine Nachfragestelle für jeden, der solche Waren erwerben wollte, und schließlich auch eine Vermittlungsstelle für Transportaufträge jeder Art. Es hat den Anschein, als ob Lohnfuhren überhaupt nur durch sie vergeben würden, nicht nur an die Untertanen ihrer eigenen Herrschaft, sondern auch an andere Interessenten.

Damit erscheinen Institution und Funktion des Fuhrherrn für den mittel- und weststeirischen Landesbereich gesichert und geklärt. Daneben ist auch auf die länderübergreifenden kollektiven Frächtergenossenschaften zu verweisen. Die gewonnenen Aspekte regen aber auch eine Reihe weiterer Fragen an: Wie lagen die Probleme und Lösungen in den übrigen Landesteilen, wie stand es mit dem Transitverkehr, welche Konsequenzen ergaben sich aus dem Niederlagsrecht und Umladezwang?

Was hier in frühen Ansätzen noch als ein Beispiel nebenberuflicher organisatorischer Leistung faßbar wurde, führte in der weiteren Entwicklung zum Transportunternehmer von heute, ohne den das Funktionieren unserer Wirtschaft undenkbar wäre.

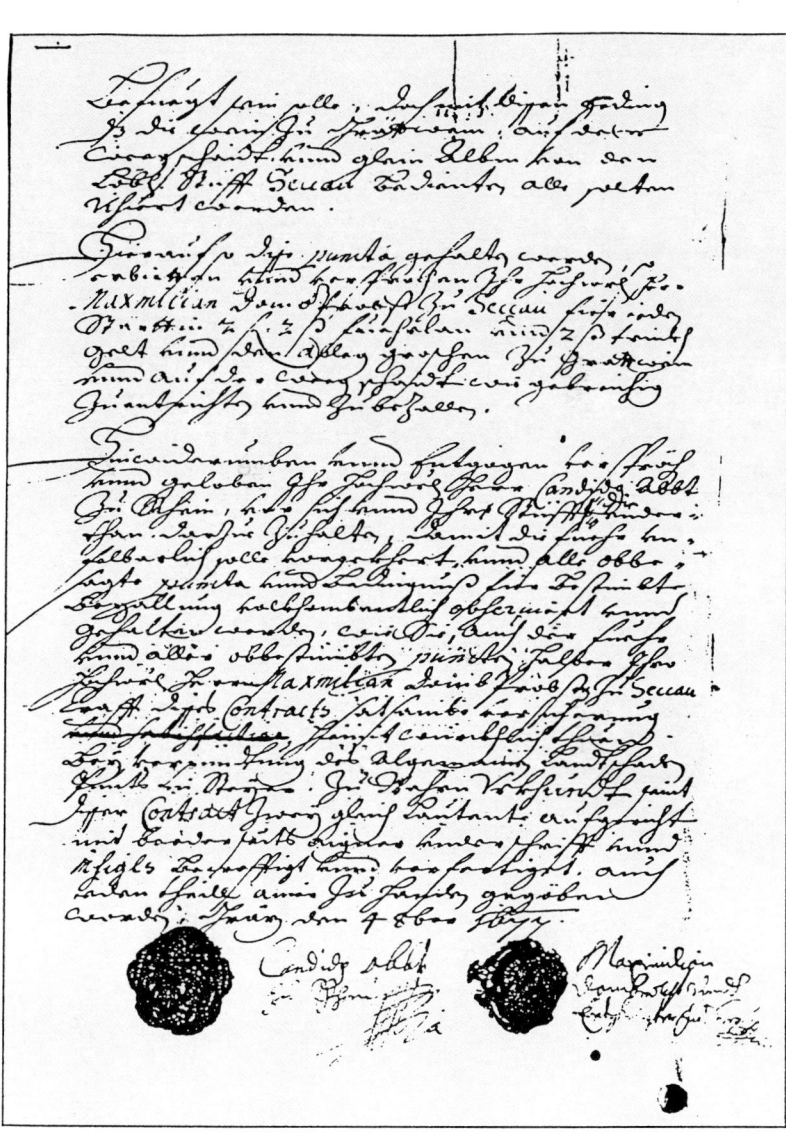

Abb. 88: Aus dem **Fuhrherrenkontrakt** *zwischen dem Abt des Stiftes Rein und dem Domprobst von Seckau. Graz, 4. Oktober 1677.*

Literatur:

Franz Pichler, Fuhrherren. Ein Beitrag zur Geschichte des Transportwesens. In: Blätter für Heimatkunde, 46. Jg., Graz 1972, S. 24—32. Mit allen Quellenbelegen und weiterer Literatur.
Franz Pichler, Seckauer Weinfuhrkarte um 1680. In Atlas zur Geschichte des steirischen Bauerntums. Veröffentlichungen des Steiermärkischen Landesarchivs, Bd. 8, Graz 1976. VII. Bäuerliches Transportwesen, Blatt 40/IV.
Fritz Popelka, Die Frächtergenossenschaft der Premstätter Bauern. In: ZdHV f. Stmk. 26/1931, S. 231—242.

Markus J. Wenninger – Klaus Lohrmann

Juden als Händler und Geldgeber im Mittelalter

Im Rahmen größerer historischer Darstellungen werden die Juden des Mittelalters im allgemeinen nicht nur hinsichtlich ihrer Religion und Kultur, sondern auch in ihrer wirtschaftlichen Funktion als eigenständiger Faktor gesehen und dementsprechend meist gesondert von den sonst am wirtschaftlichen Geschehen beteiligten Personen behandelt. Aus organisatorischen Gründen ist das auch hier der Fall, doch sollte man sich darüber klar sein, daß diese „wissenschaftliche Ausgrenzung" der Juden in ein eigenes Feld der Wirtschaftsgeschichte mit großer Vorsicht gehandhabt werden sollte, weil es gerade hier keine grundlegende Andersartigkeit zwischen Christen und Juden gab, sondern – im Gegensatz zum rechtlichen und religiösen Bereich – die durchaus vorhandenen Unterschiede meistens nicht qualitativer, sondern nur quantitativer Natur waren. Anders gesagt heißt das: Es gab zwar Wirtschaftszweige, die aus bestimmten Gründen zu bestimmten Zeiten und in bestimmten Gegenden von Juden dominiert waren, aber es gab keinen, der ihnen ausschließlich vorbehalten gewesen wäre; umgekehrt kam es nicht selten vor, daß Juden von bestimmten Berufen oder Tätigkeiten ausgeschlossen waren – auch das jedoch nur in bestimmter zeitlicher und räumlicher Beschränkung! Ausschlaggebend für solche Bestimmungen waren im allgemeinen religiöse und rechtliche Überlegungen, zu denen nur in Einzelfällen Konkurrenzneid oder andere wirtschaftliche Gründe kamen.

Aus schriftlichen Quellen des 9. und 10. Jhs. aus verschiedensten Teilen Europas, aber auch aus dem Vorderen Orient, erfahren wir, daß Juden zu dieser Zeit einen – für damalige Verhältnisse – weltumspannenden Handel trieben:[1] Zwischen Marokko und China, dem Ärmelkanal und Indien verliefen die von ihnen benutzten Wege und Schiffahrtsrouten. In Europa versorgten sie das Frankenreich mit Luxusgütern aus dem arabischen Herrschaftsgebiet, und die slawischen Länder Osteuropas verbanden sie mit den Mittelmeerhäfen und Spanien. Aus dem oder über das Frankenreich brachten sie vor allem Sklaven, Pelzwerk, Eisen und Schwerter in den arabischen Raum, um von dort mit Stoffen, Gewürzen, Weihrauch und ähnlichen Waren wieder zurückzukehren. Nachgewiesenermaßen verliefen damals wichtige von ihnen benutzte Handelsrouten entlang der Donau bzw. vom Donautal aus in die nördlich und nordöstlich davon gelegenen slawischen Länder, unter anderem benutzten sie Venedig als Umschlaghafen Richtung Vorderer Orient. Der Weg von der Donau und den slawischen Ländern nach Venedig oder anderen Adriahäfen führte notwendigerweise auch durch das Gebiet der heutigen Steiermark. Auch wenn wir keinen eindeutigen Beweis, etwa in Form einer Urkunde, dafür haben, daß Juden im späteren ersten Jahrtausend diesen Weg benutzten, so haben sie doch vor allem in Ortsnamen genügend Spuren hinterlassen. Da der Ostalpenraum noch sehr dünn besiedelt war, war es für die (jüdischen) Händler wichtig, eigene Stützpunkte auf ihren Reisen zu besitzen, auf denen sie Rast machen, sich verpflegen, Lasttiere wechseln und andere notwendige Dinge erledigen konnten. Darüber hinaus sollten diese Stützpunkte nach Möglichkeit auch den – damals freilich noch geringen – Bedürfnissen des regionalen und lokalen Handels sowie als Sammelpunkte für den grenzüberschreitenden Verkehr kleinerer Händler dienen können. Deshalb wurden sie dort angelegt, wo mindestens eine, meistens aber zwei oder sogar alle drei der folgenden Bedingungen gegeben waren: Nähe zu einer schwierigen Wegstrecke (Paß, größeres Waldgebiet, bedeutender Flußübergang usw.); Kreuzung wichtiger Verkehrswege; Nähe zu einem zentralen Ort (Herrschaftszentrum, wichtige kirchliche Einrichtungen). Letzteres war vor allem deshalb wichtig, weil an solchen Orten in mehr oder weniger regelmäßigen Abständen, vor allem am Fest des jeweiligen Kirchenpatrons und anderen wichtigen Feiertagen, Leute aus der weiteren Umgebung zusammenkamen und bei diesen Gelegenheiten auch Geschäfte jeglicher Art getätigt wurden. Da es eine offizielle Namensgebung, wie man sie heute kennt, kaum gab, entwickelten sich die meisten Ortsnamen aus dem alltäglichen Gebrauch der in der Region wohnenden Menschen. In einer Zeit grundherrschaftlich bestimmter Strukturen hieß das, daß diese häufig nur aus einem oder zwei Häusern bestehenden neuen Siedlungen oft nach ihrem Gründer oder Eigentümer benannt wurden. So entstanden neben vielen vom Personennamen des Besitzers hergeleiteten Ortsnamen auch solche, die auf seinen Stand Bezug nahmen, wie Pischelsdorf (Dorf eines Bischofs), Grafendorf, Münchendorf (von Mönchen) und andere. In diesem Zusammenhang sind auch die Namen Judendorf, Judenhof und andere mit „Juden-" gebildete Ortsnamen zu sehen, d. h. es handelt sich bei ihnen um Siedlungen, die entweder von Juden angelegt worden waren oder sich doch für lange Zeit in ihrem Besitz befanden.

Entsprechend ihrer oben geschilderten Zweckgebundenheit finden sich solche Orte in mehr

Juden treiben weltumspannenden Handel

Reisestützpunkte

„Judendörfer"

oder weniger regelmäßigen Abständen an vielen wichtigen den Ostalpenraum und das österreichische Alpenvorland durchquerenden Straßen. Für die Steiermark sind vor allem jene am sogenannten „schrägen Durchgang", der die kürzeste Verbindung von Oberitalien (über das Kanaltal und die Mur-Mürz-Furche) ins Wiener Becken darstellt, von Bedeutung: Die Judendörfer bei Villach, Maria Saal, Friesach, Neumarkt am Sattel und Leoben, dazu Judenburg und jenseits des Semmerings der noch im Mittelalter wieder abgekommene Ort Judenfurt an der Schwarza. Weitere Orte mit ähnlichen Namen an anderen wichtigen Straßen vervollständigen das Bild.

Judenburg

Von besonderer Bedeutung ist dabei gerade Judenburg, da dieser Ort — der damals aber ziemlich sicher noch nicht so hieß — das bedeutendste karolingerzeitliche Herrschaftszentrum in der heutigen Steiermark gewesen sein dürfte. Der heutige Name bezeichnete damals allerdings keineswegs die Burg eines oder mehrerer Juden, sondern er leitet sich von einem sogenannten „burgus" her, wie die häufig vor einem Herrschaftshof — Burgen in unserem Sinn gab es damals noch nicht — gelegenen Kaufleutesiedlungen im späten ersten Jahrtausend genannt wurden, in diesem Fall eben von einem jüdischen burgus. In späterer Zeit ging der Name vom Vorort auf die Gesamtsiedlung über, wahrscheinlich, als im Anschluß an die Auflassung des alten Herrschaftssitzes dessen Fläche der schon bestehenden vorstädtischen Siedlung einverleibt wurde[2].

Abgesehen von diesen, seit dem 12. Jh. zahlreicher in Urkunden genannten, aber sicher älteren, mit „Juden"- gebildeten Ortsnamen, fehlt uns im Hochmittelalter jeder Beleg für ihre Anwesenheit in der Steiermark. Durch die besser bekannte Entwicklung in anderen Gegenden wissen wir aber, daß sich in dieser Zeit des Übergangs von einer vorwiegend naturalwirtschaftlich zu einer immer stärker geldwirtschaftlich orientierten Gesellschaft auch ein entscheidender Wandel bezüglich der Haupterwerbsquelle der Juden vollzog: Von wandernden Warenhändlern und Großkaufleuten, die höchstens ausnahmsweise auch Geldgeschäfte tätig-

Seßhafte Geldhändler

ten, wurden sie mehr und mehr zu seßhaften Geldhändlern. Diese Entwicklung vom wandernden zum seßhaften Händler fand in ähnlicher Art freilich auch unter christlichen Kaufleuten statt. Durch den Einfluß des sogenannten kanonischen Zinsverbots (des von der Kirche verfügten Verbots, für Darlehen Zinsen zu verlangen), der sich nördlich der Alpen deutlicher auswirkte als südlich davon, — die Geldwirtschaft war nördlich erst im Entstehen, während sie südlich der Alpen bereits voll ausgeprägt und deshalb schwerer beeinflußbar war —, konnte im Norden das Entstehen eines eigenen Standes christlicher Geldleiher verhindert werden[3]. Dessen Aufgaben übernahmen nördlich der Alpen weitgehend die Juden, die als Andersgläubige kirchlichen Geboten nicht unterworfen waren. Vor allem in Tirol und den Rheinlanden waren aber auch italienische („Lombarden") und südfranzösische („Kawerschen") Geldleiher tätig, und natürlich gab es viele einheimische Kaufleute, die wie die südländischen das Zinsverbot ignorierten und neben anderer Handelstätigkeit in größerem Umfang auch Geldgeschäfte abschlossen.

„Frauendienst"

Die Schilderung des sogenannten Friesacher Turniers im „Frauendienst" des Ulrich von Liechtenstein zeigt — und zwar unabhängig von der Frage, ob das Turnier selbst Realität oder nur dichterische Fiktion war —, daß in den zwanziger Jahren des 13. Jhs. unmittelbar an den Grenzen der Steiermark (und daher wohl auch in dieser) Juden als Pfandleiher eine selbstverständliche Erscheinung waren[4]. Aber erst seit Ausgang dieses Jhs. belegt eine zunehmende Zahl von Quellen die ständige Anwesenheit und Geschäftstätigkeit von Juden in der Steiermark. Um 1300 lassen sich Juden in Pettau, Marburg, Graz und Judenburg sowie in Wiener Neustadt nachweisen. In den folgenden Jahrzehnten nahm die Zahl jener Orte, in denen Juden wohnten, ständig zu. Waren es zuerst nur die wenigen größeren Zentren des Landes gewesen, so finden wir nun auch Juden in kleineren Städten und sogar in einigen Märkten: Murau, Leoben, Bruck/Mur, Voitsberg, Schwanberg, Windischgraz, Cilli, Windischfeistritz, Friedau, Radkersburg, Fürstenfeld, Hartberg und Neunkirchen bei Wr. Neustadt[5].

Blütezeit der steirischen Juden

Aber nicht nur siedlungsmäßig, sondern auch wirtschaftlich muß das 14. Jh. als die Blütezeit der steirischen Juden (und nicht nur dieser) bezeichnet werden. Zu keiner anderen Zeit scheinen so viele Geschäfte über so hohe Beträge abgeschlossen worden zu sein, zu keiner anderen Zeit auch erfahren wir von so vielen reichen Juden mit so weit gespannten Geschäftsbeziehungen und Niederlassungen an mehreren Orten. Isserlein von Pettau und sein Enkel Musch von Marburg z. B. hatten Wohnsitze an diesen beiden Orten und intensive Geschäftsbeziehungen, zum Teil mit eigenen Niederlassungen, nach Triest, Görz und Wien; für die Brüder Chatschim und Musch von Cilli galt ähnliches bezüglich Wien und Preßburg, vielleicht auch noch für andere Orte, usw.[6]

Diese Blütezeit war allerdings auch von äußeren, nicht im Bereich der Juden gelegenen Faktoren abhängig: Bargeld war Mangelware, vor allem innerhalb des Adels, und das umso mehr, als die Einnahmen der Adeligen durch den Rückgang des (zinspflichtigen) bäuerlichen Bevölkerungsanteils im Gefolge der großen Pestepidemie von 1348/49 stark sanken. Dadurch war es Adeligen häufig unmöglich, benötigtes Bargeld bei Standesgenossen aufzunehmen; sie mußten sich dann an berufsmäßige Geldleiher wenden. Auch war der soziale Status zumindest der reicheren Juden – denn wie die Christen bildeten auch die Juden keineswegs eine einheitliche soziale Gruppe, auch wenn bei ihnen wenigstens bis ins 14. Jh. der Anteil der Reichen größer gewesen sein mag – damals noch relativ hoch.

Günstig war in dieser Zeit auch die rechtliche Stellung der Juden, auf deren Entwicklung hier kurz eingegangen werden soll. Die Ausbildung der rechtlichen Normen (Judenrecht), in denen die fürstliche Obrigkeit die Rahmenbedingungen für das Leben der Juden in der Steiermark festlegte, war sicher unter maßgeblichem Einfluß des österreichischen Judenrechts erfolgt und fand erst gegen Ende des 13. Jhs. Anwendung auf die Steiermark, als Juden in größerer Zahl zuzogen. In Wr. Neustadt, das, wie die gesamte Grafschaft Pitten, im Mittelalter meistenteils zur Steiermark gehörte, ist zwar schon um 1230, nur wenige Jahrzehnte nach Gründung der Stadt, eine jüdische Gemeinde nachweisbar. Doch wurden, soweit es die Juden betrifft, Wr. Neustadt und auch Neunkirchen fast durchwegs in jene Privilegien aufgenommen, die für Österreich galten. Das am 1. Juli 1244 urkundlich bestätigte österreichische Judenrecht wurde zwar, soweit bekannt, nie in einem förmlichen Akt auf die Steiermark übertragen, doch beweisen die erhaltenen Geschäftsurkunden, daß die Bestimmungen aus dem Jahr 1244 später auch in der Steiermark galten. Allerdings sind schon im 14. Jh. Unterschiede zu Österreich im Bereich der tatsächlichen Handhabung des Judenschutzes und der Herrschaft über Juden zu bemerken[7].

Im Gegensatz zu Österreich, wo es keinem Mitglied des Adels gelang, direkt Hoheitsrechte über Juden auszuüben, stellten die Herren von Liechtenstein 1350 einem Juden, der sich mit seiner Familie in Murau, also im Herrschaftsgebiet der Liechtensteiner, ansiedelte, ein Privileg aus, das dem österreichischen Judenrecht in wesentlichen Punkten nachgebildet war. 1362 erhielt Graf Hermann von Cilli von Herzog Rudolf IV. die Rechte am Juden Chatschim von Cilli, einem der bedeutendsten steirischen Geldhändler seiner Zeit, zu Lehen[8]. Dies bedeutet, daß es dem Landesfürsten nur durch persönliche Anwesenheit gelang, seine Rechte an den Juden in vollem Umfang durchzusetzen. War wie in der Steiermark diese persönliche Anwesenheit nicht oder nur selten gegeben – da sich der Herzog vorwiegend in Wien bzw. in Österreich aufhielt –, konnten sich in Einzelfällen lokale Machthaber durchsetzen.

Nach dem Tode Rudolfs IV. kam es in Österreich wie in der Steiermark zu Übergriffen gegen Juden, die von der Geldnot der Landesfürsten verursacht wurden. Die dadurch vermutlich ausgelöste Kapitalflucht zwang die Herzöge, einzulenken und eine neue Judenordnung zu erlassen, die besseren Schutz vor allem vor Übergriffen gegen das Eigentum der Juden garantierte. Diese im Original nicht mehr erhaltene, das Privileg von 1244 ergänzende Judenordnung aus dem Jahr 1377 wurde möglicherweise gesondert für Österreich und die Steiermark ausgefertigt, sicher jedenfalls die späteren Bestätigungen, wobei dies aber auch mit den inzwischen stattgefundenen Herrschaftsteilungen der Herzöge erklärt werden kann. Die Judenordnung von 1377 enthielt die Verpflichtung des Herzogs, das Eigentum der Juden zu schützen, einen Auftrag an den Landmarschall, den Juden beim Eintreiben ihrer Außenstände behilflich zu sein, und schließlich den Verzicht des Herzogs, Schuldurkunden für ungültig zu erklären (d. h. Verzicht auf Ausstellung sog. Tötbriefe[9]).

Judenordnung von 1377

Als Vertreter des Landesfürsten in Judensachen konnte der Landeshauptmann – der ganz allgemein Vertreter des Landesfürsten war – oder der für die Finanzangelegenheiten zuständige Landeskämmerer fungieren. Ebenso wirkte das Judengericht, an dessen Spitze der vom Landesherrn ernannte christliche Judenrichter stand, im landesfürstlichen Auftrag. Dem Judenrichter standen für seine zunächst nicht sehr umfangreiche Tätigkeit die Einnahmen aus der Bestrafung von Synagogenschändung und Handgreiflichkeiten zwischen Juden sowie aus der Abnahme von Eidesleistungen zu. In der zweiten Hälfte des 14. Jhs. erhielt er jedoch zu seinen bisherigen Aufgaben die Führung des Judenbuchs und einen Teil der Administration bei der Einhebung der Judensteuer übertragen. Zur vollen Blüte gelangte das Judengericht im 15. Jh. als eine Institution, die in Zivilsachen (vor allem Schuldangelegenheiten) zwischen Christen und Juden zu entscheiden hatte. Finanziell bedeutsame Fälle behielt sich allerdings

Judenrichter

der Landesfürst zur Entscheidung vor[10].

Die Einrichtung der Judengerichte stand jedoch im Gegensatz zum jüdischen Recht, das den Mitgliedern jüdischer Gemeinden verbot, sich an einen nichtjüdischen Richter zu wenden. Daher auch die einschränkende Bestimmung, daß der Judenrichter nur aufgrund einer Klage tätig werden durfte. Das jüdische Gericht, an das sich nach jüdischer Ansicht die Streitparteien zumindest bei Auseinandersetzungen unter Juden ausschließlich zu wenden hatten, bestand aus einem Rabbinerkolleg. Es agierte im 14. Jh. unabhängig, geriet aber im Lauf des 15. in immer stärkere Abhängigkeit zum Landesfürsten, da der von diesem eingesetzte Judenmeister als eine Art Bindeglied zwischen dem Fürsten und der jeweiligen jüdischen Gemeinde fungierte und als Vertrauter des ersteren in den jüdischen Gemeinden zunehmend an Einfluß gewann. Die Stellung des Eisack von Graz, der wohl auf Veranlassung Friedrichs III. dortiger Judenmeister war, ist ein typisches Beispiel dieser Entwicklung[11].

Jüdisches Gericht

In der Steiermark — nicht so in den angrenzenden Ländern — bestand das unter dem Vorsitz des Judenrichters tagende Judengericht aus jeweils gleichvielen christlichen und jüdischen Beisitzern. Zunächst gab es in neun Städten Judengerichte: Judenburg, Bruck/Mur, Graz, Voitsberg, Radkersburg, Wiener Neustadt, Neunkirchen, Marburg und Pettau[12]. 1480 war deren Zahl jedoch auf sechs (Judenburg, Graz, Radkersburg, Wiener Neustadt, Neunkirchen und Marburg) zurückgegangen. Die Ausfertigung der vom Judengericht ausgestellten Schriftstücke oblag dem Judenschreiber, einem christlichen Untergebenen des Judenrichters[13]. Die steirischen Judengerichte wurden mitunter auch von Juden aus Kärnten und Krain aufgesucht, da es dort derartige Einrichtungen nicht gab, vermutlich aber nur im Zusammenhang mit steirischen Schuldnern, denn den Juden stand als Klägern in gewissem Rahmen das Recht zu, den Gerichtsort zu wählen. Die Bedeutung der Judengerichte wurde 1447 geschmälert, als Friedrich III. die Angehörigen der Landstände, also den geistlichen und weltlichen Adel, dazu privilegierte, seine Prozesse mit Juden vor dem Gericht des Verwesers zu führen[14]. In der Praxis wurden trotzdem auch von christlichen Klägern oftmals die Judengerichte aufgesucht. Wichtig war auch die notarielle Funktion des Judengerichts, da bestimmte Urkunden erst mit dem Siegel des Judenrichters Gültigkeit erhielten. Dies betraf Schuldurkunden mit jüdischen Gläubigern, diesbezügliche Quittbriefe, die Übertragung solcher Schuldurkunden an einen anderen Gläubiger und Verkaufsurkunden über an Juden verfallene Liegenschaften. Das Verfahren, das an zwei Tagen abgewickelt wurde, lehnte sich an die übliche Vorgangsweise bei den grundherrschaftlichen Gerichten an.

Die bedeutenden Privilegien der Juden, die vor allem günstige Voraussetzungen für die Ausübung des Geldhandels einräumten, sind nur verständlich, wenn man die Gegenleistungen berücksichtigt. Ebenso wie die der Städte gehörten auch jene der Juden zu den wenigen Einnahmefaktoren, welche dem Landesfürsten regelmäßig nennenswerte Mengen Bargeld einbrachten. Da die Juden fast durchwegs in den Städten wohnten, wurden Stadt- und Judensteuer häufig gemeinsam abgerechnet. Im wesentlichen gab es für Juden zwei Besteuerungsmöglichkeiten: Entweder erhielt ein Jude ein Sonderprivileg und zahlte dafür jährlich einen bestimmten Betrag, oder — dies war gewöhnlich der Fall — die Judenschaft einer bestimmten Region oder Stadt entrichtete kollektiv die Steuer und teilte diese dann intern auf die einzelnen Mitglieder der Gemeinde auf. Von dieser allgemeinen Steuer waren die mit Privilegien bedachten Personen allerdings ausgenommen, weshalb die jüdischen Gemeinden gegen deren Sonderstellung vorgingen, da die ihnen auferlegte Steuer durch die Existenz privilegierter Gemeindemitglieder nicht verringert wurde. Auch auf diesem Gebiet trat um 1400 ein Wandel ein. Zunächst konnten die jüdischen Gemeinden ihre Vorstellungen weitgehend durchsetzen und die Steuerbefreiungen wurden kaum wirksam. Als jedoch mit der allgemeinen Verschlechterung des Status der Juden im 15. Jh. diese in immer stärkerem Maß vom Landesfürsten abhängig wurden, konnte dieser seinen Sonderregelungen wieder mehr Geltung verschaffen. Kaiser Friedrich III. etwa hat von diesem Instrument ausgiebig, wie vielleicht keiner der Fürsten vor ihm, Gebrauch gemacht[15].

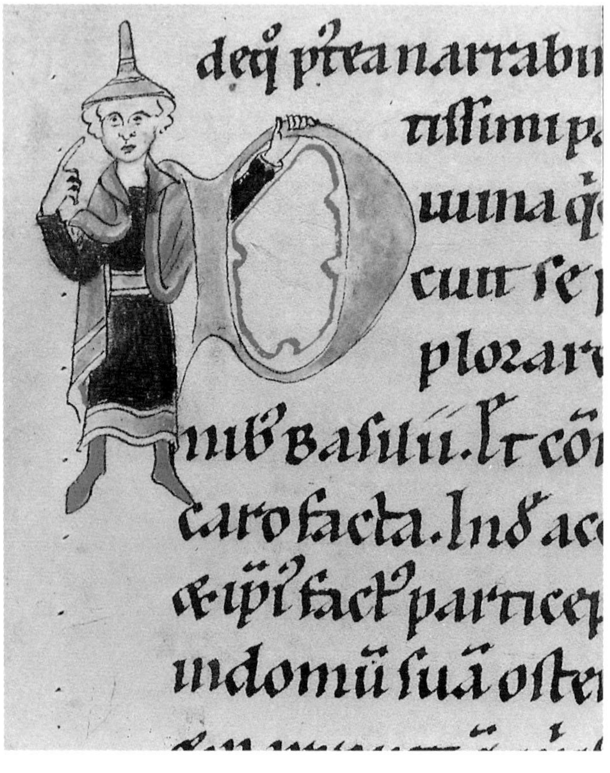

Die Einhebung der Judensteuer in der Steiermark oblag in der ersten Hälfte des 14. Jhs. dem

Abb. 90:
„Bekehrung eines Juden". *Cod. Zwettl, 13. fol. 4 Magnum legendarium. Anfang der Basileos-Vita.*

Hubmeister, später dem Landeshauptmann, der das Geld von den sog. „Absamern", den vom Landesfürsten ernannten jüdischen Steuereintreibern, erhielt. Jeder Jude hatte sich selbst einzuschätzen und einen Eid zu leisten, daß seine Angaben der Wahrheit entsprachen. Dieses Verfahren wurde sowohl bei der Einhebung der (ordentlichen) jährlichen Steuer als auch bei den nicht seltenen Sondersteuern angewandt. Über die genaue Steuerhöhe der steirischen Judenschaft sind keine Abrechnungen erhalten, die den Gesamtbetrag ihrer Steuern belegen. Allerdings nahm 1435 Herzog Friedrich V. von allen seinen Juden 6.000 Gulden ein; da die meisten von ihnen in den großen steirischen Gemeinden lebten (wobei Wiener Neustadt zur Steiermark zu zählen ist), ergibt sich daraus ein brauchbarer Richtwert.

Abb. 91:
*Geschäft „Zug um Zug":
Ein Schiff wird von einem
jüdischen Kaufmann
gekauft und bar bezahlt.
Italienische Buchmalerei
aus dem 14. Jh.*

Seit dem 14., vor allem aber im 15. Jh., führte die zunehmende religiöse Judenfeindschaft, ausgelöst und verstärkt durch die immer stärkere Durchchristianisierung aller Bevölkerungsschichten und Lebensbereiche[16], in Verbindung mit anderen Faktoren zu einem deutlichen Wandel in der günstigen Stellung der Juden. Verstärkt wurde diese Entwicklung noch durch Entwicklungen im wirtschaftlichen und wirtschaftstheoretischen Bereich: Wirtschaftlich gesehen wurden die Juden zumindest für den Adel und die obere Bürgerschicht seit der Wende des 14. zum 15. Jh. weitgehend entbehrlich, da nun die Depression der vorhergehenden Jahrzehnte weitgehend überwunden und in diesen Gruppen genügend Geld vorhanden war, um Kreditwünsche von Standesgenossen weitgehend befriedigen zu können. Wirtschaftstheoretisch hatte sich um die gleiche Zeit in den maßgeblichen kirchlichen Kreisen die Ansicht durchgesetzt, daß Geldleihe gänzlich ohne Zinsnahme aus praktischen Gründen nicht möglich und dem Gläubiger gegenüber auch nicht gerecht sei. War bisher jede Zinsnahme als Wucher (d. h. eigentlich soviel wie Ertrag, Gewinn, und wurde durchaus wertneutral verstanden) verdammt worden, so galt dies nun zunehmend nur mehr für im Übermaß geforderte Zinsen[17]. Ähnlich wie heute war aber auch damals die Höhe der verlangten Zinsen und anderes abhängig von der Höhe und Laufzeit des aufgenommenen Kapitals, nur waren die Zinsschwankungen wesentlich größer: Während große Kapitalien bei längerer Laufzeit ähnlich wie heute (von 10 bis hinunter zu knapp 5%) verzinst wurden, lagen die Zinsen für kleines Kapital bei kurzer Laufzeit in der Regel zwischen 30 und 70%, bis ins späte 14. Jh. nicht selten noch darüber. Das dürfte zwar nach marktwirtschaftlichen Gesichtspunkten gerechtfertigt gewesen sein, aber keinesfalls nach kirchlichen, da man hier nur den in Rechnung gestellten Zinssatz, nicht aber die übrigen Umstände eines Darlehens im Auge hatte. Gerade die kleinen Geldgeschäfte waren aber entsprechend dem zünftischen Prinzip der Zuweisung möglichst vieler Arbeits- und Verdienstmöglichkeiten an bestimmte Berufsgruppen de facto weitgehend den berufsmäßigen Geldhändlern überlassen worden, d. h. im Raum Innerösterreichs mangels Anwesenheit von Lombarden und Kawerschen den Juden. Gerade sie wurden aber wegen der hohen Zinsen und zunehmend auch wegen ihrer Religion angegriffen. Da sie gleichzeitig aus dem großen Geldgeschäft verdrängt, die an sie gerichteten Steuerforderungen aber keineswegs erleichtert worden waren, gesellte sich zum sozialen auch der wirtschaftliche Abstieg, und das machte sie natürlich immer angreifbarer. So kam es, daß vor allem die Landstände zunehmend auf ihre Vertreibung hinarbeiteten, wie sie seit dem späten 14. Jh. aus vielen deutschen Städten und Territorien durchgeführt wurde. Einen ersten Erfolg erzielten sie, als sie 1438 vom damaligen Herzog Friedrich V. (dem späteren Kaiser Friedrich III.) die Ausweisung der Juden aus Graz erlangen konnten, wahrscheinlich, indem sie eine kritische Situation in dessen Auseinandersetzungen mit den Grafen von Cilli ausnutzten[18].

Einige Jahre später konnte Friedrich zwar offensichtlich mit Zustimmung der Landstände wieder Juden in Graz ansiedeln, aber nur, indem er diese von der Pflicht zum Erscheinen vor dem Judengericht, vor dem üblicherweise Streitfälle zwischen Juden und Christen abgehandelt wurden, befreite. Damit war ein wesentliches Standbein der bisher günstigen Stellung der Juden in der Steiermark untergraben, und in weiterer Folge wurde ihr rechtlicher Spielraum immer mehr eingeengt. So konnten die Grundherren, die im wesentlichen in den Landständen organisiert waren, und in deren Interesse es lag, über die von ihren Bauern eingegange-

Sozialer und wirtschaftlicher Abstieg

1438: Ausweisung der Juden aus Graz

249

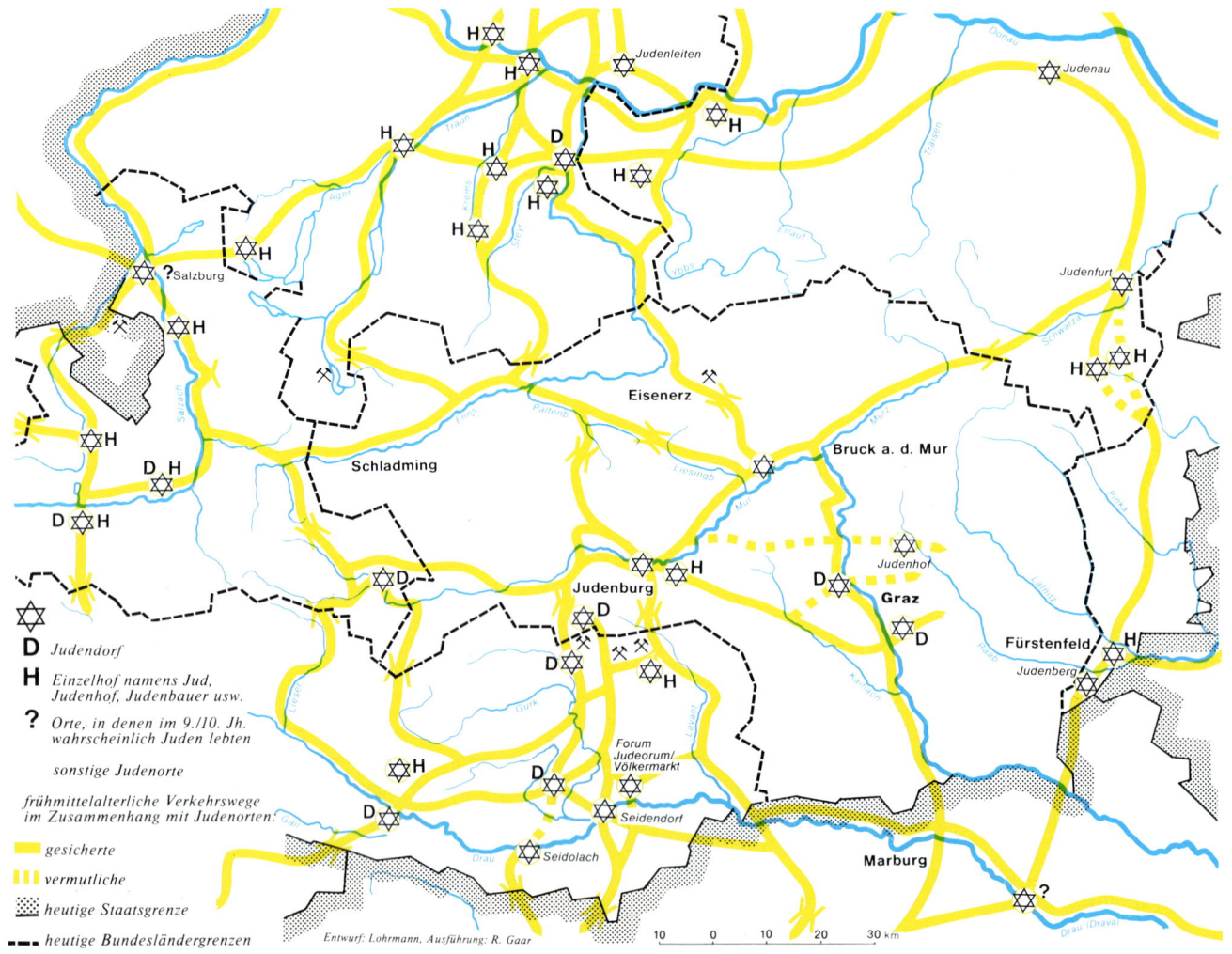

Grafik 28: **Judensiedlungen und Judenniederlassungen im Mittelalter in der Steiermark**

nen Verpflichtungen möglichst genau Bescheid zu wissen bzw. Verschuldung überhaupt hintanzuhalten, die verpflichtende Einrichtung von Judenbüchern durchsetzen, in die jeweils alle Schuldverhältnisse zwischen Untertanen der betreffenden Herrschaft und Juden unter Androhung der sonstigen Annullierung eingetragen werden sollten[19].

Die Verschlechterung des Judenstatus zeigt sich aber auch daran, daß sich die Juden aus kleineren Orten und solchen, wo nur wenige von ihnen wohnten, wieder zurückzogen, bis schließlich nach der Mitte des 15. Jhs. nur mehr in den Städten Judenburg, Voitsberg, Graz, Marburg, Radkersburg, Neunkirchen und Wr. Neustadt Judengemeinden übrig blieben, d. h. an jenen Orten, an denen auch Judengerichte eingerichtet waren, deren sie nun zur Durchsetzung ihrer Forderungen offenbar häufiger bedurften[20].

Höhepunkt der Judenverfolgung

Gegen Ende des 15. Jhs. erreichte die antijüdische Agitation ihren Höhepunkt, übrigens nicht nur in Innerösterreich. Ihre Rechte wurden zunehmend beschnitten, immer lauter bezichtigte man sie des Wuchers und betrügerischer Machenschaften mit Schuldurkunden, sogar die alten Vorwürfe der Hostienschändung und des Ritualmordes wurden, vermutlich wider besseres Wissen, erneut evident. Auch in vielen Kirchen wurde den Gläubigen nicht nur durch judenfeindliche Predigten, sondern auch in Bildern, wie dem weit verbreiteten Typus des „lebenden Kreuzes", die unmittelbar auf Gott zurückgehende Verworfenheit der Juden und des Judentums drastisch vorgeführt, indem der gekreuzigte Christus selbst mittels einer aus dem Kreuzesarm hervorgewachsenen Hand die Synagoge, eine Personifizierung des Judentums, die zudem mit allerlei negativen Symbolen gekennzeichnet wurde, mit dem Schwert durchbohrte[21].

So konnte es nicht ausbleiben, daß die endgültige Vertreibung aller Juden aus der Steiermark immer lauter gefordert wurde, vor allem von den Landständen. Diese waren in der Steiermark wesentlich treibende Kräfte zur Ausweisung. Der Hauptgrund dafür scheint gewesen zu sein, daß sie die Juden für allgemeine wirtschaftliche Entwicklungen, vor allem die hohe Verschuldung vieler Bauern, durch welche die Grundherren mancher Abgaben verlustig gingen, verantwortlich machten. Bei Kaiser Friedrich III. hatten sie mit ihren Bemühungen trotz mehrerer Anläufe keinen Erfolg, da dieser aus prinzipiellen rechtlichen und auch wirtschaftlichen Erwägungen zäh an seinen Rechten an und über Juden festhielt und Vertreibungen keinesfalls zuließ, soferne dies in seiner Macht lag.

Nach anderen Gesichtspunkten handelte dagegen sein Sohn Maximilian[22]. Ihm war die Wahrung kaiserlicher Rechte nicht so wichtig; er ging offensichtlich nach überwiegend rechnerischen Überlegungen vor: Von an Judenvertreibung interessierten Städten und Ländern ließ er sich die Erlaubnis dazu um einen Preis abkaufen, der sich am dadurch entstehenden Steuerausfall orientierte, und zog zudem meist die liegenden Güter der betreffenden Juden zu seinen Handen ein. Die nach längeren Verhandlungen mit Vertretern der Landstände für die Steiermark veranschlagte Ablösesumme von 38.000 Pfund Pfennigen läßt auf eine jährliche Steuer von etwa 2.000 bis 4.000 Pfund schließen, was 1.600 bis 3.200 Gulden entspräche, also höchstens der Hälfte von jenen Abgaben, welche die Juden 60 Jahre zuvor bezahlt hatten. Da mit der sich immer weiter ausweitenden Geldwirtschaft zudem die übrigen Einnahmen des Landesfürsten stark gestiegen waren, war der prozentuelle Anteil der Judensteuern an seinen Gesamteinkünften noch wesentlich stärker zurückgegangen.

Die 1496 von Maximilian ausgestellte Vertreibungsurkunde enthielt, wohl um den Schein des Rechts zu wahren, die meisten der gängigen den Juden gemachten Vorwürfe. Daß an diesen in Wirklichkeit nicht viel gewesen sein kann, zeigt schon allein die Tatsache, daß er viele der soeben erst wegen verschiedener angeblicher Verbrechen ausgewiesenen Juden in anderen Gebieten seiner Erblande ansiedelte, um auch weiterhin von ihnen Steuern beziehen zu können. In der Steiermark blieb jedoch den Juden nicht nur die Ansiedlung, sondern überhaupt jeder längere Aufenthalt bis in die zweite Hälfte des 19. Jhs. verboten.

1496: Vertreibungsurkunde Maximilians

Anmerkungen:

1) Zum folgenden Überblick s. M. J. Wenninger: Die Siedlungsgeschichte der innerösterreichischen Juden im Mittelalter und das Problem der „Juden"-Orte, in: Bericht über den 16. österr. Historikertag in Krems 1984, Wien 1985, S. 190–217, wo auch die gesamte weiterführende Literatur enthalten ist. Die laufende Beschäftigung mit diesem Thema seit Abfassung des gen. Aufsatzes ergab zahlreiche weitere Judenorte und zusätzliche Aspekte, die jedoch die Grundaussage nicht berühren bzw. nur noch mehr untermauern.
2) Als Indiz dafür kann z. B. gewertet werden, daß die später lokalisierbaren Judenhäuser in Judenburg unmittelbar außerhalb des ehemaligen Burgbereiches lagen und daher noch aus der Zeit der realen Existenz dieser Burg stammen könnten (vgl. die Karten und sonstigen Belege bei Helmut Lackner: Das Judenviertel der Stadt Judenburg. Seine Geschichte bis zum Jahr 1496; Manuskript, welches mir der Autor freundlicherweise zur Verfügung stellte). Die Darstellung im HB der hist. Stätten Österreich II, Alpenländer und Südtirol, Stuttgart ²1978, S. 92, vor allem die dortige Lokalisierung einer angeblichen Judensiedlung des 10. Jhs., entspricht nicht den Tatsachen.
3) Dazu s. künftig M. J. Wenninger: Juden und Christen als Geldhändler im hohen und späten Mittelalter, in: Die Juden in ihrer mittelalterlichen Umwelt (Symposium in Wien 1988), Hg. Alfred Ebenbauer, 1989/90.
4) S. Wilhelm Wadl: Geschichte der Juden in Kärnten im Mittelalter, Klagenfurt 1981, S. 181f.
5) Wie Anm. 1, S. 190–194.
6) Vgl. zu den einzelnen Orten, in: Germania Judaica, Bd. III, 1–3, Hg. Arye Maimon, Tübingen 1987–90.
7) Vgl. 1.000 Jahre österreichisches Judentum, Eisenstadt 1982, S. 29ff.
8) Wie Anm. 6.
9) J. E. Scherer: Die Rechtsverhältnisse der Juden in den deutsch-österreichischen Ländern, Leipzig 1901, S. 462ff.
10) Näheres s. bei Artur Rosenberg: Beiträge zur Geschichte der Juden in Steiermark, Wien-Leipzig 1914, S. 14.–30.
11) Ebd. S. 11.
12) Die Funktionen des Judengerichts in der zum Erzstift Salzburg gehörigen Stadt Pettau waren allerdings wesentlich geringer als jene der eigentlichen steirischen Judengerichte; näheres s. Germania Judaica (wie Anm. 6), Bd. III, 2.
13) Zu diesem Rosenberg (wie Anm. 10), S. 17.
14) Die Wiederaufnahme der Juden in Graz. Siehe Katalogteil.
15) Wie Anm. 6.
16) Wie Anm. 7, S. 59.
17) Wie Anm. 3.
18) Wie Anm. 14.
19) Ausführlicher dazu D. Herzog: Das „Juden-Puech" des Stiftes Rein, in: ZdHV f. Stmk. 28 (1934), S. 79–101.
20) Wie Anm. 6.
21) Die Vertreibung. Siehe Katalogteil.
22) Vgl. Erna Tschech: Maximilian und sein Verhältnis zu den Juden (1490–1519). Diss. (masch.), Graz 1971, bes. S. 7–12 und 80ff.

Denkt aus eigenem Antrieb.

Die denkenden Fahrdynamik-Systeme von Mercedes-Benz.

Bei Mercedes-Benz wurden alle Fahrdynamik-Systeme unter einer Voraussetzung entwickelt: Elektronisch gesteuert treten sie automatisch nur dann in Kraft, wenn die Fahrsituation — selbst für Sekunden — es erfordert. Das Resultat: Souveränes Vorwärtskommen und spürbare Entlastung des Fahrers auch unter extremen Fahrbedingungen.

ASD — das intelligente elektronisch-automatische Sperrdifferential für Mercedes 4-, 5- und 6-Zylinder sorgt für sichere Traktion auf einseitig glatter oder rutschiger Fahrbahn. Und erleichtert das Anfahren besonders im Winter.

ASR — die intelligente elektronisch-automatische Antriebsschlupfregelung für die 8-Zylinder-Modelle der S-Klasse. Sie bringt automatisch immer nur soviel Kraft auf die Antriebsräder, daß diese in keiner Situation durchdrehen. In Kurven, beim Ausweichen oder beim Beschleunigen. Deutlicher Zugewinn an Stabilität und Traktion sind die Folge.

4MATIC — der intelligente elektronisch-automatische Vierrad-Antrieb. Er ist die Krönung des Mercedes-Benz Fahrdynamikkonzepts. Einer der Hauptnutzen: Er setzt nur in Situationen ein, in denen der Vierrad-Antrieb objektive Vorteile bringt. Das Ergebnis: Die ohnehin schon ausgezeichnete Fahrqualität eines Mercedes-Benz erfährt eine deutliche Steigerung. Entlastung von Streß, da der Fahrer durch eine Funktionsanzeige bei allen Systemen informiert wird und dadurch sein Fahrzeug den veränderten Straßenverhältnissen anpassen kann.

Wenn Sie das intelligente Fahrdynamikkonzept von Mercedes-Benz testen möchten, machen Sie eine Probefahrt. Bei Ihrem Mercedes-Benz Partner.

Verkauf und Kundendienst
Rudolf Kienzl
8753 Fohnsdorf, Tel. 0 35 72 / 20 20

MERCEDES-BENZ
Ihr guter Stern auf allen Straße

Susanne Karner

Die Frau im Handel des Mittelalters

Der Lebenbereich der Frau war Jahrtausende hindurch nicht für die politische Öffentlichkeit bestimmt. Vielmehr spricht die Geschichte der Frau in erster Linie den Bereich des Alltäglichen an – die Familie, die Erziehung, die Arbeitswelt. Bis in die Gegenwart hinein reicht dieses hartnäckige Überleben der ältesten Tradition[1].

Auch was die Arbeitswelt betrifft, befand sich die Frau – und befindet sie sich zum Teil auch heute noch – in einer untergeordneten Rolle. Im Mittelalter hatte die Frau eine günstigere Stellung, obwohl sie auch hier in Kategorien eingeteilt war, die in der öffentlichen Meinung nicht hoch standen. Damals brachte die Berufstätigkeit der Frau einen ersten Ansatzpunkt für ihre Befreiung von der männlichen Vorherrschaft, auch wenn diese im Laufe der nächsten Jahrhunderte wieder verlorenging. Im Laufe des 16., 17. und 18. Jhs. wurde die Bürgersfrau, die im Mittelalter an der Seite ihres Mannes gearbeitet hatte, ihrer Rechte verlustig und war wieder ausschließlich für Heim und Herd verantwortlich.

Abb. 92: Händlerin. Holzschnitt, Hans Hofmann, Nürnberg 1490.

Die Frau genoß zwar auch im Mittelalter nicht die völlige Gleichberechtigung mit dem Mann, ihre Lage war aber im Vergleich zu den vorhergehenden Zeiten und denen, die noch folgen sollten, besser. So konnte sie sogar Medizin studieren, wir wissen, daß dies in der Neuzeit erst im Laufe des 19. Jhs. wieder möglich war. Im 14. Jh. gab es in Frankfurt fünfzehn Frauen, die Medizin studierten und diesen Beruf auch ausübten.

Mit dem Aufkommen der Renaissance wurde dann immer mehr die Verschiedenheit des Loses von Mann und Frau betont, und die Frau wurde mehr und mehr auf die Aufgaben im Haus beschränkt. War die Frauenarbeit im Mittelalter auch relativ angesehen, so wurde die Frau nun aus den Zünften ausgeschlossen, und ihre Arbeit wurde als unehrenhaft und schandbar angesehen[2], wohl weil man auch immer wieder um den Ruf der arbeitenden Frau besorgt war. Am Ende des Mittelalters mehrten sich die Gesetze, welche die Frauenarbeit in Schranken halten sollten oder ganz verboten. Um 1600 verschwanden die Frauen fast gänzlich aus dem Berufsleben[3].

Dieser Beitrag befaßt sich nun mit der arbeitenden Frau des Mittelalters, allerdings nur mit der, die im Handel tätig war.

Quellen und Materialien

Die Quellen und Materialien spiegeln ein erstaunliches Maß an Selbständigkeit von Frauen im Handel wider. Allerdings sollte man berücksichtigen, daß dies nur auf wenige Frauen zutraf, daher kann man keine Rückschlüsse auf die soziale Wirklichkeit ziehen[4].

Da die Quellen aus dieser Zeit für Österreich, insbesondere die Steiermark, sehr spärlich sind, beschränke ich mich auf eine überregionale Behandlung des Themas.

Aufgaben der Händlersgattin in der Familie

Die Entwicklung der Stadt und des Bürgertums innerhalb der Feudalherrschaft machte seit dem 11. Jh. große Fortschritte. Neue Städte wurden gegründet, alte erweiterten sich. In den Städten nahmen Handwerk und Gewerbe einen Aufschwung, an die Stelle der Naturalwirtschaft trat der Waren- und Geldhandel. Maßgeblich beteiligt an dieser Entwicklung war das Bürgertum, und das wiederum war für die Frau von entscheidender Bedeutung.

Bürgertum

Der Bürger lebte von den erlernten Berufen, als Kaufmann, Händler oder Handwerker. Die Frau war zu Beginn zwar noch auf das Haus beschränkt, aber sie begann immer mehr, Zugang zu den einzelnen Berufen zu suchen. Im Handel gelang es ihr, sich als Helferin, Vertreterin oder Nachfolgerin ihres Mannes eine Stellung zu erobern[5].

Die Städte boten im Mittelalter den Bürgern die Möglichkeit, zu handwerklichem und kaufmännischem Gewinn zu gelangen. Dafür brauchten sie aber den Rückhalt der Familie. Diese „Kleinfamilie" war die wichtigste wirtschaftliche Organisationsform, denn die Familie garantierte Sicherheit. Die Frau war die Hüterin der Familie, die Partnerin des Mannes und seine

„Kleinfamilie" — Rückhalt durch Frau

Gehilfin[6]. Sie mußte das Familienvermögen zusammenhalten und durch Sparsamkeit mehren, was ihr dadurch auch weiterhin die Sorge für Kleidung der Familie — durch Spinnen, Weben, Nähen und Stricken — abverlangte. Bei einer Frau, deren Ehemann als Kaufmann auf Reisen war, bestand die Notwendigkeit, der Familie Gelegenheitsgeschäfte nicht entgehen zu lassen. So mußte sie dann den unangekündigten Geschäftspartner in der fremden Stadt einweisen, mußte Zahlungen annehmen und Informationen über die Lage auf dem heimischen Markt sammeln[7]. Für viele dieser Händlersgattinen galt als Hauptaufgabe die Führung der

Hauptaufgabe: Führung der Hauswirtschaft

Hauswirtschaft. Zu einem Geschäftsabschluß wurden sie nicht beigezogen, größere Ausgaben, die nichts mit der Hauswirtschaft zu tun hatten, ohne Wissen des Mannes zu tätigen, war ihnen untersagt. So schreibt z. B. Clemens Körbler, ein Judenburger Kaufmann, in seinem Geschäftsbuch:

„In 1525 jar ady 8 october mein liebe hausfrau eingehalten vnd mier zuegesägt, per yer treuen an aydesstat yer lieben lang z halten, nemlich wider eer nit zuhaim vnd außerhalbs meins wiss nichts außgeben oder machen lassn, das vil gelts gilt, vnd mein sachen, so ich yer in vertrauien sag und verpeutt zu schbaigen, khein menschen offenwarn vnd nichts abtragen oder an main wißen verhandeln. Wo sie aber das thett, so wel ich yer mein lebtag nimermer vertrauien oder für mein hausfrau halten als erlich, wie ich sunst thät. Es sol vns auch khain mensch ainigklich, wie ich yecz gegen yn pin machen. Darzue wel vnß Got sein gnadt geben. "[8]

Trotzdem stand der Frau ein relativ weiter Spielraum und ein sehr beträchtlicher Aufgabenkreis im Geschäftsleben zu. Sie war die gegebene Vermittlerin zwischen ihrem Mann und der Familie, der sie entstammte. Diese konnte nämlich mit ihrem Einfluß, ihrem Geld und ihrem Kredit die Arbeit des Mannes erleichtern, wenn die Frau es verlangte. Außerdem mußte die Frau die Geschäftsfreunde des Mannes in ihrem Haus aufnehmen und bewirten. Von der Art, wie sie dies besorgte, konnte der Abschluß gewinnbringender Geschäfte weitgehend abhängen. Sie war außerdem die Vertraute des Mannes, die seine Sorgen mit ihm teilte und ihm die Kinder erzog, die einst sein Erbe fortsetzen sollten[9].

Die Frau hatte auch die Aufgabe, günstige Chancen für die Verheiratung der Töchter oder Söhne auszuspähen. Bürgerkinder wurden von den Eltern oder nächsten Verwandten und Vormündern unter wirtschaftspolitischen Gesichtspunkten verheiratet. Diese Verehelichung diente der Knüpfung von Verwandtschaftsbeziehungen für den Ausbau von wirtschaftlichen und politischen Machtstellungen[10]. In ganz Europa kann man auch das Phänomen der sogenannten „Kettenheiraten" feststellen. Junge Mädchen wurden von ihren Familien an ältere, aber reiche Kaufleute verheiratet. Von diesen lernten sie dann, den Betrieb zu leiten und vermählten sich, kaum zur Witwe geworden, mit einem jungen Handlungsdiener und übernahmen nun mit diesem gemeinsam das Geschäft[11].

Im Laufe des 12./13. Jhs. kam es zu einer ständigen Entwicklung von Handel und einfacher Warenproduktion, die bald der Mann allein nicht mehr schaffen konnte. Die gesamte Ausschöpfung aller Kraftreserven der Familie waren vonnöten. Die Frau wurde zur Unterstützung der vielfältigen wirtschaftlichen und beruflichen Vorha-

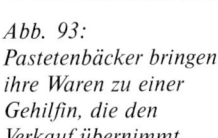

Abb. 93:
Pastetenbäcker bringen ihre Waren zu einer Gehilfin, die den Verkauf übernimmt.

ben des Ehemannes, Vaters, Bruders oder Sohnes herangezogen[12]. Am häufigsten wurde sie zur Mitarbeit im Geschäft ihres Mannes benötigt. Sie war an der Buchführung beteiligt, verwaltete die Wechselkasse mit, schloß kleinere Geschäfte selbständig ab und vertrat ihren Mann während dessen Abwesenheit bei der Abwicklung von Geschäften oder der Führung von Prozessen[13].

Der besondere Rechtsstatus des mittelalterlichen Städtebürgertums ermöglichte die Einbeziehung der Frau in den Groß- und Detailhandel, in Bank- und Wuchergeschäfte, in das Herbergs- und Schankwesen sowie in zahlreiche andere Berufe. Ihre Chancen auf eine selbständige Berufsausübung stiegen. Der Prozeß wurde auch dadurch begünstigt, daß die städtische Oberschicht für die Erziehung und Bildung der Mädchen und Frauen wachsendes Interesse zeigte[14].

Frauentätigkeit im Rahmen des Familienbetriebes

Zu Beginn der Frauentätigkeit war die Einheit von „Hausarbeit" und „Erwerbsarbeit" gegeben. Man könnte hier die Bäuerin anführen, die primär für die Deckung des Hausbedarfes produzierte, andererseits ihren Überschuß am Markt feilbot. Der Erlös dieser Tätigkeit stand ausschließlich ihr zu, wurde aber meistens für das Familienbudget verwendet. Die Bestimmungen für eine Markthändlerin waren sehr streng. So war ihr nur dann ein Gemüsestand erlaubt, wenn dieser zumindest an drei Tagen mit Produkten des eigenen Gartens versorgt werden konnte.

Einheit von „Hausarbeit" und „Erwerbsarbeit"

Auch in den Städten arbeitete die Frau hauptsächlich im gemeinsam geführten Familienbetrieb mit, soweit es die Hausarbeit zuließ. In Gewerbzweigen, die ihre Produkte einzeln verkauften, war die Frau vielfach im Laden und am Marktstand tätig. Verkauf und Kleinhandel waren bereits im Mittelalter stark weiblich orientiert. Der traditionelle Frauenberuf der Verkäuferin hat weit zurückreichende Wurzeln.

Die Frau war also familienbetrieblich eingeordnet. Frauenarbeit konzentrierte sich hauptsächlich auf die innerhäuslichen Möglichkeiten, etwa auf Tätigkeiten im Kontor. Handelsfahrten als Außenarbeiten waren grundsätzlich Sache des Mannes. Zeugnisse, daß Frauen Handelsreisen unternommen haben, sind eher selten, kommen aber vor[15]. Geschäftsreisen unternahm die Frau in der Regel nur, wenn es unbedingt erforderlich war. Das Risiko einer Reise nahm sie allerdings in Kauf, um bei einer Handelsmesse anwesend sein zu können. Risiko deshalb, da diese Reisen nicht ungefährlich waren und auch eine Frau oft überfallen, beraubt und gefangengenommen wurde[16]. War eine Frau eine selbständige Fernhändlerin, so ließ sie sich eher als ein Mann in weiter entfernten Städten durch einen Handelsdiener vertreten.

Geschäftsfahrten

Am häufigsten anzutreffen war die aktive Rolle der Frau im Rahmen einer Handelsgesellschaft der Familie. Im 14. und 15. Jh. vermehrten sich sogar die Mitteilungen über die Beteiligungen von Frauen an Handelsgeschäften. Sehr oft betrieben Ehepaare gemeinsam die Geschäftsführung ihres Handelsbetriebes. Allerdings hing diese gemeinsame Führung sehr stark vom Heiratsalter ab. Wie bereits erwähnt, traten die Mädchen sehr jung und zu unerfahren für eine Geschäftspartnerschaft in die erste Ehe ein. In günstigeren Fällen wurde die junge Frau von ihrem Ehemann in die Geschäfte eingewiesen, oder, war er abwesend, von seiner Familie zur Wahrnehmung der Familieninteressen erzogen. Heiratete sie dann nach dem Tod des Ehemannes ein zweites Mal einen Kaufmann, brachte sie bereits die notwendige Erfahrung für die Geschäftsführung mit in die Ehe. Sie erleichterte damit eventuell dem alternden Ehemann die Weiterführung seines Handels und, falls nötig, konnte sie auch an seine Stelle treten. Auf alle Fälle verfügte sie über soviel Einblick, daß sie das Geschäft mit Unterstützung eines Handelsdieners aufrechterhalten konnte[17]. Dieses „Vertreten" des Ehemannes war für die persönliche Stellung der Frau von großem Vorteil. Sie genoß nämlich während der Abwesenheit oder der Krankheit des Mannes eine größere Freiheit bei der Abwicklung von Handels- und Geldgeschäften. Bis zu einem gewissen Grad emanzipierte sich die Frau dadurch, eine längere Abwesenheit des Ehemannes war daher für eine Verselbständigung der Frau günstig[18].

Gemeinsame Geschäftsführung von Frau und Mann

Vertretung des Ehemannes

Wenn der Mann verstarb, konnte die Frau — aber auch die Tochter — den Betrieb erben. Als Witwe konnte die Kauffrau das Geschäft selbständig führen, wurde dabei in der Regel aber von einem Handelsfaktor unterstützt. Bekannt ist uns dies aus Briefwechseln, Geschäftsbüchern und Testamenten von mittelalterlichen Handelsfamilien, die die Einbeziehung der Ehefrau in die Handelsgeschäfte des Ehemannes und in die Interessenssphäre der Familie belegen. Als ein Beispiel, das die Fortführung der Handelsgeschäfte durch eine Frau aufzeigt, sei das Geschäftsbuch der Wiener Neustädter Firma Alexius Funck (1516—1538) erwähnt, das älteste Geschäftsbuch Österreichs. Funcks Bücher geben Auskunft, daß auch seine Frau über gediegene Geschäftskenntnisse verfügte. Er setzte in seinem Testament vom 19. 3. 1515 fest, daß seine Frau Margarethe nach seinem Tod das Geschäft weiterführen sollte. Auch bestimmte er sie als Testamentsvollstreckerin. Die Ansprüche der nächsten Verwandten und Erben auf seine Hinterlassenschaft sollten durch sie mit 500 fl. abgegolten werden, wovon Jahr für Jahr aber nur 100 fl. ausbezahlt werden sollten, „damit ir hanndl und gewerb nicht gar zerrütt noch emplost werde"[19].

Vererbung des Betriebes an Frau oder Tochter

1522 übernahm Margarethe Funck das Geschäft und führte es mehr als zwei Jahre mit Hilfe eines für den Detailhandel zuständigen Faktors und eines weiteren Handelsdieners. Am 26. Mai übergab sie die Geschäftsführung Michael Herman, der sie zwei Jahre lang unterstützt hatte und dem sie vertraute. Außerdem war er bereits seit sechs Jahren mit einer Nichte ihres verstorbenen Mannes verheiratet[20].

Witwen oder Töchter, welche die Handelsgeschäfte des Mannes oder Vaters weiterführten,

Schwierigkeiten weiblicher Erben

hatten oft mit großen Schwierigkeiten zu kämpfen. Sehr oft wollten Schuldner einer Frau die Schulden nicht zurückerstatten, da es ihr nicht immer gelang, die Schulden so nachdrücklich wie ein Mann einzufordern. Auch war es ihr nicht erlaubt, überall dorthin zu gehen, wo solche Schulden offenstanden. Daher besorgten diese Dinge oft männliche Verwandte.

Die selbständig tätige Handelsfrau

Familiäre und gesellschaftliche Normen

Von der Kauffrau wurde nicht nur Engagement und Mut, sondern auch ein besonderes Maß an Gewandtheit, Beharrlichkeit und Härte gefordert. Frauen aus der städtischen Oberschicht, die eine eigene Erwerbsmöglichkeit suchten, zogen es vor, einen Beruf zu wählen, der mit familiären und gesellschaftlichen Normen zu verbinden war. Aber er sollte auch einen erträglichen Gewinn abwerfen[21]. So wissen wir z. B. aus der Biographie von Margery Kempe, die mit einem der angesehensten Kaufleute der Stadt Lynne verheiratet war, daß sie nur deshalb berufstätig wurde, weil sie erstens über genügend freie Zeit verfügte – trotz ihrer vierzehn Kinder – und es zweitens nicht ertragen konnte, wenn eine andere Frau der Stadt eleganter gekleidet war als sie selbst. Sie arbeitete also deshalb, um durch zusätzliche Einnahmen ihr Bedürfnis nach Luxus und äußerer Anerkennung zu befriedigen[22].

In den meisten europäischen Ländern betrieben Frauen häufig Bierbrauereien und den Ausschank dieses Getränkes, das bereits im Mittelalter zu den beliebtesten zählte. Außerdem finden wir sie bei der Ausübung des Herbergswesens und auf dem Rentenmarkt. Diese Tätigkeit wurde hauptsächlich von Frauen ausgeführt, die ledig waren oder einen anderen Beruf wählten als der Ehemann. Was die Pfandleihe betrifft, so wurde sie häufig von jüdischen Einwohnerinnen betrieben, da diese aus den anderen Berufen verdrängt worden waren[23].

Verlagsbildung

Im Übergang zur frühkapitalistischen Wirtschaftsform konnte es vorkommen, daß die unterschiedlichen Berufe der Ehegatten im Dienst der Verlagsbildung standen. So leitete z. B. die Frau eine Seidenweberei, der Mann handelte mit dem fertigen Produkt. Häufiger kam es aber vor, daß der Großhandel des Mannes durch einen Detail- oder Gelegenheitshandel der Ehefrau ergänzt wurde. Dies bedeutete eine zusätzliche Absicherung der Familie gegen das Handels- und Geschäftsrisiko.

„institrix" – „mercatrix"

Die häufigst ausgeübte Tätigkeit im Handel von unverheirateten Frauen sowie selbständig erwerbstätigen Ehefrauen war der Beruf der Krämerin, auch „institrix" oder „fragnerin" genannt. Der erste Unterschied zur Großhändlerin oder Kauffrau – „mercatrix" – war der, daß die Krämerin in manchen Städten einen finanziellen Beitrag für die Mitgliedschaft der Gilde leisten mußte. Auch waren die Krämerinnen einer bestimmten Bekleidungs- und Verhaltensvorschrift unterworfen, da man Angst hatte, sie könnten durch unschickliche Kleidung und schlechtes Benehmen das Ansehen der Gilde schädigen. Waren sie „schlecht" gekleidet, mußten sie an die Innungskasse Strafe zahlen. Ein wesentlicher Unterschied zwischen Kauffrau und Krämerin lag auch in der sozialen Stellung. Manche Krämerinnen hatten eine sehr geachtete gesellschaftliche Position, viele waren eher in den unteren Schichten zu finden, wo es auch vorkommen konnte, daß sie zu Prostituierten absinken konnten[24]. Der entscheidende Unterschied lag allerdings in der Struktur der Handelsgeschäfte. Die Kauffrau kaufte bestimmte Waren engros ein, wie z. B. Wein, Tuche, Wolle, Gewürze, und verkaufte sie weiter. Die Krämerin aber investierte ihr gesamtes Vermögen in ein breites Warensortiment, mit dem sie vielfältige Kaufinteressen des örtlichen Marktes und seines oft recht ausgedehnten Hinterlandes abzudecken vermochte: Gewürze, Kräuter, Südfrüchte, Papier, Baumwolle, Leinwand, Samt, Seidenstücke, Gold und Silber, Wacholderbeeren, Feldkümmel, Färbemittel, Rosinen, Hirse, Schwefel, hölzerne Kannen, Sandelholz, Korallen, alle Arten von Bänder usw. Die hier aufgezählten Güter waren die sogenannten „Drugwaren", das sind trockene Handelsgüter, im Unterschied zum „Ventgut" – leicht verderbliche, feuchte oder fettige Ware.

Im Stadtbild aller größeren Handelsstädte schien eine große Zahl von Kleinhändlern auf, unter denen Frauen einen beachtlichen Platz einnahmen. Die Startbedingungen waren hier nämlich relativ günstig. Es reichte bereits ein geringes Vermögen, und die Frauen hatten eine zusätzliche oder Haupternährungsquelle.

„Hökerinnen"

„Käuflerinnen"

Den Kleinhandel mit Nahrungsmitteln betrieben die „Hökerinnen", dies war eine Domäne der Frauen. Die Chance, bei diesem Geschäft zu einem Vermögen zu kommen, war außerordentlich gering. Oft mußten die Hökerinnen noch eine andere Arbeit wie Spinnen oder Weben ausführen. Dasselbe galt auch für die „Käuflerinnen" oder „Keuflerinnen". Sie betrieben eine Art Kommissionshandel, indem sie für andere den Verkauf von Waren und Gegenständen gegen eine sehr geringe, feststehende Zwischenhandelsgebühr übernahmen. Aufgrund ihrer Armut versetzten oder verpfändeten sie mitunter die ihnen anvertraute Ware. Beide, sowohl Hökerin als auch Keuflerin, gehörten der untersten sozialen Schicht an.

Ein bedeutender Teil des Kleinhandels lag in den Händen von Detailhändlerinnen. Diese hatten sich auf bestimmte Waren des täglichen Bedarfs der Bevölkerung der eigenen Stadt und des Nahmarktes spezialisiert, z. B. auf Obst, Gemüse, Geflügel, Käse, Wildbret und Kräuter. Daneben wurde der städtische Markt von den Frauen der Handwerker, wie der Bäcker, Fleischer, Fischer, Täschner oder Gürtler, mit den Produkten des eigenen Gewerbes versorgt[25]. **Detailhändlerinnen**

Rechtliche und soziale Stellung der handelstreibenden Frau

Frauen, die im Handels- und Geldgeschäft engagiert waren, hatten oft eine bessere Rechtsstellung, vor allem standen sie nicht so sehr unter der Vormundschaft ihrer Männer wie andere. Sehr oft konnten diese Frauen frei über ihr Vermögen, wie auch über das ihrer Männer, verfügen. Das beweist die Einsetzung der Frau oder Tochter als Testamentsvollstreckerin. So ein Beispiel haben wir bereits bei der Wiener Neustädter Kaufmannsfamilie Funck gesehen. Ein frühes Zeugnis dieser finanziellen Sonderstellung der Frau ist das Augsburger Stadtrecht von 1276. Hier war es der Frau bereits erlaubt, Geld oder Gut ihres Mannes zu veräußern, wenn sie eigene Geschäfte betrieb.

Ein rechtlicher Grundsatz, der für alle europäischen Städte galt, war, daß jede Kauffrau — ob ledig, verwitwet oder verheiratet — vor Gericht selbständig klagen, aber auch verklagt werden konnte.

Man kann also sagen, daß sich mit dem Hintergrund der Entfaltung eines ökonomisch leistungsfähigen Städtewesens zuerst im Kaufmannsrecht Normen durchsetzten, welche die Stellung der erwerbstätigen Frau spürbar verbesserten. Sie sprengten schrittweise die Formen der im Feudalrecht verankerten „Muntgewalt" über die Frau. Neue Regelungen waren: **Neue rechtliche Regelungen**

1. Regelung der gegenseitigen Schuldenhaftung von Mann und Frau
2. Sicherung der Brautaussteuer der Ehefrau bei Verschuldung des Ehemannes
3. Vermögenstrennung
4. Ehescheidung bei erwiesener Geschäftsuntüchtigkeit des Ehemannes

All diese juristischen Punkte trugen zur Erhöhung der Eigenverantwortlichkeit und Selbständigkeit der Frau bei. Außerdem stärkten die gemeinsamen Wahrnehmungen kaufmännischer Interessen durch Männer und Frauen der Kaufmannschaft die west- und mitteleuropäischen Fernhandels- und Exportgewerbezentren[26].

Aufgrund der Möglichkeit, daß die Frau im Mittelalter selbständig Handel treiben konnte, stellt sich nun die Frage, ob dadurch eine generelle Verbesserung in der Position der Frau **Verbesserung der gesellschaftlichen Stellung**

bewirkt wurde. Wie bereits erwähnt, gibt es im Bereich des Güterwesens Hinweise, daß der Eigenerwerb der Frau in der städtischen Mittel- und Oberschicht das Prinzip der Gütergemeinschaft begünstigt hatte. Allerdings ist kein totaler Abbau von Patriarchalismus und männerrechtlicher Ordnung in der Öffentlichkeit zu bemerken, wenn auch teilweise kleinere Erfolge erzielt werden konnten.

Auch was die Arbeitsleistung der Frau betrifft, kann man nicht sagen, daß handelstreibende Frauen höher bewertet wurden als andere. Dies hing nämlich mit der Wertsvorstellung des Zeitalters zusammen. In einer von Männern dominierten Öffentlichkeit hatte die tatsächliche Bedeutung weiblicher Arbeit für deren Bewertung wenig Relevanz. Trotzdem wirkten sich die ökonomischen Veränderungen im Laufe des Mittelalters überwiegend vorteilhaft, weil befreiend, für die Frau aus. Die Öffentlichkeit zeigte zunehmend Nachsicht und Verständnis für Frauen[27].

Mit dem Ende des Mittelalters war auch die berufliche Selbständigkeit der Frau zu Ende. Sie verlor ihre gute rechtliche und soziale Stellung und verschwand, wie bereits zu Beginn festgestellt, um 1600 fast ganz aus dem Berufsleben, um erst nach der Französischen Revolution wieder darin aufzutauchen.

Abb. 94:
Frau als Verkäuferin von Silber und Schmucksachen.
Französische Buchmalerei, 15. Jh.

Anmerkungen

1) Frauenarbeit in der Geschichte. In: Beiträge zur historischen Sozialkunde. Heft 3. Salzburg 1981. S. 75.
2) Evelyne Sullerot. Die emanzipierte Sklavin. Geschichte und Soziologie der Frauenarbeit. Wien-Köln-Graz 1972. S. 34ff.
3) Sibylle Harksen. Die Frau im Mittelalter. München 1984. S. 28.
4) Peter Ketsch. Frauenarbeit im Mittelalter. In: Frauen im Mittelalter. Bd. 1. Hg. Annette Kuhn. Düsseldorf 1983. S. 225.
5) Harksen, S. 23.
6) Herwig Ebner. Die soziale Stellung der Frau im spätmittelalterlichen Österreich. In: Veröffentlichungen des Instituts für Mittelalterliche Realienkunde Österreichs. Nr. 9. Frauen und spätmittelalterlicher Alltag. Wien 1986. S. 516.
7) Erika Uitz. Die Frau in der mittelalterlichen Stadt. Stuttgart 1988. S. 16.
8) Ferdinand Tremel. Das Handbuch des Judenburger Kaufmannes Clemens Körbler, 1526—1548. S. 67. In: Beiträge zur Erforschung steirischer Geschichtsquellen. Bd. 47. Graz 1960, S. 7.
9) Tremel, S. XXIf.
10) Uitz, S. 19
11) Ebner, S. 544.
12) Uitz, S. 34.
13) Ketsch, S. 226.
14) Uitz, S. 34.
15) Michael Mitterauer. Geschlechtsspezifische Arbeitsteilung in vorindustrieller Zeit. In: Beiträge zur Historischen Sozialkunde. Heft 3. Salzburg 1981. S. 83ff.
16) Uitz, S. 34ff.
17) Uitz, S. 39.
18) Uitz, S. 35f., vgl. auch Ebner, S. 514.
19) Othmar Pickl. Das älteste Geschäftsbuch Österreichs. Die Gewölberegister der Wiener Neustädter Firma Alexius Funck (1516—1538) und verwandtes Material zur Geschichte des steirischen Handels im 15./16. Jh. In: Forschungen zur geschichtlichen Landeskunde der Steiermark. Hg. Historische Landeskommission für Steiermark. Bd. 23. Graz 1966. S. 51.
20) Uitz, S. 40, vgl. auch Pickl, S. 47ff.
21) Uitz, S. 41f.
22) Sulamith Shakhar. Die Frau im Mittelalter. Übersetzt von Ruth Achlama. Königstein 1981. S. 173.
23) Uitz, S. 42.
24) Uitz, S. 42f., vgl. auch Ebner, S. 518.
25) Uitz, S. 44f., vgl. auch Ketsch, S. 229.
26) Uitz, S. 47f., vgl. auch Shakar, S. 173f.
27) Mitterauer, S. 85f., vgl. auch Ebner, S. 548. Vgl. auch Edith Ennen. Frauen im Mittelalter. München 1984.

Helfried Valentinitsch

Bedeutende steirische Kaufmannsfamilien im Spätmittelalter und in der frühen Neuzeit

In der ständisch gegliederten Gesellschaft des Spätmittelalters und der frühen Neuzeit war das steirische Bürgertum einerseits vom Adel und vom Klerus und andererseits von den Bauern deutlich abgegrenzt. Die Grenzen zwischen dem Adel und dem Bürgertum waren allerdings durchlässig, da es in der Steiermark wiederholt einzelnen reichen Kaufleuten gelang, die ihnen durch den Bürgerstand auferlegten Fesseln abzustreifen und in den Adelsstand aufzusteigen. Der Übertritt in einen gesellschaftlich höher bewerteten Stand brachte – abgesehen vom größeren Sozialprestige – verschiedene, recht handfeste Vorteile mit sich. Ein adeliger Grundherr, der von den Abgaben und Diensten seiner Untertanen sowie von anderen Einkünften seiner Güter lebte, war in der Regel kaum jenen Wechselfällen des Lebens ausgesetzt, wie etwa ein Kaufmann, der täglich um seinen Kredit bangen mußte, oder gar ein kleiner Handwerker, den auch nur geringe Konjunkturschwankungen an den Rand des Ruins bringen konnten. Andere Vorteile der Zugehörigkeit zum Adelsstand waren ein privilegierter Gerichtsstand, die Befreiung von Steuern und, nicht zuletzt, die Möglichkeit, im Bereich von übergeordneten politischen Entscheidungsträgern, wie z. B. dem landesfürstlichen Hof, dem Landtag oder in der sich allmählich ausbildenden Hochbürokratie, Einfluß nehmen zu können. Die steirischen Bürger konnten zwar im Rahmen der kommunalen Selbstverwaltung über ihre Belange mitbestimmen und waren – wenn sie in landesfürstlichen Städten lebten – sogar im Landtag vertreten. Die eigentlichen politischen und damit auch viele wirtschaftlichen Entscheidungen wurden hier aber zusammen mit dem Landesfürsten vom Adel getroffen. Der Übertritt in den Adelsstand war an den Erwerb von größerem Grundbesitz gebunden. Das dafür nötige Kapital konnte allerdings stets nur ein verschwindend kleiner Teil der steirischen Bürger aufbringen, und auch hier wieder nur jene, die im Fernhandel, im Geldgeschäft oder im Montanwesen tätig waren[1]. Anders als etwa in England oder in den großen süddeutschen Reichsstädten war in den habsburgischen Erbländern einem Adeligen die Betätigung in einem bürgerlichen Gewerbe, wie dem Handel, untersagt und mit den für seinen Stand verbindlichen Wertvorstellungen nicht vereinbar. Es gibt nun zahlreiche Beispiele, daß sich auch in der Steiermark Adelige immer wieder erfolgreich unternehmerisch betätigten. Im regionalen Handel beschränkten sich jedoch die Aktivitäten der adeligen Grundherren meist auf jene Güter, die in ihrem unmittelbaren Einflußbereich erzeugt wurden. Dazu zählten in erster Linie landwirtschaftliche Erzeugnisse und Bergbauprodukte. Im Fernhandel waren aber die Grundherren praktisch nicht vertreten, da sie über kein entsprechendes Vertriebsnetz verfügten.

Gesellschaftlicher
Aufstieg

Die in den Adelsstand erhobenen, reichen steirischen Kaufleute zogen sich nach ihrer Nobilitierung aus dem nun nicht mehr als standesgemäß angesehenen bürgerlichen Handel zurück, heirateten in alteingesessene Adelsfamilien ein und legten ihr Vermögen in Form von Grundbesitz an, das dadurch dem Handelskapital verlorenging. Durch diese Entwicklung schieden jedoch die tüchtigsten und erfolgreichsten Männer aus dem Bürgerstand aus[2]. Ein weiterer negativer Aspekt war, daß das ohnehin kapitalschwache steirische Bürgertum durch diese Verluste weder im ausgehenden Spätmittelalter, noch in der frühen Neuzeit eine größere Rolle im öffentlichen Leben erlangen konnte. Hingegen hatte die Nobilitierung einzelner Kaufmannsfamilien für den alten Adel durchaus positive Auswirkungen, da die Eingliederung der sozialen Aufsteiger eine willkommene Kapitalzufuhr und zugleich auch eine biologische Auffrischung mit sich brachte, auch wenn die letztere zunächst noch mit dem Makel der bürgerlichen Herkunft behaftet war.

Rückzug
aus dem
bürgerlichen
Handel

Im vorliegenden Beitrag wird nun in chronologischer Abfolge der gesellschaftliche Aufstieg von vier steirischen bzw. in der Steiermark heimisch gewordenen Kaufmannsfamilien exemplarisch aufgezeigt. In der frühen Neuzeit erfuhr das steirische Bürgertum tiefgreifende Veränderungen. Besonders charakteristisch ist hier das Eindringen von ausländischen Unternehmern und die Verdrängung der einheimischen Kaufleute aus wichtigen Bereichen der steirischen Wirtschaft. Während im 15. Jh. im Fernhandel und im Geldgeschäft noch eindeutig einheimische bürgerliche Familien, wie die Eggenberger, die Körbler, die Kornmeß und viele andere dominierten, treten im 16. Jh. neben einigen süddeutschen Unternehmen bereits die ersten italienischen Kaufmannsfamilien auf, die in der Steiermark zu Reichtum und Ansehen gelangten[3]. In den ersten Jahrzehnten des 17. Jhs. erreichte die Einwanderung der Italiener ihren Höhepunkt[4]. Erst nach 1650 treten unter den sozialen Aufsteigern wieder stärker einhei-

Tiefgreifende
Veränderungen

mische Kaufleute in Erscheinung. Allen diesen Familien war aber, trotz ihrer unterschiedlichen Herkunft, gemeinsam, daß sie nach ihrem Übertritt in den Adelsstand ihre bürgerlichen Anfänge möglichst zu verbergen suchten.

1. Die Eggenberger — der Aufstieg einer steirischen Kaufmannsfamilie in den Reichsfürstenstand

Unter den steirischen Kaufmannsfamilien, die es durch ihre Betätigung im Handel und im Geldgeschäft zu Reichtum und Ansehen brachten, überragt die Familie Eggenberg alle anderen[5]. Der auch für die Zeitgenossen geradezu atemberaubende Aufstieg dieser Familie in den Reichsfürstenstand vollzog sich innerhalb von fünf Generationen oder in einem Zeitraum von rund eineinhalb Jahrhunderten. Er findet in den habsburgischen Erbländern keine Entsprechung und läßt sich daher durchaus mit dem der Fugger vergleichen, die erst 1803 den

Herkunft

Reichsfürstenstand erlangten. Über die Herkunft der Eggenberger, die uns in der ersten Hälfte des 15. Jhs. gleichsam aus dem Nichts als angesehene Grazer Bürger entgegentreten, existieren mehrere Theorien. Manche Forscher suchten ihre Ursprünge in Radkersburg, in der Untersteiermark, in Niederösterreich und sogar in der Schweiz. Neuere Untersuchungen halten wieder einen direkten Zusammenhang mit der Stadt Graz bzw. mit dem vor der Stadt gelegenen Gut Eggenberg für wahrscheinlich. Die Ursachen für die bis jetzt nicht überzeugend geklärte Herkunft der Eggenberger sind einerseits im Verlust der älteren Stadtarchive von Graz und Radkersburg zu suchen, die zweifellos manche Hinweise enthalten haben. Andererseits waren die Eggenberger nach ihrem Übertritt in den Adelsstand gar nicht mehr interessiert, die Erinnerung an ihre bürgerlichen Vorfahren wachzuhalten. Wir besitzen deshalb auch über die Handelsbeziehungen der ersten Eggenberger nur sehr vage Angaben. Weitere Aufschlüsse zu allen diesen Fragen sind daher, wenn überhaupt, nur durch die gezielte Heranziehung auswärtiger Archive — etwa in anderen österreichischen Städten oder in den großen süddeutschen Handelszentren — zu erwarten.

Ulrich Eggenberger

Ulrich Eggenberger, der erste namentlich bekannte Vertreter der Familie, ist zwischen 1432 und 1448 in Graz als Ratsbürger und Kaufmann nachweisbar und bekleidete hier auch das Amt eines Stadtrichters. Er unterhielt vermutlich in Radkersburg, Agram/Zagreb und Ofen/Buda Handelsniederlassungen, doch stellte das Geldgeschäft bereits einen wichtigen Bestandteil seiner unternehmerischen Aktivitäten dar. Seine beiden Söhne Balthasar und Hans setzten den steilen wirtschaftlichen Aufstieg der Familie fort. Balthasar Eggenberger (gest. 1493)

Balthasar Eggenberger

war ebenfalls Handelsmann in Graz, beteiligte sich aber auch am Kärntner Goldbergbau und an einem Eisenhammer bei Leoben. Über seine Handelsgeschäfte wissen wir nur, daß er für die Söldner Kaiser Friedrichs III. Textilien und Lebensmittel beschaffte. Er verlegte sich noch stärker als sein Vater auf das Geldgeschäft, das zusammen mit seinem Nahverhältnis zum stets geldbedürftigen Landesfürsten und der Heirat mit einer reichen Grazer Bürgerstochter die eigentliche Quelle für seinen Reichtum war.

1458 bis 1461 war Balthasar Eggenberger kaiserlicher Münzmeister in Graz. 1461 ist er in dieser Funktion auch in St. Veit a. d. Glan und in Laibach/Ljubljana nachweisbar. Er verstand es vor allem, aus der Inflation und den bürgerkriegsähnlichen Wirren der Zeit Kaiser Friedrichs III. Nutzen zu ziehen und streckte dem Landesfürsten und den Ständen beträchtliche Mittel für die Bezahlung ihrer Söldner vor. Besonderes Augenmerk legte Balthasar Eggenberger auf die

Erwerbung von Grundbesitz

Erwerbung von Grundbesitz. Neben mehreren Häusern und Grundstücken in Graz nannte er bereits den vor der Stadt gelegenen Ansitz Eggenberg sein Eigen, wo er eine kleine Marienkapelle errichten ließ. Außerdem gründete er in Graz für alte und in Not geratene Bürger das sogenannte „Eggenberger Stift", dem später noch eine Kirche als Erbbegräbnis der Familie angegliedert wurde. Der Reichtum Balthasar Eggenbergers fand in verschiedenen Legenden Eingang, für die allerdings archivalische Belege fehlen. So fiel er angeblich beim Kaiser in Ungnade und starb in der Haft auf dem Grazer Schloßberg. Nach einer anderen Version wurde er sogar mit der „Eisernen Jungfrau" zu Tode gefoltert.

Von den Kindern Balthasars aus erster Ehe übersiedelte Christoph Eggenberger (gest. 1520) nach Augsburg. Er gründete hier ein eigenes Handelshaus und heiratete in eine Augsburger Patrizierfamilie ein. Seinen Nachkommen gelang es, in das Patriziat der Reichsstadt aufzusteigen, doch starb der Augsburger Zweig der Eggenberger noch im ausgehenden 16. Jh. aus. Hingegen wurde die Grazer Hauptlinie der Eggenberger von dem aus der zweiten Ehe Balthasars stammenden Sohn Wolfgang (gest. 1536) fortgeführt.

Der Bruder Balthasars, Hans Eggenberger (gest. 1481), ließ sich als Handelsherr in Radkersburg nieder und brachte es hier ebenfalls zu einem beträchtlichen Vermögen. Sein Sohn

Grafik 29: **Die Besitzungen der Fürsten zu Eggenberg 1665**

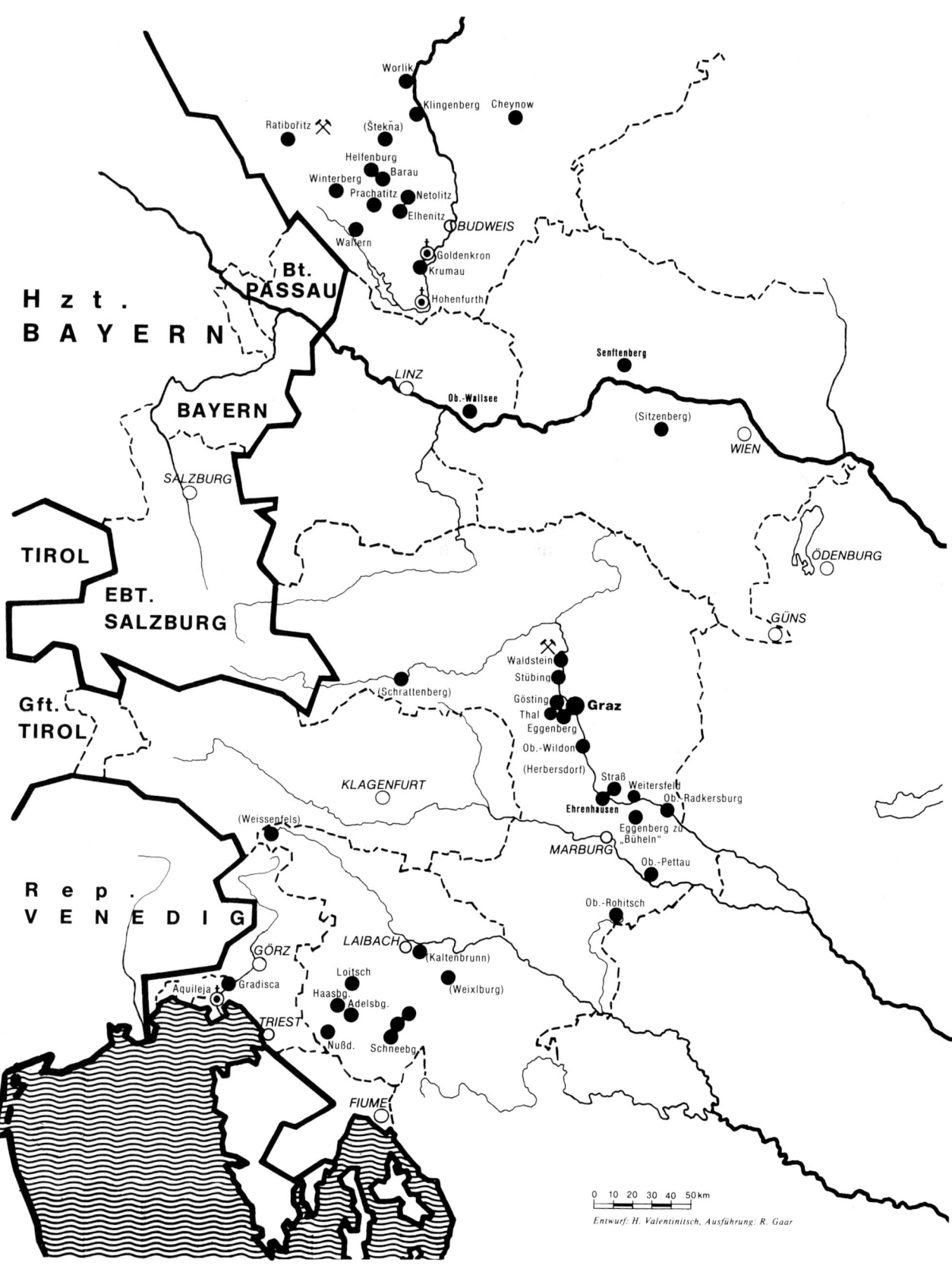

Andreas (gest. 1517) wird 1499 als Stadtrichter in Radkersburg genannt. Über die Geschäfte der in Radkersburg ansässigen Eggenberger existieren nur vereinzelte Angaben. Von Andreas Eggenberger wissen wir nur, daß er unter anderem auch mit italienischen Roßsäumen handelte[6]. Die wichtigsten Handelsgüter der in Radkersburg ansässigen Eggenberger waren aber wohl der untersteirische Wein, dann Textilien, Honig und Schlachtvieh. Während Ulrich Eggenberger noch mit zwei schräg gekreuzten Enterhaken gesiegelt hatte, führte Hans Eggenberger bereits das dann von der ganzen Familie übernommene Wappen mit drei nach einer Krone fliegenden Raben. Die heute noch an der Radkersburger Stadtpfarrkirche angebrachte Grabplatte des Hans Eggenberger orientierte sich ganz an den zeitgenössischen adeligen Vorbildern. Die Inschrift bezeichnet jedoch den Verstorbenen ausdrücklich als einen „ehrsamen Bürger"[7].

„Ehrsamer Bürger"

Obwohl bereits Balthasar und Hans Eggenberger in den steirischen Adel eingeheiratet hatten und ihre Nachkommen Adelsprädikate führten, waren die Eggenberger bis in das vierte Jahrzehnt des 16. Jhs., wenn nicht sogar länger, im bürgerlichen Bereich tätig. Erst in der zweiten Hälfte des 16. Jhs. unterschieden sich die inzwischen mit reichem Grundbesitz ausgestatteten Mitglieder der Familie in ihrer Lebensweise nicht mehr von ihren adeligen Standesgenossen und traten in den Dienst des Landesfürsten und der Stände, wobei Funktionen im Kriegswesen und in der Finanzverwaltung im Vordergrund standen. Den größten Kriegsruhm erlangte der aus der Radkersburger Linie stammende Ruprecht von Eggenberg (1546–1611). Er kämpfte zuerst als spanischer Offizier in den Niederlanden und schlug dann am Grazer Hof eine steile militärische Laufbahn ein. Sein Sieg über die Türken bei Sissek (1593) und die Eroberung der Festung Petrinia verschafften ihm und seiner Familie 1598 die Erhebung in den Freiherrenstand.

Übernehmen adeliger Lebensweise

Noch erfolgreicher war aber der jüngere Vetter Ruprechts von Eggenberg, Hans Ulrich von Eggenberg (1569–1634), der aus der Grazer Hauptlinie der Familie stammte. Auf seine einzelnen Lebensstationen und seine Bedeutung als Staatsmann und Kunstmäzen kann hier nicht näher eingegangen werden, weshalb ich mich auf einige kurze Angaben beschränke. Maßgeblich für den steilen Aufstieg des Hans Ulrich von Eggenberg war seine Freundschaft mit dem innerösterreichischen Landesfürsten Erzherzog Ferdinand, die ihm den Weg in die höchsten Positionen eröffnete. Seine Loyalität und sein umgängliches Wesen befähigten Eggenberg zu heiklen diplomatischen Missionen, die ihn bis nach Italien und Spanien führten. Am Grazer Hof war Hans Ulrich zunächst Obersthofmeister, dann Präsident der Hofkammer und schließlich Direktor des Geheimen Rats. Seit 1602 war er auch Landeshauptmann von Krain. Nach der Kaiserkrönung Ferdinands II. zählte er am Wiener Hof zu den wichtigsten kaiserlichen Beratern und übte auf die Politik der österreichischen Habsburger maßgeblichen Einfluß aus. Ferdinand II. überschüttete nun seinen Günstling geradezu mit Gnadenbeweisen. Nachdem er 1621 Hans Ulrich von Eggenberg zum Landeshauptmann der Steiermark ernannt hatte, schenkte er ihm im folgenden Jahr in Böhmen einen riesigen Herrschaftskomplex, der über 300 Orte, darunter auch die Stadt Krumau, umfaßte. 1623 erfuhr der Aufstieg Eggenbergs mit der Erhebung in den Reichsfürstenstand seinen Höhepunkt. Zwei Jahre später bestellte der Kaiser Eggenberg zum Statthalter der innerösterreichischen Ländergruppe. Hans Ulrich von Eggenberg baute nun das bei Graz gelegene Schloß Eggenberg zu seiner Residenz aus, wobei er sich am Escorial orientierte.

Hans Ulrich von Eggenberg

Erhebung in den Reichsfürstenstand

Hans Ulrich von Eggenberg hatte das kaufmännische Geschick seiner bürgerlichen Vorfahren geerbt und stellte es sowohl im Dienst des Landesfürsten als auch in seinem privaten Bereich unter Beweis. Als Präsident der Grazer Hofkammer gelang es ihm z. B., Erzherzog Ferdinand aus der jahrelangen und demütigenden Abhängigkeit von seinen venezianischen Geldgebern zu befreien und immer wieder neue Kredite aufzutreiben. Eggenberg vergaß dabei aber nicht auf seinen persönlichen Vorteil. So war er mit größter Wahrscheinlichkeit im innerösterreichischen Quecksilberhandel als stiller Teilhaber engagiert. Ob er auch während der Kipper- und Wipperzeit an dem berüchtigten Münzkonsortium des Hans de Witte beteiligt war, läßt sich nicht nachweisen. Sicher ist aber, daß Eggenberg von der Münzverschlechterung und dem darauf folgenden Staatsbankrott 1623 profitierte. Die größten Einkünfte bezog jedoch der Fürst aus seinem riesigen Grundbesitz, den er hauptsächlich in Böhmen, in der Steiermark und in Krain erworben hatte, sowie aus dem ihm 1625 verliehenen Münzrecht. Seine Nachkommen erreichten zwar keine größere politische Bedeutung mehr, sie erwarben aber die gefürstete Grafschaft Gradiska und erlangten damit den ersehnten Sitz auf der Fürstenbank des Reichstages. Die Fürsten Eggenberg traten nun in der Steiermark besonders als Förderer der Musen in Erscheinung, bis das Geschlecht 1717 im Mannesstamm ausstarb.

1717: Aussterben des Geschlechts im Mannesstamm

2. Georg Stürgkh — Ein bayerischer Kaufmann als Ahnherr einer steirischen Adelsfamilie

Der erste Vertreter der Familie Stürgkh in der Steiermark war Georg I. Stürgkh, der um 1475 im kleinen Ort Donaustauf bei Regensburg geboren wurde[8]. Nachdem er schon in früher Jugend seinen Vater verloren hatte, wandte er sich nach Nürnberg, wo er wahrscheinlich den Beruf eines Kaufmannes ergriff und auch seine Lehrzeit verbrachte. Er ließ sich schließlich zu einem nicht näher bekannten Zeitpunkt in Graz nieder, erwarb hier das Bürgerrecht und gelangte zu solchem Ansehen, daß er 1511 die Tochter eines reichen Grazer Ratsbürgers heiraten konnte. Vermutlich legte Georg Stürgkh mit Hilfe dieser Ehe sowie mit einer Erbschaft den Grundstein für sein rasch expandierendes Handelshaus. Er unterhielt ausgedehnte Geschäftsbeziehungen, die bis nach Nürnberg, ins Küstenland und nach Italien reichten. Stürgkh handelte vor allem mit Wein, aber auch mit Quecksilber aus Idria, mit Arsenik und verschiedenen anderen Waren, unter denen wohl Textilien an erster Stelle standen. Außerdem trat er wiederholt als Geldgeber des Landesfürsten und der steirischen Landschaft auf. Stürgkh legte einen beträchtlichen Teil seines Kapitals in Form von Grundbesitz an. 1532 krönte er seine Erwerbungen durch den Kauf der westlich von Graz gelegenen Herrschaft Plankenwarth, die er in den folgenden Jahren durch systematische Ankäufe weiter vergrößerte. Dem wachsenden Reichtum Stürgkhs folgte der gesellschaftliche Aufstieg. 1518 bestätigte der Kaiser das Wappen seiner Vorfahren, das als sogenanntes „redendes Wappen" einen auf drei Hügeln stehenden Storch (= Stürgkh) mit einem Ring im Schnabel zeigt. Nach dem Kauf von Plankenwarth wurde Georg I. Stürgkh von König Ferdinand I. in den Ritterstand erhoben. Da er als Adeliger keinem bürgerlichen Geschäft mehr nachgehen durfte, übertrug er 1534 das Grazer Handelshaus seinem Sohn Hans und seinem langjährigen Handelsdiener und stattete beide mit einem Betriebskapital von 8.000 Gulden aus.

Grundstein für den Aufstieg

Erhebung in den Ritterstand

Wie die meisten anderen sozialen Aufsteiger seiner Zeit bekannte sich auch Georg Stürgkh schon früh zur Lehre Martin Luthers. 1528 äußerte eine landesfürstliche Kommission den Verdacht, daß er weder die Messe hören, noch beichten und fasten wolle. Außerdem hatte er die spöttische Bemerkung gemacht, daß man bei den katholischen Predigten lieber die Tannhäusersersage erzählen solle. Seine religiöse Einstellung hinderte aber Georg Stürgkh nicht daran, sich nach seinem Tod 1547 in der heutigen Grazer Stadtpfarrkirche, die damals den Dominikanern gehörte, begraben zu lassen. Sein noch erhaltener Renaissancegrabstein zeigt neben dem Familienwappen auch ein kleines Reliefportrait Georg Stürgkhs. Die Grabinschrift weist den Verstorbenen als den „Edlen und festen Georg Stürgkh von Plankenwarth" aus und enthält keinen Hinweis auf seine bürgerliche Herkunft. Das 1546 verfaßte Testament Georgs I. legt für seinen Familiensinn Zeugnis ab, da er beim Erbe auch seine in Bayern lebenden Verwandten berücksichtigte. Die in Graz und Plankenwarth lebenden Armen und die „frommen Jungfrauen" wurden ebenfalls vom Erblasser bedacht. Außerdem erhielt das Grazer Armenspital eine Stiftung, von deren Ertrag jährlich zwei Hebammen zur Unterstützung von bedürftigen Frauen bezahlt werden sollten.

Von den Kindern des Georg I. Stürgkh starb Hans, der Nachfolger in der Führung des Handelshauses, noch zu Lebzeiten des Vaters. Die überlebenden Söhne, Ludwig I., Georg II. und Christoph studierten an verschiedenen deutschen Universitäten, darunter auch in Wittenberg. Sie zogen sich völlig aus dem Handel zurück, traten als Beamte oder Soldaten in den Dienst des Landesfürsten und ehelichten bereits Angehörige des alten steirischen Adels. Hingegen heirateten ihre Schwestern in verschiedene in Graz, Marburg, Bruck a. d. Mur und Vordernberg ansässige Bürgerfamilien ein. 1638 wurde die inzwischen wieder zum katholischen Glauben zurückgekehrte Familie Stürgkh vom Kaiser in den Freiherrenstand und 1715 in den Grafenstand erhoben. Die bis in die Gegenwart in der Steiermark begüterten Grafen Stürgkh zählten bis zum Untergang der Habsburgermonarchie zu den angesehensten Familien des Landes und stellten wiederholt Staatsmänner, Diplomaten und Offiziere. Einer der bekanntesten Vertreter der Familie ist wohl der österreichische Ministerpräsident Karl Graf Stürgkh, der 1916 von Friedrich Adler, dem Sohn des sozialdemokratischen Parteiführers Viktor Adler, erschossen wurde.

Die Nachkommen

3. Die Qualandro — Aufstieg und Niedergang
einer italienischen Kaufmannsfamilie in der Steiermark

Unter den zahlreichen italienischen Kaufmannsfamilien, die sich vor allem im 16. und 17. Jh. in der Steiermark niederließen, erlangte die Familie Qualandro nur kurze Zeit eine bedeutende Stellung[10]. Die Schreibform ihres Namens erfuhr verschiedene Änderungen und reicht vom ursprünglichen Gualandri über Gualandro bis zum verballhornten Qualandro, das schließlich für den steirischen Zweig der Familie maßgebend werden sollte. Den Grundstein für den Aufstieg und das Vermögen der Familie in der Steiermark legte Matthias Qualandro, über dessen Anfänge wir nur wenige Angaben besitzen. Wie viele andere eingewanderte Ita-

Matthias Qualandro

liener stammte auch er aus der durch ihre Textilproduktion bekannten Stadt Bergamo, die im Handel zwischen Ungarn und Italien eine wichtige Rolle spielte. 1609 wird Matthias Qualandro in den Akten der innerösterreichischen Hofkammer erstmals als Kaufmann und Viehhändler in Pettau erwähnt. Vermutlich kam er aber schon um 1600 im Gefolge jener italienischen Viehaufkäufer nach Pettau, die hier seit dem letzten Viertel des 16. Jhs. den über Innerösterreich verlaufenden ungarischen Ochsenhandel nach Venedig unter ihre Kontrolle gebracht hatten. In seiner neuen Umgebung dürfte Qualandro bald die für die Abwicklung seiner Geschäfte nötigen Sprachkenntnisse erworben haben. Er blieb jedoch, wie er selbst mehrmals erklärte und auch der Magistrat der Stadt Pettau bestätigte, zeit seines Lebens Analphabet! Diese Unkenntnis wirkte sich aber auf seinen Geschäftserfolg und gesellschaftlichen Aufstieg keineswegs nachteilig aus. Im Gegenteil, Matthias Qualandro gelang es, in der Steiermark innerhalb von nur zwei Jahrzehnten zum reichsten Kaufmann des Landes aufzusteigen!

Handel mit Schlachtochsen

Das Schwergewicht seiner unternehmerischen Aktivitäten lag von Anfang an auf dem Handel mit Schlachtochsen, doch handelte er daneben auch mit Textilien und anderen Waren. Im zweiten Jahrzehnt des 17. Jhs. nahm Qualandro im Ochsenhandel nach Oberitalien bereits eine führende Stellung ein und war einer der wichtigsten Geschäftspartner der Ochsenappaltatoren Carlo Albertinelli und Friedrich Overholz. Er unterhielt deshalb seit 1613 nachweisbar einen eigenen Faktor in Venedig, der dort die von ihm gelieferten Rinder in Empfang nahm. Die große Zeit des „Bergamasco", wie Matthias Qualandro wegen seiner Herkunft genannt wurde, kam aber erst während der Inflation der Jahre 1619 bis 1623. Obwohl die Regierung wegen der Lebensmittelverknappung die Ausfuhr von heimischen Rindern streng verboten hatte, verstand es Qualandro, sich durch Schmuggel und durch den Umtausch von minderwertigen Münzen enorm zu bereichern. 1622 blieb schließlich der Regierung nichts anderes übrig, als Qualandro die Fleischversorgung der hungernden Grazer Bevölkerung zu übertragen. Bereits 1621 hatte der Kaiser Qualandro gegen den erbitterten Widerstand der steirischen Landschaft in den Adelsstand erhoben und ihm ein Wappen verliehen, das neben einem Adler bezeichnenderweise auch einen Rinderkopf zeigte. Im Gegensatz zu anderen geadelten steirischen Kaufleuten dachte aber Qualandro nicht daran, sich aus seinen bürgerlichen Geschäften zurückzuziehen und konzentrierte sich nun ganz auf den Viehhandel. Er spielte hier seine Konkurrenten so lange gegeneinander aus, bis ihm Kaiser Ferdinand II. 1626 den

„Viehhandelsmonopol"

alleinigen innerösterreichischen und ungarischen Viehhandel nach Venedig verpachtete. Als Ochsenappaltator erlegte er nun Jahr für Jahr der Grazer Hofkammer Vorauszahlungen für die Pachtgebühren in der Höhe von jeweils 20.000 bis 25.000 Gulden. In seinen letzten Lebensjahren stieß der in weiten Kreisen der Bevölkerung verhaßte und als „Landesverderber" bezeichnete Großunternehmer zunehmend auf den Widerstand der ungarischen und kroatischen Magnaten, die seine Monopolstellung im ungarischen Außenhandel nach Italien zu brechen suchten. Matthias Qualandro erlebte aber nicht mehr die vollen Auswirkungen der Maßnahmen seiner Gegner, da er 1636 in Pettau starb. Er hinterließ ein für einen steirischen Kaufmann enormes Vermögen von rund 185.000 Gulden, von dem aber nicht minder beträchtliche Schulden von 72.000 Gulden abzuziehen waren! Der größte Teil des Nachlasses entfiel auf Grundbesitz, den Qualandro, allein schon um der Geldentwertung zu entgehen, in der Umgebung von Pettau erworben hatte. Darunter befanden sich fünf Herrschaften mit den dazu gehörigen Schlössern und Untertanen, das heute noch existierende Haus der Familie Qualandro in Pettau und zahlreiche Weingärten und andere kleinere Grundstücke. Außerdem hatte Matthias Qualandro sicherheitshalber bei Bergamo ein Landgut gekauft, das nach seinem Tod sein in Italien gebliebener Bruder Marco Antonio übernahm.

Niedergang der Familie

Die beiden Söhne des Qualandro, Cyprian und Fermo, besaßen nicht das Format ihres Vaters, um das Vermögen der Familie zu halten. Der Ältere, Cyprian, der in eine Triestiner Kaufmannsfamilie eingeheiratet hatte, war an bürgerlichen Geschäften völlig desinteressiert. Er zog es vor, das Leben eines jungen Standesherrn zu führen und als Offizier in den Dienst des Kaisers zu treten. Cyprian erhielt noch zu Lebzeiten seines Vaters die untersteirische Herrschaft Pogled, wo er seine Untertanen wegen Geringfügigkeiten grausam verprügeln ließ, übertriebene Robotforderungen verlangte und den Bauernmädchen nachstellte. Während des „Windischen Bauernaufstandes" von 1635 erhielt er die Quittung für sein Verhalten, als seine Untertanen das Schloß Pogled in Flammen aufgehen ließen. Nach dem Tod des alten Qualandro verschleuderte Cyprian in kürzester Zeit sein Erbteil und flüchtete schließlich unter Zurücklassung seiner Familie nach Italien, um nie mehr nach Pettau zurückzukehren.

Seinem jüngeren Bruder Fermo fiel nun die undankbare Aufgabe zu, die Gläubiger der Familie zu befriedigen. Gleichzeitig scheiterten seine Versuche, sich im großen Stil in den Ochsenhandel nach Italien einzuschalten, weshalb er eine Herrschaft nach der anderen verkaufen oder verpfänden mußte. In dieser scheinbar ausweglosen Situation bewährte sich aber der Familiensinn der Italiener und die Verbindung zu Marco Antonio Gualandri in Bergamo. Mit dessen finanzieller Hilfe gelang es der Familie Qualandro, ihren Besitz in Pettau zu halten und auch zwei verpfändete Herrschaften wieder auszulösen. Die Nachkommen Fermo Qualandros zogen sich nun allmählich aus dem Handel zurück und führten auf den ihnen verbliebenen Gütern das Leben von adeligen Grundherren. 1736 starb mit Alois Franz Xaver von Qualandro der letzte des durch vier Generationen in Pettau ansässigen Geschlechts, das dieser Stadt und damit auch der Steiermark mehr als ein Jahrhundert lang Kaufleute, Stadtrichter, Geistliche und Soldaten gestellt hatte.

4. Abondio Inzaghi — Ein Finanzgenie im Dienst Kaiser Leopolds I.

Unter den zahlreichen Italienern, die sich im 17. Jh. in der Steiermark niedergelassen hatten, ist Abondio Inzaghi (geb. 1617, gest. 1691) zweifellos eine der faszinierendsten Persönlichkeiten. Im Gegensatz zu vielen anderen Unternehmerfamilien, deren Aufstieg sich über mehrere Generationen vollzogen hatte, führte nämlich die Karriere Inzaghis innerhalb einer einzigen Generation vom landfremden Geldwechsler und Kaufmann bis zum Grafenstand! Abondio Inzaghi wurde als Sohn einer in Como im Herzogtum Mailand ansässigen Familie geboren, die wahrscheinlich auch im Handel und im Geldgeschäft tätig war[11]. Wann und unter welchen Umständen er in die Steiermark kam, ist nicht bekannt. Vielleicht diente ihm aber die ebenfalls aus dem Herzogtum Mailand stammende Familie Miglio als Vorbild, die seit etwa 1620 im innerösterreichischen Handel eine bedeutende Rolle spielte. Ob Inzaghi, wie später seine Gegner behaupteten, seine Laufbahn als armer Ladenjunge in Pettau begann, läßt sich nicht nachweisen[12]. Sicher ist nur, daß er bereits als junger Mann seine Heimat verließ, um im Ausland sein Glück zu versuchen. In der Steiermark wird Inzaghi erstmals 1644 ausdrücklich als Geldwechsler genannt[13]. Er heiratete damals in Graz im Alter von 27 Jahren eine Tochter des kaiserlichen Hofzeugwarts Michael von Morelli[14]. Diese Verbindung schaffte ihm nicht nur Zugang zu den innerösterreichischen Zentralbehörden, sondern auch zu einem Personenkreis, der in einem Nahverhältnis zum Kaiserhaus stand.

Abb. 95:
Wappen der Grafen
Inzaghi.

Das Hauptaugenmerk Inzaghis lag wohl von Anfang an auf dem Geldgeschäft, doch betätigte er sich zeitweilig auch im Großhandel[15]. Um 1648 exportierte er für die Regierung Quecksilber aus Idria und erhielt dafür Ausfuhrgenehmigungen für kroatisches Kupfer. Dabei erkannte er rasch die Möglichkeiten, die sich bei der Pacht von landesfürstlichen Handelsmonopolen anboten. Er versuchte deshalb 1650, den Ochsenappaltator Carlo Miglio aus dem ungarischen und innerösterreichischen Viehhandel zu verdrängen und machte sich gegenüber der Grazer Hofkammer erbötig, gegen ein Darlehen von 60.000 Gulden innerhalb von fünf Jahren 35.000 ungarische Rinder nach Italien abtreiben zu lassen. Im gleichen Jahr schlug er den Finanzbehörden vor, den Handel mit Honig und Olivenöl zum Monopol zu erklären und an ihn zu verpachten. Als diese Pläne abgelehnt wurden, verlegte er sich vorübergehend auf den Großhandel mit Textilien, mit denen die steirische Landschaft die Militärgrenzer zu bezahlen pflegte.

1655 trat Inzaghi dank seiner guten Beziehungen und seines offenkundigen Finanztalents als Münzmeister in den Dienst des Kaisers. Schon nach wenigen Monaten deckten aber seine Vorgesetzten verschiedene Unregelmäßigkeiten auf. So warf ihm die Grazer Hofkammer die Prägung von falschen Talern vor und forderte von ihm den Eintausch der mit seinem Wappen versehenen Münzen. Obwohl Inzaghi 1656 seiner Stellung als Münzmeister enthoben worden war, entließ ihn der Kaiser nicht aus seinem Dienst, sondern ernannte ihn noch im gleichen Jahr zum innerösterreichischen Hofkammerrat! Im Kollegium der Grazer Hofkammer entfaltete Inzaghi sofort sein Geschick in finanziellen Fragen, da die anderen Kammerräte bestenfalls Kenntnisse in der Buchhaltung besaßen, aber über keine praktischen Erfahrungen als selbständiger Unternehmer verfügten. In seiner neuen Funktion hatte Inzaghi bald wieder mit dem Quecksilberbergwerk Idria und dem damit verbundenen Handel zu tun, der sich in der Hand einer genuesischen Familie befand. Als Inzaghi nun vorschlug, den Quecksilberexport in staatliche Eigenregie zu übernehmen, willigte Kaiser Leopold I. ein und betraute ihn 1659 mit der Verwaltung des Quecksilberhandels[16]. Inzaghi gelang es in kürzester Zeit, den jahre-

Münzmeister des Kaisers

„Verstaatlichung" des Quecksilberexports

lang darniederliegenden Quecksilberexport zu reorganisieren und sicherte damit dem Kaiser eine wichtige Einnahmsquelle. Zu seinen unbestreitbaren Leistungen als Hofkammerrat zählte auch die Auslösung des an den bayrischen Kurfürsten verpfändeten Mautamtes Tarvis, über das ein großer Teil des innerösterreichischen Italienhandels verlief. Mit welchen gigantischen Summen Inzaghi zu jonglieren verstand, wird daraus ersichtlich, daß er allein bei dieser Finanzaktion innerhalb von fünf Jahren rund 754.000 Gulden aufbrachte[17]. Entgegen den ursprünglichen Absichten der Hofkammer leitete Inzaghi aber den staatlichen Quecksilberhandel nicht als Beamter, sondern wie ein privater Unternehmer, der in erster Linie an seinem eigenen Gewinn interessiert war. Die Unfähigkeit der Hofkammer, die Inzaghi jahrelang ohne Kontrolle und auf eigene Verantwortung agieren ließ, ermöglichten es ihm, sich auf Kosten des Aerars enorm zu bereichern. Gleichzeitig verstand er es, sich durch Darlehen beim Kaiser unentbehrlich zu machen. Der Lohn dafür blieb nicht aus, da Inzaghi 1663 in den Freiherrenstand erhoben wurde.

Sturz Inzaghis 1667/68

Erst 1667/68 kam es auf Betreiben seiner zahlreichen Neider zum Sturz Inzaghis, als eine Untersuchungskommission selbst für die damalige Zeit skandalöse Mißstände seiner Amtsführung ans Licht brachte[18]. So hatte Inzaghi z. B. die im staatlichen Quecksilberhandel erzielten beachtlichen Wechselgewinne nicht in seine Amtsrechnungen übernommen, sondern schlicht unterschlagen! Der Kaiser verzichtete zwar auf eine strafrechtliche Verfolgung, setzte aber Inzaghi als Leiter des Quecksilberhandels ab. 1670 verlor Inzaghi auch seinen Sitz und das Stimmrecht in der Hofkammer und durfte nur mehr den Titel eines Hofkammerrates führen. Auch nach seinem Sturz trat Inzaghi wiederholt als Geldgeber des Kaisers auf und wurde dafür 1686 sogar in den erblichen Grafenstand erhoben. Es gelang ihm aber nicht, seine Rehabilitierung durchzusetzen oder gar seinen früheren Einfluß zurückzugewinnen. Inzaghi verbrachte deshalb seinen Lebensabend teils auf seinen im Mürztal erworbenen Herrschaften Oberkindberg, Ober-Lorenzen und Hart, teils in Graz, wo er ein Freihaus und den Hof Kroisbach erworben hatte[19].

Das „Inzaghi-Erbe"

Bei seinem Tod im Jahr 1691 hinterließ er ein riesiges Vermögen. Allein sein Grundbesitz in und um Graz sowie hier aufbewahrte Schuldbriefe repräsentierten einen Wert von rund 120.000 Gulden, während die Herrschaft Hart auf 30.000 Gulden geschätzt wurde[20]. Außerdem besaß Inzaghi in Como einen Palazzo und zwei außerhalb der Stadt gelegene Landgüter.

Von seinen Kindern übernahm Johann Philipp Graf Inzaghi die zum Fideikommiß erklärten steirischen Besitzungen der Familie. Der sehr gebildete Graf promovierte noch zu Lebzeiten seines Vaters in Freiburg im Breisgau zum Doktor der Rechte und bekleidete in der innerösterreichischen Zentralverwaltung hohe Positionen[21]. In der zweiten auf Abondio Inzaghi folgenden Generation erbte vor allem der nachmalige Abt von St. Lambrecht, Eugen Graf Inzaghi das unternehmerische Talent seines Großvaters. Abt Inzaghi ließ nämlich 1743 in Gußwerk bei Mariazell einen modern ausgestatteten Betrieb errichten, der für die kaiserliche Armee Kanonen und Munition herstellte, daneben aber auch für den zivilen Sektor arbeitete[22]. In der zweiten Hälfte des 18. Jhs. leitete Johann Nepomuk Graf Inzaghi ausgerechnet das Quecksilberbergwerk Idria, dem sein Vorfahr Abondio den größten Teil seines Vermögens, aber auch seinen Sturz zu verdanken hatte[23].

1856: Das Geschlecht erlischt im Mannesstamm

Mit dem Tod des kinderlosen Carl Rudolf Graf von Inzaghi im Jahr 1856 erlosch schließlich das Geschlecht im Mannesstamm, das rund zwei Jahrhunderte lang dem Haus Österreich in hohen und höchsten Funktionen gedient hatte. Heute erinnern an die Inzaghi vor allem das gleichnamige Stadtpalais am Grazer Mehlplatz, das noch von Abondio Inzaghi in seine gegenwärtige Form gebrachte Schloß Oberkindberg und der von ihm in Kindberg gestiftete Kalvarienberg.

Abb. 96:
Giovanni D. Inzaghi;
*17. Jh., ein Repräsentant
der berühmten
Kaufmannsfamilie.*

Anmerkungen:

1) Vgl. dazu die grundlegenden Darstellungen von F. Tremel, Der Frühkapitalismus in Innerösterreich, Graz 1954; ders., Der österreichische Kaufmann im 16. Jh., in: H. J. Mezler-Andelberg (Hg.), FS Karl Eder zum 70. Geburtstag, Innsbruck 1959, S. 119ff. und F. Leskoschek, Der steirische Kaufmann, in: Die Steiermark (red. v. B. Sutter), Graz ²1971, S. 909ff. Über die Geschäftspraktiken in der frühen Neuzeit siehe F. Tremel, Das Handelsbuch des Judenburger Kaufmannes Clemens Körbler, in: Beiträge zur Erforschung steir. Geschichtsquellen 47 (NR 15), Graz 1960, und O. Pickl, Das älteste Geschäftsbuch Österreichs. Die Gewölberegister der Wiener Neustädter Firma Alexius Funck (1516—ca. 1538), in: Forschungen zur geschichtl. Landeskunde d. Steiermark 23, Graz 1966.
2) Tremel, Frühkapitalismus, S. 152f.
3) Vgl. dazu O. Pickl, Geadelte Kaufherren, in: Blätter für Heimatkunde 44, 1970, S. 20ff.; ders., Grazer Finanzleute und Fernhändler im 15./16. Jahrhundert, in: 850 Jahre Graz, Graz 1979, S. 147ff.
4) H. Valentinitsch, Italienische Unternehmer im Wirtschaftsleben der innerösterreichischen Länder 1550—1650, in: J. Schneider (Hg.), Wirtschaftskräfte und Wirtschaftszweige, 1. Band, Nürnberg 1979, S. 695ff.
5) Die Darstellung der Familie Eggenberg stützt sich hier auf folgende Untersuchungen: W. E. Heydendorff, Die Fürsten und Freiherren zu Eggenberg und ihre Vorfahren, Graz 1965; G. B. Marauschek, Die Fürsten zu Eggenberg. Unter besonderer Berücksichtigung ihres Kunstmäzenatentums 1568—1717, phil. Diss. (maschin.), Graz 1968; G. M. Dienes, Die Bürger von Graz. Örtliche und soziale Herkunft (Von den Anfängen bis 1500), phil. Diss. (maschin.) Graz 1978 und B. Ruck/F. Kryza-Gersch, Schloß Eggenberg. Ein Führer durch die Sammlung, Graz 1984.
6) H. Hassinger, Geschichte des Zollwesens, Handels und Verkehrs in den östlichen Alpenländern vom Spätmittelalter bis in die zweite Hälfte des 18. Jhs., Bd. 1 (= Deutsche Zolltarife des Mittelalters u. der Neuzeit, Teil 5) (Deutsche Handelsakten des Mittelalters u. der Neuzeit, Bd. 16), Stuttgart 1987, S. 86. Hassinger gibt allerdings Andreas Eggenberger als Grazer Kaufmann an.
7) Vgl. dazu H. Valentinitsch, Grabinschriften und Grabmäler als Ausdruck sozialen Aufstiegs im Spätmittelalter und in der frühen Neuzeit (im Druck).
8) Die Darstellung der Anfänge der Familie Stürgkh stützt sich auf die grundlegende Untersuchung von M. Uhlirz, Schloß Plankenwarth und seine Besitzer, Graz 1916, S. 31—64.
9) H. Valentinitsch, Die Grazer Stadtpfarrkirche zum Heiligen Blut als Begräbnisstätte vom 15. bis zum 18. Jh., in: Histor. Jahrbuch d. Stadt Graz 7/8, 1975, S. 31 und 61.
10) Eine detaillierte Darstellung der Geschichte der Familie Qualandro ist nachzulesen bei H. Valentinitsch, Die Familie Qualandro in Pettau. Ein Beitrag zur Wirtschafts- und Sozialgeschichte des 17. Jhs., in: Südostdeutsches Archiv 15/16, 1972/73, S. 66—78.
11) Vgl. dazu die im Stmk. Landesarchiv (Familienarchiv Inzaghi) und im Schloß Oberkindberg aufbewahrten verschiedenen Ausführungen des Stammbaums der Familie Inzaghi. In der Steiermark versuchte Abondio Inzaghi seine vornehme bzw. alte adelige Herkunft nachzuweisen. Er konnte aber von seinen Vorfahren väterlicherseits außer seinem 1550 geborenen Großvater nur Paulus und Lafranco Inzago namentlich angeben, die angeblich 1387 bzw. 1398 von Herzog Giangaleazzo Visconti in das „Consilium Nobilum" zu Mailand berufen worden waren. In der Ahnenreihe der Familie Inzaghi klafft daher eine Lücke, die 150 Jahre umfaßt!
12) H. Ritter von Srbik, Der staatliche Exporthandel Österreichs von Leopold I. bis Maria Theresia, Wien-Leipzig 1907, S. 33.
13) H. Valentinitsch, Großunternehmer und Heereslieferanten in der Steiermark und an der Windischen Grenze, in: Zeitschrift d. Histor. Vereines f. Stmk. 66, 1975, S. 148f.
14) Michael Morelli heiratete 1614 als Leutnant der Grazer Stadtwache Regina, die Witwe des Grazer Bürgers Gregor Kheberl. Er wurde 1621 nobilitiert und erhielt 1641 das Prädikat „von Sonnenberg". Seine Nachkommen stiegen bis in den Grafenstand auf (Stmk. Landesarchiv, Landrecht, Sch. 733).
15) Valentinitsch, Großunternehmer, S. 159ff.
16) Srbik, S. 17ff., und H. Valentinitsch, Das landesfürstliche Quecksilberbergwerk Idria 1575—1659, in: Forschungen zur geschichtlichen Landeskunde der Steiermark 32, Graz 1981, S. 349f.
17) Srbik, S. 27f. Vgl. dazu auch A. Hildebrandt, Das kurfürstlich-bayerisch verwaltete Mautoberamt Tarvis, in: Carinthia I, 160, 1970, S. 425ff.
18) Srbik, S. 28ff.
19) Valentinitsch, Großunternehmer, S. 161.
20) Stmk. Landesarchiv, Landrecht, Sch. 450.
21) G. Spiegelfeld, Mein Stammbaum steht in Österreich, Graz 1987, S. 94ff.
22) C. von Wurzbach, Biographisches Lexikon des Kaiserthums Oesterreich, 10. Theil, Wien 1863, S. 216.
23) Über die letzten männlichen Vertreter der Familie Inzaghi vergleiche die einfühlsame Darstellung von G. Spiegelfeld, S. 105—114.

Christian Promitzer

Zum Organisationsverhalten der Handelsangestellten in der Steiermark bis 1934

Die steirischen Handelsangestellten haben sich seit dem letzten Jahrzehnt des 19. Jhs. in gewerkschaftsähnlichen Verbänden zu organisieren begonnen. Es gab allerdings schon seit dem ausgehenden 18. Jh. Vereine der Handelsangestellten. Es sei hier nur an das 1798/99 gegründete „Institut zur Unterstützung kranker, armer dienstloser Alters und Gebrechlichkeiten wegen zum Dienen unfähig gewordener Handlungsdiener" in Graz erinnert, aus dem die

heutige Versicherungsanstalt „Merkur" hervorgegangen ist. Wie notwendig ein derartiges Institut war, zeigt die Tatsache, daß es bis zur Gewerberechtsnovelle von 1883 keine Pflichtkrankenkasse für Handelsangestellte gab[1].

Im Gefolge der Industrialisierungswelle, die von der Mitte des 19. Jhs. bis in die 1870er Jahre reichte, kam es auch zu Veränderungen in den Betriebsformen des Handels. Den rechtlichen Rahmen dieser Vorgänge bildete die Gewerbeordnung von 1859 und die Einführung des Allgemeinen Deutschen Handelsgesetzbuches. Die darin enthaltenen liberalen Bestimmungen führten dazu, daß die Zahl der Handelsangestellten schneller wuchs als der Handel. Ein

erhöhter Konkurrenzdruck war die Folge. In dieser Situation gründeten liberale Grazer Handelsangestellte 1865 den kaufmännischen Verein „Mercur", der sich die Stellenvermittlung der Handelsangestellten zur Aufgabe machte. Darüber hinaus bemühte sich der Verein — wenn auch vergeblich — um die Einschränkung der Ladenschlußzeiten. Um den Sparwillen der Mitglieder anzuregen, wurde eine Vereinssparkasse gegründet. Das eigentliche Aufgabengebiet des Vereins lag jedoch in der beruflichen Weiterbildung der Handelangestellten[2].

Im Verein „Mercur" waren sowohl selbständige Kaufleute als auch Handelsangestellte miteinander vereinigt. Diese Interessensgemeinschaft erklärt sich daraus, daß es bis weit in die zweite Hälfte des 19. Jhs. für einen Handelsangestellten, einen „Commis", nicht ungewöhnlich war, später einmal zum selbständigen Kaufmann aufzusteigen. Dies begann sich jedoch in den Krisenjahren der siebziger Jahre des 19. Jhs. zu ändern. Nur mehr in Ausnahmefällen gelang der Sprung zum freien Unternehmer. Die neuen Geschäftsformen im Handel, das Warenhaus und das Spezialgeschäft, verlangten Stammkapitalien, die vom Gehalt eines Angestellten nicht mehr abgespart werden konnten. Außerdem stiegen die Anforderungen im Beruf: Ein guter Handelsangestellter sollte nicht mehr nur über Fremdsprachenkenntnisse verfügen, sondern auch im Maschinschreiben und in der Kurzschrift versiert sein.

Diese Veränderungen führten auch zu einem anderen Karrieremuster. Nicht mehr der Aufstieg zum selbständigen Kaufmann, sondern zum Abteilungsleiter im Warenhaus bestimmte die Wünsche der einfachen „Commis". Dieses Berufsziel war aber für die wenigsten erreichbar.

Der Beruf eines „Handlungsdieners" hatte somit an Attraktivität verloren, ja zählte nunmehr sogar zu den schlechtesten unter den Angestelltenberufen. Von der Einkommenssituation unterschieden sich die Handelsangestellten kaum mehr von den Facharbeitern. Erst die gesunkene soziale Stellung der „Handlungsdiener" öffnete den Frauen den Weg in den Beruf als Handelsangestellte, wobei sie im Einkommen weit schlechter gestellt waren als ihre männlichen Kollegen[3].

Auf Grund dieser Veränderungen entstanden die ersten gewerkschaftsähnlichen Fachvereine der Handelsangestellten. Der erste derartige Verein in der Steiermark war der 1892 gegründete Leobner Zweigverein des christlich-sozialen „Vereines österreichischer Handelsangestellter". Weitere Zweigvereine entstanden, doch keiner hielt sich länger als einige Jahre[4].

1897 wurde in Graz der deutschnationale „Verband alpenländischer Handelsangestellter" ins Leben gerufen, der ein Naheverhältnis zur „Deutschen Volkspartei" pflegte. 1905 fusionierte

Deutschnationaler Handelsverein

der „Verband" mit einigen anderen deutschnationalen Angestelltenvereinen zum „Reichsverband ,Anker' der deutschen Handels-, Industrie- und Privatangestellten Österreichs mit Sitz in Wien"[5]. 1904 machte sich auch eine weitere Organisation dieser Richtung in der Steiermark bemerkbar: der „Deutschnationale Handlungsgehilfen-Verband (DHV)", dessen Zentrale in Hamburg lag. Die österreichischen Zweigvereine des DHV waren im „Gau Ostmark" zusammengefaßt. Dieser Verein war einer der Ausgangspunkte der Entstehung der „Deutschen Arbeiterpartei", der Vorgängerorganisation der NSDAP in Österreich[6].

Die deutschnationalen Organisationen strebten eine Fixierung speziell für Angestellte geltender Sozialgesetze an. Sie hofften, dadurch die Proletarisierung der Handelsangestellten aufhalten zu können. Dem entsprach auch die Abgrenzung gegenüber der Arbeiterschaft und die

Absicht, weibliche Angestellte aus dem Arbeitsprozeß zu drängen. Diese Politik sollte insgesamt dazu dienen, „das Ansehen des deutschen Handelsstandes zu heben und die Lage aller geistigen Arbeitnehmer zu verbessern". Es darf nicht vergessen werden, daß diese Maßnahmen auch auf Kosten jüdischer Kaufleute und Handelsangestellter umgesetzt werden sollten. So nahm der Reichsverband „Anker" einen eigenen „Arierparagraph" in seine Statuen auf: „Mitglieder des Verbandes können nur Deutsche arischer Abstammung sein[7]."

Einen völlig anderen Weg schlugen die sozialdemokratischen Handelsangestellten ein. Sie gründeten 1899 den „Verein kauf-

Abb. 98:
Postversand der
Firma Kastner & Öhler.

männischer Angestellter Steiermarks". Anders als die bürgerliche Angestelltenbewegung definierten sich die sozialdemokratischen Handelsangestellten auf Grund ihrer Funktion im Arbeitsprozeß. Dies beinhaltete eine Ablehnung des Mittelstandsdenkens und eine Solidarisierung der Angestellten mit der Arbeiterschaft. Organisatorischer Ausdruck dieser Ansichten war die Einbindung des „Vereins kaufmännischer Angestellter" in die Freien Gewerkschaften („Landes-Gewerkschafts-Commisson Steiermarks")[8]. Es sollte jedoch noch einige Zeit dauern, bis diese Ideen auch von den Handelsangestellten von Graz angenommen wurden.

Während der ganzen Zeit der Monarchie sollten die Deutschnationalen im Gehilfenausschuß, der Vertretungskörperschaft der Handelsangestellten beim Gremium der Kaufmannschaft in Graz, dominieren. Eine spürbare Gewichtsverlagerung im Kräfteverhältnis zugunsten der Sozialdemokraten war aber bereits in den Jahren 1905–1907 zu bemerken. Damals kulminierte der Kampf um die Sonntagsruhe und die Sieben-Uhr-Ladensperre in Graz. Es war der „Verein kaufmännischer Angestellten" (ab 1905 „Zentralverein der Kaufmännischen Angestellten Österreichs/Ortsgruppe Graz"), welcher die Öffentlichkeit mit Flugschriften, Petitionen,

Soziale Lage der Handelsangestellten

Demonstrationen und Versammlungen über die soziale Lage der Handelsangestellten aufklärte. Zu dieser Zeit waren im Handelsgewerbe Arbeitszeiten von 15 Stunden am Tag keine Seltenheit. Es verstand sich von selbst, daß auch am Sonntag, wenigstens halbtägig, gearbeitet wurde. Die langen Arbeitszeiten in schlecht gelüfteten Räumen begünstigten überdies die gefürchtete Berufskrankheit der Handelsangestellten: die Tuberkulose.

Gesetz über die Sonntagsarbeit

Die Kampagne hatte schließlich Erfolg: Am 31. Oktober 1905 verordnete der steirische Statthalter, daß die Sonntagsarbeit in Graz und in Marburg/Maribor — außer im Lebensmittelhandel — aufzuhören habe. In den übrigen steirischen Orten wurde die Sonntagsarbeit im Handel nur mehr am Vormittag gestattet. Diese Regelung rief jedoch die Sonntagsruhegegner auf den Plan, die am 30. Jänner 1906 vor die Statthalterei zogen und von dort zum Geschäftslokal der Firma Kastner & Öhler. Als sie ins Geschäftslokal eindringen wollten, wurden sie von den Angestellten zurückgedrängt. In der Folge kam es zu Ausschreitungen, die auf beiden Seiten Verletzte forderten[9].

Ein halbes Jahr nach diesen Ereignissen hob die Statthalterei, auch durch Interventionen des damals mehrheitlich deutschnationalen Grazer Gemeinderats bewogen, die geltende Sonntagsruheverordnung auf und gestattete, daß die Geschäfte an acht Sonntagen im Jahr offenhalten durften[10].

Erfolgreicher waren die Handelsangestellten bei der Kürzung der Tagesarbeitszeit. Am 14. Juni 1907 rief der „Zentralverein" eine Betriebsversammlung der Angestellten von Kastner & Öhler zur Einführung der Sieben-Uhr-Ladensperre ein. Hermann Öhler gab bereits am nächsten Tag seine Zustimmung. Binnen weniger Wochen gelang es den freigewerkschaftlichen Handelsangestellten, etwa achtzig Grazer Firmen zur Einführung der Sieben-Uhr-Ladensperre zu bewegen. Während dieser Zeit waren auch Aufrufe an die Bevölkerung ergangen, jene Kaufleute, welche nach 19.00 Uhr offenhielten, zu boykottieren[11]. Eine behördliche Verordnung zur Sieben-Uhr-Ladensperre erfolgte jedoch erst 1912, wobei wiederum die Angestellten im Lebensmittelhandel benachteiligt wurden: Für sie galt die Acht-Uhr-Sperre.

Kürzung der Tagesarbeitszeit

1909 trat das sogenannte „Handlungsgehilfengesetz" in Kraft. Es löste die Bestimmungen des Allgemeinen Deutschen Handelsgesetzbuches ab und schuf ein neues Dienstrecht. Damit war den Handelsangestellten u. a. erstmals eine sechswöchige Kündigungsfrist und ein Urlaubsanspruch zwischen zehn und 21 Tagen garantiert[12].

Mit Beginn des Ersten Weltkrieges waren jedoch die wenigen Errungenschaften der Handelsangestellten in Frage gestellt: Die Sonntagsruhe und die Sieben-Uhr-Ladensperre wurden aufgehoben. Bis Ende September 1914 erfolgte eine Welle von Massenkündigungen, wobei keine Rücksicht auf die Kündigungsfristen genommen wurde. Auch der gesetzliche Urlaub wurde den Handelsangestellten verweigert. Dieser Zustand hielt teilweise bis Kriegsende an[13].

Abb. 99: Zustellung der Handelsgüter.

Die umfassende Sozialgesetzgebung in den Anfangsjahren der Ersten Republik brachte für die Handelsangestellten u. a. das Gesetz zur Beschränkung der Kündigung vom Feld zurückkehrender Angestellter (18. 11. 1918), das Gesetz über kollektive Arbeitsverträge (18. 12. 1919) und das Gesetz über Mindestruhezeit, Ladenschluß und Sonntagsruhe (15. 5. 1919).

Der revolutionäre Aufschwung dieser Monate machte sich auch bei der Grazer Gehilfenwahl vom 18. Mai 1919 bemerkbar, bei welcher der „Zentralverein der Kaufmännischen Angestellten" einen überragenden Sieg errang[14]. Bis 1934 sollte der Grazer Gehilfenausschuß sozialdemokratisch bleiben.

In diese Zeit fällt auch der erste Kollektivvertrag zwischen dem Gremium der Kaufmannschaft in Graz und der Gehilfenversammlung. Die organisatorische Stärke der Grazer Handelsangestellten bewirkte sogar die Einführung einer gleitenden Teuerungszulage im Kollektivvertrag vom 21. September 1921[15]. Diese sollte den Auswirkungen der Inflation auf die Reallöhne entgegensteuern. Als jedoch die Preise im Jahr 1922 ins Unermeßliche stiegen, kündigten die Kaufleute den Kollektivvertrag und wollten eine Teuerungszulage nicht mehr zulassen. Nunmehr war eine Inflationsangleichung der Löhne nur mehr durch möglichst rasch hintereinander erfolgende Abschlüsse von Kollektivverträgen möglich. Doch das Lohnniveau konnte dadurch nicht mehr gehalten werden. 1925 wurde der Ruf laut: „Wir kommen mit unseren Mindestlöhnen überhaupt nicht aus!" und „Wir können nicht mehr leben."[16]

*Abb. 100: **Die „Freiheitsstatue"** als Signet einer Vereinigung von Handelsangestellten.*

Die Methoden, mit denen die Handelsangestellten ihren Forderungen Nachdruck verliehen, waren Verhandlungen, die mit Versammlungen gekoppelt waren, und Beeinflussung der öffentlichen Meinung. Auf die Möglichkeit eines Streiks wurde verzichtet, da solcher wegen der kleinbetrieblichen Struktur des Handels in Graz kaum zu organisieren gewesen wäre.

Das zweite große Problem war die Arbeitslosigkeit: Statt wie bisher feste Anstellungen zu vergeben, gingen die Kaufleute dazu über, nur mehr befristete Arbeitsverträge abzuschließen. 1934 sollten mehr als ein Viertel der knapp 9.000 steirischen Handelsangestellten arbeitslos sein[17].

Wenn die Wirtschaftskrise die Handelsangestellten auch in die Defensive gedrängt hatte, so konnte die freigewerkschaftliche Organisation doch noch immer Erfolge verzeichnen, wovon der größte die Übernahme des „Kaufmännischen Versorgungsvereins", des ehemaligen „Handlungsdiener-Versorgungs-Instituts", im Jahr 1926 war. Direktor des „Versorgungsverein" wurde nun Isidor Preminger.

Von einer Entpolitisierung oder Hinwendung der Grazer Handelsangestellten zu Rechtsparteien infolge der Wirtschaftskrise konnte nicht die Rede sein. Dies traf allerdings nur auf das Handelszentrum Graz zu, wo drei Viertel der steirischen Handelsangestellten beschäftigt waren. Anders war die Lage in der übrigen Steiermark. Die sozialen Schutzgesetze wurden außerhalb der Grenzen der größeren Städte und in den kleineren und mittleren Betrieben praktisch nicht eingehalten. Für Orte unter 6.000 Einwohnern war eine Wochenarbeitszeit von 54 Stunden vorgeschrieben, tatsächlich

waren aber 72 Stunden keine Seltenheit. Die Löhne betrugen oft nur 30–40 Schilling im Monat, dazu kamen noch Kost und Logis. Die Geschäftsinhaber forderten ihre Angestellten häufig auf, der Heimwehr beizutreten[18].

Mit dem Verbot der Sozialdemokratischen Partei am 12. Februar 1934 wurde auch der „Zentralverein der Kaufmännischen Angestellten" aufgelöst. Da Bücher und Schriften der Grazer Ortsgruppe in der Kanzlei des kaufmännischen Bildungsvereins „Merkur" versteckt wurden, um sie vor dem behördlichen Zugriff zu schützen, wurde auch dieser Verein aufgelöst[19]. Isidor Preminger wurde seines Amtes als Direktor des „Versorgungsvereines" enthoben und durch einen kommissarischen Verwalter ersetzt. Der autoritäre Ständestaat errichtete eine systemkonforme Einheitsgewerkschaft, die nach Branchen gegliedert war. Für die Handelsangestellten war die Gewerkschaft Handel und Verkehr zuständig.

Abb. 101:
Das ehemalige
„Haus der Kauf-
mannschaft", *heute*
Sitz der „Merkur-
Versicherung" in Graz,
Joanneumring.

Nach dem „Anschluß" Österreichs an das nationalsozialistische Deutschland wurden die Handelsangestellten der Deutschen Arbeitsfront unterstellt. Der „Versorgungsverein" wurde in eine wechselseitige Versicherungsanstalt mit dem Namen „Südmark" umgewandelt, die Einschränkung der Mitgliedschaft auf Handelsangestellte wurde aufgehoben.

Noch vor der Wiedererrichtung der Republik Österreich wurde im April 1945 in Wien beschlossen, eine Sektion Handel in der künftigen überparteilichen Branchengewerkschaft der Privatangestellten (GPA) einzurichten. An die Spitze des ehemaligen „Kaufmännischen Versorgungsvereins" trat wieder der aus dem Exil zurückgekehrte Isidor Preminger. Die Anstalt erhielt nunmehr den Namen „Wechselseitige Versicherungsanstalt Merkur".

Anmerkungen:

1) Robert Baravalle, Die Anfänge des modernen Versicherungswesens in Graz. Zur Vorgeschichte und Entwicklung der Wechselseitigen Versicherungsanstalt „Merkur", in: Historisches Jahrbuch der Stadt Graz 2 (1969), S. 115–140.
2) Zum kaufmännischen Verein „Mercur" (nicht zu verwechseln mit der gleichnamigen Versicherungsanstalt!) vgl. den Aktenbestand StLA Landesreg. 206 Me 2/1932.
3) über diesen Wandel vgl. Ernst Lakenbacher, Die österreichischen Angestelltengewerkschaften (Wien 1967), S. 31 ff.; Erna Appelt, Von Ladenmädchen, Schreibfräulein und Gouvernanten. Die weiblichen Angestellten Wiens zwischen 1900 und 1934 (Wien 1985) (= österreichische Texte zur Sozialkritik 22), S 50 ff.; Gerhard Botz, Angestellte zwischen Ständestaat, Revolution und Faschismus (1890–1933), in: Angestellte im europäischen Vergleich, ed. Jürgen Kocka (Göttingen 1981) (= Geschichte und Gesellschaft Sonderheft 7), S. 196–239.
4) StLA Statth. 53 – 2742/1892
5) Der Alpenländische Handelsangestellte I 3 (1900) 1 bzw. VI 9 (1905).
6) Eduard G. Staudinger, Zur Entwicklung des Nationalsozialismus in Graz von seinen Anfängen bis 1938, in: Historisches Jahrbuch der Stadt Graz 18/19 (1988), S. 31–74. Ich danke Herrn Dr. Staudinger für die freundliche Unterstützung bei der Erarbeitung des Themas.
7) Zitate aus „Satzungen des Reichsverbandes ‚Anker' der deutschen Handels-, Industrie- und Privatangestellten Österreichs" 2 u. 4, (=StLA Akt 60857/1905, in: Statth. 53 – 24341/1897
8) Mitteilungen des Zentralvereines der kaufmännischen Angestellten/Ortsgruppe Graz (1925) 2a; allg. vgl. Gerhard Botz, Angestellte zwischen Sozialdemokratie und Nationalsozialismus, in: Arbeitswelt und Sozialstaat. FS für Gerhard Weissenberg, ed Oswin Martinek u. a. (Wien 1980), S. 45–71.
9) Arbeiterwille 31.1. 1906, S. 7.
10) Arbeiterwille 25. 9. 1906, S 5.
11) StLA Statth. Präs. E 91 – 475/1906 Versammlung vom 19. 8. 1907.
12) Gesetz von 16. Jänner 1910 RGBL. Nr. 20 über den Dienstvertrag der Handlungsgehilfen und anderer Dienstnehmer in ähnlicher Stellung, ed. Felix Mayer, Siegmund Grünberg (Wien 1910).
13) Julius Bermann, Die freigewerkschaftliche Angestelltenbewegung in Österreich (Wien 1932), S. 129 ff.
14) Arbeiterwille 19. 5. 1919, S. 3.
15) Mitteilungen des Zentralvereines (1921), 1.
16) Mitteilungen des Zentralvereines (1925), 3.
17) Die Ergebnisse der Volkszählung vom 22. März 1934. Steiermark (Wien 1935), S. 69.
18) Der kaufmännische Angestellte (1928), 4.
19) StLA Landesreg. 206 Me 2/1932.

Johannes Koren

Handelskammer: Flaggschiff der Wirtschaft

Wer sich heute dem mächtigen silbergrauen Bau am nördlichen Ende der Grazer Körblergasse nähert, jenem Gebäude, das alle Dienststellen der Handelskammer Steiermark und seines Wirtschaftsförderungsinstitutes unter einem Dach vereint, wird auch optisch den Eindruck gewinnen, daß er hier vor dem „Flaggschiff" der steirischen Wirtschaft steht, in dem die
Interessen aller Unternehmer des Landes vertreten, ausgeglichen und vehement verfochten
werden und in dem dazu alle Dienstleistungen angeboten werden, die ein erfolgreicher Wirt-
schaftreibender heute braucht, um in der „stürmischen See" des Wirtschaftslebens bestehen
zu können.

Und es wird ihm kaum glaublich erscheinen, daß es vor fast 140 Jahren, nämlich im Jahre
1850, ein Mann war, der mit einem Sekretär im „Gemalenen Haus" in der Herrengasse vor-
ausblickend als Gründungspräsident dieser Institution zu wirken begann. Es war Erzherzog
Johann, der große Notwender, Innovator und Mentor unseres Landes, der viele bis in unsere
Tage heranführende Einrichtungen ins Leben rief und der von 1850 bis 1852 als erster Präsident an die Spitze der Handelskammer in Graz trat. Heute ist das Präsidium zusammengefügt
aus Präsident Ing. Hans Stoisser, Vizepräsident Dr. Friedrich Pfohl, Vizepräsident Komm.-Rat
Erich Lemler und Kammeramtsdirektor Dr. Leopold J. Dorfer, die mit fast 400 Mitarbeitern
und mit 19 über die Steiermark verstreuten Bezirksstellen an der Schwelle zu einem großen
europäischen Markt das Umfeld der Wirtschaft so zu gestalten versuchen, daß jene entsprechenden Voraussetzungen geschaffen und gesichert werden, die einen guten Weg in die
Zukunft gewährleisten.

Erzherzog Johann

Doch zurück in die erste Zeit der Handelskammerorganisation: Nach dem Ende der Revolution von 1848 und der Thronbesteigung Kaiser Franz Josephs begann sowohl für die Politik
als auch für die Wirtschaft ein völlig neuer Abschnitt. Es herrschte Aufbruchsstimmung, und
weite Kreise des Volkes waren von der Möglichkeit neuer Entwicklungen fasziniert. Vor allem
das Bürgertum als Träger der Wirtschaft entdeckte neue Energien und wirkte als Bindeglied
zwischen Regierung und dem Volk. Als Organ dieser Wirtschaft, die ein neues Selbstverständ-
nis entwickelte, wurden die Handelskammern gegründet. Der wirtschaftlichen Struktur des
Landes entsprechend, wurde nicht nur in Graz, sondern auch in Leoben eine Handels- und
Gewerbekammer installiert, wobei als rechtliche Grundlage das provisorische Gesetz vom
16. März 1850 über die Einrichtung von Handelskammern gültig war. Die beiden Handelskammern existierten nebeneinander bis sie im Jahre 1920 zur Handelskammer Steiermark in Graz
zusammengezogen wurden. Der erste Präsident der gesamtsteirischen Kammer war Karl G.
Gigler.

**1850: Errichtung der
Handelskammern**

Aufgabe beider Kammern in ihrer Gründerzeit war es vor allem, der steirischen Industrie das
Tor zum Ausland zu öffnen und dem Handel im In- und Ausland entsprechende Unterstützung zu gewähren. Außerdem zählten zu den wichtigen Forderungen die Einführung neuer
Verkehrsmethoden, die Vereinheitlichung der Maße und Gewichte, die Einführung eines Zoll-
schutzes und eines Schutzes für einheimische Marken- und Musterbezeichnungen im Ausland. Ein besonders intensiver Wunsch richtete sich auf die Vollendung eines großen Schie-
nenweges von Wien, über den Semmering, durch das Mürz- und Murtal nach Triest. Ein
Wunsch, der schlußendlich in Erfüllung ging, wobei bei der Eröffnung der Semmering-Bahn
Erzherzog Johann den Kaiser vertrat.

Der Kapitalmangel und die unsichere Stellung der österreichischen Währung brachten große
Schwierigkeiten für den Handel. Eine Hauptforderung der Kammer war daher die Errichtung
von Geldinstituten und vor allem einer Filiale der Nationalbank in Graz. Die Kammer selbst
übernahm es 1854, eine Hypothekenbank ins Leben zu rufen, als es galt, die österreichische
Nationalanleihe unterzubringen. Auch auf dem Bildungssektor war die Kammerorganisation
in der Steiermark schon sehr früh aktiv. So wurden an den Staat immer wieder folgende Forderungen herangetragen: bessere fachliche Schulung des wirtschaftlichen Nachwuchses, Sonn-
tagsschulen für Handel und Handwerk, Errichtung einer Oberrealschule, Ausbau der kommer-
ziellen Abteilung an dem seit 1846 bestehenden technischen Institut usw.

**Forderung nach
Geldinstituten**

Im Jahr 1859, als sich die gesetzliche Situation so geändert hatte, daß man von einem
Abschluß der alten patriachalischen Zeit der Kammerherren sowie der vielfach gebundenen
und kontrollierten kleinen Gewerbe sprechen konnte, begann in der Steiermark die eigentliche Periode der Industrialisierung. Aufgrund dieser Tatsache wurde den beiden Handelskammern mehr Einfluß gewährt und den Kammern in Leoben und Graz je drei Abgeordnete im
Landtag zugestanden. Die Handelskammer konnte sich nunmehr auch im politischen Bereich

als berufene Vertreterin der Wirtschaft fühlen.

Handelsgesetz-buch 1863

In der langen Reihe von Gesetzen und behördlichen Maßnahmen, die damals von den Kammern angeregt wurden, sind als besonders bedeutsam das Handelsgesetzbuch aus 1863 und das Handelskammergesetz aus 1868 hervorzuheben. Mit diesem Handelskammergesetz fand die Übergangszeit ihren Abschluß, in der die steirische Wirtschaft einen schweren Schlag hatte hinnehmen müssen. Der Verlust Veneziens im Jahr 1866 hatte nämlich einen fühlbaren Verlust an Absatzgebieten gebracht. Die folgenden Jahre waren von einer liberalen Wirtschaftsgesinnung geprägt und als Gründerjahre in die Geschichte eingegangen. Die steirische Industrie, der Handel und das Gewerbe hatten einen starken Aufschwung genommen, der aber in der Folge auch zu negativen Konsequenzen führte.

So kann man zum Beispiel nachlesen und fühlt sich dabei durchaus auch an die jüngere Zeit erinnert, daß die Leobner Handelskammer vergeblich davor warnte, sich auf Massenerzeugung umzustellen, da für deren Absatz in der Steiermark alle Voraussetzungen fehlten. Trotz ihrer Expansion hatte die steirische Industrie auch keineswegs mit den Fortschritten ihrer Konkurrenten in Frankreich, England und Deutschland schritthalten können.

Abb. 102:
Erzherzog Johann
war von 1850 bis 1852 der erste Präsident der Handelskammer Steiermark.

Wohl oder übel mußte die Handelskammer wieder die Einführung von Schutzzöllen beantragen und somit selbst mit zum Ende des Liberalismus beitragen. Außerdem wurde die Entwicklung zur Konzentration in der Eisen- und Stahlindustrie gefördert. Im Jahr 1881 vereinigten sich dann die führenden Montangesellschaften der österreichischen Alpenländer zur „Österreichisch-Alpine-Montangesellschaft". Als Abschluß dieser wirtschaftlichen Entwicklung brachte das Gewerbegesetz von 1883 abermals Schranken für die Wirtschaft. Es band die Einrichtung von handwerklichen Gewerben an einen Befähigungsnachweis.

Noch vor der Jahrhundertwende gab es für die Handelskammer Steiermark neue Aufgaben. Unser Bundesland bekam als nunmehr relativ hochentwickeltes Industrieland auch die Schattenseiten dieser Entwicklung zu spüren. Es kam zu heftigen Auseinandersetzungen zwischen den Unternehmen und der gewerkschaftlich organisierten Arbeiterschaft. Als Gegengewicht zu den Gewerkschaften bildete sich im Jahr 1897 ein Bund österreichischer Industrieller.

Einen großen Einschnitt in die Geschichte der steirischen Wirtschaft und der Handelskammer brachte der Erste Weltkrieg. Mit dem Zerfall der Monarchie wurde auch die Steiermark zerrissen, und ihr südlicher Teil fiel an das neugegründete Jugoslawien.

1920: Neuordnung der Handelskammern

Nachdem Österreich eine Verfassung als Bundesstaat erhalten hatte, wurden auch die Handelskammern durch das Gesetz vom 25. Feber 1920 neu geordnet. Die beiden Kammern von Graz und Leoben wurden zusammengelegt und in drei Sektionen gegliedert: Handel, Gewerbe und Industrie einschließlich des Berg- und Hüttenwesens. Jede dieser drei Sektionen konnte getrennt beraten und Beschlüsse fassen, die gemeinsamen Interessen wurden aber durch die „Kammer für Handel, Gewerbe und Industrie" vertreten.

Sanierung

Die Sanierung des Staates machte nur zögernde Fortschritte, und es war notwendig, längerfristige Konzepte zu erarbeiten. Gerade der Wirtschaft bereitete es große Schwierigkeiten, sich auf den engen Raum des neuen Staates einzustellen. Im Jahr 1922 wurde schließlich ein Programm erstellt, das im wesentlichen den Vorschlägen folgte, die der steirische Handelskammerpräsident Gigler gemacht hatte: Gleichgewicht im Staatshaushalt, Stillegung der Notenpresse, Umgestaltung der passiven Staatsbetriebe, vor allem der Bundesbahnen, und Vereinfachung der Verwaltung. Die Sanierung der Wirtschaft sollte durch Förderung der Produktion, Ausbau der Wasserkräfte, Investitionen bei den Kohlebergwerken und allgemeine Hebung der Arbeitsleistung erfolgen. Die bedeutende Rolle der steirischen Handelskammer bei den gesamtösterreichischen Sanierungsbemühungen war Ausdruck für die gewandelte wirtschaftliche Bedeutung unseres Bundeslandes, aber auch für das Verantwortungsbewußtsein der Kammerorganisation. Die Steiermark trat immer stärker als bestimmender Faktor in der Wirtschaftspolitik hervor.

„Wirtschafts-konferenz"

Als es Ende der 20er Jahre zur weltweiten Wirtschaftskrise kam, berief die österreichische Regierung eine „Wirtschaftskonferenz" ein, die eine Untersuchung der österreichischen Wirtschaftslage vorzunehmen und Besserungsvorschläge zu erstatten hatte. Selbstverständlich waren die Handelskammern stark daran beteiligt, und im Verlaufe dieser Verhandlungen wurde der Vizepräsident der steirischen Handelskammer, Dr. Friedrich Schuster, 1930 zum

Bundesminister für Handel und Verkehr ernannt. In der Zeit des Ständestaates wurde in der Handelskammer Steiermark Hofrat Dr. Robert Rattek als Regierungskommissär eingesetzt, womit ihre kritische und mahnende Stimme verstummte.

Die Handelskammer Steiermark wurde in eine Gauwirtschaftskammer umgewandelt und mußte gegen Ende des 2. Weltkrieges ihre Tätigkeit vorübergehend ganz einstellen, da einerseits von den etwa 360 Angestellten, die am 1. Mai 1945 als Kammerbedienstete geführt wurden, nur mehr 37 anwesend waren und andererseits die Kammergebäude durch Bombenangriffe zerstört worden waren. Nur das Gewerbehaus in der Radetzkystraße stand zur Verfügung, als Univ. Prof. Dr. Wilhelm Taucher am 9. Mai 1945 den Versuch unternahm, wieder eine Unternehmensvertretung aufzubauen. Er tat dies auf Wunsch der provisorischen Landesregierung und mit dem Ziel, die Interessen der gewerblichen Wirtschaft gegenüber der Besatzungsmacht zu vertreten. Als leitender Mitarbeiter stand ihm der spätere Handelsminister DDDr. Udo Illig zur Seite. Ein Schlaglicht auf die Situation der steirischen Wirtschaft in diesen Tagen wirft die Tatsache, daß damals freiwillige Funktionäre der Kammer von Geschäft zu Geschäft gingen, um den Leuten wieder Mut zum Aufsperren zu machen.

Aufgrund des Handelskammerüberleitungsgesetzes vom 9. Juni 1945 wurde die Kammer für Handel, Gewerbe, Industrie, Geld- und Kreditwesen als Verwalter der ehemaligen Gauwirtschaftskammer eingesetzt. Prof. Dr. Taucher wurde zum provisorischen Präsidenten und Dr. Udo Illig zum provisorischen Kammeramtsdirektor ernannt. Hauptaufgabe der gesamten Organisation war damals, mit dem Problem der Bewirtschaftung fertig zu werden und die Lenkung der Roh- und Hilfsstoffe sowie der Betriebsmittel durch die Wirtschaft selber vornehmen zu lassen. Anstelle des Handelskammerüberleitungsgesetzes trat schließlich das Handelskammergesetz 1946, auf dessen Basis die Handelskammer Steiermark konstituiert werden konnte. Taucher trat von seiner Funktion als provisorischer Präsident zurück und übergab sein Aufbauwerk dem neuen Präsidenten Dr. Rupert Roth.

Der inzwischen zum Landesrat gewordene Dr. Udo Illig wurde einstimmig zum definitiven Kammeramtsdirektor bestellt.

Der damalige Landeshauptmann Josef Krainer sen. unterstrich die Bedeutung der neuen Handelskammer vor allem auf dem Gebiet des Außenhandels dadurch, daß er den Leiter der handelspolitischen Abteilung zu seinem persönlichen Konsulenten für Angelegenheiten des Außenhandels bestellte.

In unermüdlicher Arbeit und unter schwierigen Verhältnissen gelang es bis zum Jahr 1950,

**Gauwirtschafts-
kammer**

Wiederaufbau

**Normalisierung
des Wirtschafts-
lebens**

*Abb. 103:
Das heutige
Kammergebäude
in der Körblergasse.*

eine Normalisierung des Wirtschaftslebens in der Steiermark herbeizuführen und die erste Aufbauphase gerade zur 100-Jahr-Feier der Handelskammer Steiermark abzuschließen. Äußeres Symbol dafür war die Wiedererrichtung des im Krieg zerstörten Handelskammergebäudes in der Burggasse.

Am 7. und 8. Mai 1950 wurden die ersten Handelskammerwahlen nach dem Krieg durchgeführt und brachten mit einer Wahlbeteiligung von 91,5 Prozent den überwältigenden Beweis dafür, welche Bedeutung die steirischen Wirtschaftstreibenden ihrer freigewählten Standesvertretung zumaßen. Insgesamt waren über 66.000 Personen wahlberechtigt. Die gewählten Mandatare entschieden sich dann in der Vollversammlung vom 15. Juli 1950 für Dr. Rupert Roth als Präsidenten und für die Wiederwahl von Vizepräsident Dipl.-Ing. Carl Lipp.

Wirtschaftsförderung durch Weiterbildung

Die fünfziger und sechziger Jahre brachten der Handelskammer Steiermark eine ständige Ausweitung ihrer Aufgaben. Die rasanter werdende Wirtschaftsentwicklung erforderte auf allen Gebieten der Interessenvertretung verstärkte Aktivitäten. Vor allem wurde durch die beiden WIFI-Kuratoren Lipp und Ing. Hans Friebe gemeinsam mit dem Präsidium der Tatsache Rechnung getragen, daß der Wirtschaftsförderung durch Weiterbildung eine große Bedeutung zukommt. Die entscheidenden Impulse setzte dann im Jahr 1970 das Präsidium der Handelskammer unter seinem Präsidenten Hans Mayer-Rieckh in dessen Amtszeit, die bis 1980 währte, als die Handelskammer einerseits zu einem hervorragend funktionierenden Servicebetrieb für die Mitglieder, aber ebenso zu einem Haus wurde, das sich auch anderen Bevölkerungskreisen öffnete. So wurden vor allem Künstler, die Hohen Schulen, andere Interessenvertretungen usw. besonders angesprochen. Auf der anderen Seite wurden die für den Dienst am Mitglied wesentlichen Abteilungen ausgebaut und erreicht, daß 82 Prozent der Beschäftigten der Handelskammer im unmittelbaren Servicebereich tätig waren.

Neues Kammergebäude

Wichtig war die Errichtung des Kammergebäudes in der Körblergasse, in dem die bisher auf 11 Orte in der Stadt verteilten Dienststellen und das Wirtschaftsförderungsinstitut unter einem Dach zusammengefaßt wurden. Der große Bau wurde vom Frühsommer 1974 bis zum September 1976 fertiggestellt.

Auf Präsident Hans Mayer-Rieckh folgte am 3. Juli 1980 Landesrat Kommerzialrat Anton Peltzmann, der nach seinem Rücktritt von Kommerzialrat Franz Kaufmann als Präsident abgelöst wurde.

Er setzte die Linie seiner Vorgänger fort und prägte durch seine soziale Einstellung das hervorragende Klima, das seine positiven Auswirkungen auch im Zusammenwirken zwischen Funktionären und Mitarbeitern fand. Nach Präsident Kaufmann wurde 1985 Vizepräsident Ing. Hans Stoisser zum neuen Präsidenten gewählt, der seither versucht, gemeinsam mit den Mitgliedern des Präsidiums, die Handelskammer zum besten Dienstleistungsbetrieb im öffentlichen Bereich zu machen und jenes Instrumentarium zur Verfügung zu stellen, das die steirische Wirtschaft auf ihrem Weg in ein wirtschaftlich einheitliches Europa braucht.

Christian Promitzer

Solidarisch handeln —
die Anfänge der Konsumbewegung in der Steiermark

1. Ein Vorspiel: Der „Grazer Verbrauch-Verein"

Am 1. August 1862 richtete der Magistrat Graz an die steirische Statthalterei folgendes Ansinnen:

„Die Preise aller für eine Familie benöthigten Lebensbedürfnisse haben eine höchst empfindliche Höhe erreicht und zu allgemeinen Klagen Veranlassung gegeben. Um diesem Übelstande möglichst vorzubeugen, hat sich ein Comité aus allen Schichten der Bevölkerung gebildet und die Statuten für einen Verein verfaßt, der sich zur Aufgabe stellt, seinen Mitgliedern die benöthigten Lebensbedürfnisse möglichst billig beizustellen. Die Vereins Statuten werden . . . mit dem zur Genehmigung unterbreitet, daß man das eheste Inslebentreten des *Grazer Verbrauchs-Vereines* um so mehr unterstützen zu sollen erachtet, als derselbe nicht bloß für seine Mitglieder wohlthätig wirkt sondern selbst der künstlichen Theuerung im Allgemeinen entgegen tritt[1]."

Schon am nächsten Tag genehmigte die Statthalterei den Verein, der am 13. November 1862 seine Tätigkeit im Verkaufslokal in der Schmiedgasse — im Erdgeschoß des Landhauses — aufnahm. Wegen des anfänglichen Kapitalmangels war der Verein auf Unterstützungen von den Ständen und der Steiermärkischen Sparkasse angewiesen. Schwierigkeiten ergaben sich auch, da einzelne Handelshäuser den Verbrauch-Verein nicht beliefern wollten; sie fürchteten, anderweitige Geschäftspartner in Graz zu verlieren, die in der neuen Einrichtung eine unwillkommene Konkurrenz sahen[2].

13. November 1862

Die Vereinsgründung legte die Schattenseiten des Hochliberalismus frei. Gerade die frühen 60er Jahre des 19. Jhs. zeitigten — nach der Expansion der 50er Jahre und vor den 1867 anhebenden „Gründerjahren" — einen konjunkturellen Einbruch: 1862 kletterten die Verbraucherpreise in Österreich in die Höhe. In Graz waren die Preise für Nahrungsmittel zwischen 1859 und 1862 eineinhalbmal so hoch wie 1850[3]. Neben den Arbeitern und Handwerkern waren auch das Bürgertum und Teile des Adels, namentlich die mit Fixgehältern ausgestatteten Beamten, betroffen. Beamten- und Offizierskreise waren auch die Trägerschicht des *Grazer Verbrauch-Vereines*[4].

Trägerschicht

Dieser blieb über die akute Notsituation hinaus eine wichtige Institution des Grazer Bürgertums und erreichte Anfang der neunziger Jahre mit mehr als 2.000 Mitgliedern und einer Jahreslosung von beinahe 70.000 fl. seinen Höhepunkt[5]. Doch die soziale Basis war zu schmal, als daß daraus Anstöße zur Ausbreitung von Verbrauchergenossenschaften in der Steiermark erwachsen wären.

Anfang des 20. Jhs. verschloß sich der *Grazer Verbrauch-Verein* vielmehr der inzwischen entwickelten steirischen Konsumbewegung und mußte, auf sich selbst gestellt, 1926 liquidiert werden[6].

2. Die Wurzeln der „Arbeiter-Consum-Vereine"

Das eigentliche Zielobjekt der Konsumgenossenschaften waren letztlich die Arbeiter. Zwei Schwierigkeiten stellten sich jedoch einer frühen Verbreitung in den Weg. Die eine lag innerhalb der frühen Arbeiterbewegung selbst, während die andere durch den engen Handlungsrahmen bedingt war, den die Staatsmacht Vereinigungen von Arbeitern vorschrieb.

Mitte des 19. Jhs. gab es vor allem in England eine reiche genossenschaftliche Tradition, deren bekanntester Vertreter, der Frühsozialist Robert Owen (1771–1858), schon früh Konsumvereine in Form von Pilotprojekten ins Leben gerufen hatte. Aber erst die am 28. Oktober 1844 von Webern gegründete „Rochdale Society of Equitable Pioneers" (Genossenschaft der redlichen Pioniere von Rochdale) sollte entscheidend für den Aufschwung der Konsumvereine werden. Duch George Jakob Holyoake, einem Schüler Owens, angeregt, entwickelten die Rochdaler Weber zwölf Thesen zu Aufbau und Verwaltung einer nicht an Gewinn orientierten Verbrauchergenossenschaft, die als „Selbsthilfe der Schwachen", als „Kind der Not" den billigen Erwerb der Lebensmittel garantieren sollte. Denn die Ernährungsmöglichkeiten der Arbeiter waren durch die Zerstörung des traditionellen, eher am Bedarf als an der Erzeugung orientierten „ständischen" Marktes im Gefolge der Industrialisierung gefährdet[7].

Impulse für den Aufschwung

Die Rochdaler Thesen forderten das Prinzip der Barzahlung, den Warenverkauf zum Tagespreis, die Akkumulation eines ausreichenden Stammkapitals durch Einzahlung und Reservierung von Geschäftsanteilen der Mitglieder, die an der Verteilung des Reingewinns nach dem Verhältnis ihrer Spareinlagen beteiligt waren, die Gleichstellung der Mitglieder in bezug auf Wahl- und Stimmrecht und schließlich die redliche Gebarung im Handel und Geschäftsverkehr[8].

Beginn in Österreich

In Österreich waren schon 1847 der „Wiener allgemeine Hilfsverein" und der „Prager Victualien- und Sparverein" entstanden. Nach den Rochdaler Prinzipien war aber erst der „Wechselseitige Unterstützungsverein der Fabrikarbeiter zu Teesdorf" nördlich von Wiener Neustadt 1856 gegründet worden. 1864 folgte der „Erste Niederösterreichische Arbeiterkonsumverein zu Fünfhaus" und 1865 der „Arbeiter-Spar- und Konsumverein Fünfhaus[9]".

Diese an sich geringe Zahl trotz vorhandener Notlage erklärte sich zum Teil aus der Ablehnung der „Selbsthilfe" durch Ferdinand Lassalle (1825–1864), der unter der Losung der „Staatshilfe" für Produktivgenossenschaften der Arbeiter die frühe sozialdemokratische Arbeiterbewegung in Deutschland und Österreich prägte. Die akute Notlage der Arbeiter führte dennoch zur Durchsetzung der auf „Selbsthilfe" basierenden Konsumgenossenschaften. Die Konzeption der Selbsthilfe beruhte auf Überlegungen des Genossenschaftstheoretikers Hermann Schulze-Delitsch (1808–1883). Dieser bekannte sich zur freien Marktwirtschaft, innerhalb der sich die unterlegenen Marktpartner zu Genossenschaften assoziieren müßten, um sich ihre Konkurrenzfähigkeit zu sichern.

So kam es, daß die Gründung von „Arbeiter-Consum-Vereinen" teilweise ohne Mitwirkung der ohnehin erst Fuß fassenden sozialdemokratischen Arbeiterbewegung vor sich ging. Die Sozialdemokratie wandte sich den Konsumgenossenschaften erst dann völlig zu, als sie in ihnen den gangbaren Weg einer organischen Entwicklung zu einem anderen Wirtschaftssystem zu erkennen vermeinte.

Die zweite Schwierigkeit, die von Staats wegen bestand, wurde durch das liberale Vereinsgesetz vom 15. November 1867 aus dem Weg geräumt. Unter dieses stellten sich die nun in rascher Folge gegründeten Konsumvereine, da ein entsprechendes Genossenschaftsgesetz noch fehlte.

3. Die ersten „Arbeiter-Consum-Vereine" in der Steiermark

Bereits im März 1868 bildete sich ein Komitee von Fabriks- und Kohlenarbeitern der Voitsberger Umgebung und legte der Statthalterei Statuten eines Konsumvereines vor. Diese wurden auch am 21. Mai genehmigt, sodaß der *Arbeiter Consum und Wirthschafts-Verein „Selbsthilfe"* mit Sitz in Krems bei Voitsberg seine Tätigkeit aufnehmen konnte[10].

„Selbsthilfe"

Im selben Jahr folgten noch die Vereine:[11]

2 Bergarbeiter-Consum-Verein in Eisenerz (Genehmigung 29.8.)
3 Arbeiter-Consum-Verein in Altaussee (12. 11.)
4 Verbrauchs-Verein in Marburg/Maribor (21.11)
5 Arbeiter-Consum-Verein in Aussee (23. 11.)

1869 wurden gegründet:[12]

6 Arbeiter-Wirthschafts- und Consum-Verein „Selbsthilfe" in Thörl (30. 1.)
7 Arbeiter-Consum-Verein in Zeltweg (11. 3.)
8 Arbeiter-Consum- und Wirthschaftsverein Donawitz, Leoben und Umgebung (11. 5.)
9 Consum- und Wirthschaftsverein Neuberg (27. 7.)

1870:[13]

10 Arbeiter-Consum und Wirthschaftsverein „Selbsthilfe" in Judenburg (3. 3.)
11 Allgemeiner Arbeiter-Consum-Verein Krieglach (2. 6.)
12 Arbeiter-Consum und Erwerbsverein „Selbsthilfe" für die Bezirkshauptmannschaft Bruck mit Sitz in Mürzzuschlag (21. 6.)
13 Consum- und Sparverein Gußwerk (25. 10)

1871:[14]

14 Allgemeiner Consum-Verein Gollrad (5. 4.)
15 Consum-Verein für Beamte, Meister und Arbeiter der k.k. priv. Eisen- & Blechfabriksgesellschaft in Johann-Adolf-Hütte bei Pöls (12. 5.)

Binnen weniger Jahre waren also mehr als ein Dutzend Konsumvereine in steirischen Industrie- und Bergbauorten entstanden, die es wenigstens ihren Mitgliedern erlaubten, Nahrungsmittel zum Großhandelspreis zuzüglich der Regiekosten für Warenlagerung und Aufwandsentschädigungen zu erwerben. Dies war in den verkehrstechnisch schlecht erschlossenen Gebieten, wo die Arbeiter dem Monopol einzelner Kaufleute ausgeliefert waren, von besonderem Vorteil. Im Fall des *Bergarbeiter-Consum-Vereines in Eisenerz* führte das Bezirksamt selbst an, „daß die beabsichtigte Bildung des folglichen Consum Vereines bei den durch die Unwirthlichkeit des Klimas und das hiedurch bewirkte Minimum an Bodener-trägnis, sowie durch die Abgeschlossenheit von allen Verkehrsadern leider bedingten Theue-

„Bergarbeiter-Consum-Verein"

rungsverhältnißen einem längst vor-handenen Bedürfniße endlich Rech-nung trägt, und demnach vom volks-wirtschaftlichen Standpunkte aus, sowohl im Interesse des Arbeiterwo-les als auch der Hintanhaltung einer verderblichen Spekulation von Seiten der, weil in der Concurrenz ledigen, demnach gleichsam privilegirten Vic-tualienhändler empfehlenswert er-scheinet[15]". Ähnliche Argumente fie-len auch bei der Gründung der Kom-sumvereine von Altaussee und Aus-see.

Diese Herausforderung blieb von den Geschäftsleuten nicht unbeantwortet: So beschwerte sich ein Aflenzer Gast-wirt und Fleischhauer wenige Monate nach der Gründung des Konsumver

Abb. 104:
Konsumfiliale aus der zu Ende gehenden Monarchie mit mehrsprachigen Aufschriften.

eins in Thörl, daß dieser nicht nur Arbeiter, sondern auch andere Bevölkerungsschichten ver-sorge, wodurch den ansässigen Geschäftsleuten namhafter Schaden erwachse. Überdies habe der Konsumverein — wie die Finanzdirektion Bruck berichtete —, ohne die Behörde zu fragen, Filialen in Gollrad und Gußwerk errichtet, wo, wie in Thörl, Wein verabfolgt werde, ohne die Verzehrungssteuer zu entrichten. Der Konsumverein reagierte darauf, indem er die statutari-sche Einschränkung der Mitgliedschaft auf Arbeiter aufhob und sich in einen „Allgemeinen Consum- und Erwerbsverein" umbenannte[16].

Die Liezener Bezirkshauptmannschaft, die sich mit ähnlichen Anklagen gegen den Ausseer Konsumverein auseinanderzusetzen hatte, zog folgende Analyse:

„Die Reibungen zwischen dem . . . Consum Verein in Aussee, der sich meist aus Arbeitern der Saline rekrutirt, und den Bürgern von Aussee wurzeln in dem Geschäftsneide der Letzte-ren gegen den Ersteren. Waren füher die Ausseer Geschäftsleute, schon durch die abgeschlos-sene Lage des Ortes begünstigt, Monopolisten, so hat der Consum-Verein ihren Geschäftsbe-trieben gewaltig geschadet. Daher auch das animose Auftreten gegen den Verein, welcher andererseits bei jeder Gelegenheit seiner Rancune [Feindschaft] gegen das liberale Bürgertum Ausdruck leiht[17]."

Diese „Rancune" entsprang jedoch nicht etwa sozialdemokratischer Fundamentalopposition, keineswegs! Hinter den Konsumvereinen von Aussee und Altaussee stand eine völlig anders ausgerichtet Person: der dortige 27jährige Kaplan Johannes Wöhr, der auch einen katholi-schen Arbeiterbildungsverein und einen Gesellenverein anregte. Zu dieser Zeit verlief denn auch nicht die Scheidelinie zwischen „liberal" und „sozialdemokratisch", sondern allenfalls zwischen „liberal" und „katholisch-konservativ"[18]. Außer den beiden Konsumvereinen im stei-rischen Salzkammergut bekannten sich noch der *Bergarbeiter-Consum-Verein in Eisenerz* und der *Consum- und Wirthschaftsverein Neuberg* zu einer christlichen Anschauung. Sie alle hatten den Statuten eine Präambel vorangestellt: „Im Namen desjenigen der die Geschicke der Völ-ker wie der Einzelnen lenkt, beginnt der Verein zur Anschaffung billiger und guter Lebens-mittel seine Wirksamkeit[19]."

Andere Konsumvereine wurden unter Ausschaltung politischer Diskussionen, ja geradezu als Antwort auf diese, gegründet, wie etwa ein Schreiben der Proponenten des *Arbeiter-Consum und Wirthschaftsvereines Donawitz* nahelegt: „Da die Bildung dieser Vereine der socialen Arbei-terfrage den zweckentsprechendsten Rahmen liefert, in welchem sich diese Frage am unge-fährlichsten ja jedenfalls für alle Schichten der Bevölkerung am leichtesten und segensreich-sten lösen dürfte, so glauben wir die Hoffnung hegen zu dürfen, daß der Bildung dieses Ver-eines um so weniger ein Hinderniß entgegenstehen dürfte, nachdem jede politische Frage hieraus verpönt ist, und mit dessen Wesen und Wirken auch in keinen Einklange stünde[20]."

Als sozialdemokratisch beeinflußte Konsumvereine sind jene von Marburg, Zeltweg und

Ideologische (politische) Ausrichtung

Judenburg anzusehen. Diese waren von Mitgliedern bereits bestehender Arbeiterbildungsvereine ins Leben gerufen worden. Neben der Erleichterung der Nahrungsbeschaffung dienten diese Vereine auch zur Agitation unter den Arbeitern, da sie zugkräftiger waren als die Arbeiterbildungsvereine[21].
Welchem Verdacht die „Selbsthilfe“ der Arbeiter in bezug auf Krankenkassen und Konsumvereine seitens staatlicher Behörden manchmal ausgesetzt waren, zeigt das Beispiel von Leopold Fuchs. Dieser hatte nicht nur den *Arbeiter Consum und Wirthschafts-Verein „Selbsthilfe“* in Krems sondern auch den gleichnamigen Verein in Thörl ins Leben gerufen. Anläßlich einer Übersiedlung des Konsumvereins nach Zöbriach bei Aflenz im Jahr 1870 monierte der Brucker Bezirkshauptmann dessen auf „Solidarschaft“ angelegte Statuten mit dem Nachsatz: „daß ich, obgleich bisher kein politischer Beweis vorliegt, in die Redlichkeit des Vereinsvorstandes Leopold Fuchs, welcher auch bereits einige Arbeiterversammlungen einberufen hat und auf den Sturz der Bruderladen zu Gunsten der Steiermärkischen Krankenkasse hinarbeitet, wenig Vertrauen habe und deshalb glaube, wenn schon gegenwärtig von politischen Motiven respective einer organischen Verbindung mit der Arbeiter Partei nichts bekannt ist, daß es mit den vorliegenden Statuten mehr auf das Vermögen der Vereinsmitglieder als auf das Gedeihen des Consum-Vereines abgesehen ist[22]“.

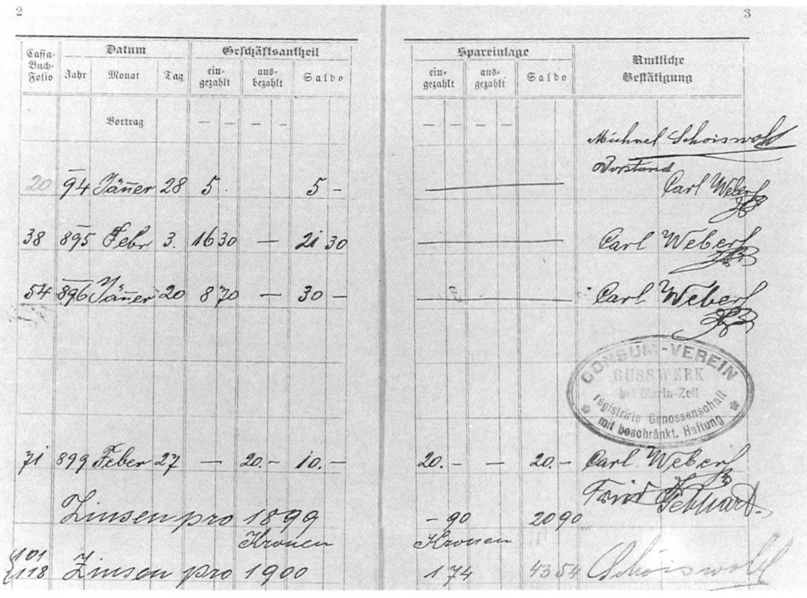

2 | 3

Cassa-Buch-Folio	Jahr	Monat	Tag	Geschäftsantheil ein-gezahlt	aus-bezahlt	Saldo	Spareinlage ein-gezahlt	aus-gezahlt	Saldo	Amtliche Bestätigung
		Vortrag		—	—	—	—	—	—	Michael Schoiswohl Vorstand
20	94	Jäner	28	5.		5 -				Carl Weber
38	895	Febr.	3.	16 30	—	21 30				Carl Weber
54	896	Jäner	20	8 70	—	30 -				Carl Weber
71	899	Feber	27	—	20.-	10.-	20.-	—	20.-	Carl Weber
	Zinsen pro 1899 Kronen						-90		20 90	
101 118	Zinsen pro 1900						1 74		43 54	Schoiswohl

CONSUM-VEREIN GUSSWERK bei Maria-Zell registrirte Genossenschaft mit beschränkt. Haftung

Abb. 105: Konsummitgliedsbuch, Ende 19. Jh.

Wie sah nun das „Gedeihen“ der Konsumvereine in der Praxis aus? Hierüber sind kaum Quellen erhalten, aber allem Anschein nach stellten chronischer Kapitalmangel und Unerfahrenheit in der Geschäftsführung sowie Wechsellagen im Berufsleben der Mitglieder oft unüberwindliche Schwierigkeiten dar, die bald zu schweren Krisen oder gar zum Untergang der Vereine führten. So schien der Konsumverein bei Voitsberg nach anfänglichem Aufschwung schon 1869 keine rechte Aufnahme mehr gefunden zu haben, da er „nur mehr“ 60 Mitglieder zählte und die Absicht bestand, ihn aufzulösen, was einige Jahre später tatsächlich der Fall war[23]. Der Konsumverein in Aussee wieder, der unter der Auseinandersetzung mit den lokalen Geschäftsleuten schwer gelitten hatte, konnte die drohende behördliche Auflösung nur durch die Abwahl des alten Vorstandes abwenden[24]. Mancherorts zeigte es sich, daß die Arbeiterschaft im Umfeld der Konsumvereine zu wenig Kaufkraft besaß, um deren Existenz finanziell abzusichern, sodaß die Mitgliedschaft auf andere Bevölkerungsschichten, wie Keuschler, Bediente, Handwerker und Werksbeamte, ausgedehnt werden mußte. Dies geschah etwa bei den Konsumvereinen von Thörl, Aussee, Neuberg und Eisenerz. Andere Konsumvereine – wie jene von Gußwerk und Gollrad – waren von Anfang an für alle Bevölkerungsschichten offen.

Mitgliedschaftsausdehnung auf weitere Bevölkerungsschichten

Ein Beispiel für eine gescheiterte Öffnung ist der Mürzzuschlager Konsumverein: Nachdem die „Leute besseren Standes“ behördlich vom Verein ausgeschlossen waren, sank der Mitgliederstand auf 29 Personen; „diese waren Arbeiter eigentlich Taglöhner nämlich solche Leute die heute da morgen dort sind“, wie der letzte Vereinsvorstand schrieb; durch den Mitgliederschwund sei das Vereinsvermögen auf 29 fl. herabgesunken, was ein weiteres Bestehen undenkbar mache; schließlich: „Mit Mitgliedern aus Taglöhnern bestehend, keiner des Lesens, Schreibens kundig; ohne Wissenschaft, Kenntniße und Bildung ist ein statutenmäßiges Verfahren unmöglich um so weniger da keine Zwangsmaßnahmen zu Gebote stehen[25].“
Wie wurde das Stammkapital der einzelnen Konsumvereine gebildet? Meistens hatten die Mitglieder monatliche Beiträge zwischen 50 kr. und 1 fl. zu zahlen, bis die Summe eines Geschäftsanteils, der je nach Verein zwischen 3–20 fl. bemessen war, erreicht war. Der Besitz eines Geschäftsanteils, auch Kapitalfonds genannt, berechtigte zum Bezug einer Dividende von 5–6% und zur Teilnahme an den Vereinesversammlungen als stimm- und wahlberechtigtes ordentliches Mitglied. Hingegen verlangten der *Grazer Verbrauch-Verein* und der *Bergarbeiter-Consum-Verein in Eisenerz* eine einmalige Eintrittsgebühr von 4 fl. bzw. 8 fl[26]. Der Konsum-

verein in Johann-Adolf-Hütte (heute Paßhammer bei Pöls), ein Werksverein des Personals der *Eisen- und Blech-Fabriksgesellschaft „Union",* war von der Firma mit einem Vorschußkapital von 1.000 fl. versehen worden und blieb bis zur Rückzahlung dieser Summe unter ihrer Kontrolle. Die einzelnen Mitglieder hatten eine Einschreibgebühr von 2 fl. zu entrichten und waren verpflichtet, innerhalb zweier Monate Waren im Wert von 5 fl. zu kaufen[27].

IV. Überblick über die weitere Geschichte der Konsumgenossenschaften in der Steiermark

Das Jahr 1873 war in zweifacher Hinsicht eine Zäsur: zum einen gab es mit dem Genossenschaftsgesetz vom 9. April eine Regelung für kollektive Beriebsformen in der Wirtschaft. Die Leitung von Genossenschaften wurde in einen ausführenden Vorstand und einen kontrollierenden Aufsichtsrat geteilt. Die neu hinzugekommenen Haftungsbestimmungen wirkten jedoch anfangs hemmend auf den Entschluß der Mitglieder, ihre Konsumvereine dem Genossenschaftsgesetz zu unterstellen[28]. Schuld daran trug zum anderen die nach dem „Schwarzen Freitag" am 9. Mai ausgebrochene wirtschaftliche Depression, die weit in die 80er Jahre reichen sollte. Nicht alle der frühen steirischen Konsumvereine sollten diese Zeit überleben. Allerdings entstanden auf Grund der Notlage — nach 1873 stiegen die Nahrungsmittelpreise wieder sprunghaft an, um 1881 die Spitze zu erreichen[29] — neue, mehr oder minder kurzlebige Konsumvereine. Unter diesen hervorzuheben sind die sogenannten „Bruderlade-Consumvereine" in den Bergbau- und Hüttenunternehmen. Etwa 18 dieser Werksvereine existierten zwischen 1885 und 1890 in der Steiermark. Sie waren nach der Art des Konsumvereins der Gesellschaft „Union" strukturiert und zählten neben „Werkstraiterien" und den Werken angeschlossenen Fassungsanstalten zu den wichtigsten Ernährungsmöglichkeiten am Arbeitsplatz[30].

Aber erst mit der Gründung des „Allgemeinen Spar und Consumvereines in Graz" am 16. Jänner 1887 — gegen den Protest Grazer Gewerbetreibender — setzte sich die Konsumbewegung in der Steiermark endgültig durch. Im März desselben Jahres konnte die erste Verkaufsstelle in der Grazer Keplerstraße eröffnet werden. Weitere Filialen folgten. Mangelnde Erfahrung der Ausschußmitglieder führte jedoch im ersten Geschäftsjahr zu einem Defizit. An die Spitze des im Februar 1888 neugewählten Vorstandes trat nun Ludwig Stimler.

1889 erwarb der Verein das Haus am Lendplatz 31 und richtete dort die Zentrale ein. Hier war auch bis 1978 der Sitz der „Konsumgenossenschaft Graz". 1897, zehn Jahre nach seiner Gründung, erreichte der „Allgemeine Spar- und Consumverein" einen ersten Höhepunkt mit 2.825 Mitgliedern und einer Jahreslosung von 283.705 fl. Damit hatte er den *Grazer Verbrauch-Verein* weit hinter sich gelassen[31].

Einen höheren Mitgliederstand erreichte nur das „Lebensmittelmagazin der Bediensteten der k.k. Staatsbahnen" in Knittelfeld (3.386 Mitglieder), das bis 1893 von der Staatsbahnverwaltung selbst betrieben worden war und erst danach als Genossenschaft weiter geführt wurde. Zwischen 500 und 1.000 Mitglieder besaßen der „Allgemeine Verbrauchs- und Sparverein Marburg", der sich 1897 im 14. Geschäftsjahr befand, der „Allgemeine Arbeiter Spar- und Consumverein" in Fohnsdorf (10. Geschäftsjahr), der alte, 1869 gegründete „Arbeiter-Consumverein Donawitz" und der „Allgemeine Spar- und Consumverein Bruck" (gegründet 1888). Insgesamt waren mehr als 17.000 Personen in 37 steirischen Konsumvereinen organisiert, wovon allein 22 Vereine mit etwa 9.000 Mitgliedern in der Obersteiermark gelegen waren. In der agrarisch dominierten Oststeiermark gab es keine Konsumvereine. Außer in Marburg und in den Bergwerksorten in der Gegend von Cilli/Celje gab es in der Untersteiermark noch zwei bemerkenswerte slowenische Konsumvereine: „Kmečko konsumno druŝtvo an Frankolovem" (Bäuerlicher Konsumverein in Sternstein) und „Konsumno druŝtvo v Verpetah pri Frankolovem" (Konsumverein in Verpete bei Sternstein). Beide Konsumgenossenschaften standen 1897 im ersten Geschäftsjahr[32].

Ab 1891 waren die steirischen Konsumvereine gemeinsam, mit den Sparvereinen im „Verband der deutschen Vorschuß- und Consumvereine Steiermarks" zusammengefaßt, der Teil des 1872 gegründeten „Allgemeinen Verbandes der auf Selbsthilfe beruhenden Erwerbs- und Wirtschaftsgenossenschaften in Österreich" war. Da jedoch die Interessen der Konsumvereine einerseits und der Vorschußvereine andererseits divergierten, spaltete sich der steirische Ver

Abb. 106:
Konsumbezugsmarken.

band im Jahr 1902. Der neugegründete „Verband der deutschen Consumvereine Steiermarks" und der neue Dachverein der steirischen Vorschußkassen traten individuell dem „Allgemeinen Verband" bei[33]. Diese Spaltung spiegelte unter anderem den wachsenden Einfluß der Sozialdemokratie über die Konsumbewegung wider. Schließlich sammelten sich 1904 die meisten Konsumvereine abseits vom „Allgemeinen Verband" im sozialdemokratisch dominierten „Zentralverband der österreichischen Konsumvereine", dem sich ein Jahr später der „Distriktverband der Konsumvereine für die Alpenländer", in dem auch die steirischen Konsumvereine vertreten waren, anschloß.

Wachsender Einfluß der Sozialdemokratie (margin note)

Der Erste Weltkrieg bringt Probleme (margin note)

Nunmehr konnten die ersten Schritte zu einer Zentralisierung und Verschmelzung der Ortskonsumvereine eingeleitet werden[34]. In diese Zeit fällt auch die Errichtung der konsumeigenen Bäckerei in Eggenberg bei Graz (1912).

Der erste Weltkrieg unterbrach den Aufschwung der steirischen Konsumgenossenschaften. Weniger die befürchtete Behebung der Spareinlagen durch die Mitglieder, als die Beschaffung der notwendigsten Waren wurde zum Hauptproblem[35]. 1917 wurde der „Kriegsverband steirischer Konsumanstalten und Konsumvereine" ins Leben gerufen, der sich paritätisch aus Vertretern der privaten Lebensmittelhändler und der Konsumgenossenschaften zusammensetzte. Diese in die Kriegswirtschaft eingebundene Organisation übernahm — ähnlich wie der „Lebensmittelverband der kriegsbediensteten Arbeiter" in Wien — die Lebensmittelversorgung der Arbeiter in Rüstungsbetrieben. 1924 erwarb die 1905 gegründete „Großeinkaufsgesellschaft österreichischer Konsumvereine (GÖC)" die den steirischen Konsumgenossenschaften zukommende Liquidationsmasse des „Kriegsverbandes" und errichtete eine eigene Abteilung in Graz. Zwei Jahre später errichtete die GÖC ein Warenhaus an der Ecke Annenstraße-Volksgartenstraße in Graz (das heutige STYRIA CENTER)[36].

1917 beschloß auch der Verbandstag des „Zentralverbandes" eine Umstrukturierung: An die Stelle des Distriktverbandes trat der „Kreisverband der Konsumvereine in Steiermark und Kärnten". In der Steiermark wurden acht Bezirkskonsumvereine eingerichtet:

1. die „Steirische Konsumgenossenschaft", die 1921 aus dem „Allgemeinen Spar- und Konsumverein in Graz" hervorgegangen war und die gesamte Ost-, Mittel- und Weststeiermark umfaßte.
2. der „Obersteirische Spar- und Konsumverein in Bruck an der Mur"
3. die „Konsumgenossenschaft Frauendorf"
4. das „Lebensmittelmagazin Knittelfeld"
5. die „Bezirks-Konsum- und Spargenossenschaft Mürzzuschlag"
6. die „Bezirks-Konsum- und Spargenossenschaft Eisenerz"
7. die „Bezirks-Konsum- und Spargenossenschaft Leoben"
8. die „Bezirks-Verbrauchs- und Spargenossenschaft Rottenmann".

Wirtschaftliche Schwierigkeiten der 1. Republik (margin note)

Den Bezirksvereinen waren die bisher eigenständigen Ortskonsumvereine als Abgabestellen untergeordnet.

Es ist hier nicht der Ort, ausführlich auf die weitere Geschichte der steirischen Konsumgenossenschaften einzugehen. Festzuhalten bleibt, daß die wirtschaftlichen Schwierigkeiten der Ersten Republik, die sich in Inflation und Kaufkraftverlust äußerten, nicht ohne Wirkung auf die Konsumgenossenschaften blieben, besonders hinsichtlich der Mitgliederstärke. 1922 erreichte die „Steirische Konsumgenossenschaft" mit 39.877 Mitgliedern ihren Höchststand[37]. Ähnlich hohe Zahlen sollten erst wieder in den 50er Jahren erreicht werden. Wie eng das Verhältnis der Sozialdemokratie zu den Konsumgenossenschaften war, dokumentieren die traurigen Ereignisse in den Februarkämpfen von 1934, als die Eggenberger Anlagen der „Steirischen Konsumgenossenschaft" zu einem der Hauptschauplätze wurden. Danach wurden die Konsumgenossenschaften zwar nicht aufgehoben, aber der Ständestaat entzog ihnen teilweise die Selbstverwaltung, außerdem waren sie wirtschaftlichen Pressionen ausgesetzt. Nach dem „Anschluß" zerschlug das NS-Regime die Organisation der Konsumgenossenschaften (1941). Die einzelnen Genossenschaftsläden wurden in den „Versorgungsring des Gemeinschaftswerkes der Deutschen Arbeitsfront" eingegliedert.

Wiederaufbau nach 1945 (margin note)

Der Wiederaufbau nach 1945 erfolgte unter veränderten Vorzeichen. Die Wandlungen des Einzelhandels verlangten eine Anpassung der Konsumgenossenschaften, was eine Erweiterung des Kundenkreises über die Mitglieder hinaus und eine Veränderung der Betriebsformen (Selbstbedienungsläden, Supermärkte) mit einschloß. Den Höhepunkt dieser Strukturreformen bildete schließlich die Gründung des „KONSUM Österreich" im Jahr 1978. Die alte Gebietsaufteilung der steirischen Konsumgenossenschaften war damit hinfällig. Die einzelnen Filialen wurden in der „Region Steiermark" zusammengefaßt. Diese zählte 1987 144.340 Mitglieder und hatte einen Handelsumsatz von 4,73 Milliarden Schilling sowie einen Eigenproduktionsumsatz von 1,2 Milliarden Schilling.

Seitem sind weitere Weichenstellungen erfolgt. Ob der nunmehr vorgeschlagene Gang an die Börse die Wettbewerbsfähigkeit der Konsumgenossenschaften einerseits und die Kontinuität „Solidarischen Handelns" andererseits garantieren wird, bleibt abzuwarten.

Abb. 106a: Lager des Konsums Lendplatz im Jahre 1918.

Anmerkungen:

1) StLA Statth. 53 — 14172/1862.
2) Rechenschafts-Bericht über die Gebarung des Grazer Verbrauch-Vereines seit dessen Gründung bis Ende Februar 1863 (Graz 1863). 1885 zog der Verein in das Haus Bürgergasse 6 um — vergl. Geschäfts-Bericht des Verwaltungs-Ausschusses des Grazer Verbrauch-Vereines für 1885 (Graz 1886).
3) Vera Mühlpeck, Roman Sandgruber, Hannelore Woitek, Index der Verbraucherpreise 1800—1914, in: Geschichte und Ergebnisse der zentralen amtlichen Statistik in Österreich 1829—1979 (Wien 1979) (=Beiträge zur österreichischen Statistik 550) 649—688, hier 677; Robert Baravalle, Preise und Löhne in Graz im 19. Jahrhundert (1820—1914), in: ZtHV f. Stmk. 57 (1966), S. 89—125, bes. S. 101, S. 103 u. S. 111 f.
4) Bis 1890 war Johann Freiherr von Jordis Vereinsobmann, danach der Privatier Rudolf Bischoff (1890—1892), Rudolf von Khuepach, Major d. R. (1892—1895), Ullman von Ullmansberg, Generalintendant d. R. (1895—1896), Dr. Josef Finschger, Hof- und Gerichts-advokat (1896—1911) und Peter Winter, Krankenhaus-Verwalter (ab 1911) — vergl. Geschäfts-Berichte des Verwaltungsausschusses für 1885—1918, Graz. Eine ähnliche Einrichtung war der ebenfalls 1862 gegründete und von Eisenbahnbeamten getragene „Erste Wiener Konsumverein."
5) Geschäfts-Bericht für 1892 (Graz 1893).
6) Anton Pohl, Konsumgenossenschaften in Steiermark und Kärnten (Graz 1930), S. 21 f. Die 1896 erfolgte Umstellung des Verbrauch-Verein nach dem Genossenschaftsgesetz hatte nicht einen Zuwachs sondern eine Abwanderung von Mitgliedern zur Folge. Auch scheiterte die Gründung einer Zweigstelle 1910 — vergl. Geschäfts-Berichte für 1896 bzw. 1910 (Graz 1897 bzw. 1911).
7) Dietrich von Oppen, Verbraucher und Genossenschaft. Zur Soziologie und Sozialgeschichte der deutschen Konsumgenossen-schaften (Köln-Opladen 1959), S. 19—21; Franz Seibert, Die Konsumgenossenschaften in Österreich (Wien 1978) (=Materialien zur Arbeiterbewegung 11), S. 1—8).
8) Pohl, Konsumgenossenschaften, S. 14.
9) Seibert, Konsumgenossenschaften in Östereich, S. 18—22
10) StLA Statth. 53 — 3003/1868.
11) StLA Statth. 53 — 7117/1868, — 14035/1868, — 14428/1868 u. — 14573/1868.
12) StLA Statth. 53 — 14756/1868, — 642/1869, — 5622/1869 u. — 9024/1869.
13) StLA Statth. 53 — 12192/1869, — 5360/1870, — 6621/1870 u. — 12356/1870.
14) StLA Statth. 53 — 3803/1871 u. — 5364/1872.
15) StLA Statth. 53 — 7117/1868 Eisenerz, 5. Mai 1868.
16) StLA Statth. 53 — 14756/1869.
17) StLA Statth. 53 — 14573/1869 Liezen, 9. Juli 1870.
18) Julius Bunzel, Anfänge der modernen Arbeiterbewegung in der Steiermark (Leipzig 1913), S. 36—38; Eduard Staudinger, Zur Früh-geschichte der Arbeiterbewegung in der Steiermark 1848—1873, in: Auf dem Weg in die Feiheit, ed Robert Hinteregger u. a. (Graz 1984), S. 49—64, hier S. 56.
19) StLA Statth. 53 — 7117/1868, — 14035/1868, — 14573/1868 u. — 9024/1869.
20) StLA Statth. 53 — 5622/1869 Donawitz, 25. April 1869.
21) Bunzel, Arbeiterbewegung in der Steiermark 53.
22) StLA Statth. 53 — 14756/1868 Bruck, 15. September 1870. Diese Verdächtigungen sind im Zusammenhang mit der Auflösungswelle sozialdemokratischer Arbeiterbildungsvereine im Sommer 1870 nach einem Prozeß gegen mehrere Arbeiterführer in Wien zu sehen — vergl. Staudinger, Frühgeschichte, S. 56.
23) StLA Statth. 53 — 3003/1868 Bericht des Grazer Bezirkshauptmannes vom 20. September 1869.
24) StLA Statth. 53 — 14573/1868 Protokoll der Versammlung vom 25. September 1870.
25) StLA Statth. 53 — 6621/1870 Mürzzuschlag, 20. Juli 1872.
26) Allerdings mußten außerordentliche Mitglieder des Eisenerzer Konsumvereines nur 1 fl. bis 1 fl. 50 kr. Eintrittsgebühr zahlen, diese waren aber nicht stimmberechtigt — vergl. StLA Statth. 53 — 7117/1868 (Statuten).
27) StLA Statth. 53 — 5364/1871 (Statuten) — vergl. die Parallelen zum alten „Pfennwertsystem" im Bergbau, wenngleich die Einräu-mung einer teilweisen Selbstverwaltung bei den Werkskonsumvereinen neu ist.
28) Seibert, Konsumgenossenschaften, S. 26.
29) Sandgruber u.a., Index der Verbraucherpreise, S. 677 f.; den Vergleich mit den Arbeitslöhnen bringt Karin Maria Schmidlechner, Die steirischen Arbeiter im 19. Jahrhundert (Wien 1983) (=Materialien zur Arbeiterbewegung 30), S. 79—100.
30) Schmidlechner, Die steirischen Arbeiter 54-57, 169.
31) Pohl, Konsumgenossenschaften, S. 141; Statistisches Handbuch für die Selbstverwaltung in Steiermark (Graz 1899) (=Statistische Mitteilungen über Steiermark V) 186 u. 190.
32) Handbuch für die Selbstverwaltung 186.
33) StLA Statth. 53 — 15512/1891; die Konsumvereine Aussee und Altaussee waren seit 1890 im „Verband der Consumvereine des oberösterreichischen und steirischen Salzkammergutes" vertreten — vergl. StLA Statth. 53 — 17857/1890.
34) StLA Statth. M 297a — 396/1918; Pohl, Konsumgenossenschaften in Steiermark und Kärnten 100—103; Zur Annäherung der Sozial-demokratie zu den Konsumvereinen vergl. Michael Schacherl, 30 Jahre steirische Arbeiterbewegung 1890—1920 (Graz o. J.) 181—184 u. 261.
35) Geschäftsbericht des Allgemeinen Spar- und Kosumvereines in Graz für die Zeit vom 1. Juli 1914 bis 30. Juni 1915 (Graz 1915), S. 3.
36) Pohl, Konsumgenossenschaften, S. 78—83.
    Seibert, Konsumgenossenschaften, S. 48f.
37) Pohl, Konsumgenossenschaften, S. 141; über die weitere Geschichte der „Steirischen Konsumgenossenschaft" bzw. „Konsumge-nossenschaft Graz" vergl. 50 Jahre Steirische Konsumgenossenschaft Graz 1887—1937 (Graz 1937) (=50. Jahresbericht der Steiri-schen Konsumgenossenschaft), 75 Jahre Konsumgenossenschaft Graz (Graz o. J./1962), 90 Jahre Konsumgenossenschaft Graz (Graz o. J./1977).

Wanderhändler in der Steiermark

Das Schlagwort von der geforderten Mobilität des Berufstätigen hat heute im Zeitalter der Pendler und Gastarbeiter, der ausgeweiteten Kommunikations- und Verkehrsmöglichkeiten eine andere Dimension gewonnen, als ihm für die fernere Vergangenheit angemessen war. Nie konnte der Mensch sein Brot ganz an der Scholle klebend verdienen. Leben und Erwerb von Lebens-Mitteln im Herumziehen war Schicksal, aber auch Herausforderung für viele. Jäger, Sammler, Hirten prägten die Sozialstrukturen von Jahrtausenden, von Völkern und Kulturen.

Der seßhaft gewordene Mensch kann seine steigenden Bedürfnisse an Gütern nicht mehr durch Eigenproduktionen allein befriedigen. Die Arbeitsteilung bringt die Scheidung in Erzeuger und Verteiler, wobei die Frage der Entfernung zwischen beiden nur eine sekundäre ist. Der Handel wird geboren. Der Groß- und Fernhändler, der Kleinhändler und Nahversorger bilden Eckpunkte einer sich immer weiter spezialisierenden Fülle von Handelstreibenden. Der Großverteiler, der Kaufmann, der Reiche hat im Lokalen als Pendant den Nahversorger, den Krämer, den Wohlhabenden, den der Kunde aufsucht. Und dann gibt es noch den Nächstversorger, den Hausierer, den Armen und Kleinen, der sogar zum geringen eigenen Vorteil dem Kunden nachgeht, diesen von Haus zu Haus, von Tür zu Tür selber sucht. Kaum mehr vitales Bedarfsgut oder Luxusware trägt er mit sich. Sein Vorteil ist das Billige und doch essentiell Wichtige, das Suppenkräutl und die Nähnadel. Er kann der Nahe sein, der Kleinigkeiten austrägt, auch wohl davonlebt, daß er der Gewohnte und Bekannte ist, einer, der dem vertrauten Lebenskreis des Kunden angehört. Oder auch der von der Ferne her Kommende, dessen Gehaben, Aussehen, Tracht, dazu dessen Ware mit Gefühlen und Begriffen wie Weite der Welt, Abenteuer, Gefahr, Geheimnis umgeben ist.

Vielfältige Gestalten hat die Vergangenheit hier aufzuweisen. Die Volkskultur Europas in ihren einstigen vielteiligen Individualitäten hatte noch um 1900 ein buntes Spektrum solcher wandernden Händler und Gewerbetreibenden aufzuweisen. Besonders die Völkervielfalt der habsburgischen Erblande, der österreichisch-ungarischen Monarchie trug viel zu dem bei, was einst die Fülle des Lebens in einer kulturellen Landschaft mitgestaltete, die noch von Region zu Region starke Eigenheiten und Unterschiede zum Nachbarn aufwies. Welsche und Magyaren, Böhmen und Walachen, die stammesmäßig noch stärker als heute geschiedenen Völker der Südslawen, dazu die vertrauteren bäuerlichen Gestalten aus den Alpen- und Donauländern, die selbst wieder wegen ihrer stark von den Städtern unterschiedenen Form des Auftretens und Gehabens eine Art von Exotik verbreiteten, bildeten gerade durch ihre oft infolge Wirtschaftsumstände erzwungene Mobilität ein Element der Alltagskultur, das heute nahezu ganz verschwunden bzw. durch andere Erscheinungen abgelöst ist.

All diese Gottscheberer, Katzelmacher, Tiroler Teppichhändler, Zillertaler Ölträger, schlesischen Leinwandhändler, Bandlkramer, Zwiefelkrowoten, slowakischen Geschirrverkäufer, Figurimänner, Salamutschihändler, Lungauer Sauschneider usw. usw. waren in ihrer Art so auffallend, daß sie früh mit ihren Besonderheiten, ihren Waren, Trachten, vorzugsweise ihren Kauf- oder Anbietrufen das Interesse von Graphikern erweckten, die für die oberen Schichten diese Sondergestalten der festgefügten ständischen Welt serienweise darstellten und damit

Arbeitsteilung

Buntes Spektrum der Wanderhändler

auch bildlich ihren festen Platz im Alltag verliehen. Vom Ständebuch des Jost Amann von 1568 bis zu den Postkarten eines Fritz Schönpflug um 1910 reicht hier der Bogen[1].

Daß dabei das mitleidige bis hämische Lächeln des Wohlsituierten mitschwingt, versteht sich, hat doch stets zum Wohlgefallen über die eigene Position das Vorhandensein eines Ärmeren, Niedrigeren beigetragen.

Buntheit und Exotik verbreiten sich

Buntheit und Exotik ist dann gegeben, wenn der also Auftretende nicht unbedingt zum Alltag gehört, sondern sein Erscheinen eher selten ist. In solchem Sinne kann deshalb auch die Kultur des ambulanten Handels und Gewerbes auch nicht zu eng lokal oder regional gefaßt werden. Ein von weit herkommender Händler durchwandert geschäftetreibend viele Landschaften und Länder und erscheint überall in seiner Fremdartigkeit. Natürlich hat etwa Wien solche Gestalten weitaus häufiger und zahlreicher angezogen, wohl aber auch festgehalten und assimiliert, als kleinere Orte. Das flache Land, die unbedeutenderen Städte, Märkte und Dörfer auch der Steiermark sahen jedoch sicher zum großen Teil dieselben Typen wie etwa Kärnten oder Salzburg oder die Kaiserstadt an der Donau.

Sie waren überall und nirgends zuhause oder gehörten zum festen ortsverbundenen Inventar der Kleingewerbe dieser Zeit. Daran hat sich lange nichts geändert.

„Hausierer" heutzutage

Und auch heute noch finden wir sie oft auf Märkten und Kirtagen, zuweilen noch richtig hausierend: „Teppichzigeuner", Scherenschleifer, Textilhausierer mit der „Aussteuer für die Tochter", die Pakistanis und Inder mit heute wie ehedem beliebtem, wenngleich in Form und Material gewandeltem Tand aus „Seide" und „Silber". Und dann die vielen, die ihr Glück mit niedrigster Handelstätigkeit versuchen: Zeitungsverkäufer, z. T. Asiaten und Afrikaner, waghalsig in den morgenlichen Autoverkehr an den Kreuzungen eintauchend, Neuigkeiten verkaufend. Oder hinreißend musizierende Indiogruppen in Fußgängerzonen, die während des Absammelns gleich auch die Kassettenmitschnitte ihrer Musik an den Mann bringen. Und die jahreszeitlich gebundenen Verkäufer von Palmbuschen, Krampusruten, Barbara- oder Mistelzweigen, von Neujahrstand, deren Tätigkeit eher an Hausecken und Kirchenportale gebunden ist. Vertrauter, weil mit Dingen handelnd, die kulturellem Wandel schwerfüßiger folgen: Nahrungs- und Genußmittel wie etwa Brezen. Wer denkt nicht an den unvergessenen Eismann mit seinem Wägelchen, das unter blitzenden, vernickelten Deckeln die kühlen Köstlichkeiten des Konditors verhieß, dessen laut und breit ausgesungener Ruf „Gefrooorenes!" zu den letzten Kaufrufen zählte, die noch übriggeblieben waren? Oder die Wasserverkäufer mit appetitlich beschlagenen Gläsern auf Tabletts an den Bahnsteigen noch in der Zeit um 1950? Am Bahnhof ist zuweilen auch heute noch ein letzter Rest des Zutragens von Speis und Trank zu spüren, wenn etwa auf dem Bahnhof von Selzthal Wägelchen hin und her geschoben werden und der Ruf „Kaffe, Bier, Limonade, Wurstsemmerl" erschallt.

Und verschwiegen sei auch nicht der verschmähte Bettler, der einst (und auch heute noch?) „schnallendrückend" von Tür zu Tür ging, sackerlweise Kümmelsamen anbot oder — vielleicht manchem noch aus der Zeit vor 30 Jahren auf dem Grazer Jakominiplatz bekannt — in seinem Zigarrenkistchen Schubänder vorwies, mehr Vorwand als Ware, erbarmenswürdiger Kram.

Das war ja auch ein Charakteristikum des Hausiererwesens, das viele deswegen auch für ein Unwesen hielten, daß der derart betriebene Handel vom Gewinn her meist so knapp an der Grenze zu Armut und Not lag, daß Bettler und Hausierer ohne weiteres verwechselt oder gleichgestellt werden konnten. Daher auch das eingangs zitierte Schild, das Hausieren und Betteln gleichermaßen verbot.

Hausierhandel

Der Hausierer handelt mit kleinen Dingen, die nicht viel Betriebskapital verlangen. Weil er selbst arm ist, kann er sich Lager und Laden nicht leisten. Er handelt mit Dingen, die so beschaffen sein müssen, daß er sie möglichst auf seinem eigenen Rücken als Buttenkramer oder Kraxenträger befördern kann, wohl auch diese mit einem Bauchladen vorweist.

Die menschlichen Nachteile eines solchen ambulanten Handels, der Trennung von Heimat und Familie, Wetterunbill, körperliche Anstrengung, Fährnisse des Weiterkommens auf unsicheren Straßen, wurde nur zum Teil wirtschaftlich dadurch gemildert, daß Abnehmerkreise erschlossen wurden, an die der stabile Handel nicht herankam.

Der Hausierhandel bot einst für die Einwohner vieler Landschaften, besonders von Gebirgsgegenden oder rückständigen und entlegenen Landesteilen mit Bevölkerungsüberschuß und schlechter Wirtschaftsstruktur eine Möglichkeit, saisonweise Geld zu verdienen. Tirol, die Schweiz, das alpine Oberitalien, Krain, die deutsche Sprachinsel Gottschee, der Schwarzwald und der Spessart waren solche klassischen Gebiete Mitteleuropas, die durch die von ihnen aus losziehenden, zum Teil Landesprodukte verkaufenden Hausierer am ganzen Kontinent bekannt wurden.

Das „welsche" Element

Auffällig ist im Mittelalter und in der frühen Neuzeit das romanische, „welsche" Element, das später im Kleingewerbe der habsburgischen Monarchie so spezialisierte Positionen wie die Maronibraterei oder die Erzeugung von Speiseeis nahezu monopolisieren sollte. Die italienischen Hausierer wurden in der Frühzeit auch als Schotten, Walchen und Savoyer bezeichnet, wobei beim Begriff Schotten eine Übertragung des Namens erfolgt zu sein scheint, da tatsächlich schottische Kaufleute bis ins 13. Jh. in Süddeutschland nachgewiesen werden können[2]. 1616 werden in Graz „umbschwaiffente welische Schotten und dergleichen Kraxenträger" genannt[3].

Der ambulante Handel setzt schon große Spezialisierung voraus. Im Hochmittelalter war der allgemeine Handel inmitten einer weitgehend autochthonen Wirtschaftsstruktur und noch weithin feststellbarer Anspruchslosigkeit des Verbrauchers ursprünglich auf wichtige Rohstoffe wie Eisen und andere Metalle, Salz usw. oder klimagebundene begehrte Naturprodukte wie Wein beschränkt oder brachte Luxusgüter wie Gewürze und bestimmte Textilien für die Wohlhabenden der Zeit. Wanderhandel im Großen von Siedlung zu Siedlung, auch wohl zu Messen, verteilte die Güter aus dem Abend- und Morgenland, war früh schon von Städten wie Venedig, Nürnberg oder Augsburg aus dominiert. Daß auch die Kleinform schon existierte, beweist um 1300 die bekannte Miniatur aus der Manessischen Liederhandschrift, die den Minnesänger Dietmar von Ast zeigt, wie er sich als Hausierer verkleidet seiner Dame nähert. Galanteriewaren wie Gürtel, Beutel und Spiegel bietet er an. Ein Esel trägt seine Waren, die er auch gefällig auf einer Stange drapiert zur Schau stellt.

Manessische Liederhandschrift

Als im Hoch- und Spätmittelalter die Städte aufkommen und sich Marktsiedlungen zu großer kultureller und politischer Blüte entfalten, setzt eine Trennung von Handwerk und Handel ein. Spezialisierung und rechtliche Bindung des Handels an das Bürgerrecht schafft starre Strukturen, die Privilegierung der Ansässigen und Benachteiligung der Auswärtigen und Fremden zur Folge haben. Zeitweise ist eine gewisse Liberalisierung durch Markt- und Messeprivilegien ein Garant für das Auftauchen von fremdländischen und deshalb neugierig begehrten Waren und ungewohnten Produkten. Bei den Jahrmärkten dringt diese Weite des Fernhandels bis in die Dörfer entlegener Gebiete.

Im Spätmittelalter dehnen sich die Handelsbefugnisse auch auf das flache Land, das „Gäu" aus. Es entsteht der Gäuhandel, eine frühe Form des lokal oder regional gebundenen Hausierens. Diese wird 1540 durch König Ferdinand I. den Bauern verboten, 1544 und 1549 den Fremden untersagt, wobei hier neben wirtschafts- auch sicherheitspolitische Ansätze erkennbar sind, wenn es heißt, „daß dieser Zeit vil Kramer und Hausirer . . . ihres Gefallens umbschweiffen/und nicht allein die ordentlichen befreyten Jahr-Märckt/sondern auch alle anderen Märckt und Kirchtäg" aufsuchen, die Kaufleute schädigen, und auch „allerley böse Practiquen und Außkundschafftung besorgen", also spionieren[4]. Bürgern war der Gäuhandel außerhalb der Jahrmärkte nur mit besonderen Berechtigungsscheinen („Hausierpässen") gestattet.

Schon zuvor war aber mit dem System der Privilegierungen bestimmter Landschaften begonnen worden, wobei für Innerösterreich bis ins 20 Jh. die Gottschee bestimmend wurde. Kaiser Friedrich III. hatte bereits 1492 den Einwohnern dieser deutschen Sprachinsel in Krain das Privileg zum Hausierhandel mit selbsterzeugten Waren, vor allem Holzprodukten und Leinwand, gestattet. Urspünglich in den Raum der Adria zielend, wo als zusätzliche Facette von den Gottscheern auch noch der Handel mit Südfrüchten begonnen wurde, verlagerten sich die Hausiererzüge später vor allem in den Norden und erreichten auch die Steiermark. Besonderheiten der Gottscheer waren auch noch kleine Glücksspiele, mit denen aus der Kraxe heraus in Gasthäusern und auf Märkten kleine Warenpreise verlost oder auf „Grad oder ungrad" ausgespielt wurden[5]. Die deutsche Volksgruppe der Gottschee, als Träger dieser Handelskultur, wurde während und nach dem Zweiten Weltkrieg in alle Welt zerstreut. Noch bis in unsere Tage herein aber kamen slawische Siebhausierer („Reiterträger") mit eigenen Produkten aus Reifnitz/Ribnica in die Steiermark[6].

Als Fahrende waren die Wanderhändler und Hausierer immer

Der Krämer.

Ich bin ein Krämer lange jar/
Kompt/vnd kaufft hie mancherley Waßr/
Als Brüch/Pfeiffen/vnd Schlötterlein/
Item/Würtz/Zucker vnd Brennt Wein/
Spiegel/Schelln/Käm/nadl vñ Harbät/
Leckkuchn/Nestel vnd Brillen gnannt/
Die Krämerey mancherley Waßrn/
Erfand lieber Pater vor jarn.

wieder auf dieselbe Stufe wie Bettler und Gauner gestellt und die Verbote bzw. Einschränkungen wiederholt aufgefrischt worden, so etwa 1722[7]. Außerdem wird den Einheimischen die fremde Konkurrenz lästig.

Fremde Konkurrenz

Am Beginn des 17. Jhs. klagt man in der Steiermark, daß das Land mit „wälschen Khramb Tragern überhäufft" sei. Es gäbe zu viele davon. In Leoben seien zwei, in Frohnleiten und in Wildon je einer angesessen, dazu gäbe es noch bei sechzig „hausierende Khrambkhnecht, die im Landt umbhausiren thain" und der „armen Angesessenen in Stätten und Märckhten eisseristes Verderben" seien[8]. Und im August 1601 meldet der Landsprofos W. Gradl den Verordneten in Graz, daß er auf einer Inspektionsreise bei Rottenmann und Admont „zween welsche Khramer und Burger zu Venedig, ainer namens Abrahamb Luczato di Lion, der ander Salomon Mofet Verones", den Namen nach Juden, angetroffen habe, die Gehilfen bei sich hätten und „sich hin und wieder im Gepürg aufhalten, die armen Paursleuth mit falschem Gewicht und Wahr betriegen und ubersetzen wollen[9]".

Maut- und Zollisten

Von den typischen Hausiererwaren des 17. und 18. Jhs. erfahren wir vor allem aus den Maut- und Zollisten und -patenten dieser Zeit. Vom Zentner „kurtzer oder Hausierwahr, wie Kramer zur Marcktzeiten herumbtragen" nimmt man 1689 in Kärnten 1 Gulden an Zoll, von „gemainer Kramerey als Kartätschen, Strigl, Kämpl, Nadl, Fingerhüt" 10 Kreuzer. Die „krainerische Hausierwahr" enthält nach denselben Zollvorschriften der Kärnter Stände „weisse zwilchene und härasene Fätschen, weiß leinwathene und härasene schmahle Bähntlein, Schnüre, Nestl und dergleichen". Krämer, „so mit Bucklkrächsen mit gar geringen Sachen" unterwegs sind, zahlen für „1 Tragbünckl oder Krächsen" 3 Kreuzer[10].

Ein Jahrhundert später werden auf salzburgischem Territorium folgende Waren als typisch für den Hausierhandel genannt und aufgezählt:

„Tyrolische Teppiche, tyrolische Früchte, Schildkröten, Schnecken, Barometer, Mausfallen, Skorpione, Kämme, Nadeln, Pomade, Wachsarbeiten, Federn, gemalte und Kupferbilder, Gypsfiguren, Regenschirme, Kleiderputzsachen und dergleichen."

Dieselbe Quelle[11] zählt zu den inländischen Hausierern, also solchen, die Salzburger Jurisdiktion unterliegen, die „Zillerthalerischen Oel- und Mithridat- und die Salzburgisch-Tefferegger

Abb. 107:
Wanderhändler.

Teppichträger, wie auch die Hüttensteinischen Glas- und Schlingenträger, concessionirten Wasserbrenner, Wurzengraber und dergleichen".

Das Odium von Betrug und Schlimmeren lastet lange Zeit auf der ganzen Gruppe der Wandergewerbe. Die soziale Nähe zu den untersten Volksschichten und Außenseitern wird im Patent Kaiser Karls VI. zur „Ausrottung der Zigeuner und Räuber" vom 19. Juni 1722 deutlich, die sich auch unterm Vorwand eines ehrlichen Gewerbes „auf das Hausiren mit Gewürz, Quacksalben, Bändel- und anderen Kramereyen, item so genannter kurzer Waar sich begeben", im Land herumziehen, „andurch in ihren Krächsen, Butten, Ranzen, Pinkeln und anderen Packwerken, nebst dem Diebszeug die gestohlene und geraubte Sachen durchbringen, selbe bey ihren Diebs-Hehlern niederlegen, endlich an die Tändler und Juden versilbern". Gemeinsam mit dem Hausierhandel nennt das Patent noch die von den Händlern betriebenen und als verwerflich betrachteten Glückspiele wie „Riemenstechen, Glückshafen[12], Brennten, Würfeln". Damals werden Hausierer, Quacksalber, Spieler, Glückshafner, „herumbschweifende Kramer" praktisch gleichgestellt[13]. Ebenso werden im Patent „Liederlich verdächtiges Gesindel auszurotten" vom 17. Oktober 1739 „kurze Waaren-Händler und Land-Streiffer/wie auch Lieder-Singer und Bandlkrämer/wan diese letzten mit keinen authentischen Pässen versehen, nebst allen übrigen Land-Fahrern" mit Strafen bedroht[14].

1772 wird das Hausierverbot auf die Städte beschränkt, auf dem Lande dagegen wieder erlaubt. Damals fällt als einschränkende Bestimmung auf, daß der Hausierer zur Beförderung seiner Waren nur Schubkarren, Kraxen und Bündel, keinesfalls aber Wagen oder Saumtiere dazu benützen darf[15].

Die Zollordnung von 1784 verbot noch den Hausierhandel mit ausländischen Waren und schloß ausländische Wanderhändler ganz aus. Wesentlich für den Stand ist dann die Hausierverordnung vom 1. September 1785, die den Handel von Haus zu Haus auf dem Lande generell freigab und in den Städten und Märkten während der Marktzeit erlaubt.

Für die schon länger mit Privilegien ausgestatteten Landschaften wurde endlich auch der Handel mit anderen Produkten erlaubt, so den Gottscheern, die nun auch Delikatessen und Gewürze von den Adriaküsten feilhalten durften und von nun an im Binnenland auch mit

Reis, Lorbeerblättern, Muscheln, Austern, Sardellen, Schildkröten, Tintenfischen, Orangen und Zitronen auftauchten. Besondere Vorrechte erhielten auch die Bandelkrämer aus dem Umland von Waidhofen a. d. Thaya im niederösterreichischen Waldviertel, die weiträumig herumzogen und deshalb ihrer Heimat den Namen „Bandelkramerland" verschafften.

Auch das Hausierpatent von 1787 und die Zollordnung 1788 brachten Verbesserungen für die erbländischen Untertanen, benachteiligte allerdings weiterhin die Juden, die nur in Böhmen, Mähren und Schlesien hausieren durften und deshalb erst im 19. Jh. dem Straßenhandel in Österreich einen neuen Akzent verliehen.

Die nun relativ liberalen Hausiergesetze werden 1792 wieder diskutiert. Man dachte damals sogar an eine allgemeine Abstellung, kann dies aber nicht durchsetzen[16]. Es wird aber von weiteren Begünstigungen abgesehen.

Eine neue Hausierordnung wird 1811 erlassen und in der Folge immer wieder in Detailfragen und regional umgrenzt novelliert. So werden Hausierpässe 1822 auch an die italienischen Wanderzinngießer („Katzelmacher") und 1825 auch an die Wandermusikanten ausgegeben. Seit 1818 durften Hausierer ihre Waren auf Jahrmärkten auch an Ständen und Buden verkaufen, 1820 wird ihnen aber die Verwendung von Gehilfen untersagt.

1852 wurden die gesetzlichen Grundlagen für den Hausierhandel neu formuliert und als Reichsgesetz für alle Teile der Monarchie für verbindlich erklärt. Von nun an durften Hausierer auch Märkte nicht mehr besuchen. Für den Verkauf waren ihnen keine festen Betriebsstätten erlaubt. Erschwerend für den Konzessionswerber war in Zukunft, daß für Erlangung eines Hausierpasses generell ein Alter von mindestens 30 Jahren bzw. Untauglichkeit fürs Militär vorgeschrieben war, während „Weibspersonen" zuvor schon ab dem 20. Lebensjahr hausieren durften. Praxisbezogene Änderungen des Gesetzes von 1852 waren bis 1855 notwendig. Der Besuch von Märkten wurde wieder erlaubt, desgleichen der Usus, „die Waaren selbst auf offenem Stande oder fester Verkaufsstätte während der Dauer des Marktes feilzubieten".

Von 1868 an wurde um eine Neufassung gerungen, wobei verschiedene Gremien überhaupt für eine Aufhebung dieser Handelsform eintraten, so u. a. die Handels- und Gewerbekammer in Leoben, während z. B. die Grazer Kammer nur für die „thunlichste Einschränkung des Hausierhandels, vorzugsweise für die Bevölkerung der in § 17 des Hausirhandelspatents bezeichneten Gegenden" plädierte[17]. Seit 1877 wurde eine mehr oder minder restriktive Poltik in bezug auf das Hausierwesen eingeschlagen. Eine grundlegende Novellierung des Gesetzes von 1852 erfolgte damals jedoch nicht mehr.

Dieses Hausiergesetz war in Österreich bis zur Gewerbeordnung 1973 in Geltung. Durch diese wurde das Patent von 1852 aufgehoben, der Begriff abgeschafft, so daß im § 53 nur mehr vom Feilbieten im Umherziehen von Ort zu Ort oder von Haus zu Haus die Rede ist, das nur ausgeführt werden darf, wenn eine Anmeldung des freien Gewerbes des Feilbietens von „Obst, Gemüse, Kartoffeln, Naturblumen, inländischem Brennholz, inländischer Butter oder inländischen Eiern erfolgt. Im § 55 dieser Gewerbeordnung wird auch das Sammeln von Bestellungen auf Waren im Umherziehen geregelt. Heute liegt es auch in der Macht der Gemeinden, für ihr Gebiet Hausierverbote zu erlassen.

Von kultureller Relevanz sind im Gesetz von 1852 die Angaben über die Waren, die nicht hausierenderweise verkauft werden durften, auch wenn sie inländischer Herkunft waren. Unter anderem sind angeführt: Material- und Spezereiwaren, Getränke, Süßwaren, „und überhaupt alle Leckerbissen, Arzneien, Salben, Pflaster, Gifte, Edelmetalle, Uniformstücke, Waffen, Glückslose, Bücher[19]".

Die Waren des Hausierers waren nicht ausschließlich solche des vitalen Bedarfs für Nahrung und Kleidung. Der Wanderhändler transportierte auch Erzeugnisse der Volkskunst und des Handwerkes künstlerischer Ausrichtung, trug damit zu deren überregionaler Wertschätzung und Verbreitung bei. Solche Produkte waren zeitweise ausgesprochene Exportschlager, die im Glücksfalle kräftig zur wirtschaftlichen Sicherung einer ganzen Region beitragen konnten. Dazu gehörten zum Beispiel die Hinterglasbilder aus Sandl[20] im oberösterreichischen Mühlviertel und anderen Zentren dieser Volkskunst, die volkstümlichen Druckgraphiken aus Venetien[21], die Uhren aus dem Schwarzwald und auch die Erzeugnisse heimischer und auswärtiger Glashütten, die von Glasträgern auf dem Rücken in Stroh verpackt noch allemal sicherer

Abb. 108:
Der **Reifnitzer Reiterträger.**

Schwierigkeiten und neue Formen des Hausierens

transportiert werden konnten als auf rüttelnden Fuhrwägen.

Ein besonderer Gegenstand des Hausierhandels waren immer auch Druckerzeugnisse. Vom Kalender, dem unter der Hand vertriebenen Pasquill, der politischen Satire zensurfreudiger Zeiten, der religiös-ketzerischen Schrift spannt sich der Bogen bis zum heutigen immer wieder kritisierten Handel mit Zeitschriftenabonnements von Tür zu Tür. Der Buchhandel war ursprünglich ein ambulanter, der sich ein großes Gebiet suchen mußte, da die hauchdünne elitäre Bildungsschicht, die Bücher kaufte, jeweils lokal gebunden war und keine großen Geschäfte ermöglichte. Schon im ausgehenden 16. Jh. sind in Innerösterreich Regierungsverbote gegen hausierende Buchführer erlassen worden, da man sich in der beginnenden Gegenreformation nicht mehr der Gefahr aussetzen wollte, ketzerische Schriften durch den legalen Handel geheim einschleppen zu lassen[22].

Die einstige Vielfalt der Hausierertypen und -waren ist längst vorbei. Heute ist es dem Hausierer, wo es ihn noch gibt, allein schon schwer gemacht, ins Haus zu kommen. Geändertes Wohnverhalten, ein verstärktes Sicherheitsempfinden wegen gehobenen Wohlstandes sind Ursachen für das Bedürfnis, auch Häuser mit vielen Wohnungen stets versperrt zu halten. Gegensprechanlagen bilden oft die einzige Möglichkeit, an die Bewohner heranzukommen und doch erschallt auch heute noch vor den abweisenden Fassaden der Wohnsiedlungen der Ruf der Händler bäuerlicher Produkte. Diese neuen Formen des Hausierens, die schnell auf die Kundenwünsche nach einer individuelleren Versorgung als der Großmarkt sie anzubieten hat, entstanden sind, beweisen die große Erneuerungskraft des uralten Handels im Umherziehen.

Anmerkungen:

1) Vgl. dazu auch C. P. Maurenbrecher: Europäische Kaufrufe. 2 Bde. Dortmund 1980 (Bibliophile Taschenbücher 163 und 171.); Georg Daniel Heumann: Der Göttingsche Ausruff von 1744. Hg. Rolf W. Brednich. Göttingen 1987; Reingard Witzmann: Die kleine Welt des Bilderbogens. Der Wiener Verlag Trentsenska. Ausstellungskatalog des Histor. Museums der Stadt Wien. Wien 1977; Otto Kramer: Wiener Volkstypen. Von Buttenweibern, Zwiefel-Krowoten und anderen Wiener Originalen. Wien 1983.
2) Fritz Popelka: Geschichte der Stadt Graz. 2. Band. Graz-Wien-Köln 1960², S. 689.
3) Popelka, S. 689.
4) Codicis Austriaci Pars Prima... Wien 1704, S. 466 f.
5) Maria Kundegraber: Volkskunde der Gottscheer. Katalog zur Sonderausstellung des Österr. Museums für Volkskunde. Wien-Stainz 1980, S. 3.
6) Kundegraber, S. 31 ff.
7) Sammlung österreichischer Gesetze und Ordnungen 1721–1740. Wien 1752, S. 42.
8) Joseph Zahn: Steirische Miscellen zur Orts- und Culturgeschichte der Steiermark. Graz 1899, S. 142.
9) Zahn, S. 142.
10) Herbert Hassinger: Geschichte des Zollwesens, Handels und Verkehrs in den östlichen Alpenländern. Stuttgart 1897, S. 585–587.
11) Judas Thaddäus Zauner: Auszug der wichtigsten hochfürstl. Salzburgischen Landesgesetze ... 3. Band Salzburg 1790, S. 69 f.
12) Dazu Günther Jontes: Der Glückshafen – eine alte Jahrmarktsattraktion. In: Alt-Leoben. Geschichtsblätter zur Vergangenheit von Stadt und Bezirk Nr. 6, 1980, S. 2–4.
13) Wie Anm. 7, S. 94.
14) Wie Anm. 7, S. 1116.
15) Zum Gesamtkomplex vgl. Georg Thaa: Das Hausirwesen in Oesterreich. Wien 1884.
16) Thaa, S. 9.
17) Thaa, S. 16.
18) Bundesgesetz vom 29. 11. 1973, Bgbl. Nr. 50.
19) Thaa, S. 41.
20) Friedrich Knaipp: 4 Karten zu Herstellungsorten, Erzeugern und Verbreitung volkstümlicher Hinterglasbilder. In: Österreichischer Volkskundeatlas. 1. Lfg. Linz 1959, K. 10–13; Ds.: Volkstümliche Hinterglasbilder des 18. und 19. Jhs. In: Kommentar zum Österr. Volkskundeatlas. Linz 1959.
21) Oskar Moser: Die Bilderhändler von Tesino und der Verlag Remondini zu Bassano im alten Vennetien. In: Österr. Zs. f. Volkskunde NF 40 (1986), S. 309–327.
22) Popelka, S. 693.

Handel, Recht und Moral

Abb. 109:
Wucherer. *Gemälde
von A. Quentin Metsys
(Massys) (1466–1530).*

Gestern. Heute. Morgen.

8010 GRAZ, RADETZKYSTRASSE 15-17

8010 Graz, Paulustorgasse 4

8036 Graz, Riesstraße 1, Landeskrankenhaus

8053 Graz, Kärntner Straße 207a

HYPO-BANK. Immer für Sie da: In Bruck/Mur, Deutschlandsberg, Fürstenfeld, Loipersdorf, Judenburg, Schladming, Leibnitz und 6x in Graz.

8530 Deutschlandsberg, Unterer Platz 4

8970 Schladming, Hauptplatz 29

8750 Judenburg, Herrengasse 2

8280 Fürstenfeld, Commendegasse 1

8600 Bruck/Mur, Kol.-Wallisch-Platz 5

Seit der Erfindung der Münze bewegt den Menschen die Frage nach dem richtigen Partner in allen Geldangelegenheiten. Professionelles Knowhow im modernen Zahlungsverkehr und individuelle Spar- und Kreditformen sind heute gefragter denn je.

Seit über 50 Jahren zählt die HYPO-BANK Steiermark zu den modernsten Geldinstituten des Landes. Als _der_ Spezialist für Landesförderungen und langfristiges Sparen ist sie daher zuverlässiger Partner für alle Steirer. Gestern, heute und besonders morgen.

HYPO BANK
Die Landesbank

Helfried Valentinitsch

Handel am Rande der Moral?

Der Kriegshandel in der Steiermark in der frühen Neuzeit

Im ausgehenden 20. Jh. hat die Verbreitung von Waffen aller Art durch den internationalen Kriegshandel einen Umfang erreicht, der sich bereits vielfach unserer Vorstellungskraft entzieht[1]. An diesen mit enormen Gewinnen verbundenen Geschäften sind staatliche und private Rüstungsgiganten der westlichen und östlichen Industrienationen ebenso beteiligt wie die sogenannten „Schwellenländer", die billige und leicht bedienbare Waffen in die Staaten der Dritten Welt exportieren. Die Voraussetzungen für diese Entwicklung wurden im 19. Jh. durch die enge Verflechtung von Industrie, Kapital und moderner Waffentechnik geschaffen. Die ersten Ansätze für eine Kommerzialisierung des europäischen Kriegswesens lassen sich jedoch bis ins Mittelalter zurückverfolgen[2]. Vor allem in den italienischen Staaten der Frührenaissance bahnte sich dann eine Verschmelzung von marktorientiertem und militärischem Verhalten an, die schließlich im Kriegswesen der frühen Neuzeit zu tiefgreifenden Veränderungen führte[3]. Besonders bedeutsam waren die rasche Fortentwicklung und Verbreitung der Feuerwaffen sowie die Ablösung der kleinen Ritterheere des Mittelalters durch Söldnerarmeen, die überwiegend zu Fuß

Abb. 110:
Überfall auf Kaufleute.
Holzschnitt, Augsburg,
Steyner, 1530.

kämpften. Weitere Veränderungen vollzogen sich durch die allmähliche „Verstaatlichung" des Kriegswesens, das Aufkommen von stehenden Heeren und die Einführung neuer Taktiken und des militärischen Drills.

Die Vervielfachung der Heeresstärken[4], die im 16. und 17. Jh. innerhalb weniger Jahrzehnte erfolgte, erforderte nicht nur enorme Mengen von Waffen, Munition und anderem Zubehör, sondern auch mehr Proviant, Bekleidung, Pferde und Futter[5]. Die Ausrüstung wurde deshalb immer weniger dem einzelnen Soldaten überlassen und gelangte nach verschiedenen Übergangsformen in die Hände einer Kriegsbürokratie, die den zentralen Einkauf und die Verteilung übernahm. Der wachsende Kriegsbedarf begünstigte sowohl den Übergang zur Massenherstellung und die Standardisierung von Kriegsmaterial als auch den damit verbundenen Handel[6]. In der frühen Neuzeit etablierten sich deshalb in Europa mehrere große Rüstungszentren, die ihre in großen Stückzahlen hergestellten Waffen hauptsächlich exportierten[7].

Bildung von Rüstungszentren

Besonders erfolgreich waren hier gerade jene kleineren Territorien, die sich zwar bei kriegerischen Konflikten für neutral erklärten, aber gleichzeitig bestrebt waren, möglichst alle kriegführenden Parteien mit ihren Produkten zu versorgen[8]. Als Beispiel führe ich die in der Grafschaft Henneberg (Thüringen) gelegene Stadt Suhl an, die neben den katholischen Habsburgern auch die protestantischen Reichsfürsten, den russischen Zaren, Polen, die Eidgenossenschaft und Venedig mit ihren Handfeuerwaffen belieferte und zu einem der größten Kriegsproduzenten Europas aufstieg[9]. Seit etwa der Mitte des 17. Jhs. versuchten allerdings die meisten größeren europäischen Staaten aus wirtschaftlichen, politischen und militärischen Gründen, sich aus der Abhängigkeit der ausländischen Waffenhändler zu befreien und förderten deshalb in ihren Territorien die Errichtung von staatlichen Rüstungsbetrieben, die praktisch nur für den Bedarf der eigenen Armeen arbeiteten[10].

Im Spätmittelalter und in der frühen Neuzeit beschäftigten sich wiederholt Theologen, Philosophen, Staatstheoretiker und Literaten mit dem Krieg und dessen moralischer Rechtfertigung[11]. In diesem Zusammenhang stellt sich nun die Frage, ob bereits vor den Friedensbewegungen des 19. und 20. Jhs. gegen den Kriegshandel moralische Bedenken bestanden. Bei prominenten Befürwortern des Friedens, wie Erasmus von Rotterdam, Sebastian Franck, Emeric Cruce und anderen, finden sich leidenschaftliche Anklagen gegen die für den Krieg verantwortlichen weltlichen und geistlichen Großen sowie gegen die Soldaten, aber keine Vorwürfe gegen die Händler, die durch ihre Waffenlieferungen am Krieg mitverdienten[12]! Ganz allgemein kann man daher feststellen, daß der Kriegshandel nur in einem *sehr engen Bereich*

Moralische Rechtfertigung

Gegenstand moralischer Vorbehalte war. Am deutlichsten nahm noch die Kirche dazu Stellung. Sie verbot z. B. im Mittelalter den Handel[13] mit den bei Kriegszügen erbeuteten christlichen Gefangenen sowie die Verwendung von Armbrüsten[14] gegen Christen, hatte damit aber nur beschränkten Erfolg. Für die weltlichen Machthaber, die ohnehin von ihrem „gerechten Krieg" überzeugt waren, trat beim Kriegshandel nur dann ein „moralischer" Aspekt auf, wenn Kriegsmaterial in die Hände eines potentiellen Gegners zu gelangen drohte.

Kriegshandel der Steiermark

Nach diesen allgemeinen Ausführungen wende ich mich dem Kriegshandel in der Steiermark in der frühen Neuzeit zu. Im 16. und 17. Jh. waren hier der Landesfürst und die steirischen Stände wegen der latenten Bedrohung des Landes durch Türken und Ungarn zu enormen Verteidigungsanstrengungen gezwungen[15]. In der Steiermark und an der ihr vorgelagerten Militärgrenze entstand deshalb ein großer Absatzmarkt für Kriegsmaterial. Da von diesen Bedarfsgütern nur ein Teil im Inland aufgebracht werden konnte, mußten vor allem Waffen, Textilien und Schießpulver aus anderen Ländern importiert werden[16]. Hingegen gelang es der Steiermark nicht, als Exportland im internationalen Kriegshandel eine Rolle zu spielen! Gerade beim Waffenhandel erscheint dies auf den ersten Blick erstaunlich, da die Steiermark über wesentliche Voraussetzungen für eine eigene große Rüstungsproduktion verfügte. Tatsächlich gab es in der Steiermark zahlreiche Betriebe, die handwerksmäßig die verschiedensten Waffen herstellten[17]. In der zweiten Hälfte des 15. Jhs. errichtete die Familie Pögl in Thörl bei Aflenz sogar einen fabriksähnlichen Großbetrieb, der für den Kaiser, aber auch für andere Fürsten Eisengeschütze, Handfeuerwaffen und Kanonenkugeln erzeugte. Nachdem König Ferdinand I. 1539 der allzu mächtig gewordenen Familie Pögl ihre Privilegien im Eisenhandel entzogen hatte, stellte diese ihren Rüstungsbetrieb ein. Das Monopol der Pögl auf dem Gebiet der Waffenproduktion war allerdings schon vorher von dem in Mürzzuschlag ansässigen Büchsenschmied Peter Hofkircher gebrochen worden[18]. Hofkircher nahm um 1526 die Massenanfertigung von Handfeuerwaffen auf und stieg zu einem der wichtigsten Lieferanten der österreichischen Habsburger auf, doch wurde sein Unternehmen um 1557 von seinen Erben wieder aufgegeben.

Steirische Rüstungsbetriebe im 16. Jh.

Durch die Stillegung der Großbetriebe der Familien Pögl und Hofkircher erhielt die steirische Waffenproduktion gerade auf dem Sektor der zukunftsträchtigen Handfeuerwaffen einen Schlag, von dem sie sich nicht mehr erholen sollte[19]! Seit der Mitte des 16. Jhs. existierten zwar um Liezen und Rottenmann, zeitweilig auch bei Frohnleiten und Deutschfeistritz, mehrere Klein- und Mittelbetriebe, die Gewehre und Pistolen in größeren Stückzahlen herstellten, sie waren aber nahezu durchwegs auf Inlandsaufträge angewiesen und mußten in der auf eine Kriegskonjunktur folgenden Phase ihren Betrieb meist wieder einstellen. Ein Ausweichen auf den Export war nicht möglich, da einerseits die kapitalschwachen steirischen Unternehmer mit den ausländischen Produzenten nicht konkurrieren konnten und andererseits der Landes-

Niedergang der steirischen Waffenproduktion

Abb. 111: **Menschenhandel:** *„Wie die Türken mit den gefangen Christen handeln . . .", Druck, wahrscheinlich bei Heinrich Stainer in Augsburg erschienen. 16. Jh., aus der Sammlung des Grafen Sándor Apponyi.*

fürst aus politischen und militärischen Gründen die Waffenausfuhr untersagte. Bei einer Kriegskonjunktur sahen sich daher der Landesfürst und die steirische Landschaft wegen der geringen Kapazität der einheimischen Betriebe wiederholt genötigt, ihren Waffenbedarf bei Händlern in Augsburg, Nürnberg und Suhl zu decken, denen die eigentlichen großen Gewinne zufielen. Seit der Mitte des 17. Jhs. bot sich zwar den steirischen Waffenproduzenten durch die Beibehaltung einer stehenden kaiserlichen Armee ein ständiger Abnehmer an, doch hatte sich inzwischen, wenn man von Ferlach in Kärnten absieht, eine deutliche Verlagerung der Waffenproduktion nach Steyr und in das Wiener Becken vollzogen, an die dann im 19. und 20. Jh. die österreichische Rüstungsindustrie anknüpfte. Die steirischen Waffenproduzenten konnten daher nach 1650 mit den neuen Rüstungszentren nur mehr im Bereich der

Blankwaffen konkurrieren, die auch nach Ungarn und Kroatien ausgeführt wurden[20].

Bei der Beschaffung von Kriegsgerät gab es für den Landesfürsten und die steirischen Stände von vornherein keine moralischen Bedenken, da man es im Kampf gegen die heidnischen Türken dringend benötigte. Bei der Ausfuhr von Waffen und Pferden herrschte jedoch eine andere Situation. In diesem Zusammenhang kann nämlich nicht ausgeschlossen werden, daß steirische Waffen oder Halbfabrikate auf dem ungarischen Markt gelegentlich auch an die Türken oder deren ungarische Verbündete verkauft wurden. Dies war anscheinend bei den in der Umgebung von Weiz hergestellten Säbelklingen der Fall, weil Kaiser Ferdinand II. während seines ersten Krieges gegen den Fürsten Bethlen Gabor von Siebenbürgen ihre Ausfuhr unter Androhung der Todesstrafe untersagte[21]. Der Landesfürst stellte auch den Pferdeexport aus der Steiermark und den anderen innerösterreichischen Ländern nach Venedig wiederholt unter Strafe, da die österreichischen Habsburger und die Signorie bis ins 18. Jh. miteinander verfeindet waren[22]. Bei ausländischen Kriegslieferungen an die Osmanen halfen aber weder solche Verbote noch Appelle an die christliche Staatengemeinschaft. Als z. B. im Jahr 1670 der Wiener Hof erfuhr, daß ein ausländischer Großhändler der Pforte Eisen, Stahl und Kupfer für die Herstellung von Waffen angeboten hatte, wollte der Kaiser bei verschiedenen europäischen Regierungen dagegen diplomatisch vorgehen[23]. Der Wiener Hofkriegsrat stimmte diesem Plan zwar zu, gab aber in seinem Gutachten zu bedenken, daß eine Intervention nur wenig helfen werde!

Verbot der Waffenausfuhr

Grafik 30: **Wer verdient am Kriegshandel und wer zahlt die Kosten?**
„Kreislauf" bei der Beschaffung von Kriegsbedarf

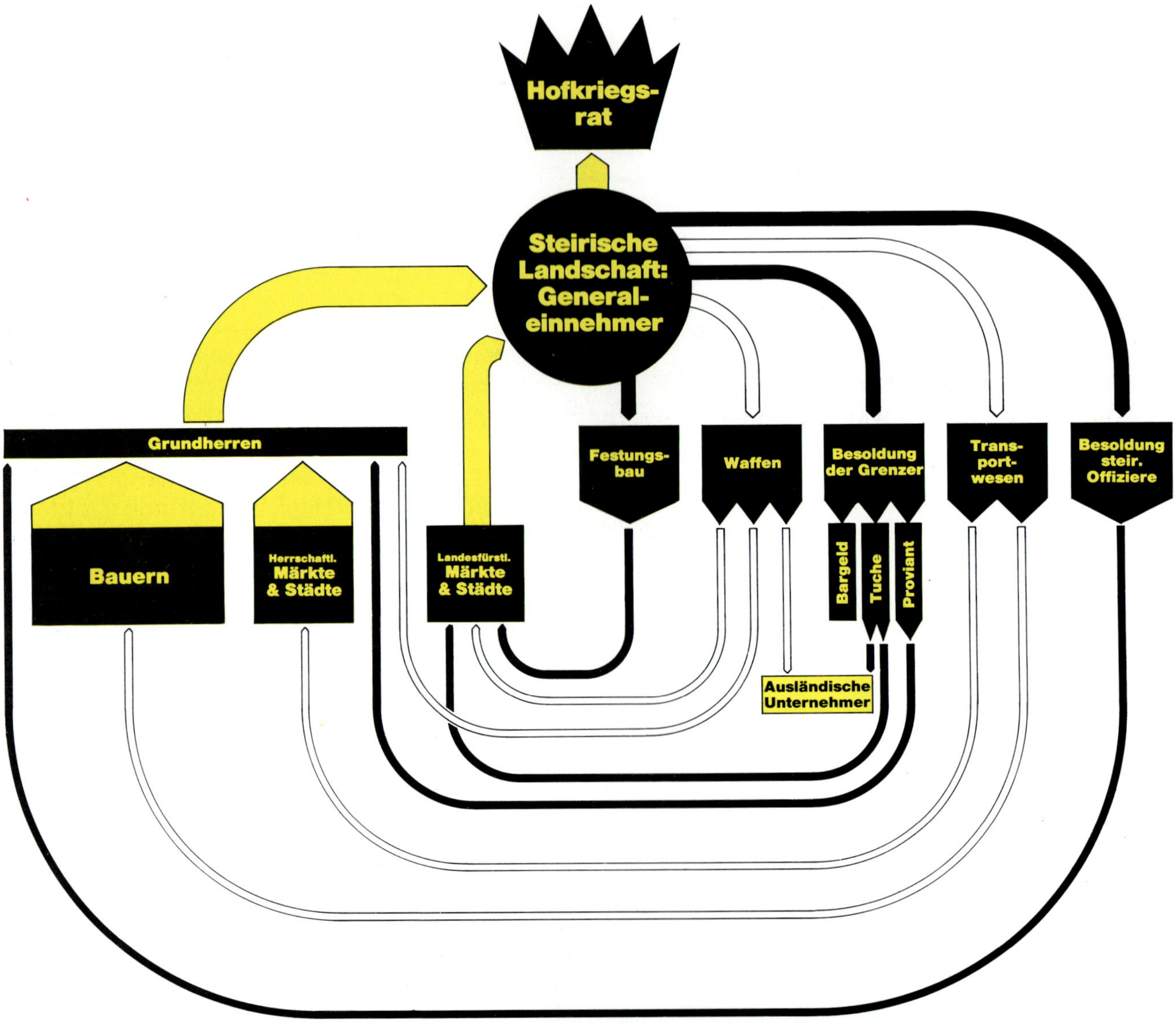

296

Grafik 31: **Der internationale Waffenhandel und die Steiermark (ca. 1550–1700)**

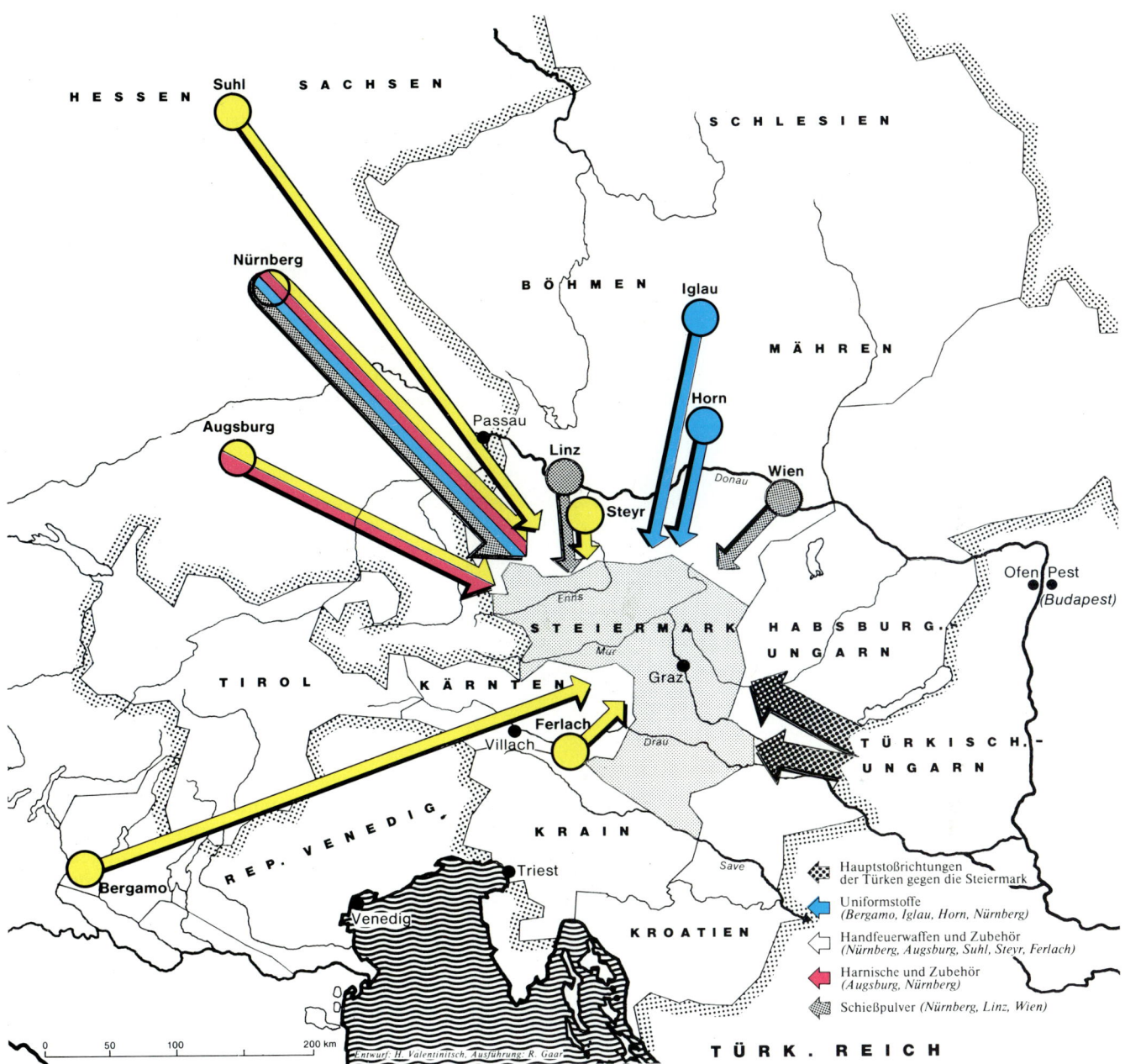

Die großen Leistungen der steirischen Stände bei der Türken- und Ungarnabwehr sollen hier keineswegs in Frage gestellt werden. In der frühen Neuzeit war aber auch in der Steiermark der Kriegshandel mit Begleiterscheinungen verbunden, die selbst bei Berücksichtigung der damals bei solchen Geschäften sehr niedrig angesetzten moralischen Grenzen nicht anders als offener Betrug bezeichnet werden können[24]! Die größten Mißstände traten zweifellos bei der zentralen Beschaffung von Tuchwaren und von Proviant auf. Die Nutznießer dieser geradezu zum System erhobenen Machenschaften waren hohe und höchste Funktionäre der steirischen Landschaft, einige in- und ausländische Großunternehmer sowie einzelne steirische Grund- herren. Besonders kraß waren die Zustände beim Handel mit Textilien[25]. Die von den steiri- schen Ständen geworbenen Söldner und die Militärgrenzer erhielten nämlich einen Teil ihres Soldes von vornherein nur in Form von minderwertigen Tuchwaren ausbezahlt. Die Stände rechtfertigten diese Bezahlungsform damit, daß man auf diese Weise Bargeld einsparen konnte. Außerdem erhielten dabei verschiedene Amtsträger, wie z. B. der Landeshauptmann, eine willkommene Gelegenheit, sich auf Kosten der Steuerzahler privat mit Textilien einzu- decken. Da in der Steiermark kein leistungsfähiges Textilgroßgewerbe existierte, mußten die Stände aus Böhmen, Mähren, Niederösterreich, Oberitalien und Süddeutschland Tücher zur

Begleit- erscheinungen des Kriegshandels

Handel mit Textilien

297

Bezahlung ihrer Soldaten einführen. Im 16. Jh. lag die Beschaffung von Tuchwaren überwiegend in den Händen von süddeutschen Unternehmern. Um 1600 gelang es aber einigen in Graz und Pettau ansässigen italienischen Großkaufleuten, die Belieferung der Militärgrenze an sich zu reißen. Obwohl sich die Soldaten immer wieder über die schlechte Qualität der Tücher und die maßlos überhöhten Preise beklagten, waren sie den Italienern mangels anderer Konkurrenten schutzlos ausgeliefert. Erst um 1650 wurden die Italiener im Tuchhandel von einheimischen Kaufleuten abgelöst, unter denen ich den Grazer Handelsmann Matthias Schäffer (gest. 1679) besonders hervorhebe. Schäffer übervorteilte ebenfalls die Soldaten, wo er nur konnte, führte aber sein dabei erworbenes riesiges Vermögen einem guten Zweck zu, da er die Insassen des Grazer Waisenhauses als Universalerben einsetzte.

Proviantwesen

An der Verproviantierung der Militärgrenze verdienten hauptsächlich einige steirische Grundherren, die entweder in den für das Proviantwesen zuständigen Entscheidungsgremien saßen oder über andere gute Verbindungen verfügten[26]. Als Beispiel führe ich den Freiherrn Friedrich Vetter an, der jahrelang als steirischer Proviantmeister tätig war. Als er 1621 sein Amt antrat, fand er in den Magazinen bereits einen großen Getreidevorrat vor. Er vermehrte ihn ohne Rücksicht auf den tatsächlichen Bedarf und auf die überhöhten Preisforderungen der adeligen Getreidelieferanten so sehr, daß die Landschaft enorme Verluste erlitt. Erst nachdem Vetter 1635 gestorben war, kam das ganze Ausmaß seiner Manipulationen ans Licht. Da das Mehl, das als Proviant diente, zehn bis zwölf Jahre alt und halb verschimmelt war, weigerten sich die Soldaten, es anzunehmen, weshalb man schließlich die ohnehin viel zu teuer gekauften Vorräte wegwerfen mußte. Eine allmähliche Besserung im Proviantwesen der steirischen Landschaft trat erst um 1650 ein, als einige Reformvorschläge verwirklicht wurden. Der steirische Proviantmeister sollte nun das für die Militärgrenze benötigte Getreide in Kroatien und Slawonien kaufen, um die Transportkosten zu verringern. Der zusätzliche Bedarf sollte weiterhin in der Steiermark beschafft werden, aber nur dort, wo das Getreide am billigsten war. Die Grazer Hofkammer lernte anscheinend aus den negativen Erfahrungen, die man beim Proviantwesen der Landschaft gemacht hatte. Als Kaiser Leopold I. während des großen Türkenkrieges (1683—1699) den landesfürstlichen Finanzbehörden in Graz die Versorgung der an der Drau operierenden Truppen übertrug, gelang es der Hofkammer, innerhalb kurzer Zeit klaglos große Mengen Proviant, Futter und Kriegsgerät über Entfernungen von mehr als 600 km heranzuschaffen[27].

Auch den an der Militärgrenze stationierten Adeligen eröffneten sich im Kriegshandel vielfältige Gewinnmöglichkeiten. So nutzten viele steirische Offiziere ganz offen das Abhängigkeitsverhältnis ihrer Soldaten aus und zwangen diese, bei ihnen Tuchwaren, Salz und andere Bedarfsgüter zu weit überhöhten Preisen zu kaufen. Eine der einträglichsten Einnahmsquellen war aber der

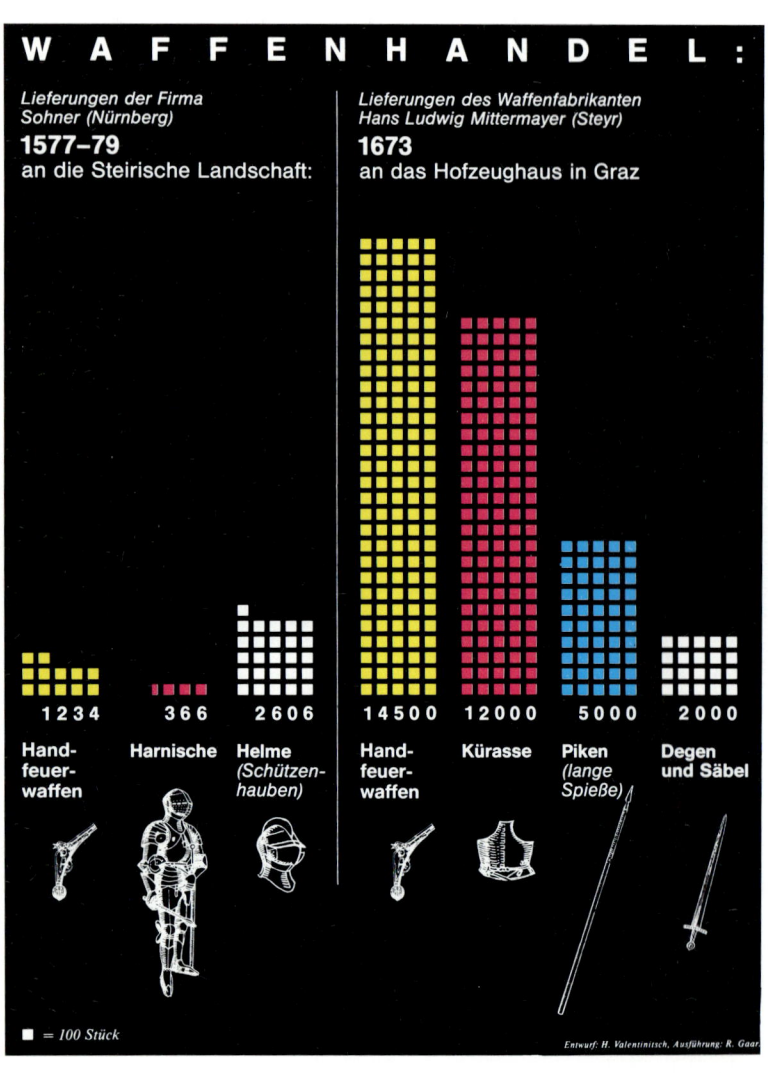

Grafik 32.

Menschenhandel. Sowohl die Türken als auch die kaiserlichen Truppen unternahmen im Verlauf des an der Militärgrenze permanent geführten Kleinkrieges Streifzüge auf das Gebiet des Gegners und ließen die dabei gefangengenommenen feindlichen Soldaten und Zivilpersonen erst nach Zahlung eines Lösegeldes wieder frei. Wie hoch die Einkünfte aus dieser als „Ranzionieren" bezeichneten Praxis waren, zeigt das Beispiel des Freiherrn Hans Jakob Galler, der zwischen 1636 und 1660 an der Militärgrenze als Offizier diente[28]. So repräsentierten allein im Jahr 1660 seine Gefangenen einen „Gesamtwert" von 7.500 Gulden. An der Tatsache, daß sich unter den Gefangenen auch auf türkischem Territorium lebende christliche Frauen und Kinder befanden, die von Galler verschleppt worden waren, nahm allerdings niemand Anstoß. Seine an der Militärgrenze erzielten Gewinne legte Galler schließlich im sicheren steirischen Hinderland an, wo er die Herrschaft Arnfels kaufte.

Andere steirische Offiziere, wie der Oberst Hans Mehlgraber (gest. 1626), entwickelten an der Militärgrenze ebenfalls beachtliche kaufmännische Fähigkeiten. Auch Mehlgraber hatte jahrelang vom Menschenhandel profitiert, bis ihm die türkischen Befehlshaber aus Mangel an Bargeld Salz als Lösegeld anboten[29]. Der Oberst ging auf diesen Handel ein und verfügte bald über einen so großen Salzvorrat, daß er diesen nur zum Teil in Kroatien weiterverkaufen konnte. Mehlgraber ließ nun das türkische Salz von seinen Soldaten in die Untersteiermark schmuggeln und warf es hier zu einem extrem niedrigen Preis auf den Schwarzmarkt. Da in den folgenden Jahren auch andere Grenzoffiziere seinem Beispiel folgten, wurde nicht nur der Ausseer Salzabsatz in der Untersteiermark empfindlich beeinträchtigt, sondern das billigere türkische Salz drang sogar bis in die Oststeiermark vor und schädigte damit die Einnahmen aus dem landesfürstlichen Salzmonopol.

Abb. 112:
Handel am Rande der Moral: Für die Kirche war der Ablaßhandel eine willkommene Einnahmequelle.

Abschließend fasse ich kurz die wichtigsten Ergebnisse des vorliegenden Beitrags zusammen. Während der Türken- und Ungarnkriege bildete die Steiermark zusammen mit den anderen innerösterreichischen Ländern und der Militärgrenze einen großen Absatzmarkt für Kriegsmaterial aller Art. Wegen verschiedener Strukturschwächen der Wirtschaft, aber auch wegen der vom Landesfürsten verhängten Ausfuhrverbote, konnte sich in der Steiermark — langfristig gesehen — keine exportorientierte Massenproduktion von Waffen entfalten. Eine Ausnahme war lediglich die Herstellung von Blankwaffen, die aber durch die Veränderungen in der Heeresbewaffnung in eine technologische Sackgasse führte. Ein beträchtlicher Teil des steirischen Waffenbedarfs, aber auch Tuchwaren und Schießpulver, mußten daher um teures Geld von oft im internationalen Maßstab tätigen ausländischen Großhändlern bezogen werden. Der Handel mit Proviant war wieder eine Domäne der steirischen Grundherren, wobei es aber zu verschiedenen Mißständen kam. Den an der Militärgrenze stationierten steirischen Offizieren eröffneten sich beim Handel mit Gefangenen, Textilien und Salz ebenfalls vielfältige Möglichkeiten, sich zu bereichern. Den zuständigen Stellen in Wien und Graz waren diese teilweise mit Schwarzhandel, Betrug und Erpressung verbundenen Geschäfte durchaus bekannt, doch ergriff man keine ernsthaften Sanktionen.

Anmerkungen:

1) Vgl. dazu J. Roth, Die illegalen deutschen Waffengeschäfte und ihre internationalen Verflechtungen, Frankfurt a. M. 1988, und P. Pilz, Die Panzermacher. Die österreichische Rüstungsindustrie und ihre Exporte, Österr. Texte zur Gesellschaftskritik 10, Wien 1982.
2) So entstand z. B. im 13. und 14. Jh. in Genua und Barcelona eine rasch expandierende Produktion von Armbrüsten (W. H. McNeill, Krieg und Macht, München 1984, S. 70).
3) W. H. McNeill, S. 72ff.
4) In den Jahren 1630–40 zählte das französische Heer ca. 150.000 Mann. Um 1700/1710 betrug der Mannschaftsstand jedoch 400.000 (G. Parker, The Military Revolution 1550–1660 – a Myth?, in: Journal of Modern History 48, 1976, S. 206).
5) Vgl. dazu das Standardwerk von C. M. Cipolla, Guns, Sails and Empires, New York 1965, und die noch immer in vieler Hinsicht grundlegende Darstellung von W. Sombart, Krieg und Kapitalismus. Studien zur Entwicklungsgeschichte des modernen Kapitalismus, 2. Bd., München-Leipzig 1913. Verschiedene Teilaspekte behandelt der Sammelband: O. Pickl (Hg.), Krieg, Militärausgaben und wirtschaftlicher Wandel, Grazer Forschungen zur Wirtschafts- und Sozialgeschichte 4, Graz 1980.
6) Zur Standardisierung und Schablonisierung von Kriegsmaterial siehe A. A. van Doorn, The Soldier and Social Change in the History and Sociology of the Military, Beverly Hills (Calif.), 1973, S. 17ff., und L. Mumford, Technics and Civilization, New York 1934, S. 81ff.
7) Zu den größten Waffenproduktionszentren des 16. und 17. Jhs. zählten in Mitteleuropa Namur, Lüttich, Suhl, Solingen, Augsburg und Nürnberg.
8) Das Bistum Lüttich entwickelte sich z. B. erst nach 1492 zu einem bedeutenden Rüstungszentrum, als es sich für neutral erklärte (W. H. McNeill, S. 107).
9) H. Valentinitsch, Suhler Waffenhändler in den habsburgischen Erbländern in der frühen Neuzeit, in: H. Ebner u. a. (Hg.), FS Othmar Pickl zum 60. Geburtstag, Graz 1987, S. 683ff.
10) Vgl. dazu W. Sombart, S. 90ff.
11) W. Huber, Art. „Frieden V", in: Theologische Realenzyklopädie, Bd. 11, Berlin-New York 1983, S. 624ff.
12) Vgl. dazu K. v. Raumer, Ewiger Friede. Friedensrufe und Friedenspläne seit der Renaissance, Freiburg-München 1953.
13) Vgl. dazu Ch. Verlinden, Wo, wann, warum Großhandel mit Sklaven. Kölner Vorträge zur Sozial- und Wirtschaftsgeschichte, Köln 1970; J. Origo, Im Namen Gottes und des Geschäfts, München 1985; J. Höffner, Christentum und Menschenwürde, Trier 1947, und A. Steinmann, Sklavenlos und alte Kirche, Mönchengladbach 1922.
14) W. H. McNeill, S. 70.
15) Vgl. dazu die zahlreichen Beiträge bei G. Pferschy u. P. Krenn (Hg.), Die Steiermark. Brücke und Bollwerk, Veröffentlichungen des Stmk. Landesarchivs 16, Graz 1986.
16) H. Valentinitsch, Türkennot und Kriegsgewinn, in: G. Pferschy und P. Krenn, S. 328ff.
17) H. Valentinitsch, Zur Geschichte des Handels und der Produktion von Handfeuerwaffen in der Steiermark im Zeitalter der Türkenkriege, in: P. Krenn (Hg.), Trommeln und Pfeifen – Militärzelte – Anderthalbhänder – Nürnberger Waffen – Waffenhandel und Gewehrerzeugung in der Steiermark, Veröff. des Landeszeughauses. Graz 6,1976, S. 97ff.; ders., Das eisenverarbeitende Gewerbe im Umkreis des Steirischen Erzberges, in: P. W. Roth (Hg.), Erz und Eisen in der Grünen Mark, Graz 1984, S. 207ff., und A. Ruhri, Steirische Waffenschmiede im Dienste Kaiser Maximilians I. und Ferdinands I., in: G. Pferschy und P. Krenn, S. 208ff.
18) O. Pickl, Peter Hofkircher, ein steirischer Waffenschmied zur Zeit des Frühkapitalismus, in: Zeitschrift d. Histor. Vereines f. Steiermark 53, 1962, S. 69ff.
19) H. Valentinitsch, Die Standorte der österreichischen Rüstungsproduktion in der frühen Neuzeit, in: Blätter für österreichische Heereskunde, Wien 1986, S. 38ff.
20) A. Ruhri und R. Dittrich, Schwerpunkte der Waffenerzeugung im Umkreis des Steirischen Erzberges, in: P. W. Roth (Hg.), Erz und Eisen in der Grünen Mark, Graz 1984, S. 248ff., und P. Krenn (Hg.), Schwert und Säbel aus der Steiermark, Veröff. des Landeszeughauses 4, Graz 1975.
21) Wie Anmerkung 20, S. 249.
22) Zur Pferdeausfuhr siehe F. O. Roth, Türkenabwehr, Soldatenwerbung und Pferdeexport aus Innerösterreich während des 16. und 17. Jhs., in: Zeitschrift des Histor. Vereines f. Stmk. 63, 1972, S. 95ff.
23) Stmk. Landesarchiv (Graz), HK 1670-XI-21.
24) Wie Anmerkung 16.
25) H. Valentinitsch, Großunternehmer und Heereslieferanten in der Steiermark und an der Windischen Grenze, in: Zeitschrift des Histor. Vereines f. Stmk. 66, 1975, S. 141ff.
26) H. Valentinitsch, Die Windische Grenze und das steirische Proviantwesen vom letzten Viertel des 16. Jhs. bis zur zweiten Hälfte des 17. Jhs., in: G. Pferschy (Hg.), Siedlung, Macht und Wirtschaft, Festschrift F. Posch zum 70. Geburtstag, Veröff. d. Stmk. Landesarchives 12, Graz 1981, S. 521ff.
27) Vgl. dazu O. Pickl, Nachschub für den großen Türkenkrieg (1. Teil), in: Zeitschrift des Histor. Vereines f. Stmk. 68, 1977, S. 105ff., und ders., Der Anteil der Steiermark am Türkensieg vom Berg Harsany 1687, in: G. Cerwinka u. a. (Hg.), Geschichte und ihre Quellen, FS für Friedrich Hausmann zum 70. Geburtstag. Graz 1987, S. 317ff.
28) H. Valentinitsch, Hans Jakob Galler – ein steirischer Offizier an der Militärgrenze im 17. Jh., in: Zeitschrift d. Histor. Vereines f. Stmk. 77, 1986, S. 163ff.
29) H. Valentinitsch, Die staatliche Wirtschaftspolitik und der Salzhandel im Viertel Cilli vom 16. Jh. bis zum Beginn des 18. Jhs., in: Casopis za zgodovino in narodopisje 13 (48), 1977, S. 131ff.

Anton Cuber
Beate Machazek

„Augen auf, Kauf ist Kauf"

1. Übersicht

Seit jeher spielt der Kauf im Handel eine zentrale Rolle, und so ist es nicht verwunderlich, daß sich in allen Rechtsordnungen Bemühungen finden, die Probleme des Kaufes durch möglichst klare und grundsätzliche Regelungen in den Griff zu bekommen. Gerade der Handel mit seiner enormen wirtschaftlichen Bedeutung hat ein besonderes Bedürfnis an einfach zu handhabenden Rechtsregeln, die aber den an ihn gestellten vielschichtigen Anforderungen trotzdem genügen müssen. Das Wechselspiel zwischen Wirtschaft, Gesellschaft und Recht läßt sich auch an der Entwicklung des Kaufrechts deutlich ablesen. Hatten die Römer das Institut der laesio enormis geschaffen[1], das verhindern sollte, daß der Käufer mehr als das Doppelte des Wertes der Ware bezahlen muß, und wurde dieses Prinzip mit der Rezeption des römischen Rechts im gemeinen Recht[2] beibehalten, so brachte es der Wirtschaftsliberalismus des 19. Jhs. mit sich, daß das (deutsche) Bürgerliche Gesetzbuch, und ihm folgend das Handelsgesetzbuch, ein Verbot der Verkürzung über die Hälfte für den Handelskauf nicht mehr vorsahen[3]. Im österreichischen ABGB von 1811 hingegen hat sich diese Bestimmung in § 934 gehalten, wobei hinzugefügt werden muß, daß die kaufrechtlichen Bestimmungen des ABGB heute für den beiderseitigen Handelskauf, das ist der Kauf unter Kaufleuten, nur mehr eingeschränkte Wirkung haben und gerade die Bestimmung der laesio enormis für Kaufleute, soweit sie Geschäfte im Rahmen des Betriebes ihres Handelsgewerbes tätigen, nicht gilt.

Das Kaufrecht hatte seit den Römern bis ins 18. Jh. über seine eigentliche Aufgabe hinaus auch Beispielswirkung für zahlreiche Institute des allgemeinen Vertragsrechtes. Die Bemühungen um einen „gerechten Preis" (pretium-iustum-Lehre) führten jedoch zu einer Abspaltung des Handelsrechtes vom Zivilrecht, da die Entwicklung des Konsumentenschutzes den Interessen des Handelsstandes mitunter zuwider lief[4]. Es schien daher opportun, den Kaufleuten eine den Handelsgeschäften entsprechende Rechtsordnung zu schaffen, was die Gesetzgebung der Lehre folgend schließlich auch tat. Dementsprechend ist auch die Gewährleistung für Rechts- und Sachmängel — ein Kernpunkt des Kaufrechts und auch im römischen Recht bereits verankert — für Private und Kaufleute zum Teil unterschiedlich geregelt. Diese Loslösung des Handelsrechts hatte aber auch zur Folge, daß die Entwicklung der rechtlichen Absicherung des Konsumentenschutzgedankens[5] seither getrennt von der Fortbildung des Rechtes der Kaufleute verlief, was aber dem Kaufrecht aus rechtshistorischer Sicht nichts von seiner Bedeutung für beide Rechtskreise nehmen kann, weil sich daraus zahlreiche Institute des allgemeinen Vertragsrechts entwickelt haben[6].

Abb. 113: **Vertrags-abschluß** *durch Gebärden:*
Der Konsens vertragsschließender Kaufleute (Viehhändler) wird durch den Handschlag sichtbar. Buchmalerei, Brüssel, 14. Jh.

2. Der gerechte Preis

Es kommt nicht von ungefähr, daß sich viele Prinzipien des Kaufrechts aus römischer Zeit in heutigen Rechtsordnungen — wenn auch in unterschiedlichen Ausformungen — wiederfinden. Den Römern als brillanten Juristen und engagierten Kaufleuten ist es gelungen, Rechtsinstitute zu entwerfen, die nicht nur zu ihrer Zeit angewendet wurden, sondern in modifizierter Form auch Eingang in heutige Rechtsbestimmungen fanden. Römische Rechtsinstitute sind zwar für das Handelsrecht als solches von geringerer Bedeutung, sie haben vielmehr unser Zivilrecht nachhaltig beeinflußt. Gerade deshalb haben sie aber für den Kauf besonderes Gewicht, da sich die Rechtsnormen für den Kauf hauptsächlich im Zivilrecht finden. Diese grundlegenden Vorschriften erfahren durch das Handelsrecht nur spezielle Abwandlungen, die den besonderen Bedürfnissen der Kaufleute entsprechen und insofern nur ergänzend wirken. Neben der Gewährleistung für Rechts- und Sachmängel gewann die Lehre vom gerechten Preis (pretium-iustum-Lehre) auch schon zu Zeiten der Römer für das Kaufrecht an Bedeu-

Der „gerechte" Preis

tung[7]. Die Diskussion um einen gerechten Preis und die daraus entstandenen Rechtsnormen können ohne Zweifel als Beginn des Konsumentenschutzgedankens betrachtet werden, wenn auch mitunter andere Überlegungen — wie z. B. die Sorge um die Warenversorgung — die Privatautonomie hinsichtlich der Preisgestaltung gewissen Beschränkungen unterwarfen.

Im klassischen römischen Recht gab es keine Beschränkungen der Vertragsfreiheit, die es erlaubt hätten, einen Kaufvertrag wegen eines überhöhten Preises anzufechten. Ein Kaufvertrag kam gültig zustande, wenn sich die Partner über den Preis geeinigt hatten. Die Einigung über den Preis mußte zwar ohne Irrtum, Betrug oder Zwang erfolgt sein, war aber für beide Seiten verbindlich, wenn auch der Wert des Kaufgegenstandes in keiner vernünftigen Relation zum Kaufpreis stand. Dennoch ist sogar diese Situation im Vergleich zur früheren römischen Praxis, wonach auch ein durch Irreführung vereinbarter Preis gültig war[8], als Fortschritt zu sehen. Die Proportionalität von Wert und Preis war also in rechtlicher Hinsicht gleichgültig. Die von einer sehr weitgehenden Privatautonomie geprägten Rechtssätze stammen aus Quellen des III. Jhs., und es ergab sich zwangsläufig, daß sich übervorteilte Verkäufer an den Kaiser wandten[9]. Die kaiserliche Macht war schon unter der Regierung Diokletians die Quelle jeden Rechts, und die Auslegung der Rechtsnormen lag ebenso in des Kaisers Händen. War es auch Tenor der meisten Reskripte[10], daß die Unverhältnismäßigkeit zwischen Preis und Wert der Ware kein Auflösungsgrund des Kaufvertrages ist, war man doch bemüht, über andere Gründe zu einer Vertragsauflösung zu gelangen, um die aus dem Mißverhältnis zwischen Leistung und Gegenleistung resultierenden Unbilligkeiten zu vermeiden. Solche Gründe konnten insbesondere das Lebensalter, die Unwissenheit oder die Täuschung des Verkäufers sein.

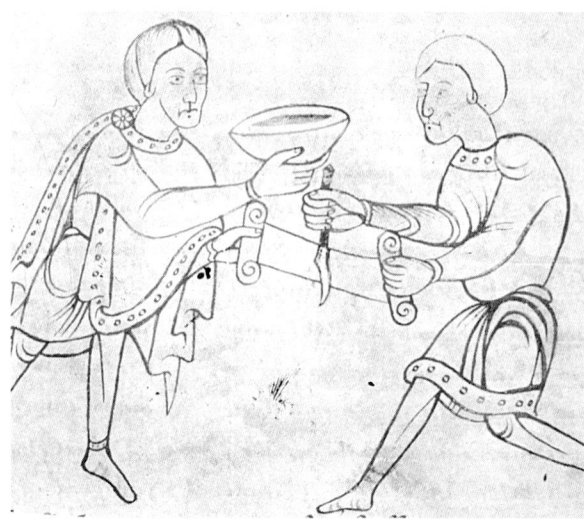

Abb. 114:
Maßnahme zur
Vertragssicherung:
Die Urkunde wurde,
nachdem jede Hälfte mit
dem gleichlautenden Ver-
tragstext beschrieben
worden war, geteilt. Im
Streitfall wurde durch
die zusammenpassenden
Schnittkanten die Rich-
tigkeit der beiden Fas-
sungen bewiesen. Gegen
Ende des Mittelalters
hat das Notariat mit sei-
nem Beurkundungswe-
sen diese aus der Antike
stammende Sicherungs-
form abgelöst.
Buchmalerei, 10./11. Jh.

Zwei Reskripte der Kaiser Diokletian und Maximilian aus den Jahren 185 und 293 bilden jedoch bemerkenswerte Ausnahmen. Nach diesen Reskripten konnte der Verkäufer durch Klagserhebung den Kaufvertrag auflösen und die Rückgabe der Sache gegen Rückzahlung des Kaufpreises fordern, falls dieser weniger als die Hälfte des Wertes der Sache ausmachte. Der Käufer konnte jedoch den Kaufpreis auf den vollen Wert ergänzen und somit den Vertrag aufrecht erhalten. Dem Käufer wurde damit das Wahlrecht eingeräumt, den Vertrag aufzulösen oder den Kaufpreis zu ergänzen. Diese beiden Reskripte bedeuteten ein Abgehen von den alten Rechtssätzen und räumten dem Verkäufer erstmals die Möglichkeit der Klagserhebung im Falle der Verkürzung über die Hälfte ein. Das Prinzip des contrarius actus[11] wurde somit hinfällig und das Institut der laesio enormis war geschaffen, welches mit Ausnahmen in Österreich bis heute erhalten blieb.

Während des Mittelalters war das Kaufrecht starken herrschaftlichen Zugriffen ausgesetzt. Die Stadtobrigkeit bemühte sich, die Versorgung der Stadt im Sinne eines mittelalterlichen Konsumentenschutzes zu „gerechten Preisen" zu gewährleisten. Dazu erließ sie zahlreiche Preisregelungsvorschriften und entzog damit den Privaten die Möglichkeit, den Preis in freier Übereinkunft festzusetzen. Im Zuge der neuzeitlichen Preisentwicklung und der Rezeption der römisch-rechtlichen emptio venditio[12] im gemeinen Recht wurde das Kaufvertragsrecht zum Teil umgestaltet. Die Gleichwertigkeit zwischen den Leistungen des Käufers und des Verkäufers ist aber nicht nur im Falle der Verkürzung über die Hälfte gestört, sondern auch schon bei geringeren Abweichungen. Um diese Leistungsstörungen rechtlich faßbar zu machen, wurden — zumeist strafrechtliche — Normen über den Preiswucher geschaffen, die die römisch-rechtliche laesio enormis ergänzen sollten[13]. Im Laufe der weiteren Entwicklungen, insbesondere der Kodifikationsarbeiten zum ABGB, konnten sich Bemühungen, das Äquivalenzverhältnis positiv-rechtlich zu normieren, nicht durchsetzen, und es blieb im ABGB als einzig bedeutsame Vorschrift § 934 (laesio enormis) als Möglichkeit, einen Kaufvertrag wegen Verkürzung über die Hälfte anzufechten. Im Handelsrecht besteht diese Möglichkeit seit Einfügung des § 351a in das HGB[14] nur für Kaufleute nicht mehr, denen damit vor Vertragsabschluß eine weitergehende Prüfungspflicht auferlegt wird.

In der jüngeren Vergangenheit wurden allerdings Rechtsregeln, den „gerechten Preis" betreffend, aus dem Privatrecht in den Bereich des öffentlichen Rechts verlagert[15]. Als Beispiele sind hier das Preistreibereigesetz 1959, welches sich gegen jene richtet, die ein „offenbar übermäßiges Entgelt fordern", und das Preisregelungsgesetz 1957 mit dem Ziel, die Marktentwicklung zu lenken, zu nennen.

Im heutigen bürgerlichen Recht ist die Anfechtung eines ungerechtfertigten Preises nur nach Maßgabe des § 934 ABGB (laesio enormis) möglich. Wie im römischen Recht kann aber der über die Hälfte verkürzende Teil das Geschäft aufrecht erhalten, indem er den Fehlbetrag bis zum gemeinen Wert ersetzt[16]. Es genügt daher zur Aufrechterhaltung des Geschäftes nicht, wenn der verkürzende Teil den Kaufpreis auf über die Hälfte des gemeinen Wertes ergänzt. Insofern ist er schlechter gestellt als einer, der einen ebenso unangemessenen, aber knapp über der Hälfte des Wertes liegenden Preis bezahlt und somit keine Anfechtungsmöglichkeit des Kaufvertrages wegen laesio enormis bietet. Er hat aber die Wahl zwischen der Aufhebung und der Aufrechterhaltung des Geschäftes.

3. Gewährleistung

Sachmangel

Jeder Käufer hat Anspruch auf den Erhalt einer mangelfreien Kaufsache, und es ist Aufgabe der Gesetzgebung, diesen Anspruch rechtlich abzusichern.

Unter Gewährleistung versteht man das Einstehenmüssen des Verkäufers für Sach- und Rechtsmängel, die zum Zeitpunkt des Verkaufes vorhanden sind. Ein Sachmangel liegt vor, wenn die Sache nicht die im Verkehr gewöhnlich vorausgesetzten oder ausdrücklich bedungenen Eigenschaften aufweist. Es handelt sich hingegen um einen Rechtsmangel, wenn der Veräußerer dem Erwerber nicht die rechtliche Position verschafft, die er ihm nach dem Vertrag einräumen muß. Die Schwierigkeiten, im Spannungsfeld zwischen dem Bedürfnis der Rechtssicherheit einerseits und dem berechtigten Anliegen der Käufer andererseits einen vernünftigen Ausgleich zu finden, sind naturgemäß groß und haben zu einer kontinuierlichen Entwicklung des Gewährleistungsrechts zum Schutze des Käufers geführt.

Auch das Gewährleistungsrecht hat seine Wurzeln im römischen Recht. Der Käufer hatte zwar gegen den Verkäufer keinen Anspruch auf Eigentumsverschaffung, doch haftete der Verkäufer für Eviktion (Entwehrung). Das bedeutet, daß der Verkäufer dem Käufer im Falle einer prozessualen Geltendmachung von Rechten durch Dritte im Prozeß beistehen mußte. Verweigerte er die Hilfeleistung oder blieb sie erfolglos, haftete der Verkäufer dem Erwerber auf den doppelten Betrag des Kaufpreises. War die Kaufsache mit einem Sachmangel behaftet, stand der Verkäufer zunächst nur für ihm bekannte Mängel ein, wenn er diese arglistig verschwiegen oder die Mängelfreiheit der Sache zugesichert hatte. Der Käufer konnte dann entweder den Minderwert geltend machen und auch den Ersatz gewisser mittelbar verursachter Schäden oder die Wandlung begehren. Wandlung bedeutet, daß der Vertrag aufgehoben wird und bereits Geleistetes zurückzugeben ist. In der nachklassischen Praxis kam es jedoch zu einer starken Rückbildung der Sachmängelgewähr[17].

Abb. 115:
Gewährleistung
*für Sachmängel:
Vor dem Richter wird
wegen eines lahmenden
Pferdes die Mängel-
rüge vorgebracht.
Buchmalerei.*

Dem mittelalterlichen Recht im österreichischen Raum war eine Gewährleistungspflicht für Sach- und Rechtsmängel, wie sie heute besteht, überhaupt fremd. Der Käufer konnte zwar die Übernahme einer mangelhaften Sache verweigern, nach der Annahme konnte er jedoch nachträglich keinen Mangel mehr geltend machen.

Diese Regelung dokumentiert sich auch in den Rechtssprichwörtern „Augen auf, Kauf ist Kauf" oder „Wer die Augen nicht auftut, tut den Beutel auf". Dem Käufer stand allerdings das Wandlungsrecht zu, wenn der Verkäufer Mängel arglistig verschwiegen hat oder diese besonders schwerwiegend waren. Der Verkäufer war überdies verpflichtet, dem Käufer die „ungestörte Gewere"[18] zu verschaffen, wobei unter Gewere eine Sachherrschaft, die Ausdruck eines dinglichen Rechtes an der Sache war oder doch wenigstens zu sein schien, zu verstehen ist. Der Verkäufer mußte also den Rechtsstreit an Stelle des Käufers führen, falls es zu einem Prozeß um die besseren Gewere kam. Erschien der Verkäufer nicht zum Prozeßtermin, traf ihn die strafrechtliche Sanktion der Friedlosigkeit[19]. Im Zuge der neuzeitlichen Rechtsentwicklung rezipierten die österreichischen Landesordnungsentwürfe aus dem 16. und 17. Jh. die Bestimmungen des römisch-gemeinen Rechts fast unverändert. Der Käufer besaß demnach ein Klagerecht auf Wandlung, wenn der Mangel so schwerwiegend war, daß er den Kauf bei Kenntnis desselben nicht geschlossen hätte. Das Recht der Preisminderung stand ihm bei geringeren Mängeln zu. Der Käufer hatte allerdings im Gegensatz zum römischen Recht kein Wahlrecht zwischen den beiden Klagen[20].

Nach den bayerischen und österreichischen Rechtsquellen des Mittelalltes bestand die Haftung für Rechtsmängel (sog. Schirmungspflicht) ipso iure, d. h. der Verkäufer war verpflichtet, den ungestörten Besitz des Käufers im Prozeß zu verteidigen. Gegen Ende des 16. Jhs. entstand allerdings die Rechtsansicht, daß eine Schirmungspflicht bei unbeweglichen Gütern, wie Grundstücken, nur bei ausdrücklicher Schirmverschreibung bestehe[21]. Lag eine solche ausdrückliche Vereinbarung nicht vor, wurde ein stillschweigender Verzicht des Käufers angenommen. Eine Ausnahme bildete hier die Steiermark, wo die Gewährleistungspflicht des Verkäufers auch ohne Schirmverschreibung weiterhin bestand.

Der Codex Theresianus von 1767 sah die Rechtsmängelhaftung nur bei unbeweglichen Sachen vor. Gelang dem Verkäufer die Verteidigung der Sache im Prozeß nicht, mußte er dem Käufer den Wert der Sache, die Gerichtskosten sowie ein Achtel des Wertes der Sache, als Entschädigung für entgangenen Nutzen leisten[22].

Das ABGB behandelt nach heute unbestrittener Auffassung Sach- und Rechtsmängel grundsätzlich gleich[23]. Es unterscheidet allerdings zwischen wesentlichen und unwesentlichen Mängeln auf der einen Seite sowie behebbaren und unbehebbaren Mängeln auf der anderen Seite. An die Qualifizierung des vorliegenden Mangels knüpfen sich unterschiedliche Rechtsfolgen.

Ein wesentlicher Mangel liegt dann vor, wenn er den ordentlichen oder den vertraglich festgelegten Gebrauch verhindert. Andere Mängel — wie zum Beispiel ein Kastenschloß, das manchmal „schlecht" sperrt — sind unwesentliche Mängel. Liegt ein wesentlicher behebbarer Mangel vor, so hat der Erwerber Anspruch auf Verbesserung oder Preisminderung. Bei wesentlichen unbehebbaren Mängeln hingegen hat der Käufer die Wahl zwischen Wandlung und Preisminderung, er kann also entweder die Auflösung des Vertrages erklären oder, wenn er die Sache trotz des Mangels behalten will, Preisminderung begehren. Diese Wahlmöglichkeit war nicht unumstritten, führt sie doch dazu, daß der Käufer die mangelhafte Sache unter Umständen zu einem sehr geringen Preis erwirbt und der Verkäufer seinerseits die Ware zu einem von ihm nicht gewollten Preis abgeben muß. Die neuere Lehre und Judikatur lassen die Wahlmöglichkeit allerdings weitgehend zu[24].

Abb. 116:
Schiedsgericht: *Ein geschäftlicher Streit wird vor einem Schiedsgericht ausgetragen. Das Schiedsgericht war im kaufmännischen Bereich schon früh eine Möglichkeit der billigeren, schnelleren und sachkundigeren Beilegung von Rechtsstreitigkeiten.*

Auch das Gewährleistungsrecht entwickelte sich seit Einführung des Handelsgesetzbuches im Handelsrecht losgelöst vom bürgerlichen Recht. Im Recht der Kaufleute steht die Frage der Rechtssicherheit im Vordergrund, was einer allzu weiten Ausformung einer Gewährleistungshaftung klarerweise entgegensteht. Es ist überdies einem Kaufmann eine weitergehende Prüfungspflicht der Kaufsache eher zuzumuten als dem privaten Käufer, der oftmals nicht nur unerfahren im Abschluß von Geschäften ist, sondern auch die Mangelhaftigkeit der Sache aufgrund fehlender Fachkenntnisse nicht sofort erkennen kann. Es schreibt daher § 377 HGB für zweiseitige Handelsgeschäfte die Pflicht zur unverzüglichen Untersuchung der Kaufsache und der Anzeige eines Mangels vor. Diese Pflicht zur Mängelrüge trifft nur den Kaufmann, der, falls er den Mangel dem Verkäufer nicht alsbald anzeigt, keine weiteren Gewährleistungsansprüche geltend machen kann, es sei denn, daß es sich um einen nicht erkennbaren Mangel handelt. Derartige Einschränkungen kennt das ABGB nicht und handhabt die Geltendmachung von Gewährleistungsansprüchen insofern großzügiger.

4. Konsumentenschutz

Ratengesetz 1896

Schon im vorigen Jahrhundert kam es zur punktuellen rechtlichen Erfassung des Konsumentenschutzes. Ein Beispiel dafür ist das — heute nicht mehr geltende — Ratengesetz 1896, das die besitzlose Klasse vor Übervorteilung bei Ratengeschäften schützen sollte[25], und Vorschriften zum Inhalt hat, die eindeutig verbraucherrechtliche Züge haben[26].

Die jüngere Rechtsentwicklung hat eine verstärkte Betonung des Konsumentenschutzgedankens erkennen lassen. Seit Beginn der siebziger Jahre kam es zu zahlreichen Gesetzen und Verordnungen, die vornehmlich die Wahrung der Interessen und den Schutz des Konsumenten zum Ziel haben und damit einen neuen Rechtsbereich schaffen, über dessen Abgrenzung noch diskutiert wird.

Anknüpfungspunkt des Verbraucherrechts ist der Konsument und der Schutz seiner spezifischen Interessen. Diesen besonderen Konsumenteninteressen können die herkömmlichen

Rechtsnormen nur zum Teil genügen. Der neue Bereich des Verbraucherrechts versucht, der besonderen Schutzbedürftigkeit des Verbrauchers gegenüber den Unternehmern gerecht zu werden, und ist die Folge einer kontinuierlichen Entwicklung, die ihre Parallele in der Ausbildung des Handelsrechts als Reaktion auf die besonderen Bedürfnisse der Kaufleute findet. In § 1 des Konsumentenschutzgesetzes (KSchG) 1979 wird der Geltungsbereich der Sonderregeln auf „Rechtsgeschäfte zwischen jemandem, für den das Rechtsgeschäft zum Betrieb seines Unternehmens gehört und jemandem, auf den das nicht zutrifft", eingeschränkt. Es stehen sich hier Unternehmer und Konsumenten erstmals als solche in der Rechtsordnung gegenüber. Das Gesetz selbst definiert jedoch nur das Unternehmen[27], wobei zu bemerken ist, daß sich der gewählte Unternehmensbegriff weder mit dem des bürgerlichen Rechts noch mit jenem des Handelsrechts deckt[28]. Es ist augenscheinlich, daß mit dem Verbraucherrecht ein Recht entsteht, das losgelöst von herkömmlichen Definitionen in Reaktion auf tatsächliche Gegebenheiten einem gestiegenen Schutzbedürfnis der Konsumenten gerecht werden soll. Was letztlich unter dem Begriff Konsumentenschutzrecht zu verstehen ist, läßt sich nicht ohne weiteres sagen, die Meinungen gehen dabei weit auseinander. Es treten dieselben Abgrenzungsschwierigkeiten auf, wie sie aus der Diskussion um die Einordnung des Wirtschafts- und Sozialrechts in die Bereiche öffentliches Recht oder Zivilrecht bekannt sind. Geht es auch im Fall des Konsumentenschutzrechts nicht darum, welchem Rechtsgebiet es zugeordnet werden soll, besteht doch Uneinigkeit darüber, was alles von einem Verbraucherrecht erfaßt werden soll. Hiebei stellt sich die Frage, ob etwa auch öffentliche Güter — das sind nicht über den freien Markt bereitgestellte Güter — in den Schutzbereich miteinbezogen werden sollen oder ob sich das Konsumentenschutzrecht auf die Beziehungen zwischen Konsumenten und privaten Unternehmern beschränken soll. Argumente lassen sich für beide Ansichten in großer Zahl finden.

Es wird aber der überwiegend vertretenen Meinung zu folgen sein, die den Schutz auf den Konsumenten privater Güter beschränkt sehen will, da hier marktwirtschaftsbezogene und darauf aufbauende rechtliche Überlegungen im Vordergrund stehen, während im Bereich der Bereitstellung öffentlicher Güter in erster Linie demokratiepolitische Fragen auftreten[29].

Konsumenten-schutzgesetz 1979

Eine derartige Eingrenzung sagt jedoch nichts darüber aus, ob als Verbraucherschutzrecht nur Normen zu sehen sind, die ausdrücklich auf das Verhältnis zwischen Unternehmern und Konsumenten Bezug nehmen. In vielen Gesetzen fehlt der formelle Bezug, obwohl sie offensichtlich den Schutz von Konsumenteninteressen zum Ziel haben. Besondere Beachtung verdient, unter dem Gesichtspunkt der inhaltlichen Abgrenzung des Verbraucherrechts, das Gesetz gegen den unlauteren Wettbewerb (UWG), das ursprünglich gerade keine konsumentenschützende Funktion haben sollte[30]. § 2 UWG hat das Verbot der irreführenden Werbung zum Inhalt und die UWG-Novelle 1971 hat diesen Paragraphen zum allgemeinen Irreführungstatbestand von generalklauselartiger Qualität gemacht. Überdies wurde durch die Zuerkennung der Klagsberechtigung an den österreichischen Arbeiterkammertag, die Präsidentenkonferenz der Landwirtschaftskammern und den ÖGB dafür Sorge getragen, daß der Konsument zumindest indirekt Verstöße gegen diese Bestimmung geltend machen kann. In dieselbe Richtung geht der Gesetzgeber, wenn er das Verbot von Mogelpackungen in § 6a UWG statuiert, also eine primär konsumentenschützende Vorschrift in einem dafür nicht angelegten Gesetz regelt. Man wird daher das Verbraucherrecht sinnvollerweise nicht auf ausdrücklich den Konsumenten schützende Gesetze einschränken, sondern vielmehr einzelne Vorschriften auf ihre verbraucherrechtliche Qualität prüfen müssen.

Gesetz gegen den unlauteren Wettbewerb

Verbot irreführender Werbung

„Mogelpackungen"

Demnach wird auch das neue Produkthaftungsgesetz dem Verbraucherrecht zuzuordnen sein[31], obwohl es formell nicht ausdrücklich auf Konsumenten und deren Schutz Bezug nimmt. Wie im Konsumentenschutzgesetz wird auch hier beispielsweise der Begriff des Verbrauchers nicht ausdrücklich definiert — im KSchG findet sich zumindest eine negative Umschreibung —, gleichwohl ging es bei der Regelung der Produkthaftung in erster Linie darum, dem Konsumenten einen verschuldensunabhängigen Schadenersatz bei Fehlerhaftigkeit eines von ihm erworbenen Erzeugnisses zukommen zu lassen. Die Verschuldensunabhängigkeit der Schadenersatzpflicht des Unternehmers steht im Widerspruch zu den Grundregeln des österreichischen Schadenersatzrechtes, stellt ein Privileg des Konsumenten dar und rechtfertigt insoferne die Regelung in einem Sondergesetz. Daß die Regelung der Produkthaftung in einer Novelle zum Konsumentenschutzgesetz auf einhellige Ablehnung gestoßen ist[32], ändert nichts an der Zugehörigkeit zum Verbraucherrecht. Es wäre auch hinsichtlich einer systematischen Erfassung von konsumentenschützenden Regelungen wenig zu gewinnen gewesen, da sich verbraucherrechtliche Bestimmungen in verschiedenen Gesetzen verstreut finden. Die einzelnen konsumentenschützenden Bestimmungen weisen zum Teil eine nähere Beziehung zum Inhalt des Gesetzes auf, in dem sie geregelt sind, als zum Konsumenten-

Produkthaftung

schutz an sich. Es wäre daher systematisch bedenklich, alle Verbraucherregelungen in einem Gesetz zusammenfassen zu wollen.

Die Entwicklung eines Verbraucherrechtes in Österreich, deren Ende noch nicht absehbar ist, befindet sich insgesamt auf dem richtigen Wege der Evolution, den Interessen der Konsumenten gerecht zu werden, ohne das Rechtssystem insgesamt revolutionieren zu wollen.

Anmerkungen:

1) MAYER-MALY, Der gerechte Preis, Demelius-FS, 1973, S. 139 (146).
2) FLOSSMANN, Österreichische Privatrechtsgeschichte, 1983, S. 255.
3) Handelsgesetzbuch 1897; FLOSSMANN, S. 257.
4) FLOSSMANN, S. 253ff.
5) Siehe das Konsumentenschutzgesetz 1979, welches Unternehmen auf der einen und Konsumenten auf der anderen Seite sieht.Vgl. hiezu Pkt. 4.
6) FLOSSMANN, S. 253.
7) Dazu WESENER, Naturrechtliche und römisch-gemeinrechtliche Elemente im Vertragsrecht des ABGB, ZNR 1984, S. 113 (125).
8) VISKY, Die Proportionalität von Wert und Preis in den römischen Rechtsquellen des III. Jhs., Rida 16, 1969, S. 355.
9) VISKY, Rida 16, 1969, S. 379.
10) Reskripte sind kaiserliche Antwortschreiben auf von einzelnen Bürgern an ihn gerichtete juristische Anfragen.
11) Das Prinzip des contrarius actus besagt, daß die Vertragsparteien übereinkommen müssen, den Vertrag aufheben zu wollen.
12) Die emptio venditio ist der wechselseitig verpflichtende gegenseitige Vertrag, der auf Austausch der Ware gegen einen in Geld bestehenden Preis gerichtet ist.
13) FLOSSMANN, S. 255.
14) Einfügung des § 351a durch § 34 KSchG 1979 BGBl. 1979/140.
15) MAYER-MALY, Demelius-FS, S. 147.
16) KOZIOL/WELSER, Grundriß des österreichischen bürgerlichen Rechts I[8], 1987, S. 258; vgl. zum römischen Recht VISKY, Rida 16, S. 372.
17) KASER, Römisches Privatrecht[14], 1986, S. 198.
18) FLOSSMANN, S. 258ff., Handwörterbuch zur deutschen Rechtsgeschichte I, 1971, S. 1659; WESENBERG/WESENER, Neuere deutsche Privatrechtsgeschichte, 1985, S. 124.
19) FLOSSMANN, S. 259; WESENER, Der Kauf nach österreichischem Privatrecht des 16. und 17. Jhs., Hämmerle-FS, 1972, S. 448. Friedlosigkeit bedeutete, daß der Betroffene nicht mehr unter dem Schutz des Herrscherhauses stand und z. B. straflos getötet werden konnte.
20) FLOSSMANN, S. 261.
21) WESENER, Hämmerle-FS, S. 446.
22) FLOSSMANN, S. 261.
23) KOZIOL/WELSER, I[8], S. 242, und RABEL, Die Haftung des Verkäufers 1902, S. 315ff.
24) Vgl. KOZIOL/WELSER I[8], S. 244; JABORNEGG, Minderung bei wesentlichen Mängeln? JBl 1976, 184; OGH 16. 10. 1982 – 3 Ob 577/82, JBl 1984, S. 203.
25) BLOCH, Zur Anwendung des Ratengesetzes, 1899, S. 4.
26) Z. B. § 4 Ratengesetz 1896:
„Dem Käufer steht das Rechtsmittel wegen Verkürzung über die Hälfte auch dann zu, wenn er den wahren Werth der Sache gekannt hat oder wenn er erklärt hat, dieselbe aus besonderer Vorliebe um einen außerordentlichen Preis zu übernehmen. Dieses Rechtsmittel findet auch dann statt, wenn das Ratengeschäft ein Handelsgeschäft ist. Ein Verzicht auf dieses Rechtsmittel ist unwirksam. Die Vereinbarung einer kürzeren als der dreijährigen Verjährungsfrist (§ 1487 a.b.G.B.) ist ungiltig . . ."
27) Näheres bei KREJCI, in Krejci, Handbuch zum Konsumentenschutzgesetz, 1981, S. 209ff.
28) KOZIOL/WELSER I[8], S. 468.
29) Vgl. dazu SCHUMACHER in Krejci, Handbuch, S. 11f.
30) Vgl. RV zit. bei SCHÖNHERR, Wettbewerbsrecht[4], 1971.
31) Vgl. POSCH, Produkthaftungsgesetz, RdW 1988, S. 65.
32) POSCH, RdW 1988, S. 66, FN 16.

Karlheinz Probst

Zur Wirtschaftskriminalität — einst und jetzt

1. Einführung anhand einiger bekannter, historischer Fälle

Das Bestreben, sich wirtschaftliche Vorteile zu verschaffen, Monopole zu halten oder zu brechen, hat schon seit Jahrhunderten direkten Bezug zum Strafrecht gehabt. Die dabei entwikkelten Aktivitäten werden in der Terminologie des Strafrechtes mit: Mord, Diebstahl, Betrug, Täuschung, Fälschung, Entführung, Verrrat, Bestechung, Spionage und anderen Begriffen umschrieben. Im Verlauf der Geschichte haben sich die Methoden verändert, nicht aber die Tendenzen. Wirtschaftliche Vorteile oder Monopolstellungen mit Hilfe des Strafrechts zu schützen, ist wohl, so kann man vermuten, so alt wie unsere Zivilisation. Daraus folgt, daß die Erlangung von solchen Vorteilen, die meistenteils auch auf bestimmten Fertigungsgeheimnissen beruhten, oft nur widerrechtlich erfolgen konnte. Die Geschichte der Wirtschaftsentwicklung, im speziellen die Europas, hat daher auch in der Strafrechtsgeschichte ihre Spiegelung. Der Schutz der einheimischen Produktion mit Hilfe des Strafrechtes und damit die Erhaltung oder später auch die Vermehrung der Absatzmärkte lag im Europa des Mittelalters und der beginnenden Neuzeit noch vorwiegend in der Hand der Zünfte und in weiterer Folge in der Gerichtsbarkeit der jeweiligen Stadt, innerhalb deren Mauern sich eine schützenswerte Produktion entwickelt hatte. Der Konkurrenzkampf mancher Zunft- und Handelsorganisationen mit jenen anderer Städte, läßt sich ohne weiteres mit dem der heutigen Industrienationen vergleichen. Neue Produktionsverfahren wurden daher geheim gehalten, um sich Monopole zu sichern. Diese Produktionsgeheimnisse zu erlangen, mit allen legalen und illegalen Mitteln, war wiederum nicht nur das Bestreben von Einzelpersonen oder einzelner Organisationen, sondern später auch das der Staaten, die dafür oft ganze Systeme ausbildeten, um ihre Wirtschaft in den Besitz dieser Kenntnisse zu bringen. Die Verhaltensweisen, die dabei an den Tag gelegt wurden, können unter den Globalbegriff der Wirtschaftsspionage subsumiert werden und sind so alt wie die organisierte Wirtschaft selbst. **Wirtschaftsspionage**

Literarisch belegt, gilt als ältester Fall von Wirtschaftsspionage bzw. Wirtschaftsverrat der Transfer der Geheimnisse um die Seidenerzeugung. Schon im Jahre 300 v. Chr. soll eine japanische Delegation in China eingetroffen sein, um, wie es offiziell hieß, die Kunst des Zubereitens und Webens von Seide zu studieren. Wahrscheinlich war jedoch das Ziel dieser Reise die Erforschung des Geheimnisses der Seidenerzeugung selbst, denn bald darauf wurde Japan Seidenerzeuger und in der Provinz Settsu wurde zu Ehren von vier Chinesinnen ein Tempel errichtet[1]. Der gleiche Gegenstand, nämlich die Seide, ist als ältester Fall von Wirtschaftsspionage in der Entwicklung des christlichen Abendlandes bekannt. Kaiser Justinian I (527—565), welcher in Konstantinopel residierte, machte sich die Missionstätigkeit zweier persischer Mönche in China zunutze, indem er sie beauftragte, sowohl Wissen als auch Material bezüglich der Seidenerzeugung in ihrem Missionsgebiet auszuforschen und mitzubringen. Den beiden Mönchen gelang es tatsächlich, trotz der strengen chinesischen Schutzbestimmungen, in einem ausgehöhlten Wanderstab Eier des Seidenspinners nach Konstantinopel zu schmuggeln. Die oströmische Kaiserstadt wurde dadurch für eine Zeitspanne von mehreren Jahrhunderten zum Hauptlieferanten von Seide nach Europa. „Natürlich waren in Konstantinopel alsbald gewisse Leute aufgetaucht, die das Geheimnis Justinians erforschten und nach Italien und Frankreich exportierten[2]." **Geheimnisse der Seidenerzeugung**

Ähnliche Wege ging auch das Erzeugungsgeheimnis chinesischen Porzellans, unabhängig von der Erfindung Böttgers, welche ebenfalls wieder durch Verrat anderen Ländern zugute kam.

2. Übersicht über die wirtschaftliche Entwicklung in Europa und ihr strafrechtlicher Schutz bis zum Ende des 17. Jhs.

Mit dem Entstehen einer organisierten Stadtwirtschaft im Mittelalter bildeten sich spezielle Produktionszentren und Handelsorganisationen aus, deren führende Personen mit der Stadtregierung zum Teil ident waren. Damit war auch die städtische Gerichtsbarkeit ein geeignetes Instrument zur Durchsetzung von wirtschaftlichen Interessen. Der Schutz von Produktionsgeheimnissen mit den Mitteln des Strafrechtes konnte voll eingesetzt werden. Die Zünfte hatten in ihre Rechtssatzungen[3], die ihre Organisation betrafen, bald auch solche Bestimmungen eingeführt, welche die Abwanderung von Fachleuten bei Strafe untersagten, da nur auf diese Weise der damit verbundene Verrat von Produktionsgeheimnissen verhindert werden konnte. Zur damaligen Zeit konnten neue Verfahren zum Teil nur durch ein Sich-Versenken in die **Schutz von Produktionsgeheimnissen**

Eigenarten des Werkstoffes, das zu einer „intimen, empirischen Vertrautheit" führte[4], entwickelt werden. Da eine rationale naturwissenschaftliche Aufbereitung der Ursachen und Einflüsse bestimmter Produktionsvorgänge noch nicht möglich war, konnten solche Verfahren nur auf dem Wege der Erfahrung weitergegeben werden; d. h. das jeweilige Geheimnis lag in der Person und deren Fertigkeit begründet. Es wurden daher Wanderverbote für Gesellen erlassen; Meistern wurde verboten, ihr Handwerk außerhalb der Stadt zu betreiben bzw. Fremde in Lehre zu nehmen oder sonst zu unterrichten.

Erstmalig wurde ein solches Wanderverbot bei den Paternostermachern (Bernsteindreher) Lübecks 1385 ausgesprochen[5]. Es entstand der Begriff des „gesperrten Gewerbes". Die Angehörigen dieser gesperrten Gewerbe durften ihre Kunst weder Auswärtigen lehren, noch ihre Gesellen anderswohin wandern lassen als an Orte, wo dasselbe gesperrte Gewerbe bestand. Zum Unterschied davon ist das „geschlossene Gewerbe" zu sehen, bei dem die Anzahl der Meister an einem Ort durch landesherrliche Privilegien festgelegt war und nicht überschritten werden durfte[6].

Zu den bedeutendsten Städten Deutschlands im Mittelalter und zu Beginn der Neuzeit zählte Nürnberg. Diese Stadt war durch verschiedene Sparten des Handwerks reich und berühmt geworden. Zu den wichtigsten Handwerken Nürnbergs gehörten die „Rothschmied-Drechsel", deren Produkte wegen ihrer Güte von Rußland bis Spanien bekannt waren[7]. Ihnen war unter anderem auch verboten worden, Formen für fremde Gießereien zu fertigen

Abb. 117:
Gauner, Hans Groß,
Kriminalmuseum.

— womit auch das Nürnberger Gießereigewerbe geschützt war —, noch ihr Handwerk mit seinen „Verneuerungen" außerhalb der Stadt und ihrem Gebiet zu betreiben oder anderen dazu Anleitung zu geben. Zu diesem Zwecke wurden bereits alle 16- bis 18jährigen Angehörigen des Berufes vor dem Rügeamt der Stadt durch Eid verbunden, diese Verbote lebenslang zu achten. Zuwiderhandelnde traf die Strafe für Eidesbruch[8]. Diese Strafbestimmungen wurden später noch ergänzt. Anlaß dazu gab ein Reisebericht[9], der u. a. auch von den „Drechselmühlen" handelte, deren Konstruktion es erlaube, „daß man auf denselben sowohl die kleinsten Knöpfe als auch die größten Wellen oder Walzen abdrehen" konnte. Es wurde bei „Geld- und Zuchthausstrafe" verboten, sie in Zukunft irgendeinem Fremden zu zeigen. Insgesamt gehörten in Nürnberg achtzehn Gewerbe zu den gesperrten; es waren dies vor allem metallverarbeitende Gewerbe, und hier wiederum vorrangig Gewerbe der Feinmechanik[10]. Aber auch Spiegler und Brillenmacher gehörten dazu, wobei bei letzteren zu erwähnen ist, daß sie ansehnliche Exporte nach England tätigten[11].

3. Übernahme der Ordnungsfunktion in der Wirtschaft durch den Staat — Merkantilismus

Strafrechtliche Verfolgungen in Venedig

Strenger und härter reagierten andere europäische Städte bzw. Stadtstaaten. Die Republik Venedig griff über ihre strafrechtlichen Sanktionsmittel hinaus noch zu drastischen Maßnahmen auf illegaler Basis. Um ihr Monopol in der Spiegelindustrie, insbesondere das für große Wandspiegel, zu bewahren, verfolgte man ausgewanderte bzw. geflohene Spiegelarbeiter mit Gift und Dolch. Venedig gelang es dadurch bis zur Mitte des 17. Jhs. trotz intensiver Bemühungen anderer Länder, das Produktionsgeheimnis und damit das Monopol zu wahren[12]. Aber nicht nur Venedig griff zu strengen Geheimhaltungsmaßnahmen, auch eine nassauische Verordnung aus 1698 verbot bei Todesstrafe, die Hüttenwerks- und Hammerschmiedekunst außer Landes zu treiben oder Fremden zu lehren[13]. Eingeleitet wurde die Übernahme der Wirtschaftsordnungsfunktion durch den Staat, im Sinne der neuen Wirtschaftsströmung des Merkantilismus, zuerst in den italienischen Staaten und griff von dort aus auf Westeuropa über[14]. Der sich bei den Seehandelsnationen ausweitende Welthandel brachte das Wesen des Merkantilismus am deutlichsten zum Vorschein. Er war in erster Linie vom Machtstreben der einzelnen Staaten erfüllt, dessen sicherste Basis die wirtschaftliche Blüte des eigenen Landes, womöglich unter der Bedingung der Schädigung anderer Länder, war[15]. Die Durchsetzung dieser Wirtschaftsrichtung erfolgte allmählich. Durch

Machtstreben der einzelnen Staaten

erhöhten Luxusbedarf der Höfe und den Übergang vom Söldnerheer auf nunmehr stehende Heere entstanden Versorgungsschwierigkeiten, die durch die auf Stadtwirtschaft beschränkten Zünfte nicht mehr gemeistert werden konnten. Es kam zum Übergang von der Stadt- zur Staatswirtschaftspolitik[16]. Der Wirtschaftsverrat wurde damit in manchen Strafrechtssystemen in die Kategorie des Landesverrates eingereiht[17].

Staatswirtschafts-
politik

Das Frankreich Colberts war dabei den anderen europäischen Staaten zum Vorbild geworden. Frankreich ist als das klassische Land der modernen Industrie anzusehen. Es wurde aber damit auch zum erstrangigen Bezugsgebiet für „hochqualifizierte Arbeiter" durch die übrigen Nationen. Für die Erhaltung seiner wirtschaftlichen Vormachtstellung auf bestimmten Gebieten der Industrie mußte Frankreich einen wohlorganisierten Abwehrkampf gegen die Abwerbung seiner gelernten Arbeiter führen, bei dem Finanzminister Colbert einen entscheidenden Einfluß nahm. Besonders bemüht um französische Arbeiter aber waren Rußland und England. So wurde z. B. die St. Petersburger Porzellanfabrik mit Hilfe geflüchteter Arbeiter aus Frankreich begründet; aber auch Uhrmacher, Schmiede, Gerber und andere Arbeiter waren in Rußland gesuchte Leute. England legte z. B. großen Wert auf Arbeiter aus der Gobelin-, Teppich- und Porzellanmanufaktur[18].

Auch Österreich war nicht untätig geblieben.So wird in einem Vortrag des Kommerzhofrates aus 1766 erwähnt, daß man schon seit Jahren mit allen dienlichen Mitteln, wie z. B. Prämien und Unterstützungen, bestrebt sei, tüchtige ausländische Arbeiter abzuwerben. So könne man zahlreiche Industriezweige „nicht anders als durch Verschreibung fremder Künstler, in die Höhe bringen". Die Samtfabrikation wäre niemals „zur Perfection gediehen, wenn man nicht derley geschickte Meister (bekanntlich Fleurier, Gautier und Tertier) aus Frankreich mittels einer lebenslangen Pension anher behandelt hätte"[19]. Auch in England gelang dem österreichischen Gesandten in London die Abwerbung der beiden Knopffabrikanten Rosthorn und Welsh, die nach abenteuerlicher Flucht mit österreichischer Hilfe nach Wien gelangten. Kennzeichnend für die Situation ist die Äußerung Maria Theresias in der Entschließung bezüglich der Belohnung der Werber, die folgendermaßen lautete: „. . . Da aber in England die Lebensstrafe auf die Emigration und auf die Unterhändler gesetzt ist, so ist mit größter Vorsicht hierinfalls zu Werk zu gehen, und kein Schreiben, so von dergleichen Angelegenheiten Erwähnung macht, der Post anzuvertrauen, sondern meiner Hof- und Staatskanzlei zur sicheren Beförderung zuzusenden[20]."

Abwerbung
ausländischer
Arbeitskräfte

Umgekehrt war auch die österreichische Wirtschaft, in der Zeit vor der Industriellen Revolution, Bezugsgebiet hochqualifizierter Arbeiter für andere Nationen. Die folgenden, in Österreich in dieser Hinsicht von 1750 bis 1784 ergangenen Hofreskripte, Hofentschließungen, Patente und Verordnungen beweisen, daß man nicht vergaß, neben der Gründung neuer Unternehmungen auch die bestehende einheimische Industrie zu schützen. Den Zeitgeist drückten ihre Ausführungen ziemlich deutlich aus. Da die wichtigsten Exportindustrien in den Erbländern die eisenverarbeitende und die Glasindustrie waren, trafen ihre Arbeiter die meisten Verbote. In diesem Zusammenhang muß darauf hingewiesen werden, daß die Steiermark noch 1767 allein soviel Roheisen erzeugte wie ganz England. Ebenso war böhmisches Rohglas in England sehr begehrt. Es wurde dort geschliffen und als englisches Glas weiterverkauft[21].

Die Abwerbung von Fachkräften stellte unter Sanktion:
Hofreskript Wien, vom 31. Oktober 1750
„Diejenigen, welche sich gelüsten und betreten lassen, einheimische Künstler und Fabrikanten an sich zu locken und aufzuwerben, um solche außer Landes zu führen, werden zu einem 8jährigen Festungsbaue verurteilt, die durch dergleichen heimlich einschleichende Leute sich anwerben lassende Künstler und Professonisten sonst bestraft[22]."

Sanktion für
Abwerbung von
Fachkräften

Besondere Bestimmungen trafen die Eisen- und Stahlarbeiter.
Patent Österreich betreffend vom 23. Juni 1753.
„Die Eisen= und Stahlarbeiter, dann Schmidschaften, es sei grosse oder kleine, Hammer= Sensen=Blech=Hacken=Draht-Pfannen=Nagel=oder andere Faustschmiede, wie sie nach den verschiedenen Handwerken immer genannt werden mögen, sollen keineswegs ohne ausdrückliche Bewilligung der bestellten Eisenobmannschaften aus den k.k. Erbländern zu ziehen befugt sein, und ist wider die Uibertreter, oder welche dieselben aufzureden sich vermessen würden, mit den ausgesetzten Strafen, nämlich respective der 3jährigen Zuchthaus= und Festungsarbeit, dann Wegnehmung des emigrirenden Habschafft und Vermögen, wie auch Verlust des Bürgerrechts, und aller Erbanfälle unverschont vorzugehen."
Im zweiten Absatz dieses Patents wird noch bestimmt, daß jeder verdächtige wandernde „Eisen= oder Stahlarbeiter . . . verwahrt angehalten, und zur weiteren Inquisition seines Vor-

Eisen- und
Stahlarbeiterpatent
von 1753

habens dem nächsten Landgerichte übergeben werden müsse[23]. Die Hofentschließung vom 2. Oktober 1762 betrifft die Auslieferung von Eisen- und Stahlarbeitern, die „ohne Raitschain und Kundschaft heimlich aus der Arbeit" getreten sind[24].

Verordnung in Böhmen vom 8. Hornung 1781

„Auf die Sensenschmiede ist an den Gränzen genau zu wachen, damit selbe nicht aus dem Land emigrieren. Die eingebrachten sind nach Prag einzuliefern[25]."

Verbote für Glasarbeiter

Die Glasarbeiter Böhmens trafen besonders viele Verbote.

Patent vom 5. Oktober, in Folge eines Hofdekretes vom 5. Juni 1767 Regulament für die Glasmeister und Glasarbeiter im Königreich Böhmen.

Punkt 15)

„Darin gelegen ist, daß die Glasmacher= Schmelz= und andere Kunstgriffe nicht den Auswärtigen oder gar den Fremden bekannt und entdeckt werden; so wird dies unter scharfer Bestrafung verboten."

Punkt 16)

„Vermög des Hofdekretes vom 5. Junii 1767 wird die Taglia in Ansehung derjenigen, welche andere zur Auswanderung verleiten, oder Glasmacher anwerben — es mögen diese Fremde oder Innländer sein — auf 100 fl. erhöht, . . .[26]."

Die Verordnung in Böhmen vom 5. Christmonat 1769 bestimmt die Glasmeister, auf die „Entweichung" der Glasergesellen „außer Landes die genaueste Obsicht" zu tragen und „bei sich ergebendem Verdacht die erforderlichen Abhilfsmittel vorzukehren[27]".

Verordnung Böhmen vom 14. Mai 1779.

„Das Glasmacherauswanderungspatent soll nicht nur republiziert, sondern auch auf alle wegen der Auswanderung verdächtige Glasmacher Obacht gegeben, und den Glashüttenmeistern, die deßhalben nötige Assistenz geleistet werden."

Verordnung in Böhmen vom 23. Christmonat 1779.

„Zu Hintanhaltung der Auswanderung der Glasmachergesellen sollen die Kreiskommerzkommissäre auf diesselben fleissig Aufsicht tragen, die Glasmeister hingegen keinen in Arbeit stehenden Gesellen ohne vorläufige Anzeige an das k. Kreisamt, oder die Kommerzkommissäre, wohin der austretende Gesell sich begeben würde, entlassen".

Verordnung in Böhmen den 20. Jäner 1780.

„Den gesamten Glasmeistern wird aufgetragen, daß sie auf ihre Gesellen, und derselben besorgliche Emigrirung in das Anspachische zu der zu Pappenheim befindlichen Spiegelhütte unter eigener Dafürhaftung invigiliren[28]".

Das Patent Wien, den 10. August 1784, beschäftig sich ausführlich mit den Emigranten[29].

„I. Von der Auswanderung"

In § 13 wird der Obrigkeit anbefohlen, behutsam zu sein, „damit durch unvorsichtige Ertheilung der Pässe nicht vielleicht geschickten Künstlern oder Handwerkern, welche nach dem Verhältnisse der Fabriken jeder Provinz die nothwendigsten sind, als die Glasmacher in Böhmen, Eisenarbeiter in Steiermark[30] u.s.w. die Gelegenheit aus dem Lande zu kommen erleichtert, oder auf sonst eine Art von den Pässen ein Mißbrauch gemacht werden."

In § 14 „Die Vorsicht gegen die Auswanderung von Künstlern und Handwerkern muß bei der Vermuthung, daß man dergleichen von auswärts anzulocken suche, verdoppelt werden." Daher wird jedermann, insbesondere den Handelsleuten und Fabrikanten auferlegt, wenn sie von einer auswärtigen Anlockung etwas erfahren, der Landesstelle davon unverzüglich Nachricht zu geben."

Abb. 118: Gefälschtes Wertpapier, Hans Groß, Kriminalmuseum.

Unter dem Titel „Von listigen Entführungen" laufen die §§ 41—45 des oben genannten Patentes. § 41 erläutert die Überschrift wie folgt: „Unter dieser Benennung wird hier bloß die Verleitung der Künstler, Handwerker und Landleute, um sich in fremden Staaten anzusetzen, verstanden." Desweiteren wird darauf hingewiesen, daß die „Emissäre" in allen möglichen Verkleidungen auftreten, ja sogar sich „hinter der geistlichen zu verbergen suchen".

In § 42 wird für die „unverweilte Anzeige" eines Emissärs 100 fl. und für die „wirkliche Ergrei-

310

fung und Einbringung" 200 fl. als Belohnung geboten. Gerade der letzte Hinweis in § 41 des Patentes zeigt, daß man nichts scheute, um qualifizierte Arbeiter ins eigene Land zu bekommen. Um diese Leute außer Landes zu bringen, wurden zum Schein sogar Pilgerfahrten organisiert. Die angedrohten mehrjährigen Zuchthaus- und Festungsarbeitsstrafen trafen wohl in erster Linie die Werber, da man sich kaum vorstellen kann, daß der qualifizierte Arbeiter zu einer solchen Strafe verurteilt wurde. Diese Leute traf wohl eher die nach dem Theresianischen Strafgesetzbuch noch mögliche „Poena extraordinaria" (= mildere Strafe, die im Gesetz nicht verankert war).

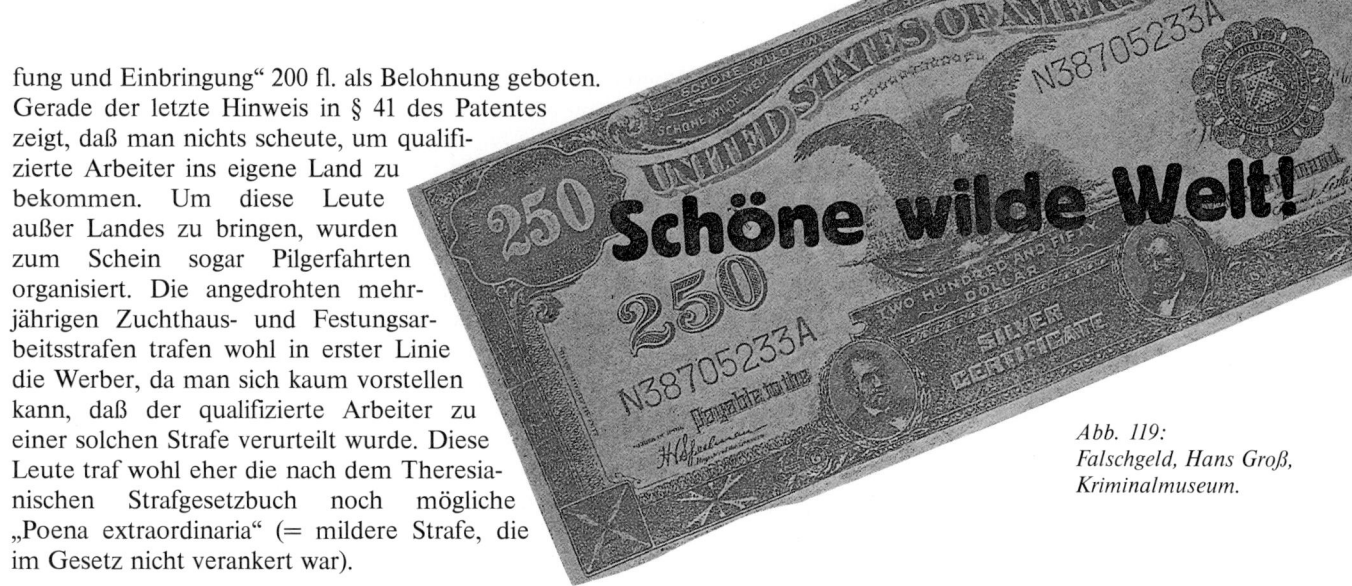

Abb. 119:
Falschgeld, Hans Groß,
Kriminalmuseum.

4. Rückzug des Strafrechts aus der Wirtschaftslenkung im 19. Jh. und das Wiedereinsetzen des Strafrechts im 20. Jh.

Die Strömung des Liberalismus hatte in Frankreich ihren Ausgang genommen. Auf Drängen des Jakobiner-Clubs wurde am 17. März 1791 ein Gesetz erlassen, das die schrankenlose Freiheit von Arbeit und Industrie statuierte. Wegen der jedoch bald festgestellten Mißbräuche und Unzulänglichkeiten wurde aber bereits 19 Jahre später im Napoleonischen Code Pénal mit Art. 418 eine Strafbestimmung zum Schutze von Wirtschaftsgeheimnissen aufgenommen[31].

Wirtschaftsliberalismus

England, das im 18. Jh. im Maschinenbau eine stürmische Entwicklung erlebt hat und, Frankreich überflügelnd, zur ersten Industrienation gewachsen war, wurde zwar ebenfalls von der Strömung des Wirtschaftsliberalismus erfaßt, doch blieben die Auswanderungsverbote für Mechaniker und Industriearbeiter und die Ausfuhrverbote für Maschinen noch länger aufrecht und waren weiter mit hohen Strafen belegt. „Das Geheimnis der neuen Erfindungen sollte zum ausschließlichen Nutz und Frommen Englands bewahrt werden[32]". Die Außenhandelsmöglichkeit durch den Export vom Maschinen konnte damals noch nicht genützt werden, da ein internationaler Schutz vor Nachbau, den alle Staaten begierig aufgenommen hätten, nicht vorhanden war. Die Wirksamkeit der Exportverbote für diese Fabrikationsmaschinen kam de facto 1825 zum Erliegen; auf dem Papier wurden sie jedoch erst 1843 aufgehoben[33].

Während in den deutschen Staaten die Strömung des Liberalismus erst Mitte des 19. Jhs. richtig Platz greifen konnte[34], wurden ihr in Österreich schon unter Joseph II. die Wege geebnet. Er verzichtete auf die vom Merkantilismus versuchten staatlichen Regulierungen der Industrie, da er der Überzeugung war, „daß die im gewerblichen Leben vorhandenen Kräfte, einer freien Bewegung überlassen, am sichersten den richtigen Weg für ihre weitere Entwicklung finden würden[35]". Daraus erklärt sich auch, warum im danach kodifizierten österreichischen Strafgesetz keine Bestimmungen zum Schutze der Wirtschaft und deren Besonderheiten (Wirtschaftsgeheimnisse) zu finden waren. Im Gegensatz dazu gingen verschiedene deutsche Staaten zur gleichen Zeit erst daran, ausgefeilte Schutzbestimmungen in ihre Strafgesetzbücher aufzunehmen[36]. Diese veschwanden erst wieder durch die Übernahme des neuen preußischen Strafgesetzbuches von 1871 als für das Deutsche Reich einzig geltendem. Nur in Elsaß-Lothringen blieb Art. 418 Code Pénal weiter in Kraft[37].

Joseph II.

Diesen mangelnden Schutz durch das Strafrecht bekam die nunmehr aufstrebende deutsche Industrie bald empfindlich zu spüren. Fünfzehn Jahre später sah man sich bereits genötigt, ein Gesetz gegen den unlauteren Wettbewerb zu erlassen, welches am 27. Mai 1896 in Kraft trat[38]. Seine §§ 9 und 10 setzten auf Geheimnisverrat durch Angestellte und Arbeiter bereits wieder Geldstrafen bis zu 3.000,— Mark und Gefängnisstrafen bis zu einem Jahr.

1896: Gesetz gegen den unlauteren Wettbewerb

Die Tatbestände waren dem in Elsaß-Lothringen geltenden Art. 418 Code Pénal nachgebildet. Die Neufassung dieses Gesetzes im Jahr 1909 brachte zusätzlich noch strafrechtliche Schutzbestimmungen für die Spitzen-, Stickerei- und Farbenindustrie, um der „Vorlagenfreibeuterei" Einhalt zu gebieten. Mit Notverordnung des Reichspräsidenten im Jahre 1932 wurde der Verrat an das Ausland noch unter besondere Sanktion gestellt[39].

Aber auch in Österreich wurde der Ruf nach gesetzlichem Schutz der Industrie, des Gewerbes und des Handels vor Verrat immer lauter. Die allgemeine Norm des § 1295 ABGB bot keinen geeigneten Schutz mehr. Die im Deutschen Reich erfolgte Sonderregelung des Wettbewerbsrechtes führte daher auch in Österreich zu konkreten Schritten in dieser Richtung. Nach langen Vorbereitungen war es 1923 soweit, daß man an die Erlassung eines Gesetzes denken konnte. Das Bundesgesetz vom 26. 9. 1923, BGBl Nr. 531, gegen den unlauteren Wettbewerb, das nach dem deutschen Vorbild konzipiert worden war, trat in Kraft[40]. Mit der Bestimmung des § 11 wird in diesem Gesetz nun der Geheimnisverrat durch Bedienstete und nach § 12 der Vorlagenmißbrauch geahndet. Dieses Gesetz blieb im wesentlichen bis heute unverändert. Eine Sonderregelung des Verrates von Geschäfts- oder Betriebsgeheimnissen zu Gunsten des Auslandes enthielt es nicht. Gedrängt durch die Fälle von „Wirtschaftsspionage" in neuerer Zeit, war man gezwungen, auch diese Lücke zu schließen. Das Strafrechtsänderungsgesetz 1965, BGBl. Nr. 79, brachte die §§ 310 b und 310 c, wobei letzterer ausdrücklich das Auskundschaften eines Geschäfts- oder Betriebsgeheimnisses „zu Gunsten des Auslandes" unter strafrechtliche Sanktion stellte. Diese beiden Tatbestände sind dann in das neue Strafgesetzbuch von 1975 als §§ 123 und 124 eingereiht worden und stellen somit die notwendige Ergänzung zu den anderen Wirtschaftsstraftatbeständen dar. Damit wurde der strafrechtliche Standard zum Schutze unserer Wirtschaft erreicht, der in anderen westeuropäischen Ländern bereits seit Jahrzehnten üblich war[41]. Um eine Vereinheitlichung des strafrechtlichen Schutzes der „Fabrikations- und Geschäftsgeheimnisse" in Europa zu gewährleisten, hat der Europarat am 3. Juli 1974 ein eigenes „Modell-Gesetz" beschlossen und den Mitgliedstaaten empfohlen, die dort getroffenen Regelungen, soweit es noch notwendig sei, in die nationale Gesetzgebung zu übernehmen[42].

5. Schlußfolgerungen

Eine „Enthaltsamkeit" des Strafgesetzes im Hinblick auf den Schutz der eigenen Wirtschaft läßt zwei einander ausschließende Ursachen vermuten. Entweder ist die Wirtschaft so stark, daß sie auch auf unlauterem Wege entstandene ausländische Konkurrenz nicht zu fürchten braucht, oder sie ist so rückständig, daß es nichts zu schützen gibt. Für die in der europäischen Strafgesetzgebung wohl einzigartige Spanne von über 100 Jahren des Fehlens strafrechtlicher Schutzbestimmungen für die österreichische Wirtschaft könnte man eher auf die zweite Ursache tippen.

Wie die zahlreichen geförderten Studienreisen österreichischer Techniker durch das englische Industriegebiet im Verlaufe des 19. Jhs. zeigen[43], dürfte ein gewaltiger Nachholbedarf für Österreichs Wirtschaft bestanden haben. Der große Förderer der innerösterreichischen, im speziellen aber der steirischen Wirtschaft, insbesondere der Montanindustrie, der steirische Prinz Erzherzog Johann, war wohl gleichzeitig auch unser berühmtester „Industriespion", der sich dazu auch einen speziellen Fachstab aufgebaut hat[44]. Sein Wirken hat viel zur Möglichkeit eines Anschlusses der österreichischen Industrie an den westeuropäischen Standard beigetragen. Mit dem Jahrzehnte später vollzogenen Anschluß in der industriellen Leistungsfähigkeit wurden aber wiederum strafrechtliche Schutzbestimmungen für die heimische Wirtschaft wichtig.

Somit kann man in gewisser Weise das Strafrecht auch als Spiegelbild wirtschaftlicher Entwicklung betrachten. Ein Ausschnitt davon wurde hier dargestellt.

Margin notes:

26. 9. 1923: BGBl. Nr. 531

Strafrechtliche Sanktionen für Wirtschaftsspionage

„Modell-Gesetz"

Erzherzog Johann als „Industriespion"

Abb. 120:
„Korrupte Welt".
Karikatur von Günter Pichler.

Anmerkungen:

1) Siehe zum Ganzen Payne Roland, Die indiskrete Konkurrenz, Späher, Spitzel und Spione in Industrie, Wirtschaft und Labor, Bern-München-Wien 1968, S. 103 f.
2) Payne, S. 105.
3) Diese waren zwar keine „staatlichen Gesetze", sie hatten jedoch nach damaliger Rechtsansicht „öffentlich-rechtlichen" Charakter. Gierke Otto, Rechtsgeschichte der deutschen Genossenschaft, I. Band, Berlin 1868, S. 360.
Die Ordnung des Gewerberechts war Angelegenheit der Zunft als einer „Genossenschaft öffentlichen Rechts". Erst später übernahm der Staat diese Funktion. Schwarz Walter, Industriespionage — Geschichte, Rechtsnatur und Systematik des strafrechtlichen Schutzes der Geschäfts- und Betriebsgeheimnisse, Strafrechtliche Abhandlungen, H 377, Breslau-Neukirch 1937, S. 2.
4) Bechtel Heinrich, Wirtschaftsstil des deutschen Spätmittelalters. Der Ausdruck der Lebensform in Wirtschaft, Gesellschaftsaufbau und Kunst von 1350 bis 1500, München-Leipzig 1930, S. 189 f.
5) Wissel Rudolf, Des alten Handwerks Recht und Gewohnheit, I Band, Berlin 1929, S. 154; vgl. geel paternoster = Berstein, aus Basler Otto, Deutsches Fremdwörterbuch, II Band, Berlin 1942, S. 415.
6) Zu diesen Begriffen vgl. Weisser Christoph, Das Recht der Handwerker nach allgemeinen Grundsätzen und insbesondere nach den Herzog Wirtembergischen Gesetzen entworfen, Stuttgart 1780, S. 6 u. 11.
7) Gatterer D. Christoph Wilhelm Jakob, Gatterer's Technologisches Magazin, I Band, Memmingen 1790, I Band, 2. Stück, S. 245.
8) Ordnung der Meister des Rothschmied-Handwerks in Nürnberg vom 13. September 1694 in Gatterer, I Band, 1. Stück, S. 91 ff.
9) Die Bestimmung bezog sich auf den Reisebericht eines gewissen Herrn Nicolai, der über dieses „unlängbar für Fremde größte Geheimnis zu Nürnberg" berichtete. Siehe dazu Gatterer, I Band, 3. Stück, S. 585 f.
10) Zusammenstellung dieser Gewerbe in Gatterer's, Kurze Erläuterung der Gewerbe zu Nürnberg, I Band, 2. Stück, S. 233— 313 sowie 3. Stück, S. 547—625. Vgl. dazu Wissell, I Band, S. 154 und Schwarz, S. 5 ff.
11) Gatterer, I Band, 2. Stück, S. 245.
12) Kulischer Josef, Allgemeine Wirtschaftsgeschichte des Mittelalters und der Neuzeit, II Band, München-Berlin 1929, S. 20 u. 175 f. Siehe dazu auch Laum Bernhard, Allgemeine Wirtschaftsgeschichte in: Die Handelshochschule, Die Wirtschaftshochschule, Abteilung 3, Wiesbaden 1949, S. 253 sowie Sombart Werner, Der moderne Kapitalismus, I Band, 2. Hälfte, 5. Auflage, München und Leipzig 1922, S. 825.
13) Schwarz, S. 16. Vgl. auch Herold Christian, Zivil- und strafrechtlicher Schutz von Fabrikations- und Geschäftsgeheimnissen nach schweizerischem Recht unter Berücksichtigung der Gesetzgebung und Rechtsprechung des Auslandes, Diss. Bern, Solothurn 1935, S. 64 sowie Kohler Joseph, Der unlautere Wettbewerb, Darstellungen des Wettbewerbsrechts, Berlin und Leipzig 1914, S. 35.
14) Kulischer, II, S. 107.
15) Vgl. Lütge Friedrich, Deutsche Sozial- und Wirtschaftsgeschichte, Ein Überblick, 2. Auflage in : Enzyklopädie der Rechts-und Staatswissenschaft, Berlin-Göttingen-Heidelberg 1960, S. 285, 295,309 und 313; siehe auch Pesch Heinrich, Lehrbuch der Nationalökonomie, II Band, Allgemeine Volkswirtschaftslehre, 1. Auflage, Wesen und Ursachen des Volkswohlstandes, Freiburg 1909, S. 22, 24, 25 und 62.
16) Lütge, II, S. 309, Kulischer, II, S. 107 sowie Přibram Karl, Geschichte der österreichischen Gewerbepolitik von 1740 bis 1860, I Band 1740—1768,leipzig 1907, S. 8, 11 ff.
17) So z. B. im Allgemeinen Landrecht für die preußischen Staaten von 1794, mit § 148, im 2. Band der II. Teiles, 20. Titel, 3. Abschnitt. Dieser 3. Abschnitt handelte mit seinen §§ 100—148 von Verbrechen gegen die äußere Sicherheit des Staates (genauer, von der „Landesverrätherey").
18) Sombart, I, 2. Hälfte, S. 828 ff; Pesch, S. 41 sowie Přibram, I, S. 149.
19) Přibram, I Band, S. 75, S. 147 ff.; vgl. Sombart, I Band, 2. Hälfte, S. 828.
20) Roth Paul W., Industriespionage im Zeitalter der Industriellen Revolution, Blätter für Technikgeschichte, Wien 1978, (40— 54) 44. Ausführliche zu diesem abenteuerlichen Unternehmen, das quasi als Handstreichunternehmen vom österreichischen Legationsrat Taube durchgeführt wurde, Teuteberg Hans J., Österreich und das „Engeländische Commercium" im Zeitalter des Merkantilismus, in: FS für Othmar Pickl zum 60. Geburtstag, Graz-Wien 1987, S. 655 f. In dieser Arbeit wird der britische Einfluß auf das theresianische-josephinische Österreich eingehend behandelt.
21) Roth, S. 49 ff.
22) „Sammlung aller k.k. Verordnungen und Gesetze vom Jahre 1740 bis 1780, die unter der Regierung des Kaisers Joseph des II, theils zum Theile abgeändert sind, als ein Hilfs- und Ergänzungsbuch zu dem Handbuch aller unter der Regierung des Kaisers Joseph des II, für die k.k. Erbländer ergangenen Verordnungen und Gesetze in einer chronologischen Ordnung." I und II Band, Wien 1786, 1. Auflage; IV Band, Wien 1787, 2. Auflage; V Band, Wien 1786, 1. Auflage und VIII Band, Wien 1787, 2. Auflage. Hier, I Band, Nr. 114, 244.
23) Sammlung, II Band, Nr. 272, S. 159 f.
24) Sammlung, IV Band, Nr. 660, S. 122f.
25) Handbuch aller unter der Regierung des Kaiser Joseph des II für die k.k. Erbländer ergangenen Gesetze in einer Sistematischen Verbindung I Band (1780—1784), Wien 1785; VI Band (1784), Wien 1786; X Band (1786), Wien 1788. Hier, I Band, Nr. VII, III Abs. 230.
26) Sammlung, V Band, Nr. 957, S. 211 ff, insbes. S. 220.
27) Sammlung, V Band, Nr. 1144, S. 476 f.
28) Diese drei Verordnungen: Sammlung, VIII Bd., Nr. 2067, S. 238; Nr. 2132, S. 398, und Nr. 2140, S. 401.
29) Handbuch, VI Band, Nr. VII/I, III Abs., S. 242 f.
30) Hervorhebung durch den Verfasser.
31) Wachter Alfred, Die Verletzung von Wirtschaftsgeheimnissen im schweiz. Strafrecht unter Berücksichtigung der kantonalen Gesetzgebung, Bern 1941, S. 76.
32) Kulischer, S. 474; vgl. auch Roth, S. 41.
33) Heckscher Eli P., Der Merkantilismus, II Band, Jena 1932, S. 132; Vgl. Roth, S. 44.
34) Im wesentlichen erst nach der Revolution von 1848. Vgl. dazu Lütge, S. 363.
35) Přibram. S. 595.
36) Siehe dazu ausführlich Probst Karlheinz, Wirtschaftsverrat und Wirtschaftsspionage, Die strafrechtliche Behandlung dieser Problematik unter besonderer Berücksichtigung der §§ 310 b und 310 c des österreichischen Strafgesetzes, Diss. Graz, Wien 1976, S. 29 f, insbes. FN 82 mit Darstellung der entsprechenden Strafbestimmungen in den deutschen Staaten.
37) Dies wurde durch die Entscheidung des Reichsgerichtes, RGSt 15, S. 141 f, ausdrücklich bestätigt. Vgl. dazu auch Schmid Paul, Die Gesetze zum Schutze des gewerblichen Eigentums, Berlin 1897, S. 235.
38) Siehe ausführlich dazu Schmid Paul, Der gesetzliche Schutz der Fabrik- und Geschäftsgeheimnisse in Deutschland und im Ausland, Tübingen 1907, S. 46 ff; sowie Schwarz, S. 41 ff.
39) Vgl. Schwarz, S. 44 f und 50 ff.
40) Siehe Hohenecker Franz und Friedl Gerhard, Wettbewerbsrecht, Allgemeines Wettbewerbsrecht, Zugabenrecht, Rabattrecht, Markenrecht, in: Grundrisse des kaufmännischen Rechts, Hg. von Stanzel Gustav, II Band, Graz-Köln 1959, S. 5 f.
41) Siehe dazu Probst, S. 30 f sowie den rechtsvergleichenden Teil, S. 169—204.
42) Dazu Burgstaller Manfred, Der strafrechtliche Schutz wirtschaftlicher Geheimnisse, in: Geheimnisschutz im Wirtschaftsleben, Hg. Hans Georg Ruppe, Wien 1980 (5—44), S. 8.
43) Am erfolgreichsten in dieser Beziehung scheint der von Erzherzog Johann ausgesandte, junge steirische Techniker Peter Tunner gewesen zu sein. Siehe dazu Roth, S. 51.
44) Roth, S. 51 weist darauf hin, daß man im Zusammenhang mit der Tätigkeit Erzherzog Johanns fast „von staatlicher Lenkung der Industriespionage sprechen" kann.

Rudolf Hofer

Zum Schmuggel

Seit 1970 wird von seiten der Zollbehörde beobachtet, daß die sogenannte Balkanroute aus dem Nahen und Mittleren Osten auf dem Landwege über die Türkei, Bulgarien, Jugoslawien, Österreich in Richtung Norden, und zwar hauptsächlich über das Zollamt Spielfeld, eine der frequentiertesten Suchtgiftrouten Europas ist. Die siebziger Jahre waren gekennzeichnet von den Cannabis-Transporten (Haschisch, Haschischöl und Marihuana) in Tonnengröße. Durch die internationale kooperative Zusammenarbeit der Suchtgiftbekämpfungsbehörden (Polizei, Gendarmerie und Zoll) gelang es um 1980, dieses Problem in den Griff zu bekommen und

die großen Transporte dieses Suchtgiftes von der Balkanroute zu verdrängen. Gleichzeitig mit dem Rückgang dieser Suchtgifttransporte auf dem Landwege stiegen geradezu indirekt proportional die Cannabisaufgriffe in jenen europäischen Ländern, die auf dem Seewege erreichbar sind.

Eine Aufstellung der größeren Suchtgiftaufgriffe beim Zollamt Spielfeld, wo am 11. 8. 1970 der erste Aufgriff getätigt wurde, und an anderen Stellen der Gastarbeiterroute in der Steiermark veranschaulicht dies:

Abb. 121:
Zwei Säcke mit **Heroin,** *welche am 6. Februar 1985 von der Zollwache in Spielfeld in einem Fahrersitz entdeckt wurden.*

Datum	Menge		Art
11. 8. 1970	5,19	kg	Haschisch
26. 2. 1972	91,8	kg	Haschisch
28. 9. 1972	1.069,0	kg	Haschisch
13. 7. 1974	258,0	kg	Haschisch
23. 4. 1976	51,0	kg	Haschisch
12. 5. 1976	69,0	kg	Haschisch
13. 5. 1976	59,0	kg	Haschisch
12. 7. 1976	63,0	kg	Haschisch
15. 3. 1977	246,0	kg	Haschisch
2. 2. 1978	1.778,0	kg	Haschisch
19. 5. 1978	1.530,0	kg	Haschisch
25. 10. 1978	2.311,0	kg	Haschisch: gewichtsmäßig der größte jemals in Österreich getätigte Suchtgiftaufgriff
17. 5. 1979	1.054,0	kg	Haschisch
30. 8. 1979	16,0	kg	Haschisch
27. 4. 1981	10,0	kg	Heroin
20. 8. 1981	18,0	kg	Haschisch
6. 2. 1985	2,0	kg	Heroin
17. 4. 1985	15,0	kg	Heroin
5. 5. 1985	9,0	kg	Heroin
14. 11. 1986	32,0	kg	Heroin

Natürlich erfolgten Aufgriffe auch bei den anderen Zollämtern an der Grenze zu Jugoslawien. Der obigen Statistik ist zu entnehmen, daß ab 1980 die großen Haschischtransporte nicht mehr auf der Balkanroute durchgeführt werden, andererseits aber seit dieser Zeit vermehrt Heroin, ein Produkt der Mohnkapsel, transportiert wird.

Transportwege

Während Haschisch, und zwar bedingt durch das große Volumen, früher hauptsächlich auf der Straße, nunmehr auf dem Seeweg, befördert wurde bzw. wird, wird Heroin zu einem Gutteil im Flugverkehr transportiert. Dies vor allem wohl auch deshalb, da beim Transport auf der Straße oder mit der Bahn vom Orient nach Mitteleuropa zahlreiche Grenzen passiert werden müssen, beim Transport mit dem Flugzeug oder dem Schiff nur eine Zollkontrolle, nämlich beim Ankunftsflughafen oder beim Seehafen erfolgt, wodurch das Risiko entdeckt zu werden, sich erheblich verringert.

Der Suchtgiftschmuggel im Postverkehr hat zwar nicht die Bedeutung wie jener mit den bereits aufgezeigten Verkehrsmitteln, doch werden durch eine Vielzahl von Kleinsendungen bedeutende Mengen an Suchtgiften auch auf diesem Wege nach Österreich geschmuggelt.

Europaweit wurden im Jahre 1987 bis Mai 1988 in 73 Fällen 1.070 kg Heroin, das auf der Balkanroute transportiert wurde, sichergestellt. Das in den Ursprungsländern abgefangene Suchtgift, welches ebenfalls für den Transport auf der Balkanroute bestimmt war, ist in dieser Statistik nicht enthalten. Als Transportmittel wurden 49 Pkw, 12 Lkw, 4 Omnibusse und 1 Zug benützt. Es wurden nähere Analysen sowohl hinsichtlich der Nationalität der Täter, Tätertypus, Verstecke, Organisatoren, Kurieranwerbungen, Fallzusammenhänge, sozioökonomische Merkmale usw. erstellt. Aus verständlichen Gründen muß von einer Veröffentlichung des Ergebnisses aber Abstand genommen werden.

Suchtgifthunde

Rund 30% der von der österreichischen Zollverwaltung getätigten Suchtgiftaufgriffe erfolgen unter Zuhilfenahme bzw. Mitwirkung eines Suchtgiftspürhundes. Der Spürhund ist zwar ein bewährter Helfer in der Bekämpfung dieser Kriminalität, er stellt jedoch nur ein Hilfsmittel dar, dessen Effizienz wesentlich von der Art des vom Suchtgifthundeführers gestalteten Einsatzes abhängt.

Ausbildung der Suchtgifthunde

Interessehalber sei vermerkt, daß die Ausbildung aller Suchtgiftspürhunde, die von der österreichischen Zollverwaltung eingesetzt werden, in unmittelbarer Nähe des Zollamtes Spielfeld, nämlich in Graßnitzberg, erfolgt. Der häufig vertretenen Meinung, daß der Suchtgiftspürhund bei seiner Ausbildung selbst süchtig gemacht wird, muß entgegengetreten werden, da auch bei seiner Ausbildung ausschließlich auf Geruchsbasis gearbeitet wird.

Verstecke

Die Verstecke, in denen Suchtgifte, aber auch andere Waren transportiert werden, sind mannigfaltig. Im Straßenverkehr werden Drogen überwiegend in der Kleidung der Reisenden, in Zigarettenschachteln, Musikkassetten, präparierten Taschen und Koffern oder am und im Körper (z. B. Mund, Körperhöhlen, Magen-Darm-Trakt) geschmuggelt oder zu schmuggeln versucht. Bei Verstecken im Fahrzeug selbst wird das Suchtgift häufig in der Türverkleidung, hinter dem Rücksitz, in Fahrzeugreifen, in der Kardanwelle, in doppelten Tanks, in Batterien etc. transportiert.

Im Bahnverkehr werden die Drogen hauptsächlich im Bereich der Toiletteanlagen und hinter Wandverkleidungen befördert.

Bei den Sicherstellungen im Flugverkehr wurde festgestellt, daß die Verstecke in Reisebehältnissen (doppelter Boden), in Mitbringseln und häufig am und im Körper überwiegen.

Abb. 122:
Versuchter
Teppichschmuggel:
In Spielfeld wurden insgesamt 63 Perserteppiche innerhalb von vier Monaten beschlagnahmt.

Schmuggel mit anderen Waren

Neben Suchtgiften werden auf illegale Art und Weise hauptsächlich Monopolwaren, Teppiche und Lederwaren aus dem Süden in unser Land gebracht.

Mit dem Schmuggel von Alkohol und Tabakwaren beschäftigen sich sowohl internationale Banden, deren Köpfe großteils zwar bekannt, wegen ihres Agierens vom Ausland her jedoch nicht greifbar sind, als auch Einzelpersonen. Vor einigen Jahren konnten beispielsweise in nur zwei Straffällen insgesamt 72.000 l Äthylalkohol beschlagnahmt werden, wobei die 10fache Menge nach Österreich hätte eingeschmuggelt werden sollen.

Der Schmuggel mit Zigaretten hat in den letzten Jahren stark zugenommen. Trafikanten im Grenzgebiet haben bereits einen spürbaren Umsatzrückgang zu verzeichnen.

Für das Jahr 1988 ergibt sich folgendes Bild aus der Tätigkeit der Zollbehörde zur Bekämpfung des Tabakschmuggels:

8.677 Strafanstände
15 Millionen beschlagnahmte Zigaretten
ca. 18 Millionen Schilling an verhängten Geldstrafen.

In dieser Statistik sind mehrere Großaufgriffe nicht enthalten, da Strafverfahren ab einer bestimmten Größenordnung von den ordentlichen Gerichten abzuführen sind.

Handel wohin?

Abb. 123:
Das „**Massa-Terminal**", *von der Firma Nixdorf ent-wickelt, ist in der Deutschen Bundes-republik bereits in Betrieb. Es ermöglicht „Electronic Shopping".*

Stefan Weidinger

Ungleicher Tausch und Schuldenkrise in der Dritten Welt

Handels- und finanzpolitische Aspekte des Nord-Süd-Konfliktes

Einleitung

Eines der größten Probleme der Gegenwart auf globaler Ebene stellt der sog. „Nord-Süd-Konflikt" dar. Darunter versteht man üblicherweise das gesamte Spektrum der politischen, technologischen, kulturellen und wirtschaftlichen Beziehungen zwischen den Industriestaaten der nördlichen Halbkugel und den unterentwickelten Ländern der „Dritten Welt". Neben der Gefahr eines atomaren Konfliktes zwischen den Supermächten, der fortschreitenden Zerstörung unserer Umwelt, der weltweit ständig steigenden Zahl von Arbeitslosen, zahlreichen regionalen militärischen Auseinandersetzungen und den durch diese ausgelösten wachsenden Flüchtlingsströmen sowie den fortgesetzten Hungerkatastrophen hat sich dieser Nord-Süd-Konflikt als Dauerbrenner in der internationalen Berichterstattung etabliert.

Alle diese Probleme weisen unterschiedlich starke Beziehungen zueinander auf. So beeinflußt der Nord-Süd-Handel sehr stark die Arbeitslosenraten und damit auch die Zahl der Hungernden in den Entwicklungsländern. Diese Größen wirken sich auf den wirtschaftlichen und wirtschaftspolitischen Handlungsspielraum und somit auf die Möglichkeiten, der fortschreitenden ökologischen Zerstörung (Vernichtung von Regenwäldern, Bodenerosion, Saurer Regen) entgegentreten zu können, aus. Diese Faktoren bestimmen aber oft auch die ideologische und politisch-militärische Ausrichtung der Entwicklungsländer.

Das Thema diese Aufsatzes sind die wirtschaftlichen Ungleichgewichte zwischen Nord und Süd. Im Bemühen, mich mit dem wirtschaftlichen Aspekt des Nord-Süd-Konfliktes auseinanderzusetzen, werde ich auf die Interdependenzen zwischen den angeführten Problemkreisen nur soweit eingehen, als es geboten erscheint.

Die Schuldenkrise der Dritten Welt

Die Vervierfachung der Rohölpreise durch die OPEC im Jahre 1973 hat die Rahmenbedingungen für die weltwirtschaftlichen Beziehungen schlagartig und nachhaltig verändert. Sehr deutlich hat sich das in den Leistungsbilanzen vor allem der Volkswirtschaften mit (relativ) hohem Außenhandelsanteil niedergeschlagen. So mußte die Gruppe der Industrieländer (IL)[1] nach vielen Jahren einer stabilen positiven Entwicklung, die Leistungsbilanzüberschüsse von mehr als 1% ihrer Bruttosozialprodukte (BSP) gebracht hatte, plötzlich Defizite von rund 2% registrieren. Während diese Länder aber schon im Jahr darauf wieder schwarze Zahlen schreiben konnten (0,6%), verschlechterte sich der Vergleichswert für die Gruppe der erdölimportierenden Entwicklungsländer (EL) von −1,3% (1973) auf −4,2% (1975)[2]. Gerade als sich die Lage auch in diesen Ländern als Folge des Wirtschaftsaufschwunges in den IL und der damit verbundenen Exportsteigerung sowie entsprechender restriktiver wirtschaftspolitischer Maßnahmen zu entspannen schien, stiegen 1979/80 die Erdölpreise neuerlich sprunghaft an (um ca. 80%). Dies hatte ein Absinken des Leistungsbilanzindikators auf den Rekordwert von −5,1% zur Folge. Während die IL ihr Defizit von 1980 (−0,5%) bereits ein Jahr später ausgleichen konnten, waren die erdölimportierenden Länder nicht in der Lage, diesen zweiten Schlag zu absorbieren. Es gelang vor allem deshalb nicht, weil ein kräftiges Ansteigen der langfristigen realen Zinssätze von ca. 2% auf mehr als 8% im Jahre 1984 folgte[3]. Dieser Zinsanstieg, der die Finanzierung der Leistungsbilanzdefizite (den „Ausgleich" dieser Defizite über die Kapitalbilanz durch Auslandskreditaufnahme) erheblich verteuerte, war in erster Linie auf den Konjunktureinbruch und dem daraus resultierenden erhöhten Finanzmittelbedarf der IL zurückzuführen. Die Rezession in den IL löste dazu einen Nachfragerückgang wichtigster Exportprodukte der EL (zum Teil dem verstärkten Einsatz protektionistischer Maßnahmen der IL zuzurechnen), einen dadurch bedingten Preisverfall und schließlich, im Zusammenhang mit der Verteuerung des importierten Erdöls, eine ausgeprägte Verschlechterung des Preisverhältnisses von Aus- und Einfuhrgütern, der (Commodity-) Terms-of-Trade (ToT), der EL (ausgenommen natürlich die erdölexportierenden EL) aus.

All diese Faktoren führten schließlich zur Schuldenkrise in der Dritten Welt. Einem Problem, das inzwischen längst auch die Erste Welt betrifft und bis heute wie kein anderes die Weltwirtschaft bestimmt. Es begann damit, daß die westlichen Privatbanken im Zuge des „Recycling" der Exporteinnahmen der OPEC-Länder, die ihre Überschüsse zu einem Großteil im

Rohölpreise

Zinsanstieg

„Petro-Dollars"

Inland nicht investierten und deshalb ins westliche Ausland transferierten, über enorme Finanzmittel („Petro-Dollars") verfügten.

Kreditnehmer fand man vor allem auch in den EL, denen man Finanzkapital in einigen Fällen förmlich aufdrängte, wobei elementare Grundsätze ordnungsgemäßer Finanzgebarung manchmal völlig mißachtet wurden. Es handelt sich um eine Entwicklung, an der die Regierungen der IL maßgeblichen Anteil hatten. Sie standen aufgrund der mißlichen konjunkturellen Situation unter innenpolitischem Druck, suchten nach neuen Absatzmärkten für die heimischen Industrien und versuchten deshalb, den EL die Devise „Kauf jetzt — zahl später" schmackhaft zu machen. Sie waren auch bereit, in hohem Maß als Garanten für (teure) Exportkredite aufzutreten[4].

Massiver Kapitalzufluß

Der massive Kapitalzufluß war für viele der Schuldnerländer eine der wichtigsten Ursachen für ihre heutige prekäre zahlungspolitische Lage. Er bewirkte eine kurzfristige Erhöhung des Volkseinkommens und einen daraus folgenden kräftigen Anstieg der Importnachfrage sowie einen Kursanstieg der Währungen dieser Länder gegenüber dem Dollar und eine Beschleunigung der Inflationsspirale. Das Ergebnis der resultierenden Verminderung der internationalen Wettbewerbsfähigkeit war eine drastische Verschlechterung der Handelsbilanzen[5].

Diese unmittelbaren negativen Auswirkungen auf die Zahlungsbilanzen wurden zumeist noch durch die Verwendungsstruktur der aufgenommenen Mittel verschärft:

Verwendungsstruktur der aufgenommenen Mittel

— Da die kleinen Eliten (Politiker, Geschäftsleute, Militärs) bevorzugt Zugriff zu den ausländischen Geldern hatten, wurde ein Teil für Luxusgüterimporte ausgegeben.

— Ein weiterer Teil fand seinen Weg zurück auf anonyme Bankkonten in IL durch Kapitalflucht, was nicht zuletzt auf die verstärkten Inflationstendenzen und Unsicherheiten zurückzuführen war. So wird zum Beispiel das Fluchtkapital aus Mexiko für den Zeitraum 1979—82 auf umgerechnet 22 Mrd. $, was einem Viertel der gesamten Auslandsschuld entsprach, geschätzt[6]. (Eine gefragte Destination dieser illegalen Kapitalexporte ist neben der Schweiz und den Vereinigten Staaten auch Österreich.) Für die Periode 1978—82 gibt die Bank für Internationalen Zahlungsausgleich (Sitz in Basel) für Lateinamerika einen Kapitalfluchtstrom von 50 Mrd. $ an, was ziemlich genau einem Drittel des Anstieges seiner Auslandsschuld entspricht[7]. Diese Gelder müssen von der Masse der arbeitenden Menschen, die oft nicht einen Cent davon gesehen haben, mit Zinsen „zurückgezahlt" werden.

— Eine weitere Kategorie stellen gigantische Fehlinvestitionen in Industrieprojekte (Staudämme und Stahlwerke in Brasilien), Rüstungsimporte und Kriegsführung (Argentinien während der Militärdiktatur 1976—82) und hohe Folgekosten von großangelegten Entwicklungshilfeprojekten und ausländischen Direktinvestitionen dar (so z. B. Ersatzteilimporte und Zahlungen für ausländische Patente und Lizenzen im Zusammenhang mit dem Aufbau der mexikanischen Autoindustrie). Zum Teil gingen die hohen Folgekosten darauf zurück, daß für die Finanzierung von Projekten mit einer Amortisationsdauer von 20—30 Jahren oft kurzfristige Exportkredite mit Laufzeiten von 5 Jahren und einer Verzinsung von 14%, in Extremfällen sogar Finanzdarlehen (Laufzeit 6—12 Monate!) in Anspruch genommen worden waren[8].

1984: 895 Milliarden Dollar Schulden

Als Ergebnis dieser Entwicklung sahen sich die EL einem Schuldenberg, der von 113 Mrd. $ im Jahre 1973 auf 895 Mrd. $ im Jahre 1984 angewachsen war, gegenüber[9]. Der Prozentsatz der Staatsschuld vom BSP stieg für die am stärksten betroffenen afrikanischen Länder südlich der Sahara von 17,4% (1970) auf 54,3% (1984), der Prozentsatz dieses Schuldenpostens vom Gesamtbetrag der Exporte von Güter- und Dienstleistungen, der als Indikator für die Schuldendienstfähigkeit verwendet wird, von 5,2% (1970) auf 13,8% (1984)[10].

Wie kritisch die Situation gerade für diese Ländergruppe war (und noch immer ist), läßt sich auch aus der Tatsache erkennen, daß die gesamten öffentlichen Nettokapitalzuflüsse nach einem stetigen leichten Ansteigen von 5,8 Mrd. $ im Jahre 1979 auf 7,6 Mrd. $ im Jahre 1983 im darauffolgenden Jahr auf 2,7 Mrd. $ zurückfielen. Einige dieser Länder sind heute, obwohl in absoluten Zahlen, verglichen mit Ländern wie Mexiko, Brasilien, Argentinien etc., gering verschuldet, buchstäblich zahlungsunfähig, und werden selbst von öffentlichen Institutionen als absolut kreditunwürdig eingestuft[11]. So mußte zum Beispiel Uganda vor einiger Zeit seine Botschaft in Tokyo wegen Devisenmangels schließen[12].

Auswege aus der Krise

Auf der Suche nach einem Ausweg, die mit der Erklärung des mexikanischen Finanzministers, sein Land sei zahlungsunfähig, im August 1982 begann, werden heute vor allem drei Möglichkeiten diskutiert:[12a]

1. Umschuldungen, Tausch von Bankenforderungen gegen Aktienkapital in den EL (dept swap), also möglichst marktkonforme Maßnahmen, wie sie u. a. im amerikanischen „Baker-Plan" vorgesehen sind und vom Internationalen Währungsfonds, der Weltbank und den Privtbanken vertreten werden;

2. eine „gerechte" Aufteilung der Schuldenlast auf Erste und Dritte Welt („weiche" Bedingungen für Rückzahlung und Neuverschuldung), die von Sozialdemokraten, der Brandtkommission usw. verlangt wird;
3. der Erlaß jener Schulden, die durch die Verschlechterung der Terms of Trade, durch die unerwarteten Zinserhöhungen in den IL etc. entstanden sind („Castro-Plan").

Die Rolle des Handels

Die Angst vor dem Zusammenbruch des internationalen Finanzsystems ist bis heute nicht völlig gewichen. Die ärgste Gefahr scheint (zumindest wenn man die Verminderung des Stellenwertes dieser Problematik in der internationalen Berichterstattung in letzter Zeit als Gradmesser betrachtet) zwar abgewendet, jedoch wird ständig vor einer Zunahme protektionistischer Maßnahmen der IL den EL gegenüber angesichts der schwierigen Lage, in der sich einige Schlüsselindustrien ersterer befinden (Textil, Leder, Bekleidung, Stahl), gewarnt. Dabei wird häufig auf die hohen Realeinkommensverluste der Konsumenten, die bei Grundnahrungsmitteln eine regressive Verteilung (zu Lasten der unteren sozialen Schichten) implizieren, und auf die negativen Zahlungsbilanzwirkungen für die EL hingewiesen[13]. Im Gegenzug sollen die EL ihre Exportanstrengungen intensivieren, wobei die beeindruckenden Wachstumsraten von Ländern wie Taiwan, Hongkong und Südkorea als beispielgebend genannt werden. Wachstumsraten, die im wesentlichen auf ihre großartigen Exporterfolge in den beiden letzten Dekaden zurückgeführt werden.

Diese Forderung nach Öffnung der Volkswirtschaften aller Länder nach außen, nach einer Forcierung des internationalen Handels, basiert auf der Hypothese der Vorteilhaftigkeit des Freihandels. Vor allem durch die Arbeiten der klassischen Ökonomen Adam Smith (1776), David Ricardo (1817) und John Stuart Mill (1848) hatten diese Ansichten weite Verbreitung gefunden und sind seit damals fest in den jeweils vorherrschenden ökonomischen Lehrmeinungen verankert.

Öffnung der Volkswirtschaft

Großen Einfluß auf die Diskussion um die Gestaltung der Handelsbeziehungen zwischen Nord und Süd hatte die Neuformulierung dieser „Theorie der komparativen Kostenvorteile" durch die beiden schwedischen Wirtschaftswissenschafter Heckscher und Ohlin: Im wesentlichen besagt diese Theorie, daß sich jedes Land auf die Produktion jener Güter spezialisieren soll, die es billiger als alle übrigen Länder auf dem Weltmarkt anbieten kann (bei exogen vorgegebener Ausstattung der Länder mit den Produktionsfaktoren Arbeit, Kapital und Grund und Boden). Wenn man unterstellt, daß jedes Gut nur mit einer bestimmten Technologie, die allen Ländern gleichermaßen zugänglich ist, erzeugt werden kann und daß alle Produktionsfaktoren innerhalb der Länder vollkommen mobil sind, während diese Mobilität z w i - s c h e n den Ländern aber ausgeschlossen ist, ist es vom Gesichtspunkt der ökonomischen Effizienz das Beste, wenn jedes Land die Güter mit einem sich ergebenden Kostenvorteil erzeugt. Ein Land, das über eine relativ gute Versorgung mit Kapitalgütern verfügt, soll sich auf die Erzeugung von kapitalintensiven Produkten verlegen, weil Kapital relativ billig ist, während ein Land mit einem Überangebot an billigen

Abb. 124:
Aus einem österreichischen Entwicklungshilfeprojekt, welches die Trinkwasserversorgung sichern soll.

Arbeitskräften arbeitsintensive Güter (z. B. Nahrungsmittel) herstellen soll. Die Güter, die im Inland wegen der relativ zu hohen Produktionskosten nicht direkt erstellt werden, können dann im Tauschwege verhältnismäßig billig aus dem Ausland bezogen werden. Auf diese Weise werden die Konsummöglichkeiten, also die Realeinkommen bzw. der Lebensstandard, in beiden Ländern größer sein als vor Aufnahme der Handelsbeziehungen.

Für die Entwicklungsländer bedeutet das, daß sie die Gewinnung bzw. den Anbau von Rohstoffen und Nahrungsmitteln verstärken sollten, weil der Arbeitskräftebedarf in diesen Sektoren besonders hoch ist. Dadurch würde einerseits dem Problem der Massenarbeitslosigkeit Rechnung getragen, andererseits käme es zu einer Verbesserung der Einkommensverteilung. Durch die erhöhte Nachfrage nach Arbeitskräften würden deren Löhne steigen, während die Verzinsung des Kapitals der Reichen, und somit auch deren Einkommen, zurückginge. Preis-, Einkommens-, Zins- und Wechselkursanpassungen sorgten außerdem dafür, daß kurzfristig auftretende Handelsbilanzungleichgewichte schnell wieder beseitigt würden[14]. Soweit zur Theorie. Wie stellt sich nun die tatsächliche Situation der EL, die überwiegend Rohstoffe und Nahrungsmittel exportieren, dar? Hat ihnen die Erfüllung der Rolle, die ihnen im Rahmen der weltweiten Arbeitsteilung zufiel und von der klassischen Theorie zugedacht wurde, einen fairen Anteil am globalen Produktions- und Einkommenswachstum gebracht oder sind sie, ganz im Gegensatz dazu, benachteiligt oder gar ausgebeutet worden?

Aktuelle Merkmale des Nord-Süd-Handels

Die wichtigsten aktuellen Merkmale des Nord-Süd-Handels sind:

a) die einseitige Abhängigkeit der EL von Rohstoffexporten

b) die großen Preisschwankungen vieler dieser Rohstoffe

c) die Kaufkraftverluste der EL durch die tendenzielle Verschlechterung der sog. „Terms of Trade" sowie des Preisverhältnisses von Export- und Importgütern.

Zu a): Die Abhängigkeit vieler EL vom Export einiger weniger Rohstoffe geht häufig auf Wirtschaftsstrukturen zurück, die in der Kolonialzeit entstanden sind. So betrugen die Kaffee-Exporterlöse Ugandas 1980 97% der gesamten Ausfuhreinnahmen; der Anteil der Erdnußexporte Gambias betrug 88%, jener der Kupferexporte Sambias 87%, jener der Zuckerexporte Kubas 83%, jener der Bauxitexporte Jamaikas 78%, usw[15]. Im Gegensatz dazu ist kein IL zu mehr als 13% von der Ausfuhr eines einzigen Gutes abhängig. Außerdem sind die IL in weit geringerem Maße auf den Import von (strategischen) Gütern aus EL angewiesen, als es umgekehrt der Fall ist. Lediglich bei Erdöl und Erdgas ist der Anteil der Einfuhren aus EL am Gesamtverbrauch der IL hoch, nämlich 43%. Mit einigem Abstand folgen Erze (27%) und Nahrungsmittel sowie andere Agrarprodukte (11,4%), während Industrieerzeugnisse kaum ins Gewicht fallen (1%). Umgekehrt können die EL viele wichtige Güter des Hochtechnologie- und Anlagenbereiches fast ausschließlich nur auf IL-Märkten beschaffen[16].

Zu b): Der hohe Anteil einiger weniger Güter am Gesamtexport der EL ist deswegen so problematisch, weil viele dieser Märkte sehr instabil sind, sich die Angebots- und Nachfragebedingungen in unberechenbarer Weise ändern, was zu großen Preis- und somit auch (Devisen-)Erlösschwankungen führt. So betrug zum Beispiel der Weltmarktpreis für Kupfer 1972 70 Cents/kg, stieg 1973 auf über 200 c, um 1975 wiederum auf knapp mehr als 100 c zurückzugehen. Ähnlich ausgeprägte Preisschwankungen sind immer wieder auch auf den Märkten für Kaffee, Weizen, Baumwolle und Zucker, um nur einige zu nennen, zu beobachten. Da die Staatseinnahmen zu einem großen Teil aus diesen Ausfuhrerlösen stammen, ist unschwer einzusehen, wie schwierig die langfristige Planung und Durchführung effizienter entwicklungspolitischer Maßnahmen ist.

Seit mehr als zwanzig Jahren werden deshalb in der Welthandelskonferenz der Vereinten Nationen (UNCTAD) die Errichtung von Rohstofflagern und deren Finanzierung mittels eigens dafür eingerichteter Fonds, internationale Rohstoffabkommen (Festsetzung von Preisober- und -untergrenzen, Ausgleichszahlungen aus Mitteln des Internationalen Währungsfonds an besonders betroffene Länder etc., diskutiert und mit wechselndem Erfolg auch verwirklicht[17].

Zu c): Die (behauptete) tendenzielle Verschlechterung der Terms of Trade (ToT = Preisverhältnis von Export- und Importgütern) stellt einen weiteren wichtigen Aspekt der immanenten Ungleichheit im Nord-Süd-Handel dar. Eine Verschlechterung dieses Preisverhältnisses bedeutet, daß mit unveränderten Exporterlösen weniger ausländische Güter importiert werden können, bzw. daß das gleiche Importvolumen ein größeres Ausfuhrvolumen erfordert. So mußten die Kaffee-Exporteure 1975 7 kg Kaffee für 1 Faß Rohöl hergeben, 1982 aber schon 14 kg, also genau das Doppelte. Die Vergleichswerte für Baumwolle waren 8 bzw. 24 kg und für Kupfer 9 bzw. 24 kg[18].

Gründe für Verschlechterung der ToT

Als wichtigste Gründe für die Verschlechterung der ToT werden zum einen die zunehmende Substitution von Rohstoffen (z. B. Kautschuk durch synthetischen Gummi), zum anderen die unterschiedlichen Effekte von Produktivitätserhöhungen in den beiden Ländergruppen (während in den IL Produktivitätssteigerungen in Form von höheren Löhnen und Gewinnen an die Haushalte weitergegeben werden, schlagen sie sich in den EL zumeist in einer Verbilligung der Produkte nieder, was einem „Export der Wertschöpfung" in die IL gleichkommt), angeführt. Weiters gibt es eine Reihe von Beispielen dafür, daß die Nachfrage der IL nach Rohstoffen bei steigendem Einkommen nur geringfügig größer wird, während diese Einkommensabhängigkeit der Nachfrage nach Industriegütern aus IL bei den EL sehr viel größer ist. Das wirkt sich natürlich negativ auf die Terms of Trade der EL aus.

Die obigen kritischen Einwände gegen die Theorie der komparativen Kostenvorteile legen den Schluß nahe, daß der Handel mit den IL den EL überwiegend Nachteile bringt. Dies bedeutet konsequenterweise, daß sie ihn einschränken oder zumindest auf eine Neuordnung dieser Handelsbeziehungen drängen sollten. In der Tat hat sich die Entwicklungstheorie in dieser Frage in drei Lager gespalten: Neben den konservativen Verteidigern der klassischen Freihandelstheorie gibt es Neomarxisten, die die Auffassung vertreten, daß die gegenwärtigen Nord-Süd-Beziehungen ein Instrumentarium der IL sind, die EL weiter auszubeuten, nur daß dieser Prozeß der Ausbeutung heute viel subtiler, dafür aber umso wirksamer, weil nicht so offensichtlich und greifbar wie im Kolonialzeitalter ist; und schließlich „Strukturalisten", die zwar prinzipiell die Vorteile des Handels auch für die EL anerkennen, aber die ungleiche Machtverteilung zwischen Nord und Süd als entscheidende Ursache für die permanenten Zahlungsschwierigkeiten der EL sehen, die eine gewisse Abhängigkeit von den IL zementieren und die Möglichkeiten einer eigenständigen Entwicklung hintanhalten[19].

Drei Lager der Entwicklungstheorie

Jede dieser Richtungen kommt zu anderen Schlußfolgerungen, was die handelspolitische Strategie betrifft. Ob ein Land sich weiter öffnen, also verstärkt am Prozeß der internationalen Arbeitsteilung mitarbeiten soll, wie es die Verfechter des wirtschaftlichen Liberalismus verlangen, oder ob es die Handelsbeziehungen reduzieren oder gar abbrechen soll, um sich auf diese Weise dem Würgegriff der mächtigen Handelspartner entziehen zu können, was der neomarxistischen Denkweise entspricht, oder ob es den internationalen Warenaustausch nur bei Realisierung der vieldiskutierten „Neuen Internationalen Weltwirtschaftsordnung" (NIWO) als vorteilhaft akzeptiert wie die Strukturalisten, hängt von seinen ganz speziellen Gegebenheiten ab. Jede dieser Strömungen hat ihre Berechtigung in der Entwicklungstheorie, der sie wichtige Impulse gegeben hat, keine kann aber Anspruch auf Allein- oder Allgemeingültigkeit erheben; dazu ist die Gruppe der EL viel zu heterogen, sind die Erfahrungen der einzelnen Länder zu unterschiedlich: Es gibt EL, für die der Handel mit den IL ein wesentlicher Faktor ihres Wachstums ist (die „kleinen Drachen" Südostasiens: Südkorea, Malaysia, Hongkong, Singapur), andere, die ihre Armut ihrer einseitigen handelspolitischen Ausrichtung „verdanken", so z. B. die „Bananenrepubliken" Mittelamerikas, und viele andere, für die der Handel Licht und Schatten gleichermaßen bringt. Diese Einschränkung gilt übrigens auch für alle bislang getroffenen Aussagen, die sich auf die EL als Gruppe beziehen, insbesondere für den Abschnitt, der die Terms of Trade betrifft: Abgesehen von den technischen Einwänden gegen dieses Konzept[20], haben sie sich für eine Reihe von EL positiv entwickelt (in erster Linie sind hier die erdölexportierenden Länder zu nennen). In anderen Fällen hat sich die Verschlechterung des Indikators zumindest nicht negativ ausgewirkt, manchmal sogar über die implizierte Verbesserung der Wettbewerbsfähigkeit zu einer deutlichen Verstärkung der Devisenreserven geführt[21].

NIWO

Schlußbemerkungen

Die Unterentwicklung der Länder der Dritten Welt ist nicht ausschließlich ökonomischer Natur, sondern erstreckt sich auf alle Lebensbereiche der dort lebenden Menschen. Es ist deshalb auch nicht möglich, durch einen einzigen Indikator eine Gesamtbeschreibung des Entwicklungsstandes einzelner Länder oder Ländergruppen zu liefern. Die folgenden Zahlen sollen nur Illustrationszwecken dienen.

Der am häufigsten für Wohlstandsdiagnose- und Wohlstandsvergleichszwecke verwendete Indikator ist das Bruttosozialprodukt/Kopf (BSP/cap). Es betrug 1984 110 $ für Äthiopien, dem ärmsten Land der Welt, 210 $ für die Länder Afrikas südlich der Sahara und 260 $ für die Gruppe der EL mit niedrigem Einkommen; das Durchschnittseinkommen der EL mit mittlerem Einkommen (Türkei, Mittelamerika, Thailand etc.) belief sich auf 1250 $, während der Vergleichswert für die (westlichen) IL 11.430 $ betrug (Schweiz 16.330 $, USA 15.390 $, Österreich 9.140 $).

Bruttosozialprodukt

Das durchschnittliche jährliche Wirtschaftswachstum der EL südlich der Sahara war im Zeitraum 1965–84 mit −0,1% deutlich unter dem der EL mit mittlerem Einkommen (3,0%) und dem der IL (2,4%), darunter Österreich mit 3,6%[22].

So beeindruckend diese Zahlenvergleiche auch sein mögen, verbergen sie doch oft mehr als ihnen an Erklärungswert zukommt. So verzeichnete China in der erwähnten Periode eine jährliche Wachstumsrate von 4,5%, in starkem Kontrast zu −2% für Ghana; beide Länder werden zur Gruppe mit niedrigen Einkommen, deren Durchschnittswachstum, wie bereits erwähnt, −0,1% betrug, gezählt.

All diese Zahlen geben keine Hinweise auf die Verteilung der aggregierten Einkommen. So verfügen in Mexiko die reichsten 20% der Haushalte über ein Zwanzigfaches der Einkommen der ärmsten 20%, in Brasilien gar um ein 33faches (in Schweden, einem Land mit traditionell relativ gleichmäßiger Verteilung, dagegen nur um ein Fünffaches), wobei sich diese Einkommensunterschiede ständig vergrößern, weil es gerade die Reichen sind, die vom Wachstum profitieren, während die Armen kaum an der wirtschaftlichen Entwicklung des modernen Sektors teilhaben[23].

Soziale Merkmale

Um den Entwicklungsstand eines Landes sinnvoll und umfassend charakterisieren zu können, ist die Heranziehung einer Fülle von sozialen Kennzahlen, die sich auf die Lage und das

Abb. 125

Schicksal der Massen, die im Elend leben, beziehen, wie z. B. Analphabetenquoten, die Zahl chronisch unterernährter Menschen, Arbeitslosenraten, Lebenserwartung, Kindersterblichkeit etc., unverzichtbar.

Verschiedentlich wird vorgeschlagen, zusätzlich zu diesen ökonomistischen Indikatoren, die die Versorgung mit materiellen Gütern festhalten, auch subjektive Merkmale der Unterentwicklung, wie das Selbstwertgefühl der Menschen oder ihre Menschenwürde, das Vertrauen in die eigenen Fähigkeiten und Fertigkeiten, die moralische Integrität und vor allem die Möglichkeit, wählen, also sein Schicksal selbst bestimmen zu können, was Freiheit von materieller Not und der Ohnmacht gegenüber Naturereignissen, anderen Menschen, eigener Ignoranz, Institutionen und dogmatischen Heilslehren

impliziert, zu berücksichtigen[24]. Wie häufig die Einzelschicksale von Müttern, deren Kindern verhungern, von Kleinbauern, die von ihrem Land vertrieben werden, oder von Gewerkschaftsführern, die aus Angst vor Todesschwadronen jede Nacht woanders schlafen müssen, sind, sagt oft mehr über die politischen, sozialen und wirtschaftlichen Verhältnisse und die damit verbundenen Aussichten auf Besserung der Lebensqualität der Masse der Menschen als Statistiken über die Arbeitslosigkeit, über das Bevölkerungswachstum oder über die monatliche Veränderung der Handels- und Zahlungsbilanzen. All diese Teilansichten der Unterentwicklung müssen in Betracht gezogen werden, wenn es darum geht, konkrete Maßnahmen zur Lösung oder Entschärfung des Problems, sei es im Bereich der öffentlichen Entwicklungshilfe, im Zusammenhang mit der Neuen Internationalen Weltwirtschaftsordnung oder der Schuldenkrise, zu ergreifen.

Anmerkungen:

1) Zur Kategorisierung der einzelnen Staaten vgl. die jährlichen Weltentwicklungsberichte der Weltbank, New York, Statistischer Anhang.
2) Vgl. Informe sobre el Desarrollo Mundial (Weltentwicklungsbericht) 1985, S. 19.
3) Informe sobre el Desarrollo Mundial 1985, S. 6
4) Vgl. Strahm, R.H., Warum sie so arm sind, Wuppertal 1985, S. 93.
5) Rapport sur le développement dans le monde (Weltentwicklungsbericht) 1986, S. 36.
6) Strahm, R.H., a. a. O., S. 105.
7) Ebd.
8) Kappeler, B., und Strahm, R.H., Schweizer Kapital und Dritte Welt, Zürich 1974, S. 12.
9) Weltentwicklungsbericht 1983, S. 150.
10) Rapport sur le développement dans le monde 1986, S. 232.
11) Ebd., S. 59
12) ABC, am 18. März 1988, S. 40.
12a) Entwicklungspolitische Nachrichten, April 1988, S. 49.
13) Rapport sur le développement dans le monde 1986, S. 25.
14) Eine zusammenfassende kritische Darstellung dieser Theorie findet man bei Todaro, M.P., Economic Development in the Third World, New York 1981, S. 341—357.
15) UNCTAD Handbook of international trade and developement statistics 1983, S. 210 f.
16) UNCTAD Handbook, a.a. O., S. 544.
17) Vgl. Finanzierung und Entwicklung, Dezember 1978, S. 23 ff.
18) Strahm. R. H., a. a. O., S. 124.
19) Vgl. Smith, S., und Toye, J., Three Stories About Trade and Poor Economies, in Journal of Development Studies, 15, no. 3 (April 1979), S. 1—18.
20) Vgl. Hemmer, H.-R., Wirtschaftsprobleme der Entwicklungsländer, München 1978, S. 194—197.
21) Vgl. Bauer, P. T., Crítica de la Teoría del Desarrollo („Dissent on Development", London 1971), Barcelona 1975, S. 349— 357.
22) Rapport sur le développement dans la monde, S. 198.
23) Strahm. R. H. a. a. O., S. 22.

Franz Gady

Der Handel —
Brücke zwischen Produzenten und Konsumenten

Von der Bedeutung des Handels

Wird die Frage nach der Bedeutung des Handels in der österreichischen Wirtschaft gestellt, so erhält man vielfach die Antwort des bereits über alle Maßen strapazierten Schlagwortes der „Nahversorgung", oder es werden die hinlänglich bekannten Funktionen des Handels, wie zeitliche Funktion, Quantitätsfunktion, Qualitätsfunktion, Kreditfunktion und Werbe- und Absatzfunktion, aufgezählt.

Darüber hinaus hat der Handel aber eine noch weit wichtigere Bedeutung im Bereich der Volkswirtschaft. Der Beitrag, den der Handel zur allgemeinen Entwicklung der österreichischen Wirtschaft leistet, findet in der Alltagsdiskussion über aktuelle wirtschaftliche Probleme, wie Wirtschaftswachstum, Arbeitsplatzsicherung, Inflationsbekämpfung usw., kaum je Erwähnung. Dies mag zum Teil darauf zurückzuführen sein, daß der Berufsstand des Kaufmanns von seinem sozialen Image und von seinem Stellenwert innerhalb der Gesellschaft in den vergangenen Jahrhunderten Wesentliches eingebüßt hat. **Volkswirtschaftliche Bedeutung**

Die Unkenntnis über die Bedeutung des Handels beginnt bereits bei der Unkenntnis über den Berufsstand des Kaufmanns, da bei dieser Berufsbezeichnung meist lediglich an den kleinen, ums Überleben kämpfenden Kaufmann um die Ecke oder an die großflächigen Vertriebsformen des Supermarktes oder Einkaufszentrums gedacht wird.

Übersehen wird dabei die in der modernen Wirtschaft außerordentliche und für ihr Funktionieren zuerst einmal im Dienste der Bedarfsdeckung unentbehrliche Vielfalt kaufmännischer Berufe sowie die große Zahl an Organisationen und Institutionen, die sich der Handel für die Durchführung seiner Aufgaben geschaffen hat. **Vielfalt kaufmännischer Berufe**

Auch in gebildeten Kreisen der Bevölkerung gibt es noch die Ansicht, der Handel erbringe keine produktive Leistung, sondern trage nur dazu bei, die Ware zu verteuern.

Weit mehr als die Zahl der Handelskammermitglieder — wir hatten in Österreich 1987 rund 50.000 Handelsbetriebe — sagt die Zahl der in einem Wirtschaftszweig Beschäftigen über dessen Bedeutung für die Volkswirtschaft aus, und gerade hier zeigt sich am deutlichsten, daß sich eine allgemeine Unkenntnis über die Bedeutung des Handels breitmacht. **50.000 Handelsbetriebe**

Mit etwa 350.000 unselbständig Beschäftigten im Jahre 1987 ist der Handel ein wichtiger Arbeitgeber und beschäftigt damit etwa viermal soviel Menschen wie die gesamte österreichische verstaatlichte Industrie zusammen. Für diese wird zur Arbeitsplatzsicherung alles Mögliche und Unmögliche unternommen, jedoch von einer Arbeitsplatzsicherung im Handel spricht niemand. **350.000 Arbeitnehmer**

Die tatsächliche Entlastung des Arbeitsmarktes durch den Handel ist jedoch viel höher, weil auch die im Handel selbständig Tätigen mit ihren mitarbeitenden Familienangehörigen dazuzuzählen sind, für die, würden sie als Unselbständige auf den Arbeitsmarkt drängen, rund 50.000 weitere Arbeitsplätze geschaffen werden müßten. Darüber hinaus beschäftigt der Handel ca. 30.000 Lehrlinge und liegt damit hinter dem Gewerbe bei der Jugendbeschäftigung an zweiter Stelle. **30.000 Lehrlinge**

Neben der Zahl der Beschäftigten sagt aber auch die Wertschöpfung Wesentliches über die Bedeutung eines Wirtschaftszweiges aus: Gemessen am nominellen Inlandsprodukt liegt der Handel mit 12,8%, d. s. 175 Mrd. Schilling, nach der Industrie (21,6%), an zweiter Stelle. **Wertschöpfung**

Welche Faktoren beeinflussen die Entwicklung des Handels?

Der Handel liegt, eingebettet in dem gesamtwirtschaftlichen Geschehen, im Spannungsfeld zwischen Hersteller und Verbraucher. Diese Rahmenbedingungen sind einem steten Wandel unterworfen. Änderungen dieser Größen und sozialökonomischen Daten sowie Vorgänge auf der Nachfrage- oder Produktionsseite bilden ein Bündel von Faktoren für die Entwicklung des Handels.

Zu diesen Faktoren zählen gesetzliche Bedingungen, Maßnahmen der Industrie und das Verhalten der Konsumenten.

Die rechtlichen Rahmenbedingungen

Zu den gesetzlichen Bedingungen zählen alle einschlägigen Wirtschaftsgesetze, arbeitsrechtliche Vorschriften und die dazugehörenden Verordnungen. **Gesetze**

Gesetze stellen wichtige Rahmenbedingungen dar, die das wirtschaftliche Zusammenleben regeln, meist aber belasten sie den Handel, weil sie oft schwer verständlich formuliert und praxisfremd sind.

Die Industrie

Die Industrie stellt den zweiten Faktor dar, der den Handel wesentlich beeinflußt. Sie ist heute der größte Arbeitgeber Österreichs.

Weltweite Mechanisierungs- und Automatisationsvorgänge in der industriellen Produktionsweise sowie eine verbesserte Fertigungsmethode führten zu einer enormen Ausdehnung und Vielfalt des Güterangebotes. Neue Produkte und vor allem Produktdifferenzierungen sollten den Wünschen der Verbraucher entgegenkommen, neue Bedürfnisse wecken und kontinuierlich Nachfrage sichern. Das wachsende Leistungspotential der Produktion, verbunden mit der veränderten Aufnahmebereitschaft des Käufermarktes, läßt fertigungstechnische Probleme in den Hintergrund treten. Industrielle Hersteller neigen vielfach dazu, Handelsaufgaben zu übernehmen; Vertriebssysteme wie Franchise und Fabriksverkauf sind die Folge.

Franchise und Fabriksverkauf

Der Konsument

Der dritte, den Handel wesentlich beeinflussende Faktor, ist sein wichtigster Partner, der Konsument. Der Handel orientiert sich an gewissen statistischen Fakten, um auf unterschiedliches Konsumentenverhalten rechtzeitig reagieren zu können.

Die Entwicklung der Bevölkerung und die Veränderung in ihren Strukturen haben vielfältige Konsequenzen auf die Gesamtwirtschaft im allgemeinen und auf den Handel im besonderen. Sie beeinflussen nicht nur den privaten Konsum, sondern auch das Angebot an Arbeitskräften. Ausgangspunkt für die Sortimentszusammensetzung bildet der altersklassenspezifische Bevölkerungsaufbau. Diese Altersstruktur, die Zahl der Haushalte und deren Größe haben auf die verschiedenen Ge- und Verbrauchsgüterangebote großen Einfluß. In diesem Zusammenhang spielen auch die räumlichen Verhältnisse — die Siedlungsstruktur der Bevölkerung und deren Dichte — eine große Rolle auf die Aufspaltung der Einzelhandelsvertriebssysteme, auf den institutionellen Handel sowie auf die Standortpolitik der einzelnen Handelsunternehmungen.

Wandel im Konsumentenverhalten

Die österreichische Bevölkerung wird insgesamt bis zum Jahr 2.000 um ca. 80.000 Menschen zunehmen, der Lebensraum wird breiter, die Bevölkerung kaufhungriger. Diese Entwicklung ist gekoppelt mit einem allmählichen Einstellungswechsel und einem Wandel im Konsumverhalten.

Die Auswirkungen einer wachsenden Wirtschaft und des zunehmenden Wohlstandes auf die Strukturierung des Einzelhandels innerhalb und zwischen den einzelnen Branchen sind beachtlich, wie etwa die Änderung des Konsumverhaltens durch das gesteigerte Informationsbedürfnis, durch Modetrends, Geschmacks- und Konsumwellen.

Neue Werte

Heute geht es den Konsumenten aber längst nicht mehr um die Befriedigung materieller Wünsche. Zum neuen Realismus gesellte sich ein Bündel neuer Werte, die alle zu Rahmenbedingungen für den Konsumenten wurden. So kann man in sämtlichen Bevölkerungsschichten die Neigung zum Engagement für Frieden und die bedrängte Natur beobachten. Weitgehend aufgehoben wurde das Prestigedenken und der Prestigekonsum der sechziger Jahre. Der Konsument entwickelte ein Bewußtsein, das mehr Kreativität und mehr Sensibilität beinhaltet. Die hochindustrialisierte Gesellschaft hat Strukturen hervorgebracht, die lebensfeindlich wurden. Die Gründung neuer Parteien, meist mit dem Attribut „grün" versehen, sind Ausdruck dafür.

Diese neuen Werte in der Bevölkerung, die ihr Verhalten als Verbraucher wesentlich beeinflußt haben, sind aber auch Chancen des Handels der Zukunft; das Natürliche, das Einfache gewinnt an Attraktivität.

Erscheinungsformen des Handels

Im Mittelpunkt der Beurteilung der wesentlichen inneren Faktoren für den Einzelhandel steht die einzelbetriebliche Gestaltungsmöglichkeit, um den Verbraucherwünschen entgegenzukommen und sich von der Konkurrenz abzuheben. Diese Bemühungen treten in der Vielzahl der Betriebsformen zutage, die man als „Dynamik des Handels" bezeichnet.

Selbstbedienung und Discounting müssen als Ergebnis der industriellen Entwicklung fortgeschrittener Volkswirtschaften gelten. Untersuchungen haben gezeigt, daß sich die Distribution zwischen zwei Polen entwickelt: Massenvertrieb problemloser Produkte und Fachge-

Selbstbedienung und Discounting

schäftsvertrieb beratungsintensiver Produkte.

Ein Handelsbetrieb ist umso rentabler, je näher er sich einem der beiden Pole annähert. Man hat dabei von der Überlegung auszugehen, daß die industrielle Fertigung von Massengütern des täglichen Bedarfs und die Ausweitung des Produktspektrums zu einem verstärkten Druck auf die herkömmlichen Vertriebsstrukturen geführt haben. Diese waren ihrerseits nicht mehr in der Lage, die ausufernden Sortimente in allen Bereichen zu verkraften. Um den Gütervertrieb rationell bewältigen zu können, war es aber einerseits erforderlich, problemlose Güter durch Produktgestaltung, Werbung und Verpackung selbstbedienungsreif zu machen, andererseits mußten auch die Betriebe die technischen Voraussetzungen für die Selbstbedienung im Bereich der Warenpräsentation und des Ladenbaues vorbereiten. Der Pol der problemlosen Produkte ist also durch Selbstbedienung sowie elektronische Warenbewirtschaftung und Abrechnung charakterisiert. Auf der anderen Seite dieses Poles befindet sich das Fachgeschäft, das durch eine entsprechende Tiefe und Breite des Sortiments gekennzeichnet ist. Hier sind jene Produkte angesiedelt, die durch ihren individuellen Bedarfsdeckungscharakter dem Bestreben des Konsumenten nach persönlicher Wunscherfüllung entgegenkommen und dadurch auch höher bewertet werden. Daß diese Betrachtungsweise natürlich subjektiv ist, liegt auf der Hand. Ausschlaggebend für diesen Bereich sind die Ausstattung der Geschäfte, ihre Atmosphäre und eine entsprechende Produktpalette.

Fachgeschäft

Alle anderen Formen, die sich weiter von den Polen entfernen, sind weniger rentabel, denn einerseits fehlt der Massenumschlag, der allein bei kleinen Spannen den Ertrag sicherstellt, und andererseits fehlt das dienstleistungsrelevante Sortiment und damit das Kalkulationsargument.

Wie sieht nun der Konsument den Handel?

Der Handel gehört zu jenen Wirtschaftszweigen, für dessen Leistungen es ganz offensichtlich am allerschwierigsten ist, in der Öffentlichkeit Verständnis und Anerkennung zu finden. Dieses Phänomen scheint letztlich darin zu wurzeln, daß Kaufleute unmittelbar in Berührung mit dem Konsumenten kommen, dem sie zwar Dienstleistungen anbieten, daß sie aber nicht immer in vollem Umfang an der Gestaltung dieser Leistungen aus eigenem und freiem Ermessen mitwirken können. So werden beispielsweise Preiserhöhungen, die sich aus der wirtschaftlichen und sozialen Entwicklung der eigenen Volkswirtschaft oder durch die internationale Entwicklung ergeben, beim täglichen Einkauf am ehesten dem Handel angekreidet. Bei Mängeln an Produkten in Qualität und Ausstattung wird der Konsument meist mit dem Handel konfrontiert. Seine Gewährleistungsansprüche richten sich zunächst an den Kaufmann. Importeure gehören zu den „Buhmännern" der Nation; wirft man ihnen doch vor, daß sie durch ihre Importe die einheimische Produktion und damit Arbeitsplätze gefährden. In Wirklichkeit aber wirkt der Handel durch Importe und scharfen Wettbewerb preisregulierend. Allerdings müssen die rechtlichen Rahmenbedingungen dafür sorgen, daß dieser Wettbewerb geschützt und nicht beschränkt wird. Beim Stichwort „Wettbewerb" ist noch der beträchtliche Beitrag zu erwähnen, den der Handel zur Erhaltung der sozialen Marktwirtschaft beiträgt: Je mehr Anbieter, umso größer der Wettbewerb, der über den Handel ausgeübt wird, und umso größer die Konsumfreiheit.

Gewährleistungsansprüche

Wettbewerb

Schließlich ist der Handel auch richtungsweisend für die Industrie, denn erst hier, am „Point of Sale", fällt die Entscheidung darüber, ob ein Produkt ein Bestseller oder ein Ladenhüter wird.

Die Bedeutung der Landesausstellung „Menschen & Münzen & Märkte" für den Handel

Die Erscheinungsformen des Handels präsentieren sich im Einmanngeschäft ebenso wie im mittelständischen Familienbetrieb oder im Großfilialbetrieb. Sie reichen von den Fachabteilungen der Warenhäuser über die Shoppingcenters bis zu den Boutiquen. Es gibt keine Existenzbedrohung für den Handel! Was es gibt, ist eine Bedrohung bestimmter Formen des Handels, die als dominant gelten mögen, obwohl sie es längst nicht mehr sind.

Menschliches Verhalten richtet sich nicht nach Tatsachen, sondern nach Kenntnissen, Meinungen und Vorstellungen von diesen Tatsachen. Es genügt nicht, gut zu sein, Vorteile zu haben, mit Besonderheiten aufwarten zu können, verläßlich zu arbeiten, wenn dies die Menschen nicht wissen. Auch für den Handel spielt sich der Wettbewerb mit den übrigen Wirtschaftszweigen nicht zwischen Fakten und Zahlen, sondern zwischen Meinungen und Einstellungen ab. Die Öffentlichkeitsarbeit, insbesondere die der Interessenvertretung des Handels,

Öffentlichkeitsarbeit

trägt dazu bei, daß diese Meinungen und Einstellungen entscheidend beeinflußt werden können.

Die Landesausstellung 1989 „Menschen & Münzen & Märkte" kann als ein wichtiger Schritt gelten, die Bedeutung des Handels für die Menschen in unserem Lande ins rechte Licht zu rücken.

Hubert Isak

Österreich in der Europäischen Integration

I. Vorbemerkung

Im folgenden soll versucht werden, die Stellung Österreichs zur und in der europäischen Integration zu skizzieren. Nach einem knappen historischen Rückblick auf Österreichs Bemühungen um eine Teilnahme an der westeuropäischen Integration seit den fünfziger Jahren, die ihren vorläufigen Höhepunkt im Freihandelsabkommen von 1972 mit der *Europäischen Wirtschaftsgemeinschaft* (EWG) und der *Europäischen Gemeinschaft für Kohle und Stahl* (EGKS) gefunden haben, wird das Hauptaugenmerk auf der seit der Annahme des EG-*Weißbuchs über die Vollendung des Binnenmarktes* durch den Europäischen Rat von Mailand im Juni 1985[1] auch in Österreich wieder in Gang gekommenen Diskussion über eine allfällige Neuordnung des Verhältnisses zur *Europäischen Gemeinschaft* (EG) liegen. In der Tat handelt es sich dabei um eine für Österreichs Wirtschaft sehr wesentliche, wenn auch vielleicht nicht — wie von manchen behauptet — „existentielle" Frage.

Wenn in der Folge von „Integration" gesprochen wird, so ist damit die wirtschaftliche Zusammenarbeit der europäischen Staaten seit 1945 gemeint. Im Unterschied zum historisch sehr viel älteren Begriff der politischen Integration hat sich jener der wirtschaftlichen erst im Zusammenhang mit der Entwicklung in Europa nach dem Zweiten Weltkrieg durchgesetzt. Der Grad der Integration kann dabei von der bloßen Intensivierung und Koordinierung wirtschaftlicher Tätigkeit durch den Abbau traditioneller Handelshemmnisse bis hin zur Herstellung binnenmarktähnlicher Verhältnisse, wie es das Ziel der EG ist, variieren. Aus völkerrechtlicher Sicht ist mit Integration eine Intensivierung der Beziehungen auf der Basis und mit dem Mittel zwischenstaatlicher Vereinbarungen und durch Schaffung *internationaler Organisationen* angesprochen. Die solcherart institutionalisierte Zusammenarbeit kann sich auf eine verstärkte Koordination und Kooperation zwischen den fortbestehenden ursprünglichen Einheiten beschränken (Kooperation) oder die Veränderung der ursprünglichen Strukturen zugunsten einer intensivierten Zusammenarbeit voraussetzen (Integration)[2]. Die Beschränkung der Erörterung auf die wirtschaftliche Integration und damit die Nichtbehandlung politischer (Europarat) und militärischer Integrationsversuche Westeuropas (Westeuropäische Union) ist sowohl durch den allgemeinen Sprachgebrauch als auch durch die Zielsetzung dieser Landesausstellung gerechtfertigt, erfordert aber dennoch eine grundsätzliche Klarstellung: Die Beschränkung erfolgt im Bewußtsein der Verengung und des auch ideologisch determinierten Hintergrunds derartiger Begriffsbildung. Für den Verfasser umfaßte *europäische* Integration stets und notwendigerweise auch die Integrationsbemühungen der sozialistischen Staaten Europas in Gestalt des Rates für Gegenseitige Wirtschaftshilfe (RGW) ebenso wie die blockübergreifende europäische Zusammenarbeit im Rahmen der Konferenz über Sicherheit und Zusammenarbeit in Europa (KSZE) oder der UN-Wirtschaftskommission für Europa (ECE). Das „gemeinsame Haus Europa" ist eine Realität, mögen auch die Vorstellungen seiner „Bewohner" über die „Einrichtung" nach wie vor auseinandergehen[3].

„Integration"

Schaffung internationaler Organisationen

II. Österreich und die europäische Integration nach dem Zweiten Weltkrieg

1. OEEC, EG und EFTA

Nach dem Zweiten Weltkrieg befand sich die europäische Wirtschaft in einer sehr schwierigen Situation und schon bald wurde erkannt, daß ein Wiederaufbau Europas nur durch eine koordinierte Liberalisierung erfolgen konnte. In diese Richtung zielte der Plan des amerikanischen Staatssekretärs *Marshall* vom Juni 1947: Mit der sog. Marshall-Plan-Hilfe sollte die wirtschaftliche Zusammenarbeit der europäischen Länder untereinander gefördert werden bzw. war diese Koordination Voraussetzung für Gewährung der Wirtschaftshilfe. Das Angebot richtete sich an alle europäischen Staaten, doch konnten oder wollten die osteuropäischen Staaten aus verschiedensten Gründen dieses letztlich nicht annehmen.

Marshall-Plan-Hilfe

Den organisatorischen Rahmen dieser Zusammenarbeit schufen sich die europäischen Staaten mit der im April 1948 gegründeten *Organisation für Europäische Wirtschaftliche Zusammenarbeit* (OEEC), der Österreich seit ihrer Gründung angehörte und die 1960 durch die *OECD* abgelöst wurde. 1951 wurde von den sechs kerneuropäischen Staaten (Frankreich, Bundesrepublik Deutschland, Italien und den Benelux-Staaten) die EGKS gegründet, die neben der unmittelbaren wirtschaftlichen, durch die Aussöhnung von Frankreich und Deutschland auch eine eminent politische Bedeutung besaß. Schon 1956/57 wurden in Österreich Überlegungen

OEEC/OECD

329

und Studien über einen allfälligen Beitritt zur EGKS bzw. der in Gründung befindlichen EWG angestellt. Die Gründung der EWG 1957 stellte zwangsläufig die Idee einer großen europäischen Freihandelszone neuerlich zur Diskussion. Im Februar 1957 beschloß der OEEC-Rat die Aufnahme von Verhandlungen über eine Freihandelszone für industrielle Produkte. Österreich nahm zur Frage eines Beitritts zu einer großen westeuropäischen Freihandelsassoziation, deren Kern die EWG gewesen wäre, eine grundsätzlich positive Haltung ein, zumal schon damals 70% des Außenhandels mit Westeuropa abgewickelt wurden[4]. Im Laufe des Jahres 1958 zeigte sich aber eine zunehmend negative Haltung der EWG hinsichtlich einer großen Freihandelsassoziation und schließlich scheiterten die Verhandlungen an der Haltung Frankreichs, das einen Zollabbau ohne entsprechenden gemeinsamen Zolltarif und ohne Harmonisierungsmaßnahmen auf dem Gebiet der Wettbewerbspolitik, wie es der EWG-Vertrag vorsah, für nicht tragbar hielt.

Als Reaktion auf das Scheitern dieser Verhandlungen und die Unterzeichnung der Römer Verträge zur Gründung von EWG und *Euratom-Gemeinschaft* (EAG) fanden sich die „draußen gebliebenen" Staaten Österreich, Dänemark, Norwegen, Portugal, Schweden, Schweiz und das Vereinigte Königreich von Großbritannien zur *Europäischen Freihandelsassoziation* (EFTA) zusammen, deren Gründungsdokument sie am 4. Jänner 1960 in Stockholm unterzeichneten[5]. Vordringliche Aufgabe der EFTA sollte die Verwirklichung des Freihandels für industrielle Erzeugnisse zwischen ihren Mitgliedern sein; eigentlicher Hauptzweck und Fernziel war jedoch weiterhin der „Brückenschlag" zur EWG.

EFTA

Als internationale Organisation weist die EFTA eine relativ einfache Struktur auf. Die Beschlußfassung im EFTA-Rat erfolgt i. d. R. nach dem Koordinationsprinzip, d. h., daß de facto jedem Mitgliedstaat ein „Veto-Recht" zukommt. Dies gilt insbesondere für jene Beschlüsse, mit denen den Mitgliedern neue Verpflichtungen auferlegt werden sollen, was für neutrale Staaten von zentraler Bedeutung ist. Nur ausnahmsweise sieht die EFTA-Konvention Mehrheitsentscheidungen vor.

Bedürfnisse der neutralen Mitgliedsstaaten

Den Bedürfnissen der neutralen Mitgliedstaaten wurde in der Konvention sowohl durch die allgemeine Struktur der Organisation als auch durch konkrete Ausnahmebestimmungen Rechnung getragen: Mit Ausnahme der Vergemeinschaftung der Zollsätze im Binnenverhältnis erfolgt keine Abtretung von Souveränitätsrechten. Wichtige Beschlüsse können nur mit Zustimmung auch des neutralen Mitgliedstaats gefaßt werden; der Freihandelszone fehlt ein politisches oder militärisches Integrationsziel. Spezifische Ausnahmeklauseln wie z. B. Art. 18 ermächtigen den Neutralen zu Maßnahmen zum Schutz wesentlicher Sicherheitsinteressen, soweit sich diese auf den Handel mit Waffen, Munition oder Kriegsmaterial beziehen bzw. zu Maßnahmen, die in Kriegszeiten oder bei schweren Spannungen in internationalen Beziehungen aus Gründen der Sicherheit getroffen werden. Damit wird dem neutralen Mitgliedstaat praktisch eine Blanko-Vollmacht zur Suspendierung aller seiner Verpflichtungen aus der EFTA-Konvention ausgestellt. Art. 42 der Konvention räumt die Möglichkeit eines Rücktritts ohne Angabe von Gründen innerhalb einer Frist von 12 Monaten ein. Die Teilnahme der neutralen Staaten an der EFTA wurde daher als neutralitätsrechtlich und -politisch unbedenklich erachtet.

Österreichischer Alleingang

Von Österreich, dessen Beitritt zur EFTA innerhalb Österreichs heftig diskutiert worden war, wurde aber immer wieder betont, daß es die Freihandelszone der Sieben nur als einen Schritt auf dem Weg zu einer endgültigen Lösung mit der EWG ansah. Die Idee direkter bilateraler Verhandlungen zwischen Österreich und der EWG führte später zum sog. österreichischen *Alleingang*.

2. Die Bemühungen der EFTA-Staaten und insbesondere Österreichs um eine Annäherung an die EWG

Bald nach Gründung der EFTA unternahmen einzelne EFTA-Staaten individuelle Annäherungsversuche an die EWG. Während Großbritannien, Dänemark und Norwegen formelle Beitrittsgesuche einreichten, beschränkte sich Österreich auf einen 1961 in Brüssel gemeinsam mit der Schweiz und Schweden überreichten Assoziierungsantrag gemäß Art. 238 des EWG-Vertrags. Die Neutralen waren zur Auffassung gelangt, daß die Neutralität kein Hindernis für die Teilnahme an der wirtschaftlichen Integration darstelle bzw. daß allfällige Probleme, die aus der Neutralität resultieren könnten, mit der EWG erörtert und gelöst werden könnten.

Assoziierungsantrag 1961

Als aber im Jänner 1963 *de Gaulle* schwere Bedenken gegen die Aufnahme Großbritanniens anmeldete und die Verhandlungen auf Antrag Frankreichs auf unbestimmte Zeit vertagt wurden, kam es auch zu einem Stillstand der Verhandlungen mit den anderen Beitrittswerbern aus der EFTA; nur Österreich hielt unter den neutralen Staaten seinen Antrag unter Hinweis auf die besondere Dringlichkeit seines Falles aufrecht.

So beschloß der österreichische Ministerrat im Februar 1963, den EWG-Staaten das Interesse Österreichs an der Fortführung der Verhandlungen über das Assoziierungsansuchen mitzuteilen und um die Aufnahme von Erkundungsgesprächen anzusuchen. Entsprechende Gespräche fanden auch in der zweiten Hälfte 1963 statt und führten zu einem umfassenden Bericht der EG-Kommission (Frühjahr 1964), in welchem dem Rat der EWG die Aufnahme offizieller Verhandlungen mit Österreich empfohlen wurde. Dieser Bericht wurde vom Rat im Juli 1964 zur Kenntnis genommen und im März 1965 wurde tatsächlich der EG-Kommission vom Rat der Auftrag erteilt, mit Österreich Verhandlungen über seine wirtschaftlichen Beziehungen mit der Gemeinschaft aufzunehmen. Ab Juni 1967 waren die Verhandlungen jedoch durch ein Veto Italiens in Zusammenhang mit dem Südtirol-Problem blockiert. Erst nach dem Rücktritt *de Gaulles* erfolgte an der EG-Gipfelkonferenz von Den Haag 1969 eine Öffnung der französischen Integrationspolitik, in deren Folge Verhandlungen mit den ursprünglichen Beitrittswerbern aufgenommen werden konnten, die 1973 zur Erweiterung der EG (Großbritannien, Dänemark, Irland) führten und in deren Anschluß auch mit den anderen EFTA-Staaten „Gespräche" über ihr künftiges Verhältnis zur EG aufgenommen werden konnten. In diesen Gesprächen zeigte sich bald das ursprünglich verworfene Konzept der Freihandelszone für gewerblich-industrielle Produkte als die für beide Seiten geeignetste Form. Im Juli 1971 erklärte der Rat seine grundsätzliche Bereitschaft zu einer Freihandelszonenlösung, im November 1971 wurden die Verhandlungsrichtlinien verabschiedet. Ab Dezember 1971 wurde intensiv und praktisch ohne Unterbrechung bis zur Unterzeichnung des Vertragswerkes am 22. Juli 1972 verhandelt.

Das Vertragswerk umfaßt zwei Interimsabkommen und zwei Globalabkommen samt Protokollen, wobei die Interimsabkommen Österreich einen kurzfristigen zeitlichen Vorsprung bis 1. 1. 1973 verschafften, der einer „Treueprämie" für die unbeirrbaren Bemühungen Österreichs um ein Arrangement mit der EWG gleichkam. Mit der in den Freihandelsabkommen mit Österreich, Schweiz, Schweden, Portugal, Island und Norwegen vorgesehenen Beseitigung der Zollschranken war am 1. Juli 1977 de facto eine neue Freihandelszone für gewerblich-industrielle Produkte (mit Ausnahme einiger sensibler Produkte) in Westeuropa realisiert. **„Treueprämie"**

Die Landwirtschaft wurde nicht in das Freihandelsabkommen einbezogen. Art. 15 des Abkommens hält lediglich die Bereitschaft der Vertragsparteien fest, die „harmonische Entwicklung des Handels mit landwirtschaftlichen Erzeugnissen, auf die dieses Abkommen keine Anwendung findet, zu fördern." Diese „Förderung" erfolgte durch sog. Agrarbriefwechsel bzw. vertragliche Sondervereinbarungen für einzelne Produkte wie Käse oder Qualitätswein.

Die Möglichkeit einer (vertraglichen) Ausdehnung des Freihandelsabkommens auf andere Anwendungsbereiche wird durch die in Art. 32 verankerte „Evolutivklausel" eingeräumt. Für Österreich ist diese Bestimmung insofern von besonderer Bedeutung, als die Sowjetunion in einer Note anläßlich der Unterzeichnung des Abkommens feststellte, daß jede Erweiterung des Freihandelsabkommens mit Österreichs Verpflichtungen aus der Neutralität wohl schwerlich vereinbar wäre. **„Evolutivklausel"**

Auch die Freihandelsabkommen tragen den Verpflichtungen der neutralen Vertragsparteien mehrfach Rechnung[6]. Schon die Präambel enthält eine Klausel des Inhalts, daß „keine Bestimmung dieses Abkommens dahin ausgelegt werden kann, daß sie die Vertragsparteien in ihren Verpflichtungen aus anderen internationalen Verträgen[7] entbindet". Weiters erfordert die Entscheidungsfindung im (paritätisch zusammengesetzten) Gemischten Ausschuß Einstimmigkeit, während die supranationalen Organe der EG Entscheidungen auch mit Mehrheit treffen können — und nach der am 1. Juli 1987 in Kraft getretenen *Einheitlichen Europäischen Akte* auch immer öfter sollen. Die für die Unabhängigkeit eines Staates so bedeutsame Kompetenz zur Führung einer unabhängigen Wirtschaftspolitik einschließlich der Vertragsschlußkompetenz für Handelsabkommen mit Drittstaaten verbleibt bei den jeweiligen Staaten. Dazu kommen spezielle Schutzklauseln zugunsten der Sicherheit (Art. 21) sowie die Kündigungsmöglichkeit gemäß Art. 34. Für das EGKS-Abkommen gilt — was seine Beurteilung vom Standpunkt des Neutralitätsrechtes anlangt — das zum EWG-Abkommen Gesagte analog.

III. Die neue EG-Diskussion in Österreich und die Frage der Vereinbarkeit der Mitgliedschaft mit der immerwährenden Neutralität Österreichs

Nach fast 15 Jahren, in denen das Freihandelsarrangement im wesentlichen zur Zufriedenheit aller Vertragspartner funktionierte, wurde das EG-Thema für die EFTA-Staaten 1985 wieder aktuell, als der Europäische Rat, die Gipfelkonferenz der Staats- und Regierungschefs der Mitgliedstaaten der EG, anläßlich seiner Tagung in Mailand das von der Kommission ausgearbeitete *Weißbuch über die Vollendung des Binnenmarktes* annahm. Vor allem die Interessenvertretungen der Wirtschaft in den EFTA-Staaten fürchteten, daß deren Wettbewerbsposition auf dem EG-Markt sich verschlechtern könnte und ihre Außenseiterposition schon durch das bloße Faktum eines engeren Zusammenschlusses innerhalb der EG zementiert würde. Dieser Angst vor der wirtschaftlichen „Abkoppelung" scheint auf einer emotionalen Ebene ein Bedürfnis des Kleinstaats, dessen Hauptstadt nach geographischer Lage 300 Kilometer östlich von Prag liegt, nach „Anlehnung" an Westeuropa zu entsprechen. Die Gemeinschaft brachte zwar einerseits ihre Bereitschaft zu einer Intensivierung der Kooperation mit der EFTA und ihren Mitgliedstaaten in Bereichen gemeinsamen Interesses zum Zwecke der Förderung der Schaffung eines „dynamischen Europäischen Wirtschaftsraumes" der 18, der zwischen EG und EFTA bzw. EFTA-Staaten schon in der sog. Luxemburger Deklaration vom 9. April 1984 vereinbart worden war, zum Ausdruck, machte andererseits aber auch klar, daß die Vollendung des Binnenmarktes absolute Priorität vor der EG-EFTA-Kooperation haben würde. Das

bedeutet insbesondere, daß die Teilnahme am EG-Binnenmarkt oder den diesbezüglichen Entscheidungsprozessen und Institutionen nur Staaten offensteht, die die Absicht haben, Mitglieder des „Klubs" zu werden[8].

Der gegenwärtige Stand der Diskussion in den vier neutralen Staaten stellt sich etwa so dar, daß für Finnland ein Beitritt aus sicherheitspolitischen Gründen völlig ausgeschlossen ist, Schweden derzeit keine Möglichkeit für eine Mitgliedschaft sieht und aus der Sicht der Schweiz[9] außer der Neutralität auch noch andere institutionelle Hinderungsgründe einer Mit-

gliedschaft entgegenstehen, so daß lediglich von Österreich weiterhin intensiv eine Mitgliedschaft diskutiert und wohl auch angestrebt wird. Von der österreichischen Bundesregierung wurde bereits ein „Operationskalender" bis hin zum formellen Beitrittsgesuch in den ersten Monaten des Jahres 1989 vorgelegt und von der Wissenschaft werden verfassungs-, EG- und völkerrechtliche Aspekte eines Beitritts und des Beitrittsverfahrens erörtert[10]. Teils mit Skepsis, teils mit Belustigung verfolgen die übrigen Neutralen und die EFTA insgesamt dieses Tun, gelegentlich wird auch Verärgerung spürbar. Allerdings scheint das Vorprellen Österreichs zunehmend auch gelegen zu kommen: Sollte es nämlich Österreich doch gelingen, einen Sonderstatus auszuhandeln, wäre dies für die anderen neutralen Beitrittsinteressen bahnbrechend und aus der „leichtfertig geschmähten Wiener EG-Politik (würde) in ein paar Jahren eine gepriesene Vorreiterrolle"[11].

In der EG-Diskussion spielen ökonomische wie rechtliche Fragen eine Rolle. Was erstere anlangt, wird in zahlreichen Studien versucht, den ökonomischen Nutzen und die Kosten eines Beitritts bzw. eines Nicht-Beitritts zu eruieren. Eine endgültige Aussage läßt sich dazu, auch im Hinblick auf die z. T. gravierenden Unterschiede zwischen einzelnen Sektoren und Branchen, noch nicht treffen. Insgesamt wird man aber — mittel- bis langfristig — gewisse positive Effekte auf Österreichs Wirtschaft und deren Strukturen erwarten dürfen, nicht jedoch spektakuläre Wachstums- oder Arbeitsplatzeffekte oder die wundersame Lösung „hausgemachter" wirtschaftlicher Probleme[12].

Heikler dürfte die Lösung der rechtlichen Probleme sein. Dazu gehört neben verfassungsrechtlichen Fragen wie der, ob es sich bei dem Beitrittsakt um eine Gesamtänderung der Bun-

desverfassung handle, die eine Volksabstimmung erfordere — was der Autor bejahen würde —, in erster Linie die „Neutralitätsfrage", d. h. die Frage der Vereinbarkeit des völkerrechtlichen Status der immerwährenden Neutralität mit der EG-Mitgliedschaft. Diese Frage beschäftigt Politik, Wirtschaft, Wissenschaft und — zunehmend — auch eine immer breitere Öffentlichkeit, wie jüngste Umfragen zeigen, die im übrigen eine steigende Anzahl jener feststellen, die *im Zweifel* auf einen Beitritt zugunsten der Beibehaltung der Neutralität verzichten wollten[13]. Einige Aspekte der Neutralitätsfrage sollen im folgenden kurz angerissen werden.

Jede Analyse der Für und Wider einer Mitgliedschaft neutraler Staaten bei der EG muß berücksichtigen, daß die Neutralität selbst in einem weiteren Kontext der politischen Ordnung des Nachkriegseuropa zu sehen ist und daß die Neutralität eines jeden der europäischen Neutralen nicht (nur) durch das Völkerrecht, sondern auch und in hohem Maße durch die individuelle Geschichte, politische Umwelt und die jeweiligen Interessen determiniert wird. Den Status einer völkerrechtlich begründeten Neutralität dürfen von den vier Neutralen Europas — Irland ist ein Sonderfall — nur die Schweiz und Österreich reklamieren.

Österreich wurde 1955 neutral, nachdem es schon zuvor mit dem Staatsvertrag vom 15. Mai 1955 seine Unabhängigkeit wiedererlangt hatte. Die Zustimmung der UdSSR zum Abschluß des Staatsvertrages beruhte auf der im Moskauer Memorandum verankerten Verwendungszusage der österreichischen Verhandlungsdelegation, dafür Sorge zu tragen, daß „die österreichische Bundesregierung eine Deklaration in einer Form abgeben (wird), die Österreich international dazu verpflichtet, immerwährend eine Neutralität der Art zu üben, wie sie von der

Schweiz gehandhabt wird". Das Bundesverfassungsgesetz über die Neutralität Österreichs vom 26. Oktober 1955 lieferte die *verfassungsrechtliche* Grundlage für den Neutralitätsstatus in der österreichischen Rechtsordnung. Die *völkerrechtliche* Grundlage wurde mit der Notifikation des Neutralitätsgesetzes an alle Staaten, mit denen Österreich zu jenem Zeitpunkt diplomatische Beziehungen unterhielt, und durch die — ausdrückliche oder stillschweigende — Anerkennung dieses Status durch diese Staaten geschaffen. Aufgrund der Genese der österreichischen Neutralität wird überwiegend von einer „quasi-vertraglich" begründeten Neutralität gesprochen.

Zur Frage einer sowjetischen „Parteistellung" in der österreichischen EG-Diskussion sei lediglich daran erinnert, daß die UdSSR den Staatsvertrag gemäß dem im Moskauer Memorandum enthaltenen Operationskalender erst am 11. Juni 1955 ratifiziert hat, *nachdem* der Nationalrat (am 7. Juni 1955) die Entschließung betreffend die Erklärung der Neutralität verabschiedet hatte, die im Kern bereits den Wortlaut des späteren Neutralitätsgesetzes enthielt. Damit war gewissermaßen auch in den Augen der UdSSR „die Neutralität Österreichs auf gutem Wege"[14].

Dieser historisch-politische Zusammenhang und damit der gesamteuropäische Kontext der österreichischen Neutralität dürfen in der Analyse nicht übersehen werden. Die UdSSR betrachtet die österreichische Neutralität nach wie vor als einen für die Sowjetunion unverzichtbaren Bestandteil dieser europäischen Ordnung. Auch das übrige Ausland geht von diesem Zusammenhang und der österreichischen Neutralität als einem der einseitigen Verfügung durch Österreich entzogenen Element europäischer Politik aus.

Die Völkerrechtswissenschaft hat sich vor allem seit den Assoziierungsbestrebungen Ende der fünfziger und Anfang der sechziger Jahre wiederholt mit der Vereinbarkeit von EWG-Mitgliedschaft und völkerrechtlicher Neutralität befaßt[15]. Dabei ist im Auge zu behalten, daß das völkerrechtliche Neutralitätskonzept von einer militärischen Neutralität ausgeht und eine Verpflichtung zu einer wirtschaftlichen Neutralität nur insofern kennt, als keine wirtschaftlichen Bindungen eingegangen werden dürfen, die es dem immerwährend Neutralen im Kriegsfall unmöglich machten, die Verpflichtungen der gewöhnlichen Neutralität zu erfüllen. EFTA-Konvention und Freihandelsabkommen hatten, wie bereits ausgeführt, auf die neutralen Staaten entsprechend Bedacht genommen. Hingegen werden für den Fall eines *Beitritts* zur EG sowohl allgemeine als auch aus einzelnen Bestimmungen der Gründungsverträge von EWG, EGKS und EAG resultierende Unvereinbarkeiten bzw. mögliche Konflikte zwischen den Rechtspflichten des immerwährend neutralen Staates und solchen aus dem EG-Recht abgeleitet.

1. Allgemeine Einwände

So wird gesagt, daß die Mitgliedschaft in einer Zollunion mit der Neutralität grundsätzlich unvereinbar sei, da diese eine einheitliche, gemeinsame Regelung des Außenhandels einschließlich eines gemeinsamen Zolltarifs gegenüber Drittstaaten erfordere, so daß die Unionsmitglieder ein großes Maß an Autonomie in der Handhabung ihrer Außenwirtschaftsbeziehungen verlören. Das ist sicher richtig; man sollte allerdings auch nicht übersehen, daß heute jede nationale Volkswirtschaft in ein weitreichendes Netz internationaler Wirtschaftsbeziehungen verwoben ist. Manchmal ist das faktische Ausmaß wirtschaftlicher Interdependenz (und Dependenz!) eines formell unabhängigen Staates größer als das des Mitglieds einer Zollunion.

Ein anderes Argument bezieht sich auf die Annahme, daß jede Art wirtschaftlicher Integration in letzter Konsequenz notwendigerweise auch zu politischer Integration führe. Das ist sicherlich richtig für die EG, wenn man das beharrlich bekräftigte Endziel, die Realisierung der Europäischen Union und die bereits in diese Richtung gesetzten Schritte bedenkt. Die Einheitliche Europäische Akte (EEA) liefert die rechtliche Basis für die Zusammenarbeit in der Außenpolitik zwischen den Mitgliedstaaten im Rahmen der Europäischen Politischen Zusammenarbeit (EPZ) und bekräftigt in Art. 1 die Zielsetzung von EG und EPZ, nämlich „gemeinsam zu konkreten Fortschritten auf dem Wege zur Europäischen Union beizutragen". Europäische politische Zusammenarbeit schließt definitiv wirtschaftliche und politische Aspekte von Sicherheit (Artikel 30 Abs. 6 EEA) ein. Inwieweit von diesen die militärischen Aspekte hinreichend klar abgegrenzt werden können, ist fraglich. Das Beispiel des Nicht-NATO-Mitglieds Irland vermag die Bedenken nicht zu zerstreuen, gibt es doch in der EG wie auch in Irland selbst Stimmen, die auf mittlere Frist eine Aufgabe der in erster Linie durch das Verhältnis Irlands zu Großbritannien bestimmten Neutralität nicht ausschließen.

Richtig ist weiters, daß sich auch in der Haltung der Sowjetunion zur EG ein grundlegender Wandel vollzogen hat, der seinen Ausdruck in der gegenseitigen Anerkennung von EWG und

Rat für Gegenseitige Wirtschaftshilfe (RGW) im Juni 1988 gefunden hat, in deren Folge Wirtschafts- und Kooperationsabkommen abgeschlossen und diplomatische Beziehungen zwischen den Mitgliedstaaten des RGW und der EG aufgenommen werden. Diese Entwicklung ist sicher geeignet, das politische Umfeld auch für eine weitere Annäherung Österreichs an die EG günstig zu gestalten. Dennoch sollte nicht vergessen werden, daß Europa schon öfter in seiner jüngsten Geschichte rapide Klimaverschlechterungen zwischen Ost und West erlebt hat; ein EG-Vollmitglied Österreich hätte die Konsequenzen einer derartigen „Abkühlung" voll mitzutragen.

Gegenseitige Anerkennung von EWG und RGW

2. Einwände auf Grund einzelner Bestimmungen des Gemeinschaftsrechts

Da die meisten der für den Neutralen relevanten Bestimmungen sich im EWGV finden, wird auf EGKS- und Euratom-Vertrag nicht näher eingegangen, obwohl eine vorbehaltlose Mitgliedschaft eines immerwährend neutralen Staates gerade in diesen beiden Gemeinschaften ernste Unvereinbarkeiten mit dem Neutralitätsrecht im Kriegsfall provozieren würde[16]. Im EWGV finden sich mehrere neutralitätsrechtlich oder -politisch bedenkliche Bestimmungen. Dazu gehören das Prinzip der vollständigen Freizügigkeit von Waren und Personen innerhalb der Gemeinschaft einschließlich der vom *Weißbuch* vorgesehenen vollständigen Beseitigung aller Grenzkontrollen, die den neutralen Staat beispielsweise zwingen konnte, einen nach Neutralitätsrecht illegalen Transit von Kriegsmaterial zuzulassen; auch die Einhaltung der Gleichbehandlungspflicht gegenüber allen Kriegführenden würde sehr schwierig.
Artikel 75 des EWGV ermächtigt den Rat (u. a.), mit qualifizierter Mehrheit „für den internationalen Verkehr aus oder nach dem Hoheitsgebiet eines oder mehrerer Mitgliedstaaten gemeinsame Regeln aufzustellen" (Abs. 1, lit. a). Auch in diesem Fall könnte der neutrale Staat nicht verhindern, daß im Kriegsfall mit Stimmenmehrheit vom Rat ein Beschluß gefaßt wird, der ihn unter Umständen nach EG-Recht zwänge, entgegen seinen neutralitätsrechtlichen Pflichten den Transport von Gütern oder Truppen Kriegführender über sein Territorium zuzulassen.

Vollständige Freizügigkeit von Waren und Personen

Die ernsthaftesten Bedenken resultieren aus Artikel 113 EWGV, der dem Rat die Kompetenz zur Führung einer „gemeinsamen Handelspolitik nach einheitlichen Grundsätzen", zum Abschluß von Zoll- und Handelsabkommen, zu einer gemeinsamen Ausfuhrpolitik usw. einräumt. Die Bestimmung bedeutet nicht weniger, als daß die Führung der Außenhandelspolitik eines EG-Mitgliedstaats in der *ausschließlichen* Zuständigkeit der Gemeinschaft gelegen ist. Der Konflikt mit der Verpflichtung des immerwährend Neutralen, seine wirtschaftlichen Bindungen in Friedenszeiten so zu organisieren, daß ihm genügend Freiraum zur Aufrechterhaltung der Neutralität im Kriegsfall verbleibt, ist offenkundig.

Artikel 113 EWGV

3. Welche Lösung bietet sich an?

Es werden verschiedene Lösungsvarianten diskutiert, die sich entweder auf Bestimmungen des Rechts der EG gründen oder anläßlich des Beitritts Österreichs einen generellen oder einzelne Bestimmungen betreffenden Neutralitätsvorbehalt vorschlagen, der es dem EG-Mitgliedstaat Österreich gestattete, im Konfliktfall die Anwendung des Gemeinschaftsrechts zugunsten des Neutralitätsrechts auszusetzen. Ein solcher Vorbehalt wäre eine aus österreichischer Sicht saubere Lösung, doch sehen die EG-Gründungsverträge grundsätzlich eine Mitgliedschaft unter Vorbehalt nicht vor, da eine solche nur schwer mit Philosophie und Ziel dieser Integration vereinbar wäre. Aus diesem Grunde sehen die Gründungsverträge auch keine Kündigungsklausel vor. Zwar wäre es theoretisch denkbar, spezielle Beitrittsbedingungen auszuhandeln, doch ist mehr als fraglich, ob die EG bereit wäre, einem Mitgliedstaat eine Sonderstellung einzuräumen, die letztlich den gesamten Integrationsprozeß in Frage stellen könnte[17].
Andere[18] wiederum sehen in einzelnen Bestimmungen des Gemeinschaftsrechts eine hinreichende Grundlage für die Gewährleistung der Neutralität. Im wesentlichen handelt es sich dabei um die Art. 223 und 224 des EWG-Vertrages sowie um den sog. *Luxemburger Akkord*. Beim Luxemburger Akkord aus dem Jahre 1966 handelt es sich um eine politische Absprache der damals sechs Mitgliedstaaten der EWG über das Beschlußfassungsverfahren im Rat, derzufolge bei Beschlüssen, die „sehr wichtige Interessen" eines oder mehrere Mitgliedstaaten berühren, „sich die Mitglieder des Rats innerhalb eines angemessenen Zeitraums bemühen, zu Lösungen zu gelangen, die von allen Mitgliedern des Rats unter Wahrung ihrer gegenseitigen Interessen und der Interessen der Gemeinschaft gemäß Artikel 2 des Vertrags angenommen werden können"[19]. Die französische Delegation jedoch — und insofern kann nicht von einem „Akkord" gesprochen werden — beharrte darauf, „daß bei sehr wichtigen Interessen die

Mitgliedschaft unter Vorbehalt

Luxemburger Akkord

Erörterung fortgesetzt werden muß, bis ein einstimmiges Einvernehmen erzielt worden ist".
Trotz der offensichtlich abweichenden Auffassungen darüber, was im Fall des Nichtzustande-
kommens einer einstimmigen Entscheidung zu tun sei und obwohl es weithin anerkannt ist,
daß die Luxemburger Vereinbarungen nicht Teil der Gemeinschaftsrechtsordnung geworden
sind, wurde daraus ein „Vetorecht" zugunsten „sehr wichtiger Interessen" eines Mitgliedstaats
abgeleitet. In der Tat hat auch der EG-Rat während mehr als 15 Jahren keine Mehrheitsentscheidungen getroffen. Seit 1982 aber werden wieder Mehrheitsbeschlüsse gefaßt und das
zugrundeliegende Prinzip, d. h. im gegebenen Fall die Entscheidung *gegen* das „sehr wichtige
Interesse" des neutralen Staates an der Einhaltung seiner Neutralitätspflichten, wurde durch
die Einheitliche Europäische Akte neuerlich bekräftigt.

Handelt es sich also bei der Berufung auf den Luxemburger Akkord um ein nach Auffassung
des Verfassers nicht sehr taugliches Mittel zur Gewährleistung der Neutralität, so sind noch
die in den genannten Artikeln 223 und 224 EWG-Vertrag enthaltenen Schutzklauseln zugunsten der inneren und äußeren nationalen wie der internationalen Sicherheit zu prüfen. Ließen
sich nämlich diese auf den Neutralen anwenden, so wären viele Bedenken gegen einen Beitritt dauernd neutraler Staaten zur Gemeinschaft zerstreut.

Gemäß Artikel 223, Abs.1, lit. b, kann jeder Mitgliedstaat „die Maßnahmen ergreifen, die seines Erachtens für die Wahrung seiner wesentlichen Sicherheitsinteressen erforderlich sind,
soweit sie die Erzeugung von Waffen, Munition und Kriegsmaterial oder den Handel damit
betreffen". Der Rat hat einstimmig eine Liste jener Waren festzulegen, auf die diese Bestimmung Anwendung findet. Diese Liste wurde mit 15. April 1959 erstellt, blieb aber unveröffent-
licht, so daß es für den neutralen Staat, der noch nicht Mitglied der EG ist, unmöglich ist zu
überprüfen, ob die Liste alle jene Waren abdeckt, die im Sinne der Haager Konventionen
„kriegsrelevant" sein können. Der Wortlaut des Art. 223, Abs. 1, lit. b („Waffen, Munition und **Liste mit
„kriegsrelevanten"
Waren**
Kriegsmaterial") deckt jedenfalls nur eine vergleichsweise kleine Gruppe von Produkten ab, so
daß man sehr wahrscheinlich davon ausgehen muß, daß diese Definition den Anforderungen
des Neutralitätsrechts nicht genügt.

Artikel 224 schließlich sieht die Möglichkeit von Maßnahmen vor, die ein Mitgliedstaat im
Falle „einer schwerwiegenden innerstaatlichen Störung der öffentlichen Ordnung, *im Kriegsfall, bei einer ernsten, eine Kriegsgefahr darstellenden internationalen Spannung oder in Erfüllung
der Verpflichtungen trifft, die er im Hinblick auf die Aufrechterhaltung des Friedens und der internationalen Sicherheit übernommen hat*" (H. d. Verf.). Während der erste, die äußere Sicherheit
betreffende Tatbestand nur auf Mitgliedstaaten anwendbar ist, die direkt von einem Krieg
oder einer internationalen Spannung betroffen sind, könnte doch der zweite Teil als Schutz-
klausel zugunsten der Neutralität interpretiert werden, soferne die aus der Neutralität abgeleiteten Verpflichtungen als *Verpflichtungen im Hinblick auf die Aufrechterhaltung des Friedens und
der internationalen Sicherheit* angesehen werden, die Neutralität also gewissermaßen in den
Rahmen und auf dieselbe Stufe wie das System kollektiver Sicherheit der Vereinten Nationen
gestellt wird. Bei wohlwollender Interpretation der Neutralität und ihrer Funktion könnte man
durchaus zu einer solchen Auffassung gelangen; von einer allgemeinen „Anerkennung" dieser
Bestimmungen durch die EG-Literatur als „Neutralitätsschutzklauseln", wie dies gelegentlich **„Neutralitäts-
schutzklausel"**
behauptet wird[20], kann aber wohl (noch) nicht gesprochen werden.

Selbst wenn man dieser Auffassung folgte, wären damit nicht alle Hindernisse beseitigt, da die
Anwendung dieser Schutzklauseln durch den Mitgliedstaat gemäß Artikel 225 EWG-Vertrag
der Überprüfung durch den Europäischen Gerichtshof (EuGH) unterliegt, der auf Antrag der
Kommission der EG oder eines Mitgliedstaats darüber entscheidet, ob ein Mitgliedstaat von
den in den Artikeln 223 und 224 eingeräumten Befugnissen in mißbräuchlicher Weise
Gebrauch gemacht hat bzw. macht. Es ist also letztlich der aus Richtern (nur) der EG-Staaten
zusammengesetzte EuGH, der endgültig über die Auslegung auch des Neutralitätsrechts entscheidet. Diese Auslegung muß sich keineswegs mit jener des neutralen Staats selbst decken,
der seinerseits aber gegenüber der Staatengemeinschaft für die Einhaltung des Neutralitätsrechts allein verantwortlich ist und sich nicht auf den Richterspruch des EuGH berufen kann.
Selbst die Akzeptanz der erwähnten Bestimmungen als Neutralitätsschutzklauseln und die
Aufnahme des Neutralen mit Zustimmung der EG-Mitgliedstaaten schließen also nicht aus,
daß der EuGH dennoch im Einzelfall eine aus der Sicht des Gemeinschaftsrechts mißbräuch-
liche Anwendung dieser Klauseln feststellt.

Schließlich muß nochmals auf den politischen Aspekt der EG hingewiesen werden. Zwar wird **Politischer Aspekt
der EG**
in der Verpflichtung zur EPZ keine Schwierigkeit für den Neutralen gesehen, weil sie nach
dem Konsensprinzip erfolgen soll. Über den formalrechtlichen Aspekt hinaus sollte aber
bedacht werden, daß, neutralitätspolitisch betrachtet, sehr wohl die Glaubwürdigkeit der Neutralität auf dem Prüfstand stehen könnte, weil nicht auszuschließen ist, daß das Konsensprin-

zip eine gewisse „Sogwirkung"[21] auf den Neutralen entfalten und er sich hie und da auch zu neutralitätspolitisch bedenklichen Kompromissen veranlaßt sehen könnte. Andererseits ist es wohl undenkbar, der EG mit der erklärten Absicht beizutreten, sie in einem nicht unwesentlichen Teil ihres Integrationsprozesses möglicherweise wiederholt blockieren zu müssen.

Revolutionäre Vereinheitlichung der Produkt- und Preiserfassung: Die Europäische Artikelnummer (EAN)-Code.

Im Vorstehenden wurden nur einige der noch offenen Fragen berührt, die zu klären sind, bevor ein immerwährend neutraler Staat wie Österreich eine seriöse Entscheidung über einen Beitrittsantrag treffen kann[22]. Die politische Entwicklung in Österreich scheint aber über den Beschluß des Ministerrats vom Dezember 1987, der den Beitritt noch als eine zu wahrende „Option" bezeichnet hatte, schon hinweggegangen zu sein. Mit dem Ausschluß jedweder Alternative zu einem Beitritt wurde allerdings — verhandlungspolitisch wenig geschickt — der Handlungsspielraum Österreichs beträchtlich eingeschränkt!

Aber gibt es denn überhaupt eine Alternative zum Beitritt? Oder ist Österreichs Verhältnis zur EG gar schon mit den Freihandelsabkommen an seine Grenzen gestoßen? Muß sich der Österreicher damit abfinden, für immer „draußen bleiben" zu müssen? Keineswegs! Warum sollte beispielsweise die Aushandlung sektoraler Abkommen über einzelne, für die österreichische Wirtschaft besonders bedeutsame Bereiche (Dienstleistungssektor, Niederlassungsrecht, gegenseitige Anerkennung von Diplomen usw.) auf Reziprozitätsbasis ausgeschlossen sein[23]? Auch sollte man nicht leichtfertig auf das Verhandlungs- und diplomatische Potential, das ein gemeinsames Auftreten der EFTA in sich birgt, verzichten.

An der gegenwärtigen EG-Diskussion in Österreich ist vieles auszusetzen, doch hat sie auch ein gutes: Sie fördert nicht nur so manches Unwissen zutage, sondern mobilisiert auch latente Energien und bringt eine intensive Auseinandersetzung weiterer Bevölkerungskreise — nicht zuletzt auch der Universitäten — mit der europäischen Integration. Die Phantasie der österreichischen Politik und Wissenschaft ist aufgerufen, nach neuen Lösungen wirtschaftlicher Zusammenarbeit mit einem traditionellen Handels- und Wirtschaftspartner Österreichs, Ausschau zu halten!

Anmerkungen:

1) Vollendung des Binnenmarktes. Weißbuch der Kommission an den Europäischen Rat (Mailand, den 28./29. Juni 1985), KOM (85) 310 endg., 14. Juni 1985.
2) Vgl. Schweitzer, M./Hummer, W., Europarecht. Das institutionelle Recht der Europäischen Gemeinschaften. Das materielle Recht der EWG, 2. Aufl., Frankfurt a. M. 1985, S. 30.
3) Gorbatschow, M. S., Perestroika. Die zweite russische Revolution. Eine neue Politik für Europa und die Welt. München 1987, S. 247ff., 252f.
4) Vgl. Ertl, W, Österreich und die Entwicklung der wirtschaftlichen Integration Europas, in: Hanreich/Stadler, Handbuch Österreich-Europäische Integration. Loseblattsammlung, 7. Lieferung 1981, 1. 1., S. 1ff.
5) Vgl. Die Europäische Freihandelsassoziation, Genf (EFTA) 1980, S. 11ff.
6) Vgl. dazu Fischer, P., Völkerrechtliche Fragen zur Teilnahme Österreichs an der Europäischen Integration, in: Hanreich/Stadler, 2. 1., S. 1ff., S. 78ff.
7) Darunter wurden in einem weiteren Sinn auch sonstige internationale Verpflichtungen Österreichs, wie eben die Neutralität, verstanden. Fischer, a.a.O., S. 79.
8) Das von der österreichischen Bundesregierung zunächst verfolgte Konzept des sog. „global approach", das die umfassende Teilnahme am Binnenmarkt ohne formelle Mitgliedschaft zum Ziel hatte, erwies sich daher bald als nicht zielführend.
9) Vgl. Bericht über die Stellung der Schweiz im europäischen Integrationsprozeß (vom Schweizerischen Bundesrat den Eidgenössischen Raten am 24. August 1988 vorgelegt).
10) Vgl. Hummer/Schweitzer, Das Problem der Neutralität — Österreich und die EG-Beitrittsfrage, EA 17/1988, S. 501ff. (504ff.) und Rotter, M., Die rechtlichen Rahmenbedingungen eines Beitritts Österreichs zu den EG, WISO-Dokumente H. 18, September 1988, S. 158ff.
11) NZZ v. 31. August 1988, FA-Nr. 201.
12) Breuss, F./Stankovsky, J., Österreich und der EG-Binnenmarkt, Wien 1988, S. 384f.
13) Einer Umfrage der Sozialwissenschaftlichen Studiengesellschaft zufolge sprechen sich zwar im Prinzip 52% der Befragten für einen EG-Beitritt aus (31% dagegen), aber nur 16% wollen den Beitritt auch um den Preis der Neutralität, während 74% der Neutralität den Vorrang einräumen. Bei einer IMAS-Umfrage im April 1988 hatten sich nur (erst?) 17% dezidiert gegen einen Beitritt ausgesprochen. Vgl. Der Standard v. 4. Jänner 1989.
14) Vgl. dazu Stourzh, G., Geschichte des Staatsvertrages 1945–1955. Österreichs Weg zur Neutralität. Studienausgabe, 3. Aufl., Graz-Wien-Köln 1985, S. 168ff.
15) Grundlegend dazu Schweitzer, M., Dauernde Neutralität und europäische Integration, Wien-New York 1977.
16) Im einzelnen Schweitzer, S. 217ff.
17) Dolzer, R., Kann Österreich Mitglied der EG werden? Frankfurter Allgemeine Zeitung v. 6. Jänner 1989.
18) So insb. Hummer/Schweitzer, Österreich und die EWG. Neutralitätsrechtliche Beurteilung der Möglichkeiten der Dynamisierung des Verhältnisses zur EWG, Wien 1987, S. 284ff.
19) Vereinbarungen der sechs Mitgliedstaaten der EWG vom 29. Januar 1966, abgedr. in: EA 4/1966, S. D 85f.
20) So etwa Hummer/Schweitzer, Das Problem der Neutralität. S. 503.
21) So Rotter, S. 171.
22) Eine andere Frage ist, ob die EG selbst in nächster Zeit an einer Erweiterung interessiert ist. Zeitungsberichten zufolge schließt die EG-Kommission eine solche vor 1993, d. h. vor Vollendung des Binnenmarktes, definitiv aus.
23) Durchaus positiv dazu die Stellungnahme der EG-Kommission. Vgl. NZZ vom 21. Oktober 1988, FA-Nr. 245. Die Schweiz hat inzwischen mit dem Abschluß eines bilateralen Versicherungsabkommens mit der EG einmal mehr demonstriert, was möglich ist.

Hans-Peter Liebmann

Zur Zukunft des Handels

Erlebnisorientierte Einkaufsstättengestaltung im Einzelhandel

Einleitung und Problemstellung

Die West-Edmonton-Mall in Alberta, Kanada, mit ihren 828 Läden auf einer Verkaufsfläche von 353.000 qm, mit einer Fläche von 92.900 qm für Freizeitangebote und weiteren 37.200 qm für Dienstleistungen oder der Säntis-Park bei St. Gallen in der Schweiz stellen beeindruckende Beispiele moderner Erlebniswelten dar und werden als gelungene Kombination von Freizeitbeschäftigung und Einkaufen bezeichnet. Aber auch in Österreich findet die Erlebnisorientierung im Handel eine zunehmende Beachtung. Als Beispiele können das erlebnisbetont neu gestaltete Warenhaus Herzmansky in Wien und die Annenpassage in Graz genannt werden. Unter dem Stichwort „Erlebnishandel" werden in der Praxis und Wissenschaft innovative Lösungssätze diskutiert, die helfen sollen, daß Handelsunternehmen sich erfolgreich gegenüber Mitbewerbern profilieren können. In diesem Beitrag sollen die Hintergründe dieser Diskussion aufgegriffen und verdeutlicht werden, welche Möglichkeiten die Erlebnisstrategien im Einzelhandel eröffnen.

„Erlebnishandel"

Erlebnisorientierte Ladengestaltung und ihre Ziele

Betrachtet man die Handelssituation Ende der achtziger Jahre, so läßt sich feststellen, daß in Zeiten gesättigter Märkte und zunehmenden Konkurrenzdrucks das Leistungsangebot und das Erscheinungsbild von Handelsunternehmen der Gefahr der Austauschbarkeit verstärkt unterliegen. Die Qualität der von verschiedenen Herstellern produzierten Produkte und Dienstleistungen wird immer ähnlicher. Objektive Leistungsmerkmale wie Sortimentsumfang, günstige Preise oder gute Standorte werden für den Konsumenten zur selbstverständlichen Voraussetzung für einen Kauf in der bevorzugten Einkaufsstätte.

In den Branchen des Handels gibt es sehr verschiedenartige Einkaufsstätten bzw. Vertriebstypen, mit denen unterschiedliche Marketingstrategien verfolgt werden.

Verschiedenartige Vertriebstypen

Die Spannweite reicht z. B. im Lebensmittelhandel von preisdominanten Discountern oder Fachmärkten bis hin zu servicebetonenden Fach- und Spezialgeschäften, Selbstbedienungs-Warenhäusern und Nahversorgungsmärkten.

Mit erlebnisbetonten Strategien versuchen nun einige Handelsbetriebe sich von der starken Betonung des Preiswettbewerbs zu lösen, um durch Vermittlung von Einkaufserlebnissen ein sich von den Mitbewerbern stark unterscheidendes Image aufzubauen. Dadurch sollen Präferenzen für das Einzelhandelsunternehmen beim Kunden geschaffen und verstärkt werden. Im Mittelpunkt steht dabei die erlebnisbetonte Gestaltung der Einkaufsstätte, aber auch der Sortimente. In der Tabelle I sind Beispiele für die Einkaufsstättengestaltung und Sortimentsbildung nach Erlebniswerten enthalten (Weinberg, 1986, S. 88).

Was macht nun diese „Erlebnisbetonung" aus?

Bei der erlebnisorientierten Gestaltung der Einkaufsstätten versucht man, durch eine abgestimmte Kombination umweltgestalterischer Maßnahmen, eine bestimmte Verkaufsatmosphäre zu erreichen. Solche Maßnahmen beziehen sich auf Architektur, Raumanordnung und -aufteilung, Farbe, Einsatz von Musik und Bildern, Beleuchtung, Dekoration, Pflanzen usw. Neben dem Aufbau eines eigenständigen Images werden mit der erlebnisbezogenen Gestaltung der Einkaufsstätte die Ziele verfolgt, die Kundenzahl zu erhöhen, die Verweildauer im Laden durch eine entsprechende Atmosphäre zu verlängern, um schließlich eine Erhöhung der Einkaufsumme pro Kunde zu erreichen. Nach Diller und Kusterer (1986, S. 107) lassen sich diese Ziele wie in Abbildung 1 zusammenfassen.

Verkaufs-atmosphäre

Wertewandel der Konsumenten

Eine Strategie der erlebnisorientierten Ladengestaltung versucht sich am Wertewandel der Konsumenten zu orientieren, wobei Lebensfreude und Lebensgenuß als Bestimmungsfaktoren der Lebensqualität eine wichtige Rolle spielen (zur Diskussion des Wertewandels im Handels. Trommsdorff, 1986). Worin liegen in diesem Zusammenhang wichtige Veränderungen des Konsumentenverhaltens?

Lebensfreude

Grafik 33: **Erlebnisorientierte Einkaufsstätte im Vergleich**

Anmutungsprofil des
Test- und Kontrollgeschäftes

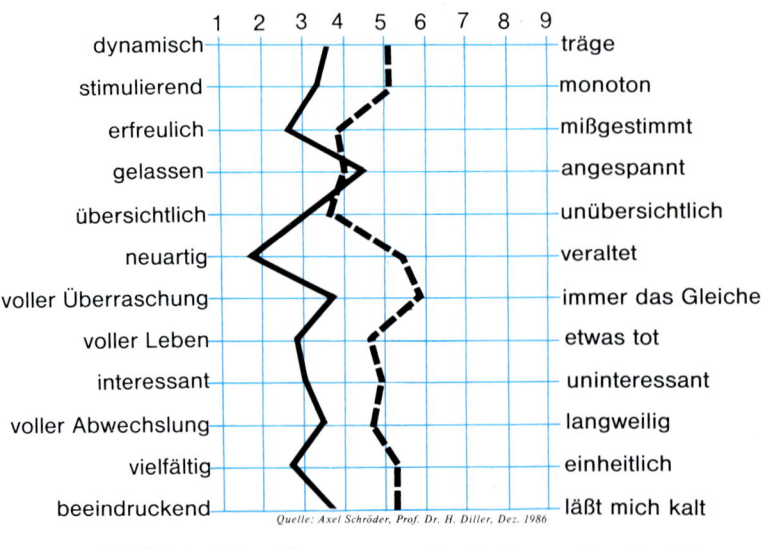

Quelle: Axel Schröder, Prof. Dr. H. Diller, Dez. 1986

━━━━ : erlebnisbetontes Testgeschäft   ▬ ▬ ▬ : nicht-erlebnisbetontes Kontrollgeschäft

Die zunehmende Warensättigung hat beim Konsumenten zum Rückgang des reinen Warenstrebens und zur Zunahme des Erlebnisstrebens beim Einkaufen geführt. Mit einem verstärkten Bedürfnis nach emotionalem Erleben ist auch eine gewisse Abwendung vom analytisch-rationalen Denken verbunden.

Divergente Entwicklungen des Konsumentenverhaltens

Die Entwicklungen im Konsumentenverhalten sind aber sehr divergent ausgeprägt und können bei einem Konsumenten je nach Warenart, sehr unterschiedliches Einkaufsverhalten bewirken. Einerseits kann ein Konsument bei bestimmten Waren sehr preisorientiert handeln, bei anderen Waren ist er aber eher erlebnis- und serviceorientiert. Dies hat zum Bild des „hybriden" Konsumenten geführt. Man spart danach bei bestimmten Gütern des täglichen Bedarfs, um sich Luxusgüter zu leisten. Verallgemeinert man diese Entwicklungen im Käuferverhalten, so läßt sich feststellen, daß einerseits ein verstärktes Verhalten zur Sparsamkeit bei vor allem „Low-Interest-Produkten" feststellbar ist, andererseits aber die Bereitschaft zu beobachten ist, hohe Ausgaben für Luxusgüter zu tätigen. Für die Handelspraxis bedeutet dies u. a., daß die Segmente der „Preiskäufer" und „Erlebniskäufer" nur warenspezifisch bestimmt werden können und in sehr vielen Branchen differenzierte Vertriebstypenstrategien verlangen. Auf dem Hintergrund der Erkenntnisse des Wertewandels bei Konsumenten lassen sich folgende Erlebnistrends herausstellen. (Konert, 1985, S. 244; Küthe, 1980, S 121ff.; Weinberg 1986 a, S. 86):

1. Die Individualisierung des Konsums führt zur Individualisierung der Einkaufsstätten.
2. Der Trend zur Natürlichkeit führt zur natürlichen Gestaltung der Einkaufsstätten, aber auch der Sortimente.
3. Der Trend zur Kommunikation führt zur kommunikativen Ladengestaltung.

Zur Klärung der Bedeutung von Einkaufserlebnissen für die Ladengestaltung tragen umweltpsychologische und kommunikationstheoretische Erkenntnisse bei.

Umweltpsychologie und Einkaufserlebnisse

Die Umweltpsychologie befaßt sich mit den Relationen zwischen Menschen und der von ihnen geschaffenen Umwelt. Wendet man die Beziehungen zwischen Mensch und Umwelt nach Winkel (1977, S. 26–27) analog auf die Ladengestaltung an, so sind folgende Relationen wichtig:

1. Die Ladenumwelt wird von Kunden ganzheitlich erlebt.
2. Umwelteinflüsse des Ladens und Verhalten bedingen sich gegenseitig.
3. Die Ladenumwelt wirkt sich häufig unterhalb der Bewußtseinsebene aus.
4. Die Ladenumwelt wird als Anordnung von subjektiven Vorstellungsbildern wahrgenommen.
5. Die Ladenumwelt hat Symbolwert.

Tabelle 1: **Beispiel zur Sortimentsbildung und Einkaufsstättengestaltung nach Erlebnisbereichen**

| Erlebniswerte | Beispielhafte Kriterien für die | | Praktische |
	Sortimentsbildung	Einkaufsstättengestaltung	Beispiele
Professio-nalität	Berufsmäßiges Image: solide, haltbar, technisch kompliziert	Technische Einrichtungen als Gestaltungselemente, über-wiegend Metalle und unbunte Farben, Beleuchtung dominant, industrielle Warenträger	Hi-Fi-Studios, Baumärkte
Ästhetik	Vermittlung von Schönheits-erlebnissen durch ausgefallene Formen, Farben und Materialien	Kreatives Einrichtungskonzept mit künstlerischem Akzent, das Verkaufs- und Waren-aspekte integriert	Haushalts- und Sanitär-geschäfte
Tradition und Stil	Weckung von Nostalgie durch Produkte oder Materialien oder Herstellverfahren der guten alten Zeit bzw. Nachbildung vergange-ner Formen und Farben	Wahl von Farben und Materialien, die Gemütlichkeit, Nostalgie, Freude und Echtheit ausstrahlen. Die Waren-präsentation weist historische Bezüge auf	Einrichtungshäuser
Avantgarde	Betonung zukunftsweisender Trends durch moderne, progressive Gestaltungsmittel	Strenge, geometrische Formen, Verwendung von Farbkontrasten, unkonventionelle Warenträger	Lampen- und Modestudios
Rustikalität	Ausstrahlung von Einfachheit, Robustheit und Zuverlässigkeit	Dunkle Hölzer, braune Farbe dominiert, natürliche Materia-lien und konventionelle Metalle als Warenträger, zurückhaltende Beleuchtung, geordnete Waren-präsentation	Textil- und Schuh-geschäfte
Jugendlich-keit	Lustige, unkonventionelle Anmutung durch ausgefallene Formen, Farben und Effekte	Realisierung spontaner Einfälle, keine langfristige Planung, einfache Materialien, jugendliche Verkaufsatmosphäre durch Farbe, Musik, Beleuchtung und lockere Warenpräsentation	Sport- und Musik-geschäfte

Grafik 34: **Ziele der erlebnisorientierten Ladengestaltung**

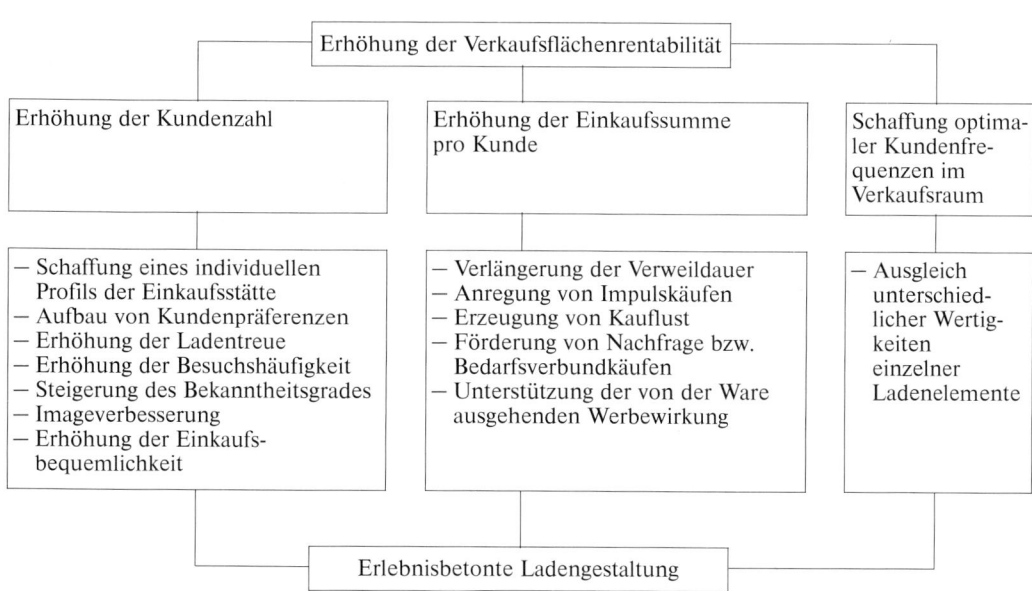

Auf dieser Grundlage läßt sich zeigen, daß Einkaufserlebnisse einen hohen Unterhaltungswert besitzen können. Plausible Beispiele sind: Interessante Warenrepräsentation, lustbetonte Aus-lagen, Wiedersehen mit Bekannten, persönliche Kontakte mit dem Ladeninhaber usw. (Wein-berg, 1986 a, S. 88). **Unterhaltungs-wert**

Einkaufserlebnisse lassen sich nach Weinberg (1986 a, S. 88) auf psychischen Dimensionen wie Erregung, Lust und Dominanz messen. **Einkaufs-erlebnisse**

Empirische Untersuchungen von Donovan und Rossiter (1982, S 34 f.) zeigen, daß das empfundene Vergnügen der wichtigste Faktor ist, der die Verweildauer im Laden bestimmt. Ebenso beeinflußt er die Aktivierung, d. h. die innere Erregung und Aufmerksamkeit des Kunden in der Einkaufsstätte.

Kommunikative Ladengestaltung

Raumeindruck

Für den Konsument besteht die Einkaufsstätte nicht nur aus Regalen, Wänden und Decken. „Die Erlebnisqualität setzt sich aus vielerlei Raumeindrücken zusammen (König, 1987, S. 3).“ Wichtig ist die Erkenntnis, wie der Kunde den Raum wahrnimmt. Dabei verwendet er „kognitive“ Anker wie typische Raummerkmale (Säulen, Pflanzen, Lichthöfe), Wegkreuzungen und Raumstrukturen (z. B. Regale). König (1987, S. 4) betont in diesem Zusammenhang, daß die im Handel häufig anzutreffenden schachbrettartig angelegten Verkaufsflächen die Raumstrukturierung stören. Auf der Basis der Forschungsergebnisse zur kommunikativen Ladengestaltung werden Sortimente unter Ausnutzung der Verwendungszusammenhänge zusammengestellt, die Geschäftsflächen segmentiert und die Wendeführung festgelegt.

Als Beispiel sei ein interessantes Forschungsergebnis angeführt (König, 1987, S. 6): Die „Rechtstendenz“.

„Rechtstendenz“

„70% der Menschen in unserem Kulturkreis gehen beim Betreten einer Verkaufsfläche spontan nach rechts und daraufhin gegen den Uhrzeigersinn durch den Raum. Dabei haben sie die Tendenz, den Raum von links nach rechts optisch zu erschließen. Werden gesuchte Objekte erkannt, so strebt sie der Kunde auf dem kürzesten Wege an.“

Es zeigt sich, daß die Erkenntnisse aus der kommunikationstheoretischen Forschung zur Ladengestaltung wichtige Anhaltspunkte für die Praxis darstellen.

Ausblick

Aus einem empirischen Vergleich aus dem Lebensmittelhandel zwischen einem frischebetonenden Erlebnismarkt mit einem klassischen Kontroll-Supermarkt (Peters, 1988, S. 7 ff.) zeigt sich vor allem, daß Kunden den Erlebnismarkt positiver beurteilen (s. Abbildung 2), wobei auch Verweildauer, Wochenumsatz und der durchschnittliche Einkaufsbetrag bei diesem Markt wesentlich höher sind.

Allerdings lassen sich diese Befunde nicht verallgemeinern. Tendenziell verlangt eine erlebnisorientierte Präsentation von Sortimenten eine vergleichsweise größere Verkaufsfläche.

Erlebnismarkt

Erlebnissortimente brauchen mehr Fläche als „Discountsortimente“. Daher müssen gerade Klein- und Mittelbetriebe des Handels einen Konzeptwechsel hin zum Erlebnishandel empirisch, z. B. durch Marktforschung, gut absichern.

Literatur:

Diller, H./Kusterer M. (1986), Erlebnisbetonte Ladengestaltung im Einzelhandel, in: Handelsforschung 1986, Hg.: Trommsdorff, V., Heidelberg 1986, S. 105—123.
Donovan, R.J./Rossiter, J.R. (1982), Store Atmosphere: An Environmental Pyschology Approach, in: Journal of Retailing, Vol. 58 (1982), No. 1, pp. 34—52.
König, U. (1987), Ladengestaltung als Kommunikationschance mit dem Kunden, in: Tagungsband GDI Handelstagung 1987, Rüschlikon 1987.
Konert, F.-J. (1985), Vermittlung emotionaler Erlebniswerte — Eine Marketingstrategie für gesättigte Märkte, Dissertation, Paderborn 1985.
Küthe, E. (1980), Einzelhandelsmarketing, Stuttgart-Berlin 1980.
Liebmann, H.-P./Schnedlitz, P. (1988), Standortpolitik und strategische Marktforschung im Handel, in: Handelsforschung 1988, Hg.: Trommsdorff, V., Heidelberg 1988, S. 81—98.
Peters, W. (1988), Wachstum durch Qualität: Auswirkungen auf die Leistungs- und Vertriebstypenstrategie des Handels, in: Tagungsband Internationale GDI Handelstagung 1988, Rüschlikon 1988.
Schürmann, P. (1988), Werte und Konsumverhalten, in: Werbeforschung & Praxis, 5/1988, S. 157— 161.
Trommsdorff, V. (1986), Wertewandel und Wandel im Handel, in: Handelsforschung 1986, Hg.: Trommsdorff, V., Heidelberg 1986, S 3—16.
Weinberg, P. (1986 a), Vom Preis- zum Erlebniswettbewerb, in: Absatzwirtschaft, 3, 1986, S. 87—91.
Weinberg, P. (1986 b), Erlebnisorientierte Einkaufsstättengestaltung im Einzelhandel, in: Marketing-ZFP, 8, 1986, Heft 2, S. 97—107.
Winkel, G. H. (1977), Einführung in die Umweltpsychologie, Stuttgart 1977.

Mehr Bewegungsfreiheit...

... in Sachen Geld.
Unser Girokonto.

VOLKSBANK
Gut für Ihr Geld

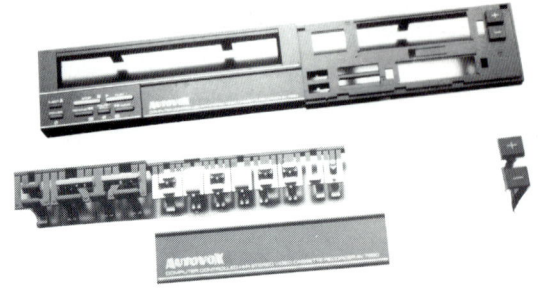

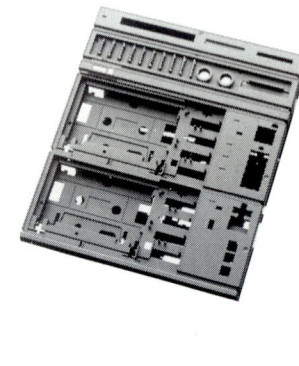
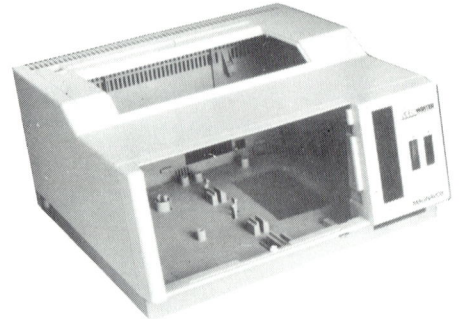

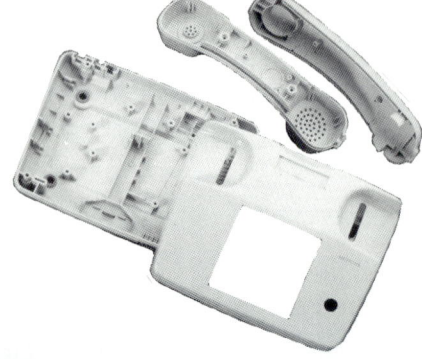

S-Sparen

Gut zu wissen,
wo sparen
sich auszahlt.

Sparkasse
Wissen, wie's läuft.

SIEMENS

Außer Gefahr...

Gegen Bruchlandungen: Technischer Kundendienst. Siemens Servicetechniker checken die Elektronik in Computern und Telefonsystemen, in Drukkern und Faxgeräten, in Bildschirmschreibmaschinen und Brandmeldeanlagen, in medizintechnischen Systemen, in der Energie- und Automatisierungstechnik... in ganz Österreich. Fernwartung und Ferndiagnose – pfiffige Lösungen auch im Systemservice.

Über ganz Österreich erstreckt sich ein dichtes Netz von Siemens Niederlassungen, Kundendienststellen und Service-Stützpunkten. Siemens ist in Ihrer Nähe, mit Service-Bereitschaft rund um die Uhr.

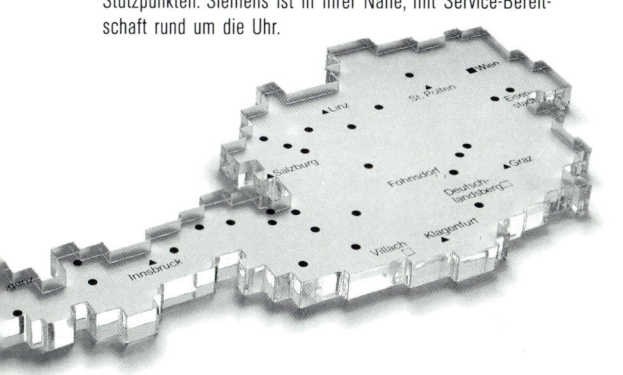

F 010 40

Lösungen + Kundendienst: mehr Nutzen mit Siemens.

VOEST–ALPINE ZELTWEG

BERG- UND TUNNELTECHNIK

EISENBAHN-SYSTEME

TECHNOLOGIE WELTWEIT

Steirische

Raum **1**
Auf der Suche nach dem Lebensglück

Ob im Bärenfell oder im modernen Abendkleid: Welcher Mensch möchte nicht glücklich sein?

Wer (gut) leben möchte, ist ständig gezwungen, Bedürfnisse zu befriedigen. Seit Jahrtausenden kommt dem Handel die wichtige Aufgabe zu, die Versorgung zu garantieren und Mittler zwischen den menschlichen Bedürfnissen und den knappen Gütern zu sein.

Was sind die unabdingbaren Güter, die der Mensch zum Leben braucht?

Wie sehr hat sich unser Bedürfnissystem im Laufe der Zeit verändert? Für welche Güter geben wir unser Geld aus?

Der Amerikaner Abraham Maslow versuchte, das menschliche Bedürfnissystem in Form einer Pyramide darzustellen. Er meinte, daß zunächst die Grundbedürfnisse nach Sauerstoff, Flüssigkeit und Nahrung befriedigt werden müssen, ehe die „höheren" Bedürfnisse auftreten. An dieser schematischen Darstellung kann mit Recht Kritik geübt werden – so heißt es z. B.: „Der Mensch lebt nicht von Brot allein." Diese Bedürfnispyramide ist ein Anstoß, über unsere Bedürfnisse und Werte nachzudenken. Jeder Besucher dieser Ausstellung sollte sich selbst als Konsument – und somit als einen Gegenstand dieser Ausstellung – begreifen.

Welchen Gütern laufen wir nach?

Sind nicht auch wir mitunter versucht, um das legendäre „goldene Kalb" zu tanzen?

Was ist damit gemeint?

Wir müssen erkennen, daß das menschliche Bedürfnissystem offenbar ein Faß ohne Boden ist. Der heute zur Befriedigung von Bedürfnissen zur Verfügung stehende Gütervorrat ist größer als jemals zuvor. Es ist keine Übertreibung, wenn wir feststellen, daß der Durchschnittsbürger von heute mehr Möglichkeiten zum Konsumieren hat als die bevorrechteten Schichten vergangener Jahrhunderte.

Dennoch ist die allgemeine Zufriedenheit keineswegs im Steigen begriffen. Oder zählt es zu den menschlichen Grundbedürfnissen, stets unzufrieden zu sein?

Wie (un-)zufrieden sind Sie?

1/1 **Bedürfnispyramide nach Abraham Maslow**
(siehe Seite 20)
Der Versuch des Amerikaners Maslow, die menschlichen Bedürfnisse in Form einer Pyramide darzustellen, hat weltweit Aufmerksamkeit erregt. Allerdings ist das menschliche Bedürfnissystem überaus variabel und mit einem starren hierarchischen Modell schwer zu fassen. Nehmen Sie dieses Erklärungsmodell als Denkanstoß, Ihre eigene Bedürfnispyramide aufzustellen.

1/2 **Die Funktionen des Handels**
Schrifttafel

1/3 **„Vom Bärenfell zum Abendkleid"**
Idee: G. Schöpfer
Entwurf: E. Giselbrecht
Ausführung: C. Auer
Ob im Bärenfell oder im Abendkleid: Der Mensch ist ständig gezwungen, Bedürfnisse zu befriedigen. Wie sehr hat sich der Mensch im Laufe der Jahrhunderte gewandelt?

Raum 2
Seit es Menschen gibt, gibt es Handel

2

**2/1 Karte der urgeschichtlichen
Verkehrswege**

Karten aus: National Geographic Magazine, 1982
Entwurf: D. Kramer
Ausführung: R. Gaar

Die Karte zeigt einen der großen Verkehrswege, die die
Ostsee mit dem Mittelmeerraum verbunden haben. Es
handelt sich um die sog. „Bernsteinstraße". Die Karten-
montage am unteren Rand zeigt die allmähliche Erweiterung des Weltbildes: Die Welt Homers ca. 700 v. Chr.,
die Welt Herodots ca. 465 v. Chr., die Welt Strabos ca. 25
v. Chr., die Welt Ptolemäus ca. 140 n. Chr. und die Here-
ford Karte ca. 1290 n. Chr.

2/2 Informationstafel zu den Steingeräten

Entwurf: D. Kramer
Ausführung: R. Gaar

Der Rohstoff für die Herstellung der jungsteinzeitlichen
und kupferzeitlichen Steingeräte war nicht überall in der
nötigen Qualität und Menge vorhanden. Geeignetes
Material, wie Feuerstein oder zähes Felsgestein, mußte
daher oft von weither geholt oder eingetauscht werden,
ehe es verarbeitet werden konnte. Die ausgestellten
Geräte des 3. und 4. Jahrtausends v. Chr. sollen ein Bild
von der Vielfalt der Formen und des Materials steirischer Steingeräte vermitteln.

2/3/1 6 Klingen

Lödersdorf
Hornstein, L. 3,2–5,7 cm
Grabfunde
*Leihgeber: Graz, LMJ, Abt. f. Vor- und Frühgeschichte, Inv.-Nr.
10 559–10 564*

2/3/2 Hammer

Steiermark
Stein, grünlichgrau, H. 6,6 cm, Ø des Stielloches: 3–3,2
cm, Ø 8,8 cm
Einzelfund
*Leihgeber: Graz, LMJ, Abt. f. Vor- und Frühgeschichte, Inv.-Nr.
3234*

2/3/3 Hammer

Friedau
Stein, Schneide beschädigt, L. 15,5 cm
Einzelfund
*Leihgeber: Graz, LMJ, Abt. f. Vor- und Frühgeschichte, Inv.-Nr.
3 265*

2/3/4 Beil

Prerat
Stein, mit unvollendetem Stielloch, L. 8,2 cm
Einzelfund
*Leihgeber: Graz, LMJ, Abt. f. Vor- und Frühgeschichte, Inv.-Nr.
3 249*

2/3/5 Pfeilspitze

Wildon
Stein, L. 4,8 cm
Einzelfund
*Leihgeber: Graz, LMJ, Abt. f. Vor- und Frühgeschichte, Inv.-Nr.
11 479*

2/3/6 Pfeilspitze

Graz, Schottergrube, Steinfeldgasse
Stein, L. 5,6 cm
Einzelfund
*Leihgeber: Graz, LMJ, Abt. f. Vor- und Frühgeschichte, Inv.-Nr.
12 131*

2/3/7 Pfeilspitze

Höhlenfund, Steiermark
Stein, L. 5,8 cm
Einzelfund
Leihgeber: Graz, LMJ, Abt. f. Vor- und Frühgeschichte, Inv.-Nr. 68

2/3/8 Hammer

Fundort unbekannt
Stein, B. 5,4 cm, L. 8 cm
*Leihgeber: Graz, LMJ, Abt. f. Vor- und Frühgeschichte, Inv.-Nr.
3 244*

2/3/9 Axt

Friedau
Serpentin, L. 12,5 cm
Einzelfund
*Leihgeber: Graz, LMJ, Abt. f. Vor- und Frühgeschichte, Inv.-Nr.
15 046*

2/3/10 Rundnackenaxt

Tieschen
Serpentin, L. 8,2 cm
Einzelfund
*Leihgeber: Graz, LMJ, Abt. f. Vor- und Frühgeschichte, Inv.-Nr.
16 921*

2/3/11 Axtbruchstück

Friedau
Stein, L. 7 cm
Einzelfund
*Leihgeber: Graz, LMJ, Abt. f. Vor- und Frühgeschichte, Inv.-Nr.
3 201*

2/3/12 Walzenbeil

Riegersburg
Serpentin, L. 16 cm
Einzelfund
*Leihgeber: Graz, LMJ, Abt. f. Vor- und Frühgeschichte, Inv.-Nr.
11 429*

2/3/13 Rundnackenaxt

Moschganzen
Bruchstück, L. 6,2 cm
Einzelfund
*Leihgeber: Graz, LMJ, Abt. f. Vor- und Frühgeschichte, Inv.-Nr.
3 193*

2/3/14 Flachbeil

St. Michael ob Leoben
L. 9,5 cm
Einzelfund
*Leihgeber: Graz, LMJ, Abt. f. Vor- und Frühgeschichte, Inv.-Nr.
12 130*

2/3/15 Rundnackenaxt

Mureck
L. 10,5 cm
Einzelfund
*Leihgeber: Graz, LMJ, Abt. f. Vor- und Frühgeschichte, Inv.-Nr.
3 288*

2/3/16 Rundnackenaxt

Süßenberg bei Lichendorf
L. 10,6 cm
Einzelfund
*Leihgeber: Graz, LMJ, Abt. f. Vor- und Frühgeschichte, Inv.-Nr.
3 997*

2/3/17 Rundnackenaxt-Rohling

St. Marein/Pickelbach

Halbfabrikat, L. 12,5 cm
Einzelfund
*Leihgeber: Graz, LMJ, Abt. f. Vor- und Frühgeschichte, Inv.-Nr.
7 570*

2/3/18 Streitaxt

Waltra bei Hochstraden
Bruchstück, L. 6,7 cm
Einzelfund
*Leihgeber: Graz, LMJ, Abt. f. Vor- und Frühgeschichte, Inv.-Nr.
15 057*

2/3/19 Rundnackenaxt

Peggau
Bruchstück, L. 11,8 cm
Einzelfund
*Leihgeber: Graz, LMJ, Abt. f. Vor- und Frühgeschichte, Inv.-Nr.
3 810*

2/3/20 Rundnackenaxt

Peggau
Bruchstück, L. 11,8 cm
Einzelfund
*Leihgeber: Graz, LMJ, Abt. f. Vor- und Frühgeschichte, Inv.-Nr.
11 417*

2/3/21 Rundnackenaxt

Gradischeberg
L. 22,8 cm
Einzelfund
*Leihgeber: Graz, LMJ, Abt. f. Vor- und Frühgeschichte, Inv.-Nr.
3 264*

2/3/22 Axtfragment

Steiermark
L. 13 cm
Einzelfund
*Leihgeber: Graz, LMJ, Abt. f. Vor- und Frühgeschichte, Inv.-Nr.
3 269*

2/3/23 Axt

Friedau
Halbfabrikat, L. 14,3 cm
Einzelfund
*Leihgeber: Graz, LMJ, Abt. f. Vor- und Frühgeschichte, Inv.-Nr.
3 280*

2/3/24 Axt

Steiermark
Halbfabrikat, L. 18 cm
Einzelfund
*Leihgeber: Graz, LMJ, Abt. f. Vor- und Frühgeschichte, Inv.-Nr.
3 275*

2/4/1 Fragmente von Rohschlacken

Schmelzplatz Griessmaier, Johnsbachtal, Urnenfelderzeit
*Leihgeber: Graz, LMJ, Abt. f. Vor- und Frühgeschichte, Inv.-Nr.
19 722, 19 726—19 728*

2/4/2 Fragmente von Schmelzöfen

Schmelzplatz Griessmaier, Johnsbachtal, Urnenfelderzeit
*Leihgeber: Graz, LMJ, Abt. f. Vor- und Frühgeschichte, Inv.-Nr.
19 719—19 721, 19 723—19 725*

*In der Steiermark wird seit ca. 4.000 Jahren Erz abgebaut. Spuren dieses
urgeschichtlichen Bergbaues und der Verhüttung sind in der Obersteiermark erhalten geblieben.*

2/4/3 Rohschlackenfladen

Schmelzplatz Griessmaier, Johnsbachtal, Urnenfelderzeit
*Leihgeber: Graz, LMJ, Abt. f. Vor- und Frühgeschichte, Inv.-Nr.
19 718*

2/4/4 3 Fragmente dünnplattiger Schlacke

Schmelzplatz Griessmaier, Johnsbachtal, Urnenfelderzeit
*Leihgeber: Graz, LMJ, Abt. f. Vor- und Frühgeschichte, Inv.-Nr.
19 717*

2/4/5 Rohschlacke, Fragment eines Fladens

Schmelzplatz Griessmaier, Johnsbachtal, Urnenfelderzeit
*Leihgeber: Graz, LMJ, Abt. f. Vor- und Frühgeschichte, Inv.-Nr.
19 716*

2/4/6 Gefäßfragmente

Schmelzplatz Griessmaier, Johnsbachtal, Urnenfelderzeit
*Leihgeber: Graz, LMJ, Abt. f. Vor- und Frühgeschichte, Inv.-Nr.
19 710, 19 709/1—9*

2/4/7 Keramikfragment

Schmelzplatz Griessmaier, Johnsbachtal, Urnenfelderzeit
*Leihgeber: Graz, LMJ, Abt. f. Vor- und Frühgeschichte, Inv.-Nr.
19 707*

2/4/8 Fragment einer Unterlegplatte

Schmelzplatz Griessmaier, Johnsbachtal, Urnenfelderzeit
Quarzit
*Leihgeber: Graz, LMJ, Abt. f. Vor- und Frühgeschichte, Inv.-Nr.
19 706*

2/4/9 Schlagstein oder Klopfstein

Schmelzplatz Griessmaier, Johnsbachtal, Urnenfelderzeit
Amphibolit
*Leihgeber: Graz, LMJ, Abt. f. Vor- und Frühgeschichte, Inv.-Nr.
19 705*

**2/5 Informationstafel zum Depotfund von Schönberg,
zu den Ringbarren und zu den Funden des
Kupferschmelzplatzes im Gesäuse**

Entwurf: D. Kramer
Ausführung: R. Gaar

2/6 Spangenbarren

*Bronzeringbarren, Übergang von der Früh- zur Mittelbronzezeit
(etwa 18.—17. Jh. v. Chr.)*
Bronze
Obereching, Land Salzburg. In Obereching wurden in
einer Schottergrube 4 Depots mit ca. 500 Ringbarren im
Gewicht von mehr als 100 kg freigelegt. Der wichtigste
Metallschmuck und damit auch das wichtigste Metall-
schmuckgeld ist der Ring, der Schmuck von Finger, Arm
und Fuß, sei es der einfach geschlossene oder der offene

Ring als Spange oder als Spiralring. Die Geldeigenschaft ist sicher mehr als Hortgeld als wie als Umlaufgeld anzusehen. Dies heißt, daß die Barrendepots Aufbewahrung von Werten sind, ebenso wie die Beziehung Geld und Geldopfer dabei hergestellt werden kann.

Literatur: F. Moosleitner, Vier Spangenbarrendepots aus Obereching, Land Salzburg, in: Germania 66, 1/1988, S. 29–67.
Leihgeber: Salzburg, Salzburger Museum C. A.

2/7 Werkstattkreise und Verbreitungsbereiche

Bei einer nicht unbeträchtlichen Zahl von Fundstücken aus Bronze (Schmuck, Waffen, Geräte) läßt sich, obwohl sie in beträchtlicher Entfernung voneinander ausgegraben worden sind, die Herstellung von ein und derselben Gußform nachweisen. In anderen Fällen stimmen bestimmte Merkmale bei unterschiedlichen Bronzegegenständen in zahlreichen Details weitgehend überein, daß daraus auf ihre Herkunft aus einem bestimmten Werkstattkreis geschlossen werden darf. Funde dieser Art zählen unter anderem zu den Indizien für den urgeschichtlichen Handel. Dies sollen die folgenden ausgewählten Beispiele illustrieren.

2/7/1 Griffzungenschwerter vom Typ Traun

Die Griffzungenschwerter vom Typ Traun stammen aus den Stufen C und D der Bronzezeit. Sie sind nach einem Schwert aus Traun, Oberösterreich, benannt und außerordentlich weit verbreitet und im gesamten Raum zwischen Nordjütland im Norden bis nach Rom im Süden und von der Tschechoslowakei im Osten bis zum Rheinland im Westen aufgefunden worden. Einige Schwerpunkte in der Verbreitung lassen auf Werkstätten, die untereinander in Verbindung standen, schließen. Solche Werkstätten wären in der Südwestslowakei, der Gegend um den Plattensee, im ostalpinen Gebiet, in Venetien und Krain zu vermuten. Verschiedene Einzelfunde können als Belege für die Verbindungswege in den Norden interpretiert werden. Beim überwiegenden Teil der Traunschwerter handelt es sich bemerkenswerterweise um Flußfunde. Aus der Steiermark sind drei Schwerter dieses Typs bekannt. Sie stammen alle aus Graz.

2/7/1/1 Griffzungenschwert vom Typ Traun

Graz („aus dem Flußgrunde der Mur nächst der oberen Kettenbrücke") Bronzezeit
Bronze (Nachbildung)
L. 56,6 cm
Einzelfund mit Wasserpatina stark verschliffen.
Literatur: P. Schauer, Die Schwerter in Süddeutschland, Österreich und der Schweiz I. Griffplatten-, Griffangel- und Griffzungenschwerter. Prähistorische Bronzefunde IV, 2, 1971, S. 120, Nr. 364, Taf. 53.
Leihgeber: Graz, LMJ, Abteilung für Vor- und Frühgeschichte, Inv.-Nr. 6 140

2/7/1/2 Griffzungenschwert vom Typ Traun

Graz-Puntigam, Bronzezeit
Bronze (Nachbildung)
L. noch 50 cm
Einzelfund mit Wasserpatina. Ursprünglich in drei Stücke zerbrochen.
Literatur: P. Schauer, a. a. O., S. 120, Nr. 365, Taf. 53.
Leihgeber: Graz, LMJ, Abt. f. Vor- und Frühgeschichte, Inv.-Nr. 16 591

2/7/1/3 Griffzungenschwert vom Typ Traun

Graz, Bronzezeit
Bronze (Nachbildung)
L. noch 52,3 cm
Angeblich mit einem weiteren verschollenen Schwert

gefunden. Schneide durch ständiges Nachschärfen fast zur Gänze entfernt.
Literatur: P. Schauer, a. a. O., S. 120, Nr. 363, Taf. 53.
Leihgeber: Graz, LMJ, Abt. f. Vor- und Frühgeschichte, Inv.-Nr. 487

2/7/2 Riegseeschwerter

Charakteristisch für die letzte Stufe der Bronzezeit in Mitteleuropa ist ein Schwerttyp, der seinen Namen nach einer bedeutsamen Hügelgräbernekropole in Riegsee, Ldkrs. Weilheim in Oberbayern, erhalten hat. Das Verbeitungsgebiet der Riegseeschwerter besteht im wesentlichen aus Süddeutschland, Österreich, Böhmen, Mähren und dem südlichen Karpatenvorland. Einzelstücke treten auch in anderen Teilen Europas auf. Das typische Riegseeschwert hat einen runden Knaufkopf und eine annähernd runde Griffplatte. Der Griff besitzt seine stärkste Einziehung unmittelbar unter der Griffplatte, baucht gegen das Heft aus und besitzt seine größte Breite nahe des Heftansatzes. Der Griffumriß ist oval bis rhombisch, das Heft hängend und stark gewölbt und der Heftbogen halbkreisförmig. Die Klinge besitzt einen schilfblattförmigen Umriß und entweder eine schmale Mittelrippe oder ein getrepptes Profil. Sie erreicht im Oberteil fast die Breite des Heftes und ist öfter leicht gezäht. Typisch ist die Verzierung. Um den Kopf der Knaufplatte liegen fast immer konzentrische Zonen paragraphenartig ineinandergreifender S- oder Spiralhaken, die durch randliche Linien begrenzt sind. Die Griffverzierung besteht aus einer oberen etwa ein Viertel des Griffes bedeckenden Zone horizontaler Linien. Es handelt sich um die Nachahmung der Umwicklung älterer Schwertgriffe aus organischem Material. Darunter liegen senkrechte Bänder paragraphenartig ineinandergreifender Spiralhaken. Auf dem Heft, das mit zwei Nieten auf der Klinge sitzt, sind häufig ovale Ziernieten angebracht. Aus der Steiermark sind zwei Riegseeschwerter bekannt.

2/7/2/1 Schwert vom Typ Riegsee

Peggau, BH Graz-Umgebung, Bronzezeit D.
Bronze (Nachbildung)
Gesamtlänge 65 cm
Einzelfund, wahrscheinlich aus dem Murschotter.
Das Schwert gehört zu der aus 11 Schwertern bestehenden Gruppe 2 C der Riegseeschwerter. Sie dürften in einem Gebiet zwischen Lech, Donau und Salzach hergestellt worden sein. Außerhalb dieser Zone kommt außer dem Peggauer Schwert noch je eines in Niederösterreich und in Tirol vor.
Literatur: D. Anker, Röntgenuntersuchungen an Riegseeschwertern. Ein Beitrag zur Typologie, in: Archäologie und Naturwissenschaften 1, 1977, S. 416f.
Leihgeber: Graz, LMJ, Abt. f. Vor- und Frühgeschichte, Inv.-Nr. 16 910

2/7/2/2 Schwert vom Typ Riegsee

Scheiben, St. Georgen ob Judenburg, BH Judenburg, Bronzezeit
Bronze (Nachbildung)
Gesamtlänge 59,8 cm
Einzelfund aus der Mur
Das Schwert mit langer Klingenzunge gehört zu der aus acht Schwertern bestehenden Gruppe 3 der Riegseeschwerter. Es könnte aus einer Werkstatt stammen, die vermutlich in der Gegend zwischen Iller, Donau und Lech gearbeitet hat.
Literatur: F. Holste, Die bronzezeitlichen Vollgriffschwerter Bayerns, 1953, S. 52, Nr. 30.
D. Ankner, Röntgenuntersuchungen an Riegseeschwertern. Ein Beitrag zur Typologie, in: Archäologie und Naturwissenschaften 1, 1977, S. 422f.
Leihgeber: Graz, LMJ, Abt. f. Vor- und Frühgeschichte, Inv.-Nr. 6 138

2/7/3 Vollgriffschwerter vom Typ Wörschach

Namengebend für diesen urnenfelderzeitlichen Schwerttyp ist ein Grabfund aus dem steirischen Wörschach. Bisher sind 12 miteinander verwandte Stücke bekannt. Acht dieser Schwerter, darunter die steirischen (Wörschach, Wildon, Judenburg) stammen aus dem Bereich zwischen Lech und Enns, eines vom Main, eines von der oberen Oder und zwei aus der Slowakei. Die Schwerter vom Typ Wörschach dürften, nach ihrer Verbreitung zu schließen, in einem südbayerisch-ostalpinen Werkstattkreis entstanden sein. Kennzeichnend für diesen Typ sind pilzförmige oder stark eingezogene Knaufköpfe. Der leicht schalenförmig gewölbte Knauf ist meist mit einem Wellenband mit Würfelaugen und radialen Punktreihen verziert. An der Griffstange treten häufig drei Wülste plastisch hervor (am Wörschacher Schwert sind die Wülste durch Linienbänder ersetzt). Die Zwischenfelder sind mit einfachen Spiralen geziert. Auf dem Heft befindet sich eine Heftschleife, kombiniert mit gefüllten Dreiecken oder Kreisen. Die Klinge besitzt meist eine breite Mittelrippe, ein eingezogenes Oberteil und ein stark verbreitetes Unterteil. Aus der Steiermark sind drei Schwerter vom Typ Wörschach bekannt:

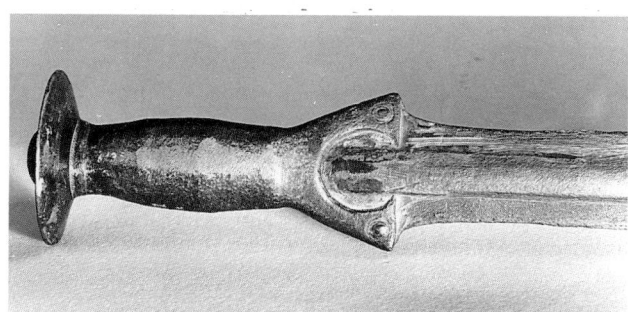

2/7/3/1 Schalenknaufschwert vom Typ Wörschach

Wildon, BH Leibnitz, Urnenfelderzeit HB.
Bronze (Nachbildung)

L. 63 cm
Literatur: W. Modrijan, Der urnenfelderzeitliche Grabfund aus Wörschach und die steirischen Schwerter der Periode Hallstatt A, Schild von Steier 2, 1953, S. 42f.
H. Müller-Karpe, Die Vollgriffschwerter der Urnenfelderzeit aus Bayern, 1961, Nr. 33, S. 108, Taf. 36,5.
Leihgeber: Graz, LMJ, Abt. f. Vor- und Frühgeschichte, Inv.-Nr. 6 135

2/7/3/2 Schalenknaufschwert vom Typ Wörschach

Judenburg, BH Judenburg, Urnenfelderzeit
Bronze (Nachbildung)

L. 63 cm
Literatur: W. Modrijan, a.a.O., S. 43f.
H. Müller-Karpe, a.a.O., S. 33f., Taf. 36.
Leihgeber: Graz, LMJ, Abt. f. Vor- und Frühgeschichte, Inv.-Nr. 6 137

2/7/3/3 Schalenknaufschwert (Fragment) vom Typ Wörschach

Wörschach, BH Liezen, Urnenfelderzeit
Bronze (Nachbildung)
Erhaltene L. 27 cm

Griffteil mit Klingenrest aus der Bestattung 1 des Wörschacher Grabfundes, aus dem noch weitere Schwertfragmente stammen.
Literatur: W. Modrijan, a.a.O., S. 24f.
H. Müller-Karpe, a.a.O., Nr. 33, S. 107, Taf. 36.
Leihgeber: Graz, LMJ, Abt. f. Vor- und Frühgeschichte, Inv.-Nr. 16 167

2/8 Information zu Depotfunden

Depotfunde werden alle jene urgeschichtlichen Funde genannt, die von ihrem Besitzer absichtlich verborgen und nicht mehr gehoben worden sind. Solche „Depots" können aus einem einzigen Stück oder mehreren, bis zu hunderten Objekten bestehen. Gründe für die Deponierung sind Schutz vor Beraubung (Versteck- oder Verwahrfunde), bei größeren Depots, die auch Altmetall entalten, denkt man an Materialvorräte etwa eines Schmiedes. Zusammensetzung und der Verwahrungsort (etwa im Moor) einiger Horte lassen eine kultische Niederlegung, sei es als Opfer sei es als Ausstattung für das Leben im Jenseits vermuten.Für die Handelsgeschichte sind Verwahrfunde besonders interessant, da sie oft aus Gegenständen unterschiedlichster Herkunft bestehen und damit Rückschlüsse auf Handelsverbindungen ermöglichen.

2/9/1 Depotfund von Wildon

Bronze, späte Urnenfelderzeit
Das Depot wurde von einem Schüler 1926 entdeckt, der einen Teil der Objekte geborgen hat. Der Rest der Stücke trat bei der nachfolgenden Fundbergung von W. Schmid zutage.
Er besteht aus
4 einschneidigen schweren Schaftlochäxten,
10 Fragmenten von Lappenbeilen des Typus Hallstatt,
1 Fragment eines Tüllenbeiles,
1 Fragment eines Meißels,
1 Fragment einer Lanzenspitze,
1 Fragment eines Griffdornmessers vom Typ Bismantova,
1 Fragment einer Kahnfibel,
1 Fibelfragment,
1 gewölbtes Bronzestück (Teil eines Armbandes?),
1 gebogenes Bronzeband,
1 Randstück eines Kessels mit verzierter Randborte,
1 Blechstück.
Bei den Äxten und Beilen handelt es sich offenkundig um Waffen. Die Schaftlochäxte dürften aus Italien stammen.

Literatur: H. Müller-Karpe, Beiträge zur Chronologie der Urnenfelderzeit nördlich und südlich der Alpen, RGF 22, 1959, S. 283, Taf. 144 a.
E. F. Mayer, Die Äxte und Beile in Österreich. Prähistorische Bronzefunde IX, Bd. 9, 1977, Nr. 25, S. 53–56, Taf. 5, Nr. 173, S. 864–873, Taf. 64, Nr. 206, S. 1196, Taf. 85, Nr. 211, S. 1310, Taf. 89.
Leihgeber: Graz, LMJ, Abt. für Vor- und Frühgeschichte, Inv.-Nr. 2 862–2 896

2/9/2 Depotfund von Schönberg bei Niederwölz

Bronze, späte Urnenfelderzeit
Beim Bau eines Güterweges von Schiltern nach Schönberg wurde in 30 cm Tiefe ein Topf mit 30 Bronzeobjekten gefunden. Es handelt sich um
2 Lappenbeile vom Typ Hallstatt, Variante Frög,
9 Fragmente von Lappenbeilen des Typus Hallstatt,
4 oberständige Lappenbeile mit Öse und das Fragment eines weiteren,
2 Steigeisenfragmente,
1 kerbverzierten Armring mit verdickten Enden,
3 kerbverzierte Armringe mit flachovalem Querschnitt,
1 Fragment einer Kahnfibel,
1 „Bronzeschlüssel",
Fragment eines verzierten Bronzegefäßes.

Literatur: W. Schmid, Der frühhallstättische Hortfund von Schönberg in Steiermark, Germania 24, 1940, S. 195ff., Taf. 30–33.H. Müller-Karpe, Beiträge zur Chronologie der Urnenfelderzeit nördlich und südlich der Alpen, RGF 22, 1959, S. 129ff.
Leihgeber: Graz, LMJ, Abt. f. Vor- und Frühgeschichte, Inv.-Nr. Beile 15.094–15 112, Steigeisen 15 901a, b, Sonstiges 15 083–15 089, Gefäßreste 15 016, 15 090, 15 092, 15 093 und o. Nr.

2/11 Informationen zum Bernsteinschmuck

Bernstein ist fossiler Harz von Nadelbäumen, die vor Millionen Jahren gewachsen sind. Er kommt in Europa, abgesehen von unbedeutenden Lagerstätten, vor allem in den Ländern um die mittlere Ostsee und an der Halbinsel Jütland vor. Wer sich mit dem Handel und Handelswegen der Urgeschichte befaßt, wird unweigerlich auf den Bernsteinhandel und die Wege, auf denen das vielbegehrte Gold des Nordens nach Mittel- und Südeuropa nach Zypern, Ägypten und Kleinasien kam, stoßen.Seinen ersten Höhepunkt erreichte der transkontinentale Bernsteinhandel bereits in der Bronzezeit, seinen zweiten in der Hallstattzeit. In dieser Zeit gelangten große Mengen von Bernstein nach Süden, ein Teil davon auch in den steirischen Bereich und nach Krain. Die hier ausgestellten Bernsteinketten sind ein Beleg dafür.

Literatur: M. Guštin, Libna, Brežice 1976.

2/11/6 Halskette

Loibenberg (Libna), Untersteiermark
Bernstein, 43 Perlen
Grabfund
Leihgeber: Graz, LMJ, Abt. f. Vor- und Frühgeschichte, Inv.-Nr. 3 825

2/11/7 Halskette

Loibenberg (Libna), Untersteiermark
Bernstein, 127 Perlen
Grabfund
Leihgeber: Graz, LMJ, Abt. f. Vor- und Frühgeschichte, Inv.-Nr. 10 303

2/11 Bernsteinschmuck

2/11/1 Halskette

Loibenberg (Libna), Untersteiermark, Hallstattzeit
Bernstein, 205 Perlen
Grabfund
Leihgeber: Graz, LMJ, Abt. f. Vor- und Frühgeschichte, Inv.-Nr. 3 994

2/11/2 Halskette

Loibenberg (Libna), Untersteiermark
Bernstein und Glas, 56 Perlen
Grabfund
Leihgeber: Graz, LMJ, Abt. f. Vor- und Frühgeschichte, Inv.-Nr. 10 326

2/11/3 Halskette

Loibenberg (Libna), Untersteiermark
Bernstein, 10 Perlen
Grabfund
Leihgeber: Graz, LMJ, Abt. f. Vor- und Frühgeschichte, Inv.-Nr. 10 441

2/11/4 Halskette

Loibenberg (Libna), Untersteiermark
Bernstein, 31 Perlen
Grabfund
Leihgeber: Graz, LMJ, Abt. f. Vor- und Frühgeschichte, Inv.-Nr. 3 950

2/11/5 Halskette

Loibenberg (Libna), Untersteiermark
Bernstein, 23 Perlen
Grabfund
Leihgeber: Graz, LMJ, Abt. f. Vor- und Frühgeschichte, Inv.-Nr. 3 826

2/11/8 Halskette

Loibenberg (Libna), Untersteiermark
Bernstein, 24 Perlen
Leihgeber: Graz, LMJ, Abt. f. Vor- und Frühgeschichte, Inv.-Nr. 10 355

2/11/9 Halskette

Windischgraz
Bernstein, 69 Perlen
Leihgeber: Graz, LMJ, Abt. f. Vor- und Frühgeschichte, Inv.-Nr. 11 127

2/12 Informationen zum Kultwagen von Strettweg

Der berühmte Kultwagen von Strettweg wurde 1851 von dem Bauern Ferdinand Pfeffer bei der Planierung eines hallstattzeitlichen Fürstengrabes gefunden. Bei der tumultuarischen Bergung sind außer dem Wagen zahlreiche weitere Grabbeigaben zum Vorschein gekommen. Den Bemühungen von Univ.-Prof. Dr. M. Robitsch gelang es, die Funde zum großen Teil zu retten und durch eine Nachgrabung im August 1852 zu vervollständigen. Allerdings sind an der Stelle des Grabes noch in späteren Jahren einzelne, zum Grab gehörige Objekte gefunden worden. Ein Großteil des Fundgutes ist an das Landesmuseum Joanneum gekommen, wo es seither bewahrt wird.Die Analyse der heute noch erhaltenen, außergewöhnlich qualitätsvollen Funde haben ergeben, daß das Grab am Beginn des 6. Jhs. v. Chr. angelegt worden ist. Der Wagen selbst ist jedoch schon früher, bereits im 7. Jh. angefertigt worden. Wahrscheinlich sind in diesem Grab ein Mann und eine Frau bestattet worden. Auf den Achsen des vierrädrigen Wagens ruht eine rechteckige, von einem Rahmen umfaßte Platte mit zwei Gruppen von Menschen und Tieren in symmetrischer Anordnung. Im Zentrum steht eine weibliche Gestalt. Sie ist um das Doppelte höher als die anderen Figuren. In ihren emporgehobenen Armen hält sie eine flache Schale; aller Wahrscheinlichkeit nach ist diese Schale jedoch der Rest eines Kessels, der durch kreuzweise gestellte, gedrehte Stäbe gestützt wurde. Die Figur ist unbekleidet und trägt einen mit mehreren horizontalen Wülsten versehenen Gürtel und schlichte Ohrringe. Vor und hinter der „Göttin" dürfte eine Opferhandlung dargestellt sein: zwei Männer führen einen Hirsch, ihnen folgen ein Mann mit erhobenem Beil und eine Frau, die als Adorantin dargestellt ist. Die Gruppe wird von einem Reiterpaar geleitet. Die Reiter tragen spitzkegelige Helme, ovale Schilde und kurze Wurflanzen. Die Standplatte des Wagens ist ornamental durchbrochen. Die Zentralfigur steht auf einem durch Ausnehmungen gebildeten, elfspeichigem Rad. An der vorderen Schmalseite der Platte berührt dieses Rad eine Reihe von 5, an der rückwärtigen von 6, also insgesamt 11 rechteckigen Ausschnitten. Das Rad und diese Reihen verbinden an jeder Seite dreieckige Ausschnitte. Auf der Vorder- und Rückseite des die Platte umgebenden Rahmens, auf dem die Reiter befestigt sind, befinden sich am Ansatz der Radachsen links und rechts je zwei Tierköpfe.

Der in seiner Eigenart einmalige Kultwagen hat zu zahlreichen Deutungsversuchen Anlaß geboten. Möglicherweise – so eine Meinung – handelt es sich um die Darstellung einer Prozession im Rahmen des Kultes der Großen Mutter (Magna Mater), mit deren Kult häufig das ursprünglich orientalische Hirschopfer verbunden war. Die Beigaben des Fürstengrabes belegen die „weltweiten" Beziehungen der Hallstattfürsten von Judenburg, die einerseits bis an das Mittelmeer, andererseits bis nach Frankreich und weit nach Norden und Osten reichten.
Literatur: W. Schmid, Der Kultwagen von Strettweg, Führer zur Urgeschichte 12, 1934.
W. Modrijan, Der Kultwagen von Strettweg, Ipek, 24. Bd. 1977, S. 91ff.

2/13 Kultwagen von Strettweg
Fundort: Strettweg, Gem. Judenburg in der Steiermark
7. Jh. v. Chr.
Bronze (Nachbildung)
H. 22,6 cm, B. 32,5 cm, L. 48 cm
Leihgeber: Graz, LMJ, Abt. f. Vor- und Frühgeschichte

2/14 Naturalgeld — Vorformen der Münze

Geld ist jedes in einer Gemeinschaft anerkannte Tauschmittel (Tausch- und Handelsgeld), es ist aber auch Mittel zur Wertaufbewahrung und Wertschätzung des Besitzers (Besitz- oder Hortgeld).
Als Tauschmittel sind nur ganz bestimmte Gruppen von Gütern geeignet. Sie müssen verschiedene Bedingungen erfüllen, nämlich
– sich allgemeiner Nachfrage erfreuen,
– praktisch und handlich sein,
– wenigstens für gewisse Zeit wertbeständig sein,
– zählbar, meßbar und möglichst teilbar sein.
Dabei kann es sich um Konsumgüter (Tabak, Salz, Tee usw.), um Gebrauchsgegenstände (Hacken, Klingen, Messer, Speerspitzen, Rohmetall usw.) handeln. Eine besondere Rolle kommt dem Schmuck zu. Schmuck und Wert sind auch in unserer Kultur noch eng verbundene Begriffe. Schmuck erscheint wegen seines für den Besitzer von vornherein vorhandenen Wertes mehr als andere Gegenstände für eine Verwendung als Geld geeignet.

Berühmtestes Beispiel dafür ist die Kauri-Schnecke, die auf den Malediven vorkommt und wegen ihrer hübschen Schale ein gesuchter Schmuckgegenstand war. Schon seit 1500 v. Chr. in China als Geld nachweisbar, waren die Kauri-Schnecken-Schalen bis ins 19. Jh. weit verbreitete Währung an den Küsten des Indischen Ozeans und in Afrika, wohin sie vor allem durch Venezianer und Portugiesen unter großem Gewinn exportiert wurden.
Viele andere tierische Produkte wurden ebenfalls als Zahlungsmittel verwendet.
Den nächsten Schritt in der Entwicklung bildeten Metalle, die nicht mehr zu Geräten verarbeitet wurden, sondern in Form abstrakter Barren oder Gußkuchen, als Draht oder als Hackmetall zugewogen wurden. Aus der Kennzeichnung solcher Barren, Edelmetallegierungen in Kleinasien oder Kupferbarren in Rom, entstand allmählich die Münze, als staatliche Gemeinschaften mit ihrem Zeichen auf den Barren die Garantie für das Gewicht (Schrot) und den Feingehalt (Korn) übernahmen und für die Ausgabe Sorge trugen.
Zu Barrengeld ist man auch später in Zeiten der Münzverschlechterung immer wieder zurückgekehrt.
Bur.

2/14/1 Rom, Schwergeld (Aes rude)
4. Jh. v. Chr.
Leihgeber: Graz, LMJ, Münzensammlung, Inv.-Nr. 89 062–89 064

2/14/2 Rom, Aes signatum
ca. 275 v. Chr.
Bronze
Leihgeber: Wien, Kunsthistorisches Museum, Münzkabinett, Inv.-Nr. 4 169

2/14/3 Norikum
Scheibenförmiger Eisenbarren, ca. 100–15 v. Chr.
Gußeisen, 6,52 kg.
Dieser Eisenbarren wurde 1979 im Bereich einer spätlatènezeitlichen Höhensiedlung auf dem Burgkogel bei Kaprun gefunden. Im Gebiet des oberen Salzachtales ist an mehreren Stellen eine spätlatènezeitliche Eisengewinnung nachgewiesen. Der Barren war vermutlich für den Handel mit Italien bestimmt, mit 6,52 kg entspricht das Gewicht genau 20 römischen Pfunden (= 20 Asse). Von derselben Fundstelle liegen drei römische Kupfermünzen der Zeit zwischen 90 und 84 v. Chr. vor. (Katalog: Kelten in Mitteleuropa, S 224, F. Moosleitner.)
Leihgeber: Salzburg, Museum C. A., Inv.-Nr. 1/80.

2/14/4 Westrom, Goldbarren
Spätrömisch
Galvano
Leihgeber: Wien, Kunsthistorisches Museum, Münzkabinett, o. Nr.

2/14/5 3 Hacksilberstücke
Europäisch, spätmittelalterlich
Silber
Leihgeber: Wien, Kunsthistorisches Museum, Münzkabinett, Inv.-Nr. N 213, N 218, N 222

2/14/6 Nordwestdeutschland, Braunschweig-Einbeck
Silberbarren mit Einstempelung: Löwe, Mitte 14. Jh.
Leihgeber: Wien, Kunsthistorisches Museum, Münzkabinett, Inv.-Nr. L 52

2/14/7 Schweden, Friedrich (1720—1759)
Kupferplatte zu 2 Taler 1720 (Plåttmynt)
Leihgeber: Wien, Kunsthistorisches Museum, Münzkabinett, Inv.-Nr. 8 647

2/14/8 **Kongobecken, verzierte Axtklinge**

19. Jh.
Leihgeber: Wien, Kunsthistorisches Museum, Münzkabinett,
Inv.-Nr. N 49

2/14/9 **Kongo, Speerspitze**

19. Jh.
Leihgeber: Wien, Kunsthistorisches Museum, Münzkabinett,
Inv.-Nr. N 31

2/14/10 **China, Messermünze**

19. Jh.
Leihgeber: Wien, Kunsthistorisches Museum, Münzkabinett,
Inv.-Nr. 4 330

2/14/11 **Liberia, Eisenstäbchen**

19. Jh.
Leihgeber: Wien, Kunsthistorisches Museum, Münzkabinett,
Inv.-Nr. N 248

2/14/12 **Kamerun, Bündel von Eisenblechstreifen**

mit pflanzlichen Fasern umwickelt, 19. Jh.
Leihgeber: Wien, Kunsthistorisches Museum, Münzkabinett,
Inv.-Nr. N 40

2/14/13 **Kongo-Mobangi, Haarpfeil**

19. Jh.
Leihgeber: Wien, Kunsthistorisches Museum, Münzkabinett,
Inv.-Nr. N 51

2/14/14 **Golf von Aden-Eissa,**
Doppelter Kaurischnecken-Strang

19. Jh.
Leihgeber: Wien, Kunsthistorisches Museum, Münzkabinett,
Inv.-Nr. N 38

2/14/15 **Kalifornien-Lathrop Mound,**
Indianisches Muschel-Halsband mit Knochen

19. Jh.
Leihgeber: Wien, Kunsthistorisches Museum, Münzkabinett,
Inv.-Nr. N 179

2/14/16 **Ostasien, Teeziegelgeld**

19. Jh.
Leihgeber: Wien, Kunsthistorisches Museum, Münzkabinett,
o. Nr.

2/14/17 **Salomon-Inseln, Melanesien, Tabakstange**

19. Jh.
Leihgeber: Wien, Kunsthistorisches Museum, Münzkabinett,
Inv.-Nr. N 247

2/14/18 **Siam, Spielhausgeld**

19. Jh.
Leihgeber: Wien, Kunsthistorisches Museum, Münzkabinett,
Inv.-Nr. 5 586

2/15 **Keltische Münzen**

Im 7. Jh. v. Chr. erscheint die Münze im Wirtschaftsleben der Völker des östlichen Mittelmeerraumes. Erst Jahrhunderte später prägen bei uns die Kelten das erste Münzgeld.
Keltische Stämme im Donauraum begannen mit der Münzprägung im 3. Jh. v. Chr. Das mehr oder minder getreu nachgeahmte Vorbild für die Prägung der Ostkelten war die Tetradrachme des Königs Philipp II. von Makedonien (359—336 v. Chr.) mit dem Zeuskopf auf der Vorderseite und dem Königsreiter auf der Rückseite. In Westeuropa, vor allem in Gallien,

dienten die Münztypen der griechischen Stadtkolonien im westlichen Mittelmeer, später die römischen Münzen, als Vorbild.
Die Darstellungen auf keltischen Münzen sind ins Lineare und Abstrakte übersetzt. Einzelheiten werden oft derart betont, daß das Vorbild kaum mehr zu erkennen ist.
Zu Beginn des 1. Jhs. v. Chr. prägten auch die Stämme Noricums eigene Münzen. Die norischen Gaufürsten haben das Silber für ihre Münzen im Lande selbst bergmännisch gewonnen. Zentren dieser Prägung waren der Magdalensberg (Kärnten) in Westnoricum und Celeia (Cilli/Celje) in Ostnoricum.
Die westnorischen Münzen tragen die Namen der Stammesfürsten wie ADNAMAT, NEMET, COPO usw. Diese Tradition haben sie von den nordöstlichen Nachbarn, den Boiern, übernommen, von denen schon im 2. Jh. Münzen mit den Fürstennamen NONNOS und BIATEC und auch Goldmünzen nach Noricum gelangten.
Das Ende der selbständigen Münzprägung in Noricum fällt mit der Angliederung an das Römische Reich, etwa um 15 v. Chr., zusammen.

Literatur: K. Pink, Einführung in die keltische Münzkunde mit besonderer Berücksichtigung des österreichischen Raumes, Wien 1974.
R. Göbl, Typologie und Chronologie der keltischen Münzprägung in Noricum, Wien 1973.
Bur.

2/15/1 **Donaukelten**

Nachahmung Philipperreiter, 3. Jh. v. Chr.
Silber, 13,53 gr.
Leihgeber: Graz, LMJ, Münzensammlung, Inv.-Nr. 51 503

2/15/2 **Donaukelten**

Nachahmung Philipperreiter, 3. Jh. v. Chr.
Kupfer, 11,32 gr.
Leihgeber: Graz, LMJ, Münzensammlung, Inv.-Nr. 51 505

2/15/3 **Ostkelten**

Kreuzreiter-Typ, 2. Jh. v. Chr.
Silber, 12,08 gr.
Leihgeber: Graz, LMJ, Münzensammlung, Inv.-Nr. 50 169

2/15/4 **Ostkelten**

Helmschweifreiter-Typ, Ende 2. Jh. v. Chr.
Silber, 12,82 gr.
Leihgeber: Graz, LMJ, Münzensammlung, Inv.-Nr. 50 176

2/15/5 **Vindeliker**

Regenbogenschüsselchen, Ende 2. Jh. v. Chr.
Gold, 7,38 gr.
Leihgeber: Graz, LMJ, Münzensammlung, Inv.-Nr. 50 071
und 55 361

2/15/6 **Ostkelten**

Athene-Alkis-Drittel, Ende 2. Jh. v. Chr.
Gold, 2,73 gr.
Leihgeber: Graz, LMJ, Münzensammlung, Inv.-Nr. 50 066

2/15/7 **Boier**

Vollstater, um 100 v. Chr.
Gold, 6,72 gr.
Leihgeber: Graz, LMJ, Münzensammlung, Inv.-Nr. 50 064

2/15/8 **Donaukelten**

BIATEC-Typ, um 80 v. Chr.
Silber, 16,22 gr.
Leihgeber: Graz, LMJ, Münzensammlung, Inv.-Nr. 50 070
und 55 374

2/15/9 Donaukelten

NONNOS-Typ, um 60 v. Chr.
Silber, 17,05 gr.
*Leihgeber: Graz, LMJ, Münzensammlung, Inv.-Nr. 50 068
und 55 380*

2/15/10 Ostnoricum

Gesichts-Typ, um 80 v. Chr.
Silber, 10,50 gr.
*Leihgeber: Graz, LMJ, Münzensammlung, Inv.-Nr. 50 023
und 55 360*

2/15/11 Ostnoricum

Augen-Typ, um 80 v. Chr.
Silber, 10,05 gr.
Leihgeber: Graz, LMJ, Münzensammlung, Inv.-Nr. 50 012

2/15/12 Ostnoricum

Augen-Typ, um 80 v. Chr.
Silber, 10,36 gr.
Leihgeber: Graz, LMJ, Münzensammlung, Inv.-Nr. 50 013

2/15/13 Ostnoricum

Augen-Typ, um 80 v. Chr.
Silber, 10,39 gr.
*Leihgeber: Graz, LMJ, Münzensammlung, Inv.-Nr. 50 015
und 55 377*

2/15/14 Ostnoricum

Augen-Typ, um 80 v. Chr.
Silber, 10,03 gr.
Leihgeber: Graz, LMJ, Münzensammlung, Inv.-Nr. 50 011

2/15/15 Ostnoricum

Warasdiner-Typ, um 90 v. Chr.
Silber, 8,45 gr.
Leihgeber: Graz, LMJ, Münzensammlung, Inv.-Nr. 50 032

2/15/16 Ostnoricum

Warasdiner-Typ, um 90 v. Chr.
Silber, 12,21 gr.
*Leihgeber: Graz, LMJ, Münzensammlung, Inv.-Nr. 50 025
und 55 369*

2/15/17 Ostnoricum

Warasdiner-Typ (Brezelohr), um 90 v. Chr.
Silber, 10,16 gr.
*Leihgeber: Graz, LMJ, Münzensammlung, Inv.-Nr. 50 033
und 55 367*

2/15/18 Ostnoricum

Gjurgjevacer-Typ, um 90 v. Chr.
Silber, 9,59 gr.
Leihgeber: Graz, LMJ, Münzensammlung, Inv.-Nr. 50 041

2/15/19 Westnoricum

Kleinsilber Magdalensberg-Typ, um 50 v. Chr.
Silber, 0,63 gr.
*Leihgeber: Graz, LMJ, Münzensammlung, Inv.-Nr. 50 056
und 55 365*

2/15/20 Westnoricum

Kleinsilber Magdalensberg-Typ, um 50 v. Chr.
Silber, 0,50 gr.
*Leihgeber: Graz, LMJ, Münzensammlung, Inv.-Nr. 50 058
und 55 364*

2/15/21 Westnoricum

ECCAIO-Typ, um 70 v. Chr.
Silber, 10,44 gr.
*Leihgeber: Graz, LMJ, Münzensammlung, Inv.-Nr. 50 046
und 55 372*

2/15/22 Westnoricum

NEMET-Typ, um 70 v. Chr.
Silber, 10,05 gr.
*Leihgeber: Graz, LMJ, Münzensammlung, Inv.-Nr. 50 048
und 55 368*

2/15/23 Westnoricum

DIIM-Typ, um 80 v. Chr.
Silber, 10,30 gr.
*Leihgeber: Graz, LMJ, Münzensammlung, Inv.-Nr. 50 009
und 55 370*

2/15/24 Westnoricum

ADNAMAT-Typ, um 70 v. Chr.
Silber, 10,21 gr.
*Leihgeber: Graz, LMJ, Münzensammlung, Inv.-Nr. 50 051
und 55 375*

2/15/25 Westnoricum

COPO-Kugelreiter-Typ, um 70 v. Chr.
Silber, 10,12 gr.
*Leihgeber: Graz, LMJ, Münzensammlung, Inv.-Nr. 50 045
und 55 376*

2/15/26 Ostkelten

Totfalu-Kleinsilber, um 70 v. Chr.
Silber, 2,50 gr.
*Leihgeber: Graz, LMJ, Münzensammlung, Inv.-Nr. 50 082
und 55 379*

2/15/27 Ostkelten

Totfalu-Kleinsilber, um 70 v. Chr.
Silber, 2,54 gr.
Leihgeber: Graz, LMJ, Münzensammlung, Inv.-Nr. 50 115

2/15/28 Ostkelten

Totfalu-Kleinsilber, um 70 v. Chr.
Silber, 2,48 gr.
Leihgeber: Graz, LMJ, Münzensammlung, Inv.-Nr. 50 125

2/15/29 Ostkelten

Totfalu-Kleinsilber, um 70 v. Chr.
Silber, 2,57 gr.
Leihgeber: Graz, LMJ, Münzensammlung, Inv.-Nr. 50 121

2/15/30 Ostkelten

TI-Wuschelkopf-Typ, um 80 v. Chr.
Silber, 10,54 gr.
*Leihgeber: Graz, LMJ, Münzensammlung, Inv.-Nr. 50 018
und 55 383*

2/15/31 Ostkelten

Lorbeerkranz-Typ, um 90 v. Chr.
Silber, 12,81 gr.
Leihgeber: Graz, LMJ, Münzensammlung, Inv.-Nr. 50 093

2/15/32 Ostkelten

Helmschweifreiter-Typ, um 90 v. Chr.
Silber, 12,03 gr.
Leihgeber: Graz, LMJ, Münzensammlung, Inv.-Nr. 50 173

2/15/33 Ostkelten

Kapostaler-Typ, um 50 v. Chr.
Silber, 13,04 gr.
Leihgeber: Graz, LMJ, Münzensammlung, Inv.-Nr. 50 073

2/15/34 Ostkelten

Südgruppe, Scyphatus, um 50 v. Chr.
Silber, 10,35 gr.
Leihgeber: Graz, LMJ, Münzensammlung, Inv.-Nr. 50 187

2/15/35 Ostkelten

Südgruppe, Scyphatus, um 50 v. Chr.
Silber, 10,68 gr.
Leihgeber: Graz, LMJ, Münzensammlung, Inv.-Nr. 50 106

2/15/36 Westkelten

Massilia-Drachme-Nachprägung, 3. Jh. v. Chr.
Silber, 3,12 gr.
Leihgeber: Graz, LMJ, Münzensammlung, Inv.-Nr. 50 193

2/15/37 Westkelten

Massilia-Drachme-Nachbildung, 2. Jh. v. Chr.
Kupfer, 1,99 gr.
Leihgeber: Graz, LMJ, Münzensammlung, Inv.-Nr. 50 153

2/15/38 Gallokelten, Remi

Kleinsilber, um 50 v. Chr.
Silber, 2,85 gr.
Leihgeber: Graz, LMJ, Münzensammlung, Inv.-Nr. 50 205

Raum 3
Geld und Handel Noricums

3/1 Römische Münzen

Vieh *(pecunia)*, das häufigste Tauschmittel der Römer, gab dem Geld *(pecunia)* den Namen. Neben Vieh verwendeten sie Rohkupferbarren zum Tausch (aes *rude*). Erst 289 v. Chr. wurde das Münzwesen unter staatliche Kontrolle gestellt, als die Ämter der tres viri monetales (III VIRI AAA FF — Tres viri aere argento auro flando feriundo) geschaffen wurden.
Sie prägten Kupfermünzen nach der Gewichtseinheit:
1 römisches Pfund = 273 gr. = 1 As.
Teilstücke sind Semis ($^1/_2$), Triens ($^1/_3$), Quadrans ($^1/_4$), Sextans $^1/_6$) und Uncia ($^1/_{12}$).
Daneben prägten sie nach dem Vorbild der griechischen Nachbarn in Süditalien Silbermünzen (Drachmen).
Im 2. Punischen Krieg (218–201 v. Chr.) kam es zu einer einschneidenden Reduktion des As-Gewichtes. Dazu wurde eine Silbermünze geschaffen, der *denarius* = deni asses = 10 Asse. Der Denar wird in der Folgezeit zur vorherrschenden Münzsorte.

Um 15. v. Chr. wird das Königreich Noricum und damit auch unser Gebiet Teil des Römischen Reiches und gehört zum Währungsbereich der römischen Reichsmünze, deren Prägung seit 23 v. Chr. von Kaiser Augustus neu geregelt war. Das Recht der Prägung hatte nunmehr der Kaiser als Imperator, das formale Recht des Senates auf die Ernennung zum Imperator bleibt durch das SC (senatus consulto) auf den Bronzemünzen ausgedrückt.
Die wichtigsten Münzen der Kaiserzeit bis 294 n. Chr. sind:
1 Aureus (Gold) = 25 Denare (Silber) = 100 Sesterzen (Messing) = 200 Dupondii (Messing) = 400 Asse (Kupfer); Quinar = $^1/_2$ Denar; Semist = $^1/_2$ As; Quadrans = $^1/_4$ As.
Kaiser Caracalla schuf im Jahre 215 n. Chr. eine neue Silbermünze, den *Antoninian* (Doppeldenar). Feingehalt und Gewicht dieser Münze sanken aber bald so stark, daß daraus nur mehr eine Kleinkupfermünze mit oberflächlichem Silbersud wurde. In der verworrenen Zeit der Soldatenkaiser entstanden aus der zeitweiligen Kriegsprägung neben der bisher einzigen Münzstätte in der Hauptstadt Rom neue Münzstätten in den Provinzen. Zahlreiche Verwahrfunde zeugen von diesen inneren und äußeren Wirren.
Der Aussagereichtum der Münzen der Kaiserzeit ist vielfältig: die Vorderseiten zeigen uns Porträts der Kaiser und ihrer Angehörigen, Namen, Titel und Regierungszeiten; die Bilder der Rückseiten zeigen Ereignisse der politischen Geschichte und Erscheinungsformen des kulturellen und sozialen Lebens.
*Literatur: R. Göbl, Antike Numismatik, 2 Bde., München 1978.
Bur.*

3/1/1 Rom, Republik

Reduziertes As, 167/155 v. Chr.
Kupfer, 44,81 gr.
Leihgeber: Graz, LMJ, Münzensammlung, Inv.-Nr. 80 177

3/1/2 Rom, Republik

Reduziertes As, 110/60 v. Chr.
Kupfer, 12,57 gr.
Leihgeber: Graz, LMJ, Münzensammlung, Inv.-Nr. 80 183

3/1/3 Rom, Republik

Denar, 187/175 v. Chr.
Silber, 3,80 gr.
Leihgeber: Graz, LMJ, Münzensammlung, Inv.-Nr. 80 205

3/1/4 Rom, Republik

Denar, 167/155 v. Chr.
Silber, 3,34 gr.
Leihgeber: Graz, LMJ, Münzensammlung, Inv.-Nr. 80 204

3/1/5 Rom, Republik

Victoriat, 175/168 v. Chr.
Silber, 2,50 gr.
Leihgeber: Graz, LMJ, Münzensammlung, Inv.-Nr. 80 207

3/1/6 Rom, Republik

Semis, 119/110 v. Chr.
Kupfer, 8,45 gr.
Leihgeber: Graz, LMJ, Münzensammlung, Inv.-Nr. 80 303

3/1/7 Rom, Republik

Denar, 55 v. Chr. (PAVLVS LEPIDVS)
Silber, 4,00 gr.
Leihgeber: Graz, LMJ, Münzensammlung, Inv.-Nr. 80 251

3/1/8 Rom (Asia minor), Republik

Denar, 41 v. Chr.
Silber, 3,78 gr.
*Leihgeber: Graz, LMJ, Münzensammlung, Inv.-Nr. 80 263 und
55 396*

3/1/9 **Rom (Gallien), Republik**
Denar, 50 v. Chr. (CAESAR)
Silber, 3,97 gr.
*Leihgeber: Graz, LMJ, Münzensammlung, Inv.-Nr. 80 456
und 55 395*

3/1/10 **Rom**
Denar, 44 v. Chr. (CAESAR und P. SEPVLLIVS MACER)
Silber, 3,60 gr.
*Leihgeber: Graz, LMJ, Münzensammlung, Inv.-Nr. 80 457
und 55 394*

3/1/11 **Rom (Asia minor)**
Quinar, 40/39 v. Chr. (MARC ANTON)
Silber, 1,75 gr.
Leihgeber: Graz, LMJ, Münzensammlung, Inv.-Nr. 80 261

3/1/12 **Rom, Augustus (27 v. Chr.–14 n. Chr.)**
Sesterz, 15 v. Chr. (Münzmeistersesterz)
Messing, 20,73 gr.
Leihgeber: Graz, LMJ, Münzensammlung, Inv.-Nr. 80 340

3/1/13 **Rom (Asia minor), Augustus (27 v. Chr.–14 n. Chr.)**
2 Denare, 27/14 v. Chr.
Silber, 3,79 und 3,73 gr.
*Leihgeber: Graz, LMJ, Münzensammlung, Inv.-Nr. 80 012
und 80 014*

3/1/14 **Rom, Augustus**
As, 22/21 v. Chr.
Kupfer, 11,11 gr.
Leihgeber: Graz, LMJ, Münzensammlung, Inv.-Nr. 85 485

3/1/15 **Rom, Tiberius (14–37)**
2 Asses (Memorialprägung für DIVVS AVGVSTVS)
Kupfer
*Leihgeber: Graz, LMJ, Münzensammlung, Inv.-Nr. 80 665
und 80 666*

3/1/16 **Rom, Claudius (41–54)**
Sesterz, 41 n. Chr.
Messing, 28,43 gr.
Leihgeber: Graz, LMJ, Münzensammlung, Inv.-Nr. 80 924

3/1/17 **Rom, Claudius (41–54)**
Quadrans, 41 n. Chr.
Kupfer, 3,37 gr.
Leihgeber: Graz, LMJ, Münzensammlung, Inv.-Nr. 80 921

3/1/18 **Rom, Nero (54–68)**
Aureus
Gold, 7,3 gr.
Leihgeber: Graz, LMJ, Münzensammlung, Inv.-Nr. 80 056

3/1/19 **Rom, Nero (54–68)**
Denar, 63/68 n. Chr.
Silber, 3,28 gr.
Leihgeber: Graz, LMJ, Münzensammlung, Inv.-Nr. 80 946

3/1/20 **Rom, Nero (54–68)**
Sesterz
Messing, 19,20 gr.
Leihgeber: Graz, LMJ, Münzensammlung, Inv.-Nr. 80 944

3/1/21 **Rom, Nero (54–68)**
As
Kupfer, 8,26 gr.
Leihgeber: Graz, LMJ, Münzensammlung, Inv.-Nr. 80 670

3/1/22 **Rom, Nero (54–68)**
Quadrans
Kupfer, 2,90 gr.
Leihgeber: Graz, LMJ, Münzensammlung, Inv.-Nr. 80 957

3/1/23 **Rom, Vespasian (69–79)**
Aureus, 71 n. Chr.
Gold, 7,23 gr.
Leihgeber: Graz, LMJ, Münzensammlung, Inv.-Nr. 55 399

3/1/24 **Rom, Vespasian (69–79)**
Denar, 75 n. Chr.
Silber, 3,14 gr.
Leihgeber: Graz, LMJ, Münzensammlung, Inv.-Nr. 81 075

3/1/25 **Rom, Domitian (81–96)**
Aureus, 84 n. Chr.
Gold, 7,80 gr.
Leihgeber: Graz, LMJ, Münzensammlung, Inv.-Nr. 55 400

3/1/26 **Rom, Nerva (96–98)**
As, 97 n. Chr.
Kupfer, 11,37 gr.
Leihgeber: Graz, LMJ, Münzensammlung, Inv.-Nr. 81 322

3/1/27 **Rom, Traian (98–117)**
Sesterz, 103/104 n. Chr.
Messing, 19,43 gr.
Leihgeber: Graz, LMJ, Münzensammlung, Inv.-Nr. 80 680

3/1/28 **Rom, Traian (98–117)**
Dupondius, 103/111 n. Chr.
Messing, 12,63 gr.
Leihgeber: Graz, LMJ, Münzensammlung, Inv.-Nr. 55 390

3/1/29 **Rom, Hadrian (117–138)**
Dupondius, 125/128 n. Chr.
Messing, 13,20 gr.
Leihgeber: Graz, LMJ, Münzensammlung, Inv.-Nr. 81 636

3/1/30 **Rom, Hadrian (117–138)**
Sesterz, 118 n. Chr.
Messing, 24,69 gr.
Leihgeber: Graz, LMJ, Münzensammlung, Inv.-Nr. 81 715

3/1/31 **Rom, Hadrian (117–138)**
Semissis (METalla NORica)
Galvano
Leihgeber: Graz, LMJ, Münzensammlung, Inv.-Nr. 55 405

3/1/32 **Rom, Antoninus Pius (138–161)**
Aureus, 150 n. Chr.
Gold, 7,39 gr.
Leihgeber: Graz, LMJ, Münzensammlung, Inv.-Nr. 55 401

3/1/33 **Rom, Antoninus Pius (138–161)**
As, 154 n. Chr.
Kupfer, 9,70 gr.
Leihgeber: Graz, LMJ, Münzensammlung, Inv.-Nr. 81 844

3/1/34 **Rom, Marc Aurel (161–180)**
Dupondius, 173 n. Chr.
Messing, 8,88 gr.
*Leihgeber: Graz, LMJ, Münzensammlung, Inv.-Nr. 80 690
und 55 384*

3/1/35 **Rom, Marc Aurel (161–180) für DIVA FAVSTINA
junior**

3

Sesterz, 175/180 n. Chr.
Messing, 27,87 gr.
Leihgeber: Graz, LMJ, Münzensammlung, Inv.-Nr. 82 474

3/1/36 **Rom, Lucius Verus (161—169)**
Denar, 161 n. Chr.
Silber, 2,85 gr.
Leihgeber: Graz, LMJ, Münzensammlung, Inv.-Nr. 82 507

3/1/37 **Rom, Lucius Verus (161—169) für LVCILLA**
Sesterz, 164 n. Chr.
Messing, 26,52 gr.
Leihgeber: Graz, LMJ, Münzensammlung, Inv.-Nr. 82 559 und 55 389

3/1/38 **Rom, Caracalla (198—217)**
Denar
Silber, 4,77 gr.
Leihgeber: Graz, LMJ, Münzensammlung, Inv.-Nr. 80 039 und 55 393

3/1/39 **Rom, Caracalla (198—217)**
Antoninian, 214 n. Chr.
Silber, 3,75 gr.
Leihgeber: Graz, LMJ, Münzensammlung, Inv.-Nr. 82 942 und 55 391

3/1/40 **Rom, Alexander Severus (222—235) für IVLIA MAMAEA**
Sesterz
Messing, 15,37 gr.
Leihgeber: Graz, LMJ, Münzensammlung, Inv.-Nr. 83 319 und 55 387

3/1/41 **Rom, Maximinus Thrax (235—238)**
Sesterz, 235/236 n. Chr.
Messing, 21,12 gr.
Leihgeber: Graz, LMJ, Münzensammlung, Inv.-Nr. 83 367 und 55 388

3/1/42 **Rom, Philippus Arabs (244—249)**
Antoninian, 246 n. Chr.
Silber, 4,90 gr.
Leihgeber: Graz, LMJ, Münzensammlung, Inv.-Nr. 83 575 und 55 392

3/1/43 **Rom, Gallienus (260—268)**
Antoniniani der Tierserie, 268 n. Chr.
Kupfer mit Silbersud
Leihgeber: Graz, LMJ, Münzensammlung, Inv.-Nr. St 1276, St 1282, St 484, St 522, St 538, St 718, St 882, St 968

3/2 **Preisedikt des Kaisers Diokletian (301 n. Chr.)**
Grafik: R. Gaar
Das inschriftlich überlieferte Edikt nennt Maximaltarife für Waren und Löhne, die unter Androhung der Todesstrafe von niemandem im Imperium Romanum überschritten werden dürfen. Der wirtschaftlichen Krise mit ihrer Geldentwertung wollen die Kaiser der Spätantike durch Festsetzung von Höchstsätzen Herr werden. Unter den Hunderten von Tarifen und Preisangaben finden sich neben Getreide, Wein, Öl, Fisch, Fleisch, Geflügel, Milchprodukten, Schmuck, Sklaven und Kleidung auch Hinweise auf ein Kleidungsstück aus Noricum (vermutlich ein Wetterfleck mit Kapuze). Das kaiserliche Edikt bietet somit mit seinen Preisangaben für Grundnahrungsmitteln und seinen Lohntarifen (auf der Grundlage des Silberdenars; Silber:Gold = 12:1) ein geeignetes

Instrument, die Bedingungen für das Existenzminimum zu berechnen.
Literatur: S. Lauffer, Diokletians Preisedikt (Texte und Kommentare 5), Berlin 1971.
F. De Martino, Wirtschaftsgeschichte des alten Rom, München 1985.

3/3 **Der römerzeitliche Schatzfund von Strettweg**

Ca. 1.000 Münzen, 3. Jh. n. Chr.
Im Jahre 270 n. Chr. verbarg ein Unbekannter in den Höhlungen des Falkenberges in der Nähe von Strettweg bei Judenburg einen Münzschatz, möglicherweise den Inhalt einer Truppenkasse.
Beim Bau der Umfahrungsstraße für Judenburg wurde 1976 dieses Münzdepot freigelegt. Insgesamt wurden 2.912 Münzen geborgen. Der Finder hat den Fund in vorbildlicher Weise gemeldet.
Verbergungsursache waren vermutlich die Wirren im Römischen Reich nach dem Tode von Kaiser Claudius II. Gothicus, als sich Senat und Armee über die Person des Nachfolgers nicht einigen konnten.
Die Münzen stammen alle aus der Zeit zwischen 244 und 270 n. Chr., in der Hauptsache sind Münzen des Kaisers Gallienus, 260—268, vertreten. Alle Münzen des Hortes sind Antoniniane. Ausgestellt ist etwa ein Drittel des Fundes mit Münzen der folgenden Kaiser: Philippus I. Arabs, Trebonianus Gallus, Aemilianus, Volusianus, Valerianus I. pater, Gallienus, Claudius II. Gothicus und Quintillus.
Literatur: O. Burböck, Ein römerzeitlicher Münzschatz aus Judenburg-Strettweg. Schild von Steier, Beiträge zur steirischen Vor- und Frühgeschichte und Münzkunde, Beiheft 2, Graz 1984/85.
Leihgeber: Graz, LMJ, Münzensammlung, Inv.-Nr. 86 250ff.
Bur.

3/4a **Katsch**
1926 und 1927 wurden in Katsch, in der Nähe des heutigen Kriegerdenkmales, die Grundmauern einer römerzeitlichen „villa rustica" ausgegraben. Das Hauptgebäude mißt 48 x 42 Meter und besteht aus vier um einen Innenhof angelegten Trakten. In einem der Wohnräume konnte eine Bodenheizungsanlage festgestellt werden. Da der Ort noch im Mittelalter unter dem wahrscheinlich illyrischen Namen Chatissa bekannt war, dürfen wir annehmen, daß er auch in der Antike so hieß. In einiger Entfernung vom Landhaus fand sich auch der zugehörige Bestattungsplatz mit 17 Grabbauten und 30 Brandbestattungen und sieben außerhalb der Bauten liegenden Körpergräbern; von den Grabinschriften sind zwei erhalten, die so wie die verschiedenen Beigaben in das 1. bis 2. Jh. n. Chr. zu datieren sind. Vor allem die Grabbeigaben aus den früheren Gräbern (1. Jh. n. Chr.), die hier gezeigt werden, geben ein kontrastreiches Nebeneinander etwa von reizvoll verzierter grober einheimischer Keramik und feinen Glasgefäßen wieder, die zu dieser Zeit nur Import aus Italien oder dem östlichen Mittelmeerraum sein können.
Literatur: W. Schmid, Archäologische Forschungen in der Steiermark, ÖJh 25, Wien 1929, Sp. 108–148.

3/4b **St. Georgen ob Judenburg**
Westlich von Nußdorf wurden 1909 in Scheiben beim Anlegen eines Bahngeleises mehrere römerzeitliche Gräber angeschnitten. Geborgen wurden von den Arbeitern lediglich die Metallfunde, Fibeln und Bruchstücke von solchen. Davon hervorzuheben ist besonders eine unvollständige Schmuckgarnitur aus Silber.
Literatur: R. Mell, Römerfunde aus Scheiben und Thalheim bei

Judenburg, Jb. f. Altertumskunde 4, 1910, S. 89 f.
W. Modrijan, Das Aichfeld, in: Judenburger Museumsschr. III,
1962, S. 29 f.

3/4/1 Verzierte Glasschale

Glasschale mit Schliffverzierung
Fundort: Katsch, Grabstätte IX
H. 3,6 cm, Ø 7 cm

Glasschale, in Form gegossen, aus fast farblosem Glas, verziert in Schlifftechnik mit einem umlaufenden Blattrankenmuster.
Leihgeber: Graz, LMJ, Abt. f. Vor- und Frühgeschichte, Inv.-Nr. 2 801

3/4/2 Glasflasche mit Henkel

Fundort: Katsch, Grabstätte I, 5. Einzelgrab H. 8,4 cm, B. 4,3 cm
Vierkantige in Halbform geblasene kleine Henkelflasche aus gelbgrünem Glas, war wahrscheinlich als Salbölfläschchen oder Balsamarium importiert worden.
Leihgeber: Graz, LMJ, Abt. f. Vor- und Frühgeschichte, Inv.-Nr. 2 800

3/4/3 Glasschale

Fundort: Katsch, Grabstätte I, 4. Einzelgrab
H. 6,5 cm, Ø 10,5 cm
Verhältnismäßig hohe, wahrscheinlich in Form gegossene Schale aus gelblichgrünem Glas mit halbkugeligem Körper und ausgestelltem steilen Rand.
Leihgeber: Graz, LMJ, Abt. f. Vor- und Frühgeschichte.

3/4/4 Glasbalsamarium

Fundort: Katsch, Grabstätte I, 3. Einzelgrab
H. 12 cm
Röhrenförmiges Gefäß, diente der Aufbewahrung und dem Transport kostbarer Essenzen wie etwa Parfum und fand wahrscheinlich in dieser Funktion Verwendung als Grabbeigabe.
Leihgeber: Graz, LMJ, Abt. f. Vor- und Frühgeschichte.

3/4/5 Glasbalsamarium

Fundort: Katsch, Grabstätte X, 9. Einzelgrab
H. 8 cm
Schlauchförmiges unregelmäßig geformtes Glasfläschchen.
Leihgeber: Graz, LMJ, Abt. f. Vor- und Frühgeschichte, Inv.-Nr. 2 820

3/4/6 Glasbalsamarium

Fundort: Katsch, Grabstätte X
H. 7,5 cm
Leihgeber: Graz, LMJ, Abt. f. Vor- und Frühgeschichte, Inv.-Nr. 2 825

3/4/7 Schale

Fundort: Katsch, Grabstätte I, 5. Einzelgrab
H. 4,5 cm, Ø 9,7 cm
Schalen dieser Art waren eine im 1. bis 2. Jh. n. Chr. beliebte, aus Oberitalien kommende Trinkgefäßform, häufig in verschiedenen Techniken verziert. Das Stück aus Katsch ist allerdings vollständig dekorlos.
Leihgeber: Graz, LMJ, Abt. f. Vor- und Frühgeschichte, Inv.-Nr. 2 795

3/4/8 Töpfchen

Fundort: Katsch, Grabstätte I, 1. Einzelgrab
H. 14 cm, Ø 9 cm
Kochtopf aus braungrauem Ton mit geschwungen gezogenem Kammstrichmuster.
Leihgeber: Graz, LMJ, Abt. f. Vor- und Frühgeschichte, Inv.-Nr. 2 832

3/4/9 Topf

Grauer Ton
Fundort: Katsch, Grabstätte I (Grab F), 4. Einzelgrab
H. 23,3 cm, Ø 18,4 cm
Großer faßförmiger Topf mit durch waagrecht umlaufende Rillen getrenntem Wellenbänderdekor, war im vorliegenden Fall als Urne verwendet worden.
Leihgeber: Graz, LMJ, Abt. f. Vor- und Frühgeschichte, Inv.-Nr. 2 790

3/4/10 Urne

Grauer Ton
Fundort: Katsch, Grabstätte X, 6. Einzelgrab
H. 27,5 cm, Ø 22,6 cm
Bauchiger Topf mit Rädchenkerbverzierungen an der Schulter und kurzem, steilem, durch Rillen gegliedertem Hals.
Leihgeber: Graz, LMJ, Abt. f. Vor- und Frühgeschichte, Inv.-Nr. 2 823

3/4/11 Faltenbecher

Grauer Ton
Fundort: Katsch, Grabstätte XVII
H. 23,2 cm
Faltenbecher mit ihrer zum leichteren Halten eingedrückten Wandung wurden an und für sich als Trinkgefäße verwendet. Dafür ist dieser Becher jedoch zu groß, möglicherweise war er als Weinmischgefäß o.ä. gedacht gewesen.
Leihgeber: Graz, LMJ, Abt. f. Vor- und Frühgeschichte, Inv.-Nr. 2 855

3/4/12 Flügelfibel

Fibel aus Bronze
Fundort: Katsch, Körpergrab C
L. 13 cm
Große eingliedrige Fibel, typisch für die einheimische Tracht der frühen Römerzeit. Bei ihrer Größe und ihrem Gewicht konnte sie sicher nur zu einem Mantel aus schwerem Stoff getragen werden.
Leihgeber: Graz, LMJ, Abt. f. Vor- und Frühgeschichte, Inv.-Nr. 2 805

3/4/13 Flügelfibel

Fibel aus Bronze
Fundort: Katsch, Körpergrab C
L. 12,8 cm
Eingliedrige Fibel mit siebförmig durchbrochenem Nadelhalter. Auch sie war dazu bestimmt, ein Kleid oder einen Mantel an der Schulter zusammenzuhalten.
Leihgeber: Graz, LMJ, Abt. f. Vor- und Frühgeschichte, Inv.-Nr. 2 804

3/4/14 Doppelknopffibeln

Gewandspangen aus Silber, 1. Jh. n. Chr.
Fundort: Scheiben bei Judenburg
L. 11,7 cm
Fibeln dieser Form sind ein typischer Bestandteil der einheimischen Frauentracht des 1. und 2. Jhs. n. Chr. und gehen auf prähistorische keltische Vorläufer zurück. Als Schmuckstücke wurden sie so wie das vorliegende Stück auch häufig den Toten ins Grab mitgegeben.
Leihgeber: Graz, LMJ, Abt. f. Vor- und Frühgeschichte, Inv.-Nr. 11 104

3/4/15 Armreif

Silber
Fundort: Scheiben bei Judenburg
Ø 7,8 cm
Dieser Armreif wurde so wie ausgestellt mit der großen Doppelknopffibel (2.19.14.) zusammengehängt gefunden.

Leihgeber: Graz, LMJ, Abt. f. Vor- und Frühgeschichte, Inv.-Nr. 11 105

3/5 Römischer Gutshof, Katsch
Modell

3/6 Amphoren

3/6/1 Grauer Topf

mit Inhaltsangabe TP III S, spätes 1.–2. Jh. n. Chr.
Fundort: Leibnitz
H. 18,6 cm

Von der Form her, die das Nachwirken keltischer Gefäßformen erkennen läßt, könnte dieses Tongefäß ein einfacher Kochtopf o.ä. sein. Bemerkenswert an ihm ist jedoch eine nach dem Brennen in seinen Hals eingeritzte Inschrift mit dem Zeichen TP III S. Es handelt sich dabei um eine Gewichtsangabe, die lautet: „T(esta) P(ondo) III S(emis), d.h.: Keramiktopf, 3 1/2 Pfund". Dies entsprach in der Römerzeit etwa 1 146 heutigen Gramm. Das derzeitige Gewicht des Topfes beträgt wegen einiger Beschädigungen nur mehr 1 105 gr. Nach der Angabe des Gefäßgewichtes (Tara) dürfte der Topf als Einkaufsgefäß gedient haben, wobei die Gewichtsangabe das Abwiegen des Gefäßes vor dem Füllen unnötig machen sollte.

Literatur: R. Noll, Ein Tongefäß mit Gewichtsangabe aus Flavia Solva, Sch v St 2, 1953, S. 101–103.
Leihgeber: Graz, LMJ, Abt. f. Vor- und Frühgeschichte, Inv.-Nr. 665

3/6/2 Amphore

Oranger Ton, Typ Dressel 6 B, spätes 1. Jh. n. Chr.
Fundort: Flavia Solva
H. 49 cm

Amphoren dieses Typs stammen allgemein aus dem 1. bis frühen 2. Jh. n. Chr. und wurden vorwiegend für den Transport von Öl aus Istrien verwendet. Amphoren sind also als Transportgefäße für Luxuseßwaren (Wein, Öl, Oliven, Fischsauce) wichtige Quellen für die antike Handelsgeschichte.

Leihgeber: Graz, LMJ, Abt. f. Vor- und Frühgeschichte, Inv.-Nr. FS 80 1591

3/7/1 Bleietiketten

Fundort: Kalsdorf

Die hier gezeigten Bleitäfelchen entstammen einem größeren Fundkomplex von ca. 200 ähnlichen Stücken, der 1979 bei Bauarbeiten in Kalsdorf geborgen werden

konnte. Ein Großteil der Täfelchen trägt Beschriftung, meist auf beiden Seiten. Solche Plättchen waren meist als Etiketten zur kurzfristigen Kennzeichnung von nicht direkt beschriftbaren Gegenständen wie Stoffe, Säcke o.ä. in Verwendung. Befestigt wurden sie, wie die Ösen zeigen, mit Hilfe einer dünnen Schnur oder eines Drahtes. Die Kalsdorfer Exemplare tragen auf der Vorderseite im allgemeinen Personennamen, fast nur von Einheimischen. Die Rückseiten lassen vermuten, daß die Plättchen aus einem Stoffwalkerbetrieb stammen, in den man auch Kleidungsstücke zum Auffrischen oder Färben gebracht hat. Neben Hinweisen etwa auf die Art des Kleidungsstückes finden sich auch Gewichts- und Lohn- oder Preisangaben. Zu datieren sind die Stücke ungefähr in das 2.–4. Jh. n. Chr.

Leihgeber: Graz, LMJ, Abt. f. Vor- und Frühgeschichte, Inv.-Nr. 18 743

3/7/2 Römische Schnellwaage mit Gewichten,
siehe oben

3/7/3 Rechenstäbchen

Leihgeber: Landesmuseum Kärnten

3/8 Terra Sigillata (siehe Seite 45)

Terra Sigillata ist der moderne Name für eine bestimmte Art römischen Tafelgeschirrs, die sich durch besondere Herstellungstechnik und äußerlich durch die oft leuchtend orange- bis rotbraune Farbe auszeichnet. Viele Stücke tragen Töpfernamen oder Fabriksstempel und sind durch diese oder auch durch Besonderheiten in der Dekoration häufig sehr gut bestimmten Fabrikssorten und Töpferbetrieben zuzuweisen. In unseren Gebieten ist Terra Sigillata ausnahmslos Importware, und wir können an ihrem Auftreten und ihrer Streuung Handelsbeziehungen, aber auch Wirtschaftswachstum bzw. -niedergang ablesen und auch Verkehrswege rekonstruieren. Die in der Steiermark gefundene Terra Sigillata kam im 1. Jh. n. Chr. fast ausnahmslos aus dem benachbarten Oberitalien, dann sind bis in die 2. Hälfte des 2. Jhs. hauptsächlich Töpfer im heutigen Frankreich (Süd- und Mittel-Gallien) die Lieferanten. In der 2. Hälfte des 2. Jhs. werden dann die gallischen Erzeugnisse durch Rheinzabern (Speyer) vom Markt verdrängt. Um die Mitte des 3. Jhs. endet die Erzeugung von Terra Sigillata auch in diesen Betrieben und es gelang nur in späten 4. bis 5. Jh. eigentlich nur mehr spärlich sigillata-ähnliches Geschirr (sog. Terra Sigillata Chiara) aus Nordafrika nach Noricum.

Literatur: J. Garbsch, Terra Sigillata. Ein Weltreich im Spiegel seines Luxusgeschirrs. Ausstellungskataloge der Prähistorischen Staatssammlung, Bd. 10, München 1982.
E. Hudeczek, Die Terra Sigillata. 1900 Jahre Flavia Solva, Sch vSt, Kl. Schr. 11, Graz 1971, S. 43–62.

3/8/1 Kelch

Terra Sigillata, Drang 11, augusteisch

Fundort: Flavia Solva
H. 17,8 cm, Ø 19 cm

Oberitalienischer reliefierter Kelch, mit Szenen aus einem dionysischen Festzug dekoriert.

Literatur: E. Hudeczek, Flavia Solva, Leibnitz, 75 Jahre Stadt. Leibnitz 1988, Abb. S. 48.
Leihgeber: Graz, LMJ, Abt. f. Vor- und Frühgeschichte, Inv.-Nr. FS 76/395 419

3/8/2 TS-Applikenschale

Terra Sigillata – Steilrandschale, 2. Hälfte 1. Jh. n. Chr. (claudisch-flavisch)
Fundort: Flavia Solva
H. 3,7 cm, Ø 8 cm

Diese aus Oberitalien stammende Schale trägt innen auf dem Boden den eingestempelten Erzeugervermerk L.M.V. (= L. Mag. Virilis), wobei der Stempel Fußsohlenform aufweist. Der Steilrand ist mit vier Appliken verziert, und zwar je zwei menschlichen Masken und zwei schalmeiblasenden Eroten.

Leihgeber: Graz, LMJ, Abt. f. Vor- und Frühgeschichte, Inv.-Nr. FS 86/0930

3/8/3 Schale

Terra Sigillata, Drag. 35 mit Barbotine-Verzierung, 1. Jh. n. Chr.
Fundort: Flavia Solva
H. 3 cm, Ø 9,6 cm

Diese Schale, die aus einer oberitalischen Erzeugungstätte stammt, trägt als Besitzvermerk an der Außenseite eingeritzt die Buchstaben SIIXTI (= Schale „des Sextus").

Leihgeber: Graz, LMJ, Abt. f. Vor- und Frühgeschichte, Inv.-Nr. 684

3/8/4 Große Schüssel

Terra Sigillata, Drag. 31, teilweise bei der Zerstörung des Hauses durch Schadfeuer geschwärzt, 2. Hälfte 2. Jh. n. Chr.
Fundort: Flavia Solva
H. 8,7 cm

Dieses aus Mittelgallien oder Rheinzabern kommende Gefäß hatte innerhalb eines Speiseservices die Funktion einer Ansichtschüssel.

Leihgeber: Graz, LMJ, Abt. f. Vor- und Frühgeschichte, Inv.-Nr. 18 009

3/8/5 Schale

Terra Sigillata, Drag. 33, 2. Jh. n. Chr.
Fundort: Flavia Solva
H. 7,6 cm, Ø 12,8 cm

Zu jedem besseren Speiseservice gehörten zahlreiche Schalen oder Näpfe für die verschiedenen Saucen und Beilagen. Deshalb finden wir auch unter den Terra Sigillatageschirren zahlreiche verschiedenst geformte Gefäße dieser Bestimmung.

Leihgeber: Graz, LMJ, Abt. f. Vor- und Frühgeschichte, Inv.-Nr. 18 455

3/8/6 Schälchen

Terra Sigillata, Drag. 33, schwärzlich verbrannt, 2. Jh. n. Chr.
Fundort: Flavia Solva
H. 4,6 cm, Ø 10,2 cm
Siehe 3.8.5.

Leihgeber: Graz, LMJ, Abt. f. Vor- und Frühgeschichte, Inv.-Nr. 18 460

3/8/7 Becher mit Barbotine-Verzierung

Terra Sigillata mit plastischer Schlickerdekoration (Delphine zwischen Ranken und Blättern), 2.-3.J h. n. Chr.
Fundort: Flavia Solva
H. 16 cm, Ø 11,2 cm

Dieser Becher mit kunsthandwerklichem Anspruch stammt wahrscheinlich aus den Terra Sigillata-Fabriken aus Rheinzabern (in der Nähe von Speyer). Sein Verwendungszweck wird Trink- oder Mischgefäß gewesen sein.

Leihgeber: Graz, LMJ, Abt. f. Vor- und Frühgeschichte, Inv.-Nr. 18 454

3/8/8 Reliefschüssel

Terra Sigillata, Drag. 37, 2. Hälfte 2. Jh. n. Chr.
Fundort: Flavia Solva
H. 12,9 cm, Ø 23 cm

Die aus einer Form ausgeformte Schüssel stammt aus der Werkstatt des Cinnamus in Lezoux (Mittelgallien). Besonders bemerkenswert ist sie durch die Ritzinschrift auf dem Standring PANNA VIIRIICVNDAIIS IIMBTA VIGIIS, d.h., daß diese Schüssel aus dem Besitz einer Frau VERECUNDA um 20 As gekauft worden war. Mit dieser Preisangabe ist die Schüssel derzeit ein Unikat von besonderem handelsgeschichtlichem Interesse.

Literatur: R. Noll, Eine Sigillataschüssel mit Eigentumsvermerk und Preisangabe aus Flavia Solva. Germania 50, 1972, S. 148ff.
E. Hudeczek, Flavia Solva, Leibnitz, 75 Jahre Stadt. Leibnitz 1988, Abb. S. 48.
Leihgeber: Graz, LMJ, Abt. f. Vor- und Frühgeschichte, Inv.-Nr. 18 013

3/8/9 Römisches Tafelgeschirr vom Magdalensberg

Terra-sigillata-Schälchen der Produktion des Turius, hergestellt in Norditalien in Tiberianischer Zeit (14–37)
H. 3,9 cm, Ø 7 cm

Terra Sigillata, Fußsohlenstempel: T.TVRI. Terra Sigillata wurde bereits ab spätrepublikanischer Zeit aus Italien nach Noricum importiert. Zunächst diente die Handelsware zur Befriedigung der Bedürfnisse der römischen Händler, bald jedoch war dieses Geschirr Bestandteil der einheimischen Haushalte. Das vorliegende Schälchen gehört zum Inventar eines in spättiberianischer Zeit durch Brand vernichtetem Geschäft.

Literatur: G. Piccottini, Die Ausgrabungen auf dem Magdalensberg 1980, Carinthia 1/1981, S. 55ff.
M. Schindler, S. Scheffenegger, Die glatte rote Terra Sigillata vom Magdalensberg, Klagenfurt 1977.
Leihgeber: Magdalensberg, LM Kärnten, Inv.-Nr. M 80 SH/5

3/8/10 Römisches Tafelgeschirr vom Magdalensberg

Terra Sigillata Teller der Produktion des Gellius aus Arezzo (14–37)
H. 4,2 cm, Ø 17,5 cm

Terra Sigillata mit Appliken, Fußsohlenstempel: Gelli.

Leihgeber: Magdalensberg, LM Kärnten, Inv.-Nr. M 80 SH/5

3/8/11 Römisches Tafelgeschirr vom Magdalensberg

Terra Sigillata Schälchen der Produktion des RAS(...) LVC(...) aus Arezzo (14–37)
H. 4 cm, Ø 6,7 cm

Terra Sigillata mit Appliken, Fußsohlenstempel: RAS.LVC.

Leihgeber: Magdalensberg, LM Kärnten, Inv.-Nr. M 80/II/77 SH/5

3/8/12 Römischer Transportbehälter

Randfragment einer Amphore mit Stempel: Apici (Dressel G B) aus Istrien, frühkaiserzeitlich (50 v.–50 n. Chr.)
Ton mit gestempelter Punze
H. (erhalten): 35 cm, Lippe: 15 cm

Römerzeitliche Amphoren dienten zum Transport landwirtschaftlicher Produkte (Öl, Wein, Fischsaucen) im Fernhandel. Sie wurden auf landwirtschaftlichen Gütern hergestellt und tragen oft einen Stempel mit dem Namen des Gutsherren, quasi als Reklame-Etikett. Das vorliegende Stück stammt aus den um die Zeitwende anzusetzenden Betrieben des Apicus. Die Form lokalisiert diese Güter in Istrien und es wurde wohl damit Olivenöl verschickt.

Literatur: W. Jobst, G. Piccottini, Die Inschriften, Magdalensberg Grabungsbericht 13, 1969–1972, Klagenfurt 1973, S. 291, Abb. 1.
Leihgeber: Magdalensberg, LM Kärnten, Inv.-Nr. M 69 I/36

3/8/13 Römischer Transportbehälter

Schulterfragment einer Amphore mit Titulus Pictus
Erhaltener Rest: 20 x 20 cm

Ton mit aufgepinselter Tintenschrift: T(esta) P(ondo) XIV. Römische Amphoren trugen nicht nur Stempel als Herkunftsangabe, sie waren häufig auch mit weiteren Inschriften und Aufschriften den Inhalt betreffend versehen. Im vorliegenden Fall wird die Tara angegeben: 14 Pfund (etwa 4,5 kg).

Leihgeber: Magdalensberg, LM Kärnten, Inv.-Nr. MB 83

3/8/14 Römischer Transportbehälter

Amphorendeckel mit Kreuzsymbolsiegel
Gepreßter Ton
H. 3 cm, Ø 9,8 cm

Die Amphoren wurden originalverschlossen versendet. Hiezu wurde die Öffnung mit Pech, Harz oder Mörtel verschmiert und darauf ein Tondeckel geklebt. Dieser war häufig mit einer Inschrift oder einem Siegel versehen, das dem Eingeweihten Hinweise auf Inhalt, Verpackung und Kontrolle gab.

Literatur: H. Kenner, Die Kleinfunde, in: Magdalensberg Grabungsbericht 8, 1956–1957, Klagenfurt 1959, S. 85, Abb. 89.
Leihgeber: Magdalensberg, LM Kärnten, Inv.-Nr. 50 36 38

3/8/15 Römische Geldbeuteletikette

Kopie einer beinernen Geldbeuteletikette des Mandatus aus der frühen Kaiserzeit (50 v.–50 n. Chr.)
Vierkantstäbchen L. 5,1 cm

Bein, Vorderseite Mandatus, Rückseite 2 Inschriften kursiv übereinander, MANDATUS SERVVS; ANICETVS L. COMINI S. Beinerne oder metallene Etiketten wurden als Garantie an Geldbeutel angesetzt. Sie dienten dazu die Bonität des Käufers zu bestätigen.

Literatur: R. Egger, Die Inschriften, in: Magdalensberg Grabungsbericht 7, 1954, Klagenfurt 1956, S. 158, Abb. 60.
Leihgeber: Magdalensberg, LM Kärnten, o. Nr.

3/8/16 Römische Geldbeuteletikette

Beinerne Geldbeuteletikette des ARCASTVS aus der frühen Kaiserzeit
Vierkantstäbchen, L. 5,5 cm

Bein, Vorderseite ARCASTVS, Rückseite ALBI Q. S.

Literatur: R. Egger, Die Inschriften, in: Magdalensberg Grabungsbericht 7, 1954, Klagenfurt 1956, S. 156, Abb. 59.
Leihgeber: Magdalensberg, LM Kärnten, o. Nr.

3/9 Lampen

Die römischen Öllampen sind neben anderen Fundkomplexen ein Indikator für das Fortschreiten der Romanisierung in unserem Raum. Im 1. Jh. n. Chr. bis Mitte des 2. Jhs. wurden die Lampen aus Italien importiert. Es sind dies vorwiegend die aufwendig gestalteten sogenannten Bildlampen, mit meist reliefiertem Spiegel. Ende des 1. Jhs. n. Chr. treten erstmals die einfachen Firmalampen in Oberitalien auf. Von hier aus fanden sie rasch Verbreitung in den nördlichen Provinzen. Ab der 2. Hälfte des 2. Jhs. tauchen bereits Erzeugnisse aus lokalen Produktionsstätten auf, die in der Folge die importierte Ware immer weiter zurückdrängen. Ein Beleg dafür in der Steiermark sind u. a. der nahe von Flavia Solva gefundene Lampenmodel und die dazugehörige Lampe. Der bevorzugte Lampentypus wurde die als Massenware hergestellte und daher auch billigere Firmalampe, die ihren Namen von dem an ihrem Boden angebrachten Firmenstempel erhielt. Sie ist in unserem Raum bis weit in die Spätantike hinein nachgewiesen.

Literatur: E. Allram-Stern, Die römischen Lampen aus Carnuntum, RLÖ 35, 1988.
K. Goethert-Polaschek, Katalog der römischen Lampen des rhein. Landesmuseums Trier. Trierer Grabungen und Forschungen XV, 1985.
I. Kainz, Die römischen Lampen aus Flavia Solva. Ungedruckte Dipl.-Arb. Graz 1986.

3/9/1 Öllampe

Zweiflammige Hängelampe, die dazugehörige Bronzekette mit Löschhütchen wurde mitgefunden, 1. Jh. n. Chr.
Fundort: Flavia Solva
B. 9,7 cm, L. 19,1 cm
Leihgeber: Graz, LMJ, Abt. f. Vor- und Frühgeschichte, Inv.-Nr. 759

3/9/2 Öllampe

Loeschcke Typus III, Lampe mit gerundeter Volutenschnauze und Henkelaufsatz, 1. Jh. n. Chr.
Fundort: Altenmarkt b. Windischgratz

Im Spiegel dieser Lampe ist Fortuna mit Füllhorn dargestellt, der Henkelaufsatz ist mit einem Halbmond verziert. Dieser Lampentypus, der sich von hellenistischen Bronzelampen herleiten läßt, ist vor allem im 1. Jh. n. Chr. weit verbreitet und wird in dieser Zeit aus Italien importiert. In Pannonien und Noricum ist dieser Typus jedoch bis ins 3. Jh. hinein belegt und wird dann auch in lokalen Produktionsstätten hergestellt.

Leihgeber: Graz, LMJ, Abt. f. Vor- und Frühgeschichte, Inv.-Nr. 2 690

3/9/3 Öllampe

Firmenlampe, Typus Loeschcke X, 3. Jh. n. Chr.
Fundort: Flavia Solva
H. 2,2 cm, B. 6,1 cm, L. 8,7 cm

Diese Lampe wurde 1916 in Flavia Solva, Haus IV, Raum 21 gefunden. Am Boden befindet sich die Inschrift „ACCENDET FACELAM QUI LUCERNAM NON HABET". Sie gibt Auskunft darüber, daß Lampen offenbar nicht zur Standardausrüstung eines jeden Haushaltes gehörten, sondern daß Teile der Bevölkerung auf den billigeren Kienspan zurückgreifen mußten.

Literatur: W. Schmid, ÖJh 19/20, 1919, S. 146, Abb. 64.
Leihgeber: Graz, LMJ, Abt. f. Vor- und Frühgeschichte, Inv.-Nr. 18 391

3/9/4 Öllampe

Christliche Lampe mit einem Christogramm im Spiegel, die Schulter ist mit Rosetten und Palmzweigen verziert, ab der 2. Hälfte des 4. Jhs. n. Chr.
Fundort: Pettau

Dieser Lampentypus, als dessen Herkunftsland Nordafrika gilt, tritt bei uns ab der 2. Hälfte des 4. Jhs. auf und reicht bis in die Spätantike. Es gibt wichtige Aufschlüsse über die Ausbreitung des Christentums.

Literatur: O. Fischbach, Römische Lampen aus Poetovio, Mitt. d.

Hist. Ver. f. Stmk., XLIV, 1896.
Leihgeber: Graz, LMJ, Abt. f. Vor- und Frühgeschichte, Inv.-Nr. 852

3/9/5 Öllampe mit dem Unterteil eines Lampenmodels

Firmenlampe, Loeschcke Typus X, 3. Jh. n. Chr.
Fundort: Retznei
H. 2,7 cm, B. 5 cm, L. 7,7 cm

Die Lampe wurde 1915 in Flavia Solva, Haus IV gefunden, der Model stammt aus Retznei, wenige Kilometer südlich von Flavia Solva. Beide weisen am Boden eine stark verschliffene sechsblättrige Rosette auf, die in Größe und Form übereinstimmen. Sie dürften daher aus derselben Werkstatt stammen.

Literatur: F. Pichler, MCC 18, 1874, S. 178.
Leihgeber: Graz, LMJ, Abt. f. Vor- und Frühgeschichte, Inv.-Nr. 724 und 18 440

3/10 Glas

Die Kunst der Glaserzeugung ist schon sehr alt (erste Gefäße ca. 1500 v. Chr.). Doch erst, als etwa Mitte des 1. Jhs. v. Chr. die Kunst des Glasblasens mit der Glasmacherpfeife erfunden wurde, die eine schnellere und billigere Herstellung von Glasgefäßen ermöglichte konnte Glas zu einem allgemeinen Gebrauchsartikel werden, der auch als Handelsprodukt verstärkt interessant wurde. Schon vor Christi Geburt entstanden Glasmacherzentren auch in Oberitalien, von wo vor allem aus Apulien auch nach Noricum exportiert wurde. Um die durch den gesunkenen Preis ständig steigende Nachfrage zu befriedigen, wurde aber bereits im 2. Jh. n. Chr. in allen Provinzen des Römischen Reiches Glas erzeugt, so auch in der Steiermark, wo in Flavia Solva eindeutig Werkstätten festgestellt werden konnten. Das hier erzeugte Glas war wohl nur einfache Gebrauchsware, grünliches, ungefärbtes Glas für den Normalbedarf der Stadtbevölkerung und des Umlandes. Bei etwaigem „Luxusglas" wird man weiterhin auf Import angewiesen gewesen sein.

Literatur: E. Hudeczek, Antikes Glas, in: Glas und Kohle, Katalog zur Landesausstellung 1988, Graz 1988, S. 105, S. 359–361.
B. Czurda-Ruth, Die römischen Gläser vom Magdalensberg. Arch.-Forsch. z. d. Grabungen auf dem Magdalensberg 6, Klagenfurt 1979.

3/10/1 Glasurne

1.-2. Jh. n. Chr.
Fundort: Haidin
H. 20 cm, Ø min. 15 cm, Ø max. 21,5 cm

Glasgefäße dieser Art (meist kugelig mit eingedellter Standfläche und umgeschlagenem Rand) wurden speziell für den Totenkult als Urne hergestellt. Der im Gefäß befindliche mitgefundene Leichenbrand belegt diese Verwendung auch für das vorliegende Stück.

Leihgeber: Graz, LMJ, Abt. f. Vor- und Frühgeschichte, Inv.-Nr. 2 683

3/10/2 Glasbalsamarium

Fundort: Poetovio (Ptuj – Pettau)
H. 5,7 cm, Ø 4,8 cm

Behälter für wertvolle Essenzen wie etwa Parfum, kam also meist nicht primär als Gefäß, sondern als Transportgebinde in unser Gebiet.

Leihgeber: Graz, LMJ, Abt. f. Vor- und Frühgeschichte, Inv.-Nr. 2 441

3/10/3 Glaskrug

3.-4. Jh. n. Chr.
Fundort: Poetovio (Ptuj – Pettau)
H. 28 cm, Ø 10 cm

Dieser Krug, wahrscheinlich zum Kredenzen von Wein bestimmt, war Bestandteil eines Trinkservices und fand

als solches letztendlich so wie alle hier gezeigten Glasgefäße Verwendung als Grabbeigabe.

Leihgeber: Graz, LMJ, Abt. f. Vor- und Frühgeschichte, Inv.-Nr. 18481

3/10/4 Glasteller

H. 3,4 cm, Ø 14,3 cm

Dieser Teller gehörte ähnlich wie die Glaschale (2.22.5) einem feinen Dessertservice an.

Leihgeber: Graz, LMJ, Abt. f. Vor- und Frühgeschichte, Inv.-Nr. 2 029

3/10/5 Glasschale

2. Jh. n. Chr.
Fundort: Flavia Solva
H. 4,1 cm, Ø 8,3 cm

Bestandteil eines feinen Dessertservices aus Glas.

Leihgeber: Graz, LMJ, Abt. f. Vor- und Frühgeschichte, Inv.-Nr. 2 076

3/10/6 Glaskelch mit Spiralfadendekor

3. Jh. n. Chr.
Fundort: Götzendorf, Gem. Schäffern
H. 11,5 cm

Dieses für unser Gebiet wohl als Luxustrinkglas zu bezeichnende Gefäß ist ein Beigabefund aus einer Brandbestattung eines Römerzeitlichen Hügelgrabes und datiert durch die Stengelform seines Fußes und die Spiralfadenverzierung in das 3. Jh. n. Chr.

Literatur: O. Burböck, Das römerzeitliche Grabhügelfeld von Götzendorf, Sch v St Kl.Schr. 14, 1973, 27 Nr. d.
Leihgeber: Graz, LMJ, Abt. f. Vor- und Frühgeschichte, Inv.-Nr. 16 907

3/10/7 Glasbecher

4. Jh.
Fundort: Flavia Solva
H. 21 cm, Ø max. 7 cm

Dieser Becher ist einer der bis jetzt anscheinend singulären Form, wurde als Grabbeigabe wohl in der Funktion eines Trinkbechers in einem Körpergrab in einem der Gräberfelder von Flavia Solva gefunden. Fundumstand und formal am ehesten vergleichbare Funde in anderen Gebieten legen die Datierung in das 4. Jh. n. Chr. nahe.

Leihgeber: Graz, LMJ, Abt. f. Vor- und Frühgeschichte, Inv.-Nr. 18 880

3/11 Postwagen von Maria Saal (siehe Seite 27)

Unbekannter Künstler
Abguß eines Grabreliefs
H. 70 cm, B. 115 cm

Darstellung eines Reisewagens. Das Relief zeigt einen nach rechts fahrenden Reisewagen, der von zwei Pferden gezogen wird. Im Vorderteil des Wagens eröffnet ein Seitenfenster den Blick ins Innere des Wagens, wo sich eine weibliche Gestalt befindet. Auf dem Bock sitzt als Kutscher ein Jüngling im Kapuzenmantel, der in der linken Hand die Peitsche hält, während er mit der rechten die Zügel führt. Die Darstellung ist von Interesse besonders durch den Detailreichtum in der Wiedergabe des Reisewagens: das Planenverdeck mit den Verstrebungen und Verzierungen, Metallbeschläge im Wagen, an den Achsen und über der Verankerung des Chassis am Fahrgestell. Das gerne als „Postkutsche" bezeichnete Relief ist in Wirklichkeit wohl als die Fahrt des Verstorbenen ins Jenseits zu deuten: die Frau im Verdeck des Wagens wäre demnach als Grabinhaberin gemeint, der Kutscher als Seelengeleiter. Trotz der Ablehnung der Interpretation des Wagens als Postkutsche haben wir in ihm eine realistische Wiedergabe eines antiken Reisewagens zu erkennen. Datierung: Ende 2.Jh. n. Chr. (norisch-pannonisch Volutenornament).

Literatur: G. Piccottini, Die kultischen und mythologischen Reliefs des Stadtgebietes von Virunum, CSIR II/4, Wien 1984, 75 S., Nr. 399.

Leihgeber: Klagenfurt, LM Kärnten

3 *3/12* **Grabrelief des Nammonius Mussa**

Unbekannter Künstler
H. 106 cm, B. 76 cm, T. 20 cm

Darstellung eines Goldschmiedes. Die Grabstele zeigt über dem Inschriftfeld eine einfach gerahmte Rechtecknische mit den Brustbildern eines Ehepaares. Die Frau links ist in einheimischer Tracht mit norischer Haube, Unterkleid, Kleid und Umhang bekleidet, an Schmuck trägt sie einen Halsreifen und Doppelknopffibeln an den Schultern; in der Rechten hält sie den Granatapfel als Zeichen der ehelichen Liebe, die Linke hat sie dem Ehemann auf die Schulter gelegt. Der Mann trägt Tunika und Umhang und hält in den Händen die Zeichen seines Handwerks: in der Rechten den feinen Hammer und in der Linken die Zange des Goldschmiedes. Die Grabstele stammt aus Kalsdorf (BH Graz-Umgebung) und kann als eines der in unserem Bereich seltenen Reliefs mit Handwerksdarstellung angesprochen werden. Der Goldabbau spielte in Noricum in vorchristlicher Zeit eine wichtige Rolle; vielleicht ist in dem Relief ein Zeugnis des Weiterlebens von Goldverarbeitung zu sehen. Datierung: Mitte 2. Jh. n. Chr. In der Grabinschrift werden die Namen von Mann (Nammonius Mussa) und Frau (Kalandina), sowie des Sohnes der beiden Sturninus Saturio genannt. Nach Tracht und Namensform des Mannes handelt es sich sicher um Einheimische (Peregrine).

Literatur: W. Haid, SchvSt 13, 1966/67, S. 25ff.
W. Modrijan – E. Weber, Die Römersteinsammlung im Eggenberger Schloßpark. Graz 1981, S. 100ff., Nr. 181.
Leihgeber: Graz, LMJ, Römersteinsammlung, Inv.-Nr. 181

3/13 **Noricum als Wirtschaftsraum und seine Nachbargebiete nach der Vita Sancti Severini**

Tafel: R. Gaar

Einzig die Vita des Heiligen Severin (ca. um 511 verfaßt) erlaubt es, zumindest für die Spätantike ein Bild von den Lebensverhältnissen in Noricum zu zeichnen, was für die vorangehenden Phasen der Geschichte dieses Raumes lediglich nach Interpretation archäologischen Materials möglich ist. Dabei zeigt sich ein allmähliches Verschwinden des Grenzcharakters der Donau, da Märkte gemeinsam mit den ansonsten als Feinde erlebten Rugiern ausdrücklich bezeugt sind. Autarkie auf dem Nahrungssektor ist nicht mehr gegeben, wie die prekäre Lage, die durch die Verzögerung eines Getreidetransportes aus Raetien über den Inn eintritt, dokumentiert. Die Verkehrsverbindungen nach Italien haben einen hohen Grad der Unsicherheit erreicht.

Literatur: R. Bratoz, Severinus von Noricum und seine Zeit, Denkschrift ÖAW 165, phil. hist. Kl., Wien 1983.
Eugippius, Vita Sancti Severini, Lat.-Deu., ed.R. Noll, Berlin 1963 (= Schriften und Quellen der alten Welt 11).

3/14 **Römischer Meilenstein**

3/15 **Tabula Peutingeriana** (siehe Seite 44/45)

Repro aus: Tabula Peutingeriana, Akad. Druck- u. Verlagsanstalt; Bild- und Tonarchiv, Graz
Römische Straßenkarte, in einer Kopie aus dem 12. Jh. erhalten.

3/16 **Merkur, der Gott des Handels**

Nach ihrer eigenen Überlieferung verehrten die Römer den Gott Merkur seit dem Jahr 495 v. Chr. in einem Tempel auf dem Aventin in Rom. Für ihn wurde auch ein Kollegium der Kaufleute gegründet, dessen Name „collegium mercatorum" zeigt, daß er von Anfang an der Gott des Handels war. Damit unterscheidet er sich deutlich von dem griechischen Gott Hermes, mit dem er gleichgesetzt wird. In dessen Mythologie spielt Geld und Handel keine Rolle. Er war ein Gott der Hirten und des Rinderdiebstahls, ein Gott der Diebe, aber auch der Götterbote, der durch die Luft eilen konnte, mit seinem Heroldstab die Augen der Menschen schloß und sie wieder weckte. Und als Botengott war er auch der sanfte Geleiter der Verstorbenen ins Totenreich. Von dieser Vielfalt findet sich bei dem einfachen Handelsgott der Römer nichts. Dennoch wurde er mit Hermes identifiziert und erhielt auch seine Attribute: den Reisehut und den Heroldstab. Während der Grieche auch bärtig dargestellt werden konnte, ist Merkur immer jung. Oft ist er mit Flügeln am Reisehut und an den Sandalen ausgestattet. Immer hat er den Geldbeutel, der jenem fehlt. Meist ist er nackt dargestellt und nur über die linke Schulter und um den linken Arm liegt ein Mantel. In dem Maß, in dem sich die Macht Roms über Italien und die nördlich angrenzenden Gebiete ausdehnte, fand auch der Kult des Handelsgottes Merkur Eingang in andere Städte, in denen ebenfalls Kollegien der Kaufleute eingerichtet wurden. So kam der Gott und sein Kult auch in die Provinzen. Hier konnte er nun mit einheimischen Göttern gleichgesetzt werden. So schreibt Caesar in seinem Werk über den gallischen Krieg, daß die Kelten den Merkur als obersten Gott verehrten. Aus dieser neuen Verbindung läßt sich wohl auch erklären, daß in Frankreich, der Schweiz und in den Rheinlanden besonders viele bronzene Merkurstatuetten zutage gekommen sind. Häufig haben sie auch Tiere bei sich: Widder, Ziegen, Hähne, Schildkröten, wodurch er auch zum Gott über sie gemacht wurde. Doch scheint sich diese Identifikation mit einem obersten Stammesgott auf die westlich lebenden Kelten beschränkt zu haben. Im Ostalpengebiet sind vergleichsweise wenig Merkurstatuetten gefunden worden. Auch fehlen hier die Tiere. Merkur war in Noricum der römische Handelsgott, was vielleicht mit den mit der Gründung von Aquileia 183 v. Chr. sehr früh einsetzenden ökonomischen Interessen Roms an diesem Nachbarland zusammenhängt.

Thuri Lorenz

Fliegender Merkur (Kopie nach Giambologna)

Bewegungen der Glieder sind ausbalanciert. Diese Formulierung erinnert an die Überlieferung, daß bei der berühmtesten klassischen Statue, dem Kanon, der Bildhauer Polyklet zeigen wollen, wie Statuen „auf einem Bein stehen". Daran hat sich Giambologna messen wollen. An den Füßen, am Hut und am Merkurstab sind Flügel angebracht. Hoch aufgereckt berührt der Gott mit den Zehen des linken Fußes den Windhauch des Windgottes, über den er hinweg läuft. Der rechte Fuß ist im Lauf nach hinten gestreckt. Mit dem angewinkelten rechten Arm weist er nach oben, als wolle er andeuten, woher er als Götterbote seine Weisungen erhalte. Giambologna hat mit dieser Statue für den modernen Menschen das Wesen des griechischen Gottes Hermes (und nicht des eher biederen römischen Merkur) eindringlicher gestaltet als irgendein antikes Werk. Die Wiederholung in Eggenberg steht am Anfang einer langen Reihe von Nachbildungen, die über das ganze 19. Jh. hin verfertigt und in Banken und Handelshäusern aufgestellt worden sind. Die schlanke Gestalt des dahineilenden Gottes fand auch Eingang in die Werbung und wurde als Vorlage für die Embleme verschiedenster Produkte und Firmen verwendet.

3/16/1 Fliegender Merkur (siehe Seite 47)

Kopie nach Giambologna (1527–1608)
Bronzestatue
H. 181 cm, H. mit Plinthe 191 cm, Ø d. Plinthe 43 cm

Eine längere Signatur am Rand der Plinthe in kyrillischer Schrift besagt, daß die Statue im Jahre 1783 von drei russischen Künstlern in Rom verfertigt wurde. Sie ist eine Nachbildung des damals noch in Rom aufgestellten Werks von Giambologna, das sich heute in Florenz, im Museo Nazionale del Bargello befindet. Anfang des 19. Jhs. wurde sie von einem Grafen Herberstein nach Eggenberg gebracht. Giambologna hat sich zwischen 1564 und 1580 mehrmals mit der Thematik des fliegenden Merkur beschäftigt und in dieser Zeit vier sehr ähnliche Versionen ausgeführt. Die früheste Fassung mißt 56,2 cm und befindet sich in Bologna, die zweite von 62,7 cm Höhe wurde vom Großherzog von Toscana 1565 nach Wien als Geschenk für Kaiser Maximilian II. gesandt. Ihr sehr nahe kommt eine seit 1587 in Dresden nachweisbare Statuette. 1579 entstand eine weitere Variante für den Herzog von Parma, die sich heute in Neapel befindet. Bei diesen Ausführungen zwischen 55 und 62 cm Höhe berührt der fliegende Gott mit den Zehen des linken Fußes die Standplatte. Bei der 1580 entstandenen Fassung für den Großherzog von Toscana von 181 cm Höhe hebt sich der Gott vom Boden und läuft über einen von der Zephyrmaske am Boden hinausgeblasenen Luftstrom. Giambologna knüpft hier an die Beschreibungen des griechischen Hermes an, der „über die Wasser und das unendliche Land im Hauche des Windes einherschwebt" (Odyssee V 45/46).

Literatur: Giambologna 1529–1608. Ausstellung Wien, Kunsthist. Museum, Wien 1978. Aus der Praxis der Museumsarbeit, Ausstellung Schloß Eggenberg 1979/80.
K. Türr, Vom Gott zum Wahrzeichen.
Leihgeber: Graz, LMJ, Schloß Eggenberg.

3/17/1 Merkurstatuette

Bronzestatuette, H. 13,3 cm

Wahrscheinlich in Carnuntum gefunden. Bei der recht gut erhaltenen Figur sind nur die Füße etwas nach oben gedrückt. Außerdem fehlen der Heroldstab und einer der im Haar angebrachten Flügel. Von den immer in der gleichen Haltung gestalteten Merkurfiguren vermittelt die Statuette in Carnuntum noch am meisten von den Formen des griechischen Vorbildes. Die Proportionierung des Körpers, die Zeichnung der Muskeln, die Haltung des Kopfes und die Buckellocken verweisen auf eine Hermesstatue aus dem 4. J. v. Chr., von der sich römische Marmorkopien erhalten haben. Die besterhaltenen Exemplare stehen im Vatikanischen Museum und im Museum auf der Ägäisinsel Andros. Der römische Bronzebildhauer hat nur den Geldbeutel hinzufügen müssen, den der griechische Hermes sicher nicht in seiner rechten Hand hielt, die er in die Hüfte gelegt hatte. Außerdem ist der Mantel etwas verändert worden. Während der griechische Gott ein einfach gefälteltes Tuch auf der linken Schulter liegen hat, sieht man am römischen Merkur noch die runde Fibel neben dem Hals und die Schlaufe auf die Schulter herunterhängen, die durch die Knüpfung entstanden ist. Der über der rechten Schulter zusammengehaltene Mantel hat dann den Leib des Gottes bedeckt. Er hat ihn aber über den Kopf gestreift und auf die linke Schulter gelegt.

Literatur: R. Fleischer, Die römischen Bronzen aus Österreich (1967) Nr. 53, S. 58f.
Leihgeber: Bad Deutsch-Altenburg, Museum Carnuntinum, Inv.-Nr. 11 944

3/17/2 Merkurstatuette

Bronzestatuette
H. 9,5 cm

Aus Graz, Sporgasse. Die Statuette ist an der Oberfläche abgerieben. Vor allem im Gesicht fehlen die Nase und ein Teil des Kinns. Auch von den Füßen ist nur noch der obere Teil erhalten. Es fehlt auch der Heroldstab, der für sich gearbeitet und in die dafür geöffnete linke Hand eingefügt war. Mit dem rechten Bein als Standbein und dem linken als Spielbein entspricht die Haltung im allgemeinen dem aus der griechischen Kunst abgeleiteten Typus. Mit der herunterhängenden Rechten hält der Gott den Geldbeutel. Er trägt den geflügelten Reisehut und über die linke Schulter und um den linken Arm ist der Mantel gelegt. Die weichen Formen seines Körpers entsprechen dem römischen Geschmack aus der Entstehungszeit der Statuette in der Mitte des 2. Jhs. n. Chr.

Leihgeber: Graz, LMJ, Abt. für Vor- und Frühgeschichte, Inv.-Nr. 6 114

3/17/3 Merkur (siehe Seite 17)

Dia nach dem Deckengemälde von Adam Weissenkircher, im Schloß Eggenberg, Graz

3/18 Inszenierung einer Römischen Verkaufsszene

Idee: E. Pochmarski
Entwurf: E. Giselbrecht
Ausführung: C. Auer

3/19 Münze und Religion

Geld und Münze stehen seit ihren Anfängen in enger Beziehung zum religiösen Kult. Geld bedeutet ursprünglich „Opfer". Zu den frühesten Münzbildern gehören die Bilder von Göttern und ihre Symbole, die von den Griechen verehrten Gottheiten sind uns ebenso wie die Gottheiten der römischen Staatsreligion in vielfältiger Weise bildlich überliefert.

Seit dem 4. Jh. erschienen in Rom und dann in Byzanz allenthalben christliche Symbole und Aufschriften. In Byzanz gipfelt dies in der Darstellung von Christus als Pantokrator, als Herr der Welt, in dessen Auftrag die Kaiser regiert.

In eben dieser religiösen Tradition ist die venezianische Goldprägung zu sehen, wenn auf den Zecchinen die Umschrift SIT TIBI CHRISTE DATUS QUEM TU REGIS ISTE DUCATUS aufgeprägt ist.

Seit Karl dem Großen und seinem strengkirchlichen Sohn Ludwig wird das Kreuz zur regelmäßigen Darstellung der einen Münzseite. Dies gab vielen Münzen wie dem Cruzado oder dem niederländischen Kreuztaler den Namen, ebenso wie in England die Rückseite als „crosside" benannt wird.

All dies war nicht nur Ausfluß der christlichen Grundlagen des Staates, sondern auch beabsichtigte Verbreitung religiöser Gesinnung. Sporadisch sind schon im Mittelalter einzelne Heilige mit ihrem Bild und ihrem Namen auf Münzen vertreten, seit dem Hochmittelalter kommen sehr häufig Landespatrone, Patrone der Domkirchen und Patrone von Reichsstädten mit Bild und Symbol zur Verwendung. Dabei spielte auch der symbolisch-rechtliche Aspekt eine Rolle, daß der Heilige als symbolischer Landesherr auch Münzherr ist, doch stehen die religiösen Bezüge weiterhin im Vordergrund.

Eine besondere Rolle spielt in der Münzgeschichte die Darstellung Mariens auf Münzen, vor allem als Landespatronin etwa von Ungarn und Bayern. Münzen mit dem Bildnis der Madonna, die man auch zum Teil in kostbaren Fassungen als Amulett und Schmuck getragen hat, sind Dokumente religiöser Überzeugung, tiefer Frömmigkeit, doch auch Ausdruck religionspolitischer Propaganda.

Als Patron der Münzmeister und der Numismatiker wird der heilige Eligius verehrt, der merowingischer Münzmeister und Bischof von Tournai war (588–ca. 660). Bur.

Griechische Götterwelt:

3/19/1 **Syrakus, 2. Republik (465—425 v. Chr.)**
Tetradrachme (Arthemis Arethusa)
Silber, 17,05 gr.
Leihgeber: Graz, LMJ, Münzensammlung, Inv.-Nr. 52 392

3/19/2 **Syrakus, Hieron II. (274—216 v. Chr.)**
AE-Münze (Poseidon)
Kupfer, 7,83 gr.
Leihgeber: Graz, LMJ, Münzensammlung, Inv.-Nr. 51 176

3/19/3 **Makedonien, Philipp II. (359—336 v. Chr.)**
Tetradrachme (Zeus)
Silber, 14,32 gr.
Leihgeber: Graz, LMJ, Münzensammlung, Inv.-Nr. 52 415

3/19/4 **Makedonien, Alexander III. (298—295 v. Chr.)**
Tetradrachme (Herakles)
Silber, 17,03 gr.
Leihgeber: Graz, LMJ, Münzensammlung, Inv.-Nr. 51 522

3/19/5 **Athen**
Tetradrachme (Athena Parthenos), 186—86 v. Chr.
Silber, 16,47 gr.
Leihgeber: Graz, LMJ, Münzensammlung, Inv.-Nr. 51 758

3/19/6 **Korinth**
Stater (Athena), 4. Jh. v. Chr.
Silber, 8,31 gr.
Leihgeber: Graz, LMJ, Münzensammlung, Inv.-Nr. 51 928

Römische Gottheiten:

3/19/7 **Rom, Tiberius (14—37)**
Sesterz für DIVVS AVGVSTVS, 34/36 n. Chr.
Messing
Leihgeber: Graz, LMJ, Münzensammlung, Inv.-Nr. 80 800

3/19/8 **Rom, Domitian (81—96)**
As (SACRA MONETA), 87 n. Chr.
Kupfer
Leihgeber: Graz, LMJ, Münzensammlung, Inv.-Nr. 81 241

3/19/9 **Rom, Hadrian (117—138)**
Sesterz (FELICITAS), 134/138 n. Chr.
Messing
Leihgeber: Graz, LMJ, Münzensammlung, Inv.-Nr. 81 666

3/19/10 **Rom, Antoninus Pius (138—161)**
Dupondius für DIVA FAVSTINA mater (AETERNITAS),
nach 141 n. Chr.
Messing
Leihgeber: Graz, LMJ, Münzensammlung, Inv.-Nr. 82 085

3/19/11 **Rom, Marc Aurel (161—180)**
Sesterz für DIVA FAVSTINA junior (IVNO REGINA),
175/180 n. Chr.
Messing
Leihgeber: Graz, LMJ, Münzensammlung, Inv.-Nr. 82 443

3/19/12 **Rom, Alexander Severus (222—235)**
Sesterz (MARS VLTOR), 231/235 n. Chr.
Messing
Leihgeber: Graz, LMJ, Münzensammlung, Inv.-Nr. 83 188

3/19/13 **Rom, Alexander Severus für Gattin Julia Mamaea**
Sesterz (VENVS FELIX), 222/235 n. Chr.
Messing
Leihgeber: Graz, LMJ, Münzensammlung, Inv.-Nr. 83 333

3/19/14 **Rom, Gallienus (260—268)**
Antoninian (DIANAE CONSERVATORI), 268 n. Chr.
Kupfer-Silbersud, 4,70 gr.
Leihgeber: Graz, LMJ, Münzensammlung, Inv.-Nr. 83 864

3/19/15 **Rom, Gallienus (260—268)**
Antoninian (IOVI VLTORI), 260/261 n. Chr.
Kupfer mit Silbersud, 2,82 gr.
Leihgeber: Graz, LMJ, Münzensammlung, Inv.-Nr. 83 917

Christusdarstellungen:

3/19/16 **Rom, Constantin der Große (306—337)**
Centenionalis (Christogramm) Lugdunum, 336 n. Chr.
Kupfer
Leihgeber: Graz, LMJ, Münzensammlung, Inv.-Nr. 85 251

3/19/17 **Byzanz, Basilius II. (976—1025)**
Follis
Kupfer
Leihgeber: Graz, LMJ, Münzensammlung, Inv.-Nr. 86 172

3/19/18 **Byzanz, Johannes II. (1118—1143)**
Solidus
Gold, 4,05 gr.
Leihgeber: Graz, LMJ, Münzensammlung, Inv.-Nr. 86 073

3/19/19 **Venedig, Giovanni Soranzo (1311—1327)**
Matapan
Silber, 3,05 gr.
Leihgeber: Graz, LMJ, Münzensammlung, Inv.-Nr. 21 991

3/19/20 **Venedig, Antonio Venerio (1382—1400)**
Zecchino d'oro
Gold, 3,53 gr.
Leihgeber: Graz, LMJ, Münzensammlung, Inv.-Nr. 21 987

3/19/21 **Schweden, Johann III. (1568—1592)**
Salvatortaler, 1575
Silber, 29,13 gr.
Leihgeber: Graz, LMJ, Münzensammlung, Inv.-Nr. 26 667

3/19/22 **Portugal, Maria (1786—1794)**
400 Reis (IN HOC SIGNO VINCES), 1795
Silber, 14,6 gr.

Leihgeber: Graz, LMJ, Münzensammlung, Inv.-Nr. 29 801

3/19/23 Brabant Belgien, Philip IV. von Spanien (1621–1665)

Kreuztaler, 1633
Silber, 27,95 gr.
Leihgeber: Graz, LMJ, Münzensammlung, Inv.-Nr. 27 304

3/19/24 Frankreich, Heinrich II. (1547–1559)

Blanc (salut d'argent)
Silber, 2,77 gr.
Leihgeber: Graz, LMJ, Münzensammlung, Inv.-Nr. 27 754

3/19/25 Frankreich, Heinrich III. (1575–1589)

1/2-Franc, 1583
Silber, 10,72 gr.
Leihgeber: Graz, LMJ, Münzensammlung, Inv.-Nr. 27 776

Heiligendarstellungen:

3/19/26 Venedig, Leonardo Donato (1605–1612)

Ducato (Hl. Marcus) o. J.
Silber, 22,62 gr.
Leihgeber: Graz, LMJ, Münzensammlung, Inv.-Nr. 21 989

3/19/27 Venedig, Pasquale Cicognia (1585–1595)

Scudo (Hl. Justina Mart.) o. J.
Silber, 28,13 gr.
Leihgeber: Graz, LMJ, Münzensammlung, Inv.-Nr. 21 988

3/19/28 Salzburg, Matthäus Lang (1519–1540)

3facher Guldiner (Hl. Radiana), 1538
Silber, 52,7 gr.
Leihgeber: Graz, LMJ, Münzensammlung, Inv.-Nr. 1 486

3/19/29 Salzburg, Paris Lodron (1619–1653)

Taler, 1620, und Taler, 1638 (Hl. Rupert)
Silber, 27,82 gr. und 28,62 gr.
Leihgeber: Graz, LMJ, Münzensammlung, Inv.-Nr. 2 003 und 2 022

3/19/30 Salzburg, Johann Ernst (1687–1709)

Halbtaler (Hl. Rupert und hl. Virgil), 1694
Silber, 14,54 gr.
Leihgeber: Graz, LMJ, Münzensammlung, Inv.-Nr. 2 189

3/19/31 Salzburg, Max Gandolf von Kuenburg (1668–1687)

Halbtaler (Hl. Märtyrer Vinzenz, Hermes, Chrysanthus und Daria), 1682
Silber, 14,31 gr.
Leihgeber: Graz, LMJ, Münzensammlung, Inv.-Nr. 2 113

3/19/32 Ungarn, Mathias Corvinus (1458–1490)

Florenus (Hl. Ladislaus) o. J.
Gold, 3,48 gr.
Leihgeber: Graz, LMJ, Münzensammlung, Inv.-Nr. 8 045

3/19/33 Toscana, Cosimo III. (1670–1723)

Piastra (Hl. Johannes Baptist), 1677
Silber, 31,05 gr.
Leihgeber: Graz, LMJ, Münzensammlung, Inv.-Nr. 21 968

3/19/34 Brandenburg-Franken, Albrecht Achilles (1470–1486)

Schwabacher Goldgulden (Hl. Johannes Baptist mit Lamm Gottes) o. J.

Gold, 2,76 gr.
Leihgeber: Graz, LMJ, Münzensammlung, Inv.-Nr. 15 681

3/19/35 Schweiz, Solothurn

Taler (Hl. Ursus) o. J. (16. Jh.)
Silber, 28,02 gr.
Leihgeber: Graz, LMJ, Münzensammlung, Inv.-Nr. 28 989

3/19/36 Bistum Paderborn, Ferdinand von Fürstenberg (1661–1683)

Taler (Hl. Meinulphus), 1663
Silber, 28,77 gr.
Leihgeber: Graz, LMJ, Münzensammlung, Inv.-Nr. 17 635

3/19/37 Kirchenstaat, Pius VIII. (1829–1830)

Scudo (Hl. Petrus und Paulus), 1830
Silber, 26,41 gr.
Leihgeber: Graz, LMJ, Münzensammlung, Inv.-Nr. 21 745

Mariendarstellungen:

3/19/38 Salzburg, Max Gandolf von Kuenburg (1668–1687)

Taler, 1674
Silber, 28,05 gr.
Leihgeber: Graz, LMJ, Münzensammlung, Inv.-Nr. 2 124

3/19/39 Salzburg, Sigismund III. von Schrattenbach (1753–1771)

Taler (Gnadenbild von Maria Plain), 1754
Silber, 27,97 gr.
Leihgeber: Graz, LMJ, Münzensammlung, Inv.-Nr. 2 406

3/19/40 Ungarn, Leopold I. (1658–1705)

XV-Kreuzer (PATRONA VNGARIAE), Nagybanya, 1688
Silber, 7,35 gr.
Leihgeber: Graz, LMJ, Münzensammlung, Inv.-Nr. 8 524

3/19/41 Bayern, Maximilian III. Josef (1745–1777)

Konventionshalbtaler (PATRONA BAVARIAE), 1774
Silber, 13,96 gr.
Leihgeber: Graz, LMJ, Münzensammlung, Inv.-Nr. 14 765

3/19/42 Bayern, Maximilian II. (1848–1864)

Taler (Wiederherstellung der Mariensäule in München), 1855
Silber, 21,22 gr.
Leihgeber: Graz, LMJ, Münzensammlung, Inv.-Nr. 14 435

3/19/43 Deutscher Orden, Heinrich von Bobenhausen (1572–1585)

Taler, 1575
Silber, 33,48 gr.
Leihgeber: Graz, LMJ, Münzensammlung, Inv.-Nr. 12 451

3/20 Vom Denar zum Pfennig

Kaiser Diokletian, der eine Neuordnung des römischen Staates vornahm, versuchte, auch die Wirtschaft auf eine neue Grundlage zu stellen. Doch seine Münzreform 294 n. Chr. und weitere unter Konstantin dem Großen und seinen Söhnen konnten den Verfall des römischen Geldwesens auf Dauer nicht verhindern.
Währung der diokletianisch-konstantinischen Zeit:
1 Solidus (Gold) = 25 Argentei (Silber) = 250 (später 1.000) Folles (Weißkupfer).

Währung ab der Mitte des 4. Jhs.:
1 Solidus (Gold) = 3 Tremisses (Gold) = 12 Miliarensia (Silber) = 24 Siliquen (Silber) = 1.200 Maiorinen (Weißkupfer) = 2.400 Centenionales (Weißkupfer).

Mit dem Untergang des Weströmischen Reiches im Laufe des 5. Jhs. verschwand römisches Geld allmählich aus dem Wirtschaftsleben unseres Gebietes. Wenn überhaupt Münzen verwendet werden, sind es Prägungen des Oströmischen Reiches (Byzanz) und ihre Nachahmungen durch die germanischen Stammesreiche.

Die byzantinischen Münzen unterscheiden sich deutlich von den römischen Prägungen. Der typische Stil ihres Münzbildes erhält sich bis zum Untergang des Reiches 1453 n. Chr.

Die Germanen besetzten im 5. Jh. weströmisches Reichsgebiet und übernahmen zunächst das römisch-byzantinische Münzwesen mit den Goldmünzen Solidus und Triens (oder Tremissis). Aus dem Frankenreich, dem beständigsten Germanenstaat, kam die entscheidende Änderung, als die Goldmünzen durch Silberprägungen ersetzt wurden. So entstand im 7. Jh. unter den Merowingern der PFENNIG oder lateinisch DENAR, die wichtigste Münze des gesamten Mittelalters.

Karl der Große (768—814), der Begründer des Römisch-Deutschen Reiches zentralisierte das Münzwesen: Das Recht zur Prägung (Münzregal) bleibt dem Herrscher vorbehalten, der Münzfuß wird vereinheitlicht auf 1 Pfund = 20 Schilling = 240 Pfennige. Davon wurde nur der Pfennig geprägt, das Pfund ist Gewichtseinheit, der Schilling Zähleinheit. In dieser Zeit kostete ein Ochse 24 Pfennige.

Literatur: R. Göbl, Antike Numismatik, 2 Bde., München 1978.
W. Hahn, Moneta imperii byzantini, 3 Bde., Wien 1973, 1975, 1981.
A. Suhle, Deutsche Münz- und Geldgeschichte von den Anfängen bis zum 15. Jh., Berlin 1955.
Bur.

3/20/1 Rom, Diokletian (284—305)
Follis, Aquileia, 295/299 n. Chr.
Kupfer mit Silbersud, 8,85 gr.
Leihgeber: Graz, LMJ, Münzensammlung, Inv.-Nr. 80 721 und 55 306

3/20/2 Rom, Maximianus Herculius (286—305)
Follis, Aquileia, 299 n. Chr.
Kupfer mit Silbersud, 10,05 gr.
Leihgeber: Graz, LMJ, Münzensammlung, Inv.-Nr. 84 839 und 55 385

3/20/3 Rom, Diokletian (284—305)
Antoninian, Lugdunum, 287/288 n. Chr.
Kupfer mit Silbersud, 3,58 gr.
Leihgeber: Graz, LMJ, Münzensammlung, Inv.-Nr. 84 469

3/20/4 Rom, Maximianus Herculius (286—305)
Argenteus, Antiochia, 298 n. Chr.
Silber, 3,30 gr.
Leihgeber: Graz, LMJ, Münzensammlung, Inv.-Nr. 84 907

3/20/5 Rom, Constantin der Große (306—337)
Follis, Lugdunum, 307 n. Chr.
Messing, 8,39 gr.
Leihgeber: Graz, LMJ, Münzensammlung, Inv.-Nr. 82 969

3/20/6 Rom, Constantin der Große (306—337)
Follis, Ticinum, 320/321 n. Chr.
Kupfer, 2,08 gr.
Leihgeber: Graz, LMJ, Münzensammlung, Inv.-Nr. 85 229

3/20/7 Rom, Licinius I. (308—324)
Follis, Aquileia, 320 n. Chr.
Kupfer mit Silbersud, 2,58 gr.
Leihgeber: Graz, LMJ, Münzensammlung, Inv.-Nr. 80 728

3/20/8 Rom, Constantin II. (337—340), als Cäsar
Follis, Nicomedia, 330/335 n. Chr.
Kupfer, 2,30 gr.
Leihgeber: Graz, LMJ, Münzensammlung, Inv.-Nr. 85 431

3/20/9 Rom, Constantius II. (337—361)
Centenionalis, Siscia, 355/361 n. Chr.
Kupfer, 2,35 gr.
Leihgeber: Graz, LMJ, Münzensammlung, Inv.-Nr. 85 438

3/20/10 Westrom, Valentinian II. (375—392)
Siliqua, Trier
Silber, 1,63 gr.
Leihgeber: Graz, LMJ, Münzensammlung, Inv.-Nr. 86 086

3/20/11 Westrom, Magnus Maximus (383—388)
Siliqua, Mailand
Silber, 1,63 gr.
Leihgeber: Graz, LMJ, Münzensammlung, Inv.-Nr. 80 003

3/20/12 Westrom, Honorius (395—423)
Tremissis, Ravenna
Gold, 1,36 gr.
Leihgeber: Graz, LMJ, Münzensammlung, Inv.-Nr. 86 049

3/20/13 Westrom, Valentinian III. (425—455)
Solidus, Rom
Gold, 4,42 gr.
Leihgeber: Graz, LMJ, Münzensammlung, Inv.-Nr. 86 095

3/20/14 Westrom, Valentinian III. (425—455) für GALLA PLACIDIA
Solidus, Ravenna
Gold, 4,41 gr.
Leihgeber: Graz, LMJ, Münzensammlung, Inv.-Nr. 86 051 und 55 398

3/20/15 Byzanz, Anastasius I. (491—518)
40-Nummi, Konstantinopel
Bronze
Leihgeber: Graz, LMJ, Münzensammlung, Inv.-Nr. 86 014

3/20/16 Byzanz, Justinian I. (527—565)
Follis, Konstantinopel, 539
Bronze
Leihgeber: Graz, LMJ, Münzensammlung, Inv.-Nr. 86 106

3/20/17 Byzanz, Justinian I. (527—565)
12-Nummi, Alexandria
Bronze
Leihgeber: Graz, LMJ, Münzensammlung, Inv.-Nr. 86 115

3/20/18 Byzanz, Heraclius und Heraclius Constantinus (613—630)
Miliaresion
Silber, 6,08 gr.
Leihgeber: Graz, LMJ, Münzensammlung, Inv.-Nr. 86 060

3/20/19 Byzanz, Leo VI. (886—912)
Follis, Konstantinopel
Bronze
Leihgeber: Graz, LMJ, Münzensammlung, Inv.-Nr. 86 033

3/20/20 Byzanz, Nicophorus III. (1078—1081)
Solidus
Elektron, 4,26 gr.
Leihgeber: Graz, LMJ, Münzensammlung, Inv.-Nr. 86 071

3/20/21 Byzanz, Alexius III. (1195—1203)

Solidus
Gold, 4,02 gr.
Leihgeber: Graz, LMJ, Münzensammlung, Inv.-Nr. 86 072

3/20/22 Ostgoten, Theoderich (493—526)

Tremissis (Nachprägung eines Triens von Konstantinopel)
Gold, 1,45 gr.
Leihgeber: Graz, LMJ, Münzensammlung, Inv.-Nr. 86 016

3/20/23 Ostgoten, Athalarich (526—534)

Tremissis, Ravenna
Gold, 1,46 gr.
Leihgeber: Graz, LMJ, Münzensammlung, Inv.-Nr. 87 002

3/20/24 Vandalen, Trasamund (496—523)

Argenteus?
Silber, 1,04 gr.
Leihgeber: Graz, LMJ, Münzensammlung, Inv.-Nr. 87 011

3/20/25 Merowinger

Tremissis, 7. Jh.
Gold, 1,25 gr.
Leihgeber: Graz, LMJ, Münzensammlung, Inv.-Nr. 87 007

3/20/26 Merowinger, Childebert III. (695—711)

Denar
Silber, 1,03 gr.
Leihgeber: Graz, LMJ, Münzensammlung, Inv.-Nr. 87 006

3/20/27 Frankenreich-Neustrien, Karl d. Kahle (840—877)

Denier, Anger
Silber, 1,49 gr.
Leihgeber: Graz, LMJ, Münzensammlung, Inv.-Nr. 27 722

3/20/28 Frankenreich-Neustrien, Karl d. Kahle (840—877)

Denier, Courtsessin
Silber, 1,72 gr.
Leihgeber: Graz, LMJ, Münzensammlung, Inv.-Nr. 27 723

3/20/29 Frankenreich-Aquitanien, Karl d. Einfältige (884—923)

Denier, Melle
Silber, 1,18 gr.
Leihgeber: Graz, LMJ, Münzensammlung, Inv.-Nr. 27 727

3/20/30 Frankenreich-Aquitanien, Lothar (954—986)

Denier, Bourges
Silber, 1,16 gr.
Leihgeber: Graz, LMJ, Münzensammlung, Inv.-Nr. 27 729

3/20/31 Deutschland, Arnulf v. Kärnten (887—899)

Pfennig, Mainz
Silber, 1,26 gr.
Leihgeber: Graz, LMJ, Münzensammlung, Inv.-Nr. 20 223

3/20/32 Deutschland, Otto III. (983—1002)

Pfennig (sog. Otto-Adelheid-Pfennig)
Silber, 1,46 gr.
Leihgeber: Graz, LMJ, Münzensammlung, Inv.-Nr. 20 224

3/20/33 Deutschland, Heinirch II. (1002—1024)

Pfennig, Regensburg
Silber, 1,02 gr.
Leihgeber: Graz, LMJ, Münzensammlung, Inv.-Nr. 20 225

3/20/34 Deutschland, Heinrich II. (1002—1024)

Pfennig, Regensburg

Silber, 1,62 gr.
Leihgeber: Graz, LMJ, Münzensammlung, Inv.-Nr. 20 226

3/20/35 Deutschland, Heinrich II. (1002—1024)

Pfennig, Regensburg, 1002/1004
Silber, 1,57 gr.
Leihgeber: Graz, LMJ, Münzensammlung, Inv.-Nr. 20 227

3/20/36 Deutschland, Heinrich III. (1039—1046)

Pfennig, Stade
Silber, 0,87 gr.
Leihgeber: Graz, LMJ, Münzensammlung, Inv.-Nr. 20 228

3/20/37 Deutschland, Heinrich III. mit Bruno v. Friesland (1038—1057)

Pfennig, Dokkum
Silber, 0,59 gr.
Leihgeber: Graz, LMJ, Münzensammlung, Inv.-Nr. 20 229

3/20/38 Friesland, Egbert II. (1068—1090)

Pfennig, Staveren
Silber, 0,82 gr.
Leihgeber: Graz, LMJ, Münzensammlung, Inv.-Nr. 20 230

3/20/39 Erzbistum Köln, Pilgrim (1021—1036)

Pfennig
Silber, 1,40 gr.
Leihgeber: Graz, LMJ, Münzensammlung, Inv.-Nr. 16 557

3/20/40 Erzbistum Köln, Pfalzgraf Hermann II. (1036—1056)

Pfennig
Silber, 1,42 gr.
Leihgeber: Graz, LMJ, Münzensammlung, Inv.-Nr. 16 551

3/20/41 Bistum Augsburg, Luitolf v. Hohenlohe (988—966)

Pfennig
Silber, 0,98 gr.
Leihgeber: Graz, LMJ, Münzensammlung, Inv.-Nr. 14 061

3/20/42 Böhmen, Břetislaw I. (1037—1055)

2 Denare
Silber, 1,18 und 1,02 gr.
Leihgeber: Graz, LMJ, Münzensammlung, Inv.-Nr. 6 190

3/20/43 Böhmen, Břetislaw I. (1037—1055)

2 Denare
Silber, 1,00 gr. und 1,03 gr.
Leihgeber: Graz, LMJ, Münzensammlung, Inv.-Nr. 6 198 und 6 199

3/20/44 Ungarn, Samuel Abba (1041—1044)

Denar
Silber, 0,56 gr.
Leihgeber: Graz, LMJ, Münzensammlung, Inv.-Nr. 7 905

3/20/45 England, Wilhelm d. Eroberer (1066—1087)

Penny, Wichester
Silber, 1,36 gr.
Leihgeber: Graz, LMJ, Münzensammlung, Inv.-Nr. 21 136

3/20/46 England, Heinrich II. (1154—1189)

Penny
Silber, 1,32 gr.
Leihgeber: Graz, LMJ, Münzensammlung, Inv.-Nr. 21 115

3/20/47 Osmanisches Reich — Nordafrika-Spanien, Abu Muhammed Abd al-Mammun (1130—1163)

Dinar

Gold, 2,23 gr.
Leihgeber: Graz, LMJ, Münzensammlung, Inv.-Nr. 33 707

3/20/48 **Osmanisches Reich — Ägypten-Syrien,**
Salah aed Din Jusif bin Ayub (1171–1193)
Dirham
Silber, 2,73 gr.
Leihgeber: Graz, LMJ, Münzensammlung, Inv.-Nr. 33 716

3/21 **Inszenierung: Röm. Weg**
Entwurf: Büro Giselbrecht, W. Kircher
Ausführung: H. Schapek

Raum 4
Völkerwanderung und frühes Mittelalter

4/1 **2 Karten zur Völkerwanderung**
Entwurf: G. Cerwinka, P. Teibenbacher
Ausführung: R. Gaar
siehe Seite 51/52

4/2 **Glasperlen**
Zum charakteristischen Frauenschmuck der karolingischen Zeit gehörten Glasperlenketten. Sie bestanden aus blauen, grünen, gelben und weißen kleinen und länglichen Perlen. Bei manchen Ketten kommen auch die seltenen Mosaikaugen- oder Millefioriperlen und Kreisaugenperlen vor. Die wertvollen Millefioriperlen, 1 Stück repräsentierte im Frühmittelalter den Wert von etwa 3 Gramm Silber, sind aller Wahrscheinlichkeit nach im Raum von Alexandrien erzeugt worden. Von dort haben sie Händler nach Europa gebracht. Die Herstellung dieser Perlen blieb bis in die Gegenwart ein streng gehütetes Betriebsgeheimnis.

4/2/1 **Perlenkette**
Glas, um 800
Fundort: Grötsch, Gem. St. Nikolai i. Sausal
Die Perlenkette besteht aus 57 Glasperlen, davon 48 kleine blaue, gelbe und weiße, eine größere grüne und eine größere gelbe Perle, weiters fünf kleine und 2 größere Überfangperlen.
Leihgeber: Graz, LMJ, Abt. f. Vor- und Frühgeschichte, Inv.-Nr. 18 015

4/2/2 **Perlenkette**
Glas, um 800
Fundort: Grötsch, Gem. St. Nikolai i. Sausal
Die Perlenkette besteht aus 45 Glasperlen; zwei große transparente Perlen, zwei kleine Überfangperlen und 41 kleine blaue, grüne und weiße Perlen.
Leihgeber: Graz, LMJ, Abt. f. Vor- und Frühgeschichte, Inv.-Nr. 18 018

4/2/3 **Perlenkette**
Glas, um 800
Fundort: Krungl, Gem. Bad Mitterndorf
Diese Perlenkette setzt sich aus einer Mosaikaugenperle,

einer kugeligen blauen Kreisaugenperle mit blau-schwarz-weiß umränderten Augen, 14 Überfangperlen und kleinen kugeligen Perlen zusammen.
Literatur: W. Modrijan, Die Frühmittelalterfunde (8. bis 11. Jh.) der Steiermark. Schild von Steier 11, Graz 1963, S. 68.
Leihgeber: Graz, LMJ, Abt. f. Vor- und Frühgeschichte, Inv.-Nr. 9 692-93

4/3 **Capitulare de villis**
Buch
H. 31,5 cm, B. 14 cm
Im letzten Jahrzehnt des 8. Jhs n. Chr. wurden von Karl dem Großen Vorschriften erlassen, wie die Krongüter und Reichshöfe zu verwalten sind. Dieses sogenannte „Capitulare de villis" verlangte übersichtliche Verwaltungseinheiten (Bestimmung Nr. 26 legte fest, daß kein Meier (= Verwalter) mehr Land unter seiner Leitung haben soll, als er an einem Tag umgehen und beaufsichtigen könne); ferner gab es genaue Buchhaltungs- und Bewirtschaftungsvorschriften, deren Einhaltung kontrolliert wurde. So verlangte die Bestimmung Nr. 55 die Führung eines getrennten Rechnungs- und Ausgabenbuches. Der Originaltext lautet: „LV.Volumus ut, quicquid ad n(ost)r(u)m opus iudices dederint (ve)l servierint aut sequestraverint, in uno breve conscribi faciant, et quicquid dispensaverint in alio et q(uo)d reliquu(m) fuerint, nob(is) p(er) brevem innotescant." (55. Wir befehlen, daß unsere Amtmänner alle Abgaben, Dienste und Abzüge für unseren Hofhalt in ein Rechnungsbuch eintragen (lassen) und in ein anderes die Ausgaben. Den Überschuß sollen sie uns durch ein Verzeichnis nachweisen).
Literatur: Capitulare de villis. Cod. guelf. 254 Helmst. d. Herzog August Bibliothek Wolfenbüttel. Hrsg. C. Brühl, Stuttgart 1971.
Leihgeber: Graz, Universität, Rechts- u. Staatswissenschaftl. Fakultätsbibliothek, Inv.-Nr. R.F. fol. 100

4/4/1 **Deutschland-Karte der Schedel'schen Weltchronik**
Landkarte (Original: Holzschnitt aus 1493)
Der Nürnberger Stadtphysikus und Ratsherr Hartmann Schedel (1440–1514) schrieb den Text der nach ihm benannten, weitverbreiteten Weltchronik. Ihr eigentlicher historischer Quellenwert beruht auf den zahlreichen Illustrationen Michael Wolgemuts und Wilhelm Pleydenwurffs, insbesondere den Städteansichten. Der Text kompiliert ältere Werke und stellt – schon in humanistischer Gesinnung – mittelalterliche Geschichts- und Weltschau dar. Bemerkenswert ist die Auswahl der in die Karte aufgenommenen Orte. Sie verzeichnet nur drei steirische Namen: Cilli, Judenburg und Pettau. Kriterium für die Aufnahme Judenburgs und Pettaus war offenbar deren überregionale wirtschaftliche Bedeutung, hinsichtlich Cillis und Pettaus mag auch deren spätantike Tradition eine Rolle gespielt haben.
Literatur: R. Pörtner, Nachwort zum Nachdruck i. d. Reihe „Die bibliophilen Taschenbücher" Nr. 64, 3. Aufl. 1985.
E. Rücker, Die Schedel'sche Weltchronik, München 1973.

4/4/2 **Handels- und Verkehrswege in der Steiermark**
zur Zeit der Traungauer
Karte
Entwurf: O. Pickl
Ausführung: R. Gaar
Die Lage der Juden- und Mautorte sowie die der ältesten Zollstationen erlaubt die Rekonstruktion der Hauptverkehrslinien der Steiermark im Hochmittelalter. Um die Mitte des 11. Jhs. verliefen die wichtigsten Fernhandelswege entlang der drei Hauptflüsse des Landes: Drau, Mur und Enns. Besondere Bedeutung besaß die Drau für den Handel nach Ungarn, und Pettau zählte mit Judenburg zu den frühesten und wichtigsten Handelsplätzen der Steiermark. Weitaus geringer ist die Bedeutung der

Straße vom Ennstal in die Mark sowie die der Ungarn-
straßen über Hartberg bzw. entlang der Mur einzuschätzen. Auch die transalpinen Handelswege im Raum der
Steiermark standen hinter jenen Salzburgs und Tirols
deutlich zurück: Die Verbindung über den Pyhrnpaß und
den Triebener Tauern war schon von den Römern zur
Reichsstraße Aquileia-Lauriacum ausgebaut worden. Erst
gegen Ende des 12. Jhs. war die Semmeringstraße für
den Fernhandel ausreichend ausgebaut, wofür die Gründung des Hospitals durch Markgraf Otakar III. zeugt. Im
13.Jh. erfolgte ein rascher Aufschwung des Verkehrs von
Venedig in Richtung Wien. Schließlich ist noch die
„Karst- oder Laibacher-Straße" zu nennen, die - weitgehend mit der alten Bernsteinstraße identisch - das
Gebiet der heutigen Steiermark nicht berührt. Dieser
Handelsweg, der die kürzeste Verbindung zwischen
Venedig und Ungarn bot, wurde in seiner Bedeutung bis-
her unterschätzt.
*Literatur: O. Pickl, Handel und Verkehr in der Steiermark zur Zeit
der Traungauer, in: Das Werden der Steiermark. Die Zeit der
Traungauer, Graz 1980.*

4/5 Inszenierung eines Mauttores

Idee: G. Schöpfer
Entwurf: E. Giselbrecht, W. Kircher
Ausführung: Fa. Glatz

4/6 Das älteste Mautbuch der Stadt Judenburg 1542

55 Blatt Papier in Pergamenthaut gebunden, Einband-Aufschrift:
1542 Maut
H. 32 cm, B. 22 cm
Inhalt: Blatt 1: Titel: „Der remyschen, vngrische und
pechmischn khiniklich mayestäd alß hern und lancz-
fürstn maud zu Judnburg register vom 1542". Blatt 2–
27v: pro Seite das Verzeichnis eines Wocheneinganges
(Warengattung, Mautsumme). Blatt 28: Summe der ein-
gelaufenen Wochenmaut. Blatt 29v: Schloßmaut Liechtenstein. Blatt 30 bis 32v: „Güter, die nicht auf Raittung
geschriben. Blatt 33–42v: Mautsumme der aus Wien
durchgeführten Güter. Blatt 43–46v: Mautsummen, der
aus Murau durchgeführten Güter. Blatt 47–47v: Mautsumme über das vom Brixener Kaufmann gekaufte
Eisen. Blatt 47–50v: Kaufleute aus Augsburg. Blatt 50v:
Weinmaut. Blatt 51: Kaufleute aus Wolfsberg-Kärnten.
Blatt 51v–52: Einnahmen, Blatt 52v–53: Ausgaben.
*Literatur: F. Tremel, Aus dem ältesten Mautbuch der Stadt Juden-
burg, Scriptae Mercaturae II, München 1968, S. 25 ff.*
*Leihgeber: Graz, Steiermärkisches Landesarchiv, Inv.-Nr. Schu-
ber 7, Heft 44*

4/7 Steirische Kaufleute in der Mautordnung Friedrichs des Streitbaren für Wiener Neustadt

Repro-Ausschnitt einer Urkunde, 28. Mai 1244, Starhemberg,
i. Stadtarchiv Wiener Neustadt; Druck: Urkundenbuch z. Gesch.
d. Babenberger i. Österreich. Bd. II n. 427
Herzog Friedrich II. von Österreich und Steier erläßt
eine Maut-, Zoll- und Marktordnung für die Stadt Wiener Neustadt. Sie legt vor allem die Höhe der Mautabgaben fest, die von den durchziehenden Händlern eingehoben werden durften. Je nach Herkunft der Kaufleute
waren die Forderungen unterschiedlich hoch. Die Kaufleute aus Graz, Leoben und Judenburg hatten für einen
beladenen Wagen 12 Pfennige zu entrichten, die Friesacher mußten ebenso wie die Venezianer für jede Saumlast 24 Friesacher Pfennige entrichten, die Wiener 6
Pfennige.
*Literatur: G. Gerhartl, Wiener Neustadt. Geschichte, Kunst, Kul-
tur, Wirtschaft, Wien 1978.*
H. Hassinger, Zollwesen und Verkehr in den österreichischen
Alpenländern bis um 1300, in: MIÖG 73/1965.

4/8 Kampf gegen den Straßenzwang – Murauer Kaufleute umgehen die St. Veiter Maut

Karte (siehe Seite 61)
Entwurf: G. Cerwinka
Ausführung: R. Gaar
1376 und 1377 bestätigen Kärntner Märkte den Bürgern
der liechtensteinischen Stadt Murau, daß diese seit
altersher mit ihren Waren von Venedig den Weg über
den Zammelsberg benützt hätten. Die Verzollung der
Waren erfolgte in Steindorf oder Tiffen und nicht in St.
Veit. Ein Vierteljahrhundert später versucht St. Veit, das
damals auch ein gegen das salzburgische Althofen
gerichtetes Eisenniederlagsrecht erhielt, neuerlich den
Murauer Handel zu stören und die Kaufleute der Stadt
durch ihre Maut zu zwingen. Eine klare Entscheidung
der Landesfürsten über diesen Streit ist nicht überliefert.
Der Weg über den Zammelsberg bot die kürzeste Verbindung aus dem obersten Murtal nach Villach. Die
Karte zeigt das dichte Netz von Wegen und Saumpfaden
zwischen Mur- und Gurktal, das die verkehrstechnische
und mittelbar politische Bedeutung dieses Raumes
unterstreicht.
*Literatur: G. Cerwinka, Straßenzwang und Städte im späteren Mit-
telalter, in: ZHVSt 67/1976.*

4/9 Urkunden-Verfälschung im Dienste des Handels

Urkunde, 7. Februar 1270; Druck: StUB IV, n. 375
König Ottokar II. von Böhmen beurkundet die Höhe der
Mautgebühren für Judenburger Bürger in Wiener Neustadt und bestätigt die Sätze des Mautprivilegs Herzog
Friedrichs II. (des Streitbaren). An zwei Stellen der
Urkunde wurden auf Rasur Interpolationen angebracht,
die dem Privileg Friedrichs II. widersprechen. Offenbar
haben die Judenburger die Veränderungen in der
Urkunde zu ihren Gunsten Ende 1276 oder Anfang 1277
vorgenommen und diese dann als Vorlage zur Bestäti-
gung durch König Rudolf I. verwendet. Die betreffenden
Stellen sind am Exponat gekennzeichnet („solummodo"
bis „adduxit" und „nichil" bis „expressum").
*Literatur: J. Mayer, Geschichte von Wiener Neustadt. 1. Bd., Wr.
Neustadt 1924.*
*H. v. Srbik, Zwei Fälschungen im Dienste städtischer Handels- und
Verwaltungspolitik, in: ZHVSt 15/1917.*
Leihgeber: Graz, Steiermärkisches Landesarchiv, U.-Nr. 937

Raum **5**
Handel im Mittelalter

5/1 **Inszenierung eines Kaufmannskontors**

Idee: G. Schöpfer
Entwurf: E. Giselbrecht
Ausführung: C. Auer

Nachbildung eines mittelalterlichen Kaufmannskontors: Ein Kaufmann sitzt an seinem Rechentisch (Abakus). In den Regalen ist ein Auszug aus dem damals üblichen Warenangebot erkennbar.

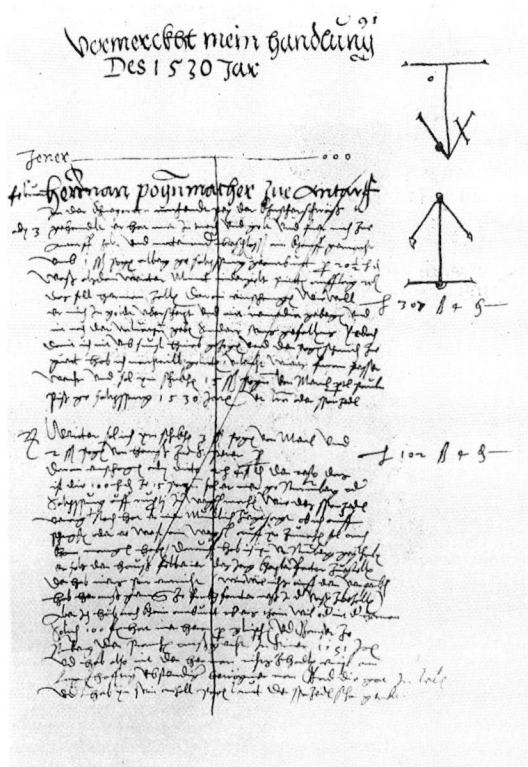

5/2 **Das älteste Geschäftsbuch Österreichs**

Das Debitorenregister (= Schuldbuch) der Wiener Neustädter Großhandelsfirma Alexius Funck
Handschrift 885 mit Eintragungen aus den Jahren 1524–1538 und Nachträgen bis 1553
H. 29 cm, B. 21 cm

Die Großhandelsfirma Alexius Funck, einem heutigen Großkaufhaus vergleichbar, hatte ihren Sitz in Wiener Neustadt, das bis zum Beginn des 16. Jhs. noch als steirische Stadt galt. Von der Gesamtbuchhaltung der Firma haben sich lediglich 5 Bände (mit insgesamt 2801 beschriebenen Seiten) erhalten. Es handelt sich dabei um Debitorenregister oder Schuldbücher, in denen alle jene Kunden verzeichnet sind, die bei der Firma Funck Waren auf Kredit bezogen. Als die Nachfolger des Firmengründers Alexius Funck, nicht zuletzt als Folge der verheerenden Türkeneinfälle der Jahre 1529 und 1532, im Frühjahr 1550 bankrott machten, stellte der Rat von Wiener Neustadt die Schuldbücher sicher, um die noch ausständigen Schulden eintreiben zu können. Auf diese Weise entgingen diese fünf Schuldbücher der Firma Funck der Vernichtung, der die gesamte übrige Buchhaltung der Firma anheimfiel. Obwohl daher die erhaltenen Geschäftsbücher bedauerlicherweise fast nur über den Nah- und Detailhandel der Firma Alexius Funck berichten, sind sie trotzdem eine außerordentlich wichtige Quelle für die österreichische und steirische Handelsgeschichte des 16. Jhs. Der Nahhandel der Wiener Neustädter Firma Alexius Funck erstreckte sich nämlich ent-

lang der Italienstraße von Mürzzuschlag über Bruck, Leoben, Knittelfeld, Judenburg und Murau bis Neumarkt und entlang der Wechselstraße über Dechantkirchen, Thalberg und Wenigzell bis in den Raum von Vorau. Der besondere Reiz des Geschäftsbuches liegt darin, daß es Einblick in das Alltagsleben mit seinen vielfältigen Bedürfnissen und Erscheinungen gewährt. Die Funktion des Wiener Neustädter „Gewölbes" der Firma Funck läßt sich am ehesten mit der eines modernen Großkaufhauses vergleichen. Wir lernen dadurch die verschiedensten Kundentypen kennen.
Für die Steiermark wählen wir das Konto des Mürzzuschlager Hammerherren und Waffenschmiedes Peter Hofkircher, des Abtes Johannes Lindenlaub vom Zisterzienserkloster Rein, des Transportunternehmers (Vierers) Hans Sperle von Neumarkt und schließlich des Bauern Hans Harmtod zu Wenigzell.
Literatur: O. Pickl, Das älteste Geschäftsbuch Österreichs, Graz 1966.
Leihgeber: Wiener Neustadt, Stadtarchiv

5/3 **Urkundentruhe**

Truhe aus Eisenblech mit Kreuzbandbeschlag, (1640 ?)
H. 46 cm, L. 67 cm, T. 42,5 cm

Die Truhe besitzt ein Deckelschloß mit Vexierabdeckung in Form von Stadt- und Landeswappen und soll die Zunfttruhe der Tischler und Zimmerleute von Murau gewesen sein. Urkundentruhen sind in größerer Zahl erhalten geblieben. Sie waren Teile des Amtsinventars und dienten ausschließlich der Aufbewahrung von Schriftstücken, allenfalls auch von Geld- und Wertsachen. Von ihnen sind – wohl nicht immer eindeutig – die Gerichts- oder Gemeindetruhen zu unterscheiden, denen neben ihrer Funktion als Aufbewahrungsgerät auch Symbolbedeutung – z.B. im Rahmen der Amtsübergabe – zukam.
Literatur: H. Baltl, Rechtsarchäologie des Landes Steiermark, Graz 1957, n. 334.
Leihgeber: Murau, Heimatmuseum

5/4 **Verbreitungsgebiet der Hanse**

Karte
Entwurf: P. Teibenbacher
Ausführung: R. Gaar

Die „Hanse" entstand aus der Zusammenfassung mehrerer, lokaler und überregionaler Kaufmannsgruppen („Hansen") und Kaufmannsgenossenschaften teilweise schon im 11., vorwiegend dann im 12. Jh. Eine führende Rolle spielte dabei die größte Stadt des mittelalterlichen Nordviertels Europas, Lübeck (gegr. 1158/59). Anstelle eines personalen Kaufmannsbundes trat seit ca. 1300 ein Städtebund, die eigentliche Hanse entstand, und als gemeinsame Einrichtung wurde seit 1356 der Hansetag abgehalten. Die Blütezeit des Bundes lag im 14. Jh. Die Hanse beherrschte den Ostseehandel und handelte vor allem mit Naturalien des Ostens (Pelze, Felle, Getreide, Vieh) und gewerblichen Produkten oder Handelswaren des in Gewerbe und Handel entwickelteren Westens. Im 14. Jh. wurde die Konkurrenz oberdeutscher Kaufleute auf dem Landwege, wobei das sächsische Leipzig eine führende Rolle spielte und englischer wie holländischer Kaufleute zur See immer größer. Die Hanse begegnete dieser Konkurrenz teilweise sogar mit militärischen Mitteln wie der Blockade. Im 16. Jh. wurde die Hanse von staatlichen Mächten im Ostseeraum (Dänemark, Schweden, Rußland, Polen) verdrängt. Im ausgehenden 16. Jh. existierte die Hanse nur mehr als ein loses Bündnis, im Dreißigjährigen Krieg gehen letzte Bindungen und Positionen verloren. Im Jahre 1669 wurde der letzte Hansetag abgehalten.

Die Judensiedlungen der Steiermark im Mittelalter

6/1 Ursachen der Judenvertreibungen

5/5 **Große Ravensburger Handelsgesellschaft**

Karte
Entwurf: P. Teibenbacher
Ausführung: R. Gaar

Die „Große Ravensburger Handelsgesellschaft" bestand von 1380 bis 1530. Sie handelte vor allem mit süddeutschem Barchent und Leinen und erwarb im Gegengeschäft alle möglichen Waren des täglichen Bedarfes. Ihr Handelsraum war zum größten Teil (süd)-westorientiert (Frankreich, Spanien, Norditalien, später Niederlande und Belgien), auch wenn es Verbindungen nach Wien und nach Ungarn gab. Die Steiermark jedenfalls scheint keine bemerkenswertere Rolle gespielt zu haben: es besteht lediglich eine Vermutung, daß innerösterreichischer Speik (Spica celtica) von der Ravensburger Handelsgesellschaft über Genua bis nach Indien verhandelt worden sein könnte. Die Gesellschaft wurde am Ende des 14. Jhs. von reichen Bürgern der Stadt Ravensburg (Humpiss und Mötteli) und den Muntprat aus Konstanz gegründet.

5/6 **Die Erstausstattung eines mittelalterlichen Hausrates**

Foto aus: H. Kühnel, Alltag im Mittelalter

5/7 **Wer deckt den Tisch?**

Bildcollage: diverse Warenlieferanten

5/8 **Inszenierung eines gedeckten Tisches im Mittelalter**

Idee: G. Schöpfer

Nach dem Tafelgemälde von Herlin, „Gastmahl von Bethanien" (Original: im Stadtmuseum Nördlingen). Auf dem Tisch befinden sich übliche Tafelgerätschaften. Die Speisen der Unterschichten hingegen bestanden hauptsächlich aus Suppe und Mus.

Schautafel

Die Bilder 1 bis 4 zeigen zeitgenössische propagandistische Darstellungen von den Juden häufig gemachten Vorwürfen bzw. ein allegorisches Bild der Stellung des Judentums in seiner christlichen Umwelt, auf welche auch die von Kaiser Maximilian ausgestellte Urkunde, mit welcher die Vertreibung der Juden aus der Steiermark befohlen wurde, direkt oder indirekt Bezug nimmt.

6/1/1 Darstellung eines jüdischen Geldleihers mit Kunden und Pfändern bzw. am Rechenbrett

Unterschrift: „Der Jud stellt sein synne nacht und tag, wie er den christen verderben mag".

Ausschnitt aus einem vermutlich 1484 in Nürnberg gedruckten Flugblatt mit Polemik gegen den jüdischen Wucher, die aus einem Darlehen von 1 Gulden in 20 Jahren durch Zinsen und Zinseszinsen eine Schuld von fast 2.500 Gulden werden läßt – eine Rechnung, die jeder realen Grundlage entbehrt, aber so oder ähnlich öfter publiziert wurde.

Literatur: H. Boockmann, Die Stadt im späten Mittelalter, München 1986, S. 282f.
Ein ähnlicher Holzschnitt bei G. Liebe, Das Judentum in der deutschen Vergangenheit, Leipzig 1903, S. 40.

6/1/2 Viertes Bild aus einer 12teiligen Serie über die 1476 in Passau von den Juden angeblich verübte Hostienschändung, aufgrund deren im folgenden Jahr zumindest sämtliche männliche Passauer Juden (über die Frauen wird nichts gesagt) hingerichtet wurden.

Überschrift: „Hye stycht Pfeyl Jud das sacrament auff irem altar. Ist plut darauß gangen, das er und ander juden gesehen haben."

Bild aus: G. Liebe, Das Judentum in der deutschen Vergangenheit, Leipzig 1903, Beil.2 (nach S. 20).

Der Kern des Vorwurfs der Hostienschändung lag in den Bemühungen kirchlicher Kreise um die Durchsetzung der Transsubstantiationslehre (Lehre vom realen Übergang von Brot und Wein in Fleisch und Blut Jesu bei der Wandlung) und einer damit in Zusammenhang stehenden Legendenbildung über aus den verschiedensten Gründen blutende Hostien seit dem 13. Jh.; dazu kam – ähnlich wie beim Vorwurf des Ritualmordes – der Glaube, daß die Juden bestrebt seien, dadurch die Passion Jesu nachzuvollziehen.

Literatur: Germania Judaica, Bd. III/2, Hrsg. Arye Maimon, Tübingen 1989 (unter „Passau").
Lexikon für Theologie und Kirche, Bd. 2, S. 545f., Bd. 10, S. 311ff.

6/1/3 Holzschnitt über den angeblichen Ritualmord am Knaben Simon von Trient 1475 aus Hartmann Schedels Weltchronik, Nürnberg 1493. Die Schriftbänder nennen die Namen Simons und der beschuldigten Juden.

Der Vorwurf des Ritualmordes, der schon in der Antike den Christen gemacht worden war, wurde im Hoch- und Spätmittelalter von diesen auf einzelne Ketzergruppen, vor allem aber auf die Juden übertragen, die damit angeblich nicht nur das Leiden und Sterben Jesu nachvollziehen wollten, sondern das so gewonnene Blut nach dem herrschenden Aberglauben auch für verschiedene rituelle Zwecke benötigten. Von den zahlreichen Ritualmordbeschuldigungen, denen sich Juden ausgesetzt sahen, erlangte jene von Trient 1475 besondere Bedeutung, weil bei ihr die christlichen Ankläger den Versuch unternahmen, das damals nach wie vor umstrittene Möglichkeit des Ritualmordes „wissenschaftlich" nachzuweisen und dazu „modernste" Prozeßmethoden einsetzten (Folter zu Erzielung möglichst widerspruchsfreier Aussagen der zahlreichen Angeklagten; genaue und umfangreiche Protokollierung). Der Prozeß fand dementsprechend Beachtung und durch das neue Medium des Buchdrucks noch im selben Jahr und mehrmals in den folgenden Jahren auch weite Verbreitung.

Noch im 19. Jh. behaupteten christliche Autoren (der Wiener Pfarrer Josef Deckert u. a.) unter Berufung auf diesen Prozeß, die Möglichkeit des Ritualmordes durch Juden sei eindeutig nachgewiesen.

Literatur: Germania Judaica, Bd. III/2, Hrsg. Arye Maimon, Tübingen 1989 (unter „Trient").

6/2/1 Skizze der mit „Juden-" gebildeten Ortsnamen in der Steiermark und den angrenzenden Gebieten

Zur Herkunft des Namens der Stadt Judenburg gibt es unterschiedliche Thesen. Vgl. in diesem Zusammenhang die Artikel von J. Andritsch und Lohrmann-Wenninger im Beitragsteil.

Karte
Entwurf: M. Wenninger
Ausführung: R. Gaar

Nach dem Ende des Römischen Reichs und der Völkerwanderung war in Europa der Fernhandel und überhaupt der Handel größeren Stils weitgehend zusammengebrochen. Etwa seit der Zeit Kaiser Karls des Großen bauten Juden, welche die Grenze zwischen dem christlichen und mohammedanischen Raum leichter überschreiten konnten als Angehörige dieser Religionen, vom Mittelmeer her ein neues Handelsnetz auf, welches sich fast über den gesamten Kontinent erstreckte (mit Ausnahme der an die Nord- und Ostsee angrenzenden Gebiete, in denen die Friesen und Wikinger dominierten), aber auch den arabischen Raum umfaßte und darüber hinaus bis Indien und China reichte. Sie exportierten aus Europa vor allem Sklaven, Pelze, Eisen und Schwerter und importierten Stoffe, Gewürze und andere Luxuswaren. Das Karolingerreich war dabei mehr Durchgangsraum in die slawischen Gebiete, aus denen vor allem die Sklaven und Pelze kamen, denn selbst Handelspartner. Da vor allem die östlichen Grenzgebiete des Karolingerreichs, darunter auch der Ostalpenraum, damals noch sehr dünn besiedelt waren, sahen sich die Juden veranlaßt, zur Abwicklung eines lokalen Handels sowie als Transportstationen eine Reihe von Niederlassungen zu gründen, in denen sie allerdings nicht oder nur ausnahmsweise selbst wohnten, sondern die von nichtjüdischen ansässigen Leuten bewirtschaftet wurden. Ihren Namen erhielten diese Siedlungen jedoch in vielen Fällen nach ihren jüdischen Herren. Entsprechend den damaligen Gegebenheiten liegt die Mehrzahl von ihnen in der Nähe der ehemaligen Ostgrenze des Karolingischen Reichs, also in der Übergangszone zu den slawischen Gebieten, und im Ostalpenraum, der den Übergang von diesen zu den Mittelmeerhäfen vermittelte.

Literatur: M. Wenninger, Die Siedlungsgeschichte der innerösterreichischen Juden im Mittelalter und das Problem der „Juden"-orte, in: Bericht über den 16. österr. Historikertag in Krems 1984, Wien 1985, bes. S. 194–208 (die dortigen Ergebnisse sind inzwischen deutlich zu erweitern).

6/2/2 Die Judensiedlungen der Steiermark im Mittelalter

Grafik
Entwurf: Lohrmann
Ausführung: R. Gaar

Die Karte erfaßt sämtliche Orte der Steiermark und der unmittelbar angrenzenden Gebiete, an welchen im Mittelalter ansässige Juden nachgewiesen sind. Zur Hervorhebung der Bedeutung der einzelnen Siedlungen in bezug auf ihre Dauer und den kontinuierlichen oder nur vereinzelten Nachweis von dort lebenden Juden dienen geviertelte Kreise mit unterschiedlichen Schraffuren. Die zeitliche Unterteilung wurde nach folgenden Gesichtspunkten gewählt:

vor 1300 sind nur in wenigen Gemeinden des Ostalpenraumes

Juden nachgewiesen.

1305–1405 umfaßt die Blütezeit (größte Anzahl von Siedlungen, ausgedehnteste Geschäftstätigkeit; das Ende dieser Periode wird charakterisiert durch die Vernichtung der jüdischen Gemeinden von Salzburg und Hallein sowie die Ausweisung der Juden aus den ebenfalls salzburgischen Städten Friesach und Pettau.

1349 ist dagegen keine Zäsur, da zur Zeit der Pest in der Steiermark keine Verfolgungen stattfanden.

1406–1439 fortschreitender Rückzug aus den kleineren Orten; als Grenze zum letzten Abschnitt wurde die Vertreibung der Juden aus Graz 1438/39 (Wiederansiedlung seit 1447) gewählt.

1440–1500 Spätphase, Rückzug auf relativ wenige Gemeinden von teils ebenfalls schwindender Bedeutung. Ende mit den Vertreibungen kurz vor 1500. Nach diesem Jahr existierte im gesamten auf der Karte dargestelltem Gebiet nur mehr eine einzige Gemeinde, und auch diese nur mehr wenige Jahre (Laibach, Vertreibung 1515).

Literatur: M. J. Wenninger, Die Siedlungsgeschichte der innerösterreichischen Juden im Mittelalter . . ., in: Bericht über den 16. österr. Historikertag in Krems 1984, Wien 1985, S. 190ff.
Germania Judaica, Bd. 2/1,2, Hrsg. Zvi Avneri, Tübingen 1968; Bd. III T 1–3, Hrsg. Arye Maimon, Tübingen 1987ff. (unter den einzelnen Orten und „Steiermark").

6/3 Plan des mittelalterlichen Judenviertels in Graz

G. Salzer Eibenstein
Ausführung: R. Gaar

6/4 Fotobeispiele zur Geschichte des Judentums

6/5 Dokumente zur Geschichte des Judentums in der Steiermark

6/5/1 Geschäftsurkunde mit hebräischer Unterfertigung

Kopie einer Urkunde, 20. Mai 1375 i. Stmk. Landesarchiv, Druck: D. Herzog, Jüdische Grabsteine und Urkunden aus der Steiermark. 2. Heft, Breslau 1936, n. 11.

Judel der Jude und sein Schwiegersohn Elisch, beide aus

Pettau, bestätigen, daß Nycla der Lindekker, Pfarrer von St. Peter i. Sulmtal, den ihnen versetzten Weingarten ausgelöst habe. Das Siegel des Judenrichters zu Pettau, Wulfing von Fladnitz, ist abgefallen, der hebräische Text lautet übersetzt: „Wir Unterfertigten bekennen vor allen, welche dieses Schriftstück sehen, daß alles, was in dieser Urkunde geschrieben steht, unser und unserer Seelen Wille ist. Juda, Sohn des Herrn Besalel und Elisch, Sohn des Herrn Kahana." Judenrichter waren christliche Amtsträger der jeweiligen Stadt in Rechtsgeschäften zwischen Christen und Juden.

Leihgeber: Graz, Steiermärkische Landesarchiv

6/5/2 Die älteste Nennung eines Judenrichters in der Steiermark

Urkunde, 15. Oktober 1305, 2 Siegel an Pressel
H. 21 cm, B. 12 cm

Im Gegensatz zu Österreich läßt sich in der Steiermark im 15. Jh. die Tätigkeit des Judengerichts, das aus Christen und Juden zusammengesetzt war und unter der Leitung eines christlichen Judenrichters zusammentrat, gut beschreiben. Im 14. Jh. hatte der Judenrichter in der Steiermark aber die selben Funktionen wie seine Kollegen in Österreich. Er trat als Siegelhelfer auf, bezeugte Geschäfte zwischen Juden und Christen (allerdings gab es auch viele Geschäfte ohne Mitwirkung des Judenrichters) und fungierte als eine Art Vertreter des Kämmerers in Judensachen. Bemerkenswert an der Urkunde sind auch die jüdischen Zeugen, die später nicht mehr nachzuweisen sind. Es handelt sich hier um den Judenburger Judenrichter Ortlein den Cholbn.

Literatur: Rosenberg, 122, 150. Leihgeber: Graz, Steiermärkisches Landesarchiv, U.-Nr. 1 681

6/5/3 „Behabbrief" des Judenrichters von Judenburg, Jörg Zeiringer

Urkunde, 15. Februar 1474

Der Stadt- und Judenrichter Jörg Zeiringer aus Judenburg erteilt dem Jakob, Kefers Eidam, einen Brief über verschiedene Güter der Judenburger Bürger Matthias und Andre Harrer, Bürger zu Judenburg, die für ein Darlehen an dem Juden Jakob verpfändet wurden. Zur Illustration der hohen Verschuldung der Bürger bei den Juden: es handelt sich um 5 Huben, ein Gut und 2 Wiesen, die so lange verpfändet bleiben sollen „als lang das der egenant jud seins gelts davon gantzlich peczalt werde."

Literatur: A. Rosenberg, Beiträge zur Geschichte der Juden in der Steiermark, 1914, S. 171 f.
Leihgeber: Graz, Steiermärkisches Landesarchiv, U.-Nr. 7 495b

6/5/4 Der Judenburger Judenrichter beschützt die Witwe des Juden Marchlein, Gütel

Urkunde, 10. März 1489

Andre Trenwegkh, Stadt- und Judenrichter zu Judenburg, fordert den Weigant in Buchschachen auf, seine Geldschuld bei der Jüdin Gütel, Witib des Marchlein einzulösen.

Literatur: A. Rosenberg, Beiträge zur Geschichte der Juden in der Steiermark, 1914, S. 174 f.
Leihgeber: Graz, Steiermärkisches Landesarchiv

6/5/5 „Schalasjuden"

Absinken des sozialen Status und zunehmende Verarmung der Juden
Urkunde, 10. April 1467

Kaiser Friedrich III. befiehlt der Stadt Judenburg, für die Aus-

führung seines an die dortigen Juden gerichteten Befehles zu sorgen, daß „all schalasjuden und annder juden und judin, so nicht hewslich daselbe sitzen (ein Haus besitzen) und uns nicht jerlichen zinnsen", ohne Verzug aus der Stadt auszuweisen seien.

Schuldentilgung, überhöhte Steuerforderungen und die zunehmende Verdrängung der Juden aus den großen und daher einträglichen Geldgeschäften durch christliche Kaufleute und private Geldleiher hatten dazu geführt, daß seit dem späten 14. Jh. die reichen Juden an Zahl und Größe des Besitzes abnahmen und der Anteil der armen ständig stieg.

Diese waren häufig völlig mittellos und daher zu einer selbständigen Geschäftätigkeit nicht imstande. Durch die vor allem von den Zünften geforderten restriktiven Berufsbestimmungen der städtischen Obrigkeit blieben ihnen aber, wenn sie nicht von einem Glaubensgenossen angestellt wurden, kaum Erwerbsmöglichkeiten, so daß sie von den ansässigen Juden miternährt werden mußten und im allgemeinen weder von diesen noch von der Obrigkeit, für die sie in steuerlicher Hinsicht uninteressant, in ordnungspolizeilicher ein potentiell unruhiges Element waren, gern gesehen wurden. Aus einer Reihe von Städten wurden sie daher, wie auch im vorliegenden Fall, schon längere Zeit vor der allgemeinen Judenvertreibung ausgewiesen oder zumindest ihr Aufenthalt radikal beschränkt, wobei in vielen Fällen damit zu rechnen ist, daß diese obrigkeitlichen Maßnahmen, wenn sie nicht überhaupt von den ansässigen Juden initiiert worden waren (wofür es mitunter Hinweise gibt), so doch deren Zustimmung fanden.

Die Herkunft und der Inhalt der Bezeichnung „Schalasjuden" ist umstritten, doch handelt es sich jedenfalls um eine abwertende Bezeichnung, die die Elemente vazierender Armut enthält.

Literatur: D. Herzog, Die „Schalasjuden" in Judenburg, in: ZHVSt 31, 1937, S. 106|109 (mit Druck der Urkunde und weiterer Literatur).
J. Guggenheim, Die Entstehung der Armut und die Stellung der armen Juden im 15. Jh., in: Die Juden in ihrer mttelalterlichen Umwelt, Symposium Wien 1988, Hrsg. A. Ebenbauer, 1989/90.
Leihgeber: Graz, Steiermärkisches Landesarchiv, U.-Nr. 7 190

6/5/6 Reiner Judenbuch

Handschrift aus dem Archiv des Stiftes Rein, 1488/91

Liegenschaften betreffende Geschäfte (Verkäufe und Verpfändungen) wurden vor allem im städtischen Bereich, in dem die Kontrolle der Besitzerverhältnisse aus steuerlichen und mehr noch aus sicherheitspolitischen Erwägungen besonders wichtig war, teilweise schon früh in eigenen Büchern verzeichnet, und mitunter wurden dabei für Geschäfte, an welchen Juden beteiligt waren, getrennte Bücher - sogenannte Judenbücher - eingerichtet. Mit der fortschreitenden Geldwirtschaft gingen aber auch immer mehr Bauern Schuldverhältnisse mit Juden ein; sie setzten ihren Grundbesitz zum Pfand. Da die Grundherrschaften, wenn das Pfand verfiel, ihrer daraus gezogenen Einkünfte verlustig gingen, suchten sie sich im späteren 15. Jh. teilweise durch die Anlage eigener Judenbücher einen Überblick über die Verschuldung ihrer Grundholden zu verschaffen, aber auch das Eingehen neuer Schuldverhältnisse zu erschweren, indem deren Eintragung in die bestehenden Judenbüchern bei Androhung des Verfalls der Forderung obligatorisch wurde. Um die Jahreswende 1488/89 wurde auch im Stift Rein ein solches Judenbuch angelegt, das einzige, welches in der Steiermark heute noch erhalten ist. Insgesamt sind 110 Geschäfte - von denen übrigens zu keinem einzigen die Originalurkunde erhalten ist -, deren Abschluß zum Teil schon einige Jahrzehnte zurücklag, eingetragen. Das Stift bemühte sich in der Folge um einen „Abbruch" dieser bestehenden Schuldverhältnisse, wobei vor allem die lange ausstehenden Schulden die Gläubiger häufig auf einen beträchtlichen Teil ihrer Zinsen und manchmal auch auf Teile des Kapitals verzichten mußten. Die in diesem Buch eingetragenen Geschäfte können übrigens bezüglich ihrer Laufzeit und wohl auch im Hinblick auf andere Faktoren sicher nicht als repräsentativ für alle Schulden dieser Zeit und dieses Raumes gesehen werden, weil es sich ja fast ausnahmslos um Schulden handelt, die bei der Einrichtung des Judenbuchs längst überfällig waren.

Leihgeber: Rein, Archiv des Stiftes ReinLiteratur: D. Herzog, Das „Juden-Puech" des Stiftes Rein, in: ZHVSt 28, 1934, S. 79–146.

6/5/7 Herzog Otto verzichtet auf die Judensteuer in Graz

Urkunde, 14. Juni 1336

Drei Jahre lang mußten die Grazer keine Steuern an den Landesfürsten bezahlen. Dieses Geld sollten sie zum weiteren Ausbau der Stadt verwenden. Zugleich überließ er der Stadt auch seine Einnahmen von den Grazer Juden.

Leihgeber: Graz, Steiermärkisches Landesarchiv, U.-Nr. 2 102a

6/5/8 Kaiser Maximilian vertreibt alle Juden

Urkunde, 18. März 1496, Donauwörth

Kaiser Maximilian vertreibt bis zum Dreikönigstag alle Juden aus der Steiermark, Wiener Neustadt und Neunkirchen und verbietet ihnen für immer die Wiederansiedlung in diesem Gebiet. Darüberhinaus soll kein Jude einem Steirer Geld gegen Schuldbriefe oder Grundpfänder leihen.

Leihgeber: Graz, Steiermärkisches Landesarchiv. U.-Nr. 6

Raum 7
Judenburg: Ein früher steirischer Handelsplatz

7/1 Münzen des Mittelalters

Bis ins 11. Jh. blieb das karolingische Münzsystem erhalten. Mit der Zunahme des Geldbedarfs veränderte sich die Münzpolitik und mit ihr auch die Münze. War das Münzrecht ursprünglich ein Recht des Königs, wurde es nunmehr auch an Pfalz- und Markgrafen, kleine Dynasten, Bischöfe, Stifte und Städte weiterverliehen.

Dieses Recht war immer sehr begehrt, denn mit Übernahme der Verantwortung waren auch stets wesentliche Gewinne für den Münzberechtigten verbunden.

In den neuen Münzstätten wurde bald nach verändertem Münzfuß geprägt. Es entstanden regionale Pfennigsorten, sie hatten nur eine örtlich und zeitlich begrenzte Geltung. Als Gewichtseinheit wurde das karolingische Pfund (393 gr.) von der Kölner Mark (233,86 gr.) abgelöst.

Mit der Eingliederung unseres Gebietes in das Römisch-Deutsche Reich wurde im 10. Jh. die seit dem Untergang des römischen Weltreiches vorherrschende Naturalwirtschaft des frühen Mittelalters durch Geldwirtschaft abgelöst. Wichtigste Münze war zunächst der Regensburger Pfennig.

Im 12. Jh. entstanden auch bei uns zahlreiche Münzstätten und eigene Pfennigsorten. Wichtigste Sorte wurde der Friesacher Pfennig, der von den Salzburger Erzbischöfen geprägt wurde. Mit der Ausbildung der Landeshoheit in den österreichischen Ländern entstanden Landesmünzen, z. B. Wiener und Grazer Pfennige. Die erste steirische Münzstätte wurde um 1150 in Enns errichtet. Erst als die Babenberger 1192 die Steiermark im Erbwege von Ottokar I. erwerben konnten, wurde um 1215 in Graz eine Münzstätte eingerichtet. Nach Aufschließung der Oberzeiringer Silbergruben wurde auch seit der Regierung Ottokars II. (1260–1276) dort nach Grazer Schlag geprägt. Im 14. Jh. wurde der Grazer Pfennig auch in der Steiermark vom Wiener Pfennig verdrängt. Neben den einheimischen Münzen waren auch solche aus den Nachbarstaaten im Umlauf und auch Münzen aus fernen Ländern kamen durch den Handel ins Land.

Literatur: G. Probszt-Ohstorff, Österreichische Münz- und Geldgeschichte, Wien-Köln-Graz 1973.
B. Koch, Der Wiener Pfennig, WNZ 97, Wien 1983. Bur.

7/1/1 Erzbistum Salzburg, Konrad I. (1106–1147)

Pfennig, Salzburg
Silber, 0,86 gr.
Leihgeber: Graz, LMJ, Münzensammlung, Inv.-Nr. 9 848

7/1/2 Erzbistum Salzburg, Eberhard I. (1147–1164)

Pfennig, Luf (A. Luschin v. Ebengreuth: Friesacher Pfennige), 3a, 3+ 1/2 Stück, Friesach
Silber, 1,11 gr., 1,28 gr., 1,08 gr., 0,63 gr.
Leihgeber: Graz, LMJ, Münzensammlung, Inv.-Nr. 9 860 und 9 861

7/1/3 Erzbistum Salzburg, Eberhard I. (1147–1164)

Pfennig, Luf 2, Friesach
Silber, 1,05 gr.
Leihgeber: Graz, LMJ, Münzensammlung, Inv.-Nr. 9 854

7/1/4 Erzbistum Salzburg, Eberhard I. (1147–1164)

Pfennig, Luf 4a, 4 Stück, Friesach
Silber, durchschnittlich 1,21 gr.
Leihgeber: Graz, LMJ, Münzensammlung, Inv.-Nr. 9 869

7/1/5 Erzbistum Salzburg, Eberhard II. (1200–1246)

Pfennig, Luf 8, 3 Stück, Pettau
Silber, durchschnittlich 1,08 gr.
Leihgeber: Graz, LMJ, Münzensammlung, Inv.-Nr. 10 179

7/1/6 Erzbistum Salzburg, Eberhard II. (1200–1246)

Pfennig, Luf 13, 3 Stück, Friesach
Silber, durchschnittlich 1,07 gr.
Leihgeber: Graz, LMJ, Münzensammlung, Inv.-Nr. 10 754

7/1/7 Kärnten, Berthold IV. (1188–1204)

Pfennig, Windischgraz
Silber, 0,84 gr.
Leihgeber: Graz, LMJ, Münzensammlung, Inv.-Nr. 10 698

7/1/8 Kärnten, Heinrich II. (1143–1161)

Pfennig, Windischgraz
Silber, 0,92 gr.
Leihgeber: Graz, LMJ, Münzensammlung, Inv.-Nr. 10 718

7/1/9 Kärnten

Pfennig, 2 Stück, 12. Jh.
Silber, 1,11 gr. und 1,07 gr.
Leihgeber: Graz, LMJ, Münzensammlung, Inv.-Nr. 55 175 und 55 176

7/1/10 Kärnten, Bernhard (1202–1256)

Pfennig, 2 Stück, St. Veit
Silber, 0,82 gr.
Leihgeber: Graz, LMJ, Münzensammlung, Inv.-Nr. 11 848 und 11 989

7/1/11 Kärnten

Brakteat, 13. Jh., Völkermarkt
Silber, 0,67 gr., 0,78 gr., 0,70 gr.
Leihgeber: Graz, LMJ, Münzensammlung, Inv.-Nr. 12 183, 12 171 und 12 179

7/1/12 Kärnten

Brakteat, 13. Jh., Griffen
Silber, 0,73 gr. und 0,87 gr.
Leihgeber: Graz, LMJ, Münzensammlung, Inv.-Nr. 12 188 und 12 189

7/I/13 Kloster Formbach, Werinto (1108–1127) und Dietrich (1127–1140)

Pfennig, Neunkirchen
Silber, 0,84 gr. und 0,95 gr.
Leihgeber: Graz, LMJ, Münzensammlung, Inv.-Nr. 4 352 und 4 353

7/I/14 Österreich, Heinrich II. Jasomirgott (1141–1177)

Pfennig und Hälbling, Krems
Silber, 0,95 gr.
Leihgeber: Graz, LMJ, Münzensammlung, Inv.-Nr. 4 364

7/I/15 Österreich, Friedrich I. (1194–1198)

Pfennig, Krems
Silber, 0,86 gr.
Leihgeber: Graz, LMJ, Münzensammlung, Inv.-Nr. 7 000

7/I/16 Österreich, Leopold VI. (1198–1230)

Pfennig und Hälbling, 4 Stück, Wien
Silber, 0,91 gr. und 0,48 gr.
Leihgeber: Graz, LMJ, Münzensammlung, Inv.-Nr. 4 394 und 4 395, 4 396 und 4 398

7/I/17 Österreich, Hermann v. Baden (1246–1250)

Pfennig, Wien
Silber, 0,56 gr.
Leihgeber: Graz, LMJ, Münzensammlung, Inv.-Nr. 4 436

7/I/18 Österreich, Friedrich d. Schöne (1307–1330)

Pfennig, Wien
Silber, 0,57 gr.
Leihgeber: Graz, LMJ, Münzensammlung, Inv.-Nr. 4 555

7/I/19 Ungarn, Bela IV. (1235–1270)

Brakteat (Obolos)
Silber, 0,18 gr. und 0,32 gr.
Leihgeber: Graz, LMJ, Münzensammlung, Inv.-Nr. 7 930 und 7 932

7/I/20 Ungarn, Stephan V. (1270–1272)

Kupfermünze
Kupfer
Leihgeber: Graz, LMJ, Münzensammlung, Inv.-Nr. 7 946

7/I/21 Ungarn, Ladislaus IV. (1272–1290)

Obolos
Silber, 0,49 gr.
Leihgeber: Graz, LMJ, Münzensammlung, Inv.-Nr. 7 961

7/I/22 Görz, Albrecht II. (1258–1304)

Denar
Silber, 0,95 gr.
Leihgeber: Graz, LMJ, Münzensammlung, Inv.-Nr. 1 423

7/I/23 Serbien, Stephan III. Uroš (1240–1272)

Matapan
Silber, 2,73 gr.
Leihgeber: Graz, LMJ, Münzensammlung, Inv.-Nr. 31 935

7/I/24 Venedig, Sebastiano Ziani (1173–1180)

Quartorolo
Silber, 0,33 gr.
Leihgeber: Graz, LMJ, Münzensammlung, Inv.-Nr. 21 992

7/I/25 Venedig, Pietro Ziani (1209–1228)

Grosso
Silber, 2,14 gr.
Leihgeber: Graz, LMJ, Münzensammlung, Inv.-Nr. 21 993

7/I/26 Aquileia, Berthold v. Meranien (1218–1251)

Agleier
Silber, 1,27 gr. und 1,02 gr.
Leihgeber: Graz, LMJ, Münzensammlung, Inv.-Nr. 1 204 und 1 205

7/I/27 Verona, Republik (1154–1259)

Oboli (Berner), 3 Stück
Silber, 2 x 0,35 gr. und 0,32 gr.
Leihgeber: Graz, LMJ, Münzensammlung, Inv.-Nr. 21 994

7/I/28 Niederbayern, Heinrich I. (1255–1340)

Pfennig, 3 Stück, Neuötting
Silber, durchschnittlich 0,6 gr.
Leihgeber: Graz, LMJ, Münzensammlung, Inv.-Nr. 15 325

7/I/29 Bayern, Rudolf I. (1294–1317)

Pfennig, 2 Stück, München
Silber, 0,52 gr.
Leihgeber: Graz, LMJ, Münzensammlung, Inv.-Nr. 14 237

7/I/30 Bistum Augsburg, Udalschalk v. Eschenlohe (1184–1202)

Pfennig (Brakteat)
Silber, 0,80 gr.
Leihgeber: Graz, LMJ, Münzensammlung, Inv.-Nr. 14 062

7/I/31 Regensburg

Herzoglicher Pfennig, 3 Stück, 12. Jh.
Silber, durchschnittlich 0,91 gr.
Leihgeber: Graz, LMJ, Münzensammlung, Inv.-Nr. 13 852

7/I/32 Reichsstadt Ulm

Brakteat, um 1230
Silber, 0,43 gr.
Leihgeber: Graz, LMJ, Münzensammlung, Inv.-Nr. 13 262

7/I/33 Böhmen, Przemysl Ottokar II. (1253–1278)

Brakteat
Silber, 0,43 gr.
Leihgeber: Graz, LMJ, Münzensammlung, Inv.-Nr. 7 010

7/I/34 Braunschweig, Otto d. Kind (1227–1252)

Brakteat
Silber, 0,76 gr.
Leihgeber: Graz, LMJ, Münzensammlung, Inv.-Nr. 18 282

7/I/35 Braunschweig, Heinrich d. Löwe (1156–1195)

Brakteat
Silber, 0,81 gr.
Leihgeber: Graz, LMJ, Münzensammlung, Inv.-Nr. 18 264

7/I/36 Meißen, Dietrich d. Bedrängte (1197–1221)

Brakteat
Silber, 0,60 gr.
Leihgeber: Graz, LMJ, Münzensammlung, Inv.-Nr. 19 658

7/I/37 Erzbistum Salzburg, Adalbert III. (1168–1177)

4 Pfennige, Vorbild für die frühesten Grazer Pfennige, Friesach
Silber, 1,24 gr., 1,08 gr., 1,00 gr und 0,76 gr.
Leihgeber: Graz, LMJ, Münzensammlung, Inv.-Nr. 9 945

7/I/38 Steiermark, Otakar I. (1180–1192)

Pfennig, 3 Stück, Wiener Neustadt
Silber, durchschnittlich 0,78 gr.
Leihgeber: Graz, LMJ, Münzensammlung, Inv.-Nr. 4 385

7/I/39 Steiermark, Otakar I. (1180–1192)

Pfennig, 2 Stück, Enns
Silber, 0,74 gr. und 0,40 gr.
Leihgeber: Graz, LMJ, Münzensammlung, Inv.-Nr. 4 370 und 4 372

7/I/40 Steiermark, Friedrich II. (1230–1246)

Pfennig, Enns
Silber, 0,64 gr.
Leihgeber: Graz, LMJ, Münzensammlung, Inv.-Nr. 4 383

7/I/41 Steiermark, Leopold VI. (1198–1230)

Pfennig, 4 Stück, Graz
Silber, durchschnittlich 0,77 gr.
Leihgeber: Graz, LMJ, Münzensammlung, Inv.-Nr. 10 237

7/I/42 Steiermark, Ottokar II. (1260–1278)

6 Pfennige (MONETA STIRIE, MVNE GRETZ, SCHILT VON STEIR u. a.), Graz
Silber
Leihgeber: Graz, LMJ, Münzensammlung, Inv.-Nr. 10 304, 10 313, 10 322, 10 324 und 10 343

7/I/43 Steiermark, Rudolf I. (1278–1282)

3 Pfennige, Graz
Silber
Leihgeber: Graz, LMJ, Münzensammlung, Inv.-Nr. 10 355 und 10 365

7/I/44 Steiermark, Albrecht I. (1282–1308)

4 Pfennige, Graz
Silber
Leihgeber: Graz, LMJ, Münzensammlung, Inv.-Nr. 10 403, 10 381 und 10 435

7/I/45 Steiermark, Friedrich III. (1307–1330)

Pfennig, Graz
Silber, 0,52 gr.
Leihgeber: Graz, LMJ, Münzensammlung, Inv.-Nr. 10 475

7/I/46 Steiermark, Albrecht II. (1330–1358)

Pfennig, 2 Stück, Graz
Silber, 0,57 gr. und 0,47 gr.
Leihgeber: Graz, LMJ, Münzensammlung, Inv.-Nr. 10 512

7/I/47 Steiermark, Ernst d. Eiserne (1406–1424)

2 Schwarzpfennige, Graz
Silber, 0,46 gr.
Leihgeber: Graz, LMJ, Münzensammlung, Inv.-Nr. 2 651

7/I/48 Steiermark

11 Pfennige, ca. 1260–1300, Oberzeiring
Silber
Leihgeber: Graz, LMJ, Münzensammlung, Inv.-Nr. 10 685, 10 659, 10 575, 10 578, 10 670, 10 674, 12 224, 10 649 und 10 349

7/I/49 Steiermark, Friedrich d. Schöne (1307–1330)

Pfennig, Oberzeiring
Silber, 0,55 gr.
Leihgeber: Graz, LMJ, Münzensammlung, Inv.-Nr. 10 490

7/I/50 Steiermark, Albrecht II. (1330–1358)

3 Pfennige, Oberzeiring
Silber
Leihgeber: Graz, LMJ, Münzensammlung, Inv.-Nr. 10 447 und 10 562

7/2 Judenburg nach Vischer-Stich (siehe Seite 37)

Sondermarke
Anläßlich der Landesausstellung 1989 in Judenburg wurde von der Österreichischen Postdirektion die Sondermarke von Judenburg nach einem Vischer-Stich (1680) herausgegeben.

7/3 Dokumentation zur Handelsgeschichte von Judenburg

7/3/1 Mercatum Judenburch 1103

Replik der Stiftungsurkunde aus dem Jahre 1103 mit der ersten Erwähnung des „mercatum Judenburch". Druck in: J. Zahn, Urkundenbuch der Steiermark, Bd. I, Nr. 95, S. 111 f.
Pergamenturkunde mit Siegel
H. 52 cm, B. 33 cm
„....preterea mercatum Judenburch cum usu qui muta dicitur, theolono et pretereuntium merce...", ist die erste urkundliche Nennung eines Handelsortes in der Steiermark. Man hob Maut (= muta) und theolono (= Zölle) ein. Diese Rechte überläßt der Eppensteiner Heinrich III. (II.), der Herr des benachbarten „Judinburg", dem Stifte St. Lambrecht, wo sich die Ruhestätte der Eppensteiner befand.
Leihgeber: St. Lambrecht, Benediktinerstift, Inv.-Nr. I 5 (A 2)

7/3/2 Bestätigung des Judenburger Stapelrechts für Eisen von Trofaiach

Urkunde, 19. Jänner 1277, Wien, Druck: Schwind-Dopsch, Ausgewählte Urkunden zur Verfassungs-Geschichte der deutsch-österreichischen Erblande im Mittelalter, Wien 1895, n. 53.
König Rudolf I. bestätigt den Bürgern von Judenburg namentlich angeführte Handelsrechte, die sie von den babenbergischen Herzögen erhalten hatten, darunter das Stapelrecht für Eisen von Trofaiach. Offenbar ist damit das in Vordernberg geschmolzene Roheisen gemeint: „.... ferrum de Treveiach debet duci tantum ad civitatem Judenburch ibique venalitate exponi, ut ab antiquis temporibus est consuetum."
Literatur: Erz und Eisen in der Grünen Mark. Katalog zur Landesausstellung 1984 in Eisenerz, Graz 1984, n. 13a/1.
H. Pirchegger, Das steirische Eisenwesen. 1 Bd. Das steirische Eisenwesen bis 1564, Graz 1937.
Leihgeber: Graz, Steiermärkisches Landesarchiv, U.-Nr. 1062

7/3/3 Judenburger Handel nach Wien 1373

Abschrift der Urkunde Herzog Albrechts (III.) vom 6. Februar 1373
H. 30 cm, B. 45 cm (aufgeschlagen), T. 3,5 cm
Herzog Albrecht III. bekräftigt die Judenburger Freiheiten in Bezug auf den Handel mit Wien.
Leihgeber: Graz, Steiermärkisches Landesarchiv, Inv.-Nr. 3 157b

7/3/4 „Journal" des Kaufmannes Clemens Körbler, 1526–1548

Buch
Tagebuchaufzeichnungen über seine Geschäftsreisen.
Literatur: F. Tremel, Das Handelsbuch des Judenburger Kaufmannes Clemens Körbler 1526–1548, Beitr. z. Erforsch. steir. Gesch.-

Quellen, NF XV, Graz 1960.
Leihgeber: Graz, Steiermärkisches Landesarchiv

7/3/5 IMAGO NIC... CERBER AETATIS SUAE XXX

Gedenkmünze aus Silber
Ø 3,2 cm
Profil des Nikolaus Körbler (mit dem Bild in Vaduz über-
einstimmend). Gedenkmünze etwa aus den Jahren 1533–
1535.
Leihgeber: Wien, Kunsthistorisches Museum, Münzkabinett

7/3/6 2 Urkunden, den Handel Judenburg – Venedig betreffend

Urkunden, Briefe an die Judenburger Stadtrichter
a) H. 21,7 cm, B. 30 cm.
b) H. 31,5 cm, B. 25,8 cm.
a) Lucas und Andre Vendramin aus Venedig an den
Stadtrichter zu Judenburg, 1452. b) Der Doge Christo-
phoro Mauro fordert den Magistrat Judenburg auf, den
Bevollmächtigten des Lucas Vendramin zu unterstützen,
1462. Im ersten Brief (1452) bemühen sich Lucas und
Andre Vendramin um die Bareinlösung eines Schuldbrie-
fes (52 Dukaten, 6 Grossi) vom Judenburger Kaufmann
Bernhard (Werner) Knewssl.
Literatur: H. Simonsfeld, Fondaco dei Tedeschi, II., S. 120.
F. Popelka, Geschichte der Stadt Judenburg, 1963, II., S. 669 ff.
Leihgeber: Graz, Steiermärkisches Landesarchiv, U.-Nr. 6 355
(1452), 6 920 (1462)

7/4 Die Handelsbeziehungen Judenburgs im 16. Jh.

Karte
Entwurf: S. Lückner
Ausführung: R. Gaar
Zeichnung und übersichtliche Darstellung des Handels
in Judenburg (Import- und Exportwaren). Instruktives
Kartenbild über den Handel der Stadt, zusammengestellt
anhand des Reisebuches von Clemens Körbler bzw. der
städtischen Mautbücher.
Literatur: F. Tremel, Der Handel der Stadt Judenburg im 16. Jh.,
ZHVSt, 38. Jg., 1947.
Leihgeber: Judenburg, Museumsverein

7/5 Fondaco dei Tedeschi

Stich Michele Marieschi
Der Stich zeigt die Wasseransicht des Fondaco dei Tedeschi in Venedig und gibt ein lebhaftes Bild der Geschäf-
tigkeit, die um den Fondaco noch im 18. Jh. herrschte.
Zwei Schiffe werden gerade am Eingang des Fondaco
entladen.
Literatur: Michele Marieschi, Magnificentiores, selectioresque ur-
bis Venetiarum prospectus, Venezia 1741.
Leihgeber: Venezia, Museo Correr

7/6 Ansicht vom Fondaco dei Tedeschi in der Gegenwart

Foto: Friedrich Prinz von und zu Liechtenstein
Im Fondaco dei Tedeschi, einst Zentrum deutscher Kaufleute, ist heute die Hauptpost von Venedig unterge-
bracht.

7/7 Das letzte Abendmahl (siehe Abb. rechts)

Plastik von Nischlwitzer
Holz
Leihgeber: Judenburg, Stadtpfarrkirche St. Nikolaus

7/8 Begegnung zwischen Joachim und Anna an der goldenen Pforte

Hans Maler von Judenburg
Hochrelief, um 1422
Zirbenholz
H. 88 cm, B. 70 cm

Teil des einstigen Bozener Altars
Die mittelalterliche Handelsstadt Judenburg konnte
bereits um 1400 als Zentrum des Kunstschaffens überregionale Aufmerksamkeit finden. Die Judenburger
„Kunst-Produkte" waren überaus gefragt. Besondere
Bedeutung hatte Hans Maler von Judenburg, wenngleich
die ungenügende Erforschung der damaligen Kunstsitua-
tion teilweise nur Vermutungen zuläßt – so stellt sich die
Frage, ob Hans als Bildschnitzer und/oder auch als
Maler, als solcher wird er tituliert, wirkte. Die Verschiedenheit der ihm zugeschriebenen Skulpturen läßt schließen, daß er in erster Linie Maler und zugleich Leiter
einer anerkannten Bildschnitzerwerkstätte gewesen sein
muß.
Stilistisch war Hans talentiert, der geistreich eine Synthese der tschechischen Kunst, ihrer Wienerischen Deri-
vate erreicht hat und z. B. mit der Schaffung des Bozener
Altars, um 1420, der Stadt Judenburg großes Ansehen
verlieh. Die Zuschreibung verschiedener Werke, wie
etwa die St. Lambrechter Votivtafel, Tafeln der „Linzer
Kreuztragung" in Wels und die „Wiener Kreuzigung" ist
nicht unumstritten. Skulpturreste des Bozner Altars,
sowie Fund der Sinopie für ein Freskobild an der Bozener Pfarrkirche und einige Plastiken („Schöne Madonna"
aus Santa Maria Maggiore in Trient) lassen auf den
Künstler Hans schließen. Eindeutig zuordenbar ist die
schöne Madonna in der Stadtpfarrkirche in Judenburg.
Über die Hans-Werkstätte (hl. Oswald von Jezensko, Hl.
König aus Eisenerz) können bezüglich der Zuschreibung
einzelner Werke keine definitiven Aussagen getroffen
werden – es bedürfte im gesamten Komplex bildhaueri-
schen Schaffens in der Wirkungsperiode von Hans Maler
von Judenburg einer ausführlichen Untersuchung.
Leihgeber: Zagreb, Muzej za umjetnost i obrt naruke,
Inv.-Nr. MUO 2 664

7/9 Waffenlieferung zum Türkenkrieg

Haudegen
Ges.-L. 100,4 cm, Klingen L. 86,3 cm, Klingen B. 3,5 cm,
Gewicht: 1,08 kg
Haudegen, Klinge 1. Viertel 17. Jh. von Georg Lindl,
Gefäß Ende 17. Jh. Birnförmiger Knauf mit Endknopf;
Griff mit gemusterter Messingdrahtwicklung. Einschnei-
dige gerade Klinge mit Rückenschneide am Ort und zwei
Hohlkehlen beiderseits des Klingenrückens. Im Obertel:
Marke des Georg Lindl in Judenburg.
Literatur: K. Kamniker – P. Krenn, Georg Lindl, ein Judenburger
Klingenschmied, in: LMJ Graz, Jb. 1973, N.F. 3, Graz 1974, S.
147 ff. K. Kamniker – P. Krenn, Die Zweihänder des Landeszeug-
hauses in Graz, in: LMJ Jb. 1972, N.F. 2w, Graz 1973. Schwert
und Säbel aus der Steiermark, Veröff. d. Landeszeughauses Graz,
Nr. 4, Graz 1975.
Leihgeber: Graz, LMJ, Landeszeughaus, Inv.-Nr. 717

7/9/1 **Bihänder aus der Werkstatt des**
Judenburger Klingenschmiedes Georg Lindl

Leihgeber: Coburg, BRD, Kunstsammlungen der Veste Coburg

7/9/2 **Ungarische Säbelklinge**

Gebogene Klinge mit Jelman; beiderseits des Klingenrückens drei
Hohlkehlen von denen zwei bis gegen die Spitze auslaufen. In der
mittleren beiderseits der Name „Frindia" zwischen zwei gezähnten
Sicheln mit Kreisverzierung
Ges.-L. 88,4 cm, Klingen L. 77,2 cm, Klingen B. 3,2 cm, Gewicht:
0,71 kg

Der Name Frindia oder Fringia ist sehr häufig auf steirischen Klingen anzutreffen, und zwar sowohl im späten
16. Jh. wie auch noch zu Ende des 17. Jhs. Die plausibel-
ste Deutung leitet sich vom türkischen „frengi" her, was
soviel wie fränkisch oder abendländisch bedeutet. Da
diese Klingen seit altersher im Morgenland rühmlich
bekannt waren, könnte man unter dieser Bezeichnung
eine Art Güteklasse, ein „Made in Germany" verstehen.

Literatur: Schwert und Säbel aus der Steiermark, Veröff. d. Lan-
deszeughauses Graz, Nr. 4, Graz 1975.
H. Seitz, Blankwaffen, Bd. II, S. 21. Fringia, in: Deutsches Waf-
fenjournal, Nr. 5, Mai 1975, S. 524 ff.
Leihgeber: Graz, LMJ, Landeszeughaus, Inv.-Nr. 186

7/10 **Nikolaus Körbler da ludenburg,**
armiraglio de Carolo V, Tunise 1532

Foto nach dem Ölgemälde von Paris Bordone

Der Waffenlieferant aus Judenburg, Klaus Körbler
(„armiraglio" wurde fälschlich als „Admiral" gedeutet)
ließ in Italien 1532, als er im Gefolge des Kaisers, von
Judenburg bis zum Feldzug nach Tunis war, und nachdem er in den Adelsstand erhoben worden war, dieses
Bild von sich anfertigen.

Literatur: F. Tremel, Das Handelsbuch des Judenburger Kaufman-
nes Clemens Körbler 1526–1548, Graz 1960.
A. Luschin, Ein Truppendurchzug im 16. Jh., Zeitschr. f. Kultur-
gesch. Hannover 1874.
K. Hafner, Der österreichische Feldzug in Italien, ZHVSt, 1928.

7/11 **St. Nikolaus, Schutzpatron der Händler und Flößer**

(siehe Abb. links unten)

Hängeplastik aus Holz von Balthasar Brandstätter († 1756) und
Johann Nischlwitzer († 1778), um 1750(?)
H. 170 cm

Hauptfigur an dem ehemaligen barocken Hauptaltar der
Judenburger Stadtpfarrkirche bis 1902, derzeit an der linken Säule beim Eingang zur Apsis. Diese Figur – wahrscheinlich vom älteren Meister der Werkstatt Balthasar
Brandstätter um 1750 – war die Mittelfigur des Hochal-
tars, und zwar über dem Tabernakel und unter der Drei-
faltigkeitsgruppe im Giebelfeld. Ein typisches Werk aus
der Barockwerkstatt in Judenburg, die über 30–40 Kirchen des Murtales und Kärntens mit Heiligenfiguren
ausgestattet hat. (Pöls, Metnitz/Gurktal etc.) Judenburgs
Kirchen besitzen von Brandstätter die 12 Apostelfiguren,
St. Nikolaus, Immaculata in St. Magdalena.

Literatur: R. Kohlbach, Steirische Bildhauer, Graz 1956.
Leihgeber: Judenburg, Stadtpfarrkirche St. Nikolaus

7/12 **Glocke zu Fohnsdorf**

Hans Mitter, Glockengießer zu Judenburg urk. 1438, 1459
Ø 63,6 cm, Gewicht: 180 kg

Historisch bedeutende Glocke aus der Werkstatt zu
Judenburg. Zu Judenburgs wichtigsten Produkten im
15. Jh. gehörten die in der Stadt hergestellten Glocken
des Meisters Hans Mitter. Wegen ihrer kunsthistorischen
Werte blieben aus dieser Werkstatt nachgewiesen trotz
ständiger Ablieferungsverpflichtungen bei Kriegsfällen
noch immerhin 21 Originale erhalten. (In Seckau, Bad
Aussee, Aflenz, Neuberg/Mürz, Bruck/Mur, Sammlung
Samassa/Laibach, St. Erhard, Göss, Mariazell, Maria
Buch, Lind/Zeltweg, Kirchberg/Raab, Gaishorn und
Sammlung Pfundner/Wien.) Sie sind zwischen 1438 und
1460 hergestellt, in der Werkstatt zu Judenburg mit dem
Firmenzeichen „Löwe und Einhorn" bzw. „Hase und
Hund". Die größte - erhaltene - Glocke aus der Mitter-
Werkstatt befindet sich im Stift Seckau (sie ist 4.560 kg
schwer und hat einen Durchmesser von 185,5 cm, nach-
weislich von 1438). Die zweitgrößte befindet sich in
Aflenz (ca. 2.000 kg), die drittgrößte in Bad Aussee (1.700
kg), alle übrigen sind unter einer Tonne schwer.

Literatur: A. Weißenböck – J. Pfundner, Tönendes Erz, Graz–Köln
1961.
J. Pfundner, Die Glocken des Meisters Hans Mitter von Judenburg,
in: ZS. f. Kunst und Denkmalpflege, Wien 1969, H. 1.
Leihgeber: Wien, Glockenmuseum Josef Pfundner

7/13 **Speikmonopol für Judenburg 1460,**
Privileg des Kaisers Friedrich III.

Urkunde, 4. Juni 1460, Wiener Neustadt
H. 21,7 cm, B. 30 cm

Im Spätmittelalter erhielten die Bürger Judenburgs das
alleinige Recht, mit Speik Fernhandel zu betreiben. Vor
allem betrieb die Kaufmannsfamilie Körbler - verbunden
mit anderem Warenhandel - dieses sehr lukrative
Geschäft.

Literatur: J. Loserth, Archivalische Studien in Wiener Archiven zur
Geschichte der Steiermark im 16. Jh. - Veröff. d. Hist. Landes-
kommission f. Stmk., VI (1898), S. 3–25.
F. Tremel, Handelsbuch des Clemens Körbler, S. 99.
Leihgeber: Graz, Steiermärkisches Landesarchiv, U.-Nr. 6 801

7/14 **Kräuterbuch des Lonicerus**

H. 31 cm, B. 20 cm

Adam LONICERUS, Kreuterbuch, Kunstliche Conter-
feytunge der Bäume / Stauden / Hecken / Kreuter /
Getreyde / Gewürtze . . . Item von fürnembsten Gethie-
ren der Erden / Vögeln / vnd Fischen. Deßgleichen von

Metallen /Ertze / Edelgesteinen / Gummi / vnd gestandenen Säfften. Frankfurt 1587. 14 und CCCLXVIII Blatt, der Schlußteil fehlt. Dieses in mehrfacher Auflage aufgelegte Kräuterbuch, einstens im Besitz der Christiana vom Puechheim, weist drei Teile auf. Im ersten Teil berichtet Lonicerus vom Destillieren, bringt Ratschläge für den Gärtner und beschreibt Bäume und Stauden. Der zweite, umfangreichste Teil (Blatt 89–308) beschreibt die Pflanzen und Kräuter, „so in der Artzney und Küchen gebraucht werden", während der dritte Teil der Zoologie und den Mineralien gewidmet ist. Das Buch ist mit einer großen Anzahl von sorgfältig handkolorierten Holzschnitten illustriert. Lonicerus bringt den Namen jeder Pflanze in sechs Sprachen (Griechisch, Lateinisch, Italienisch, Französisch, Deutsch und Spanisch), beschreibt sie relativ genau und führt dann jeweils ihre „Kraft und Wirkung" an, sozusagen ein medizinischer Ratgeber. Die hier aufgeschlagene Pflanze des Speik (Bl.153v) soll nach Lonicerus, mit kaltem Wasser getrunken, gegen Aufstoßen und Magenblähen helfen, läßt aufgetragen die Haare der Augenbrauen wachsen und verursacht „angestrichen" eine schöne Körperfarbe und lieblichen Geruch. Rechts auf Bl.154 (CLIIII) ist der Lavendel dargestellt. Von ihm heißt es, daß er die Läuse von den Kleidern fern hält, Magen- und Zahnweh stillt und Mundfäulnis heilt.

Leihgeber: Vorau, Stiftsbibliothek, Inv.-Nr. 1 982
F. Hutz

7/15 Der Judenburger Goldgulden

In das 14. Jh. fällt die erste Goldprägung in Österreich. Die Judenburger Bürgerschaft bekam von Erzherzog Albrecht II. die Erlaubnis, ihr in den Tauern gewonnenes Gold zu vermünzen. In geldgeschichtlicher Hinsicht war es der Versuch, dem Einströmen ungarischer Goldmünzen, wenn nicht Einhalt zu gebieten, so doch Widerstand entgegenzusetzen. Die Einbürgerung des Goldes als Handelsgeld, die von Italien ausging, hat auf das österreichische Münzwesen eine nachhaltige Einwirkung gebracht.

Die Judenburger Prägungen folgten dem Beispiel Italiens, Aragons und Frankreichs, der Niederlande und Deutschlands. Als mehr oder minder getreu nachgeahmtes Vorbild diente der Floren aus Florenz, mit dem Bild des Hl. Johannes Baptist.

Nicht zuletzt diese Goldprägung sicherte Judenburg die entscheidende Position im Italienhandel. Die Prägung endete spätestens 1386 wieder. Münzherren waren die Herzoge Albrecht II. (1330–1358), Rudolf IV. (1358–1365) und Albrecht III. (1365–1395).

Literatur: G. Probszt-Ohstorff, Judenburg in der Münz- und Geldgeschichte vergangener Jahrhunderte, Judenburger Museumsschriften 2, Judenburg 1958.
Bur.

7/15/1 Florenz

Fiorino d'oro, 1306
Gold, 3,49 gr.
Leihgeber: Graz, LMJ, Münzensammlung, Inv.-Nr. 21 960

7/15/2 Venedig, Giovanni Soranzo (1312–1328)

Zecchino
Gold, 3,52 gr.
Leihgeber: Graz, LMJ, Münzensammlung, Inv.-Nr. 21 956

7/15/3 Ungarn, Ludwig I. (1342–1382)

Goldgulden (Aureus)
Gold, 3,5 gr.
Leihgeber: Graz, LMJ, Münzensammlung, Inv.-Nr. 7 985

7/15/4 Steiermark, Albrecht II. (1330–1358)

Judenburger Goldgulden (siehe Abb. rechts oben)

Gold (Rs. Galvano), 3,53 gr.
Leihgeber: Graz, LMJ, Münzensammlung, Inv.-Nr. 6 977

7/15/5 Steiermark, Albrecht III. (1365–[1378]–1395)

Judenburger Goldgulden
Rs. Galvano
Leihgeber: Graz, LMJ, Münzensammlung, Inv.-Nr. 55 403

Raum 8:
Die Regelung des mittelalterlichen Handels

Handel und Gewerbe bedurften immer einer staatlichen, „obrigkeitlichen" Regulierung. Im Mittelalter war dafür der Landesfürst zuständig, dem fast alle Städte und viele Marktorte der Steiermark gehörten. In diesen Städten und Märkten erfolgte der Warenaustausch, es entwickelten sich Geldwesen und ein differenziertes Gewerbe. Vielfach waren für ihre Entstehung und Entfaltung ältere, vorgegebene Ordnungen verantwortlich (Burgplätze, Kirchtage, Mautstätten). Andererseits ergriff der Landesfürst durch Privilegierung die Initiative: Er verlieh Markt- und Stapelrechte und befreite Kaufleute von Mautgebühren. Die Gewerbeausübung im Umkreis der Städte wurde verboten (Bannmeile) und die Umgehung von Maut- und Stapelorten unter Strafe gestellt (Straßenzwang). Diese Rechte förderten das Wirtschaftsleben der privilegierten Stadt und boten dem landesfürstlichen Stadtherrn gleichzeitig Aussicht auf höhere Einkünfte. Oft steht die Gewährung wirtschaftlicher Vorrechte im Zusammenhang mit einer Erweiterung der städtischen Autonomie. Ein großräumiges Konzept einer landesfürstlichen Handelspolitik ist im Bereich des Salz- und Eisenwesens erkennbar, zumeist bleiben die Maßnahmen aber bis ins späte Mittelalter punktuell. Jede Stadt sah in ihrer Nachbarin eine Konkurrentin, die es galt auszuschalten oder wenigstens zu behindern. In der Mitte des 14. Jhs. begann ein Angleichungsprozeß der verschiedenen städtischen Sonderrechte, der schließlich im 16. Jh. zur Vereinheitlichung durch landesfürstliche Städteordnungen führte.

8/1 Modelle von Transportmitteln

8/1/1 Salzwagen

Modell

8/1/2 Salzschiff

Modell
Leihgeber: Leoben, Museum der Stadt Leoben, Inv.-Nr. 12 480

8/1/3 Transportmittel Mensch

8/2 Marktfreiung (siehe Seite 56)

Holzskulptur, 17. Jh.

L. 120 cm (Schwert), 70 cm (Arm)

Die aus einem zurückgestreiften, rotbemalten Ärmel herausragende Hand hält ein Schwert mit goldenem Griff und goldener Parierstange. Hand und Schwert sind uralte Hoheitssymbole. Aus ihrer Verbindung entwickelten sich die besonders in Österreich häufig auftretenden Schwertarme, für die in der Steiermark die Bezeichnung „Freiung" üblich war. Es überwiegt die wirtschaftliche Bedeutung der Freiung als Zeichen für einen privilegierten Jahrmarkt und dem damit verbundenen, unter höherer Strafandrohung stehenden Friedensgebot; sie ist jedoch ursprünglich Symbol der Blutgerichtsbarkeit.
H. Baltl, Rechtsarchäologie des Landes Steiermark, Graz–Köln 1957.
Leihgeber: Graz, LMJ, Kunstgewerbemuseum

8/3 Marktrichterstab aus Weißkirchen

Unbekannter Künstler
Dekorierter Stab mit Seidenmasche und Dekordraht
L. 78 cm
Der Stab war Symbol für die richterliche Gewalt des Marktrichters, gegenüber Vergehen und Delikten sofort zu urteilen: Diebstähle (Pranger), Wucherei, Preistreiberei, boshaftes Anrichten von Schäden etc. Das Exponat befindet sich im Besitz des Landesmuseums Joanneum. Vom Museumsgründer in Judenburg, Ernst Klepsch-Kirchner dort abgegeben und bei dessen 90. Geburtstag als Dauerleihgabe dem Museum überlassen.
Leihgeber: Graz, LMJ

8/4 Austragen der Freiung beim Niederwölzer Maxlaunmarkt

Foto nach einem Holzschnitt zu Johann Krainz „Volksleben, Sitten und Sagen der Deutschen", in: Die österr.-ung. Monarchie in Wort und Bild. Steiermark. Wien 1890 („Kronprinzenwerk")
Zu den alten Rechtsbräuchen, die mit dem Marktwesen verbunden sind, zählt das noch heute geübte „Austragen der Freiung" am Niederwölzer Maxlaunmarkt. Dieser regional wichtige Jahrmarkt findet am ersten Montag nach dem St.-Maximilian-Tag im Oktober statt. Nach der einleitenden Messe wird das Wahrzeichen für das alte Marktprivileg, die „Freiung", ein geschmückter Schwertarm, im Orte herumgetragen und anschließend, so lange der Markt dauert, öffentlich „ausgesteckt".
Literatur: E. Walthner: Austragen der Freiung am Maxlaunmarkt Niederwölz, Steiermark, Begleitveröff. z. wiss. Film CDf 1683 der B, in: Wiss. Film Nr. 26 (1981 Mai), S. 27–35.
Leihgeber: Leoben, Museum der Stadt Leoben

8/5 Marktkreuz

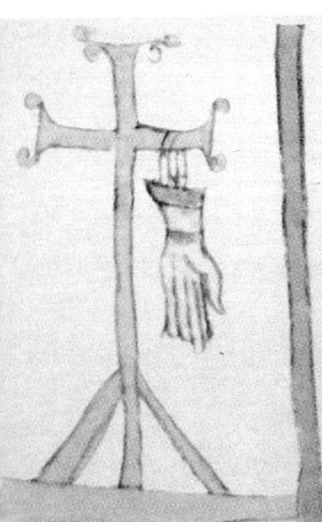

Repro aus: Der Sachsenspiegel in Bildern. Aus der Heidelberger Bilderhandschrift ausgewählt und erläutert v. W. Koschorreck. Insel-Taschenbuch Nr. 218, 1977 (Original: Bilderhandschrift, 1. Viertel 14. Jh.)
Die Textillustrationen der Bilderhandschriften des Sachsenspiegels sollen dem Leseunkundigen beim Einprägen der Rechtssätze als Erinnerungshilfe dienen. Farben, Gebärden haben symbolhaften Charakter. Wahrzeichen der Marktgerechtigkeit und des Marktfriedens ist das Marktkreuz, das häufig mit dem Handschuh des Königs geschmückt ist. Der Handschuh auf unserem Bild ist durch Sachsenspiegel-Landrecht II 26 4 veranlaßt, wo es heißt: Der König soll, wenn ein Markt vorschriftsmäßig errichtet werde, von Rechts wegen seinen Handschuh dazu senden, „zu

einer bewisunge, daz ez sin wille si." Das Marktrecht (Marktverleihungsrecht) wurde seit dem 13. Jh. von den Landesfürsten, in unserem Falle von den Habsburgern, ausgeübt.

8/6 Städte und Märkte der Steiermark im Mittelalter; integrierte Vischer-Stiche und Grafik

Karte (siehe Seite 59)
Entwurf: G. Cerwinka
Ausführung: R. Gaar
Die Karte zeigt die Verdichtung des Netzes von Zentralorten zeitlich differenziert nach der ersten Nennung als Stadt bzw. als Markt. Der größere Teil der steirischen Städte ist bis zum Ende des 13. Jhs. bereits vorhanden. Schwerpunkte der Lage dieser ältesten Städteschichte im Lande sind entlang der Mur, an der Grenze gegen Ungarn sowie in der Untersteiermark festzustellen. Auffällig ist, daß Cilli, das römische Celeia, erst 1451 von Friedrich III. ein Stadtrecht erhielt. Es hat wegen seiner wirtschaftlichen und zentralörtlichen Funktion als Hauptort der gleichnamigen Grafschaft wohl schon früher als Stadt zu gelten. Die Verdichtung des Netzes im 14. und 15. Jh. ist von einer Reihe von Faktoren abhängig, z.B. der Struktur der Grundherrschaften. Ein Großteil der späteren Gründungen sind patrimoniale Märkte. In höherem Maße als in den übrigen Teilen der Steiermark sind in der ehemaligen Untersteiermark Marktgründungen im späten Mittelalter festzustellen.
Literatur: O. Pickl, Die wirtschaftliche Lage der Städte und Märkte der Steiermark im 16. Jh., in: Die Stadt an der Schwelle zur Neuzeit. Beitr. z. Gesch. d. Städte Mitteleuropas 4/1980.
H. Ebner, Das Städtewesen in der Steiermark am Ausgang des Mittelalters, in: Die Stadt am Ausgang des Mittelalters. Beitr. z. Gesch. d. Städte Mitteleuropas 3/1974.

8/6/1
Handelsstadt Graz. Aufschwung im Mittalalter

Für das Werden von Graz sind als wesentliche Voraussetzungen anzusehen: der Murfluß, der sich an seinem linken Ufer erhebende Schloßberg sowie der an der Südseite des Berges über die Mur führende Weg, der die schon in der römischen Antike am Westrand des Grazer Feldes verlaufende Straße (Poetovio/Pettau – Poedicum/Bruck) mit Savaria/Steinamanger verband. 1128/1129 scheint der Name Graz erstmals auf. Als Burgundersiedlung entstand zwischen Mur und Schloßberg senkrecht zur Durchzugsstraße ein Gassenmarkt (zwischen heutigem Haupt- und Schloßbergplatz). Er stellt das erste Glied in der mehrstufigen Entwicklung der Siedlung Graz dar und ist im Zusammenhang mit der verstärkten Binnenkolonisation in der Steiermark im zweiten Viertel des 12. Jhs. zu sehen. Bald werden Kaufleute genannt, so zwischen 1147 und 1159 ein Witelo und um 1150 ein Bertold „mercator". Nach 1156 wurde der Ort durch den Landesfürsten, Markgraf Otakar III., erweitert. 1164 erhielt die Zisterze Rein drei Hofstätten „in suburbano Castri Graece sita" (Bereich Reinerhof, Sackstraße 20), um dort ihre Weine und sonstigen Waren ungestört vom Getümmel auf dem Markt („forum")-Platz einlagern zu können. Mit dieser großzügig angelegten Marktanlage, die den heutigen Hauptplatz umfaßte und bis zur Landhausgasse reichte, hatte der Markgraf dem von ihm geschaffenen Land Steiermark einen repräsentativen Hauptort gegeben. Bei der Errichtung haben vielleicht Nürnberger Bürger eine Art Lokatorrolle gespielt. Südlich des Marktplatzes ist seit etwa 1160 das Judenviertel zu lokalisieren. Solche Ghettos fehlten damals in keiner aufstrebenden Siedlung, erfüllten doch die Juden aufgrund des biblischen Zinsverbotes die Funktion von Bankiers. Auch später, als dieses Verbot mit zunehmendem Erfolg von

Christen umgangen wurde, blieben die Juden, dank ihrer „internationalen" Geldverbindungen unentbehrlich, bis sie 1496 endgültig aus Graz ausgewiesen wurden. (Erst in der zweiten Hälfte des 19. Jhs. durften sich Juden wieder in Graz niederlassen.) Seit ca. 1210 ist für Graz eine Münzstätte anzunehmen, denn gerade in der Phase der Ausbildung und Weiterentwicklung der Landeshoheit erschien die Vorherrschaft der erzbischöflich-salzburgischen Münze, insbesondere der aus Friesach nicht mehr tragbar. Wie stark die Dominanz war, zeigt, daß der Grazer Münzmeister Walker (urk. Nennung 1243–1252, gest. vor 13.August 1271) aus der „familia" (Dienstmannschaft) des Salzburger Erzbischofs stammte.Das Geschlecht der Walker oder Volkmare zählte zu den vermögendsten und einflußreichsten Bürgerfamilien in der jungen Stadt Graz. Dieser erteilte König Rudolf I. 1281 den ältesten, noch im Wortlaut erhaltenen Freiheitsbrief, in dem er ihr auch das Niederlagsrecht und die Mautbefreiung bestätigte. Wie ausgedehnt die Grazer Handelsbeziehungen bereits zu Beginn des 14. Jhs. waren beweist u. a. das Auftreten des „Chunrat von Bayrischgraetz der Watmanger" (Tuchhändler) in St. Veit an der Glan und Unterdrauburg.

Mit der Zunahme des Handels kam es auch zur Differenzierung der an ihm Beteiligten. Wie in anderen Städten standen auch in Graz als Krämer bezeichnete Personen dem Handel nahe. Bei ihnen fällt die unterschiedlichste Schichtzugehörigkeit auf. Einige hatten Anteil am Stadtregiment, während die eigentlichen Kleinhändler, die sog. Fragner, politisch und ökonomisch bedeutungslos waren. 1361 gab Herzog Rudolf IV. der Stadt nicht nur die Brückenmaut, sondern auch einen ausgedehnten Gerichtsbezirk, der die Verkehrswege am Ost- und Westrand des Grazer Beckens einschloß und diese unter den Einfluß der Bürgerschaft brachte. Wenig später kam auch die Murbrücke von Frohnleiten unter Grazer Kontrolle. Die Stadt bezog zudem noch Abgaben aus dem Gewerbe- und Warenumsatz, wozu nach den Privilegien Herzog Albrechts II., 1377, alle Einwohner verpflichtet waren, die Handel und Gewerbe trieben. Im Mittelalter war der Hauptplatz der einzige große Freiraum, in der sonst eng verbauten Stadt, auf dem sich märktisches Leben entfalten konnte. Nach dem Steuerverzeichnis von 1474 standen dort 15 Brotbänke, ebensoviele Messerkramer, die Buden der Nestler, Riemer, Beutler, Krämer, Fragner und Fleischer. Beim Rathaus befanden sich Waage und Maße. Bis in das 14. Jh. gab es auch im Sack Verkaufsläden, als Markt diente auch die Herrengasse. Eine Blüte für den Grazer Handel brachte zumindest ein Teil der Regierungszeit Kaiser Friedrichs III., der Graz zu seiner bevorzugten Residenz machte. Unter ihm als Landesfürsten erhielt die Stadt das Recht der Fürfahrt zurück, einen zweiten Wochenmarkt, die Maut in Landscha und 1441 einen weiteren Jahrmarkt. Dazu kam die günstige geographische Lage zwischen Mittel- und Westeuropa mit hochentwickeltem Exportgewerbe und den Ländern Ost- und Südeuropas mit vorwiegend agrarischen Produkten. Die Einnahmen der Grazer Fürfahrt-Maut und die höchsten Kontingente bei den Aufgebots-Vorschreibungen der Jahre 1445/1446 geben Zeugnis von der nicht zuletzt dank des Handels herausragenden Stellung der Stadt innerhalb des Herzogtums Steiermark. In diesem Zusammenhang ist auch die Ernennung des Grazer Bürgers und „Seydenater" (Seidensticker/Seidenhändler) Hans Mutten zum „Hans(e)grafen" der Steiermark zu sehen. Ihm oblag die Interessensvertretung steirischer Kaufleute in der Fremde sowie in der Steiermark und in Graz die unbürokratische und rasche Regelung von Streitfällen. Allein die Notwendigkeit der Einrichtung des Handels verdeutlicht, welche Bedeutung Fernhandel und Fernhändler für das Wirtschaftsleben des Landes und seiner Hauptstadt hatten. Die Grazer Fernhändler gehörten bedingt durch ihr Vermögen zur einflußreichsten Gruppe der bürgerlichen Oberschicht. Sie waren es, die häufig städtische oder landesfürstliche Ämter bekleideten. Ein besonderes Naheverhältnis zu Friedrich III.,

der bei ihnen verschuldet war, zeichnete sie aus. Ihre wirtschaftliche Bedeutung und der Umfang ihres Handels war dem der Elite oberdeutscher Handelsunternehmer ebenbürtig. Die Verlagerung des europäischen Fernhandels nach dem Westen, die Türkengefahr und die daraus resultierende Steuerlast schwächten im 16. Jh. die Wirtschaft des Grazer Bürgertums. Nach der Eroberung Zentralungarns durch die Türken, 1541, erlitt der Grazer Handelsverkehrs mit dem Osten starke Einbußen. Die labile ökonomische Lage förderte Auswanderungsbestrebungen, die auch durch die vom innerösterreichischen Hof in Graz ausgehende Gegenreformation mitbestimmt wurde. Der Abwanderung stand der vom Landesfürsten geförderte Zuzug von Italienern – erklärte Katholiken – gegenüber. Diese hatten bis zu Beginn des 17. Jhs. den Handel mehrheitlich an sich gerissen. Neben den Italienern waren es süddeutsche Kaufleute, welche die Grazer und innerösterreichischen Fernhändler ausspielten, die, sofern sie es zu Reichtum gebracht hatten, ihr Kapital meist in Grundherrschaften anlegten und in den Adelsstand übertraten.Die allgemeine Situation besserte sich erst nach dem Abklingen der Türkengefahr, der Rückgewinnung des traditionellen Handelsgebietes und im Zuge der merkantilistischen Wirtschaftspolitik, die Graz 1728 in die Kommerzialstraße Wien-Triest einband. Dieser Direktion folgte über ein Jahrhundert später die Südbahn, die mit der ungarischen Westbahn (heute Ostbahn) und der Graz-Köflacher-Bahn der Wirtschaft und dem Handel neue Impulse gaben. Die Gründung von Sparkassen und einer Pfandleihanstalt schufen die modernen Grundlagen für die Kreditbedürfnisse einer wachsenden städtischen Wirtschaft. Die Technische Hochschule, die Akademie für Handel und Industrie und die staatliche Gewerbeschule ermöglichten die zeitgemäße Schulung des technischen und kaufmännischen Nachwuchses.Diese positive Entwicklung fand nicht zuletzt 1906 in der Grazer Messe ihren Asudruck. Mit dem Ende des Ersten Weltkrieges verlor Graz sein Hinterland; sein Markt schrumpfte. Die Randlage blieb auch nach 1945 bestehen und erst das Durchlässigwerden der Grenzen und eine günstigere Verkehrsintegration haben die Lage des Grazer Handels verbessert. Neben dem zweibändigen Standardwerk von Fritz Popelka über die Geschichte der Stadt Graz, haben sich nachfolgende Wissenschaftler mit diesem Thema beschäftigt: G. M Dienes, W.H. Hubbard, O. Pickl, F. Posch und F. Tremel.

G. M. Dienes

8/6/1/1 Ausbau der Marktanlage: Graz

Grafik (siehe Seite 60)
Entwurf: G. Cerwinka
Ausführung: R. Gaar

Zwischen Mur und Schloßberg wurde um 1130/40 der erste Markt senkrecht zur Durchzugsstraße angelegt („Erster Sack"). Damals befand sich der Grazer Boden noch im Besitz der Hochfreien von Stübing. Nach deren Ausschaltung legte Markgraf Otakar III. vor 1164 den Kern der heutigen Altstadt von Graz mit dem großzügigen, trapezförmigen Hauptplatz an. Dies entsprach einerseits den gesteigerten Bedürfnissen des Handels aufgrund der zunehmenden Bevölkerungszahl, ist andererseits als wichtiger Schritt zur Hauptstadt-Funktion zu verstehen.

Literatur: F. Popelka, Geschichte der Stadt Graz, Bd. 1, Graz 1928.
F. Posch, Die mehrstufigen Stadt- und Marktanlagen der Steiermark im Mittelalter und ihre Bedeutung für die Siedlungsgeschichte, in: MIÖG 78/1970.

8/6/2
Hartberg – ein regionales Handelszentrum

Die Stadt Hartberg ging aus einer in den 20er Jahren des 12.Jhs. errichteten Pfalz des Markgrafen Leopold des Starken hervor. Der erste Markt lag an der alten Römerstraße, die einst Flavia Solva mit Savaria (Steinamanger) verbunden hatte. Bei Hartberg führte eine Abzweigung über den Wechsel und die Pittenfurche nach Niederösterreich.

Zwar hatte der Markt die Funktion, die umliegende bäuerliche Bevölkerung, die seit dem 12. Jh. im heutigen Bezirk Hartberg angesiedelt wurde, mit den notwendigsten Waren zu versorgen. Doch der Bedarf einer auf Selbstversorgung aufgebauten Gesellschaft war naturgemäß gering. So erfolgte der Ausbau zur Stadt auf Grund der neu ausbrechenden Konflikte mit Ungarn, weshalb der Ort ab den 1160er Jahren mit Befestigungsanlagen versehen wurde. Die erste urkundliche Nennung als Stadt datiert aus dem Jahr 1286. Von der Sozialstruktur war Hartberg als „Ackerbürgerstadt" zu bezeichnen und unterschied sich somit von Handelsstädten, wie Judenburg, Graz und Leoben.

Vom 13. bis zum Beginn des 18. Jhs. war Hartberg durch seine Lage an der Grenze durch ungarische und später auch durch osmanische Truppen gefährdet. Im Mittelalter wurde die Stadt einige Male von ungarischen Heerscharen und steirischen Rebellen (Andreas und Wilhelm Baumkircher) eingenommen. Diese Situation und die Abgelegenheit der Region waren für den Handel nicht förderlich. Demzufolge war der Lokalhandel vorherrschend. Das mangelnde Handelsaufkommen schlug sich in einer geringen Anzahl von Hartberg-Händlern nieder. 1542 wurden drei Krämer und ein Eisenwarenhändler in der Stadt gezählt. 1310 erhielt Hartberg den ersten Jahrmarkt. 1436 und 1512 wurde der Stadt nach Feuersbrünsten je ein weiterer Jahrmarkt zum Wiederaufbau zugestanden. 1530 wurde die bis dahin landesfürstliche Stadt verpfändet. Die meiste Zeit waren die Grafen Paar Pfandinhaber von Hartberg.

Seit 1330 waren die Bürger Hartbergs vom Zoll und von der Maut befreit. Dieses Privileg fiel der allgemeinen Aufhebung der Mautfreiheiten unter Maximilian I. zum Opfer. Wegen der Armut der Bürger gewährte Ferdinand I. 1551 Hartberg neuerlich Mautfreiheit, jedoch mit Ausnahme des Viehhandels. Dennoch war keine Steigerung des Handels zu verzeichnen. Dies zeigte sich daran, daß sich der 1567 gewährte Wochenmarkt nicht durchsetzen konnte. Auch das Mautprivileg war im 17. Jh. in Vergessenheit geraten und wurde nicht mehr erneuert.

Neben dem Lokalhandel spielte der Ungarnhandel eine gewisse Rolle. Anders als Radkersburg, Fehring, Fürstenfeld und Friedberg war Hartberg die Einfuhr ungarischen Getreides für den Eigenbedarf verboten. Dadurch kam dem Schmuggel erhöhte Bedeutung zu. Dies galt auch für den nicht weniger wichtigen Viehhandel. Wer hier ohne landesfürstlichen Paßbrief angetroffen wurde, dem wurde das Vieh als Konterbande abgenommen. Auch im Weinhandel war Hartberg gegenüber Friedberg und Fürstenfeld benachteiligt, da diese Städte von dem 1533 erlassenen allgemeinen Einfuhrverbot für fremde Weine ausgenommen waren. Weiters zählten ungarischer Honig, Meersalz und türkische Wolle zu beliebten Schmuggelwaren in der Hartberger Gegend.

Literatur: 850 Jahre Hartberg, Hartberg 1978. F. Posch, Geschichte des Verwaltungsbezirkes Hartberg 1. Teil, Graz-Hartberg 1978 (= Große geschichtliche Landeskunde Steiermarks 1); A. Kernbauer, F. Huber, 700 Jahre Civitas Hartberg, Hartberg 1986, Hartberger Schriften zu Geschichte 1.
Chr. Promitzer

8/6/3
Voitsberg: Weststeirische Handelsstadt

Voitsberg war an der Wende zum 13. Jh. als landesfürstliche Stadt gegründet worden. Der Ort lag an der Straße von Graz nach Judenburg. Auch die Verbindung nach Kärnten führte durch Voitsberg. Der einzige Konkurrent in dieser Region war der zum Stift St. Lambrecht gehörige Markt Köflach. Das wichtigste Handelsobjekt der Voitsberger war Wein. Sie kauften die Weine selbst und transportierten sie nach Kärnten und in die Obersteiermark. Fremde Händler waren bis 1445 gezwungen, ihre Weine im Fronkeller der Stadt gegen hohe Gebühr zu lagern. Dies erregte vor allem den Unmut der Judenburger, zumal den Voitsbergern mindestens seit 1307 auch der freie Weinhandel nach Judenburg gestattet war. Dort mußten sie ihre Weine gar nicht niederlegen. Außerdem erhielten sie das Privileg des Salzhandels, sowohl im großen wie im kleinen, welchen außer ihnen niemand auf dem Land treiben durfte. Seit 1307 waren die Voitsberger Bürger auch von der Maut befreit. Hingegen durfte kein fremder Handelsmann seine Ware auf dem Voitsberger Marktplatz feilbieten. 1385 wurde den Voitsbergern überdies die Einhebung einer Maut gestattet. Außerdem war es den fremden Händlern von nun an verboten, Voitsberg zu umgehen. Jahrmarktprivilegien erhielt Voitsberg 1402 und 1447.

Der durch mannigfache Ursachen (Adelsrevolten, Krieg mit Ungarn, erster Einfall türkischer Heerscharen) ausgelöste wirtschaftliche Rückgang in der zweiten Hälfte des 15. Jhs. war auch in Voitsberg zu bemerken: Daran konnte auch das 1522 verliehene dritte Jahrmarktsprivileg nichts ändern. Um sich gegen die drohenden Angriffe des Osmanischen Reiches zu verteidigen, konnten die Gelder der Bürgerschaft nicht mehr in Handel und Gewerbe investiert werden, sondern mußten für den Ausbau der Befestigungen verwendet werden. Wie sehr die Wirtschaft Voitsbergs darniederlag, läßt sich daran ermessen, daß 1542 die Hälfte der Häuser unbewohnt war. 1612 gab es überhaupt nur mehr vier Handelsleute in der Stadt. Der Weinhandel der Voitsberger nahm in dieser Zeit weiter ab, da die Bauern ihren Wein selbst verhandelten, d. h. auf verbotenen Wegen schmuggelten. Alle diese Umstände verschärften die Konkurrenz mit Köflach. 1648 verbot der Voitsberger Stadtrat den Köflachern, an Markttagen in Voitsberg zu handeln und behielt sich die Konfiszierung der feilgebotenen Waren vor. Dies führte zu einem jahrzehntelangen Streit mit dem Stift St. Lambrecht, den Voitsberg schließlich verlor. Zu weiteren Einbußen im Handel kam es in der zweiten Hälfte des 17. Jhs., als die Herrschaft Obervoitsberg Mautstellen in der Umgebung errichtete. Erst in der zweiten Hälfte des 18. Jhs. war ein wirtschaftlicher Aufstieg zu spüren. 1756 wurde an der Kainach eine Papiermühle errichtet. 1762 wurde in der Umgebung nach Kohle geschürft. Nennenswerten Absatz fand der Kohleabbau jedoch erst an der Wende zum 19. Jh. Dadurch wurde ein Strukturwandel eingeleitet, der Voitsberg zum Industrie- und Bergbauort machen sollte.

Literatur: Festschrift 700 Jahre Stadt Voitsberg. E. Lasnik, Rund um den Heiligen Berg. Geschichte des Bezirkes Voitsberg, Graz-Wien-Köln 1982.
Chr. Promitzer

8/6/4 ## Friedberg – Stadt am Wechsel

Friedberg ist mit 601 m die höchstgelegenste der drei oststeirischen Städte. Sie wurde von Leopold V. 1194 unterhalb der landesfürstlichen Burg, welche die Wechselstraße schützen sollte, erbaut. Von Friedberg sind keine alten Jahrmarktsprivilegien überliefert. 1330 erhielten die Friedberger von Herzog Albrecht die Maut- und Zollfreiheit verliehen. Da Friedberg – was Freiheiten betraf – Fürstenfeld gleichgehalten war, ist auch eine ähnliche Handelsstruktur wie in Fürstenfeld anzunehmen, wenn auch letztere Stadt bedeutender war als Friedberg.

So wie die übrige Oststeiermark war auch Friedberg vielen Gefahren ausgesetzt. Neben Feuersbrünsten kam es immer wieder zu feindlichen Einfällen. 1414 und 1418 plünderten und brandschatzten ungarische Truppen die Stadt. Schlimmer jedoch war der Einfall des osmanischen Hauptheeres unter Sultan Suleiman 1532. Die Stadt wurde erobert und völlig niedergebrannt. Von diesem Ereignis sollte sich Friedberg nicht mehr erholen. Der Handel hörte fast völlig auf. Wegen der gesunkenen wirtschaftlichen Lage der Stadt bestätigte König Ferdinand 1551 die alte Zollfreiheit der Friedberger, jedoch mit Ausnahme des Viehhandels. Doch dies war zuwenig: Ab 1573 mußten die Friedberger sukzessive ihr Gericht, die Maut und das Zehentrecht verkaufen. In dieser Zeit begann wie in der Hartberger so auch in der Friedberger Gegend der Schmuggel ungarischer Waren, in erster Linie Tuch und Meersalz, zu blühen. Die Einfuhr von ungarischem Getreide und Wein für den Eigenbedarf war Friedberg jedoch gleich wie Fürstenfeld erlaubt. Dieses Recht sollte bis ins 18. Jh. gelten. An dieser Stelle ist auch die Einfuhr von ungarischem Vieh zu erwähnen. 1708 wurde die Stadt von einfallenden Kuruzzen kurzfristig besetzt. Danach folgte eine Zeit des wirtschaftlichen Aufschwungs, die durch das Tuchmachergewerbe bestimmt war. 1709 gab es 18 konzessionierte Tuchmacher in Friedberg. Die Tuche waren für das Militär bestimmt und wurden nach Wien verhandelt.

Literatur: F. X. Reitterer, Beiträge zu einer Geschichte der Stadt und des Bezirkes Friedberg in der Steiermark. 2 Bde., Budweis 1931–32. F. Posch, Geschichte des Verwaltungsbezirkes Hartberg. 1. Teil, 1. Bd., Von der Urzeit bis 1848, Graz–Hartberg 1978. Festschrift zur 700-Jahr-Feier der Stadt Friedberg, o. O., o. J. Chr. Promitzer

8/6/5 Fürstenfeld – Umschlagplatz für den Ungarnhandel

Fürstenfeld ist aus einer Burg hervorgegangen, die nach 1170 zum Schutz der in der Umgebung lebenden Ansiedler gegründet worden war. Der hier entstehende Straßenmarkt versorgte die Umgebung mit Handelswaren und Handwerksprodukten. Eine Aufwertung erfuhr der Ort durch die mindestens seit 1197 bestehende Niederlassung des Johanniter-Ritterordens. Im Gefolge des von Herzog Leopold VI. zwischen 1215 und 1220 forcierten Landesausbaues erfolgte der Ausbau zur Stadt. Der Grundriß von Fürstenfeld ist das Musterbeispiel einer gegründeten Stadt.

Fürstenfeld erreichte schon bald eine wichtige Stellung im oststeirischen Nahhandel. Einen wesentlichen Anteil spielten dabei die der Stadt verliehenen Freiheiten und Rechte, darunter das Recht, Jahrmärkte abzuhalten, und die Freiheit der Bürger, ihre Waren maut- und zollfrei durch Österreich und Steiermark zu führen. Im Weinhandel waren die Fürstenfelder gegenüber den Hartbergern im Vorteil, da sie seit 1420 ihre ungarischen Bauweine in der Steiermark verlegen durften. Außerdem hatte die Stadt eine Niederlage für steirisches Eisen. Es waren vor allem Sensen und Sicheln, die nach Ungarn verhandelt wurden. Umgekehrt war Fürstenfeld Umschlagsort für Getreide und Vieh aus Ungarn. So war Fürstenfeld im 14. Jh. zum wichtigsten Handelsort der Oststeiermark emporgestiegen. Die Blütezeit fand jedoch bald ein Ende: 1469 wurde die Stadt von Andreas Baumkircher besetzt. Vor den Toren der Stadt kam es zu einer blutigen Schlacht zwischen den Rebellen und den kaiserlichen Truppen. Elf Jahre später wurde Fürstenfeld von ungarischen Truppen eingenommen. 1529 und 1532 verwüsteten osmanische Truppen die Umgebung. Infolge dieser Ereignisse und durch zwei verheerende Brände war der Handel der Stadt in der ersten Hälfte des 16. Jhs. auf ein Minimum gesunken. Außerdem war Ungarn durch die türkische Besetzung als Absatzgebiet vorerst verloren. Bis ins 17. Jh. sollte es nur zwei bis drei Kaufleute in der Stadt geben. Zwar besserte sich die wirtschaftliche Lage durch den Festungsbau in der zweiten Hälfte des 16. Jhs., doch das Ende kam 1605, als Hajduken die Stadt kampflos eroberten, plünderten und teilweise niederbrannten. Erst im 18. Jh. – nach dem Ende der Kuruzzenaufstände und den Siegen Prinz Eugens – war ein bescheidener Aufschwung wieder möglich.

Neben den bereits erwähnten Waren wurde nun auch ein weiteres Produkt verhandelt: Tabak. Im 17. Jh. hatten sich einige italienische Händler in Fürstenfeld niedergelassen, darunter einer namens Liscuttin. Dieser gründete, um dem in der Für-

stenfelder Gegend neu eingeführten Tabakanbau Rechnung zu tragen, 1691 eine Tabakfabrik in der Stadt. Diese wurde 1729 von der Stadt, 1734 aber vom Staat übernommen.

Literatur: H. Pirchegger, S. Reichl, Geschichte der Stadt und des Bezirkes Fürstenfeld, Fürstenfeld 1952. 800 Jahre Fürstenfeld. Rückblick – Gegenwart – Ausblick. 1178–1978, Fürstenfeld 1978. Chr. Promitzer

8/6/6 Radkersburg

Radkersburg, das nach einem Personennamen Rategoy benannt ist und nichts mit dem im Wappen aufscheinenden Rad zu tun hat, wird erstmals 1299 als Stadt genannt. Früher schon, 1287, wird eine Judensiedlung zu Radkersburg erwähnt, das neben Graz und Marburg/Maribor während des Mittelalters die bedeutendste jüdische Gemeinde der Steiermark besaß. König Ottokar II. als damaliger Landesfürst gilt als eigentlicher Gründer der Stadt in den Jahren 1261 bis 1265. Sie war während ihrer ganzen Geschichte bis in die jüngste Zeit in irgendeiner Weise immer Grenzstadt. Dies bedeutete gleichwohl in friedlichen Zeiten auch eine besondere Chance für Handel und Gewerbe. Wesentliche Voraussetzung für die Prosperität Radkersburgs boten – neben der Lage an der schiffbaren Mur – Privilegien der habsburgischen Herzöge im 14. Jh., insbesondere das 1383 gewährte Stapelrecht. Jahrmärkte fanden am Rupertitag, offenbar ein alter Kirchtag in Zusammenhang mit dem Patrozinium der alten Pfarrkirche in Oberradkersburg, der später auf den Kolomanstag verlegt wurde, in der Fastenzeit sowie um den Pfingstmontag und am Stephanitag statt.

Der Kolomanimarkt am 13. Oktober war der wichtigste Weinmarkt der Steiermark. Neben weitreichenden Zoll- und Mautfreiheiten, der Bannmeile und schon früh gewährten Selbstverwaltungsrechten übte die Radkersburger Bürgerschaft den „Weinvorkauf" aus, der nur ihr gestattete, zwischen dem 29. September (Michael) und dem 25. November (Katharina) südlich der Drau bis Pößnitz/Pesnica Wein einzukaufen. Dies führte naturgemäß zu Konkurrenzkämpfen: So sperrte am Ende des 14. Jhs. die Stadt Marburg den Weinhandel der Radkersburger bzw. deren Kärntner Abnehmer über den Radlpaß, um sie zur Verzollung und Niederlage in Marburg zu zwingen. 1391 unterstützten mehrere Kärntner Städte und Märkte den Protest der Radkersburger und erklärten, daß sie den in Luttenberg und Radkersburg erworbenen Wein seit altersher über den Radl geführt hätten. Neben dem Wein sind noch Salz, Getreide und Vieh Güter, die Radkersburg im Ungarnhandel des 14. Jhs. eine Blüte erleben ließ. Mit Bruck an der Mur schloß Radkersburg 1498 einen Vertrag ab, der einen Ausgleich der Interessen der beiden Städte bringen sollte (Bruck – Salztransport, Radkersburg – Weinhandel). Dies war allerdings schon der Ausklang des durch individuelle Privilegierung gekennzeichneten städtischen Handels im Mittelalter. Als sich die Radkersburger 1504 über Verletzungen ihres Weinvorkaufs- und Stapelrechtes beklagten, das von den Grazer Kaufleuten nicht respektiert würde, hatten die mit der Untersuchung beauftragten landesfürstlichen Kommissare in erster Linie die Wiederherstellung der militärischen Funktionstüchtigkeit der Stadt im Auge, während die Bürgerschaft selbstverständlich ihre wirtschaftlichen Bedürfnisse in den Vordergrund stellte. Unter den aus Radkersburg kommenden und überregionale Bedeutung erlangenden Kaufmannsfamilien des 15. und 16. Jhs. sind die Eggenberger und die Wechsler zu nennen; viele verwandtschaftliche Bindungen mit Grazer Handelshäusern sind nachweisbar. Hatten schon die Auseinandersetzungen Friedrichs III. mit Ungarn den Handel Radkersburgs beeinträchtigt (1480 wurde die Stadt von Mathias Corvinus erobert), so wurde Radkersburg im 16. Jh. Hauptfestung und Nachschubbasis für die Militärgrenze; dies blieb während der ganzen Zeit der Türkengefahr bis in die zweite Hälfte des 18. Jhs. vordringliche Aufgabe der Stadt. Sowohl von den Folgen des Ersten Weltkriegs (Abtretung der Untersteiermark an Jugoslawien) als auch direkt vom Ende des Zweiten Weltkriegs (Kämpfe und Zerstörungen) war Radkersburg schwer betroffen. Heute präsentiert es sich als ein Musterbeispiel für Altstadterhaltung und -erneuerung von europäischem Rang.

Literatur: O. Grieb, Radkersburg, Ein Heimatbuch, Radkersburg 1953. G. Dirnberger, Die Geschichte der landesfürstlichen Stadt Radkersburg. Vom Beginn der Neuzeit bis zum Regierungsantritt Maria Theresias, Phil. Diss. Graz 1973. G. Kodolitsch, Radkersburg. Kunstgeschichtlicher Stadtführer, Graz 1974. G. Cerwinka, Ein Handelsabkommen zwischen den Städten Bruck a. d. Mur und Radkersburg aus dem Jahre 1498. Zum „autonomen Wirkungsbereich" der landesfürstlichen Stadt im späten Mittelalter, in: Domus Austriae. Eine Festgabe H. Wiesflecker zum 70. Geburtstag, Graz 1983, S. 90–95. ● *G. Cerwinka*

8/6/7 Pettau

Ein Teil der Bevölkerung der Römerstadt Poetovio hatte die Stürme der Völkerwanderungszeit überdauert, so daß sowohl die slowenischen als auch die deutschen Siedler des Früh- und Hochmittelalters den Namen der Siedlung (Ptuj bzw. Pettau) noch direkt aus dem Munde der hier lebenden Romanen übernommen haben. Die an der von Kaiser Hadrian erbauten Draubrücke gelegene Stadt war im 10./11. Jh. bereits der wichtigste Fernhandelsplatz am Alpenostrand.

Im 15./16. Jh. stieg Pettau dank seines Niederlagsrechtes und des damit verbundenen Zwischenhandelsmonopols im Handel zwischen Ungarn und Italien zu einem Handelsplatz von gesamteuropäischer Bedeutung auf. Deshalb ist es auch nicht verwunderlich, daß einige Pettauer Bürger (Hans Thumer, Peter Meixner), die 1470 wegen der Türkengefahr nach Nürnberg übersiedelten, selbst in dieser reichen Reichs- und Handelsstadt zu den „Multimillionären" ihrer Zeit zählten.

Zu Beginn des 16. Jhs. ließen sich die Mitglieder bedeutender italienischer Kaufmannsfamilien – z. B. Moscon, de Lantheri, Mantinego, Mofett u. a. – in Pettau nieder. Sie beherrschten bald den gewinnbringenden Handel mit Häuten und Schlachtvieh zwischen Ungarn und Italien. Damals wurden alljährlich ca. 35.000 Schlachtrinder und an die 150.000 Ochsenhäute über die Pettauer Draubrücke in Richtung Italien verhandelt, während in der Gegenrichtung teure italienische Tuche und sonstige hochwertige Orient- und Italienwaren nach Ungarn transportiert wurden. Diese bedeutende Brückenfunktion als internationaler Handelsplatz büßte Pettau nach 1600 weitgehend ein. Der Hauptgrund dafür war die politisch bedingte Verlagerung der Handelswege auf türkisch besetzte Gebiete.

Literatur: O. Pickl, Pettau – ein internationaler Handelsplatz des 15./16. Jhs., in: ZHVSt 62, 1971. O. Pickl, Der Funktionswandel der Stadt Pettau/Ptuj am Handelsweg zwischen Ungarn und Oberitalien vom Frühmittelalter bis zur Gegenwart, in: Schriftenreihe des Zentralinstituts für fränkische Landeskunde und allgemeine Regionalforschung an der Universität Erlangen-Nürnberg, Bd. 25, 1985. *O. Pickl*

8/6/8 Bruck an der Mur – Umschlagplatz zwischen Ober- und Unterland

Der Name weist schon auf die Bedeutung des Ortes in der Frühzeit hin. Hier treffen die wichtigsten Täler der Steiermark aufeinander: das obere Murtal mit Verbindungen nach Kärnten, Salzburg und Oberösterreich, das Mürztal mit der Straße nach Niederösterreich und Wien und das mittlere Murtal, das in den Süden führt. Die schon seit der Karolingerzeit bezeugte Ansiedlung wurde ab 1263 am rechten Murufer planmäßig ausgebaut und 1277 zur Stadt erhoben. Im selben Jahr erhielten die Bürger eine beschränkte Mautfreiheit, die später erweitert wurde. Weitere Privilegien waren der Brückenzoll, das Fürfahrtsgeld, das die durchziehenden Kaufleute entrichten mußten, und später der allgemeine Übernachtungszwang. Es gab zwei Jahrmärkte, die Treffpunkte des Nah- und Fernhandels waren. Noch wichtiger aber waren die Stapelrechte für Salz und Getreide. Brucker Bürger führten auf ihren Schiffen, Plätten und Flößen Salz, Eisen und Holz in den Süden und brachten dafür Getreide und Wein in die Obersteiermark. Die krie-

gerischen Ereignisse in der zweiten Hälfte des 15. Jhs. hinterließen auch in Bruck ihre Spuren. In dieser Situation wurden Eisenverarbeitung und -handel immer wichtiger, wodurch Bruck zu einem Zentrum des Frühkapitalismus wurde. Es sei hier nur an das Wirken der Bürgergeschlechter Pögl und Kornmeß erinnert. Im Zuge der vom Landesfürsten angestrebten Schaffung großer einheitlicher Wirtschaftsräume kam es im Laufe des 16. Jhs. zum Abbau der alten Sonderrechte. Die Basis des ehemaligen Wohlstandes war zerstört. Neuerlichen Aufstieg erfuhr die Stadt erst im 19. Jh.: Bruck wurde Eisenbahnknotenpunkt und somit günstiger Standort für Industriebetriebe. Es seien hier nur das Drahtwalzwerk, das ehemalige Stahlwerk in Diemlach und die Papierfabrik erwähnt.

Literatur: F. Pichler, Bruck an der Mur. Das historische Profil der Stadt. Festvortrag anläßlich der 700-Jahr-Feier der Neugründung der Stadt, Bruck a. d. Mur 1963. W. Strahalm, Bruck an der Mur. Von den Anfängen bis zur Gegenwart, Graz 1987. *Chr. Promitzer*

8/7 Mittelalterliche Handelsprivilegien

Grafik. Entwurf: F. Pichler.
Ausführung: R. Gaar

8/8 Dokumentation der Handelsprivilegien

8/8/1 Niederlagszwang für alle ausländischen Kaufleute in Bruck

Repro einer Urkunde, 12. Juli 1418, Wiener Neustadt

8/8/2 Kontrolle des Triebener Tauernweges durch Wien

Urkunde, 17. Mai 1351, Wien. Druck (Regest): Regesten a. d. Archive der Stadt Wien, 1898, n. 378.

Herzog Albrecht II. unterrichtet die Bürger von Zeiring, daß er den Wiener Bürgern erlaubt habe, einen „phleger" in (Unter-) Zeiring einzusetzen, der darüber wachen soll, daß die Straße über den Pyhrn und den Triebener Tauern nur von den dazu berechtigten Kaufleuten aus den fünf oberösterreichischen Städten Enns, Linz, Freistadt, Wels und Gmunden befahren wird. Dies bedeutete eine Bestätigung des monopolartigen Stapelrechts der Stadt Wien, das nicht nur den Ungarn-, sondern auch den Italienhandel für sich nutzen wollte. Wien erfuhr durch Albrecht II. in vielerlei Hinsicht Förderung.

Literatur: Th. Mayer, Zur Frage des Wiener Stapelrechts, in: VSWG 10/1912.
A. Hoffmann, Die oberösterreichischen Städte und Märkte. Eine Übersicht ihrer Entwicklung und Rechtsgrundlagen, in: Jb. oö. Musealverein 84/1932.
Leihgeber: Wien, Archiv der Stadt Wien

8/8/3 Salzstapelrecht für Bruck a. d. Mur

Gedruckte Privilegiensammlung. Jüngerer und besserer Druck: J. v. Zahn, Privilegien steiermärkischer Städte und Märkte im Mittelalter, in: Steiermärk. Geschichtsblätter 1/1880, S. 55 f.

Der ständische Archivar Joseph Wartinger veröffentlichte Privilegien einer Reihe von steirischen Städten und Märkten, darunter auch jene der Stadt Bruck a. d. Mur (Graz 1837). Zusammen mit Rottenmann besaß Bruck die älteste Salzniederlage in der Steiermark. König Rudolf I. privilegierte die Stadt 1277 mit diesem Stapelrecht und zeichnete sie gleichzeitig mit „nomine et honore oppidi seu civitatis" aus („Stadtrecht"). Nicht ganz hundert Jahre später, 1360, erweiterte und präzisierte Rudolf der Stifter das Privileg so, daß nicht nur die Salzfuhren aus dem Oberland, sondern auch das Getreide, das von Süden zur Verproviantierung der Bergbaue und der Bevölkerung herangebracht wurde, in Bruck niedergelegt werden mußte. Die Aufhebung aller Privilegien im Salzhandel im 16. Jh. bedeutete einen schweren Schlag für das Wirtschaftsleben der Stadt, von dem sie sich erst im 19. Jh. erholte.

Literatur: H. v. Srbik, Studien zur Geschichte des österreichischen Salzwesens, Innsbruck 1917.
H. Knittler, Salz- und Eisenniederlagen. Rechtliche Grundlagen und wirtschaftliche Funktion, in: Österreichisches Montanwesen. Hrsg. v. M. Mitterauer, Wien 1974.
Leihgeber: Graz, Universität, Bibliothek des Instituts f. Geschichte

8/8/4 Hartberg erhält ein Vorschlagsrecht bei der Ernennung des Stadtrichters, einen Jahrmarkt und Gerichtsrechte

Kopie einer Urkunde, 25. Mai 1310, Graz, i. Stmk. Landesarchiv, U 1737, angeh. Siegel, Druck: J. v. Zahn, Privilegien steiermärkischer Städte und Märkte, in: Steiermärk. Geschichtsblätter 1/1880, S. 177

Herzog Friedrich I. (als späterer König der Dritte, „der Schöne") gesteht den Bürgern von Hartberg das Vorschlagsrecht bei der Ernennung des Stadtrichters zu, gestattet die Abhaltung eines Jahrmarktes nach dem Rechtsbrauch des Landes, der am jeweiligen Dienstag in der Woche nach Pfingsten beginnen soll, und legt die Kompetenz des Stadtrichters bei in Hartberg verursachten Geldschuldklagen fest. Alle drei Privilegien sind im Zusammenhang zu sehen und stellen entscheidende Schritte in der autonomen Entwicklung der Stadt und für deren Wirtschaftsleben dar. Die Erweiterung der Jurisdiktion des Stadtrichters erhöhte zwar die Rechtssicherheit, kam aber in erster Linie den Bürgern von Hartberg zugute und diente kaum der Förderung des Fernhandels. Hartberg und Umgebung waren vorgeschichtlicher und römerzeitlicher Siedlungsboden. Nach der endgültigen Festlegung der Lafnitz als Reichsgrenze gegen Ungarn errichtete Markgraf Leopold hier in der 1. Hälfte des 12. Jhs. eine Pfalz. Die Funktion des Zentralortes im Traungauer Herrschaftsgebiet übernahm aber bald Graz, während Hartberg das typische Schicksal der Grenzstadt erlitt, das einerseits durch grenzüberschreitenden Handel, stärker aber durch häufige militärische Bedrohung gekennzeichnet war.

Literatur: J. Simmler, Die Geschichte der Stadt, der Pfarre und des Bezirkes Hartberg, Hartberg 1914.
F. Posch, Geschichte des Verwaltungsbezirkes Hartberg. 1. Allgemeiner Teil, Hartberg 1978.
Leihgeber: Graz, Steiermärkisches Landesarchiv

8/8/5 Jahrmarkt für Kindberg

Kopie aus dem Landschaftlichen Privilegienbuch II (16. Jh.) i. Stmk. Landesarchiv, Druck: J. v. Zahn, Privilegien steiermärkischer Städte und Märkte, in: Stmk. Geschichtsblätter 1/1880, S. 108

König Rudolf I. verleiht 1281 der „villa" (dem Dorf) Kindberg das Recht, einen Jahrmarkt abzuhalten, wie es die Stadt Graz besitzt. Die eher seltene Verleihung eines Jahrmarktprivilegs an einen Ort, der nicht Stadt war und erst 1982 Stadt wurde, hängt offenbar mit der Bedeutung Kindbergs für das Eisengewerbe und die Töpferei sowie mit seiner Lage zwischen dem Semmering und Bruck a. d. Mur zusammen. Der Termin Peter und Paul ist identisch mit dem Pfarrpatrozinium, sodaß der königlich privilegierte Jahrmarkt sich als Nachfolger eines älteren Kirchtages erweist. Der qualitative Unterschied zwischen Kirchtag und Jahrmarkt liegt wesentlich im Fehlen der Freiung bei ersterem.

Literatur: K. Schöberl - G. Schuller, Kindberg 1232 - 1982. Vom alten Markt zur jungen Stadt, Kindberg 1982.
Leihgeber: Graz, Steiermärkisches Landesarchiv

8/8/6 Zum Geleitrecht: Ausschnitt aus dem „Freßgeldregister" von Nürnberg für die Frankfurter Herbstmesse 1488

Foto, Original: Staatsarchiv Nürnberg

„Ist daz Fresgelt daz in der Herbstmeß gefall(e)n ist im 88. (Jahr) . . . Item Er(n)est von Graz dedit 4 fl zu 8 lb 10 den tut 33 lb 10 den." Der Grazer Fernhändler Heinrich Ernst war zwischen 1475 und 1489 beinahe auf allen Frankfurter Messen vertreten. Unter den 120 bis 160 Kaufleuten, die ebenso wie er unter dem Schutz eines bewaffneten Geleites von Nürnberg nach Frankfurt am Main zogen, nahm er nach den Tuchmengen, die er auf den Frankfurter Messen kaufte, stets einen der ersten Plätze ein. Das hier gezeigte Blatt aus dem „Freßgeldregister" (Geleitsregister) zur Herbstmesse 1488 reiht Heinrich Ernst mit einer Gebühr von 33 lb 10 den unter 126 Geleitsgästen an die zweite Stelle. Damit rangiert er vor so reichen Kaufherren wie Heinrich Wolf oder Hans Imhoff von Nürnberg.

Literatur: O. Pickl, Grazer Finanzleute und Fernhändler im 15./ 16. Jh., in: 850 Jahre Graz 1128-1978, hrsg. v. W. Steinböck, Graz 1978, S. 147-165.
R. Klier, Innerösterreichische Kaufleute als Besucher oberdeutscher Messen am Ende des Mittelalters, in: Die Steiermark im 16. Jh., Graz 1979, S. 9-18.

8/8/7 Förderung Leobens durch das Privileg der Bannmeile

Urkunde, 1305 Mai 5, Bruck a. d. Mur

Es wird festgelegt, daß innerhalb einer Meile um die Stadt Leoben keine Wirte, Fleischer, Bäcker noch andere Gewerbe sich ansiedeln dürfen.

Leihgeber: Steierm. Landesarchiv, U 1764a

8/9 Salzvitrine

Salzkufen sind hölzerne Behälter in Form eines gestutzten Kegels, in die das aus der Pfanne kommende Salz eingestampft wurde. Sie haben ihre äußere Form im Laufe der Zeit nur geringfügig verändert. Salzkufendarstellungen wurden als Symbole in das Wappen von Bad Aussee aufgenommen und zieren das Sakramentshäuschen in der Ausseer Pfarrkirche. Zum Transport wurde das Salz aus den Kufen gestoßen und als Salzstöcke auf Karren und Saumpferde (Mittelalter) oder auf mehrspännige Wagen (Neuzeit) verladen.

Literatur: F. Stadler, Salzerzeugung, Salinenorte und Salztransport in der Steiermark vom Frühmittelalter bis heute, Linz 1988.

8/9/1 Salzraspel

Leihgeber: Bad Aussee, Museum

8/9/2 Salzstock

Leihgeber: Bad Aussee, Museum

8/9/3 Wappen von Bad Aussee

Siegelstempel (1505) und -abdruck

Vor 1300 von Herzog Albrecht I. (dt. König) gegründet, blühte der Markt Aussee durch den Salzbergbau und den Salzhandel rasch auf. Seine Förderung durch die habsburgischen Landesfürsten ist auch als wirtschafts- und finanzpolitische Maßnahme gegen die Erzbischöfe von Salzburg zu verstehen. 24 „Hallinger" nahmen im 14. Jh. die Saline in Erbpacht; damals erlebte der Markt seine Blütezeit. Um die Mitte des 15. Jhs. zwang der Landesfürst, der spätere Kaiser Friedrich III., die Hallinger zum Verkauf ihrer Rechte und übernahm Bergbau und Salzsieden in Eigenregie. Das Siegel („Sigilum Ause") zeigt im Wappenschild oben zwei Salzkufen, unten einen Fisch.

Siegel IV A 2 des Marktes Aussee (1505)

Literatur: F. Hollwöger, Das Ausseer Land, Bad Aussee 1956.

8/10 **Der Eisenhandel in der Steiermark**
Verschiedene Eisenwaren

8/10/1 **Eisenhandelswaren der frühen Neuzeit**
„Ledige" Klingen, Sporen
Leihgeber: Graz, LMJ, Landeszeughaus

8/10/2 **Der eisenfressende Vogel Strauß –**
Wappentier der Stadt Leoben
Siegelstempel (14. Jh.) und -abdruck
Der Vogel Strauß als Wappentier der Eisenverlagsstadt
Leoben ist als Siegelbild seit 1298 bezeugt. Er ist als
Symbol für den Eisenhandel, die Lebensgrundlage der
Leobener Bürgerschaft, zu verstehen. Nach dem „Phy-
siologus", dem mittelalterlichen Standardwerk der
Naturkunde, konnte der Strauß Eisen fressen und ver-
arbeiten.
*Literatur: Erz und Eisen in der Grünen Mark. Katalog der Lan-
desausstellung in Eisenerz, Graz 1984, n. 13a/4.
G. Lesky, Vogel Strauß, der Eisenfresser. Ein Beitrag zur Ergän-
zung von Arbeiten über den Vogel Strauß als Leobener Stadtwap-
pen, in: Der Leobener Strauß 1/1973.
Leihgeber: Graz, Steiermärkisches Landesarchiv, Siegelstempel-
sammlung, Inv.-Nr. 140*

8/11 **Hauptverkehrswege im Bereich der**
habsburgischen Erblande (15.–17. Jh.)
Karte (siehe Seite 65)
Entwurf: O. Pickl
Ausführung: R. Gaar
In den Ländern Ost- und Ostmitteleuropas stieg seit
dem 15. Jh. der Bedarf an Handwerks- und Gewerbe-
produkten Mittel- und Westeuropas stark an, während
andererseits die großen Verbraucherzentren - wie z.B.
Venedig oder die Bergbaugebiete der Ostalpenländer
und die süddeutschen Reichsstädte - ihren Bedarf an
Rohstoffen (z. B. Kupfer) und Agrarprodukten (vor
allem Schlachtvieh) immer stärker aus Ost- und Ostmit-
teleuropa deckten. Etwa 80 bis 90% des ungarischen
Außenhandels mit dem Westen passierte die habsburgischen Ostalpenländer. In beiden Richtungen überwo-
gen die Transitgüter, denn aus den habsburgischen
Ländern wurden nur Metallwaren und Salz in größerer
Menge nach dem Osten exportiert. Ebenso wurden die
Agrargüter und Rohstoffe des Ostens zum Großteil
durch die habsburgischen Ostalpenländer weiter nach
dem Westen geführt. Die Steiermark wurde - nicht
wesentlich anders als im Hochmittelalter (siehe Seite
368, Nr. 4/4/2) - nur am Rande, im Südosten, von der
„Laibacher Straße" als Hauptverkehrsweg berührt,
Semmeringstraße und Donaustraße stellten Handelsstraßen zweiter Ordnung dar.
*Literatur: O. Pickl, Die Rolle der habsburgischen Ostalpenländer
im Ost-West-Handel von der Mitte des 15. bis zur Mitte des 17.
Jahrhunderts, in: Domus Austriae. Festgabe Hermann Wiesflecker, Hrsg. v. W. Höflechner, Graz 1983.*

8/12 **Viehexportwege/Viehverkehrswege**
Karte
Entwurf: O. Pickl; Ausführung: R. Gaar

8/13 **Die Weinhandelsstraße**

8/13/1 **Landesfürstlicher Schutz für den Weinhandel**
der Wiener Neustädter in der Steiermark
Urkunde, 8. November 1342, Wien
Neben dem Weinausschank spielten auch der Wein-
transport und der damit verbundene Weinhandel eine
beträchtliche Rolle im städtischen Wirtschaftsleben.
Für Wiener Neustadt zählte der Weinhandel zu den
Haupterwerbsquellen. Gegen das Privileg der Stadt,
Wein über den Semmering führen zu dürfen, opponier-
ten nicht nur die Bürger der steirischen Städte sondern
auch der Adel. 1342 mußte Herzog Albrecht II. den
steirischen Landeshauptmann Ulrich von Wallsee an
dieses Privileg der Neustädter erinnern, das ihnen
erlaubte, ihren Bauwein, gleich ob ungarischer oder
deutscher Herkunft, über Bruck a. d. Mur nach Judenburg, bis Schladming und Rottenmann und nach Friesach zu führen. Kärnten südlich von Friesach war
offenbar Einzugsgebiet der Marburger und Pettauer mit
ihren untersteirischen Weinen. Die immer mehr
zunehmende Konkurrenz österreichischer Weine führte
1345 dazu, daß der Landesfürst ihre Einfuhr in die
Steiermark verbot, ausgenommen, was Adel und Klöster zu ihrem Eigenbedarf benötigten. Man konnte die
alten Rechte Wiener Neustadts nicht beseitigen,
schränkte sie aber insofern beträchtlich ein, als von nun
an die Einfuhr ungarischer Bauweine nicht mehr
gestattet war.
*Literatur: J. Mayer, Geschichte von Wiener Neustadt. 1. Bd.,
Wiener Neustadt 1924.
O. Kende, Zur Handelsgeschichte des Passes über den Semmering von der Mitte des dreizehnten bis Mitte des fünfzehnten
Jahrhunderts, in: ZHVSt 5/1907.
Leihgeber: Wiener Neustadt, Stadtarchiv, U.-Nr. Scrin. XVIII/43*

8/13/2 **Schutzbrief für die Gast- und Schankhäuser**
der steirischen Städte und Märkte
*Urkunde, 3. Juni 1377, Wien, i. Stmk. Landesarchiv, U 3279.
Druck: Schwind-Dopsch, Ausgewählte Urkunden zur Verfassungs-
Geschichte der deutsch-österreichischen Erblande im Mittelalter,
Wien 1895, n. 134.*
Die Herzoge Albrecht III. und Leopold III. verbieten
auf Klage der steirischen Städte und Märkte dem Adel,
den Prälaten und den Juden, in den Städten Handel
mit „Laglwein" (in „Lageln", Fässern, transportierter,
meist ausländischer Wein) zu treiben. Weiters verbieten sie, „daz ynner ayner Meil („Bannmeile") bei
unsern Steten und Maerkten daselbs nyeman mer
dhain Gasthaus noch Leythaus haben sol ...". Im
Zusammenhang mit dem Erlaß von 1377 sind die
mehrmaligen Aufforderungen an die Rottenmanner zu
sehen, keinen Laglwein passieren zu lassen. Schon
Rudolf IV. hatte 1363 eine solche Sperre verfügt, die
das bevölkerungsreiche Salzkammergut zur Abnahme
einheimischen Weins zwingen sollte. Allerdings enthalten die Anweisungen vor 1377 kein totales Verbot, sie
limitieren die Einfuhr auf einen bestimmten Zeitraum
im Jahr und lassen auch Ausnahmen für jene gelten,
die entsprechende Privilegien vorweisen können.
*Literatur: Katalog der Landesausstellung „Die Steiermark,
Brücke und Bollwerk", Graz 1986, n. 4/37f.
W. Küchler, Das Bannmeilenrecht, Ein Beitrag der mittelalterlichen Ostsiedlung zur wirtschaftlichen und rechtlichen Verschränkung von Stadt und Land. Marburger Ostforschungen, Würzburg
1964.
Leihgeber: Graz, Steiermärkisches Landesarchiv, U.-Nr. 3 279.
Die „Bannmeile" gehörte zu den mittelalterlichen Handelsprivilegien. Weitere siehe unter 8/8.*

8/14 Warentransport

8/14/1 Judenburger Ordnung für Handels-Beschäftigte (Heber) 1449

Urkunde, 24. Mai 1449, Judenburg

Anschließend an die Verleihung der Jahrmarktprivilegien (1449, Jänner) haben Stadtrichter und Rat von Judenburg eine Ordnung für die Heber festgelegt, über ihre Löhne und Leistungen bei Auf- und Abladen von „venetischer Hab, an Eysen, Wein, Plech, Vas" (Faß) usw. Genaue Festlegung der Löhne nach Größe, Gewicht und Ausmaß der Handelsgüter: a) etwa „ein Ballen, was unter 12 Centen ist, sollen sie 4 Pfennig auf- und abnehmen", „was über 12 Centen wiegt, 6 Pfennige"; b) ein Lagel Öl = 2 Pfennig auf und ab; c) ein Lagel Alaun, Schwefel, Salliter (Salz), Weinbeeren, Feigen, Seife, von jeder Lagel auf und ab = 1 Pfennig; d) auf ein Blechfaß und Eckhelfaß = von jedem Faß 6 Pfennig; e) ein Stück, „schweren Stukch Eisen auf und ab = 1 Pfennig, auf ein kleinesStück" ein Heibling (= Halbling) auf und ab; f) ein Faß Öl, das man im Sommer liefert = 10 Pfennig auf und 10 Pfennig ab. Die „Kundschaft" ist besiegelt durch Stadtrichter Paul Kneußl.

Literatur: F. Popelka, Schriftdenkmäler des steirischen Gewerbes, Graz 1950, Nr. 82.
Leihgeber: Graz, Steiermärkisches Landesarchiv, U.-Nr. 6 180

8/14/2 Saumpfade in der Steiermark

Überarbeitung: R. Gaar

Der Säumerweg über den Sölkpaß (1.790 m) wurde schon in der Römerzeit begangen. Er stellt geographisch die kürzeste Verbindung zwischen dem Donauraum und Oberitalien her. Der Saumhandel war eine besondere Form des Saumverkehrs und wurde von einem unbegrenzten Personenkreis betrieben. Seine Anfänge reichen in prähistorische Zeit zurück. Als Saumwaren sind Salz, Wein und Getreide anzuführen. Die Paßwege des steirischen Teiles der Niederen Tauern, neben dem Sölkpaß insbesondere der Triebener Tauern, aber auch das Glattjoch, wurden von einheimischen Unternehmern befahren, zumeist Bauern, Bauernsöhnen und Wirten aus den Tauerntälern und dem oberen Ennstal. Gegenüber Salzburg tritt die Bedeutung des Saumhandels in der Steiermark zurück. Er beschränkte sich auf den Raum Aussee, Admont und Rottenmann im Norden, Murau und Judenburg auf der Südseite der Tauern. Auf dem Bild sind die Spuren des alten Saumweges auf den Sölkpaß erkennbar; die 1959 anläßlich des Gedenkjahres eröffnete Erzherzog-Johann-Straße benützt eine neue Trasse.

Literatur: H. Klein, Der Saumhandel über die Tauern, in: MGSL 90/1950.
F. Tremel, Der Saumhandel über die Tauern, in: ZHVSt 42/1951 u. d. T. Steirische Miszellen aus den Publikationen der Tauschvereine.

8/14/3 Das „Alte Almhaus" auf der Stubalpe

Zeichnung aus 1718

Die außerhalb der Umgrenzungslinie der Skizze angesetzten Gehöfte „Pueffing" (heute Puffing) und „Amesser" (heute Ameiser) liegen in natura ca. 5 km südöstlich des Almhauses.

8/14/4 Säumerherberge „Kropfmoar" in Katsch

Foto: G. Cerwinka

Der „Kropfmoar" bei Katsch wird urkundlich 1320 erstmals erwähnt, geht aber zweifellos in das 12. Jh. zurück. Hier befand sich die Hauptherberge der Saumfahrer. Der heutige Bau des Gasthauses stammt aus dem 16. Jh. und weist eine gemalte, mit 1625 datierte Portalumrahmung sowie einen gemalten Fries mit Saumzug (1747 datiert) auf. Herberge und Maut westlich von Katsch lassen auf einen lebhaften Handelsverkehr schließen.

Literatur: R. Baravalle, Der Kropfmoar im Katschtale, in: TP Nr. 134 v. 15. 5. 1932.
Die Kunstdenkmäler des GB Murau, bearb. v. I. Woisetschläger-Mayer. Mit Beiträgen v. H. Ebner. ÖKT Bd. 35, Wien 1964.

8/14/5 Maut Unterzeiring

Foto: G. Cerwinka

In Unterzeiring befand sich bis zur Abschaffung aller Binnenmauten unter Maria Theresia eine landesfürstliche Mautstätte. Die Maut wurde ursprünglich, wie aus dem Ortsnamen ersichtlich, in Mauterndorf, ca. 3 km nordwestlich des Pölshalses eingehoben; im 13. Jh. verlegte man sie talaufwärts nach Katzling. Es hängt mit dem Aufschwung von Oberzeiring zusammen, daß sie um 1350 neuerlich, und diesmal für vier Jahrhunderte nach Unterzeiring verlegt wurde. Sitz der einstigen Mautstätte war das alte Herrenhaus der Gewerkenfamilie Neuper.

Literatur: F. Tremel, Zeiring, in: Bll. f. Hk. 37/1963.

8/14/6 Weinfuhrweg über die Weinebene

Foto: G. Cerwinka

Über die Weinebene (1.666 m), westlich von Deutschlandsberg, führte ein vielbegangener Saumweg vor allem zum Zwecke des Weintransportes aus der Südsteiermark in das Lavanttal und in das obere Murtal. Damit vergleichbar, weil der Gegendname ebenfalls auf das hauptsächlich beförderte Handelsgut hinweist, ist das Salzstiegel (1.543 m) westlich von Köflach.

8/14/7 Weinfuhrkontrakte mit dem Abt von Rein

Urkunde, 4. Oktober 1677

Der Weintransportkontrakt wurde zwischen dem Auftraggeber und dem Fuhrherrn abgeschlossen. Er legte die gegenseitigen Verpflichtungen fest und erstreckte sich meist über den gesamten, zur Anlieferung kommenden Jahresertrag. Er bestimmte Liefertermine und Warenmenge, fixierte den für die vorgesehene Wegstrecke und den Transport vereinbarten Fuhrlohn, legte die zulässigen Trinkstätten bzw. die Trinkgeldablösen sowie alle Nebengebühren – Aufgabegroschen, Niederlags- und Hüttengeld und die Botenlöhne – fest und machte den Fuhrherrn für alle Schäden ersatzpflichtig.

Literatur: F. Pichler, Fuhrherren. Ein Beitrag zur Geschichte des Transportwesens, BlfHk 46, S. 2.
Leihgeber: Graz, Steiermärkisches Landesarchiv

8/14/8 Fuhrmannsbüchse

Privatbesitz

8/15 Kombination aus drei Landkarten: Straßenkarte Deutschland-Italien von Glockendon 1533 und zwei Kartenausschnitte aus der Planisphäre Neckers 1574

8/15/1 Straßenkarte Deutschland-Italien von Glockendon/Nürnberg 1533

Foto: Bild- und Tonarchiv Graz

Zur Illustration des Nord-Südhandels im 16. Jh.

8/15/2 Planisphäre Neckers 1574

Fotos (2 Kartenausschnitte): Bild- und Tonarchiv Graz

Illustration wichtigster Verkehrswege im Ausklang des Mittelalters.

8/16 Grazer Fernkaufleute

8/16/1 „Hantaler – Fresko"

Foto, Original: St. Martins-Kirche in Memmingen, BRD

Bis vor kurzem war so gut wie nichts über die weitreichenden Handelsbeziehungen der Grazer Großkaufleute des 15. Jhs. bekannt. Gezielte Forschungen in verschiedenen süddeutschen Archiven zeigten jedoch, daß neben anderen steirischen auch Grazer Kaufleute um die Mitte des 15. Jhs. intensiven Handel mit Süddeutschland betrieben haben. Das beweisen u. a. die 1445 vom Grazer Kaufherrn Erhart Hantaler gestifteten und vom Memminger Maler Hans Strigel dem Älteren geschaffenen Fresken in der südlichen Vorhalle der St. Martinskirche zu Memmingen. Die Inschrift unter der Kreuzigungsgruppe lautet: „Anno domini M' CCCC' XXXXV' stift Erhart Hantteler von Grätz diß gemäld. Erhart Hantteler". Das Doppelwappen des rechts knienden Paares – eine Jungfrau mit Hasenohren – weist dieses als den Grazer Bürger und Stadtrichter der Jahre 1440 und 1446, Erhart Hantaler und seine Frau aus. Offenbar war es ein gewinnbringender Handel mit Memmingen, der Erhart Hantaler veranlaßt hat, St. Martin mit diesem Freskenzyklus schmücken zu lassen.

Literatur: O. Pickl, Die Handelsbeziehungen der Steiermark zu Süddeutschland an der Wende vom Mittelalter zur Neuzeit, in: O. Pickl, Das älteste Geschäftsbuch Österreichs, Graz 1966, S. 125–137.

8/16/2 Grazer Kaufleute in einer Nürnberger Zolliste des Jahres 1500

Faksimile

Der in der Zolliste genannte Hans Fröhlich war 1498 Bürgermeister von Graz, Gilg Öller ist 1511 als Ratsherr von Graz bezeugt. Ihren Abgaben nach zu schließen, waren diese beiden Grazer Bürger Großkaufmänner und Fernhändler von internationaler Bedeutung, die nicht nur die von Graz nächst gelegenen Messestädte, wie etwa Salzburg, Linz oder Bozen, besuchten. Vielmehr bezogen sie ihre Waren direkt von den deutschen „Hauptplätzen" Nürnberg und Frankfurt am Main. Ebenso scheint auch Hans Schlappermon Grazer gewesen zu sein, weil er immer wieder in Begleitung von Grazer Kaufleuten in den einschlägigen Archivalien aufscheint.

Literatur: O. Pickl, Grazer Finanzleute und Fernhändler im 15. und 16. Jh., in: 850 Jahre Graz 1278–1978, hrsg. v. W. Steinböck, Graz 1978, S. 147–165.
R. Klier, Innerösterreichische Kaufleute als Besucher oberdeutscher Messen am Ende des Mittelalters, in: Die Steiermark im 16. Jh., Graz 1979, S. 9–18.

8/16/3 Kornmesserhaus in Bruck a. d. Mur

Foto: Bild- und Tonarchiv Graz

8/16/4 Der Grazer Großkaufmann Heinrich Ernst auf den Frankfurter Fasten- und Herbstmessen

Grafik
Entwurf: O. Pickl
Ausführung: H. Schubert

In der Schautafel wird dargestellt, welche Stellung der Grazer Heinrich Ernst ab 1478 unter den Kaufleuten, die ihre Waren unter dem Schutz eines Nürnberger Geleites zu den Frankfurter Fasten- und Herbstmessen brachten, in den angegebenen Jahren eingenommen hat. Für die Rangordnung wurde die Höhe der dafür zu entrichtenden Schutzgebühr herangezogen.

Literatur: O. Pickl, Grazer Finanzleute und Fernhändler im 15. und 16. Jh., in: 850 Jahre Graz 1278–1978, hrsg. v. W. Steinböck, Graz 1978, S. 147–165.
R. Klier, Innerösterreichische Kaufleute als Besucher oberdeutscher Messen am Ende des Mittelalters, in: Die Steiermark im 16. Jh., Graz 1979, S. 9–18

Raum 9:
Die Welt wird größer

9/1 Globus des G. Mercator (*Rupelmonde 1512, † Duisburg 1594)

1541
Ø 41 cm
Leihgeber: Admont, Benediktinerstift

9/2 Große Tafel mit verschiedenen Landkarten

9/2/1 Die Entwicklung der europäischen Weltwirtschaft im Vergleich 1500/1775

Karte aus: F. Braudel, Aufbruch zur Weltwirtschaft, S. 26–27.
Entwurf: F. Braudel
Die Karte zeigt aus der „Allperspektive" die Umgürtelung der Kontinente mit Handelssträngen von 1500 bis zum Ende des 18. Jhs.

9/2/2 Der Welthandel am Vorabend der europäischen Expansion um 1500

Karte aus: Knaurs großer Historischer Weltatlas, S. 144.
Die Karte zeigt den Welthandel vor der Entdeckung Amerikas.

9/2/3 Der Welthandel nach der ersten Phase der europäischen Expansion um 1580 (die Entdeckungsfahrten der Europäer seit ca. 1000 und Welthandelsgüter im 16. Jh.)

Karte aus: Geschichte unserer Welt in Karten und Dokumenten
Entwurf: P. Teibenbacher
Die Karte zeigt den damaligen Weltmarkt mit den Beziehungen zwischen den im 16. Jh. entstandenen Kolonialzentren und Europa.

9/2/4 Die Wirtschaft Mittel- und Westeuropas im Zeitalter des Frühkapitalismus (um 1550)

Repro aus: Putzger, Historischer Weltatlas, S. 68–69.
Die Karte zeigt den west- und mitteleuropäischen Wirtschaftsbereich im Überblick; sie dient als Pendant zur Karte der Steiermark („Handel der Steiermark im 16. Jh.").

9/3 Metallwaren aus der Steiermark

1. Steirische Zimmermannsaxt, 17. Jh.; 2. Nägelsortiment (mehrere Jahrhunderte), 3. Marken von steirischen Sensen, 4. Wiegemesser um 1820, 5. Pfannenblech
1. L. 47 cm, B. 23 cm; 3. 5–7 Stück, L: ca. 50 cm; 4. L. 54 cm, B. 29 cm; 5. L. 50 cm, B. 50 cm
Werkzeuge aller Art (Sensen, Sicheln, Äxte etc.) zählten neben Nägeln, Messern und Blechen zu den Hauptexportartikeln steirischer Eisenproduktion im 16. Jh. und auch später.

9/4 Steirische Importgüter

Säcke mit Kaffee, Tee, Kakao, Pfeffer, Zimt, Vanille, Zucker, Tabak gefüllt.

9/5 Reisezeiten in Europa und europäische Handelszentren um 1500

Karte aus: Knaurs großer Historischer Weltatlas, S. 144.
Die Karte zeigt die wichtigsten Handels- und Finanzplätze Europas um 1500 und gibt eine Vorstellung von den räumlich zu bewältigenden Strecken.

9/6 Sonstige Importartikel

1. Seidenballen; 2. Porzellangeschirr (15.–18. Jh.); 3. Teppich; 4. Perlen und Edelsteine (aus Glas); 5. Flacons, Glas

10/1 Wer verdient am Kriegshandel in der Steiermark und wer zahlt die Kosten?

Grafik (siehe Seite 296)
Entwurf: H. Valentinitsch
Ausführung: R. Gaar

Die in der Steiermark während der Türken- und Ungarnkriege für die Landesverteidigung benötigten Mittel wurden überwiegend aus den Steuern der Bürger und Bauern aufgebracht. Mit diesen Geldern finanzierte die steirische Landschaft die Kriegsverwaltung, die Militärgrenzer und geworbenen Söldner, die Errichtung und Instandhaltung von Befestigungsanlagen sowie den Ankauf von Kriegsmaterial und Proviant. Die Hauptnutznießer des „Kriegshandels" in der Steiermark waren einerseits die Grundherren, die sich vor allem bei der Aufbringung von Proviant bereichern konnten, und andererseits einige ausländische Großunternehmer, die als Lieferanten von Waffen, Schießpulver und Uniformstoffen in Erscheinung traten. Hingegen boten sich den nahezu ausschließlich auf den Inlandsmarkt beschränkten steirischen Waffenproduzenten nur im Verlauf einer „Kriegskonjunktur" größere Absatzchancen.

Literatur: H. Valentinitsch, Türkennot und Kriegsgewinn, in: G. Pferschy – P. Krenn (Hrsg.), Die Steiermark – Brücke und Bollwerk, Graz 1986, S. 330.

10/2 Der Anstieg des Waffenbedarfs in der frühen Neuzeit

Grafik (siehe Seite 298)
Entwurf: H. Valentinitsch
Ausführung: R. Gaar

Die Grafik stellt die zwischen 1577 und 1579 erfolgten Waffenlieferungen der Nürnberger Firma Sohner an die steirische Landschaft einem 1673 erteilten Großauftrag des innerösterreichischen Hofkriegsrates an den in Steyr ansässigen Waffenproduzenten und Händler Hans Ludwig Mittermayr von Waffenberg gegenüber. Die Aufstellung zeigt, daß durch die noch während des Dreißigjährigen Krieges vorgenommene starke Anhebung des Mannschaftsstandes, die Beibehaltung einer stehenden kaiserlichen Armee nach 1648 und schließlich durch die Änderungen in der Heeresbewaffnung (sogenannte „Schießpulverrevolution") innerhalb von nur 100 Jahren der Bedarf an militärischen Ausrüstungsgegenständen enorm anstieg. Gleichzeitig wird deutlich, daß sich bei der Bewaffnung das Schwergewicht deutlich auf die Ausrüstung mit Handfeuer- und Blankwaffen verlagerte.

Literatur: H. Valentinitsch, Nürnberger Waffenhändler und Heereslieferanten in der Steiermark im 16. und 17. Jahrhundert, in: Mitt. des Vereines für Geschichte der Stadt Nürnberg 64, 1977, S. 163ff.
H. Valentinitsch, Zur Geschichte des Handels und der Produktion von Handfeuerwaffen in der Steiermark im Zeitalter der Türkenkriege, in: Veröff. des Landeszeughauses Graz 6, Graz 1976, S. 97ff.

10/3 Der internationale Waffenhandel und die Steiermark in der frühen Neuzeit

Karte (siehe Seite 297)
Entwurf: H. Valentinitsch
Ausführung: R. Gaar

Die ausschließlich gewinnorientierte Belieferung von verschiedenen Kriegsgegnern war und ist auch heute noch ein wesentliches Kennzeichen des internationalen Waffenhandels. In der frühen Neuzeit entstanden deshalb in Mitteleuropa unabhängig von der jeweiligen politischen Konstellation mehrere große Rüstungszentren, deren Produktion in nahezu alle europäische Länder exportiert wurde. Die Steiermark stand bei dieser Entwicklung

abseits, obwohl hier zwischen etwa 1480 und 1550 Großbetriebe (Familie Pögl in Thörl, Peter Hofkircher in Mürzzuschlag) existierten, die auch die Nachbarländer mit Waffen belieferten. Die Ursachen dafür liegen nicht nur in der zu geringen finanziellen Ausstattung der heimischen Betriebe, sondern auch darin, daß der Landesfürst den Waffenexport strikt untersagte! Die nahezu ausschließlich auf den Inlandsmarkt beschränkten steirischen Rüstungsbetriebe konnten daher in Kriegszeiten nur einen Teil der einheimischen Nachfrage decken, weshalb bis ins 18. Jh. in die Steiermark zusätzlich Kriegsmaterial eingeführt werden mußte. Gewehre, Pistolen, Harnische, Helme und Stangenwaffen wurden vor allem aus Augsburg, Nürnberg, Suhl in Thüringen und Oberösterreich bezogen, während das Schießpulver häufig aus Wien und den süddeutschen Reichsstädten kam. Uniformstoffe wieder mußten aus Mähren, Niederösterreich und Oberitalien importiert werden, weil in der Steiermark kein Textilgroßgewerbe existierte.

Literatur: H. Valentinitsch, Die Standorte der österreichischen Rüstungsproduktion in der frühen Neuzeit, in: Blätter für Österr. Heereskunde 1986, S. 37ff.
H. Valentinitsch, Suhler Waffenhändler in den habsburgischen Erbländern in der frühen Neuzeit, in: H. Ebner u. a. (Hrsg.), Festschrift Othmar Pickl zum 60. Geburtstag, Graz-Wien 1987, S. 683ff.

10/4 Inszenierung: Krieg schafft Nachfrage

Entwurf: H. Valentinitsch
Ausführung: E. Giselbrecht

10/5 Porträt des Eisenhändlers Blasius Primbsch

Unbek. steirischer Maler, Gemälde auf Leinwand, datiert 1647
H. 86 cm, B. 66 cm

Blasius Primbsch (1582–1652) erscheint seit 1620 in Bruck a. d. Mur als Eisenhändler und Ratsbürger. 1636 war er hier Stadt- und Landrichter. Vermutlich besaß er auch bereits zwei Hammerwerke und das Gut Königsbrunn. 1642 wurde er in den Adelsstand erhoben, weil er dem Landesfürsten zinsenlos Geld vorgestreckt hatte. Das Bild zeigt Primbsch im Alter von 65 Jahren. Unter seinem Enkel Johann Franz (1662–1739) erlangte das Geschlecht den Freiherrenstand und nannte sich seither allein „von Königsbrunn". Seit dem 18. Jh. waren die Nachkommen des Blasius Primbsch, die zeitweilig auch die Herrschaft Liechtenstein bei Judenburg besaßen, als Eisengewerken und höhere Beamte tätig oder führten das Leben von Gutsbesitzern.

Literatur: A. v. Pantz, Die Gewerken im Bannkreis des Steirischen Erzberges, Wien 1917/18, S. 157ff.
K. Woisetschläger/P. Krenn, Neuerwerbungen 1965–1969 und Legat Königsbrunn 1967, Graz 1969, S. 5ff.
Leihgeber: Graz, LMJ, Alte Galerie, Inv.-Nr. 954

10/6 Porträt des Abondio Inzaghi – Vom Bankier zum Grafen

Unbekannter Künstler, Gemälde auf Leinwand, 2. H. 17. Jh.
H. 2 m

Abondio Inzaghi (1617–1691) stammte aus Como in Oberitalien. Er ließ sich um 1640 in Graz als Geldwechsler nieder, handelte aber auch mit Quecksilber, Kupfer und Uniformstoffen und versuchte, in Innerösterreich den Handel mit Schlachtochsen, Olivenöl und Honig unter seine Kontrolle zu bringen. 1655 schlug er als kaiserlicher Münzmeister in Graz eine Beamtenlaufbahn ein. Im folgenden Jahr wurde er zum Hofkammerrat ernannt und reorganisierte in dieser Funktion den staatlichen Quecksilberhandel. Er häufte einen enormen Reichtum an und erwarb im Mürztal die Herrschaften Oberkindberg, Hart und Ober-Lorenzen. In Graz besaß er bereits 1650 ein Freihaus und seit 1655 auch den Hof

Kroisbach. Der Kaiser belohnte Inzaghi 1660 mit einer Besserung seines Familienwappens und 1675 mit dem Freiherrenstand. Die Krönung des gesellschaftlichen Aufstiegs der Familie Inzaghi, der innerhalb einer einzigen Generation (!) erfolgte, war aber die Erhebung in den Grafenstand im Jahre 1686.

Literatur: H. Valentinitsch, Großunternehmer und Heereslieferanten in der Steiermark und an der Windischen Grenze, in: Zeitschrift d. Histor. Vereines f. Stmk. 66, 1975, S. 141ff.
G. Spiegelfeld, Mein Stammbaum steht in Österreich, Graz 1987.
Leihgeber: Kindberg, Österreichisches Montanmuseum

10/7 Porträt des Hans Ulrich von Eggenberg

Unbek. Grazer Hofmaler, Gemälde auf Leinwand, um 1595/1600
Die in Graz, Radkersburg und später auch in Augsburg ansässige Kaufmannsfamilie der Eggenberger gelangte noch im 15. Jahrhundert durch ihre Betätigung im Handel und im Geldgeschäft zu Reichtum und Ansehen und stieg schließlich in den Adelsstand auf. Der bedeutendste Vertreter der Familie ist Hans Ulrich von Eggenberg (1568–1634). Er wurde 1623 von Kaiser Ferdinand II. in den Reichsfürstenstand erhoben und baute das bei Graz gelegene Schloß Eggenberg zu seiner heutigen Gestalt aus.

Literatur: B. Ruck/F. Kryza-Gersch, Schloß Eggenberg, Graz 1984.
Leihgeber: Graz, LMJ, Abt. Schloß Eggenberg

10/8 Besitzungen der Eggenberger

Grafik
Entwurf: H. Valentinitsch
Ausführung: R. Gaar

10/8/1 Das Haus der Familie Eggenberg in Radkersburg

Foto: Bild- und Tonarchiv, Graz
Im 15. Jh. ließ sich ein Zweig der Kaufmannsfamilie Eggenberg in Radkersburg nieder und gründete hier ein eigenes Handelshaus. Das zeitweilig im Besitz der Eggenberger befindliche Haus Hauptplatz Nr. 9 stammt aus der 2. Hälfte des 16. Jhs. und fällt durch seine Erdgeschoßlauben auf. Ob es sich hier um das Stammhaus der Eggenberger handelt, wie in der älteren Literatur gelegentlich behauptet wird, ist allerdings umstritten.

10/9 Handelsmonopole

In einer Auswahl sollen einige Handelgüter ausgestellt werden, die in der frühen Neuzeit in Innerösterreich vom Landesfürsten monopolisiert und dann an Privatunternehmer verpachtet wurden.

10/9/1 Zinnobererz aus Idria

Das im Quecksilberbergwerk Idria (Slowenien) durch die Verhüttung der hier abgebauten Zinnobererze erzeugte Quecksilber erlangte nach 1550 im Welthandel größte Bedeutung, da es für die Silbergewinnung in Mittel- und Südamerika (Amalgamierungsverfahren) benötigt wurde. Weitere Verwendungsmöglichkeiten des Quecksilbers lagen in der venezianischen Spiegelindustrie und in der Bekämpfung der Syphilis. Im 16. Jh. verpachtete der innerösterreichische Landesfürst das Quecksilberhandelsmonopol jahrzehntelang an süddeutsche Handelshäuser. Seit dem ausgehenden 16. Jh. kontrollierten italienische Unternehmer das Monopol, bis Kaiser Leopold I. 1659 den Quecksilberhandel in staatliche Eigenregie übernahm.

Literatur: H. Valentinitsch, Das landesfürstliche Quecksilberbergwerk Idria 1575–1659, Graz 1981.
Leihgeber: Graz, LMJ, Abt. f. Mineralogie

10/9/2 Antimonglanz, Loben, Lavanttal

In der frühen Neuzeit wurde Antimon oder „Spießglas" in Oberkärnten abgebaut und nach Venedig exportiert.

Literatur: H. Wießner, Geschichte des Kärntner Bergbaues, II. Teil, Klagenfurt 1951.
Leihgeber: Graz, LMJ, Abt. f. Mineralogie

10/9/3 Arsenkies, Kothgraben, Stubalpe

Das in der Steiermark und in Kärnten gewonnene Arsenik oder Hüttrauch fand in der Metallurgie, der Färberei und Gerberei, der venezianischen Glasindustrie sowie in der Human- und Tiermedizin Verwendung. Das hochgiftige Arsen war bei Giftmorden besonders beliebt und wurde im Ostalpenraum bis ins 20. Jh. in kleinsten Dosierungen als Aufputsch- und Genußmittel eingenommen.

Literatur: R. M. Allesch, Arsenik, Klagenfurt 1959.
Leihgeber: Graz, LMJ, Abt. f. Mineralogie, Inv.-Nr. 26 501

10/9/4 Bleiglanz, Bleiberg

Unter den Buntmetallen kam Blei eine besondere Bedeutung zu, weil es nicht nur zu Platten, Rohren und Kanonen- und Gewehrkugeln verarbeitet wurde, sondern auch bei der Silbergewinnung Verwendung fand. Das größte Bleibergwerk in Innerösterreich war in der frühen Neuzeit das von Bleiberg bei Villach, das noch heute existiert.

Literatur: H. Wießner, Geschichte des Kärntner Bergbaues, II. Teil, Klagenfurt 1951.
Leihgeber: Graz, LMJ, Abt. f. Mineralogie, Inv.-Nr. 71 495

10/9/5 Ochsenhorn

Ochsenhörner wurden von verschiedenen Gewerbezweigen, wie den Kammachern, Drechslern, Messerschmieden und Sporern, benötigt. Die in der Steiermark bei der Schlachtung von Ochsen anfallenden Hörner wurden teils im Inland verwertet, teils nach Süddeutschland, Oberösterreich, Salzburg und Venedig exportiert. 1643 erklärte der Landesfürst in der Steiermark den Exporthandel mit Ochsenhörnern zum Monopol und verpachtete dieses an einen obersteirischen Unternehmer.

Literatur: H. Valentinitsch, Der Ochsenhorn-, Lärchenschwamm- und Saufedernappalt in der Steiermark, in: Blätter f. Heimatkunde 62, 1988, S. 124ff.

10/9/6 Tabakblatt

Das Rauchen, Schnupfen und Kauen von Tabak fand noch während des Dreißigjährigen Krieges in den innerösterreichischen Ländern Eingang. Der Gebrauch von Tabak verbreitete sich so rasch, daß die Regierung 1678 den Tabakhandel zum Monopol erklärte und dem Grazer Großkaufmann Hans Christoph Liscutin und dessen Partner Domenico Donadoni verpachtete. Erst 1784 führte Kaiser Joseph II. das Tabakmonopol endgültig in staatliche Regie über. Die rigorose Verfolgung der Tabakschmuggler durch die Pächter des Tabakmonopols führte dazu, daß zahlreiche, sonst unbescholtene Personen zu Kriminellen abgestempelt wurden.

Literatur: F. Posch, Der Kampf um den Tabak, in: Blätter f. Heimatkunde 48, 1974, S. 105ff.
Leihgeber: Wien, Österreichische Tabakregie

10/9/7 Wachs

Im Spätmittelalter und in der frühen Neuzeit war Wachs Gegenstand eines weitgespannten Handels. 1605 übertrug Erzherzog Ferdinand von Innerösterreich dem Grazer Lebzelter Adam Passat auf 3 Jahre den alleinigen Wachsaufkauf in der Steiermark und in Kärnten. 1615 pachteten zwei Italiener das Honig- und Wachshandelsmonopol, das 1619 wieder aufgehoben wurde.

Literatur: H. Valentinitsch, Die Bedeutung der Grazer Hofhandelsleute Rocco Giambello und Johann Peter Soldan für den innerösterreichischen Honigfernhandel, in: Histor. Jahrbuch der Stadt Graz 5/6, 1973, S. 33ff.
Leihgeber: Graz, Steirischer Imkerverband

10/9/8 Honig

Bis zur Einführung des Rübenzuckers war Honig praktisch der einzige Süßstoff, der von der Masse der Bevölkerung verwendet wurde. Als Erzherzog Ferdinand 1615 den innerösterreichischen Export- und Transithandel mit Honig und Wachs monopolisierte und verpachtete, erlitten die einheimischen Kaufleute schwere Geschäftseinbußen. Gleichzeitig führte das Monopol zu einer Verlagerung des Honighandels auf türkisches Gebiet und beeinträchtigte auch den steirischen Wein- und Salzhandel.

Literatur: H. Valentinitsch, Die Bedeutung der Grazer Hofhandelsleute Rocco Giambello und Johann Peter Soldan für den innerösterreichischen Honigfernhandel, in: Histor. Jahrbuch der Stadt Graz 5/6, 1973, S. 33ff.

10/9/9 Kartenspiel

Im 16. Jh. besaß in England das Monopol für den Handel mit Spielkarten große Bedeutung, bis es 1604 durch ein Gerichtsurteil abgeschafft wurde. Hingegen konnte sich in Innerösterreich ein solches Monopol nicht durchsetzen.

10/9/10 Papier: einige alte Papierstöße

1670 erhielt Anton Graf Lantheri in der Grafschaft Görz ein Handelsmonopol für Papier, das 1674 auf die Stadt Triest ausgedehnt wurde.

10/10 Oberst Hans Mehlgraber – ein steirischer Offizier als Menschenhändler und Salzschmuggler

Foto des Grabmals an der Filialkirche St. Ulrich bei Frauenthal
Die Familie Mehlgraber stammte, wie schon der Name zeigt, aus kleinen Verhältnissen. Hans Mehlgraber erwarb sich aber in den Türkenkriegen so große Verdienste, daß er 1618 in den Ritterstand und schließlich sogar in den Freiherrenstand erhoben wurde. Oberst Mehlgraber war jahrelang an der Militärgrenze in Kroatien stationiert, wo er ein einträgliches Betätigungsfeld fand. Eine seiner wichtigsten Einnahmequellen war der Menschenhandel, da er für die auf seinen Streifzügen gefangenen Türken Lösegelder kassierte. Ab 1620 boten aber die Türken für die Auslösung ihrer Leute statt Bargeld Salz an. Der Oberst verfügte deshalb bald über einen so großen Vorrat an türkischem Salz, daß er es in Kroatien nicht mehr verkaufen konnte. Er ließ daher das türkische Salz in die Steiermark schmuggeln und warf es hier zu einem extrem niederen Preis auf den Markt. Eine Folge davon war, daß der Handel mit steirischem Salz stark zurückging. Als „Kriegsunternehmer" erwarb Mehlgraber ein solches Vermögen, daß er mehrere Herrschaften kaufen konnte. Der alte Haudegen starb 1626 in Ulm an den Folgen einer Blasensteinoperation.

Literatur: H. Valentinitsch, Grabinschriften und Grabmäler als Ausdruck sozialen Aufstiegs im Spätmittelalter und in der frühen Neuzeit (in Druck).
Foto: Bild- und Tonarchiv, LMJ, Graz

10/11 Menschenhandel
„Wie die Türken mit den gefangen Christen handeln, so sie die kauffen oder verkauffen"

Foto
Dieses schwer beschädigte Blatt aus einer Zeitung ist wahrscheinlich in Augsburg, Druck Heinrich Stainer, erschienen und ist auf einer Buchtafel als Füllung eines Pergament-Einbandes erhalten geblieben. Es gelangte in die Sammlung des Grafen Sándor Apponyi (unter Nr. 670).
Im Text unter dem Bild erklärt Maximilian Eisenkern seine qualvollen persönlichen Erinnerungen. Bild und Druck aus der Mitte des 16. Jhs. Den Text druckte 1592 Vinzenz Strach in Leipzig neu, doch ohne Bild.

Faksimile-Beilage in „Magyar Müvelödéstörtébet" IV. Bd. A. Kereszténység védöbástyája. Magyar Történelmi Tärsulat, 1943.

10/12 Der Schatzfund von Pickelbach

356 Münzen, 1 Medaillon, Krug und Leinensack als Verbergungsgefäß und -hülle.
Leihgeber: Graz, LMJ, Münzensammlung, Inv.-Nr. 55 501 bis 55 858.
Zum Zeitpunkt der Drucklegung ist die Pfarre St. Marein am Pickelbach noch Besitzer des Hortfundes. Wir danken Herrn Pfarrer Maximilian Weigl für die Bereitschaft, den Fund in die Obhut des Landesmuseums zu geben und für die Erlaubnis, ihn bei der Landesausstellung zu zeigen.
Im Jahre 1986 wurde bei Renovierungsarbeiten in der zur Pfarre St. Marein am Pickelbach gehörenden Filialkirche zu den Vierzehn Nothelfern ein Münzhort aus der Zeit um 1690/91 entdeckt. In einem Krug, in dem ein Leinensack steckte, waren 356 Silbermünzen und ein Messing-Zinn-Medaillon, wahrscheinlich ein Pestamulett oder Bruderschaftsabzeichen, verborgen. Im Fundinhalt waren insgesamt 356 Münzen mit einem Gewicht von 1.317,98 Gramm. Alle Münzen stammen aus dem Gebiet des Römisch-Deutschen Reiches und sind mit Ausnahme einer Zinnfälschung aus Silber.

Habsburgische Erblande:
Wien: Ferdinand III. (1637–1657): Groschen 1637.
Leopold I. (1658–1705): XV-Kreuzer 1659 (3), 1660 (3), 1661 (4), 1662 (6), 1663 (2), 1664 (4), 1674 (2), 1675, 1685 (2); VI-Kreuzer 1665, 1674, 1676 (3), 1677 (5), 1678, 1679 (4), 1680 (2), 1681 (2), 1682, 1683 (2), 1684, 1685 (2), 1686 (23), 1687 (2), 1688 (2); Groschen 1663, 1664, 1665 (3), 1666, 1668, 1669 (4), 1670, 1672.

Neuburg am Inn: Leopold I.: Groschen 1665.

Graz: Ferdinand III.: Groschen 1655, 1657.
Leopold I.: XV-Kreuzer 1675 (2), 1676; VI-Kreuzer 1670, 1671, 1673, 1674, 1675, 1682, 1683 (8), 1684 (13), 1685 (6), 1686 (4), 1687 (2), 1689 (2), 1690 (2); Groschen 1659, 1663, 1667, 1670, 1674 (2), 1678.

St. Veit: Leopold I.: 6-Kreuzer 1672, 1673 (2), 1674 (2), 1675; Groschen 1668 (3), 1682.

Hall: Erzherzog Ferdinand Karl (1632–1662): Groschen 1646, 1658, 1659. Erzherzog Sigismund Franz (1662–1665): XV-Kreuzer 1664; Groschen 1663 (3), 1664. Leopold I.: Groschen 1668 (2), 1669 (2), 1673, 1674 (3), 1675 (2), 1676 (2), 1677, 1680, 1683, 1684, 1686 (2).

Prag: Leopold I.: XV-Kreuzer 1664; Groschen 1668, 1670.

Kuttenberg: Leopold I.: Groschen 1670.

Kremnitz: Leopold I.: XV-Kreuzer 1663, 1665 (2), 1667, 1674, 1675 (2), 1676, 1678, 1679, 1680, 1681 (2), 1682, 1685 (2), 1686, 1690; VI-Kreuzer 1667 (2), 1668 (2), 1669 (2), 1670 (3), 1671 (10), 1672 (6), 1673 (4); Groschen 1662, 1665, 1685, 1689.

Nagybanya: Leopold I.: XV-Kreuzer 1686; VI-Kreuzer 1674.

Preßburg: Leopold I.: XV-Kreuzer 1676; VI-Kreuzer 1676; Groschen 1675.

Breslau: Leopold I.: XV-Kreuzer 1662 (3), 1663 (2), 1664 (2); VI-Kreuzer 1665, 1672, 1674, 1676, 1677 (2), 1678, 1682, 1683; Groschen 1661, 1666, 1667 (3), 1668, 1669 (5), 1670 (7).

Oppeln: Leopold I.: VI-Kreuzer 1676.

Reichsfürsten:
Schlesische Herzogtümer: Georg III. zu Brieg (1639–1664): XV-Kreuzer 1659, 1663, 1664 (3); Groschen 1661 (4).
  Ludwig IV. zu Liegnitz (1653–1663): XV-Kreuzer 1663 (4); Groschen 1659, 1660, 1661.
  Christian zu Wohlau (1639–(1664)–1672): XV-Kreuzer 1662, 1663 (3), 1664 (4); VI-Kreuzer 1665; Groschen 1661, 1662, 1664, 1669 (5).
  Georg Wilhelm zu Liegnitz/Brieg/Wohlau (1672–1675): Groschen 1674 (3).
  Sylvius Friedrich zu Württemberg-Öls (1664–1697): VI-Kreuzer 1674 (3); Groschen 1676.

Anhalt-Zerbst: Karl Wilhelm (1667–1718): 2/3-Taler 1675.

Brandenburg-Ansbach: Johann Friedrich (1667–1686): 1/6-Taler 1676 (2), 1677 (2), 1678 (3).

Brandenburg-Preußen: Friedrich Wilhelm (1640–1688): VI-Gröscher 1686.

Fugger: Sigmund Josef von Fugger-Babenhausen-Wöllenburg (1684–1696): XV-Kreuzer 1684.

Montfort: Johannes VIII. (1662–1686): Gulden (60 Kreuzer), 1679 Fälschung.

Öttingen: Albrecht Ernst I. (1663–1683): Gulden 1675; Sechser 1678.

Pfalz-Kurlinie: Philipp Wilhelm von Pfalz Neuburg (1653–1690): Gulden 1675.

Sachsen-Neu-Weimar: Johann Ernst (1662–1683): 2/3-Taler 1678.

Schwarzburg-Sonderhausen: Christian Wilhelm I. (1666–1721): 2/3-Taler 1676.
  Anton Günther II. (1666–1716): 2/3-Taler 1676.

Abtei Fulda: Placidus von Droste (1678–1700): Groschen 1679.

Erzbistum Olmütz: Karl II. von Liechtenstein (1664–1695): XV-Kreuzer 1664; VI-Kreuzer 1674, 1675, 1678; Groschen 1664, 1668, 1669, 1670 (5).

Erzbistum Salzburg: Max Gandolf von Khuenberg (1668–1687): Groschen 1680, 1681 (5).

Da ein Großteil der Münzen in prägefrischem Zustand zur Deponierung gekommen ist und außerdem nur Mittelwerte

vom Groschen (= 3 Kreuzer) bis zum Gulden (= 60 Kreuzer) vorhanden sind, ist der Schluß naheliegend, daß es das Vermögen eines Soldaten der kaiserlichen Armee in der Türkenkriegszeit war, das hier verborgen wurde, zumal der Gesamtinhalt im Werte von 49 (Rechnungs-) Gulden den Jahressold eines Soldaten darstellt. Von Interesse ist aber auch noch, daß zum Inhalt eine zeitgenössische Fälschung gehört. *Bur.*

Literatur: O. Burböck, Ein „Kirchenschatz" aus der Oststeiermark. — Helmut J. Mezler-Andelberg zum 65. Geburtstag. Graz 1988, S. 119–138.

10/13 Geldkrisen und Falschgeld

In der Münz- und Geldgeschichte gibt es immer wieder Perioden, in denen Münze und Geld extrem verschlechtert wurden. War schon die Zeit der „Schinderlinge" in der Mitte des 15. Jhs. in ihren Auswirkungen verheerend, so wirkte sich besonders verhängnisvoll jene Periode am Beginn des 30jährigen Krieges in den Jahren 1618–1622 aus. Sie ist bekannt unter dem Namen *Kipper- und Wipperzeit.*

Die Reichsmünzordnung des Jahres 1559 hatte ein zuverlässiges und festes Gesetz geschaffen, das die Ausprägung der Münzen nach bestimmtem Gewicht und Gehalt festlegte. Es folgten Jahre gesunden wirtschaftlichen Wachstums. In ihnen vermehrte sich der Bedarf an geprägtem Geld außerordentlich. Gleichzeitig aber ließ die Silberproduktion nach, der Preis einer Menge Silbers lag höher als der Wert der Münzen, die aus ihr geprägt werden sollten. Besonders die Prägung von Kleinmünzen war trotz eines schlechteren Münzfußes unrentabel. Deshalb ließen schon zu Ende des 16., besonders aber am Anfang des 17. Jhs. einige Münzherren des Deutschen Reiches in sogenannten Heckenmünzstätten geringhaltige Scheidemünzen ausprägen. Bei Kriegsausbruch sahen sich die Landesherren zu großen Rüstungsausgaben gezwungen, weshalb sie ganz bewußt Münzen nach viel zu geringem Schrot und Korn (Schrot = Rauhgewicht, Korn = Feingehalt) prägen ließen. Die noch kursierenden, guthaltigen Münzen wurden aufgekauft und wanderten in die Schmelze, wo sie, mit viel Kupfer legiert, wieder ausgeprägt wurden. Dies brachte den Münzherren und Pächtern großen Gewinn. Die Bezeichnung „Kipper und Wipper" für die Münzverschlechterer entstand, weil man mittels einer Waage (Wippe) die guthaltigen Münzen aus dem Umlauf schied und in die Schmelze kippte.

Kaiser Ferdinand II. ging mit schlechtem Beispiel voran, indem er auch in seinen erbländischen Münzstätten ungeheure Mengen geringhaltiger Taler, Halbtaler und kleinerer Scheidemünzen prägen ließ. Die Folge war eine ungeheure Rechtsunsicherheit und vollständiger Niedergang von Handel und Wandel.

1623 endete diese Inflationsperiode mit einem Staatsbankrott, der großen „Münz-Calada", alle Kippermünzen wurden auf $^1/_8$ des Nominale abgewertet und der Talerkurs auf $1^1/_2$ Gulden (= 90 Kreuzer) festgesetzt.

Fast so alt wie die Münze selbst ist die Falschmünzerei, die unberechtigte Herstellung oder auch Veränderung von gültigen Zahlungsmitteln. Münzherren und Staat waren deshalb meist sehr bemüht, ihr Geld so fälschungssicher wie möglich zu machen.

Daneben gibt es aber auch noch Münzfälschungen von außer Kurs gesetzten Münzen, die, um als Sammlermünzen wertvoller zu sein, verändert oder neu hergestellt wurden.   *Bur.*

10/13/1 Steiermark, Ernst d. Eiserne (1406–1424)

Schwarzpfennig
Silber/Kupfer, 0,22 gr.
Leihgeber: Graz, LMJ, Münzensammlung, Inv.-Nr. 2 654

10/13/2 Steiermark, Friedrich V. (III.) (1435–1493)

Pfennig und Hälbling (Schinderlinge) o. J.
Silber/Kupfer, 0,41 gr. und 0,20 gr.
Leihgeber: Graz, LMJ, Münzensammlung, Inv.-Nr. 2 657 und 2 659

10/13/3 Kärnten, Ferdinand II. (1590–1637)

Taler, 1621
Silber, 27,88 gr.
Leihgeber: Graz, LMJ, Münzensammlung, Inv.-Nr. 159

10/13/4 Kärnten, Ferdinand II. (1590–1637)

Halbtaler, 1622
Silber, 14,02 gr.
Leihgeber: Graz, LMJ, Münzensammlung, Inv.-Nr. 164

10/13/5 Steiermark, Ferdinand II. (1590–1637)

Groschen, 1607
Silber, 2,02 gr.
Leihgeber: Graz, LMJ, Münzensammlung, Inv.-Nr. 3 057

10/13/6 Steiermark, Ferdinand II. (1590–1637)

Kreuzer, 1631
Silber, 0,86 gr.
Leihgeber: Graz, LMJ, Münzensammlung, Inv.-Nr. 3 123

10/13/7 Böhmen, Direktorium

Kipper-24er, 1619, Kuttenberg
Silber/Kupfer (Billon), 6,76 gr.
Leihgeber: Graz, LMJ, Münzensammlung, Inv.-Nr. 6 447

10/13/8 Böhmen, Stände

Kipper-24er, 1620, Joachimstal
Billon, 7,38 gr.
Leihgeber: Graz, LMJ, Münzensammlung, Inv.-Nr. 6 450

10/13/9 Böhmen, Friedrich von der Pfalz (1619–1620)

Kipper-48er, 1620, Prag und Kuttenberg
Silber, 14,73 gr.
Leihgeber: Graz, LMJ, Münzensammlung, Inv.-Nr. 6 451 und 6 452

10/13/10 Böhmen, Ferdinand II. (1620–1637)

Kippertaler, 1622, Kuttenberg
Silber, 21,62 gr.
Leihgeber: Graz, LMJ, Münzensammlung, Inv.-Nr. 6 913

10/13/11 Böhmen, Ferdinand II. (1620–1637)

Kippergroschen, 1622, Prag
Billon, 0,67 gr.
Leihgeber: Graz, LMJ, Münzensammlung, Inv.-Nr. 6 477

10/13/12 Steiermark, Ferdinand II. (1590–1637)

Kipper-48er, 1622
Silber, 9,70 gr. und 9,67 gr.
Leihgeber: Graz, LMJ, Münzensammlung, Inv.-Nr. 3 039 und 3 036

10/13/13 Tirol, Leopold V. (1621–1632)

Kippergulden, 1623
Silber, 12,48 gr., und Billon, 9,51 gr.
Leihgeber: Graz, LMJ, Münzensammlung, Inv.-Nr. 647 und 648 (die beiden Stücke wurden durch Lochung ungültig gemacht).

10/13/14 Tirol, Leopold V. (1621–1632)

Kipperkreuzer und Kipper-Vierer o. J.
Billon, 0,98 gr. und 0,33 gr.
Leihgeber: Graz, LMJ, Münzensammlung, Inv.-Nr. 650 und 659

10/13/15 Österreich, Ferdinand II. (1619–1637)

Kipper-12er, 1621
Silber, 5,03 gr.
Leihgeber: Graz, LMJ, Münzensammlung, Inv.-Nr. 4 861

10/13/16 Kärnten, Ferdinand II. (1590–1637)

Kippertaler, 17. Jh., gehälftet
Silber, 6,20 gr.
Leihgeber: Graz, LMJ, Münzensammlung, Inv.-Nr. 166a

10/13/17 Steiermark, Ferdinand II. (1590–1637)

Kippergroschen, 1622
Billon, 1,07 gr. und 0,92 gr.
Leihgeber: Graz, LMJ, Münzensammlung, Inv.-Nr. 3 062 und 11 913

Fälschungen:

10/13/18 Athen

Tetradrachme, 5 Jh. v. Chr., Nachguß
Leihgeber: Graz, LMJ, Münzensammlung, Inv.-Nr. 52 404

10/13/19 Rom

Didrachme, um 200 v. Chr., Nachguß
Leihgeber: Graz, LMJ, Münzensammlung, Inv.-Nr. F 19

10/13/20 Rom, Maxentius (306–312)

Argenteus, Becker-Fälschung
Leihgeber: Graz, LMJ, Münzensammlung, Inv.-Nr. F 18

10/13/21 Rom, Galba (69)

Sesterz, Paduaner-Fälschung
Leihgeber: Graz, LMJ, Münzensammlung, Inv.-Nr. F 16

10/13/22 Rom, Vespasian (69–79)

Sesterz, Paduaner-Fälschung
Leihgeber: Graz, LMJ, Münzensammlung, Inv.-Nr. F 21

10/13/23 Rom, Aelius (Adoptivsohn Hadrians, 117–138)

Sesterz, Paduaner-Fälschung
Leihgeber: Graz, LMJ, Münzensammlung, Inv.-Nr. F 23

10/13/24 Rom, Philippus I. Arabs (244–249)

Sesterz, Nachguß
Leihgeber: Graz, LMJ, Münzensammlung, Inv.-Nr. 83 606

10

10/13/25 Rom, Probus (276–282)

Areus, spätere Vergoldung einer Silbermünze
Leihgeber: Graz, LMJ, Münzensammlung, Inv.-Nr. F 15

10/13/26 Schweiz, Solothurn

Taler, 1501
Zinn mit Silbersud
Leihgeber: Graz, LMJ, Münzensammlung, Inv.-Nr. F 17

10/13/27 Deutschland, Köln, Otto IV. der Welfe (1198–1218)

Pfennig, Becker-Fälschung
Leihgeber: Graz, LMJ, Münzensammlung, Inv.-Nr. 17658

10/13/28 Deutschland, Köln, Konrad II. (1024–1039)

Pfennig, Becker-Fälschung
Leihgeber: Graz, LMJ, Münzensammlung, Inv.-Nr. 17 659 und
17 533

10/13/29 Frankenreich, Trier, Ludwig I. der Fromme (814–840)

Pfennig, Becker-Fälschung
Leihgeber: Graz, LMJ, Münzensammlung, Inv.-Nr. F 20

10/13/30 Grafschaft Cilli, Ulrich III. (1436–1456)

Pfennig, Phantasieprägung des 19. Jhs.
Leihgeber: Graz, LMJ, Münzensammlung, Inv.-Nr. 3 821

10/13/31 Stadt Augsburg

Taler, 1626, Gußfälschung
Leihgeber: Graz, LMJ, Münzensammlung, Inv.-Nr. 13 447

10/13/32 Herzogtum Krumau
Johann Ulrich von Eggenberg (1625–1634)

Talerklippe o. J., Prägung mit einem verrosteten Originalstem-
pel, vermutlich im 19. Jh.
Leihgeber: Graz, LMJ, Münzensammlung, Inv.-Nr. 3 836

10/13/33 Schweiz, Zürich

Taler, 1559, Phantasieprägung des 19. Jhs.
Kupfer, versilbert
Leihgeber: Graz, LMJ, Münzensammlung, Inv.-Nr. 29 223

10/13/34 Steiermark

Taler, 1682
Kupfer
Leihgeber: Graz, LMJ, Münzensammlung, Inv.-Nr. 3 343

10/13/35 Tirol

Taler, 1668
Zinn
Leihgeber: Graz, LMJ, Münzensammlung, Inv.-Nr. 843

10/13/36 Mecklenburg-Schwerin

Gulden, 1675
Bronze
Leihgeber: Graz, LMJ, Münzensammlung, Inv.-Nr. 19 605

10/13/37 Regensburg

Taler, 1754
Messing, einseitig
Leihgeber: Graz, LMJ, Münzensammlung, Inv.-Nr. 13 695

10/13/38 Braunschweig-Wolfenbüttel

5-Taler, 1762
Silber, vergoldet, Wertzahl umgeschnitten
Leihgeber: Graz, LMJ, Münzensammlung, Inv.-Nr. 18 079

10/13/39 Kärnten

Breiter Groschen, 1518, Nachguß
Bronze
Leihgeber: Graz, LMJ, Münzensammlung, Inv.-Nr. 11 207

10/13/40 Österreich-Ungarn

20-Kreuzer, 1868
Messing, ohne Münzstättenzeichen
Leihgeber: Graz, LMJ, Münzensammlung, Inv.-Nr. 5 801

10/13/41 Österreich, 1. Republik

2-Groschen, 1925, Nachahmung
Leihgeber: Graz, LMJ, Münzensammlung, Inv.-Nr. 5 991

10/13/42 Österreich, 2. Republik

10-Schilling, 1958, Nachahmung (Gewichtsunterschied)
Leihgeber: Graz, LMJ, Münzensammlung, Inv.-Nr. F 22

10/13/43 Österreich

Banknote, 2 Gulden, 1848, Fälschung
Zeichnung
Leihgeber: Graz, LMJ, Münzensammlung, Inv.-Nr. F 23

10/14 Vom Pfennig zum Taler

Gesteigerte Ansprüche von Handel und Wirtschaft führten schon im 13. Jh. in Frankreich und Italien zur Prägung von Münzen im Wert eines Mehrfachen des Pfennigs. Das Vorbild für alle Groschen (= grossus denarius = dicker Pfennig) wird das seit 1266 unter Ludwig IX. von Frankreich in der Münzstätte Tours geprägte Groschenstück, die Tournose (gros tournois). Die berühmtesten und wichtigsten Nachahmungen werden der Prager Groschen, den Wenzel II. um 1300 in Kuttenberg zum ersten Male prägen ließ, und der Meißner Groschen des Markgrafen Friedrichs I., der seit 1307 geprägt wurde.

So wie die Entdeckung der Neuen Welt für den Beginn einer neuen Zeitepoche charakteristisch ist, ist das fast gleichzeitige Aufkommen der Großsilbermünzen bedeutsam für den neuen Abschnitt in der Geld- und Wirtschaftsgeschichte. Seit der 2. Hälfte des 15. Jhs. hatte neben einer bedeutenden Entwicklung von Handel und Verkehr auch die Silbergewinnung im europäischen Raum erheblich zugenommen. Der Handel suchte seit langem nach einem geeigneten Zahlungsmittel, um größere Summen bezahlen zu können. Dies gab den Anstoß, eine Münze zu prägen, deren Silberwert dem Geldwert eines Rheinischen Goldguldens entsprach.

Erzherzog Sigmund von Tirol, „der Münzreiche", ließ 1486 in Hall eine Großsilbermünze prägen, die wegen ihres Wertes Guldiner oder Guldengroschen genannt wurde.

Die Tiroler Prägungen veranlaßten sehr bald andere Münzherren, die über größere Silber- als Goldvorräte verfügten, zu ähnlichen Prägungen. Vor allem in der Schweiz wurden von verschiedenen Städten schon vor 1500 Guldengroschen nachgeahmt.

Als gegen Ende des 15. Jhs. die Silberausbeute der sächsischen Herzöge im Erzgebirge durch Entdeckung neuer Vorkommen wuchs, prägte man hier ab 1500 Guldengroschen.

Damit war dieser Münztyp in das Münzwesen Deutschlands eingeführt. Innerhalb von wenigen Jahren folgten diesem Beispiel zahlreiche Münzherren. Der Name Taler geht zurück auf die seit etwa 1520 geprägten Guldengroschen der Grafen Schlick aus der böhmischen Münzstätte Joachimstal, die weit verbreitet und im Handel sehr beliebt waren. Die Kurzbezeichnung dieser „Joachimstaler Guldengroschen" führte zum Namen Taler.

Literatur: Moser-Rizzolli-Tursky, Tiroler Münzbuch, Innsbruck 1984.
Bur.

10/14/1 Tirol, Meinhard I. (1254–1258)

Zwanziger o. J.
Silber, 1,48 gr. und 1,53 gr.
Leihgeber: Graz, LMJ, Münzensammlung, Inv.-Nr. 427 und 430

10/14/2 Tirol, Meinhard II. (1276–1295)

Zwanziger (Etschkreuzer) o. J.
Silber, 1,51 gr. und 1,25 gr.
Leihgeber: Graz, LMJ, Münzensammlung, Inv.-Nr. 438 und 439

10/14/3 Tirol, Sigmund (1439–1496)

Sechser o. J.
Silber, 3,09 gr. und 3,15 gr.
Leihgeber: Graz, LMJ, Münzensammlung, Inv.-Nr. 462

10/14/4 Frankreich, Philipp IV. (1285–1314)

Gros tournois o. J.
Silber, 4,04 gr.
Leihgeber: Graz, LMJ, Münzensammlung, Inv.-Nr. 27 744

10/14/5 Meißen, Friedrich II. (1424–1464)

Schwertgroschen o. J.
Silber, 2,49 gr.
Leihgeber: Graz, LMJ, Münzensammlung, Inv.-Nr. 20 231

10/14/6 Böhmen, Wenzel II. (1283–1305)

Prager Groschen o. J.
Silber, 3,63 gr. und 3,80 gr.
*Leihgeber: Graz, LMJ, Münzensammlung, Inv.-Nr. 6 661
und 6 248*

10/14/7 Ungarn, Ludwig I. (1342–1382)

Breiter Groschen o. J.
Silber, 3,44 gr.
Leihgeber: Graz, LMJ, Münzensammlung, Inv.-Nr. 7 986

10/14/8 Steiermark, Friedrich V. (III.) (1435–1493)

Groschen (16er), 1469
Silber, 3,66 gr.
*Leihgeber: Graz, LMJ, Münzensammlung, Inv.-Nr. 2 690
und 55 312*

10/14/9 Steiermark, Friedrich V. (III.) (1435–1493)

Groschen (8er), 1472
Silber, 1,64 gr.
*Leihgeber: Graz, LMJ, Münzensammlung, Inv.-Nr. 2 703
und 55 309*

10/14/10 Steiermark, Friedrich V. (III.) (1435–1493)

Kreuzer, 1489
Silber, 0,87 gr.
Leihgeber: Graz, LMJ, Münzensammlung, Inv.-Nr. 2 681

10/14/11 Steiermark, Friedrich V. (III.) (1435–1493)

Goldgulden o. J.
Gold, 3,30 gr.
*Leihgeber: Graz, LMJ, Münzensammlung, Inv.-Nr. 2 688 und
55 340*

10/14/12 Erzbistum Köln, Hermann IV. (1480–1508)

Goldgulden o. J.
Gold, 3,27 gr.
Leihgeber: Graz, LMJ, Münzensammlung, Inv.-Nr. 16 534

10/14/13 Tirol, Sigmund (1439–1496)

Guldiner, 1486
Galvano
Leihgeber: Graz, LMJ, Münzensammlung, Inv.-Nr. 55 302

10/14/14 Grafen Schlick, Stefan (1487–1526) und Gebrüder

Guldengroschen (Taler), Joachimstal, 1527
Silber, 29,09 gr.
Leihgeber: Graz, LMJ, Münzensammlung, Inv.-Nr. 4 275

10/14/15 Grafen Schlick, Stefan (1487–1526) und Gebrüder

Guldengroschen (Taler) o. J.
Silber, 28,80 gr.
Leihgeber: Graz, LMJ, Münzensammlung, Inv.-Nr. 4 277

10/14/16 Sachsen, Friedrich III. mit Johann und Georg (1508–1525)

Klappmützen-Taler o. J.
Silber, 29,20 gr. (später vergoldet)
Leihgeber: Graz, LMJ, Münzensammlung, Inv.-Nr. 20 232

10/14/17 Steiermark, Maximilian I. (1493–1519)

Viertelguldiner, 1511
Silber, 7,32 gr. (später vergoldet)
Leihgeber: Graz, LMJ, Münzensammlung, Inv.-Nr. 2 772

10/14/18 Steiermark, Maximilian I. (1493–1519)

Doppelkreuzer, 1512
Silber, 1,90 gr.
Leihgeber: Graz, LMJ, Münzensammlung, Inv.-Nr. 2 723

10/14/19 Tirol, Maximilian I. (1493–1519)

Guldiner, 1518
Galvano
Leihgeber: Graz, LMJ, Münzensammlung, Inv.-Nr. 55 305

10/14/20 Tirol, Ferdinand I. (1522–1564)

Taler, 1557
Silber, 31,04 gr.
Leihgeber: Graz, LMJ, Münzensammlung, Inv.-Nr. 523

10/14/21 Ungarn, Ferdinand I. (1526–1564)

Taler, Kremnitz, 1556
Silber, 28,68 gr.
Leihgeber: Graz, LMJ, Münzensammlung, Inv.-Nr. 8 127

10/14/22 Steiermark, Ferdinand I. (1522–1564)

Pfundner, 1527
Silber, 5,61 gr.
*Leihgeber: Graz, LMJ, Münzensammlung, Inv.-Nr. 2 779 und
55 327*

10/14/23 Steiermark, Ferdinand I. (1522–1564)

Pfundner, 1535
Silber, 5,78 gr.
*Leihgeber: Graz, LMJ, Münzensammlung, Inv.-Nr. 2 782
und 55 324*

10/14/24 Erzbistum Salzburg, Leonhard von Keutschach (1495–1519)

Batzen, 1500
Silber, 3,25 gr. und 3,29 gr.
*Leihgeber: Graz, LMJ, Münzensammlung, Inv.-Nr. 1 666
und 1 668*

10/14/25 Erzbistum Salzburg, Leonhard von Keutschach (1495–1519)

Doppelpfennig, 1514
Silber, 0,55 gr.
Leihgeber: Graz, LMJ, Münzensammlung, Inv.-Nr. 1 757

10/14/26 Erzbistum Salzburg, Leonhard von Keutschach (1495–1519)

Pfennig, 1508
Silber, 0,42 gr.
Leihgeber: Graz, LMJ, Münzensammlung, Inv.-Nr. 1 767

10/14/27 **Erzbistum Salzburg, Leonhard von Keutschach (1495–1519)**

Heller, 1509
Silber, 0,31 gr.
Leihgeber: Graz, LMJ, Münzensammlung, Inv.-Nr. 1 781

10/14/28 **Erzbistum Salzburg, Matthäus Lang (1519–1540)**

Guldener, 1522
Galvano
Leihgeber: Graz, LMJ, Münzensammlung, Inv.-Nr. 55 304

10/14/29 **Erzbistum Salzburg, Matthäus Lang (1519–1540)**

Zehner, 1525
Galvano
Leihgeber: Graz, LMJ, Münzensammlung, Inv.-Nr. 55 330

10/14/30 **Kärnten, Ferdinand I. (1522–1564)**

Guldentaler, 1563
Galvano
Leihgeber: Graz, LMJ, Münzensammlung, Inv.-Nr. 55 356

10/14/31 **Kärnten, Ferdinand I. (1522–1564)**

Reichstaler, 1559
Galvano
Leihgeber: Graz, LMJ, Münzensammlung, Inv.-Nr. 55 354

10/14/32 **Ungarn, Wladislaus II. (1490–1516)**

1/2 Schautaler, 1506
Silber, 14,26 gr.
Leihgeber: Graz, LMJ, Münzensammlung, Inv.-Nr. 12 497

10/14/33 **Sachsen, Johann Friedrich II. (1554–1566)**

Schreckenberger (Engelgroschen), Saalfeld o. J.
Silber, 4,19 gr.
Leihgeber: Graz, LMJ, Münzensammlung, Inv.-Nr. 19 924

10/14/34 **Sachsen, Moritz (1541–1553)**

Taler, Freiberg, 1547
Silber, 28,76 gr.
Leihgeber: Graz, LMJ, Münzensammlung, Inv.-Nr. 19 929

10/14/35 **Brandenburg-Ansbach, Georg (1515–1543) und Albert**

Taler, 1538
Silber, 28,64 gr.
Leihgeber: Graz, LMJ, Münzensammlung, Inv.-Nr. 15 701

10/14/36 **Venedig, Nicolo Tron (1472–1474)**

Lira Tron o. J.
Silber, 5,02 gr.
Leihgeber: Graz, LMJ, Münzensammlung, Inv.-Nr. 21 957

10/14/37 **Montferat, Wilhelm I. (1464–1483)**

Teston o. J.
Silber, 9,54 gr.
Leihgeber: Graz, LMJ, Münzensammlung, Inv.-Nr. 21 995

10/14/38 **Katalonien, Ferdinand II. (1479–1516)**

Croat o. J.
Silber, 3,16 gr.
Leihgeber: Graz, LMJ, Münzensammlung, Inv.-Nr. 29 476

Raum 11
„Das rechte Maß haben"

Maße, Gewichte und Waagen

Maß, Gewicht und Zahl sind jene Kategorien, durch die der Mensch seine Umwelt erforscht, erkennt, ordnet und beherrscht. Der friedfertige Austausch von Waren von einem Eigentümer zum anderen bedarf eines Übereinkommens beider über Menge und Wert der Waren. Zählen, Messen und Wägen sind die Grundformen zur Mengenbestimmung. Für Maße und Gewicht galt in alten Zeiten durchwegs der Mensch selbst als Maßstab, seine Körpermaße (z. B. Hand, Fuß, Elle) und seine Geräte (z. B. Eimer, Krug, Sack). Zum Abschätzen des Gewichtes zweier gleicher Gegenstände haben zunächst sicher nur die beiden ausgestreckten Arme des Menschen gedient. Das Joch von Lasttieren und Lastenträgern sowie die bei uns als Kinderspielzeug beliebte Wippe waren die Urform der Waage. Diese Naturmaße waren bei verschiedenen Völkern und in verschiedenen Gebieten sehr unterschiedlich und wurden auch mit unterschiedlichen Zahlensystemen umgerechnet, geteilt und vervielfacht. So entstand eine unübersehbare Menge von Maß- und Gewichtseinheiten, mit der der Kaufmann konfrontiert wurde. Der Kaufmann mußte über große Erfahrungen verfügen, um eine Übersicht der an den einzelnen Handelsplätzen vorhandenen Maße und Gewichte zu haben. Rechtes Maß und Gewicht gehört mit zu den Grundsätzen des geordneten Lebens einer Gemeinschaft. Deshalb wurden die das „Rechte Gewicht" darstellenden Standardgewichte in der Antike im heiligen Tempelbezirk, später in Kirchen und Rathäusern aufgehoben. Wie auch beim gemünzten Geld war es Pflicht der Obrigkeit, ihre Untertanen vor betrügerischer Handhabung von Maß und Gewicht zu bewahren. Die Herstellung von Waage und Gewicht war einem eigenen, freien Gewerbe überantwortet. Die Behörden bestellten Aufsichtsbeamte, Eichmeister genannt, die die Aufgabe hatten, in bestimmten Zeiträumen sowohl die Gewichte bei den Kaufleuten am Marktplatz als auch bei den Erzeugern selbst zu kontrollieren. Bei Mißbrauch gab es schwere Strafen. Um den Kaufmann vor Irrtum und Übervorteilung zu schützen, wurden an allen Handelsplätzen die Waren dem Käufer auf amtlichen Waagen zugewogen. Dieser Wiegezwang bestand zunächst nur bei Massengütern und Edelmetallen. Ähnliche Verhältnisse wie bei den Gewichten lagen auch bei den Längenmaßen vor. In jedem Land und in jeder Stadt wurden andere Hohl-, Trocken- und Naßmaße verwendet und auch hier wieder Maße von verschiedener Größe für einzelne Warensorten. Eine Vereinheitlichung der Maß- und Gewichtssysteme gab es erst durch die Einführung des Dezimalsystems im Verlauf des 19. Jhs. Dieses System ist zweifellos eine der größten kulturellen Leistungen der französischen Revolution. 1795 wird vom französischen Nationalkonvent das Meter als vierzigmillionster Teil des durch die Sternwarte von Paris gehenden Erdmeridians beschlossen. Die wichtigsten Daten der Einführung des Dezimalsystems:

Frankreich	1840	Vereinigte Staaten	1866
Italien	1845	Japan	1891
Deutschland	1870	Polen	1919
Preußen	1867	Rußland	1919
Österreich	1873	Schweiz	1875
Ungarn	1876	Argentinien	1863
Belgien	1816	China	1914

Seit der XI. Generalkonferenz für Maß und Gewicht 1960 wurde in fast allen Staaten das internationale Einheitssystem SI (Systeme inernational d'unités) eingeführt. Die sechs Basiseinheiten sind: Meter, Kilogramm, Sekunde, Ampere, Kelvin und Candela. In Österreich ist heute das Bundesamt für Eich- und Vermessungswesen für Maß und Gewicht zuständig. *Bur.*

Literatur: K. Ulbrich, Die historische Entwicklung des österreichischen Maß- und Eichwesens von den Anfängen bis zur Hundertjahrfeier des metrischen Maßsystems in Österreich im Jahre 1972. 100 Jahre metrisches Maßsystem in Österreich (1872 1972), Wien 1972. H. Kahnt – B. Knorr, Alte Maße, Münzen und Gewichte. Leipzig 1986.

11/1 Maße und Gewichte
Tabelle
Entwurf: O. Burböck
Ausführung: R. Gaar

11/1/1 Mittelalterliches Hohlmaß
Plastik (Original: Steinblock)
H. ca. 95 cm, Ø (innen) 45 cm, Fassungsraum: 50 l
Das vor dem Voitsberger Stadtturm aufgestellte Hohlmaß ist ein derb behauener Steinblock mit Meßraum und Zapfloch.
Literatur: H. Baltl, Rechtsarchäologie des Landes Steiermark. Graz-Köln 1957.

11/2/2 Gewürzwaage
Ohne Meisterzeichen
Überzogenes Holzetui 21 x 13 cm, Waagebalken Eisen, Waageschalen Messing, Meßbecher datiert 1822, Gewichte punziert
Waage aus der Bäckerei Strohschneider Graz. Diese Waage stellt den Typus der Balkenwaage dar (lat.: bilanx oder libra, englisch: balance). Es ist die älteste Form der Waage. Der Drehpunkt befindet sich genau in der Mitte des Waagebalkens. Auf eine Waagschale wird das zu wägende Gut gelegt, auf die andere muß das entsprechende, genormte Gewicht gelegt werden, um das Gleichgewicht zu erreichen. Die Balkenwaage ist in Ägypten seit dem 5. Jahrtausend v. Chr. bekannt, was zahlreiche Abbildungen auf den Totenpapyri belegen. Die zweiarmige Waage mit zwei Schalen wird auch im griechischen Kulturkreis verwendet und sogar in den Gedichten Homers besungen.
Leihgeber: Graz, LMJ, Abteilung für Kunstgewerbe, Inv.-Nr. 26 140

11/1/3 Briefwaage
Ohne Meisterzeichen, 19. Jh.
Neigungswaage, Gußeisen, Messingschale und Gelenke aus Messing, Emailleskala
Die Neigungswaage zeigt im Gegensatz zur Balkenwaage das Ergebnis auf einem mit einer Skala versehenen Quadranten an, ohne daß man von Hand aus für den Gewichtsausgleich sorgen muß. Eine Vorform für die Neigungswaage ist die Fehlgewichtsanzeige bei der Nürnberger Dukatenwaage. Die Neigungswaage wurde 1770 von Philipp Matthäus Hahn erfunden, aber erst 100 Jahre später bei Post und Bundesbahn offiziell eingeführt.
Leihgeber: Graz, Klaus Gowald

11/1/4 Federwaage („Mondwaage")
Eisen mit Messingskala
H. ca. 25 cm
Die Federwaage ist eine abgeänderte Form der Neigungswaage.
Leihgeber: Graz, LMJ, Abteilung für Volkskunde, Inv.-Nr. 21 752

11/1/5 Edelsteinwaage
Ohne Meisterzeichen, 19. Jh.
Balkenwaage in Glaskasten mit Gewichtsschatulle
H. 56 cm, B. 26 cm, L. 36 cm
Mit der Ausbreitung der Naturwissenschaft war auch die wissenschaftliche Exaktheit des Wägens notwendig, vor allem auch im Edelstein- und Perlenhandel. Für viele Tätigkeiten mußte man Spezialwaagen herstellen, wie etwa für den medizinischen und pharmazeutischen

Bereich. Die Exaktheit des Wägens hat im Gebrauch von elektronischen Einrichtungen einen Höhepunkt erreicht, seit 1965 gibt es elektronische Geschäftswaagen mit digitaler Gewichts- und Preisanzeige.
Leihgabe: LMJ, Abteilung für Kunstgewerbe, Inv.-Nr. 152

11/1/6 Orientalische Glasgewichte

9.–15. Jh.
1. 1 Dirhem, Glas, kobaltblau, 2,80 gr. mit Aufschrift „Moham-
med" 2. 1 Dinar, 23 Quirat, Glas, dunkelgrün, 4,63 gr.
Türkisches Reich – Ägypten. 1 Dirhem ist das arabische Massenmaß, seit dem Mittelalter die Grundlage des arabischen bzw. islamischen Münz- und Gewichtssystems. 1 Dirhem = 2,82 gr. = 16 Quirat.
Leihgeber: Graz, LMJ, Münzensammlung, Inv.-Nr. 47 707 und 47 708

11/1/7 Ringgewichte

1. Ostnigerien, 19. Jh. mit Würfelaugenverzierung, Messing, 22,58 gr. 2. Türkei? 1911, Messing, 32,72 gr.
Leihgeber: Graz, LMJ, Münzensammlung, Inv.-Nr. 47 705 und 47 706

11/1/8 Einsatzgewicht

Bronzeguß, 14. Jh.
Bronze, 136 gr. (voll)
Fundort Maria Lankowitz, Primaresburg; Ausgrabung des Landesmuseums Joanneum 1984. Das Einsatzgewicht besteht aus 5 Innenstücken, die am Mundsaum der Schalen mit Würfelaugen verziert sind, auch der Deckel der Außenschale ist ebenso verziert. Das Gesamtgewicht von 136 gr. stellt 1/4-Pfund dar. Gewichte: voll: 136 gr. = 1/4 Pfund = 8 Lot; leer: 67,2 gr. = 4 Lot; Schale 1: 34,4 gr. = 2 Lot; Schale 2: 17,10 gr. = 1 Lot; Schale 3: 8,5 gr. = 1/2 Lot = 2 Quent; Schale 4: 4,3 gr. = 1/4 Lot = 1 Quent; Mittelstück: 4,35 gr. = 1/4 Lot = 1 Quent. Dieses Einsatzgewicht gehört zu den ältesten bekannten Gewichtssätzen aus dem Gebiete Österreichs, ein vergleichbares Stück ist noch aus Ungarn bekannt.
Leihgeber: Graz, LMJ, Münzensammlung, Inv.-Nr. 43 597

11/1/9 Einsatzgewicht

Meisterzeichen: Streitaxt
Nürnberg 1732
Messing, 111,40 gr.
Das Einsatzgewicht besteht aus sieben Schalen mit eingravierten Lotzahlen. Das Mittelstück ist aus Blei.
Leihgeber: Graz, LMJ, Münzensammlung, Inv.-Nr. 43 251

11/1/10 Einsatzgewicht

Messing, 1 Österreichisches Pfund, Österreich 1834
1 Wiener Handelspfund = 32 Loth = 560 gr. Die Schalen sind mit den Lothzahlen graviert, der Deckel trägt eine Wiener Punze.
Leihgeber: Graz, LMJ, Münzensammlung, Inv.-Nr. 43 250

11/1/11 Gewichtssatz für Lotgewichte

Lederüberzogene Holzschatulle ohne Deckel, Wien 1767 mit 10 Ausnehmungen für Gewichte und einem Schuber für Kleingewichte
Die zylindrischen und mit einem Griff versehenen Messinggewichte sind auf der Oberfläche graviert. Das größte Gewicht 16 Lot = 1 Wiener Mark = 1/2 Pfund.
Leihgeber: Graz, LMJ, Münzensammlung, Inv.-Nr. 43 598

11/1/12 Grangewichtssatz

14 Gewichte im Lederetui von 200 Gran bis 0,1 Gran, 19. Jh.
1 Gran = 0,0746 gr. als Apothekergewicht/= 0,05818 gr. als Goldgewicht. Grangewichte wurden hauptsächlich für Edelmetalle und für Edelsteine verwendet, ebenso wie auch als Apothekergewicht.
Leihgeber: Graz, LMJ, Abteilung für Kunstgewerbe 01 130

11/1/13 Handelsgewicht

Mailand 16. Jh.
Messing, 165 gr. und 161 gr.
Das Gewicht würde etwa einer halben Mailänder Libbra sottile entsprechen. Beide Stücke sind mit einem Frauenkopf vom Typus einer römischen Kaiserin verziert.
Leihgeber: Wien, Kunsthistorisches Museum, Münzkabinett, Inv.-Nr. G 4 304 und G 4 305

11/1/14 Maßstab

Holz, vor 1884
Dieser Maßstab stammt aus Kraubath. Abkerbungen für ein Schuh mit Messingeinlagen, 1 Schuh = 31,608 cm.
Leihgeber: Graz, LMJ, Abteilung für Kunstgewerbe, Inv.-Nr. 1 584

11/1/15 Winkelmaßstab

Lasnier, Paris
Winkelschenkel aus Messing, 18. Jh.
Zollteilung mit 12facher Unterteilung. Auf einem Schenkel: Demy Pied du Rhin, am anderen Demy Pied du Roy und Edelle. 1 französisches Zoll = 12 Linien = 2,707 cm = 1/12 Fuß; 1 französischer Fuß = 32,484 cm.
Leihgeber: Graz, LMJ, Abt. für Kunstgewerbe, Inv.-Nr. 0926

11/1/16 Ellenmaßstab

Signatur GM
Buchenholz mit Blei beschlagen, 1788
L. 101,5 cm
Der Maßstab ist auf seinen breiteren Flächen mit Reliefschnitzerei verschiedener Handwerkzeuge verziert. Die Elle als Längenmaß ist eines der ältesten Naturmaße überhaupt, wurde aber fast in allen Orten in unterschiedlicher Größe verwendet. Eine besondere Zersplitterung herrschte im Heiligen Römischen Reich. Es war nicht ungewöhnlich, wenn in einer Stadt mehrere Ellen nebeneinander verwendet wurden. 1 Wiener Elle = 77,756 cm.
Leihgeber: Graz, LMJ, Abteilung für Kunstgewerbe, Inv.-Nr. 8 895

11/1/17 Ellenmaßstab

Palisanderholz mit Silberbeschlag, um 1780
H. 2,3 cm, B. 1,3 cm, L. 94,5 cm
Leihgeber: Graz, LMJ, Abteilung für Kunstgewerbe, Inv.-Nr. 22 190

11/1/18 Klaftermaßstab

Holz mit Bronzeeinlagen und Eisenmontierung, 19. Jh., vierteilig zusammenlegbar
L. 188 cm
1 Klafter = 6 Fuß; 1 Fuß = 31,60 cm
Leihgeber: Graz, LMJ, Abteilung für Kunstgewerbe, Inv.-Nr 6 344

11/1/19 Doppelhohlmaß

Hohlmaß für 1 und 1/2 Massl, vor 1808, Gleichenberg
Eichenholz
H. 18 cm
Das Doppelhohlmaß aus Eichenholzdauben wird durch 3 Eisenreifen zusammengehalten. Der Boden ist so zusammengefügt, daß 2 Hohlräume entstehen, in einem kann man ein ganzes Maß, im zweiten 1/2 Massl messen. In Österreich hatte ein Massl 6,15 Liter. Außen sind folgende Eichmarken eingerieft: J.M.N.; M: P; ORD.M.; E: 808/815; 817; R 1834; R 1856.
Leihgeber: Graz, LMJ, Abteilung für Volkskunde, Inv.-Nr. 3 765

11/2 Kaiserliche Verordnung 1857
Zu Maßen und Gewichten.

11/2/1 Hebelwaage

Gußeisen, 17. Jh., mit Gewicht, 1706
H. 60 cm, L. 273 cm
Diese Waage ist ein Beispiel für den Typus der Hebel- oder Schnellwaage. Sie wird auch Laufgewichtswaage genannt. Ein auf dem Balken verschiebbares Gewicht bringt die Waage gegenüber dem zu wägenden Gut ins Gleichgewicht. Einzelne Gewichtsstücke sind nicht notwendig, da das Gewicht an der Skala des Balkens abgelesen werden kann. Dieser Waagentyp wurde im 3. Jh. v. Chr. in Griechenland erfunden und schon von den Römern vielfach verwendet. Eine Abart dieser Waage ist die Dänische Waage (Bismar). Bei ihr ist der Drehpunkt des Balkens veränderbar, das Gegengewicht mit dem Waagenbalkenende fest verbunden.
Leihgeber: Graz, LMJ, Landeszeughaus, Inv.-Nr. NI 48 A

11/2/2 Dezimalwaage

Holz und Eisen, 19. Jh.
H. ca. 100 cm, B. ca. 100 cm, L. ca. 100 cm
Die Dezimalwaage wurde 1820 von Alois Quintenz erfunden, wurde aber in Frankreich verwirklicht. Dieser Waagentyp, der in den Brückenwaagen ebenso verwirk-

licht ist, ist vor allem für das Wägen von größerem Gut bestimmt, da der Gewichtsausgleich immer nur durch 1/10 des Warengewichtes notwendig ist.
Leihgeber: Graz, LMJ, Abteilung Schloß Stainz, Inv.-Nr. 7 822

11/2/3 Metzen

19. Jh.
Holz
H. 31,5 cm, Ø 43 cm
Bis ins 19. Jh. wurde Getreide nicht nach Gewicht, sondern nach Volumen gehandelt. Seit 1638 galt in der Steiermark das Grazer Viertel = 80,95 Liter, ab 1763 gab es einheitliche Maße in Österreich: 1 Wiener Metzen = 62,07 Liter.
Leihgeber: Graz, LMJ, Abteilung Schloß Stainz, Inv.-Nr. 640

11/2/4 Visierrute

Fichtenholz mit Kerbschnitteinteilung, 20. Jh.
L. 118 cm
Südweststeiermark. Die Visierrute oder der Visierstab war ein Maßstab zur Festlegung des Inhaltes von Fässern. In der Steiermark galt das alte Grazer Weinmaß: 1 großer Eimer = 2 kleine Eimer = 4 Achtel = 80 Viertel = 320 Seitl = 104,96 Liter. Dazu gab es in der Steiermark 1 Startin = 10 Wiener Eimer = 100 Maß = 565,959 Liter.
Leihgeber: Graz, LMJ, Abteilung Schloß Stainz, o. Nr.

11/3 Münzwaagen und Münzgewichte

Zum Austausch von Waren nicht gleicher Art und für den Wertausgleich war ebenfalls ein Hilfsmittel notwendig: das Geld. Geld ist jedes in einer Gemeinschaft anerkannte Tauschmittel. Sehr bald wurden die Edelmetalle Gold, Silber und Kupfer als Geld verwendet, da sie wertbeständig und leicht teilbar sind. Schon zur Herstellung von „Primitivgeld" (Gerätegeld, Barrengeld usw.), noch mehr aber zur Erzeugung von Münzgeld, für dessen Gewicht und Feingehalt der Staat mit seinen aufgeprägten Zeichen in Bild und Schrift eine Garantie übernimmt, benötigt der Mensch die genaue Kenntnis eines Gewichtssystems. Die Waage war somit neben dem Prägewerkzeug eines der wichtigsten Hilfsmittel für die Herstellung von Münzen. Zahlreiche Münzgattungen auf aller Welt trugen und tragen heute noch ursprüngliche Gewichtsnamen wie Schekel, Litra, Stater, Pfund, Unze oder Mark. Die Herausgabe von Münzen war stets der Kontrolle der Münzämter unterworfen. Nicht immer gewährleisteten diese das ständig gleiche Gewicht von Münzen des gleichen Nominals. Die Münzwaage diente von Anbeginn des Gebrauches von Münzgeld sowohl der Münzstätte bei der Herstellung als auch dem Kaufmann zur Prüfung der Echtheit und der gesetzmäßigen Ausbringung der Münzen. Im Mittelalter wurden Münzen nicht nach Einzelgewicht, sondern eine bestimmte Anzahl aus einer bestimmten Metallmenge geprägt (sogenannte al marco-Prägung). Daher war es bei Androhung von schweren Strafen verboten, private Münzwaagen zu besitzen, um etwa die übergewichtigen Münzen aussondern zu können.
Mit der Verbreitung von Goldmünzen in Europa im 14. Jh. als Handelsmünzen wurde die Münzwaage bald ein unentbehrliches Hilfsmittel der Kaufleute und Geldwechsler. Die Vielfalt der in den verschiedenen Herrschaftsbereichen Europas kursierenden Münzen führte zur Herstellung von handlichen, zusammenlegbaren Waagen mit den Gewichten der jeweils üblichen Goldmünzen in hölzernen Kästchen. Gewichte und Waagschalen wurden aus Messing, die Waage selbst aus Eisen gefertigt. Wegen des großen Bedarfs an Münzwaagen bildeten sich meist in bedeutenden Handelsstädten Zentren des Waagenbauerhandwerks. Die Münzwaage, die sehr präzise gearbeitet sein mußte, betrachtete man als besonders wichtiges

11

nis der Waagenmacherzunft. So mußte jeder Waagenbauer für die Meisterprüfung unter anderem auch eine Münzwaage verfertigen. In Deutschland waren im 16. und 17. Jh. die Städte Köln und Nürnberg die Hauptlieferanten für Münzwaagen. Die wichtigsten Ursprungsorte ausländischer Münzwaagen, die auch weit über ihre Heimatländer hinaus gehandelt wurden, sind die berühmten Handelsstädte Amsterdam, Rotterdam, Antwerpen, Paris, Lyon, Mailand, Genua, Turin, Venedig und Barcelona. Erst im 18. Jh. gelang es Gewichtemachern aus anderen Städten, so auch aus Wien und Berlin, diese Spezialprodukte in gleicher Güte herzustellen. Die Waagenmacher waren in den Zünften vereinigt, hatten ihren festen Platz in der Gemeinschaft, ihre genauen Pflichten und Privilegien. Aus dem Kreis der erfahrenen Meister wurde der Eichmeister bestellt. Manche Zünfte hatten bei der Erzeugung fast Monopole, so die Nürnberger Zunft für die Herstellung der „Einsatzgewichte". Durch die Einführung des Dezimalsystems nach der Französischen Revolution wurde diese Entwicklung in neue Bahnen gelenkt und die Münzwaage bald nicht mehr unentbehrlich. Durch Verbesserung der Prägetechnik wurde die Gefahr des Beschneidens oder der Münzfälschung geringer, außerdem begann der Siegeszug des Papiergeldes. Da verschanden die Münzwaagen aus den Kontoren. Geldwaagen werden allerdings auch heute noch benötigt: Geldinstitute prüfen die bei ihnen durchlaufenden Münzen aller Art rollenweise, in jedem Automaten befinden sich Geldwaagen zur Prüfung der Gewichte, der Edelstein- und Goldhandel benötigt feinste Instrumente für die Gewichtsprüfung.   Bur.

Literatur: B. Kisch: Scales and Weights. New Haven-London 1977.
T. Sheppard – J. F. Musham, Money scales and weights. London 1975.

11/3/1 Goldwaage (Kornwaage)

Ohne Meisterzeichen
Goldwaage auf Stahllager, in blattförmiger Holzschachtel, Punze, 1786, Wien
Leihgeber: Wien, Kunsthistorisches Museum, Münzkabinett, Inv.-Nr. G 4 276

11/3/2 Münzgewicht für Konventionstaler

Österreich 1767
Ø 40 mm, Gewicht: 28 gr.
Leihgeber: Wien, Kunsthistorisches Museum, Münzkabinett, Inv.-Nr. 3 579

11/3/3 Verschiedene europäische Münzgewichte

Messing
a) Kirchenstaat, Doblone od. Doppio di Spagna 1789; b) Kirchenstaat, Dobla d'Italia o. J.; c) Kirchenstaat, Zecchino und Ungarico o. J.; d) Portugal, Doppija o. J.; e) Genua, Doppia o. J.; f) Kirchenstaat, Dobla stampe e Spagna o. J. (1721-1724); g) Italien, 1 und 1/2 Doppia di Roma
Leihgeber: Graz, LMJ, Münzensammlung, Inv.-Nr. 47 502 und 46 718–76 724

11/3/4 Holzetui mit 16 Münzgewichten

Marke: Kaiserlicher Doppeladler, Österreich 1762
L. 15 cm, B. 13 cm
Folgende Goldsorten sind vertreten: 1. Spanische Goldsorten: 4-, 2-, 1-, 1/2-Dublonen; 2. Französische Goldsorten: 2-, 1-, 1/2-Schildlouisdors, 1-Sonnen-Louisdor; 3. Bayrisch-Pfälzisch-Württembergische Goldsorten: 1-, 1/2-Maxdor, 1-, 1/2-Carlin; 4. Kaiserlich Königliche Goldsorten: 2-, 1-Souverain d'or, 2-, 1-Dukaten.
Leihgeber: Wien, Kunsthistorisches Museum, Münzkabinett, Inv.-Nr. G 4 300

11/3/5 Gewichtssatz für Karatgewichte

Birnenholzschatulle, Anfang 19. Jh.
L. 10 cm, B. 8 cm
Österreichisches Juwelengewicht: 1 Karat = 4 Karat-Gran = 0,20610278 gr.; ab 1914: 1 Karat = 0,200 gr.
Leihgeber: Graz, LMJ, Münzensammlung, Inv.-Nr. 43 594

11/3/6 Hebelmünzwaage

Jecker, Paris
Münzwaage o. J. (19. Jh.)
Messing
H. 2 cm, B. 2,5 cm, L. 17 cm
Leihgeber: Wien, Kunsthistorisches Museum, Münzkabinett, Inv.-Nr. G 4 271

11/3/7 Münzwaage

Mathias Medtmann (siehe Seite 233)
Münzwaage in beschrifteter Holzschatulle, Köln, ca. 1650
L. 12,5 cm; B. 6,6 cm
Holzschatulle, Waagbalken und Stichel aus Eisen, Schalen Messing
Leihgeber: Graz, LMJ, Münzensammlung, Inv.-Nr. 43 588

11/3/8 Kleine Nürnberger „Löwenwaage"

Tobias Martin Kolb
Münzwaage, 18. Jh. (1770)
H. 20 cm
Birnenholzkasten, versenkbarer Messingständer. 5 Münzgewichte für 2-, 1-, 1/2-Dukaten und 1-, 1/2-Souverain d'or; unter dem Messingdeckel 5 Ausgleichsgewichte.
Leihgeber: Graz, LMJ, Abteilung für Kunstgewerbe, Inv.-Nr. 19 837

11/3/9 Medizinalgewicht zu 3 Unzen

Steiermark 1841
Messing
1 Apothekerpfund = 12 Unzen = 420,045 gr.; 1 Unze = 8 Drachmen = 35,0032 gr.; 1 Drachme = 3 Skrupel = 4,375469 gr.; 1 Skrupel = 20 Gran = 1,4588 gr.; 1 Gran = 1/5760 Pfund = 0,0726245 gr.
Leihgeber: LMJ, Münzensammlung, Inv.-Nr. 43 247

11/3/10 Dukatenwaage

Paulus Deinert
Waage in Holzschatulle, 18. Jh.
L. 13 cm, B. 6 cm
Holzschatulle, Eisenbalken, Messingwaagschalen. Nürnberg, Im violinförmigen Kasten ist am Deckel die schriftliche Anleitung: „Ein Wäglein/ohne Gewicht einen/Ducaten zu wegen/auf den bogen sind die/S. abgetheilt 1 biß 6 / 64 S. wegen einen/Ducaten". Am Kastenboden: Wenn man das Gewicht aufleget, kann man Dopolonen wiegen. Österreichische Münz-, Gold- und Silbergewichte: 1 Wiener Dukaten = 60 Gran = 3,49089 gr.; 1 Gran = 0,058186 gr.; ab 1857 1 Zollpfund = 500 gr.; ein Es (As) oder Eßchen war das kleinste mittelalterliche Gewicht in Deutschland. In Österreich war das Dukatenas gleich dem Dukatengran = 0,0582 gr. Das Passiergewicht des Dukatens, bei dem er noch als vollwertig galt, war 3,38 gr., daß heißt, die Gewichtsdifferenz durfte maximal 2 S. betragen.
*Leihgeber: Graz, LMJ, Abteilung für Kunstgewerbe *991 und Münzensammlung 43 245*

11/4 Eidesleistung und Arbeit der Holz- und Kornmesser

Foto (Original: Volkacher Salbuch , Bl. 423v, Bilderhandschrift um 1500)
Unter den vielen Amtsträgern des Marktgeschehens spielen die Korn- und Holzmesser eine wichtige Rolle. „Lorenczs Ilmer, Kornmeßer und Hans Golter, Holzmeßer" stehen gemeinsam vor dem Bürgermeister und leisten ihren Eid. Der Kornmesser hat einen Arbeitsschurz um und hält einen Metzen in der Hand. Die

rechte Bildseite zeigt beide bei der Arbeit; in das Holzgestell werden die Scheiter eingelegt und gemessen.

Literatur: Karl-S. Kramer, Fränkisches Alltagsleben um 1500. Eid, Markt und Zoll im Volkacher Salbuch. Würzburg 1985.

11/5 Neue Prägetechniken

11/5/1 Stempel für Walzenprägung mit ausgeprägtem Zain

Eisen

Die Walzen stammen aus der Münzstätte Hall. Sie sind für einen Doppeltaler Kaiser Rudolfs II. 1604 hergestellt worden. Das Walzenwerk bedient sich zum Prägen von Münzen zweier gegeneinander rotierender Walzen. Die eingeführten Zaine wurden erst nach der Prägung beschnitten. Die Walzen mußten sorgfältig aufeinander abgestimmt sein, damit die beiden Münzseiten aufeinander trafen. Trotzdem sind die mit den Walzen geprägten Münzen oft leicht längsoval und etwas gewölbt. Die Erfindung der Walzenprägetechnik 1550 in Hall verdrängte bald die jahrtausendelange Hammerprägung. Der Silberzain ist eine Nachprägung aus dem 20. Jh.

Leihgeber: Wien, Kunsthistorisches Museum, Münzkabinett, Inv.-Nr. 264 und 265 (Walzen) und 1 287 (Zain)

11/5/2 Modell eines Taschenwerkes mit Originalstempel

Die Taschenwerke sind eine Weiterentwicklung des Walzenwerkes. Die Stempel saßen auf einem Zapfen, der ihnen das Aussehen von Pilzen gab. Diese wurden in eine Tasche der Walzen eingefügt. Gegenüber der Walzenprägung hatten die Stempel den Vorteil, daß sie bei Abnutzung ausgewechselt werden konnten. Zum Unterschied vom Walzenwerk wurden nicht mehr ganze Zaine, die erst anschließend ausgeschnitten werden mußten, eingeführt, sondern die fertigen Rohschrötlinge. Im Modell ist ein Originalstempel eines Dukatens Josefs I. aus der Münzstätte Preßburg aus dem Jahre 1705 eingespannt.

Leihgeber: Wien, Kunsthistorisches Museum, Münzkabinett, Inv.-Nr. E 105−2121/51.

11/6 Fahrbüchse

Schmiedeeisen, um 1720. Zylindrische Form, aus Bändern zusammengefügt, Deckel mit Angel und Ring für Vorhangschloß. Am Deckel Wechselschloß mit vier Riegel und Deckplatte, getrieben und verzinnt. Am Deckel außen getriebenes Kardinalswappen.
H. 70 cm, Ø 35 cm, Salzburgisch?

Die Fahrbüchse diente zur Kontrolle der Qualität der Münzprägung. Es waren mehrfach verschlossene eiserne Büchsen, deren Schlüssel in verschiedenen Händen waren. Von jeder Münzprägung mußten Zainproben oder Musterprägungen, versehen mit Datum oder sonstigen Angaben, durch den Schlitz in die Büchse geworfen werden. An den Münzprobationstagen, die nach Vorschrift der Reichsmünzordnungen meist zweimal jährlich stattfanden, wurde von den Kreis- und Reichswardeinen geprüft, ob die eingeworfenen Muster in Gewicht und Legierung den Vorschriften entsprachen.

Leihgeber: Graz, LMJ, Abt. f. Kunstgewerbe, Inv.-Nr. 02 251

11/7 St. Michael als Seelenwäger – Allegorie auf den Tod des Gerechten

Steirischer Maler
Öl auf Leinwand um 1730
H. 102 cm, B. 70 cm

Schon in Ägypten wurde die Waage als Symbol des Totengerichtes verwendet: Gott Horus legt die Seele des Toten auf die eine, die Wahrheit auf die andere Waagschale. Dasselbe Bild wird in der Darstellung des Erzengels Michael in der christlichen Kunst verwendet. Vielfältig ließe sich die Aufzählung von der Waage im Spiegel der Kunstgeschichte weiterführen. Sie wird Symbol von Gericht und Gerechtigkeit, Attribut der Justitia als Zeichen für die Gleichheit aller vor dem Gesetz. Das wichtigste Attribut der römischen Münzgöttin Iuno Moneta war die Waage, mit der sie auf vielen Münzen der Römer dargestellt ist. In der modernen Zeit wird die Waage auch das Symbol der Numismatik, der Wissenschaft von Geld und Münzen. Fast immer wird als Symbol die gleicharmige Balkenwaage verwendet, nur ganz selten die Darstellung einer Schnellwaage. Der Heilige Michael gilt auch als Schutzpatron des Eichdienstes, sein Fest wird am 29. September gefeiert.

Leihgeber: Graz, LMJ, Abteilung Alte Galerie, Inv.-Nr. 178

11/8 Darstellung einer mittelalterlichen Münzstätte

Repro (nach einem Holzschnitt aus dem „Weißkunig" Maximilians I.)

Maximilian I. besuchte in den Jahren 1507 und 1510 die Münzstätte Hall. Der zeitgenössische Holzschnitt bietet einen guten Einblick in die damalige Technik der Münzherstellung. Während heute eine Münzstätte einem Betrieb der metallverarbeitenden Industrie gleicht, erfolgte die Fertigung der Münzen oft noch bis in das 19. Jh. im reinen Handwerksbetrieb. In einem Windofen wurde das Metall zum Schmelzen gebracht. Aus dem Schmelzgut wurden sogenannte Zaine gegossen, die der Wardein auf den Feingehalt zu prüfen hatte. Die Zaine wurden gestreckt und gewalzt und daraus die Rohschrötlinge ausgeschnitten. Die Schrötlinge wurden dann zwischen zwei Stempel gelegt und mit einem Hammer das Münzbild eingeschlagen. Diese Hammerprägung ist die älteste Methode zur Prägung von Münzen.

11/9 Der Geldwechsler und seine Frau

Foto (nach dem Gemälde von Marinus von Reymerswaele, 1539, Prado, Madrid)
Foto: Bild- und Tonarchiv, LMJ, Graz.

Raum **12**
Handel braucht Sicherheit und Vertrauen

12/1 **Mittelalterliches Geldwesen: Kreditgewährung gegen Pfand**

Foto aus: CIC DIG. 20, 1, Buchmalerei, 14. Jh., Italien

Der Geldverleiher gewährt gegen ein Buch als Faustpfand einen Kredit. Der zweite Kreditwerber stellt sich bereits an.

Leihgeber: Graz, Archiv Kocher, Inv.-Nr. 4 082

12/2 **Die Gehilfen des Kaufmanns**

Foto

Schon früh waren Frauen als Verkäuferinnen tätig. Die Buchmalerei einer französischen Handschrift aus dem 15. Jh. zeigt eine Frau als Verkäuferin von Silber- und Schmucksachen.

Leihgeber: Graz, Archiv Kocher, Inv.-Nr. 13 622

12/3 **Der Handel beschafft Güter aller Art**

Foto

Zum Handel zählen nicht nur körperliche Gegenstände, sondern auch abstrakte Dinge, wie beispielsweise ein ruhiges Gewissen. Der Holzschnitt von Jörg Breu um 1530 zeigt den Ablaßverkauf an Katholiken durch Geistliche und Bankagenten.

Leihgeber: Graz, Archiv Kocher, Inv.-Nr. 5 644

12/4 **Zum Kaufvertrag** (siehe Seite 301)

Foto aus: Buchmalerei, 14. Jh. Brüssel, Bibl. Royale

Zwei Viehhändler besiegeln ihre Willensübereinstimmung zum Kaufvertrag mit einem Handschlag.

Leihgeber: Graz, Archiv Kocher, Inv.-Nr. 11 424

12/5 **Zur Vertragssicherung** (siehe Seite 302)

Foto aus: Buchmalerei zum Buch Tobias, 10./11. Jh., franz.

Die Urkunde wurde, nachdem jede Hälfte mit dem gleichlautenden Vertragstext beschrieben wurde, geteilt. Im Streitfall wurde durch die zusammenpassenden Schnittkanten die Richtigkeit der beiden Fassungen bewiesen. Gegen Ende des Mittelalters hat das Notariat mit seinem Beurkundungswesen diese aus der Antike stammende Sicherungsform abgelöst.

Leihgeber: Graz, Archiv Kocher, Inv.-Nr. 8 262

12/6 **Streitigkeit und Gewährleistung** (siehe Seite 303)

Foto aus: Buchmalerei, CIC DIG XXI, 1, Fol. 242

Mangelrüge wegen eines lahmenden Pferdes vor dem Richter.

Leihgeber: Graz, Archiv Kocher, Inv.-Nr. 4 083

12/7 **Der Konsumentenschutz**

Foto aus: Ratsbuch der Stadt Volkach, um 1500

Verdorbene Ware wurde von den Marktaufsehern sofort vernichtet.

Foto: Bild- und Tonarchiv, LMJ, Graz.

12/8 **Zur Haftung**

Foto eines Holzschnittes aus: Petrarcas Trostspiegel von Hans Weiditz, Augsburg 1535.

Illustration zum Sprichwort „Bürgen soll man Würgen". Die Bürgschaft war eine überaus häufige Form der Vertragssicherung.

Leihgeber: Graz, Archiv Kocher, Inv.-Nr. 2 763

Raum 13:
„Zur Wirtschaft erziehen . . ."

13/1 Leuchtschrift

Zitat von Johann Michael Leuchs, System des Handels 1804:
„Der glückliche Erfolg allein also beruht darauf:
Daß die Waare bald einen Käufer findet;
Daß sie theurer verkaufet wird, als sie gekauft worden ist . . .
Daß der Absatz damit von Dauer ist.
Daß der Gegenwerth richtig eingehet und zwar bald . . ."

13/2 Büste von Johann Joachim Becher (1635–1682)

Ausführung: H. Schapek

Prominenter Vertreter merkantilistischer Wirtschaftslehren im deutschsprachigen Raum. Er trat für Wirtschaftsprojekte ein, (wie Rhein-Donau-Kanal, Kolonialpläne, Institutionen zur Wirtschaftsförderung) welche damals noch wenig Gegenliebe fanden. Er forderte Importhemmnisse.

13/3 Büste von Philipp Wilhelm von Hörnigk (1640–1714)

Ausführung: H. Schapek

Er entwarf in seinem Buch „Österreich über alles, wann es nur will" neun Regeln, welche Österreich zum wirtschaftlichen Aufstieg verhelfen sollten. Er war als Merkantilist für Importbeschränkungen und trat für Exportförderung ein.

13/4 Büste von Adam Smith (1723–1790)

Ausführung: H. Schapek

Englischer Nationalökonom, welcher als einer der Begründer des liberalökonomischen Wirtschaftssystems und Vertreter der „Klassischen Nationalökonomie" für die freie Marktwirtschaft und den freien Handelsverkehr zwischen den Nationen eintrat. In seinem „Gesetz der absoluten Kostendifferenz" versuchte er den Nachweis, daß der freie Welthandel für alle beteiligten Staaten Vorteile bringt.

Literatur: M. Blaug, Systematische Theoriegeschichte der Ökonomie, Bd. 1, München 1971.

13/5 Telefone: Becher, Hörnigk und Smith geben Auskunft

Idee: Gr. Schöpfer
Entwurf: Büro Giselbrecht
Ausführung: H. Schapek

13/6 Bücher mit wichtigen Doktrinen zur Handelswissenschaft und Nationalökonomie

13/6/1 Benedetto Cotrugli Raugeo, Della mercatura e del mercante perfetto.

Venedig 1573, Reprint Zagreb 1975
H. 15 cm, B. 11 cm
Dieses Buch wurde vermutlich bereits 1458 verfaßt, gelangte aber erst im 16.Jh. in den Druck. Der aus Dubrovnik gebürtige Cotrugli, welcher später in Neapel lebte, schildert die Geschäftspraktiken seiner Zeit und erläuterte bereits früh die in Oberitalien gebräuchlichen Buchhaltungsregeln.
Leihgeber: Zagreb, Bibliothek des Ekonomski Institut

13/6/2 Fra Luca Pacioli, Summa de Arithmetica, Geometria, Proportioni et Proportionalità

Venedig 1494. Nachdruck des Titelblattes in: Luca Pacioli, Abhandlung über die Buchhaltung 1494, Stuttgart 1968 (das Faksimile gibt das Titelblatt der Auflage von 1523 wieder)
Pacioli wird als ein Wegbereiter der doppelten Buchhaltung angesehen. Allerdings darf er keinesfalls als deren Erfinder gelten, da er in seinem Werk lediglich über jene Buchhaltungspraktiken berichtet, wie sie zu seiner Zeit in Oberitalien bereits eingeführt waren.
Leihgeber: Graz, Universität Graz, Bibliothek d. Sozial- u. Wirtschaftswissenschaftl. Fakultät

13/6/3 Wolfgang Schweicker Senior, Zwifach Buchhalten, sampt Giornal

Nürnberg 1549
H. 42 cm, B. 29,5 cm
Dieses Buch von Wolfgang Schweicker dürfte die erste Publikation sein, mit welcher das im Lehrbuch von Fra Luca Pacioli verankerte Wissen über die doppelte Buchhaltung in den deutschsprachigen Raum gelangte. Es ist sicherlich kein Zufall, daß sich Schweicker während der Drucklegung seines Werkes in Venedig befand, wo auch die Erstauflage von Paciolis Buch erschienen war. Daß Schweickers Werk auch sofort in der Steiermark rezipiert wurde, geht daraus hervor, daß die vorliegende Ausgabe vom Kloster St. Lambrecht angeschafft wurde.
Leihgeber: Graz, Universität, Bibliothek

13/6/4 Adam Riese, Rechnung nach der lenge auff den Linihen vnd Federn

Leipzig 1550
Der legendäre Rechenmeister Adam Riese publizierte u. a. auch Arbeiten zum kaufmännischen Rechenwesen. Seine Anleitung half, mit dem kaufmännischen Rechentisch (Abakus) umzugehen.
Leihgeber: Graz, Universität, Bibliothek

13/6/5 Johann Joachim Becher, Politischer Discurs.

Frankfurt 1668 (1. Ausgabe)
„Politischer Discurs Von den eigentlichen Ursachen / deß Auf- und Abnehmens/der Städt/Länder und Repu-

blicken/in specie/Wie ein Land Volckreich und Nahrhaft zu machen/ und in eine rechte Societatem zu bringen. Auch wie von dem Bauren-Handwercks und Kaufmannstand/derer Handel und Wandel/item Von dem Monopolio, Polypolio und Propolio, von allgemeinen Land-Magazinen/Niederlagen/Kaufhäusern/Montibus pietatis, Zucht- und Werckhäusern/Wechselbänken und dergleichen außführlich gehandelt." In diesem Werk setzt sich Johann Joachim Becher mit den verschiedenen Handelsformen auseinander und beschreibt die notwendigen Qualifikationen für einen angehenden Kaufmann. Außerdem findet sich in diesem Werk ein erster Ansatz zu einer modernen Marktformenlehre.

Leihgeber: Graz, Universität, Bibliothek d. Sozial- u. Wirtschaftswissenschaftl. Fakultät

**13/6/6 Philipp Wilhelm von Hörnigk,
Österreich über alles, wann es nur will**

Nachdruck der Ausgabe von 1708. Eingeleitet und kommentiert von H. Knapp. Hrsg.: H. Androsch, H. Haschek u. F. Vranitzky, Verlag Christian Brandstätter, Wien 1983.
Dieses Standardwerk, dessen Kernstück neun ökonomische „Hauptregeln" bilden, entstand angesichts der Türkenbedrohung und sollte dazu beitragen, alle wirtschaftlichen Kräfte in Österreich zu mobilisieren. Die erste Ausgabe stammt aus dem Jahre 1684 und erlebte unzählige Nachdrucke. Allerdings sollte Hörnigk um die Jahrhundertwende in Vergessenheit geraten. Erst in der „Ständezeit" wurde Hörnigk wieder „entdeckt", da man sein Werk als Ansporn für ein eigenständiges Österreich-Bewußtsein nutzen wollte. Man beachte die prominenten Herausgeber der vorliegenden Ausgabe.

Leihgeber: Graz, Universität, Bibliothek d. Sozial- u. Wirtschaftswissenschaftl. Fakultät

13/6/7 Freiherr Wilhelm von Schröder, Fürstliche Schatz- und Rentkammer/Nebst Seinem notwendigen Unterricht vom Goldmachen

Leipzig 1704
Schröders Werk zeigt deutlich, daß in der Frühphase der Wirtschaftswissenschaften neben überaus modern anmutenden rationalen Überlegungen – welche allerdings nicht immer in einer sinnvollen Systematik angeordnet waren – immer wieder abergläubische Relikte zu finden waren. So war die Alchemie noch durchaus verbreitet und nicht selten wurde in wirtschaftswissenschaftlichen Untersuchungen darüber geschrieben, ob und wie es gelingen könnte, aus unedlen Materialien Gold zu erzeugen.

Leihgeber: Graz, Universität, Bibliothek d. Sozial- u. Wirtschaftswissenschaftl. Fakultät

13/6/8 Jacques Savary, Le parfait Negociant

Amsterdam 1717
H. 39 cm, B. 24 cm
Das erstmals 1675 erschienene Handbuch für den „perfekten Händler" wurde immer wieder neu aufgelegt. Savary war sichtlich nicht nur bei der Wahl des Buchtitels von Benedetto Cotruglis Werk beeinflußt. Die vorliegende Auflage befand sich in der Bibliothek des steirischen Adeligen Seyfried Herberstein.

Leihgeber: Graz, Universität, Bibliothek

13/6/9 Johann Heinrich Ludwig Bergius, Policey-Magazin

1. Band, Frankfurt/Main 1767
H. 20 cm, B. 24 cm
„Policey- und Cameral-Magazin in welchem nach alphabetischer Ordnung die vornehmsten und wichtigsten bey dem Policey- und Cameralwesen vorkommenden Materien nach richtigen und vernünftigen Grundsätzen practisch abgehandelt und durch landesherrliche Gesetze und hin und wieder wirklich gemachte Ein-

richtungen erläutert werden."
Im Zeitalter des Kameralismus (16.–18. Jh.) mehrten sich die Versuche, das gesamte Wissen über Wirtschaft, Handel, Politik etc. in übersichtlicher Form zusammenzufassen. Dieses Exemplar aus dem insgesamt vierbändigen Werk ist ein Beleg für diese Gattung enzyklopädischer wirtschaftswissenschaftlicher Werke.

Leihgeber: Graz, Universität, Bibliothek d. Sozial- u. Wirtschaftswissenschaftl. Fakultät

**13/6/10 Johann Georg Büsch,
Kleine Schriften über die Handlung**

Hamburg und Kiel 1784
In diesem Werk versucht der Kameralist Johann Georg Büsch, eine „Handlungstheorie" zu entwerfen. Er befaßt sich mit den verschiedenen Handelszweigen, die er eingehend beschreibt und nimmt auch zur Frage des Geldumlaufs Stellung.

Leihgeber: Graz, Universität, Bibliothek d. Sozial- u. Wirtschaftswissenschaftl. Fakultät

**13/6/11 Johann Heinrich Gottlob von Justi,
Finanz-Schriften**

Kopenhagen und Leipzig 1761, Neudruck Aalen 1970, Band 1
Gesammelte Politische und Finanz-Schriften über wichtige Gegenstände der Staatskunst, der Kriegswissenschaften und des Kameral- und Finanzwesens.
Der berühmte Kameralist Justi behandelt in diesem Werk u. a. auch die Frage, ob sich der Adel in den „Commercien" betätigen dürfe. Er tritt vehement gegen die Vorurteile seiner Zeit und gegen die noch zum Teil bestehenden gesetzlichen Vorschriften auf, wonach Handelstätigkeit als dem Adel nicht standesgemäß verurteilt wird.

Leihgeber: Graz, Universität, Bibliothek d. Sozial- u. Wirtschaftswissenschaftl. Fakultät

13/6/12 Joseph von Sonnenfels, Grundsätze der Policey, Handlung und Finanz

Wien 1787, 5. Aufl., 1. Band
Dieses 1765 erstmals erschienene Werk sollte zu den wichtigsten ökonomischen Lehrbüchern in Österreich bis zum Jahre 1848 zählen. Im Zeitalter des Vormärz kam den offiziellen Lehrbüchern besondere Bedeutung zu, denn die Lehrveranstaltungen der Professoren mußten im wahrsten Sinne des Wortes „Vorlesungen" aus einem zugelassenen Lehrbuch sein. Lehr- oder Lernfreiheit im heutigen Sinne war unbekannt.

Leihgeber: Graz, Universität, Bibliothek d. Sozial- u. Wirtschaftswissenschaftl. Fakultät

13/6/13 D. Karl Gottlob Rößig, Theuerungs-Polizey

Leipzig 1802
„Die Theuerungs-Polizey oder historisch polizeylicher Versuch über die Theuerung und den Gewerbewucher, über die Ursachen der ersten und über die zweckmäßigsten Mittel und Maaßregeln, beyden so viel möglich zu steuern, nebst einigen Vorschlägen, eine vorhandene ansehnliche Geldmenge weniger schädlich in Absicht der Bedürfnißpreiße zu machen."

Leihgeber: Graz, G. Schöpfer

13/6/14 Anonym, Über den Handel und Luxus

Königsberg 1792
Man beachte, daß bei der vorliegenden Ausgabe Buchhaltungsaufstellungen aus dem Jahre 1781 als Einband Verwendung fanden.

Leihgeber: G. Schöpfer

13/6/15 Adam Smith, Natur und Ursachen des Volkswohlstandes

Berlin 1882 (deutsche Ausgabe)

Adam Smith, dessen Werk erstmals 1776 erschien, ist ein „Klassiker" der Ökonomie. Sein Werk ist eine Grundlage des Wirtschaftsliberalismus. Im Gegensatz zu den Physiokraten vertrat er die Meinung, daß nicht nur die Bearbeitung von Grund und Boden produktiv sei. In seiner Vorstellung einer arbeitsteiligen Wirtschaft kamen dem Handel und der freien Marktwirtschaft zentrale Bedeutung zu. Im Gegensatz zu den Merkantilisten trat er vehement gegen staatliche Interventionen auf und forderte die möglichst unbeschränkte wirtschaftliche Freiheit.
Leihgeber: Graz, Universität, Bibliothek d. Sozial- u. Wirtschaftswissenschaftl. Fakultät

13/6/16 Marx, Das Kapital. Kritik der politischen Ökonomie

Hamburg 1890 (4. Aufl., 1. Band)
H. 22 cm, B. 15 cm
Dieses erstmals 1867 erschienene Werk enthielt eine scharfe Kritik des Liberalismus und Kapitalismus und sollte zu einer tiefgreifenden Spaltung innerhalb der politischen Ökonomie führen. Schließlich legte Marx den Grundstein für die planwirtschaftlichen Systeme bzw. sozialistischen Wirtschaftsordnungen, wenngleich in seinem Werk sich vor allem eine Kritik herrschender Zustände, aber keine eingehenden Schilderungen sozialistischer Wirtschaftssysteme finden.
Leihgeber: Graz, Universität, Bibliothek d. Sozial- u. Wirtschaftswissenschaftl. Fakultät

13/7 Spielzeug-Kaufmannsläden

13/7/1 Greißlerladen
Modell
Leihgeber: Salzburg, Salzburger Museum C.A.

13/7/2 Greißlerladen
Modell
Leihgeber: Salzburg, Salzburger Museum C.A.

13/7/3 Hutmacherladen
Modell aus den 20er-Jahren
Leihgeber: Graz, D. Bene

13/7/4 Kaufmannsladen „Bäckerei Martin Auer"
Modell aus der Zeit der Jahrhundertwende
Leihgeber: Graz, T. P. Lipp

13/8 Gäuhandelspatent für das Herzogtum Steyer
Druck, 13. März 1751
Mit der theresianischen Behördenreform von 1747/48 gelang es dem Landesfürsten erstmals, eine Wirtschaftspolitik zu machen, deren Wirkung bis zum einzelnen Untertanen reichte. Beispiel dafür ist das steirische Gäuhandels-Patent von 1751, wodurch die Gäuhändler (Hausierer, Wanderhändler) eingeschränkt und die bürgerlichen Händler gefördert werden sollten. Unterschied sich dieses Patent in seiner Absicht in nichts von den Erlässen früherer Landesfürsten, so war es doch in seinem Inhalt eher auf die steirischen Handelsverhältnisse abgestimmt. Denn bevor der Text festgelegt wurde, war durch die neu eingerichteten Kreishauptleute und den ebenfalls neu konstituierten Commercien-Conseß die Meinung der steirischen Kaufleute eingeholt worden – und die sowohl in der Landeshauptstadt als auch auf dem Lande. Commercien-Conseß und Kreishauptleute überwachten auch die Einhaltung des Gäuhandels-Patentes von 1751. Sie ermöglichten eine unvergleichlich höhere Effizienz staatlicher Wirtschaftslenkung als in der vortheresianischen Zeit.
Literatur: F. Walther, Die theresianische Staatsreform von 1749,

Oldenburg 1958.
Leihgeber: Graz, Steiermärkisches Landesarchiv, Repräsentation u. Cammer Sach, Inv.-Nr. 17 1749–1755 1750–I–75f.

13/9 Perlas'sche Untersuchungskommission
Dokument zur Handelsförderung durch die Graf-Perlas-Kommission.
Untersuchungskommission des Grafen Perlas. Kurrende Maria Theresias vom 1. April 1760.
Mit dieser Untersuchung sollten die wichtigsten ökonomischen und sozialen Daten der Monarchie erhoben werden. Man interessierte sich für Marktpreise, Wochen- und Jahrmärkte, Handwerkerzahlen etc., um entsprechende wirtschaftspolitische Veranlassungen treffen zu können.
Leihgeber: Steiermärkisches Landesarchiv

13/10 Navigationsprojekt zur Förderung des Handels von Böhmen nach Triest von ca. 1770
Karte (siehe Seite 125)
Entwurf: O. Pickl
Ausführung: R. Gaar
Zur Förderung des Handels von Böhmen an die Adria, d.h. nach Triest und auch nach Rijeka/Fiume sollten die vorhandenen Wasserwege von Moldau, Enns, Mur und Save bestmöglichst ausgenutzt werden. Man wollte die Moldau bis Budweis schiffbar machen und von dort bis Mauthausen einen damals üblichen und nur etwa drei Meter breiten Kanal anlegen, von Mauthausen sollte bis Altenmarkt die Enns und von Leoben bis Ehrenhausen die Mur als Wasserweg dienen. Von Ehrenhausen wollte man bis Ljubljana wieder einen Kanal anlegen, von Ljubljana bis Vrhnica die Ljubljaniza nutzen und von dort abermals einen Kanal bis Triest bauen. Auf diese Weise sollten für den Handel insgesamt 45 Meilen (= ca. 350 km Wasserweg) geschaffen werden, was den Warentransport zweifellos entscheidend verbilligt hätte.
Literatur: O. Pickl, Mur und Drau als Verkehrswege nach Südosten, in: Intern. Kulturhistor. Symposium Mogersdorf, Maribor 1977, S. 225–240.
F. Ilwof, Flußregulierungen und Wasserbauten 1772–79, in: AÖG 97/1909, S. 522–538.

13/11 Große Navigationsprojekte an Mur, Drau und zwischen Donau und Theiß 1765–1775
Karte (siehe Seite 124)
Entwurf: O. Pickl
Ausführung: R. Gaar
Die von Kaiserin Maria Theresia geschaffene Navigationsdirektion bzw. deren erste Division (die dem Jesuitenpater Abbé Grueber unterstand) sollte die Flüsse Save, Kupa, Drau und Mur für die Schiffahrt nutzbar machen. Ihm legte 1776 Oberst von Brequin ein für unsere Begriffe utopisches Kanalprojekt vor. Er wollte die Drau von ihrem Ursprung in Tirol bis zu ihrer Mündung in die Donau schiffbar machen, darüber hinaus die Donau ab Vukovar durch einen Kanal mit Szegedin verbinden. Zu diesem Zweck schlug er vor, südlich der Drau einen Kanal anlegen zu lassen, der von Sveti Petar, westlich von Maribor bis Ankenstein/Borl (d.h. über 50 km) und von Sauritsch/Zavrc bis Vukovar (d.h. über 260 km Luftlinie) führen sollte. Von Vukovar aber sollte ein schnurgerader Kanal von der Donau bis Szegedin über weitere 135 km Luftlinie angelegt werden. Das Projekt des Obersten von Brequin hätte somit einen Kanal von Maribor bis Szegedin über die gigantische Entfernung von fast 450 km Luftlinie erfordert.
Literatur: O. Pickl, Mur und Drau als Verkehrswege nach dem Südosten, in Intern. Kulturhistor. Symposium Mogersdorf, Maribor 1977, S. 225–240.
Ilwof, Flußregulierungen und Wasserbauten 1772–79, in: AÖG 97/1909, S. 522–538.

13

Miniatur
Leihgeber: Privat

13/13/1 **Tuchmusterkarte (1761)**

Stoffmuster

Um Produktion und Handel inländischer Tuche zu vergrößern, übersendet der Wiener Hof am 19.Oktober 1761 mehrere Musterkarten von einigen im Inland produzierten feinen Tuchsorten. Der steirische Commercien-Conseß hat die Grazer- bzw. die Kreisämter die in den kleineren Städten befindlichen Tuchhändler zu befragen, was sie von Preis und Qualität der vorgestellten Tuchsorten halten und mit welchem Erfolg sie verschlissen werden können. Diese von der Wiener Zentrale ausgehende Kampagne hatte mehr Informationswert für den Hof, denn tatsächliche Wirkung in der Steiermark.

Leihgeber: Steiermärkisches Landesarchiv.

13/13/2 **„Banko-Zettel"**

Die erste österreichische Ausgabe von Papiergeld. Maria Theresia versuchte 1762 durch die Ausgabe von „Banko-Zetteln", die durch den Krieg mit Preußen verursachte Finanznot abzuwenden. Allerdings sollte durch diese neue Geldform eine gewaltige Inflation mit zweifacher Abwertung ausgelöst werden. Die mißlichen Erfahrungen führten schließlich 1816 zur Gründung der Nationalbank als „Hüterin" der österreichischen Währung.

„Banko-Zettel-Ausfertigung", 15. Juni 1762.
Codex Austriacus, Band VI, S. 302ff.
Leihgeber: Graz, Bibliothek der Sozial- und Wirtschaftswissenschaftlichen Fakultät der Karl-Franzens-Universität.

13/13/3 **Zollordnung aus dem Jahre 1775**

Maria Theresia erließ 1775 eine neue Zollordnung, welche zur Belebung des Handels beitrug. Bis 1775 gab es im heutigen Österreich folgende, durch Zollschranken voneinander getrennte Wirtschaftsgebiete: 1. Ober- und Niederösterreich, 2. Innerösterreich (Steiermark, Kärnten und Slowenien) und 3. Tirol. Weitere getrennte Zollgebiete waren 1. Böhmen und Glatz, 2. Mähren und 3. Schlesien. Von nun an waren alle österreichischen Erblande und Böhmen ein einziger Wirtschaftskörper; nur Ungarn wurde davon unberührt und sollte erst in der Mitte des 19. Jhs. in das gemeinsame Zollgebiet einbezogen werden.

Leihgeber: Museumsverein Judenburg, Inv.-Nr. 895, Ord.-Nr. A-II-22 b/l.

Raum **14**
Kontinentalsperre und Frühindustrialisierung und Fortsetzung der Münzgeschichte

Münze in Brauch und Aberglaube

Das kostbare Material und das schöne und beziehungsreiche Münzbild kamen dem Bedürfnis der Menschen, sich zu schmücken, besonders entgegen. So finden wir seit der Antike immer wieder Münzen als Schmuck, sei es einfach gelocht oder mit einer Öse versehen als Anhänger oder kostbar gefaßt in Schmuckketten verarbeitet und im Trachtzubehör.

Aus dem Ehrpfennig mit dem Münzbildnis des Landesfürsten, der als besondere Auszeichnung verliehen und getragen wurde, entwickelten sich die Auszeichnungen und Preismedaillen.

Der machtvolle Einfluß des Geldes auf Leben und Geschick des Menschen und der Glaube, die Edelmetalle kämen vom Himmel, haben dazu geführt, daß den Münzen geheimnisvolle und übernatürliche Kräfte zugeschrieben wurden. Glaube wurde aber schnell zu Aberglaube. Daher wurden die geheimen Kräfte der Metalle noch vermehrt im Münzbild gesehen. Aus diesem Grunde verwendeten Menschen die Münzen immer wieder als Amulett, als Abwehrzauber und Segensbringer und schließlich in der Volksmedizin als Krankheitsheiler. Das bekannte Beispiel dafür ist wohl der Silberstaub, den man vom Marienbildnis der Madonnentaler feilte und Tieren und Menschen bei Krankheiten eingeflößt hat.

Die Pfennige aus Schwäbisch-Hall mit dem Bildnis der segnenden Hand oder die Münzen mit den Petrusschlüsseln galten als Segensbringer nicht nur für diese Welt, sondern auch für den Eintritt ins Jenseits, wie es das Fährgeld für Charon schon in der Antike war.

Die Georgstaler aus Mansfeld sollten seine Besitzer hieb- und kugelfest machen, weshalb sie häufig auch in anderen Münzstätten, vor allem im ungarischen Kremnitz nachgeahmt wurden. Nur einige Beispiele sollen in der Ausstellung den Zauber, der den Münzen zugeschrieben wurde, verdeutlichen. *Bur.*

14/1/1 **Byzanz, Justinian I. (527—565)**

Solidus
Gold, 4, 17 gr.
Für Schmuckzwecke Anhängerlochung.
Leihgeber: Graz, LMJ, Münzensammlung, Inv.-Nr. 86 018

14/1/2 **Rom-Kleinasien, Augustus (27. v. Chr.—14. n. Chr.)**

Cistophor
Silber, 11,25 gr.
Der Lochkranz diente dazu, um das Stück an die Kleidung zu nähen.
Leihgeber: Graz, LMJ, Münzensammlung, Inv.-Nr. 80 754

14/1/3 **Vier Silbermünzen**

Vier Silbermünzen mit nachträglicher Vergoldung und mit Henkelösen von einer Schmuckkette des 19. Jhs. aus der Türkei mit Koransprüchen.
Leihgeber: Graz, LMJ, Münzensammlung, Inv.-Nr. E 1

14/1/4 **Österreich, Maria Theresia (1740—1780)**

XVII-Kreuzer, 1762, Hall
Die Münze wurde gefaßt und mit einer Anhängeröse versehen.
Leihgeber: Graz, LMJ, Münzensammlung, Inv.-Nr. E 2

14/1/5 **Brandenburg-Preußen, Georg Wilhelm (1619—1640)**

Doppeltaler o. J.
Silber, 58,57 gr.
Leihgeber: Graz, LMJ, Münzensammlung, Inv.-Nr. E 3

13
14

14/1/6 Steiermark, Karl II. (1564–1590)

Ehrpfennig o. J.
Silber vergoldet und mit Fassung und Kettchen versehen.
Leihgeber: Graz, LMJ, Münzensammlung, Inv.-Nr. 40 171

**14/1/7 Stift Admont, Abt Johannes Hoffmann
(1581–1614)**

Ehrpfennig o. J.
Silber vergoldet mit Ösen und Anhängekettchen.
Leihgeber: Graz, LMJ, Münzensammlung, Inv.-Nr. 40 311

14/1/8 Steiermark, Karl II. (1564–1590)

Silber, 27,00 gr.
Talerklippe als Schützenpreis 1599, auf der Rückseite
nach Abschliff der Prägung mit Gravur versehen.
Leihgeber: Graz, LMJ, Münzensammlung, Inv.-Nr. 12 849

14/1/9 Österreich, Franz Josef I. (1848–1916)

Doppelgulden, 1880
Silber, 22,38 gr.
Preisgulden auf das 1. österreichische Bundesschießen.
Leihgeber: Graz, LMJ, Münzensammlung, Inv.-Nr. 5 431

14/1/10 Österreich, Franz Josef I. (1848–1916)

Schützentaler, 1885, auf das 2. österreichische Bundesschießen
Silber, 22,20 gr.
Leihgeber: Graz, LMJ, Münzensammlung, Inv.-Nr. 9 093

14/1/11 Deutschland, Hansestadt Bremen

Taler, 1865, auf das 2. deutsche Bundesschießen
Silber, 17,53 gr.
Leihgeber: Graz, LMJ, Münzensammlung, Inv.-Nr. 19 649

14/1/12 Lombardei, Governo provvisorio

5 Lire, 1848
Diese Münze wurde ausgehöhlt und als Schraubmünze
mit einem Radetzkybild versehen.
Leihgeber: Graz, LMJ, Münzensammlung, Inv.-Nr. 4 127

**14/1/13 Braunschweig-Wolfenbüttel, Friedrich Ulrich
(1613–1634)**

Glückstaler (1 1/4 Speciestaler o. J.)
Silber, 35,45 gr.
Leihgeber: Graz, LMJ, Münzensammlung, Inv.-Nr. 19 677

14/1/14 Mansfeld, Gemeinschaftsprägung

Taler, 1532
Silber, 28,82 gr.
Leihgeber: Graz, LMJ, Münzensammlung, Inv.-Nr. 14 907

14/1/15 Mansfeld, Heinrich (1717–1780)

Talisman-Taler, 1774
Silber, 27,85 gr.
Leihgeber: Graz, LMJ, Münzensammlung, Inv.-Nr. 14 922

14/1/16 Mansfeld, Heinrich (1717–1780)

Talisman-Halbtaler, 1774
Silber, 14,02 gr.
Leihgeber: Graz, LMJ, Münzensammlung, Inv.-Nr. 14 923

14/1/17 Ungarn, Wladislaus II. (1490–1516)

Halbguldiner, 1506
Silber, 13,52 gr. (gehenkelt, das Georgsbild ist völlig abgegriffen).
Leihgeber: Graz, LMJ, Münzensammlung, Inv.-Nr. 8 042

14/1/18 Ungarn

Georgstaler, Nachprägung, 1896
Silber, 27,49 gr. und 27,96 gr.
*Leihgeber: Graz, LMJ, Münzensammlung, Inv.-Nr. 44 012 und
44 013*

14/1/19 Deutschland, Stadt Regensburg

Taler, 1714, gehenkelt
Silber, 30,25 gr.
Die Petrusschlüssel gelten als Glücksbringer
Leihgeber: Graz, LMJ, Münzensammlung, Inv.-Nr. 13 693

14/1/20 Bayern, Max III. Joseph (1745–1777)

Madonnentaler, 1768
Silber, 27,95 gr.
Das Bildnis der Madonna wurde abgekratzt und die Silberspäne davon in der Tiermedizin verwendet.
Leihgeber: Graz, LMJ, Münzensammlung, Inv.-Nr. 14 762

14/1/21 Ungarn, Matthias Corvinus (1458–1490)

Gulden o. J.
Gold, 3,53 gr.
Die ungarischen Gulden mit den Raben wurden als
Analogiezauber gegen die Gelbsucht verwendet.
Leihgeber: Graz, LMJ, Münzensammlung, Inv.-Nr. 80 042

14/1/22 Bistum Würzburg, Johann I. (1400–1411)

Pfennig o. J. mit Brunomonogramm
Silber, 0,24 gr.
Dieses Monogramm führte dazu, daß diese Pfennige,
die als Münzbild das aus dem 11. Jh. stammende
Monogramm des Bischofs Bruno verwendeten und das
eine Ähnlichkeit mit einem Pentagramm hatte, als Drudenfußpfennige bekannt wurden und als Abwehrzauber
gegen Hexen galten.
Leihgeber: Graz, LMJ, Münzensammlung, Inv.-Nr. 14 192

14/1/23 Deutschland, Schwäbisch-Hall

4 Pfennige, 14. Jh.
Silber, durchschnittlich 2,02 gr.
Diese sogenannten Händleinsheller galten als wirksam-

sts Mittel gegen mancherlei Krankheiten: „Sie helfen gegen alle Verwundungen, die hinfallende Sucht, das Beschreien der Kinder und vieles andere Unglück. Um aber die Heilwirkung zu erhöhen, müssen die Münzen im ganzen verschluckt, oder abgefeilte Späne als Medizin genommen werden."
Leihgeber: Graz, LMJ, Münzensammlung, Inv.-Nr. 14 400

14/1/24 Flandern, Lous de Males (1346—1384)

Lion d'or o. J.
Gold, 4,52 gr.
Alle Münzen mit der Darstellung des Osterlammes galten als besondere Segensbringer.
Leihgeber: Graz, LMJ, Münzensammlung, Inv.-Nr. 27 370

14/1/25 „Tschatsch-Kette"

mit 13 Amuletten, darunter 1/2-Taler (1658), Krumau, Johann Christian und Johann Seyfried.
Leihgeber: Graz, LMJ, Abt. für Volkskunde, Inv.-Nr. 3 490

14/1/26 Uhrkette mit Münzanhänger

Kronentaler, 1792, Mailand, Franz I. (1792—1835)
Leihgeber: Graz, LMJ, Abt. für Volkskunde, Inv.-Nr. 13 945

14/1/27 Preiskranz für eine Pferdeprämiierung mit 5 Münzen

Bayern, Madonnentaler, 1760 und 1768; Österreich, 20 Kreuzer 1805, 1806 und 1843
Leihgeber: Pürgg-Trautenfels, LMJ, Schloß Trautenfels, Inv.-Nr. 6 776

14

14/2 Münze und Recht

Die Münze, die nur kraft des Gesetzes eines Staates ihren Geld- und Zahlungswert bekommt, fand und findet auch vielfach Verwendung als Symbol im Rechtsbereich, sowohl im Privatrecht als auch im Staatsrecht.

Symbolische Zahlungen und Münzgeschenke sollen das Erinnerungsvermögen an bestimmte Rechtsakte verstärken. Staatsrechtliche Lösungen, wie zum Beispiel die Vertretung der kaiserlichen Gewalt nach dem Tod eines Herrschers durch den Reichsvikar oder die Wartezeit bis zur Wahl eines geistlichen Fürsten, die Sedisvakanz, werden im Münzbild dokumentiert.

Bei der Huldigung überreichten die Untertanen ihrem Landesherren eigens dafür geprägte Huldigungsmünzen. Bei der Krönung wieder ließ der Gekrönte Münzen in das Volk auswerfen (Auswurfmünzen). Der Doge von Venedig mußte den Mitgliedern des Hohen Rates alljährlich zu Jahresbeginn eine Neujahrsmünze, die Osella, überreichen.

Besondere Rechtsakte, wie die Festlegung der Gerichtsgrenzen einer Stadt, die sogenannte Burgfriedbereitung, führten im innerösterreichischen Gebiet zur Ausgabe von Erinnerungsmünzen. Eine wichtige Rolle als Symbol spielten Münzen im Bereich von Lebensabschnitten wie Taufe und Hochzeit. Eigens dafür hergestellte Münzen und ihre Übergabe verstärkten das Erinnerungsvermögen für den Fall einer künftigen Zeugenschaft.

Besondere Gedenkmünzen erinnern an Ereignisse im öffentlichen Leben und dienen so der Verstärkung des staatlichen Gemeinschaftsdenkens.

Als Symbolmünzen wurden sie für das Rechnen am Rechenbrett gebraucht, dafür wurden eigene Rechenpfennige (oder Raitpfennige) geprägt, in seltenen Fällen auch in edlem Metall. Symbolgeld ist auch das salzburgische Wahrzeichengeld, das als Gutscheinmünzen auf Naturalleistungen als Vorläufer von Marken gelten kann.

Bur.

14/2/1 Römisch-Deutsches Reich, Ferdinand IV. (1653—1654)

Krönungsmünze, 1653
Silber, 4,64 gr.
Leihgeber: Graz, LMJ, Münzensammlung, Inv.-Nr. 46 043

14/2/2 Römisch-Deutsches Reich, Leopold I. (1658—1705)

Halber Krönungstaler, 1658
Silber, 14,71 gr. (Hsp.)
Leihgeber: Graz, LMJ, Münzensammlung, Inv.-Nr. 18 302

14/2/3 Römisch-Deutsches Reich, Joseph II. (1765—1790)

Doppelter Wahldukaten, 1764
Gold, 6,96 gr.
Leihgeber: Graz, LMJ, Münzensammlung, Inv.-Nr. 46 083

14/2/4 Römisch-Deutsches Reich, Leopold II. (1790—1792)

Wahldukat, 1790
Gold, 3,49 gr.
Leihgeber: Graz, LMJ, Münzensammlung, Inv.-Nr. 46 089

14/2/5 Bistum Laibach, Thomas Chrön

Konsekrationsdukat, 1599
Gold, 3,39 gr.
Leihgeber: Graz, LMJ, Münzensammlung, Inv.-Nr. 10 863

14/2/6 Krain, Ferdinand II. (1590—1637)

Präsenttaler zur Vermählung mit Maria Anna, 1600
Silber, 22,31 gr.
Leihgeber: Graz, LMJ, Münzensammlung, Inv.-Nr. 40 076

14/2/7 Kärnten, Ferdinand II. (1590—1637)

Zweieinhalbfacher Vermählungstaler, 1622
Silber, 71,27 gr.
Leihgeber: Graz, LMJ, Münzensammlung, Inv.-Nr. 143

14/2/8 Tirol, Leopold V. (1618—1632)

Vermählungs-Doppeltaler o. J. (1626)
Silber, 56,66 gr.
Leihgeber: Graz, LMJ, Münzensammlung, Inv.-Nr. 661

14/2/9 Österreich, Franz Joseph I. (1848—1916)

Vermählungsgulden, 1854
Silber, 12,98 gr.
Leihgeber: Graz, LMJ, Münzensammlung, Inv.-Nr. 5 746

14/2/10 Ungarn, Matthias (1608—1619)

Auswurfmünze zur Krönung, 1608
Silber, 2,03 gr.
Leihgeber: Graz, LMJ, Münzensammlung, Inv.-Nr. 9 162

14/2/11 Ungarn, Ferdinand III. (1637—1657)

Auswurfmünze zur Krönung, 1625
Silber, 1,58 gr.
Leihgeber: Graz, LMJ, Münzensammlung, Inv.-Nr. 9 159

14/2/12 Ungarn, Joseph I. (1705—1711)

Auswurfmünze zur ungarischen Krönung, 1687
Gold, 1,80 gr.
Leihgeber: Graz, LMJ, Münzensammlung, Inv.-Nr. 9 160

14/2/13 Ungarn, Maria Theresia (1740—1780)

Auswurfmünze zur Krönung, 1741
Silber, 3,63 gr.
Leihgeber: Graz, LMJ, Münzensammlung, Inv.-Nr. 9 139

14/2/14 Ungarn, Leopold II. (1790—1792)

Auswurfmünze zur Krönung, 1790
Gold, 4,35 gr.
Leihgeber: Graz, LMJ, Münzensammlung, Inv.-Nr. 9 220

14/2/15 Ungarn, Franz II. (I.) (1792—1835)

Auswurfmünze zur ungarischen Krönung seiner Gattin Maria Ludovica, 1808
Silber, 2,18 gr.
Leihgeber: Graz, LMJ, Münzensammlung, Inv.-Nr. 9 242

14/2/16 Ungarn, Franz II. (I.) (1792—1835)

Auswurfmünze zur ungarischen Krönung seiner Gattin Carolina Augusta, 1825
Silber, 2,19 gr.
Leihgeber: Graz, LMJ, Münzensammlung, Inv.-Nr. 9 245

14/2/17 Ungarn, Ferdinand V. (I.) (1835—1848)

Auswurfmünze zur Krönung, 1830
Eisen
Leihgeber: Graz, LMJ, Münzensammlung, Inv.-Nr. 9 343

14/2/18 Ungarn, Franz Joseph I. (1848—1916)

Auswurfmünze zur Krönung seiner Gattin Elisabeth, 1867
Gold, 3,47 gr.
Leihgeber: Graz, LMJ, Münzensammlung, Inv.-Nr. 9 450

14/2/19 Siebenbürgen, Ferdinand I. (1835—1848)

Auswurfmünze zur Huldigung, 1837
Gold, 3,48 gr.
Leihgeber: Graz, LMJ, Münzensammlung, Inv.-Nr. 9 711

14/2/20 Österreich, Josef II. (1765—1780—1790)

Auswurfmünze zur Vermählung mit Josefa von Bayern, 1765
Silber
Leihgeber: Graz, LMJ, Münzensammlung, Inv.-Nr. 41 663

14/2/21 Österreich, Franz I. (II.) (1792—1804—1835)

Auswurfmünze auf die Annahme der Kaiserwürde für Österreich, 1804
Silber
Leihgeber: Graz, LMJ, Münzensammlung, Inv.-Nr. 41 732

14/2/22 Römisch-Deutsches Reich, Johann Georg I. von Sachsen

Vikariatstaler, 1619
Silber, 28,91 gr.
Leihgeber: Graz, LMJ, Münzensammlung, Inv.-Nr. 18 298

14/2/23 Römisch-Deutsches Reich, Johann Georg I. von Sachsen

Vikariatshalbtaler, 1619
Silber, 16,98 gr.
Leihgeber: Graz, LMJ, Münzensammlung, Inv.-Nr. 18 299

14/2/24 Römisch-Deutsches Reich, Ferdinand Maria von Bayern

1/6-Vikariatstaler, 1657
Silber, 4,63 gr.
Leihgeber: Graz, LMJ, Münzensammlung, Inv.-Nr. 18 301

14/2/25 Römisch-Deutsches Reich, Friedrich August I. von Sachsen

Vikariatsdukat, 1711
Gold, 3,49 gr.
Leihgeber: Graz, LMJ, Münzensammlung, Inv.-Nr. 18 303

14/2/26 Römisch-Deutsches Reich, Friedrich August I. von Sachsen

Vikariatsvierteltaler, 1711
Silber, 7,11 gr.
Leihgeber: Graz, LMJ, Münzensammlung, Inv.-Nr. 18 305

14/2/27 Römisch-Deutsches Reich, Johann Wilhelm von Pfalz-Neuburg

Vikariatstaler, 1711
Silber, 27,94 gr.
Leihgeber: Graz, LMJ, Münzensammlung, Inv.-Nr. 18 306

14/2/28 Römisch-Deutsches Reich, Karl Albert von Bayern und Karl Philipp von Pfalz-Neuburg

Vikariats-Gemeinschaftstaler, 1740
Silber, 29,13 gr.
Leihgeber: Graz, LMJ, Münzensammlung, Inv.-Nr. 18 307

14/2/29 Römisch-Deutsches Reich, Friedrich August III. von Sachsen

Vikariats-Dritteltaler, 1790
Silber, 7,00 gr.
Leihgeber: Graz, LMJ, Münzensammlung, Inv.-Nr. 18 320

14/2/30 Kirchenstaat

Sede vacante — Zecchino, 1774
Gold, 3,40 gr.
Leihgeber: Graz, LMJ, Münzensammlung, Inv.-Nr. 21 982

14/2/31 Bistum Eichstätt

Sedisvakanz-Konventionstaler, 1757
Silber, 27,92 gr.
Leihgeber: Graz, LMJ, Münzensammlung, Inv.-Nr. 14 098

14/2/32 Bistum Eichstätt

Sedisvakanz-Konventionstaler, 1781
Silber, 27,87 gr.
Leihgeber: Graz, LMJ, Münzensammlung, Inv.-Nr. 14 104

14

14/2/33 Bistum Bamberg, Franz Ludwig v. Erthal (1779—1795)

Kontributionstaler, 1795 (ZUM BESTEN DES VATERLANDES)
Silber, 27,99 gr.
Leihgeber: Graz, LMJ, Münzensammlung, Inv.-Nr. 14 204

14/2/34 Deutschland, Würzburg

Kontributions-20-Kreuzer, 1795 (PRO PATRIA)
Silber, 6,61 gr.
Leihgeber: Graz, LMJ, Münzensammlung, Inv.-Nr. 14 155

14/2/35 Deutschland, Frankfurt a. M.

Kontributionstaler, 1796 (AUS DEN GEFAESEN DER KIRCHEN UND BÜRGER)
Silber, 28,06 gr.
Leihgeber: Graz, LMJ, Münzensammlung, Inv.-Nr. 16 147

14/2/36 Venedig, Andrea Gritti (1523—1539)

Osella, 1531
Silber, 9,35 gr.
Leihgeber: Graz, LMJ, Münzensammlung, Inv.-Nr. 21 983

14/2/37 Venedig, Aloysio Contarini (1676—1684)

Osella, 1684
Silber, 9,70 gr.
Leihgeber: Graz, LMJ, Münzensammlung, Inv.-Nr. 21 984

14/2/38 Venedig, Aloysio Contarini (1676—1684)

Osella di Murano, 1681
Silber, 9,49 gr.
Leihgeber: Graz, LMJ, Münzensammlung, Inv.-Nr. 21 985

14/2/39 Venedig, Ludovico Manin (1789—1797)

Osella, 1796
Silber, 9,70 gr.
Leihgeber: Graz, LMJ, Münzensammlung, Inv.-Nr. 21 986

14/2/40 Erzbistum Salzburg, Wolf Dietrich (1587—1612)

Raitpfennig, 1603
Silber, 3,09 gr.
Leihgeber: Graz, LMJ, Münzensammlung, Inv.-Nr. 1 981

14/2/41 Steiermark, Ferdinand I. (1522—1564)

Raitpfennig o. J.
Kupfer
Leihgeber: Graz, LMJ, Münzensammlung, Inv.-Nr. 2 829

14/2/42 Steiermark, Stände

Raitpfennig, 1586 und 1604
Kupfer
Leihgeber: Graz, LMJ, Münzensammlung, Inv.-Nr. 3 871 und 3 874

14/2/43 Steiermark, Landeshauptmann Sigmund Friedrich v. Herberstein

Raitpfennig, 1613
Silber, 9,12 gr.
Leihgeber: Graz, LMJ, Münzensammlung, Inv.-Nr. 3 879

14/2/44 Erzbistum Salzburg, Franz Anton v. Harrach (1709—1727)

Wahrzeichengeld zu 4 und 10 Kreuzer für den Weinhandel, 1726 und 1729
Kupfer
Leihgeber: Graz, LMJ, Münzensammlung, Inv.-Nr. 2 620 und 2 623

14/2/45 Steiermark, Graz

Burgfriedbereitungsmünzen (siehe links unten), 1673
Galvano und Gold, 3,29 gr.
Leihgeber: Graz, LMJ, Münzensammlung, Inv.-Nr. 40 318 und 43 124

14/2/46 Pettau

Burgfriedbereitungspfennig, 1713
Silber, 1,33 gr. und 1,65 gr.
Leihgeber: Graz, LMJ, Münzensammlung, Inv.-Nr. 40 323

14/2/47 Radkersburg

Burgfriedbereitungsklippen, 1627 und 1722
Silber, 2,11 gr. und 1,76 gr.
Leihgeber: Graz, LMJ, Münzensammlung, Inv.-Nr. 40 328 und 40 332

14/2/48 Klagenfurt

Burgfriedbereitungspfennige, 1681 und 1695
Billon
Leihgeber: Graz, LMJ, Münzensammlung, Inv.-Nr. 40 006 und 40 007

14/2/49 St. Veit a. d. Glan

Burgfriedbereitungspfennig, 1720
Billon
Leihgeber: Graz, LMJ, Münzensammlung, Inv.-Nr. 40 062

14/2/50 Hamburg

Hochzeitstaler (1 1/2-Speziestaler) o. J.
Silber, 43,02 gr. und 43,28 gr.
Leihgeber: Graz, LMJ, Münzensammlung, Inv.-Nr. 46 177 und 46 178

14/2/51 Deutschland

Tauftaler o. J. (17. Jh.)
Silber, 29,12 gr., 21,76 gr. und 29,01 gr.
Leihgeber: Graz, LMJ, Münzensammlung, Inv.-Nr. 46 209, 46 210 und 46 211

14/3 Das Sparkassenwesen

14/3/1 Statuten der Sparcasse aus dem Gründungsjahr 1825

Leihgeber: Steiermärkische Sparkasse

14/3/2 Activ-Capitalien-Buch für die Jahre 1825 bis 1830

H. 45 cm, B. 35 cm, T. 15 cm
Buch mit Aufschrift lt. Titel des Objektes
Leihgeber: Graz, Steiermärkische Sparkasse

14/3/3 Mehrere Siegelstempel der Steiermärkischen Sparkasse bzw. der Gemeinde Sparkasse in Graz

Für die Verwaltungsarbeiten der Sparkassen waren fälschungssichere Siegel notwendig. Ein Siegel stammt aus dem Jahr 1834.
Leihgeber: Graz, Steiermärkische Sparkasse, Inv.-Nr. B 001— B 064

14/3/4 Stanz- bzw./oder Entwertungsgerät

Gerät mit Hebel für Handbetätigung
Holz-, Eisengeräte mit Sockel und Aufbau sowie Hebel – vermutlich zum Stanzen oder ev. auch Entwerten von Sparbüchern.
Leihgeber: Graz, Steiermärkische Sparkasse

14/3/5 Zinsdivisor

Leihgeber: Steiermärkische Sparkasse

14/3/6 Einige Sparbücher der Steiermärkischen Sparkasse

Ab 1830 erhältlich, aus 1943 gibt es ein Sparbuch von Dr. Hans Koren. „Zinsbüchel", Alterssparkasse u. ä.
Leihgeber: Graz, Steiermärkische Sparkasse

14/3/7 Schulsparmarken

14/3/8 Schuldschein von 1837

Dokument
H. 45 cm, B. 25 cm
Schuldschein mit dekorativ gestaltetem Schriftbild.
Leihgeber: Graz, Steiermärkische Sparkasse

14/4 Hauptkasse aus 1825 der Steiermärkischen Sparkasse

Schmiedeeiserne Kasse
H. 53 cm, B. 80 cm, T. 57 cm
Diese Kasse, die einen speziellen Sperrmechanismus samt einem Geheimknopf besitzt, wurde in der Gründungsperiode der Steiermärkischen Sparkasse 1825 als Hauptkasse benutzt.
Leihgeber: Graz, Steiermärkische Sparkasse

14/5 Geldstrumpf und Geldkatze

Leihgeber: Graz, LMJ, Abt. für Kunstgewerbe.

14/6 Vom Taler zum Dollar

Kaiser Ferdinand I. führte die neue Großsilbermünze 1524 durch die Esslinger Reichsmünzordnung in das Münzsystem des Römisch-Deutschen Reiches ein. Als Taler bildete er fortan die Grundlage der Silberwährung.
Als Münze und als Fremdwort wurde „Taler" in vielen Ländern und Sprachen übernommen.
- Daalder   in den Niederlanden
- Dalerin Skandinavien
- Tallero   in Italien
- Talar in Polen
- Dollar   im englischen Sprachgebrauch und in Amerika.
Andere Länder schufen für diesen Münztyp neue Namen:
- Ecu blanc   in Frankreich
- Scudo   in Italien
- Dukaton u.   in den südlichen
  Patagon   Niederlanden
- Crown   in England
- Peso in den Ländern der Spanischen Krone.
In Deutschland wurde der Taler von den meisten Münzständen geprägt. Seine Ausbreitung, wie auch die Auseinandersetzungen um das allgemein verbindliche Feinsilbergewicht erfolgten im politisch-religiösen Spannungsfeld von Reformation und Gegenreformation. Es bildeten sich neben dem Guldentaler und dem Reichstaler zahlreiche variierende Talerfüße heraus.
Literatur: T. Kroha, Lexikon der Numismatik, Gütersloh 1977, S. 430f.
Bur.

14/6/1 Steiermark, Karl II. (1564—1590)

Taler, 1574 und 1576
Galvano

Leihgeber: Graz, LMJ, Münzensammlung, Inv.-Nr. 55 322 und 55 323

14/6/2 Steiermark, Karl II. (1564—1590)

Taler o. J. (posthum)
Galvano
Leihgeber: Graz, LMJ, Münzensammlung, Inv.-Nr. 55 325

14/6/3 Kärnten, Karl II. (1564—1590)

Taler, 1584
Galvano
Leihgeber: Graz, LMJ, Münzensammlung, Inv.-Nr. 55 351

14/6/4 Steiermark, Ferdinand II. (1590—1637)

Taler, 1614
Galvano
Leihgeber: Graz, LMJ, Münzensammlung, Inv.-Nr. 55 331

14/6/5 Steiermark, Ferdinand II. (1590—1637)

Dreifacher Taler, 1621
Galvano
Leihgeber: Graz, LMJ, Münzensammlung, Inv.-Nr. 55 328

14/6/6 Steiermark, Ferdinand II. (1590—1637)

Talerklippe, 1633
Galvano
Leihgeber: Graz, LMJ, Münzensammlung, Inv.-Nr. 55 321

14/6/7 Steiermark, Ferdinand II. (1590—1637)

Halbtaler, 1627
Silber, 14,00 gr.
Leihgeber: Graz, LMJ, Münzensammlung, Inv.-Nr. 12 851

14/6/8 **Tirol, Erzherzog Ferdinand II. (1564–1595)**

Doppeltaler o. J.
Silber, 57,01 gr.
Leihgeber: Graz, LMJ, Münzensammlung, Inv.-Nr. 555

14/6/9 **Tirol, Erzherzog Ferdinand II. (1564–1595)**

Taler o. J.
Silber, 28,59 gr.
Leihgeber: Graz, LMJ, Münzensammlung, Inv.-Nr. 1 022

14/6/10 **Krumau, Johann Ulrich von Eggenberg (1625–1634)**

Taler, 1629, Glatz
Galvano
Leihgeber: Graz, LMJ, Münzensammlung, Inv.-Nr. 55 313

14/6/11 **Dietrichstein-Hollenburg, Sigismund Helfried**

Taler, 1664, Graz
Galvano
Leihgeber: Graz, LMJ, Münzensammlung, Inv.-Nr. 55 310

14/6/12 **Steiermark, Leopold I. (1657–1705)**

Breiter Doppeltaler, 1670
Silber, 57,16 gr.
Leihgeber: Graz, LMJ, Münzensammlung, Inv.-Nr. 3 322 und 55 316

14/6/13 **Steiermark, Leopold I. (1657–1705)**

Taler, 1660
Galvano
Leihgeber: Graz, LMJ, Münzensammlung, Inv.-Nr. 55 338

14/6/14 **Schweiz, Schaffhausen**

Taler, 1620
Silber, 28,18 gr.
Leihgeber: Graz, LMJ, Münzensammlung, Inv.-Nr. 28 957

14/6/15 **Erzbistum Salzburg, Paris Lodron (1619–1653)**

Taler, 1628, auf die Domweihe
Silber, 28,48 gr.
Leihgeber: Graz, LMJ, Münzensammlung, Inv.-Nr. 1 995

14/6/16 **Bayern, Maximilian I. (1598–1651)**

Doppeltaler, 1625
Silber, 58,37 gr.
Leihgeber: Graz, LMJ, Münzensammlung, Inv.-Nr. 14 873

14/6/17 **Deutschland, Hamburg**

Taler, 1553
Silber, 28,56 gr.
Leihgeber: Graz, LMJ, Münzensammlung, Inv.-Nr. 16 632

14/6/18 **Deutschland, Augsburg**

Taler, 1626
Silber, 29,06 gr.
Leihgeber: Graz, LMJ, Münzensammlung, Inv.-Nr. 13 745

14/6/19 **Deutschland, Nürnberg**

Taler, 1680
Silber, 29,08 gr.
Leihgeber: Graz, LMJ, Münzensammlung, Inv.-Nr. 13 978

14/6/20 **Braunschweig-Wolfenbüttel, August-Wilhelm (1714–1731)**

(Wilder Mann-)Taler, 1724
Silber, 29,06 gr.
Leihgeber: Graz, LMJ, Münzensammlung, Inv.-Nr. 18 061

14/6/21 **Braunschweig-Wolfenbüttel, August d. J. (1635–1666)**

Sterbetaler, 1666
Silber, 29,19 gr.
Leihgeber: Graz, LMJ, Münzensammlung, Inv.-Nr. 19 678

14/6/22 **Braunschweig-Neu-Lüneburg, Ernst August (1679–1698)**

Breiter Taler, 1688
Silber, 32,38 gr.
Leihgeber: Graz, LMJ, Münzensammlung, Inv.-Nr. 18 159

14/6/23 **Deutscher Ritterorden, Maximilian von Österreich (1590–1618)**

Taler, 1603, Nachahmung des Haller Guldiners (1486)
Silber, 28,56 gr.
Leihgeber: Graz, LMJ, Münzensammlung, Inv.-Nr. 12 413

14/6/24 **Schweden, Gustav II. Adolf (1611–1632)**

Taler, 1632
Silber, 28,82 gr.
Leihgeber: Graz, LMJ, Münzensammlung, Inv.-Nr. 26 668

14/6/25 **Dänemark, Christian IV. (1588–1648)**

Joakimstaler, 1631
Silber, 28,29 gr.
Leihgeber: Graz, LMJ, Münzensammlung, Inv.-Nr. E 5

14/6/26 **Polen, Wladislaw IV. (1632–1648)**

Bromberger-Taler, 1633
Silber, 28,76 gr.
Leihgeber: Graz, LMJ, Münzensammlung, Inv.-Nr. 30 855

14/6/27 **Rußland, Katharina I. (1725–1727)**

Rubel, 1725
Silber, 28,90 gr.
Leihgeber: Graz, LMJ, Münzensammlung, Inv.-Nr. E 12

14/6/28 **Niederlande, Provinz Utrecht**

Daalder, 1660
Silber, 32,31 gr.
Leihgeber: Graz, LMJ, Münzensammlung, Inv.-Nr. E 10

14/6/29 **Brabant, Albert und Elisabeth (1598–1621)**

Taler, 1618
Silber, 32,42 gr.
Leihgeber: Graz, LMJ, Münzensammlung, Inv.-Nr. E 51

14/6/30 **Frankreich, Ludwig XIV. (1643–1715)**

Ecu blanc, 1686
Silber, 37,10 gr.
Leihgeber: Graz, LMJ, Münzensammlung, Inv.-Nr. 27 797

14/6/31 **Spanien, Ferdinand VI. (1746–1759)**

Piaster, 1753
Silber, 26,94 gr.
Leihgeber: Graz, LMJ, Münzensammlung, Inv.-Nr. E 11

14/6/32 **Genua**

Testone, 1627
Silber, 37,82 gr.
Leihgeber: Graz, LMJ, Münzensammlung, Inv.-Nr. E 53

14/6/33 **Mailand, Philipp IV. von Spanien (1621–1665)**

Scudo, 1622
Silber, 31,95 gr.
Leihgeber: Graz, LMJ, Münzensammlung, Inv.-Nr. 21 611

14/6/34 Venedig, Francesco Erizzo (1631–1646)

Scudo della croce o. J.
Silber, 31,38 gr.
Leihgeber: Graz, LMJ, Münzensammlung, Inv.-Nr. 21 603

14/6/35 Toskana, Cosimo III. (1670–1723)

Piastra, 1702
Silber, 26,80 gr.
Leihgeber: Graz, LMJ, Münzensammlung, Inv.-Nr. E 52

14/6/36 Vereinigte Staaten von Amerika

Dollar, 1795
Silber, 26,86 gr.
Leihgeber: Graz, LMJ, Münzensammlung, Inv.-Nr. 35 839

14/7 Vom Edelmetall zum Papier

Seit 1659 wurden die in der Kipperzeit abgekommenen Mittelwerte wieder geprägt: 15-Kreuzer und 6-Kreuzer kamen als neue Nominale in Umlauf. 1695 übernahm Österreich den Leipziger Münzfuß:
1 Taler = 120 Kreuzer = 2 Gulden („Speziestaler").
Die Zeit Leopold I. brachte auch eine bevorzugte Bewertung der Goldmünzen.
Für die neuaufkommende Form der Geld- und Finanzwirtschaft des Staates war die Gründung des „Wiener Stadtbanco" im Jahre 1705 von besonderer Bedeutung. Dieser Vorgänger der Nationalbank hatte die Aufgabe, dem Staat Kredite zu beschaffen und den Schuldendienst zu besorgen. Ab 1714 gehörten auch die Lombardei und die Niederlande zu Österreich. Das eigenständige Münzwesen dieser beiden Länder beeinflußte in der Folge auch das österreichische.
Alle österreichischen Münzstätten prägten seit 1712 mit einheitlich in Wien hergestellten Stempeln, die von hervorragenden Stempelschneidern geschnitten wurden.
Schon 1566 war durch die Erfindung der Walzenprägung die vorherige Hammerprägung abgelöst worden. Nunmehr wurde die Walzenprägung durch das Spindelwerk ersetzt. Dies machte auch die Prägung einer Randschrift möglich, die das betrügerische Beschneiden der großen Silbermünzen verhindern konnte.
In den folgenden Jahrzehnten wurde die Münzprägung zentralisiert und neben anderen auch die Grazer Münzstätte 1772 geschlossen. Im Zuge der umfassenden Staatsreform gestaltete Maria Theresia auch das Münzwesen grundlegend um. Wesentlich dabei war der 1753 mit Bayern geschlossene Münzvertrag, die „Convention". Dieser schlossen sich fast alle süd- und mitteldeutschen Staaten an, die sich schon ihrerseits 1624 zu einer Münzkonvention entschlossen hatten. Grundlage für die Konvention mit Bayern war der in Österreich schon 1750 eingeführte Münzfuß: Aus einer Kölner Mark Silber, 233 gr., wurden 10 Taler geprägt.
1 Konventionstaler = 120 Kreuzer. An Mittelsorten wurden 20-, 17-, 10- und 7-Kreuzer ausgegeben.
Mit der Prägung von kupfernen Scheidemünzen erfuhr die Münzordnung 1760 eine wichtige Ergänzung. 1762 wurde auch zum ersten Mal in Österreich Papiergeld, Wiener Bancozettel über 5, 10, 25, 50 und 100 Gulden, ausgegeben.
Als *Papiergeld* im weitesten Sinn kann man jedes, auf einen bestimmten Geldbetrag lautende Wertpapier betrachten, das von irgendeinem Herausgeber zu dem Zwecke ausgegeben wird, daß es im Verkehr anstatt baren Geldes als Umlauf- und Zahlungsmittel diene. Bei der *Banknote* dagegen, die, wie ihr Name sagt, von einer dazu ermächtigten, meist privilegierten Notenbank ausgegeben wird, besteht die Verpflichtung, sie dem Inhaber jederzeit zum Nennwert in gesetzliche Zahlungsmittel einzulösen. Heute besteht die Einlösungspflicht bei uns nicht mehr, denn die Banknoten der alleinig zur Ausgabe befugten Österreichischen Nationalbank sind gesetzliche Zah-

lungsmittel geworden, d. h. der Staat hat ihnen unbeschränkte Zahlungskraft verliehen.
Das österreichische Papiergeld hatte in der Geldgeschichte schon Vorbilder:

618– 907 n. Chr.:	„Fliegendes Geld" der Tang-Dynastie in China.
960–1280 n. Chr.:	Banknoten aus Papier der Sung-Dynastie in China.
14. Jh.:	Marco Polo berichtet vom Papiergeld am Hofe des Chublai Khan im Reich der Mongolen.
1368–1398:	Staatsnoten der Ming-Dynastie in China: Ältestes erhaltenes Papiergeld.
1483:	Während der Belagerung der spanischen Festung Alhama durch die Mauren wurden Papierscheine ausgegeben.
1573/74:	„Papiermünzen", hergestellt aus Buchrücken, während der Belagerung von Leyden und Middelburg im Niederländischen Freiheitskrieg.
1656:	Papiernoten der Königlichen Wechselbank in Stockholm.
1694:	„Species notes" der Bank of England.
1703:	Münzzettel (Münzumtauschquittungen) des Königreiches Frankreich.
1706:	Bancozettel der Zettelbank der Pfälzischen Kurfürsten in Köln.
1716:	John Law gibt in Frankreich die Banktaler (Ecus banques) der Banque generales aus.

Die berüchtigsten Papiergeldscheine des 18. Jhs. waren die Assignaten der Französischen Revolution.

14/7/1 Steiermark, Karl II. (1564–1590)

Dukat, 1583
Galvano
Leihgeber: Graz, LMJ, Münzensammlung, Inv.-Nr. 55 337

14/7/2 Steiermark, Karl II. (1564–1590)

Dukat, 1588
Gold, 3,43 gr.
Diese Münze ist das einzig bekannte Stück von 732 in diesem Jahr geprägten Dukaten und wurde 1988 von der Steiermärkischen Sparkasse Graz dem Joanneum als Geschenk überreicht.
Leihgeber: Graz, LMJ, Münzensammlung, Inv.-Nr. 55 179

14/7/3 Steiermark, Leopold I. (1658–1705)

Doppeldukat, 1672
Galvano
Leihgeber: Graz, LMJ, Münzensammlung, Inv.-Nr. 55 349

14/7/4 Steiermark, Leopold I. (1658–1705)

5-Dukaten, 1669
Galvano
Leihgeber: Graz, LMJ, Münzensammlung, Inv.-Nr. 55 348

14/7/5 Steiermark, Leopold I. (1658–1705)

6-Dukaten, 1682
Galvano
Leihgeber: Graz, LMJ, Münzensammlung, Inv.-Nr. 55 347

14/7/6 Steiermark, Leopold I. (1658–1705)

10-Dukaten, 1676
Galvano
Leihgeber: Graz, LMJ, Münzensammlung, Inv.-Nr. 55 345

14/7/7 Steiermark, Leopold I. (1658–1705)

Halbtaler, 1669
Silber, 14,32 gr.
Leihgeber: Graz, LMJ, Münzensammlung, Inv.-Nr. 3 351

14

14/7/8 **Steiermark, Leopold I. (1658–1705)**

XV-Kreuzer, 1664
Silber, 6,10 gr. und 6,51 gr.
Leihgeber: Graz, LMJ, Münzensammlung, Inv.-Nr. 3 357 u. 3 359

14/7/9 **Steiermark, Leopold I. (1658–1705)**

X-Kreuzer, 1682
Silber, 4,19 gr.
Leihgeber: Graz, LMJ, Münzensammlung, Inv.-Nr. 3 378

14/7/10 **Steiermark, Leopold I. (1658–1705)**

VI-Kreuzer, 1674
Silber, 3,06 gr.
Leihgeber: Graz, LMJ, Münzensammlung, Inv.-Nr. 3 396

14/7/11 **Steiermark, Leopold I. (1658–1705)**

Groschen, 1700
Silber, 1,65 gr. und 1,64 gr.
Leihgeber: Graz, LMJ, Münzensammlung, Inv.-Nr. 3 472

14/7/12 **Steiermark, Leopold I. (1658–1705)**

Kreuzer, 1676 und 1705
Silber, 0,92 gr. und 0,91 gr.
Leihgeber: Graz, LMJ, Münzensammlung, Inv.-Nr. 3 494 u. 3 519

14/7/13 **Steiermark, Leopold I. (1658–1705)**

Doppelpfennig, 1695
Silber, 0,56 gr.
Leihgeber: Graz, LMJ, Münzensammlung, Inv.-Nr. 3 535

14/7/14 **Steiermark, Leopold I. (1658–1705)**

Pfennig, 1684
Silber, 0,35 gr.
Leihgeber: Graz, LMJ, Münzensammlung, Inv.-Nr. 3 554

14/7/15 **Steiermark, Josef I. (1705–1711)**

Taler, 1706
Galvano
Leihgeber: Graz, LMJ, Münzensammlung, Inv.-Nr. 55 336

14/7/16 **Österreich, Karl VI. (1711–1740)**

Taler, 1718, Wien
Silber, 28,45 gr.
Leihgeber: Graz, LMJ, Münzensammlung, Inv.-Nr. 5 168

14/7/17 **Steiermark, Karl VI. (1711–1740)**

1/8-Dukaten, 1729
Gold, 0,44 gr.
Leihgeber: Graz, LMJ, Münzensammlung, Inv.-Nr. 3 591

14/7/18 **Steiermark, Karl VI. (1711–1740)**

Taler, 1740
Silber, 28,78 gr.
Leihgeber: Graz, LMJ, Münzensammlung, Inv.-Nr. 3 600

14/7/19 **Steiermark, Karl VI. (1711–1740)**

Halbtaler, 1738
Silber, 14,32 gr.
Leihgeber: Graz, LMJ, Münzensammlung, Inv.-Nr. 3 605

14/7/20 **Erzbistum Salzburg, Johann Ernst (1687–1709)**

Landbatzen, 1692
Silber, 2,22 gr.
Leihgeber: Graz, LMJ, Münzensammlung, Inv.-Nr. 2 212

14/7/21 **Steiermark, Maria Theresia (1740–1780)**

30-Kreuzer, 1744
Silber, 7,19 gr.
Leihgeber: Graz, LMJ, Münzensammlung, Inv.-Nr. 3 702

14/7/22 **Steiermark, Maria Theresia (1740–1780)**

20-Kreuzer, 1761
Silber, 6,58 gr.
Leihgeber: Graz, LMJ, Münzensammlung, Inv.-Nr. 3 718

14/7/23 **Steiermark, Maria Theresia (1740–1780)**

17-Kreuzer, 1763
Silber, 6,08 gr.
Leihgeber: Graz, LMJ, Münzensammlung, Inv.-Nr. 3 736

14/7/24 **Steiermark, Maria Theresia (1740–1780)**

Groschen, 1744
Silber, 1,73 gr.
Leihgeber: Graz, LMJ, Münzensammlung, Inv.-Nr. 3 748

14/7/25 **Steiermark, Maria Theresia (1740–1780)**

Kreuzer, 1756
Silber, 0,83 gr. und 0,73 gr.
Leihgeber: Graz, LMJ, Münzensammlung, Inv.-Nr. 3 758

14/7/26 **Steiermark, Maria Theresia (1740–1780)**

Kreuzer, 1761
Kupfer
Leihgeber: Graz, LMJ, Münzensammlung, Inv.-Nr. 3 760

14/7/27 **Steiermark, Maria Theresia (1740–1780)**

Taler, 1765
Galvano
Leihgeber: Graz, LMJ, Münzensammlung, Inv.-Nr. 55 335

14/7/28 **Vorderösterreich, Maria Theresia (1740–1780)**

Konventionstaler, 1766, Günzburg
Silber, 27,96 gr.
Leihgeber: Graz, LMJ, Münzensammlung, Inv.-Nr. 1 278

14/7/29 **Bayern, Max Joseph III. (1745–1777)**

Konventionstaler, 1777
Silber, 27,72 gr.
Leihgeber: Graz, LMJ, Münzensammlung, Inv.-Nr. 15 986

14/7/30 **Steiermark, Joseph II. (als Mitregent 1765–1780)**

20-Kreuzer, 1771

Galvano
Dieser Münztyp ist der letzte aus der Münzstätte Graz.
Leihgeber: Graz, LMJ, Münzensammlung, Inv.-Nr. 55 303

14/7/31 **Augsburg, Regensburg und Nürnberg**

Medaille, 1624 auf die Münzkonvention des schwäbischen, fränkischen und bayrischen Reichskreises.
Silber, 38,05 gr.
Leihgeber: Graz, LMJ, Münzensammlung, Inv.-Nr. 13 626

14/7/32 **Steiermark**

Anticipations-Obligation zu 100 Gulden, 1767
Papier
Leihgeber: Graz, LMJ, Münzensammlung, Inv.-Nr. 55 201

14/7/33 Österreich

Wiener Stadtbanco-Zettel zu 10 und 25 Gulden, 1771
Papier
Leihgeber: Graz, LMJ, Münzensammlung, Inv.-Nr. 55 202 und 55 203

14/7/34 Frankreich

Billet de confience, 1720
Papier
Leihgeber: Graz, LMJ, Münzensammlung, Inv.-Nr. 55 204

14/7/35 Frankreich

Assignat de cinquante livres, 1792
Papier
Leihgeber: Graz, LMJ, Münzensammlung, Inv.-Nr. 55 205

14/7/36 Frankreich

Assignat de soixante livres, 1790
Papier
Leihgeber: Graz, LMJ, Münzensammlung, Inv.-Nr. 55 206

14/7/37 Kirchenstaat

Banknote der Banco di s. spirito di Roma, 1796
Papier
Leihgeber: Graz, LMJ, Münzensammlung, Inv.-Nr. 55 207

14/8 Vom Konventionstaler zum Silbergulden

Um die Ausfuhr der Konventionstaler zu verhindern, prägte auch Österreich wie Preußen eigene Levantetaler, die von vornherein für das Ausland bestimmt waren. Beliebteste Handelsmünze im Mittelmeerraum wurde der Konventionstaler aus der vorderösterreichischen Münzstätte Günzburg aus dem Todesjahr Maria Theresias 1780, der bis heute nachgeprägt wird. Die von Maria Theresia eingeführte Münzordnung blieb in ihren Grundzügen bis 1857 unverändert. Doch die politischen Veränderungen Europas hatten auch auf das österreichische Münzwesen ihre Auswirkungen.

Die Napoleonischen Kriege brachten große Umwälzungen im europäischen Staatensystem. Das Römisch-Deutsche Reich wurde 1806 aufgelöst, Österreich 1804 zum Kaiserreich erhoben. Die Kriege brachten einen ungeheuren Finanzbedarf, der nur durch Ausgabe von minderwertigen Silbermünzen und durch große Mengen ungedeckter Bancozettel gedeckt werden konnte. Dies führte in weiterer Folge zum Staatsbankrott des Jahres 1811. Um die Einlösungspflicht für die wertlosen Bancozettel zu umgehen, wurden Einlösungsscheine im Wertverhältnis 1:5 ausgegeben, daneben auch Antizipationsscheine. Diese drei Papiergeldsorten bildeten die Wiener Währung (W. W.) neben der vollwertigen Konventionsmünze (C. M.). Erst die endgültige Niederwerfung Napoleons 1815 und die Neuordnung der europäischen Staaten mit ihren neuen Grenzen durch den Wiener Kongreß brachten auch eine Erneuerung des Geldwesens. Die Gründung der Österreichischen Nationalbank am 1. Juni 1816 führte mit der Ausgabe der ersten Banknoten zur Stabilisierung in Österreich. Die Münze hatte in dieser Zeit die beherrschende Rolle in der Geldwirtschaft eingebüßt. Das große Umdenken in der Geldtheorie, das schon mit der Ausgabe von Kupferscheidemünzen begonnen hatte, führte zur Weiterentwicklung des Papiergeldes.   *Bur.*

14/8/1 Steiermark, Franz I. Stephan (als Mitregent 1740—1765)

30-Kreuzer, 1765
Silber, 7,00 gr.
Leihgeber: Graz, LMJ, Münzensammlung, Inv.-Nr. 55 039

14/8/2 Vorderösterreich, Maria Theresia (1740—1780)

Taler, 1780, Günzburg
Silber, 28,00 gr.
Leihgeber: Graz, LMJ, Münzensammlung, Inv.-Nr. 10 299

14/8/3 Lombardei, Josef II. (1780—1790)

Kronentaler, 1789, Mailand
Silber, 29,53 gr.
Leihgeber: Graz, LMJ, Münzensammlung, Inv.-Nr. 4 071

14/8/4 Ungarn, Josef II. (1780—1790)

Taler, 1786, Kremnitz
Silber, 28,00 gr.
Leihgeber: Graz, LMJ, Münzensammlung, Inv.-Nr. 9 131

14/8/5 Ungarn, Franz II. (I.) (1792—1835)

1/4-Kronentaler, 1795, Kremnitz
Silber, 7,32 gr.
Leihgeber: Graz, LMJ, Münzensammlung, Inv.-Nr. 9 261

14/8/6 Ungarn, Franz II. (I.) (1792—1835)

30-Kreuzer, 1807, Karlsburg
Kupfer
Leihgeber: Graz, LMJ, Münzensammlung, Inv.-Nr. 9 319

14/8/7 Ungarn, Franz II. (I.) (1792—1835)

15-Kreuzer, 1807, Kremnitz
Kupfer
Leihgeber: Graz, LMJ, Münzensammlung, Inv.-Nr. 9 323

14/8/8 Ungarn, Franz II. (I.) (1792—1835)

3-Kreuzer, 1800, Kremnitz
Kupfer
Leihgeber: Graz, LMJ, Münzensammlung, Inv.-Nr. 9 335

14/8/9 Ungarn, Franz II. (I.) (1792—1835)

1/4-Kreuzer, 1816, Orszava
Kupfer
Leihgeber: Graz, LMJ, Münzensammlung, Inv.-Nr. 9 398

14/8/10 Österreich, Franz II. (I.) (1792—1835)

12-Kreuzer, 1795, Wien
Billon
Leihgeber: Graz, LMJ, Münzensammlung, Inv.-Nr. 5 544

14/8/11 Österreich, Franz II. (I.) (1792—1835)

Kreuzer, 1812, Wien
Kupfer (Fehlprägung)
Leihgeber: Graz, LMJ, Münzensammlung, Inv.-Nr. 5 602

14/8/12 Österreich, Franz II. (I.) (1792—1835)

Halbtaler, 1804, Wien
Silber, 13,98 gr.
Leihgeber: Graz, LMJ, Münzensammlung, Inv.-Nr. 6 988

14/8/13 Österreich, Franz II. (I.) (1792—1835)

Halbtaler = Gulden, 1829, Wien
Silber, 14,00 gr.
Leihgeber: Graz, LMJ, Münzensammlung, Inv.-Nr. 6 926

14/8/14 Österreich, Franz II. (I.) (1792—1835)

24-Kreuzer, 1800, Wien
Billon
Leihgeber: Graz, LMJ, Münzensammlung, Inv.-Nr. 6 086

14/8/15 Ungarn, Franz II. (I.) (1792—1835)

Taler, 1830, Wien für Ungarn
Silber, 28,03 gr.
Leihgeber: Graz, LMJ, Münzensammlung, Inv.-Nr. 9 256

14

14/8/16 **Österreich, Franz II. (I.) (1792—1835)**

20-Kreuzer, 1820, Wien
Silber, 6,63 gr.
Leihgeber: Graz, LMJ, Münzensammlung, Inv.-Nr. 5 528

14/8/17 **Österreich, Franz II. (I.) (1792—1835)**

10-Kreuzer, 1834, Wien
Silber, 3,85 gr. und 3,88 gr.
Leihgeber: Graz, LMJ, Münzensammlung, Inv.-Nr. 5 554

14/8/18 **Österreich, Franz II. (I.) (1792—1835)**

5-Kreuzer, 1823, Wien
Silber, 2,23 gr.
Leihgeber: Graz, LMJ, Münzensammlung, Inv.-Nr. 5 56

14/8/19 **Österreich, Franz II. (I.) (1792—1835)**

3-Kreuzer (Groschen), 1832, Wien
Silber, 1,68 gr.
Leihgeber: Graz, LMJ, Münzensammlung, Inv.-Nr. 5 575

14/8/20 **Österreich, Ferdinand I. (1835—1848)**

Taler, 1843 und 1844, Wien
Silber, 28,08 gr. und 28,04 gr.
*Leihgeber: Graz, LMJ, Münzensammlung, Inv.-Nr. 5 620 und
5 621*

14/8/21 **Österreich, Ferdinand I. (1835—1848)**

Gulden, 1839, Wien
Silber, 14,02 gr.
Leihgeber: Graz, LMJ, Münzensammlung, Inv.-Nr. 5 628

14/8/22 **Österreich, Ferdinand I. (1835—1848)**

5-Kreuzer, 1836, Wien
Silber, 2,16 gr.
Leihgeber: Graz, LMJ, Münzensammlung, Inv.-Nr. 5 660

14/8/23 **Österreich, Ferdinand I. (1835—1848)**

2-Kreuzer, 1848, Wien
Kupfer
Leihgeber: Graz, LMJ, Münzensammlung, Inv.-Nr. 5 682

14/8/24 **Österreich, Wiener Stadt-Banco-Zettel
zu 10 Gulden, 1800**

Papier
Leihgeber: Graz, LMJ, Münzensammlung, Inv.-Nr. 55 208

14/8/25 **Österreich, Wiener Stadt-Banco-Zettel
zu 2 Gulden, 1800**

Papier
Leihgeber: Graz, LMJ, Münzensammlung, Inv.-Nr. 55 209

14/8/26 **Österreich, Münzzettel des Magistrats der
Stadt Wien zu 24 Kreuzer, 1805**

Papier
Leihgeber: Graz, LMJ, Münzensammlung, Inv.-Nr. 55 210

14/8/27 **Österreich, Wiener Stadt-Banco-Zettel
zu 100 Gulden, 1806**

Papier
Leihgeber: Graz, LMJ, Münzensammlung, Inv.-Nr. 55 211

14/8/28 **Österreich, Einlösungsschein zu 5 Gulden, 1811**
Papier
Leihgeber: Graz, LMJ, Münzensammlung, Inv.-Nr. 55 212

14/8/29 **Österreich, Antizipationsschein zu 10 Gulden 1813
(Formular)**
Papier
Leihgeber: Graz, LMJ, Münzensammlung, Inv.-Nr. 55 213

14/8/30 **Österreich, Banknote 5 Gulden, 1847**
Papier
Leihgeber: Graz, LMJ, Münzensammlung, Inv.-Nr. 55 214

14/8/31 **Österreich, Anweisungsschein für 1 Gulden, 1848**
Papier
Leihgeber: Graz, LMJ, Münzensammlung, Inv.-Nr. 55 215

14/8/32 **Österreich, Reichs-Schatzschein, 1852**
Papier
Leihgeber: Graz, LMJ, Münzensammlung, Inv.-Nr. 55 216

14/8/33 **Österreich, Banknote 10 Gulden, 1854**
Papier
Leihgeber: Graz, LMJ, Münzensammlung, Inv.-Nr. 55 217

14/9/1 **Aktie Beethovens**

Ludwig van Beethoven wurde am 13. 7. 1819 Aktionär
der Privilegierten Österreichischen Nationalbank."
Faksimile
Leihgeber: Österr. Nationalbank, Wien

14/9/2 **Patent über die Gründung der
Österreichischen Nationalbank**

Leihgeber: Österr. Nationalbank, Wien.

14/10/1 **„Ausstellung innerösterreichischer Gewerbeerzeugnisse – Grundsätze für die
Zuerkennung der Preise"**

Druck, Klagenfurt, 21. Oktober 1838
H. 26 cm, B. 19 cm
Die erste Ausstellung von Gewerbeerzeugnissen, die
im „Vereine zur Ermunterung des Kunst- und Gewerbefleißes" im Jahr 1838 in Klagenfurt veranstaltet wurde, sollte der Propagierung „technischer Vervollkomm-
nungen" und zur Hebung des „Wohlstandes des Landes" dienen.
*Leihgeber: Graz, Steiermärkisches Landesarchiv, Archiv Joannea,
Inv.-Nr. 27/2719*

14/10/2 **„Ausstellung innerösterreichischer Gewerbeerzeugnisse – Verzeichnis der Preisträger"**

Druck, Graz, 26. November 1838
H. 36,5 cm, B. 23 cm
*Leihgeber: Graz, Steiermärkisches Landesarchiv, Archiv Joannea,
Inv.-Nr. 27/2763*

14/11/1 **„Industrieausstellung in Wien" (1835)**

Lithografie von F. Wolf
H. 48 cm, B. 33 cm
Industrieausstellungen wurden allenthalben seit der 2.
Hälfte des 18. Jhs. veranstaltet. Die Wiener Industrie-
und Gewerbs-Produkten-Ausstellung von 1835 fand in
der Reitschule in der Hofburg statt.
*Leihgeber: Wien, Historisches Museum der Stadt Wien, Inv.-Nr.
108 525*

14/11/2 **„Aktien-Handelsgesellschaft in Triest"**

Gedrucktes Einladungsschreiben, 1838, Graz
H. 26,5 cm, B. 21 cm
Der Gewerbeverein suchte mit der Gründung dieser
Gesellschaft den Außenhandel gezielt zu fördern. Triest
sollte ein „Centralpunkt für die Verbindung mit der Levante und Italien" werden. Trotz des baldigen Schei-
terns dieser Aktiengesellschaft konnten gewisse Erfolge
erzielt werden.

Leihgeber: Graz, Steiermärkisches Landesarchiv, Archiv Joannea, Inv.-Nr. 27/2698

14/12 Straßenkarte des Herzogtums Steiermark 1839

Karte (siehe Seite 133)
Entwurf: Raffler
Ausführung: R. Gaar

14/13 Geschäftsschild „Zum Wollbaum" (mit Darstellung von Schiffen und Handelsherren)

Joseph Tunner
Öl auf Eisenblech
H. 140 cm, B. 91 cm
Das Geschäftsschild der ehemaligen Grazer Current- und Modewarenhandlung „Zum Wollbaum" (am Hauptplatz im Luegg) zeigt eine ideale Hafenlandschaft mit einem Baumwollbaum; ein europäischer Handelsherr überwacht die Verladung seiner Fracht, die per Boot zu einem dänischen Dreimaster gebracht wird.
Leihgeber: Graz, Stadtmuseum, Inv.-Nr. M 47

14/14 Herbergszeichen der Grazer Seifensieder, 1820

Ovales Hängekästchen aus Messingblech, verglast
H. 36,4 cm, B. 39,9 cm, T. 3,3 cm
Leihgeber: Graz, LMJ, Abt. f. Kunstgewerbe, Inv.-Nr. 15 095

14/15 Marktleben im 19. Jh., Handelsleben

Repros, Ausschnitte aus Graz – Veduten des 19. Jhs.
Leihgeber: Graz, Stadtmuseum

14/16 Mauthaus von St. Leonhard, um 1840

Lithografie von E. Kaiser
H. 18 cm, B. 26 cm
Gegen Ende des 18. Jhs. wurde der Grazer Stadtgerichtsbezirk zum „Poenorium". Unter diesem aus der Römerzeit stammenden Begriff verstand man in der damaligen Finanzsprache jenen Bereich, der innerhalb der Verzehrungssteuerlinie lag. 1776 wurde für Graz die Akzise/Steuer auf Getränke eingeführt, die im 19. Jh. auf Lebensmittel zur Verzehrungssteuer wurde. Zu entrichten war diese Abgabe bei den Mauthäusern, an den wichtigsten Einfallstraßen nach Graz, so in St. Leonhard. Die Mautstellen bestanden bis zur Schaffung von Groß-Graz 1938.
Leihgeber: Graz, Stadtmuseum

14/17 Statistische Angaben zum Zucker- und Kaffekonsum

Schautafel sowie Stich der Grazer Zuckerfabrik

14/18 Inszenierung eines wohlhabenden Biedermeier-Haushaltes

Entwurf: Büro Giselbrecht
Ausführung: C. Auer

14/18/1 Biedermeierstühle

Anfang 19. Jh.
H. 91 cm, B. 42 cm, T. 45 cm
Stuhl aus Nußholz, Sitz und Rückenlehne gepolstert.
Leihgeber: Graz, LMJ, Abt. f. Kunstgewerbe, Inv.-Nr. 24 226

14/18/2 Biedermeiertisch

Leihgeber: Graz, LMJ, Abt. f. Kunstgewerbe, Inv.-Nr. 24 226

14/18/3 Drei Biedermeier-Kleider

Leihgeber: Judenburg, Museumsverein

14/18/4 Stehleuchter aus Gußeisen

1836
1. H. 40,5 cm, B. 14,3 cm; 2. H. 39,5 cm, B. 14,3 cm

Fuß mit Löwenpranken nach antikem Vorbild, Schaft mit Blättern und Querringen, an der Tropftasse Schuppen und Gittermuster.
Leihgeber: Graz, LMJ, Abt. f. Kunstgewerbe, Inv.-Nr. 21 049 und 21 050

14/18/5 Kaffeeservice und Silber-Gedeck

Kaffeekanne mit Kaffeetassen
Leihgeber: Graz, LMJ, Abt. f. Kunstgewerbe

14/18/6 Biedermeier-Säulenuhr

Leihgeber: Graz, Uhrenhaus Stolberg

14/19 Vitrine zum reichen Haushalt

1. Kochbuch mit anspruchsvollen Rezepten (Johanna Kicker, um 1850). 2. Tabakdosen. 3. Pfeifen.
Notizbuch mit Eintragungen über Sparguthaben, Käufe von Glückslosen etc. eines vermögenden steirischen Haushaltes ab 1850.
Leihgeber: Privat und Tabakmuseum Wien.

14/20 Hans Kudlich (1823–1917)

Zeichnung von E. Kaiser
H. 37 cm, B. 25,8 cm
Kudlich wird als Mitglied der Wiener Akademischen Legion dargestellt. Er stellte am 26. Juli 1848 im Reichstag den Antrag, die Grunduntertänigkeit der Bauern aufzuheben, d. h. ihnen das von ihnen bewirtschaftete Land als Eigentum zu übergeben und sie aus der rechtlich-politischen Untertänigkeit unter die Grundherren zu befreien. Nach längerer Diskussion um die Frage der Entschädigung der Grundherren wurde der Antrag am 7. September 1848 Gesetz. Die Grundherren hatten ein Drittel entschädigungslos abzugeben, ein Drittel des Gesamtwertes war ihnen von den Bauern zu bezahlen, ein Drittel aus allgemeinen Steuermitteln. Die Abwicklung der Entschädigung übernahm der Staat. Dieses Gesetz sollte die einzige unmittelbare Errungenschaft der österreichischen Revolution bleiben, die das Jahr 1849 überdauerte. Kudlich selbst ging 1849 in die Emigration nach Amerika.
Literatur: F. Prinz, Hans Kudlich, 1823–1917, München 1962.
Leihgeber: Linz, Oberösterr. Landesmuseum, Inv.-Nr. F II/513a

14/21 Inszenierung: Revolution 1848

14/22 Nachwiegen von Gebäck (6. Juli 1848)

Plakat
Die Kundmachung war eine der Reaktionen auf akute soziale Gärung und Revolte des Kleinbürgertums und der Arbeiterschaft in Graz, die Anfang Juli 1848 wieder einmal ausbrachen. Lohn- und Preisprobleme, Steuerbelastung auf Waren des dringendsten täglichen Bedarfes, Gewichtsverfälschung standardisierter Produkte, wie etwa Gebäck, hatten seit April wiederholt zu Unruhen geführt. Die Behörden versuchten, sich der Beschwerden anzunehmen, die Bevölkerung griff aber auch selbsttätig zu Kontrollmaßnahmen, u. a. mittels der Nationalgarde.
Literatur: F. A. Gatti, Ereignisse 77–82, S. 228–238. Graz, Landesarchiv, Sammlung 1848/49, Nr. 668.

14/23 Inszenierung eines armen Haushaltes

Entwurf: Büro Giselbrecht
Ausführung: C. Auer

14/24 Vitrine zum armen Haushalt

14/24/1 Natural-Producten- und Arbeits-Preis-Tarif des stabilen Catasters im Judenburger Kreise

Amtliche Mitteilung 1849, Preistabelle zur Zeit der Grundentlastung 1849
H. 44 cm, B. 29 cm (9 Blätter gebunden)

14

Die Tabelle führt die Producten-Preise in Conv.-Münzen je nach Steuergemeinden an, dabei fällt die Differenziertheit der Preise in den einzelnen Orten auf. Preise für Weizen, Korn, Gerste, Hafer, Mais, für Getreide und Hülsenfrüchte, für Heu und Grummet. Dabei die ortsüblichen Arbeitspreise für Zugtiere (Pferde, Ochsen).

Leihgeber: Judenburg, Museumsverein

14/24/2 **Preisbestimmung zum Behufe der Grundentlastung in der Steiermark**

Amtliche Mitteilung, 1849
H. 44 cm, B. 29 cm (1 Doppelbogen + 1 Beiblatt)
Preistabelle von Tieren und tierischen Produkten sowie sonstiger Urbarial-Natural-Abgaben (Salz, Zwiebel, „Haar" (Flachs), Stroh etc. mit einer Tabelle für Zehentberechnung). Bezirks-Magistrat Judenburg. Aufschlußreicher Preisindex vom Jahre 1849.

Leihgeber: Judenburg, Museumsverein, Archiv

14/25 **Auslage eines Kolonialwarengeschäftes**

14/25/1 **Mandarin**

Gipsskulptur
H. 120 cm, B. 65 cm, T. 40 cm
Diese Statue eines Mandarins wurde von der Firma Hornig als Dekoration für „Tee-Auslagen" benutzt.

Leihgeber: Graz, Fa. Hornig

14/25/2 **„Hornig"-Neger**

Holzplastik mit eingebautem Elektromotor
H. 90 cm, B. 50 cm, T. 45 cm
Der aus der Zwischenkriegszeit stammende Mohr, welcher einen Zeigestab bewegt und ein Buch umblättern kann, wurde durch Jahrzehnte von der Fa. Hornig als Auslagendekoration für „Kolonialwaren" benutzt. Er stammt aus der Auslage des Handelshauses Hornig – ehemals „Erstes Grazer Kaffee-Versandt-Geschäft und Specerei-Waren-Handlung ‚Zur Handelsflagge' Richard Schnürch".

Leihgeber: Graz, Fa. Hornig

Verkehrsrevolution und Gründerzeit

15/1 Lokomobile oder „portable steam engine"

Ausführung: G. Matzka
Modell einer Dampfmaschine, Maßstab 1:8
H. 43 cm, B. 28 cm, L. 60 cm, Gewicht: 30 kg
Die Lokomobile wurden im Jahr 1842 in England von der Firma Ramsomes erfunden. Verwendung fanden diese Maschinen im Bereich der Landwirtschaft und wurden, da sie selbst keinen Antrieb besaßen, von Pferden in das Einsatzgebiet gebracht. Das Modell ist voll funktionstüchtig und eine genaue Nachbildung.
Leihgeber: Graz, G. Matzka

15/2 Dokumentation zur Dampfmaschine und deren Anwendung

15/3 „Die 7 Wunderkräfte unserer Zeit" (u. a. fahrbare Dampfmaschine)

Programmatisches Blatt, hinter Glas
H. 40 cm, B. 50 cm
Die sogenannte „Industrielle Revolution" führte von England ausgehend zu einer Periode der Mechanisierung, die auch den Verkehr nachhaltig beeinflußte. Die fahrbare Dampfmaschine wurde zum Symbol einer neuen Epoche der Menschheitsgeschichte. Große Umwälzungen waren die Folge. Wirtschaft und Gesellschaft änderten sich. Raum und Zeit erhielten neue Maßstäbe.
Leihgeber: Leoben, Stadtmuseum

15/4 Gold wird Währungsmetall

Mit der Auflösung des Heiligen Römischen Reiches Deutscher Nation 1806 wurden viele Münzstätten geschlossen. Mit der Verringerung der Zahl der münzberechtigten Staaten konnte eine gewisse Vereinheitlichung im Münzwesen angebahnt werden. Doch bis dahin war ein langer Weg, denn drei Fragen standen im Vordergrund: Gold- oder Silberwährung, Duodezimal- oder Dezimalsystem und die Frage des Münzfußes und seines Grundgewichtes.
Seit dem Altertum kannte die abendländische Geldgeschichte nur Silberwährungen, Goldmünzen waren immer nur Handelsgeld. Ab 1816 führte England die Goldumlaufwährung ein. Diesem Beispiel folgten bald die meisten Welthandelsstaaten.
Von Frankreich ausgehend (seit 1795), setzte sich allmählich das Dezimalsystem durch und mit ihm die goldenen 10- und 20-Franc-Stücke. Mit der Lateinischen Münzunion von 1865 fand diese Entwicklung eine weitere Festigung. Diese zwischenstaatliche Vereinbarung von Belgien, Frankreich, Italien, Schweiz und später auch Griechenland betraf Gewicht, Form und Umlauffähigkeit der jeweiligen Gold- und Silbermünzen. Es entstand so eine Doppelwährung mit festen Wertverhältnissen zwischen Gold und Silber. Auch viele Nichtmitgliedsstaaten, so auch Österreich, prägten aus Handelsüberlegungen Goldmünzen nach den Bestimmungen der Lateinischen Münzunion.
Deutschland und Österreich versuchten, zunächst mit Münz- und Zollverträgen eine Einheit im Geldwesen zu erzielen. 1838 wurde ein gemeinsamer Vereinstaler beschlossen, der in norddeutschen Gebieten als Doppeltaler (oder Reichstaler), im süddeutschen Raum als 3½-Gulden Gültigkeit hatte und eine Münzparität ermöglichte.
Im Wiener Vertrag von 1857 beschlossen die Staaten des Deutsch-Österreichischen Münzvereines den 30-Taler-Fuß. Münzgrundgewicht war nunmehr das Zollpfund (500 gr.). Als Goldmünzen wurden Vereinskronen geprägt, die allerdings neben den Dukaten nur Handelsmünzen waren.

1871 führte auch das Deutsche Reich die Goldwährung ein, Silbermünzen von 5 Mark abwärts wurden Scheidemünzen, für die nur ein beschränkter Annahme festgelegt wurde.
Das Zeitalter der Goldwährung wird in den meisten Staaten mit dem Ersten Weltkrieg und mit der Aufhebung der Goldeinlösepflicht beendet. Erst 1931 folgt Großbritannien, die Vereinigten Staaten gar erst 1971. *Bur.*

15/4/1 Österreich, Ferdinand I. (1835—1848)

4-Dukaten, 1848
Gold, 13,94 gr.
Leihgeber: Graz, LMJ, Münzensammlung, Inv.-Nr. 5 613

15/4/2 Österreich, Franz Joseph I. (1848—1916)

Vereinskrone, 1859
Gold, 11,11 gr.
Leihgeber: Graz, LMJ, Münzensammlung, Inv.-Nr. 5 688

15/4/3 Österreich, Franz Joseph I. (1848—1916)

8-Gulden = 20 Francs, 1890
Gold, 6,44 gr.
Leihgeber: Graz, LMJ, Münzensammlung, Inv.-Nr. 5 692

15/4/4 Österreich, Franz Joseph I. (1848—1916)

4-Gulden = 10 Francs, 1885
Gold, 3,22 gr.
Leihgeber: Graz, LMJ, Münzensammlung, Inv.-Nr. 5 693

15/4/5 England, Georg III. (1760—1820)

Crown, 1818
Silber, 28,29 gr.
Leihgeber: Graz, LMJ, Münzensammlung, Inv.-Nr. 21 122

15/4/6 England, Viktoria (1837—1901)

Crown, 1899
Silber, 28,07 gr.
Leihgeber: Graz, LMJ, Münzensammlung, Inv.-Nr. 21 027

15/4/7 Frankreich, 1. Republik

5-Francs, 1795
Silber, 24,75 gr.
Leihgeber: Graz, LMJ, Münzensammlung, Inv.-Nr. 28 003

15/4/8 Frankreich, 1. Republik

Un Décime, 1798
Kupfer
Leihgeber: Graz, LMJ, Münzensammlung, Inv.-Nr. 28 014

15/4/9 Frankreich, Ludwig XVIII. (1814—1824)

20-Francs, 1821
Gold, 6,47 gr.
Leihgeber: Graz, LMJ, Münzensammlung, Inv.-Nr. 28 099

15/4/10 Frankreich, Ludwig XVIII. (1814—1824)

5-Francs, 1814
Silber, 24,94 gr.
Leihgeber: Graz, LMJ, Münzensammlung, Inv.-Nr. 28 090

15/4/11 Frankreich, 2. Republik

5-Francs, 1852
Silber, 25,00 gr.
Leihgeber: Graz, LMJ, Münzensammlung, Inv.-Nr. 28 156

15/4/12 Frankreich, Napoleon III. (1852—1870)

20-Francs, 1870
Gold, 6,43 gr.
Leihgeber: Graz, LMJ, Münzensammlung, Inv.-Nr. 28 115

15

15/4/13 **Frankreich, Napoleon III. (1852—1870)**

10 Centimes, 1856
Kupfer
Leihgeber: Graz, LMJ, Münzensammlung, Inv.-Nr. 28 247

15/4/14 **Frankreich, 3. Republik**

20-Francs, 1909
Gold, 6,45 gr.
Leihgeber: Graz, LMJ, Münzensammlung, Inv.-Nr. 28 277

15/4/15 **Parma, Maria Luisa (1815—1847)**

40-Lire, 1815
Gold, 12,44 gr.
Leihgeber: Graz, LMJ, Münzensammlung, Inv.-Nr. E 115

15/4/16 **Parma, Maria Luisa (1815—1847)**

5-Lire, 1815
Silber, 25,01 gr.
Leihgeber: Graz, LMJ, Münzensammlung, Inv.-Nr. E 116

15/4/17 **Belgien, Leopold II. (1865—1909)**

5-Francs, 1868
Silber, 24,84 gr.
Leihgeber: Graz, LMJ, Münzensammlung, Inv.-Nr. 27 306

15/4/18 **Niederlande, Wilhelm I. (1814—1840)**

10-Gulden, 1825
Gold, 6,72 gr.
Leihgeber: Graz, LMJ, Münzensammlung, Inv.-Nr. 26 964

15/4/19 **Schweiz, Eidgenossenschaft**

2-Franken, 1860
Silber, 9,97 gr.
Leihgeber: Graz, LMJ, Münzensammlung, Inv.-Nr. 28 770

15/4/20 **Schweiz, Eidgenossenschaft**

5-Franken, 1874
Silber, 25,03 gr.
Leihgeber: Graz, LMJ, Münzensammlung, Inv.-Nr. 28 617

15/4/21 **Schweiz, Bundesstaat**

20-Franken, 1935
Gold, 6,43 gr.
Leihgeber: Graz, LMJ, Münzensammlung, Inv.-Nr. 29 219

15/4/22 **USA**

Dollar, 1853
Gold, 1,65 gr.
Leihgeber: Graz, LMJ, Münzensammlung, Inv.-Nr. 35 731

15/4/23 **USA**

2 1/2-Dollar, 1913
Gold, 4,16 gr.
Leihgeber: Graz, LMJ, Münzensammlung, Inv.-Nr. 35 703

15/4/24 **USA**

Dollar, 1880
Silber, 26,75 gr.
Leihgeber: Graz, LMJ, Münzensammlung, Inv.-Nr. 35 734

15/4/25 **Deutsches Reich, Wilhelm I. (1871—1888)**

20-Mark, 1872
Gold, 7,96 gr.
Leihgeber: Graz, LMJ, Münzensammlung, Inv.-Nr. 18 333

15/4/26 **Preußen, Wilhelm I. (1861—1871—1888)**

Siegestaler, 1871
Silber, 18,51 gr.
Leihgeber: Graz, LMJ, Münzensammlung, Inv.-Nr. 19 674

15/4/27 **Deutsches Reich, Wilhelm I. (1871—1888)**

1-Mark, 1883
Silber, 5,54 gr.
Leihgeber: Graz, LMJ, Münzensammlung, Inv.-Nr. 18 342

15/4/28 **Deutsches Reich, Friedrich III. (1888)**

10-Mark, 1888
Gold, 4,00 gr.
Leihgeber: Graz, LMJ, Münzensammlung, Inv.-Nr. 18 406

15/4/29 **Deutsches Reich, Friedrich III. (1888)**

2-Mark, 1888
Silber, 11,12 gr.
Leihgeber: Graz, LMJ, Münzensammlung, Inv.-Nr. 18 407

15/4/30 **Deutsches Reich, Wilhelm II. (1888—1918)**

5-Mark, 1913
Silber, 27,75 gr.
Leihgeber: Graz, LMJ, Münzensammlung, Inv.-Nr. 16 606

15/4/31 **Deutsches Reich, Wilhelm II. (1888—1918)**

3-Mark, 1912
Silber, 16,64 gr.
Leihgeber: Graz, LMJ, Münzensammlung, Inv.-Nr. 18 500

15/4/32 **Deutsches Reich, Wilhelm II. (1888—1918)**

2-Mark, 1901
Silber, 11,11 gr.
Leihgeber: Graz, LMJ, Münzensammlung, Inv.-Nr. 18 503

15/4/33 **Deutsches Reich, Wilhelm II. (1888—1918)**

1-Mark, 1909
Silber, 5,53 gr.
Leihgeber: Graz, LMJ, Münzensammlung, Inv.-Nr. 18 511

15/4/34 **Deutschland, Frankfurt a. M.**

*Gedenk-Doppelgulden, 1848 (Reichsverweser Erzherzog Johann
v. Österreich)*
Silber, 21,18 gr.
Leihgeber: Graz, LMJ, Münzensammlung, Inv.-Nr. 16 174

15/4/35 **Deutschland, Frankfurt a. M.**

2-Vereinstaler, 1860
Silber, 37,03 gr.
Leihgeber: Graz, LMJ, Münzensammlung, Inv.-Nr. 16 774

15/4/36 **Deutschland, Frankfurt a. M.**

3 1/2-Gulden = 2-Taler, 1846
Silber, 37,13 gr.
Leihgeber: Graz, LMJ, Münzensammlung, Inv.-Nr. 16 608

15/4/37 **Sachsen, Johann (1854—1873)**

Siegestaler, 1871
Silber, 18,44 gr.
Leihgeber: Graz, LMJ, Münzensammlung, Inv.-Nr. 17 459

15/4/38 **Sachsen, Johann (1854—1873)**

2-Neugroschen = 20 Pfennige, 1865
Silber, 3,18 gr.
Leihgeber: Graz, LMJ, Münzensammlung, Inv.-Nr. 20 177

15/4/39 **Sachsen, Friedrich August III. (1904—1918)**

2-Mark, 1909
Silber, 11,06 gr.
Leihgeber: Graz, LMJ, Münzensammlung, Inv.-Nr. 20 207

15/4/40 **Baden, Friedrich Wilhelm (1856—1907)**

10-Mark, 1903

Gold, 3,98 gr.
Leihgeber: Graz, LMJ, Münzensammlung, Inv.-Nr. 17 566

15/4/41 Württemberg, Wilhelm II. (1891—1918)

3-Mark, 1911
Silber, 16,68 gr.
Leihgeber: Graz, LMJ, Münzensammlung, Inv.-Nr. 13 451

15/4/42 Bayern, Ludwig I. (1825—1848)

2-Gulden, 1846
Silber, 21,17 gr.
Leihgeber: Graz, LMJ, Münzensammlung, Inv.-Nr. 14 674

15/4/43 Bayern, Ludwig I. (1825—1848)

Konventionstaler, 1835 (Geschichtstaler auf die Wiedereinführung der Benediktiner)

Silber, 28,07 gr.
Leihgeber: Graz, LMJ, Münzensammlung, Inv.-Nr. 14 669

15/4/44 Bayern, Ludwig I. (1825—1848)

Doppeltaler, 1842 (Geschichtstaler auf die Eröffnung der Walhalla)
Silber, 27,14 gr.
Leihgeber: Graz, LMJ, Münzensammlung, Inv.-Nr. 14 495

15/4/45 Bayern, Ludwig I. (1825—1848)

Doppeltaler, 1845 (Geschichtstaler auf die Geburt der beiden Enkel)
Silber, 37,07 gr.
Leihgeber: Graz, LMJ, Münzensammlung, Inv.-Nr. 14 498

15/4/46 Bayern, Ludwig I. (1825—1848)

3 1/2-Gulden, 1846 (Geschichtstaler auf die Eröffnung des Ludwigs-Kanals)
Silber, 37,17 gr.
Leihgeber: Graz, LMJ, Münzensammlung, Inv.-Nr. 14 500

15/4/47 Bayern, Ludwig II. (1864—1886)

5-Mark, 1877
Gold, 1,98 gr.
Leihgeber: Graz, LMJ, Münzensammlung, Inv.-Nr. 14 424

15/4/48 Bayern, Ludwig II. (1864—1886)

Siegestaler, 1871
Silber, 18,50 gr.
Leihgeber: Graz, LMJ, Münzensammlung, Inv.-Nr. 14 409

15/4/49 Bayern, Otto I. (1886—1912)

2-Mark, 1888
Silber, 11,03 gr.
Leihgeber: Graz, LMJ, Münzensammlung, Inv.-Nr. 14 428

15/5 Vom Gulden zur Krone

1857 wurde unter Kaiser Franz Joseph I. die „Österreichische Währung" eingeführt: 1 Gulden (fl) = 100 Kreuzer. Als Grundlage diente nun der Münzfuß des Deutschen Zollvereins und als Grundgewichtseinheit das Münzpfund (500 gr.). 1 Vereinstaler galt 1¹/₂ Gulden Österreichischer Währung (Ö. W.).
Die Zahlung der Verbindlichkeiten wurde folgend geregelt:
100 Gulden C. M. = 105 Gulden Ö. W. und 100 Gulden W. W. = 42 Gulden Ö. W.
Durch die Erhöhung der Weltsilberproduktion sank der Silberpreis immer mehr. Die Gold-Silber-Relation stieg von 15,7:1 im Jahre 1871 auf 24:1 im Jahre 1892. Diese Steigerung war eine Folge des Überganges Deutschlands und vieler anderer Staaten zur Goldwährung. Damit hatte auch das österreichische Silbergeld seine Eigenschaft als Währungsgrundlage verloren. Wäh-

rungsträger wurde das Papiergeld, dem Silbergeld kam nur mehr die allerdings wichtige Rolle einer metallischen Deckung der Banknoten zu.
1892 trat an Stelle der Österreichischen Währung die Kronenwährung: 1 Krone = 100 Heller. Rechnungseinheit war nicht mehr das Pfund Silber, sondern das Kilogramm Gold, dem im Wert 3.280 Kronen entsprachen.
Der Übergang zur neuen Kronenwährung geschah auf Grundlage der Wertrelation zwischen Papiergeldgulden und Goldstück. Der alte Silbergulden wurde rechnungsmäßig 2 Kronen gleichgesetzt. Österreich war damit als eines der letzten Länder zur von der Wirtschaft geforderten Goldwährung übergegangen.
Folgende Münzen kamen zur Ausgabe: in Gold 10- und 20-Kronen (in Ungarn Korona); in Silber 5-, 2- und 1-Krone; in Nickel 20- und 10-Heller (in Ungarn Filler); in Kupfer 2- und 1-Heller. Bis 1903 waren auch alle alten und auf Gulden lautenden Banknoten eingezogen und durch neue ersetzt.   *Bur.*

Österreich-Ungarn, Franz Joseph I. (1848—1916):

15/5/1 Medaille 1858 auf die Verwandlung der Kreuzer und Gulden nach Einführung der Österr. Währung
Kupfer, versilbert
Leihgeber: Graz, LMJ, Münzensammlung, Inv.-Nr. 41 874

15/5/2 Wien, Doppeltaler, 1857 (auf die Eröffnung der Südbahn)
Galvano
Leihgeber: Graz, LMJ, Münzensammlung, Inv.-Nr. 55 301

15/5/3 Wien, Dukaten, 1859
Gold, 3,47 gr.
Leihgeber: Graz, LMJ, Münzensammlung, Inv.-Nr. 5 687

15/5/4 Wien, Vereinstaler, 1867
Silber, 18,43 gr.
Leihgeber: Graz, LMJ, Münzensammlung, Inv.-Nr. 5 712

15/5/5 Wien, Doppelgulden, 1873 (Schützenpreis)
Silber, 22,00 gr.
Leihgeber: Graz, LMJ, Münzensammlung, Inv.-Nr. 11 655

15/5/6 Wien, Doppelgulden, 1892
Silber, 24,68 gr.
Leihgeber: Graz, LMJ, Münzensammlung, Inv.-Nr. 5 743

15/5/7 Wien, Gulden, 1888
Silber, 12,26 gr.
Leihgeber: Graz, LMJ, Münzensammlung, Inv.-Nr. 5 778

15/5/8 Kremnitz, Forint, 1887
Silber, 12,30 gr.
Leihgeber: Graz, LMJ, Münzensammlung, Inv.-Nr. 9 419

15/5/9 Wien, 1/4-Gulden, 1868
Silber, 5,33 gr.
Leihgeber: Graz, LMJ, Münzensammlung, Inv.-Nr. 5 791

15/5/10 Wien, 20-Kreuzer, 1868
Silber, 2,57 gr.
Leihgeber: Graz, LMJ, Münzensammlung, Inv.-Nr. 5 800

15/5/11 Kremnitz, 10-Kraiczar, 1888
Silber, 1,72 gr.
Leihgeber: Graz, LMJ, Münzensammlung, Inv.-Nr. 9 443

15

15/5/12 **Wien, 5-Kreuzer, 1858**
Silber, 1,33 gr. und 1,34 gr.
Leihgeber: Graz, LMJ, Münzensammlung, Inv.-Nr. 5 823

15/5/13 **Wien, 4-Kreuzer, 1861** (sogenannter Batzen)
Kupfer
Leihgeber: Graz, LMJ, Münzensammlung, Inv.-Nr. 5 830

15/5/14 **Wien, Kreuzer, 1860**
Kupfer
Leihgeber: Graz, LMJ, Münzensammlung, Inv.-Nr. 5 838

15/5/15 **Wien, 5/10-Kreuzer, 1891**
(bekannt als „Sperrsechserl")
Kupfer
Leihgeber: Graz, LMJ, Münzensammlung, Inv.-Nr. 5 859

15/5/16 **Wien, 20-Kronen, 1894**
Gold, 6,77 gr.
Leihgeber: Graz, LMJ, Münzensammlung, Inv.-Nr. 11 720

15/5/17 **Wien, 20-Kronen, 1893**
Gold, 6,77 gr.
Leihgeber: Graz, LMJ, Münzensammlung, Inv.-Nr. 12 332

15/5/18 **Wien, 10-Kronen, 1908**
Gold, 3,37 gr.
Leihgeber: Graz, LMJ, Münzensammlung, Inv.-Nr. 5869

15/5/19 **Wien, 5-Kronen, 1900**
Silber, 23,95 gr. und 24,01 gr.
Leihgeber: Graz, LMJ, Münzensammlung, Inv.-Nr. 5 871

15/5/20 **Kremnitz, 5-Korona, 1908**
Silber, 23,90 gr.
Leihgeber: Graz, LMJ, Münzensammlung, Inv.-Nr. 9 503

15/5/21 **Kremnitz, 2-Korona, 1913**
Silber, 10,07 gr.
Leihgeber: Graz, LMJ, Münzensammlung, Inv.-Nr. 9 494

15/5/22 **Wien, Krone 1908 (50jähriges Regierungsjubiläum)**
Silber, 5,00 gr. und 4,97 gr.
Leihgeber: Graz, LMJ, Münzensammlung, Inv.-Nr. 5 894

15/5/23 **Kremnitz, 100-Korona, 1908**
Gold, 33,87 gr.
Leihgeber: Graz, LMJ, Münzensammlung, Inv.-Nr. 55 088

15/5/24 **Kremnitz, 20-Filler, 1914**
Nickel
Leihgeber: Graz, LMJ, Münzensammlung, Inv.-Nr. 9 524

15/5/25 **Wien, 20-Heller, 1907**
Nickel
Leihgeber: Graz, LMJ, Münzensammlung, Inv.-Nr. 5 904

15/5/26 **Wien, 10-Heller, 1907**
Nickel
Leihgeber: Graz, LMJ, Münzensammlung, Inv.-Nr. 5 913

15/5/27 **Wien, 2-Heller, 1915**
Kupfer
Leihgeber: Graz, LMJ, Münzensammlung, Inv.-Nr. 5 943

15/5/28 **Wien, Heller, 1892 und 1915**
Kupfer
Leihgeber: Graz, LMJ, Münzensammlung, Inv.-Nr. 10 786 und 5 961

15/5/29 **Banknote, 1-Gulden, 1858**
Papier
Leihgeber: Graz, LMJ, Münzensammlung, Inv.-Nr. 55 218

15/5/30 **Banknote, 100-Gulden, 1858**
Papier
Leihgeber: Graz, LMJ, Münzensammlung, Inv.-Nr. 55 219

15/5/31 **Banknote, 5-Gulden, 1859**
Papier
Leihgeber: Graz, LMJ, Münzensammlung, Inv.-Nr. 55 220

15/5/32 **Staatsnote, 1-Gulden, 1866**
Papier
Leihgeber: Graz, LMJ, Münzensammlung, Inv.-Nr. 55 221

15/5/33 **Staatsnote, 5-Gulden, 1866**
Papier
Leihgeber: Graz, LMJ, Münzensammlung, Inv.-Nr. 55 222

15/5/34 **Staatsnote, 50-Gulden, 1866**
Papier
Leihgeber: Graz, LMJ, Münzensammlung, Inv.-Nr. 55 223

15/5/35 **Banknote, 50-Kronen, 1902**
Papier
Leihgeber: Graz, LMJ, Münzensammlung, Inv.-Nr. 55 224

15/5/36 **Banknote, 20-Kronen (Korona), 1913**
Papier
Leihgeber: Graz, LMJ, Münzensammlung, Inv.-Nr. 55 225

15/5/37 **Banknote, 2-Kronen (Korona), 1914**
Papier
Leihgeber: Graz, LMJ, Münzensammlung, Inv.-Nr. 55 226

15/5/38 **Banknote, 25-Kronen (Korona), 1918**
(Kriegsnotgeld)
  Papier
  Leihgeber: Graz, LMJ, Münzensammlung, Inv.-Nr. 55 227

15/6 Kriegsgeld und Inflation

Es gibt schon in der Frühzeit der Münzgeschichte Gepräge, die
während Kriegs- und Belagerungszeiten als Notgeld hergestellt
wurden. Die Geldknappheit in solchen Situationen entstand
durch die mangelnde Zufuhr von offiziellen Prägungen und
durch die eingeschränkte Zirkulation des Geldes. Diesem Mangel mußte durch primitiv hergestelltes Münzgeld abgeholfen
werden. Im allgemeinen bestanden diese Notmünzen aus Edelmetallen und sind oft aus Silbergeschirr und Kirchengerät verfertigt.
In jedem Krieg wurden auch von seiten des Staates Münzen
aus minderwertigeren Metallen hergestellt. Im Ersten Weltkrieg etwa Münzen aus Eisen. Edelmetall- und Hartgeldmangel
führten aber auch zur Ausgabe von Not- und Ersatzgeld aus
verschiedensten Materialien durch Städte und Gemeinden.
Eine eigenständige Rolle spielte auch das Geld in den Kriegs-
gefangenenlagern, weil zur Fluchthinderung nicht übliches
Geld in Umlauf gesetzt war.
Geld ist Verständigungsmittel beim Tausch von Waren. Geld
aber ist auch selbst Ware, die dem Gesetz von Angebot und
Nachfrage unterliegt. Der Geldwert ist ein reziproker Wert im
Verhältnis Warenangebot zu Geldangebot. Wenn die Geldmenge gegenüber der Warenmenge zu groß wird, verfällt der
Geldwert. Wenn das Manko des Geldwertes durch vermehrte
Ausgabe von Geld ohne Steigerung der Produktion von Waren
wettgemacht wird, entsteht eine Aufblähung der Menge des
umlaufenden Geldes, was Inflation genannt wird.
Ursachen und Anlässe fast aller dieser Katastrophen waren
unmittelbar und mittelbar Folgen von Kriegen und Revolutionen neben den Mängeln und der fehlenden Weitsicht in der
Münz- und Finanzgesetzgebung. Unerhörte Teuerung, Verschwinden der Waren, Zwangskurs, Verfall des Wechselkurses
und Arbeitslosigkeit folgten immer dem Versuch, dem Geld-
wertverfall durch Notenpresse und Prägemaschine zu begegnen.
Die Geldgeschichte des Abendlandes kennt immer wieder größere Inflationsperioden:
— der Zusammenbruch des römischen Geldwesens im 3. Jh.
— die Zeit der Schinderlinge in Österreich im 15. Jh.
— die Vellon-Inflation in Spanien im 17. Jh.
— die Kipper- und Wipperzeit 1618—1623
— die Assignatenkatastrophe der Französischen Revolution
— die Papiergeldinflation der Napoleonzeit in Österreich
— die Geldkatastrophe in den konföderierten Südstaaten der
  USA während des amerikanischen Bürgerkrieges
— die Inflation in Deutschland und Österreich als Folge des
  Ersten Weltkrieges (höchster Wert einer Banknote: 100 Bil-
  lionen Mark. Die Inflation wurde durch die Einführung der
  Rentenmark 1923 gestoppt: 1 Rentenmark = 1 Billion Papier-
  mark).
— die ungarische Papiergeldinflation 1945/46 (höchster Noten-
  wert: 1.000 Trillionen Pengö, Abwertung 1 Forint = 400
  Quadrillionen Pengö)
Literatur: R. Gaettens, Geschichte der Inflation vom Altertum bis zur Ge-
genwart, München 1957 (Nachdruck 1982).   *Bur.*

15/6/1 Österreich, Ferdinand I. (1522—1564)
  Klippe, 1529, zur Türkenbelagerung zu Wien (siehe rechts oben)
  Silber, 14,34 gr.
  Leihgeber: Graz, LMJ, Münzensammlung, Inv.-Nr. 41 493

15/6/2 Siebenbürgen, Johann II. Zapolya
(1540—1550, 1556—1571)
  Feldtaler, 1565
  Silber, 28,40 gr.
  Leihgeber: Graz, LMJ, Münzensammlung, Inv.-Nr. 9 569

15/6/3 Deutschland, Landau i. d. Pfalz
  Belagerungsnotmünze, 1713
  Silber, 5,35 gr.
  Leihgeber: Graz, LMJ, Münzensammlung, Inv.-Nr. 14 700

15/6/4 Italien, Brescia
  Belagerungsnotgeld aus Leder, 16. Jh.
  Leder
  Leihgeber: Graz, LMJ, Münzensammlung, Inv.-Nr. E 117

15/6/5 Niederlande, Ziericksee
  Notklippe, 1576
  Silber, 15,47 gr.
  Leihgeber: Graz, LMJ, Münzensammlung, Inv.-Nr. E 118

15/6/6 Spanien, Kolonien
  Schiffsgeld o. J. (nach 1580)
  Silber, 27,21 gr.
  Leihgeber: Graz, LMJ, Münzensammlung, Inv.-Nr. 29 479

15/6/7 Mexiko, Philipp II. v. Spanien (1556—1598)
  Cob zu 4 Reales
  Silber, 12,84 gr.
  Leihgeber: Graz, LMJ, Münzensammlung, Inv.-Nr. 36 023

15/6/8 Deutschland, Stadt Düren
  Notgeld, 25-Pfennig, 1919
  Eisen
  Leihgeber: Graz, LMJ, Münzensammlung, Inv.-Nr. 17 803

15/6/9 Deutschland, Hamburg
  1/2 Million-Mark, 1923
  Aluminium
  Leihgeber: Graz, LMJ, Münzensammlung, Inv.-Nr. 17 818

15/6/10 Deutschland, Meißen-Stadt
  Notgeld, 20-Mark, 1921
  Porzellan
  Leihgeber: Graz, LMJ, Münzensammlung, Inv.-Nr. 13 098

15/6/11 Deutschland, Meißen
  Notgeld, 3-Mark, 1921
  Porzellan
  Leihgeber: Graz, LMJ, Münzensammlung, Inv.-Nr. 13 101

15/6/12 Deutschland, Sachsen
  Notgeld, 20-Mark, 1921
  Porzellan
  Leihgeber: Graz, LMJ, Münzensammlung, Inv.-Nr. 13 145

15

15/6/13 Deutschland, Provinz Westfalen

Notgeld, 5 Millionen-Mark, 1923
Messing
Leihgeber: Graz, LMJ, Münzensammlung, Inv.-Nr. 13 195

15/6/14 Deutschland, Weimar

Notgeld, 50-Pfennig, 1918
Messing
Leihgeber: Graz, LMJ, Münzensammlung, Inv.-Nr. 17 888

15/6/15 Deutschland, Stettin

Notgeld, 10-Pfennig, 1920
Eisen
Leihgeber: Graz, LMJ, Münzensammlung, Inv.-Nr. 13 171

15/6/16 Deutsches Reich, 3-Mark, 1922
Aluminium
Leihgeber: Graz, LMJ, Münzensammlung, Inv.-Nr. 17 394

15/6/17 Deutsches Reich, 500-Mark, 1923
Aluminium
Leihgeber: Graz, LMJ, Münzensammlung, Inv.-Nr. 18 590

15/6/18 Deutsches Reich, 50-Pfennig, 1922
Aluminium
Leihgeber: Graz, LMJ, Münzensammlung, Inv.-Nr. 18 844

15/6/19 Deutsches Reich, 5-Pfennig, 1919
Eisen
Leihgeber: Graz, LMJ, Münzensammlung, Inv.-Nr. 18 626

**15/6/20 Deutschland, Medaille, 1923,
aus Anlaß der Inflation**
Messing
(Am 1. Nov. 1923 kosteten 1 Pfund Brot 3 Milliarden,
1 Pfund Fleisch 36 Milliarden, 1 Glas Bier 4 Milliarden.)
Leihgeber: Graz, LMJ, Münzensammlung, Inv.-Nr. 46 193

**15/6/21 Kriegsgefangenenlager Mattighofen,
Lagergeld 1920**

1 Krone
Leder
Leihgeber: Graz, LMJ, Münzensammlung, Inv.-Nr. 42 731

**15/6/22 Kriegsgefangenenlager Klein-München,
Lagergeld, 1915**

10-Heller
Eisen
Leihgeber: Graz, LMJ, Münzensammlung, Inv.-Nr. 42 696

**15/6/23 Kriegsgefangenenlager Deutsch-Gabel,
Offiziersstation, Lagergeld o. J.**

10-Kronen
Eisen
Leihgeber: Graz, LMJ, Münzensammlung, Inv.-Nr. 11 924

15/6/24 Kriegsgefangenenlager Braunau, Lagergeld o. J.

1-Heller
Eisen
Leihgeber: Graz, LMJ, Münzensammlung, Inv.-Nr. 42 689

15/6/25 Kriegsgefangenenlager Freistadt, Lagergeld

50-Heller, 1915, und 2-Heller o. J.
Messing
*Leihgeber: Graz, LMJ, Münzensammlung, Inv.-Nr. 42 690 und
42 693*

15/6/26 Deutsches Reich, Darlehenskassenschein

2-Mark, 1914 (Kriegsschuldenverwaltung)
Papier
Leihgeber: Graz, LMJ, Münzensammlung, Inv.-Nr. 55 228

15/6/27 Deutschland, Stadt Naumburg

Notgeldschein, 50-Pfennig, 1920
Papier
Leihgeber: Graz, LMJ, Münzensammlung, Inv.-Nr. 55 229

15/6/28 Deutsches Reich, Reichsbanknote

1000-Mark, 1922 (mit Überstempelung: Eine Milliarde Mark)
Papier
Leihgeber: Graz, LMJ, Münzensammlung, Inv.-Nr. 55 230

15/6/29 Deutsches Reich, Reichsbanknote

100 Milliarden-Mark, 1923
Papier
Leihgeber: Graz, LMJ, Münzensammlung, Inv.-Nr. 55 231

15/6/30 Deutsches Reich, Reichsbanknote

50 Millionen-Mark, 1923
Papier
Leihgeber: Graz, LMJ, Münzensammlung, Inv.-Nr. 55 232

15/6/31 Deutschland, Bayern, Banknote

1 Milliarde-Mark, 1923
Papier
Leihgeber: Graz, LMJ, Münzensammlung, Inv.-Nr. 55 233

15/6/32 Deutsches Reich, Rentenbankschein

5-Mark, 1926
Papier
Leihgeber: Graz, LMJ, Münzensammlung, Inv.-Nr. 55 234

**15/6/33 Deutsches Reich, Verrechnungsschein für die
Deutsche Wehrmacht**

50-Reichsmark, 1944
Papier
Leihgeber: Graz, LMJ, Münzensammlung, Inv.-Nr. 55 235

15/6/34 Deutschland, Alliierte Militärbehörde

1-Mark, Serie 1944
Papier
Leihgeber: Graz, LMJ, Münzensammlung, Inv.-Nr. 55 236

15/6/35 USA, Südstaaten

Staatsnote, 10-Dollar, 1864
Papier
Leihgeber: Graz, LMJ, Münzensammlung, Inv.-Nr. 55 237

15/6/36 USA, Südstaaten

Staatsnote, 100-Dollar, 186(2)
Papier
Leihgeber: Graz, LMJ, Münzensammlung, Inv.-Nr. 55 238

15/6/37 Ungarn, Revolutionsregierung

Staatsnote, 5-Forint, 1848
Papier
Leihgeber: Graz, LMJ, Münzensammlung, Inv.-Nr. 55 239

15/6/38 Ungarn, Exilregierung Lajos Kossuth

Staatsnote, 1-Forint, 18 . . (nach 1852 in Amerika gedruckt)
Papier
Leihgeber: Graz, LMJ, Münzensammlung, Inv.-Nr. 55 240

15/6/39 Ungarn, Banknote

100.000-Pengö, 1946
Papier
Leihgeber: Graz, LMJ, Münzensammlung, Inv.-Nr. 55 241

15/6/40 Ungarn, Banknote

1 Milliarde-Pengö, 1946
Papier
Leihgeber: Graz, LMJ, Münzensammlung, Inv.-Nr. 55 242

15/7 2 Schiffsmodelle

L. ca. 70 cm, B. 15 cm, H. 50 cm
Durch die Südbahn (Wien–Graz–Triest) wurden die an ihr gelegenen Orte in den „Weltverkehr" einbezogen. Wesentlich wirkte sich dabei die günstige Entwicklung des Hafens Triest aus. Südbahn und Österreichischer Lloyd ergänzten sich, dazu ließ der 1869 eröffnete Suezkanal die Entfernungen nach dem Fernen Osten schrumpfen.
Leihgeber: Trieste, Ente Autonomo del Porto di Trieste

15/8 „So war es 1742 (Kutsche), so ist es 1842 (Zug), so wird es 1942 (Luftschiff)"

Schützenscheibe
Holz, Ø 75 cm
Die Eisenbahn löste eine Verkehrsrevolution aus, ließ die Distanzen schrumpfen und führte zu kühnen Träumen in Hinblick auf die Eroberung des Himmels, wie das fantasievolle Luftschiff auf der Schützenscheibe aus dem Jahr 1842 verdeutlicht.
Leihgeber: Leoben, Stadtmuseum

15/9 Dampflokomotive U 11

Hersteller: Krauss Linz, Nr. 3065, Baujahr 1864.
Geliefert zur Eröffnung der Murtalbahn Unzmarkt-Mauterndorf und dort in Betrieb stehend bis 1967.
Dienstgewicht: 24,8 Tonnen, 220 PS.
H: 360 cm, B 230 cm, L 755 cm.
Die Schwesternmaschinen U 40 und U 43 sind noch heute im fahrplanmäßigen Dampfbummelzugverkehr der Steiermärkischen Landesbahnen auf der Murtalbahn zwischen Murau und Tamsweg im Einsatz.
Leihgeber: Graz, Steiermärkische Landesbahnen

15/10 Steirische Orte entlang der Bahnlinie

Entwurf. Büro Giselbrecht
Ausführung: H. Schapek
Laufbildprojektion

15/11 Tunnel-Telefon

Leihgeber: Nostalgie-Klub Knittelfeld

15/12 „Mutteruhr"

Nach dieser Uhr mußten alle Uhren am Bahnhof gerichtet werden.
Leihgeber: Nostalgie-Klub Knittelfeld

15/13 Kartenzwicker

15/14 Die steir. Bahnlinien mit Eröffnungsjahren und Industrieansiedlungen

Plan der Eisenbahnlinien mit Entstehungsdaten

Karte (siehe Seite 153)
Entwurf: P. Teibenbacher
Ausführung: R. Gaar

15/15 Schiffsplakat Lloyd

15/16 Plakat der Südbahngesellschaft

15/17 Kommunikationsgeräte

1. Schreibmaschine, 2. Telefon, 3. Rechenmaschine, 4. Telegraph.

15/17/1 Schreibmaschine, um 1880

Schreibmaschine der Marke Remington
Leihgabe: Technisches Museum, Inv.-Nr. 26 702

15/17/2 Telephonapparat, um 1910

Standardausführung seit 1906 (Gabelhörer mit Sprech- und Hörmuschel).
L 27 cm, B 11 cm H 34 cm
Leihgabe: Technisches Museum, Inv.-Nr. FA 21/5

15/17/3 Rechenmaschine, um 1900

Rechenmaschine (mechanisch, mit Handkurbel) der Marke „Austria".
L 40 cm, B 30 cm, H 26 cm
Leihgabe: Technisches Museum, Inv.-Nr. 24 732

15/17/4 Telegraph, um 1870

Telegraphenapparatur mit Morsetaste und Bandstation
L 40 cm, B 32 cm, H 34 cm
Leihgabe: Technisches Museum, Inv.-Nr. TA 120 + TA 64

15/18 Bekanntmachung über die Einrichtung der Grazer Stadtpost im Jahre 1796

Leihgeber: Steiermärkische Landesbibliothek, Graz

15/19 Posthorn, 1866

Metall
Leihgeber: Graz, Postdirektion

15/20 „Kleiner Postklepperer", Ende 18. Jh.

Foto aus: Abbildungen des gemeinen Volkes zu Wien.

15/21 Dokumentation zur Postgeschichte.

Leihgeber: Direktor H. Tschernatsch, Judenburg

15/22 Schild der k. k. Poststation Hohentauern 1849

Holz
Leihgeber: Graz, Postdirektion

15/23 Merkurdarstellung (Titelseite) Grazer „Mercurius"

Alte Grazer Wirtschaftszeitung vom „Samstag den 25. Maji Anno 1743"
„Posttäglich-Grätzerisch-Ausfliegender Mercurius, Mit welchem die wichtigsten in- und ausser Europa vorkommenden Neuigkeiten kundgemacht werden." Aus dem frühen 18. Jh. datieren die ersten Grazer Zeitungen, wobei Bemühungen um eine regelmäßige „Journalistik" schon früher faßbar werden. Nach der „Grätzerisch-Europäischen" Zeitung erschienen 1722–1792 der „Merkur", ein Nachrichten- und Informationsblatt mit zahlreichen Handelsnotizen und ein Künder der neuen, aufklärerischen Epoche.
Leihgeber: Graz, Steiermärkische Landesbibliothek

15/24 Die Hauptrichtungen des steirischen Exportes um 1910 (außerhalb der heutigen Grenzen Österreichs)

Karte
Entwurf: P. Teibenbacher
Ausführung: R. Gaar

15/25 Österreichs Anteil am Weltexport

Grafik
Entwurf: P. Teibenbacher

15/26 Hauptexportartikel der Steiermark um 1910

Entwurf: P. Teibenbacher
Ausführung: M. Schubert
Holz, Kohle, Eisenerz, Magnesit, Eisenwaren, Tabakwaren, Papier und Glaswaren.

15/27 Vereinheitlichung des wirtschaftlichen und politischen Raumes in Deutschland und Österreich-Ungarn im 19. Jh.

Karte (nach Westermann, Großer Historischer Weltatlas)
Entwurf: P. Teibenbacher
Ausführung: R. Gaar

15/28 Börseninszenierung mit fliegenden Wertpapieren

Idee: E. Giselbrecht

15/29 BTX-Terminal mit Börsenkursen

Leihgeber: Österr. Bundespost

15/30 Historische österreichische (steirische) Wertpapiere zw. 1886/1936

Leihgeber: Graz, Landes-Hypothekenbank Steiermark

Raum 16
„Man organisiert sich . . ."

16/1 Erzherzog Johann

Büste aus Biskuit-Porzellan
Leihgeber: Graz, LMJ, Abt. f. Kunstgewerbe, Inv.-Nr. 06 064

16/2 Ehemaliges Büro der Kammer in der Herrengasse (gemaltes Haus)

Aquarell von Josef von Arbesser, 1911.
Foto.
Hier begann Erzherzog Johann gemeinsam mit seinem Sekretär die Geschäftstätigkeit der Handelskammer in Graz.

16/3 Modernes Gebäude der Handelskammer

Foto
Leihgeber: Graz, Handelskammer Steiermark

16/4 Die Handelskammer

16/4/1 Einladung zur Theilnahme an dem Industrie- und Gewerbs-Verein in Steyermark

Druck 1837
Nachdem am 11. März 1837 das Gubernium die Statuten des Industrie- und Gewerbs-Vereins genehmigt hatte, konnte zur Konstituierung des Vereins geschritten werden. Erzherzog Johann wurde der Direktor. Der Verein stand in einem Naheverhältnis zum Joanneum. Zu seinen Aufgaben zählte die Bestandsaufnahme der Industrie- und Gewerbebetriebe, die Organisierung von Industrieausstellungen, die Beratung bei Firmengründungen und Verbreitung von Druckschriften. Innerhalb weniger Jahre dehnte der Verein seine Tätigkeit auf ganz Innerösterreich, dann auch auf Oberösterreich und Salzburg aus. Seine internationalen Beziehungen reichten bis nach Brüssel.
Leihgeber: Graz, Steiermärkisches Landesarchiv, Gubernium, Fasz. 12-19374/1833

16/4/2 Medaillen zum Gewerbeverein

a) Steiermark, Verdienstmedaille: Innerösterreich seinem Gewerbe, 1838; Silber; LMJ, Münzensammlung, Inv.-Nr. 40 384

b) Steiermark, Medaille zum 50jährigen Bestand des Steiermärkischen Gewerbevereines 1887; Bronze; LMJ, Münzensammlung, Inv.-Nr. 40 385
c) Steiermark, Prämienmedaille des Steiermärkischen Gewerbevereines, 1880; Silber; LMJ, Münzensammlung, Inv.-Nr. 40 374
d) Steiermark, Verdienstmedaille der Grazer Kaufmannschaft, 1927; Kupfer versilbert; LMJ, Münzensammlung, Inv.-Nr. 43 425

16/4/3 Gutachten der Handels- und Gewerbe-Kammer zu Leoben, über die im Kammerbezirke zu bildenden Genossenschaften

Druck, 1860
Mit dem Gewerbegesetz vom 20. Dezember 1859 hatte die überkommene Verfassung der Wirtschaft, deren Hauptzeichen die alten Zünfte waren, einen Einbruch erfahren. Durch eine Umorganisierung der Organisationsformen des Gewerbes hoffte der Staat, dem Liberalismus in Österreich zum Durchbruch zu verhelfen. Zu diesem Zweck hatten die regionalen Handelskammern Vorschläge zur Umbildung der Innungen zu machen.
Leihgeber: Graz, Steiermärkisches Landesarchiv, Statthalterei, Inv.-Nr. Fasz. 61-22110/1859

16/4/4 „Protocol über Aufnahme und Freisprechung der Handelungs-Zöglinge in Gratz" 1826–1880

Handschrift
H. 49 cm, B. 35 cm, T. 4 cm
Leihgeber: Graz, Handelskammer Steiermark

16/4/5 Lehrlingsstatistik und Lehrbrief

Leihgeber: O. Michl, Leibnitz

16/5 Emblem des sozialdemokratischen „Zentralvereins der Kaufmännischen Angestellten Österreichs"

Repro aus: Schreiben des Zentralvereins der kaufmännischen Angestellten Österreichs vom 9. Juni 1905
Eine wohl bewußt an die Freiheitsstatue erinnernde weibliche Figur mit Brustpanzer und langem Gewand. In der erhobenen Rechten hält sie eine Fackel, in der Linken den Heroldsstab „als Symbol für friedlichen Handel". Über dem Haupt schwebt ein dunkler Strahlenkranz. Die Figur steht auf einer Weltkugel und wird von hinten von einer über Wolken schwebenden unsichtbaren Sonne überstrahlt. Im unteren Teil des Bildes befindet sich ein Wahlspruch: „Was wir erhoffen von der Zukunft Fernen Ist, dass Brot und Arbeit uns gerüstet steh'n Dass uns're Kinder in der Schule lernen Und uns're Greise nicht mehr betteln geh'n."
Leihgeber: Graz, Steiermärkisches Landesarchiv, Statthalterei, Inv.-Nr. 53-10898 f. 17—19

16/6 Fotocollage zur Geschichte der Handelsangestellten

Fotos: „Vom Tagwerk der Jahrhundertwende. Bilder der Arbeit 1870-1930"
Von ihrem äußeren Erscheinungsbild schienen die Angestellten in den Läden und Büros der Handelsfirmen dem Bürgertum anzugehören. So ging das Bestreben der bürgerlichen Fachvereine dahin, die Handelsangestellten gemeinsam mit den anderen Privatangestellten auf Mittelstandsniveau zu führen. Der sozialdemokratische „Verein kaufmännischer Angestellter" sah in den schlechten Arbeitsbedingungen der Handelsangestellten (mehr als 14stündige tägliche Arbeitszeit, Sonntagsarbeit, schlechter Lohn, hohe Sterblichkeit) kaum einen Unterschied zu den Verhältnissen der „manuellen" Arbeiter und setzte sich dementsprechend für eine gewerkschaftliche Orientierung der Handelsangestellten ein.
Literatur: E. Lakenbacher, Die österreichischen Angestelltengewerkschaften, Geschichte und Gegenwart, Wien 1967, S. 14-31.

16/7 Dokumente zur Geschichte der Handelsangestellten

16/7/1 Die Auflösung des kaufmännischen Vereins „Merkur" in Graz 1934 als sozialdemokratischer Verein

Dokument (Polizeiprotokoll)

Mit dem Verbot der sozialdemokratischen Partei am 12. Februar 1934 wurden auch sozialdemokratische Vereine aufgelöst. Am 13. Februar 1934 wurde der „Zentralverein der kaufmännischen Angestellten Österreichs", am 20. April 1934 der kaufmännische Verein „Merkur" in Graz aufgelöst. Letzterer deshalb, weil der Vereinsausschuß von Sozialdemokraten besetzt war. Der „kaufmännische Versorgungsverein", der ebenfalls von Sozialdemokraten geführt wurde, erhielt einen vom Staat bestellten Wirtschaftsausschuß.

Literatur: E. Lakenbacher, Die österreichischen Angestelltengewerkschaften, Wien 1967, S. 214f.
Leihgeber: Graz, Steiermärkisches Landesarchiv, Inv.-Nr. 206 Me 2/1932 f. 207–208, 209

16/7/2 Lehrlingszeugnis der Isabella Zambelli

Dokument, Graz, 2. Oktober 1908

Isabella Zambelli war in den Jahren 1907/08 als Comptoiristin im Modewarengeschäft der Firma Kastner & Öhler angestellt.

Leihgeber: Graz, Kastner & Öhler, Werbebüro

16/7/3 Statuten der Ortsgruppe Leoben des Vereines österreichischer Handelsangestellter

Dokument, gedruckt 1892

Der erste Fachverein der Handelsangestellten in der Steiermark ist von auswärts initiiert. Es ist dies die 1892 gegründete Ortsgruppe Leoben des selbst erst seit 1890 durch Julius Axmann gegründeten christlich-sozialen „Vereines österreichischer Handels-Angestellter". Obwohl dieser Verein der erste seiner Art in der Steiermark war, konnte er sich nicht lange halten. Die steirischen Handelsangestellten tendierten in eine andere Richtung.

Literatur: W. Schwimmer u.a., Die christlichen Gewerkschaften in Österreich, Wien 1975, S. 353–355.
Leihgeber: Graz, Steiermärkisches Landesarchiv, Statthalterei, Inv.-Nr. 53-2742/1892 „4433/1892"

16/7/4 Grundverfassung des Institutes zur Unterstützung kranker, armer, dienstloser, Alters und Gebrechlichkeiten wegen zum Dienen unfähig gewordener Handlungsdiener in Grätz 1799

Dokument in Buchform gedruckt

Mit den am 27. Februar 1799 von der damaligen Landesregierung (Gubernium) genehmigten Statuten kann das Handlungsdiener-Versorgungsinstitut seine Tätigkeit aufnehmen. Es ist die erste Versicherungsanstalt der Handelsangestellten in Graz und eine der ältesten in Österreich. Nur der Handlungsdiener-Unterstützungsverein „Confraternität" von 1729 in Wien ist älter. Mit der Einrichtung des Versorgungsinstituts wird, zumal sich der Staat mit der Sozialversicherung noch nicht beschäftigt, die Frage der Kranken- und Altersunterstützung der Handelsangestellten von einer Vereinigung aufgegriffen, die auf freiwillige Mitgliedschaft und Beitragszahlung beruht. Die Gründung des Handlungsdiener-Versorgungsinstituts markiert einen wichtigen Schritt hin zum modernen Wohlfahrtsgedanken. Bis dahin war der in Not oder Alter geratene Handlungsdiener auf die bescheidenen Fürsorgemaßnahmen von Familie, Nachbarschaft, Kirche und Landesfürsten angewiesen gewesen. 1869 wird der Name des Vereins geändert: „Kaufmännischer Versorgungsverein". Unter diesem Namen erfährt die Anstalt einige Strukturänderungen, die damit zusammenhängen, daß die Handelsangestellten 1888 per Gesetz krankenversichert sein müssen und daß 1927 eine

eigene Kranken- und Pensionsversicherungsanstalt für alle kaufmännischen Angestellten und Arbeiter geschaffen wird. 1934 wird die sozialdemokratische Leitung des Vereins mit Isidor Preminger an der Spitze abgesetzt. Mit der nationalsozialistischen Herrschaft erhält die Anstalt 1940 einen neuen Namen: „Südmark, Wechselseitige Krankenversicherungsanstalt auf Gegenseitigkeit." Der Beitritt steht nun nicht mehr nur den Handelsangestellten, sondern jedermann offen. Seit 1945 ist das Institut unter dem Namen „Wechselseitige Versicherungsanstalt Merkur" ein Begriff.

Literatur: R. Baravalle, Die Anfänge des sozialen Versicherungswesens in Graz, in: Histor. Jb. d. Stadt Graz 2, 1969, S. 115–140.
Leihgeber: Graz, Steiermärkisches Landesarchiv, Gubernium, Inv.-Nr. Fasz. 11–1458/1799 „6 920/1799"

16/8 Aufrufe zu sozialen Problemen der Handelsangestellten

Litfaßsäule mit Plakaten

16/8/1 Der Kaufmännische Angestellte, Jänner 1929

Leihgeber: Graz, Universitätbibliothek

16/8/2 „Befohlene Arbeit: Bundeskanzler Dr. Seipel räumt den revolutionären Schutt ab"

Kopie einer Zeitungstitelseite mit bildlicher Darstellung vom 22. April 1927, in: Mitteilungen des Zentralvereines der kaufmännischen Angestellten Österreichs/Ortsgruppe Graz.
Sozialdemokratische Wahlpropaganda unter den Handelsangestellten anläßlich der Nationalratswahlen 1927.

16/8/3 Der Sonntagsruherummel in Graz am 30. Jänner 1906

Zeitungsausschnitt aus: Kleine Zeitung vom 1. Februar 1906
H. ca. 45 cm, B. ca. 30 cm
Am 30. Jänner 1906 sammelt sich ein Demonstrationszug von Gegnern der Sonntagsruhe. In der Sackstraße vor dem Geschäftslokal der Firma Kastner & Öhler kommt es zu Ausschreitungen der Demonstranten gegenüber den Handelsangestellten.

Literatur: M. Schacherl, Dreißig Jahre steirische Arbeiterbewegung, Graz 1920, S. 172f.
H. Mang, Steiermarks Demokraten im Sturm der Zeit, Graz 1988, S. 133.
Leihgeber: Graz, Steiermärkische Landesbibliothek

16

16/8/4 Aufruf „Angestellte betreibt Sport"

Plakat

16/9/1 Konsum-Sparbüchse

Leihgeber: Graz, Konsum

16/9/2 Vereins-Büchel des Arbeiter-Consum- und Wirthschafts-Vereines Donawitz, Leoben und Umgebung

Dokument, 1869 (mit handschriftlichem Nachtrag 1872)
H. 17 cm, B. 11 cm
Das Vereins-Büchel war im Besitz des Mitglieds. Es enthielt die Statuten des Vereines und vorgedruckte Spalten, in denen die vom Mitglied getätigten Spareinlagen eingetragen wurden.
Leihgeber: Graz, Steiermärkisches Landesarchiv, Statthalterei, Inv.-Nr. 53-5622/1869

16/9/3 Verschiedene Konsummarken

Leihgeber: Graz, Konsum

16/10 Blechtafel „Einkauf nur Konsummitgliedern gestattet"

Leihgeber: Graz, Konsum

16/11 Dokumentation zur Geschichte der Konsumbewegung

16/11/1 Gesuch zur Gründung des Arbeiter-Consum und Wirthschafts-Vereines „Selbsthilfe" Krems, Voitsberg und Umgebung

Dokument vor dem 1. März 1868
H. 37 cm, B. 24 cm
Ältestes Dokument zur Gründung eines Arbeiter-Consum-Vereines in der Steiermark. Anstoß zur Gründung gab wohl die Liberalisierung des Vereinsgesetzes vom 15. November 1867. Die neuen rechtlichen Gründungen sollten den Boden für eine Reihe von Konsumvereins-gründungen in der Steiermark bilden, die vornehmlich aus wirtschaftlichen Nöten der Arbeiterschaft entstanden waren und nicht immer im Zusammenhang mit der sozialdemokratischen Arbeiterbewegung standen. Aufgrund der Person des Vorstands des Gründungskomitees, Leopold Fuchs, der maßgeblich an der Gründung des Arbeiter-Consum-Vereines Aflenz noch im selben Jahr beteiligt war und wegen der Betonung der gemeinnützigen Strebens der Beteiligten Arbeiter kann angenommen werden, daß der erste von der Statthalterei am 21. Juni 1868 genehmigte Arbeiter-Consum und Wirtschaftsverein in der Steiermark eine sozialdemokratische Gründung ist.
Literatur: J. Bunzel, Die Anfänge der modernen Arbeiterbewegung in der Steiermark, Leipzig 1913, S. 56.
Leihgeber: Graz, Steiermärkisches Landesarchiv, Statthalterei, Inv.-Nr. 53-3003/1868

16/11/2 Unterstützungsschreiben des Grazer Magistrats zur Gründung des Grazer Verbrauchs-Vereins

Dokument vom 1. August 1862
H. 36 cm, B. 22 cm
Dieses Einbegleitungsschreiben ist das früheste Dokument zur Gründung des ersten Konsumvereins in der Steiermark. Aus dem Schreiben geht klar hervor, daß die Erhöhung der Lebensmittelpreise Antriebsfeder für die Bildung des Grazer Verbrauchs-Vereins ist und alle Bevölkerungsschichten trifft. Im Unterschied zu den meisten späteren Gründungen von Konsumvereinen ist der Grazer Verbrauchs-Verein ein rein bürgerlicher Konsumverein, der sich vornehmlich aus Beamten zusammensetzt, aber auch Angehörige der Aristokratie zu sei-

nen Mitgliedern zählt.
Literatur: A. Pohl, Die Konsumgenossenschaften in Steiermark und Kärnten, Graz 1930, S. 21.
Leihgeber: Graz, Steiermärkisches Landesarchiv, Statthalterei, Inv.-Nr. 53-14 172/1862

16/11/3 Festversammlung am 30. Juni 1912 in Eggenberg

Foto aus: A. Pohl, Die Konsumvereine in Steiermark und Kärnten, Graz 1930, S. 54.
Am 30. Juni 1912 feierte der Allgemeine Spar- und Konsumverein in Graz nicht nur das Fest seines 25jährigen Bestandes sondern auch die Eröffnung seiner neuerbauten eigenen Bäckerei in Eggenberg. Aus diesem Anlaß hielt der Obmann des Zentralverbandes österreichischer Konsumvereine, Dr. Karl Renner, eine Rede.

16/12 „Konsumverein Vorwärts"

Großfoto (siehe Seite 279)
Mit mehrsprachigen Aufschriften.

Raum **17**
Der Handel im Spiegelbild der Kunst

17/1 Wildbrethändlerin

Vlämisch, Adriaen van Utrecht (1599–1653) zugeschrieben
H. 180 cm, B. 130 cm
Das Gemälde ist ein für die Malerei des 17. Jhs. in Antwerpen typisches Genrebild. Es zeigt eine junge Frau, die einem älteren Mann Wildbret verkauft. Im Verkaufsgewölbe, das links einen Ausblick ins Freie zuläßt, befindet sich ein Tisch, auf dem ebenso wie an der Wand tote Wildenten angeboten werden. Für Adriaen van Utrecht ist charakteristisch, daß die Figuren seiner Bilder von anderer Hand (z. B. Theodor Rombouts) ausgeführt wurden, während er selbst auf Stilleben („nature morte") spezialisiert war.
Leihgeber: Riegersburg, Prinz v. u. zu Liechtenstein

17/2 „Der Goldwäger" — Jan Uytenbogaert

Rembrandt Hermanesz van Rijn (1606–1669)
Radierung
H. 25,4 cm, B. 20,7 cm
Rembrandts Radierung „Der Goldwäger", entstanden im Jahr 1639, zeigt Jan Uytenbogaert (1606–1689), seines Zeichens oberster Steuereinnehmer von Amsterdam und guter Bekannter des Künstlers. Die Darstellung ist ins Gleichnishafte erhöht und charakterisiert mit den Mitteln der allegorischen Andeutung einen umstrittenen Berufsstand. Bereits aus dem 15. und 16. Jh. sind ähnliche Themen bekannt. Die Hauptperson, gut gekleidet und Mittelpunkt des Bildes, nimmt gerade einen Beutel Geld (Gold) in Empfang; mit der rechten Hand zeichnet er die eingenommenen Summen auf. Die Waage, die hier nach einer Seite ausschlägt, wird zum bedeutsamen Symbol im Geschehen; bereits bei Moses (3. Buch, Kap. 19, Vers 35) ist ein deutlicher Hinweis auf die Gleichheit der Gewichte und damit auf die Gerechtigkeit gegeben. Aus diesem Zusammenhang ergibt sich vielleicht auch das Verständnis des an der Rückwand hängenden Bildes mit der „Ehernen Schlange", die als eine Versstelle im Alten Testament (Moses) auf die Kreuzigung Christi vorausweist. Rembrandt liebte es immer wieder, Typen und Antitypen der Bibel gegenüberzustellen. Es ging ihm auch nicht nur darum, einen Bekannten zu porträtieren, sondern dem Bildinhalt tiefere positive Bedeutung zu geben, die aber auch eine Mahnung enthalten soll, nämlich trotz unterschiedlicher sozialer Stellung immer

Menschlichkeit und Gerechtigkeit walten zu lassen.
Leihgeber: Graz, LMJ, Alte Galerie, Inv.-Nr. AG/K 262

17/3 Johannes Uytenbogaert

Radierung, 1635
Rembrandt Hermanesz van Rijn (1606–1669)
H. 23 cm, B. 19 cm

In diesem Blatt, das in mehreren Zuständen erhalten ist, stellt Rembrandt Johannes Uytenbogaert (1557–1664), auch Wtenbogart geschrieben, dar. Uytenbogaert, vermutlich ein Verwandter des gleichnamigen Goldwägers (siehe die vorstehende Beschreibung unter Kat.-Nr.17/2), hatte sich nach seinen juristischen Studien der Theologie zugewandt und war Pastor der Arminianer (Anhänger des Jacob Arminius). Mit seinen markanten ethischen Standpunkten nahm er auch stets zu politischen und ökonomischen Fragen Stellung. Er war eng mit Hugo Grotius (1583–1645) verbunden, welcher damals vehement für die Freiheit der Meere und des Handels eintrat. Ein um 1633 entstandenes Gemälde in englischem Privatbesitz aus Rembrandts Hand zeigt ebenfalls den schon sehr alten (78jährigen) Uytenbogaert; um 1635 ist die hier gezeigte Radierung zu datieren. Grotius und Uytenbogaert hatten wegen ihrer Parteinahme für den holländischen Staatsmann Oldenbarneveld, welcher schließlich enthauptet wurde, mit politischer Verfolgung zu kämpfen und wurden vorübergehend zur Emigration gezwungen.

Am unteren Ende des Bildes ist der Schriftzug „H. Grotius" seitlich angebracht, unter dem Porträt ist folgender Vierzeiler zu finden:

Quem pia mirari plebes, quem castra solebant,
 damnare et mores aula coacta suos.
Iactatus multum, nec tantum fractus ab annis
UUTENBOGARDUS sic tuus, Hugo, redit.

Den das fromme Volk und die Schlösser zu bewundern pflegten, verurteilte der versammelte Hof zugleich wegen seiner sittlichen Einstellung.
Viel umhergeworfen, doch von den Jahren doch noch nicht ganz gebrochen, kehrt Dein Uutenbogardus, Hugo, auf diese Weise zurück.

Leihgeber: Graz, Alte Galerie.

17/4 Literarische Werke über Geld und Handel

1. Aristoteles: Über die Oekonomie. 2. Shakespeare: Der Kaufmann von Venedig. 3. G. Freytag: Soll und Haben. 4. Th. Mann: Die Buddenbrooks. 5. Pohl: The Space Merchants. 6. W. Disney, Dagobert Duck

Leihgeber: Steiermärk. Landesbibliothek, Christian Promitzer, Patricia Rucker.

17/5 "Campbell's Tomato Soup"

Andy Warhol
Siebdruck
Leihgeber: Neue Galerie der Stadt Linz

17/6 Die leere Geldbörse

Josef Büche, Öl auf Karton, um 1880
H. 30 cm, B. 38 cm
Leihgeber: Graz, LMJ, Neue Galerie, Inv.-Nr. I 1 876

Raum 18
„Angebot sucht Nachfrage"

18/1 Marktstand mit Haushaltskeramik und Blaufärberware („Blaudrucken")

Inszenierung
Idee: G. Schöpfer
Ausführung: C. Auer
L. 2 m, B. 1 m

Das Sortiment des Blaufärbers (auch „Blaudrucker" genannt) umfaßte einfache blaugefärbte Ware, wie sie für Arbeitskleidung – z. B. das „Fürta" (Fürtuch) der Männer – verwendet wurde, sowie die gemusterten sog. Blaudrucke. Letztere wurden zuerst nur mit den Blaudruckmodeln händisch und einseitig bedruckt (und für Kleidung, Bett- und Tischwäsche verwendet), später – im Walzendruckverfahren – auch beidseitig (für Kleidung). Zum Blaufärben wurde früher Waid, später Indigo herangezogen. Die – von Töpfern hergestellte – Haushaltskeramik war sehr vielfältig; zum Hauptangebot der Marktware zählten Koch- und Vorratsgefäße. Die Keramik stammt von den sogenannten „Bauerntöpfern" aus dem Übermurgebiet.

Leihgeber: Steinberg im Burgenland, Blaufärberei Koo

18/2 Lebzelterstand

Der Stand des Lebzelters, der fast immer auch Metsieder und Wachszieher war, bot ein reichhaltiges Angebot: neben Lebzelten auch Met und Wachswaren in großer Vielfalt (Wachsstöcke, Kerzen, Votivgaben etc.). Unter den Lebzelten war die sog. „gemodelte Ware" die ästhetisch anspruchvollste. Sie wurde mit Hilfe der Model seriell gefertigt. Der Motivschatz war sehr reichhaltig und war auch auf spezielle Anlässe abgestimmt. Zu den beliebtesten Motiven zählten Herz, Kind und Reiter, die als Liebesgeschenke (Liebespaare, Hochzeit) und Spielzeug Verwendung fanden. Die Modellebkuchen mußten aus einem sehr trockenen Teig gefertigt werden, damit das Relief schön sichtbar wurde. Aus besserem Teig – und daher auch besser schmeckend – war die geschnittene bzw. die ausgestochene Ware, die zur Verschönerung gerne „beeist" (mit Zuckerglasur verziert) und häufig auch mit Klebebildern versehen wurde. Bei den Lebzelterherzen, die wir immer noch auf Jahrmärkten und bei Wallfahrtsständen finden, lebt diese Art der Lebkuchen noch weiter.
(Es handelt sich bei den gezeigten „Modellebkuchen" um Abdrucke aus nicht eßbarem Material.)
Literatur: E. Hörandner, Model. München 1982.
Leihgeber: Wien, Österreichisches Museum für Volkskunde

18/2/1 Blaudruck- resp. Blaufärbermodel

24,5 x 24,5 x 5 cm
Holzmodel mit Muster (Karos) aus Holz.
Leihgeber: Graz, LMJ, Abt. f. Volkskunde, Inv.-Nr. 33 725

18/2/2 Blaudruck- resp. Blaufärbermodel

27,5 x 8,5 x 4,5 cm
Holzmodel mit Metallstegen und Holzschnittmuster. Blattartige Fischblasen, von Ranken unterbrochen.
Leihgeber: Graz, LMJ, Abt. f. Volkskunde, Inv.-Nr. 15 547

18/2/3 Blaudruck- resp. Blaufärbermodel

31 x 9 x 5,5 cm
Holzmodel mit Metallstegen. Blatt- und Rankenmuster, mit wellenartiger Bordüre.
Leihgeber: Graz, LMJ, Abt. f. Volkskunde, Inv.-Nr. 15 546

18/2/4 Blaudruck- resp. Blaufärbermodel

22 x 22 x 5,5 cm

Holzmodel mit Metallstiften und -stegen, Blätter. Alle Blaudruck- resp. Blaufärbermodel stammen vom Färber Karl Ehrgott (geb. 1810) in Jagernigg bei Wies, der sie seinem Sohn Ferdinand (ebenfalls Färber) vererbte. Dessen Schwiegersohn, der Schlossermeister Rudolf Morazzi, übergab sie dem Joanneum.
Leihgeber: Graz, LMJ, Abt. f. Volkskunde, Inv.-Nr. 15 582

18/2/5 Lebzeltmodel

20,5 x 17,5 x 4,5 cm, Holz
Herz mit gekröntem Wappen
Leihgeber: Graz, LMJ, Abt. f. Volkskunde, Inv.-Nr. 14 062

18/2/6 Lebzeltmodel

29 x 10 x 4 cm, Holz
Sog. „Fatschenkindl" (Wickelkind).
Leihgeber: Graz, LMJ, Abt. f. Volkskunde, Inv.-Nr. 14 020

18/2/7 Lebzeltmodel

20 x 30,5 x 2,5 cm, Holz
Reiter (sog. „Roßreiter"). Der Model ist beidseitig beschnitzt; die andere Seite zeigt einen Rauchfangkehrer mit Leiter und Besen.
Leihgeber: Graz, LMJ, Abt. f. Volkskunde, Inv.-Nr. 15 413

18/2/8 Lebzeltmodel

10,5 x 17,5 x 2,5 cm, Holz
ABC-Täfelchen, von Engelskopf bekrönt.
Leihgeber: Graz, LMJ, Abt. f. Volkskunde, Inv.-Nr. 14 534

18/2/9 Lebzeltmodel

12,5 x 20 x 5,5 cm, Holz
Firmungsmotiv: Baldachinbekrönte Kapellennische, Bischof mit Assistenz, Pate und Patin mit je einem Firmling. Der Model ist beidseitig beschnitzt; die andere Seite zeigt einen Husaren.
Leihgeber: Graz, LMJ, Abt. f. Volkskunde, Inv.-Nr. 15 412

18/2/10 Lebzeltmodel

18,5 x 12 x 4 cm, Holz
Ein Paar verzierte Handschuhe, darunter die Jahreszahl 1715. Der Model ist beidseitig beschnitzt; die andere Seite zeigt einen verzierten Handschuh.
Leihgeber: Graz, LMJ, Abt. f. Volkskunde, Inv.-Nr. 33 326

18/2/11 Lebzeltmodel

18 x 11 x 3 cm, Holz
Verzierter Schuh, aus dem zwei Fatschenkinder (Wickelkinder) herausschauen. F. H. 17 sowie — in Medaillon — MI.
Leihgeber: Graz, LMJ, Abt. f. Volkskunde, Inv.-Nr. 33 325

18/2/12 Lebzeltmodel

21 x 11 x 3 cm, Holz
Madonna im Ährenkleid. Am unteren Rand die Inschrift M. STRASENG. F. H. 34. Abdrucke von diesem Model wurden für den Wallfahrtsort Maria Straßengel produziert und gern von den Wallfahrern dort gekauft und mit nach Hause gebracht.
Leihgeber: Graz, LMJ, Abt. f. Volkskunde, Inv.-Nr. 33 339

18/2/13 Lebzeltmodel

21 x 11 x 3 cm, Holz
Reihe von sieben Fatschenkindern (Wickelkindern). Sog. Zeilenmodel.
Leihgeber: Graz, LMJ, Abt. f. Volkskunde, Inv.-Nr. 857

18/2/14 Lebzeltmodel

---

31 x 13 x 5 cm, Holz
Reihe von sechs Fischen. Sog. Zeilenmodel. Der Model ist beidseitig beschnitzt; die andere Seite zeigt einen größeren Fisch.
Leihgeber: Graz, LMJ, Abt. f. Volkskunde, Inv.-Nr. 873.

18/3 Judenburger Marktordnung

Faksimile
Marktordnung für die Stadt Judenburg.
Graz, 23. Oktober 1819.

18/4 Inszenierung einer Wanderhändlergruppe mit Kaufrufen

Idee: G. Schöpfer
Ausführung: C. Auer

Wer ichmaln dem gellt lochen vnd etwas dergstalt verdienen wil .
Miiß rijßen Seltzam pojen vnd täglich bringen nürve jpil.

18/5 Bilddokumentation zu diversen Wanderhändlern

18/5/1 Der Minnesänger Dietmar von Ast als Wanderhändler verkleidet, um 1300

Repro aus: Manessische Liederhandschrift (Große Heidelberger Liederhandschrift C), fol. 64 , Zürich um 1300 von einem Maler des Grundstockes der Manessischen Liederhandschrift
Um sich seiner angebeteten Dame ungestört nähern zu können, hat sich der Dichter einer List bedient: Er kommt als wandernder Händler verkleidet vor die Burg der Geliebten. Als improvisiertes „Standl" dient ihm eine Stange, auf der er Galanteriewaren, wie kunstvoll verzierte Gürtel, Beutel und Taschen sowie einen Spiegelbehälter, gehängt hat. Der Behälter auf seinem Lastesel birgt anscheinend Spindeln. Prüfend berührt die Dame eine Gürtelzunge, während ihr Dietmar eine Gürtelschnalle anbietet.
Literatur: K. Martin, Minnesänger, 2. Bd., 24 farbige Wiedergaben aus der Manessischen Liederhandschrift. Baden–Baden 1964, Nr. 3.
G. Hardach/J. Schilling, Das Buch vom Markt. Eine Wirtschafts- und Kulturgeschichte. Luzern-Frankfurt a. M. 1980, S. 62.
Leihgeber: Leoben, Museum der Stadt Leoben

18

18/5/2 Der Krämer

Jost Amman (1539–1591, siehe seite 287)
Repro aus: Jost Amman – Hans Sachs „Eygentliche Beschreibung aller Stände", Frankfurt a. Main 1568 bei Siegmund Feyerabend (Original: Holzschnitt)

Im Amman'schen „Ständebuch" wird eine Gliederung der abendländischen Gesellschaft vom Papst absteigend bis zu den Narren gegeben. Der marktschreierische „Stocknarr" tritt mit einem Bauchladen auf. In den Augen des Moralisten „unnützer Tand", wie Spielkarten, Rosenkranz, Halskette, Bandelwerk, Spiegel, Gürtelbesteck, Schreibzeug, Handschuhe wird feilgeboten. Im Hintergrund erkennt man einen Wanderer mit Rückentrage. Derselbe Holzschnitt kommt aber auch zur Illustration des Krämers im Ständeteil des Werkes vor. Hier ist die Fülle der angebotenen Waren im erläuternden Gedicht geschildert, wobei die Identifizierung aller Objekte schwierig fällt. „Der Krämer. Ich bin ein Krämer lange jar/ Kompt/ vnd kaufft hie mancherley Wahr/ Als Bruech/ Pfeifen/ vnd Schlötterlein/ Item Würz/ Zucker vnd Brentn Wein/ Spiegel/ Schelln/ Käm/ nadl vnd Harbant/ Leckkuchn/ Nestel vnd Brillen genannt/ Die Krämerey manscherley Wahrn/ Erfand lieber Pater vor jarn." (Bruech = kurze Unterhosen, an die langen Strümpfe mit Nesteln befestigt wurden; Pfeifen und Schlötterlein = Kinderspielsachen, Pfeiferl und Klapper („Reixerl"), Brenter Wein = Branntwein; Leckkuchen = Lebkuchen). Oft nennt Hans Sachs in seinen Begleitversen einen mythischen Erfinder des Metiers. Der hier zitierte „Pater" ist vorläufig nicht zu identifizieren.
Literatur: R. Graul (Hrsg.), Das Ständebuch. 114 Holzschnitte von Jost Amman mit Reimen von Hans Sachs, Leipzig o. J., Insel-Bücherei 133, S. 33 und 113.
Leihgeber: Leoben, Museum der Stadt Leoben

18/5/3 Wandernder Leinwandhändler („Tändler")

Christoph Weigel (1654–1725)
Repro eines Kupferstiches für „Abbildung der Gemeinnützlichen Haupt-Stände Von dene Regenten . . . biß auf alle Künstler Und Handwercker nach Jedes Ambts- und Beruffs-Verrichtungen/meist nach dem Leben gezeichnet und in Kupfer gebracht . . . Von Christoff Weigel"
Regensburg 1698

Ein Tändler handelt von Haus zu Haus gehend mit alten Kleidern. Mehrere Hüte hat er als bizarres Kennzeichen seines Gewerbes übereinander auf seinen Kopf gestülpt. Kleider hängen über Schultern und Arme. Ein Hund knurrt den Händler an, ein Hinweis auf die Geringschätzung dieses Metiers.
Literatur: Ch. Weigel, Abbildung und Beschreibung der gemeinnützlichen Hauptstände. Faksimile. Neudruck der Ausgabe Regensburg 1698. Mit einer Einführung von M. Bauer, Nördlingen 1987, unpag. Anhang. Leihgeber: Leoben, G. Jontes

18/5/4 Kroatischer Leinwandhändler um 1804

Kolorierter Punktierstich von Carl Sturm (1774–1804) nach Ludwig Maillard (gest. 1806)
H. 33,1 cm, B. 27,5 cm

„Ein Croate, der Leinwand verkauft. Un Croate, qui vend du Linge" ist ein Wiener Kaufruf-Blatt, das schon in die Nähe der damals langsam populärer werdenden Trachtenstiche rückt. Die in der ganzen Monarchie anzutreffenden kroatischen Leinwandhändler zogen von Haus zu Haus und boten rollenweise selbstverfertigtes Hausleinen an. Sie stellten für die heimischen Produzenten eine unliebsame Konkurrenz dar und waren deshalb nicht sehr gerne gesehen.
Literatur: R. Witzigmann, Wiener Kostüme, in: Verlag Artaria, Veduten und Wiener Alltagsszenen, Ausstellungskatalog des Histor. Museums der Stadt Wien, Wien 1981, S. 177, Abb. S. 175.
Leihgeber: Wien, Historisches Museum der Stadt Wien, Inv.-Nr. 108.428/2

18/5/5a Reifnitzer Reiterträger

Figurine
H. 38 cm

Figurine eines mit seinen Waren wandernden Reifnitzer Reiterträgers.
Leihgeber: Abt. Schloß Stainz, LMJ, Ing.-Nr. 7 407

18/5/5b Reifnitzer Reiterträger

Repro (siehe Seite 289)

Die „Reiterträger" aus dem krainischen Reifnitz/Ribnica waren als Wanderhändler mit ihren Waren hochbepackt unterwegs. Außer den „Reitern" – Sieben für Körnerfrucht, Mehl und dgl. – mit Holzzarge und Holz- oder Drahtgeflecht verschiedener Stärke sieht man unter den Waren auch noch Handkörbe, Reiterböden, geflochtene Matten und holzgeschnitztes Küchengerät in Form von Kochlöffeln und Sprudlern. Die Reifnitzer Reiterträger waren bis vor wenigen Jahren von Jugoslawien aus auch in der Steiermark unterwegs.
Leihgeber: Stainz, LMJ, Abt. Schloß Stainz, Inv.-Nr. P 1 050

18/5/6 Straßengewerbe

Georg Fischer
Kolorierte Federlithografie, um 1840/50
H. 34 cm, B. 44 cm

Die von M. Trentsensky herausgegebene, 15 Blätter umfassende Serie „Wiener Bilder" zeigt auch Straßengewerbe, so das Blatt 12: Scherenschleifer, Stiefelputzer, Korbwarenverkäufer, Gottscheer Orangenverkäufer, blinde Musikanten und kroatische Zwiebel- und Melonenverkäufer.
Die kleine Welt des Bilderbogens. Der Wiener Verlag Trentsensky. Ausstellungskatalog des Histor. Museums der Stadt Wien, Wien 1977, Nr. 49c, S. 30.
Leihgeber: Wien, Historisches Museum der Stadt Wien, Inv.-Nr. 98.074/3

18/5/7b Wiener Kaufrufe

Joseph Schmutzer
Kolorierte Federlithografie, um 1825
H. 18 cm, B. 33 cm

Die Mandlbogenserie „Wiener Volksbeschäftigungen und Ausrufe" erschien im Verlage Trentsensky in Wien, der zu den wichtigsten Herausgebern populärer Bilderbögen im biedermeierlichen Europa zählte. Die Darstellung des Straßen- und Marktlebens in Druckgrafikserien hat ihre Wurzeln in den Staffagefiguren der frühen Landschaften und der Genremalerei, die von den Niederlanden im 16. Jh. ausging und die pittoreske Welt des „gemeinen Volks" gerne bis bevorzugt als Sujet verwendete. Die Perfektionierung des Kupferstichs, schließlich die Erfindung der Lithografie ermöglichten eine Massenproduktion dekorativer Bilder, die sich auch die Mittel- und Unterschichten leisten konnten. Beliebt war die Darstellung von Straßenhändlern und Wanderhandwerkern, Menschen, denen man täglich und überall begegnete. Ihre Zahl und Vielfalt hatte durch das Wachsen der Städte seit dem 17. Jh. stark zugenommen. Grafische Darstellungen von „Kaufrufen" und Wandergewerben wurden in ganz Europa beliebt. Man findet sie im ganzen Reich (Duisburg, Berlin, Danzig, Göttingen, Hamburg, Leipzig, Köln, Nürnberg, Wien), in der Schweiz (Basel, Zürich), in den Niederlanden, in Großbritannien, Frankreich, Italien, Portugal, selbst in Polen, Rußland und in der Türkei. Die älteste Wiener Serie stammt von dem Kupferstecher und Radierer Johann Christian Brandt (1722–1794). Die 40 Blätter dieser Reihe wurden 1775/76 herausgegeben.
Literatur: Die kleine Welt des Bilderbogens. Der Wiener Verlag Trentsensky, Ausstellungskatalog des historischen Museums der Stadt Wien, Wien 1977.

18

Leihgeber: Wien, Historisches Museum der Stadt Wien. Inv.-Nr. 159.217/2

18/5/7b Wiener Kaufrufe

Joseph Schmutzer
Kolorierte Federlithografie, um 1825
H. 18 cm, B. 33 cm

Die Figurinen Nr. 21–25 aus dem Mandlbogen „Wiener Volksbeschäftigungen und Ausrufe" zeigen eine kroatische „Zwiefelkrowodin", die mit ihrem Kaufruf Kümmel, Maroni und Knoblauch anpreist, weiters einen kroatischen Leinwandhändler („Kafte Leiweht!"), einen Rastlbinder, eine Lumpensammlerin sowie den aus Raimunds „Bauer als Millionär" noch heute geläufigen Aschenmann mit seinem Rufe „An Oschn!".

Literatur: Die kleine Welt des Bilderbogens. Der Wiener Verlag Trentsensky, Ausstellungskatalog des Historischen Museums der Stadt Wien, Wien 1977, Nr. 52, S. 32.
Leihgeber: Wien, Historisches Museum der Stadt Wien, Inv.-Nr. 159.217/3

18/5/7c Wiener Kaufrufe

Joseph Schmutzer
Kolorierte Federlithografie, um 1825
H. 18 cm, B. 35 cm

Unter den hier dargestellten Wanderhändlern sind der Tiroler Teppichhändler, der kroatische Kotzenhändler und die schlesische Leinwandhändlerin besonders weit herumgekommen. Im städtischen, lokalen Bereich bewegen sich dagegen der Tintenverkäufer, der Federnhändler und das Lieder- und Urteilsweib, das bei den öffentlichen Hinrichtungen Moritatendrucke feilbot.

Literatur: Die kleine Welt des Bilderbogens. Der Wiener Verlag Trentsensky, Ausstellungskatalog des Historischen Museums der Stadt Wien, Wien 1977, Nr. 52, S. 32.
Leihgeber: Wien, Historisches Museum der Stadt Wien, Inv.-Nr. 159.217/4

18/6 Wandernder Bandlkramer

Schützenscheibe, Holz-bemalt, 1836
Ø 155 cm

Das Gebiet um Waidhofen an der Thaya im niederösterreichischen Waldviertel wurde wegen seiner vielen häuslichen Kleinbetriebe, die Textilien erzeugten und durch Wanderhändler vertreiben ließen, das „Bandlkramerland" genannt. Die Schützenscheibe der Schützengilde von Waidhofen an der Thaya zeigt einen solchen Bandlkramer, der mit Rückentrage und Elle unterwegs ist. Bunte Bänder quellen aus seinen Taschen. Vor der Brust trägt er einen Beutel mit weiteren Bändern und zwei Scheren zum Abschneiden der verkauften Ware. Die Aufschrift auf dem Hut „Hatt auf Graz" verweist auf die weiten Wanderzüge solcher Händler.

Literatur: W. Galler, Volkskunst und Volksleben in Niederösterreich. Ausstellungskatalog Stift Altenburg 1984, S. 17.
Leihgeber: Waidhofen an der Thaya, Heimatmuseum

18/7 Marktwagerl aus St. Bartholomä, Bezirk Graz-Umgebung

Wagen, Holz, Metall montiert, Anfang 20. Jh.
H. 95 cm, L. 188 cm, B. 98 cm

Landwirtschaftliche Produkte wurden von den Bauern auch mit solchen Marktwägelchen in die Märkte und Städte gebracht. Hier ist es ein zweirädriger Karren mit truhenförmigem Aufbau, der nach oben mit einem gewölbten Deckel zu öffnen ist. Die Deichsel ist am Aufbau befestigt. Hinten sind die Besitzerinitialen A.J.F. aufgemalt.

Literatur: D. Weiß, Mit Kraxe und Wagen. Bäuerliche Transportbehelfe. Katalog der Sonderausstellung. Stainz 1984, Nr. 18, S. 21, Abb. 23.
Leihgeber: Stainz, LMJ, Abteilung Schloß Stainz, Inv.-Nr. 7 245

18/8 Bilddokumentation zum Jahrmarkttreiben

18/9 Greißler-Laden aus Oberwölz

Der Kramerladen

stammt aus der 39 km von Judenburg flußaufwärts gelegenen Kleinstadt Oberwölz, die heute noch über eine mittelalterliche Mauer und drei von früher fünf Stadttoren verfügt. Unter dem von den Bürgern aus ihren Reihen gewählten „Stadtrichtern" waren neben den zahlreichen herkömmlichen Berufen durch Jahrhunderte zwei Krämer mit „Cramereyladen" ansässig. Diese haben sich durch Ausdauer und Geschäftssinn vom ursprünglich „kraxentragenden" Wanderhändler mit Waren des täglichen Bedarfes zum hausbesitzenden Bürger emporgearbeitet, der mit seiner handwerksähnlichen, auf Gewinn ausgerichteten Tätigkeit (W. Sombart) schließlich den in Zünften vereinigten Handwerksmeistern gleichgestellt war, ohne den Makel mitunter unsauberer Geschäftspraktiken ganz verloren zu haben. Daneben gab es noch den „Bandlkramer", „Weiße-Waar-Drager", „Walischen Kramer" oder „Materialist", der importierte Gewürze, Heilmittel und Materialwaren anbot. Einheimische Lebensmittel verkaufte der „Fragner" oder „Fratschler", der bei uns auch „Greißler" und in Deutschland „Höker" hieß („verhökern").

Der Warenbezug ohne Barzahlung und die Verrechnung von Zinsen für vorgestrecktes Geld machten den Kaufmann, der meist auch über eine Weinschank-Konzession verfügte — für das Bier war der „Brauer" zuständig —, neben dem Fleischhauer zu den reichsten Bürgern. Mit der Verlagerung des Überseehandels von Venedig nach Amsterdam ab der zweiten Hälfte des 16. Jhs. verringerte sich der Fernhandel über die Tauernpässe — in Oberwölz das Glattjoch (1.987 m). Übrig blieb der Reiseverkehr, der Salz- und Weinhandel sowie der örtliche Berg- und Hammerwerksbetrieb.

Meist ging die „Krämer-Gerechtssame" vom Vater auf den Sohn oder Schwiegersohn über. Vom Ende des 17. Jhs. ist uns ein Geschäftsvorgänger namens Carl Ertlmayr aus Gerichtsakten bekannt, worin er erklärt, daß er als armer Bauernsohn durch viele Jahre mit „Ranzentragen" Frau und Kinder ernährt habe und nur durch seine Einheirat in eine Bürgersfamilie zu Geld gekommen sei. Im Jahre 1687/88 bekleidete er die Funktion eines „Stadtrichters".

Geschäftsvorgänger waren im 18. Jh. mehrere Generationen von Elishuber und seit 1816 Vater und Sohn Ignaz Klaffensack, dem sein Schwiegersohn Alois Baumer und Hugo Sabin folgten, dessen Erbe den 1846 zu einem großräumigen Gasthof ausgebauten Betrieb bis in die jüngste Zeit besessen und verpachtet hatten. Neben Kolonial- und Manufakturwaren besaß das Geschäft auch die Konzession auf die staatlichen Monopole für Pulver und Tabak (Tabak-Schneidemaschine, Zigaretten-Drehmaschine).

Die das Geschäftsinnere in auffälliger Weise schmückende dreiteilige „Ladenschlange" ist ein typisches Krämer-Requisit. Ausgehend von der einfachen Holzschlange — auf Waren vorweisend, die über die „Seidenstraße" kamen — bis zur doppelt geschwänzten Meerjungfrau mit den sichtbaren Händler-Attributen wie Anker, Merkurstab und dem aus dem Christogramm entwickelten „verkehrten Kaufmannsvierer", ist der wirtschaftliche und gesellschaftliche Aufstieg des „Bürgerlichen Handelsmannes" zu verfolgen. Was früher an Holzschlangen aufgehängt dem Käufer angeboten worden war, hing nunmehr auf Stangen vor den „Schlangen". Schon die Generation vor 1900 kannte den Ausdruck „von der Stange kaufen". Geschäftsschilder wie „Spezerei-, Kolonial-, Manufaktur-Waren" gab es noch bis 1945.

Das nur zum Teil aufgestellte Geschäftsmobiliar mit Laden und Vitrinen stammt aus der Zeit um 1820 und befand sich bis vor kurzem in seit 100 Jahren nicht mehr als Geschäft benutzten Gewölbe des Hauses Nr. 5. Die drei hier ausgestellten Ladenschlangen hat Alois Baumer Ende vergangenen Jahrhunderts aus dem Gewölbe seines gegenüberliegenden zweiten Geschäftes abnehmen und in einem Dachbodenwinkel deponieren lassen, wo sie erst im Spätherbst vergangenen Jahres wiederentdeckt wurden.

R. Hesse

Literatur: W. Filek-Wittinghausen, L. Weiser-Aal, R. Hesse.

18/10 Ladenschlange (siehe Seiten 145–147)

18/11 Kaufhausinszenierung

Foto

18/12 Warenhauskataloge aus der Zeit der Jahrhundertwende

Leihgeber: Graz, Fa. Kastner & Öhler

Der „Reinerhof", das älteste Kaufhaus von Graz

18/13 Fotos aus der Geschichte steirischer Kaufhäuser

Fotodokumentation

18/13/1 Ehemalige Fassade des Kaufhauses Kastner & Öhler

Foto (siehe Seite 170)
Leihgeber: Graz, D. Bene

18/13/2 Ansicht des Innentraktes des Kaufhauses Kastner & Öhler vor der Renovierung

Foto (siehe Seite 170)
Leihgeber: Graz, Fa. Kastner & Öhler

18/13/3 Kaufhaus Hornig, Graz, Sporgasse

Foto
Leihgeber: Graz, Fa. Hornig

18/13/4 ModenMüller, Graz

Foto
Leihgeber: Graz, Fa. ModenMüller

Raum 19
Neue Bedürfnisse entstehen

19/1 Schispringer in altertümlicher Montur

Entwurf: Büro Giselbrecht
Ausführung: H. Schapek
Leihgeber: Mürzzuschlag, Schimuseum Mürzzuschlag

19/2 Litfaßsäule mit historischen Fremdenverkehrsplakaten

19/3 Kajak-Badedress

Foto aus: Tagebuch der Straße, S. 319
Leihgeber: Wien, Wiener Stadt- und Landesbibliothek

19/4 „Badeanzug" und „Badehaube"

Baumwolle, Batist
Zweiteiliger Badeanzug aus grüner, weißgetupfter Baumwolle. Billrothbatist; plissierter Rand.
Leihgeber: Wien, Historisches Museum der Stadt Wien, Modesammlung

19/5 Fremdenverkehrsprospekte

19/6 Entwicklung des steirischen Fremdenverkehrs

Diverse Grafiken
Entwurf: G. Burkert
Ausführung: R. Gaar
Literatur: G. R. Burkert - N. Herrmann, Steirischer Fremdenverkehr, Graz 1988

18
19

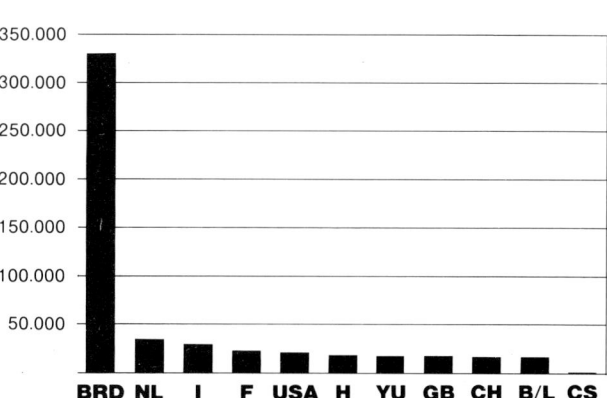

Ausländerfremdenverkehr in der Steiermark im Fremdenverkehrsjahr 1984/85

Quelle: Amt der Stmk. Landesregierung, Referat Statistik

Ankünfte 1984/85

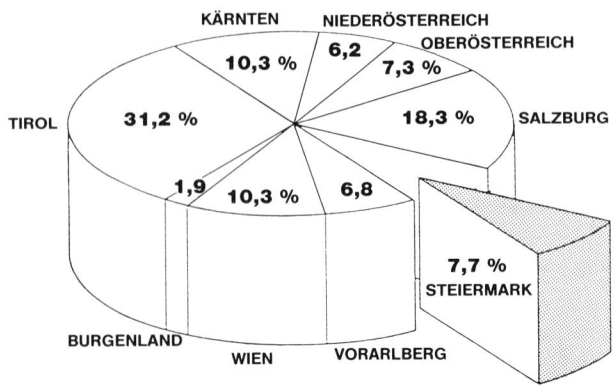

Übernachtungen 1984/85

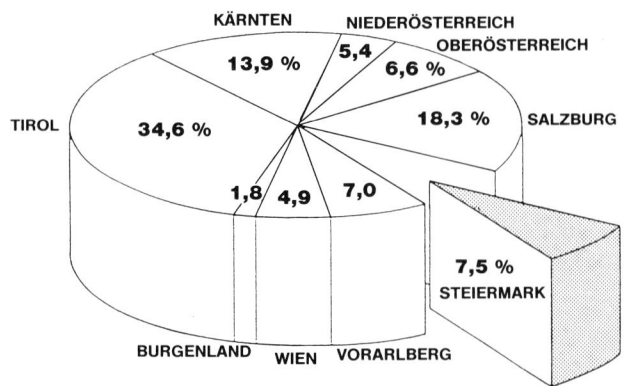

Quelle: Amt der Stmk. Landesregierung, Referat Statistik

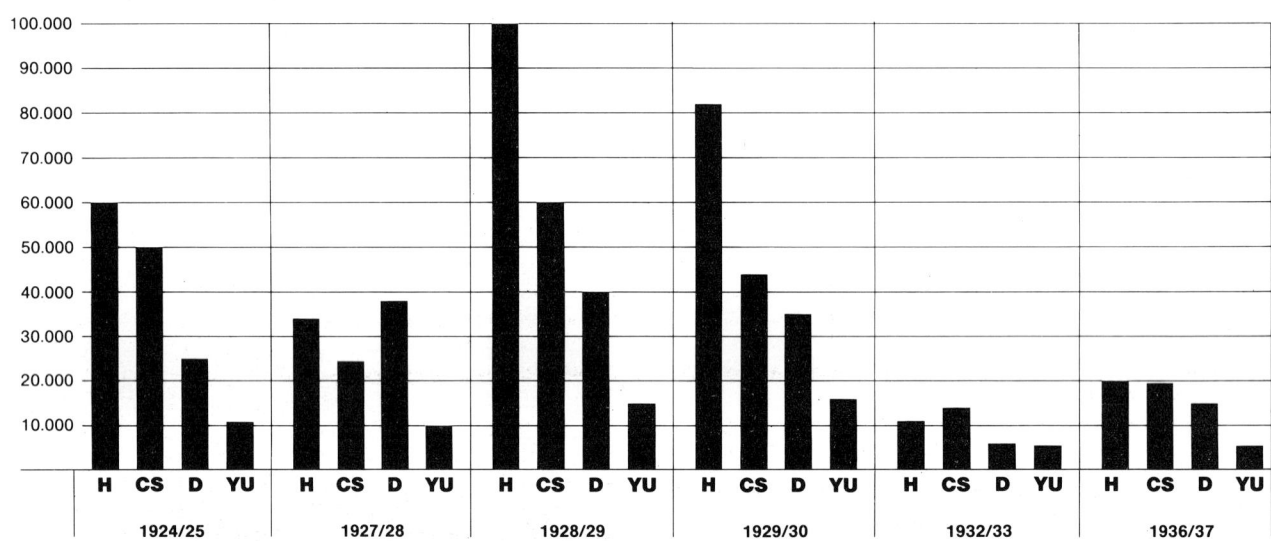

Übernachtungen der In- und Ausländer von 1924/25 bis 1985/86
(1937–1948 keine Angaben)

19

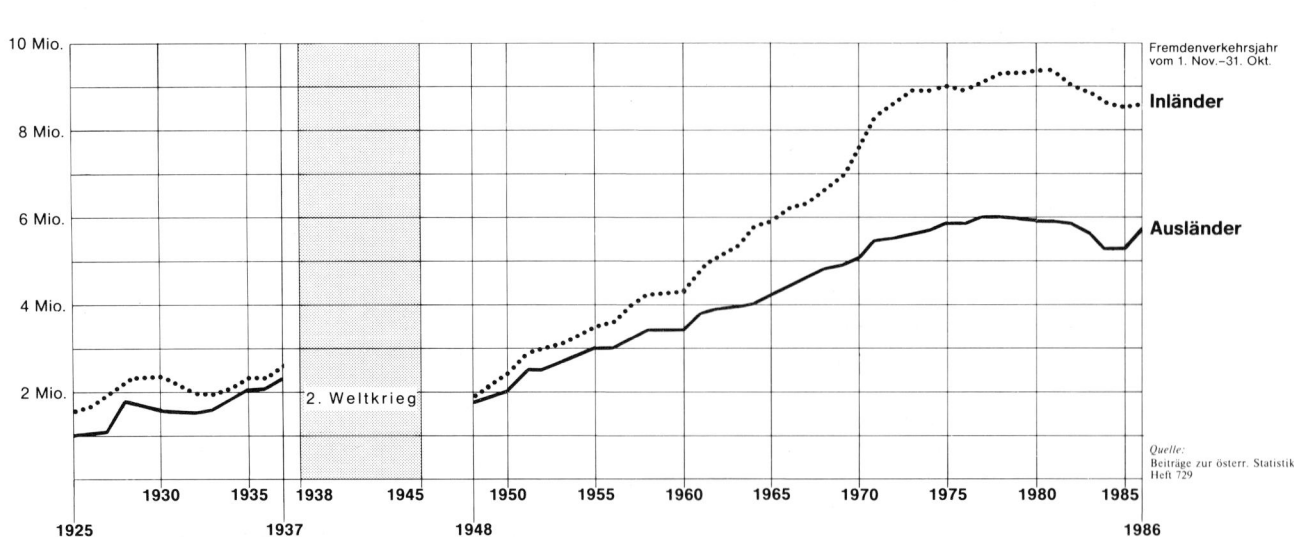

Schwankungen des Ausländerfremdenverkehrs in der 1. Republik
Quelle: Beiträge zur österr. Statistik (Referat Statistik), Heft 729 (1983)

19/7 Fremdenverkehr in Altaussee

Karikatur

Die Schriftsteller Jakob Wassermann, Hugo von Hofmannsthal, Raoul Auernheimer und Arthur Schnitzler holen sich ihre Inspirationen aus dem Altausseer See.

Leihgeber: Altaussee, Heimatmuseum

19/8 Energieverbrauch (Meßinstrumente)

19/8/1 Wasserzähler

Hersteller: Siemens & Halske, Wien 1920

Die Stadt Judenburg erhielt als erste Stadt der Steiermark im Jahre 1869 eine Hochquellen-Wasserleitung.

Leihgeber: Judenburg, Stadtwerke

19/8/2 Gaszähler

Münzzähler für Leuchtgas, Hersteller: Gasmesserfabrik S. Elster, Wien 1931

Münzzähler geben nach Einwurf einer Münze oder einer Wertmarke eine bestimmte Liefermenge frei und sperren danach die Lieferung wieder ab, soferne nicht weitere Münzen eingeworfen werden. Heute werden Münzzähler nur in Sonderfällen verwendet. Neben Gas-Münzzählern gibt es auch solche für elektrische Energie.

Leihgeber: Graz, Grazer Stadtwerke Aktiengesellschaft

19/8/3 Elektrizitätszähler (siehe Seite 172)

Kilowattstunden-Wechselstromzähler, Hersteller: AEG, Berlin 1924

Die öffentliche Elektrizitätsversorgung in der Steiermark begann 1889 – vor hundert Jahren – mit der Gründung des „Elektrischen Werkes zu Bad Aussee".

Leihgeber: Graz, Elektrizitätswerk Gösting, V. Franz

19/8/4 Fernwärmezähler

Fernwärme-Übergabestation für Kleinabnehmer mit Zähleinrichtung und Leistungsbegrenzung, Hersteller der Meßgeräte: Schinzel Ges. m. b. H., Wien 1985

In Ballungsräumen gewinnt die Fernwärmeversorgung für Raumheizzwecke zusehends an Bedeutung, da sie den Forderungen nach Energieeinsparung und Luftgüteverbesserung entgegenkommt.

Leihgeber: Graz, Steirische Wasserkraft- und Elektrizitäts-Aktiengesellschaft

19/9 Waschmaschine (siehe Seite 173)

Hersteller: Savage Arms Corporation, Utica/USA, um 1925
Leihgeber: Graz, Elektrizitätswerk Gösting, V. Franz

19/10 Elektroherd

Hersteller: Siemens Schuckertwerke, um 1935
Leihgeber: Graz, Elektrizitätswerk Gösting, V. Franz

19/11 Stehlampe, um 1935

Leihgeber: Graz, Elektrizitätswerk Gösting, V. Franz

19/12 Kühlschrank

Leihgeber: Graz, Elektrizitätswerk Gösting, V. Franz

19/13 Energieversorgungsnetze in der Steiermark

Foto nach der Karte zum Landesentwicklungsprogramm Steiermark Sachbereich Energie, hrsg. vom Amt der Steiermärkischen Landesregierung, Stand 1. Oktober 1983

Die Technisierung des Alltagslebens und die mit ihr erreichten Annehmlichkeiten wurden erst durch die Schaffung von Energieversorgungsnetzen möglich. Fernleitungen und örtliche Versorgungsnetze für Elektrizität, Gas und Fernwärme überziehen das Land als neuzeitliche Handelswege, über die das heute zum Alltagsbedarf gehörende Wirtschaftsgut Energie zu den Verbrauchern befördert wird.

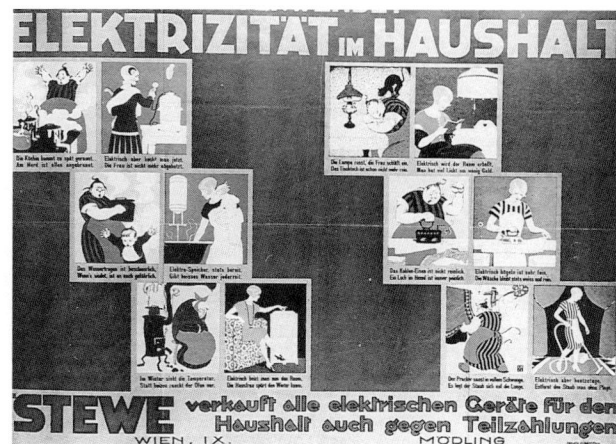

19/14 „Verwendet Elektrizität im Haushalt"

Werbeplakat des Städtischen Elektrizitätswerkes Wien um 1930

Die Gegenüberstellung verschiedener Haushaltstätigkeiten ohne und mit Verwendung von Elektrogeräten soll die Vorzüge der Elektrizität ins Bewußtsein rufen.

Raum 20
Wirtschaftskriminialität

20/1 „Scandals-Digest"

Collage mit Zeitungsberichten über Wirtschaftsskandale

20/2 Diebe — Schwindler — Betrüger

20/2/1 Bild eines Taschendiebes

Doppelbild

En face und en profile Darstellung eines Taschendiebes.

Leihgeber: Graz, Kriminalmuseum

20/2/2 „Schere" eines Taschendiebes

Doppelbild

Bild über Technik des Taschendiebstahls; „Schere" zum Ziehen von Brieftaschen.

Leihgeber: Graz, Kriminalmuseum

20/2/3 Hochstapler

3 Bilder

Bilder von Hochstaplern.

Leihgeber: Graz, Kriminalmuseum

20/2/4 Präparierte Spielwürfel für Falschspiel

2 Würfel
Kunststoff
jeweils 12 mm Seitenlänge

2 durch Anbohren und Versehen mit Bleieinlagen in ihrem Schwerpunkt verfälschte Würfel, mit denen durch geschicktes Manipulieren der gefälschten wie der echten Würfel das Spielglück korrigiert werden konnte.
Leihgeber: Graz, Kriminalmuseum

20/2/5 **Gezinkte Spielkarten**

1 Paket Schnapskarten in einer DIN A 4-Folie zusammengefaßt, mit Hinweis auf „Markierung"
Spielkarten, die durch Markierung der Rosetten an der Rückseite so gekennzeichnet sind, daß sowohl der Wert als auch die Farbe der Karten ersichtlich sind.
Leihgeber: Graz, Kriminalmuseum

20/2/6 **Gezinkte Tarockkarten („Falschspielerutensilien")**

Paket Tarockkarten mit Hinweiszeichen auf „Markierung" in Folie
Mit gelben Farbtupfen an der Rückseite markierte Spielkarten, durch welche Wert und Farbe der Karte erkennbar sind.
Leihgeber: Graz, Kriminalmuseum

20/2/7 **Gefälschtes, manipulierbares Roulette**

Kleines Roulettespiel
Holz
Das Roulettespiel ist dadurch verfälscht, daß mit Hilfe in der Höhe verstellbarer Trennbleche zwischen den einzelnen Feldern der Lauf der Kugel beeinflußt werden kann.
Leihgeber: Graz, Kriminalmuseum

20/2/8 **„Falschspieler"**

Doppelbildnis eines Falschspielers
En face und en profile Aufnahme eines Falschspielers (bzw. auch Glücksspielers und Bauernfängers).
Leihgeber: Graz, Kriminalmuseum

20/2/9 **Heiratsschwindler**

Bild eines Heiratsschwindlers
Bild (Fotografie) eines vielfachen Heiratsschwindlers, der seine Opfer ermordete, 11 Morde nachgewiesen, 280 vermutet, 1922 in Frankreich hingerichtet (LANDRU).
Leihgeber: Graz, Kriminalmuseum

20/2/10 **Mächerer (= Betrüger)**

Falsche Edelsteine auf Porozellstreifen aufgelegt
Zu Betrugszwecken als echte Steine verkaufte falsche, meist Glassteine, insgesamt 31 Stück.
Leihgeber: Graz, Kriminalmuseum

20/2/11 **Unechte Schmuckstücke „Mächerer"**

Zwei Schmuckstücke (unecht)
Billige Legierung

Zwei aus billigen Legierungen hergestellte, goldähnliche Schmuckstücke, die von Betrügern verkauft wurden (häufig auf Märkten).
Leihgeber: Graz, Kriminalmuseum

20/2/12 **Wünschelrute „Mächerer"**

Wünschelrute als Utensil für die Schatzsuche
Holz
Von Betrügern verwendete Wünschelrute, mit der vorgetäuscht wurde, Schätze auffinden zu können (auch oft für Wassersuche von Schwindlern mißbraucht).
Leihgeber: Graz, Kriminalmuseum

20/2/13 **Alraune „Mächerer"**

Alraune (= Wurzelstock der Mandragora officinalis)
Betrüger verkauften Alraunen, da man sich von diesen Gunst, Liebe, Glück und Reichtum versprach. Dieser Aberglaube wurde aber auch oft von Dieben, Landstreichern u. a. geteilt, die selbst bei ihren Beutezügen Alraunen einsteckten.
Leihgeber: Graz, Kriminalmuseum

20/2/14 **„Kurpfuscherrequisiten", Heilmittel**

„Heilmittel"-Flasche mit Karton
H. ca. 25 cm, B. 10 cm, T. 5 cm, Gewicht: 1 kg
„Heilmittel" gegen Nieren und Leberbeschwerden, das von Kurpfuschern veräußert wurde und keine medizinische, sondern allenfalls placebo-Wirkung hatte.
Leihgeber: Graz, Kriminalmuseum

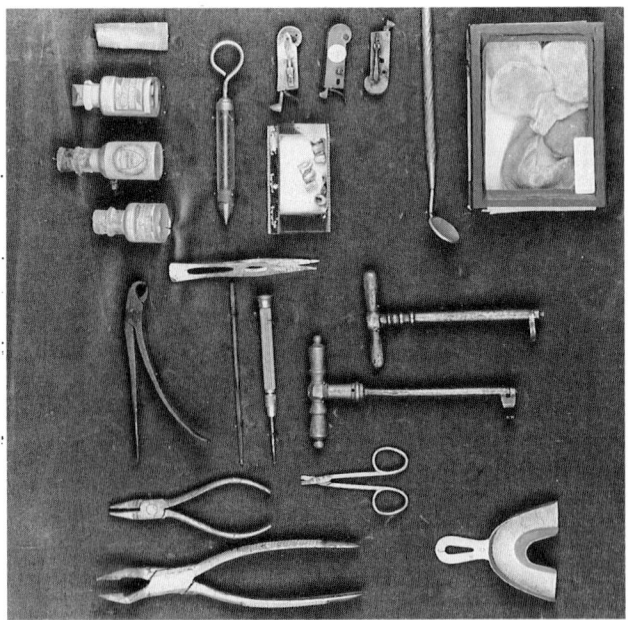

20/2/15 **Kurpfuscherinstrumentarium**

Sammlung von Instrumenten, welche von Kurpfuschern verwendet wurden, in einem Holzkasten mit Glasfenster
L. 50 cm, B. 50 cm, H. 10 cm
Sammlung von Instrumenten (Zangen, Scheren, Spritzen, Bohrer, Abdruckformen), die insbesondere bei „Zahnbehandlungen" von Kurpfuschern verwendet wurden.
Leihgeber: Graz, Kriminalmuseum

20/2/16 **Fälscher**

Gefälschte Stempel (Siegel), ca. 10 Stück
Etwa 10 aus Holz oder auch Schiefer gestichelte, falsche Siegel, welche für Dokumentenfälschung verwendet wurden.
Leihgeber: Graz, Kriminalmuseum

20/2/17 **Fälscher**

Falsche Banknoten, 2 Tafeln mit je 10 Falsifikaten
Holz, Glas
2 verglaste Holztafeln mit je 10 gefälschten Banknoten
(aus USA, GB, F, I, CH, A, . . .)
Leihgeber: Graz, Kriminalmuseum

20/2/18 **Fälscher**

Kunstmappe gefälschter Kunstwerke
Eine anläßlich der 14. Ausstellung des Kulturhistori-
schen- und Kunstgewerbemuseums in Graz zusam-
mengestellte Mappe „Gefälschter Kunstwerke“.
Leihgeber: Graz, Kriminalmuseum

20/2/19 **Fälscher**

1 Buchsbaumplatte zum Druck gefälschter 20-Kronen-Scheine
Buchsbaum (Holz)
Eine Druckplatte aus Buchsbaum, in welche eine Kopie
einer 20 Kronen Banknote eingraviert wurde, und die
zum Fälschen von 20 Kronen-Scheinen diente.
Leihgeber: Graz, Kriminalmuseum

20/2/20 **Fälscher**

Specksteinplatte zum Druck gefälschter 10-Gulden-Noten
Die zweite Methode zur Banknotenfälschung war die
Gravur einer Kopie der zu fälschenden Banknote in
einen Speckstein, welcher vor dem Druck eingefärbt
wurde.
Leihgeber: Graz, Kriminalmuseum

20/2/21 **Fälscher**

2 falsche Schecks
Zwei gefälschte Scheckformulare der „Banco Comer-
ciale Mexicano S.A.“ und der „Bank of America“.
Leihgeber: Graz, Kriminalmuseum

20/2/22 **Fälscher**

Ca. 10 gefälschte Münzen
Metall
Etwa 10 gefälschte Münzen verschiedener Werte und
Nationalitäten, wobei zwischen unterschiedlichen Her-
stellungsmethoden zu differenzieren ist (Präge- und
Metallgußverfahren).
Leihgeber: Graz, Kriminalmuseum

20/2/23 **Fälscher**

Münzfälschung im Prägeverfahren.
a) 2 Eisenscheiben, b) 3 Amboßstücke, c) einige Münzen,
d) 1 Bildtafel (4 Bilder) zur Veranschaulichung.
Eisen, Metall, Papier
Im Prägeverfahren wurde zwischen Amboß-Eisenring
und einem weiteren Amboß (Stempel) ein Metallplätt-
chen gelegt, welches durch einen Hammerschlag auf
den Amboß geprägt wurde (siehe Bild rechts oben).
Leihgeber: Graz, Kriminalmuseum

20/2/24 **Fälscher**

Münzfälschung im Metallgußverfahren; 2 Münzmodeln und 1
gegossene Münze auf einer Holzplatte
In zwei gegengleiche Steinplatten wurden Vorder- und
Rückseite der zu fälschenden Münze gestanzt. Dann
wurden beide Teile zueinandergefügt und ausgegossen;
Gußkanal und Unebenheiten am Rand wurden abge-
feilt.
Leihgeber: Graz, Kriminalmuseum

20/2/25 **Hehler**

3 Bilder von Berufshehlern
Berufshehler übernahmen Beute gegen Geld und suchten sie im Wege des Verkaufes oder Eintauschens zu

verwerten, wobei sie zumeist aufs Land gingen oder
entfernte Städte bereisten.
Leihgeber: Graz, Kriminalmuseum

20/2/26 **Bauernfänger**

Etwa 6 Bilder mit Text (Personalien)
Bauernfänger waren Betrüger, die vor allem Bauern
unter Vorspiegelung besonders günstiger Gelegenheiten zu Vermögensverfügungen bewegten, die in der
Regel die Bauern schädigten, den Bauernfänger aber
bereicherten.
Leihgeber: Graz, Kriminalmuseum

20/3 **Demonstrationsvitrine zu Rauschgiftdelikten**

Leihgeber: Graz, Bundespolizeidirektion

20/4 **Exponate zum Thema Schmuggel — Zollfahndung**

Holzbrett (Pfosten) ausgehöhlt: Aufgriff im Juli 1985 —
Uhren und Pistolen (von Jugoslawien nach Österreich);
große Blechrolle mit Öffnung: Aufgriff im April 1986 —
Kaffee (von Österreich nach Jugoslawien); kleines
Holzbrett: Aufgriff im August 1987 — Elektronik-Chips
(von Österreich nach Jugoslawien); kleinerer Tank:
Aufgriff im September 1987 — Uhren (von Jugoslawien
nach Österreich); Tank mit dem größeren Versteck:
Aufgriff Juli 1988 — Suchtgift (von Jugoslawien nach
Österreich); große Konservendose: Aufgriff im Oktober
1988 — Kaffee (von Österreich nach Jugoslawien);
Pepsi-Cola-Dose: Aufgriff im September 1988 —
Damenuhren (von Jugoslawien nach Österreich);
Schmuggelkoffer: Im Schmuggelkoffer waren Goldbar-
ren: Nach Österreich gebracht über Autobahn Walserberg (= Einreise), entdeckt bei der Ausreise in Spiel-
feld/Šentilj: Aufgriff im Dezember 1978; Gürtel: Aufgriff im Dezember 1978 im Zusammenhang mit dem
Schmuggelkoffer. Auch der Gürtel wurde zum Gold-
barren-Schmuggel verwendet.
Leihgeber: Zollfahndung der Finanzlandesdirektion Graz, Zoll-
amt Wien, Jugoslawische Zollbehörde in Šentilj.

20/5 **Schmuggeltatbestände** (siehe Seiten 315, 316)
Fotos
Leihgeber: Graz, Finanz[landesdirektion

20/6 **Aufgebrochener Tresor**

Leihgeber: Graz, Bundespolizeidirektion

20

Raum 21
Vom Ende der Monarchie zur Zweiten Republik

21/1 „Etrich-Taube"

Modell

Die „Etrich-Taube", benannt einerseits nach ihren Konstrukteuren (Vater und Sohn Etrich), andererseits nach dem taubenschwanzähnlichen Höhensteuer, wurde 1909 patentiert. 1910 gelang mit dem Modell erstmals ein Flug von 8 Minuten. Die „Etrich-Taube" wurde das erste Überlandflugzeug Österreichs. 1910 gelang mit ihr der erste Flug von Wien nach Wr. Neustadt. Die „Etrich-Taube" gehörte von Kriegsbeginn an – neben anderen Flugzeugen wie dem „Lohner–Pfeil"-Doppeldecker oder ausländischer Nachbauten – zur Grundausrüstung der fliegenden Verbände Österreich-Ungarns.

Literatur: Kens-Nowarra, Entwicklung der Flugzeuge 1914–1918, München 1959
Leihgeber: Wien, Technisches Museum

21/2 37-mm-Infanteriegeschütz M 15

Gewicht in Feuerstellung: 83 kp; maximale Schußweite: 2.000 m; praktische Schußweite: 400–500 m; Geschoßgewicht: 627 g; Anfangsgeschwindigkeit: 175 m/sec; Mündungsenergie: 820 m/kp; Feuerhöhe: 35 cm; Munition: Minen- und Brisanzgranaten, Kartätschen; Erzeugung: Skoda-Werke, Pilsen; Gliederung: Infanteriegeschütze zu 2 Geschützen, je Infanterieregiment 2 Züge, je selbständiges Bataillon und fußformiertes Kavallerieregiment 1 Zug; daher endgültiger Bedarf: 1.500 Geschütze.

Die Waffe wurde im Ersten Weltkrieg entwickelt, um die MG, die mit ihrer Feuerkraft die Bewegung auf dem Gefechtsfeld verhinderten, zum Schweigen zu bringen.
Der geheime Orientierungsbehelf des Kriegsministeriums vom 15. 9. 1917 sagt zum Zweck dieses Geschützes, daß es in seinem Kampfbereich durch Punktschüsse auf kleine Distanzen solche besonderen Aufgaben lösen soll, welche mit dem Infanteriegewehr oder dem MG nicht durchgeführt werden können. Es kann durch Schutzschilde gedeckte Beobachtungsstellen, MG-Stellungen, Unterstände, schwache Mauern, Stein- und Sandsackdeckungen mit Erfolg bekämpfen.
Der anfangs geplante Transport durch Hunde bewährte sich nicht; die Geschütze wurden von Tragtieren fortgebracht, auf dem Gefechtsfeld von der Bedienung getragen.
Eingesetzt war das Geschütz besonders am Isonzo und in den Gebirgsstellungen der Südwestfront gegen Italien. Einen besonderen Erfolg gab es beim steirischen IR 47. Dort traf ein Geschoß den Entlüftungsschacht einer Reserveunterkunft in einem Eisenbahntunnel. Es zündete das Benzinlager, das weiter die lagernden Munitionsbestände zur Explosion brachte. Sonst war das Geschütz nicht besonders erfolgreich. Es war daher ein neues Geschütz mit 47 mm Kaliber in Erprobung. Es kam nicht mehr zum Einsatz. Erst 1935 bekam das Bundesheer eine Infanteriekanone mit diesem Kaliber. Diese war damals zur Panzerabwehr ebenso gut geeignet wie für die o. a. Aufgaben. Das Geschütz wurde in den Böhler-Werken in Kapfenberg erzeugt.

Leihgabe des Garnisonsmuseums/Stadtmuseum

21/3 Österreich-Ungarns Kriegswirtschaft im Ersten Weltkrieg

Grafik (siehe Seite 192)
Entwurf: St. Karner
Ausführung: R. Gaar

Der organisatorische Aufbau der österreich-ungarischen Kriegswirtschaft des Ersten Weltkriegs geht auf Planungen in den Jahren vor 1914 zurück. Der Handel innerhalb dieser Kriegswirtschaft wurde einerseits von jenen Firmen betrieben, die dem Handelsministerium unter-

standen und nicht Rüstungslieferungen an sich tätigten; andererseits bedeutete Handel auch den Waren- und Rohstoffaustausch zwischen den zur Senkung der Kriegswirtschaft eingesetzten „Zentralen" und den Rüstungsbetrieben bzw. den vom Handelsministerium betreuten Betrieben mit den Rüstungsbetrieben. Die Kriegswirtschaft hatte – gerade durch den Handels- und Warenverkehr – die Aufgabe: Sicherung und Ernährung der Bevölkerung und Versorgung der kämpfenden Truppen an der Front. Gerade ersteres konnte in Österreich-Ungarn nur unzureichend besorgt werden.

Literatur: H. Mejzlik, Eisenbewirtschaftung im Ersten Weltkrieg, Wien 1976.

21/3/1 Handel zwischen der österreichischen und ungarischen Reichshälfte 1900–1915

Grafik (siehe Seite 191)
Entwurf: St. Karner
Ausführung: R. Gaar

Der Außenhandel Österreich-Ungarns pro Kopf der Bevölkerung war vor dem Ersten Weltkrieg geringer als in allen anderen bedeutenden europäischen Staaten mit Ausnahme Rußlands. Dementsprechend hatte der Binnen- und Zwischenhandel zwischen den beiden Reichshälften eminente Bedeutung, entfielen doch 41 Prozent der Ausfuhr aus der österreichischen Reichshälfte auf den Handel mit Ungarn. Bemerkenswert ist weiters, daß auch noch in den Jahren seit der Jahrhundertwende – wie auch zumeist vorher – die österreichische Reichshälfte stets ein Handelsaktivum gegenüber Ungarn auswies.

Literatur: St. Karner, Zum Außenhandel zwischen Österreich und Ungarn in den Jahren nach dem Ersten Weltkrieg, in: Histor. Jb. d. Stadt Linz, 1987.

21/4 „An meine Völker"

Manifest von Kaiser Franz Joseph I. in: Sonderbeilage zur Grazer Zeitung v. Mittwoch, 29. 7. 1914, 130. Jg.

Das Manifest Franz Josephs I. „An meine Völker!" wurde in der ganzen Monarchie verbreitet und sollte den Kriegsbeginn mit Serbien rechtfertigen. Es behandelt die Entwicklung der Beziehungen zu Serbien in den letzten Jahrzehnten und drückt die Hoffnung auf ein siegreiches Ende des Ringens aus.

Literatur: Österreich-Ungarns letzter Krieg 1914–1918, 14 Bde. Text und Beilagen, Wien 1931–1938.

21/5 Kriegsanleihen

Die unmittelbaren Aufwendungen Österreich-Ungarns für den Ersten Weltkrieg verbrauchten mehr als ein Viertel des Sozialprodukts der Monarchie. Um den Krieg finanzieren zu können, drückte man einerseits zunehmend auf die Notenpresse, andererseits versuchte man, zusätzliche Mittel durch Anleihen bei der Bevölkerung aufzubringen. Insgesamt wurden in Österreich acht solcher Kriegsanleihen aufgelegt, in Ungarn sogar 17. Nach Kriegsende waren die gezeichneten Anleihen kaum noch das Papier wert, auf dem sie gedruckt waren.

Literatur: K. Bachinger – H. Matis, Der österreichische Schilling. Graz 1974.
Leihgeber: G. Schöpfer

21/6 Rosegger-Aufruf

Peter Rosegger rief die Steirer dazu auf, Vertrauen zu den Sparkassen zu haben und ihre Sparguthaben zu belassen.

Leihgeber: Steiermärkische Sparkasse

21/7 „Der Staat, den keiner wollte"

Grafik
Entwurf: St. Karner – G. Schöpfer
Ausführung: H. Schubert
H. ca. 1,5 m, B. ca. 8 m

Die Grafik soll anhand der wichtigsten ökonomischen und politischen Entwicklungslinien und Ereignisse – neben einem Überblick über die Erste Republik (1918–1938) – vor allem die Hintergründe der mangelnden Akzeptanz des Staates Österreich durch die Bevölkerung erklären helfen: schlechte wirtschaftliche Daten, soziale Konflikte, Gewalt, „Anschlußbestrebungen" seit der Geburtsstunde 1918, Deutschnationalismus, Antiklerikalismus, u. a.

Literatur: P. Malina – G. Spann, Bibliographie zur österreichischen Zeitgeschichte 1918–1978, Wien 1978.

21/7/1 Die Monarchie zerfällt

Grafik nach N. Schausberger, Österreich 1918–1980, Graz 1981
Ausführung: H. Schubert

21/7/2 Zerschneidung des innerösterreichischen Verkehrsnetzes 1918/1920

Grafik
Entwurf: St. Karner
Ausführung: R. Gaar
Die territoriale Neufestlegung der Staatsgrenzen in Mitteleuropa nach dem Ersten Weltkrieg bedeutete in vielen Fällen auch die Zerschneidung jahrhundertealter Verkehrswege und in der Folge eine langsame Umorientierung des Handels oder den wirtschaftlichen Aufstieg bzw. Abstieg eines Gebiets. Die Zerschneidung der innerösterreichischen Eisenbahnlinien 1918/19 bedeutete langfristig die Zurückreihung der Handels-Strecke Wien – Triest und den Aufschwung des Handels von Wien, über Kärnten nach Venedig. Bedeutete aber auch die wirtschaftliche Vernachlässigung jener Gebiete, die sich von den nunmehr zerschnittenen Linien eine Besserstellung erhofft hatten. Das Lavanttal wurde zu einer Sackstraße, ebenso das untere Drautal vor Marburg/Maribor. Die schnelle Eisenbahnverbindung Graz–Klagenfurt ging verloren. Die Überlegungen zum Bau einer neuen Eisenbahnlinie zwischen Graz und Klagenfurt, eventuell durch die Koralpe, gehen Jahrzehnte zurück.

Literatur: St. Karner, Die Abtrennung der Untersteiermark von Österreich 1918/19, in: H. Rumpler (Hrsg.), Kärntens Volksabstimmung 1920, Klagenfurt 1981.

21/7/3 Die Bahnausfuhr an Vieh und Wein aus den von Österreich nach 1918 geforderten untersteirischen Gebieten 1913

Grafik (siehe Seite 194)
Entwurf: St. Karner
Ausführung: R. Gaar
Die Steiermark, vor allem ihre Ballungszentren um Graz und in der Mur-Mürz-Furche, wurden seit Jahrhunderten wesentlich aus der Untersteiermark mit Lebensmitteln versorgt. Durch die Abtrennung der untersteirischen Gebiete – offiziell im Vertrag von St. Germain – verlor die Steiermark nicht nur rund ein Drittel ihrer Fläche und Bevölkerung, sondern das Bundesland Steiermark eine wesentliche „Kornkammer". Die Versorgungsengpässe 1919/20 in Graz und der Obersteiermark gehen auch auf das teilweise Ausbleiben der untersteirischen Fleischlieferungen zurück. Österreich und die Steiermark hatten 1919 zumindest den Verbleib der nördlichen untersteirischen Bezirke bei der Steiermark gefordert (Grenze: etwa die Drau) und dies durch die Bedeutung der dort produzierten Lebensmittel für das Land untermauert.

Literatur: St. Karner, Die Abtrennung der Untersteiermark von Österreich 1918/19, in: H. Rumpler (Hrsg.), Kärntens Volksabstimmung 1920, Klagenfurt 1981.

21/7/4 Notgeldscheine

(Siehe Seite 184/185)
Das Notgeld entstand auch nach dem Ersten Weltkrieg als Reaktion auf Krieg, Inflation und Spekulation. Einzelnen Gemeinden und Körperschaften wurde es ab November 1918 gestattet, „Geldersatzzeichen", wie man das Notgeld amtlich nannte, auszugeben. Insgesamt brachten in Österreich rd. 1.300 Gemeinden, Vereine und Betriebe Notgeldscheine heraus. Ihre Auflagen gingen in die Millionen, sodaß von einem echten Massenphänomen der unmittelbaren Nachkriegszeit gesprochen werden kann.

Literatur: G. Schöpfer, Zum österreichischen Notgeld der Kriegs- und Nachkriegsjahre des Ersten Weltkrieges, in: Festschrift f. O. Pickl, Graz 1987.
Leihgeber: Graz, G. Schöpfer

21/7/5 Inflation

Tabelle
Das ungeheure Ausmaß der galoppierenden Inflation nach dem Ersten Weltkrieg, zu deren Eindämmung die Österreichische Republik aus politischen Gründen lange Zeit nicht die entsprechenden Schritte setzte, läßt sich drastisch am Beispiel einer Lohnauszahlung eines Disponenten einer Fabrik zeigen, der vor der Bank dazu Geldscheine in Rucksäcken anschleppen ließ. Die „Reichspost" druckte den Bericht des Disponenten ab: „Da ich noch einen größeren Bestand Fünfzigtausender in der Kassa hatte, konnte ich trotz der Hunderterstöße verhindern, daß die Gehälter ein gar zu großes Gewicht erhalten. Sie wiegen 1/2 bis 2,05 Kilogramm; die Stöße sind 6–12 Zentimeter hoch . . . Ich habe verlautbaren lassen, jeder Angestellte möge morgen zur Auszahlung eine Tasche mitbringen."

Literatur: K. Bachinger – H. Matis, Der Österreichische Schilling, Graz 1974.

21/7/6 Schilling

Grafik: H. Schubert
Mit 1. 1. 1925 wurde in Österreich der Schilling als offizielle Währung eingeführt. 1 Schilling hatte den Wert von 10.000 Papierkronen. Als Vorbereitung zur Umstellung auf die Schillingwährung wurde schon im Juni 1924 eine Silbermünze mit der Bezeichnung „Schilling" in Umlauf gesetzt.

Literatur: K. Bachinger – H. Matis, Der österreichische Schilling. Graz 1974.

21/7/7 Radio

Die Entwicklung des Radios und des Rundfunks ist eng mit der Steiermark verbunden. Einerseits gelang es dem Grazer Techniker Nußbaumer, zu Anfang des Jahrhunderts erstmals Schallwellen zu übertragen und hörbar zu machen, andererseits nützte der steirische Landeshauptmann Rintelen diese neue Möglichkeit. Durch seine Mithilfe wurde Anfang der 20er Jahre in Wien die RAVAG (Österr. Radio- und Verkehrs-AG) gegründet und schließlich 1925 in Graz der Betrieb eines eigenen Radiosenders aufgenommen (Sendeanlage am Schloßberg, Sprecherzimmer am Parkring 4). Erster Sendeleiter in Graz wurde Franz Huber, der den Posten bis 1934 innehatte. Während des 3. Reiches wurde von Franz Huber – nachdem auch die Anlagen in St. Peter zu klein geworden waren – das „Ferry-Schloß" im Zusertal für den Sender Graz erworben und der Sender Graz-Dobl, einer der stärksten seiner Art in Europa – als „Trompete" nach Südosten – errichtet. Die Zahl der Rundfunkteilnehmer zeigt die wachsende Bedeutung des Radios in der Steiermark: 1930: 33.222, 1940: 118.900.

Leihgeber: F. Mandl

21

21/7/8 Trichterlautsprecher

Marke „ÖTAG", Type „Darling", Bj. ca. 1927
H. 32 cm, Ø des Trichters: 21 cm
Sockel und Trichter aus Metall; damaliger Kaufpreis öS 39,—.

21/7/9 Kopfhörer

Marke „Blaupunkt", Type „Ideal", „Made in Baden"
Gehäuse aus rotbraunem Bakelit, Metallbügel mit Leder überzogen, Bj. ca. 1928. Damaliger Kaufpreis ca. öS 15,—.

21/7/10 Programmheft „Radio Wien" vom 8. Juli 1927, 3. Jg., Nr. 41

Vom offiziellen Beginn des Rundfunks in Österreich vom Jahre 1924 an bis zur Machtübernahme Adolf Hitlers 1938 begleitete diese informative Programmzeitschrift die Sendungen der RAVAG. Ihr Erscheinungsort war Wien. Sie wurde wöchentlich herausgegeben. Kaufpreis: 50 Groschen.
Leihgeber für 21/7/8 bis 21/7/10: Franz Mandl

21/7/11 Zollunion

Foto aus Portisch, Österreich II, Wien 1985, Verlag Kremayr & Scheriau
Der Plan einer Zollunion zwischen Österreich und dem Deutschen Reich war - sieht man von 1918 und dem 19. Jh. ab - schon 1927 ventiliert worden. Entsprechende bilaterale Verhandlungen führten 1931 zur Unterzeichnung des Zollunionsvertrages durch die beiden Außenminister Johannes Schober und Julius Curtius. Tatsächlich konnte der Vertrag auch als Etappe zu einem wirtschaftlichen und politischen Anschluß Österreichs verstanden werden. Vor allem Frankreich protestierte auf das heftigste. Der Vertrag trat nie in Kraft, Frankreich reagierte aber auch wirtschaftlich und zog bedeutende Gelder von der Creditanstalt ab.
Literatur: K. Bachinger - H. Matis, Der österreichische Schilling. Graz 1974.
Ein Jahrhundert Creditanstalt-Bankverein. Wien 1957.

21/7/12 Außenhandel Österreichs 1920–1937

Grafik (siehe Seite 198)
Entwurf: St. Karner
Ausführung: R. Gaar
Nach der Möglichkeit des Abschlusses regulärer Handelsverträge trat Österreich 1925 auf dem internationalen Markt wieder als gleichberechtigter Partner auf. Österreich war 1918 zu einem export- und vor allem importabhängigen Kleinstaat geworden. Das chronische Handelsbilanzdefizit resultiert einerseits aus den Umstellungsproblemen Anfang der 20er Jahre und ab den 30er Jahren fast ausschließlich aus den Agrarimporten, da Österreich nicht in der Lage war, sich vor 1937 aus seiner eigenen Landwirtschaft zu versorgen.
Literatur: St. Karner, Zum Außenhandel zwischen Österreich und Ungarn in den Jahren nach dem Ersten Weltkrieg, in: Histor. Jb. d. Stadt Linz 1987.

21/8 Notgeld österreichischer Gemeinden

In Notzeiten kann es, um einem Mangel an gesetzlichen Zahlungsmitteln zu begegnen, zur Ausgabe von Notgeld kommen, besonders wenn Edelmetallgeld aus Gründen der inflationären Geldentwertung aus dem Umlauf verschwindet und zu Hortgeld wird.
Diese Ersatzzahlungsmittel übernahmen die gleiche Funktion wie die bisherigen Geldzeichen, waren in ihrer Geltung aber auf bestimmte Bereiche eingeschränkt, wurden oft ohne amtliche Genehmigung ausgegeben und vom Staat nur geduldet.

Wie in Deutschland und anderen europäischen Ländern brachte der Hartgeldmangel infolge des Krieges nach 1914 und insbesondere nach 1918 eine Fülle von Notgeldausgaben.
In das düstere Gemälde der Inflation brachte das damals ausgegebene Notgeld vieler Gemeinden in seiner Vielfalt und Farbigkeit einen amüsanten und manchmal auch grotesken Zug. In Österreich war die Ausgabe auf Heller-Werte beschränkt, was ein Gedicht auf einem 99-Heller-Schein der Gemeinde Puchenau verdeutlicht:

> *Der Staat verbietet Kronenscheine,*
> *Drum begnüg ich mich mit Neunzigneune,*
> *Denk Dir den Heller dazu,*
> *So hast Du eine Krone, der Staat hat seine Ruh!*

Als die zunächst von wenigen Sammlern aufgehobenen, meist wertlosen Scheine nach 1918 in ihrer Ausführung schöner und bunter wurden, wuchs die Zahl der Sammler erheblich, und 1920/21 waren es so viele, daß einige Städte und Gemeinden die Gestaltung der Scheine ganz dem Geschmack der Sammler anpaßten. Durch die im Besitz der Sammler verbleibenden und nicht mehr eingelösten Scheine hatten die Gemeindekassen erhebliche Gewinne. Ganze Serien wurden nicht mehr nur für den Umlauf, sondern nur mehr für Sammlerzwecke gedruckt, was die Notgeldscheine aus Admont offen zugaben:

> *Laßt uns zu des Sammlers Handen,*
> *Nicht von Tasch' zu Tasche wandern!*
> *In Sammlers Händen bleibt man rein,*
> *Als Geldschein würd' man schmierig sein.*

Die Originalität der Entwürfe zeugt von der geistigen Regsamkeit und Fülle der künstlerischen Fruchtbarkeit in dieser Zeit der Inflationsnot.
Literatur: K. Jaksch — A. Pick, Katalog des österreichischen Notgeldes 1916—1921. Berlin 1977.

21/8/1 Land Steiermark, 10-, 20-, 50-Heller

Leihgeber: Graz, LMJ, Münzensammlung, Inv.-Nr. N 1—3

21/8/2 Graz, 10-, 20-Heller

Leihgeber: Graz, LMJ, Münzensammlung, Inv.-Nr. N 4—5

21/8/3 Gröbming, 20-, 30-, 60-, 90-Heller

Leihgeber: Graz, LMJ, Münzensammlung, Inv.-Nr. N 6—9

21/8/4 Mitterndorf i. Salzkammergut, 20-, 50-, 60-Heller

Leihgeber: Graz, LMJ, Münzensammlung, Inv.-Nr. N 10—12

21/8/5 Bad Aussee, 20-, 80-Heller

Leihgeber: Graz, LMJ, Münzensammlung, Inv.-Nr. N 13—14

21/8/6 Wörschach, 20-, 80-Heller

Leihgeber: Graz, LMJ, Münzensammlung, Inv.-Nr. N 15—16

21/8/7 Aigen i. Ennstal, 50-Heller

Leihgeber: Graz, LMJ, Münzensammlung, Inv.-Nr. N 17

21/8/8 Selzthal, 10-, 20-Heller

Leihgeber: Graz, LMJ, Münzensammlung, Inv.-Nr. N 18—19

21/8/9 Öblarn, 20-Heller

Leihgeber: Graz, LMJ, Münzensammlung, Inv.-Nr. N 20

21/8/10 Rottenmann, 50-, 80-Heller

Leihgeber: Graz, LMJ, Münzensammlung, Inv.-Nr. N 21—22

21

21/8/11 **Irdning, 20-, 30-Heller**
Leihgeber: Graz, LMJ, Münzensammlung, Inv.-Nr. N 23—24

21/8/12 **St. Gallen, 10-Heller**
Leihgeber: Graz, LMJ, Münzensammlung, Inv.-Nr. N 25

21/8/13 **Puchenau, OÖ, 99-Heller**
Leihgeber: Graz, LMJ, Münzensammlung, Inv.-Nr. N 26

21/8/14 **St. Johann am Walde, OÖ, 99-Heller**
Leihgeber: Graz, LMJ, Münzensammlung, Inv.-Nr. N 27

21/8/15 **St. Georgen a. d. Gusen, OÖ, 99-Heller**
Leihgeber: Graz, LMJ, Münzensammlung, Inv.-Nr. N 28

21/8/16 **Admont, 80-Heller**
Leihgeber: Graz, LMJ, Münzensammlung, Inv.-Nr. N 29

21/8/17 **Altenmarkt a. d. Enns, 50-Heller**
Leihgeber: Graz, LMJ, Münzensammlung, Inv.-Nr. N 30

21/8/18 **Land Kärnten, 10-Heller**
Leihgeber: Graz, LMJ, Münzensammlung, Inv.-Nr. N 31

21/8/19 **Land Tirol, 20-Heller**
Leihgeber: Graz, LMJ, Münzensammlung, Inv.-Nr. N 32

21/8/20 **Land Vorarlberg, 10-Heller**
Leihgeber: Graz, LMJ, Münzensammlung, Inv.-Nr. N 33

21/8/21 **Murau, 10-, 40-Heller**
Leihgeber: Graz, LMJ, Münzensammlung, Inv.-Nr. N 34—35

21/8/22 **Neumarkt i. Steiermark, 10-, 20-, 50-, 99-Heller**
Leihgeber: Graz, LMJ, Münzensammlung, Inv.-Nr. N 36—39

21/8/23 **Mürzzuschlag-Phönix-Stahlwerke, 1 Krone**
Leihgeber: Graz, LMJ, Münzensammlung, Inv.-Nr. N 40

21/8/24 **Lannach-Dachziegelfabrik, 20-Heller**
Leihgeber: Graz, LMJ, Münzensammlung, Inv.-Nr. N 41

21/8/25 **Graz-Brückenbauamt, 20-Heller**
Leihgeber: Graz, LMJ, Münzensammlung, Inv.-Nr. N 42

21/8/26 **Eisenerz, 10-, 30-, 50-Heller**
Leihgeber: Graz, LMJ, Münzensammlung, Inv.-Nr. N 43—45

21/8/27 **Mariazell, 20-, 50-Heller**
Leihgeber: Graz, LMJ, Münzensammlung, Inv.-Nr. N 46—47

21/8/28 **Aflenz, 10-, 20-, 50-Heller**
Leihgeber: Graz, LMJ, Münzensammlung, Inv.-Nr. N 48—50

21/8/29 **Mürzzuschlag, 10-, 20-, 50-Heller**
Leihgeber: Graz, LMJ, Münzensammlung, Inv.-Nr. N 51—53

21/8/30 **Krieglach, 10-, 20-, 50-Heller**
Leihgeber: Graz, LMJ, Münzensammlung, Inv.-Nr. N 54—56

21/8/31 **Gußwerk, 80-Heller**
Leihgeber: Graz, LMJ, Münzensammlung, Inv.-Nr. N 57

21/8/32 **Stadtgemeinde Wien, 50-Heller**
Leihgeber: Graz, LMJ, Münzensammlung, Inv.-Nr. N 58

21/8/33 **Land Salzburg, 20-Heller**
Leihgeber: Graz, LMJ, Münzensammlung, Inv.-Nr. N 59

21/8/34 **Kitzbühel, 10-Heller**
Leihgeber: Graz, LMJ, Münzensammlung, Inv.-Nr. N 60

21/8/35 **St. Sebastian, 10-Heller**
Leihgeber: Graz, LMJ, Münzensammlung, Inv.-Nr. N 61

21/9 Die Schillingwährung

Nach dem Untergang der Monarchie wurde 1918 die Republik Österreich ausgerufen. Als Folge der wirtschaftlichen Belastung im Ersten Weltkrieg und der Umstellung der Wirtschaft vom Groß- zum Kleinstaat entwertete die Inflation der Nachkriegsjahre die Kronenwährung vollständig. Ersatzgeld aus Eisen, Banknoten mit schwindelhohen Werten und Papiernotgeld verdrängten Gold- und Silbermünzen als Zahlungsmittel. Am Höhepunkt der Inflation galt eine Goldkrone 14.400 Papierkronen.

Am 20. Dezember 1924 wurde schließlich die Schillingwährung, 1 Schilling = 100 Groschen, mit einer Parität 10.000 Kronen = 1 Schjlling eingeführt, was zum Ende der Inflation führte. Nach dem Anschluß Österreichs an Deutschland 1938 war Österreich Währungsgebiet der Reichsmark, auch in Wien wurden Münzen mit dem Münzstättenzeichen B nach der Reichswährung geprägt.

Nach dem Zweiten Weltkrieg kehrte Österreich wieder zur Schillingwährung zurück. An die Besatzungszeit bis 1955 erinnert auch noch das von den Alliierten in Umlauf gebrachte Besatzungsgeld.

Die Schillingwährung gilt heute als Hartwährung mit internationalem Ansehen.

Literatur: K. Bachinger — H. Matis, Der österreichische Schilling. Graz-Wien-Köln 1974. *Bur.*

21/9/1 **Österreich, Karl I. (1916—1918)**
20-Heller, 1917
Eisen
Leihgeber: Graz, LMJ, Münzensammlung, Inv.-Nr. 5 965

21/9/2 **Österreich, Franz Joseph I. (1848—1916)**
und Karl I. (1916—1918)
2-Heller, 1916 und 1918
Eisen
Leihgeber: Graz, LMJ, Münzensammlung, Inv.-Nr. 5 944 und 5 967

21/9/3 **Österreich, I. Republik**
1000-Kronen, 1924
Nickel
Leihgeber: Graz, LMJ, Münzensammlung, Inv.-Nr. 5 968

21/9/4 **Österreich, I. Republik**
200-Kronen, 1924
Bronze
Leihgeber: Graz, LMJ, Münzensammlung, Inv.-Nr. 5 969

21/9/5 **Österreich, I. Republik**
100-Kronen, 1923
Bronze
Leihgeber: Graz, LMJ, Münzensammlung, Inv.-Nr. 5 970

21/9/6 **Österreich, I. Republik**
20-Kronen, 1923 (Zollkronen)
Gold, 6,87 gr.
Leihgeber: Graz, LMJ, Münzensammlung, Inv.-Nr. 10 814

21/9/7 **Österreich, I. Republik**
25-Schilling, 1927

21

Gold, 5,87 gr.
Leihgeber: Graz, LMJ, Münzensammlung, Inv.-Nr. 5 972

21/9/8 Österreich, I. Republik

Schilling, 1924
Silber
Leihgeber: Graz, LMJ, Münzensammlung, Inv.-Nr. 5 979

21/9/9 Österreich, I. Republik

1/2-Schilling, 1926
Silber
Leihgeber: Graz, LMJ, Münzensammlung, Inv.-Nr. 5 983

21/9/10 Österreich, I. Republik

10-Groschen, 1928
Nickel
Leihgeber: Graz, LMJ, Münzensammlung, Inv.-Nr. 5 986

21/9/11 Österreich, I. Republik

2-Groschen, 1926
Bronze
Leihgeber: Graz, LMJ, Münzensammlung, Inv.-Nr. 5 993

21/9/12 Österreich, I. Republik

Groschen, 1928
Bronze
Leihgeber: Graz, LMJ, Münzensammlung, Inv.-Nr. 6 002

21/9/13 Österreich, I. Republik

Doppelschillinge, 1928 (Schubert), 1929 (Billroth), 1930 (Walther v. d. Vogelweide), 1931 (Mozart), 1932 (Haydn), 1933 (Seipel).
Silber
Leihgeber: Graz, LMJ, Münzensammlung, Inv.-Nr. 5 973–5 978

21/9/14 Österreich, Bundesstaat

5-Schilling, 1935 und 1936
Silber
Leihgeber: Graz, LMJ, Münzensammlung, Inv.-Nr. 6 010 und 6 011

21/9/15 Österreich, Bundesstaat

Schilling, 1935
Silber
Leihgeber: Graz, LMJ, Münzensammlung, Inv.-Nr. 6 017

21/9/16 Österreich, Bundesstaat

50-Groschen, 1935
Nickel
Leihgeber: Graz, LMJ, Münzensammlung, Inv.-Nr. 6 019

21/9/17 Österreich, Bundesstaat

5-Groschen, 1936
Nickel
Leihgeber: Graz, LMJ, Münzensammlung, Inv.-Nr. 5 993

21/9/18 Deutsches Reich, Ostmark

2-Reichsmark, 1938
Silber
Leihgeber: Graz, LMJ, Münzensammlung, Inv.-Nr. 11 928

21/9/19 Deutsches Reich, Ostmark

50-Reichspfennig, 1943
Aluminium
Leihgeber: Graz, LMJ, Münzensammlung, Inv.-Nr. 6 031

21/9/20 Deutsches Reich, Ostmark

10-Reichspfennig, 1939
Messing
Leihgeber: Graz, LMJ, Münzensammlung, Inv.-Nr. 6 033

21/9/21 Deutsches Reich, Ostmark

10-Reichspfennig, 1941
Zink
Leihgeber: Graz, LMJ, Münzensammlung, Inv.-Nr. 6 035

21/9/22 Deutsches Reich, Ostmark

5-Reichspfennig, 1941
Zink
Leihgeber: Graz, LMJ, Münzensammlung, Inv.-Nr. 6 041

21/9/23 Deutsches Reich, Ostmark

2-Reichspfennig, 1939
Bronze
Leihgeber: Graz, LMJ, Münzensammlung, Inv.-Nr. 6 043

21/9/24 Deutsches Reich, Ostmark

Reichspfennig, 1942
Zink
Leihgeber: Graz, LMJ, Münzensammlung, Inv.-Nr. 6 047

21/9/25 Österreich, II. Republik

5-Schilling, 1957
Aluminium
Leihgeber: Graz, LMJ, Münzensammlung, Inv.-Nr. 12 779

21/9/26 Österreich, II. Republik

2-Schilling, 1947
Aluminium
Leihgeber: Graz, LMJ, Münzensammlung, Inv.-Nr. 6 051

21/9/27 Österreich, II. Republik

Schilling, 1952
Aluminium
Leihgeber: Graz, LMJ, Münzensammlung, Inv.-Nr. 10 331

21/9/28 Österreich, II. Republik

50-Groschen, 1947
Aluminium
Leihgeber: Graz, LMJ, Münzensammlung, Inv.-Nr. 6 055

21/9/29 Österreich, II. Republik

20-Groschen, 1954
Kupfer/Aluminium
Leihgeber: Graz, LMJ, Münzensammlung, Inv.-Nr. 12 259

21

21/9/30 Österreich, II. Republik

10-Groschen, 1949
Zink
Leihgeber: Graz, LMJ, Münzensammlung, Inv.-Nr. 6 058

21/9/31 Österreich, II. Republik

Groschen, 1947
Zink
Leihgeber: Graz, LMJ, Münzensammlung, Inv.-Nr. 6 060

21/9/32 Österreich, II. Republik

Serie der 1972 geprägten Münzen: 50-, 25-, 10-, 5- und 1-Schilling; 50-, 10-, 5- und 2-Groschen
Silber, Bronze, Aluminium, Zink
Leihgeber: Graz, LMJ, Münzensammlung, Inv.-Nr. 12 834

21/9/33 Österreich, I. Republik

Banknote zu 1-, 2-, 10-, 20-, 100-, 100.000-Kronen, 1922
Papier
Leihgeber: Graz, LMJ, Münzensammlung, Inv.-Nr. 55 243–55 248

21/9/34 Österreich, I. Republik

Banknote zu 5-Schilling, 1927
Papier
Leihgeber: Graz, LMJ, Münzensammlung, Inv.-Nr. 55 249

21/9/35 Österreich, Alliierte Militärbehörde

Papiergeldscheine zu 2- und 1-Schilling und 50-Groschen, Serie 1944
Papier
Leihgeber: Graz, LMJ, Münzensammlung, Inv.-Nr. 55 250–55 252

21/9/36 Österreich, Britische Besatzungszone

Geldschein für die britische Besatzungsarmee o. J. (1945–1955), 1-Pfund
Papier
Leihgeber: Graz, LMJ, Münzensammlung, Inv.-Nr. 55 253

21/9/37 Österreich, II. Republik

Banknoten zu 10-, 20- und 100-Schilling, 1945
Papier
Leihgeber: Graz, LMJ, Münzensammlung, Inv.-Nr. 55 254–55 256

21/9/38 Österreich, II. Republik

Banknote zu 10-Schilling, 1946
Papier
Leihgeber: Graz, LMJ, Münzensammlung, Inv.-Nr. 55 257

21/10 Motorrad, Beiwagenmaschine

Die Motorisierung nahm auch in der Steiermark seit der Jahrhundertwende zu. Gekauft wurden vor allem Motorräder, später „Beiwagen-Maschinen" und erst ab den 30er Jahren vermehrt Autos. Insgesamt stieg der Kraftfahrzeugbestand in der Steiermark von 3.743 im Jahre 1925 auf 12.735 im Jahre 1936 an. Davon waren zwei Drittel Motorräder und Roller.
Literatur: St. Karner, Die Steiermark im Dritten Reich 1938–1945, Graz 1986.
Leihgeber: Graz, Steyr-Daimler-Puch

21/11 Schweres Puch-Tourenrad aus 1938

Es galt neben dem legendären „Steyr-Waffenrad" als das „Automobil des kleinen Mannes".
Leihgeber: Graz, Steyr-Daimler-Puch

21/12 Firmenmarken

Mit der Markenschutzgesetzgebung, in Österreich Ende des 19.Jhs., konnten Firmen einzelne Produkte gesetzlich auf eine bestimmte Zeitdauer schützen lassen. Dazu wurden die Firmenetiketten (Firmenmarken) u. a. bei der Handelskammer eingetragen.
Leihgeber: Graz, Handelskammer Steiermark, Bibliothek

21/13 Speisezettel

(Siehe Seite 447)

21/14 Küche der dreißiger Jahre

Leihgeber: Landesmuseum Joanneum, Abt. Schloß Trautenfels

21/15 Informationsband zum Thema Handel

21/15/1 Neuanmeldungen an Kfz insgesamt in Österreich 1933–1941

Grafik
Entwurf: St. Karner
Ausführung: R. Gaar

21/15/2 Grußadressen der Handelskammer

Dokument
Mitteilungsblatt der Handelskammer, 1938

21/15/3 Organisation der Wirtschaftskammer „Südmark"

Grafik (siehe Seite 201)
Entwurf: St. Karner nach amtlichen Vorlagen
Ausführung: R. Gaar
Die Wirtschaftskammer „Südmark" bildete von 1938–1942 das Dach der Handels- und Handwerkskammern von Steiermark und Kärnten. 1942 faßte man wiederum Gewerbe und Handwerk in einer Kammer zusammen. Die Wirtschaftkammer Südmark wurde aufgelöst und an ihrer Stelle Gauwirtschaftskammern für Steiermark und Kärnten eingerichtet, denen die Handelskammern unterstellt waren.
Literatur: St. Karner, Die Steiermark im Dritten Reich 1938–1945, Graz 1986.

21/15/3b Organisation der gewerblichen Wirtschaft bzw. der Gauwirtschaftskammer Steiermark

Grafik
Entwurf: St. Karner
Ausführung: R. Gaar

21

Organisation der gewerblichen Wirtschaft in der Steiermark
Organigramm der Gauwirtschaftskammer Steiermark 1943–1945

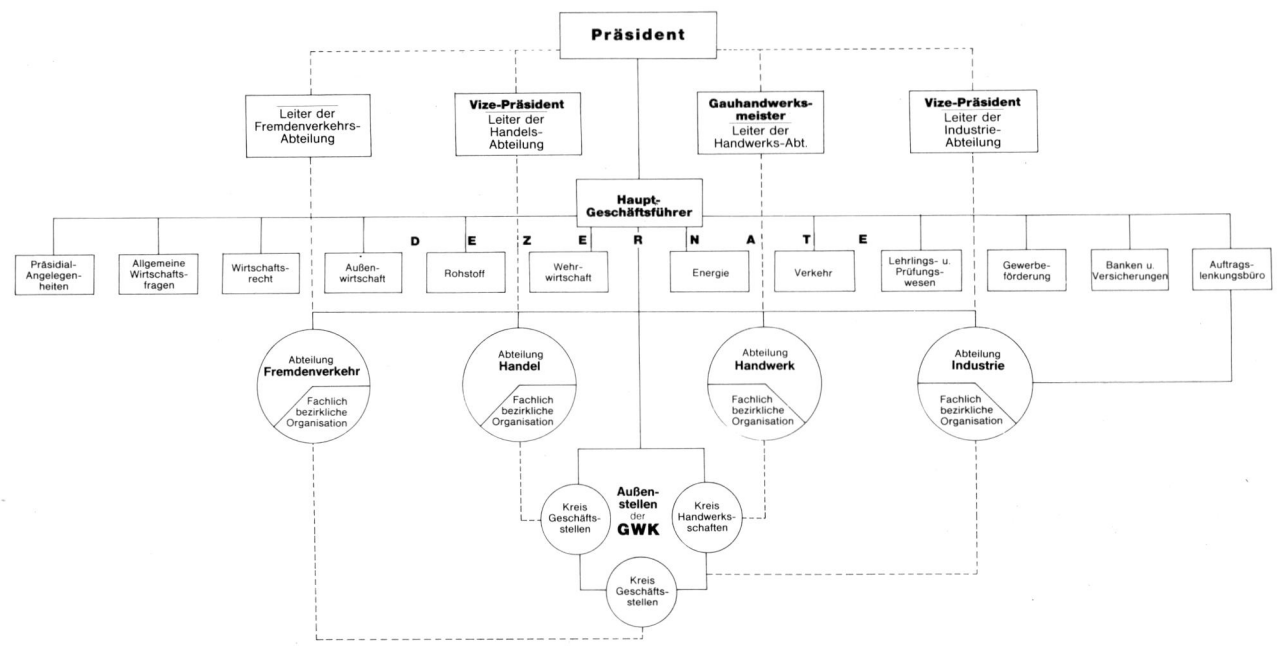

21/15/4 **Einsatzfähige Kfz in Österreich und in der Steiermark 1938—45**

Grafik
Entwurf: St. Karner
Ausführung: R. Gaar

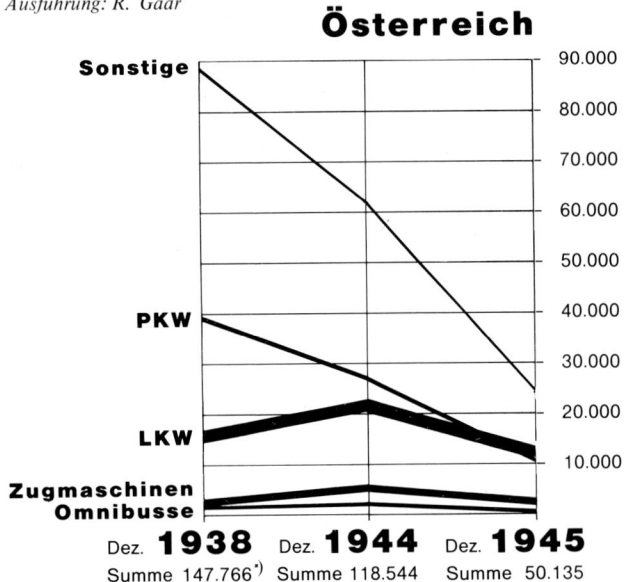

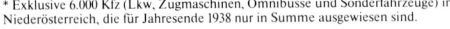

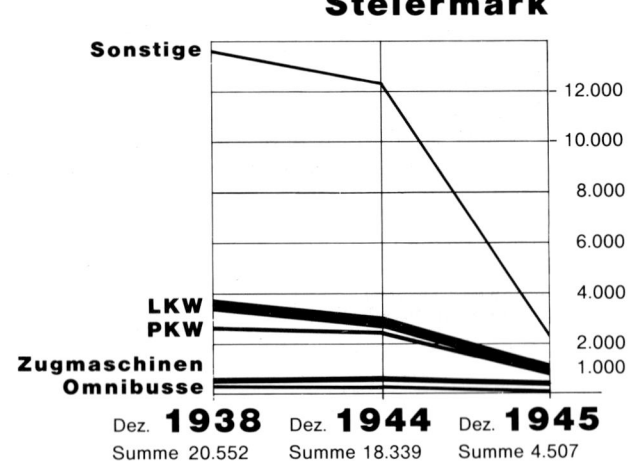

* Exklusive 6.000 Kfz (Lkw, Zugmaschinen, Omnibusse und Sonderfahrzeuge) in Niederösterreich, die für Jahresende 1938 nur in Summe ausgewiesen sind.

21/15/5 **Reichsschuld**

Grafik
Entwurf: St. Karner
Ausführung: R. Gaar

21/15/6 **Schlachtviehpreise**

Tabelle
Entwurf: St. Karner
Ausführung: R. Gaar

21/15/7 **Bescheinigung Eisenbahn**

Dokument
Leihgeber: Oral History-Archiv des Instituts für Wirtschafts- und Sozialgeschichte

21/15/8 **Widerstand im Transport**

Dokument
Leihgeber: Dokumentationsarchiv des Österr. Widerstandes, Wien

21/15/9 **OSS-Bericht Steyr-Daimler-Puch**

21/15/10 Österreichische Außenhandelsorganisation 1945/46

Grafik (siehe unten)
Entwurf: St. Karner
Ausführung: R. Gaar
Die „Kriegswirtschaft" wurde in Österreich noch mindestens bis 1947 fortgesetzt. Der Handel war unter staatlicher Kontrolle. Freie Handelsabkommen konnten noch nicht geschlossen werden.

21/16 Informationsband zum Thema Alltag

21/16/1 Arbeitslosigkeit: Wir treten morgen neu in Arbeit

Foto
Archiv: Karner

21/16/2 Das Handwerk blüht

Foto
Archiv: Karner

21/16/3 Mietverhältnisse mit Juden

Dokumente
Archiv: Karner

21/16/4 Eröffnung der Grazer Messe 1938

(Siehe Seite 205)

21/16/5 1.-Mai-Feier 1938

Foto
Leihgeber: Bild- und Ton-Archiv am LMJ, Graz

21/16/6 Deutsch-Arisches Klopapier

Leihgeber: Museumsverein Judenburg

21/16/7 Weiblicher Arbeitsdienst

Foto: Archiv Karner

21/16/8 Versorgungslage 1944

Dokumentation
Archiv: N. A. Washington

21/16/9 Ernterückgang in Steiermark 1937–1944

Grafik (siehe Seite 204)
Entwurf: St. Karner
Ausführung: R. Gaar
Trotz großer Anstrengungen (Kunstdüngereinsatz, Verbesserung von Anbaumethoden, Maschineneinsatz) gelang es nicht, den Ernterückgang in der steirischen Landwirtschaft bis Kriegsende zu stoppen. Hauptverantwortlich dafür scheinen ungünstige Wetterlagen und der zunehmende Mangel an Arbeitskräften gewesen zu sein.
Literatur: St. Karner, Die Steiermark im Dritten Reich 1938–1945, Graz 1986.

21/17 Dokumentation zur NS-Zeit

Fotodokumentation

21/17/1 SS-Mann bewacht jüdisches Geschäft

Foto
Archiv Karner
Die Verdrängung der Juden aus dem öffentlichen Leben bedeutete zunächst ihre Hinausdrängung aus den wirtschaftlichen Positionen. Berufsverbote und „Arisierungen" jüdischer Geschäfte waren Etappen des „Holocaust": Besonders betroffen waren davon jüdische Handelsbetriebe. Allerdings wurden in Österreich, auch in der Steiermark, Kaufboykotte gegen jüdische Geschäfte schon lange vor dem „Anschluß" von diversen, meist deutschnationalen Organisationen, erlassen, so daß die NS-Judenpolitik, wie sie sich 1938 im Frühjahr und Sommer in Österreich zeigte, auf nur geringe Abwehr in der Bevölkerung stieß.
Literatur: G. Botz, Wien vom „Anschluß" bis zum Krieg. Wien 1978. St. Karner, Die Steiermark im Dritten Reich 1938–1945, Graz 1986. G. W. Salzer-Eibenstein, Die Wohn- und Berufsstandorte der Grazer Juden 1938, in: Hist. Jb. d. Stadt Graz 1978. G. W. Salzer-Eibenstein, Die Geschichte der Grazer Juden von ihren Anfängen bis Anfang des 20. Jhs. (Manuskript), Graz 1972.
Leihgeber: Graz, Stefan Karner

21/17/2 Göring am Steirischen Erzberg

Foto
Archiv Karner
Die Eisenvorkommen des Steirischen Erzberges galten für die deutschen Rüstungsstellen und dem 4-Jahres-Plan schon vor dem März 1938 als rasch erreichbar und wurden bereits Ende 1937 in die Ziele des 4-Jahres-Planes eingebaut. Der erste Besuch Görings galt daher 1938 der Bergstadt Eisenerz und dem Erzberge, wo er auch die Eingliederung der Alpine-Montan in die „Reichswerke Hermann Göring" bekanntgab, deren Vorsitzender Paul Pleiger ebenfalls am Foto zu sehen ist.
Literatur: St. Karner, Die Eingliederung der österreichischen Montanindustrie in die deutsche Kriegsrüstung, in: Der Ausschnitt 1/1981.
H. Fiereder, Reichswerke „Hermann Göring" in Österreich (1938–1945), Salzburg 1983.

21/17/3 Eröffnung der Grazer Messe im Jahre 1938

Foto (siehe Seite 205)

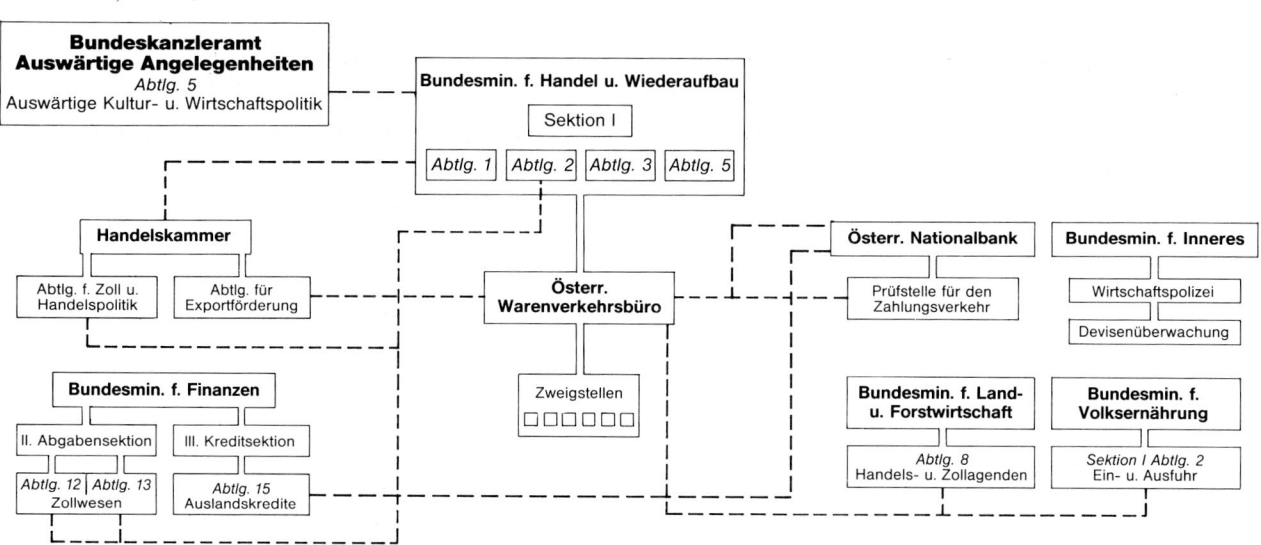

21

21/17/4a „Auf den Straßen des Führers"
Projektierter Ausbau des Autobahnnetzes in der „Ostmark"

Karte
Entwurf: St. Karner nach amtlichen Vorlagen
Ausführung: R. Gaar

Der Autobahnbau hatte im Deutschen Reich wesentlich zur Beseitigung der Arbeitslosigkeit beigetragen. Im Kriegsfall sollte durch die Autobahnen eine rasche Truppen- und Materialverlegung möglich werden. Nach dem „Anschluß" 1938 wurde auch Österreich in die Autobahnplanungen einbezogen. Unter großem Aufwand wurde am Walserberg 1938, an der Grenze zwischen Salzburg und Bayern, der Spatenstich zum Baubeginn der Autobahnen in Österreich durch Hitler selbst vorgenommen. Die Steiermark, die durch zwei Autobahnen erschlossen werden sollte, war dabei durch Landeshauptmann Dipl.-Ing. Sepp Helfrich vertreten.

Literatur: St. Karner, Die Steiermark im Dritten Reich 1938–1945, Graz 1986.

21/17/4b Sender Graz-Dobl

Foto

Der Sender Graz-Dobl wurde 1940 als starker Sender – vor allem für Südosteuropa errichtet.

Literatur: St. Karner, Die Steiermark im Dritten Reich 1938–1945. Graz 1986.
Leihgeber: Graz, J. Radspieler

Die wichtigsten steirischen Waffenproduktionen 1944

21/17/5 Rüstungswirtschaft

1. Grafik: Rüstung unter Tag. 2. Granatenrohling. 3. Grafik: Die steirische Waffenproduktion 1944. 4. Foto Rüstungsarbeiterinnen im Gußstahlwerk Judenburg (Foto: Archiv Karner)

Die steirische Rüstungsindustrie lieferte – aufgrund ihrer branchenspezifischen Zuordnung vor allem zur Eisen- und Metallindustrie – besonders gegen Kriegsende einen wichtigen Teil der Rüstungsgüter des Dritten Reiches. Sie hatte jedoch keine Anteile an den Engpaß-Produktionen im Bereich der Treibstoffe, der Chemie oder der Kugellager. Dies erklärt auch, warum große steirische Rüstungsfirmen von alliierten Bombern relativ „unbeachtet" geblieben waren.

Literatur: St. Karner, Die Steiermark im Dritten Reich 1938–1945, Graz 1986.
S. Beer – St. Karner, Krieg aus der Luft, Graz 1989 (im Druck).

Die steirische Rüstung unter Tage 1944

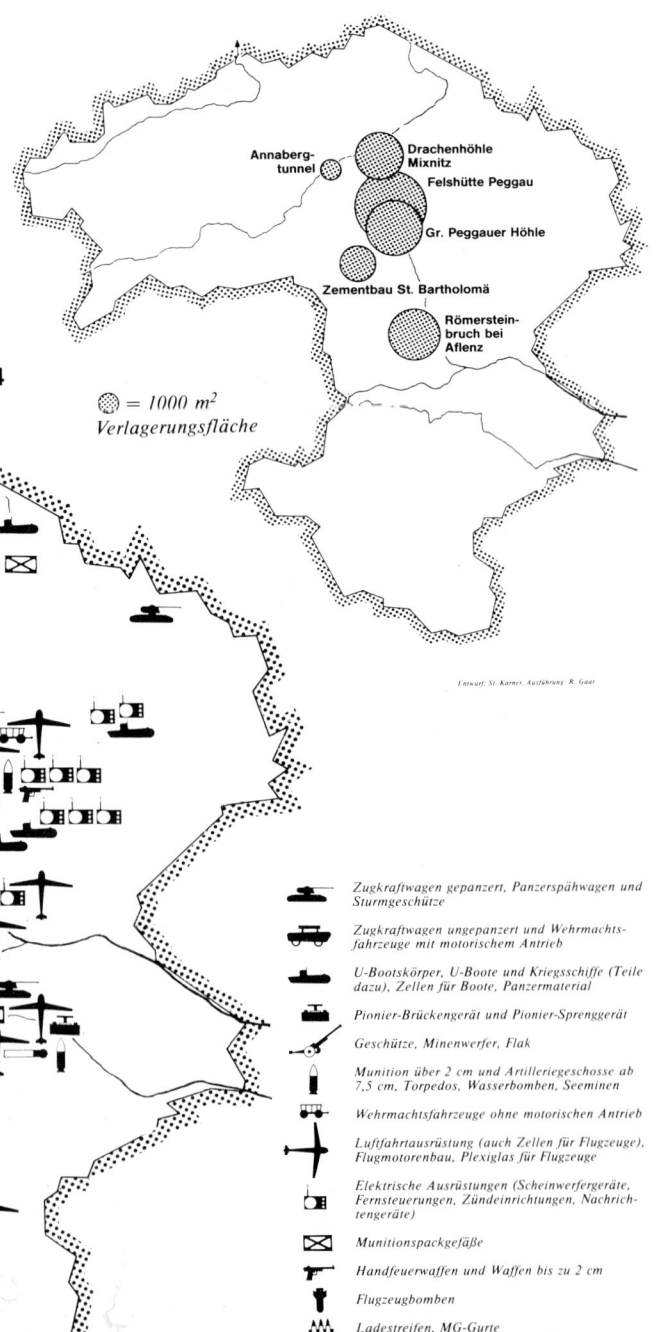

Annaberg-tunnel

Drachenhöhle Mixnitz
Felshütte Peggau

Gr. Peggauer Höhle

Zementbau St. Bartholomä

Römersteinbruch bei Aflenz

⊛ = *1000 m²*
Verlagerungsfläche

Entwurf: St. Karner, Ausführung: R. Gaar

Zugkraftwagen gepanzert, Panzerspähwagen und Sturmgeschütze

Zugkraftwagen ungepanzert und Wehrmachtsfahrzeuge mit motorischem Antrieb

U-Bootskörper, U-Boote und Kriegsschiffe (Teile dazu), Zellen für Boote, Panzermaterial

Pionier-Brückengerät und Pionier-Sprenggerät

Geschütze, Minenwerfer, Flak

Munition über 2 cm und Artilleriegeschosse ab 7,5 cm, Torpedos, Wasserbomben, Seeminen

Wehrmachtfahrzeuge ohne motorischen Antrieb

Luftfahrtausrüstung (auch Zellen für Flugzeuge), Flugmotorenbau, Plexiglas für Flugzeuge

Elektrische Ausrüstungen (Scheinwerfergeräte, Fernsteuerungen, Zündeinrichtungen, Nachrichtengeräte)

Munitionspackgefäße

Handfeuerwaffen und Waffen bis zu 2 cm

Flugzeugbomben

Ladestreifen, MG-Gurte

Zünder und Zündschrauben, Patronenhülsen, Kartuschhülsen

21/17/6 Bomben auf Graz 1945

Foto aus dem OSS-Archiv Washington
Leihgeber: S. Beer, Graz

21/17/7 Das zerbombte Fehring

21/17/8 Öffentliches Eintopfessen in Graz

Foto

Neben den „Eintopfsonntagen" gab es nach dem „Anschluß" – vor allem im Rahmen der Wahlpropaganda für den 10.April 1938 – öffentliche Gratis-Ausspeisungen. Die Gliederungen der NSDAP — vor allem BDM und NS-Frauenschaft — wurden dabei zur Mitarbeit herangezogen.
Literatur: St. Karner, Die Steiermark im Dritten Reich 1938–1945. Graz 1986.

21/17/9 „Winterhilfswerk"

Koje
Entwurf: St. Karner
Ausführung: C. Auer

Das „Winterhilfswerk", zunächst organisatorisch ein Teil der NS-Volkswohlfahrt wurde unter Aufsicht des Propagandaleiters der Partei, Goebbels, zur Unterstützung für in Not geratene NS-Parteigenossen gegründet („Gemeinnutz geht vor Eigennutz"). Es wurde in der Folge als „Ernährungshilfswerk des deutschen Volkes" unter Mitwirkung des Vierjahresplans der Gemeinden und des Reichsnährstandes aufgebaut. 1932/33 wurde in Berlin erstmals das „Winterhilfswerk" (WHW) durchgeführt. Während des Krieges wurden in den WHW-Sammlungen vor allem Kleidungsstücke für die Front aufgebracht. Neben Straßensammlungen organisierte das WHW u. a. öffentliche Wunschkonzerte und Radio-Sendungen, deren Erlös ebenfalls den Kriegszwecken zugute kamen. Das WHW-Wunschkonzert in Graz spielte das bis dahin beste Ergebnis im Deutschen Reich ein.
Leihgeber: Museum – Ardagger

21/17/10 Lebensmittel- und Kleiderkarten 1939—1945

Literatur: K. Berger, Zwischen Eintopf und Fließband, Wien 1984. St. Karner, Die Steiermark im Dritten Reich 1938–1945, Graz 1986.

21/17/11 KdF-Wagen

Plakat (siehe Seite 187)

Die Propagierung eines „Volks"-Wagens gehörte zum Modernisierungs-Anspruch der Nationalsozialisten. Die wenigen, tatsächlich erzeugten KdF-Wagen wurden zu

Wehrmachtsfahrzeugen umgebaut und fanden für den privaten Bedarf keine Verwendung.
Leihgeber: Graz, Steiermärkisches Landesarchiv, Plakatsammlung

21/18 „Junkers 52"

Modell

Das bekannteste Flugzeug des Junkers-Werkes in Dessau war die lange vor dem Zweiten Weltkrieg gebaute Ju 52. Sie galt lange Jahre als das sicherste Transportflugzeug der Welt. Die Ju 52 hatte drei Einfach-Stern-Motore und konnte auch bei Ausfall eines Motors weiterfliegen und selbst nur mit dem Mittelmotor landen. Mit der Ju 52 wurden die ersten erfolgreichen Flugversuche zum Flug mit Autopiloten, die von Siemens (u. a. Karl W. Fieber) entwickelt worden waren, gemacht.
Literatur: R. Lusar, Die deutschen Waffen und Geheimwaffen des 2. Weltkrieges und ihre Weiterentwicklung, München 1956. St. Karner, Die Steuerung der V2, in: Technikgeschichte 1/1979. Leihgeber: Graz, G. Dienes

Raum 22
Neubeginn und Wiederaufbau

22/1 UNRRA Care Paket

Sample einer Hilfslieferung
Literatur: G. Woodbridge, The history of UNRRA, New York 1950.

22/2 „Russische Maschinendemontage beim Werk Felten & Guilleaume in Bruck an der Mur"

Kopie (eines Dokumentes; OSS XL 14 012, US-Nationalarchiv, Washington D. C. RG 226, datiert 7. August 1945)
H. 35 cm, B. 22 cm

Bericht zweier Mitarbeiter des amerikanischen Kriegsgeheimdienstes OSS über die sowjetische Demontagepolitik andhand des Beispiels Felten & Guilleaume in Bruck an der Mur vom 7. August 1945. Informant ist Dr. Gustav L. Till, früher Direktor, dann öffentlicher Verwalter; gibt detaillierte Angaben über Ausmaß und Eigenart sowjetischen Demontageverhaltens in der Steiermark während der Phase der „provisorischen" Besetzung.
Literatur: S. Beer, Von der russischen zur britischen Besetzung der Steiermark, Berichte des amerikanischen Geheimdienstes OSS aus dem Jahre 1945, in: Blätter für Heimatkunde 59, 1985, S.103–120. Leihgeber: Graz, S. Beer

22/3 „C" Area Security Office: Security Intelligence Report N. 15 (26.10.–1.11.1945), Kapitel 7: Displaced Persons (Lager Judenburg und Murdorf)

Kopie eines 7seitigen Dokumentes (Kapitel 7: einseitig) des britischen Militärgeheimdienstes FSS (Field Security Service); WO 170/7146 Public Record Office, London
H. 33 cm, B. 22 cm

FSS-Bericht aus der frühen Besatzungsphase der Engländer in der Steiermark; Unterkapitel 7 berichtet über das DP-Lager Judenburg, das insbesondere für jüdische Flüchtlinge von Bedeutung war.
Literatur: Th. Albrich, Exodus durch Österreich, Die jüdischen Flüchtlinge 1945–1948, Innsbruck 1987. Leihgeber: Graz, S. Beer

22/4 ERP-Mittel für steirische Betriebe

Grafik
Entwurf: S. Beer
Ausführung: R. Gaar

Liste der Konzerne und Betriebe, die von der Marshall-Plan-Hilfe direkt profitierten.
Literatur: Zehn Jahre ERP in Österreich 1948–1958, Wien 1958.

22/5 **„Black Market". Joint Weekly Intelligence Summary Nr. 11 (week ending Sept. 14, 1945)**

Kopie eines einseitigen Dokuments mit Liste von gängigen Schwarzmarktartikeln, FO 371/46651 Public Record Office, London H. 33 cm, B. 22 cm

Enthält Angaben zu den wichtigsten Artikeln des florierenden Schwarzmarktes der ersten Nachkriegsmonate, insbesondere vor Eintreffen der UNRRA-Lieferungen; mit üblichen Preisangaben.

Leihgeber: Graz, S. Beer

22/6 **Joint Weekly Intelligence Summary Nr.1 des G.S.I., Main Head Quarters, Eighth Army**

Kopie eines einseitigen Dokuments FO 1007/300, Public Record Office, London H. 33 cm, B. 22 cm

Beschreibt die militärische Situation an der britisch-sowjetischen Zonengrenze und insbesondere eine Konferenz mit hohen sowjetischen Militärs am 1. und 2. Juli in Judenburg über die Zonenübernahme der Engländer.

Leihgeber: Graz, S. Beer

22/7 **„General McCreery inspiziert die britischen Truppen auf dem Grazer Hauptplatz"**

Foto

Fremde Herren in der Steiermark – die wenigstens in der ersten Phase der Besetzung Bevormundung üben.

Leihgeber: Graz, Bild- und Tonarchiv

22/8 **Abkommen zwischen Österreich und den Vereinigten Staaten von Amerika über wirtschaftliche Zusammenarbeit, vom 2. Juli 1948**

Kopie eines Dokuments aus: Österreichisches ERP-Handbuch, Wien 1959, S. 286–198.

Wichtigstes ERP-Abkommen zur Hilfeleistung und Zusammenarbeit mit Artikeln über allgemeine Verpflichtungen, Garantien, Währung, Reiseverkehr und Hilfssendungen, Konsultation und Information, Publizität und Mission, Definition und Geltungsdauer.

Literatur: W. Mähr, Von der UNRRA zum Marshallplan. Die amerikanische Finanz- und Wirtschaftshilfe der Jahre 1945–1959 an Österreich, Wien 1985.

22/9 **„Das Investitionsprogramm der Österreichischen Bundesregierung für 1950 bis 1952"**

Kopie eines Dokuments aus: Österreichisches ERP-Handbuch, Wien 1959, S. 372–378.

Übersicht über die geplanten Investitionen in den Bereichen Landwirtschaft, Forstwirtschaft, Holzverwertungsindustrien, Kohlenbergbau, Energiewirtschaft, Bergbau, eisenschaffende Industrie, Metallhüttenindustrie, Elektroindustrie, eisen- und metallverarbeitende Industrie, chemische Industrie, Textilindustrie, Papier-, Glas- und Lederindustrie, Bauindustrie, Verkehr, Wohnungsbau und Fremdenverkehr.

Literatur: A. Einwitschläger, Amerikanische Wirtschaftspolitik in Österreich 1945–1949, Wien 1986.

22/10 **Erster Guß in der Maschinenfabrik Graz-Andritz nach dem Krieg**

Foto

Erster Guß nach Kriegsende in der Maschinenfabrik Andritz vom 3. Juli 1945.

Leihgeber: Graz, Bild- und Tonarchiv

22/11 **Plakatanschlag der Steyr-Daimler-Puch AG Graz: Wichtige Mitteilung**

Plakat

Plakatanschlag – Wichtige Mitteilung: Aufruf zur Rückgabe entnommener Betriebseinrichtungsgegenstände.

Literatur: A. Massiczek, H. Sagl, Zeit an der Wand, Wien 1967, S. 140.

22/12 **Das Geld bleibt im Lande**

Foto eines Plakates aus der Nachkriegszeit Foto: Bild- und Tonarchiv am LMJ, Graz

22/13 **Lebenskostenindex**

Grafik (siehe Seite 209) Ausführung: R. Gaar

Ab 1950 sind die ärgsten Versorgungsprobleme gelöst. Die Schere zwischen offiziellen und Schwarzmarktpreisen schließt sich.

22/14 **„Neuregelung der Wohnungsanforderung und der Wohnungsvergaben in Graz"**

Plakat

Veröffentlichung der Neuregelung bei Wohnungsvergabe in Graz als Beschluß des Grazer Stadtrates vom 22. Juni 1945.

Leihgeber: Wien, Österreichische Nationalbibliothek, Flugschriftensammlung

22/15 **Es geht aufwärts**

22/16 **Wochenration eines Normalverbrauchers im Mai 1945**

Grafische oder plastische Darstellung

200 gr. Fleisch, 500 gr. Brot, 200 gr. Mehl, 100 gr. Fett, 150 gr. Zucker, 75 gr. Trockenerbsen, 25 gr. Kaffeeersatzmittel, 1000 gr. Kartoffeln und ein Ei.

22

Raum **23**
Aufbruch zu einem größeren Markt

23/1   Die Steirischen Entwicklungshilfe-Projekte
Informationstafel

23/2   Video zum Thema Entwicklungshilfe

23/3   Österreichisches Bruttonationalprodukt und Österreichische Ausgaben für Entwicklungshilfe
Grafik

23/3   Zunehmende Verschuldung: Eigenkapital-entwicklung und Verschuldungsgrad im Handel
Grafik: Entwurf J. Schreyer
Ausführung: H. Schubert

23/4   Der Österreichische Außenhandel in historischer Entwicklung — die wichtigsten steirischen Handelspartner
Grafik: Entwurf: St. Karner
Ausführung: H. Schubert

23/5   Die Importabhängigkeit der österreichischen Wirtschaft
Grafik
Ausführung: H. Schubert

23/6   EWG-Rauminstallation
Idee: G. Schöpfer
Ausführung: E. Giselbrecht/H. Schubert

23/7   Video zum Thema EWG

23/8   Vom Greißler zum Großmarkt

23/8/1   Die Umsatzriesen in Österreich
Informationstafel
Entwurf: J. Schreyer
Ausführung: H. Schubert

23/8/2   Die Struktur des österreichischen Einzelhandels
Grafik
Entwurf: J. Schreyer
Ausführung: H. Schubert

23/9   Das Greißlersterben
Rauminszenierung
Idee: W. Kircher
Ausführung: H. Schubert

23/10   Die regionale Kaufkraftverteilung in Österreich
Karte
Leihgeber: Gesellschaft für Konsum-, Markt- und Absatzforschung Ges. m. b. H., Wien

23/11   Kaufkraftvergleiche: Industriearbeitereinkommen von 1900—1988
Grafik der Gesellschaft für Konsum-, Markt- und Absatzforschung Ges. m. b. H., Wien

23/12   Der österreichische Warenkorb
Daten: Österr. Statist. Zentralamt, Wien

23/13   Österreichische Konsumstruktur ab 1958
Grafik
Entwurf: J. Schreyer
Ausführung: H. Schubert

23/14   Die Entwicklung der Verbraucherpreise in Österreich von 1955—1987
Grafik
Daten: Österr. Statist. Zentralamt, Wien
Ausführung: H. Schubert

23/15   Historisches Verpackungsmaterial
Im Handel war seit jeher eine zweckmäßige und darüber hinaus reizvolle Verpackung gefordert. Aus Gründen der Transportsicherheit, der Hygiene etc. ist Verpackung unumgänglich. Besonders durch die Selbstbedienungssysteme hat die Bedeutung der Verpackung zugenommen. Allerdings gibt es auch viele Fälle, wo der Verpackungsaufwand übertrieben ist.

23/15/1   Syphonflasche um 1880
Syphonflasche, doppelbauchig mit Gitterschutz aus Metall.
H. 30 cm, Ø 30 cm
Leihgeber: Techn. Museum, Wien

23/15/2   Hohlglas um 1900
Hohlglas zur Aufbewahrung von Ölen oder Kornfrüchten.
H. 30 cm, Ø 10 cm
Leihgeber: Techn. Museum, Wien

23/15/3   Kakaodose um 1930
Metall
H. 18 cm, Ø 12 cm
Kakaodose Marke „Puro-Kakao"
Leihgeber: Techn. Museum, Wien

23/15/4   Waschmittelpackung um 1930
Waschmittelpackung der Marke „Sil" aus Pappe
L 30 cm, B. 10 cm, H. 10 cm
Leihgeber: Techn. Museum, Wien

23/15/5   Teesäckchenbehälter (um 1900)
Metallkiste „Meinl Teabags"
L. 30 cm, B. 15 cm, H. 20 cm
Leihgeber: Techn. Museum, Wien

23/15/6   Zwiebackdose (Metall) um 1960
L. 20 cm, B. 20 cm, H. 25 cm
Zwiebackdose der Marke „Paulchen"
Leihgeber: Techn. Museum, Wien

23/16   Das Müllproblem
Inszenierung
Entwurf: Büro Giselbrecht
Ausführung: H. Schapek

23/17   Müllvermeidung — Mülltrennung
Informationstafel nach der Grundlage von M. Schoeller

23/18   Airbus
Modell
Leihgeber: Luftfahrtmuseum Graz-Thalerhof

23

Raum **24**
Handel heute

24/1 **Die Steirische Wirtschaft: Informationssystem**
Wirtschaftsreferat der Steiermärkischen Landesregierung

Wirtschaft im Bild:

Mit der Landesausstellung der Steiermärkischen Landesregierung in der Stadtgemeinde Judenburg zum Thema „Menschen & Münzen & Märkte" wird auch eine Präsentation der Leistungskraft der steirischen Wirtschaft der „Jetzt-Zeit" verbunden. Dabei soll beispielhaft gezeigt werden, welche Produkte bzw. auch welche Produktionsverfahren aus der Sicht der Wirtschaft in den nächsten Jahren große Bedeutung haben werden.
Die Präsentation der steirischen Wirtschaft wird sich auf drei Bereiche erstrecken:
– Großbildwand (Philips-Vidi-wall)
– Mehrere Kojen mit Bildschirmen
– Beratungstisch mit Bildschirm und Datenausdruckbereich.
Die Geräte sind äußerst benutzerfreundlich ausgelegt. Sowohl die Großbildwand als auch zwei Kojen werden über Tastbildschirme steuerbar sein. Somit kann das Publikum auf sehr einfachem Weg zu den Grundinformationen der Firmen, die an dieser Darstellung beteiligt sind, gelangen.

Beschreibung der einzelnen Bereiche:
* Die Darstellung der ca. 50 „innovativen steirischen Firmen", die am Projekt teilnehmen, wird auf eine Bildplatte geprägt und wird mittels eines Bildplattenspielers und eines Personalcomputers die Großbildwand (reine Bildgröße ca. 1,7 x 1,3 Meter) gesteuert. Der Besucher hat über einen Tastbildschirm die Möglichkeit, die Darstellung jener Firma auszuwählen, die ihn persönlich interessiert. Das Bildplattensystem eröffnet dabei die Möglichkeit, daß die Zugriffszeiten von der Auswahl durch den Besucher bis zur Wiedergabe auf der Großbildwand sehr kurz gehalten werden. Die einzelnen Firmendarstellungen werden jeweils ca. 40 Sekunden dauern (Bild- und Tonbericht über die Firma bzw. ihr Produkt). Durch die Verwendung des Bildplattensystems wird neben einem raschen Zugriff zu den Informationen auch eine gute Bildqualität erreichbar sein.
* In zwei Kojen werden dieselben Bild- und Toninformationen wie auf der Großbildwand abrufbar sein, wobei die Kojen für Besucher vorgesehen sind, die sich ausführlicher mit dem angebotenen Informationsmaterial auseinandersetzen wollen. Hier ist zusätzlich der Zugriff zu näheren Firmendaten, weiter erzeugte Produkte etc. möglich. Neben den Kojen, wo das Bild- und Tonmaterial angeboten wird, werden zwei weitere Plätze eingerichtet sein, bei welchen qualifiziertes Datenmaterial von steirischen Industrie- und Gewerbebetrieben verfügbar sein wird. Dieses Datenmaterial soll die Möglichkeit eröffnen, daß Grunddaten von Firmen austauschbar werden, um so z. B. Firmenkooperationen anzubahnen bzw. erleichtern zu helfen.
* Beratungstisch mit Datenausdruckmöglichkeit:
Die gesamte Präsentation der steirischen Wirtschaft wird bis zum Ende der Landesausstellung permanent betreut werden. Die Betreuung soll sich einerseits auf Besucher, die die Geräte nicht handhaben können, aber an Informationen interessiert sind, konzentrieren, insbesondere aber die Möglichkeit bieten, neben den Informationssystemen auch eine persönliche Beratung in Anspruch zu nehmen und eine Vermittlungsstelle zu den verschiedenen Förderungs- und Beratungseinrichtungen in der Steiermark zu haben. Dabei soll besonders auf Anfragen von Jungunternehmern bzw. Unternehmern, die Betriebe in der Steiermark gründen oder ansiedeln wollen, Bedacht genommen werden.

Burghard Kaltenbeck

24/2 **„Vidi-Wall"**

24/3 **Scanner-Kasse der Firma Nixdorf**
Diese elektronische Hilfe zur Erstellung der Einkaufsrechnung zählt bereits zur Standardausrüstung zeitgemäßer Läden.
Leihgeber: Wien, Fa. Nixdorf

24/4 **Massa-Terminal der Fa. Nixdorf**
Mit dem Massa-Terminal, welches die Firma Nixdorf bereits in der Deutschen Bundesrepublik mit Erfolg installiert hat, können die Kunden mittels Bildschirm Waren aussuchen und auf elektronischem Wege bestellen.
Leihgeber: Wien, Fa. Nixdorf

24/5 **Alte Registrierkasse der Firma National**
Leihgeber: Fa. Kappaun, Leibnitz

24/6 **Bankomat**
Hier gibt es auch noch nach dem Kassenschluß der Banken behebbares Bargeld.
Leihgeber: Fa. Nixdorf, Wien

24/7 **Buch- und Buchungsgeld**
Durch Jahrhunderte hindurch hatte man Münze und Geld als Einheit betrachtet. Da aber das im Umlauf befindliche Münzgeld nicht mehr ausreichte und außerdem der Transport von Münzen umständlich und oft gefährlich war, schien es reisenden Kaufleuten zweckmäßiger, nicht einen mit Gold und Silber gefüllten Beutel mit sich zu führen, sondern auf Ton- oder Wachstafeln, auf Pergament oder Papier geschriebene und auf den Namen der Inhaber lautende Anweisungen mitzuführen. Unter Geschäftsfreunden galten diese als Zahlungsmittel, während die wirklichen Gold- und Silberwerte inzwischen in den Gewölben einer Bank lagen. Bei Zahlungen untereinander genügte eine einfache Umschreibung der Guthaben durch die Bank. Das Geld lief so im Kreis (ital. giro) und verließ die Bank nicht mehr.
Als Papiergeld im weitesten Sinne kann man nun jedes, auf einen bestimmten Betrag lautende Wertpapier, wie Wechsel, Aktien, Schecks aller Art, Überweisungsscheine usw. betrachten, das von irgendeinem Ausgeber zu dem Zwecke weitergegeben wird, daß es im Geschäftsverkehr als Zahlungsmittel dient.
In der modernen Wirtschaft, welche große Geldmengen zur Bewältigung ihrer Aufgaben benötigt, wäre der ausschließliche Umlauf von Münz- und Papiergeld nicht nur zu langsam, sondern ebenso unpraktisch wie unbequem. Die Manipulation des Geldes wird nunmehr losgelöst von der Substanz in Büchern oder in modernen elektronischen Datenspeicherungsgeräten vorgenommen. Die Zahlungstechnik, ebenso die Wertaufbewahrungsfunktion des Geldes, erscheint damit perfekt. Eine weitere Entwicklung des Geldes über dieses unbare Buch- und Buchungsgeld hinaus ist zunächst und heute noch nicht denkbar.

24/7/1 **Land Steiermark, Kriegsdarlehen 1794**
1 Bogen zu 50-Gulden mit 25 Coupons à 2-Gulden.
Leihgeber: LMJ, Münzensammlung, Inv.-Nr. E 110

24/7/2 **Land Steiermark, Schuldverschreibung über 2.000-Kronen**
Steiermärkisches Landes-Anlehen 1905
Leihgeber: LMJ, Münzensammlung, Inv.-Nr. 55 177

24/7/3 **Österreich, Wechsel über 200 Gulden Ö. W. 1891**
Leihgeber: LMJ, Münzensammlung, Inv.-Nr. 55 258

24/7/4 **Frankreich, Billet de Mille Francs der Kriegsanleihe 1811**

Leihgeber: LMJ, Münzensammlung, Inv.-Nr. 55 259

24/7/5 **Scheckkarte und Scheckformular**

Leihgeber: Steiermärkische Sparkasse, Graz

24/7/6 **Kreditkarten: Visa, Euro-Card, Diners-Club**

24/7/7 **Bankomatkarte**

Leihgeber: Steiermärkische Sparkasse und Credit-Anstalt Bankverein.

Raum **25**
Die Zukunft des Handels

Audio-Vision mit Laser zur Zukunft des Handels.
Ausführung: Atelier Petek

Im Freigelände befinden sich Exponate zur Verkehrsgeschichte:

26/1 **Altes Bierfuhrwerk, 20. Jh.**

Leihgeber: Graz, Firma Reininghaus

26/2 **Oldtimer (im Innenhof)**

Leihgeber: G. Dubois

26/3 **Alter Transport-Lkw**

Mercedes L 3000, Baujahr 1938
Leihgeber: Max Zottler, Niklasdorf

26/4 **Postkutsche, 19. Jh.**

Holz
H. 170 cm, B. 140 cm, L. 200 cm
Die Postkutsche (Malle-Wagen) diente der Beförderung von Personen und Postsendungen.
Leihgeber: Graz, Postdirektion

26/5 **Treibstoff-Zapfsäule**

SATO-Volumeter, Hersteller: Tonhaizer & Co. OHG, Wien, um 1960
Leihgeber: H. u. A. Springer, St. Lorenzen b. Scheifling

24
25
26

451

Im Innenhof:

Mittelalterliche Glasgemälde der Judenburger Magdalenenkirche

Die Umweltsituation in der Judenburger Talsenke verursachte katastrophale Schäden an den kostbaren mittelalterlichen Glasgemälden der Magdalenenkirche. Das Bundesdenkmalamt sah sich angesichts dieser erschreckenden Situation im vergangenen Jahr gezwungen, alle Glasgemälde der Magdalenenkirche auszubauen und in die amtlichen Restaurierungswerkstätten nach Wien zu bringen. Schrittweise erfolgt dort eine Restaurierung und nach Einbau einer Schutzverglasung in der Magdalenenkirche werden die Glasgemälde wieder zurückgebracht. Die Ausstellung präsentiert eine kleine Scheibengruppe nach der Restaurierung und illustriert damit die hohe künstlerische Qualität und besondere Bedeutung dieser mittelalterlichen Kunstwerke. Im Kontrast dazu demonstriert daneben die Außenseite einer Scheibe den katastrophalen Erhaltungszustand. Das Modell einer Außenschutzverglasung soll zum Verständnis der Konservierungsmaßnahme beitragen und den Besucher der Ausstellung für einen anschließenden Besuch in der nahegelegenen Magdalenenkirche vorbereiten, wo er die Arbeiten an Ort und Stelle studieren und ein nach der Restaurierung bereits wieder eingesetztes Fenster bewundern kann.

27/1 Tod Mariae (Teilstück) aus der Magdalenenkirche

(Fenster Süd IV/Scheiben 3b, 4a, 5a), um 1380.
Alle 4 Felder, H. ca. 0,72 m, B. 0,335 m.
Geringfügige Ergänzungen, aber starke Verwitterungsschäden, welche die Transparenz mindern und die Akzente der Farbigkeit verschieben; gravierender Substanzverlust an Schwarzlotmalerei, der zur Beeinträchtigung des ästhetischen Erscheinungsbildes beiträgt, Verbleiung modern.

Die Magdalenenkirche in Judenburg besitzt noch einen großen Teil ihrer ursprünglichen Farbverglasung. Die aus mehreren Scheiben zusammengesetzte Darstellung des Marientodes ist Teil eines größeren marianischen Zyklus, der heute in einem Südfenster des Chores zusammengestellt ist. Die sterbende Muttergottes bildet zusammen mit den Aposteln Johannes und Petrus den Mittelpunkt der Komposition. In fünf weiteren Scheiben schließen sich paarweise die übrigen Apostel an. Christus mit der Seele Mariens auf dem Arm ist ein eigenes Feld gewidmet.

Lit.: A. Löw, Alte Glasgemälde in Judenburg, in: Mitt. d. k. k. Zentralkommission, N. F., XXVI., 1900, S. 81.
E. Hempel, Die Scheiben der Magdalenenkirche in Judenburg, in: Zeitschr. d. Hist. Vereines f. Steiermark, XXIII, Graz 1927, S. 54—79.
F. Kieslinger, Gotische Glasmalerei in Österreich bis 1450, Wien 1928, S. 26, 39 und 69.
E. Albensberg, Glasmalerei in der Steiermark 1250—1400, phil. Diss., Graz 1957, S. 22—25, 42—47, Kat. 160—205 (mit älterer Lit.)
F. Popelka, Das Alter der Magdalenenkirche in Judenburg, in: Zeitschr. d. Hist. Vereines f. Steiermark, 1963, S. 291—297.
P. W. Roth, Die Adelswappen der westlichen Obersteiermark im Mittelalter, phil. Diss. Graz 1965.
J. Andritsch, Rettung mittelalterlicher Kunstschätze in Judenburg, in: Berichte des Museums-Vereins Judenburg, 3, 1970, S. 1ff.
H. Axentowicz, Die Lobminger Genealogie und Besitzgeschichte eines steirischen Adelsgeschlechtes im Mittelalter, phil. Diss. Graz 1971, S. 117ff.
E. Bacher, Die mittelalterlichen Glasgemälde in der Steiermark, Corpus Vitrearum Medii Aevi, Österreich III, Steiermark, Wien-Köln-Graz 1979, S. XLIII, Abb. 35.

27/2 Rückseite einer Scheibe aus der Magdalenenkirche

Die Außenseite ist von einer dicken, pulvrigen Kruste überzogen, die, wie chemische Analysen ergeben haben, zu 29% aus reinem SO_2 besteht, das zusammen mit der Luftfeuchtigkeit und dem Regen die Glassubstanz

27

systematisch zerfrißt. Der gereinigte Streifen macht die Stärke der Verwitterungsschichte deutlich, ebenso den bereits eingetretenen Verlust an Glassubstanz. Man muß davon ausgehen, daß die mittelalterliche Glasmalerei zu den gefährdetsten Kunstgattungen zählt und das Problem ihrer Konservierung heute in vielen Fällen bereits zu einer Frage ihrer weiteren Existenz geworden ist.

27/3 Modell einer Außenschutzverglasung

Eine solche Schutzverglasung ist in der Magdalenenkirche bereits installiert und kann dort im Zusammenhang mit einem nach der Restaurierung wiedereingebauten Fenster studiert werden.

27

Abbildungsnachweis:

Amüss Stefan: Abb. 9, 10
Andritsch Johann, Judenburg: Abb. 6, 7, 30

Bild- und Tonarchiv: S. 17, Abb. 1, 2, 3, 4, 5, 11—19, 21, 22, 24, 26, 27, 31, 32, 33, 34a, 34b, 34c, 35, 36, 37, 38, 39, 40, 42, 45, 56, 58,
    59, 63, 64, 65, 66, 67, 68, 69, 70, 71, 72, 73, 74, 75, 75a, 77, 78, 83, 84, 85—95, 92, 93, 95, 96, 100, 102, 105, 106, 107, 108, 109, 110,
    111, 112, 118, 119, 347, 349, 350, 353, 358, 360, 364, 368, 370, 376, 377, 378, 379, 380, 385, 386, 390, 392, 398, 402, 403, 407, 410,
    411, 414, 418, 422, 423, 427, 430, 433, 435 oben, 437, 442, 443.
Bertelsmann-Verlag: Abb. 70
Bene Daisy: Abb. 60—62, 97—99
Braudel Fernand, Aufbruch zur Weltwirtschaft, Kindler-Verlag, München
1986: Grafik 11
Begsteiger A. M.: Abb. 34, 47, 80, 82
Bundesdenkmalamt Wien: Abb. 451

Cerwinka Günther, Abb. 18, 20
Caritas Wien: Abb. 125

Filek-Wittinghausen Werner: Abb. 49, 50

Groß Hans, Kriminalmuseum: Abb. 117, 435 unten, 436
Gemeinde Vorau: Abb. 48

Hafner Franz: Abb. 57
Hesse Robert: Abb. 432

Institut für Alte Geschichte, Universität Graz. Abb. 4

Karner Stefan: Abb. 76
Konsum Österreich: Abb. 81, 106a
Kocher Gernot: Abb. 91, 94, 113—116
Kammer der Gewerblichen Wirtschaft: Abb. 103

Prinz Friedrich von und zu Liechtenstein: Abb. 25, 43
Lohrmann Klaus: Abb. 90, S. 372

Mayr Gerhard: S. 425
Museum Carolino Augusteum, Salzburg: Abb. 41
Merkur-Versicherung: Abb. 101

Neue Galerie, Linz: Abb. 44
Fa. Nixdorf: Abb. 123

Österreichische Nationalbibliothek: Abb. 53
Österreichische Bundespostdirektion, Wien: Abb. 8
Österr. Institut für internationale Zusammenarbeit: Abb. 124
ÖGB, Vom Tagwerk der Jahrhundertwende, Bilder der Arbeit 1870—1930

Pichler Günther: Abb. 120
Pickl Othmar: Abb. 23

Sammlungen des regierenden Fürsten von Liechtenstein, Vaduz: Abb. 6a
Stadtmuseum Graz, Abb. 46, 52, 54, 55

Foto-Studio Wiesinger, Rohrbach: Abb. 51

Zollfahndung, Finanzlandesdirektion Steiermark: Abb. 121, 122

ROYAL COLOR.
BILDER SO ECHT UND NATÜRLICH
WIE DAS LEBEN.

Royal Color, die neue TV-Geräte-Generation *im attraktiven* ▶ **Slimline Design** ▶ *mit* ▶ **CTI** ▶
Technologie für die optimale Farbtrennung. Selbstverständlich dabei – die getönte ▶ **Flat-Square-**
Bildröhre ▶ *für ein optimales Bild mit hoher Auflösung.*

Einfach excellent ist auch der Bedienungskomfort. Die ▶ **Idealbildtaste** ▶ *auf der Fernbedienung*
bringt, auch nach gravierenden Einstellungsänderungen, auf Knopfdruck sofort Bild und Ton in optimaler
Qualität. Apropos Ton: Echt überzeugend, der volle ▶ **Stereosound** ▶ *.*

Der Royal Color mit 63-cm- oder 70-cm-Flat-Square-Bildröhre. Auf Wunsch mit oder ohne ▶ **Com-**
puter Controlled Teletext ▶ *.*

Royal Color bringt Bilder so echt und natürlich wie das Leben – 70-cm-Modell, Teletext inklusive.

$$E1 = ß$$

»Wir gehen fremd«

PWS

FOTOSATZ-
GES.M.B.H.
8753 FOHNSDORF
TEL. 03573/2081

Der zunehmende Einsatz von Personalcomputern in Industrie, Instituten, Verlagen und bei Autoren wirft die Frage auf, ob einmal erfaßte Texte für die Erstellung von Drucksorten noch einmal erfaßt werden müssen, zumal auch weitere Gründe gegen die Zweiterfassung sprechen: Zum einen das „Einschleichen" von Fehlern und zum anderen auch der längere Produktionsablauf bis zum fertigen Produkt.

Wir von »PWS« sind in der Lage, einmal auf einem herkömmlichen PC erfaßte Daten schnell und problemlos zu übernehmen. Der Vorteil liegt klar auf der Hand: Diese Rohdaten werden von uns zu typografisch einwandfrei gestalteten Seiten zusammengestellt. Durch das Einsparen einer nochmaligen Erfassung werden Kosten gespart — wohl eines der wichtigsten Argumente für die Datenkonvertierung. Bereits heute nutzen viele Anwender unsere Dienstleistung. So wurde auch der zweite Teil dieses Kataloges auf einem PC erfaßt und von uns direkt übernom-

men. Herr Al- Stadler vom Koord nationsbüro für Lar desausstellunger „Durch die problem lose Übernahme von Fremddaten in das Fotosatzsystem der Fa. »PWS« in Fohnsdorf konnten wir uns viel Zeit und Ärger ersparen." Rufen Sie uns an! Rechnen Sie mit uns! Wir machen aus Ihren Daten Fotosatzqualität.

ihren vielen kostenintensiven Tunnel- und Brückenbauten ist um ein Vielfaches teurer als normale Freilandstrecken.

☞ Die Straßenbauer und Verkehrsplaner müssen stets wachsende Anforderungen in Hinblick auf Umweltqualität und Sicherheit realisieren.

☞ Die Schneeräumung und Glatteisbekämpfung sind in 800 Meter Seehöhe während der 5 Wintermonate naturgemäß intensiver und aufwendiger als im Flachland.

Die Gesellschaftsstrecken der Pyhrn Autobahn-Aktiengesellschaft wurden auf dem Kreditwege finanziert. Zur Abdeckung der Kreditkosten wird eine Maut eingehoben, um auf diese Art und Weise die Kosten für diese Jahrhundertbauwerke auf mehrere Generationen zu verteilen, die ja diese Verkehrsvorteile ebenfalls nützen können.

Bereits im Mittelalter — in einer Zeit der blühenden überregionalen Handelsbeziehungen — wurde die Mauteinhebung als Finanzierungsinstrument eingesetzt. Heute wird in Österreich auf den alpenquerenden Gebirgsautobahnen ebenfalls wieder Maut eingehoben:

☞ Die Herstellung von Gebirgsautobahnen mit

SPIEL BERG

Mit gegenwärtig mehr als 4.500 Einwohnern hat die Marktgemeinde Spielberg in den letzten beiden Jahrzehnten eine steile Aufwärtsentwicklung genommen.

Hand in Hand mit der Verdoppelung der Einwohnerzahl ist eine auf breiter Grundlage geführte Neustrukturierung in nahezu allen Bereichen gegangen. Das bis in die sechziger Jahre überwiegend landwirtschaftlich orientierte Gemeinwesen hat den Wandel zu einer modernen, leistungsfähigen Industriegemeinde gemeistert. Die Ansiedlung zukunftsorientierter Unternehmen, so besonders des Elektromotorenherstellers „Austria Antriebstechnik AG", bedingte intensive Impulse in den Bereichen des Wohnbaues und des Straßenbaues. Die Errichtung von Schulen, Kindergärten, Seniorenwohnanlagen, moderner Wasserleitungs- und Kanalisationssysteme hat die Lebensqualität deutlich erhöht. Inmitten des Aichfeldes gelegen, hat die Marktgemeinde Spielberg mit ihrer breitgefächerten Landschaft dem Fremdenverkehr vielfältige Möglichkeiten zu einer fruchtbaren Entwicklung erschlossen.

Der Österreichring, der zu einem überwiegenden Teil im Gemeindegebiet von Spielberg liegt, hat einen wichtigen Anteil zum Entstehen eines ganzjährigen Fremdenverkehrs geleistet. Diesem Umstand hat die Marktgemeinde ihrerseits durch eine umfassende Förderung im Zuge der Errichtung, aber auch zur Erhaltung Rechnung getragen.

Als Fremdenverkehrsgemeinde ist Spielberg während des gesamten Jahres um das Wohl seiner Gäste besorgt.

Wanderungen durch die waldreiche Landschaft im Sommer, vorbei an den Sehenswürdigkeiten wie dem Schloß Spielberg oder den Pfarrkirchen in Lind und Schönberg, ermöglichen eine reizvolle und erholsame Gestaltung von Urlaub und Ferien.

Schilauf und Langlauf auf den schneebedeckten Hängen machen Spielberg auch im Winter zu einem interessanten Urlaubsort.

Der Österreichring hat als Ausflugsziel immer Saison Sport-Spaß-Unterhaltung

Das Restaurant

Direkt neben der Rennstrecke im Hauptfahrerlager des Österreichringes, nur wenige Schritte von den Boxen entfernt.

In unserem Restaurant findet der Gast ein breites Angebot kulinarischer Spezialitäten. Von der typisch steirischen Mahlzeit bis zu festlichen Menüs oder kalten Buffets reichen die Möglichkeiten der internationalen Küche. Eine repräsentative Auswahl bester Weine sowie gepflegter Biere ergänzen die Speisekarte.

Außer Einzelreisenden finden Busreisegruppen, Tagungen, Lehrgänge und andere größere Veranstaltungen wie auch Abendveranstaltungen, einen geeigneten Platz. Variable Räumlichkeiten erlauben die Betreuung von Gruppen zwischen 10 und 300 Personen. Parkplätze sind in großer Zahl vorhanden.

Erfahrene Instruktoren für Fahrtechnikkurse, Sportfahrerlehrgänge und für Rennfahrerkurse warten

Genießen Sie die gemütliche Atmosphäre in unserem Restaurant

darauf, ihr Fachwissen an die Besucher des Österreichringes weiterzugeben.

Bei Aufenthalt von mehreren Tagen haben wir ein dichtes Unterhaltungsprogramm (abends als auch tagsüber) mit entsprechenden Animatoren vorbereitet. Auf Wunsch wird ein spezielles Touristikprogramm ausgearbeitet. Der Österreichring begeistert auch alle Kinder mit einem liebevoll eingerichteten Kinderspielplatz.

Zahlreiche Sehenswürdigkeiten, landschaftliche Schönheiten, sowie wunderschöne Berggipfel zählen zu den Highlights der Umgebung des Österreichringes.

Das Tagungszentrum

Außergewöhnlicher Tagungserfolg durch außergewöhnliche Motivation!

An einem Tagungsort, der Ihnen Außergewöhnliches bietet. Treffpunkt für Konferenzen, Tagungen, Seminare, Ausstellungen, Präsentationen, Hausmessen, Schulungen, Ballveranstaltungen, Konzerte u. v. a. m.

Wieviel Platz steht zur Verfügung? Tagungsräume für 10 bis 300 Personen. Der angeschlossene neue Restaurantbetrieb bietet internationale und steirische Spezialitäten, Zimmerreservierung, Gestaltung von Rahmenprogrammen, Hotelunterkünfte sind nur wenige Minuten vom Tagungsort Österreichring entfernt.

Präsentieren Sie Ihre Produkte, Ihre Dienstleistung, Ihr Unternehmen dort, wo es noch nie präsentiert wurde — **am Österreichring.** Erleben Sie am Österreichring jenen grün-weißen Charme, der Veranstaltungen in der Steiermark auch zum Erlebnis werden läßt.

Wir arbeiten für Sie gerne spezielle Bestuhlungspläne aus, sorgen für

alle technischen Einrichtungen an den richtigen Stellen. Ein engagiert arbeitendes Sekretariat ist darauf trainiert, auch im größten Tagungsrummel kühlen Kopf zu bewahren und die Organisation stets fest im Griff zu haben.

Information und Buchung:
Motorsport- und Freizeitzentrum Österreichring
A-8720 Spielberg/Knittelfeld
Tel. 0 35 77 / 22 9 28 oder 24 5 59
FS-Nr. 37563 oering a
Telefax: 0 35 77 / 22 9 28-13
Ihr Gesprächspartner:
Heinz Hemmer

Von der Arbeitslosenfürsorge zur Modernen Arbeitsmarktpolitik

Seit nahezu 70 Jahren ist die Arbeitsmarktverwaltung in die Geschichte der Region Aichfeld-Murboden eingebunden.

Das bereits 1920 in Knittelfeld errichtete und 1930 nach Judenburg verlegte „Arbeitslosenamt" bemühte sich damals zur Zeit der Wirtschaftskrise durch die Auszahlung der Arbeitslosenunterstützung die ärgste Not zu lindern.

Später traten andere Aufgaben — insbesondere Stellenvermittlung und Berufsberatung — in den Vordergrund.

Erst das 1969 in Kraft getretene Arbeitsmarktförderungsgesetz schuf die Voraussetzungen für das Arbeitsamt als moderner Dienstleistungsbetrieb und bot vor allem die Möglichkeiten für eine aktive Arbeitsmarktpolitik.

Für die Region kam das arbeitsmarktpolitische Instrumentarium gerade richtig, denn es ist nicht zuletzt den verschiedensten Förderungen der Arbeitsmarktverwaltung — Errichtung des Schulungszentrums Fohnsdorf, Mitwirkung bei Betriebsansiedlungen und Umschulungsprogrammen — zu danken, daß die durch die Schließung des Bergbaues eingetretene Krise weitgehend gemeistert werden konnte.

In der Untertagausstellung „Der Bergmann" zeigt die Arbeitsmarktverwaltung in einigen Schautafeln die eigene Entwicklung vom „Helfer in der Vergangenheit zum Partner für die Zukunft".

GLÜCK AUF 1905